Tobias Künkler

Lernen in Beziehung

Zum Verhältnis von Subjektivität und Relationalität in Lernprozessen

[transcript]

Bibliografische Information der Deutschen Nationalbibliothek
Die Deutsche Nationalbibliothek verzeichnet diese Publikation in der Deutschen Nationalbibliografie; detaillierte bibliografische Daten sind im Internet über http://dnb.d-nb.de abrufbar.

Umschlagkonzept: Kordula Röckenhaus, Bielefeld
Lektorat: Tobias Künkler
Satz: Finn Dochhan
Druck: Majuskel Medienproduktion GmbH, Wetzlar
ISBN 978-3-8376-1807-5

Gedruckt auf alterungsbeständigem Papier mit chlorfrei gebleichtem Zellstoff.
Besuchen Sie uns im Internet: *http://www.transcript-verlag.de*
Bitte fordern Sie unser Gesamtverzeichnis und andere Broschüren an unter: *info@transcript-verlag.de*

Inhalt

„Umständliche Überlegungen, wird man sagen.“
MARTIN HEIDEGGER

Einleitung

„Die Frage nach dem Lernen [...] wird zugleich wichtiger und unsicherer."
FRIGGA HAUG[1]

„Lernen berührt alle grundlegenden Fragen des Menschen."
KÄTE MEYER-DRAWE[2]

„Das ist also die Einleitung. Sie ermöglicht dem Autor den Versuch, die Vorzeichen für das zu setzen, worüber er schreiben möchte. Analysen, Rechtfertigungen, Entschuldigungen, die das Nachfolgende umrahmen sollen, die eine Scheidelinie errichten sollen zwischen den Mängeln in dem vom Verfasser Geschriebenen und Mängeln in ihm selbst, so daß er, wie er hofft, am Ende etwas besser gerechtfertigt dasteht, als es sonst vielleicht der Fall wäre."
ERVING GOFFMANN[3]

Konjunktur(en) des Lernens

Wie heterogen die zahlreichen gesellschaftstheoretischen Analysen unserer Zeit auch sein mögen, zumindest in einem Punkt scheint es einen Konsens zu geben: Die Quantität und Qualität der Veränderungen der gesellschaftlichen Verhältnisse hat zugenommen; teils wird dies gar als Beschleunigung gedeutet (Rosa 2005).

1 Haug 2004: 48.

2 Meyer-Drawe 2008a: 30.

3 Goffmann 1977: 25f.

Es ist das *Lernen*, in das daher zahlreiche Hoffnungen gesetzt werden, da es als Vermögen zur Veränderung gilt und damit entweder als Mittel zum Zweck der (menschlichen) Anpassung an die sich verändernden (gesellschaftlichen) Verhältnisse oder aber als verbleibende Ressource menschlicher Autonomie, die eine Emanzipationsbewegung von den übermächtigen gesellschaftlichen Dynamiken allererst möglich macht. Insbesondere im politischen und ökonomischen Diskurs gilt das menschliche Lernen als entscheidender Schlüssel zur Steigerung des Humankapitals in von globalisierten Märkten und Finanzkrisen unter Druck geratenen Wissensgesellschaften. Lernen ist daher in den letzten Jahrzehnten nicht nur verstärkt Gegenstand wissenschaftlicher Reflexion und Forschung, sondern auch öffentlicher, insbesondere politischer und ökonomischer, Diskurse geworden. Die intensivierte Beschäftigung mit dem Lernen führte nicht nur zu einer *Reflexivwerdung des Lernens*, sondern ist eingebettet in eine *Gouvernementalisierung des Lernens*.[4] Dass infolge der Reflexivwerdung die Wissenschaft Unmengen an Wissen über das Lernen produzierte, führt nicht nur dazu, dass man nun vieles über das Lernen lernen und sich jede Menge Wissen über die Wissensaneignung aneignen kann, vielmehr wird diese Forderung dem Einzelnen geradezu als Zwang auferlegt. Der Einzelne als ‚Unternehmer seiner selbst' (Bröckling 2007) wird dazu aufgerufen den Schlüssel des Lernens in die Hand zu nehmen, das eigene Lernen aktiv zu steuern und auf diese Weise Wertschöpfung zu betreiben. Er wird somit immer stärker verantwortlich für sein Lernen und muss sich daher, will er der auferlegten Verantwortung nachkommen, sich mit diesem bewusst(er) auseinandersetzen.[5]

4 Gouvernementalitätstheoretische Studien, die auf dem Macht-Wissen-Konzept von Foucault aufbauen, gehen von einem inhärenten Zusammenhang zwischen Wissen, (Selbst-)Praktiken und politisch-ökonomischer Bedürfnisse und Einflussnahmen gezielt nach und analysieren ihn als ‚Regierungstechnologie'. Die Semantik des Lernens ist aus einer solchen Sichtweise nicht unabhängig von diesem größeren Macht-Wissens-Komplex – in foucaultscher Terminologie auch Dispositiv genannt – zu betrachten. Aus einer solchen Perspektive kann man von einer *Gouvernementalisierung des Lernens* sprechen; Reflexivwerdung und eine Ökonomisierung des Lernens gehören damit untrennbar zusammen (vgl. dazu Simons/Masschelein 2009).

5 Obwohl der Autor dieser Zeilen keineswegs davon überzeugt ist, dass ein üblicher Hinweis á la ‚im Folgenden sind bei maskulinen Formen Frauen stets mitgemeint' ein hinreichender Beitrag für eine geschlechtergerechte Sprache ist, so ist er – in der kritischen Auseinandersetzung mit anderen Denk- und Sprachgewohnheiten – zumeist in die Sprachgewohnheit der maskulinen Rede zurückgefallen und hat so verpasst, die Arbeit angemessen geschlechtergerecht zu gestalten. Nichtsdestotrotz sollen in dieser Arbeit die maskulinen Formen als im generischen Sinne verwendet verstanden werden.

Es ist daher nicht verwunderlich, dass das von der Wissenschaft generierte Wissen über das Lernen stark in das lebensweltliche Wissen über das Lernen miteingeflossen bzw. mit diesem verwoben ist und längst über das in Sprichwörtern konservierte Wissen – wie ‚Was Hänschen nicht lernt, lernt Hans nimmer mehr', ‚Übung macht den Meister', ‚Man lernt nie aus…' und ‚Learning by doing' – hinausgeht. Dies zeigt sich darin, dass Lernen zu einem unabdingbaren Element unserer menschlichen Selbstbeschreibung geworden ist, d.h. wir verstehen uns als lernende, bzw. als mit der Fähigkeit zum Lernen ausgestattete und in unserer Entwicklung und Weiterentwicklung unwiederbringlich auf Lernen angewiesene, Wesen. Selbst Fachtermini sowie Grundlogiken dominierender Lerntheorien haben sich in die als selbstverständlich wahrgenommenen menschlichen Selbstbeschreibungen eingeschrieben: man wird von *Reizen* überflutet, versucht der *Konditionierung* durch die Werbung zu entgehen, *verarbeitet* Unmengen an *Informationen*, trainiert sein *Arbeitsgedächtnis*, wird hin und wieder Opfer der eigenen *Konstrukte* und sinniert über die Stärke der eigenen *Synapsen* oder den fehlenden *Dopaminausstoß*. Diese Verwobenheit von Alltagswissen und wissenschaftlichem Wissen gilt jedoch genauso umgekehrt. Zwar entwickelte sich, seit Lernen – Ende des 19., Anfang des 20. Jahrhunderts – zum Objekt systematischer wissenschaftlicher Erforschung wurde, eine eigene Fachsemantik des Lernens, die, wie angedeutet wurde, teils in das Alltagswissen einsickerte, genauso zehrt jedoch bis heute jede wissenschaftliche Forschung und Reflexion zum Lernen von der lebensweltlichen Evidenz und einem lebensweltlichen Verständnis des Lernens.[6] Einerseits wird lebensweltlich das Lernen, wie sich in den oben genannten Sprichwörtern andeutet, auf eine diffuse Weise als ein sehr breites bzw. vielfältiges Phänomen verstanden, andererseits gilt es aber auch als eng mit Lehren, Schule und Zwang verbunden.

Zudem geht mit Reflexivwerdung und Gouvernementalisierung des Lernens zunehmend auch eine *Entgrenzung des Lernens* einher. Wurde ehedem mit Lernen hauptsächlich etwas bezeichnet, das man in spezifischen Institutionen, allen voran in der Schule, tat, so wird diese (lebens-)zeitliche und (lebens-)räumliche Begrenzung des Lernens zunehmend aufgehoben. Heute muss man – ‚das weiß jedes Kind' – ein Leben lang lernen und das informelle Lernen in der Freizeit ist nicht minder wichtig als das formelle Lernen in entsprechenden Institutionen. Auch die einst vorhandene und vielfach beklagte Grenze zwischen Leben und Lernen scheint nicht mehr trennscharf gezogen werden zu können, ist doch das Leben gänzlich vom Lernen oder zumindest von ständigen Lerngelegenheiten durch-

6 Dies wird insbesondere in Studie I ausführlich aufgezeigt werden.

drungen. So erscheinen beispielsweise selbst die kleinen alltäglichen Erfahrungen des Scheiterns heute als Gelegenheiten zum Erwerb von Frustrationskompetenz.[7]

Die erziehungswissenschaftliche Reflexion des Lernens und deren Defizite

Trotz dieser Konjunktur(en) des Lernens allgemein sowie einer Zunahme erziehungswissenschaftlicher Reflexion über das Lernen in den letzten Jahren[8], kommt dem Lernen von Seiten der Erziehungswissenschaft insgesamt eine eher randständige Behandlung zu.[9] Da die wissenschaftliche Erforschung des Lernens im 20. Jahrhundert größtenteils von der Psychologie betrieben wurde, haftete dem Begriff des Lernens stets der Verdacht an, als Kuckucksei in das ‚einheimische Nest' der Erziehungswissenschaft eingeschleust worden zu sein. So ‚kümmerte' sich die Erziehungswissenschaft auf ungleich intensivere Weise um ihr ‚Lieblingskind', die Bildung. Kann diese doch eine wesentlich vornehmere Genealogie aufweisen; schließlich entstammt sie grosso modo der (transzendentalen) Ideenwelt der Theologie und Philosophie, während das Lernen profanerweise das Licht der Welt hienieden in einer äußert reizarmen Umgebung, dem Labor der Lernpsycholo-

7 Zur lebenszeitlichen Entgrenzung des Lernens hinzu kommt noch eine geforderte *Beschleunigung des Lernens*, es wird „der hochtourige Lerner zu Turbobedingungen Prototyp des effektiven Selbstlerners" (Meyer-Drawe 2008a: 125) gefordert.

8 Als Sammelbände oder Monographien, die sich im deutschsprachigen Raum aus allgemeiner erziehungswissenschaftlicher Sicht zentral des Themas Lernen annehmen, seien Platzer 2006; Göhlich/Zirfas 2007; Göhlich u.a. 2007a; Meyer-Drawe 2008a; Mitgutsch/Sattler/Westphal 2008; Mitgutsch 2009 und Strobel-Eisele/Wacker 2009 genannt. Aus den Jahren zuvor sind dem Autor keine ähnlich gelagerten Sammelbände oder Monographien bekannt.

9 Parallel dazu nimmt die Erziehungswissenschaft selbst im von der Psychologie und den Neurowissenschaften dominierten interdisziplinären wissenschaftlichen Lerndiskurs sowie in der öffentlichen Debatte um Lernen „eher eine Randstellung ein" (Göhlich/Zirfas 2007: 11). Ob diese Randstellung eher Ursache oder Effekt der randständigen Behandlung des Lernbegriffs in der Erziehungswissenschaft ist, ist kaum zu bestimmen. Festzuhalten bleibt jedoch, dass es bereits Anfang des 20. Jahrhunderts zu einer ersten Konjunktur des Lernbegriffs kam und Konjunktur des Lernens, Aufstieg des Behaviorismus und die Popularisierung und Institutionalisierung der Psychologie eng miteinander einher gingen (siehe I.1), so dass Lernen seither vor allem ein Gegenstand der Psychologie, erst seit jüngerer Zeit verstärkt der Neuropsychologie, ist.

gen, erblickte.[10] Diese Asymmetrie zeigt sich auch darin, dass sich in der deutschsprachigen Erziehungswissenschaft eine *Bildungs*philosophie herausgebildet und auch institutionell etabliert hat, die als einen Schwerpunkt Bildungstheorie betreibt, d.h. sich historisch-systematisch mit dem Bildungsbegriff und verschiedenen Bildungskonzepten auseinandersetzt, es eine vergleichbare Lernphilosophie nicht einmal als etablierten Begriff gibt und auch eine vergleichbare systematische Beschäftigung mit dem Lernbegriff nur in Ansätzen vorhanden ist.[11] Das Ungleichgewicht in der erziehungswissenschaftlichen Beschäftigung mit Lernen und mit Bildung zeigt sich auch an anderer Stelle: Da Lernen angesichts der eingangs beschriebenen politischen und ökonomischen Inzwecknahme einen zweifelhaften Charakter trägt, haftet jeglicher erziehungswissenschaftlichen Beschäftigung mit dem Lernen, die nicht explizit (ideologie-)kritisch oder diskursanalytisch betrieben wird, schnell der Verdacht eines affirmativen Geschehens an, das einen Beitrag zur unkritischen Anpassung an die bestehenden bzw. sich verändernden Verhältnisse leistet. Ein gleichwertiger Verdacht besteht bei einer rein bildungstheoretischen Analyse kaum.[12]

---

10 Daher ist es nicht verwunderlich, dass diejenigen, die einen pädagogischen Lernbegriff etablieren wollen, versuchen, auch dessen Genealogie in der Antike beginnen zu lassen, siehe Buck 1989, Meyer-Drawe 2008a, Mitgutsch 2009 und Prange 1989.

11 Mit Ausnahme vor allem der Monographie ‚Diskurse des Lernens' von Käte Meyer-Drawe (2008a), in der diese den zahlreichen häufig verborgenen und verschlungenen Zusammenhängen des aktuellen Lerndiskurses einerseits mit aktuellen gesellschaftlichen Entwicklungen, andererseits mit jahrhundertealten Denktraditionen, nachgeht, den Lerndiskurs daraufhin kritisch betrachtet, sich zugleich jedoch um die Weiterentwicklung einer phänomenologischen Lerntheorie bemüht.

12 Während die systematische Auseinandersetzung mit dem Lernbegriff in der Allgemeinen Erziehungswissenschaft vergleichsweise selten grundlagentheoretischer Art ist, wird verhältnismäßig häufig die Semantik des Lernens bzw. der Diskurs des Lernens kritisch analysiert. So gibt es eine ganze Reihe von Beiträgen, die sich aus einer einer poststrukturalistisch, diskursanalytisch-machttheoretischen oder gouvernementalitätstheoretischen Perspektive kritisch entweder allgemein mit der Lernsemantik beschäftigen (Biesta 2006; Höhne 2003; Junge 2008; Masschelein/Simons 2005; Simons/Masschelein 2009), oder vorrangig mit zentralen Begriffen des Lernsdiskurses wie Selbstlernen (Bremer 2004, 2009 – dieser jedoch eher aus einer ungleichheitstheoretischen Perspektive) und Lebenslanges Lernen (Alheit 2009; Rothe 2009; Tuschling 2004). Gleichzeitig gibt es nur vergleichbar wenig ähnlich gelagerte Kritik an der Bildungssemantik (Schäfer 1996; Ricken 2006a; Ricken/Liesner 2008), während es viele grundlagentheoretische bildungstheoretische Analysen gibt (Benner 2008; Borst 2009;

Auf ein *Defizit der erziehungswissenschaftlichen Beschäftigung mit dem Lernen* hat jüngst auch Elmar Anhalt (2009) in einer trefflichen Analyse hingewiesen: Während der Begriff des Lernens einerseits einen zentralen Platz im pädagogischen Diskurs einnehme und „deshalb in nahezu allen pädagogischen Texten und dort an vielen Stellen anzutreffen" (Anhalt 2009: 22) sei, teils gar als „conditio sine qua non pädagogischer Argumentationen" (ebd.) gelte, bleibe er andererseits „in den meisten pädagogischen Texten unbestimmt" (Anhalt 2009: 23) und werde „nicht als ein terminus technicus behandelt, der in der Ausbildung wie im Diskurs präzise Verwendung findet und zu dessen Klärung eine systematische Reflexion in der Disziplin betrieben wird" (ebd.). Dies sei nicht deshalb problematisch, weil eine präzise Definition des Lernbegriffs als notwendige Bedingung für einen wissenschaftlichen Fortschritt anzusehen sei, sondern weil „die nicht zu übersehende Äquivozität" (ebd.) des Lernbegriffs in erziehungswissenschaftlichen Texten „den Nachvollzug zwecks Prüfung der in den Beschreibungen erhobenen Geltungsansprüche erschwert beziehungsweise sogar unmöglich" (ebd.) mache. Folge dessen sei u.a., dass die „verschiedenen Begriffe [des Lernens] und ihr Verhältnis zueinander nicht ausreichend durch eine einschlägige Forschung im Erziehungssystem problematisiert" (Anhalt 2009: 21)[13] würden und „der für ein wissenschaftliches Fach geforderte reflektierte Gebrauch eigener Termini" (Anhalt 2009: 19) nicht erfüllt werde.[14] Anhalt fordert daher „eine einschlägige Grundlagenforschung [...], die sich in systematischer Weise des Themas ‚Lernen' annimmt" (Anhalt 2009: 32). Aufgabe einer solchen erziehungswissenschaftlichen Grundlagenforschung zum Lernen wäre es daher – analog zu den Aufgaben der Grundlagenforschung in anderen Disziplinen –, „die Begriffe, die Annahmen, die Problemstellungen, die spezifischen Methoden, die zur Gewinnung neuer Erkenntnisse führen sollen, die Konsequenzen, die bei der Anwendung von theoretischem Wissen zu beachten sind [...] und vieles mehr, woran wissenschaftliches Vorgehen zu erkennen ist"

Dörpinghaus u.a. 2006; Ehrenspeck 2009; Koller u.a. 2007; Lüders 2007; Thompson 2009; Wigger 2009; u.v.m.).

13 Eckige Klammern in direkten Zitaten kennzeichnen im Folgenden immer Einfügungen des Verfassers. Ein Buchstabe oder ein Punkt in einer eckigen Klammer markiert die Einfügung respektive Weglassung eines Buchstabens in einem Wort. Kursivsetzungen in direkten Zitaten entstammen – soweit nicht anders markiert – stets dem Original.

14 Anders formuliert: „Eine Reflexion auf das Lernen in Erziehung und Unterricht verlangt der Disziplin, so scheint es, keine besonderen systematischen Forschungsanstrengungen. Sie operiert vorzugsweise mit Theorien des Lernens aus anderen Disziplinen und stellt nicht die systematische Reflexion auf das Lernen und die Arbeit an einer pädagogischen Theorie des Lernens in den Mittelpunkt ihrer eigenen Forschungsaktivitäten." (Anhalt 2009: 18f)

(Anhalt 2009: 27) grundlegenden Reflexionen zu unterziehen, „die sich unabhängig von dem Handlungsdruck, wie er für anwendungsbasierte Vorhaben unvermeidlich ist, durchführen lassen und die zumeist losgelöst von einer vorab festgelegten Adressatenorientierung betrieben werden" (ebd.). Eine weitere Aufgabe einer solchen Grundlagenforschung sei es, „Alternativen zu bereits vorliegenden Konzepten zu entwickeln" (ebd.).

Die hier vorliegende Arbeit zielt darauf, einen Beitrag zu einer solchen erziehungswissenschaftlichen Grundlagenforschung zum Lernen zu leisten. Wie dieser Beitrag spezifisch aussehen soll, welche Zielsetzungen dabei im Einzelnen damit verfolgt werden und wie diese erreicht werden sollen, wird im Weiteren geklärt. Zuvor werden jedoch die bisherigen Versuche der Konzipierung eines pädagogischen Lernbegriffs bzw. einer pädagogischen Lerntheorie genauer betrachtet. Das dabei aufgezeigte zentrale Dilemma dieser Versuche zeigt an, worauf die hier vorgenommene grundlagentheoretische Beschäftigung mit dem Lernen zielt.

Versuche einer pädagogischen Theorie des Lernens und ihr zentrales Dilemma

Angesichts der Ambivalenzen des Lernbegriffs und der Asymmetrie zwischen gesellschaftlicher Reflexivwerdung des Lernens und disziplinär unzureichender systematischer Reflexion, ist es nicht verwunderlich, dass es uneindeutig, zumindest „nicht selbstverständlich" (Faulstich 2008: 33), ist, ob Lernen als erziehungswissenschaftlicher *Grundbegriff* gelten soll. Als Beispiel für die Verneinung dieser Frage sei an dieser Stelle auf Peter Menck verwiesen, der angesichts einer „Inflation des Wortes ‚Lernen'" (Menck 1999: 150) und dessen „Mißbrauch[s]" (Menck 1999: 147) insbesondere im didaktischen Diskurs, empfiehlt, „ganz sparsam und sehr vorsichtig" (ebd.) mit dem Gebrauch des Wortes ‚Lernen' umzugehen; man solle es dort „belassen [...], wo es hingehört" (ebd.). Für die Erziehungswissenschaft zeige sich insgesamt, „daß der Begriff des ‚Lernens' als [...] Grundbegriff [...] nicht geeignet ist" (Menck 1999: 152f). Dies sei jedoch kein Verlust, habe die Erziehungswissenschaft doch einen „einheimischen Begriff, der die Sache präzise trifft, den der ‚Bildung'" (Menck 1999: 153). Ganz im Gegensatz dazu argumentieren beispielsweise Göhlich und Zirfas (2007: 14) dahingehend, dass insbesondere „der Begriff des Lernens in Anlehnung an Herbart quasi als ‚einheimischster Begriff' der Pädagogik" gelten könne und sehen in diesem einen „Grundbegriff der Pädagogik" (Göhlich/Zirfas 2007: 7).

Um die letztgenannte Sichtweise zu stärken, gibt es gerade in jüngerer Zeit Versuche Lernen als einen ‚einheimischen' Begriff zu etablieren, indem in Abgrenzung zu psychologischen und neurowissenschaftlichen Verständnissen des

Lernens versucht wird, einen *pädagogischen Lernbegriff* bzw. eine *pädagogische Lerntheorie* zu formulieren. Die damit angestrebte „Rückführung des Lernbegriffs in sein angestammtes Terrain" (ebd.) scheint bislang aber vor allem deshalb nicht überzeugend zu gelingen, weil unklar ist, wann genau ein Lernbegriff als *pädagogischer* Lernbegriff bzw. wann eine Lerntheorie als *pädagogische* Lerntheorie gelten kann. Ein genauer Blick auf Bestrebungen dieser Art zeigt, dass explizit und implizit eine ganze Reihe von Kriterien dafür angeführt werden; als solche gelten unter anderem: wenn Lernen als Erfahrung betrachtet wird[15], wenn eine Lerntheorie sich am Kriterium der Wahrheit orientiert[16], wenn eine Lerntheorie nicht unabhängig von den Inhalten des Lernens formuliert wird[17] und sie somit das Verhältnis des Lernenden zur Welt miteinbezieht[18]. Grosso modo zie-

15 Meyer-Drawe, die an den bislang wirkungsmächtigsten Versuch eines Erziehungswissenschaftlers, eine pädagogische Lerntheorie zu formulieren – Günther Bucks ‚Lernen als Erfahrung, -anschließt, konstatiert in ihrem Buch ‚Diskurse des Lernens': „Lernen ist *in pädagogischer Perspektive* und in strengem Sinne eine Erfahrung. Das ist die Kernthese des vorliegenden Buches." (Meyer-Drawe 2008a: 15; kursiv d. Verf.).

16 Lutz Koch (2008: 68; kursiv d. Verf.) formuliert: „Die Orientierung an Wahrheit und Wahrheitsprüfung gehört *zum pädagogischen Aspekt* der Lerntheorie." Ähnlich argumentiert Schirlbauer (2008: 205; kursiv d. Verf.), dass eine „(schul)*pädagogisch* bedeutsame Lerntheorie [...] den Begriff des sich ‚auf Wahrheit richtenden Ichs' (Petzelt) einführen" müsse und „von Erkennen und Irren, von Verstehen und Unverständnis, von Begreifen und Begriffslosigkeit reden" (ebd.) solle.

17 Konstitutiv für eine pädagogische Betrachtung des Lernens gilt Strobele-Eisele/Wacker (2009: 8) „die sachliche Dimension, in der die für die Individuen und die Gesellschaft bestandswichtigen Inhalte thematisiert sind" (ebd.). Und Schirlbauer (2008: 205) konstatiert: „Eine pädagogische Lerntheorie, besser: Lehr- und Lerntheorie, muss also von den Inhalten des Lehrens und Lernens reden, weil es ohne diese kein Lernen gibt". Auch Käte Meyer-Drawe betont an vielen Stellen, dass Lernen immer ‚Lernen von etwas, sei (siehe bspw. Meyer-Drawe 2008a: 17f). Zur Wichtigkeit der sachlich-inhaltlichen Dimension für eine pädagogische Perspektive auf das Lernen vgl. auch Prange 2008.

18 Göhlich u.a. (2007b: 7) legen dar: „Das der Pädagogik eigene Verständnis von Lernen blickt nicht nur auf den Lernenden, sondern auch auf die Welt, die gelernt wird. Lernen zu verstehen heißt aus pädagogischer Sicht immer, ein Verhältnis zwischen Lernendem und Welt als Möglichkeit der Weiterentwicklung dieses Verhältnisses zu begreifen." Anders formuliert: „Das pädagogische Interesse am Lernen ist dadurch gekennzeichnet, dass es nicht nur nach den Modalitäten des Lernens, sondern auch nach dessen Inhalten fragt, d.h. danach, was dieses Lernen mit dem Lernenden und der Welt macht." (ebd.).

len die genannten Kriterien auf die Betonung und systematische Einbeziehung der *inhaltlich-sachlichen Dimension des Lernens*. Des Weiteren gelten zudem die Thematisierung des speziell *menschlichen* Lernens[19] sowie des spezifisch *pädagogischen Bezugs* bzw. des *Lehr-Lern-Zusammenhangs*[20] als Kriterien einer pädagogischen Lerntheorie. Unklar ist dabei zumeist, ob die genannten Kriterien als hinreichende oder bloß notwendige Kriterien angesehen werden. In den meisten Fällen scheinen diese eher als notwendig und nicht schon jeweils hinreichend betrachtet zu werden, erst der systematische Einbezug aller drei Kriterien wäre dann hinreichend für eine pädagogische Lerntheorie. So explizit wird dies aber kaum geäußert, zumeist werden die Kriterien für eine pädagogische Lerntheorie nur angedeutet.

Die starke Betonung insbesondere der *inhaltlich-sachlichen Dimension des Lernens* als ein Kriterium für eine pädagogische Lerntheorie ist angesichts der erfolgten „Formalisierung des Lernprozesses" (Meyer-Drawe 2008a: 99) bzw. der „tendenzielle[n] Entmaterialisierung des Lernens" (Göhlich/Zirfas 2007: 41) plausibel. So erfolgte auf dem Hintergrund der eingangs beschriebenen gesellschaftlichen Situation eine „Umstellung der Pädagogik vom Lernen spezifischer Qualifikationen [...] auf die formale Kompetenz vom Lernen des Lernens" (ebd.). Lernen wurde so immer stärker abgekoppelt von der Tätigkeit des Erlernens spezifischer Inhalte, Fähigkeiten und Fertigkeiten und gilt fortan zumeist als formaler, entmaterialisierter Prozess der Veränderung bzw. der individuellen Anpassung an veränderte (gesellschaftliche) Umwelten. Neben dieser Entmaterialisierung, also der Tatsache, dass für einen formalistischen Lernbegriff die spezifischen Inhalte

19 Beispielsweise geht es für Göhlich und Zirfas (2007: 7) „aus pädagogischer Sicht nicht darum, Lernen ‚an sich' zu erklären, sondern menschliches Lernen in seiner Besonderheit". In den meisten Versuchen wird dieses Kriterium eher implizit als selbstverständlich vorausgesetzt.

20 So spricht beispielsweise Prange (2005: 83) davon, Lernen zeige sich „pädagogisch im Zusammenhang einer spezifischen Lehraufgabe und Erziehungsabsicht". Daher müsse eine pädagogische Theorie des Lernens „zuerst die Frage [...] behandeln, wie das Lernen vom Erziehen her gesehen und durch das Erziehen herausgefordert und thematisiert wird" (ebd.). Ähnlich beschreiben dies Strobel-Eisele und Wacker (2009: 11), die davon sprechen, dass die Pädagogik „vom Erziehen auf das Lernen" schaue und „es im Zusammenhang mit seinen Voraussetzungen, mit erzieherischen Handlungen und Aspirationen" (Strobel-Eisele/Wacker 2009: 12) betrachte. Und Göhlich und Zirfas (2007: 7) konstatieren, dass das Ziel einer pädagogischen Sicht auf das Lernen sei, „menschliches Lernen [...] im Zusammenhang mit der Praxis menschlicher Lernunterstützung zu verstehen", da „Lernprozesse an bestimmte Entwicklungen oder auch Erziehungs- oder Bildungsprozesse gebunden bleiben" (Göhlich/Zirfas 2007: 14).

des Lernens keine oder nur eine periphere Rolle spielen bzw. davon ausgegangen wird, dass der Prozess des Lernens unabhängig von den spezifischen Lerninhalten beschrieben werden kann[21], ist der Preis der *Formalisierung des Lernens* die Entgrenzung der Subjekte des Lernens: „Alles, was sich verändern kann, lernt: Systeme, Gesellschaften, Regionen, Maschinen, Radios, intelligente Dinge wie der Kühlschrank, der seinen Inhalt kontrolliert und Buch darüber führt." (Meyer-Drawe 2008a: 30) Gegen eine solche *Entgrenzung der Subjekte des Lernens*, die in der lernpsychologischen Forschung insofern schon vorgebahnt wurde, als dass dort häufig von keiner oder nur einer graduellen Differenz zwischen menschlichem und tierischem Lernen ausgegangen wurde, gilt in Versuchen der Formulierung einer pädagogischen Theorie des Lernens, wie beschrieben, der *Mensch als Subjekt des Lernens*. Da jedoch weder der ‚Mensch' noch das ‚Subjekt' in der wissenschaftlichen Reflexion unproblematische Kategorien sind, muss sich eine pädagogische Theorie des Lernens unabdingbar mit anthropologischen und subjekttheoretischen Fragen auseinandersetzen, um zu klären, was sie spezifisch unter menschlichem Lernen verstehen kann und was es bedeutet, dass der Mensch als Subjekt des Lernens gilt.

21 In diesem Zusammenhang wird des Öfteren darüber debattiert (vgl. Kress 2007: 52; Prange 2008: 242ff), ob es überhaupt ein Lernen an sich gebe oder ob es grundsätzlich verschiedene Formen des Lernens sind, die mit verschiedenen Lerninhalten und Lernkontexten einhergehen. Indes scheinen mir beide Varianten nicht sonderlich überzeugend zu sein, letztlich weil beide tendenziell ein gegenstandstheoretisches Verständnis von Lernen unterstellen, damit jedoch der Verquickung von Phänomen und Begriff nicht gerecht werden. Ist es doch vor allem die Einheit des Begriffs bzw. die diffuse, netzwerkartige, auf Differenzen beruhende Einheit der Semantik (des Lernens), die allererst die, ebenfalls diffuse aber nicht zu leugnende, Einheit des Phänomens hervorbringt. Mit Barbara Platzer (2006: 27) kann daher von einem ‚Topos des Lernens' gesprochen werden: „Ein solcher Topos erhebt den Anspruch auf größtmögliche Heterogenität seines Gegenstandes bei gleichzeitiger Einheitlichkeit des sprachlichen Gebrauchs: In den unterschiedlichsten Situationen ist eben die Rede davon, dass man ‚lernt'." Anders gesagt: „Was sich also über Lernen aussagen lässt, betrifft nicht einen etwaigen Wesenskern desselben, sondern beschreibt eher einen Topos des Lernens, das heißt einen Ort, der für das steht, was man Lernen nennt. Dieser Topos des Lernens ist, formal betrachtet, leer. Da alle Tätigkeiten und Bewegungen des Lernens unterschiedlich sind und ihnen dennoch die Begrifflichkeit im sprachlichen Umgang gemeinsam ist, scheinen sie auf einen Punkt hin, nämlich den Begriff des Lernens, zusammenzulaufen." (Platzer 2006: 190) Wenn im Folgenden daher vereinfacht von ‚Lernen' oder ‚dem Lernen' die Rede ist, dann ist damit stets ein solcher ‚Topos des Lernens' gemeint.

Da man sich mit der Frage nach dem Subjekt des Lernens jedoch eine ‚leidige' – weil hoch umstrittene und umkämpfte – Frage einhandelt, mit der man sich auf diskursiv vermintes Gelände begibt, das nur selten unbeschadet durchquert werden kann, verwundert es nicht, dass diese Frage im Diskurs des Lernens kaum explizit gestellt und systematisch bearbeitet wird. Nicht nur pädagogische Theorien des Lernens, sondern allen Lerntheorien liegt jedoch, unabhängig von der expliziten Reflexion des jeweiligen subjekttheoretischen und anthropologischen Verständnisses – zumindest implizit – eine Subjektkonzeption bzw. eine ‚Subjekthypothese' (Marotzki 1988: 331) zugrunde, die sowohl „über den Objektbereich einer Theorie […] wie auch über die Zugangsweise zu diesem" (ebd.) entscheidet, aber „innerhalb des Theoriezusammenhanges, den sie konstituier[t], fast immer der Prüfung entzogen" (ebd.) bleibt. Anders gesagt: Die expliziten oder impliziten subjekttheoretischen Annahmen jeder Lerntheorie bestimmen auch, was jeweilig überhaupt unter Lernen verstanden werden kann.

In der ersten Studie dieser Arbeit sollen daher die subjekttheoretischen Annahmen der gängigsten Bezugstheorien für lerntheoretische Überlegungen herausgearbeitet werden, um zu zeigen, wie diese das jeweilige Lernverständnisses vorbahnen und dieses damit auch vereinseitigen. Auch für die *Formulierung einer alternativen Konzeption des Lernens* – ein zentrales Ziel dieser Arbeit –, ist es wichtig, vielleicht sogar notwendig, die gängigen Konzeptionen des Lernens in ihrer Grundlogik bzw. Theoriearchitektur genau zu kennen. Denn allzu häufig bauen alternative Konzeptionen des Lernens, gerade auch Versuche der Konzipierung eines pädagogischen Lernbegriffs, noch zu sehr auf den Grundannahmen und Logiken der gängigen Lernparadigmen auf und reproduzieren diese somit. Dies gilt insbesondere für einen *individualtheoretischen Zugang zum Lernen*, der – dies wird ein wesentliches Ergebnis der ersten Studie dieser Arbeit sein – im dominanten Lernverständnis vorherrscht. Dies bedeutet, dass üblicherweise *das einzelne Individuum bzw. dessen Innenraum als Ort des Lernens* und als *basale Bezugseinheit der Lerntheorie* betrachtet wird. Einen solchen individualtheoretischen Zugang zum Lernen weisen auch die meisten Versuche einer pädagogischen Konzeption des Lernens auf; als Beispiel dafür sei hier nur auf Göhlich und Zirfas (2007: 176) verwiesen, die in ihrem Reformulierungsversuch einer pädagogischen Theorie des Lernens explizit formulieren, Lernen sei ein „innerpsychischer Prozess".

Dass ein solcher individualtheoretischer Zugang zum Lernen sich jedoch gerade für die Konzeption einer pädagogischen Lerntheorie als problematisch erweist, zeigt sich, blickt man auf den *pädagogischen Bezug* als das bereits erwähnte dritte Kriterium, das neben der *inhaltlich-sachlichen* Dimension und dem Fokus auf *menschliches* Lernen als notwendiges Kriterium für eine pädagogische Theorie des Lernens angenommen wird. Eine pädagogische Theorie des Lernens, so die Annahme, müsse das Lernen aus der Perspektive des Lehrens und/oder des Erziehens in den Blick nehmen bzw. betrachte nicht alleinig das Lern-, sondern das Lehr-Lern-Geschehen bzw. das Lernen in Zusammenhang mit pädagogischen Bezugnahmen. Worin diese *Gebundenheit des menschlichen Lernens an die Praktiken pädagogischer Bezugnahmen* – beschrieben als Erziehen, Lehren usw. – genau besteht, wird von den Autoren (s.o.) jedoch zumeist nicht weiter ausgeführt. Dem liegt ein grundsätzliches Problem zugrunde: Wo diese Gebundenheit genauer ausgeführt und betont wird, gerät das Lernen schnell in die *Abhängigkeit* des Lehrens oder des Erziehens. Als Beispiel seien hier nur Strobel-Eisele und Wacker aufgeführt. Erstens sehen sie, wenn auch nicht alles Lernen, so doch zumindest den Erwerb von menschlichen Grundkompetenzen auf das „Zutun anderer" (Strobel-Eisele/Wacker 2009: 12), d.h. „erzieherische Zuwendung, Erfahrung und Belehrung" (ebd.), angewiesen, zweitens „bedürfe das Lernen der besonderen Herausforderung und Anleitung durch die Pädagogik in Form von erzieherischen Handlungen und Kontexten" (Strobel-Eisele/Wacker 2009: 8), um „den Kompetenzbereichen zu entsprechen, die die in den Bildungsstandards moderner Gesellschaften formulierten sind" (ebd.). Lernen gerät somit in die Abhängigkeit gezielter pädagogischer Handlungen, wie Erziehen und Lehren.

Jedoch hat gerade diese Abhängigkeit in der Vergangenheit zu einer *didaktischen Engführung des Lernens* geführt und damit zu äußerst problematischen und mittlerweile mannigfach kritisierten pädagogischen Denk- und Handlungsweisen. Diese zeigen sich an verschiedenen Stellen: So wie in der unterrichtlichen Praxis Lehrende stets der Gefahr ausgesetzt sind, einen ‚Lehr-Lern-Kurzschluss' zu begehen, d.h. anzunehmen, dass das, was gelehrt wurde, damit auch schon auf Schülerseite gelernt wurde – Lernen bedeutet dann, etwas gelehrt zu bekommen –, so wurde und wird im pädagogischen Diskurs Lehren und Lernen häufig schon sprachlich miteinander vermischt und verwechselt. Verwiesen sei nur auf die gängige Rede von sozialem Lernen, selbstgesteuertem Lernen, kooperativem Lernen, interkulturellem Lernen und entdeckendem Lernen, die allesamt nicht Formen des Lernens, sondern – zumeist oder zumindest immer auch – Methoden des Lehrens bzw. Unterrichtens bezeichnen.[22] Paradoxerweise sind diese ‚Kaschierungen des

22 Lernen wird in einem didaktisch enggeführten Verständnis zudem tendenziell als ein Prozess der Übernahme eines Etwas verstanden bzw. „als ein Übernehmen von solchem [...], auf das man ‚von selbst' nicht oder spät oder unvollständig oder zufällig gekommen wäre" (Buck 1989: 16) und darüber hinaus wird diese Übernahme als kumulativer (Wissens-)erwerb verstanden: „Lernen erscheint in dieser Vorstellung als linearer Prozeß der Erweiterung und Ansammlung, wo immer noch etwas dazukommt, ohne doch das, was schon gekonnt und gewußt wird, wesentlich zu verändern, weil die Form der Aneignung konstant bleibt." (Prange 1989: 191f).

Lehrens' bereits Reaktionen auf die Kritik der didaktischen Engführung des Lernens, mit der betont wird, dass das Lernen kein Geschehen ist, dass vom Lehrenden direkt beeinflusst oder gar hergestellt werden kann. Auch in Versuchen der Formulierung eines pädagogischen Lernverständnisses wird dieser Umstand betont, indem auf die Unhintergehbarkeit und Unsichtbarkeit des Lernens verwiesen wird. So verweist die *Unhintergehbarkeit des Lernens*, „dass das Lernen primär etwas ist, bei dem man sich nicht vertreten lassen kann" (Prange 2005: 89).[23] Neben dieser Unhintergehbarkeit des Lernens wird die *Unsichtbarkeit und Verborgenheit des Lernens* betont: „Es lässt sich nicht sehen wie ein Baum oder sonst ein Gegenstand oder ein Vorgang; man kann nicht darauf hinzeigen und sagen: das ist das Lernen." (Prange 2005: 85) Nicht nur für den Blick von anderen gilt, dass zwar „Fortschritte des Könnens, aber nicht das Lernen" (Prange 2005: 91) beobachtet werden könne, auch „uns selbst bleiben viele Lernvorgänge verborgen; erst hinterher stellen wir fest, dass wir uns verändert und insofern etwas dazugelernt haben" (ebd.). Dazu formuliert Buck (1989: 7): „Eines Tages ‚können' wir eine Leistung. Wir wissen dabei deshalb nichts zu sagen über den Prozeß, der zum Können geführt hat, weil dieses Können erst die Bedingung dafür darstellt, dass wir uns eines Lernens bewußt werden." Er konstatiert daher: „Unter allen menschlichen Leistungen scheint das Lernen seiner Natur nach zum Verborgensten und Unbekanntesten zu gehören." (Ebd.)[24]

Damit ergibt sich für die Versuche einer Formulierung eines pädagogischen Lernverständnisses jedoch ein *Dilemma*, das Strobel-Eisele und Wacker (2009: 7) auf den Punkt bringen: „Lernen wird [...] zurecht mit Attributen wie intransparent, unsichtbar und individuell im Sinne von unvertretbar belegt [...], aber gleichzeitig wird seine soziale Verortung betont und seine Förderungsbedürftigkeit von

23 Prägnant formuliert: „Beim Lernen verhält es sich wie beim Essen und beim Sterben. Man kann nicht essen und nicht sterben lassen [...] Es ist [..] nicht möglich, das Essen zu delegieren, anders als das Kochen, da kann ein anderer eintreten und weitermachen. Aber essen lassen, damit man satt wird, aber jemand anders die Cholesterinwerte übernimmt und dick wird, das geht nicht." (Prange 2005: 89f) Insofern ist die Rede von Selbstlernen tautologisch.

24 Phänomenologische Betrachtungen des Lernens haben darauf hingewiesen, dass sich aus der Unsichtbarkeit des Lernens ergibt, dass Lernen „immer von einem Vergessen begleitet ist" (Meyer-Drawe 1996b: 87). Denn: „Wenn wir einmal eine Fähigkeit erworben haben, können wir uns nicht mehr vorstellen, wie wir vorher waren. Erworbene Möglichkeiten haben ihre Vorstufen auf merkwürdige Weise verschluckt" (ebd.). Lernen ist daher „in sich selbst auch ein *Verlernen*" (Waldenfels 2000: 180) und „meint nicht nur den Gewinn einer neuen Perspektive, sondern gleichzeitig den Verlust der alten" (Meyer-Drawe 2008a: 16).

Seiten des Erziehens aufgewiesen.“ Anders gesagt: Versuche der Formulierung eines pädagogischen Lernverständnisses stehen entweder in der Gefahr das pädagogische Proprium zu verfehlen oder aber das Lernen didaktisch oder pädagogisch engzuführen bzw. als ein vom Lehren oder vom Erziehen in irgendeiner Weise abhängiges Geschehen zu konzipieren. Wie kann diesem Dilemma entronnen werden? Wie gezeigt werden wird, liegt diesem Dilemma eine dichotome Sichtweise von Individualem und Sozialem zugrunde und somit eine kategoriale Problematik. Diese zeigt sich sehr deutlich an Klaus Pranges Argumentation, der Erziehen als „ein[en] soziale[n] Vorgang, ein[en] Prozess zwischen Personen“ (Prange 2005: 90) betrachtet, das Lernen aufgrund seiner Unhintergehbarkeit aber als „unvertretbar-individuell“ (Prange 2005: 89) beschreibt. Zwar könne man „mit anderen und von anderen lernen; aber das ändert nichts daran, dass das Lernen selber individuell ist“ (ebd.). Damit aber ergibt sich gerade das beschriebene Dilemma: Beschreibt man Lernen als einen sozialen Prozess, so droht die Unhintergehbarkeit und Nichtvertretbarkeit des Lernens verloren zu gehen; beschreibt man hingegen, wie Prange, Lernen als einen individuellen Prozess, dann mutet die Redeweise von einem genuin pädagogischen Verständnis des Lernens wie ein ‚Taschenspielertrick‘ an. Das Pädagogische markiert in diesem Falle eine bloß spezifische Sichtweise auf das Lernen, bei dem nur solche Lernprozesse in den Blick geraten, die im Zusammenhang mit pädagogischen Handlungen wie Erziehen oder Unterrichten stehen. Dabei setzt man aber voraus, dass Lernen eigentlich ein viel breiteres Phänomen ist und es eine ganze Reihe von Lernprozessen gibt, die unabhängig von pädagogischen Bezugnahmen, Intentionen und Institutionen ablaufen; das spezifisch Pädagogische bestünde somit aus einer reinen Blickverengung bzw. positiv formuliert, einem spezifischen Fokus. Damit ergibt sich jedoch *erstens* die Gefahr eines didaktisch reduzierten Verständnis des Lernens, das in der schulischen Praxis äußerst geläufig zu sein scheint und darin besteht, dass Lehrpersonen mit Lernen tendenziell nur das ‚offizielle‘ Lern- bzw. Lehr-Lern-Geschehen bezeichnen, das mit den curricular festgelegten, zu vermitteltenden Inhalten und Kompetenzen in Zusammenhang steht. Nicht in den Blick geraten jedoch weder die zahlreichen inoffiziellen Lernprozesse im Unterricht[25] noch die lebensweltlichen Lernprozesse, die mit unterrichtlichen Lernprozessen, wenn auch auf oft verschlungenen Wegen und komplexer Weise, immer in Zusammenhang stehen. *Zweitens* geht das genuin Pädagogische an einem pädagogischen Lernverständnis verloren bzw. die andernorts gerade unterstellte phänomenale Differenz zwischen einem pädagogischen und einem nicht-pädagogischen Lernbegriff wird

25 Vgl. dazu eine ganze Reihe von Studien, von Zinneckers Klassiker zum ‚heimlichen Lehrplan, (Zinnecker 1975) bis hin zu aktuellen ethnographischen Untersuchung des ‚Schülerjobs‘ (Breidenstein 2006).

aufgehoben. Diesem Dilemma kann nur entkommen werden, wenn Lernen weder als individuelles noch als soziales, sondern *als relationales Geschehen*, d.h. als ein ‚radikales Beziehungsgeschehen' betrachtet wird.[26] Ein Verständnis des Relationalen kann aber nur dann gewonnen werden, wenn das gewohnte individualtheoretische Verständnis des Subjekts, das sich in nahezu allen lerntheoretischen Formulierungen zeigt, aufgebrochen wird und auch das Subjekt bzw. Subjektivität relational begriffen wird. Ausgehend von einem solchen Verständnis relationaler Subjektivität kann dann das Lernen erneut und anders in den Blick kommen und auf eine Weise formuliert werden, die ermöglicht, ein pädagogisches Verständnis des Lernens zu entwickeln, das sich nicht in dem beschriebenen Dilemma verfängt und die konstitutive Rolle der Anderen[27] für das Lernen theoretisch angemessen(er) konzeptualisieren kann.

Damit sind die wesentlichen Topoi dieser Arbeit angesprochen, so dass im verbleibenden Teil der Einleitung die präzise Zielstellung und die dazu gewählte Vorgehensweise genauer erläutert werden können.

Ziele der vorliegenden Arbeit

Vorrangiges Ziel dieser Arbeit ist es, wichtige Schritte hin zu einem *relationalen Verständnis des Lernens* zu entwickeln, die es ermöglichen, die individualtheoretische und dualistische Bahnung des Lernens[28] zu verlassen und damit, wie bereits

---

26 Göhlich/Zirfas (2007: 9) weisen in eine ähnliche Richtung, wenn sie ein Verständnis andeuten, bei dem Lernen „dialogisch, jedoch nicht durch Lehre konstituiert" (Göhlich/Zirfas 20007: 7) wird und darauf verweisen, dass Lernen zugleich selbsttätige als auch dialogische Aktivität sei und pädagogische Interventionen Handlungsvollzüge nicht nur einschränken oder verschließen, sondern häufig allererst eröffnen oder diese erweitern (Göhlich/Zirfas 2007: 10). Leider arbeiten sie ein solches dialogisches Verständnis des Lernens nicht weiter aus, konstatieren an anderen Stellen – siehe beispielsweise die oben bereits zitierte Aussage zu Lernen als innerpsychischem Prozess – ein explizit individualtheoretisches Verständnis des Lernens und konzipieren insgesamt eine äußerst eklektizistische Lerntheorie, die sich nicht durch Widersprüchlichkeiten in den Grundannahmen verschiedener Elemente ‚stören' lässt.

27 Im Folgenden werden die *Anderen* dann groß geschrieben, wenn in einem alteritätstheoretischen Sinn die konstitutive und unüberwindbare Anders- und Fremdheit der Anderen betont werden soll.

28 Die individualtheoretische und dualistische Bahnung des Lernens in den gängigen Lernverständnissen wird sich als ein wesentliches Ergebnis der ersten Studie dieser Arbeit ergeben. Damit ist gemeint und abkürzend bezeichnet, dass die gängigen Be-

im Titel und in der obigen Darstellung des Dilemmas angedeutet, ein zentrales *Moment einer genuin pädagogischen Theorie des Lernens* zu formulieren. Da die Arbeit somit auf ein alternatives Verständnis des Lernens zielt, soll damit zugleich ein Beitrag zur „Erziehungswissenschaft als ‚kritische Ontologie der Gegenwart' (Foucault)" (Ricken 2002: 170), die sich „als Kritik einer in Grundbegriffen und Kategorien implizierten und fest etablierten ‚Analytik der Wahrheit' (Foucault)" (ebd.) versteht, geleistet werden.[29]

Dazu muss in einem ersten Schritt (Studie I) die im gängigen Verständnis des Lernens und seiner üblichen kategorialen Fassung implizierte und konventionell etablierte ‚Analytik der Wahrheit' (Foucault) zunächst allererst herausgearbeitet werden, um diese überhaupt in Frage stellen und in einem zweiten Schritt (Studie II) durch eine veränderte Fassung aufbrechen zu können. Studie I zielt daher zudem darauf, zunächst aufzuzeigen, dass Lerntheorien stets spezifische Subjektkonzeptionen implizieren und diese Subjektkonzeptionen gegenstandskonstitutiv sind. Anders formuliert: Gezeigt werden soll, dass und wie das implizite Subjektverständnis der Lerntheorien eine zentrale Wirkgröße dafür ist, was in den jeweiligen Lerntheorien überhaupt unter Lernen verstanden und untersucht werden kann und wie das Lernen dort spezifisch konzipiert wird. Dazu sollen die wichtigsten ‚Lernparadigmen' in ihrer Grundgestalt und Theoriearchitektur nachgezeichnet und auf den spezifischen Zusammenhang von Subjekt- und Lernverständnis hin analysiert werden.

Um die individualtheoretische und dualistische Bahnung des Subjekt- und Lernverständnis, die sich als wesentliches Ergebnis der ersten Studie ergeben wird sowie als zentrales Dilemma der Versuche einer Konzipierung einer pädagogischen Theorie des Lernens zeigte, aufzubrechen, zielt die Studie II dieser

zugstheorien des Lernens sowohl, wie bereits erläutert, – subjekttheoretisch – durchgängig ein individualtheoretisches Verständnis des Lernens aufweisen, als auch – ontologisch – durchgängig auf einem dualistischen Verständnis der Wirklichkeit beruhen, d.h. die Wirklichkeit in Geist/Psyche einerseits und in Körper/Materie andererseits trennen.

29 Insofern sich Menschen heute grundsätzlich als Lernende verstehen – dies zudem in einem recht spezifischen und recht fixen Verständnis – und diese Arbeit nicht nur explizit die Subjektverständnisse der gängigen Lernparadigmen untersucht, sondern auch auf ein alternatives Verständnis des Lernens zielt, kann die vorliegende Arbeit auch einen Beitrag zu einer kritischen (pädagogischen) Anthropologie leisten. Eine solche versucht „die differentiell verfasste ‚Frage der Menschen' nach sich selbst strukturell zu etablieren, sie gegen ‚Schließung' und hierachische Zurichtung offenzuhalten und insofern immer wieder in die Differenz, die Menschen sich und anderen sind, denkerisch selbst einzuführen" (Ricken 2004: 170).

Arbeit auf die Erarbeitung eines alternativen Subjekt- und von dort her, eines alternativen Lernverständnisses. Es handelt sich dabei um den Versuch, Lernen von anderen theoretischen Grundlagen bzw. Vorannahmen her zu verstehen und ist dazu angewiesen auf die Ausarbeitung eines alternativen Subjektverständnis (hier ‚relationale Subjektivität' bezeichnet) sowie von relationalen Kategorien bzw. relationalen Denk- und Sprachmustern, um Grundzüge einer relationalen Theorie des Lernens entwickeln zu können. In beiden Studien kann ein wichtiger grundlagentheoretischer Beitrag gesehen werden, der m.W. bislang noch nicht geleistet wurde.[30]

Mit der Formulierung dieser Ziele der Arbeit ist auch angesprochen, was diese Arbeit nicht leisten will und leisten kann. *Erstens* kann auf diesem Wege zwar ein wichtiges Moment einer pädagogischen Theorie des Lernens konzipiert werden, nicht aber eine solche schon selbst formuliert werden. Dies würde den Rahmen dieser Arbeit sprengen.[31]

Zweitens kann auch die vollständige Formulierung einer relationalen Theorie des Lernens, die die individualtheoretische und dualistische Bahnung des Lernens radikal hinter sich lassen könnte, hier nicht geleistet werden. Vielmehr wurde explizit formuliert, dass wichtige *Schritte* hin zu einem relationalen Verständnis des Lernens unternommen werden, diese sollen in der Konzipierung einer heuristischen Skizze einer relationalen Lerntheorie münden. Dass hier nicht schon eine relationale Theorie des Lernens selbst formuliert werden kann, liegt vor allem an einer grundsätzlichen Problematik: Die individualtheoretische und dualistische Bahnung ist kein Spezifikum des Lerndiskurses, sondern tief eingebettet in die moderne, westlich-abendländische Kultur bzw. deren Denk- und Sprachgewohn-

30 Zwar untersucht Klaus Holzkamp in seiner subjektwissenschaftlichen Lerntheorie explizit andere Lerntheorien auf deren, aus seiner Sicht fehlendes, Subjektverständnis hin, jedoch wählt er dazu nicht nur eine andere Zugangsweise, sondern untersucht auch nicht, wie hier geschehen wird, konstruktivistische und neurowissenschaftliche Lerntheorien (siehe zu Holzkamps Analyse Kapitel I.5). In Meyer-Drawes bereits weiter oben angesprochene Untersuchung der ‚Diskurse des Lernens' spielt zwar die Frage der Subjekte des Lernens einen entscheidende Rolle und wird dort äußerst luzide thematisiert, jedoch unterscheidet sie weder, wie hier geschehen wird, die größeren Bezugstheorien des Lernens voneinander, noch untersucht sie *diese* systematisch auf deren Subjektverständnis hin.

31 Aufgrund der Ausrichtung bzw. der Zielsetzung der Arbeit wird die Arbeit sich zu einem Großteil daher auch nicht mit pädagogischen Diskursen auseinandersetzen, sondern auf einem breiten interdisziplinären Feld arbeiten, das vor allem die Disziplinen der Psychologie, der Philosophie, der Soziologie und der Neurowissenschaften umfasst.

heiten und kann daher nicht einfach *über*-, sondern nur schrittweise *ver*wunden werden[32], d.h. leichte Verschiebungen bzw. kleine Schritte sind möglich, nicht aber radikale Sprünge und ein völlig neues Verständnis. Wo immer ein solches propagiert wird, ist der Kaiser zwar nicht nackt, trägt häufig jedoch auch keine wirklich neuen Kleider.

Drittens bewegt sich diese Arbeit explizit auf dem Feld der Lerntheorie und will einen Beitrag zu einer pädagogischen Lerntheorie leisten, die nicht identisch ist mit dem, was gängigerweise als Lehr-Lern-Theorie bezeichnet wird. Der lehr-lern-theoretische Diskurs und die Ergebnisse der empirischen Lehr-Lern-Forschung sind daher nicht angezielter Gegenstand dieser Arbeit, auch weil die Lehr-Lern-Theorie zumeist auf gängige lernpsychologische Lernverständnisse zurückgreift und kein eigenständiges Lernverständnis hervorgebracht hat.[33]

Da in dieser Arbeit explizit grundlagentheoretische Beiträge angezielt werden, ist *viertens* diese Arbeit nicht anwendungsorientiert, d.h. von ihr darf kein direkter Ertrag für die pädagogische Praxis erwartet werden. Da, entgegen des gängigen oppositionalen Verständnisses des Verhältnis von Theorie und Praxis, hier davon ausgegangen wird, dass jede Praxis theoretisch aufgeladen ist bzw. pädagogische Handlungen auf komplexe Weise mit Denk- und Wahrnehmungsmustern zusammenhängen, die wiederum in Zusammenhang mit grundlagentheoretischen Konzeptionen wie Kategorien stehen, kann sich der interessierte Praktiker von dieser Arbeit zumindest einen veränderten Blick auf und in seine Praxis erhoffen. Operiert er dort, wie unbewusst auch immer, doch mit einem spezifischen Lernverständnis, das dazu führt, was er als Lernen überhaupt wahrnimmt und wie. Anders gesagt: „Wo und wie auch immer pädagogische Praxis lernenden Menschen begegnet, menschliches Lernen zu unterstützen und zu befördern sucht, stets folgt sie nicht nur einem Bild von Mensch und Welt, sondern auch einer Theorie des

32 Dies ist formuliert in Anlehnung an Martin Heideggers Konzept der Verwindung (siehe beispielsweise Heidegger 1977 [1956]), das überall dort zum Zuge kommen kann, wo sich etwas so tief in das gängige Verständnis der Wirklichkeit und des Selbstverständlichen eingeschrieben hat, dass es nicht einfach *über*wunden werden kann, sondern nur durch Verschiebungen und Verdrehungen des bisherigen Verständnisses *ver*wunden werden kann.

33 Wenngleich es reiz- und sinnvoll wäre, sowohl den Diskurs der Lehr-Lern-Psychologie auf dem Hintergrund der hier vollzogenen Analyse systematisch zu durchleuchten als auch die hier entstehende Heuristik eines relationalen Verständnisses des Lernens mit den Ergebnissen der empirischen Lehr-Lern-Forschung zu kontrastieren, zumal sich in dieser die Etablierung eines alternativen Paradigmas anbahnt, das dem hier entwickelten Verständnis zumindest in Teilen nahesteht (siehe Renkl 2009). Doch würde auch dies den Rahmen dieser Arbeit sprengen.

Lernens.“ (Göhlich u.a. 2007b: 7) In diesem Sinne ist eine grundlagentheoretische Auseinandersetzung mit dem Lernen äußerst ‚praktisch‘, jedoch bleibt festzuhalten, dass diese nicht zu einem Anwendungswissen führt, das sich Praktiker häufig von der Theorie erhoffen.

Zur Vorgehensweise der vorliegenden Arbeit

Wie sehen jedoch der angestrebte Gang der Arbeit und die dazu gewählte Vorgehensweise aus, mit denen die Zielsetzungen dieser Arbeit erreicht werden sollen? Die gewählte Vorgehensweise, deren Grundzüge schon in der obigen Nachzeichnung der Skizze einer erziehungswissenschaftlichen Grundlagenforschung des Lernens sichtbar wurden, wird noch deutlicher mit Blick auf die Tradition einer ‚Allgemeinen Pädagogik‘ bzw. deren ‚Theorie- und Reflexionsfunktion‘, an die die vorliegende Arbeit anschließt. Hier stehen insbesondere Konstitutionsproblematiken im Vordergrund, d.h. „weil pädagogische Phänomene nicht einfach gegenstandstheoretisch zu bestimmen sind, sondern in ihrer ‚Gegenständlichkeit‘ von sie konstitutierenden Beobachtungsperspektiven abhängig sind“ (Ricken 2010: 22), ist es von besonderer Wichtigkeit, „durch systematisch entfaltete bzw. anthropologisch argumentierende Grundgedankengänge und begriffstheoretische wie -geschichtliche Reflexionen“ (ebd.) die Konstitution der jeweiligen pädagogischen Phänomene, in diesem Fall des Lernens, zu analysieren. Dies kann geschehen durch

> „sowohl historische als auch explizit kategoriale Reflexionen, die die jeweiligen Rahmungen der pädagogisch-erziehungswissenschaftlichen Begriffsbildung problematisieren: zum einen, indem sie historisch-wirksame Paradigmen der Wahrnehmung und Bearbeitung pädagogischer Fragestellungen […] unterscheiden, in ihrer Grundgestalt rekonstruieren und in ihren theoretischen wie praktischen Effekten analysieren; zum anderen, indem sie die jeweilige Fassung der leitenden Begriffe befragen und mit Rückgriff auf außerdisziplinäre Diskurse verschieben“ (ebd.).

Genau eine solche doppelte Vorgehensweise wurde hier gewählt. Wie bereits angedeutet, dient eine erste Studie (I) dieser Arbeit dazu, die gängigen Paradigmen des Lernens in ihrer Grundgestalt zu rekonstruieren und diese im Hinblick auf ihre spezifische Subjekt- und Lernkonzeptionen sowie deren Zusammenhang in der Gegenstandskonstitution zu untersuchen. In einer weiteren Studie (II) wird schließlich – durch Rückgriff auf, vom Standpunkt des Lerndiskurses außerdisziplinäre, Diskurse, die sich einerseits um die Frage nach dem Subjekt, andererseits um ein Verständnis von Relationalität drehen –, die gängige Fassung des Lernens problematisiert und dieser ein alternatives bzw. relationales Verständnis entgegengehalten.

Auch kann die gewählte Vorgehensweise – aufgrund der aufgezeigten Unhintergehbarkeit von menschlichen Selbstbeschreibungen in den Lerntheorien und des Zusammenhangs von Lern- und Subjektverständnis – explizit als Arbeit am ‚anthropologischen Problem' verstanden werden, das nach Norbert Ricken (2010) als zentrale Dimension des pädagogischen Problems gelten kann. Ricken (2010: 34) formuliert, dass diese Arbeit am Problem der anthropologischen Differenz „sowohl analytisch als auch perspektivisch-diskursiv" bearbeitet werden müsse,

> „zum einen als Implikationsanalyse, in der die unterschiedlichen Praktiken und Diskurse daraufhin befragt werden, als wer sich Menschen in ihnen verstehen und als wer sie sich handelnd entwerfen [...]; zum anderen als Explikationsdiskurs, in dem diese Befunde ausdrücklich aufgenommen, im Kontext expliziter, kulturwissenschaftlich oder philosophisch situierter anthropologischer Diskurse problematisiert und mit Blick auf wechselseitige Verständigung, als wer wir uns denn verstehen wollen, nach vorne diskutiert werden" (ebd.).

Die erste Studie (I) dieser Arbeit stellt in diesem Sinne eine Implikationsanalyse dar, indem der Lerndiskurs bzw. die in diesem wichtigsten Lernparadigmen auf ihre impliziten Subjektkonzeptionen und damit auf das ihnen inhärente Verständnis des Menschen hin befragt werden. Auch Lerntheorien sind in diesem Sinne Diskurse, in denen Menschen sich zu verstehen suchen, und deren Einsickern in die lebensweltlichen Verständnisse dazu führt, dass Menschen sich als Lernende verstehen. Um den Rahmen aufbrechen zu können, in dem sich dieses Selbstverständnis als Lernende bewegt, wird in der zweiten Studie (II) ein Explikationsdiskurs geführt, in dem die Befunde der ersten Studie, die individualtheoretische und dualistische Bahnung des Lernens, ausdrücklich aufgenommen und im Kontext expliziter subjekt- bzw. (inter-)subjektivitätstheoretischer Diskurse problematisiert werden, um Grundzüge eines alternativen Verständnisses, als wer wir uns als Lernende denn verstehen könnten, zu entwerfen.

Wenden wir uns jedoch genauer dem *Gang der Arbeit* zu. Da in der ersten Studie (I) dieser Arbeit die gängigen Lernparadigmen Gegenstand der Analyse sind, stellt sich die Frage, was hier unter einem Lernparadigma verstanden wird und welche als solche in der ersten Studie untersucht werden. Zuerst einmal sollte deutlich sein, dass Lerntheorien als Bezugseinheiten einer solchen Untersuchung kaum infrage kommen, sind sie doch zu zahlreich und zu unterschiedlich hinsichtlich ihrer Verbreitung und Bedeutsamkeit im Lerndiskurs.[34] Anstatt von

34 Als Beispiele seien hier nur biographietheoretische (vgl. Göhlich/Zirfas 2007: 53ff), diskursiv-systemische (Miller 2006), pragmatische (English 2008; Elkjaer 2009) bzw.

Lerntheorien, erscheint es daher angemessener, von größeren theoretischen Referenzrahmen als Bezugseinheit der Analyse auszugehen, die zu bestimmten Zeiten den jeweiligen Lerndiskurs paradigmatisch geprägt haben, d.h. ein gemeinsames Vokabular, gemeinsame Grundannahmen, gemeinsame Denkmuster und eine typische Herangehensweise für die theoretische und empirische Erfassung des Lernens bereitgestellt haben und daher hier Lernparadigmen genannt werden.[35] Als solche Lernparadigmen gelten hier der Behaviorismus (I.1), der Kognitivismus (I.2), der Konstruktivismus (I.3) und die Neurowissenschaften (I.4).[36] Diese vier Paradigmen sollen einer grundlagentheoretischen Analyse unterzogen werden, in ihrer Gestalt und Theoriearchitektur nachgezeichnet, auf ihre Grundannahmen, Einseitigkeiten, Widersprüche und Brüche, sowie vor allem auf ihre Subjekt- und Lernkonzeption sowie deren konstitutiven Zusammenhang hin untersucht werden. Am Ende der ersten Studie steht ein kurzer Exkurs (I.5), in dem auf ähnliche jedoch auf weniger ausführliche Weise die subjektwissenschaftliche Lerntheorie thematisiert wird. Die Studie wird, wie beschrieben, aufzeigen, dass Subjekt- und Lernverständnisse in einem spezifischen Zusammenhang stehen, der sich in der spezifischen Konstitution des Gegenstands ‚Lernen' auswirkt. Zudem wird Studie I die durchgängig aufzeigbare, sich jeweils jedoch spezifisch zeigende und unterschiedlich auswirkende individualtheoretische und dualistische Bahnung des Lernens in den Lernparadigmen sichtbar machen. Damit wird deutlich(er), warum ein relationales Verständnis des Subjekts wie des Lernens benötigt wird, um die individualtheoretische und dualistische Bahnung zu verwinden.

Die in der ersten Studie (I) somit verstärkt aufgeworfenen Frage, wie man jenseits der individualtheoretischen Subjektkonzeptionen der Lernparadigmen, die in engem Zusammenhang mit einer dualistischen Ontologie stehen, das Subjekt bzw. Subjektivität und von dort her in einem weiteren Schritt das Lernen verändert verstehen kann, wird in der zweiten Studie (II) dieser Arbeit, explizit nachgegangen. Ein erster Schritt (II.1) zielt darauf eine gewaltige Verschiebung im Diskurs über das Subjekt nachzuzeichnen und lerntheoretisch fruchtbar zu machen, die zwar in einigen Disziplinen bzw. Subdisziplinen intensiv diskutiert und als Verschie-

kritisch-pragmatische (Faulstich 2008), semiotische (Kress 2007), soziale (Bandura 1979) und tätigkeitstheoretische (Engeström 2008) Lerntheorien sowie die Theorie transformativen Lernens (Mezirow 2009), die Theorie des situierten Lernens (Lave/Wenger 1999; Wenger 2004, 2009) und die Feldtheorie des Lernens (Lewin 1982) genannt.

35 Das hier verwandte Verständnis von Paradigma schließt somit nur ansatzweise an den Paradigmenbegriff der Wissenschaftstheorie Thomas S. Kuhns an (Kuhn 2007 [1962]).

36 Warum diese vier ausgewählt wurden und wie diese sich zueinander verhalten, wird im Abschnitt ‚Einleitende Bemerkungen zur Studie I' erörtert.

bung oder ‚Wende' vollzogen wurde, im bisherigen Lerndiskurs bislang jedoch kaum Auswirkung gezeigt hat. Die Nachzeichnung dieser Verschiebung beginnt mit einer Skizze des modernen Subjekts und dessen Eigenschaften, beschreibt sodann die ‚postmoderne' Kritik am modernen Subjekt, die ihren Höhepunkt in der Debatte um den ‚Tod des Subjekts' findet und mündet in einer kritischen Reformulierung eines dezentrierten (Lern-)Subjekts. Ein zweiter Schritt (II.2) erarbeitet einige lerntheoretische Anschlüsse an das so aufgezeigte und veränderte Subjektverständnis. Erörtert werden somit einige Elemente von – gegenüber den Lernparadigmen – alternativen Lerntheorien, die mehr oder weniger dezidiert versuchen Lernen nicht vor der Hintergrundfolie des modernen Subjekts zu verstehen. Dazu betonen sie vor allem die implizite, nicht- oder vorbewusste, präreflexive Seite des Lernens, legen ein besonderes Augenmerk auf die körperliche Dimension des Lernens legen bzw. verstehen Lernen vom Konzept der Leiblichkeit her und rücken besonders den Vollzug des Lernens in den Fokus, indem sie Lernen entweder vom Konzept der Erfahrung oder vom Konzept der Praktiken her konzipieren. Damit sind zwar Ansätze eines alternativen Lernverständnisses formuliert, die vor allem die dualistische Bahnung des Lernens verwinden können, gleiches kann jedoch nicht für die individualtheoretische Bahnung verstanden werden. Anders gesagt: Es bleibt die Rolle der anderen fürs Lernen bzw. die Bedeutung der Beziehung von Subjekt und anderen, sowie darin auch die Beziehung zu sich und zu anderem, ungenügend beleuchtet bzw. thematisiert. Um ein wirklich relationales Verständnis des Lernens zu erreichen, muss daher ein Vokabular gewonnen werden, mit Hilfe dessen relational gedacht und theoretisch konzeptualisiert werden kann. Der dritte Schritte (II.3) zielt daher auf die Gewinnung eines solchen Vokabulars und damit eines vertieften Verständnis von Relationalität und relationaler Subjektivität, indem eine Reihe von Theorien und theoretischen Ansätzen, die ganz unterschiedlichen Diskursen und Disziplinen entstammen, auf deren Verständnis von Relationalität und das dazu verwendete Vokabular hin befragt werden. Die dabei gewonnenen Erkenntnisse werden schließlich, darauf zielt der vierte und letzte Schritt der zweiten Studie (II.4), weitestmöglich systematisiert, indem von einem allgemeinen ‚Denken-in-Relationen' die besondere Rolle der Anderen unterschieden wird und letztere in die Dimension der Eingebundenheit, der Bezogenheit sowie die besondere Rolle des Zwischen (sich und Anderen) differenziert wird. Vor einem solchen Verständnis von Relationalität und relationaler Subjektivität wird dabei versucht Lernen relational zu verstehen. Dabei wird eine heuristische Skizze erstellt, mit der mittels zweier zentraler Differenzierungen – zwischen explizitem (Lernen als spezifische Praktik) und implizitem (Lernen als Moment von Praktiken), sowie zwischen formativem (Sich-Erlernen) und transformativem Lernen (Umlernen) – das so erlangte relationale Verständnis des Lernens weiterentwickelt, differenziert und präzisiert werden soll. Am Ende der

Arbeit steht eine Schlussbemerkung, in der die wesentlichen Ergebnisse dieser Arbeit noch einmal zusammengefasst, kritisch reflektiert und auf sich ergebende Anschlussfragen bzw. weiterführende Forschungsfragen hin befragt werden. Zudem soll hier deutlich gemacht werden, inwiefern das somit erarbeitete relationale Verständnis des Lernens ein Moment einer pädagogischen Theorie des Lernens markiert und somit dabei helfen kann, das beschriebene Dilemma pädagogischer Lerntheorien zu über- oder zumindest zu verwinden.

Studie I: Lernen und (Lern-)Subjekte. Eine kategoriale Analyse der gängigen Lernparadigmen

Einleitende Bemerkungen zur Studie I

> "If we proceed without reflecting on our fundamental assumptions about the nature of learning, we run an increasing risk that our conceptions will have misleading ramifications."
> ETIENNE WENGER[37]

> „Deshalb gilt für das reflexive Lernen: zurück zum Bekannten, als ob es unbekannt sei, vom Entfernten zum Nahen und Gewohnten, um es in seiner Selbstverständlichkeit aufzubrechen".
> KLAUS PRANGE[38]

Wie bereits in der Einleitung beschrieben zielt diese erste Studie (I) darauf, die vier hier unterschiedenen wichtigsten ‚Lernparadigmen' in ihrer Grundgestalt und Theoriearchitektur nachzuzeichnen, ihre Grundannahmen, ihr Lernverständnis und ihr implizites Subjektverständnis herauszuarbeiten sowie den spezifischen Zusammenhang von Subjekt- und Lernverständnis zu analysieren und auf die mit diesen kategorialen Fassungen des Lernens verbundenen Einseitigkeiten, Probleme und Widersprüche hin zu untersuchen.

Ein erstes Ziel dieser ersten Studie ist es somit, die im pädagogischen Grundbegriff des Lernens und seiner kategorialen Fassung implizierte und konventionell etablierte ‚Analytik der Wahrheit' (Foucault) herauszuarbeiten, um diese überhaupt in Frage zu stellen und in einem zweiten Schritt (Studie II) durch eine veränderte Fassung verwinden zu können. Einfacher formuliert: Will man Lernen von

37 Wenger 2009: 214.

38 Prange 1989: 198.

anderen theoretischen Rahmungen und anderen kategorialen Vorannahmen her verstehen, dann müssen diese in einem ersten Schritt zunächst frei gelegt werden. Zielt man des Weiteren darauf, den Rahmen aufzubrechen, in dem sich unser heutiges menschliches Selbstverständnis als lernende Wesen üblicherweise bewegt, ist es notwendig, den Lerndiskurs bzw. hier die einflussreichsten Lernparadigmen in einer Implikationsanalyse auf die ihnen impliziten Subjektkonzeptionen und damit auf das ihnen inhärente Verständnis des Menschen hin zu untersuchen.

Als weiteres bzw. zweites Ziel dieser ersten Studie wurde benannt, die der Ziel- und Fragestellung dieser Arbeit zugrunde liegende Annahme zu belegen, dass Lerntheorien stets spezifische Subjektkonzeptionen implizieren und diese Subjektkonzeptionen gegenstandskonstitutiv sind. Vereinfacht ausgedrückt, zielt die Studie I darauf, zu zeigen, dass und wie Subjekt- und Lernverständnisse der Lernparadigmen miteinander zusammenhängen.

Die Implikationsanalyse fragt somit nach den in den Lernparadigmen implizierten Subjekten des Lernens. Doch was wird hier überhaupt unter Subjekt bzw. Subjekt des Lernens verstanden? Auch wenn die *spezifischen Subjektverständnisse* allererst herausanalysiert werden sollen, so setzt eine solche Analyse doch ein gewisses Vorverständnis voraus. Der Terminus Subjekt steht hier einerseits als Chiffre für jegliche Selbstbeschreibung des Menschen; dies bedeutet: Wird nach den in den Lernparadigmen implizierten Subjektkonzeptionen gefragt, dann bedeutet dies zu fragen: Als wen verstehen sich Menschen, wenn sie sich als lernende Wesen im Sinne des Paradigmas X verstehen? Anders gesagt: Wer lernt dort? Und welche Eigenschaften werden diesem Subjekt des Lernens zugeschrieben? Andererseits verweist der Terminus Subjekt darauf, dass bei aller Heterogenität und Variabilität der menschlichen Selbstbeschreibungen diese in der modernen, westlichen Kultur schon immer eine spezifische Fassung haben. Den Menschen als Subjekt zu beschreiben und von einem Subjekt des Lernens auszugehen, setzt somit immer schon eine historisch entstandene, spezifische Fassung des Selbstverständnisses voraus. Diese wird in ihrer Genese und ihren zentralen Eigenschaften in Kapitel II.1 ausführlich erörtert, soll hier jedoch zumindest angedeutet werden: Das moderne Subjekt versteht sich als Ort bzw. innerer Raum des Bewusstseins, der Wahrnehmung und des Denkens sowie als ein Wesen mit innerer Tiefe und baut auf der dualistischen Sichtweise von Innen- und Außenwelt, Subjekt und Objekt, Psychischem und Physischem, Geist und Materie auf. Gleichzeitig besitzt es einen unveränderlichen Wesenskern (Identität oder die Instanz des Selbst). Dies führt zu einer individualtheoretischen Fassung, d.h. das moderne Subjekt versteht sich als monadisches und geschlossenes Einzelwesen, das zuerst in sich und für sich existiert. Zudem versteht sich das moderne Subjekt als autonome Handlungsinstanz, als souveränes Subjekt der Selbststeuerung sowie als ein Vernunftsubjekt, d.h. als wesentlich ‚cogito' und mit einer universellen Vernunft ausgestattet.

In der Einleitung wurde bereits geklärt, warum die hier, in Studie I, vollzogene Analyse nicht auf Lerntheorien sondern *Lernparadigmen* als Bezugseinheit der Analyse zurückgreift. Zur Erinnerung: Als Lernparadigmen werden hier theoretische Rahmentheorien verstanden, die zu bestimmten Zeiten den jeweiligen Lerndiskurs paradigmatisch geprägt haben, d.h. die ein gemeinsames Vokabular, gemeinsame Grundannahmen, gemeinsame Denkmuster und eine typische Herangehensweise für die theoretische und empirische Erfassung des Lernens bereitgestellt haben. Nicht geklärt wurde jedoch, warum hier der Behaviorismus, der Kognitivismus, der Konstruktivismus und die Neurowissenschaften ausgewählt wurden. Grund dafür ist, dass diese vier als theoretische Bezugs- und Referenzrahmen den Lerndiskurs und die gängigen Konzepte des Lernens besonders geprägt haben und bis heute allesamt wirksam sind. Dies zeigt sich bei einer genauen Betrachtung heute üblicher Lernverständnisse im wissenschaftlichen Diskurs. Diese sind einerseits explizit unterdeterminiert, d.h. zu häufig wird nicht expliziert, was im jeweiligen Fall genau unter Lernen verstanden werden soll, andererseits jedoch implizit überdeterminiert, d.h. sie sind insofern eklektizistisch, als dass sie zumeist – völlig ungeachtet möglicher Widersprüche – in Grundannahmen unterschiedlicher Elemente ihrer Theorie einen Mix aus behavioristischen, kognitivistischen, neurowissenschaftlichen und konstruktivistischen Bruchstücken darstellen.

Als idealtypisches Beispiel für dieses ‚Mainstream'-Verständnis des Lernens, das sich vor allem in der Lernpsychologie und der Lehr-Lern-Forschung zeigt, sei hier das Lernverständnis gewählt, das die Lernpsychologen und Lehr-Lern-Forscher Elsbeth Stern und Aljoscha Steffen Neubauer in ihrer Monographie ‚Lernen macht intelligent' entfalten. Wie zumeist wird Lernen hier vorrangig ‚kognitivistisch' verstanden, d.h. es wird davon ausgegangen, dass Menschen, wenn auch begrenzt, durch ihre Gedächtniskapazität, „eine bestimmte Menge an Information in einer bestimmten Zeit auf[..]nehmen" (Neubauer/Stern 2007: 160) können, sowie, dass im Gedächtnis bereits ‚Wissen' vorhanden ist (ebd.), an das die einkommenden Informationen anschließen müssen und das nach dem Muster einer „effizienten Wissensorganisation [...] in der Bündelung von bereichsspezifischem Wissen" (Neubauer/Stern 2007: 162) besteht. In diesem Sinne wird „Lernen als Veränderung in der Wissensorganisation" (Neubauer/Stern 2007: 164) beschrieben. Ein solche Definition des Lernens baut auf einem repräsentationalistischen Wirklichkeitsverständnis auf, das davon ausgeht, dass Menschen dazu in der Lage sind, „Ausschnitte aus der Welt im Geist zu konstruieren und auf der Grundlage dieser Konstruktionen Pläne zu schmieden" (Neubauer/Stern 2007: 160). Damit wird zwar kein (radikal-)konstruktivistisches Lernverständnis vertreten, jedoch wird nicht nur dessen Kernbegriff der ‚Konstruktion' übernommen, vielmehr beschreiben viele ‚gemäßigt-konstruktivistischen' Theorien das Verhältnis von Geist, Wissen und Wirklichkeit ähnlich und spiegeln darin die Theorie Jean Piagets, die sowohl kognitivistisch wie konstruktivistisch interpretiert wurde und wird. Deutlicher bildet sich der Behaviorismus in dieser kognitiven Lernkonzeption ab: Analog dazu, dass der lernpsychologische Minimalkonsens üblicherweise erreicht wird, „indem nicht mehr von unterschiedlichen Auffassungen, sondern von unterschiedlichen Lernformen gesprochen wird“ (Göhlich/Zirfas 2007: 13), konstatieren Neubauer/Stern, dass „[j]edes Lebewesen, das Sinneseindrücke empfangen und Verhalten zeigen kann, [...] Reiz-Reaktions-Lernen“ (Neubauer/Stern 2007: 159) zeige und auch menschliches Lernen häufig „durch einfaches Assoziationslernen gesteuert“ (ebd.) werde. Nicht genug damit, dass Lernen sowohl als Reiz-Reaktions-Geschehen als auch als Informationsaufnahme sowie als Wissenskonstruktion beschrieben wird, definieren Neubauer und Stern Lernen als einen „Sammelbegriff für eine Vielzahl von Prozessen, die im zentralen Nervensystem ablaufen“ (Neubauer/Stern 2007: 158) und betrachten Lernen auch „als Resultat einer Veränderung im Gehirn“ (Neubauer/Stern 2007: 193).

In diesem gängigen Verständnis des Lernens werden somit behavioristische, kognitivistische, konstruktivistische und neurowissenschaftliche Elemente miteinander vermischt. Darin zeigt sich nicht nur die Wirkmächtigkeit dieser vier Lernparadigmen, sondern auch, dass diese nur selten als – zumindest in ihrem Entstehungskontext – voneinander unterschiedene Paradigmen betrachtet werden. Daher sollen die vier genannten Lernparadigmen hier zunächst streng voneinander unterschieden und in ihrer Eigenlogik rekonstruiert und analysiert werden, auch wenn diese nicht nur in einem gewissen gängigen ‚Mainstream‘-Verständnis des Lernens in der Wissenschaft wie der Lebenswelt kulminieren und somit teils untrennbar miteinander vermischt sind, sondern diese zudem zahlreichen Überschneidungen, Überlappungen und Überschreibungen aufweisen – verwiesen sei hier nur auf die ‚Renaissance‘ behavioristischer Versatzstücke in den Diskursen der aktuellen Hirnforschung (vgl. Roth 2003) –, die komplexen Überschneidungen der Neurowissenschaften mit kognitivistischen Annahmen, nicht zuletzt durch die Erforschung neuronaler Netze (vgl. Lenz/Meretz 1995) oder auch die jeweiligen Bezugnahmen von Hirnforschung und Konstruktivismus (vgl. Roth 1996).

Zunächst wird der Behaviorismus (I.1) analysiert, da dieser wohl relativ unbestritten als erstes, großes Lernparadigma beschrieben werden kann. So dominierte der Behaviorismus zwischen den 1920er und 1960er Jahren nicht nur die US-Psychologie sondern auch das Verständnis und die wissenschaftliche Erforschung des Lernens und prägte das gängige Verständnis des Lernens; durch verspätete Rezeption des Behaviorismus im deutschsprachigen erziehungswissenschaftlichen Diskurs sowie durch anhaltende Wirkkraft auch darüber hinaus. Zudem kam es erst mit der ‚behavioristischen Revolution‘ zur heute bekannten Popularität des Lernbegriffs. Lernen wird dabei als eine Veränderung des beobachtbaren Verhaltens verstanden, die auf veränderten Reiz-Reaktions-Mustern beruht und durch sogenannte Konditionierungen verursacht ist. Zwischen Mitte der 1950er und Ende der 1960er Jahre kam es schließlich zur sogenannten ‚kognitiven Wende' in der US-Psychologie, in der die Vorherrschaft des Behaviorismus zerbrach und sukzessive von einem neuen Paradigma, dem des *Kognitivismus*, ersetzt wurde. Um das Verdikt des Behaviorismus – den Ausschluss psychischer und mentaler Phänomene aus der wissenschaftlichen Erklärung des Verhaltens und der Veränderungen von Verhalten (Lernen) – zu brechen und Themen und Phänomene in den Fokus lernpsychologischer Forschung zu bringen, die unter der Vorherrschaft des Behaviorismus als ‚unwissenschaftlich' gebrandmarkt wurden, setzt der Kognitivismus auf das ‚Computermodell des Geistes' und beschreibt den Prozess des Lernens auch auf mentaler Ebene als Prozess der Informationsverarbeitung. Der Kognitivismus soll daher als zweites zentrales Lernparadigma analysiert werden (I.2). Diese streng kognitivistische Fassung des Lernens wurde – nachdem die Vorherrschaft des Behaviorismus endgültig gebrochen war – jedoch zunehmend aufgeweicht durch eine losere kognitive Fassung des Lernens, die neben dem Computermodell des Geistes auch andere Theorieelemente enthält. Beispielsweise wurde die bereits viel früher – in den 1930er Jahren – entwickelte Entwicklungs- und Lerntheorie Piagets zunehmend im Lerndiskurs rezipiert und es kam zu einem ‚schleichenden Übergang' vom Verständnis des Lernens als Informationsverarbeitung zum Lernen als Wissenskonstruktion. Somit enthielten zunehmend auch konstruktivistische Elemente Einzug in das gängige Lernverständnis. Insbesondere der Ende der 1980er, Anfang der 1990er Jahre entwickelte sogenannte radikale *Konstruktivismus* wurde spätestens in der zweiten Hälfte der 1990er Jahre zur vorherrschenden Referenztheorie für lerntheoretische Überlegungen – zumindest im pädagogischen Diskurs – und soll als drittes wichtiges Lernparadigma analysiert werden (I.3). Als vorherrschender Bezugsrahmen wird der Konstruktivismus seit Beginn des ersten Jahrzehnts des 21. Jahrhunderts zunehmend von den *Neurowissenschaften* abgelöst, die sich allerdings schon seit Beginn der 1990er Jahre im Aufwind befinden; unter anderem weil die Entwicklung neuer methodischer Verfahren einen direkten Blick ins Gehirn und damit – so die Neurowissenschaftler – auf die das Lernen bedingenden neuronalen Prozesse erlauben. Die Neurowissenschaften sollen als viertes Lernparadigma analysiert werden (I.4).

Erst durch die so getrennte Analyse der Lernparadigma zeigen sich dann gewisse Zusammenhänge zwischen diesen; so kann beispielsweise der Lerndiskurs im Verlaufe des 20. Jahrhunderts als einhergehend mit einer steten Verinnerlichung des Lernens betrachtet werden, in der das Lernen vom Außen des Individuums, seines sichtbaren Verhaltens, zunehmend ins Innere, in den Geist (bzw. die Psyche) oder in dessen materielles Äquivalent, das Gehirn, verlegt wurde. Am

Ende der ersten Studie steht ein kurzer Exkurs (I.5), in dem auf ähnliche jedoch auf weniger ausführliche Weise wie die Lernparadigmen die *subjektwissenschaftliche Lerntheorie* analysiert wird. Als Exkurs wird dies bezeichnet, weil einerseits die Subjektwissenschaft nicht in dem hier gefassten Sinne in die Reihe der Lernparadigmen einsortiert werden kann, da sie wesentlich geringeren Einfluss und Verbreitung aufweist, andererseits wirft die subjektwissenschaftliche Lerntheorie, wie schon im Namen deutlich wird, die Frage nach dem Subjekt des Lernens explizit, und nicht wie die anderen Lernparadigmen zumeist implizit, auf. Gerade weil auch die subjektwissenschaftliche Lerntheorie auf einer Analyse des Subjektverständnisses anderer Lerntheorien fußt, muss deutlich gemacht werden, worin sich die subjektwissenschaftliche Vorgehensweise von der hier gewählten unterscheidet. Die Unterschiede liegen erstens in der Art und Weise der Subjektanalyse und zweitens in dem Subjektverständnis selbst. So basiert die subjektwissenschaftliche Lerntheorie auf einem Subjektverständnis, das hier als problematisch betrachtet wird, da es die individualtheoretische und dualistische Bahnung nicht verlässt.

I.1 Behaviorismus: Lernen als Konditionierung und die Exkludierung der Subjektivität

„Die Theorie des Behavioristen ist ziemlich einfach."
JOHN B. WATSON[39]

"If you've ever seen a room full of women playing bingo, I don't know why it is that women play bingo, but they have terrific dedication [...]. They'll sit for hours with four or five cards, listening to numbers, and looking very keenly. Is this something they are born with? No, it is something in them because of their history of reinforcement, and I would take words such as ‚enjoyment' or ',courage' as examples of what you would find in the individual that I am trying to find outside."
BURRHUS FREDERIC SKINNER[40]

„Das Problem scheint mir dabei nicht, dass Menschen sich entsprechend wie dressiert oder besser programmiert verhalten können, sondern dass der realitätsverdoppelnde behavioristische Ansatz den Blick versperrt auf die kritische Alternative, unter welchen Umständen nämlich Menschen nicht funktionieren wie dressierte Tiere."
FRIGGA HAUG[41]

39 Watson 1976: 239.

40 Skinner in Rogers 1989: 99.

41 Haug 2004: 136.

EINLEITENDE BEMERKUNGEN

Es mag verwundern, warum dem Behaviorismus an dieser Stelle so viel Aufmerksamkeit zuteil wird, gilt dieser im erziehungswissenschaftlichen Diskurs doch als Paradebeispiel einer fehlgeleiteten, geradezu ‚primitiven' Theorie der Vergangenheit, die aus heutiger Sicht teils groteske Züge trägt und die häufig angeführt wird, um im Vergleich mit dieser die Elaboriertheit und Fortschrittlichkeit der eigenen Position zu unterstreichen. Jedoch sind zumindest Versatzstücke behavioristischer Lerntheorien als wesentliche Bestandteile des akkumulierten Wissens der Lernpsychologie nicht wegzudenken, was ein Blick in einschlägige Lehrbücher sofort offenbart und was sich auch im gängigen kognitiven Lernverständnis der empirischen Lehr-Lern-Forschung zeigt, das unterhalb der Schwelle des Bewusstseins ablaufende Lernprozesse nach Logik des behavioristischen Verständnisses erforscht und als Reiz-Reaktions-Geschehen beschreibt. Hinzu kommt, dass durch den momentan massiven Einfluss der Neurowissenschaften behavioristische Elemente im aktuellen Diskurs des Lernens wieder verstärkt eine Rolle spielen. Insgesamt kann der Behaviorismus, insbesondere in seinem Einfluss auf unser Verständnis des Lernens, als eine der wirkungsvollsten wie am stärksten bekämpften Theorien des 20. Jahrhunderts gelten. Dabei ist es wichtig, zu verstehen, dass der Behaviorismus nicht nur mindestens einige Jahrzehnte das Verständnis des Lernens in der westlichen Welt dominiert hat und dieses auch aktuell noch partiell bestimmt, sondern vor allem, dass sich der durchschlagende Erfolg des Lerntopos überhaupt dem Behaviorismus sowie den Versprechungen und Hoffnungen, die diesen von Anfang an begleiteten, verdankt. Allein dieser wenig beachtete Sachverhalt macht schon eine genaue Beschäftigung mit dem Behaviorismus unumgänglich.

Um zu analysieren, wie im Behaviorismus der Gegenstand des Lernens konstitutiert wird und welche Rolle dabei das implizite Subjektverständnis des Behaviorismus spielt, wird dieser in seinen Grundannahmen und seiner Grundgestalt entlang seiner Entstehung und Weiterentwicklung rekonstruiert: Zunächst geraten die Grundannahmen und das Lernverständnis des ‚klassischen Behaviorismus' (I.1.1), darauf des ‚Neobehaviorismus' (I.1.2) in den Blick, bevor abschließend systematisch der Zusammenhang des Subjekt- und des Lernverständnis des Behaviorismus analysiert wird (I.1.3). Die Rekonstruktion des klassischen Behaviorismus beginnt bei John B. Watson, dem Gründungsvater, Propagandisten und „populäre[n] Prophet[en] des Behaviorismus" (Bruder 1982: 10). Ausgehend von seinem behavioristischen Manifesto wird die ‚behavioristische Revolution' skizziert, darauf folgend seine Version des Behaviorismus und sein Verständnis des Lernens als Konditionierung. Da Watsons Lerntheorie wesentlich auf Pawlows Theorie bedingter Reflexe aufbaut, wird letztere im Anschluss an Watson betrachtet. Das Unterkapitel schließt mit einer Erörterung möglicher Gründe für den durchschlagenden Erfolg des Behaviorismus. Nach einer Beschreibung des Übergangs zum Neobehaviorismus und den damit verbundenen theoretischen Verschiebungen, wird der Neobehaviorismus am Beispiel der Theorien der zwei wohl bedeutsamsten Vertreter rekonstruiert: der äußerst elaborierten, aber auch sehr formalisierten Lerntheorie Clark L. Hulls und Burrhus Frederic Skinners Lerntheorie der operanten Konditionierung.

I.1.1 GRUNDANNAHMEN UND LERNVERSTÄNDNIS DES KLASSISCHEN BEHAVIORISMUS

Die behavioristische Revolution

Im Jahre 1913 veröffentlichte John B. Watson in der damals einflussreichen ‚Psychological Review' den heute als Gründungsurkunde des Behaviorismus geltenden Aufsatz ‚Psychology as the behaviorist views it'. Dieser war eine kompromisslose Kriegserklärung an die damals herrschende Psychologie und ihre Methoden; mit den Worten Watsons: die Bewusstseinspsychologie und die Methode der Introspektion. Die Bewusstseinspsychologie hätte sich „in eine Reihe spekulativer Fragen verwickelt, die [...] der experimentellen Untersuchung nicht zugänglich" (Watson 1976: 27) seien. Daher deklariert Watson: „Die Zeit scheint gekommen zu sein, da die Psychologie jeden Bezug auf das Bewußtsein aufgeben muß und sich nicht mehr der Illusion hingeben darf, daß sie Bewußtseinszustände zum Gegenstand ihrer Beobachtung macht" (Watson 1976: 17). Um „das Joch des Bewußtseins" (Watson 1976: 15) abzuschütteln, empfiehlt Watson der Psychologie, „nie wieder Begriffe wie Bewußtsein, Bewußtseinszustände, Seele, Bewußtseinsinhalt, introspektiv verifizierbar, Vorstellung und ähnliches zu gebrauchen" (Watson 1976: 20) und „das Verhalten, nicht das Bewußtsein zum Angelpunkt" (Watson 1976: 27) psychologischer Forschung zu machen. Dies würde „die Trennung zwischen der Psychologie und den anderen Wissenschaften aufheben" (Watson 1976: 28), denn „Psychologie, wie sie der Behaviorist sieht, ist ein vollkommen objektiver, experimenteller Zweig der Naturwissenschaft" (Watson 1976: 13).[42]

42 Watson suggeriert mit diesen Ausführungen, dass die ganze damalige Psychologie ein pseudowissenschaftliches, rein subjektives und letztlich esoterisches Unterfangen darstellt, mit dem radikal zu brechen sei und ruft daher den Neuanfang einer wissenschaftlichen, experimentellen und objektiven Psychologie aus, die sich von ‚philosophischen Verunreinigungen' fernhält und sich stattdessen an den Naturwissenschaften orientiert. Damit aber unterschlägt Watson nicht nur, dass „die Psychologie des Bewußtseins zu

Entgegen der populären Erzählung der behavioristischen Revolution schlug Watsons behavioristisches Manifest denn auch nicht wie eine Bombe ein, die unmittelbar alles Bestehende und Beständige in der Psychologie verdampfen ließ. Zwar wurde er von einigen Psychologen kritisiert, vor allem jedoch begegnete man Watsons Aufsatz mit Indifferenz (Goodwin 2005: 309). Bereits ein Jahr später legte Watson zwar mit einer Monographie – ‚Behavior: An Introduction to Comparative Psychology' – nach, doch erst 1919 – mit der Veröffentlichung von ‚Psychology from the Standpoint of a Behaviorist' – begann Watsons Behaviorismus signifikanten Einfluss auf die amerikanische Psychologie zu nehmen. Der Behaviorismus wird nun zum gängigen ‚terminus technicus' in wissenschaftlichen Journalen wie zum Gegenstand ganzer Seminare in den Universitäten und wird vor allem unter jungen Psychologen *en vogue* (Schultz/Schultz 2004: 300). Watson wurde zum „unbestrittene[n] Führer der neuen Psychologie" (Pongratz 1984: 306), wohl vor allem aufgrund der massiven Breitenwirkung des Behaviorismus in den 1920er Jahren. So kann behauptet werden, dass Watson nicht nur den Behaviorismus, sondern überhaupt erst die Psychologie auf das heute bekannte Maß popularisierte. Bei Erscheinen des Buches ‚Behaviorism' schrieb die ‚New York Times' vom 2. August 1925: „It marks an epoch in the intellectual history of man" und ‚The New York Herald Tribune' sprach sogar vom most important book ever written"; und weiter: „One stands for an instant blinded with a great hope" (zit. nach: Schultz/Schultz 2004: 309). Es kam zu einem regelrechten „outbreak of psychology" (Schultz/Schultz 2004: 311): Psychologische Kolumnen erschienen in vielen Zeitungen, immer mehr Menschen waren überzeugt, dass Psychologie den Weg zu Gesundheit, Glück und Reichtum zeigen könne und der Behavioris-

jenem Zeitpunkt keineswegs unangefochten" (Bruder 1982: 21) war, sondern auch, dass diese sich bereits an dem naturwissenschaftlichen Maßstab der Objektivität ausrichtete. Denn die experimentelle Methode der Introspektion war gekennzeichnet durch den Versuch, Zugang zu den Strukturen des Bewusstseins zu erlangen, indem methodisch kontrolliert Mitteilungen der Versuchspersonen über ihre Empfindungen und Vorstellungen erhoben wurden. Um die Ergebnisse wiederholbar und intersubjektiv nachvollziehbar zu machen, zielte man darauf ab, die subjektiven Mitteilungen der Versuchspersonen zu verobjektivieren und daher mögliche Störfaktoren auszuschalten, was unter anderem zur Folge hatte, dass sich die Versuchspersonen zuerst in der ‚Technik der Introspektion' schulen lassen mussten. Wie Bruder (1982: 33) daher zu recht betont, „hat die ‚Vertreibung' des Bewußtseins, als Zentrum des reflektierenden Subjekts bereits in der Bewußtseinspsychologie stattgefunden"; anders gesagt: „Durch die Introspektion war bereits der (natur-)wissenschaftliche Maßstab der Objektivität an die Stelle der subjektiven Evidenz getreten, experimentelle Erfassung durch den distanzierten Beobachter an die Stelle der Schlußfolgerung durch Verstehen" (ebd.).

mus wuchs zu einer Art Religion heran (Schultz/Schultz 2004: 309ff). Dass sich der Behaviorismus auch innerdisziplinär in der US-amerikanischen Psychologie der 1920er Jahre sukzessiv durchzusetzen begann, lag weniger daran, dass Watson viele Anhänger für seine spezifische Version des Behaviorismus fand, sondern vielmehr daran, dass sich viele Psychologen mit der grundsätzlichen Form, die Watson der Psychologie unter dem Signum des Behaviorismus geben wollte, identifizieren konnten; O'Donnell (1985: 208) nennt diese „Watson's silent majority".

Watsons Version des Behaviorismus

Wie jedoch sah der Behaviorismus aus, den Watson entwickelte? Wie bereits gezeigt, beginnt Watson mit einer radikalen Abgrenzung, indem er den Behaviorismus als erste wirklich *objektive Psychologie* der subjektiven Psychologie des Bewusstseins entgegensetzt: „Behaviorismus ist neuer Wein, der nicht in alte Flaschen paßt" (Watson 1976: 42). Die Bewusstseinspsychologie stellt er daher als ein durch und durch antiquiertes und religiös kontaminiertes Unterfangen dar, das sich unentrinnbar in subjektive Spekulation, Philosophie, Religion, ‚Aberglaube' und ‚Mittelalter' verfangen habe. So spricht er, indem er in Bewusstsein und Seele letztlich identische Konzepte sieht, davon, „daß der Glaube an die Existenz eines Bewußtseins aus den alten Zeiten des Aberglaubens und der Magie herrührt" (Watson 1976: 36) und sucht „die Befreiung von diesem erstickenden Seelenqualm" (Watson 1976: 37), indem er „alle mittelalterlichen Vorstellungen über Bord zu werfen" (Watson 1976: 39) gedenkt; als solche demaskiert er „alle subjektiven Termini wie Empfindung, Wahrnehmung, Vorstellung, Wunsch, Absicht und sogar Denken und Gefühl" (ebd.). Watson skizziert nun als Befreiung aus dieser misslichen Lage der Psychologie eine uneingeschränkt progressive Kraft[43] – den Behaviorismus – sowie die korrespondierende Figur des Behavioristen. Dieser solle sich, so der oberste Grundsatz, „auf Dinge beschränken, die beobachtbar sind, und Gesetze formulieren, die sich nur auf solche Dinge beziehen" (ebd.). Konzepte wie Bewusstsein und Seele seien daher für den Behavioristen ‚tabu', denn: „Niemand hat jemals eine Seele berührt oder sie in einem Reagenzglas ge-

43 Folgendes Zitat verdeutlicht, wie Watson entlang der Dichotomie antiquiert/progressiv den Behaviorismus rhetorisch legitimiert: „Fast jeder kennt William James' klassisches Kapitel über den Bewußtseinsstrom. Allen von uns hat dieses Kapitel gefallen. Doch heutzutage ist es für die moderne Psychologie genauso unzeitgemäß wie eine Kutsche auf der modernen Fifth Avenue in New York. Die Kutsche war malerisch, aber sie hat wirksameren Transportmitteln Platz gemacht" (Watson 1976: 151).

sehen oder ist auch nur in irgendeiner Weise mit ihr in Berührung gekommen wie mit anderen Objekten des täglichen Lebens“ (Watson 1976: 37).

Hingegen ist der Behaviorismus für Watson „eine Naturwissenschaft, die das gesamte Gebiet menschlicher Anpassungsvorgänge umfaßt“ (Watson 1976: 43) und deren „nächster Nachbar [...] die Physiologie“ (ebd.) sei; von dieser unterscheidet er sich „nur in der Art seiner Fragestellungen, nicht aber in den Grundlagen oder dem zentralen Gesichtspunkt“ (Watson 1976: 43f). Konsequenterweise „erkennt der Behaviorist keine Trennungslinie zwischen Mensch und Tier an“ (Watson 1976: 13); der Mensch wird als ein Lebewesen angesehen, „das sich von anderen Lebewesen nur durch die Art seines Verhaltens unterscheidet“ (Watson 1976: 31). Explizit stellt sich Watson in die Tradition Darwins[44], in dessen Theorie der Mensch auch „nicht länger Mittelpunkt des Bezugssystem[s]“ (Watson 1976: 16) blieb und der auf ähnlichen Widerstand wie ‚der Behaviorist‘ gestoßen wäre: „Menschen wollen nicht in einer Reihe mit anderen Lebewesen eingestuft werden. Sie geben zwar zu, daß sie Lebewesen sind, aber ‚etwas anderes noch dazu‘“ (Watson 1976: 31). Doch aus Sicht des Behavioristen sind Menschen nichts „als eine zusammengesetzte organische Maschine“ (Watson 1976: 266). Diese *organische Maschine* ist per definitionem passiv, alle Veränderungen ihres Organismus‘ sind durch Veränderungen der Umwelt bedingt und es sind diese Veränderungen, die Watson als Lernvorgänge beschreibt.

Lernen als Konditionierung

Wie beschrieben gilt für ‚den Behavioristen‘ das *Primat des Verhaltens*, d.h. er orientiert sich am äußerlich beobachtbaren, öffentlichen Verhalten von Lebewesen, das er in der mechanistischen *Logik von Reiz und Reaktion*[45] betrachtet:

44 Bezug auf die darwinistische Evolutionslehre und deren Theorie der Abstammung des Menschen nehmen – wie sich noch zeigen wird – alle Behavioristen; wichtig ist dieser Bezug für den Transpositionismus der Behavioristen, also „der Annahme, im Tierversuch ermittelte Erkenntnisse könnten ohne weiteres auf den Menschen übertragen werden“ (Pongratz 1984: 300f).

45 Das Stimulus-Response-Modell des Verhaltens wurde Mitte der 1890er Jahre aus der Physiologie in die Psychologie übernommen und galt als „der neueste Schrei“ (Bruder 1982: 40). Ursprünglich war es keinesfalls gegen das Bewusstsein gerichtet, vielmehr hoffte man, damit ein organisierendes Prinzip gefunden zu haben, das die heterogenen Befunde, Konzepte und Theorien der damaligen Psychologie zu ordnen vermochte. John Dewey, der anfänglich selbst ein Anhänger dieses Prinzips war, formulierte 1896 mit seinem berühmten Artikel „The reflex-arc concept in Psychology“ eine grundle-

„Die Regel oder der Maßstab, den der Behaviorist ständig vor Augen hat, lautet: Kann ich den Verhaltensausschnitt, den ich wahrnehme, in den Begriffen ‚Reiz und Reaktion' beschreiben?" (Watson 1976: 39). Für Watson ist es evident, „daß der Organismus ständig mit Reizen [...] bombadiert wird, die durch Auge, Ohr, Nase und Mund herangeführt werden. Gleichzeitig wird auch unser Körperinneres bei jeder Bewegung mit Reizen bombadiert, die durch Veränderungen in den Geweben selbst entstehen" (Watson 1976: 45). Daher definiert er, als Reiz wirke „jedes Objekt in der allgemeinen Umwelt oder jede Veränderung in den Geweben selbst, die durch den physiologischen Zustand des Lebewesens bedingt ist" (Watson 1976: 39).[46] Stehen Reize also für alles, was auf die äußere und innere[47] Umwelt eines Lebewesens einwirkt, so gilt „alles, was das Lebewesen tut" (ebd.) als eine Reaktion.[48]

Zentral ist des Weiteren seine Unterteilung der Reaktionen in „gelernte und ungelernte" (Watson 1976: 48). Als ein Beispiel für eine ungelernte Reaktion führt Watson unter anderem das Zurückziehen der Hand an, die einem elektrischen Schock ausgesetzt wird. Im Gegensatz dazu würde das Aufleuchten eines roten

gende Kritik an ihm. Das Reflexkonzept würde den kontinuierlich fortlaufenden Prozess des Verhaltens in eine Reihe von diskontinuierlichen Sprüngen zerstückeln, die bloß noch mechanisch verknüpft wären und daher an sich unverbunden seien (Dewey 1975).

46 Als Reize, die ein Säugling empfängt, werden bei Watson bspw. das Kitzeln an der Wange, der Reiz des Anblicks der Brustwarze, der Reiz einer Schnur, die auf die Handfläche gelegt wird, der Reiz eines über das Auge gleitenden Schattens, ein Apfel, ein Bonbon, die Dunkelheit, Katzen, Hunde etc. beschrieben (Watson 1976: 40). Dabei wird nicht nur nicht zwischen gegenständlichen und menschlichen Reizen unterschieden, sondern auch nicht zwischen Einzelobjekten (z.B. Bonbon) und Situationen (Dunkelheit). Auch könnte man fragen: ‚Hat jemals jemand einen Reiz berührt oder ihn in einem Reagenzglas gefangen?' Watson verleugnet oder übersieht, dass auch er hier mit einer Entität argumentiert, die epistemisch erzeugt ist, also ein theoretisches Konstrukt darstellt und keineswegs direkt beobachtbar ist. Zur Kritik am atomistischen Reizkonzept siehe Straus 1956 und Merlau-Ponty 1976.

47 Als Beispiele solcher ‚innerer Objekte' nennt Watson „Hungerkontraktionen, Blasendehnungen, Herzklopfen, rasches Atmen, Muskelveränderungen und anderes mehr" (Watson 1976: 99).

48 Dabei unterscheidet Watson jedoch zwischen direkt wahrnehmbaren Reaktionen, „die gewöhnlichen Handlungen eines Menschen" (Watson 1976: 48), und Reaktionen, die „auf das Muskel- und Drüsensystem innerhalb des Körpers beschränkt" (ebd.) sind und so schwach sein können, „daß sie nur mit Hilfe von Instrumenten registriert werden" (Watson 1976: 46) können.

Lichtes kein Zurückziehen der Hand zur Folge haben. Watson schreibt: „Lasse ich aber das rote Licht aufleuchten und reize gleichzeitig oder kurz danach die Hand meiner Versuchsperson mit elektrischem Strom, dann löst bei ausreichender Wiederholung dieser Prozedur schon das rote Licht allein ein Zurückziehen der Hand aus.“ (Watson 1976: 54).

Dieser Prozess, den Watson als *Konditionierung*, *Gewohnheitsbildung* oder *Lernen* bezeichnet, steht im Zentrum seiner Theorie und beruht auf Pawlows Theorie der bedingten Reflexe.[49] Paradigmatisch dafür stehen Watsons Experimente mit dem kleinen Albert: Ausgehend von der Tatsache, dass – anders als bei einer Ratte – ein lautes Geräusch bei Babys eine Furchtreaktion hervorruft, wurde dem kleinen Albert eine Furchtreaktion auf die Ratte ‚ankonditioniert‘. Bei Berührung der Ratte wurde ein lautes Geräusch nah seinem Kopf erzeugt, was nach mehrfacher Wiederholung[50] dazu führte, dass allein der Anblick der Ratte bei Albert dieselbe Furchtreaktion wie das laute Geräusch hervorrief (Watson 1976: 170ff). Watson sah im Vorgang des Konditionierens den einfachen Lernmechanismus mittels dessen das gesamte komplexe Verhalten des Menschen erklärt werden könne. So seien die „ungelernten Reaktionen [...] die Grundelemente, aus denen unsere organisierten, gelernten Reaktionen aufgebaut werden müssen“ (Watson 1976: 56). Aus einfachen Reaktionen würden im Laufe des Entwicklungsprozesses durch Gewohnheitsbildung komplexe Reaktionen, so dass umgekehrt alle komplexen Reaktionen qualitativ nichts anderes als einfache Reaktionen seien: „So sind also alle Laute, die ein redegewandter Dozent in einer leidenschaftlichen

49 Auch wenn der Behaviorismus erst mit dem auf Pawlow beruhenden Konzept der Konditionierung seine spezifische Gestalt erhält, war Watson zuerst eher von Edward L. Thorndike beeinflusst und nahm Pawlow anfänglich kaum wahr (Pauleikhoff 1987: 224). Zumindest in seinem berühmten Manifest von 1913 werden weder Pawlow noch das Konzept der Konditionierung erwähnt, obwohl Pawlow, dessen Schriften zwar erst in den 1920er Jahren ins Englische übersetzt wurden, bereits 1904, bei einer Rede anlässlich des ihm verliehenen Nobelpreises, das Modell der bedingten Reflexe vorstellte. Erst mit dem 1919 erschienen Buch ‚Psychology from the Standpoint of a Behaviorist‘ führt Watson Pawlows Experimente als Modellbeispiele an und rückt diese ins Zentrum seiner Psychologie (Pongratz: 1984: 307). Watson selbst gab in einem Interview an, sein Interesse an Konditionierung wäre aus dem Studium von Bechterews Arbeit, dem großen Konkurrenten Pawlows, erwachsen (Schultz/Schultz 2004: 302).

50 Und einer Woche Pause: „Gerade als seine rechte Hand die Ratte berührte, wurde die Stange noch einmal geschlagen. Wieder fuhr das Kind heftig auf, fiel vornüber und fing an zu wimmern. Wegen seines verwirrten Zustandes wurden eine Woche lang keine weiteren Tests durchgeführt“ (Watson 1976: 171).

Ansprache von sich gibt, nichts anderes als seine ungelernten infantilen Laute, die durch geduldiges Konditionieren in der Säuglingszeit, Kindheit und Jugend zusammengesetzt wurden" (Watson 1976: 234). Dass laut Watson alle komplexen Handlungen letztlich durch Reize bedingt sind, bedeutet nicht nur, dass „die meisten Tätigkeiten, die man an einem Erwachsenen beobachten kann, in Wirklichkeit *erlernt* sind (Watson 1976: 48; kursiv d. Verf.)", sondern auch, dass *Lernen* ein durch und durch *determinierter Vorgang* ist. Explizit konstatiert er, „daß der Behaviorist ein strenger Determinist ist – das Kind oder der Erwachsene muß tun, was er tun muß" (Watson 1976: 192); für ‚den Behavioristen' gelte daher: „In einem vollständigen System der Psychologie kann die Reaktion vorausgesagt werden, wenn die Reize bekannt sind" (Watson 1976: 20).

Würde dies zutreffen, wären *Kontrolle und Manipulation von Verhalten* keine Grenzen gesetzt. Genau diese ‚Verheißung' des Behaviorismus ist es, die ihn gesellschaftlich – und vor allem pädagogisch – so interessant und populär machte. Watson legt seine Motivation denn auch gänzlich unverblümt offen:

> „Das Interesse des Behavioristen am Verhalten des Menschen ist mehr als bloße Neugier – er möchte die Reaktionen des Menschen kontrollieren, so wie die Physiker andere Naturgegebenheiten kontrollieren und manipulieren möchten. Es ist die Aufgabe der behavioristischen Psychologie, menschliches Verhalten vorherzusagen und zu kontrollieren" (Watson 1976: 44).

Legitim seien solche Kontrollversuche, da das menschliche Zusammenleben „überstürzt, infantil und planlos" (Watson 1976: 72) sei. Da Menschen ständig und seit jeher auf das Verhalten anderer Menschen einwirken würden und Persönlichkeit „nichts anderes [...] als ein Querschnitt durch die umfassende Organisation eines Individuums zu einem bestimmten Zeitpunkt" (Watson 1976: 273) sei, gibt es für Watson keinen Eingriff in die menschliche Persönlichkeit, der als eine Verletzung eines authentischen Selbst oder eines natürlichen ablaufenden Reifungsprozesses angesehen werden könnte. Für Watson ist es daher nichts Skandalöses, wenn er prophezeit: „Eines Tages werden wir Krankenhäuser haben, die die Aufgabe haben, uns bei der Veränderung unserer Persönlichkeit zu helfen; denn wir können die Persönlichkeit so leicht ändern wie die Form der Nase; nur dauert es länger" (Watson 1976: 293). Solche Eingriffe seien unumgehbar, „wenn man jemals die Evolution insgesamt kontrollieren und regulieren" (Watson 1976: 28) wolle.[51]

51 Interessanterweise dachte Watson dabei auch schon darüber nach, in das Lernen der Menschen selbst einzugreifen und nahm Programme des Lebenlangen Lernens vorweg. So war es für ihn „offenkundig, daß Menschen zu früh mit dem Lernen auf-

Pawlows Konzept bedingter Reflexe

Wie im vorigen Abschnitt angedeutet, fußt Watsons Lernverständnis der Konditionierung auf Iwan P. Pawlows Konzept bedingter Reflexe. Pawlow war neben Iwan M. Sechenow und Wladimir M. Bechterew ein Hauptvertreter der russischen *Reflexologie*.[52] Sein Spezialgebiet war die Physiologie der Ernährung und Verdau-

hören" (Watson 1976: 217). Da aufgrund mangelnder Kontrolle die Menschen jedoch nicht zum Lernen gezwungen werden können, träumte er von großen Laboratorien, „in denen man ganze Mannschaften arbeiten lassen könnte. Nahrung, Wasser, Sexualität und Unterbringung ließen sich dann unter sehr scharfer Kontrolle halten – das alles, um zu beweisen, daß es keine wirklichen Gründe dafür gibt, daß der Mensch jemals zu lernen aufhören muß" (Watson 1976: 218).

52 Wobei Sechenow – der 1863 sein Hauptwerk ‚Reflexe des Gehirns' veröffentlichte und darin die These aufstellte, alle menschlichen Handlungen seien bloße Reflexe – als Begründer dieser spezifischen Variante der Physiologie gilt. Sechenow war zudem der Lehrer von Pawlow und Bechterew. Bechterew ‚entdeckte' den von ihm so bezeichneten Assoziationsreflex, der Pawlows ‚bedingtem Reflex' in der Funktionsweise sehr nahe kommt. Der Schwerpunkt seiner Forschung lag jedoch auf Untersuchungen von motorischen Prozessen, auf die er auch komplexe, menschliche Verhaltensweisen zu reduzieren suchte. Denken und Vorstellen meinte er mit Bewegungen der Sprechmuskulatur vollständig erklären zu können – eine Idee, die Watson von Bechterew übernahm. Seine ebenfalls mechanistische Version der russischen Reflexologie legte er in seinen beiden Hauptwerken ‚Objektive Psychologie' (1907) und ‚Allgemeine Prinzipien der menschlichen Reflexologie' (1917) dar und schlug dafür die Bezeichnung ‚Psychoreflexologie' vor. (Viney 1993: 290f; Pongratz 1984: 307f) Obwohl somit Bechterew und Pawlow den Grundprinzipien und Annahmen ihres Lehrers Sechenow folgten und in ihren Forschungen zu sehr ähnlichen Ergebnissen kamen, wurde Pawlow zu einem der bekanntesten Wissenschaftler der Geschichte – wie Rüting (2002: 16) schreibt, steht Pawlow in „Indexen, die verzeichnen, wie häufig wissenschaftliche Arbeiten in der internationalen psychologischen und pädagogischen Literatur zitiert werden, [...] immer noch an Spitzenpositionen" – während Bechterew nahezu in Vergessenheit geriet. Dies liegt möglicherweise unter anderem an dem ‚unglücklichen Ende' Bechterews. Dieser wurde 1927 nach Moskau vorgeladen, um Joseph Stalin zu behandeln, von dem es hieß, er leide an Depressionen. Bechterew diagnostizierte jedoch eine schwere Paranoia und verstarb noch am selben Nachmittag unter mysteriösen Umständen (Schultz/Schultz 2004: 282f). Zudem ließ Stalin nach dem Tod Bechterews dessen Forschungsarbeit unterdrücken, während Pawlow gegen seinen Willen vom kommunistischen Sowjetstaat vereinnahmt wurde und man seine Version der Reflexologie „zum Dogma der Sowjetwissenschaft" (Rüting 2002: 17) kürte.

ung, für Erkenntnisse auf diesem Gebiet erhielt er 1904 den Nobelpreis für Medizin. Noch heute bekannt und für den Behaviorismus relevant wurde er jedoch durch das von ihm formulierte Konzept des *bedingten Reflexes*. Das zugehörige Experiment mit dem sprichwörtlich gewordenen ‚pawlowschen Hund', dem beim Läuten einer Glocke der Speichel aus dem Maul fließt, gehört heute zum Allgemeinwissen, allerdings nur in einer sehr groben Form und zumeist bereits aus der Sicht der späteren behavioristischen Interpretation Pawlows. Es lohnt sich also, einen genaueren Blick auf Pawlows Konzept des bedingten Reflexes zu werfen.

Pawlow bezeichnet sich selbst als jemanden, der „die Sprache der Tatsachen für die überzeugendste Sprache" (Pawlow 1972: 15) hält und erzählt die Geschichte der Entdeckung des bedingten Reflexes daher auch als „die Geschichte eines Physiologen […], der sich von rein physiologischen Fragen einem Gebiet von Erscheinungen zugewandt hat, die man gewöhnlich als psychische bezeichnet" (ebd.). Dabei betont er: „Dieser Übergang vollzog sich zwar unerwartet, aber doch vollkommen natürlich und, was mir bei diesem Problem am wichtigsten scheint, sozusagen ohne eine Änderung der Methode" (ebd.). Damit deutet Pawlow an, psychische Phänomene mit Hilfe ‚objektiver', naturwissenschaftlicher Methoden physiologisch erklären zu können. Dies erklärt die Anschlussfähigkeit Pawlows, der sich nicht als Psychologe sah, an die behavioristische Psychologie.[53]

Pawlow war fasziniert von der enormen Anpassungsfähigkeit der Speicheldrüse, deren Produktion von Speichelflüssigkeit sich der zu verarbeitenden Nahrung anpasst.[54] Pawlow zufolge liegt „dieser Anpassung ein einfacher reflektorischer Vorgang zugrunde" (Pawlow 1972: 16). Bestimmte chemo-physikalische Eigenschaften der Nahrung, z.B. deren Säuregehalt, reizen bestimmte Bezirke der In-

53 Wie Ludwig J. Pongratz (1984: 308) schreibt, ist Pawlow ohne seinen Willen zum Vater der behavioristischen Psychologie erkoren worden: „Es waren die Psychologen, die Pawlow auf den Thron erhoben. Sie erkannten in seiner Methode einen ver-heißungsvollen Weg, objektive Psychologie zu treiben". Auch wenn er die Behavioristen für die einzigen Psychologen hielt, die er akzeptieren konnte, blieb Pawlow gegenüber der experimentellen Psychologie beim Menschen skeptisch (Pauleikhoff 1987: 104f).

54 „Bei jeder Nahrungsaufnahme, jedesmal, wenn in die Mundhöhle genießbare Stoffe gelangen, ergießt sich aus diesen Drüsen ein dicker, zäher Speichel mit reichlichem Schleimgehalt. Führt man aber in das Maul des Hundes Stoffe ein, die ihm zuwider sind, wie z. B, Salz, Säuren, Senf usw., so kann der Speichel in derselben Menge wie im ersten Fall fließen, seine Qualität ist aber ganz anders. Er ist dünnflüssig, wäßrig" (Pawlow 1972: 30). Diese unterschiedlichen Wirkungen seien dabei überaus beständig: „Gibt man dem Hund einmal Fleisch, ein anderes Mal gewöhnliches Brot zu fressen, so wird unter sonst gleichen Bedingungen im zweiten Fall immer mehr Speichel fließen als im ersten" (ebd.).

nenwand der Mundhöhle, die als die Endungen von Nervenbahnen betrachtet werden. Der Weg des Reflexes verläuft dabei entlang solcher Nervenbahnen, die von der Mundhöhle über das zentrale Nervensystem zur Speicheldrüse laufen und dort eine angepasste Reaktion auslösen. Entscheidend hierbei ist, dass die verschiedenen Nervenendungen „eine unterschiedliche spezifische Reizbarkeit aufweisen" (ebd.), d.h. dass „jede von ihnen nur auf ganz bestimmte äußere Reize einen Reflex in Gang bringt" (Pawlow 1972: 34). Mit anderen Worten: Der solchermaßen durch spezifische Eigenschaften der Nahrung ausgelöste Reflex ist angeboren. Es ist dieser „Mechanismus einer dauernden Verbindung zwischen bestimmten Erscheinungen der Umwelt und den ihnen entsprechenden bestimmten Reaktionen des Organismus unter Vermittlung des Nervensystems" (Pawlow 1972: 44), die Pawlow einen „unbedingten Reflex" (ebd.) nennt. Der „Weg, auf dem die Nervenerregung im angeborenen, unbedingten Reflex verläuft" (Pawlow 1972: 53) wird dabei als Reflexbogen bezeichnet.

Mit diesen Annahmen bewegte sich Pawlow innerhalb der üblichen Grenzen der Physiologie. Bei der Erforschung der Funktion der Verdauungsdrüsen stieß Pawlow jedoch auf ein zunächst physiologisch nicht erklärbares Phänomen. Um die Bildung des Speichelsekretes beobachtbar und messbar zu machen, wurden die Hunde, die als Versuchstiere dienten, mit Hilfe eines kleinen operativen Eingriffs so präpariert, dass der Speichel nach außen abfloss. Dabei bemerkte Pawlow, dass das Versuchstier nach einiger Zeit den Speichel bereits bei bloßem Anblick der Nahrung abgab und war damit auf eine Bedingung der Tätigkeit der Speicheldrüse „von psychischem Charakter" (Pawlow 1972: 15) gestoßen. Dies musste den ‚eingefleischten' Physiologen irritieren: „Was soll der Physiologe nun mit diesen Ergebnissen beginnen? Wie soll man sie einordnen? Wie analysieren? [...] Müssen wir uns zum Verständnis dieser neuen Erscheinungen in den inneren Zustand des Tieres versetzen, uns seine Empfindungen, Gefühle und Wünsche analog den unseren vorstellen?" (Pawlow 1972: 17). Für Pawlow lautet die klare Antwort: Nein. Zwar schildert er, dass er und seine Mitarbeiter sich zuerst bemüht hätten, sich „eine phantastische Vorstellung vom subjektiven Zustand des Tieres zu machen und dadurch die erhaltenen Ergebnisse zu erklären" (Pawlow 1972: 18), doch „[d]adurch wurde nichts erreicht als unfruchtbare Wortgefechte und persönliche, geteilte, untereinander nicht abzustimmende Meinungen. Somit blieb uns nichts anderes übrig, als die Forschung auf einer rein objektiven Grundlage durchzuführen" (ebd.). Bei genauerer Betrachtung sieht Pawlow denn auch „keinen wesentlichen Unterschied" (Pawlow 1972: 19) in der Tatsache, dass die Nahrung als Reiz auch dann wirkt, wenn er nicht direkt mit dem Organismus in Berührung kommt: „Die Sache läuft lediglich darauf hinaus, daß die Stoffe dieses Mal auf andere spezifisch reizbare Teile der Körperoberfläche, die Nase, das Auge oder das Ohr, vermittels der Umwelt (Luft, Äther) einwirken, in der sich sowohl der Organismus als auch die Reizstoffe befinden" (ebd.). Während im Falle direkter Berührung „wesentliche, unbedingte Eigenschaften des Objekts in bezug auf die physiologische Rolle des Speichels gereizt" (ebd.) werden, wird im Falle der Wirkung auf Distanz „das Tier durch Eigenschaften äußerer Gegenstände gereizt, die für die Funktion der Speicheldrüsen unwesentlich oder sogar ganz zufällig sind" (ebd.). Diese Eigenschaften, „die von sich aus in gar keiner Verbindung zu der physiologischen Rolle des Speichels stehen, [...] sind gleichsam Signale für die anderen" (Pawlow 1972: 40), die für die Funktion der Speicheldrüsen wesentlichen und unbedingten Objekteigenschaften. Anders gesagt, wird hier der natürliche Reiz, der einen unbedingten Reflex auslöst, durch einen anderen, zunächst neutralen Reiz substituiert. Den auf diese Weise ausgelösten Reflex nennt Pawlow daher bedingt.[55] Physiologisch erklärt sich Pawlow dies durch den Prozess der ‚Schließung', denn das Nervensystem stellt für ihn „nicht nur einen Leitungs-, sondern auch einen Schließungsapparat dar[...]" (Pawlow 1972: 53). Während im Falle eines unbedingten Reflexes ein angeborener Reflexbogen in Anspruch genommen wird, muss sich dieser im Falle eines bedingten Reflexes erst bilden. Diese Bildung findet im zentralen Nervensystem statt und wird von Pawlow analog zur Vorgehensweise einer Telegraphenzentrale verstanden, in welcher über spezifische Leitungen eingehende Anrufe zeitweilig mit anderen Leitungen verbunden werden, die zu den Zielapparaten führen. Der bedingte Reflex kommt, laut Pawlow, durch einen solchen Prozess der Schließung einer zeitweiligen Verbindung von Nervenbahnen zustande.

Da jedoch nicht nur die unwesentlichen Eigenschaften der Objekte, sondern „überhaupt die ganze Umgebung, in der diese Gegenstände in Erscheinung treten" (Pawlow 1972: 19) als Reize für einen bedingten Reflex wirken können, ist es bei wiederholter Reizung möglich, „[j]ede beliebige Erscheinung der Außenwelt [...] zu einem zeitweiligen Signal eines Objekts [zu] machen, das die Speicheldrüsen reizt" (Pawlow 1972: 40). Für Pawlow besteht daher „kein Zweifel, daß wir die Tatsache einer weiteren Anpassung vor uns haben" (Pawlow 1972: 19) und „daß allen psychischen Versuchen immer derselbe spezielle Reflex als wesentlicher und allgemeiner Mechanismus zugrunde liegt" (Pawlow 1972: 20). Während

55 Der bedingte Reflex wurde durch den amerikanischen Schüler Pawlows W. H. Gantt ins Englische irrtümlich als ‚conditioned reflex' übersetzt. Korrekterweise hätte es ‚conditional reflex' heißen müssen, einmal in Umlauf gesetzt, wurde der Übersetzungfehler jedoch zu einem Fachterminus (Schultz/Schultz 2004: 277). Dass dies nicht ganz ohne Folgen blieb zeigt sich bei Watson, der aus einem bedingten Reflex den eigenständigen Vorgang des Konditionierens extrahierte und somit fälschlicherweise von konditionierten Reizen und konditionierten Reaktionen sprach (vgl. Watson 1976: 55ff).

Anpassungsvorgänge mit Hilfe von unbedingten Reflexen nur in einer statischen Umwelt stattfinden könnten, ermöglicht die Bildung von bedingten Reflexen die Anpassung an dynamische, sich ändernde Umwelten. Pawlow meint daher, mit der Entdeckung des Mechanismus der bedingten Reflexe den *Schlüssel zur Erklärung* des gesamten Verhaltens aller lebenden Organismen gefunden zu haben: „Es ist offensichtlich, daß unsere Erziehung, unser Lernen und unsere vielen Gewohnheiten lange Reihen von bedingten Reflexen sind“ (Pawlow 1972: 73). Alle psychologischen Erklärungen für das Verhalten würden damit überflüssig: „Hier wird die Psychologie mit der Physiologie zur Deckung gebracht, das Subjektive rein physiologisch, rein objektiv interpretiert“ (Pawlow 1972: 171f).[56] Damit eröffnete sich für Pawlow

> „ein unendliches Gebiet fruchtbarer Forschungen [...], ein zweiter umfangreicher Teil der Physiologie des Nervensystems, das in der Hauptsache nicht die Beziehungen zwischen den einzelnen Teilen des Organismus regelt, mit denen wir uns bis jetzt vorwiegend beschäftigt haben, sondern diejenigen zwischen Organismus und Umwelt“ (Pawlow 1972: 18).[57]

---

56 Um der Norm der Objektivität zu entsprechen, war Pawlow geradezu besessen, seine Experimente vor allen möglicherweise als Störfaktoren wirkenden Außeneinflüssen zu schützen. Dazu ließ er den ‚Turm des Schweigens‘ bauen, in dem mit Hilfe dicker Glasscheiben und schalldichter Mauern das Versuchstier von der ‚Umwelt‘ isoliert werden konnte (Schultz/Schultz 2004: 278). Hierin zeigt sich ein Grundirrtum, der vom Behaviorismus übernommen wurde: Das Versuchstier wird als eine vollkommen abgeschlossene Entität angesehen, das von seiner Umwelt, seinem spezifischen Kontext, isoliert werden kann. Dass die spezifischen Bedingungen im ‚Turm des Schweigens‘ aber selbst zur Umwelt werden und die Versuchsergebnisse mitbedingen, zeigt, dass Versuchstier und Umwelt nur analytisch, nicht aber realiter strikt voneinander getrennt werden können.

57 Neben Pawlow gibt es jedoch noch andere theoretische Vorläufer des Behaviorismus. Auch wenn sich der Behaviorismus als die erste ‚objektive Psychologie‘ präsentierte, gab es im 19. Jahrhundert bereits eine ganze Reihe von Ansätzen einer positivistischen Psychologie‘ genannt seien hier nur James Rush, Friedrich A. Lange und Max F. Meyer (vgl. dazu ausführlicher Pongratz 1984: 304f und Viney: 318f, für eine ausführliche Beschreibung der vorbehavioristischen Psychologie des 19. Jahrhunderts siehe Benetka 2004 und O´Donnell 1985). Der Behaviorismus ist zudem ohne die experimentelle Tierpsychologie nicht zu denken. Schultz/Schultz (2004: 260) sehen in ihr den wichtigsten Vorläufer des Behaviorismus. Nicht zuletzt durch den Einfluss der experimentellen Tierpsychologie kam es um die Jahrhundertwende zu einer verstärkten Abkehr von der Bewusstseinspsychologie. Besondere Bedeutung für die experimentelle Tierpsychologie sowie den Behaviorismus hat Edward L. Thorndikes stochastische

Gründe für den Erfolg des Behaviorismus

Wie beschrieben, erlangte der Behaviorismus mit Watson eine große gesellschaftliche Popularität und erzielte in den 1920er Jahren zudem den wissenschaftlichen Durchbruch und wurde für einige Jahrzehnte zum vorherrschenden Paradigma der Psychologie. Eine entscheidende Ursache dafür ist das *gesellschaftliche Klima* der 1920er-Jahre in den USA. Die USA, die noch Ende des 19. Jahrhunderts eine agrarische, eher mit sich selbst beschäftigte Gesellschaft war, entwickelte sich zu Beginn des 20. Jahrhunderts zu einer urbanisierten Industrienation und ging aus dem Ersten Weltkrieg als eine weltweite Hegemonialmacht hervor, die zudem einen Wirtschaftsboom erlebte (Bruder 1982: 125). So entwickelte sich ein grenzenloser Enthusiasmus bezüglich der Zukunft der US-amerikanischen Gesellschaft, die in sich selbst die erste wirklich moderne, technologisch-industrielle Gesellschaft sah und Hoffnung auf einen ungehinderten materiellen und sozialen Fortschritt hegte. Diese zukunftsorientierte Stimmung führte, gepaart mit dem Fokus auf den praktischen Nutzen von Wissenschaft und Technik und der Hoffnung auf die entscheidende Rolle einer neuen Psychologie und einer neuen Pädagogik, zu dem gesellschaftlichen Kontext, in den der Behaviorismus wie ein ‚fehlendes Puzzleteil' zu passen schien (Richards 1996: 47; Bruder 1982: 129).

Im Zuge dieser Entwicklung kam es zu Beginn des 20. Jahrhunderts zu einem überdurchschnittlich *großen Interesse an pädagogischen Themen und Problematiken*, was sich beispielsweise daran zeigt, dass zwischen 1902 und 1913 die Ausgaben für Erziehung und Bildung in den USA mehr als verdoppelt und zwischen 1913 und 1922 sogar nochmals verdreifacht wurden. Insgesamt gab der US-amerikanische Staat zu dieser Zeit mehr Geld für Bildung aus, als für Verteidigung und öffentliche Wohlfahrt zusammen (O'Donnell 1985: 229). Da die wissenschaftliche Beschäftigung mit pädagogischen Thematiken eine hohe Wahrscheinlichkeit mit sich brachte, öffentliche Gelder nutzen zu können (O'Donnell 1985: 230), nimmt es denn auch kein Wunder, dass sich zu dieser Zeit drei Viertel aller

---

bzw. konnektionistische Lerntheorie, die auf der Trial-and-Error-Logik aufbaut und als Vorläufer der skinnerschen Theorie des operanten Konditionierens gelten kann (vgl. Thorndike 1966, 1970). Eine ideengeschichtliche Rekonstruktion des Behaviorismus müsste jedoch bereits bei dem atomistischen Denken einiger Vorsokratiker beginnen, auf die französischen Materialisten und Empiriker eingehen und dürfte auch das positivistische Denken eines Comte nicht vergessen. Meyer-Drawe (2008a: 82f) sieht schon im „preußische[n] Philanthropinismus" einen Wegbereiter des Behaviorismus und betont, dass die mechanistische Lernauffassung des Behaviorismus sich „in einer längst etablierten Denkgewohnheit einnistete" (Meyer-Drawe 2008a: 84), die bereits in den Disziplinierungspraktiken, die zur Aufklärungszeit Normalität wurden, wurzelt.

Psychologen in angewandter Psychologie als pädagogische Psychologen bezeichneten. Großes Interesse galt insbesondere der Lernthematik, so dass die Durchführung behavioristischer Forschung, in deren Zentrum das Konzept des Lernens stand, doppelt erfolgsversprechend erschien (O'Donnell 1985: 226f).

Zudem verschaffte sich der Behaviorismus „durch seine *Radikalität* wissenschaftliche Anerkennung" (Pauleikhoff 1987: 220; kursiv d. Verf.); die strikte Orientierung an einer positivistischen, naturwissenschaftlichen Methodik, die ebenso kompromisslosen wie häufig simplen Thesen sowie das selbstbewusste Auftreten seiner Vertreter können als Erfolgsfaktor kaum unterschätzt werden. In der Geschichte der Wissenschaft ist die Verdammung vergangener Verstrickungen in komplexe Theorietraditionen, die als unwirksame Wissensbestände diffamiert werden, zusammen mit der gleichzeitigen messianischen Verkündigung eines neuen, erlösenden Ansatzes ein immer wiederkehrendes Thema. Wie Viney (1993: 302) schreibt:

> „Part of the appeal of the message was that it was set forth by Watson in such a direct and unambiguous fashion. The message carried the conviction that there is a new and better way to do things – a way that offers genuine hope for cutling through some of the vexing complexities of the past."

Zuletzt darf noch spekuliert werden, dass in einer Zeit, in der die Psychologie vornehmlich von Theorien und Ansätzen europäischer bzw. vor allem deutscher Herkunft bestimmt war und sich dic US-amerikanische Gesellschaft in einer weltweiten Vorreiterrolle sah, die Tatsache, dass der Behaviorismus ein genuin *amerikanisches* Paradigma darstellte, zum Erfolg des Behaviorismus in der US-amerikanischen Psychologie nicht unerheblich beigetragen haben dürfte (vgl. dazu auch Baars 1986: 44).

I.1.2 GRUNDANNAHMEN UND LERNVERSTÄNDNIS DES NEOBEHAVIORISMUS

Vom klassischen Behaviorismus zum Neobehaviorismus

Trotz des durchschlagenden Erfolgs der von Watson propagierten behavioristischen Revolution war sein direkter Einfluss auf die wissenschaftliche Psychologie recht kurzlebig. Watson selbst musste seine bis dato steil verlaufende wissenschaftliche Karriere bereits im Jahr 1920 zwangsweise beenden und wechselte in die Werbebranche. Zwar gelang es Watson gleichzeitig, wie oben beschrieben, in der Medienöffentlichkeit den Behaviorismus zu popularisieren, seine wissenschaftlichen Nachfolger distanzierten sich jedoch zunehmend von Watson und seiner – nun immer primitiver und teils absurder werdenden[58] – Version des Behaviorismus und kreierten neue Varianten. Spätestens gegen 1930 fand ein Wandlungsprozess statt, der neue, den klassischen Behaviorismus[59] reformierende, Versionen hervorbrachte, die gewöhnlich mit dem Label *Neobehaviorismus* versehen wurden. Als dessen leitende Protagonisten gelten Clark L. Hull, Edward C. Tolman, Edwin R. Guthrie und Burrhus F. Skinner. Diese entwickelten ihrerseits heterogene Varianten des Behaviorismus, die jedoch einige Gemeinsamkeiten aufweisen. So steht auch der Neobehaviorismus weiterhin in der Logik des Reiz-Reaktionsschemas und – mit Ausnahme von Tolman – lehnen alle Vertreter ab, psychische Prozesse oder Strukturen zur Erklärung des Verhaltens einzubeziehen. Einig sind sich auch alle Vertreter, dass der Großteil des Verhaltens unabhängig von dessen Komplexität mit Gesetzen des Lernens bzw. der Konditionierung erklärt werden kann.

Noch stärker als zuvor steht die *Erforschung des Lernens* im Zentrum des neobehavioristischen Forschungsprogrammes. (Viney 1993: 315; Goodwin 2004: 312f; Baars 1986: 57) Nicht zuletzt die Tatsache, dass das von Watson in seinen Grundannahmen übernommene Konzept der russischen Reflexologie, das auf der Annahme der Existenz von Reflexbögen aufbaute, aus (neuro-)physiologischer Sicht zunehmend in Misskredit geriet[60], führte dazu, dass die Neobehavioristen sich von physiologischen und biologischen Erklärungen zunehmend entfernten und ihre Grundannahmen eher an dem wissenschaftstheoretischen Programmen des Operationismus[61] und des logischen Positivismus[62] orientierten (Schultz/

58 So publizierte Watson 1928 ein Buch über Kindererziehung (‚Psychological Care of the Infant and Child'), in dem er eine vollkommen unterkühlte, rationalistische und möglichst emotionslose, ‚objektive' ‚behavioristische' Version von Erziehung vorschlug. Eltern sollten ihre Kinder niemals küssen oder auf ihrem Schoß sitzen lassen. „If you must, kiss them once on the forehead when they say goodnight. Shake hands with them in the morning. Give them a pat on the head if they have made an extraordinarily good job of a difficult task. [...] you will find how easy it is to be perfectly objective with your child and at the same time kindly. You will be utterly ashamed at the mawkish, sentimental way you have been handling it" (Watson 1928: 81f, zit. nach Schultz/Schultz 2004: 295).

59 Neben Watson gelten Albert Paul Weiss und Walter Samuel Hunter als bedeutende ‚klassische Behavioristen'.

60 1930 zeigte der Neuropsychologe Karl Lashley, dass das Konzept der Reflexbögen physiologisch nicht haltbar war (Baars 1986: 57).

61 So erschien 1927 ein vielbeachtetes Buch des Physikers und Nobelpreisträgers Percy Williams Bridgman mit dem Titel ‚The Logic of Modern Physics', das eine als

Schultz 2004: 320). Es wurde, angelehnt an die von Tolman Anfang der 1930er Jahre aus der Chemie in den Behaviorismus eingeführte Unterscheidung von molar und molekular, der Neobehaviorismus auch als ‚molarer Behaviorismus' bezeichnet, der sich von dem früheren ‚molekularen Behaviorismus' unterschied. Während ein ‚molekularer Behaviorismus' das Verhalten in eine Vielzahl von physiologischen und neurologischen Vorgänge zerlegt und sich damit von den Erkenntnissen der Physiologie und Neurologie abhängig macht, versucht ein ‚molarer Behaviorismus' in seiner Analyse, das Verhalten nun in gröbere, direkt beobachtbare Verhaltenseinheiten zu untergliedern (Pongratz 1984: 324). Im Folgenden sollen zunächst Hulls und anschließend Skinners Version des Behaviorismus exemplarisch erörtert werden.

Operationalismus betitelte Wissenschaftstheorie vorstellte, die mit dem objektivistischen Duktus des Behaviorismus hervorragend harmonierte. Die Grundannahme des Operationalismus war, dass die Validität einer wissenschaftlichen Erkenntnis von der Validität der Operationen abhängig sind, die zu dieser Erkenntnis geführt haben. In wissenschaftlichen Theorien verwendete Begriffe sind demnach keine direkten Aussagen über einen Gegenstand, sondern vielmehr über das methodische Vorgehen. Sie bezeichnen, welche Tätigkeiten (Operationen) ein Forscher ausführen muss, um zu einer korrekten bzw. wissenschaftlichen Erfassung des jeweiligen Gegenstandes zu kommen und müssen daher möglichst präzise definiert werden, sowie auf physikalische Referenten verweisen, um keine Pseudoprobleme zu schaffen. Dies gab den Neobehavioristen eine neuerliche Legitimation, die nicht-öffentlichen und subjektiven Bewusstseinserfahrungen aus ihrem Forschungsprogramm auszuschließen (Schultz/Schultz 2004: 321; Viney 1993: 316f; Pongratz 1984: 318f).

62 Der logische Positivismus wurde vom sogenannten Wiener Kreis entwickelt, der sich Ende der 1920er Jahre unter Moritz Schlick formierte und dem unter anderem Rudolf Carnap, Herbert Feigl, Philipp Frank, Otto Neurath, Hans Reichenbach und der junge Ludwig Wittgenstein angehörten. Diese strebten eine Einheitswissenschaft nach dem Modell der Physik an, die den strengen Regeln der wissenschaftlichen Logik gehorchte und – vor allem in ihrer Sprache – von allen nicht-wissenschaftlichen, metaphysischen ‚Kontaminationen' befreit werden sollte. So versuchten die logischen Positivisten in ihrem wissenschaftlichen Vorgehen nur mit Konzepten zu hantieren, die sich auf Gegebenes beziehen, wobei gegeben nur das sei, was wissenschaftlich prüf- und damit verifizierbar ist. Wann immer wissenschaftliche Beobachtungen schriftlich protokolliert werden müssen, sollen diese in sogenannten Protokollsätzen formuliert werden, die sich auf möglichst einfach erkennbare, d.h. sinnlich erfahrbare, in Raum und Zeit gegebene Daten beziehen (Pongratz 1984: 319f; Viney 1993: 317).

Hull: Die Formalisierung des Lernens

Im Gegensatz zu Watsons doch recht primitiver Version des Behaviorismus schuf Clark L. Hull die wohl elaborierteste Variante des Behaviorismus und dominierte mit seiner nahezu ‚barock' anmutenden Lerntheorie die amerikanische Psychologie in den 1930er und 1940er Jahren.[63] Hull, der in dieser Zeit von nicht weniger als der Newton der Psychologie des 20. Jahrhunderts angesehen wurde, zielte mit seiner Arbeit darauf ab, dem Lernen mit Hilfe von Mathematik und formaler Logik auf den Grund zu gehen und eine – von wenigen notwendigen Postulaten abgeleitete – hochgradig systematisierte und formalisierte Lerntheorie zu kreieren. Mit Hilfe dieser sollte es gelingen, die dem Lernen und Verhalten zugrunde liegenden universellen Gesetzmäßigkeiten zu finden, durch die Verhaltensänderungen vollständig erklärt, korrekt vorausgesagt und damit kontrolliert werden können. In seinem Hauptwerk ‚The Principles of Behavior' von 1943 versucht Hull, das hierzu notwendige theoretische Fundament zu schaffen. Im Gegensatz zu eher theoriefeindlichen Tendenzen in anderen Versionen des Behaviorismus, die suggerieren, rein induktiv vorgehen zu können und ohne größere theoretische Reflexion auszukommen, sieht Hull in Theorie und Empirie zwei für die moderne Wissenschaft untrennbare Komponenten (Hull 1964: 14) und nennt sein Vorgehen deduktiv: "The typical procedure in science is to adopt a postulate tentatively, deduce one or more of its logical implications concerning observable phenomena, and then check the validity of the deductions by observation" (Hull 1964: 15).

Ausgehend von diesem Programm trifft Hull einige Grundunterscheidungen: So zieht er eine Trennlinie zwischen Organismus und Umwelt, die in einer dynamischen Beziehung zueinander stehen, anschließend unterteilt er die Umwelt des Organismus in einen internen und externen Teil, wobei letzterer erneut unterteilt wird, in belebt und unbelebt (Hull 1964: 16). Die so unterteilten Ebenen gehorchen verschiedenen Gesetzmäßigkeiten: "The laws of the internal environment are, for the most those of the physiology of the particular organism. The laws of the inanimate environment are those of the physical world [...]. The laws of the organismic environment are those of the behavior of other organisms" (ebd.). Wie aber kann nun das dynamische Verhältnis zwischen Organismus und Umwelt beschrieben werden? Auch Hull (1964: 17) stellt sich ausdrücklich in die darwinistische Tradition und betrachtet den Organismus als auf sein Überleben ausgerichtet. Fehlt es an den nötigen Voraussetzungen für das Überleben des Organismus oder

63 Diese Dominanz zeigt sich z.B. darin, dass während der 1940er Jahre in den zwei führenden psychologischen Zeitschriften 70% aller Artikel zum Thema Lernen oder Motivation Hulls Hauptwerk ‚Principle of Behavior' zitierten (Schultz/Schultz 2004: 327; Viney 2004: 327).

sind die Bedingungen dafür nicht optimal, existiert der Organismus in einem Zustand, den Hull primärer Antrieb (‚drives') nennt (ebd.). Diese primären Antriebe sind allesamt biologische Bedürfnisse und umfassen Nahrung, Luft, Temperaturregulierung, Verdauung, Schlaf usw. Neben diesen primären Antrieben postuliert Hull sekundäre, erlernte Antriebe, die mit spezifischen Kontexten verbunden sind, die wiederum mit der Reduzierung von primären Antrieben assoziiert sind und somit selbst zu Antrieben werden. Mit anderen Worten: Vormals neutrale Stimuli können den Charakter eines Antriebs erlangen, weil sie Reaktionen evozieren, die den Reaktionen der von primären Antrieben hervorgerufenen ähneln. Von hier aus kann er formulieren:

„It is the primary task of a molar science of behavior to isolate the basic laws or rules according to which various combinations of stimulation, arising from the state of need on the one hand and the state of the environment on the other, bring about the kind of behavior characteristic of different organisms" (Hull 1964: 19).

Bevor diese Aufgabe jedoch erfüllt werden kann, müssen Maßnahmen getroffen werden, um nicht in die größte Falle zu geraten, die sich, laut Hull, beim wissenschaftlichen Arbeiten ergibt. Diese sieht er in einem *anthropomorphen Subjektivismus*: "Even when fully aware of the nature of anthropomorphic subjectivism and its dangers, the most careful and experienced thinker is likely to find himself a victim to its seductions" (Hull 1964: 27). Der anthropomorphische Subjektivismus besteht darin, dass Menschen das aus vielen Jahren der Selbstbeobachtung gewachsene intuitive Wissen über die Funktionsweise des eigenen Verhaltens auf die zu analysierende Materie projizieren und ein theoretisches Konstrukt nicht nur als vorgefundene Entität sondern vielmehr als eine subjektartige Instanz betrachten, anstatt diese rein funktional zu interpretieren. Um diesen "inveterate animistic or anthropomorphic tendencies of human nature" (Hull 1964: 23) zu entgehen, schlägt Hull folgende prophylaktische Praxis vor:

„This is to regard, from time to time, the behaving organism as a completely self-maintaining robot, constructed of materials as unlike ourselves as may be. [...] It is a wholesome and revealing exercise [...] to consider the various general problems in behavior dynamics which must be solved in the design of a truly self-maintaining robot" (Hull 1964: 27).

Auch Hulls Lerntheorie basiert, um den anthropomorphischen Subjektivismus zu vermeiden, somit auf einem *mechanistischen Menschenbild*, in dem der Mensch letztlich nichts anderes als eine komplexe Maschine und Lernen ein automatisch ablaufender Prozess ist: „In accordance with the objective approach [...] we must regard the processes of learning as wholly automatic" (Hull 1964: 69). Um diesen automatischen Prozess erklären zu können, geht Hull wie auch schon Pawlow und Watson von bereits angeborenen Verhaltenstendenzen aus; für die optimale Überlebenswahrscheinlichkeit des Organismus müssen diese jedoch durch Lernvorgänge ergänzt werden, damit der Organismus sich an die sich ändernde Umwelt anpassen könne (Hull 1964: 68). Diese Lernprozesse definiert Hull wie folgt:

> „The essential nature of the learning process may […] be stated quite simply. Just as the inherited equipment of reaction tendencies consists of receptor-effector connections, so the process of learning consists in the strengthening of certain of these connections as contrasted with others, or in the setting up of quite new connections" (Hull 1964: 68f).

Betrachtet man jedoch zusätzlich die Bedingungen, denen dieses Stärken oder Neuknüpfen von S-R-Verbindungen unterliegt, dann resultiert Lernen „from the mere interaction between the organism, including its equipment of action tendencies at the moment, and its environment, internal as well as external" (Hull 1964: 69).

Ausgehend von diesen Annahmen stellt Hull unzählige Formeln auf, die beispielsweise das Reaktionspotential eines Organismus in einer gegebenen Situation als Funktion der Stärke einer Gewohnheit (bzw. die bislang durchgeführte Versuchsanzahl in dieser Situation), der Stärke der Antriebe und der Intensität des Stimulus definieren. Der Mechanismus des Lernens besteht für Hull hauptsächlich im *Prinzip der Verstärkung*, das bereits Thorndike als ‚Gesetz des Erfolges' beschrieben hatte (vgl. Thorndike 1970: 64). So stellt Hull ein ‚Gesetz der primären Verstärkung' auf, das besagt, dass, wenn auf eine S-R-Verbindung die Reduktion eines Antriebs erfolgt, sich die Wahrscheinlichkeit erhöht, dass in nachfolgenden Situationen der gleiche Stimulus die gleiche Reaktion hervorruft (Hull 1964: 80). Ebenso wie es neben den primären Antrieben auch sekundäre, erlernte Antriebe gibt, so postuliert Hull auch sekundäre, erlernte Verstärkungen. Jeder Stimulus, der beständig mit einer Verstärkungssituation assoziiert wird, wird durch diese Verbindung dazu in der Lage sein, eine Reduktion des Antriebs vorzunehmen und somit von selbst die resultierende Verstärkung hervorzubringen (Hull 1964: 97f).

Hiermit sind nur die gröbsten Grundannahmen von Hulls Lerntheorie vorgestellt. Die aus dieser Theorie abgeleiteten Hypothesen wurden in zahlreichen Variationen von damaligen Lernpsychologen getestet, die enthusiastisch Hulls Theorie aufnahmen und mit dieser die Hoffnung verknüpften, endlich eine überprüfbare und allgemeingültige Lerntheorie zur Hand zu haben. Auch wenn in dieser Stimulation der Lernforschung die große Stärke der Hull'schen Theorie gesehen werden kann, so bewirkte genau das ihr Scheitern. Denn je häufiger die Theorie bzw. die aus ihr abgeleiteten Hypothesen überprüft wurden, desto ersichtlicher wurden, trotz formaler Präzision und Komplexität, ihre Mängel. Ihre überprüfbaren Voraussagen konnten zumeist nicht bestätigt werden und der auf diese Falsifikationen der Hypothesen folgende Umbau der Theorie führte zumeist zu neuerlichen Steigerungen der Komplexität der aufgestellten Formeln. Dies war umso desillusionierender, als nahezu alle Tests sich nur auf einfache Formen des Lernens bezogen und mit Ratten, die in Labyrinthen nach Futter suchen, vollzogen wurden. Der Preis für den Versuch Hulls, die Bedingungen von Lernprozessen in quantifizierbaren Variablen zu beschreiben, um damit eine generalisierbare, universell gültige Lerntheorie zu kreieren, bestand somit in der Nichtgeneralisierbarkeit seiner Lerntheorie in Bezug auf die Mannigfaltigkeit menschlichen Lernens und Verhaltens und verdeutlicht damit die phänomenologische Enge seiner Theorie. Gemessen an der Euphorie, die die Theorie Hulls anfangs umgab, führte dieses Scheitern in eine umso größere Desillusion und zu großem Zweifel gegenüber dem gesamten behavioristischen Forschungsprogramm (Baars 1986: 61).

Skinner I: Lernen als operante Konditionierung

Dass Burrhus Frederic Skinner in Europa als der wohl bekannteste und einflussreichste Behaviorist gilt, verdankt sich eher der verspäteten Rezeption des Behaviorismus in Europa denn der Stellung Skinners in der US-Psychologie. Die Rolle als ‚führender Behaviorist' nahm dieser zumindest erst in den 1950ern Jahren ein, damit zu einer Zeit, in der die Hegemonie des Behaviorismus in der Psychologie bereits im Schwinden begriffen war (Baars 1986: 62).[64] Dies führte dazu, dass Skinner entgegen seiner eigentlichen Intention vor allem als Apologet des Behaviorismus fungieren musste.[65]

Mit seiner Version des Behaviorismus grenzt er sich sowohl von den zu seiner Zeit vorherrschenden kognitivistischen Lerntheorien, die Lernen als ein über kog-

64 Skinner wird jedoch für den Großteil der zweiten Hälfte des 20. Jahrhunderts als einer der weltweit einflussreichsten Psychologen angesehen. Zumindest in seiner Medienwirksamkeit scheint Skinner Watson nahezu übertrumpft zu haben; einige seiner Bücher wurden Beststeller, er trat im Fernsehen in Talkshows auf und wurde das, was man eine ‚Berühmtheit' nennt (Schultz/Schultz 2004: 330f; Viney 1994: 337). Große öffentliche Aufmerksamkeit bekam Skinner beispielsweise für seine Konstruktion einer mechanischen Kinderkrippe, die durch die Automatisierung einiger Routineaufgaben der Kinderpflege die Eltern entlasten sollte. Trotz aller Aufmerksamkeit floppte die Kinderkrippe kommerziell (Schultz/Schultz 2004: 339).

65 Skinner sah sich, ähnlich wie Watson, als ‚prophetischer' Verkünder eines neuen behavioristischen Zeitalters.

nitive Prozesse vermitteltes Input-Output-Geschehen beschreiben (vgl. I.2)[66], als auch von bisherigen Versionen des Behaviorismus, die Lernen als ein Stimulus-Response-Geschehen konzipieren, ab.

„Jedes Stimulus-Reaktions- oder Input-Output-Konzept vom Verhalten leidet unter einem schwerwiegenden Mangel. Keine Darstellung der Wechselwirkung zwischen Organismus und Umwelt ist vollständig, wenn sie nicht die Einwirkung der Umwelt auf den Organismus nach dem Auftreten der Reaktion berücksichtigt“ (Skinner 1974: 16).

In der systematischen Einbeziehung dieses nebensächlich erscheinenden Aspekts liegt die ganze Pointe der Skinnerschen Theorie.[67] Die Reaktion bzw. der Output könnten nicht allein mit dem Reiz bzw. dem Input erklärt werden, was dazu führte, innere Aktivitäten, „und zwar physiologische in Reiz-Reaktion-Theorien, kognitive in Informationstheorien“ (Skinner 1971: 12), in die Erklärung des Lerngeschehens miteinzubeziehen.[68] Um dies zu vermeiden, fokussiert Skinner das Geschehen *nach* dem Auftreten der Reaktion und sieht hier den *Mechanismus des operanten Konditionierens* am Werk.

„Der Prozeß der operanten Konditionierung [...] ist tatsächlich unkompliziert. Wenn ein Teil des Verhaltens die Folge hat, die als Verstärkung bezeichnet wird, so wird dieser Teil mit einiger Wahrscheinlichkeit erneut auftreten. Ein positiver Verstärker fördert jedes Ver-

---

66 In den Input-Output-Konzepten des Lernens sah Skinner nur einen Aufguss der Reiz-Reaktions-Theorien. Scharf formulierte er: „Man setze statt Stimulus Input und statt Reaktion Output, und schon haben sich gewisse emotionale Probleme vereinfacht“ (Skinner 1974: 16).

67 Hierin scheint sich der Wechsel von einem linear-kausalen zu einem kybernetischen Verständnis anzubahnen. „Das behavioristische Material, über das Watson verfügte, bestand aus Reflexen und bedingten Reflexen. Aber sein Begriff des Reflexes unterstellte eine Kausalität, die dem Schema von Druck und Gegendruck gehorchte und die mit der im 19. Jahrhundert verbreiteten Vorstellung von einer Maschine nur allzu gut vereinbar war“ (Skinner 1978: 12). Der bedingte Reflex kann nach Skinner nur einen Teil, nicht aber das gesamte Verhalten erklären, weil erstens der Organismus nicht nur reaktiv sei, sondern auch aktiv auf dessen Umwelt einwirke und weil zweitens die Einwirkung der Umwelt auf den Organismus weitaus komplizierter erfolge, als in Termini einfacher Reize beschrieben werden könne.

68 Auch Hulls Verwendung von intervenierenden Variablen für die Beschreibung von Lernprozessen lehnt Skinner ab: „Ein Ereignis wirkt nicht verstärkend, weil es ein Bedürfnis verringert“ (Skinner 1978: 61). Fraglich bleibt dann aber, warum die skinnerschen Versuchstiere stets mit Nahrungsentzug auf das Experiment vorbereitet wurden.

halten, das er hervorruft. [...]. Ein negativer Verstärker fördert jedes Verhalten, das ihn in seiner Wirkung herabsetzt oder einschränkt“ (Skinner 1978: 57).[69]

Was jeweils als Verstärker fungieren kann, wird von Skinner jedoch nicht eindeutig definiert, vielmehr bezeichnet er – fast schon tautologisch – all jene Folgen des Verhaltens als Verstärker, die die Wahrscheinlichkeit eines erneuten Auftretens einer Reaktion erhöhen. Parallel zu anderen behavioristischen Lerntheorien wird auch hier das Lerngeschehen in den Horizont der Evolution gestellt und dessen Rolle als wirkmächtige Ergänzung zum Prozess der natürlichen Selektion gesehen.

„Bedeutende Folgen des Verhaltens, die in der Evolution keine Rolle spielen konnten, weil sie nicht als hinreichend stabile Züge der Außenwelt auftraten, können in der Lebenszeit eines Individuums durch operante Konditionierung Wirksamkeit erlangen. Hierdurch erzielt das Individuum einen großen Machtzuwachs innerhalb der Auseinandersetzung mit seiner Umwelt“ (ebd.).

Wie aber die Evolution eine Geschichte hat, die ihr Fortschreiten bestimmt, so hat auch die lernende und sich verhaltende Person eine Vorgeschichte vergangener operanter Konditionierungen – in skinnerscher Terminologie eine „Vorgeschichte der Kontingenzen“ (Skinner 1978: 105) –, so „daß das Verhalten einer Person [...] von ihrer genetischen Vorgeschichte sowie von der Geschichte ihrer Umwelt kontrolliert wird“ (Skinner 1978: 214). Skinner betont jedoch, dass diese Geschichte vergangener Kontingenzen eine *Geschichte der Umwelt* sei und nicht in Termini des Innen und der Speicherung beschrieben werden dürfe. Erneut wendet sich Skinner sowohl gegen das S-R-, als auch gegen das Input-Output-Konzept des Lernens:

„Beiden Theorien zufolge dringt die Umwelt in den Körper ein: nach der mentalistischen Auffassung nimmt der Wahrnehmende sie auf, nach dem Reiz-Reaktionsschema bahnt sie sich ihren Weg nach innen [...]. In einer operanten Analyse [...] bleibt die Umwelt, wo sie ist und stets gewesen ist – außerhalb des Körpers“ (Skinner 1978: 86).

Es ist diese *Radikalisierung des Außen* in Skinners Theorie, die dazu führt, dass sowohl Verhalten als auch Lernen als determiniert und fremdgesteuert angesehen werden: „Es ist immer die Umwelt, die das Verhalten erzeugt, mit dem Probleme gelöst werden, auch dann, wenn die Probleme Teil jener von unserer eigenen Haut umschlossenen privaten Welt sind“ (Skinner 1973: 199). Diese Radikalisierung des Außen zeigt sich auch in Skinners Aussage in einem Interview: „Organisms do not adapt to the environment; it is the environment that adapts the organism." (Skinner in Baars 1986: 90)

Um diese Radikalisierung des Außen auch sprachlich zu markieren, nennt Skinner seine Version des Behaviorismus auch einen ‚radikalen Behaviorismus', der sich von einem ‚methodologischen Behaviorismus' unterscheide. Letzterem sei es gelungen „sich von einer ganzen Reihe von Problemstellungen, die durch den Mentalismus entstanden waren" (Skinner 1978: 22) zu lösen, indem man sich auf die Erforschung des Verhaltens beschränkt hätte und psychische oder mentale Prozesse ignorierte, ohne notwendigerweise deren Existenz zu leugnen.[70] „Der radikale Behaviorismus hingegen geht anders vor. Er leugnet weder die Möglichkeit noch die Nützlichkeit von Selbstbeobachtung oder Selbsterkenntnis. Er stellt vielmehr das Wesen dessen in Frage, was empfunden, beobachtet und mithin gewußt wird" (Skinner 1978: 24). Diese Infragestellung könne wie folgt beschrieben werden: „Was gefühlt oder in der Introspektion beobachtet wird, ist nicht eine körperlose Welt des Bewußtseins, des Geistes oder der Seele, sondern der Körper des Beobachters selbst" (Skinner 1978: 24f). Alle subjektiven Phänomene bzw. Erfahrungen sind für Skinner Epiphänomene des physischen Organismus und damit „Nebenprodukte der Kontingenzen, die Verhalten erzeugen" (Skinner 1978: 81).[71] Skinner lehnt somit jeden Dualismus ab und ist – ontologisch gesprochen – Monist:

---

69 Die wesentlichen Elemente seiner Theorie des operanten Konditionierens, die bis zu seinem Tod 1990 unverändert blieben, entwickelte Skinner in den Jahren seiner ‚Junior Fellowship, in Harvard zwischen 1930 und 1935 (Baars 1986: 62; Viney 1994: 341). Skinner erforschte den Mechanismus der operanten Konditionierung vor allem mit seinen berühmten Experimenten in der Skinnerbox: „Eine hungrige Ratte befindet sich in einem Experimentierkäfig, der einen Futterverteiler enthält. Eine horizontale Stange am Ende eines Hebels ragt aus einer Wand heraus. Das Niederdrücken des Hebels löst einen Schalter aus. Ist der Schalter mit dem Futterverteiler verbunden, wird das Verhalten der Ratte, die den Hebel niederdrückt, ‚durch Nahrung verstärkt'. Der Apparat stellt einfach einen Zusammenhang zwischen dem Erscheinen von Nahrung und dem Vorkommen einer bestimmten Verhaltensäußerung her. Unter solchen Umständen wächst die Wahrscheinlichkeit, daß die Reaktion auf den Hebel wieder vorkommt" (Skinner 1971: 60). Wie schon Thorndike (1970) kommt auch Skinner zu dem Ergebnis, dass positive Verstärker ungleich effektiver als negative Verstärker seien.

70 Als Mentalismus bezeichnet Skinner hier die vorbehavioristische Bewusstseinspsychologie.

71 Dies gelte auch für unser Gefühl, selbstbestimmt zu sein, dessen Evidenz Skinner (1978: 16) wie folgt erklärt: „Wir neigen gelegentlich zu der übereilten Feststellung, daß ein Ereignis durch ein anderes verursacht worden ist, weil beide aufeinander fol-

„Ein kleiner Teil des Universums ist innerhalb der Haut eines jeden von uns enthalten. Es gibt keinen vernünftigen Grund dafür, warum dieser Teil einen besonderen physikalischen Status besitzen sollte, weil er innerhalb dieser Begrenzung liegt. Anatomie und Physiologie werden eines Tages in der Lage sein, ihn vollständig darzustellen" (Skinner 1978: 30).

Konsequent wendet er sich daher gegen alle Versionen von mentalistischen Theorien und sieht – ganz ähnlich wie Hull – im *Anthropomorphismus* die größte Gefahr der Wissenschaft. Alle Versionen von mentalistischen Erklärungen des menschlichen Verhaltens würden letztlich einen ‚inneren Menschen' unterstellen, der das Verhalten des ‚äußeren Menschen' erkläre. „Unfähig zu begreifen, wie oder warum die Person, die wir sehen, sich so verhält, schreiben wir ihr Verhalten einer Person zu, die wir nicht sehen können. Deren Verhalten können wir zwar ebensowenig erklären, doch sind wir in ihrem Fall nicht geneigt, über sie Fragen zu stellen" (Skinner 1973: 20f). Die Funktion dieses ‚inneren Menschen' besteht also darin,

„daß er uns eine Erklärung liefert, die jedoch ihrerseits unerklärt bleibt. Mit dem inneren Menschen endet die Erklärung. Er ist kein Mittler zwischen vergangener Geschichte und gegenwärtigem Verhalten, er ist ein Zentrum, dem Verhalten entspringt. Er leitet ein, erzeugt und schafft, wobei er das bleibt, was er schon für die Griechen war – nämlich göttlich. Wir behaupten, er sei autonom – das aber bedeutet in Bezug auf eine Wissenschaft des Verhaltens ‚übernatürlich'" (Skinner 1973: 21).

Anders formuliert: Mentalistische Erklärungen, in denen letztlich „die physische Umwelt in den Geist verlegt" (Skinner 1978: 118) wird, beenden die Erforschung der Ursachen des Verhaltens vorschnell, indem sie Entitäten wie den inneren Menschen kreieren, die „als nicht weiter untersuchungsbedürftige Ursachen erscheinen" (Skinner 1978: 21). Daher ist es Skinners Ziel, den ganzen Menschen zu „enthomunkulisieren" (Skinner 1978: 268) und ihn damit vom „Überrest des Animismus" (Skinner 1978: 190) zu befreien, denn es sind „Spuren dieser Lehre" (ebd.), die immer dann fortwirken „wenn wir von einer Persönlichkeit sprechen oder [...] von einem Ich reden" (ebd.). Vielmehr sei das Selbst oder die Persönlichkeit „bestenfalls ein Verhaltensrepertoire, das einem Menschen durch eine organisierte Reihe von Kontingenzen mitgeteilt worden ist" (Skinner 1978: 170).[72]

gen. [...] Die Person, die uns am nächsten steht, sind wir selbst. Vieles von dem, was wir beobachten, kurz bevor wir uns in einer bestimmten Weise verhalten, geschieht innerhalb unseres Körpers. Leicht können wir es als die Ursache unseres Verhaltens auffassen".

72 Anders gesagt: „Die Person ist zunächst vor allem ein Organismus, ein Mitglied einer

Das Gefühl, einen freien Willen zu besitzen, sei ein reines Epiphänomen, so dass das „Ich, dem sich eine Handlungsmöglichkeit zu eröffnen scheint, [...] das Produkt einer Geschichte [ist], der gegenüber es nicht frei ist und die tatsächlich determiniert, was es als nächstes tun wird" (Skinner 1978: 190f). Skinner leugnet also keineswegs das authentische Gefühl, aufgrund eines freien Willens Handlungsentscheidungen treffen und somit sein Verhalten steuern zu können, doch hält er es für nichts als eine subjektive Illusion. „Denn wie die Mikroorganismen zur Zeit Pasteurs sich nicht spontan verhielten, sondern Gesetzen gehorchten, so unterliegt auch heutzutage scheinbar spontanes Verhalten bestimmten Gesetzen" (Skinner 1978: 65).

Skinner II: Behavioristische Visionen und pädagogische Implikationen

Skinner ist überzeugt, das ‚Rätsel Mensch' entschlüsselt zu haben und mit der ‚operanten Konditionierung' einen einfachen Mechanismus zu besitzen, der es erlaubt, die komplexe Maschine Mensch zu *kontrollieren*. Er spricht davon, dass diese Sichtweise „erregende Möglichkeiten" (Skinner 1973: 220) biete, denn bislang habe man „noch nicht erkannt, was der Mensch aus dem Menschen machen kann" (ebd.). Um die „großen Probleme, denen sich die Welt heute konfrontiert sieht" (Skinner 1973: 10) zu überwinden, müsse sich die Menschheit von den vorwissenschaftlichen, traditionellen Theorien ablösen, „die im großen Maße verantwortlich für unsere heutige Lage sind" (Skinner 1978: 14) und stattdessen mit Hilfe der wissenschaftlichen Theorie des Behaviorismus „im Verhalten des Menschen weitreichende Veränderungen herbeiführen" (Skinner 1973: 10). Zwar gibt er zu, dass man „Kontingenzen, die ausdrücklich entworfen werden, [...] als manipulativ bezeichnen" (Skinner 1978: 273) könne, doch erstens folge daraus nicht notwendigerweise, „daß sie auch ausbeuterisch" (ebd.) seien und zweitens seien auch ungeplante Kontingenzen „ebenso mächtig und führen möglicherlicherweise ebenfalls zu unglücklichen Konsequenzen" (ebd.). Die Skepsis gegenüber einer Verhaltenskontrolle, die eine ständige Gefahr in dem Missbrauch der Kontrollpraktiken sieht, beruht laut Skinner letztlich auf der Illusion, der Mensch sei ein freies Wesen. Wer hingegen einsehe, dass der Mensch qua natura ein durch

Art und einer Unterart, das eine genetische Ausstattung sowie anatomische und physiologische Eigenarten besitzt, die das Ergebnis der Kontingenzen des Überlebens sind, denen die Art im Verlauf der Evolution ausgesetzt gewesen ist. Zur Person wird der Organismus, indem er ein Verhaltensrepertoire unter den Kontingenzen von Verstärkung erwirbt, denen er in seiner Lebenszeit ausgesetzt ist" (Skinner 1978: 234).

und durch kontrolliertes und determiniertes Wesen ist, der würde zustimmen, dass „eine wirksame Gegenkontrolle, die zur ‚Befreiung' der Individuen führt, nur durch Planung" (Skinner 1978: 227) erreichbar sei. Doch müsse diese „auf einer wissenschaftlichen Analyse menschlichen Verhaltens gegründet sein" (ebd.).

Ein zweiter Argumentationsstrang, den Skinner benutzt, um seine behavioristische Utopie[73] ‚reizvoll' erscheinen zu lassen, besteht darin, die Karte des naturwissenschaftlichen Fortschritts und Nutzens gegen die Human- und Geisteswissenschaften auszuspielen. So schreibt Skinner:

> „Aristoteles wäre unfähig, eine Seite aus einem modernen Lehrbuch der Physik oder Biologie zu verstehen, während Sokrates und seine Familie nur wenig Mühe hätten, den aktuellsten Diskussionen über menschliche Probleme zu folgen. Was nun die Technologie anlangt[sic], so haben wir bei der Beherrschung der physikalischen und biologischen Welten gewaltige Fortschritte erzielt, während wir unsere Praxis im Bereich des Regierens, der Erziehung und eines Großteils der Wirtschaft äußerst unterschiedlichen Bedingungen angepaßt haben, ohne sie jedoch sonderlich zu verbessern" (Skinner 1973: 12).

Und so fragt er: „War es tatsächlich einfacher, einen Menschen auf den Mond zu senden als die Erziehung in unseren Volksschulen zu verbessern?" (Skinner 1973: 13). Dabei weist Skinner der Erziehung eine gewaltige Rolle zu:

> „Hunderttausende von Jahren ist die Menschheit der wirklichen Welt ausgesetzt gewesen, und nur sehr langsam hat sie sich ein Repertoire angeeignet, um mit ihr fertig zu werden. Jeder Schritt auf diesem langwierigen Weg muß das Resultat günstiger, zufällig programmierter Verstärker gewesen sein. Erziehung aber hat die Aufgabe, solche Zufälle entbehrlich zu machen" (Skinner 1971: 142).

Und so liegt es denn auch in nichts Geringerem als dem Interesse der Menschheit, wenn Skinner (1971: 35) proklamiert: „Bildung muß wirkungsvoller werden!" Doch um „ein effizientes Erziehungssystem zu entwickeln" (Skinner 1971: 87), brauche es „ein Verständnis dessen, was beim Lehren und Lernen vorgeht" (ebd.).

---

73 Skinner, der ursprünglich Schriftsteller werden wollte, explizierte seine behavioristische Utopie in dem 1948 erschienen Roman ‚Walden Two', in dem das Leben einer behavioristische Kommune beschrieben wird, die durch und durch auf dem Mechanismus des operanten Konditionierens aufgebaut ist (Baars 1986: 65). Besonders in den durch die Suche nach alternativen Lebensformen gekennzeichneten 1960er Jahren fanden Skinners in ‚Walden Two' entwickelte Ideen ein breites Interesse und 1967 gründete sich in Twin Oaks, Virginia, eine Kommune, die auf Skinners Ideen fußte (Viney 1994: 342).

Ein wirkliches *Verständnis des Lehr-Lern-Prozesses* sei mit traditionellen Beschreibungen nicht möglich gewesen, nun durch den Mechanismus des operanten Konditionierens jedoch offensichtlich.[74] So lautet das skinnersche Verständnis des Lehr-Lern-Zusammenhangs wie folgt:

„Lehren bedeutet die Anordnung von Verstärkungszusammenhängen, unter deren Einwirkung Schüler lernen. Sie lernen zwar auch in ihrer natürlichen Umwelt, ohne daß jemand sie lehrt, aber Lehrer arrangieren bestimmte Verstärkungszusammenhänge, die das Lernen fördern, indem sie das Auftreten von Verhaltensäußerungen beschleunigen oder garantieren, die sonst vielleicht überhaupt nicht aufträten“ (Skinner 1971: 61).[75]

Skinner liefert somit eine leidenschaftliche Verteidigung des Lehrens, die gegen das gerichtet ist, was man heute eine Ausrichtung auf ‚Selbstlernprozesse‘ nennt. Er sieht hier nicht nur das gleiche Missverständnis wie auch schon bei der Verhaltenskontrolle am Werk – „Personen, die von der natürlichen Umwelt lernen, stehen unter einer Kontrolle, die genauso stark ist, wie jede Kontrolle, die ein Lehrer ausübt“ (Skinner 1973: 95) –, sondern sieht in der Akzentuierung der Selbstlernprozesse letztlich eine Scheinlösung: „Wenn wir es dem Schüler überlassen, das Problem des Lernens zu lösen, dann verzichten wir darauf, das Problem des Lehrens zu lösen!“ (Skinner 1971: 132); denn:

74 Skinner unterscheidet drei unterschiedliche traditionelle Lerntheorien: Lernen durch Tun, Lernen durch Erfahrung und Lernen durch Versuch und Irrtum. „Diese klassischen Theorien vertreten die drei wesentlichen Teile jeder Gruppe von Verstärkungszusammenhängen: Lernen durch Tun betont die Reaktion, Lernen durch Erfahrung betont die Umstände, unter denen sich Lernen vollzieht, Lernen durch Versuch und Irrtum betont die Folgen. Aber keiner dieser drei Teilaspekte läßt sich isoliert untersuchen, und alle diese drei Aspekte müssen jedes Mal in der Beschreibung eines Lernvorgangs berücksichtigt werden. Es dürfte schwierig sein, diese drei Theorien so zu kombinieren, um eine brauchbare Beschreibung des Lernvorgangs zu formulieren. Zum Glück haben wir das nicht nötig, da die erwähnten Theorien nur mehr von historischem Interesse sind und ein großer Teil der Arbeit, die zu ihrer Unterstützung geleistet wurde, nur noch geringen Wert hat“ (Skinner 1971: 16).

75 Anders formuliert: „Worauf es in der Pädagogik ankommt, läßt sich in behavioristischen Begriffen folgendermaßen formulieren: Ein Lehrer arrangiert Kontingenzen, unter denen ein Schüler ein Verhalten erwirbt, das ihm später unter anderen Kontingenzen von Nutzen sein wird“ (Skinner 1978: 208). Und: „Lehren bedeutet nämlich, das Lernen zu beschleunigen; jemand, der gelehrt wird, lernt schneller als einer, der sich selbst überlassen bleibt“ (Skinner 1971: 13).

„Wenn wir zum Beispiel Kinder in ein Schwimmbassin werfen, werden einige wieder ans Ufer kommen, und wir können behaupten, wir hätten ihnen das Schwimmen beigebracht, obwohl auch von diesen, die sich selbst retten konnten, die meisten schlecht schwimmen und es bei uns auch nicht besser lernen – jedenfalls nicht auf diese Weise. Andere werden untergehen, und wir werden Mühe haben, sie zu retten. [...] In Wirklichkeit lehrt diese Methode nicht, sondern sie liest lediglich diejenigen aus, die lernen, ohne belehrt zu werden!" (Skinner 1971: 107)

Ähnlich richtet er sich gegen eine Verherrlichung des ‚Erfahrungslernens':

„Große Denker bauen auf die Vergangenheit auf, aber sie verschwenden keine Zeit damit, sie nochmals zu entdecken. Es ist daher gefährlich, dem Schüler zu sagen, es sei unter seiner Würde, das zu lernen, was andere vor ihm schon wissen – daß es nicht vornehm sei, Tatsachen, Formeln oder literarische Passagen auswendig zu lernen und daß der Weg zur Anerkennung über das ‚schöpferische' Denken gehen müsse" (Skinner 1971: 134).

Vielmehr betont Skinner die Rolle der anderen beim Lernen: „Ein Großteil unseres Verhaltens wird durch dessen Wirkungen auf andere verstärkt" (Skinner 1978: 198).[76] Jedoch setzte Skinner lange vor der Erfindung des PCs und den heutigen Debatten über E-Learning auf sogenannte Lehrmaschinen, deren Einsatz im Unterricht er empfahl: „Soll der Lehrer aus den jüngsten Ergebnissen der Lernforschung Nutzen ziehen, so muß er die Hilfe mechanischer Geräte bekommen" (Skinner 1971: 26). Außerdem gebe es „keinen Grund, warum das Schulzimmer weniger maschinell ausgestattet sein soll als etwa die Küche" (Skinner 1971: 31). Solche Lehrmaschinen[77] waren einfache mechanische Geräte, mit denen im Fra-

76 Allerdings geht Skinner dieser Annahme nicht systematisch auf den Grund. Überhaupt wird in den behavioristischen Verrsuchsanordnungen zumeist darauf verzichtet, die soziale Beziehung zwischen Experimentator und Versuchsperson als möglichen Einflussfaktor in die Verhaltensanalyse miteinzubeziehen. Somit wird a priori ausgeschlossen, dass die soziale Beziehung ein Strukturmoment menschlichen Verhaltens sein könnte (siehe dazu auch Eppinger 1983: 250).

77 Bereits 1920 erfand ein gewisser Sidney Pressey Lehrmaschinen, war damit – in einer Zeit des Lehrerüberschusses – aber nicht erfolgreich. Als Skinner die Idee der Lehrmaschinen präsentierte, war er ungleich erfolgreicher. Die Gründe hierfür liegen nicht nur am Bekanntheitsgrad seiner Person, sondern vor allem an der gesellschaftlichen Situation zur Zeit der 1950er in den USA, die nicht nur durch Lehrermangel bei gleichzeitig stetig wachsenden Schülerzahlen geprägt war, sondern auch von dem, nach dem sogenannten Sputnikschock in den USA entstandenen, öffentlichen Druck zur Verbesserung des Erziehungssystems (Schultz/Schultz 2004: 340).

ge-Antwort-Muster sukzessiv die korrekten Antworten geübt werden konnten. Als konditionierende Verstärkung wirkte lediglich das Läuten einer Glocke. Skinner sah in solchen Geräten eine Reihe von Vorteilen: Diese ermöglichten „eine genau durchdachte Stoffdarbietung, wo eine Aufgabe von der richtigen Antwort auf eine andere abhängt" (Skinner 1971: 27). Aufgaben könnten zudem auf den einzelnen Schüler zugeschnitten werden, so dass dieser „seinem eigenen Tempo gemäß lernen" (Skinner 1971: 38) kann, im Gegensatz zu „Vorlesungen, Lehrbücher[n] und [...] üblichen audio-visuellen Hilfsmittel[n] weckt die Maschine Aktivität und erhält sie" (Skinner 1971: 41). Vor allem aber „verstärkt die Maschine [...] den Schüler für jede richtige Antwort" (ebd.). Zwar konzediert Skinner, dass „die Beziehung des Lehrers zum Schüler nicht durch ein mechanisches Gerät ersetzt werden kann" (Skinner 1971: 31), doch gerade weil dieser „bestimmte mechanisierbare Funktionen den Maschinen überantwortet, kann der Lehrer sich in seine eigene Aufgabe als ein unersetzbares menschliches Wesen vertiefen" (Skinner 1971: 55) und produktiver und effizienter arbeiten.[78]

Auch wenn die skinnerschen Techniken zur Verhaltenskontrolle und Verhaltensänderung nicht nur in den Schulen, sondern auch in einigen anderen Bereichen der Gesellschaft – psychiatrische Kliniken, Unternehmen, Gefängnissen, etc. – Anwendung fanden (Schultz/Schultz 2004: 341), so muss der skinnersche Behaviorismus im Ganzen, besonders gemessen an seinem eigenen Anspruch, als gescheitert angesehen werden. Dies zeigt sich nicht zuletzt daran, dass wesentliche Annahmen der operanten Konditionierung der experimentellen Überprüfung nicht standhalten konnten.[79]

78 Es ist interessant, dass gerade Skinner, der in Menschen lediglich sehr komplexe Maschinen sieht, mit der Nichtsubstituierbarkeit von zwischenmenschlichen Beziehungen in Lehr-Lern-Prozessen argumentiert. Andererseits scheint Skinner denn auch eine ausgeprägte Vorliebe für Dinge zu haben. So sieht er zwei gewichtige Vorteile in „der Abhängigkeit nicht von Personen, sondern von Dingen" (Skinner 1973: 93), diese bestehen erstens „darin, daß Zeit und Energie anderer nicht vergeudet werden" (ebd.) und zweitens, „daß Zusammenhänge und Folgen hier deutlicher sind und nützlicheres Verhalten prägen als die von anderen Menschen arrangierten Kontingenzen" (Skinner 1973: 94). Folgerichtig ist für ihn „eine Welt, in der alles Verhalten durch Dinge bestimmt wird, [...] eine anziehende Vorstellung" (ebd.).

79 Auch in der deutschsprachigen Erziehungswissenschaft der 1960er und frühen 1970er Jahre kam es auf dem Hintergrund der ausgerufenen Bildungskatastrophe (G. Picht) und der ‚realistischen Wende' (H. Roth) zu einer intensiven Rezeption der behavioristischen Lerntheorie in der skinnerschen Variante. Man rückte vor allem in der Allgemeinen Didaktik von bildungstheoretisch geprägten Ansätzen ab, die vorrangig Ziele und Inhalte des Unterrichts debattierten, und wandte sich insbesondere der Frage nach

I.1.3 ANALYSE DES ZUSAMMENHANGS VON SUBJEKT- UND LERNVERSTÄNDNIS IM BEHAVIORISMUS

Sieht man einmal von Hull ab, der die Notwendigkeit von Theoriebildung und eines deduktiven Vorgehen unterstrich, suggerieren die ‚Behavioristen', ein naturwissenschaftlich-experimentelles Vorgehen führe zu vollkommen objektiven Ergebnissen und sei eine rein induktive Verfahrensweise, die nicht nur auf ‚theoretische Spekulation', sondern überhaupt auf weitreichende theoretische Postulate verzichten könne. Jedoch konnte gezeigt werden, dass auch im Behaviorismus selbstverständlich vor jedem empirischen Zugriff folgenreiche theoretische Grundannahmen getroffen wurden. Wie sich diese Grundannahmen, insbesondere das ‚Subjektverständnis', auf das Lernverständnis auswirken, soll im Folgenden systematisch aufgezeigt werden.

Wohl am folgenreichsten ist die Orientierung des Behaviorismus am *positivistischen Wissenschafts- und Wirklichkeitsverständnis*, das dem Erkenntnisideal der Mathematik und der exakten Naturwissenschaften entspringt. Dieses postuliert, mit Hilfe methodisch kontrollierter und intersubjektiv nachprüfbarer systematischer Beobachtungen bzw. Experimente objektive Daten erzeugen zu können, aus denen sich gesetzmäßige Aussagen ergeben, mit deren Hilfe die so empirisch erfassten Vorgänge kausal erklärt und im Folgenden kontrolliert und prognostiziert werden können. Der Positivismus zeichnet sich zudem dadurch aus, diesen spezifischen Wirklichkeitszugang zu totalisieren und als Wirklichkeit nur das gelten zu lassen, was mit dieser Zugangsweise als Wirklichkeit erfasst werden kann. Als *wirklich* kann für sie aber nur gelten, was sich als funktionaler Bestandteil in den Kausalstrom von Ursache-Wirkungs-Gefügen einreihen lässt und somit objekthaften Charakter hat. Daher besteht paradoxerweise für den Behaviorismus die größte Gefahr für eine wissenschaftliche Erklärung *menschlichen* Verhaltens in einem ‚subjektiven Anthropomorphismus', der zur Erklärung des Verhaltens auf

---

den Lehrmethoden zu. Man erhoffte sich aus den Gesetzen des Lernens Gesetze des Lehrens ableiten zu können. In einer Reihe von Pilot- und Forschungsprojekten hielten so Skinners Ideen Einzug in die schulische Praxis. Jedoch zeigte sich, dass weder Skinners Grundannahmen noch seine unterrichtspraktischen Empfehlungen bestätigt werden konnten: Skinner überschätzte die Rolle der Belohnung, da Kinder auch ohne Belohnung lernten; er überschätzte zudem den Belohnungseffekt der Lehrmaschinen, die von den Schülern rasch als langweilig empfunden wurden; zudem führte weder der kleinschrittige Aufbau des Lehrmaterials noch die kontinuierliche Wiederholung ein und derselben Aufgabe in verschiedenen Varianten zu einer besseren und effektiveren Lernleistung (Terhart 1983: 62ff). Zu gleichen Ergebnissen kam es auch bei empirischen Überprüfungen der skinnerschen Methodik in den USA (McKeachie 1974).

die (Handlungs-)Instanz eines Subjekts oder eine andere subjektive Entität – wie den Willen – zurückgreift. Da eine autonome Instanz per definitionem als nichtverursacht gilt, damit keiner weiteren Erklärung bedarf und somit den Kausalstrom unterbricht, gilt ein solches Vorgehen dem Behaviorismus als ‚Animismus', der einer Instanz magische Fähigkeiten zur Aushebelung von Naturgesetzlichkeiten unterstellt.

Um einen solchen ‚subjektiven Anthropomorphismus' zu vermeiden und die ‚Enthomunkulisierung' konsequent zu Ende zu führen, ist das ‚Subjekt' des Lernens im Behaviorismus ein *Organismus*. Im Gegensatz zu einem Subjekt besitzt ein Organismus einen letztlich dinghaften Charakter. So kann dieser rein physiologisch als Kausalkette beschrieben werden, der jedoch nicht in sich geschlossen existiert, sondern in Abhängigkeit von seiner Umwelt steht, an deren verändernde Bedingungen er sich beständig anpassen muss. Da weder der Organismus selbst noch einer seiner Bestandteile als subjekthafte Instanz gelten darf, die unabhängig vom Kausalstrom selbst verursachend ist, ist die komplexe Maschine des Organismus vollkommen determiniert. Dabei ist es nicht nur unerheblich bzw. alleinig eine Frage der Komplexität, ob der Organismus tierisch oder menschlich ist[80],

80 Diese Annahme ermöglichte, die aus Tierexperimenten gewonnenen Erkenntnisse über Lernprozesse auch auf menschliches Lernen übertragen zu können. Dabei zeigte sich jedoch, dass schon die Übertragung auf andere Tierarten problematisch war. So war die weiße Ratte nicht zufällig das beliebteste Versuchstier im Behaviorismus: "The very reason that the white rat was so convenient to use was that it happened to be a highly adaptive animal: pretty omnivorous, capable of adjusting to new environments rapidly, and very generalised (as zoologists call it) in its behaviour – in short because its behaviour was highly environmentally determined" (Richards 1996: 52). Dies verdeutlicht auch eine Anekdote, die Gregory Bateson in einem Gespräch schilderte: „In den Tagen, als alle Ratten durch Labyrinthe jagten, meinte ein graduierter Student in Yale, ‚Warum nehmen wir Ratten? Warum holen wir nicht ein Tier, das in Irrgärten lebt? Etwa ein Frettchen.' […] Also holte er sich ein paar Frettchen, Handschuhe und einen Sack. Und er baute einen Irrgarten, der ihm für Frettchen äußerst passend erschien. Er legte ein Stück Kaninchenfleisch in die Belohnungskammer und ließ das Frettchen am Eingang los. Das Frettchen lief systematisch bis ans Ende jeder Sackgasse, bis es an die Belohnungskammer kam, wo es das Kaninchenfleisch fraß. Es wurde wieder an den Start gebracht, und der Experimentator legte ein neues Stück Kaninchenfleisch in die Belohnungskammer. Das Frettchen lief systematisch bis ans Ende jeder Sackgasse, bis es zu dem Gang kam, der in die Belohnungskammer führte, den es aber nicht hinunterlief, weil es dieses Kaninchen ja schon gefressen hatte. Das wurde aber nie veröffentlicht. Man betrachtete es als Mißerfolg" (Holl 1985: 80f). Auch die ethologischen Untersuchungen von Lorenz (1973) und Tinbergen (1956) zeigten, dass jede

sondern neben der Differenz Mensch/Tier wird mit dem Subjekt als Organismus auch die Differenz Lebewesen/Maschine aufgelöst; aus Sicht des Behavioristen ist der Mensch nichts „als eine zusammengesetzte organische Maschine“ (Watson 1976: 266).

Aus diesem ‚Subjektverständnis‘ des Behaviorismus – das Subjekt als Organismus und damit als komplexe Maschine – ergibt sich bruchlos das Lernverständnis, das ebenfalls nach mechanistischer Logik in linearen Ursache-Wirkungs-Zusammenhängen als ein Reiz-Reaktions-Geschehen beschrieben und in Gesetzen des Lernens festgehalten werden kann. *Lernen* ist dabei ein letztlich *fremdgesteuerter und determinierter Prozess*, der relativ unterschiedslos als *Konditionierung*, *Gewohnheitsbildung* oder *Anpassung* (an die Umwelt des Organismus) beschrieben werden kann.[81] Anders gesagt: Alle schöpferischen, kreativen, spontanen und transformativen Aspekte des Lernens können mit dem Behaviorismus nicht beschrieben werden bzw. sind aus Sicht des Behaviorismus rein subjektive Fiktionen und daher zu Recht vernachlässigungswürdig. Überhaupt bleibt die Dimension der Orientierung an Sinn und Bedeutung, in der häufig das Spezifische des menschlichen Lernens gesehen wird, völlig außer acht (Faulstich 2008: 38).

Der Zusammenhang von Subjekt- und Lernverständnis reicht jedoch noch weiter: Zur Erklärung des Verhaltens bzw. von Änderungen des Verhaltens ist es – in der beschriebenen Logik – hoch problematisch, das Bewusstsein oder andere subjektive oder mentale Charakteristika zu beachten; gelten diese doch im lebensweltlichen Verständnis als (selbst)verursachende Phänomene, die keiner weiteren Erklärung bedürfen und in sich handlungswirksam sind. Von daher ist es für den Behaviorismus völlig unerheblich, ob Menschen ‚Vernunftwesen‘ oder ‚Wesen mit innerer Tiefe‘ sind. Zwar wird nicht bestritten, das aus einer Ersten-Person-Perspektive subjektive oder mentale Phänomene existieren, aus der Perspektive der Dritten-Person – der forschende Blick des behavioristischen Wissenschaftlers –, sind diese jedoch reine Epiphänomene, die für eine wissenschaftliche Erklärung hinderlich sind und daher systematisch ausgeschlossen werden müssen; Subjektivität gerät damit zur ‚black-box‘. Diese *Exkludierung des Bewusstseins* wirkt sich in zweierlei Weise auf das Lernverständnis aus: Erstens ist Lernen im Behaviorismus wesentlich ein nicht-bewusstes Geschehen, das nicht nur nicht über bewusstes Erleben und dessen Elemente gesteuert werden kann, sondern sich in diesem

Tierart auf bestimmte Lernvorgänge ‚vorbereitet‘ bzw. ‚nicht vorbereitet‘ schien und es kam zu einer Restitution des Instinktbegriffs in der tierischen Verhaltensforschung.

81 Alle Variationen des Behaviorismus variieren lediglich in den spezifischen Erklärungen des Wie dieses Prozesses, also in Annahmen unterschiedlicher Mechanismen des Lernens und in der Art und Weise, ob und wie nicht nur äußere, sondern auch innere Kausalitäten des Organismus in die Erklärung miteinbezogen werden.

subjektiven Medium auch überhaupt nicht notwendigerweise abbilden muss. Zweitens ergibt sich ein Lernverständnis, das, weil es kaum eine Schnittmenge mit lebensweltlichen Verständnissen und Phänomenen des Lernens aufweist, quasi ‚phänomenologisch hohl' ist. Anders gesagt: Lebensweltliche Beobachtungen verschiedener Phänomene des Lerngeschehens, wie Vergessen, Nicht-Können oder die Schmerzhaftigkeit mancher Lernprozesse, können aus behavioristischer Perspektive nicht erklärt werden bzw. geraten überhaupt nicht in deren Blick.[82]

Neben dem Subjekt als einer autonomen (Handlungs-)Instanz und dem Subjekt als Ort des Bewusstseins und anderer mentaler Phänomene gibt es einen dritten wesentlichen Aspekt, der üblicherweise einem Subjekt zugeschrieben und der vom Behaviorismus negiert wird: das Subjekt als unveränderliches und authentisches *Kernselbst*. Auch wenn der Behaviorismus teils von angeborenen Verhaltenselementen ausgeht, so verneint er alle quasi-nativistischen Annahmen eines ‚eigentlichen', d.h. nicht erlernten, sondern herangereiften, Selbst. Das individuelle Selbst und dessen Persönlichkeit sind aus Perspektive des Behaviorismus das Ergebnis einer Lerngeschichte und resultieren nicht aus bereits angeborenen

82 Die hohe Abstraktion von konkreten lebensweltlichen Bezügen spiegelt sich auch in den von den Experimentatoren künstlich hergestellten jeweiligen experimentellen Versuchsanordnungen wider. Straus verweist am Beispiel von Pawlows Experimenten darauf, „daß die Einrichtung des Laboratoriums keine bloß technisch zu wertende Maßnahme ist, sondern daß mit diesen sog. Versuchsbedingungen bereits grundsätzliche Probleme gestellt sind" (Straus 1956: 33). Dazu erinnert er an den spezifischen Kontext der Experimente im ‚Turm der Stille': „Wir dürfen nicht vergessen, die Versuchshunde befinden sich, nachdem sie durch Anlegung einer Speichelfistel für die Experimente vorbereitet sind, während der Dauer der Versuche in einer Umgebung, die von der natürlichen Umwelt der Tiere völlig verschieden ist. Das Laboratorium ist von der Außenwelt hermetisch abgeschlossen. Da hinein fällt von außen kein Licht, dringt kein Geräusch, weht kein Duft; nichts ereignet sich hier. Das Tier ist eingefangen in einer Atmosphäre gleichmäßiger, unveränderlicher Stille. Nach einigen Tagen der Gewöhnung werden die Versuche begonnen. Die Tiere werden auf einem Tisch in ein Gestell eingespannt, die Registrierapparate werden ihnen angelegt, und dann bleibt ein so vorbereiteter Hund in der Stille des Laboratoriums allein und sich selbst überlassen. Der Versuchsleiter beobachtet die Tiere unbemerkt von einem Nebenraum." (Straus 1956: 32) Für Pawlow sei diese „‚sogenannte' Öde nichts als eine im Verhältnis zur objektiven Zeitdauer der Versuche geringfügige Zahl einzelner Reize. Nun ist es aber an uns zu fragen: Ist diese Deutung der Öde berechtigt? Ist sie zulässig? Was ist dabei alles vorausgesetzt?" (Straus 1956: 33). Beritashvili, der die Versuche Pawlows an frei herumlaufenden Hunden wiederholte, kam jedenfalls zu gänzlich abweichenden Ergebnissen (Eppinger 1983: 285).

Eigenschaften oder aus einem natürlichen Reifungs- und Entfaltungsprozess. Es könnte formuliert werden, dass aus Sicht des Behaviorismus der *ganze* Mensch lernt bzw. sich erlernt hat, wäre dieser im Behaviorismus nicht ein ‚Schrumpfwesen' und hätte der Behaviorismus nicht gerade eine analytisch-atomistische Perspektive, die einer integralen, etwas in seiner ganzen Gestalt betrachtenden Perspektive konträr gegenübersteht. So waren es auch insbesondere gestaltpsychologisch beeinflusste Theoretiker, die schon früh die *atomistische und analytische Vorgehensweise* des Behaviorismus kritisierten. Beispielsweise mahnte Erwin Straus an, schon die Bezeichnung Behaviorismus bzw. Verhaltenswissenschaft sei irreführend, schließlich werde nicht die Totalität des Verhaltens untersucht, sondern das Verhalten als ein bloß additiv erzeugtes Konglomerat von als Gewohnheiten bezeichneten Reiz-Reaktions-Verbindungen angesehen (Straus 1956: 72).[83] Anders formuliert: Aus einer solchen Sichtweise heraus ist das Ganze nie mehr als die Summe seiner Teile und kann somit aus den Teilen heraus erklärt werden. Beispielhaft für diese Annahme steht das theoretische Konstrukt des Reizes. Setzt dieses doch voraus, dass die synästhetische Wahrnehmung einer Situation ohne Verlust zerlegt werden kann in einzelne und spezifische Reize.[84] Die Modalität des Gegenstandzugangs – die streng analytische Vorgehensweise – sowie die Modalität der angewandten Forschungsmethodik – die experimentellen Settings – sind auf die Isolierung einzelner Reize angewiesen und konstituieren hier den Gegenstand mit: Das Verhalten ist nichts weiter als ein Konglomerat von Reflexen und Lernen nichts weiter als das Ergebnis von Reizeinwirkungen. Im Behaviorismus wird zudem das Verhalten auch noch auf gänzlich andere Weise reduktionistisch betrachtet: Überhaupt nicht in den Blick gerät, „dass menschliches Verhalten sich auf der komplizierten Struktur eines Verhältnisses, das sich zu sich selbst verhält, aufbaut" (Bräuer 1968: 19).

---

83 De facto konnte die behavioristische Forschung die Brücke zwischen elementarem Verhalten – auf dieser Ebene fanden alle experimentell nachweisbaren Konditionierungen statt – und komplexem Verhalten nie schlagen. Spätestens am Beispiel des Spracherwerbs wurde diese Annahme grundsätzlich widerlegt (siehe Kapitel I.2.1).

84 So kritisierte auch Straus (1956: 32), dass Pawlow den in einem zeitlichen Kontinuum stattfindenden Vorgang der Näherung der Nahrung an den Mund des Versuchstieres „in zwei voneinander unabhängige und nur äußerlich verbundene Vorgänge, in den Vorgang des bedingten und den des unbedingten Reflexes" zerlegt. Und der frühe Merleau-Ponty zeigte auf, dass für die Wirkung eines Reizes weniger dessen analysierbare elementare Eigenschaften, denn vielmehr seine räumliche Verteilung, sein Rhythmus und seine Intensität verantwortlich seien, so dass eine komplexe Reizsituation nicht mit der Summe ihrer Elemente identisch ist und daher stattdessen als eine Ganzheit, als eine ‚Reizgestalt', aufgefasst werden solle (Merleau-Ponty 1976).

Die Negierung eines unveränderlichen Kernselbst führt jedoch nicht nur zur Ablehnung nativistischer Sichtweisen, sondern auch zu der Annahme einer *weitreichenden Lernfähigkeit* des Menschen. Nicht nur ist das gesamte Verhalten erlernt, zudem ist es auch plastisch, d.h. grundsätzlich veränderbar. Diese Annahme einer weitreichenden Veränderbarkeit des Menschen durch Lernprozesse schlägt im Behaviorismus jedoch, wie sich zeigte, fast durchgängig in totalitär anmutende *Kontrollvisionen* um, bei der nicht nur einzelne Menschen gezielt umgeformt werden sollen, sondern der sich ungeplant vollziehende Prozess der Vergesellschaftung soll in die systematische Kontrolle der Wissenschaft überführt werden.[85] Die Annahme „eines immanenten Zusammenhangs zwischen Behaviorismus und allgemeinen Tendenzen totalitärer gesellschaftlicher Kontrolle" (Bruder 1982: 9) zieht sich daher auch wie ein roter Faden durch die Kritik am Behaviorismus.[86]

Wenngleich im ‚Subjektverständnis' des Behaviorismus zentrale Aspekte dessen, was gängigerweise unter einem Subjekt verstanden wird – eine Handlungsinstanz, ein Bewusstseinsraum, ein unveränderliches Kernselbst – negiert werden, so bleibt es jedoch in den traditionellen Bahnen eines individualtheoretischen und dualistischen Verständnis. Was ist damit gemeint? Einem *individualtheoretischen Verständnis* bleibt der Behaviorismus verhaftet, weil die zentrale Bezugseinheit dieser Theorie der *Einzel*organismus ist. Wie Skinner explizierte, gibt es aus der monistischen Ontologie des Materialismus bzw. Physikalismus, der sich der Behaviorismus vordergründig verschrieben hat, keinen Grund dafür, warum der „kleine[.] Teil des Universums [...] innerhalb der Haut eines jeden von uns [...]

85 Die Behavioristen selbst gehen dabei weder auf den Widerspruch ein, wie aus dem vollkommen determinierten Kausalstrom ein determinierendes Subjekt der Kontrolle hervorgehen kann, noch geben sie eine angemessene Antwort auf die auch zur damaligen Zeit schon mannigfach erfolgten Missbräuche von Macht und Kontrolle oder das Problem der ungeplanten Nebenfolgen, die sich zu eminenten Effekten steigern können.

86 Bekannt sind vor allem die in Huxleys Dystopie ‚Brave New World' (Huxley 1982 [1932]) enthaltenen Anspielungen auf behavioristische Kontrolltechniken sowie der zu Beginn der 1970er Jahre von Noam Chomsky geäußerte Faschismusvorwurf an die Adresse Skinners. Von gesellschaftskritischer Seite aus wurde im Behaviorismus das Komplement zur kritisierten Gesellschaft gesehen. So bezeichnete Sartre den Behaviorismus als die ‚Philosophie des Taylorismus' (Bruder 1982: 159); ganz ähnlich analysiert Herbert Marcuse in seinen ‚Studien zur Ideologie der fortgeschrittenen Industriegesellschaft', besser bekannt unter dem Haupttitel ‚Der eindimensionale Mensch', den Behaviorismus als die Theorie des ‚corporate capitalism', die die Anpassung der Menschen an den Kapitalismus anziele und bei der das Bewusstsein der Menschen nur die Rolle eines leidigen Störfaktors spiele (Marcuse 1989 [1967]).

einen besonderen physikalischen Status besitzen sollte" (Skinner 1978: 30). Der zentrale ‚Schnitt' im Wirklichkeitsverständnis des Behaviorismus findet jedoch in der Abgrenzung des Einzelorganismus von dessen Umwelt statt: Diese Schnittstelle wird so – entlang der *Oberfläche des Verhaltens*, die somit zum *Ort des Lernens* wird – zum Untersuchungsobjekt des Behaviorismus.[87] Damit aber bleibt der Behaviorismus dem klassischen erkenntnistheoretischen Zuschnitt in Subjekt und Objekt verhaftet, nur, dass dessen Logik auf den Kopf gestellt wird: Schließlich wird das Subjekt zum Objekt (Organismus) und das eigentliche Objekt (Umwelt) gerät zum Subjekt der Veränderung, an die der Organismus angepasst wird. Erinnert sei nur an die skinnersche Aussage, dass sich nicht der Organismus an die Umwelt anpasse, sondern die Umwelt *den Organismus* anpasse. Die strikte Unterscheidung in Organismus und Umwelt und die Ausrichtung auf den Einzelorganismus und dessen Verhalten als zentrale Bezugseinheit ist somit keine Setzung des Behaviorismus, die sich zwingend aus dessen materialistischem Wirklichkeitsverständnis ergibt, sondern vielmehr aus der lebensweltlichen Intuition, die sich aus einer jahrhundertelangen Tradition speist.

Der individualtheoretische Zugang führt dazu, dass im Behaviorismus nicht nur das subjektive Geschehen, sondern auch das *inter*subjektive Geschehen und dessen Bedeutung für das Lerngeschehen ausgeblendet bleibt bzw. einzig als manipulativer Zusammenhang betrachtet wird. In der Logik und Terminologie des Behaviorismus formuliert: Wenn der spezifische Zuschnitt Organismus/Umwelt und der Fokus auf die Bezugseinheit des Einzelorganismus keine reine Willkür bzw. Denktradition ist, sondern es theorieimmanente Gründe dafür gibt, dann stellt sich die Frage, ob es nicht nötig wäre, zwischen ‚menschlichen' und ‚nicht-menschlichen' (bzw. ‚organischen' und ‚nicht-organischen') Reizen systematisch zu unterscheiden und diese auf qualitative Unterschiede hin zu untersuchen. Zumindest Skinner weist in seiner Verteidigung des Lehrens implizit den anderen einen wichtigen Beitrag zum Lerngeschehen zu, der etwas ermöglicht, was reines Selbstlernen nicht zustande bringen würde. Jedoch bleibt nicht nur Skinner bezüglich der Rolle der anderen mindestens ambivalent – erinnert sei an seine Argumentation, warum es besser wäre, sich von Dingen denn von Menschen abhängig zu

87 Auf diese ‚Zuschneidung' geht auch Straus (1956: 45) ein; er schreibt: „Das Bestreben, den Organismus von seiner Umwelt (der Ton liegt auf seiner) zu lösen, ist so ausgesprochen, daß es schließlich zu einer völligen Isolierung kommt. Der Organismus steht als eine fast selbständige Welt in einer Umwelt von ganz andersartiger Struktur. Die Grenzen bilden die Hautdecken des Organismus, insbesondere aber die Sinnesflächen. Der Organismus hat zu seiner Umwelt keine Beziehung, ausgenommen die, daß seine Grenzflächen von außen her erregt werden können."

machen (siehe Fußnote 40).[88] Insgesamt vermag es der (individual-)theoretische Zugriff des Behaviorismus nicht, die Rolle des zwischenmenschlichen Geschehens für das Lernen auszuleuchten, da dieses, wenn überhaupt, nur am Rande in den Blick gerät.[89]

Nicht nur einem individualtheoretischen Zugriff, sondern, entgegen seiner explizit monistischen Ausrichtung, auch einer *dualistischen Ontologie* bleibt der Behaviorismus letztlich verhaftet. Denn der Versuch des Behaviorismus, den gängigen Dualismus aufzulösen, folgt einer reinen Substraktionslogik, die die dualistische Gleichung ‚Mensch = Geist (Bewusstsein, Psyche) plus Maschine (Organismus)' löst, indem vom Menschen der Geist substrahiert wird (Enthomunkulisierung) und einzig die Maschine bleibt: „Der Mensch ist eine Maschine, allerdings eine ungeheuer komplexe" (Skinner 1974: 244). Wie Schneider (2007) erläutert hat, bleibt ein solcher Versuch jedoch gerade im dualistischen Denken gefangen, da er dessen Kategorien nicht verändert, sondern bloß reduziert – in diesem Sinne kann man dem Behaviorismus mit vollem Recht eine reduktionistische Sichtweise vorwerfen.[90] Auch dies wirkt sich auf das Lernverständnis aus:

---

88 Hinter den behavioristischen Kontrollvisionen vermuten manche – insbesondere psychoanalytische – Kritiker des Behaviorismus (z.B. Devereux 1967) eine grundsätzliche Angst vor dem Anderen. Deutlich ist jedenfalls, dass die Vorgehensweise des Behaviorismus auch als eine systematische Leugnung und als ein Versuch der Ausschaltung des Unvorhersehbaren und Unkontrollierbaren interpretiert werden kann. Negiert wird damit ein weiteres Moment der Subjektivität, das in der fragilen, weil stets verletzbaren, menschlichen Existenzweise besteht.

89 Dass die spezifische Rolle des zwischenmenschlichen Geschehens auch mit einem experimentellen und verhaltenstheoretischen Zugriff in den Blick geraten kann, zeigt die Bindungsforschung, deren Ergebnisse für einen qualitativen Unterschied zwischen menschlichen und nicht-menschlichen ‚Reizen' sprechen. Zur Bindungsforschung vgl. Kap. II.3.2.

90 Man kann argumentieren, dass der Behaviorismus auch noch auf andere Weise im kartesischen Dualismus gefangen bleibt. Denn dessen kategoriale Einteilung der Wirklichkeit in zwei komplett voneinander unterschiedene Wirklichkeitsebenen, in *res cogitans* – die Sphäre des Geistes – und *res extensa* – die Sphäre des Materie –, bleibt auch deswegen erhalten, weil die *res cogitans* hinter dem neutralen Erkenntnissubjekt des Positivismus, das dieser voraussetzt, verschwindet und die *res extensa* somit zum einzig legitimen Gegenstand der Psychologie erklärt wird (Pongratz 1984: 299). Aus dieser impliziten Fortführung des Dualismus ergibt sich auch der dem Behaviorismus immer wieder vorgeworfene Widerspruch (Groeben/Scheele 1977: 14f; Eppinger 1983: 80), zwischen einem auf Seiten des behavioristischen Forschers aktiven, zielgerichtet voranschreitenden und kontrollierenden Subjekt und auf Seiten der Ver-

Wenngleich im Behaviorismus der *Prozess* des Lernens erklärt werden soll, indem spezifische Reiz-Reaktions-Zusammenhänge kausal-analytisch untersucht werden, führt die Reduktion des Lernens auf ein rein materielles Geschehen dazu, Lernen letztlich als Produkt zu verstehen. Denn erstens bleibt, wie gezeigt wurde, der Vollzug des Lernens im Dunkeln und zweitens fehlt dem Behaviorismus, zumindest seit der ‚Widerlegung' des Reflexbogenkonzeptes und der dadurch ausgelösten Abwendung von der physiologischen Ebene, die materielle Grundlage, um den Prozess des Lernens in den Blick zu bekommen. Übrig bleibt daher die Kaprizierung auf das *Produkt* des Lernens, als die direkt beobachtbare Verhaltensveränderung.

FAZIT

Es konnte gezeigt werden, wie die Grundannahmen des Behaviorismus, besonders dessen spezifisches ‚Subjektverständnis', gegenstandskonstitutierend wirken bzw. das spezifische Lernverständnis formen. Zudem zeigte sich, dass die Subjektkonzeption im Behaviorismus vor allem aus der Negierung vieler Elemente des herkömmlichen Subjektverständnisses besteht. Jedoch können letztere vom Behaviorismus nicht nur nicht angemessen ersetzen werden – was zu einem reduktionistischen Verständnis des Subjekts wie des Lernens führt –, vielmehr bleibt der Behaviorismus zudem einem individualtheoretischen und dualistischen Verständnis verhaftet, so dass das aus einer pädagogischen Perspektive eminent wichtige zwischenmenschliche und intersubjektive Geschehen beim Lernen größtenteils überhaupt nicht in den Blick gerät, geschweige denn angemessen theoretisch durchleuchtet wird. Dies verweist bereits auf die Notwendigkeit einer alternativen Subjektkonzeption, die die Probleme des gängigen Subjektverständnisses umgeht – die zum Teil vom Behaviorismus ja zu Recht kritisiert werden (s.u.) –, dieses jedoch nicht bloß reduziert.

Was kann – bei aller Kritik – vom Behaviorismus dennoch über das Lernen gelernt werden? Durch die systematische Nichtbeachtung des Bewusstseins richtete der Behaviorismus das Forschungsinteresse auf das, was in der gängigen Terminologie als unbewusste oder implizite Lernprozesse bezeichnet wird. Mit der kognitiven Wende (siehe II.I) gerieten diese größtenteils in Vergessenheit und stehen erst in den letzten Jahren, nicht zuletzt aufgrund der Ergebnisse der Neurowissenschaften, wieder verstärkt im Interesse der Lernforschung. Entgegen der Überbetonung von Bewusstsein und Vernunft in der westlichen, modernen

suchsperson einem völlig passiven und von der Umwelt einseitig determiniertem und kontrollierten Subjekt.

Tradition, wies ‚der Behaviorismus' somit auf die Wichtigkeit unbewusster Lernprozesse hin, auch wenn es nicht gelang, diese befriedigend zu erklären. Zweitens weist der Behaviorismus grundsätzlich auf Probleme eines rationalistischen, mentalistischen und dualistischen Menschenbildes hin und versucht, die in unserer Kultur gängige Aufteilung in ein Außen und ein Innen sowie die dabei entstehenden Fallstricke wie Anthropomorphismen und Homunkuli zu vermeiden. Drittens verweist der Behaviorismus darauf, dass auch jene Eigenschaften des Menschen erlernt sind, die gewöhnlich als Ergebnis eines Reifungsprozess und damit als von Lernprozessen abgekoppelt betrachtet werden. Da er keine unveränderliche Instanz (Kernselbst) annimmt, ist Lernen niemals nur ein peripherer Vorgang – bei dem sich nur das äußerliche Verhalten, nicht aber das innere Wesen verändert –, sondern umfasst das ganze Subjekt des Lernens. Wie reduziert der Behaviorismus dieses Subjekt auch (auf)fasst, es geht verändert aus dem Lernen hervor. Vor allem aber gelang es dem Behaviorismus, die Zentralität und die Bedeutsamkeit des Lernens aufzuzeigen und dieses über die Grenzen der Wissenschaft hinaus gesellschaftlich bekannt zu machen und zu verankern.

I.2 Kognitivismus: Lernen als Informationsverarbeitung und die Computermetapher des Geistes

„Immerhin scheint es vernünftig, zwischen den Reiz und die Reaktion ein bißchen Weisheit einzuschieben"
George A. Miller, Eugene Galanter und Karl H. Pribam[91]

„Ein Mensch, der das Programm eines Computers zu entdecken versucht, bringt sich damit sicherlich nicht in philosophische Schwierigkeiten."
Ulric Neisser[92]

„Diese letzten Metaphysiker setzen alles auf die Fähigkeit des Menschen, sein Verhalten zu formalisieren, seinen Körper und sein Gehirn zu umgehen und auf diese Weise umso sicherer zum Wesenskern der Vernunft vorzustoßen."
Hubert L. Dreyfus[93]

„Früher glaubte ich, die kognitivistische Theorie sei als Kausalerklärung zumindest falsch, nun fällt es mir jedoch schwer, auch nur eine kohärente Version dieser Theorie zu formulieren, die überhaupt als eine empirische These durchgehen könnte."
John R. Searle[94]

---

91 Miller/Galanter/Pribam 1973: 12.

92 Neisser 1974: 24.

93 Dreyfus 1985: 28.

94 Searle 1993: 237.

EINLEITENDE BEMERKUNGEN

Zwischen Mitte der 1950er und Ende der 1960er Jahre kam es zur sogenannten ‚kognitiven Wende' in der US-Psychologie, in der die Vorherrschaft des Behaviorismus zerbrach und sukzessive von einem neuen Paradigma ersetzt wurde. Während die *kognitive Wende* einerseits – in Anlehnung an die behavioristische Revolution – auch als *kognitive Revolution* bezeichnet wurde (Baars 1986: 141; Boden 2006a: 241), sprachen andere Interpreten – aufgrund der Restitution vieler Themen und Konzepte, die bereits vor der behavioristischen Hegemonie eine entscheidende Rolle spielten – von einer „Gegenrevolution" (Boden 2006a: 240) oder einer „Renaissance" (Hunt/Ellis 2004: 15). Häufig wurde, bereits inmitten der ‚kognitiven Wende', das kuhnsche Vokabular eines Paradigmenwechsels benutzt. Thomas S. Kuhns wirkungsmächtiges Werk ‚The Structure of Scientific Revolutions' wurde 1962 veröffentlicht, die Rezeption dieses Buches fällt somit in die entscheidende Phase der ‚kognitiven Wende'. Auch wenn diese nicht zur Etablierung einer Normalwissenschaft im kuhnschen Sinne geführt hat und von einem Paradigmenwechsel im strengen, ‚kuhnschen' Sinne nicht geredet werden kann, so ist wohl unumstritten, dass es zu einem grundlegenden Wandel in den metatheoretischen Annahmen der Psychologie kam.[95] Im Zentrum der veränderten metatheoretischen Annahmen steht das *Computermodell des Geistes*[96], das die Modulierung mentaler Prozesse als Informationsverarbeitungsprozesse ermöglichte und dazu führte, das Verdikt des Behaviorismus zu brechen und Themen und Phänomene in den Fokus psychologischer Forschung zu bringen, die unter der Vorherrschaft des Behaviorismus als ‚unwissenschaftlich' gebrandmarkt wurden.[97]

95 Vor allem aber hat die weite Rezeption des kuhnschen Werkes selbst einen entscheidenden Beitrag zur Dynamik des Wandels beigetragen bzw. nach Ansicht mancher allererst das Bewusstsein einer sich im Gang befindenden Revolution erzeugt (Goodwin 2005: 412f).

96 Wie noch gezeigt werden wird, ist die Bezeichnung ‚Computermodell des Geistes' etwas irreführend bzw. nicht ganz korrekt. Da sich die Bezeichnung jedoch durchgesetzt hat, wird sie teils auch in der Arbeit verwendet.

97 Freilich hat es auch schon im Neobehaviorismus Tendenzen gegeben, Aussagen über die ‚black-box' zu machen und dabei teils sogar mentalistisches Vokabular zu verwenden. Bekanntestes und deutlichstes Beispiel ist Edward Tolman, der in Lehrbüchern (Viney 1993: 333ff) häufig als eine Art ‚missing link' zwischen Behaviorismus und Kognitivismus dargestellt wird, weil in seinem ‚kognitiven Behaviorismus' zielgerichtetes Verhalten sowie mentale Repräsentationen (‚cognitive maps') eine zentrale Rolle spielen.

Insgesamt muss zwischen *Kognitivismus* (oder kognitivistischer Psychologie), *Kognitionspsychologie* (oder kognitiver Psychologie) und *Kognitionswissenschaft* unterschieden werden, auch wenn es keine einheitlichen Verwendungen dieser Termini gibt und sie sich zudem mehrfach überschneiden. Schon der Begriff *Kognition* ist mehrdeutig und kann sowohl für die mentalen Prozesse und Strukturen eines Individuums stehen als auch für die spezifische Deutung dieser mentalen Prozesse als Informationsverarbeitungsprozess. Verkomplizierend kommt die Tatsache hinzu, dass der Begriff der Kognition schon vom Wortursprung (lat. cognoscere = erkennen, erfahren, kennenlernen) her besonders auf die *spezifischen* mentalen Prozesse der Wahrnehmung, des Erkennens und des Denkens verweist und diese auch schwerpunktmäßig das Verständnis von Kognition bestimmen. Die mit der kognitiven Wende entstandene Version der Psychologie, die an das Computermodell des Geistes geknüpft ist und Kognition als Informationsverarbeitung interpretiert, soll im Folgenden *Kognitivismus* genannt werden. Während der Kognitivismus grundsätzlich nicht auf Kognitionen als Untersuchungsgegenstand beschränkt sein muss (was in seinen Anfangstagen aber zumeist der Fall war), bezeichnet der Terminus *Kognitionspsychologie* bzw. *kognitive Psychologie* das Teilgebiet der Psychologie, das Kognitionen zum Gegenstand hat, dabei aber von unterschiedlichen Metatheorien ausgehen kann. Jedoch beruhen weite Teile der kognitiven Psychologie bzw. Kognitionspsychologie auf kognitivistischen Annahmen, so dass kognitive Psychologie zumeist kognitivistische Psychologie ist. Von diesen beiden, die zumindest hier deutlich voneinander unterschieden werden sollen, muss noch die *Kognitionswissenschaft* unterschieden werden. Diese ist kein Teilgebiet der Psychologie, sondern vielmehr ein interdisziplinärer Wissenschaftszweig: „This perspective, dubbed cognitive science, is an amalgam of cognitive psychology, linguistics, anthropology, philosophy, computer sciences, artificial intelligence, and the neurosciences.“ (Schultz/Schultz 2004: 497) Da auch die Kognitionswissenschaft auf dem Computermodell des Geistes beruht und die Entstehung des Kognitivismus eng mit der Entstehung der Kognitionswissenschaft verknüpft ist, wird im Folgenden von beiden häufig die Rede sein und nicht immer kann (aufgrund der Überschneidungen beider) trennscharf zwischen ihnen unterschieden werden.

Es ist das angesprochene Computermodell des Geistes, das für den Zusammenhang von Subjekt- und Lernverständnis im Kognitivismus zentral ist und dessen Logik und Aufbau zunächst entlang der Entstehungsgeschichte des Kognitivismus analysiert werden soll (I.2.1). In diesem Rahmen ist es notwendig, die theoretischen Überlegungen Alan Turings darzustellen sowie sowohl die ersten Versuche, den menschlichen Geist als eine Turingmaschine zu verstehen, als auch die Entstehung der Kybernetik, der Künstlichen-Intelligenz-Forschung und der Informationstheorie, da diese verschiedene Bausteine des Computermodells des Geistes lieferten. Anschließend werden erste Deutungen mentaler Prozesse als Informationsverarbeitung, die disziplinäre Etablierung und das Manifest einer kognitivistischen Psychologie erörtert. Im Zentrum des Kognitivismus steht die Programmanalogie und das Computermodell des Geistes, die daher noch einmal gesondert analysiert werden sollen, bevor das Lernverständnis des Kognitivismus expliziert wird (I.2.2). Darauf folgend werden einige Grundsatzkritiken am Kognitivismus und des Computermodells erläutert (I.2.3), um schließlich und darauf aufbauend den Zusammenhang des Subjekt- und Lernverständnis ausführlich zu analysieren (I.2.4).[98]

I.2.1 Das Computer-Modell des Geistes und seine Genese

Vom Menschen zum Computer

Wohl kaum eine Erfindung des von technologischer Entwicklung überbordernden 20. Jahrhunderts hat so weitreichende und einschneidende Konsequenzen mit sich gebracht wie die *Entwicklung des modernen Computers*; dies gilt, wie im Folgenden gezeigt werden soll, auch für die Psychologie und die Lerntheorie. Seit spätestens den 1930er Jahren kam es durch Erfindung komplexer Technologien in Radio, Fernsehen und Luftfahrtechnik zu einer beschleunigten technologischen Entwicklung, die durch den zweiten Weltkrieg noch intensiviert und gesteigert wurde. Durch den zweiten Weltkrieg entstand vor allem ein erhöhter Bedarf an leistungsfähigen Rechenmaschinen. So benötigte Anfang der 1940er Jahre die US-Armee dringend einen schnelleren Weg, die Berechnungen auszuführen, die dazu nötig waren, Artilleriegeschosse an das erwünschte Ziel zu befördern. In diese komplexen ballistischen Berechnungen gingen zahlreiche Faktoren ein: die Wind-

98 Vernachlässigt wird damit im Folgenden die im weitesten Sinne ‚kognitive Psychologie', die nicht notwendigerweise, jedoch häufig – zumindest implizit – auf dem Computermodell des Geistes beruht, oft aber mit anderen psychologischen Theorien vermischt wird. Als Beispiele für letztere sind zu nennen: die Psychologie Piagets, die Gestaltpsychologen sowie Sir Frederick Bartlett (Baars 1986: 69). Wie auch der Kognitivismus greifen diese auf nicht-beobachtbare theoretische Konstrukte der geistigen/mentalen Sphäre zurück, um menschliches Verhalten und Lernen zu erklären. Methodologisch erschienen diese Psychologien der streng an naturwissenschaftlichen Prinzipien ausgerichteten US-Psychologie jedoch unterentwickelt. So wurden diese Psychologien im Zuge der kognitiven Wende zwar rezipiert und trugen zu einigen Modifikationen dieses Ansatzes bei, jedoch können diesen für die kognitive Wende keine entscheidende Rolle zugesprochen werden.

richtung und -geschwindigkeit, Luftfeuchtigkeit und -temperatur, die Schusshöhe und die Temperatur des Schießpulvers. Für die Berechnung der zahlreichen möglichen Varianten wurden Tabellen erstellt, die oftmals mehrere tausend Felder beinhalteten. Die dazu nötigen Berechnungen mussten von Menschen durchgeführt werden, die als Hilfe dazu lediglich kleinere analoge Rechenmaschinen in Anspruch nehmen konnten (Schultz/Schultz 2004: 489).[99] Diese die Berechnungen ausführenden Menschen bezeichnete man ursprünglich als ‚computers'[100].

Es war jedoch der Mathematiker Alan Turing, der als erster zeigte, dass die Idee, die menschlichen ‚computers' durch Maschinen zu ersetzen bzw. deren Tätigkeit vollständig zu *automatisieren*, prinzipiell realisierbar sei. 1936 schrieb er in seinem berühmten Essay ‚On Computable Numbers, with an Application to the Entscheidungsproblem':

> „Computing is normally done by writing certain symbols on paper. We may suppose this paper is divided into squares [...]. Let us imagine the operations performed by the computer to be split up into ‚simple operations' which are so elementary that it is not easy to imagine them further divided [...]. We may now construct a machine to do the work of this computer" (Turing 1936: 250).

Mit anderen Worten: Wenn es gelänge, die Tätigkeit der ‚computer' in kleinste Einheiten zu zerlegen, könne man, so Turing, diese von einer Maschine automatisiert durchführen. Dazu jedoch wäre es zunächst nötig, das intuitive Verständnis dessen, was Berechenbarkeit (‚computability') bedeute, zu explizieren und möglichst formal zu beschreiben; genau dies war das Ziel von Turings Essay. Um diesem nachzukommen, schuf er die *Turing-Maschine*, die keine reale Maschine, sondern ein theoretisches Modell des mathematisch arbeitenden Menschens

---

99 Dass man dem Bedarf an nötigen Berechnungen nicht mehr nachkam, führte 1943 zur Entwicklung von ENIAC (Electronic Numerical Integrator and Calculator), einer effizienten numerischen Rechenmaschine, die aber noch nicht zu einer allgemeinen Symbolverarbeitung in der Lage war und somit auch nicht als erster Computer gilt (Schultz/Schultz 2004: 489).

100 Manchmal wurden auch die analogen, als Hilfsmittel für die Berechnung dienenden Rechenmaschinen ‚computer' genannt, diese Bezeichnung wurde schließlich auf die Maschinen übertragen, die wir heute gewohnterweise als Computer bezeichnen. Die frühen Computer, die Ende der 1940er, Anfang der 1950er Jahre entwickelt wurden, bezeichnete man zunächst als Rechenmaschinen (‚computing machines') oder auch als ‚computors' – durch das o sollte die Unterscheidung zwischen Mensch und Maschine gewährleistet werden. Schließlich setzte sich jedoch der Terminus Computer durch (Boden 2006a: 178).

ist, dessen Tätigkeit formalisiert und in Standardlogik formuliert wird. Turing zeigte, dass es mit einer solchen Turing-Maschine möglich sei, alle standardmäßigen arithmetischen Operationen automatisiert auszuführen. Darüber hinaus schuf er ein weiteres Modell – die universale Turing-Maschine –, die alle anderen Turing-Maschinen imitieren könne, wenn deren Standardbeschreibung – in heutigem Terminus: das Programm dieser Maschine – gespeichert werden könnte. Turing zeigte theoretisch auf, dass eine solche universale Rechenmaschine alle berechenbaren Probleme berechnen könnte (Boden 2006a: 175).[101] Wie die einfachen Operationen, in die die Tätigkeit des ‚computers' zerlegt wurden, technisch von einer Maschine umgesetzt werden könnten, war erst einmal unwichtig; die Elektronik, die dazu später benutzt wurde, war Turing 1936 noch unbekannt. Die Entwicklung moderner Computertechnologie, die in den 1940er Jahren begann, baute jedoch auf Turings theoretischen Einsichten auf und Turing selbst nahm an der frühen Computerentwicklung teil (Boden 2006a: 176f).[102] 1950 schließlich veröffentlichte er einen Aufsatz in der Zeitschrift Mind (Turing 1950), in dem er die These aufstellte, dass es keinen philosophischen Grund dafür gebe, die Möglichkeit intelligenter Maschinen zu leugnen. Würde es gelingen, einen Computer zu entwickeln, dessen Performanz von der eines Menschen ununterscheidbar wäre, gäbe es kein gutes Argument gegen die Annahme, dass der Computer tatsächlich denke und Bewusstsein besitze. Um dieses Argument zu verdeutlichen, konstruierte er den sogenannten ‚Turing-Test', in dem eine Person eine Reihe von selbstgewählten Fragen sowohl an einen Menschen als auch an einen Computer stellt. Ob Mensch oder Computer ist für den Fragesteller jedoch nicht sichtbar, so dass der er allein aufgrund der Antworten den Menschen von dem Computer unterscheiden muss. Gelänge ihm das nicht, würde der Computer den Turingtest bestehen und es gäbe, laut Turing, Grund anzunehmen, dass der Computer gleich dem Menschen denken könne. Damit suggerierte Turing nicht nur, dass das komplette und komplexe menschliche Verhalten und Denken von Computern imitiert

101 Da wir heute von realen turingschen Maschinen en masse umgeben sind, klingt diese formale Einsicht Turings aus heutiger Sicht eher banal denn bahnbrechend. Turing schuf damit jedoch den Großteil der theoretischen Grundlagen der modernen Computer- und Informationstechnologie.

102 Bereits 1834 entwarf Charles Babbage einen programmgesteuerten Computer, der aufgrund finanzieller und technischer Probleme jedoch nie realisiert, d.h. funktionstüchtig erbaut, werden konnte (Boden 2006a: 142ff). Als erster programmierbarer, automatischer und funktionstüchtiger Digitalrechner gilt wohl der von dem Deutschen Konrad Zuse entwickelte, 1941 realisierte Z3 (Boden 2006a: 151). Durch den zweiten Weltkrieg fand dieses Ereignis jedoch völlig isoliert von der angloamerikanischen Computerentwicklung statt und hatte auf diese auch keinen Einfluss (Boden 2006a: 155).

werden könne und ‚künstliche Intelligenz' daher möglich sei, sondern auch, dass der menschliche Geist und Rechenmaschinen grundsätzlich ähnlich operierten. Damit war Turing einer der ersten, der zumindest implizit annahm, man könne den menschlichen *Geist* (‚mind') *als* eine *Maschine* verstehen. Zwar hatte es bereits unzählige Versuche gegeben, den menschlichen Körper oder auch nur das menschliche Gehirn als eine Maschine zu beschreiben und zu verstehen (‚man as machine'), doch erst in den 1940er Jahren des 20. Jahrhunderts kam die Idee auf, nicht nur die Materie, sondern auch den Geist analog zur Funktion einer Maschine zu beschreiben (‚mind as machine'). Damit ergab sich eine Möglichkeit, die vom Behaviorismus verbannten ‚geistigen' Phänomene zu rehabilitieren.

Der menschliche Geist als Turing-Maschine

Während Turing konstatierte, dass der menschliche Geist und Rechenmaschinen grundsätzlich ähnlich operieren würden, war es Warren S. McCulloch, der als erster die These aufstellte, dass sich die Operationen des menschlichen Geistes und die von Rechenmaschinen auf *spezifische* Weise gleichen würden. McCulloch war sowohl in Psychologie und Philosophie (Schwerpunkt Logik), als auch in Medizin (speziell in Neurologie und physiologischer Psychologie) akademisch qualifiziert.[103] Seine eigene Arbeit beschrieb er als ‚experimentelle Epistemologie'; mit dieser zielte er auf die Erfassung des physiologischen Substrats dessen, was wir Wissen nennen (McCulloch 1961: 7). Speziell war er an den Mechanismen interessiert, die den menschlichen Geist dazu in die Lage versetzen, ‚Konzepte' zu besitzen und mit diesen zu arbeiten. Die Frage, die ihn nach eigener Aussage ein Leben lang antrieb, lautete daher: „What is a number, that a man may know it, and a man, that he may know a number?" (McCulloch 1961: 8). Anders gesagt: Wie kann ein materielles Gehirn Zahlen berechnen oder formal-logische Operationen vollziehen?

1943 schrieb er zusammen mit Walter Pitts einen Aufsatz mit dem Titel ‚A Logical Calculus of the Ideas Immanent in Nervous Activitiy', in welchem ein einfaches Modell des menschlichen Gehirns als ein neuronales Netzwerk entworfen wird, um zu klären, ob das Gehirn dazu in der Lage sei, turing-berechenbare Funktionen zu berechnen. Dazu entwarfen sie ein Neuronenmodell, das aus heute sogenannten McCulloch-Pitts-Neuronen aufgebaut ist, die ausschließlich binäre

103 Es war dieser breit aufgefächerte intellektuelle Hintergrund, der dazu führte, dass McCulloch eine bedeutsame Rolle als intellektueller Katalysator im Entstehungsprozess der Kognitionswissenschaften spielte und unzählige Menschen und Ideen ganz verschiedener Art zusammenbrachte (Boden 2006: 182f).

Signale verwenden, also nur den Zustand 0 oder 1 haben können. Mit diesem Aufsatz integrierten sie nicht nur drei zentrale ‚Erfindungen' des 20. Jahrhunderts – die Aussagenlogik, die Turing-Maschine und neuronale Synapsen –, sondern entwarfen ein Manifest sowohl für eine computationale Psychologie als auch für Forschungen zur künstliche Intelligenz (KI) (Boden 2006a: 190ff). Für die hier interessierende Perspektive ist es zentral, dass McCulloch und Pitt, auch wenn sie ein Modell des menschlichen Gehirns entwarfen, nicht nur das Gehirn, sondern auch den Geist als eine Turing-Maschine betrachteten. Denn obwohl ihr Netzwerk ‚reale' Neuronen und deren Vernetzung simulieren sollte, ignorierten sie zugunsten der Integration der binären Logik alle neurophysiologischen Details. Da die McCulloch-Pitts-Neuronen nur zwei Zustände haben können, könnte deren Funktion hypothetisch von ganz unterschiedlichen materiellen Verkörperungen ausgeübt werden. Besonders in diesem Punkt folgten McCulloch und Pitts der entscheidenden These Turings, die Alan Hodges wie folgt beschrieb:

> „Die Behauptung lautete: Was immer ein Gehirn tut, das tut es aufgrund seiner Struktur als ein logisches System – und nicht, weil es in jemandes Kopf steckt oder weil es ein schwammiges Gewebe ist, das aus einer bestimmten Art biologischer Zellbildung besteht. Und wenn dies zutraf, dann konnte seine logische Struktur ebensogut in einem anderen Medium dargestellt, durch eine andere physikalische Maschinerie verkörpert werden. Es war eine materialistische Auffassung des Geistes, die aber nicht, wie es so oft geschah, logische Strukturen und Beziehungen mit physischen Substanzen und Dingen verwechselte" (Alan Hodges zit. nach Johnson-Laird 1996: 15).

Genau diese Auffassung war es, die es Computerwissenschaftlern ermöglichte, die *Software* als unabhängig von der *Hardware* zu betrachten und die es schließlich den Psychologen ermöglichte, sich auf *geistige Prozesse* zu fokussieren – bei gleichzeitiger Ignoranz gegenüber der Spezifik neurophysiologischer Prozesse (Boden 2006a: 197f). Dies ist für die ‚wissenschaftliche' Konzeptualisierung von Lernprozessen aus kognitivistischer Perspektive eine entscheidende Grundannahme.

McCullochs und Pitts Aufsatz fand zunächst jedoch nur wenig Beachtung und wurde erst bekannter, als von Neumann ihn dazu benutzte, die ersten realen Computer zu entwickeln. Von Neumann beeindruckte an dem Aufsatz vor allem die Verwendung der Binärlogik sowie die Definitionen zu den dem Modell zugrunde liegenden Berechnungsmechanismen, die von Neumann mit Hilfe der Elektronik umsetzen konnte (Boden 2006a: 194ff). Die so entwickelten Computer konnten nun nicht nur Zahlen berechnen, sondern Symbole verarbeiten. Erst diese Eigenschaft machten nachvollziehbar, warum Computer für frühe Kognitionswissenschaftler so interessant waren, wenn es darum ging, menschliche Denkprozesse zu simulieren und zu erklären (Boden 2006a: 197). McCulloch brachte dies wie folgt auf den Punkt: "Brains are a very ill-understood variety of computing machines. Cybernetics has helped to pull down the wall between the great world of physics and the ghetto of the mind" (McCulloch 1955: 39). In diesem Zitat wird deutlich, dass McCullochs zentrale Idee ebenso auf Turing wie auf die Kybernetik zurückging. Letztere spielte für die Entwicklung der Kognitionswissenschaft eine wesentliche Rolle. Daher soll im folgenden Abschnitt kurz auf diese und deren Beitrag dazu eingegangen werden, bevor danach mit der Informationstheorie der letzte entscheidende Baustein zur Entwicklung der kognitivistischen Psychologie und dem Computermodell des Geistes dargestellt wird.

Die Logik der Kybernetik

Die Kybernetik, deren umwälzende Bedeutung „bis heute noch nicht abzusehen ist" (Lutterer 2000: 1) und die nicht nur *Bio-* und Sozialwissenschaften stark beeinflusste, sondern auch die Grundlagen für Chaostheorie, Robotik und Computerwissenschaften schuf, formierte sich Mitte des 20. Jahrhunderts, wesentlich initiiert durch die zehn Macy-Konferenzen, die in New York zwischen 1946 und 1953 stattfanden. Dort traf sich eine kleine Elite von 20 bis 30 Teilnehmern, die aus ganz unterschiedlichen disziplinären Hintergründen aufeinandertrafen, um das neu entdeckte Feld der Kybernetik auszuloten. Die wohl bekanntesten Kybernetiker sind der schon erwähnte Warren McCulloch, sowie Norbert Wiener, John von Neumann und Heinz von Foerster.

Im Zentrum der Kybernetik steht das Konzept des *Feedbacks*, der Rückkopplung, das sich am besten am Beispiel eines Raumthermostats verdeutlichen lässt: An diesem wird die erwünschte Raumtemperatur eingestellt. Damit diese erreicht wird, wird ein kontinuierlicher Prozess der Abgleichung von Raumtemperatur und erwünschter Temperatur in Gang gesetzt. Dabei wird die gemessene Differenz zwischen Raum und erwünschter Temperatur an das Heizsystem rückgemeldet (‚feedback'), damit aufgrund dieser Information die Stärke des Heizvorgangs so eingestellt werden kann, dass die Differenz zwischen Raumtemperatur und erwünschter Temperatur minimiert wird. Dabei wird in der Kybernetik zwischen einer positiven und einer negativen Rückkopplung unterschieden. Bei einer negativen Rückkopplung wird einer Abweichung entgegengesteuert (wie im Falle des Raumthermostats), während bei einer positiven Rückkopplung eine Abweichung verstärkt wird.[104]

Worin lag nun aber die revolutionäre Bedeutung der Rückkopplung? Der Mechanismus der Rückkopplung verweist auf die Zirkularität und Geschlossenheit[105] des von der Rückkopplung gesteuerten Systems, damit richtet sich das Augenmerk auf die durch die Zirkularität in Gang gebrachten systemischen Effekte, für die die mechanistische Kausallogik und deren lineare Denkweise, welche die neuzeitliche Naturwissenschaft ganz wesentlich bestimmt hat, systematisch blind war (Lutterer 2000: 180). Für die Kognitionswissenschaft wurde die Kybernetik aber vor allem deswegen wichtig, weil diese das Prinzip der Rückkopplung nicht nur technologisch nutzbar machte, sondern auch auf die Analyse biologischer und sozialer Systeme übertrug, als interdisziplinäres Projekt somit Artefakte und Organismen mit Hilfe des gleichen Prinzipes untersuchte. So fand das Prinzip der Rückkopplung nicht nur im Bau von Computern eine weite Verwendung (Baars 1986: 25)[106],

---

104 Dieses Prinzip des ‚Feedbacks', das mittlerweile so alltäglich ist, dass es auch eine alltägliche – vom kybernetischen Verständnis abweichende – Bedeutung erlangt hat, war als technischer Kniff schon lange vor der Kybernetik bekannt. Um zu ermöglichen, dass Maschinen für unterschiedliche Konditionen den erwünschten Endzustand erreichen, war der Mechanismus in vereinzelten Anwendungen gebräuchlich, so z.B. in altertümlichen Automaten und einer Uhr aus dem 14. Jahrhundert, Mitte des 18. Jahrhunderts dann zum Betrieb von Wasser- und Windmühlen. Doch erst mit dem Regler, den James Watt gegen Ende des 18. Jahrhundert dazu benutzte, seine berühmte Dampfmaschine zu regulieren, erlangte dieser Mechanismus einen gewissen Bekanntheitsgrad. Watt, ebenso wie seine Vorgänger, zielte damit jedoch auf die elegante Lösung eines praktischen Problems, nicht auf ein grundsätzliches Prinzip mit weitreichenden Folgen (Boden 2006a: 198f). Der französische Kybernetiker Pierre de Latil drückte dies 1953 wie folgt aus: "Now, this mechanism [Watt´s Dampfregel] has been in existence since round about 1780; and, throughout more than a century and a half, *no one* has seen that, far from being merely ‚ingenious', this classic device contains the makings of a revolution" (De Latil 1956: 47f).

105 Geschlossen für Information und Steuerung, jedoch offen für Energie, wie es in William Ross Ashbys (1972 [1956]) berühmter Definition der Kybernetik heißt.

106 Nicht nur für den Bau von Computern, besonders auch für die Steuerung von Raketengeschossen im sowie nach dem zweiten Weltkrieg wurde das kybernetische Prinzip ausgiebig benutzt (Boden 2006a: 218ff). Zur damaligen Zeit sehr bekannt wurden die kybernetischen Maschinen durch Grey Walter, der versuchte, Maschinen zu bauen, die selbstständig Ziele suchen sowie ‚lernen' konnten. Sein äußerlich schildkrötenähnlicher Roboter ELSIE, der mit Hilfe von Steuerung über Lichtempfindlichkeit dazu in der Lage sein sollte, Umgebungen selbständig zu erkunden, wurde nicht zuletzt dadurch bekannt, dass er bei einer Ausstellung ein ausgeprägtes Interesse für Nylonstrümpfe entwickelte (wohl aufgrund deren Lichtreflektion). Auch sein Roboter

vielmehr betrachtete die Kybernetik den Menschen als (kybernetische) Maschine und ermöglichte damit allererst die Sichtweise, auch den menschlichen Geist als eine (kybernetische) Maschine zu betrachten (Boden 2006a: 200f).[107]

Mit der Zeit entwickelten sich daraus jedoch zwei verschiedene Weisen, über den menschlichen Geist als Maschine zu denken: eine *symbolisch-computationale* und eine *kybernetisch-dynamische*. Die beiden verschiedenen Ansätze unterschieden sich jedoch nicht nur hinsichtlich ihrer Favorisierung verschiedener Formen von Steuerung sowie verschiedener Formen von Mathematik, sondern auch angesichts der aus ihnen hervorgehenden technologischen Errungenschaften: Während der symbolisch-computationale Ansatz zur (digitalen) symbolischen KI führte,

---

CORA, dem man beibringen konnte, auf eine Pfeife zu reagieren, fand das breite Interesse der Allgemeinheit (Boden 2006a: 223ff). Weniger populär, aber nicht weniger revolutionär war Ashbys Homeostat, der den biologischen Adaptionsprozess in Form eines auf Rückkopplung basierten Gleichgewichts zu simulieren suchte. Analog zu einem menschlichen Körper, dem es gelingt, trotz schwankender Außentemperatur die Körpertemperatur relativ konstant zu halten, konnte Ashbys Homeostat elektrische Ströme konstant halten (Boden 2006a: 228ff).

107 Für die kognitive Wende in der Psychologie wurde die Kybernetik aus einem weiteren Grund zentral. So schrieben Miller und seine Mitstreiter in ihrem ‚kognitiven Manifest': „Rosenblueth, Wiener und Bigelov schockierten 1943 viele Psychologen, indem sie ihren Ruf als ‚harte' Forscher hinter die Behauptung stellten, daß Maschinen mit negativer Rückkopplung teleologische Mechanismen wären. Zu dieser Zeit bedeuteten ‚teleologisch' und ‚unwissenschaftlich' in der Psychologie im allgemeinen dasselbe, und schon deshalb war es eine überraschende Nachricht, dass es Maschinen geben sollte, die Zielen zustreben konnten, welche Informationen über den Unterschied ihrer Absichten und ihrer Ausgangsleistungen sammelten und die anschließend etwas taten, um diesen Unterschied zu verkleinern" (Miller u.a. 1973: 46). Baars konzediert, dass dies in Zeiten, in denen es normal geworden ist, davon zu sprechen, dass ein Computer ein Problem löst, kurios erscheinen muss, doch auch er deutet das kybernetische Prinzip des Feedbacks als einen Schlüssel für die kognitive Wende: „This made it possible to be scientific and physicalistic, and still acknowledge the existence of goals and purposes" (Baars 1986: 26). Dass mit Hilfe des Feedbackprinzips das Konzept des Zwecks bzw. des Ziels (‚purpose') technologisch nachvollzogen werden konnte, was dazu führte, diese nicht mehr a priori als unwissenschaftlich zu betrachten (vgl. Richards 69f) ist nachvollziehbar, nicht nachvollziehbar ist hingegen die Behauptung, die Kybernektiker hätten das Konzept des Zwecks *bewiesen*. Dazu Baars (1986: 153): "[C]ybernetic theorists had provided a formal proof that normal physical systems could behave in a goal-directed fashion, finally resolving the controversy over ‚teleology' that had been debated since Aristotle".

mündete der kybernetisch-dynamische Ansatz in (analoge) Steuerungstechniken und dynamische Formen des Konnektionismus (Boden 2006a: 232). Trotz dieser Unterschiede verband in den 1940er und 1950er Jahren die den beiden Ansätzen zugehörigen Wissenschaftler eine Art ‚intellektuelle Blutsbrüderschaft' (Boden 2006a: 201 u. 232). Wie sich am Beispiel von McCulloch zeigt, fühlten sich nicht wenige Wissenschaftler beiden Ansätzen zugehörig oder arbeiteten in beiden Bereichen, gegen Mitte der 60er Jahre hatten sich jedoch zwei getrennte Lager entwickelt, die sich tendenziell eher feindlich gesinnt waren. Diese Trennung beruhte sowohl auf unterschiedlich gefragten Fähigkeiten – einerseits die Programmierung von Computern, andererseits das Bauen oder Simulieren von dynamischen oder probalistischen Systemen (Boden 2006a: 233ff) –, als auch auf unterschiedlichen methodologischen Annahmen. Während die Kybernetiker konstatierten, dass man für die Erforschung von Biologie und Psychologie das gleiche Erklärungsmuster (zirkuläre Kausalität) benötigt und damit voraussetzt, dass der Geist auf die gleiche Art und Weise wie der menschliche Körper eine Maschine sei, sahen die Kognitionswissenschaftler zwar auch den Geist als eine Maschine an, diese würde jedoch eine andere Funktionsweise als biologische Systeme besitzen. Seit der Spaltung der unterschiedlichen Ansätze in unterschiedliche Lager fokussierten sich nahezu alle Theoretiker, die den ‚Geist als Maschine' zu ihrem Leitmodell machten, daher auf nicht-biologische Fragen (Boden 2006a: 235f).

Künstliche Intelligenz

Mitte der 1950er Jahre machte gleichzeitig die reale Computerentwicklung deutliche Fortschritte und es formierte sich darüber hinaus eine neue Disziplin, die später *Künstliche Intelligenz* (KI) getauft wurde. Dabei können grundsätzlich zwei Wege unterschieden werden, um ‚Künstliche Intelligenz' zu erzeugen: Entweder wird versucht, die Funktionsweise der menschlichen Intelligenz nachzuvollziehen, um diese anschließend mit Hilfe eines Computers zu simulieren, oder man entwirft zur Lösung spezifischer Probleme und Aufgaben Computerlösungen, sogenannte ‚Expertensysteme', die unabhängig von der Art und Weise, wie Menschen diese Probleme lösen würden, arbeiten (Goodwin 2005: 419).[108]

Pioniere der Künstlichen Intelligenz waren Alan Newell und Herbert Simon[109], denen Ende der 1950er Jahre erste entscheidende Schritte in der *computationalen Simulation geistiger Prozesse* gelang.

108 Berühmtestes Beispiel hierfür sind wohl die Schachcomputer.

109 Simon erhielt 1978 für seine Arbeit zu Entscheidungsprozessen in Wirtschaftsorganisationen den Nobelpreis für Wirtschaftswissenschaften.

„Newell und Simon bewiesen, daß Computer mehr konnten als nur rechnen. Sie zeigten, daß die von den Rechnern bearbeiteten Symbole für alles stehen konnten, auch für Merkmale der wirklichen Welt, mit Hilfe der Programme war es möglich, diese Merkmale durch Regeln aufeinander zu beziehen, so daß sich Computer dafür verwenden ließen, einige wesentliche Aspekte der Intelligenz zu simulieren. Damit war das datenverarbeitende Modell des Denkens geboren“ (Dreyfus 1985: 9).

1956 entwickelten sie mit dem ‚Logical Theorist‘ einen Computer, mit dessen Hilfe man alle in Whitehead und Russells ‚Prinzipia Mathematica‘ vorkommenden logischen Beweise durchrechnen konnte. Dabei konnten nicht nur viele Rechen- und Druckfehler der ‚Prinzipia Mathematica‘ korrigiert werden, für ein Theorem fand der ‚Logical Theorist‘ gar einen eleganteren Beweis. Nur wenige Jahre später veröffentlichten Newell, Shaw und Simon eine Arbeit mit dem Titel: ‚GPS: A system that simulates human thought‘. Mit GPS bezeichneten sie eine weitere von ihnen zur Simulation menschlicher geistiger Fähigkeiten gebaute Maschine, den gänzlich unbescheiden betitelten ‚General Problem Solver‘. Dieser konnte einfache Denksportaufgaben lösen und einfache Brettspiele wie Mühle und Dame spielen (Boden 2006a: 323f). Simon und Newell proklamierten: „Intuition, Erkenntnis und Lernen sind nicht länger ausschließlich menschliche Eigenschaften: jeder große Hochgeschwindigkeitsrechner läßt sich so programmieren, daß er diese Fähigkeiten ebenfalls zeigt.“ (Simon/Newell 1958: 6 zit. nach Dreyfus 1985: 27)

Für Psychologen, die eine Alternative zum Behaviorismus suchten, waren solche Aussagen sowie überhaupt die Pionierarbeiten der Künstlichen Intelligenz eine Offenbarung. Für sie schien sich hier eine neue Form experimenteller Psychologie zu formieren, mit der man sich der Funktionsweise der ‚black box‘ des menschlichen Geistes nähern konnte, ohne sich in ‚philosophischen Spekulationen‘ zu verfangen. Dazu musste man die eigenen Hypothesen ‚testen‘, dies jedoch nicht mehr mittels Tierexperimente, sondern durch das computationale Simulieren geistiger Prozesse. Gelang diese Simulation, so war der Test erfolgreich. Miller, Galanter und Pribam beschrieben diese Logik wie folgt:

„Die Wirkung von Turings Arbeit auf die Psychologie war die Erkenntnis, daß immer dann, wenn Forscher klar und unzweideutig beschreiben konnten, was ein Organismus tut, auch ein Computer gebaut werden konnte, der dasselbe Verhalten mit genügender Genauigkeit hervorbrachte, um den Beobachter zu täuschen. Das Vorhandensein der Maschine wurde zum Beweis für die Genauigkeit der Beschreibung“ (Miller u.a. 1973: 50).

Die Begründung der Informationstheorie

Ein weiterer entscheidender Baustein für die Entstehung der kognitivistischen Psychologie ist die von Claude Shannon gemeinsam mit Warren Weaver entwickelte *Informationstheorie*. Diese wurde ursprünglich entwickelt, um die Beständigkeit bzw. die Schwächung der Nachrichtenübermittlung über eine Telefonleitung zu messen. Unter Nachrichten wurden dabei jedoch keine bedeutungsvollen (semantischen) Inhalte verstanden, sondern berechenbare physische Einheiten von akustischen Signalen (Boden 2006a: 204). Damit gaben sie dem alten Terminus Information eine präzise technische Definition, die es ermöglichte, Information als etwas Quantitatives und Messbares aufzufassen. Gemessen wird dabei das Maß der Unsicherheit, die eine Information ausschaltet (Richards 1996: 68). In Worten Shannons: "If the number of messages in the set is finite then this number or any monotonic function of this number can be regarded as a measure of the information produced when one message is chosen from the set, all choices being equally likely" (Shannon 1948: 379). Anders formuliert: Als ein technischer Begriff für etwas Messbares benötigte ‚Information' eine quantitative Einheit. Diese Einheit wurde das Bit, das eine Abkürzung von ‚binary unit' und im heutigen Computeralltag als Maßeinheit für Datenmengen geläufig ist. Ein Bit Information wurde von Shannon definiert als der Informationsgehalt, der in einer Auswahl von zwei gleich wahrscheinlichen Möglichkeiten enthalten ist. Das Ergebnis eines Münzwurfs enthält daher ein Bit Information, weil es darüber eine Angabe macht, welche der beiden möglichen Alternativen (Zahl oder Kopf) zustande gekommen ist. Jedes Mal, wenn die Anzahl der Alternativen sich verdoppelt, erhöht sich die Menge an Information um ein Bit.

Die Bedeutung des Konzeptes für die kognitivistische Psychologie ergab sich daraus, dass es Information messbar machte und standardisierte, so dass unabhängig von der Form, in der sich Informationen präsentieren (Ergebnis eines Münzwurfs, Ergebnis eines Würfels, Zahlen, Buchstaben etc.), deren Informationsmenge gemessen werden konnte (Goodwin 2005: 411). Auf den Computer angewandt bedeutete dies:

> „In this way, computers are at once physical and nonphysical. They are physical machines. But the use and significance of computers is not in the switching circuits as such, but in the fact that these can flexibly encode information. [...] In this sense, information is not precisely physical; as information, it exists only with reference to the set of alternatives held by the receiver. And it did not take long before engineers and mathematicians began to think that human beings might also be viewed as bearers and transmitters of information" (Baars 1986: 151).

In der Informationstheorie wurde also die Umwandlung und Übermittlung von Informationen thematisiert. Psychologen, die versuchten, die Vorgänge innnerhalb der zwischen Reiz und Reaktion lokalisierten ‚black box' zu konzeptualisieren, konnten nun auf Shannon und Weavers Theorie zurückgreifen, um ihrem Modell damit zugleich einen ‚harten' wissenschaftlichen Anschein zu geben, weil die Informationstheorie einen quantitativ messbaren Zugang zum Phänomen der Information zu liefern versprach. Den *Menschen als informationsverarbeitendes Wesen* zu betrachten, erschien plötzlich nahezu natürlich und evident:

„Human beings in general show a similar disregard for the medium of information, and a decided preference for information itself. Most of the time, when we hear someone speak a sentence, we will forget the exact words within a matter of seconds (try to recall the first sentence of this paragraph). But we will usually be able to paraphrase the forgotten sentence that preserves the meaning but not the form of the original." (Baars 1986: 152)

Besonders dieses Zitat zeigt jedoch die grundlegende Problematik der Informationstheorie. Um einen gehörten Satz paraphrasieren zu können, muss man keineswegs dazu in der Lage sein, den Informationsgehalt des Satzes zu messen, sondern dessen Bedeutung zu verstehen. Dies sind aber zwei verschiedene Dimensionen von Information, die dank der Informationstheorie im heutigen Alltagsverständnis des Wortes Information untrennbar vermengt sind. Festzuhalten ist, dass mit Hilfe der Informationstheorie von Shannon und Weaver nur *Informationsgehalte* im Sinne der Definition von Shannon und Weaver, keineswegs aber *Bedeutungsgehalte* gemessen werden können. Dies formuliert Shannon selbst ganz unmissverständlich, wenn er schreibt:

„The fundamental problem of communication is that of reproducing at one point either exactly or approximately a message selected at another point. Frequently the messages have meaning; that is they refer to or are correlated according to some system with certain physical or conceptual entities. These semantic aspects of communication are irrelevant to the engineering problem. The significant aspect is that the actual message is one selected from a set of possible messages" (Shannon 1948: 379).[110]

110 Shannon betont somit, dass ein Informationsgehalt nur dann gemessen werden kann, wenn die Zahl der möglichen Alternativen bekannt ist. Genau dies gilt für das, was wir lebensweltlich als Information verstehen, jedoch nicht. So kann für eine Aussage wohl kaum die Menge aller möglichen alternativen Aussagen angegeben werden. Zudem würde dies wohl kaum dazu führen, die *Bedeutung* einer Aussage zu *verstehen*.

So ist Margaret A. Boden vollkommen recht zu geben, wenn sie resümiert: „In short, ‚information' wasn't a semantic notion, having to do with meaning or truth. It was a technical term, denoting a statistical measure of predictability. What was being predicted was the statistics of a physical signal, not the meaning – if any – being carried by the signal" (Boden 2006a: 204). Genau dies konnten oder wollten die Psychologen aber nicht sehen, da die Informationstheorie für sie damit – im wahrsten Sinne des Wortes – bedeutungslos geworden wäre.

Mentale Prozesse als Informationsverarbeitung

Es war George A. Miller, der nicht nur als erster Psychologe die Informationstheorie auf die Psychologie anwandte, sondern der auch insgesamt ganz unbestritten als „the single most effective leader in the emergence of cognitive psychology" (Baars 1986: 198) angesehen wird. Miller studierte in den 1940er Jahren Psychologie, was zu dieser Zeit nichts anderes hieß, als dass er die behavioristische Psychologie studierte.[111] Nach seinem Studium arbeitete er als Forschungsassistent in Harvards ‚Psycho-Acoustic Laboratory', das direkt auf militärische Zwecke ausgerichtet war und dessen Forschungsprogramm sich auf Sprachwahrnehmung und Kommunikation in lauten Umgebungen (z.B. Kampfflugzeugen) ausrichtete. Daraus resultierte nicht nur sein Interesse für Sprache und Wahrnehmung, das 1951 zu seinem Buch ‚Language und Communication' führte, sondern auch für die Informationstheorie, die er bereits kurz nach ihrem Erscheinen auf psychologische Fragestellungen anwandte.[112] Bekannt wurde Miller durch seinen 1956 veröffentlichten Aufsatz ‚The Magical Number Seven, Plus or Minus Two: Some Limits on Our Capacity for Processing Information', der zumindest bis in die 1970er Jahre hinein der meist zitierte Aufsatz der kognitivistischen Psychologie wurde (Boden

111 Wie er in einem Interview verdeutlicht: „The power, the honors, the authority, the textbooks, the money, everything in psychology was owned by the behavioristic school. [...] It was the controlling picture in psychology – certainly when I was a graduate student in the early ´40s, and through my young manhood. By the ´50s you could sort of see that there were other things, and by the mid-´50s you really decided that behaviorism wasn´t going to work out" (Baars 1986: 203).

112 Dass er keine behavioristischer Wissenschaftler wurde, hing profanerweise wohl auch damit zusammen, dass Miller eine starke Allergie gegen Tierhaare entwickelte und folglich keine Arbeit im Tierlabor machen konnte (Schultz/Schultz 2004: 484), ein Umstand, den er in einem Interview wie folgt beurteilt: „It was one of the very best things that ever happened to me, because it meant I had to work with humans, who I´m apparently not allergic to" (Miller in Baars 1986: 205).

2006a: 287f; Goodwin 2004: 414). Das Revolutionäre dieses Aufsatzes war nicht die aus zahlreichen Experimenten gefolgerte Feststellung, dass Menschen sich gleichzeitig stets nur an (plus/minus zwei) sieben unzusammenhängende Wörter oder zufällige Nummern in ihrem unmittelbaren Gedächtnis erinnern können, sondern die theoretische *Interpretation mentaler Vorgänge als Informationsverarbeitung*. Dies tat auch der englische Psychologe Donald Eric Broadbent, der schwerpunktmäßig Wahrnehmungs- und Aufmerksamkeitsprozesse untersuchte und dabei – in der Tradition Bartletts stehend – vor allem den selektiven Aspekt der Aufmerksamkeit hervorhob und mit Hilfe von Informationstermini erklärte. So beschrieb er Wahrnehmung als abhängig von der ‚Speicherkapazität' der einzelnen Sinnesorgane, die die Umweltdaten als Input aufnehmen. Um diese Prozesse zu veranschaulichen, benutzte er Flussdiagramme, die üblicherweise dem Entwurf von Computerprogrammen dienten und die bald eine weite Nutzung fanden (Boden 2006a: 291).[113]

Die ‚kognitive Wende'

Im Aufwind all dieser Entwicklungen vollzog sich schließlich endgültig die Etablierung der ‚kognitiven Wende'. Dabei kann das Jahr 1956 als Schlüsseljahr angesehen werden; hier kam es nicht nur zu zentralen Publikationen – zu denen der schon erwähnte Aufsatz von Miller über die ‚Magische Nummer Sieben' sowie ‚A Study of Thinking' von Jerome S. Bruner zählt –, sondern auch zu drei einschneidenden interdisziplinären Konferenzen. Die erste Konferenz war ein zweimonatiges ‚Summer Research Project' in Darthmouth, die zugleich als Startpunkt der KI-Forschung[114] gilt; hier stellten Newell und Simon zum ersten Mal ihren ‚Logical Theorist' vor. Die zweite Konferenz hatte die Informationstheorie zum Thema und fand am Massachusetts Institute of Technology (MIT) statt. Hier hielt Miller einen Vortrag über die ‚Magische Nummer Sieben' und berichtete später, auf der Konferenz eine Art ‚Bekehrung' zur computationalen Psychologie erlebt zu haben. Eine dritte entscheidende Konferenz gab es 1958 in London; thematisiert wurden hier sowohl Künstliche Intelligenz als auch psychologische und neurophysiologische Fragestellungen (Boden 2006a: 330ff).

---

113 Bis heute werden in der kognitivistischen Psychologie mit Hilfe von Flussdiagrammen Aufmerksamkeits-, Gedächtnis- und Lernprozesse als Informationsprozesse modelliert.

114 Hier wurde der Künstlichen Intelligenz auch ihr Name verliehen, in Betracht gezogen wurde auch: Kybernetik, ‚automata studies', ‚complex information processing' und ‚machine intelligence' (Boden 2006a: 331).

Ein weiterer nicht zu unterschätzender Faktor für die kognitive Wende waren die nach dem 1957 erfolgten ‚Sputnikschock' in den USA zur Verfügung gestellten Gelder. Allein die als Reaktion auf den Sputnikschock gegründete NASA erhielt ein jährliches Budget von sechs Milliarden Euro, was sich auch auf die institutionelle Etablierung des Kognitivismus auswirkte, wie Boden (2006b: 824) beschreibt: „Inevitably, some of that munificence would reach the universities – perhaps not for research in medieval poetry, but certainly for engineering and computing, and for cognitive psychology too".

Auch die Linguistik trug Ende der 1950er Jahre entscheidend zur kognitiven Wende bei. Bereits in den 1940er und 1950er Jahren bezweifelten viele Psychologen zunehmend, ob die assoziativen Prinzipien des Behaviorismus tatsächlich dazu in der Lage sein könnten, das gesamte menschliche Verhalten angemessen zu erklären. Als Paradebeispiel galt das Sprachverhalten (Goodwin 2005: 409). Nachdem B.F. Skinner mit seinem 1957 erschienen Buch ‚Verbal Behavior' versucht hatte, den Spracherwerbsprozess als Ergebnis operanter Konditionierung zu erklären, unterzogen Chomsky und Miller nur ein Jahr später diese Ideen einer vernichtenden Grundsatzkritik. Sie zeigten beispielsweise auf, dass ein nach Skinners Logik erfolgender Spracherwerb länger als ein Menschenleben dauern müsste. Zudem hatte Noam Chomsky bereits 1957 mit seinem Buch ‚Syntactic Structures' seine berühmtgewordene Theorie der generativen Transformationsgrammatik einem breiten Publikum verfügbar gemacht. Nach dieser Theorie wird Sprache durch Prinzipien und Parametern generiert, die auf dem genetischen Programm der Universalgrammatik basieren, also letztlich angeboren sind. Der Rationalismus und Nativismus dieser Theorie stand in direktem Gegensatz zu behavioristischen Grundprinzipien; Chomskys Theorie war jedoch ungleich besser dazu in der Lage, das komplexe Phänomen der Sprache zu erklären und bereitete damit der kognitiven Wende den Boden (Baars 1986: 186ff; Boden 2006a: 296ff; Goodwin 2005: 411; Hunt/Ellis 2001: 19f).

Dass die kognitive Wende erfolgte, zeigte sich auch institutionell an der 1960 erfolgten Gründung des ‚Centre for Cognitive Studies' in Harvard[115] durch Miller und Bruner. Was unter Kognition genau verstanden werden konnte, darüber herrschte zwar kaum eine einheitliche Ansicht. Über den gemeinsamen Gegner, den Behaviorismus, war man sich hingegen einig und so wählte man die im Titel genannte Vokabel der Kognition als gezielte Provokation gegen das behavioristische ‚Establishment' (Schultz/Schultz 2004: 485f). Miller und Bruner kamen, wie bereits gezeigt, selbst aus ganz unterschiedlichen theoretischen Hintergründen[116],

115 Dass dazu das Gebäude zur Verfügung gestellt wurde, in dem einst William James gelebt hatte, war von hoher symbolischer Bedeutung (Schultz/Schultz 2004: 485).

116 Miller war vornehmlich von der Informationstheorie, vom ‚Computermodell des Geis-

und so zelebrierte man am Center Interdisziplinarität und forschte zu all den Thematiken, die der Behaviorismus nicht oder kaum erforscht hatte: Sprache, Gedächtnis, Wahrnehmung, Denken und Entwicklungspsychologie (Schultz/Schultz 2004: 486).

Ein Manifest der kognitivistischen Psychologie

Die für die Entstehung einer ‚kognitivistischen Psychologie' wahrscheinlich wichtigste Veröffentlichung erschien 1960 unter dem Titel ‚Plans and the Structure of Behavior'. Das von George A. Miller, Eugene Galanter und Karl Pribam gemeinsam verfasste Werk brachte es zu großem Erfolg, nicht nur, weil es über den aktuellen Stand der Entwicklung in Linguistik, Neurophysiologie und der Simulation kognitiver Prozesse informierte, sondern vor allem, weil es diese disparaten Themen in einem Ansatz zu integrieren suchte (Richards 1996: 72f). Ihr Grundanliegen war es, „zwischen den Reiz und die Reaktion ein bißchen Weisheit einzuschieben" (Miller u.a. 1973: 12) und zu überprüfen, „ob die kybernetischen Grundgedanken für die Psychologie von Bedeutung" (Miller u.a. 1973: 19) seien. Um die „Lücke zwischen Wissen und Handlung" (ebd.) schließen zu können, versuchten sie, „die Beziehungen zwischen ‚Bild' und ‚Plan' zu erforschen" (Miller u.a. 1973: 27). Ein ‚Bild' (‚image') bestehe dabei „aus all dem angehäuften, organisierten Wissen, das der Organismus über sich selbst und seine Umwelt gesammelt hat" (ebd.), darunter fielen nicht nur Vorstellungen, vielmehr schließt ein ‚Bild' „alles ein, was der Organismus gelernt hat, sowohl seine Worte und Tatsachen [...] als auch seine Bilder oder Beziehungen zu anderen Dingen, welche er zur Verfügung hat" (Miller u.a. 1973: 27). Ein ‚Plan' hingegen stelle für einen Organismus „im wesentlichen dasselbe [dar] wie ein Programm für den Computer" (Miller u.a. 1973: 25); er sei es, „der das Verhalten leitet" (Miller u.a. 1973: 12) und in uns verborgen „die vorgeschriebene Reihe von Handlungen so steuert, daß sie in der richtigen Reihenfolge ausgeführt werden" (Miller u.a. 1973: 25). Anders formuliert nehmen sie an, „daß in einem Entscheidungsvorgang die Entscheidungen nach einem Plan getroffen werden" (Miller u.a. 1973: 50), wobei sie offenlassen, „ob die Entscheidung bei jedem Durchgang ‚bewußt' sei oder nicht" (ebd.). Der Zusammenhang von ‚Plan' und ‚Bild' besteht darin, dass ‚Pläne' erlernt werden und somit Bestandteile des ‚Bildes' sind (Miller u.a. 1973: 27). Gewohnheiten und

tes' und der Linguistik Chomskys geprägt, Bruner hingegen von Sozialpsychologie, Entwicklungspsychologie (Piaget) und Anthropologie. Miller sah darin eine gelungene Komplementarität am Werk: „He broadened my view of cognition; I hope I helped to sharpen his" (zit. nach Bruner 1983: 123).

Fertigkeiten seien demnach nichts anderes als ursprünglich willkürliche Pläne, die „zu verhältnismäßig starren, unwillkürlichen, automatischen Plänen“ (Miller u.a. 1973: 80) wurden; gleichsam seien Pläne für das Lernen grundlegend: „Wer keinen irgendwie gearteten Plan hat, lernt überhaupt nichts“ (Miller u.a. 1973: 125). In dieser Logik gleicht der Lernende „einem Bibliothekar, der all seine Bücher selber schreibt und sein eigener Leser ist“ (Miller u.a. 1973: 134).

Um jedoch das Verhalten als Ganzes erklären zu können, beschreiben sie dieses als ein hierarchisches Ineinander von sogenannten *TOTE-Einheiten*. TOTE steht dabei für Test-Operate-Test-Exit und soll zeigen, dass Handlungen ganz fundamental auf dem kybernetischen Prinzip der Rückkopplung beruhen. Wie das Verhalten als durch Pläne und Rückkopplungskreise Gesteuertes verstanden werden kann, verdeutlichen sie am Beispiel des Nageleinschlagens:

> „Prüfe den Nagel! (Kopf schaut hervor.) Prüfe den Hammer! (Der Hammer ist unten.) Hebe den Hammer! Prüfe den Hammer! (Hammer ist oben.) Schlage zu! Prüfe den Hammer! (Hammer ist unten.) Prüfe Nagel! (Kopf schaut hervor.) Prüfe Hammer!...Das geht so weiter, bis die Prüfung ergibt, daß der Nagelkopf mit der Holzoberfläche eben ist, worauf die Steuerung weiter transferiert werden kann. Die zusammengesetzte TOTE-Einheit entpuppt sich ganz einfach als eine koordinierte Folge von Prüfungen und Handlungen, obwohl die dahinterliegende Struktur, die das Verhalten organisiert und koordiniert, in sich selber hierarchisch und nicht sequentiell ist“ (Miller u.a. 1973: 41); was bedeutet, „daß die Handlungskomponenten der TOTE-Einheit selber auch wieder TOTE-Einheiten sind“ (Miller u.a. 1973: 39).[117]

Auch wenn das Buch von Miller, Galanter und Pribam zum Manifest einer kognitivistischen Psychologie erklärt wurde, konnte sich das TOTE-Konzept leztlich nicht durchsetzen (Richards 1996: 73). Boden (20006a: 337) beschreibt das Buch als „vague, simplistic, often careless“, gleichzeitig gilt: „Despite all that, the book was a revelation“ (Boden 2006a: 338). Es integrierte die Theorien von Tolman, Bartlett, Craik, Turing, Shannon, McCulloch und Pitts und versuchte zu veranschaulichen, was in der behavioristischen S-R-Psychologie ein bloßer Bindestrich war und brachte mit der Konzeptualisierung dieses Bindestrichs als ‚Pläne‘ die Konzepte Zweck (‚purpose‘) und Bedeutung (‚meaning‘) in das Zentrum psychologischer Theorie; dies zugleich auf eine Weise, die eine präzise Beschreibung ebenso wie die Möglichkeit intersubjektiver Überprüfung versprach (Boden 2006a: 338).

117 Diese hierachische Struktur der TOTE-Einheiten markiert die entscheidende Differenz zu S-R-Reflexen.

Die Programm-Analogie

Ein zweiter Meilenstein in der theoretischen Entwicklung der kognitivistischen Psychologie war die 1967 veröffentlichte Monographie ‚Cognitive Psychology' von Ulric Neisser, die nicht nur als erstes Lehrbuch dieser betrachtet werden kann, sondern in Inhalt und Aufbau geradezu paradigmatisch verfährt. Neisser, der während seines Physikstudiums in Harvard Miller kennenlernte, zur Psychologie überwechselte und nach dem Studium bei Abraham Maslow arbeitete (Goodwin 2005: 416f), beginnt seine Argumentation mit der Vermitteltheit des subjektiven Zugangs zur Welt: „Alles, was wir von der Wirklichkeit wissen, ist uns vermittelt worden, und zwar nicht nur durch unsere Sinnesorgane, sondern durch komplexe Systeme, die Sinnesinformation übersetzen und rückübersetzen" (Neisser 1974: 18). Ausgehend davon subsumiert er unter dem Begriff der Kognition

> „alle jene Prozesse, durch die der sensorische Input umgesetzt, reduziert, weiter verarbeitet, gespeichert, wieder hervorgeholt und schließlich benutzt wird. [...] Begriffe wie Wahrnehmung, Vorstellung, Behalten, Erinnerung, Problemlösen und Denken nebst vielen anderen beziehen sich auf hypothetische Stadien oder Aspekte der Kognition" (Neisser 1974: 19).

Anders gesagt, sei „Kognition an allem, was ein menschliches Wesen tun kann, beteiligt" (ebd.). Im Anschluss an diese Stelle widmet er sich dem Behaviorismus:

> „Eine Generation früher hätte ein Buch wie dieses mindestens ein Kapitel zur Selbstverteidigung gegen die behavioristische Position gebraucht. Heute herrscht glücklicherweise eine andere Meinung, die ‚stimulus-response'-Theoretiker erfinden heute selbst mit Nachdruck und Begeisterung und nur geringen Gewissensbissen hypothetische Mechanismen. Der Hauptgrund, kognitive Prozesse zu studieren, hat sich als genauso klar herausgestellt wie der Grund für das Studium aller Dinge: weil es sie gibt. [...] Kognitive Prozesse existieren mit Sicherheit, und deswegen kann es kaum unwissenschaftlich sein, sie zu erforschen" (Neisser 1974: 21).[118]

Danach kommt er auf die Physiologie zu sprechen. Um zu verdeutlichen, warum er zwar davon überzeugt ist, „daß das menschliche Verhalten und das menschliche Bewußtsein vollkommen von der Aktivität des Gehirns, in Wechselwirkung mit anderen physischen Systemen" (ebd.) abhänge, trotzdem aber in diesem Buch eine Auseinandersetzung mit physiologischen Forschungsergebnissen unterlas-

118 Es dürfte wohl bezeichnend für den 1967 bereits fortgeschrittenen Niedergang des Behaviorismus sein, dass Neisser diesen mit solch einem ‚Argument' zur Seite wischen konnte.

sen wird, greift er auf „die vertraute Parallele zwischen Mensch und Computer" (Neisser 1974: 21f) zurück:

„Die Aufgabe eines Psychologen, der die menschliche Kognition verstehen will, ist analog derjenigen eines Menschen, der entdecken will, wie ein Computer programmiert ist. Besonders, wenn das Programm anscheinend Information speichert und wieder verwendet, wird der Mensch wissen wollen, mit welchen ‚Schablonen' oder ‚Verfahren' das geschieht. In dieser Absicht wird er sich nicht darum kümmern, ob sein spezieller Computer die Information auf Magnetkernen oder Dünnfilmen speichert; er möchte das Programm verstchen, nicht die hardware. Ebenso würde es dem Psychologen nicht helfen, zu wissen, daß das Gedächtnis von RNS und nicht von irgendeinem anderen Element getragen wird. Er möchte seine Nutzbarmachung und nicht seine Verkörperlichung verstehen" (Neisser 1974: 22).

Beide, Programme und Kognitionstheorien, „beschreiben Veränderungen von input-Informationen" (Neisser 1974: 24) und wie ein Programmierer präzise beschreiben müsse, wie die Input-Information zu einem spezifischen Output verarbeitet werde, würde ein kognitivistischer Psychologe „gern einen ähnlichen Bericht über die Art, in der sich Information im Menschen fortpflanzt, geben" (ebd.).

Dieser *Programm-Analogie*[119] spricht Neisser einige Vorteile gegenüber früheren Konzeptionen zu. Zwar gab es lange vor dem Aufkommen der Computer Kognitionstheoretiker, Neisser nennt hier Bartlett, doch „in den Augen vieler Psychologen war eine Theorie, die kognitive Transformation, Gedächtnisschemata und ähnliches behandelte, eine Theorie ohne reale Entsprechung" (Neisser 1974: 24f). So sprach Bartlett zwar von Schemata und deren Transformationen, doch:

„[W]as für ein Ding ist ein Schema? […] Solange die Kognitionspsychologie buchstäblich nicht wußte, wovon sie sprach, gab es immer die Gefahr, daß sie von überhaupt nichts sprach. Das ist nun kein ernstes Risiko mehr. Das, was transformiert wird, ist Information. Und das strukturierte Muster ihrer Transformation ist das, was wir verstehen wollen" (Neisser 1974: 25).[120]

119 Neisser betont, wie wichtig es ist, Software und Hardware bzw. Programm und Computer voneinander zu unterscheiden, weshalb er den Ausdruck der ‚Programm-Analogie' dem Ausdruck des ‚Computermodells' vorzieht: „Jeder einzelne Allzweckcomputer kann mit einer unbegrenzten Zahl verschiedener Programme ‚geladen' werden. Umgekehrt können die meisten Programme mit geringfügigen Veränderungen auf vielen physikalisch verschiedenen Arten von Computern laufen. Ein Programm ist keine Maschine; es ist eine Anordnung von Instruktionen zur Arbeit mit Symbolen" (Neisser 1974: 24).

120 In diesem Zitat zeigt sich deutlich, wie die Programmanalogie zusammen mit der Sug-

Das wichtigste Moment der ‚Programm-Analogie' sieht Neisser daher in der

„philosophische[n] Rückversicherung, die sie bietet. Obwohl ein Programm nichts weiter ist als der Fluss von Symbolen, hat es Realität genug, um eine gut fassbare Maschinerie zu steuern, die seine physikalische Operation ausführt. Ein Mensch, der das Programm eines Computers zu entdecken versucht, bringt sich damit sicherlich nicht in philosophische Schwierigkeiten" (Neisser 1974: 24).[121]

Nach dieser zweifelhaften theoretischen Legitimation seines spezifischen Blickwinkels folgt Neisser im Aufbau des restlichen Buches der Stimulus-Information ‚einwärts' von den Sinnesorganen, durch viele Transformationen und Rekonstruktionen, bis hin zu dem nachfolgenden Gebrauch in Erinnerungen und Gedanken; in thematischer Reihenfolge werden ‚ikonische Speicherung und verbale Kodierung', ‚Mustererkennung', ‚fokale Aufmerksamkeit und figurale Synthese', ‚Wörter als visuelle Muster', ‚visuelles Gedächtnis', ‚Sprachwahrnehmung', ‚Echospeicherung und auditorische Aufmerksamkeit', ‚aktive verbale Speicherung', ‚Sätze' und schließlich ‚Gedächtnis und Denken' abgehandelt (Neisser 1974: 15). Von Lernprozessen ist im ganzen Buch kaum die Rede, zumindest aber werden diese nicht explizit behandelt. Auch in diesem Fall ist Neissers Buch damit äußerst prototypisch für die folgende kognitivistische Psychologie. Die vom Behaviorismus, wenn auch zum Preis eines reduktionistischen Verständnisses, zentral behandelte Frage nach einem integrativen Lernprozess, der allen Verhaltensänderungen zugrunde liegt, wird in viele kleine kognitive Teilprozesse aufgesplittert. Insgesamt wurde Neissers Buch extrem populär und überzeugte viele Psychologen vom computationalen Ansatz (Schultz/Schultz 2004: 487, Boden 2006a: 360).[122]

---

gestion der Informationstheorie und der tatsächlichen Fortschritte in Computertechnologie und KI dazu führt, die Computermetapher nicht mehr als Metapher sondern als Realität zu verstehen.

121 Gleichzeitig argumentiert Neisser dahingegend, dass die ‚Programm-Analogie' keineswegs von der erfolgreichen Computersimulation psychologischer Prozesse abhängig sei. Er selber hält die menschliche Kognition für zu komplex, um sie mittels der zur Verfügung stehenden Computertechnologie simulieren zu können: „Wenn das Bild von Kognition, das hier gegeben wird, auch nur halbwegs genau ist, dann wird sie für eine lange Zeit nicht mehr ‚simuliert' werden" (Neisser 1974: 26).

122 Neun Jahre nach der Veröffentlichung von ‚Cognitive Psychology' veröffentlichte Neisser ‚Cognition and Reality' in welchem er unter anderem eine starke (Selbst-)Kritik am Computermodell des Geistes übte: „Das Studium der Informationsverarbeitung hat Schwung und Ansehen, aber es hat sich noch keinem Menschenbild verpflichtet, das jenseits der Grenzen des Laboratoriums gültig wäre. Und im Laboratorium gehen

Das Computermodell des Geistes

Insgesamt hatte sich somit das computationale Modell des Geistes endgültig in der Psychologie etabliert und diente fortan dazu, menschliche Kognition als Informationsverarbeitung zu interpretieren. Während die KI-Forschung versuchte, menschliche Intelligenz bzw. die kognitiven Fähigkeiten des Menschens zu simulieren, kam es durch die kognitivistische Psychologie zu einer Umkehrung der Imitation, bei der menschliche Subjektivität in Computermetaphern verstanden wird. Mindestens vier Gründe können für den *Erfolg* dieses Computermodells angeführt werden.

Erstens ermöglichte die wissenschaftliche Autorität der ‚cognitive science' Aussagen über die nicht beobachtbaren, kognitiven Vorgänge zu machen, ohne diese als unwissenschaftlich zu branntmarken. Das Argument der Behavioristen, dass mentale Konzepte keine Referenten in der physischen Welt besäßen, wurde für die Kognitivisten durch die Existenz des Computers widerlegt. So sei ein Computer doch ein Gegenstand in der physischen Welt, dessen interne (Programm-)Operationen nicht mysteriös und unzugänglich, sondern bekannt und nachvollziehbar sind. „Das Aufkommen des Computers gab die sehr benötigte Bestätigung, daß kognitive Prozesse real sind, daß sie studiert und vielleicht verstanden werden könnten" (Neisser 1979: 16). Dies führte dazu, dass der Anschein aufkam, man könne subjektive Phänomene objektiv beschreiben, indem man kognitive Prozesse in Informationstermini beschrieb und analog zur Funktionsweise des Computers modellierte (Hunt/Ellis: 21f).

Ein *zweiter* wichtiger Grund besteht in der turingschen wie kybernetischen Annahme, dass die Funktionsweise des Computers nicht auf eine bestimmte Art und Weise der physischen Verkörperung beschränkt ist und sich letztlich unabhängig von dieser vollzieht. Bernhard J. Baars schreibt dazu:

„The brute fact of computers helps to create the possibility of doing theory, because we can talk about the functioning of the computer abstractly, without being limited to physical stimuli and responses. Thus the mere existence of the computer has a liberating influence on

---

seine Grundannahmen wenig weiter als das Computermodell, dem es seine Existenz verdankt. Es gibt noch immer keinen Bezug darauf, wie Menschen der Alltagswelt gegenüberstehen oder in ihr handeln. […] Wenn sich die kognitive Psychologie vollständig an dieses Modell bindet, wird sie in Schwierigkeiten geraten. Arm an ökologischer Validität, gleichgültig der Kultur gegenüber, sogar ohne einige der wichtigen Grundzüge von Wahrnehmung und Gedächtnis, die dem Alltagsleben entsprechen würden: eine solche Psychologie kann zum engen und uninteressanten, weil allzu spezialisierten Feld werden" (Neisser 1979: 17).

the theoretical imagination, even for psychologists who do not believe in a computational metaphor" (Baars 1986: 157).

Drittens lieferte die Computermetapher eine (scheinbar) nicht-mentalistische Sprache, um die Funktionsweise des menschlichen Geistes zu beschreiben. Dies erläutern Hunt und Ellis sehr deutlich:

„Suppose you decided you wanted to understand memory. What would you do? You, of course, could see how well people remember experiences, and you could even see what effects other things, such as the time since the experience, have on memory. But how would you describe the mental process; what terms would you use? In other words, where would you get your ideas about and explanations of the memory performance you observed? Cognitive psychology would not have reappeared without an answer to this question. The answer came from the model provided by computer science, perhaps the most influential development in the reappearance of cognitive psychology. [...] The model of computer science was essential to cognitive psychology in that it provided a language to talk about mental processes in very much the same way that the physiological reflex model provided the language of stimulus-response. The language system came to be known as information processing" (Hunt/Ellis 2004: 20f).

Das Computermodell des Geistes ist *viertens* zudem alltagsweltlich leicht verständlich und scheint – zumindest heute – äußert evident[123]: Nehmen die Menschen nicht über ihre Sinnesorgane irgendwie ‚Informationen' bzw. Sinnesdaten auf, ähnlich wie ein Computer mit einem Input an Daten gefüttert wird? Und müssen die Menschen nicht analog zum Computer diese Daten irgendwie speichern, einige für lange Zeit, ähnlich der Speicherung von Daten auf einer Festplatte und andere zum kurzzeitigen Prozessieren, ähnlich dem Arbeitsspeicher? Und arbeitet das menschliche Hirn nicht analog zum Prozessor eines Computers, der den Motor für die Verarbeitung der Daten darstellt? Wenn dies alles stimmt: Muss es dann nicht auch analoge kognitive Prozesse zu den die Vorgänge im Computer kontrollierenden Programmen geben? Wäre es nicht hilfreich, kognitiven Prozessen auf den Grund zu gehen, wenn man diese analog zu Computerprogrammen versteht?

123 Verlockend scheint dabei vor allem die Eindeutigkeit und Klarheit zu sein, mit der das Konzept der Informationsverarbeitung verspricht, die nebulösen geistigen Prozesse aufzuklären: „The idea that information is taken into the human system and transformed through a variety of processes is an attractive one. It is clear and allows us to visualise what may be happening in our own minds" (Gavin 1998: 15).

Mit anderen Worten:

> „It is the program (the software), not the computer itself (the hardware), that serves as the explanation for mental operations. Cognitive psychologists are interested in the sequence of symbol manipulation that underlies human thought processes. In other words, they are concerned with how the mind processes information. Their goal is to discover the programs each of us has stored in our memory, those patterns of thinking that allow us to understand and articulate ideas, to remember and recall events and concepts, and to grasp and solve new problems" (Schultz/Schultz 2004: 488).

Diese Logik lässt sich auch sehr gut an Johnson-Laird ablesen, der im Computer „eine aufregende neue Metapher" (Johnson-Laird 1996: 29) für den menschlichen Geist sieht. Nachdem man „den Geist mit einer Wachstafel, einem hydraulischen System und einer Telefonvermittlung" (ebd.) verglichen hätte, laute die neue Analogie, „daß der Geist sich zum Gehirn verhält wie ein Computerprogramm zum Computer" (Johnson-Laird 1996: 8). Noch treffender würde diese Analogie, „wenn das Computerprogramm die Kognitionen eines Roboters steuert, der die Welt wahrnehmen und auf sie einwirken kann" (ebd.). Dass – wie allgemein angenommen – Computer Maschinen seien, „die ‚Zahlen fressen'" (Johnson-Laird 1996: 41), sei ein Missverständnis, da Computer statt mit Zahlen mit Ziffern arbeiten. „Zahlen sind abstrakte Entitäten; Ziffern sind Symbole, die als Stellvertreter für Zahlen (oder für viele sonstige Dinge) interpretiert werden können" (ebd.). Da Ziffern also „als Symbole für eine Vielzahl verschiedener Bereiche" (ebd.) stehen, kann ein „Computer Daten aus visuellen Szenen, Schrift und so weiter verarbeiten" (ebd.). Die Kognitionswissenschaft würde in ihrer Analogie nun annehmen, dass auch der menschliche Geist ein symbolisches System sei[124]: „Er kann Symbole konstruieren, und er kann sie in verschiedenen kognitiven Prozessen manipulieren" (Johnson-Laird 1996: 42). So fragt er:

> „Was wird in mentalen Prozessen verarbeitet? Die Antwort liegt auf der Hand: eine Vielzahl von Wahrnehmungen, Ideen, Bildern, Ansichten, Hypothesen, Gedanken und Erinnerun-

124 Ein wesentliches Argument hierfür sieht Johnson-Laird in der Tatsache begründet, dass die komplexen computationalen Prozesse letztlich aus endlichen (neuro-)physiologischen Prozessen hervorgehen müssen. Ähnlich gilt für den Computer: „Wie kompliziert auch immer die Arbeitsweise des Computers sein mag, ganz gleich, um welchen Bereich es geht, und unabhängig davon, wie profund die Resultate sein mögen – ein Computer kann nichts anderes tun, als einige wenige elementare Operationen an Binärziffern durchzuführen. Man sollte daher mentale Symbole und ihre Manipulationen durch Rechenprozesse modellieren können" (Johnson-Laird 1996: 43).

gen. Einer der Lehrsätze der Kognitionswissenschaft besagt, daß all diese Entitäten mentale Repräsentationen oder Symbole dieser oder jener Art sind." (Johnson-Laird 1996: 35)

In dieser Logik wäre „[d]as Endergebnis der Wahrnehmung [...] ein Modell davon, wie die Welt beschaffen ist, Denken [...] die interne Manipulation von Modellen, und Sprache kann dazu benutzt werden, diese Modelle zu externalisieren und mitzuteilen" (Johnson-Laird 1996: 9). Aus dieser Logik heraus kann nun auch Lernen definiert werden, dieses bestehe „in der Konstruktion von neuen Programmen aus Elementen der Erfahrung" (Johnson-Laird 1996: 149). Dabei müssen auch die Konstruktionsmethoden selbst „ein eigenes Programm oder eine Folge von Programmen sein, die die Erfahrung als Input nehmen und Programme für die Steuerung des Verhaltens aufbauen oder modifizieren" Damit aber wird Lernen prinzipiell von einer Außenperspektive nachvollziehbar:

„Nehmen Sie eine beliebige Aufgabe, die erlernbar ist, und überlegen Sie, nach welchen Prinzipien ihr Erlernen ablaufen könnte. Das Lernen muß in ein Programm münden, das die Aufgabe ausführt, und folglich muß jemand – Lernender oder Lehrer – abschätzen können, ob ein Fortschritt erzielt wurde" (Johnson-Laird 1996: 150).

I.2.2 Das Lernverständnis des Kognitivismus

Wie auch immer aus Sicht der kognitivistischen Psychologie der Lernprozess genau beschrieben wurde, Lernen ist stets ein *Prozess der internen Verarbeitung extern aufgenommener Daten*, die zumeist als *Information*, später häufig auch als *Wissen* konzeptualisiert werden. Lutz Koch (2002: 83) fasst das kognitivistische Lernverständnis wie folgt zusammen: „Lernen ist [...] ein Prozess der Verhaltensveränderung, der freilich nicht bloß als Reaktion auf Eingangsreize, sondern auch als Umarbeitung von Daten und Informationen vorverstanden wird".[125] Damit wird aus der behavioristischen Dyade (Reiz > Reaktion) eine Triade (Input > Verarbeitungsprozess > Output). Das Grundmuster des Behaviorismus bleibt damit bestehen, nur dass die ‚black box' zumindest versuchsweise illuminiert wird, indem deren Funktionsweise analog zur Informationsverarbeitung im Computer angesehen wird.[126]

125 Siehe auch: "We do not view behaviour as simply a response to a stimulus, because of this notion of internal events. These are referred to as mediators, and include such things as perception, problem solving, memory, and internal representation of language" (Gavin 1998: 5).

126 M.E. ist es jedoch etwas zu zugespitzt, wenn man wie Ewald Terhart im Informations-

Wie bereits angedeutet, wurde dieser Lernprozess im Kognitivismus aber nur noch äußerst selten als ein einheitlicher Prozess untersucht, denn erstens konzentriert sich die kognitivistische Forschung auf die Verarbeitungsprozesse, die zwischen Input und Output erfolgen und zweitens werden diese noch einmal in viele Teilprozesse untergliedert. Ein erster solcher Teilprozess, der mit Hilfe des Computermodells entschlüsselt werden soll, ist die (Sinnes-)Wahrnehmung: „The first point of contact between our own inner personal world and external reality is through our sensory system – the point at which sensation becomes perception" (Gavin 1998: 22). Ganz ähnlich argumentieren auch Hunt und Ellis, wenn sie schreiben: „All of your experience of the world begins when physical energy from the environment contacts appropriate sensory receptors (Hunt/Ellis 2004: 38). Der Prozess der Wahrnehmung wird zumeist als die selektive Aufnahme von Informationen aus der wahrgenommenen Umwelt beschrieben, die von internen Prozessen wie Mustererkennung gesteuert werden (Hunt/Ellis 2004: 39ff; Mielke 2001: 89ff).[127] Ein in engem Zusammenhang mit diesem stehender weiterer Teilprozess ist die Aufmerksamkeit. Aufgrund von „beschränkter Kapazität zur Aufnahme und Verabeitung von Informationen" (Mielke 2001: 93) sei es eine für das Lernen grundlegende Frage, „wie viel unserer kognitiven Kapazität für welche Art der Informationsaufnahme gebraucht wird und nach welchen Prinzipien die Verteilung der Aufmerksamkeit erfolgt" (ebd.). Um dazu vor allem das Phänomen der selektiven Aufmerksamkeit zu erforschen, wurden verschiedene Filtertheorien erarbeitet, die vor allem debattieren, wann und wo im Wahrnehmungsprozess die Filterung erfolgt und welche Rolle dabei unbewusste Prozesse spielen (Hunt/Ellis 2004: 75ff; Mielke 2001: 94ff). Ein weiterer, und für kognitivistische Theorien vielleicht der wichtigste und meistuntersuchte Teilprozess, ist der Prozess der Speicherung der Informationen, also von Gedächtnisprozessen. Am weitesten verbreitet sind dabei Mehr-Speicher-Modelle[128], die verschiedene Gedächtnisformen voneinander unterscheiden. Auch diese „basieren auf dem Ansatz von Theorien

verarbeitungsansatz „lediglich eine Art erweiterte[n], sehr viel komplizierte[n] gewordener, hinsichtlich des Subjektmodells liberalisierte[n] Behaviorismus" (Terhart 2005: 188) sieht. Insbesondere kann wohl kaum von einem ‚liberalisierten Subjektmodell' gesprochen werden.

127 "The process of perception is two-fold. Sensory information is provided by external stimuli and accessed by the sense organs, and stored information is used to make sense of the world" (Gavin 1998: 25).

128 Seit Mitte der 70er Jahre gibt es auch Ein-Speicher-Modelle, in denen „ein kontinuierlicher Prozess der Informationsverarbeitung angenommen" (Mielke 2001: 125) wird. Vor allem mit dem Wiedererstarken des Konnektionismus wurden diese zunehmend populär.

zur Informationsverarbeitung und sind in Analogie zur Struktur und Arbeitsweise von Computern konzipiert worden“ (Mielke 2001: 111) und unterscheiden idealtypisch zwischen den Prozessen Aufnahme, Kodierung, Verarbeitung und Speicherung von Informationen. Die Hauptschwierigkeit bei der Konzeptualisierung dieser Vorgänge ergibt sich daraus, dass die dazu nötigen Komponenten einerseits dazu in der Lage sein müssen, interne Repräsentationen von Sachverhalten, Ereignissen oder Personen aus der Umwelt bereitzustellen, andererseits „muss es eine Möglichkeit geben, dass Information aus der Umwelt und bereits gespeicherte Information (also Wissen), wenn sie zu einem bestimmten Zeitpunkt benötigt wird, gleichzeitig präsent ist“ (Mielke 2001: 112). Analog zum Computer werden dazu mindestens zwei Arten von Gedächtnis unterschieden: der Kurzzeitspeicher, „der wie beim Arbeitsspeicher des Computers Gedächtnisinhalte im Moment der Verarbeitung für relativ kurze Zeit zur Verfügung hält“ (ebd.) und der Langzeitspeicher, „der für die langfristige Speicherung von Informationen, wie sie auf der Festplatte oder einem externen Speichermedium (Diskette, CD-ROM) des Computers erfolgt, zuständig ist“ (ebd.). Zusätzlich wird zumeist von einem sensorischen Register ausgegangen, in welchem die aus der Umwelt wahrgenommenen (physischen) Reize zu Informationen kodiert und für eine sehr begrenzte Zeit (im Millisekundenbereich) zur Verfügung gestellt werden. Der Kurzzeitspeicher bzw. das Arbeitsgedächtnis enthält hingegen sowohl Informationen aus dem sensorischen Register als auch dem Langzeitspeicher und speichert für kurze Zeit (Sekundenbereich), abhängig von dem Grad der Aufmerksamkeit, begrenzte Informationsmengen zur bewussten Weiterverarbeitung. Eine prägende und für Lernvorgänge entscheidende Annahme der Mehr-Speicher-Modelle ist,

> „dass sowohl zum Einprägen als auch zum Erinnern willentlich steuerbare ‚geistige Operationen‘ eingesetzt werden können. [...] Die Regelung des Informationsflusses zwischen den Speichern ist von uns kontrollierbar, insbesondere die langfristige Speicherung steht unter unserem Einfluss. Mehr noch, diese kognitive Aktivität selbst ist veränderbar, d.h. sie kann durch Lernen verbessert werden“ (Mielke 2001: 113).

Zu den einzelnen Teilprozessen in die der Vorgang des Lernens im Kognitivismus aufgeteilt wird, gibt es eine Vielzahl von empirisch-experimentellen Untersuchungen sowie Konzeptualisierungsversuchen bzw. Theorien, denen hier im Einzelnen nicht nachgegangen werden kann. Wichtig ist vielmehr, dass der grobe Rahmen – *Input* > *Verarbeitung* > *Output* – stets gleich bleibt. Da dieser, wie bereits erwähnt, die S-R-Logik im Wesentlichen beibehält, d.h. eigentlich nur um eine Kompontente (die interne Verarbeitung) erweitert, ist es auch nicht verwunderlich, dass die moderne kognitive Lernpsychologie typischerweise auf behavioristische wie kognitivistische Lerntheorien zurückgreift. Dazu werden zumeist zwei elementare Formen des Lernens unterschieden: Einerseits die sogenannten assoziativen Formen, die weiter mittels behavioristischer Logik gedeutet werden und andererseits die sogenannten höheren Formen des Lernens, die im Gegensatz zum assoziativen Lernen interne Verarbeitungsprozesse erfordern und daher kognitivistisch gedeutet werden.[129] Dies zeigt sich auch in folgender Argumentation des Kognitionspsychologen Gavin (1998: 119):

„The behaviourist theory of learning fails to account for much of human learning because it ignores the contribution of cognitive processes, or mental activity. The cognitive approach emphasises the role of understanding, but does not reject the role of conditioning. Rather it proposes that learners are information seekers, wishing to make sense of relationships between items and events."

I.2.3 GRUNDSATZKRITIKEN AM KOGNITIVISMUS UND SEINES COMPUTERMODELLS

Eine der elaboriertesten Kritiken am Kognitivismus hat der Philosoph John R. Searle geliefert. Weil diese insbesondere auf die Subjektproblematik verweist, wird sie hier etwas ausführlicher skizziert. Searle stellt fest, dass für den Kognitivismus „weder die Untersuchung des Hirns noch die Untersuchung des Bewußtseins von großem Interesse oder Wert" (Searle 1993: 218) sei, vielmehr untersuche er die *Ebene der Informationsverarbeitung*, genauer formuliert: *der formalen Symbolmanipulationen.* Daher suggeriere die Kognitionswissenschaft, dass zwischen dem Bewusstsein, der ‚Intentionalitätsebene' und dem Gehirn, der neurophysio-

129 Dass die kognitivistische Psychologie besonders den höheren kognitiven Fähigkeiten und den höheren Formen des Lernens als Forschungsgegenstand nähert und die menschliche ‚Software' statt die menschliche ‚Hardware' untersucht, sich von den unbewusst ablaufenden neurophysiologischen Prozessen also abwendet, bedeutet jedoch nicht, dass die als Kognition bezeichneten Prozesse der Informationsverarbeitung allesamt bewusst ablaufen. Zur Konfusion an diesem Punkt führt jedoch, dass, obwohl die Programm-Analogie (der Geist verhält sich zum Gehirn, wie das Programm zum Computer) antimentalistisch genannt werden könnte – weil Programme automatisiert und somit nicht-intentional und nicht-bewusst ablaufen –,das Prozessieren von Informationen häufig in mentalistischem Vokabular beschrieben wird, was dann wiederum häufig bewusst ablaufende Prozesse suggeriert. Zusammenfassend kann gesagt werden, dass Lernprozesse aus kognitivistischer Sichtweise sowohl unbewusst als auch bewusst ablaufen, schwerpunktmäßig jedoch vor allem die – im Behaviorismus negierten – bewussten Aspekte des Lernens in den Blick genommen wurden.

logischen Ebene eine *Zwischenebene* der formalen Symbolmanipulation *existiere*. So müsste ein Kognitionswissenschaftler antworten:

„Die kognitiven Mechanismen, die wir untersuchen, sind zwar tatsächlich im Hirn implementiert, und einige von ihnen finden zwar im Bewußtsein einen oberflächlichen Ausdruck, doch wir sind an der Zwischenebene interessiert, wo sich tatsächliche kognitive Prozesse abspielen, die dem Bewußtsein unzugänglich sind." (ebd.)

Diese grundsätzliche Perspektive mache jedoch nur dann Sinn, wenn das Modell auch einen Bezug zur Wirklichkeit habe; die Grundsatzannahme des Kognitivismus laute daher: „das Hirn sei ein digitaler Computer" (Searle 1993: 223) bzw. eine universale Turingmaschine. Jedoch fragt sich Searle: „Gibt es irgendeinen guten Grund anzunehmen, daß das Hirn eine universale Turingmaschine sein könnte?" (ebd.). Zwar seien einige geistige Fähigkeiten des Menschen algorithmisch, und es sei auch nicht unplausibel, dass einige unbewusste, neurophysiologische Vorgänge computational, also in Form formaler Symbolverarbeitung, ablaufen würden, doch Searle fragt: „[W]ie steht es mit der Semantik? Schließlich sind Programme doch rein syntaktisch" (Searle 1993: 224) An dieser heiklen Stelle berufe sich der Kognitivismus auf neuere Beweistheorien, die gezeigt hätten, „daß innerhalb eines gewissen wohlbekannten Rahmens die semantischen Beziehungen, die zwischen Propositionen bestehen, sich vollständig widerspiegeln lassen durch die syntaktischen Relationen, die zwischen den Sätzen bestehen, die jene Propositionen ausdrücken" (ebd.). Damit wäre prinzipiell möglich, dass geistige Inhalte nichts weiter als die Wiederspiegelungen syntaktischer Relationen seien.

Passend dazu soll hier kurz auf eine andere zentrale Kritik verwiesen werden, die von Hubert L. Dreyfus stammt. Dieser zielt mit seiner „Kritik der künstlichen Vernunft" (Dreyfus 1985: 29) wesentlich auf das ab, was in obigem Zitat zur Beweistheorie als die Annahme ‚eines gewissen wohlbekannten Rahmens' beschrieben wird. Genau diese *Kontextproblematik* ist es nämlich, die der KI-Forschung bis heute den immer wieder prognostizierten Durchbruch in der Simulation des menschlichen Verhaltens unmöglich mache. Wer beispielsweise die Fähigkeit des menschlichen Sprechens simulieren möchte, braucht „nicht nur grammatische und semantische Regeln, sondern darüber hinaus Regeln, die es einer Maschine ermöglichen würden, den Kontext zu erkennen, in dem die Regeln angewendet werden müssen. So muß es Regeln geben zum Erkennen der Situation, der Absichten der Sprecher usw." (Dreyfus 1985: 151). Doch auch diese Regeln würden wiederum andere Regeln zur Erkennung des Kontextes des Kontextes erfordern, was schließlich in einen unendlichen Regress münden würde (Dreyfus 1985: 243). Die Annahme der Beweistheorie und des Kognitivismus, Semantik könne in Syntax überführt werden und vice versa, beruht wiederum auf der Annahme, „daß das gesamte relevante Wissen von der Welt, alles, was für ein intelligentes Verhalten wesentlich ist, prinzipiell als eine Menge kontextunabhängiger, festgelegter Elemente analysierbar sein muß" (Dreyfus 1985: 106).[130] Diese Annahme aber ist wenig plausibel und hat sich auch in der Praxis der KI als zentrale Schwierigkeit herausgestellt.

Auch Searle verweist auf die *Inkongruenz von Semantik und Syntax*. „Ein Programm ist rein syntaktisch oder formal definiert; ein Geist hat intrinsischen geistigen Inhalt; daraus folgt unmittelbar, daß das Programm selbst den Geist nicht ausmachen kann." (Searle 1993: 221) Dies wiederum würde bedeuten, dass der menschliche Geist, der ja wesentlich mit Inhalten operiert, nicht analog zu einem Computerprogramm gedacht werden kann. Aber auch die andere Seite der Programm-Analogie unterzieht Searle einer grundlegenden Kritik:

„Wenn wir nun jedoch die Idee ernstzunehmen versuchen, das Hirn sei eine Turingmaschine, dann gelangen wir zu dem unbequemen Resultat, wir könnten aus so gut wie allem ein System bauen, das genau das tut, was das Hirn tut. Gemäß dieser Auffassung kann man, computational gesehen, aus Katzen, Mäusen und Käse (oder aus Hebeln, oder aus Wasserrohren, oder aus Tauben, oder woraus auch immer man Lust hat) ein ‚Hirn' machen, das genau so funktioniert wie das des Lesers oder meines – vorausgesetzt, die Systeme sind [...] ‚computational äquivalent'. Man würde nur schrecklich viele Katzen oder Tauben oder Wasserrohre oder was auch immer sonst brauchen." (Searle 1993: 228)

Diese ‚Vielfach-Realisierbarkeit', die sich aus der Grundidee Turings ergibt und auf der, wie gezeigt wurde, der Kognitivismus wesentlich beruht, sei – noch konsequenter zu Ende gedacht – sogar eine ‚Universal-Realisierbarkeit': „Wenn Computation durch die Zuordnung von Syntax definiert ist, dann wäre einfach alles ein Computer, weil ja jedem Gegenstand Syntax zugeschrieben werden könnte. Man könnte alles mit Nullen und Einsen beschreiben" (Searle 1993: 229). Dies wiederum aber würde bedeuten „Syntax ist an sich nichts Physisches (oder anders formuliert: sie ist nichts intrinsisch Physisches). Die Zuschreibung syntaktischer Eigenschaften ist immer relativ zu einer Person oder einem Beobachter, der gewisse physische Phänomene als syntaktisch behandelt" (ebd.). Syntax sei somit ein beobachterrelativer Begriff (Searle 1993: 231). Welches Problem ergibt sich daraus nun aber für den Kognitivismus? Searle schreibt:

„Nun, wir hatten wissen wollen, wie das Hirn funktioniert, insbesondere wollten wir wissen, wie es geistige Phänomene hervorbringt. Und auf diese Frage wäre es keine Antwort,

130 Es ist genau diese Annahme, die – wie gezeigt wurde – auch im Informationsbegriff ‚versteckt' enthalten ist.

wenn man sagte, das Hirn sei ein digitaler Computer in dem Sinne, in dem der Magen, die Leber, das Herz, das Sonnensystem und der amerikanische Bundesstaat Kansas allesamt digitale Computer sind" (Searle 1993: 230).

Mit anderen Worten, das Computermodell des Geistes ist insofern willkürlich, weil es keine wirklichen Argumente dafür gibt, dass die fiktive Zwischenebene, auf die der Kognitivismus sich richtet, in irgendeiner Form die Realität wiederspiegelt. Genau dies suggeriert sie aber.

Der einzige Ausweg aus diesem Dilemma führt in eine weitere Sackgasse, nämlich die des *Homunkulus-Fehlschlusses*: „In den meisten Arbeiten aus dem Bereich der computationalen Theorie des Geistes wird der Homunculus-Fehlschluß in irgendeiner Variante begangen. Die Idee ist immer, das Hirn so zu behandeln, als wäre da jemand drin, der es zum Rechnen benutzt." (Searle 1993: 234).[131] Und weiter: „Bei richtigen Computern, die serienmäßig hergestellt werden, gibt es kein Homunculus-Problem, weil der Benutzer jeweils der Homunculus ist. Doch wenn wir das Hirn für einen Computer halten sollen, dann stehen wir immer noch vor der Frage: ‚Und wer ist der Benutzer?'" (Searle 1993: 236). Damit wird klar, dass das Computermodell des Geistes nur deshalb funktioniert, weil systematisch ausgeblendet wird, dass Computer *programmiert* und *bedient* werden müssen, sie also ohne ein reales Subjekt – den Computerprogrammierer oder den Computeranwender – nicht gedacht werden können.

---

131 Zwar hätten Daniel C. Dennett und andere dahingehend argumentiert, man könne die Homunkuli durch rekursive Dekomposition elimieren: „Die Idee dabei ist folgende: Weil die computationalen Tätigkeiten des Computers in immer kleinere Einheiten analysiert werden können, bis zu dem Punkt, wo wir schließlich zu simplen Flipflop-, ‚Ja-Nein'-, ‚Eins-Null'-Mustern gelangen, entsteht der Eindruck, daß die höherstufigen Homunculi entlassen und durch zunehmend dümmere Homunculi ersetzt werden können, bis wir am Ende die unterste Ebene eines simplen Flipflops erreichen, wo gar kein wirklicher Homunculus mehr im Spiel ist." (Searle 1993: 235). Doch wenn man davon ausgehen wolle, das Hirn sei ein intrinsisch syntaktisches System, dann müsse man zugeben: „Ohne einen Homunculus, der außerhalb der rekursiven Dekomposition steht, haben wir nicht einmal eine Syntax, auf der Operationen ausgeführt werden können. Der Versuch, den Homunculus-Fehlschluß durch rekursive Dekomposition zu beseitigen, schlägt fehl, weil es nur einen Weg gibt, auf dem man die Syntax zu etwas intrinsisch Physikalischem macht: man muß einen Homunculus in die Physik des Systems stecken." (Searle 1993: 236) Anders gesagt: Man kann das Homunkulusproblem nicht dadurch lösen, dass man einen ‚großen, schlauen' Homunculus durch unzählige ‚kleine, dumme' Homunculi ersetzt. Das grundlegende Problem bleibt: Irgendjemand muss zwischen 0 und 1 unterscheiden.

Diese Schwierigkeit wird im nächsten Abschnitt zur Subjektproblematik noch einmal aufgenommen, zuvor soll jedoch der dritte Argumentationsstrang Searles weiterverfolgt werden. Searle setzt dazu bei der Behauptung des Kognitivismus an, dieser könne die *Kausalkräfte* des Verhaltens *erklären*, anders gesagt: Für den Output als spezifisches Verhalten seien gewisse kognitive, d.h. symbolverarbeitende Mechanismen kausal verantwortlich, die letztlich auf nichts anderem als Nullen und Einsen beruhen würden. Searle schreibt dazu: „Die Schwierigkeit ist jedoch, daß die Nullen und Einsen als solche keine Kausalkräfte haben, weil es sie nicht einmal gibt – außer im Auge des Betrachters." (Searle 1993: 238) Wie Searle gezeigt hat, ist die Ebene der formalen Symbolverarbeitung (des Programms) eine reine Simulation der ‚realen' neurophysiologischen Vorgänge. Simulationen und Kausalerklärungen sind jedoch etwas gänzlich Unterschiedliches. Dies illustriert Searle an einem simplen Beispiel:

„Zum Beispiel tippe ich jetzt diese Worte auf einer Maschine, die das Verhalten einer altmodischen Schreibmaschine simuliert. Was die Simulationen betrifft, so wird eine Schreibmaschine vom Textverarbeitungsprogramm besser simuliert als das Hirn von irgendeinem mir bekannten KI-Programm. Doch niemand, der bei Trost ist, denkt: ‚Endlich verstehen wir, wie Schreibmaschinen funktionieren: sie sind Implementationen von Textverarbeitungsprogrammen.' Es ist im allgemeinen[sic] einfach nicht der Fall, daß man mit einer computationalen Simulation auch schon eine Kausalerklärung der simulierten Phänomene hat." (Searle 1993: 240f)

An einem anderen Beispiel verdeutlicht: „Wir nehmen aufgrund dessen, daß ein Wetter-Programm einen Hurrikan simuliert, nicht an, daß wir mit diesem Programm auch schon die Kausalerklärung des Hurrikanverlaufs haben." (Searle 1993: 241) Ein normaler Computer sei nur deswegen kausal als auch logisch, weil zu diesem ein ‚Homunkulus' (Computerprogrammierer/Computeranwender) dazu gehöre:

„logisch, weil der Homunculus den Maschinenvorgängen eine Interpretation gibt, und kausal, weil die Hardware der Maschine bewirkt, daß sie läuft. Aber diesen Bedingungen können die dumpfen, blinden, unbewußten neurophysiologischen Tätigkeiten des Hirns nicht genügen. Im Hirn-Computer gibt es keine bewußte intentionale Implementierung des Algorithmus, wie dies beim menschlichen Rechner der Fall ist; es kann da aber auch keine unbewußte Implementierung wie im mechanischen Computer geben, denn dazu wäre ein außerhalb befindlicher Homunculus erforderlich, der die physischen Ereignisse computational interpretierte." (Searle 1993: 242)

Beide Annahmen würden aber die strenge Wissenschaftlichkeit, mit der sich der Kognitivismus schmückt, zusammenbrechen lassen. So kann Searle zusammenfassen: „Mit der Zuschreibung von Syntax werden keine weiteren Kausalkräfte identifiziert, und damit ist das Schicksal der Behauptung besiegelt, Programme lieferten Kausalerklärungen der Kognition." (Searle 1993: 242f)

I.2.4 Analyse des Zusammenhangs von Subjekt- und Lernverständnis im Kognitivismus

Wie gezeigt wurde steht im Zentrum des Kognitivismus das Computermodell des Geistes. Um die aus der Dritten-Person-Perspektive nicht zugängliche menschliche Psyche einer wissenschaftlichen Erklärung zugänglich zu machen, wird der *Mensch als Computer* betrachtet.[132] Die grundlegende Unterscheidung von Soft- und Hardwarekomponenten beim Computer wird auf den Menschen übertragen: die physische Seite seiner Existenz wird als Hard-, die psychische, geistige Seite als Software gedeutet. Der Mensch wird somit vor allem als *Vernunftwesen* gesehen, dessen Intelligenz und Ratio unabhängig von der spezifischen Verkörperung in ihrer Struktur als ein logisches System bestehen. Das menschliche Gehirn ist aus dieser Sicht eine spezifische Form einer universalen Turingmaschine, die anderen universalen Turingmaschinen gleicht.[133] Diese Annahmen ermöglichen die *Programmanalogie*, die konstatiert, dass der menschliche Geist sich zum Gehirn wie die Soft- zur Hardware des Computers verhalte.[134] Da die Software letztlich unabhängig von spezifischen Charakteristika der Hardware programmiert und im-

---

132 Schon die Herkunft des Namens ‚Computer' weist, wie gezeigt wurde, darauf hin, dass man ursprünglich mit Computern und anderen Formen ‚künstlicher Intelligenz' versuchte, den Menschen und dessen Ratio zu imitieren. Dieser Vorgang dreht sich jedoch um; wie Käte Meyer-Drawe (1996a) gezeigt hat, versucht sich der Mensch stets ‚im Spiegel seiner Maschinen, zu erkennen. „Eine umgekehrte Anthropologie veranlasst ihn, sich in seinen elektronischen Systemen zu spiegeln und sich selbst als informationsverarbeitendes System zu verstehen, welches der Welt unbeteiligt gegenübersteht." (Meyer-Drawe 2008a: 79)

133 Die Auffassung, dass Intelligenz nicht von ihrer Trägersubstanz abhängig ist, nennt man im Rahmen der KI-Forschung auch ‚starke KI-These,. Hier sieht man, dass dem Kognitivismus eigentlich kein Computer*modell,* sondern vielmehr tatsächlich eine Computer*annahme* zugrunde liegt.

134 Dass die Programmanalogie nur auf dem Gehirn, nicht der sonstigen körperlichen Existenz des Menschen, beruht, zeigt, dass nicht nur generell von der biologisch-physiologischen Ebene abstrahiert wird, sondern der überaus rationalistische Kognitivis-

plementiert werden kann, sehen die Kognitivisten sich nicht dazu genötigt, sich mit neurophysiologischen Vorgängen auseinanderzusetzen, sondern unterstellen, die menschliche Kognition analog der Logik der Softwareprogrammierung verstehen und als Informationsverarbeitungsprozess erklären zu können. Der menschliche ‚Geist' wird somit zu einem informations- und symbolverarbeitenden System (Software/Programmebene), das ins Gehirn als einer universellen Turingmaschine (Hardware/physische Ebene) eingebaut ist.

Auch im Kognitivismus wird das Subjekt somit durch eine Maschine ersetzt. Teils wird zwar betont, dass dies nur eine Metapher sei bzw. das Computermodell eben ein Modell, nicht aber die Realität selbst[135]. Erstens beruht der Kognitivismus im Kern jedoch auf diesem Modell, so dass dort keine Alternative zu diesem Modell existiert, zweitens hat sich die Computermetapher so stark durchgesetzt, dass der hypothetische Status des Computermodells vergessen scheint.[136] Dies führt zu folgendem – von Neuweg (2001: 94) auf den Punkt gebrachten – Problem:

> „Angenommen, extraterrestische Besucher stünden fasziniert vor dem Phänomen, daß Fernseher beginnen, Bilder zu zeigen, wenn man sie einschaltet. Zu Erklärungszwecken konstruieren sie nun die Fiktion eines kleinen Männchens im Fernseher, das durch das Drücken des Schalters von diesem berührt und damit geweckt wird. Daraufhin trifft das Männchen die entsprechenden Veranlassungen, damit ein Bild erscheint. Diese Theorie ist explanatorisch und prognostisch leistungsfähig. Wenn sie von den Außerirdischen aber in dem vollen methodologischen Bewußtsein aufgestellt wird, daß es sich dabei um ein theoretisches Konstrukt handelt, dann können sie sinnvoll die Frage nicht stellen, ob das Männchen blond oder dunkelhaarig ist".

Streitigkeiten dieser Art aber sind es, die die kognitivistische Lernpsychologie häufig auszeichnen, wie z.B. die Debatten um die verschiedenen Gedächtnisspeichermodelle (Roth 2003: 153ff) oder verschiedene Kodierungsmodelle (Mielke 2001: 135ff). Damit stellt sich die Frage, ob die Kognitivisten nicht häufig auf

---

mus zudem dahin tendiert, den Menschen – auch in seiner körperlichen Existenz – auf seinen ‚Kopf' zu reduzieren.

135 Beispielsweise schreibt Gavin (1998: 5): „The thing to remember is that this is a metaphor, a useful way of describing items in ways we understand."

136 Dies betont auch Meyer-Drawe (2008a: 79): „Im Verlaufe der Entwicklung erscheint das Modell in zunehmendem Maße wirklicher als die Realität. [...] Von einem Teil der Welt wird der Mensch nach und nach zu ihrem unberührten Beobachter, der im Computer seine optimale Verkörperung finden wird."

'einschläfernde Hypothesen'[137] hereinfallen, die zwar den Forschungsbetrieb am Laufen halten, das Phänomen des Lernens jedoch nicht wirklich erhellen.

Wie im Behaviorismus wird somit auch im Kognitivismus der *Mensch als Maschine* betrachtet; dies bringt auch Gillespie (1992: 41) auf den Punkt:

> „Both behaviorism and information-processing models share a mechanistic root metaphor, but cognitive psychologists shifted the type of mechanism – from one based on the mechanical laws of the physical world governing behavior to one based on computational processing. The main principle in both endeavors, however, is mechanistic".

Auch der Lernprozess müsste daher als ein letztlich fremdgesteuerter, determinierter Prozess beschrieben werden. Wie noch gezeigt werden wird, wird in kognitivistischen Lerntheorien jedoch hinterrücks häufig ein Subjekt im Sinne einer *Steuerungsinstanz* in das informationsverarbeitende System eingeschrieben, das eine gewisse Steuerung der kognitiven Prozesse und damit des Lernens ermöglicht. Der zentrale Unterschied zum Behaviorismus ist jedoch, dass das Verhalten der komplexen Maschine Mensch nicht mehr alleinig vom Input (bzw. den Reizen), sondern auch von internen Verarbeitungsprozessen dieses Inputs verursacht ist. Ein und derselbe Input kann daher bei unterschiedlicher Aufmerksamkeit, unterschiedlichen Wahrnehmungsmustern, unterschiedlicher Bewertung der Bedeutsamkeit der Information, unterschiedlicher Gedächtnisspeicherkapazitäten usw. zu einem unterschiedlichen Verhalten als Output führen. Beeinflusst durch die Kybernetik wird die weitestgehend lineare Kausallogik des Behaviorismus durch eine stärker an Komplexität und Zirkularität angelehnte Systemlogik abge-

137 Dieser Begriff geht auf Gregory Bateson zurück, der ihn wiederum Moliere entliehen hat: „Moliere beschrieb vor langer Zeit ein mündliches Doktorexamen, bei dem die gelehrten Doktoren nach 'Ursache und Grund' fragen, warum Opium die Menschen in Schlaf versinken läßt. Der Kandidat antwortet triumphierend im Küchenlatein: 'Weil eine einschläfernde Kraft darin wirkt (vis dormitiva).' Normalerweise steht der Wissenschaftler einem komplexen Interaktionssystem gegenüber – in diesem Fall einer Wechselwirkung von Mensch und Opium. Er beobachtet eine Veränderung in dem System – der Mensch schläft ein. Der Wissenschaftler erklärt dann die Veränderung, indem er der fiktiven Ursache einen Namen gibt, die in dem einen oder anderen Bestandteil des Interaktionssystems angelegt ist. Entweder das Opium enthält ein verdinglichtes einschläferndes Prinzip, oder bei den Menschen besteht ein verdinglichtes Schlafbedürfnis, ein Adormitosis, die in seiner Reaktion auf Opium 'zum Ausdruck kommt'. Und normalerweise sind alle Hypothesen dieser Art 'einschläfernd' in dem Sinne, daß sie die kritische Instanz (eine weitere verdinglichte fiktive Ursache) innerhalb des Wissenschaftlers selbst zum Einschlafen bringen." (Bateson 1981: 20f)

löst – die kausale Geschlossenheit bleibt dabei jedoch bestehen. Mit anderen Worten: Wären einem Beobachter sämtliche internen Prozesse und Zustände sowie der genaue Input bekannt, könnte er den Output voraussagen. Lernprozesse werden daher auch im Kognitivismus prinzipiell als von Außen steuerbar angesehen.

Zugleich wird *Lernen* als vor allem *geistiger Prozess* betrachtet, der, obgleich er einem Blick von Außen nicht direkt zugänglich ist, durch die computationale Simulation der Informationsverarbeitung ins Feld der Sichtbarkeit einer wissenschaftlichen Psychologie gerückt wird und dessen körperliche bzw. biologische Seite ausgeblendet werden kann. Auch wenn der Kognitivismus somit gewissermaßen nicht am Menschen aus ‚Fleisch und Blut' interessiert ist, so ist er im Gegenzug jedoch auch nicht an dessen ‚Innenleben' interessiert. Wie die luzide Analyse Searles gezeigt hat, unterstellt der Kognitivismus eine abstrakte, formale ‚Zwischenebene' der Informationsverarbeitung, die weder identisch ist mit ihrer materiellen Verkörperung noch mit der Bewusstseinsebene. Somit blendet der Kognitivismus nicht nur die körperlich-biologische Seite des Lernens aus, sondern auch den Vollzug des Lernens und die für diesen zentralen Phänomene der Ersten-Person-Perspektive. Erfahrungen von Negativität und Entzogenheit im Lernen – als Stichworte seien nur Anstrengung, Versagen, Unsicherheit, Angst, Unlust und Unvermögen genannt – geraten daher nicht in den Fokus einer kognitivistischen Lerntheorie.

Da der Charakter der Kognition im Kognitivismus – als Zwischenebene – jedoch zumeist nicht wirklich kenntlich gemacht wird, überlagern sich nicht selten die Ebene der Informationsverarbeitung und der Bewusstseinsebene. Dies gilt in beiderlei Richtung: Denn erstens fungiert die Ebene der Informationsverarbeitung als Deutungsrahmen auch für die Phänomene der Ersten-Person-Perspektive und zweitens fungiert die menschliche Subjektivität als Deutungsrahmen für die Ebene der Informationsverarbeitung. Zu erstens: Weil sich die kognitivistische Sichtweise des Lernens, als Aufnahme und Veränderung von Information, wie überhaupt die Computermetapher wirkungsmächtig durchgesetzt hat, ist sie längst ein gängiger Deutungsrahmen, innerhalb dessen, in wissenschaftlicher Forschung wie in der Lebenswelt, Menschen sich selbst wie die subjektiven Phänomene ihres Erlebens deuten. Anders gesagt: Dass Menschen Informationen aufnehmen, filtern, verarbeiten und speichern, sie ein Arbeits- sowie ein Langzeitgedächtnis besitzen, usw., wird weder in der Lebenswelt noch zumeist in der Forschung als metaphorische Redeweise verstanden, sondern ist schlicht selbstverständlich geworden. Auch hier fehlen offensichtlich alternative Metaphern. Der ohnehin schon rätselhafte Vollzug des Lernens wird mit der Deutung subjektiver Phänomene in Computermetaphern nicht nur ausgeblendet, sondern wird mit problematischen Deutungen überlagert. Zu zweitens: Zugleich fungiert jedoch, wie angesprochen, auch die menschliche Subjektivität als Deutungsrahmen für die Ebene der

Informationsverarbeitung. Was bei der Computermetapher schlicht übergangen wird, ist die Tatsache, dass ein Computer zum Prozessieren auf einen Computerprogrammierer wie auf einen Computerbenutzer angewiesen ist. Das durch das mechanistische Computermodell ersetzte Subjekt wird klammheimlich jedoch in das menschliche Informationsverarbeitungssystem hineinverlegt. So werden dort ständige Entscheidungen – und sei es nur zwischen 0 und 1 – getroffen, die nicht als völlig regelgeleitet beschrieben werden können, weil dies – wie Dreyfus zeigte –, in einen endlosen Regress münden würde. Wie Searle nachwies, ist der Kognitivismus somit auf – mindestens – einen Homunkulus im Informationsverarbeitungssystem angewiesen.[138] Darüber hinaus werden einzelnen Komponenten des Systems subjektanaloge Charakteristika zugeschrieben[139] und häufig wird auch eine bewusste Steuerungsinstanz angenommen, die nochmals auf einer Metaebene wirkt und heute zumeist als Metakognition bezeichnet wird. Besonders letzteres zeigt sich an folgendem Beispiel:

„Ein Schüler mit der Ausgangssprache Englisch greift bei der Aufgabenanalyse zum einen auf *sein epistemisches Wissen zurück, das ihm meldet,* daß er der englischen Sprache mächtig ist […]. Sind ihm bereits ähnliche Zuordnungsübungen [...] begegnet, *wird er* zum anderen *sein vorhandenes Wissen* über die Anforderungen einer solchen Aufgabe *aktivieren.* Aufgrund dieser Informationen kann er – mit größerer oder geringerer Genauigkeit – den Lernerfolg vorhersagen und zugleich feststellen, ob er es nötig hat, *vom Automatik- in den Entstörzustand umzuschalten,* d.h. bewußte Kontrolle über die Aufgabenbearbeitung zu erlangen." (Chan 2000: 40; kursiv d. Verf.)

Das Beispiel zeigt, wie in kognitivistischen Lerntheorien sich typischerweise die Ebene der Informationsverarbeitung, die aus Dritter-Person-Perspektive betrachtet wird, mit der Sprache und Beobachtung von Phänomenen aus der Ersten-Person-Perspektive vermischt wird. Der Lernprozess wird als eine Interaktion zwischen einer computerähnlichen Maschine und dem Benutzer dieser Maschine beschrieben. Damit aber wird nicht nur das Subjekt in die Maschine wieder eingeschrieben, was in Widerspruch mit den mechanistischen und deterministischen Grundannahmen des Kognitivismus steht, vielmehr führt die Beschreibung der

138 Hier rächt sich die schon im Terminus Information enthaltene Suggestion des Kognitivismus, es könne auch die semantische Ebene des Geistes mit einer streng wissenschaftlichen Zugangsweise erklären.

139 Holzkamp (1995: 135) spricht davon, dass die Operationen des realen Computers, auf den sich die Computermetapher ja bezieht, häufig derart versprachlicht würden, „daß dieser in quasi animistischer Weise als selbstständiges ‚Subjekt' seiner Operationen erscheint".

menschlichen Subjektivität in Computermetaphern zu dem kruden Bild eines durch und durch *souveränen Subjekts*, das nicht nur vollkommen rational ‚operiert', sondern sich auch vollkommen transparent ist, d.h. auf die inneren, kognitiven Prozesse wie auf die Ordner und Dateien einer Festplatte zugreifen und das Gedächtnis wie das gespeicherte Wissen mit Befehlen souverän steuern kann. Auch auf diese Weise wird der Vollzug des Lernens eher verschleiert denn erhellt oder gar erklärt.

Diese prinzipielle Konfusion des Kognitivismus bezüglich der Frage wo und was eigentlich das Subjekt sei (Holzkamp 1995: 136), trägt wohl entscheidend zur *Zergliederung des Lernprozesses* in viele verschiedene kognitive Prozesse und Strukturen – wie Problemlösen, Wahrnehmungsprobleme, Gedächtnisspeicherung, usw. – bei. Anders gesagt: Einerseits zerfällt die Einheit des klassischen Subjekts im Kognitivismus, andererseits wird dieses nicht auf dieselbe radikale Art und Weise negiert, wie im Behaviorismus. Schließlich gehört es zum Selbstverständnis des Kognitivismus, die subjektiven Vorgänge, die vom Behaviorismus ausgeblendet wurden, in gewisser Weise zu rehabilitieren. Eine grundlegende Reflexion darauf, was menschliche Subjektivität ausmacht und ob diese angemessen in Computermetaphern beschrieben werden kann, fehlt jedoch völlig. Zwischen Negierung und Rehabilitation einiger Aspekte des klassischen Subjekts ‚zerfällt' dieses wie auch der Lernprozess selbst. Das klassische Subjektverständnis wird im Kognitivismus somit einerseits unterlaufen, andererseits wird es von diesem an vielen Stellen wieder eingeholt und damit reproduziert.

Wie im Behaviorismus bleibt das Subjekt- und Lernverständnis zudem einem dualistischen und individualtheoretischen Verständnis verhaftet. Das Computermodell und die Programmanalogie beruhen mit ihrer Trennung von Soft- und Hardware auf einer *dualistischen Ontologie*, der sie auch nicht durch ihre Kaprizierung auf die fiktive und abstrakte ‚Zwischenebene' der formalen Symbolverarbeitung entkommen. Vielmehr ‚verdunkeln' sie auf diese Weise den Vollzug des Lernens und die Phänomene der Ersten-Person-Perspektive und abstrahieren zugleich von der körperlichen Dimension menschlicher Existenz und menschlichen Lernens.[140] Die abstrakte ‚Zwischenebene' der formalen Symbolverarbeitung kann auch interpretiert werden als eine ‚Inkarnation' des reinen Vernunftsubjekts, in dem sich eine universal gültige Rationalität ausdrückt. Dies führt nicht nur zur schon erwähnten Exklusion der leiblichen Dimension des Lernens, sondern auch zum Fokus auf höhere geistige Prozesse, so dass die emotionale Seite des Lernens

---

140 „Yet how could anyone seriously have supposed that the human body, with its specific skills and limitation, could be likened to be a general-purpose machine whose function is solely constraint by instructions?" (Costall 1991: 158)

erst verhältnismäßig lange nach der Etablierung des kognitivistischen Paradigmas ins Zentrum der Lernforschung rückte.

Auch das *individualtheoretische Verständnis* des Kognitivismus ist deutlich erkennbar. Bezugseinheit und Ort des Lernens ist der Einzelorganismus bzw. dessen informationsverarbeitendes System. Die zentrale Schnittstelle ist auch hier zudem die von den Sinnen überbrückte Grenze zwischen Einzelorganismus bzw. dessen informationsverarbeitendem System und der Umwelt, wobei der Fokus deutlich auf die internen Informationsverarbeitungsprozesse gerichtet wird.[141] Insbesonders zwischenmenschliche Beziehungen und deren Rolle für Lernprozesse bleiben daher im Kognitivismus eine Leerstelle, spielen andere Menschen doch nur eine Rolle als Quelle oder als Übermittler von Informationen. Pointiert fasst dieses Vergessen der sozialen und intersubjektiven Dimension Norman (1981: 266) zusammen:

„[T]he human is a social animal, interacting with others, with the enviroment, and with itself. The core disciplines of cognitive science have tended to ignore these aspects of behavior. The results have been considerable progress on some fronts, but sterility overall, for the organism we are analyzing is conceived as pure intellect".[142] Auch Peter Faulstich (2008: 40) kritisiert, dass die kognitivistischen Lerntheorien von konkreten sozialen Kontexten abstrahieren.[143]

Fazit

Es wurde somit gezeigt, wie die Grundannahmen bzw. metatheoretischen Aussagen des Kognitivismus, insbesondere dessen (nicht einheitliches) Subjektverständnis sich auf das Lernverständnis im Kognitivismus auswirken. Deutlich wur-

---

141 Der Kognitivismus ist somit aus erkenntnistheoretischer Perspektive eine merkwürdige Mischung aus Empirismus und Rationalismus.

142 Zugleich hat das individualtheoretische Verständnis aber auch die Computermetapher überhaupt erst ermöglicht bzw. unterstützt. Hierzu Shotter (1991: 60): „It is this linguistically created illusory sense of ourselves as self-contained individuals [...] which, I feel, lends ‚common-sense' support to the computer as an adequate model or metapher of mind."

143 Dies gilt auch für die sogenannte ‚Sozial-kognitive Lerntheorie', wie sie vor allem von Bandura (1979) entwickelt wurde. Auf den Punkt bringt dies Burkitt (1991: 25): „[W] hile the approach is labelled social learning theory, there is virtually no analysis of the social relations in which people learn and which determine the structure of personality."

de vor allem die Grundproblematik des Kognitivismus, vom Subjekt in seinen lebensweltlichen und intersubjektiven Bezügen in verschiedener Weise zu abstrahieren: von dessen leiblicher Existenz, von dessen bewusstem Erleben, von dessen lebensweltlichen Kontexten und von dessen zwischenmenschlichen Beziehungen. Als Subjekt des Kognitivismus bleibt somit ein computerähnliches, rein rational operierendes Informationsverabeitungssystem, das zwar von seiner Umwelt mit Daten gefüttert wird, ansonsten aber von dieser recht getrennt erscheint. Dieses reduktionistische und abstrakte Subjektverständnis wirkt sich überdeutlich auf die kognitivistische Sicht des Lernens aus, das ebenso abstrakt als Erwerb bzw. Aneignung und Verarbeitung von Informationen verstanden wird. Wichtig sind hier vor allem die internen, kognitiven Aspekte des Lernens wie Aufmerksamkeit, Wahrnehmung, Gedächtnis und Metakognition. Andere Aspekte, vor allem der konkrete Vollzug des Lernens, bleiben weitestgehend ausgeblendet.

Das Subjekt- wie das Lernverständnis bleiben somit völlig im Rahmen eines dualistischen und individualtheoretischen Verständnisses. Während der Behaviorismus in seinem Subjekt- und Lernverständnis einen materialistischen Reduktionismus aufwies, gilt komplementär dazu, dass der Kognitivismus eine Art geistigen Reduktionismus darstellt. Lernen wird zu einem rein geistigen Prozess und im Vergleich zum Behaviorismus ‚tiefer' in das Einzelsubjekt verlegt. Vor allem aber ist es stets das *einzelne* Informationsverabeitungssystem, das lernt und das von seiner Umwelt nur durch die Sinne verbunden und damit relativ isoliert ist. Alles was über diese Sinne an Daten eingeht, ist aus Sicht des Kognitivismus qualitativ gleich: Ob wir einer Wand oder einem Menschen begegnen, führt somit nur zu unterschiedlichen Informationen als Input und eventuell unterschiedlichen Schäden des physischen Trägersystems.

Anzurechnen ist dem Kognitivismus jedoch, dass er, indem er das Augenmerk auf die internen Verarbeitungsprozesse beim Lernen richtete, die Bedeutung individueller kognitiver Strukturen und Schemata bzw. des Vorwissens hervorgehoben hat und damit das lineare Lern- bzw. Lehrverständnis des Behaviorismus durchbrechen konnte. Dies zeigt sich auch in der Rezeption kognitivistischer Lerntheorien in der Lehr-Lern-Forschung. Mit dieser setzte sich die Einsicht durch, dass der Unterricht nicht als vom Lehrer angewandte Lernpsychologie verstanden werden könne, wie dies durch die Rezeption des Behaviorismus der Fall war, sondern auch und vor allem die Seite des Schülers berücksichtigt werden müsse. So könne es keine objektiven Verstärker oder neutralen Inputs im Unterricht geben, weil die individuell unterschiedlichen Verarbeitungen und Einstellungen der Schüler, also deren interne Strukturen und Prozesse, darüber entscheiden würden, ob und wie ‚etwas' beim Schüler ‚ankomme'. Somit etablierte sich eine kognitive Unterrichtspsychologie, die sich unter anderem zum Ziel setzte, durch komplexe diagnostische Verfahren die kognitiven Strukturen der Schüler sowie deren Vorwissen analysieren zu können, um das Lehren an diese anzupassen und das Lernen der Schüler somit wahrscheinlicher machen zu können. (Terhart 1983: 62ff).

Kognitivistische Lerntheorien gehen bei allem Fokus auf die internen Verarbeitungsprozesse davon aus, dass der Erwerb objektiver Wissensstrukturen möglich sei bzw., dass der Prozess des Lernens als der Erwerb eines Etwas (Information oder Wissen), welches die äußere Umwelt repräsentiert, verstanden werden kann. Gegen diese Annahme wenden sich die konstruktivistischen Lerntheorien, die Gegenstand des nächsten Kapitels sind.

I.3 Konstruktivismus: Lernen als Wissenskonstruktion und die Welt als ‚black box'

„So viel wird im täglichen Leben einfacher, wenn du Konstruktivist bist."
ERNST VON GLASERSFELD[144]

„Je tiefer das Problem, das ignoriert wird, desto größer sind die Chancen, Ruhm und Erfolg einzuheimsen."
HEINZ VON FOERSTER[145]

„Aber verplempern Sie ihre Zeit bloß nicht damit, mir logische Fehler nachweisen zu wollen."
HUBERTO MATURANA[146]

„Und wenn man auf eine Konferenz geht, kommt garantiert irgendwer herein und sagt: ‚Sind Sie es wirklich, oder konstruiere ich Sie gerade?'"
SIEGFRID J. SCHMIDT[147]

„Cloquet hasste die Wirklichkeit, aber er sah ein, dass es nach wie vor die einzige Gegend war, wo man ein richtiges Steak kriegen konnte."
WOODY ALLEN[148]

144 Glasersfeld 1997b: 328.

145 Foerster 1999: 17.

146 Maturana 1996: 52.

147 Schmidt in Pörksen 2001: 179.

148 Allen 1997: 13.

EINLEITENDE BEMERKUNGEN

Spätestens seit Anfang der 1990er Jahre hat sich der Konstruktivismus zu einem zentralen lerntheoretischen Bezugsrahmen entwickelt. Dass im lerntheoretischen Diskurs jedoch nicht von einer ‚konstruktivistischen Wende' gesprochen wird, liegt sowohl an der unterschiedlichen Rezeption des Konstruktivismus – sehr stark in der Pädagogik, bedeutend geringer in der (Lern-)Psychologie[149] –, als auch an der ungefähr zeitgleichen Entwicklung der Neurowissenschaften zum bedeutsamen Bezugsrahmen für die Lerntheorie.[150] Der theoretische Bruch jedenfalls, der mit dem Konstruktivismus gegenüber dem Kognitivismus getätigt wird, ist deutlich größer als die im Lerndiskurs durch die ‚kognitive Wende' vom Behaviorismus zum Kognitivismus hervorgerufenen Verschiebungen. Wie gezeigt, wurde dort das dyadische behavioristische Reiz-Reaktion-Schema durch ein triadisches Input-Informationsverarbeitung-Output-Schema *erweitert*. Im Konstruktivismus hingegen wendet man sich nun entschieden gegen die kognitivistische Annahme, der Lernprozess sei als eine Art Informations*verarbeitung* zu verstehen, da dies voraussetzt, Informationen könnten vom kognitiven System *aufgenommen* werden, d.h. in irgendeiner Weise – als Kodierung der äußeren Sinnesdaten in Information – vom Äußeren ins Innere gelangen. Diese Annahme jedoch wird vom Konstruktivismus abgelehnt und als zentrale Fiktion des Kognitivismus betrachtet.

Am deutlichsten wird dies im sogenannten ‚Radikalen Konstruktivismus' geäußert, neben dem eine ganze Reihe weiterer *Konstruktivismusversionen* existieren. Viele dieser Versionen gehen jedoch von anderen Grundannahmen aus und teilen mit dem ‚Radikalen Konstruktivismus' nur die Vokabel der Konstruktion – dies gilt sowohl für die dem Radikalen Konstruktivismus zeitlich vorausgehenden Konstruktivismen in der Kunst[151], der Mathematik[152] und der Philosophie[153]; ein

149 Wohl weil der Konstruktivismus in seiner radikalen Variante die metatheoretischen Annahmen einer am Objektivitäts- und Wirklichkeitsideal der Naturwissenschaften orientierten Psychologie untergraben würde.

150 So sind es vor allem die Ergebnisse einer an der kognitiven Psychologie ausgerichteten Gehirnforschung, die in der Lernpsychologie rezipiert und in den lerntheoretischen Wissensfundus integriert wird. Zugleich gibt es aber auch eine eher konstruktivistisch ausgerichtete Gehirnforschung (siehe Kapitel I.4).

151 Der Konstruktivismus in der Kunst ist ein erstmals 1913 so bezeichnetes Programm der bildenden Kunst, das von dem russischen Künstler Vladimir Tatlin stammt, insbesondere die konstruktiven Elemente eines Kunstwerks betont und so „zur Auseinandersetzung mit Überlegungen des Künstlers zwingen soll" (Jensen 1999: 89). Da hier somit betont wird, dass ein Kunstwerk zuallererst das schöpferische Produkt bzw. der

Spezialfall ist der soziale Konstruktivismus[154]. In anderen Varianten des Konstruktivismus wird versucht, die sich aus einem Radikalen Konstruktivismus ergebenden Konsequenzen zu umgehen, indem dessen Grundannahmen stellenweise aufgehoben oder nicht konsequent zu Ende gedacht werden; solchermaßen zumeist inkonsistente theoretische Gebilde bezeichnet man dann üblicherweise als ‚gemäßigten Konstruktivismus'.

Doch was ist überhaupt ein *Radikaler Konstruktivismus*? Die Bezeichnung selbst stammt von Ernst von Glasersfeld, der sie 1972 erstmals im Untertitel eines gemeinsam mit Charles Smock verfassten Forschungberichtes über Erkenntnis und Erziehung verwandte (Glasersfeld 1997b: 17) und den ‚Radikalen Konstruktivismus' folgendermaßen definiert:

„Der radikale Konstruktivismus ist [...] vor allem deswegen radikal, weil er mit der Konvention bricht und eine Erkenntnistheorie entwickelt, in der die Erkenntnis nicht mehr eine ‚objektive', ontologische Wirklichkeit betrifft, sondern ausschließlich die Ordnung und Or-

gestalthafte Ausdruck eines Künstlers ist und weniger die Repräsentation eines äußeren Objektes, klingt im Konstruktivismus der Kunst zumindest ein Moment an, dass auch im hier behandelten Radikalen Konstruktivismus von zentraler Bedeutung ist.

152 Mit Konstruktivismus werden hier „eine Reihe von Ansätzen zur Neubegründung der Mathematik" (Dettmann 1999: 2) bezeichnet.

153 Hier ist vor allem der in der Wissenschaftstheorie beheimatete Erlanger bzw. Konstanzer Konstruktivismus zu nennen, der sich im Anschluss an Dingler vor allem um die gesicherte Begründung von Wissenschaft bemühte. Diesbergen (1998: 166) schreibt: „Die Konzeption des Radikalen Konstruktivismus baut in keiner ihrer Modellbildungen auf dem Erlanger Konstruktivismus auf und nimmt auf diesen auch sonst kaum Bezug. Wo dies der Fall ist, geschieht es zu Zwecken der Abgrenzung."

154 Der Soziale Konstruktivismus ist vor allem ein Sammelbegriff für höchst unterschiedliche theoretische Ansätze, die einerseits mit dem Radikalen Konstruktivismus die strikte Ablehnung eines Realismus und Objektivismus teilen, andererseits gerade gegenteilig zu dessen Annahmen von einer *sozialen* Konstitution von Erkenntnis, Wissen und Wirklichkeit ausgehen. Die intensivste Anwendung, Ausarbeitung und Weiterentwicklung hat der Soziale Konstruktivismus in der Wissenschaftstheorie und Wissenssoziologie erfahren (vgl. Berger/Luckmann 2007 [1966]; Janich 1993; Knorr-Cetina 1984; Latour 2002). Eine weitere elaborierte Variante des Sozialen Konstruktivismus ist der Soziale Konstrukt*ionismus*, wie er vor allem vom Sozialpsychologen Kenneth J. Gergen vertreten wird; dieser Ansatz wird in Kapitel II.3.3 genauer beleuchtet. Hier spielt er auch deswegen keine Rolle, weil der Soziale Konstruktivismus im Gegensatz zum Radikalen Konstruktivismus lerntheoretisch bislang kaum rezipiert wurde.

ganisation von Erfahrungen in der Welt unseres Erlebens. Der radikale Konstruktivist hat ein für allemal dem ‚metaphysischen Realismus' abgeschworen." (Glasersfeld 2007: 23)

Anders formuliert:

„Der radikale Unterschied liegt in dem Verhältnis zwischen Wissen und Wirklichkeit. Während die traditionelle Auffassung in der Erkenntnislehre sowie in der kognitiven Psychologie dieses Verhältnis stets als eine mehr oder weniger bildhafte (ikonische) Übereinstimmung oder Korrespondenz betrachtet, sieht der radikale Konstruktivismus es als Anpassung im funktionalen Sinn." (Glasersfeld 2007: 19)

Für Siegfried J. Schmidt (1993: 332) gilt daher als ‚Radikaler Konstruktivist', wer „nicht bloß ‚Zutaten' des Beobachters bei der Objektkonstitution berücksichtigt, sondern Wirklichkeit ausschließlich als Konstruktion des Subjekts postuliert". So konstatiert er: „Konstruktivist kann man nur ‚ganz', nur ‚radikal' sein; denn sonst bringt man sich um genau das Innovationspotential, das aus der Auflösung des realistischen erkenntnistheoretischen Dilemmas resultieren kann." (Schmidt 1990: 40f)[155] Überzeichnet formuliert: ‚Gemäßigte Konstruktivisten' würden „gern den Kuchen essen und behalten [...] – während die ‚Radikalen' sehr genau wissen, dass am Ende nichts übrig bleibt. (Die Betonung liegt hier auf: nichts)." (Pongratz 2005: 177)[156] Insofern hält Ludwig A. Pongratz (2005: 178) denn auch die ‚gemä-

155 Dieser Aussage ist insofern zuzustimmen, als dass ein gemäßigter Konstruktivismus, der bloß konstatiert, dass wir keinen unmittelbaren Zugang zur Wirklichkeit haben und es somit ein subjektives Moment in jeder Erkenntnis gibt, zumindest erkenntnis- wie wissenschaftstheoretisch so innovativ wie das Radio im 21. Jahrhundert ist. Nur sogenannte ‚naive Realisten' würde diese Annahme verneinen. Aber, so kann man mit Pongratz (2005: 41) fragen: „wo gibt es die noch?" Genauer erläutert: „Dass alle Erkenntnisleistungen der Menschen subjektiv vermittelt sind, ist nicht neu, auch wenn man diesem Gedanken ein neues terminologisches Jackett verpasst. Wenn also ‚gemäßigte Konstruktivisten, betonen, dass Wissen keine Kopie der Wirklichkeit, sondern eine individuelle und soziale Konstruktion von Menschen sei, dann befinden wir uns genau genommen auf klassischem erkenntnistheoretischem Terrain. Mit einem Unterschied allerdings: Suggeriert wird, dass die klassischen erkenntnistheoretischen Problemstellungen gelöst seien – und zwar mit Hilfe einer konstruktivistischen Konzeptualisierung des Erkenntnisvermögens." (Pongratz 2005: 138)

156 Exemplarisch für eine solche ‚Doppelstrategie' seien die folgenden Ausführungen des Erwachsenenpädagogen Horst Siebert benannt. Dieser schreibt: „Es erscheint aufschlussreich, den Begriff der Autopoiesis auch auf Denken und Lernen zu beziehen, aber nicht in dem uneingeschränkten neurobiologischen Sinne. So neige ich dazu,

ßigten Konstruktivisten' für „die problematischeren Gesellen", denn diese übersähen oder verschleierten die ihrer Auffassung zugrunde liegenden Widersprüche und priesen als Revolution, was längst gängige Denkungsart sei. Daher wird hier hauptsächlich der ‚Radikale Konstruktivismus' und dessen Subjekt- und Lernverständnis analysiert.[157]

Zunächst werden die wichtigsten Begründungen und Grundannahmen des Konstruktivismus rekonstruiert (I.3.1); als solche werden thematisiert: die Annahme der informationellen Geschlossenheit und Selbstbezüglichkeit des Nervensystems, die Theorie der Autopoiesis, die Annahme der prinzipiellen Unzugänglichkeit der Wirklichkeit, das Konzept des Beobachters und das Konzept der Viabilität. Im Anschluss daran wird das Lernverständnis des Konstruktivismus explizit herausgearbeitet (I.3.2), dazu wird zuerst die Ablehnung des substantialistischen Informations- und Wissenskonzeptes, die alle Varianten teilen, erläutert, sodann werden gesondert das Lernverständnis Ernst von Glasersfelds, Fritz B. Simons', Humberto Maturanas und Francisco Varelas skizziert. Bei der Analyse des Zusammenhangs von Subjekt- und Lernverständnis im Konstruktivismus (I.3.4) werden zunächst ontologische Setzungen identifiziert, die der Konstruktivismus entgegen seiner expliziten Intention enthält. Sodann wird erläutert, wie die Welt im Konstruktivismus zur ‚black box' und das konstruktivistische Subjekt zum ‚homo clausus' wird und wie es daher zu einem individualtheoretischen Verständnis des Lernens im Konstruktivismus kommt. Daraus ergibt sich auch die inter-

---

von einem ‚radikalen' Konstruktivismus in neurobiologischer Hinsicht zu sprechen, in lernpsychologischer Sicht dagegen einen ‚moderaten' Konstruktivismus vorzuziehen." (Siebert 2003: 14) Einige Seiten weiter spricht er bezeichnenderweise von „konstruktive[n] kognitive[n] Lernprozesse[n]" (Siebert 2003: 20). Sein Kollege Rolf Arnold versucht wenig überzeugend, sich der Kritik an einem solch eklektizistischen Vorgehen zu entziehen, indem er konstatiert, es gäbe keinen ‚Radikalen Konstruktivismus', der Konstruktivismus sei per se ‚radikal' (Arnold 2007: 54).

157 Dies bedeutet, dass im Folgenden vor allem auf die Arbeiten von Humberto Maturana, Francisco Varela, Ernst von Glasersfeld, Heinz von Foerster, Siegfried J. Schmidt und Gerhard Roth Bezug genommen wird. Ernst von Glasersfelds Variante des Konstruktivismus steht dabei besonders im Vordergrund, da dieser die wohl kohärenteste Version des Radikalen Konstruktivismus geliefert hat. Die Arbeiten von Paul Watzlawick hingegen werden ausgespart. Zwar hat dieser zur Popularität des Radikalen Konstruktivismus enorm beigetragen – nicht zuletzt mit seinem Buch ‚Wie wirklich ist die Wirklichkeit' (Watzlawick 1976) –, kann jedoch kaum als Radikaler Konstruktivist gelten (vgl. dazu ausführlicher Dettmann 1999: 14). Der Einfachheit halber wird im Folgenden der Terminus Konstruktivismus, soweit nicht explizit anders erläutert, synonym für ‚Radikalen Konstruktivismus' benutzt.

subjektive, soziale und gesellschaftliche ‚Blindheit' des Konstruktivismus und ein merkwürdig verdoppeltes ‚Denken von Innen'. Abschließend wird der dualistischen Logik des Konstruktivismus und den sich daraus ergebenden ambivalenten Folgen für das Lernverständnis nachgegangen.

I.3.1 Begründungen und Grundannahmen des Konstruktivismus

Die informationelle Geschlossenheit und Selbstbezüglichkeit des Nervensystems

Zur Begründung des Konstruktivismus wird sehr häufig die *These der informationellen Geschlossenheit des Nervensystems* herangezogen. Ausgangspunkt dieser These ist das menschliche Gehirn und seine Funktionsweise bzw. eine spezifische Interpretation der Funktionsweise des Gehirns. Die Argumentation vollzieht sich typischerweise wie folgt: Zu Beginn wird festgestellt, dass dem Gehirn ein direkter Zugang zur Welt fehlt bzw. es einen Zugang nur vermittelt über die Sinnesrezeptoren besitzt. Wie der Neurophysiologe Hermann von Helmholtz jedoch vor über einhundert Jahren bereits entdeckt hätte, würden die *spezifischen* Sinnesreize der Umwelt von den Sinnesrezeptoren in die neuronale Einheitssprache des Nervensystems übersetzt. Diese neuronale *Einheits*sprache bestehe aus elektrischen Impulsen, die sich nur hinsichtlich ihrer Intensität bzw. ihrer *Quantität* nicht aber ihrer *Qualität* voneinander unterschieden und somit *bedeutungsfrei* seien; wie Heinz von Foerster (1990: 138) formuliert: „‚Klick' ist das Vokabular der Nervensprache."[158] Die *qualitativen Aspekte* der Reize der Außenwelt sowie deren Komplexität gingen bei der Übersetzung in die Einheitssprache verloren. So stelle sich die Frage, wie das Gehirn dazu in der Lage sei, „aus dem Einheitsbrei neuronaler Ereignisse die unendlich vielfältige Wahrnehmungswelt zu erschaffen" (Gerhard Roth in Pörksen 2001: 151). Beantwortet wird diese Frage dann zumeist damit, dass das Gehirn über den spezifischen Ort, an dem ein Impuls im Gehirn auftritt, die Modalität und Qualität von Sinnesempfindungen *erschaffe*. Dies bedeute aber nichts anderes, als dass das Gehirn die Erlebenswirklichkeit der Sinnesempfindungen *konstruiere*. Durch die neuronale Einheitssprache des Gehirns sei dieses „kognitiv und semantisch geschlossen" (Schmidt 1990: 15), so dass das Gehirn alle zur Konstruktion der Erlebenswirklichkeit nötigen Bewertungs- und

158 Die genauere Funktionsweise dieser Mikroebene des Hirns wird ausführlich in Unterkapitel I.4.1 dargestellt. Zur genaueren Erläuterung von Foersters These, siehe Foerster 1990: 37ff.

Deutungskriterien *aus sich selbst* entwickeln müsse. Dies bedeute, dass die vom Gehirn konstruierte Welt keine Information über die reale Welt enthalten könne, also informationell geschlossen sei (vgl. zu dieser Art der Argumentation Schmidt 1990: 14f sowie Pörksen 2001: 150ff).

Ein weitere neurobiologische ‚These‘ zur Begründung des Konstruktivismus ist die *Selbstbezüglichkeit neuronaler Aktivität*:

„Man weiß heute, dass die unser Bewusstsein produzierende Großhirnrinde sich in ihren Verdrahtungen wesentlich mit sich selbst beschäftigt. Auf eine Erregung, die erkennbar von außen kommt, folgen 100 000 Erregungen im Innern des Gehirns; ein einziger Informationsfetzen wird von 100 000 Instanzen verarbeitet. Wahrnehmungen beruhen bei erwachsenen Menschen nur noch zum geringen Teil überhaupt auf äußeren Sinnesreizen, sie werden zunehmend dem Gedächtnis entnommen.“ (Gerhard Roth in Pörksen 2001: 153)[159]

Daraus folge, dass das Gehirn wesentlich mit sich selbst beschäftigt sei und nicht zwischen externen und internen Auslösern unterscheiden könne: „Für das Nervensystem selbst gibt es kein Innen und Außen, kein Input und kein Output, nur der Beobachter kann von Input und Output sprechen“ (Portele 1989: 46). Wenn aber „die Unterscheidung zwischen intern und extern entstandenen Zuständen für das Gehirn nicht leistbar [ist], dann kann es für das Gehirn keine Repräsentation des Außen geben“ (Portele 1989: 48) und somit sei die These, das Gehirn konstruiere die von uns wahrgenommene Wirklichkeit, untermauert.

159 An anderer Stelle wird eine solche Argumentation wie folgt dargestellt: „Die Neurowissenschaftler können computertomografisch aufzeichnen, womit unser Gehirn gerade beschäftigt ist – ob mit der Verarbeitung eines Informationsinputs oder mit der Aktivierung vorhandener Gedächtnisinhalte. So hat der Gehirnforscher Wolf Singer festgestellt, dass 80% der kognitiven Aktivitäten von ‚Hörern‘ eines Vortrages ‚innerer Monolog‘ waren. Der Referent liefert Anstöße für eigene Gedanken, das Gehirn kommuniziert mit sich selbst, es erinnert sich, sucht bestätigende Beispiele oder auch Widersprüche. Die Gedanken sind – wie es in dem Volkslied heißt – ‚frei‘, sie flottieren, entfernen sich vom Thema, kehren zurück… Das ‚System Referent‘ und das ‚System Zuhörer‘ sind nur lose gekoppelt“ (Siebert 2003: 19). Ein genauer Literaturverweis auf die Forschung Singers findet sich nicht und wie in I.4.2 gezeigt wird, können die Neurowissenschaftler *nicht* aufzeichnen, *womit* unser Gehirn gerade beschäftigt ist, gemessen werden vielmehr Indikatoren für die Intensität neuronaler Aktivität, die mit spezifischen Tätigkeiten oder Aufgaben des untersuchten Individuums korrelieren. Somit kann die zitierte Stelle als exemplarisch für eine häufige, fahrlässige Verwendungsweise von neurowissenschaftlichen ‚Erkenntnissen‘ gelten.

Theorie der Autopoiesis

Auf der somit in Grundzügen dargestellten Geschlossenheitsthese baut auch die in den 1970er Jahren von den beiden chilenischen Naturwissenschaftlern Humberto Maturana und Francisco Varela begründete *Theorie der Autopoiesis* auf, die zu einem wichtigen ‚Nährboden' konstruktivistischer sowie auch systemtheoretischer Ansätze wurde und auf biologischen wie kybernetischen Einsichten beruht. Das vorrangige Ziel der Theorie der Autopoiesis ist es, eine kriteriologische Theorie des Lebens aufzustellen (Maturana/Varela 1987: 49). Entsprechend dieser Theorie gilt ein System als ein lebendes System, wenn es eine autopoietische Organisationsform aufweist. Der Neologismus Autopoiesis setzt sich dabei aus den beiden griechischen Wörtern autos (dt. ‚Selbst') und poiein (dt. ‚produzieren, erschaffen') zusammen und bedeutet in etwa *Selbstherstellung*. Neben dieser Fähigkeit zur Selbstherstellung wird von Maturana und Varela eine zweite Fähigkeit als nötig angesehen, um ein System als lebendes System zu klassifizieren: die Fähigkeit zur *Selbsterhaltung* (Maturana/Varela 1987: 49). In den Worten Maturanas:

„Lebende Systeme bringen sich in ihrer geschlossenen Dynamik selbst hervor; gemeinsam ist ihnen ihre autopoietische Organisation im molekularen Bereich. Wenn man ein lebendes System betrachtet, findet man ein Netzwerk der Produktion von Molekülen, die auf eine Weise miteinander interagieren, die ihrerseits zur Produktion von Molekülen führt, die durch ihre Interaktion ebendieses Netzwerk der Produktion von Molekülen erzeugen und seine Grenze festlegen. Ein solches Netzwerk nenne ich autopoietisch. [...] Es produziert sich selbst. Dieses System ist für die Zufuhr von Materie offen, jedoch, – wenn man die Dynamik der Beziehungen, die es hervorbringen, betrachtet, – geschlossen." (Maturana/Pörksen 2002: 102)

Anders formuliert:

„Autopoietische Systeme erzeugen durch ihr Operieren fortwährend ihre eigene zirkuläre Organisation, die als grundlegende Größe konstant gehalten wird. Diese Organisation kann beschrieben werden als Netzwerk zur Produktion ihrer eigenen Bestandteile. Aufgrund dieser zirkulären Organisation sind lebende Systeme selbstreferentielle und bezüglich ihrer Organisation homöostatische Systeme, die ihrer Umwelt gegenüber autonom sind." (Schmidt 1990: 22)[160]

160 Der Vorgang der Selbstherstellung wird von Maturana und Varela üblicherweise anhand des Beispiels des Biosynthesezyklus plausibel gemacht, „das gerade kein Beispiel für die Fähigkeit lebender Systeme ist, sich selbst herzustellen, sondern ein Beispiel für die Möglichkeit lebender Systeme, einzelne ihrer Komponenten selbst

Neben der Fähigkeit zur Selbstherstellung und Selbsterhaltung zeichnen sich autopoietische Systeme laut Maturana und Varela durch vier weitere Eigenschaften aus. *Erstens* durch *Zyklizität*, weil die Elemente eines autopoietischen Systems sich wechselseitig bedingen. Dies wird zumeist auch als *Selbstreferentialität* bezeichnet. *Zweitens* durch *operationale Geschlossenheit*, da sich ein autopoietisches System trotz schwankender äußerer Bedingungen und Störeinflüsse mittels negativer Rückkopplung selbst reguliert und sich so Autonomie gegenüber der Umwelt bewahrt. Dies führt *drittens* zur *Strukturdeterminiertheit* und *viertens* zur *Nicht-Steuerbarkeit* autopoietischer Systeme (Maturana 1996: 76f). Zu den beiden letzteren erläutert Maturana: „Was immer in einem Lebewesen geschieht, wird durch seine Struktur bestimmt, nicht aber durch die Struktur dessen, was auf dieses einwirkt. Aus der Perspektive eines kommentierenden Bebachters spreche ich deshalb davon, dass ein Lebewesen *Perturbationen* ausgesetzt ist." (Maturana/ Pörksen 2002: 72)[161]

---

herzustellen" (Dettmann 1999: 67). Dettmann (1999: 61f) übt zudem Kritik daran, dass Maturana und Varela die Selbstherstellung zum Kriterium für Leben machen. Lebende Systeme entstünden durch Zellteilung und Fortpflanzung und nicht durch sich selbst. „Ein lebendes System erhält sich selbst und stellt einige seiner Komponenten selbst her, aber es stellt *nicht sich selbst her*." (Dettman 1999: 69) Und weiter: „Um aber erklären zu können, warum lebende Systeme jenes Maß an Autonomie besitzen, das sie benötigen, um sich vor störenden Einflüssen ihrer Umwelt zu schützen, ist die Annahme, daß lebende Systeme selbstherstellende Systeme sind, auch gar nicht notwendig. Hierzu reicht es aus, daß lebende Systeme die Fähigkeit besitzen, sich selbst zu erhalten." (ebd.) Jedoch: „Paradoxerweise glaubt die Theorie der Autopoiese aber, daß die Autonomie eines lebenden Systems nur durch dessen Abgeschlossenheit gegenüber seiner Umwelt gewährleistet werden kann. Tatsächlich aber können sich lebende Systeme nur dann selbst erhalten, wenn sie offen gegenüber ihrer Umwelt sind, d.h. wenn sie Energie und Materie aus der Umwelt aufnehmen und wenn sie Informationen aus der Umwelt in angepaßtes Verhalten umsetzen können. Es ist die Offenheit gegenüber ihrer Umwelt, die lebenden Systemen ihre Autonomie garantiert und nicht etwa deren Abgeschlossenheit." (Dettmann 1999: 70)

161 Dettmann kritisiert, dass Zyklizität, Geschlossenheit und Strukturdeterminiertheit zwar in der biologischen Wissenschaft weithin anerkannte wie unstrittige Vorgänge seien, jedoch würde Maturana diese Begriffe, „die aus einer zellulären Betrachtung komplexer Organismen gewonnen wurden" (Dettmann 1999: 73) nun „umstandslos zur Charakterisierung der Eigenschaften und Verhaltensweisen des Gesamtorganismus" (ebd.) heranziehen, schließlich behaupte Maturana, „daß lebende Systeme insgesamt durch die betreffenden Eigenschaften charakterisiert werden könnten" (Dettmann 1999: 76). Diese Übertragung ist für Dettman aber ungerechtfertigt. Somit scheine die

Diese Theorie des Lebens ist für Maturana und Varela zugleich eine *Theorie der Kognition*, da sie explizit den Prozess des Erkennens mit dem Prozess des Lebens gleichsetzen und das zentrale Nervensystem als autopoietisches System deuten.[162] Erst damit ergab sich die Anschlussmöglichkeit für konstruktivistische Theorien, die ihre Argumente für die Geschlossenheit des erkennenden Systems aus der Theorie der Autopoiesis und der These der informationellen Geschlossenheit des Gehirns ziehen. Für den Konstruktivismus konnte die Theorie der Autopoiesis somit als „Steigbügelhalter seiner erkenntnistheoretischen Thesen" (Dettmann 1999: 6) dienen. Insgesamt dienen solcherlei neurobiologische Begründungen dem Konstruktivismus dazu, sich einen objektiven, empirischen 'Anstrich' zu geben.[163] So formuliert Rolf Arnold (2007: 56): „Gibt es eine bessere Form, den Konstruktivismus zu begründen?"[164]

Die prinzipielle Unzugänglichkeit der Wirklichkeit

Mit Thesen und Argumenten, die weniger aus der Neurobiologie, sondern aus Philosophie und Psychologie stammen, versucht von Glasersfeld den Konstruktivismus zu begründen.[165] Kern seiner Argumentation bildet ein bereits von antiken

Theorie der Autopoiesis Ergebnis der erkenntnistheoretischen Glaubenssätze ihrer Urheber und nicht andersherum, wie zumeist suggeriert würde (Dettmann 1999: 98).

162 Die Beschreibung des Nervensystems als autopoietisches System kritisiert Gerhard Roth. So weise das Nervensystem eine noch viel größere Autonomie auf als autopoietische Systeme, weil die Komponenten des Nervensystems, die Nervenzellen, nicht notwendig selbst erhalten werden müssten (Roth 1990: 262ff).

163 Dies zeigt sich beispielsweise an folgendem Zitat von Arnold (2007: 57): „Für Humberto Maturana ist diese Argumentation ‚zwingend' bzw. ‚verpflichtend' (span. ‚un argumento para obligar'), da sie unabweisbar belegt, dass der Mensch keinen Zugang zur Wirklichkeit erhalten kann."

164 Dem könnte man entgegenhalten: Gibt es eine widersprüchlichere Form den Konstruktivismus zu begründen? Zur Fragwürdigkeit solcher empirischer Begründungsversuche, siehe I.3.3.

165 Von Glasersfeld ist nicht nur äußerst sparsam mit den sonst üblichen Verweisen auf die Ergebnisse der Hirnforschung, sondern warnt explizit: „Ich möchte jedoch darauf beharren, daß experimentelle Resultate so kompatibel sie auch mit dem konstruktivistischen Modell sein mögen, nichts zur ‚Wahrheit' des Modells beitragen können. Die empirischen Feststellungen der undifferenzierten Kodierung und der Beweglichkeit der Aufmerksamkeit sind selbst Konstrukte von Beobachtern und können daher nicht als logische Beweise dafür dienen, daß die Sinnesorgane keine Informationen über die

Skeptikern benutztes Argument[166], das wie folgt lautet: Da wir die Welt immer nur aus unserer Wahrnehmung heraus wahrnehmen könnten, könnten wir uns auch niemals sicher sein, ob und wenn, auf welche Weise, *die Welt, wie sie wirklich* – d.h. außerhalb unserer Wahrnehmung – *ist*, mit unserer Wahrnehmung übereinstimme. Mit anderen Worten: „Der Erlebende kann das Erlebte nicht mit einer von ihm unabhängigen Welt vergleichen, sondern immer nur Erlebtes mit Erlebtem" (Portele 1989: 51). Um die Erlebenswirklichkeit mit der Wirklichkeit vergleichen zu können, bedürfte es einer Außenperspektive, die nur (ein) Gott einnehmen könne. Von Glasersfeld selbst verweist auf einen Aphorismus Ludwig Wittgensteins, der bei ihm die Initialzündung zu dieser Erkenntnis ausgelöst habe; dieser lautet: „Um zu erkennen, ob das Bild wahr oder falsch ist, müssen wir es mit der Wirklichkeit vergleichen." (Wittgenstein 1960: 16)

Aus dieser Argumentation heraus wird die *prinzipielle Unzugänglichkeit der Welt bzw. der Wirklichkeit* konstatiert. Dies bedeutet nicht, dass deren Existenz prinzipiell verneint wird[167]: „Der Radikale Konstruktivismus leugnet nicht die Existenz der Außenwelt, sondern deren Erkennbarkeit. Erkennbar sind nach Ansicht des Radikalen Konstruktivismus nur jene Entitäten und Sachverhalte, die der menschliche Geist selbst erschaffen hat." (Dettmann 1999: 223) Der ‚Radikale Konstruktivist' kann daher in Punkto ‚Wirklichkeit' als strikter Agnostiker gelten, der sich auferlegt, keine Aussagen über eine Wirklichkeit jenseits seiner Erlebenswelt zu machen; dazu von Glasersfeld (1997b: 329): „Der Konstruktivist darf sich

Struktur einer objektiven externen Welt liefern." (Glasersfeld 1997b: 190) Natürlich profitiert jedoch auch seine Version des Konstruktivismus davon, dass der Konstruktivismus durch seinen Rekurs auf neurowissenschaftliche Erkenntnisse an der Autorität der Neurowissenschaften partizipieren konnte und somit an Popularität und Deutungsmacht gewann.

166 Generell betont von Glasersfeld, dass die zentrale Erkenntnis des Konstruktivismus in der Philosophiegeschichte keineswegs neu sei und zitiert auch immer wieder diverse Philosophen – neben den antiken Skeptikern vor allem Giambattista Vico, George Berkeley und David Hume – die seines Erachtens den Konstruktivismus vorweg genommen hätten. Gleichzeitig stellt er diese als Dissidenten dar, die von der orthodoxen Philosophie immer wieder an den Rand der Bedeutungslosigkeit gedrängt worden seien. (Glasersfeld 1998: 21ff, 2007: 26)

167 Genau dies wurde, besonders in der frühen Konstruktivismusrezeption, häufig missverstanden, nicht zuletzt aufgrund missverständlicher Aussagen einiger Protagonisten des ‚Radikalen Konstruktivismus', wie z.B. folgende Äußerung Maturanas: „Schon die Annahme, dass diese äußere und von uns unabhängige Wirklichkeit existiert, erscheint dann als eine fundamental unsinnige und nichts sagende Vorstellung: Man kann sie in keiner Weise validieren." (Maturana/Pörksen 2002: 25)

auf diese Frage überhaupt nicht einlassen. Er muß von Anfang an sagen: Es ist mir völlig gleich, ob das Sein so ist oder nicht. Über das Sein kann ich von meinem Gesichtspunkt aus nichts sagen."

Denn:

> „Das Gesagte lässt sich unter keinen Umständen von demjenigen trennen, der etwas sagt; es gibt keine überprüfbare Möglichkeit, die eigenen Behauptungen mit einem Bezug zu einer beobachterunabhängigen Realität zu versehen, deren Vorhandensein man womöglich als gegeben voraussetzt. Niemand vermag einen privilegierten Zugang zu einer externen Wirklichkeit oder Wahrheit zu beanspruchen." (Maturana in Maturana/Pörksen 2002: 24)

All diese Aussagen können in der mittlerweile berühmt gewordenen Formel Maturanas (1998: 25) zusammengefasst werden, die da lautet: „Alles was gesagt wird, wird von einem Beobachter gesagt."

Das Konzept des Beobachters

Es ist das *Konzept des Beobachters*, in dem sich die – oben dargestellten – erkenntnistheoretischen Aussagen des Konstruktivismus bündeln und das sich zu einem Leitkonzept konstruktivistischen Denkens entwickelt hat. Das Konzept baut auf der zentralen Erkenntnis einer Kybernetik zweiter Ordnung, der Selbstreferentialität aller Beobachtung, auf; vereinfacht formuliert: „Man lernt sich als einen Teil der Welt zu verstehen, die man beobachten will." (von Foerster in Foerster/Pörksen 2004: 115) Von Foerster sieht die Wurzeln dieser Erkenntnis in der durch Einsteins Relativitätstheorie und Heisenbergs Unschärfeformel herbeigeführten naturwissenschaftlichen Revolution, die zu der Erkenntnis führte, dass Beobachtungen *erstens* stets einen Beobachter voraussetzen und die Beobachtungen daher nicht absolut, sondern nur als relativ zum Standpunkt eines Beobachters gültig sein können, sowie, dass *zweitens* der Beobachter stets das Beobachtete beeinflusst, so dass eine Theorie des Beobachters einen gewissen Grad an Rückbezüglichkeit bzw. Selbstbezüglichkeit aufweisen müsse, um diesem Sachverhalt gerecht zu werden (Foerster 1999: 81). Beide Momente können als zentral für den Begriff des Beobachters gelten; in diesem soll die klassische Trennung von (Erkenntnis-)Subjekt und (Erkenntnis-)Objekt aufgehoben werden, indem die Unterscheidung zwischen Beobachter und Beobachtetem eingeschmolzen wird. Maturana schildert dies wie folgt:

„Der Beobachter ist das Forschungsthema, das ich habe, er ist das Forschungsziel und gleichzeitig unvermeidlich das Instrument der Erforschung; in der Tat handelt es sich hier um eine zirkuläre Situation, die die klassisch gewordene Unterscheidung zwischen dem Beobachter und dem Beobachteten aufhebt. Mein Interesse gilt nicht der Frage, ob tatsächlich eine vom Beobachter unabhängige und von mir oder einem anderen erkennbare Welt existiert, sondern ich benutze – ohne irgendeine ontologische Annahme zu machen – den Beobachter als den Ausgangspunkt meines eigenen Denkens" (Maturana in Maturana/Pörksen 2002: 26).

Und weiter: „Ich möchte diese Aussage noch verstärken: Der Beobachter ist die Quelle von allem. Ohne ihn gibt es nichts. Er ist das Fundament des Erkennens, er ist die Basis jeder Annahme über sich selbst, die Welt und den Kosmos." (Maturana in Maturana/Pörksen 2002: 27) Der Beobachter scheint somit die Rolle des Demiurgen, des Weltenschöpfers, einzunehmen, der die Welt beliebig konstuieren könne.

Doch wird im Radikalen Konstruktivismus tatsächlich behauptet, Konstruktionen seien beliebig? Auch einige andere Aussagen ‚Radikaler Konstruktivisten' scheinen dies nahezulegen. So heißt es beispielsweise bei Maturana (1998: 141f):

„Wir erzeugen daher buchstäblich die Welt, in der wir leben, indem wir sie leben. Wenn eine Unterscheidung nicht vorgenommen wird, dann existiert die Entität nicht, die durch diese Unterscheidung eingegrenzt werden würde; wird eine Unterscheidung durchgeführt, dann existiert die geschaffene Entität nur in dem Bereich der Unterscheidung, unabhängig davon, wie die Unterscheidung ausgeführt wird. Es gibt keine andere Art der Existenz für eine derartige Entität."

Und auch die folgende Aussage könnte in diesem Sinne verstanden werden: „Das heißt ganz allgemein, die Welt, die wir erleben, ist so und muß so sein, wie sie ist, weil wir sie so gemacht haben." (Glasersfeld 2007: 29) Doch was ist mit der grundlegenden Erfahrung, dass wir die Welt nicht einfach beliebig konstruieren können, da wir stets auf Widerstände stoßen und wir nicht nur Erfahrungen *machen*, sondern Erfahrungen stets auch als *Widerfahrnisse* auftreten?

Viabilität

Um sowohl der Erfahrung gerecht zu werden, dass wir uns die Welt nicht beliebig konstruieren können, als auch gleichzeitig an der individuellen Konstruiertheit der Erlebenswelt festhalten zu können, hat von Glasersfeld das Konzept der *Viabilität* entwickelt, das neben dem Begriff des Beobachters zu einem weiteren konstruktivistischen Schlüsselbegriff wurde.

Was versteht von Glasersfeld unter Viabilität? Schon in der Eingangs erwähnten Definition eines ‚*Radikalen* Konstruktivismus' bezeichnet von Glasersfeld den Erkenntnisprozess „als Anpassung im funktionalen Sinn" (Glasersfeld 2007: 19)[168], doch was genau versteht er darunter? Um dies zu veranschaulichen, verwendet von Glasersfeld die Metapher vom blinden Waldläufer, die – weil sie ebenso zentral wie anschaulich ist – hier etwas ausführlicher zitiert werden soll:

„Ein blinder Wanderer, der den Fluß jenseits eines nicht allzu dichten Waldes erreichen möchte, kann zwischen den Bäumen viele Wege finden, die ihn an sein Ziel bringen. Selbst wenn er tausendmal liefe und all die gewählten Wege in seinem Gedächtnis aufzeichnete, hätte er nicht ein Bild des Waldes, sondern ein Netz von Wegen, die zum gewünschten Ziel führen, eben weil sie die Bäume des Waldes erfolgreich vermeiden. Aus der Perspektive des

168 Und stellt ihn gegen ein korrespondenztheoretisches Verständnis des Erkenntnisprozesses. In der Argumentation des Konstruktivismus scheint es somit stets nur die beiden Alternativen Korrespondenztheorie oder Konstruktivismus zu geben; siehe dazu das folgende Zitat: „Der entscheidende Unterschied zwischen dem Realisten und dem Konstruktivisten liegt daher nicht darin, daß der eine seine kognitiven Strukturen über die Erfahrungsschnittstelle hinaus projiziert und der andere nicht, der Unterschied liegt darin, daß der Realist glaubt, seine Konstrukte seien eine Kopie oder Widerspiegelung unabhängig von ihm existierender Strukturen, während der Konstruktivist sich der Rolle des erfahrenden Subjekts aller Strukturen bewußt bleibt. Für den Konstruktivisten gibt es daher keine Strukturen als die, die das erkennende Subjekt durch die Tätigkeit der Koordinierung von Wahrnehmungspartikeln und Operationen konstituiert." (Glasersfeld 1987: 106) Auch die Philosophiegeschichte wird auf diese beiden Differenzen hin ‚glattgebügelt'. So schreibt von Glasersfeld (1987: 102): „Seit 2500 Jahren versucht die philosophische Erkenntnistheorie auf die ein oder andere Weise, mit jenem mysteriösen Prozeß des Erkennens fertigzuwerden, der unser Wissen angeblich an die Dinge, wie sie in einer von uns unabhängigen ‚Realität' wirklich sind, angleichen soll". Seit Platon würde dieser Erkenntnisvorgang als eine Art Abbildung oder Kopiervorgang aufgefasst (ebd.) Und an anderer Stelle: „Die Geschichte der Philosophie ist ein Wirrwarr von Ismen. [...] Der amerikanische Wissenschaftsphilosoph Hilary Putnam hat das jüngst so formuliert: ‚Von den Vorsokratikern bis Kant gab es keinen Philosophen, der in seinen elementaren, nicht weiter reduzierbaren Grundsätzen nicht ein metaphysischer Realist gewesen wäre.' [...] Im großen und ganzen hat sich das auch nach Kant kaum geändert." (Glasersfeld 2007: 18) Beutinger-Menzen (2006: 246) ist zuzustimmen, wenn sie kommentiert, dass sich der Konstruktivismus mit dieser Entgegensetzung „argumentativ an einer Scheingegnerschaft reibe".

Wanderers betrachtet, dessen einzige Erfahrung im Gehen und zeitweiligen Anstoßen besteht, wäre dieses Netz nicht mehr und nicht weniger als eine Darstellung der verwirklichten Möglichkeiten, an den Fluß zu gelangen. Angenommen der Wald verändert sich nicht zu schnell, so zeigt das Netz dem Waldläufer, wo er laufen kann; doch von den Hindernissen, zwischen denen alle diese erfolgreichen Wege liegen, sagt es ihm nichts, als daß sie eben sein Laufen hier und dort behindert haben. In diesem Sinne ‚paßt' das Netz in den ‚wirklichen' Wald, doch die Umwelt, die der blinde Wanderer erlebt, enthält weder Wald, Bäume, wie ein außenstehender Beobachter sie sehe könnte" (ebd.).

Von Glasersfeld liefert auch die Auslegung des Bildes; er schreibt:

„Die Metapher des Waldläufers sollte klarmachen, daß das, was ein außenstehender Beobachter dem Läufer als ‚Kenntnis des Waldes' zuschreiben möchte, vom Gesichtspunkt des Läufers aus nur aus den erfahrenen Folgen seiner Laufhandlungen bestehen kann. Das bedeutet nun aber, daß sein Begriff des Waldes, sofern er so einen Begriff geformt, ausschließlich aus Elementen besteht, die in seinem Bezugsschema negativ sind. Der ‚Wald' beginnt für den blinden Läufer, wo sein Laufen behindert oder vereitelt wird. Er erlebt den Wald sozusagen als die Gesamtheit jener Stellen eines Erlebensgebiets, die nicht begehbar sind, weil seinem Gehen da ein Hindernis entgegensteht (daher die ursprüngliche und durchaus buchstäbliche Bedeutung des Wortes ‚Gegenstand'). Solange Gehen die einzige Erfahrensdimension des Waldläufers ist, kann er Bäume, Steine, Wald, Boden und worauf sonst er stoßen mag, überhaupt nicht anders begreifen und beschreiben als in Ausdrücken des Widerstandes, des Gehemmtwerdens, des Scheiterns. Seine Erfahrung und die Kenntnis, die er aus ihr gewonnen hat, befähigen ihn zwar, immer sicherer, glatter und somit ‚besser' zu laufen, vermitteln ihm aber in keiner Weise ein Bild der Gegenstände, die seinem Laufen Schranken setzen." (Glasersfeld 2005: 20)

Im gleichen Verhältnis wie der blinde Waldläufer zum Wald würden auch unsere Sinnesorgane zur Umwelt stehen: „Das heißt, unsere Sinnesorgane ‚melden' uns stets nur mehr oder weniger hartes Anstoßen an ein Hindernis, vermitteln uns aber niemals Merkmale oder Eigenschaften dessen, woran sie stoßen. Diese Eigenschaften stammen ganz und gar aus der Art und Weise, wie wir die Sinnessignale interpretieren." (Glasersfeld 2005: 21) Und was hier für die Sinnesorgane gelte, gelte auch für Ideen und Theorien[169], sowie unser komplettes Weltbild[170].

Was wir also von der Wirklichkeit erleben, „sind bestenfalls ihre Schranken" (Glasersfeld 2007: 23), denn sie zeige sich nur dort, „wo unsere Konstruktionen scheitern" (Glasersfeld 2007: 37). Viabilität bedeute also, dass wir kein Wissen von der Welt als solcher hätten, d.h. kein Wissen, das auf Übereinstimmung mit dieser Welt beruhe, sondern lediglich ein Wissen von der Welt, das viabel bzw.

passend sei.[171] Viabilität kann auch mit Gangbarkeit übersetzt werden (Glasersfeld 1998: 30), viabel sei somit etwas, „das sozusagen in die Hohlräume der Wirklichkeit paßt und sie darum nicht ikonisch widerspiegeln kann" (Glasersfeld 2005: 39). In diesem Verständnis von ‚passen' (engl. ‚fit'), das für ihn im Gegensatz zu ‚übereinstimmen' (engl. ‚match') steht (Glasersfeld 2007: 19), fällt für von Glasersfeld

„das Grundprinzip der radikal-konstruktivistischen Erkenntnistheorie mit jenem der Evolutionstheorie zusammen: Wie die Umwelt den Lebewesen (organischen Strukturen) Schranken setzt und Varianten vernichtet, die den so umgrenzten Raum der Lebensmöglichkeiten überschreiten, so bildet die Erlebenswelt, sei es im Alltag oder im Laboratorium, den Prüfstein für unsere Ideen (kognitive Strukturen)" (Glasersfeld 2007: 20f).[172]

---

169 „Das heißt, vom funktionalen, pragmatischen Standpunkt aus betrachten wir Ideen, Theorien und Naturgesetze als Strukturen, die der Erlebenswelt (der wir sie abgewonnen haben) dauernd ausgesetzt sind und ihr weiterhin standhalten oder nicht. Wenn nun so eine kognitive Struktur etwa bis heute standgehalten hat, so beweist das nicht mehr und nicht weniger als eben, daß sie unter den Umständen, die wir erlebt und dadurch bestimmt haben, das geleistet hat, was wir von ihr erwarteten." (Glasersfeld 2007: 23)

170 So schreibt von Glasersfeld (2005: 22): „Wie der blinde Wanderer seine Vorstellung von der Umwelt nur aus den Endpunkten aufbauen konnte, die seine Bewegungsfreiheit beschränken, so bauen wir unser ‚Weltbild' aus Signalen auf, deren Ursprung wir uns ebenfalls nur in Berührungen mit Hindernissen der Umwelt vorstellen können."

171 Mit diesem Verständnis kann auch der (technologische) Fortschritt der Wissenschaft erklärt werden. Dieser besteht dann aus dem Anwachsens des ‚Wissens-wie', nicht aber des ‚Wissens-was'. Beide verhielten sich zueinander wie ‚können' und ‚kennen' (Glaserfeld 2005: 13). An einem Beispiel erläutert: Wir wissen immer besser, *wie* man Energie gewinnen oder speichern kann (‚Wissen-wie'), sind uns aber immer unsicherer, *was* Energie eigentlich ist (‚Wissen-was'). „Weitgehende Kontrolle über unsere Erlebenswelt gewonnen zu haben bedeutet nämlich keineswegs, daß wir in der Ontologie, d. h. in unserer Lehre von der absoluten, von uns unabhängigen Wirklichkeit, Fortschritte gemacht haben." (Glasersfeld 2005: 14)

172 Hierzu zieht von Glasersfeld den Begriff ‚Passen' dem viel häufiger verwendeten Begriff der ‚Anpassung' vor, denn: „In der Evolutionstheorie, wie in der Geschichte des Wissens, hat man von Anpassung (adaptation) gesprochen und damit ein kolossales Mißverständnis heraufbeschworen. [...] Die ‚natürliche Auslese, in der Phylogenese wie in der Wissensgeschichte liest nicht im positiven Sinn das Widerstandsfähigste, Tüchtigste, Beste oder Wahrste aus, sondern funktioniert negativ, indem sie all das, was der Prüfung nicht standhält, eben untergehen läßt." (Glasersfeld 2007: 20f) Mit anderen Worten: „Die Organismen und Verhaltensweisen, die wir zu einem beliebigen

Dass wir unsere Welt konstruieren, bedeutet insofern nicht, dass dies auf beliebige Weise geschehen kann.[173] Jedoch wird die Welt in konstruktivistischer Perspektive zu einer unerkennbaren ‚black box'. Explizit äußert dies von Glasersfeld (1987: 108): „Die Welt ist ein schwarzer Kasten, mit dem wir in bemerkenswert erfolgreicher Weise fertig werden. Was ihre Struktur, ihren ontologischen Charakter angeht, bleibt sie nichtsdestoweniger schwarz, und es gibt keine Hoffnung, ihre Undurchsichtigkeit in rationaler Weise zu überwinden." Dazu schreibt Pongratz (2005: 84f):

> „Die ‚Welt' als subjektloses Residuum erscheint als unqualifiziertes ‚Draußen', über das sich nichts sagen lässt, außer dass es Ursache jener ‚Perturbationen' ist, die der erkennende Organismus registriert, die ihn affizieren, in ihm Empfindungen auslösen und Vorstellungen erwecken. Die Welt reduziert sich demzufolge auf eine äußerst abstrakte Größe: Sie ist eine von ‚außen' kommende ‚Störung'."

I.3.2 Das Lernverständnis des Konstruktivismus

Wie in der Einleitung zu diesem Kapitel bereits ausgeführt, grenzt sich das konstruktivistische Verständnis des Lernens vom kognitivistischen Verständnis des Lernens als Informationsverarbeitung deutlich ab. An diesem wird vor allem das Verständnis von Information und Wissen[174] kritisiert, die „durchwegs als Dinge bzw. Güter aufgefaßt, also als Substanzen" (Foerster 1999: 4) verstanden würden.

Zeitpunkt der Entwicklungsgeschichte lebend vorfinden, haben sich kumulativ aus zufälligen Variationen entwickelt, und der Einfluß der Umwelt war und ist unter allen Umständen darauf beschränkt, die nicht lebensfähigen Varianten zu eliminieren. Die Umwelt kann also bestenfalls für Aussterben, nicht aber für Überleben verantwortlich gemacht werden." (Glasersfeld 2007: 21)

173 Zumindest gilt dies für von Glasersfeld. Maturana widerspricht explizit dem Konzept der Viabilität. In einem Interview darauf angesprochen entgegnet er: „Auch eine solche Auffassung teile ich nicht. Wie will ich begründen, dass die Realitätsbegegnung, die zum Scheitern meiner Konstruktionen geführt haben soll, tatsächlich irgendwann stattgefunden hat?" (Maturana/Pörksen 2002: 32)

174 Häufig würde „ausdrücklich behauptet oder zumindest stillschweigend angedeutet, daß Wissen und Information dasselbe sind" (Glasersfeld 1987: 176). Und im Begriff der Information schwingt, wie in Kaptiel I.2 ausgeführt, immer der Begriff der Bedeutung mit. Daher böte der Begriff der Information den Fallstrick, zu denken, Bedeutung liege in gesagten oder gesprochenen Wörtern und werde mit diesen transportiert (Glasersfeld 1987: 281f).

Wissen erscheine als etwas, das man ‚erwerben', ‚vermehren' und ‚besitzen' könne, die Rede sei auch vom Wissens*stoff* (Simon 1999: 247); den Begriffs ‚Information' bezeichnet von Foerster (1999: 99) gar als einen „Fall pathologischer Semantik [...]. Dieses arme Ding wird heutzutage ‚verarbeitet', ‚gespeichert', ‚wieder herbeigeschafft', ‚komprimiert', ‚zerlegt' usw., so als ob es Hackfleisch wäre". Es würde von Information gesprochen „als wäre diese ein Gebrauchsgegenstand außerhalb des wahrnehmenden Bewußtseins" (Foerster 1999: 47). Doch: „Die Welt enthält keine Information, die Welt ist, wie sie ist" (ebd.)

Lernen erscheine bei einem verdinglichten Verständnis von Wissen und Information als ein Informations*transport* oder Wissens*erwerb*, indem etwas von Außen nach Innen transportiert werde bzw. als etwas, das von Person zu Person – analog zu dem Sender-Empfänger-Modell der Kommunikation – übertragen werden könne[175]: „Wissen erscheint in diesem Modell als aufgenommene Information über die Wirklichkeit, Lernen als eine Form der Speicherung. Welche Information ‚empfangen' und schließlich ‚gespeichert' wird, wird in diesem geradlinig-kausalen Modell vom ‚Sender' determiniert." (Simon 1999: 247) Doch: „Wissen kann nie als solches von einer Person zur anderen übermittelt werden" (Glasersfeld 1987: 133)[176], vielmehr gelte: „Vom konstruktivistischen Gesichtspunkt aus ist Wissen immer nur in Köpfen und muß dort von jedem einzelnen Lerner aufgebaut werden. Es läßt sich weder mündlich noch schriftlich vom Kopf des Lehrers in den Kopf des Schülers übertragen" (Glasersfeld 1998: 34).[177]

---

175 Zu letzerem formuliert von Glasersfeld (1987: 132): „Wohl den meisten von uns ist in den Kinder- und Jugendjahren der Eindruck vermittelt worden, daß Wissen ein Gut ist, das vom einen zum anderen übertragen werden kann, so wie eine Mutter ihrem Kind einen Löffel voller Brei in den Mund führt."

176 So spottet von Foerster (1999: 5): „Es ist kein Wunder, daß ein Bildungssystem, welches den Prozeß der Erzeugung neuer Prozesse mit der Verteilung von Gütern, genannt ‚Wissen', verwechselt, in den dafür bestimmten Empfängern große Enttäuschung hervorrufen muß, denn die Güter kommen nie an: es gibt sie nicht!"

177 Auch das mit diesem Verständnis einhergehende Modell vom Gedächtnis als Speicher, das auf der Computermetapher beruht, wird stark kritisiert. So schreibt von Foerster über die Gefahren der Computermetapher: „Wenn man aber die metaphorische Beziehung umkehrt und sagt: So wie diese Maschine, so funktioniert auch das Gehirn, dann wird es gefährlich; man glaubt das Gehirn zu verstehen, weil man den maschinellen Mechanismus begriffen hat, von dem man ausgeht. Man meint, das Gedächtnis zu begreifen, wenn man es als einen Speichermechanismus metaphorisiert – und beginnt vielleicht nach dem Ort zu suchen, an den eine bestimmte Information ‚gespeichert' sein soll. Die Folge ist: Blindheit gegenüber dem Wunder des Gehirns." (Foerster/Pörksen 2004: 112) Denn Computer „sind von uns gebaut worden und wir wissen da-

Bevor nun verschiedene konstruktivistische Lernverständnisse skizziert werden sollen, ist darauf hinzuweisen, dass es im Konstruktivismus tendenziell zu einer Gleichsetzung von Erkenntnis und Lernen kommt und daher zwischen Lernen, Wissensaufbau und dem Aufbau einer stabilen Erlebenswirklichkeit nicht streng unterschieden werden kann.[178]

In Abgrenzung von einem solchen (Fehl)verständnis soll ein neues, konstruktivistisches Verständnis von Wissen und Lernen konzipiert werden. So sucht von Glasersfeld (1987: 280) nach einem Begriff des Wissens, „in dem die Güte des Wissens nicht durch Ähnlichkeit oder Abbildung bestimmt wird" und greift dazu

---

her auch, wie sie funktionieren. Und wenn man von der Funktionsweise einer solchen Maschine auf das Gehirn oder den Menschen zurückschließt, dann entsteht fälschlicherweise die Idee, man habe jetzt auch das Gehirn und den Menschen verstanden." (Foerster/Pörksen 2004: 112f) Doch sei z.B. das ‚Gedächtnis' eines Computers etwas ganz anderes als das Gedächtnis eines Menschen: „Wenn Ingenieure über das ‚Gedächtnis' eines Computers sprechen, dann meinen sie nicht eigentlich das ‚Gedächtnis' eines Computers, sondern Vorrichtungen oder Systeme von Apparaturen, mit denen elektrische Signale festgehalten werden, so daß sie dann, wenn sie für weitere Manipulationen benötigt werden, erneut abgerufen werden können. Diese technischen Vorrichtungen sind daher Speicher oder Speichersysteme und zeigen die charakteristischen Merkmale aller Speicher, nämlich die Erhaltung der Qualität dessen, was in einem Zeitpunkt gespeichert und zu einem späteren Zeitpunkt wieder abgerufen wird. Der Inhalt dieser Speicher ist eine Aufzeichnung, englisch ‚record', und eben dies war in den Zeiten vor der Großen Semantischen [sic] Konfusion auch der englische Ausdruck für jene dünnen schwarzen Scheiben, die die Musik wiedergeben, welche auf ihnen aufgezeichnet ist. Ich stelle mir vor, welch große Augen der Verkäufer in einem Musikgeschäft machen würde, wenn man ihn nach dem ‚Gedächtnis' von Beethovens fünfter Symphonie fragte. Er würde den Kunden wahrscheinlich an den Buchladen nebenan verweisen. Und völlig zu recht, denn Aufzeichnungen vergangener Erfahrungen reproduzieren nicht die Ursachen dieser Erfahrungen, sie transformieren diese Erfahrungen vielmehr – durch einen Wechsel der qualitativen Bereiche – mit Hilfe einer Menge komplexer Prozesse in Äußerungen oder andere Formen symbolischen oder zielorientierten Verhaltens. Wenn man mich fragt, was ich zum Frühstück gegessen habe, dann produziere ich nicht Rührei, sondern sage lediglich ‚Rührei'." (Foerster 1999: 98f)

178 Zu dieser Gleichsetzung schreibt Clemens Diesbergen (1998: 75): „Eine solche Gleichsetzung kann prinzipiell in Frage gestellt werden – innerhalb der hier untersuchten Theoriebildung macht sie jedoch insofern Sinn, als auch Erkennen sich letztlich nicht als spezifische Kategorie von übrigen Kognitionen abhebt und Kognition wiederum nichts anderes bedeuten soll, als (über)leben".

auf sein Konzept der Viabilität zurück. Auf dem Hintergrund von Viabilität sei Wissen „kein Bild oder keine Repräsentation der Realität, es ist vielmehr eine Landkarte dessen, was die Realität uns zu tun erlaubt. Es ist das Repertoire an Begriffen, begrifflichen Beziehungen und Handlungen oder Operationen, die sich in der Verfolgung unserer Ziele als viabel erwiesen haben." (Glasersfeld 1997a: 202f) Anders gesagt: „Dieses Wissen besteht nicht in einem Bild der ‚wirklichen' Welt, sondern gibt der Erfahrung Struktur und Organisation. Als solches hat es eine allumfassende wichtige Funktion: es ermöglicht uns, Probleme der Erfahrung zu lösen." (Glasersfeld 1987: 280)

Doch wie kommt dieses ‚Wissen' zustande? Mit anderen Worten: Was kann ausgehend von einer solchen Wissenskonzeption unter Lernen verstanden werden? Lernvorgänge lassen sich nach von Glasersfeld wesentlich durch die Prozesse der *Induktion* und *Perturbation* verstehen. Während Induktionsprozesse sich vor allem für den Aufbau von Wissen verantwortlich zeichnen, sei ein Umbau des Wissens vornehmlich durch Perturbation evoziert.

Der *Induktionsprozess* läuft in seiner einfachsten Form nach von Glasersfeld (1987: 142) wie folgt ab:

„Hat ein Organismus eine Erfahrung und ist diese Erfahrung in einem bestimmten Sinne erfolgreich oder befriedigend, dann neigt der Organismus dazu, diese Erfahrung zu wiederholen. Setzt sich die Erfahrung fort, dann wird der Organismus Regularitäten aus diesem seinem Korpus an Erfahrung abstrahieren oder errechnen." (Glasersfeld 1987: 142)[179]

---

179 Es bleibt jedoch äußerst unklar, was konstruktivistisch unter *Erfahrung* verstanden werden kann. Von Glasersfeld spricht beispielsweise wie folgt davon: „Das Rohmaterial seiner [des Organismus] Konstruktionen seien ‚Sinnesdaten', und damit meint der Konstruktivist ‚Partikel der Erfahrung', also Elemente, die keinerlei spezifische ‚Interaktionen' oder Verursachungen auf Seiten einer bereits strukturierten ‚Realität' jenseits der Erfahrungsschnittstelle des Organismus voraussetzen." (Glasersfeld 1987: 111) An anderer Stelle expliziert er: „Was wir ‚Erfahrung' nennen, hat verschiedene Ebenen. Da sind zunächst die Elemente des Sensoriums, deren Totalität Kant so schön ‚das Mannigfaltige' genannt hat. Dann ist da alles, was jeweils kategorisiert, d.h. mit Hilfe von Begriffen assimiliert worden ist – Dinge, Situationen, Vorgänge, Beziehungen usw. Dazu kommt, was von dieser Grundebene abstrahiert und erfolgreich angewandt wurde. Somit auch alles Gedachte, das sich bewährt hat, sowie, im Zusammenhang mit Problemen, die noch nicht gelöst sind, was sich da nicht bewährt hat, d.h. also auch unsere mißlungenen Versuche." (Glasersfeld 1997a: 51) Dazu Pongratz (2005: 58): „Stets wird auf die eine oder andere Weise mit der Unterstellung operiert, die solipsistisch konzipierten Systeme seien in der Lage, Erfahrungen zu machen. Erfahrungen aber beziehen sich immer auf etwas, das sich außerhalb ‚erkennender Systeme' befin-

Nach von Glasersfeld ist es also allein die Wiederholung eines Ereignisses, die uns hilft, „aus dem Fluß des Erlebens eine einigermaßen dauerhafte, regelmäßige Welt zu konstruieren" (Glasersfeld 2007: 30); anders gesagt:

„Die Erlebenswelt erhält Struktur und Organisation einzig und allein durch die Regelmäßigkeiten und Invarianten, die es dem Erlebenden im Fluß seines Erlebens zu abstrahieren gelingt. Sie besteht aus eben jenen viablen Begriffen, Beziehungen, Regeln und Modellen, die es dem handelnden Subjekt ermöglichen seine Ziele zu erreichen." (Glasersfeld 2005: 34)

Dieser Abstraktionsprozess, in dessen Verlauf eine stabile Wirklichkeit konstruiert wird, schildert von Glasersfeld als eine zunehmende Segmentierung des Erlebensflusses, die zur Konstruktion verschiedener Entitäten führt:

„Indem es den Fluß seines Erlebens segmentiert und Teilstücke aufeinander bezieht und verkettet, schafft das Subjekt sich Modelle von ‚Dingen' und kategorisiert das Erlebensfeld, in dem sie erlebt wurden, als ‚Umwelt'. Insofern diese Dinge sich dann als mehr oder weniger dauerhaft erweisen und ihrerseits aufeinander bezogen und verkettet werden können, erwächst die Konstruktion einer kohärenten Wirklichkeit." (ebd.)

In späteren Schriften nennt von Glasersfeld als zentralen Faktor für den stabilen Aufbau von Wissen bzw. Wirklichkeit auch noch die *intersubjektive Bestätigung*. „Was wir zumeist als ‚objektive' Wirklichkeit betrachten, entsteht in der Regel dadurch, daß unser eigenes Erleben von anderen bestätigt wird. [...] Intersubjektive Wiederholung von Erlebnissen liefert die sicherste Garantie der ‚objektiven' Wirklichkeit." (Glasersfeld 2005: 33) Von Glasersfeld konzediert, dass dies aus konstruktivistischer Perspektive keineswegs selbstverständlich sei, „denn es scheint ja die ontische ‚Existenz' von anderen Erlebenden stillschweigend vorauszusetzen" (ebd.) und somit konstruktivistischen Prinzipien zu widersprechen. Um daher konsequent zu bleiben, muss geklärt werden, „wie es dazu kommt, daß die Umwelt auch von anderen bevölkert ist, die eine erstaunlich ähnliche Erlebenswelt zu haben scheinen" (ebd.). Es wurde bereits beschrieben, wie von Glasersfeld den Prozess der Konstruktion einer stabilen Wirklichkeit als einen Prozess der Segmentierung des Erlebensflusses beschreibt. Die erste Entität, die dabei konstruiert werde, sei das eigene Selbst. So schreibt von Glasersfeld (1987: 128):

---

det. Wären diese Systeme wirklich völlig geschlossen, müsste Erfahrung im strengen Sinn selbstreferentiell interpretiert werden, d.h. erkennende Systeme machten gar keine Erfahrungen mit anderem und anderen, sondern nur mit ‚sich selbst'."

„Wenn all das, was ich bisher gesagt habe, konsistent ist, dann müßte nunmehr klar sein, daß der erste Schnitt, die elementarste Unterscheidung [...], die ein erfahrendes Subjekt machen kann, der intuitiv befriedigende Schnitt zwischen sich selbst als erfahrendem Subjekt auf der einen und seiner Erfahrung auf der anderen Seite sein dürfte."[180]

Das so konstruierte Selbst schreibe sich selbst nach und nach „bestimmte Eigenschaften, Fähigkeiten und Funktionen zu" (Glasersfeld 2005: 34), die es im weiteren Verlauf des Konstruktionsprozesses einer stabilen Wirklichkeit auch anderen ‚unterschiebe'[181], so dass es sukzessive zur Schaffung einer neuen Entität, zur „Erschaffung der Mitmenschen nach unserem Bilde" (Glasersfeld 1997b: 196), „zur Konstruktion des ‚Anderen'" (Glasersfeld 2005: 35) komme.[182] Die so einmal konstruierten Entitäten verhelfen uns schließlich, durch „die Bestätigung eines eigenen Erlebnisses durch sprachliche Interaktion mit einem anderen" (Gla-

180 Den ersten Schritt in diesem ersten Schnitt, die Entstehung eines elementaren Selbstgefühls, erläutert von Glasersfeld zumeist am Beispiel kleiner Kätzchen: „Wenn die kleinen Kätzchen miteinander zu spielen anfangen, verbringen sie oft geraume Zeit damit, Schwänze zu jagen. Früher oder später fängt da ein Kätzchen unweigerlich seinen eigenen Schwanz, beißt zu, und gibt einen erschrockenen Quiekser von sich. So lernt es, daß es unter all den Schwänzen einen besonderen – nämlich den eigenen – gibt, mit dem man vorsichtiger umgehen muß, als mit allen anderen. Damit ist eine Grundlage für den Selbstbegriff geschaffen, auf der man dann im Lauf der weiteren kognitiven Entwicklung die Unterscheidung zwischen Subjekt und Objekt aufbauen kann." (Glasersfeld 1997a: 46)

181 Wie von Glasersfeld in Anlehnung an einen von ihm wiederholt zitierten Satz aus Kants ‚Kritik der reinen Vernunft, formuliert. Dieser lautet: „Es ist offenbar: daß, wenn man sich ein denkendes Wesen vorstellen will, man sich selbst an seine Stelle setzen und also dem Objecte, welches man erwägen wollte, sein eigenes Subject unterschieben müsse" (Kant 1838: 284 zit. nach Glasersfeld 2005: 34f)

182 Ausführlicher: „Nach und nach führt diese Entwicklung der Erfahrung also dazu, daß man gewissen Dingen in der Erlebenswelt nicht nur spontane Beweglichkeit, sondern auch Sinneswahrnehmungen und schließlich auch Denken, Fühlen und absichtliches, planmäßiges Handeln zuschreibt. In dieser einen, spezifischen Hinsicht beruht die Konstruktion der ganzen hierarchisch gestuften Bevölkerung unserer Erlebenswelt auf der rekursiven Anwendung einer begrifflichen Operation: Aus der anfänglichen Kategorie der selbstbeweglichen Lebewesen wird Schritt für Schritt die nächst höhere gebildet, indem man gewissen Objekten, insofern die Erfahrung es angemessen erscheinen läßt, eine jeweils höhere Fähigkeit des eigenen subjektiven Erlebens ‚unterschiebt'." (Glasersfeld 2005: 36; vgl. auch von Glasersfeld 1997b: 196)

sersfeld 2005: 36) zu einer stabileren Wirklichkeit (vgl. auch Glasersfeld 1997b: 210).[183]

Wie sich hier schon zeigt, spielen die anderen zwar eine Rolle in Prozessen der Konstruktion, doch nur eine nachrangige. Das Subjekt konstruiert sich zuerst selbst, dann konstruiert es die anderen und erst dann wirken diese auf die individuellen Konstruktionsprozesse ein. Das hier zugrunde liegende individualtheoretische Verständnis zeigt sich auch, wenn von Glasersfeld explizit vom Lernen spricht. Zwar sei das „Lehren eine soziale Tätigkeit" (Glasersfeld 1997a: 204), jedoch sei Lernen „eine private Aktivität in dem Sinne, daß sie nur im Geiste des Schülers allein stattfinden kann" (ebd.). Um dies zu verdeutlichen, gibt er folgendes Beispiel:

„Um etwa die Bedeutung des Wortes ‚Apfel' zu lernen, muß ein Kind zumindest einen Apfel sehen, berühren und schmecken und den Klang des Wortes mit einer Abstraktion dieser Erfahrungen verknüpfen. Um zu verstehen, was andere Menschen meinen, wenn sie in anderen Situationen ‚Apfel' sagen, muß das Kind mehrere verschiedene Äpfel erlebt haben und es muß einen allgemeinen Begriff abstrahiert haben, der zu Äpfeln von verschiedener Größe, verschiedener Farbe und verschiedenem Geschmack paßt. Solche Begriffe können jedoch nur auf der Grundlage der ureigenen Erfahrungen eines Subjekts entwickelt werden, keinesfalls aus der Erfahrung anderer Menschen. Sie sind und bleiben subjektiv, wie sehr auch jeder Sprecher einer Sprache seine Begriffe durch die Interaktion mit anderen Sprechern angepaßt hat." (Glasersfeld 1997a: 205)

Um ein Verständnis davon zu erhalten, was geschieht, wenn eine Erfahrung sich nicht wiederholt bzw. die Antizipation einer Erfahrung scheitert, zieht von Glasersfeld eine kybernetisch-konstruktivistische Interpretation von Piaget heran (Glasersfeld 1987: 99ff). Diese beschreibt er wie folgt:

„Wann immer ein Ding, das einer bestimmten Kategorie zugeordnet wurde, eine Erwartung, die auf vorhergehender Erfahrung mit Angehörigen der Kategorie beruht, nicht erfüllt, wird eine Änderung nötig. Die Änderung kann die Zuteilung des fraglichen Dings zu einer anderen Kategorie sein oder die Schaffung einer neuen Kategorie. Piaget hat diesen Vorgang der Korrektur und der Erweiterung sehr befriedigend in seinem Modell des sensomotorischen Schemas mit den Begriffen ‚Assimilation' und ‚Akkomodation' erfaßt." (Glasersfeld 2005: 35).

183 Unklar bleibt dabei, warum die intersubjektive Bestätigung angesichts der Nachträglichkeit der anderen eine solch große Wirkung im Konstruktionsprozess zeitigt.

Anders gesagt:

„Die Lerntheorie, die sich aus Piagets Arbeiten ergibt, läßt sich dahingehend zusammenfassen, daß kognitiver Wandel und Lernen stattfinden, wenn ein Schema statt der Erzeugung des erwarteten Ergebnisses zu einer *Perturbation* führt, und wenn die Perturbation ihrerseits zu einer Akkommodation führt, die ein neues Gleichgewicht herstellt. Lernen und das dadurch erzeugte Wissen sind folglich explizit instrumenteller Natur." (Glasersfeld 1997a: 181f; kursiv d. Verf.)[184]

Insgesamt gelte, dass „für Konstruktivisten [...] alle Verständigung, alles Lernen und Verstehen stets Bau und Interpretation des erlebenden Subjekts" (Glasersfeld 2007: 17) sei.

184 Von Glasersfeld ist es zudem sehr wichtig, zwei Dimensionen des Lernens zu unterscheiden, die im Wort ‚Lernen' gängigerweise vermischt würden: „Das Wort ‚Lernen' ist zweideutig. Dies ist zwar wohlbekannt, wird aber selten bemerkt. Hat jemand sich etwa die Fertigkeit angeeignet, ohne zu stocken und ohne jeden Fehler die zwölf Monatsnamen, die amerikanische Unabhängigkeitserklärung oder die Namen der US-Präsidenten seit Washington aufzusagen, dann meinen wir, daß er dies alles ‚weiß' und betrachten dieses Wissen als ein Ergebnis seines Lernens. Hat nun jemand andererseits die Fähigkeit erworben, ein Radio zu reparieren, aus Nachrichten über Watergate Schlüsse über die Ehrlichkeit eines Präsidenten zu ziehen oder Probleme zu lösen, die er nie zuvor angetroffen hatte, dann mögen wir das zwar nicht immer als ‚Wissen' bezeichnen, würden ihm aber in jedem Falle eine gewisse Art von ‚Lernen' zubilligen." (Glasersfeld 1987: 131) Beide Arten des Lernens seien jedoch, besonders durch den Behaviorismus, verwischt worden. Wenn man jedoch „Lernen als einen Akt der Konstruktion" (Glasersfeld 1987: 132) verstehe, wird „der Unterschied zwischen den beiden vorhin erwähnten Typen des Lernens sehr klar. Sind etwa die einzelnen Teile des Textes der Unabhängigkeitserklärung einmal zusammengebaut und in der richtigen Reihenfolge aufgezeichnet worden, dann muß diese Reihenfolge erhalten bleiben, unabhängig von der Situation, in der sie vielleicht aufgerufen wird und wiederholt werden muß. Dagegen müssen die Arbeitsgänge bei der Reparatur von Radios je nach Situation unterschiedlich sein, wenn sie zu einem invarianten Ergebnis führen sollen. Auf die einfachste Weise läßt sich das so formulieren: Im ersten Falle gibt lediglich die Fertigkeit, sich entlang dieses Weges zu bewegen; im zweiten Falle gibt es einzelne Wegstücke sowie ein Ziel, und erlernt werden muß die Fähigkeit, Stücke so auszuwählen und aneinanderzufügen, daß ein Weg zum Ziel herauskommt. Diese zweite Art des Lernens ist daher eine echte konstruktive Tätigkeit." (ebd.)

Auf ein konstruktivistisches Verständnis von Lernen und Wissen zielt auch Fritz B. Simon.[185] Sowohl Wissen als auch Lernen seien „Begriffe, die wir als Beobachter verwenden, wenn wir das Verhalten bzw. die Veränderung des Verhaltens selbstorganisierender System erklären wollen" (Simon 1999: 246). Ein Beobachter, der entscheiden wolle, ob gelernt wurde oder nicht, beobachte ein System mindestens zu zwei verschiedenen Zeitpunkten und stelle verschiedene bzw. veränderte Verhaltensweisen fest. Die Ursachen für diese Verhaltensveränderung könne er jedoch nicht direkt, wie das Verhalten selbst, beobachten, sondern nur aus diesem rückschließen (Simon 1997: 147f). Üblicherweise schreiben wir dabei „äußerlich beobachtbares Verhalten ursächlich irgendwelchen Zuständen oder Prozessen in seinem [des Menschens] Inneren zu, die wir nicht direkt beobachten können" (Simon 1999: 246); mit anderen Worten: „Wir verknüpfen beobachtbare Phänomene, z.B. Verhaltensänderungen, mit nichtbeobachtbaren, hypothetischen Prozessen" (Simon 1999: 148), spezifischer konstruieren wir eine Kausalbeziehung zwischen diesen beiden. Dabei ist nun Lernen eine der üblichsten Zuschreibungen für beobachtete Verhaltensveränderungen. „Der Begriff ‚Lernen' beschreibt also keine wahrnehmbaren Phänomene, sondern erklärt sie: Lernen ist ein *Erklärungsprinzip*", wie Simon (ebd.; kursiv d. Verf.) dies in Anlehnung an Gregory Bateson nennt. Es seien die Vorannahmen des Beobachters, die bedingen, was von ihm als Lernprozess beschrieben wird und was nicht. Anders gesagt: „Ob jemand lernt oder nicht, entscheiden nicht so sehr die Prozesse in seinem Kopf oder Bauch, sondern die Konzepte des Beobachters." (Simon 1999: 149f)[186]

Über die Betrachtung des Lernens als Erklärungsprinzips hinaus hat Simon selbst spezifische systemtheoretisch-konstruktivistische Annahmen über das, was Lernen sei. So betont er, dass Lernen „niemals eine passive Informationsaufnahme, sondern stets ein aktiver, innengesteuerter Selektionsprozess" (Simon 1999:

185 Simon ist nicht nur von radikal-konstruktivistischen Theorien, sondern auch von der Systemtheorie und von Gregory Bateson beeinflusst und vertritt somit eine – (jedoch) nicht untypische – systemtheoretische Variante des Radikalen Konstruktivismus.

186 In ähnlicher Weise interpretiert Anhalt das Lernen als einen ‚imaginären Wert, – ein Begriff von Foersters: „Pädagogik beobachtet und beschreibt Erziehung und Unterricht in Form von Theorien, die Begriffe verwenden, um ‚sichtbar' beziehungsweise ‚lesbar' zu machen, was es aufgrund spezifischer Annahmen über die Sache zu ‚sagen' gilt." (Anhalt 2009: 41) Lernen markiere daher einen imaginären Wert, auf den pädagogische Beschreibungen bezogen und pädagogische Operationen ausgerichtet würden (Anhalt 2009: 37ff). Systemtheoretisch formuliert sei Lernen „eine Adresse der pädagogischen Kommunikation" (Anhalt 2009: 38) und werde von der Pädagogik in die ‚Umwelt, von Erziehung und Unterricht gerückt.

152) sei.[187] Die Veränderungsprozesse, die auf individueller Ebene abliefen und als Lernen bezeichnet würden, seien stets *strukturdeterminiert*, d. h. nicht von etwas außerhalb des Systems determiniert, „sondern von der aktuellen Struktur des betreffenden Individuums bestimmt“ (Simon 1999: 248); anders gesagt: sie hängen „von den im Laufe seiner Geschichte entwickelten internen Strukturen ab“ (ebd.). Veränderungsprozesse würden zwar von Störungen hervorgerufen, die von außerhalb des Systems kommen (Perturbationen), seien durch diese aber nicht determiniert. „Was im traditionellen Input-Output-Modell als Informationsübermittlung konzeptualisiert war, ist in diesem Modell als Perturbation bzw. deren Kompensation zu verstehen.“ (ebd.)

Das Modell der Perturbation, das sowohl Simon als auch von Glasersfeld für ihr Lernkonzept benutzen, stammt aus der Theorie der Autopoiesis von Maturana und Varela. Auch dort wird an einigen Stellen explizit über Lernprozesse gesprochen. So beschreibt Varela (1992: 159) Lernen „als eine Form ständiger wechselseitiger Abstimmung zwischen den internen Aktivitäten des Organismus und den fortwährend wirksamen (Stör-)Einflüssen der Umgebung“ und könne daher definiert werden, als „Modifikation der Struktur eines autonomen (lebenden) Systems, die zu einer Veränderung der Art der Koppelung dieses Systems führt“ (Varela 1992: 161). Für Maturana besteht der Lernprozess

„in der Transformation des Verhaltens eines Organismus durch Erfahrung, und zwar auf eine Weise, die direkt oder indirekt der Erhaltung seiner basalen Zirkularität dient. Entsprechend der zustandsdeterminierten Organisation des lebenden Systems im allgemeinen, und des Nervensystems im besonderen, ist diese Transformation ein historischer Prozeß. Dabei stellt jede Verhaltensweise eine Grundlage dar, auf der neue Verhaltensweisen sich entwickeln, sei es durch Veränderungen in den möglichen Zuständen, die sich als Ergebnis einer Interaktion in ihr entwickeln können, sei es durch Veränderungen der Übergangsregeln von einem Zustand zum anderen. Der Organismus lebt somit in einem kontinuierlichen Entwicklungsprozeß, der durch eine endlose Abfolge von Interaktionen mit unabhängigen Gegenständen spezifiziert wird“ (Maturana 1985: 60f).

187 Die Aktivität auf Seiten des Lernsubjekts hebt auch von Glasersfeld besonders hervor, wenn er schreibt, „daß Erkennen und Wissen nicht der Niederschlag eines passiven Empfangens sein können, sondern als Ergebnis von Handlungen eines aktiven Subjekts entstehen“ (Glasersfeld 2007: 30). Dieses Verständnis zieht sich auch durch die Konstruktivismusrezeption in der Pädagogik. Die Betonung der Aktivität des Lernsubjekts bei gleichzeitiger Unklarheit über das Lernsubjekt selbst führt jedoch häufig zu einer Überbetonung der Aktivität, in der das ebenso wichtige Moment der Passivität und der Erfahrung als Widerfahrnis übersehen wird. Siehe dazu auch II.2.7.

Lernen sei daher „kein Prozeß der Akkumulation von Repräsentationen der Umwelt“ (Maturana 1985: 69), sondern „ein kontinuierlicher Prozeß der Transformation von Verhalten durch kontinuierliche Veränderung der Fähigkeit des Nervensystems, solches Verhalten zu synthetisieren“ (ebd.). Dabei sei das „lernende Nervensystem [...] ein deterministisches System mit einer relativistischen, selbstregulierenden Organisation“ (Maturana 1985: 61) und die „Veränderungen im Bereich möglicher Zustände, die das Nervensystem einnehmen kann, die im Prozeß der Ontogenese des Organismus als Resultat seiner Interaktionen stattfinden, bedeuten Lernen“ (Maturana 1985: 233). Lernen sei daher „ein Phänomen der Transformation des Nervensystems in Verbindung mit einer Verhaltensänderung unter Aufrechterhaltung der Autopoiese“ (ebd.). Zusammengefasst bedeutet Lernen für Maturana somit eine durch Perturbationen ausgelöste, erfolgreiche Regulation bzw. Transformation interner Strukturen eines Systems auf dem Hintergrund der Strukturgeschichte des Systems.

In allen drei hier vorgestellten konstruktivistischen Lernverständnissen wird der Lernprozess somit sehr *abstrakt* und *formalistisch* beschrieben, was denn auch dazu geführt hat, dass bei der Übertragung eines konstruktivistischen Lernverständnisses in pädagogische Theorien, zumeist nur die Aspekte der Ablehnung des herkömmlichen Verständnisses von Lernen sowie der Annahmen der informationellen Geschlossenheit und der Strukturdeterminiertheit bestehen bleiben, ansonsten ein konstruktivistisches Lernverständnis jedoch äußerst vielfältig interpretiert wird.[188]

---

188 Wie der Lernbegriff in der pädagogischen Rezeption eines ‚gemäßigten Konstruktivismus‘ dann völlig ins Fahrwasser der Beliebigkeit gerät, zeigt sich an Siebert und Arnold. So schreibt beispielsweise Siebert (2002: 72): „Lernen lässt sich mit einem Essen in einem Restaurant vergleichen. Der traditionelle Lernbegriff ähnelt einem Menü: Der Gast erhält eine Speisekarte und wählt ein Menü aus, hat aber auf die einzelnen Speisen keinen Einfluss. ‚Gegessen wird, was auf den Tisch kommt.‘ Wenn ihm etwas nicht schmeckt, lässt er es stehen. Der konstruktivistische Lernbegriff lässt sich mit einem Selbstbedienungsbuffet vergleichen. Der Gast entscheidet, was und wie viel ihm gerade jetzt schmeckt und bekömmlich ist. Er wählt aus, was er bereits kennt, aber er probiert auch etwas Neues aus.“ Und Siebert formuliert: „Lernen ist ein *Habitus*, ein Lebensstil, das Bewusstsein der Vorläufigkeit und Unvollkommenheit. Ein solches intrinsisches Bildungsinteresse ist nicht identisch mit der ökonomischen Verpflichtung zum lebenslangen Lernen – die nicht bestritten werden soll. Aber Bildungslernen als Habitus meint noch etwas anderes. Da ein solches ‚Bildungsstreben‘ von dem sozialen Umfeld angeregt und unterstützt wird, wird der kognitionstheoretische Individualismus durch einen ‚symbolischen Interaktionismus‘ ergänzt. Und auch deshalb ist ein seminaristisches soziales Lernen erforderlich. Niemand lernt ‚im luftleeren Raum‘ und

I.3.3 ANALYSE DES ZUSAMMENHANGS VON SUBJEKT- UND LERNVERSTÄNDNIS IM KONSTRUKTIVISMUS

Ontologische Setzungen

Das Subjektverständnis des Konstruktivismus wird deutlich sichtbar, betrachtet man kritisch die Behauptung der Konstruktivisten, sie könnten ohne ontologische Annahmen auskommen. Zur Erinnerung: Von Glasersfeld beschreibt den Konstruktivismus als „eine bescheidene, pragmatische Wissenstheorie, die keinerlei metaphysische Behauptungen macht" (Glasersfeld 1998: 12); an anderer Stelle bezeichnet er diesen als eine Anhäufung historisch schon bekannter Ideen, die „zusammengefügt und von metaphysischer Verbrämung gesäubert worden sind" (Glasersfeld 1997b: 56). Und von Foerster spricht von der „schrecklichen Idee der Ontologie – der Lehre vom wirklich Vorhandenen" (Foerster/Pörksen 2004: 25), von der er sich distanziert und die er überwinden will. Auch Maturana, der meint Theoriebildung betreiben zu können, „ohne irgendeine ontologische Annahme zu machen" (Maturana/Pörksen 2002: 26) wendet sich gegen die gängige „metaphysische[.] Auffassung, gemäß der alle Existenz notwendig ein Sein und Wesenheiten voraussetzt, die unabhängig sind von dem, was wir Menschen tun" (Maturana/Pörksen 2002: 13) und spricht von einer ‚metaphysischen Wende', die er vollzogen hätte: „[I]ch wechselte von der traditionellen Metaphysik, die annimmt, dass die von uns gelebte Welt bereits existiert, bevor wir sie leben, zu einer Metaphysik, in der die Welt, die wir leben, erst dadurch zu existieren beginnt, dass wir sie durch unser Tun erschaffen" (Maturana/Pörksen 2002: 17). Zwar spricht er somit – in konstruktivistischen Kreisen ungewöhnlich – von Metaphysik, behauptet zugleich jedoch: „Diese metaphysische Einstellung enthält keine ontologische Annahme" (Maturana/Pörksen 2002: 18).[189]

Der propagierten *Abkehr von aller Ontologie* kann entgegenhalten werden, dass in allen (wissenschaftlichen) Aussagen ontologische bzw. metaphysische Annahmen implizit enthalten sind. Jensen (1999: 38) verdeutlicht dies daran, „daß jeder gewählte Gegenstandsbereich immer ein ‚kleines Universum' ist, das der Forscher im Zuge seiner Operationen mit Gegenständen füllt". Doch welche on-

nur ‚im stillen Kämmerlein'." (Siebert 2003: 25) Wohl bezogen auf solche Aussagen kommentiert Pongratz (2005: 132): „Die konstruktivistische Rhetorik jedenfalls gibt sich alle Mühe, den Eindruck zu erwecken, man könne zugleich erfahrungsbezogener Hermeneutiker, leibbezogener Phänomenologe, handlungsbezogener Interaktionist und idealistischer Konstruktivist sein, ohne sich dabei in die Quere zu kommen."

189 Diesen Aussagen scheint eine sehr ungewöhnliche Verwendung des Begriffs Metaphysik zugrunde zu liegen.

tologische Setzung nimmt der Konstruktivismus entgegen seiner Aussagen vor? Hier muss zwischen der ‚empirisch-neurobiologischen' und der ‚psychologisch-philosophischen' Variante der ‚Begründung' des Konstruktivismus unterschieden werden.

Beginnen wir bei der ‚empirisch-neurobiologischen' Variante, bei der versucht wird, die zentrale These des Konstruktivismus, die Geschlossenheitsthese, mit Rekurs auf die Forschungsergebnisse der Neurowissenschaften zu untermauern. Dies läuft auf eine selbstgestrickte Falle hinaus, „denn das Gehirn ist als Konstruktion nur auf Kosten eines realen Gehirns zu haben" (Kurt 1995: 65), das als Erkenntnisobjekt den Gegenstandsbereich der Neurowissenschaften markiert. Dies bedeutet jedoch: „Mit der Prämisse dieses ontologischen Gehirns [...] formuliert der radikale Konstruktivismus einen theorieimmanenten Widerspruch, der innerhalb des konzeptuellen Rahmens der Theorie auch nicht wieder aufgelöst werden kann." (Kurt 1995: 65f) Anders formuliert: Der Konstruktivismus, der die Annahme einer objektiven Wirklichkeit ja gerade zurückweisen will, kann sich konsistenterweise nicht auf Ergebnisse einer empirischen Wissenschaft gründen, die auf Objektivität zielt und die eine vom Erkenntnissubjekt unabhängige, objektive Realität voraussetzt.[190] So argwöhnt Pongratz (2005: 46) zu Recht, dass

190 Dies führt auch Dettmann aus, wenn er schreibt: „Erstaunlich ist allerdings, daß eine Theorie, die sich den empirischen Wissenschaften verpflichtet fühlt, mit Hilfe einer empirischen Theorie, nämlich der Neurobiologie, die Unmöglichkeit von Erkenntnis und damit von Wissenschaft überhaupt zu beweisen versucht. Erstaunlich ist auch, daß eine Theorie, die sich als naturalisierte Erkenntnistheorie zu erkennen gibt, die Möglichkeit verläßlichen Erkenntnisgewinns kategorisch ausschließt, wo doch den naturalisierten Erkenntnistheorien üblicherweise der Gedanke zugrunde liegt, daß die empirische Wissenschaft das Maß aller Dinge ist, weil die Naturwissenschaft als das Paradigma von verläßlichem Erkenntnisgewinn über die Welt betrachtet wird." (Dettmann 1999: 114) Zu dem so entstehenden Dilemma schreibt Rustemeyer: „Neurobiologische Erklärungen von Kognition reformulieren damit philosophisch-erkenntnistheoretische Beschreibungen, aber sie können ihren eigenen Prämissen zufolge kaum den Anspruch erheben, die überlegene oder gar die einzige mögliche Beschreibung zu sein. Wollten sie dies behaupten, nähmen sie einen privilegierten Wirklichkeitsbezug in Anspruch, den sie anderen Erkenntniskonzeptionen gerade vorwerfen." (Rustemeyer 1999: 469) Dem damit entstandenen Vorwurf der Selbstwidersprüchlichkeit kann man auch nicht einfach dadurch entkommen, dass kurzerhand der Begriff der Empirie umgedeutet wird. Dies versucht Siegfried J. Schmidt (1990: 37), wenn er formuliert: „Insofern ist Empirizität im konstruktivistischen Rahmen an uns selbst und unsere kognitive Konstruktivität gebunden und nicht an die objektive Struktur ‚der' Wirklichkeit. Auch empirisches Wissen ist ‚nur' Wissen von der Welt, so wie wir sie uns den-

„schon die Behauptung, aufgrund neurophysiologischer, objektiver wissenschaftlicher Erkenntnisse begründen zu können, dass es keine Objektivität gäbe, [...] nur schwer plausibel zu machen" sei.[191] Zusammengefasst kommt es bei der 'empirisch-neurobiologischen' Variante zur einer (Voraus-)Setzung eines realen Gehirns bzw. Gehirn-an-sich.

Auch die ‚philosophische' Variante muss sich „zu guter Letzt doch zugestehen, dass die Außenwelt beim Aufbau kognitiver Strukturen als einschränkende Bedingung stets im Spiel ist" (Pongratz 2005: 58). Anders gesagt: Das Viabilitätskonzept ist überhaupt nur dann sinnvoll, wenn eine, wenn auch bloß widerständige, Wirklichkeit, die unabhängig von der Erlebenswirklichkeit existieren muss, vorausgesetzt wird. Neben dieser Setzung einer Wirklichkeit-an-sich, kommt es zudem zu einer ‚Ontologie der Beobachtung' (Jensen). Auf einen Nenner gebracht bedeute diese: „Realität ist, was sich aus Beobachtung ergibt" (Jensen 1999: 38). Vorausgesetzt wird „die Wirklichkeit des Subjekts [...], das alle Wirklichkeit bestreiten möchte" (Pongratz 2005: 85). Ontologisch (voraus-)gesetzt wird hier ein

---

ken können". Er meint damit den Vorwurf der Selbstwidersprüchlichkeit abgewehrt zu haben (Schmidt 1990: 39); denn: „Man muss den Radikalen Konstruktivismus [...] bereits angenommen haben, um mit diesem Empiriebegriff zu operieren" (Diesbergen 1998: 225); insofern gleicht die versuchte empirische Gründung des Konstruktivismus der wittgensteinschen Leiter, mit dem entscheidenden Unterschied, dass man, nachdem man sie benutzt hat, an deren Existenz grundlegend zweifelt.

191 Hinzu kommt der Vorwurf, dass der Konstruktivismus seine empirische Grundlage „anhand einer einseitigen Interpretation von neurowissenschaftlichen Forschungsergebnissen gewinnt" (Fröhlich 2000: 248). Denn nicht nur ist die grundsätzliche Frage nach dem Zusammenhang von Gehirn und Geist vollkommen ungelöst (ebd.), erstaunlich ist zudem, dass „das Prinzip der unspezifischen Codierung, das Prinzip der Neutralität des neuronalen Codes ein von der Biologie anerkanntes Prinzip ist, aus dem aber niemand bisher die radikal-konstruktivistische Konsequenz gezogen hat, daß lebende Systeme informationell geschlossene Systeme seien und lebende Systeme ihre Umwelt nicht (zumindest partiell) erkennen könnten. Ganz im Gegenteil wird in der Neurobiologie üblicherweise davon ausgegangen, daß das Gehirn ein informationsverarbeitendes System ist, das seine Umwelt mit allen für ihn relevanten Aspekten zu repräsentieren imstande ist" (Dettmann 1999: 114). Wie sich in Kapitel I.4 zeigen wird, ist dies zwar überzogen dargestellt, von der Tendenz her jedoch richtig. Auch wenn der in den Neurowissenschaften üblicherweise verwendete Informationsbegriff selbst wiederum kritisiert werden muss, so ist mittlerweile recht unbestritten, dass das Gehirn sich nur in der Interaktion mit der Umwelt wie mit anderen Menschen überhaupt entwickeln und somit mitnichten als ein autopoietisches System dargestellt werden kann.

einzelnes Subjekt und dessen subjektive Erlebniswirklichkeit; mit anderen Worten: der Beobachter.

Daher gilt insgesamt: „Wie immer man es dreht und wendet: Der Konstruktivismus kommt nicht voraussetzungslos ins Spiel." (Pongratz 2005: 58) Damit ist der Radikale Konstruktivismus nicht nur nicht so radikal wie behauptet[192], sondern vor allem voller Selbstwidersprüche.[193]

---

192 Denn er „entpuppt sich letztlich als eine verkappte realistische Erkenntniskonzeption" (Diesbergen 1998: 201). Anders gesagt: „Die ontologische Struktur der konstruktivistischen Wirklichkeit unterscheidet sich kaum von der ontologischen Struktur der vom Realisten angenommenen und beschriebenen Realität" (Dettmann 1999: 240). Damit aber sind Konstruktivisten ihrem erklärten Gegner überraschend ähnlich.

193 Als Selbstwidersprüchlichkeit zugerechnet wird dem Konstruktivismus neben den aufgezeigten ‚ontologischen Widersprüchen, zudem, dass er seinen eigenen Ansprüchen nicht genüge, d.h. nicht nützlich, nicht viabel sei. Diesen Vorwurf hat vor allem Nüse (1995) formuliert, der in seiner Kritik zu dem Ergebnis kommt, der Radikale Konstruktivismus erweise sich weder für die wissenschaftliche Praxis noch in Bezug auf wissenschaftstheoretische Problematiken und auch nicht für den Alltag als nützlich bzw. viabel. Er führe nicht zu einer neuen Methodologie, berücksichtige vielmehr die aktuelle wissenschaftstheoretische Diskussion nicht und ignoriere die traditionellen wissenschaftstheoretischen Probleme eher, als dass er sie löse. Auf Vorwürfe der Selbstwidersprüchlichkeit des Konstruktivismus antwortet Arnold (2007: 82): „Diesem Dilemma vermag man nur zu entrinnen, wenn man den Streit um Eindeutigkeit beendet und – auch in der wissenschaftlichen Argumentation – lernt, mit den Uneindeutigkeiten bzw. Widersprüchlichkeiten umzugehen – was einem Modus von Wissenschaft gleichkommt, mit dem ja auch die Naturwissenschaften seit der heisenbergschen Unschärferelation zu leben lernen mussten." Mit solch einer Aussage wird jedoch nicht nur der methodologische Anspruch der Naturwissenschaft vollkommen falsch dargestellt, sondern – viel schlimmer – nicht nur korrespondenztheoretischen, sondern auch noch kohärenztheoretischen Ansprüchen, eine Absage erteilt und damit wissenschaftlicher Beliebigkeit sowie einem theoretischen Eklektizismus, dem – wie sich auch schon verschiedentlich gezeigt hat – Arnold in seinen Schriften ausgiebig nachgeht, Tür und Tor geöffnet. Dazu gegensätzlich meint von Glasersfeld denn auch, der Konstruktivismus beanspruche zwar nicht, „das endgültige Bild der Welt zu enthüllen", dafür aber zumindest „eine kohärente Denkweise" (Glasersfeld 1997b: 51) zu sein.

Die Welt als ‚black box' und das Subjekt als ‚homo clausus'

Die ontologische Setzung eines einzelnen Subjekts oder eines einzelnen Hirns zeigt sich aber auch angesichts der *Ausblendung der Welt*. Diese erinnert an den Versuch des Behaviorismus, alles Subjektive auszublenden und zur ‚black box' zu machen, nur dass im Konstruktivismus alles außerhalb des Subjektiven ausgeblendet und die Welt zur ‚black box' wird. So entsteht ein von Außen nach Innen gestülpter Behaviorismus: Galt in diesem das Lernsubjekt als eine ‚black box', über die ein Wissenschaftler keine Aussagen treffen darf, da das Subjektive, im Inneren sich Verbergende, dem aus dem Außen kommenden objektiven Blick des neutralen Beobachters unzugänglich ist, gilt dies im Konstruktivismus gerade umgekehrt. Der objektive, aus dem Außen stammende Blick des neutralen Beobachters wird entlarvt als subjektiv und von innen kommend. Statt in die Welt schaut das Subjekt des Konstruktivismus stets nur auf das Innere seiner äußeren Hülle, auf der es sich die objektive Welt auf passende Art und Weise konstruiert.[194] Auch das Lernsubjekt kann daher im Konstruktivismus nur als von einer undurchdringbaren Hülle umgeben gedacht werden, die es umgebende Welt bzw. seine Umwelt wird zur ‚black box', d.h. sie ist wesenhaft unzugänglich, so dass auch keine Informationen von außen nach innen gelangen können.

Insgesamt kann das Subjekt des Konstruktivismus als ein, mit Norbert Elias gesprochen, *homo clausus* bezeichnet werden (zu Elias' und dem ‚homo clausus' siehe II.3.1). Ausgangspunkt konstruktivistischer Überlegungen ist immer der einzelne, für sich existierende und in sich geschlossene Mensch. So konstatiert Maturana: „Jeder Mensch steht als autopoietisches System allein auf der Welt." (Maturana 1998: 144)[195]; und von Glasersfeld (1998: 37; kursiv d. Verf.) beschreibt

194 Die Unsichtbarkeit der Welt und der Dinge im Konstruktivismus kritisiert auch Meyer-Drawe (2008a: 176f): „‚Warum sieht der Mensch die Dinge nicht?', fragt Nietzsche und antwortet sich selbst: ‚Er steht selber im Wege: er verdeckt die Dinge.' [...] Wir nennen das heute Konstruktivismus. Die unter dieser Bezeichnung versammelten unterschiedlichen Positionen sind sich darin einig, dass das Wahrgenommene nicht teilhat an dem, was wir wahrnehmen." Welt werde somit ausschließlich als das betrachtet, „als was wir sie konstruiert haben" (Meyer-Drawe 2008a: 162). „In diesem Zusammenhang drängt sich die Frage auf, warum wir es für überzeugend halten sollen, dass wir unsere Welt konstruieren, warum wir nicht in gleichem Maße durch das Problem beschäftigt werden, warum wir überhaupt eine Welt konstruieren und warum dann so und nicht anders." (Meyer-Drawe 2008a: 164)

195 Maturana allerdings zeichnet an anderer Stelle ein ganz anderes Bild. So fragt er in einem Aufsatz: „Gibt es tatsächlich einen grundlegenden Widerspruch zwischen dem Sozialen und dem Individuellen? Oder sind all diese Widersprüche Illusionen, die sich

den Konstruktivismus als „eine Wissenstheorie *des einzelnen*“, die versuche „die Entstehung von Wissen in dem einzigen Ort zu verfolgen, wo Wissen wachsen kann – das heißt *im Kopf* eines denkenden Menschen“.

Dass der Konstruktivismus – gezwungen durch die eigene Theoriekonstruktion – immer beim Einzelnen anfangen muss und somit dessen Subjekt- wie Lernverständnis notwendig *individualtheoretisch* gebahnt ist – wird in einem Gesprächsausschnitt aus einem Interview mit Ernst von Glasersfeld sehr deutlich:

„N: Mich interessiert noch einmal die Rolle des Anderen für das Erkennen. Also A und B interagieren miteinander, und das funktioniert und macht für A Sinn. EvG: Verzeihen Sie! Wenn Sie anfangen mit A und B, dann haben Sie schon zwei separate Individuen. N: Ja, davon gehe ich aus. EvG: Das darf man aber nicht als Konstruktivist. Ich fange mit A an. A konstituiert oder konstruiert B in seiner Erlebniswelt – N: – als Subjekt, und handelt und interagiert dann. EvG: Das ist zunächst nur ein anderes Ding, wobei 'Ding' nichts anderes ist als die Koordination von Erlebniselementen, so daß das Ergebnis sich vom Rest des Erlebensfeldes unterscheiden läßt. N: Gut! B macht dasselbe auch mit A. EvG: Das weiß ich nicht. N: Ich nehme das jetzt einmal an. Das scheint mir auch sehr notwendig zu sein, das anzunehmen, weil ich sonst eine Menge von Fragen nicht erklären kann. EvG: Nein, das dürfen Sie nicht am Anfang annehmen. Das kommt am Ende heraus.“ (Glaserfeld 1990: 411f)

---

unserer Art der Beschreibung verdanken?“ (Maturana 1990: 287). Dies beantwortet er schließlich wie folgt: „Das menschliche Wesen ist grundsätzlich sozial. Außerhalb des Sozialen gibt es nichts Menschliches. Und auch das genetische Material des Menschen bestimmt das Menschliche nicht, sondern bereitet lediglich den Boden dafür, daß etwas vermenschlicht werden kann. Um ein menschliches Wesen zu werden, muß man als Mensch unter Menschen aufwachsen. Und obwohl dies ganz offensichtlich zu sein scheint, wird es doch immer wieder vergessen; man vergißt, daß man Mensch ist nur auf die Art und Weise der Menschen in den Gesellschaften, denen man angehört.“ (Maturana 1990: 299) Und so lautet sein Fazit: „Diese Überlegungen beweisen, daß es – biologisch gesehen – keinen Widerspruch zwischen dem Sozialen und dem Individuellen gibt. Das Soziale und das Individuelle sind im Gegenteil faktisch untrennbar miteinander verbunden. Der Widerspruch, den die Menschen hier zu sehen geschafft haben, ist allein kulturellen Ursprungs.“ (Maturana 1990: 301) Auf seine restliche oder ursprüngliche Theoriebildung, die den Nährboden für den Konstruktivismus geliefert hat, scheinen diese Einsichten jedoch keinen oder noch keinen Einfluss gehabt zu haben. Vielmehr dienen die Thesen von der Autopoiesis und der damit einhergehenden Geschlossenheit zur Konzeption des ,homo clausus'.

Von zwei oder gar mehreren existierenden Subjekten auszugehen wäre für den Radikalen Konstruktivisten eine unerlaubte ontologische Setzung. Daher muss er stets vom Einzelnen ausgehen, der dann aber auch niemals seine eigenen Grenzen übersteigen kann, da er von der Welt und von anderen durch eine undurchdringliche Grenze abgeschirmt und somit in sich selbst gefangen ist.

Angesichts dieses Subjektverständnisses ist denn wohl kaum verwunderlich, dass dem Konstruktivismus immer wieder vorgeworfen wurde, *solipsistisch* zu sein. Denn: Wie anders kann eine theoretische Perspektive genannt werden, die das Subjekt als in der eigenen Erlebenswelt gefangen und die Welt als 'black box' betrachtet und die zwischen dem ontologischen Status eines Steins und eines Menschen nicht unterscheiden kann bzw. möchte? So spricht von Glasersfeld nicht nur von „den Objekten, die ich Leute nenne" (Glasersfeld 1997b: 347), an anderer Stelle formuliert er auch, dass es von seiner Perspektive aus „keinen funktionalen Unterschied zwischen den einschränkenden Bedingungen [gebe], die sich beim Aufbau von Handlungsschemas und begrifflichen Strukturen in der Form von physischen Hindernissen zeigen, und den Widerständen, die in Interaktionen mit anderen Menschen auftreten" (Glasersfeld 1997b: 306)[196]

Dem Solipsismusvorwurf versucht man im Konstruktivismus dadurch zu begegnen, dass man zwischen einem ontologischen und einem epistemologischen Solipsismus unterscheidet und zugesteht, zwar einen epistemologischen nicht aber einen ontologischen Solipsismus zu vertreten (Schmidt 1990: 35). In dieser Logik konstatiert von Glasersfeld: „Hinter allen meinen Überlegungen steht der Versuch, die Epistemologie vollständig von der Ontologie zu trennen." (Glasersfeld 1990: 411) Und an anderer Stelle formuliert er, der Eindruck eines „schrankenlose[n] Solipsismus" ergebe sich „nur aufgrund des ontologischen Größenwahns, in den uns die traditionelle Philosophie hineingeritten hat" (Glasersfeld 1987: 107f). Als ein Beispiel dafür nennt er das Problem des Fremdpsychischen und dessen konstruktivistische ‚Lösung':

„Wenn ich als Konstruktivist behaupte, daß das, was ich meine Welt nenne, nicht mehr und nicht weniger ist als das Ergebnis meiner besonderen Art, meine Erfahrung zu organisieren, dann scheint es ganz natürlich zu sein zu fragen, wie es kommt, daß diese meine Welt

196 Hierzu schreibt Diesbergen (1998: 241): „Dem Konstrukt ‚andere Person' scheint eine Art Sonderstatus beigemessen zu werden, so dass der Mitmensch zwar von uns konstruiert ist, wir diese Tatsache jedoch vergessen müssen, sobald die Konstruktion erfolgt ist. [...] Es braucht jedoch eine gute Portion Einbildungskraft, wenn ich mir einerseits der Konstruktivität meiner Welt bewusst sein soll und andererseits im Falle der anderen Menschen vergessen muss, dass es sich auch bei ihnen um Konstruktionen handelt."

mit anderen Organismen bevölkert ist, die ihre eigenen Welten konstruieren, und daß diese ihre Welten von meiner Konstruktion unabhängig zu sein scheinen. Dies wird nun in der Tat zu einem Problem, wenn man sich dem Druck der konventionellen Annahmen unterwirft und sich dazu verführen läßt, jenen Konstrukten ontologische Realität zu verleihen, die als ‚andere Menschen' kategorisiert werden. Auch wenn dies eine intuitiv erwünschte Zuschreibung sein mag, gibt es dafür doch keinerlei logische Rechtfertigung. Jene Teile meiner Erfahrung, die ich als ‚andere Menschen' kategorisierte, bleiben Teile meiner Erfahrung, und ihr Status kann nicht verschieden sein von dem irgendeines anderen Erfahrungselements. Meine Mitmenschen isoliere und individuiere ich auf der gleichen Basis von Invarianzen und Regularitäten, die ich auf dieselbe Weise herstelle, wie ich all die anderen mehr oder weniger beständigen Elemente meines Erfahrungsfeldes isoliert und individuiert habe." (Glasersfeld 1987: 128f)

Mit anderen Worten: Das Problem des Fremdpsychischen meint der Konstruktivismus gelöst zu haben, indem er das Fremdpsychische als subjektive Konstruktion beschreibt. Damit wird das *Fremd*psychische in seiner eigenständigen Existenz negiert und das Problem des Fremdpsychischen somit nicht *ge*löst, sondern *auf*gelöst. Das gleiche gilt für die Solipsismusproblematik: Durch die Unterscheidung zwischen einem ontologischen und einem epistemologischen Solipsismus und dem Versuch, die Epistemologie von aller Ontologie zu befreien, wird suggeriert, man könne ontologische Fragen einfach suspendieren und damit alle (ontologischen wie epistemologischen) Probleme lösen. Dass dies aber nicht gelingt, der Konstruktivismus zumindest ein einzelnes Subjekt bzw. in der neurobiologischen Variante das einzelne Hirn ontologisch setzen muss, wurde bereits gezeigt.

Das Subjekt als ‚homo clausus' wirkt sich denn auch deutlich im Lernbegriff des Konstruktivismus aus. Zwar übt dieser völlig zu Recht eine Kritik an einem verdinglichten Informations- und Wissensbegriff sowie an der Vorstellung, Lernen sei der Erwerb eines *Etwas*, das – bei aller Codierung und Transformation – letztlich von außen nach innen überführt wird, jedoch vermag er keine überzeugende Alternative zu diesem Verständnis bereit zu stellen. Anders gesagt: Wie das, was im Lernen erworben wird, zwar keine Aufnahme eines Etwas darstellt, dies jedoch über eine rein individuelle, subjektive Konstruktion hinaus geht – was sich daran zeigt, dass Menschen Fähigkeiten, aber auch Konzepte und Schemata gemeinsam haben –, kann aus radikal-konstruktivistischer Sichtweise nicht geklärt werden. Vor allem bleibt angesichts des in-sich-gefangenen Subjekts und der Welt als 'black box' die inhaltlich-sachliche Dimension des Lernens völlig ausgeblendet. Blind bleibt diese Sichtweise damit auch für den konstitutiven Anteil anderer im Lernen, auch, wenn dieser Anteil nicht als direktes Ergebnis einer gezielten pädagogischen Intervention beschrieben werden kann, sowie für die Bedingtheit des Lernprozesses jenseits der Strukturdeterminiertheit.

Die soziale ‚Blindheit' des Konstruktivismus

Diese *Unfähigkeit* des Konstruktivismus, *das Soziale zu denken*, ergibt sich aus dem individualtheoretischen Vorgehen des Konstruktivismus, beim Einzelnen zu beginnen. Von Glasersfeld (1997b: 347f) begründet dieses Vorgehen wie folgt: „In allem, was ich geschrieben habe, befasse ich mich immer mit den einzelnen. Nicht etwa, weil ich die Gesellschaft als Begriff, als Funktion oder als notwendige Annahme nicht würdige, sondern weil sie ein Gebiet ist, mit dem ich mich nicht befassen konnte, solange ich kein viables Wissensmodell hatte." Und als Kritik am sozialen Konstruktivismus formuliert er:

> „Ich bin sehr dafür, das Soziale zu berücksichtigen, zu erforschen, zu erklären, Modelle zu bauen. Aber diese Modelle können meiner Ansicht nach erst gebaut werden, wenn ich ein hinreichend erfolgreiches Modell des Einzelnen habe. Ohne dieses Modell ist es Unsinn, über die Gesellschaft zu sprechen; denn die Gesellschaft setzt sich aus einzelnen zusammen. Wenn ich kein Modell habe, wie die einzelnen funktionieren, dann hängt alles Gerede über Gesellschaft in der Luft. Das scheint mir unwiderleglich." (Glasersfeld 1997b: 348)

Dass man dieses Argument auch unwiderleglich umgekehrt formulieren könnte, es wahrscheinlich nur die kulturelle Dominanz des individualtheoretischen Denkens ist, die es plausibel erscheinen lässt beim Einzelnen zu beginnen, sowie, dass die damit eröffnete ‚Henne-Ei-Problematik' nur dann überwunden werden kann, wenn beide, Gesellschaft und Individuum, zusammengedacht werden, berücksichtigt von Glasersfeld nicht.[197] Die sich daraus ergebende Unfähigkeit, das Soziale zu denken, zeigt sich in dessen krudem Gesellschaftsbegriff; er schreibt: „Die Gesellschaft ist für mich das, was ich von Interaktionen mit den Objekten, die ich Leute nenne, abgeleitet habe, und dann von Beobachtungen dieser Objekte untereinander." (Glasersfeld 1997b: 347). Der Vorwurf, der Konstruktivismus ignoriere

---

197 Anders, aber kaum überzeugender begründet Heinz von Foerster, dass er vom Einzelnen her denkt: „In meinen Arbeiten sind [...] das Ich und das Individuum zentrale Größen und immer schon da. Der Grund ist: Verantwortung scheint mir nur als etwas Persönliches vorstellbar, sie ist keine Frage der Sozialität." (von Foerster in Pörksen 2001: 39) Dies ist auf zweifache Weise nicht überzeugend: Erstens zeigt sich hier deutlich, dass auch die zentralen Größen Ich und Individuum schlicht ontologische Setzungen sind, die ohne eine Begründung vorgenommen werden; zweitens gilt: auch wenn Verantwortung stets und unhintergehbar nur die Verantwortung eines Einzelnen sein kann, so wird Verantwortung nur durch Sozialität überhaupt zu einer ethischen Größe. Anders gesagt: Verantwortung existiert nur dort, wo auch andere existieren, vor denen ich mich verantworten muss.

das Soziale, wird von Konstruktivisten zumeist schon deshalb als ungerechtfertigt angesehen, weil man ja von anderen Menschen durchaus ausgehe, nur seien diese eben – auch – individuelle Konstruktionen. So schreibt Fischer (1995: 42):

„Ein [...] häufiger Vorwurf ist der, daß der Konstruktivismus die sozialen Interaktionen ignoriere. Auch das ist m.E. ein Mißverständnis. Die anderen, das heißt, die Gesellschaft, sind nicht minder die Konstruktion des einzelnen Erlebenden wie die Landschaft, die Möbel und die gesamte Umwelt, in der er oder sie sich bewegt."

Nicht nur werden hier die anderen mit der Gesellschaft gleichgesetzt, auch zeigt die unterschiedslose Vereinheitlichung allen Seins zu Erkenntnisobjekten und subjektiven Konstruktionen, dass der Konstruktivismus nicht in der Lage ist, das Spezifische sowohl des zwischenmenschlichen als auch des gesellschaftlichen Phänomenbereichs zu erfassen. Die Gesellschaft, das Soziale und die intersubjektiven Beziehungen verschwinden im schwarzen Loch der ‚black box' Welt.

Damit aber tut sich eine Schwachstelle im Konstruktivismus auf, „welche sich gerade im pädagogischen Kontext als besonders fatal erweist" (Diesbergen 1998: 248)[198]. So kann der Konstruktivismus nicht plausibel machen, worin der spezifische Beitrag des pädagogischen Bezugs oder überhaupt anderer Menschen für das Lernen liegen könnte.[199] Zwar weist ihnen von Glasersfeld zumindest die Rolle

198 Auch Diesbergen (1998: 70) fragt explizit nach dem konstruktivistischen Subjektmodell und kommt dabei zu dem Ergebnis, dieses sei „aktiv, es konstruiert Realität; immaterielle Instanz, aber bedingt durch ein reales Gehirn; reflexiv; einzigartig und unentbehrlich; für sein Denken und Handeln verantwortlich". Insgesamt rücke der Konstruktivismus das Subjekt ins Zentrum, jedoch gebe es erhebliche Verwirrungen und Probleme, „wenn es darum geht, dieses Subjekt näher zu bestimmen" (Diesbergen 1998: 234). Somit gilt für ihn: „Das für die radikal-konstruktivistische Pädagogik zentrale Subjekt bleibt also bei näherer Betrachtung äußerst diffus" (Diesbergen 1998: 236).

199 Dies wird an den gezogenen pädagogischen und didaktischen Implikationen deutlich, die hier nicht ausführlich referiert werden können. So entstanden im Zuge der erziehungswissenschaftlichen Rezeption des Konstruktivismus zahlreiche Varianten konstruktivistischer Pädagogiken und Didaktiken, die zunächst in ihrem Feind- bzw. Zerrbild „der alten Pauk- und Drillpädagogik, der ‚Instruktionsdidaktik' mitsamt ihrem Belehrungsanspruch" (Pongratz 2005: 121) übereinstimmen (vgl. Glasersfeld 1987: 136, 275; Foerster 1999: 12f, 2005: 60; Foerster/Pörksen 2004: 69ff). Am Status-Quo der Schule, des Unterrichts und der Lehrerrolle werden erzwungene Passivität und Fremdbestimmung der Schüler, die Beschneidung ihrer Freiheit, die Lehrerzentrierung des Unterrichts, die Nichtbeachtung und Zerstörung des natürlichen Lernwillens der Kinder, das Ignorieren des bereits vorhandenen Wissens der Kinder und deren

zu, die subjektiven Konstruktionen durch intersubjektive Bestätigungen stabilisieren zu können, doch kann dies, wie gezeigt wurde, erstens theorieimmanent

individuelle Eigenheiten und Bedürfnisse, eine inhumane Erziehungspraxis sowie ein naiver Machbarkeitsglaube kritisiert. Wie Diesbergen (1998: 270) schreibt, sind dies „altbekannte Punkte auf der schulkritischen Mängelliste" der Reformpädagogik, deren Rhetorik „zu großen Teilen eine seit mehr als hundert Jahren immer wieder auftretende ist" (Diesbergen 1998: 268), für die der Konstruktivismus jedoch ein neues Vokabular anbietet. „Betrachtet man jedoch, was sich dabei an spezifisch pädagogischen Implikationen und Konzepten ergibt, zeigen sich überraschend wenige Novitäten, vielmehr scheint im wesentlichen, einmal mehr in der Pädagogik, lediglich längst Bekanntes in neuer Aufmachung präsentiert zu werden." (Diesbergen 1998: 269) Die wenigen didaktische Empfehlungen, die die konstruktivistischen ‚Gründerväter' selbst aussprechen, zielen zumeist auf die gängigen Vorstellungen des Einflusses der Lehrperson auf die SuS und deren Lernen und münden in Plädoyer für eine veränderte Rolle der Lehrperson. Beide Punkte ergeben sich in konstruktivistischer Logik aus der Zurückweisung der Idee der Wissensvermittlung. Dieser wird entgegengehalten, „daß das Wissen von einem Menschen selbst generiert wird und es im wesentlichen darauf ankommt, die Umstände herzustellen, in denen diese Prozesse der Generierung und Kreation möglich werden" (von Foerster in Foerster/Pörksen 2004: 70). Die so geforderten Lehrerbilder korrespondieren mit den aktuell hoch im Kurs stehenden Bildern von der Lehrperson als Lernbegleiter und Arrangeur der Lernumgebung und bieten den Lehrkräften eine enorme Entlastungsbotschaft. Denn wenn Lerner aufgrund ihrer Eigenschaft als geschlossenes System nur irritiert und gestört, nicht aber direkt beeinflusst werden können, Lernprozesse vielmehr strukturdeterminiert sind, so kann auch keine Lehrperson dafür verantwortlich gemacht werden, wenn diese scheitern. So lautet denn auch Arnolds Motto: „Jeder lernt nur, was er lernt bzw. lernen kann." (Arnold 2007: 103) Für Diesbergen (1998: 247) gilt zusammengefasst daher, „dass sich der Radikale Konstruktivismus für die Erklärung und Begründung von pädagogisch relevanten Größen wie Interaktion, Lehren und Unterrichtsgestaltung als völlig untauglich erweist". Dem ist zuzustimmen, weil es bei aller angemessenen Kritik an Machbarkeitsillusionen die Geschlossenheit des lernenden Systems ist, die eine angemessene Berücksichtigung der Rolle der zwischenmenschlichen Beziehungen, die für pädagogische Belange zentral sind, verhindert. Insgesamt führt der Konstruktivismus zu keiner neuen Didaktik oder Lehr-Lern-Theorie sondern vielmehr zu einem „‚reframing, (teils bereits bekannter, teils neuer) theoretischer Versatzstücke" (Pongratz 2005: 123) in einer neuen, schillernden Sprache. Und so scheint der Verdacht von Pongratz plausibel, dass die konstruktivistischen Schriften häufig nur „herbeizitiert und selektiv gelesen [würden], um das zu untermauern, wovon der Reformeifer sowieso längst überzeugt ist" (Pongratz 2005: 127).

nicht wirklich erklärt werden – können intersubjektive Bestätigungen doch kaum als Perturbationen bezeichnet werden –, zweitens spielen die intersubjektiven Bestätigungen eine nachträgliche Rolle, so dass das Subjekt zuerst sich selbst und dann die anderen konstruieren muss, bevor es sich weitere Konstruktionen von diesen bestätigen lassen kann.[200] Zumeist sind daher die anderen für das Lernen nur deshalb von Bedeutung, da sie eine besonders gute Quelle für Perturbationen und damit im wahrsten Sinne des Wortes Störfaktoren für das Lernen sind.

Aber auch für die *soziale und gesellschaftliche Bedingtheit des Lernens* ist der Konstruktivismus blind. Komplexe, strukturelle soziale Phänomene wie (Re-) Produktion sozialer Ungleichheit und die Verwobenheit der sozialen Herkunft mit dem Lernen Einzelner, können nicht in den Blick des Konstruktivismus geraten. Es ist vor allem Helmut Bremer, der immer wieder auf die Verwobenheit von Lernsubjekt, Lernhaltungen und sozialer Herkunft hingewiesen und diese mit empirischen Untersuchungen sozialer Milieus und den in diesen sich generierenden Habitus aufgezeigt hat. An konstruktivistischen Konzeptionen, „in denen ein nicht näher bestimmtes ‚Selbst' in den Mittelpunkt gestellt wird" (Bremer 2009: 289), moniert er ein fehlendes Gespür für die Rahmungen und Spielräume, in denen sich die Lernsubjekte und ihre Lernpraxis herausbilden würden. „Die an sich selbstverständliche und unbestrittene Feststellung, wonach Lern- und Bildungsprozesse immer einen Konstruktionsakt des Akteurs beinhalten und sich ohne Eigenaktivität des Lerners auch kein Bildungserfolg einstellen kann, wird dabei überhöht." (Bremer 2004: 198) Den radikal-konstruktivistischen Theorien stellt er daher die praxeologische Theorie Pierre Bourdieus entgegen. Auch dieser nehme an, „dass Subjekte ihre Wirklichkeit herstellen" (Bremer 2009: 292), jedoch habe er gezeigt, dass die Prinzipien, nach denen die Individuen die Wirklichkeit konstruieren, nicht autonom aus den Subjekten selbst stammen, sondern sozial erworben wurden (Bremer 2004: 200). Denn nicht ein transzendentes Subjekt, sondern ein sozial geschaffener Körper erschaffe laut Bourdieu die soziale Wirklichkeit (Bremer 2009: 292). Die soziale Durchdrungenheit des Lernens macht Bremer denn auch mittels eigener Untersuchungen zu unterschiedlichen Bildungsmilieus, die auf dem Hintergrund der Milieutheorie Michael Vesters erfolgen, deutlich. Hier zeigt er, dass dem Subjekt des Lernens und dessen Haltungen, Einstellungen und Interessen gegenüber Lernen und Bildung sowie gegenüber spezifischen Lerninhalten wie didaktischen Methoden weder ein einheitlicher Charakter zukommt, noch dass diese beliebig heterogen sind. Vielmehr zeichnen sich in den empirischen Ergebnissen deutliche ‚Typen' unterschiedlicher Lernhabitus ab, die mit der

200 Somit kann Koch (2009: 9) zugestimmt werden, wenn er konstatiert: „Man vermisst am Konstruktivismus, eines der wichtigsten Erkenntnismerkmale, und zwar das der Intersubjektivität".

sozialen Herkunft bzw. der Milieuzugehörigkeit korrelieren. Somit wird deutlich, „dass die Lernvoraussetzungen, Lernpraxen und Bildungsstrategien unterschiedlicher sozialer Milieus je nach ihrem Habitus verschieden sind, das ‚Selbst' also jeweils anders ‚organisiert' ist und anders ‚steuert'" (Bremer 2004: 190). Doch genau dies kann mit dem Konstruktivismus nicht in den Blick geraten. Vielmehr müssen aus konstruktivistischer Perspektive Lernerfolge und -misserfolge dem einzelnen Subjekt und dessen individueller Leistung und Verantwortung zugerechnet werden. Da der Konstruktivismus aufgrund seines individualtheoretischen Subjektverständnisses Lernen als einen rein individuellen Prozess beschreibt und die soziale Durchdrungenheit des Lernens übersieht, bleibt er auch „für die sozialen Benachteiligungen, welche in unserem Schulsystem und in der Gesellschaft aufgrund der Zugehörigkeit zu einer bestimmten kulturellen oder sozialen Gruppe entstehen, blind" (Diesbergen 1998: 250).

Aus machttheoretischer Perspektive ist zudem zu kritisieren, dass der Konstruktivismus nicht nur gegenüber der sozialen und gesellschaftlichen Bedingtheit des Lernens blind ist, sondern dazu führt, gewisse *Machtproblematiken* zu verschleiern. Dies zeigt sich beispielsweise bei den aus dem Konstruktivismus gezogenen didaktischen Konsequenzen. Denn was dort im Geiste der Reformpädagogik häufig mit dem Pathos der Emanzipation versehen und mit Bezeichnungen wie ‚Ermöglichungsdidaktik' und ‚Subjektzentrierung' implementiert wird, kann machttheoretisch auch als „eine subtile Form der sanften Disziplinierung" (Pongratz 2005: 42) und damit als „forcierte Ausbeutung individueller Ressourcen" (ebd.) gedeutet werden.

> „Problematisch daran ist nicht in erster Linie die Terminologie, sondern der ‚Steuerungsmodus', der dem eigenen Verständnis nach als freundliches, liberales Angebot ins Spiel kommt, jedoch keinen Ton darüber verliert, unter welchen Zwängen die Annahme dieses Angebots eigentlich erfolgt. Seit den achtziger Jahren wurden unter systemtheoretisch-konstruktivistischen Vorzeichen ausgefeilte Arrangements entwickelt, um gesellschaftlich gewünschte und geforderte Subjektivitätspotentiale funktional abzusichern. Zurückgegriffen wurde dabei auf ältere reformpädagogische Modelle, deren sanfte Kontrollstrategien auch heute noch ihre Wirkung tun." (Pongratz 2005: 152)[201]

---

201 Wie in konstruktivistischen Didaktiken bestimmte Formen der Subjektivität angerufen werden, die gesellschaftlich funktional sind, wird in folgender Aussage sehr deutlich: „Denn wenn es mir nicht gelingt, aus meinen bewährten Mustern der Weltdeutung auszusteigen, dann bleibe ich stets meiner Wirklichkeitssicht verhaftet und kann kaum Neues denken. In den sich beschleunigt wandelnden Lebens- und Arbeitssituationen ist eine solche Starrheit jedoch immer weniger funktional. Entscheidend ist vielmehr die Fähigkeit, seine lieb gewonnenen Einsichten und Interpretationsroutinen loszu-

Machttheoretisch, so kann man zusammenfassen, sind die nicht-intendierten Effekte – bedingt durch die soziale Blindheit des Konstruktivismus – konstruktivistischer Theoriebildung daher äußerst problematisch.[202]

Das verdoppelnde ‚Denken von Innen' und andere dualistische Logiken

Wie schon angedeutet, ergibt sich aus dem konstruktivistischen Subjektverständnis des ‚homo clausus' jedoch noch eine weitere Konsequenz, die hier als *‚Denken von Innen'* bezeichnet werden soll. Laut Gerhard Roth sind wir „alle in unsere eigene kognitive Welt eingesperrt" (Roth in Pörksen 2001: 155) und Jensen (1999: 34) formuliert explizit, im Konstruktivismus müsse man lernen, „den ‚Blick von innen' zu akzeptieren". Letzterer hält daher die Metapher des Cyberspace für angemessen, um die Situation des konstruktivistischen Subjekts zu beschreiben: „Wir befinden uns im Cyberspace – in einer selbsterzeugten Paradoxie: einer Innenwelt, zu der es eine Außenwelt nicht gibt." (Jensen 1994: 78) Denn: „Wir denken ein ‚Äußeres um uns herum', ohne das Innere verlassen zu können" (Jensen 1994: 79). Und weiter:

„Zwar scheint es, als seien wir immer schon körperlich, als verhaltensaktive biologische Organismen, mit der physischen Wirklichkeit verbunden, als wirke sie in uns, als wirkten wir in sie hinein, als seien wir Teile von ihr. Aber dieser Gedanke ist von innen her gedacht und auf eine darin mitgedachte Außenwelt projiziert. In Wahrheit sind wir im Cyberspace, und alles – absolut alles, was sich in unseren Sinnen abspielt, einschließlich des (scheinbaren) Blicks oder Griffs über die Grenzen hinaus – ist sensorisch in der Innenwelt erzeugt. Nur ‚science-fiction' kann aus dem Cyberspace ‚auftauchen' in die nächsthöhere Ebene der Realität […] – ‚science' nicht." (Jensen 1994: 79f)

---

lassen und neue Deutungsformen einzuüben, um die subjektive Wirklichkeit beständig zu transformieren." (Arnold 2007: 87) Somit ist der Kritik Platzers (2006: 14) zuzustimmen, die bezüglich der Rolle des Menschen im Konstruktivismus formuliert: „Der Mensch generiert zu einem System, das sich lernend an seine Umwelt anpasst."

202 Siehe dazu auch Pfau (2002), der dem Konstruktivismus vorwirft „Rezepte für untertäniges Denken" zu liefern. Im Konstruktivismus sieht er eine Mischung aus Opportunismus und Idealismus, die keine Argumente gegen den Nazismus hätte liefern können. Sei der Nazismus – in konstruktivistischer Terminologie – damals doch als äußerst viable Weltsicht aufgetreten (Pfau 2002: 19f).

Und resigniert fragt er: „Aber mit wem kommunizieren wir dort? Die Antwort kann nur sein: Mit uns selbst.“ (Jensen 1994: 82)[203]

Was für Jensen die Metapher des Cyberspace ist, ist für Arnold die Metapher vom Container: „Vertraut, aber unbequem und eng – so kann man das Leben in Containern beschreiben. Niemand würde freiwillig eine solche Lebensform wählen, und doch machen wir dies alle: Wir leben in den vertrauten Beengungen unserer Erfahrungen.“ (Arnold 2007: 181) Und weiter:

> „Wir kommunizieren stets aus unseren Containern heraus – mit offenen oder (zumeist) geschlossenen Türen. Bei dieser *containenden Kommunikation* [sic!] versuchen wir, das Gegenüber gewissermaßen in unseren Container zu ziehen, was nicht nur deshalb scheitert, weil dieser ja seinerseits mit uns containend kommuniziert. Es ist quasi an seinen eigenen Container gekettet und kann deshalb nur tun, was er tut: ‚passende‘ Situationen einfangen, um seinen Container zu füllen.“ (Arnold 2007: 182)[204]

Auch bei von Glasersfeld werde dieses merkwürdige ‚Denken von Innen‘ und die damit einhergehenden Verdopplungen sehr deutlich, wenn er fragt: „Was sind diese Wahrnehmungen? Wie schauen sie innen aus?“ (Glasersfeld 1997b: 321)

Dieses ‚Denken von Innen‘ scheint sich nicht zuletzt der neurobiologischen ‚Fundierung‘ des Konstruktivismus zu verdanken, da die Neurobiologen, auf die sich der Konstruktivismus beruft, nicht vom einzelnen Menschen, sondern vom einzelnen Gehirn ausgehen. Da dieses als ein geschlossenes System betrachtet wird, wird sowohl die Welt als auch das Selbst zu einer Konstruktion des Gehirns. So schreibt beispielsweise Roth: „Das materielle, reale Gehirn, als Teil des autopoietischen Organismus, schafft sich durch Selbstbeschreibung und Selbstexplikation eine eigene Welt, nämlich die Wirklichkeit, in der wir leben und deren Teil wir – als Zustand der Selbstbeschreibung unseres kognitiven Systems – selbst sind.“ (Roth 1990: 275) Noch deutlicher formuliert: „Natürlich gilt aus der Sicht der Neurophysiologie, dass alles, was ich wahrnehme, von einem Gehirn konstru-

203 All dies wird von Jensen nicht als Kritik am Konstruktivismus formuliert.

204 Völlig widersprüchlich dazu konstatiert Arnold (2007: 85) im selben Buch ca. hundert Seiten vorher, „dass der Mensch, systemisch gesehen, beides zugleich ist: Er ist Einzelner und Teil sozialer Beziehungen.“ Explizit spricht er von ganz unterschiedlichen Dynamiken, die den Einzelnen bestimmen, „der deshalb gar kein Einzelner ist“ (ebd.) sowie davon, dass der Einzelne „– selbst in seinem Alleinsein – kontinuierlich auf andere bezogen“ (ebd.) sei und Individualität daher neu gedacht werden müsse (Arnold 2007: 86). Auch dies ist wohl wieder ein Beispiel für die theoretischen Inkonsistenzen und Widersprüche, die eine sogenannte ‚moderate‘ oder ‚gemäßigte‘ konstruktivistische Position ausmachen.

iert wird, das auch mich selbst, mein eigenes Ich, konstruiert." (Roth in Pörksen 2001: 144) Und weiter: „Es gibt kein Ich, das die Welt konstruiert und im Gehirn Bilder betrachtet, sondern es existieren nur Konstrukte von Gehirnen. Wir selbst sind Konstrukte." (Roth in Pörksen 2001: 146) Damit also wird das Hirn selbst zum Subjekt stilisiert. Als Kommentar zu ähnlichen Zitaten schreibt Kurt (1994: 332), diese seien Anzeichen dafür, „daß im Radikalen Konstruktivismus das Gehirn beziehungsweise das Nervensystem nicht nur als Objekt naturwissenschaftlicher Analysen, sondern auch als Subjekt der Erkenntnis verstanden wird". Damit aber wird etwas, das klassischerweise als ein physisches Objekt der Außenwelt gilt, zum Erzeuger dieser Außenwelt, dies muss notwendig zur „Verdoppelung des Hirn[s]" (Jensen 1999: 234) führen. Diese Verdoppelung ist denn auch – zumindest bei Gerhard Roth – explizit Programm. So formuliert Roth, bezogen auf die Annahme Welt und Selbst seien Konstrukte des Gehirns:

„Um eine solche Annahme plausibel zu machen, muss ich die reale Existenz eines Gehirns, das dieses Erleben hervorbringt, annehmen. Deshalb erscheint es mir zwar im Letzten nicht beweisbar, aber doch außerordentlich vernünftig und plausibel, die Existenz einer bewusstseinsunabhängigen Außenwelt anzunehmen, zu der auch reale Gehirne gehören. Mit einem Zweifel, der sich auch noch auf das Gehirn und seine Existenz in der Realität bezieht, würde ich mich in Widersprüche verwickeln." (Roth in Pörksen 2001: 144)

Anders gesagt: Vernünftig und plausibel ist für Roth eine reale Außenwelt anzunehmen, damit die Existenz eines ‚Gehirns an sich', dass wiederum die von uns erlebte Außenwelt sowie uns selbst hervorbringt, gesichert ist. Dem hält Kurt (1994: 332) entgegen:

„Wie die betreffenden Konstruktivisten aus ihrem naturalistischen Theorieansatz heraus ein Objekt zu einem Subjekt machen, ist allerdings schleierhaft. Aus der Neurophysiologie führt kein Weg zu einer Subjekttheorie. Das Gehirn erkennt nichts, und eine neurologische Affizierungskonfiguration ist keine Erkenntnis."[205]

Wie diese Verdoppelung des Gehirns zum ‚Denken von Innen' führt, zeigt Pongratz (1995: 112f): Wahrnehmungsprozesse würden beschrieben, „als ob im Gehirn ein Homunculus säße, der nur die Innenseite der Schädelhöhle sehen könne und damit beschäftigt sei, Signale zu interpretieren bzw. Wahrnehmungen noch einmal wahrzunehmen" (Pongratz 2005: 69f). Das merkwürdig verdoppelnde ‚Denken von Innen' führt hinsichtlich des Lernens denn auch dazu, dass dieses nur als

205 Die Kritik am ‚Hirn als Subjekt' ist hier nur kurz angedeutet, ausführlich wird sie in I.4.6 geleistet.

selbstreferentieller Prozess, nicht aber als eine Interaktion mit Welt oder anderen Subjekten beschrieben werden kann.

Diese Verdoppelung des Gehirns wie damit auch des Denkens, die zu einem Denken und Wahrnehmen von Innen führt und damit auch ein Denken und Wahrnehmen von Außen als Gegensatz dazu annimmt, zeigt bereits, dass nicht nur der Versuch des Konstruktivismus scheitert sich von der Ontologie grundsätzlich zu lösen, sondern auch der Versuch, sich speziell von der *dualistischen Ontologie* zu lösen. Vielmehr bleibt der Konstruktivismus auf verschiedene Weise dem dualistischen Weltbild verhaftet und sein Subjekt- wie Lernverständnis bewegt sich innerhalb der gängigen dualistischen Bahnen.

Rekonstruieren wir dazu zunächst den konstruktivistischen Überwindungsversuch des Dualismus. Da der Konstruktivismus keine ontologischen, sondern bloß epistemologischen Aussagen machen möchte, kann der Versuch, den Dualismus zu überwinden, auch nur auf epistemologischem Gebiet stattfinden bzw. dort beginnen. Dort, in der Epistemologie, drückt sich der Dualismus gewöhnlich in der Trennung von (Erkenntnis-)Subjekt und (Erkenntnis-)Objekt aus und die klassische Frage der Epistemologie ist die Frage nach der Vermittlung von Subjekt und Objekt. Diese Grundkonstellation, aus der alle epistemologischen Fragen und Probleme entstehen, stellt der Konstruktivismus nun grundlegend in Frage, indem er vorschlägt, „den ‚gordischen Knoten‘ der Subjekt-Objekt-Problematik mit einem scharfen Schnitt zu durchtrennen. Denn seiner Ansicht nach gibt es gar kein Vermittlungsproblem – weil es keine Vermittlung von Subjekt und Objekt gibt“ (Pongratz 2005: 44). In den Worten von Glasersfelds:

> „Die westliche Welt hat diese Vorstellung [der Subjekt-Objekt-Trennung] fast gänzlich unbefragt hingenommen. Fast alle Denker, die Probleme der Erkenntnistheorie behandelt haben, haben explizit oder implizit die Auffassung akzeptiert, daß die Tätigkeit des ‚Erkennens‘ mit einem Schnitt zwischen dem erkennenden Subjekt und dem zu erkennenden Objekt beginnt. Sie setzen daher eine existierende Welt, eine ontologische Realität, und sobald dieser Akt vorgenommen ist, folgt notwendig, daß der Erkennende diese Welt als seine Umwelt besitzt und daß seine Aufgabe darin besteht, sie so gut wie möglich zu erkennen. Erkennen wird so zu einem Akt der Duplizierung oder Replizierung dessen, was angeblich bereits da ist, und zwar außerhalb des erkennenden Subjekts“ (Glasersfeld 1987: 127f).

Doch wird mit diesem Versuch, den gordischen Knoten zu durchtrennen, nicht nur die Vermittlungsfrage eher aufgelöst und ignoriert statt beantwortet[206]; viel-

206 Pongratz hält dieser Auflösung des Problems eine dialektische Variante entgegen: „Die Welt ist erfahrbar, aber diese Erfahrung will ‚gemacht‘ werden. […] Weder gerät alle Erkenntnis dem erkennenden Subjekt zur Fiktion, noch ist dem unmittelbaren Augen-

mehr gilt: So wie die dualistische Logik mit dem Akt der Setzung einer ontologischen Realität beginnt, so beginnt die konstruktivistische Logik mit dem Akt der Setzung eines erkennenden und erfahrenden Ichs. Dieser Akt der Setzung bleibt jedoch im Konstruktivismus völlig unthematisiert, denn ebenso wie es einen philosophisch berechtigten Zweifel an der Existenz einer von mir unabhängig existierenden Realität gibt, so gibt es einen philosophisch berechtigten Zweifel an der Realität der eigenen Existenz. Metaphorisch ausgedrückt: Das sich selbst setzende und von einer möglichen Außenwelt völlig getrennte, in sich geschlossene Subjekt des Konstruktivismus müsste eigentlich von Existenzzweifeln geplagt sein, damit dies jedoch nicht geschieht, versichert es sich seiner eigenen Existenz mittels des eigenen Gehirns. ‚Ich habe ein Gehirn, das mich erzeugt, also bin ich', so könnte die konstruktivistische Antwort auf den kartesischen Selbstzweifel lauten. Die Sicherung des angesichts der Trennung des gordischen Knotens der Epistemologie allein übrig gebliebenen, idealistischen und solipsistischen, Subjekts, geschieht also mittels einer materiellen, empirisch gesicherten Grundlage. Damit aber hat der Konstruktivismus, wie bereits moniert, nicht nur längst schon wieder ‚ontologischen Boden' betreten, sondern auch den Dualismus hinterrücks wieder eingeführt. Dies wird auf verschiedene Weise deutlich: bei Gerhard Roth, wie bereits gezeigt, durch die Trennung von Gehirn und Gehirn-an-sich, bei Maturana durch das explizite Postulat zweier ‚Existenzbereiche'. So schreibt letzterer:

„Ich behaupte in diesen Arbeiten, daß wir lebende Systeme in zwei sich nicht überschneidenden Existenzbereichen leben, in dem, in dem sich unsere Körperlichkeit realisiert, und in dem anderen, in dem wir unsere Beziehungen realisieren. Weiter gehe ich davon aus, daß wir menschliche Wesen als Menschen im Bereich unserer Beziehungen existieren, nicht im Bereich unserer Körperlichkeit, auch wenn wir uns in unseren Beziehungen durch unsere Körperlichkeiten realisieren." (Maturana 1998: 14)

---

schein zu trauen. Weder ist alle Erkenntnis ausschließlich subjektiv vermittelt bzw. konstruiert, noch gibt sich die erfahrene Realität ‚subjektfrei' zu erkennen. Vielmehr ist das zentrale Problem gerade die Verhältnisbestimmung von Unmittelbarkeit und Vermittlung." (Pongratz 2005: 84) Anders formuliert: „Beide Reflexionsbewegungen enthalten ein Moment von Wahrheit: dass nämlich aller subjektiven Erkenntnis ein Moment von Objektivität innewohnt, wie umgekehrt keine Objektivität gewonnen werden kann, sofern sie nicht subjektiv vermittelt ist. In der konstruktivistischen Dekomposition des Vermittlungszusammenhangs jedoch bleiben beide Momente – Subjekt wie Objekt – abstrakt und verstümmelt zurück. Diese ‚Restbestände' als der Weisheit letzten Schluss auszugeben, erscheint wenig plausibel. Denn die erfahrbare Welt ist kein Arsenal unkenntlicher ‚Störungen' und das Subjekt der Erfahrung ist kein blinder Organismus." (Pongratz 2005: 85)

Und an anderer Stelle:

„Im Bereich der Interaktionen ist die Tatsache, dass wir beide geschlossene Systeme sind, unwichtig; wir bleiben zwar innerlich einsam, aber kreieren gemeinsam einen Bereich, in dem sich unsere Begegnungen ereignen: Unsere Gespräche vollziehen sich im Fluss der Interaktionen und damit in einer Domäne, die von unserem Inneren zu unterscheiden ist." (Maturana/Pörksen 2002: 86)

Ein weiterer Punkt, an dem sich zeigt, dass der Dualismus nicht überwunden wird, ist die oft praktizierte Unterscheidung der Beobachterperspektiven von Organismus (interner Beobachter) und Beobachter (externer Beobachter). Während der interne Beobachter in seiner Erlebenswirklichkeit eingeschlossen ist, ist es dem externen Beobachter – beispielsweise demjenigen, der die Geschichte vom blinden Waldläufer erzählt – möglich, eine hypothetische Außenperspektive einzunehmen, in der ‚Erlebenswirklichkeit' und ‚wirkliche Wirklichkeit' sowie deren Verhältnis zueinander unterschieden und beschrieben werden kann. Es wurde bereits gezeigt, wie das Konzept der Viabilität gerade auf der Voraussetzung einer Realität-an-sich beruht, auch wenn diese völlig unzugänglich ist. Damit aber bleibt auch Glasersfeld letztlich dem Dualismus verhaftet.

Die propagierte Abkehr vom Dualismus gelingt dem Konstruktivismus wohl auch deshalb nicht, weil dieser letztlich ahistorisch ist und somit sowohl den Dualismus als auch sich selbst nicht in einer breiteren (ideen-)geschichtlichen Perspektive verorten kann, stattdessen nicht selten propagiert, etwas völlig Neues erschaffen zu haben. Wie sich deutlich am Begriff des Beobachters zeigt, ist im Konstruktivismus durchgängig das Sehen die epistemologischen Leitmetapher. Anders gesagt: Als einzige Möglichkeit des Weltbezugs gilt das Sehen, doch sind wir blind, so der Duktus des Konstruktivismus. Damit bleibt dieser aber einer neuzeitlichen Version des Denkens verhaftet, die ihre Ontologie gerade aus der Epistemologie gewinnt, so dass es auch deshalb nur zu Irrungen und Wirrungen führen kann, wenn man versucht, die Epistemologie von der Ontologie zu trennen. Diesen wirkmächtigen Strang des Denkens hat Martin Heidegger in seinem Essay „Die Zeit des Weltbildes" (Heidegger 2003 [1938]) aufgezeigt und kritisiert. Indem wir von verschiedenen Weltbildern sprechen und beispielsweise das moderne Weltbild vom mittelalterlichen sowie vom antiken Weltbild unterscheiden, entlarven wir uns – so Heidegger – als durch und durch neuzeitliche Wesen. Denn erst seit der Neuzeit würde man von einem Weltbild sprechen und die Welt als vor-gestelltes Bild begreifen. In den Worten Heideggers: „Was ist das – ein Weltbild? Offenbar ein Bild von der Welt. Aber was heißt hier Welt? Was meint da Bild? Welt steht hier als Benennung des Seienden im Ganzen. [...] In dieser Bezeichnung ist mitgemeint der Weltgrund, gleichviel wie seine Beziehung zur Welt gedacht wird.“ (Heidegger 2003: 82) Und weiter:

„Bei dem Wort Bild denkt man zunächst an das Abbild von etwas. Demnach wäre das Weltbild gleichsam ein Gemälde vom Seienden im Ganzen. Doch Weltbild besagt mehr. [...] Weltbild, wesentlich verstanden, meint [...] nicht ein Bild von der Welt, sondern die Welt als Bild begriffen. Das Seiende im Ganzen wird jetzt so genommen, daß es erst und nur seiend ist, sofern es durch den vorstellend-herstellenden Menschen gestellt ist. Wo es zum Weltbild kommt, vollzieht sich eine wesentliche Entscheidung über das Seiende im Ganzen. Das Sein des Seienden wird in der Vorgestelltheit des Seienden gesucht und gefunden.“ (Heidegger 2003: 82f)

Auf dem Hintergrund dieser Analyse Heideggers erscheint der Konstruktivismus somit keinesfalls als eine originelle, sondern als durch und durch traditionell-moderne Sichtweise, die hier höchstens auf die Spitze getrieben wird.

Auch der Konstruktivismus tendiert – trotz seiner neurobiologischen Fundierungsversuche – dazu, den Dualismus zur Seite des Geistes hin aufzulösen. Letztlich gibt es stets nur die Erlebenswirklichkeit des einzelnen Subjekts, dessen Geist mit der Welt und der Wirklichkeit in eins fällt. Das gesamte Sein wird damit zum vor-gestellten, zur subjektiven Konstruktion eines Geistes. Damit ist nicht nur der Ort markiert, an dem Lernen stattfindet: nämlich im Einzelsubjekt, abstrahiert wird zudem auch von der körperlichen Seite des Lernens. Auch dem Konstruktivismus gelingt es zudem nicht, den Vollzug des Lernens und die Phänomene der Ersten-Person-Perspektive zum Bestandteil der Lerntheorie zu machen. Zwar kapriziert sich der Konstruktivismus auf das Subjekt, doch wird dieses zumeist mittels eines kybernetischen oder systemischen Vokabulars, das der Dritten-Person-Perspektive entstammt, beschrieben und gedeutet: die Rede ist von Strukturdeterminiertheit, Autopoiesis, Perturbation, System, usw., nicht aber von der Entzogenheit des Lernens, vergeblichen Bemühungen oder schmerzhaften Erfahrungen. Das Subjekt des Lernens wird somit durch das System und der Vollzug des Lernens durch die Selbstreferentialität des Systems ersetzt. Ludwig (1999: 671) schreibt hierzu: „Diese Subjektlosigkeit [...] ist das Kernproblem des konstruktivistischen Lernbegriffs. Das Problem, die Entstehung der Deutungen erklären zu müssen, wird im Konstruktivismus als ontologische Setzung von Autopoiesis gelöst“. Kurz gefasst: Das Subjekt im Konstruktivismus schwankt somit zwischen ‚Nicht-Existenz‘ und ‚Allexistenz‘.

Diese grundsätzliche Ambivalenz zeigt sich auch in der Annahme der Strukturdeterminiertheit, die für das Lernverständnis des Konstruktivismus von großer Bedeutung ist. Denn mit dieser Annahme wird das Subjekt selbst wie auch dessen Selbstbestimmung zur Illusion erklärt. Maturana erklärt denn auch:

> „Streng genommen gibt es keine Freiheit; streng genommen existieren keine Alternativen, da sich jedes Geschehen und Handeln aus der Übereinstimmung mit den strukturellen Kohärenzen des Augenblicks ergibt. Für einen Menschen, der diese strukturellen Kohärenzen nicht kennt, scheinen sich jedoch immer wieder alternative Handlungsmöglichkeiten zu ergeben" (Maturana/Pörksen 2002: 77)

Dies aber steht im Gegensatz zum emphatischen Freiheitsbegriff, der im Konstruktivismus an anderer Stelle immer wieder gebraucht wird; so propagiert z.B. von Foerster: „Meine Auffassung ist, kurz gesagt, dass die Freiheit immer existiert. In jedem Augenblick kann ich entscheiden, wer ich bin." (von Foerster in Pörksen 2001: 40) Somit ist das Subjekt des Konstruktivismus zugleich Erzeuger der Welt wie Sklave seiner internen Strukturen und deren Geschichte. Auch der Lernbegriff pendelt zwischen einem deterministischen Verständnis einerseits, das von der Strukturdeterminiertheit ausgeht und einem freiheitlichen Verständnis, bei dem Lernen als aktiver Prozess der Wissenskonstruktion verstanden wird.[207]

FAZIT

Ausführlich gezeigt wurde somit, wie die verschiedenen Facetten des Subjektverständnisses des Konstruktivismus mit dessen Lernverständnis zusammenhängen, sowie, dass auch im Konstruktivismus das Subjekt- wie Lernverständnis sich in individualtheoretischen wie dualistischen Bahnen bewegt. Trotz der Kritik am Konstruktivismus und dessen Lern- wie Subjektverständnis, die mit dieser Analyse einherging und die Widersprüche, Einseitigkeiten und ungelösten Probleme aufzeigte, verweist der Konstruktivismus in mehrerlei Hinsicht auf Probleme des gängigen Lerndiskurses und liefert Einsichten, hinter die nicht wieder zurückgegangen werden sollte und auf die hier zusammenfassend noch einmal explizit verwiesen werden soll.

---

207 Wird die Strukturdeterminiertheit und die Unmöglichkeit einer intentionalen Einwirkung auf das in-sich-geschlossene Subjekt des Konstruktivismus konsequent zu Ende gedacht, so müssen Macht, Gewalt und Unterdrückung als bloße subjektive Illusionen gedacht werden, die vom Individuum auch anders konstruiert werden könnten. „Streng genommen kann es keine Macht geben, wenn einzig die Strukturdeterminiertheit eines Systems darüber entscheidet, wie welche Einflüsse von außen wirken." (Pongratz 2005: 155) Auch hier zeigt sich die systematische ‚Blindheit' der konstruktivistischen Sichtweise für soziale Phänomene wie Macht und Gewalt (Girgensohn-Marchand 1996: 95ff).

Erstens ist auf die konstruktivistische Kritik an repräsentationalistischen Erkenntnis- und Wirklichkeitsmodellen, auf denen insbesondere das kognitivistische Lernverständnis aufbaut, zu verweisen. Auch wenn das Viabilitiätskonzept aus genannten Gründen nicht wirklich zu überzeugen weiß, so ist doch zumindest die Unterscheidung eines ‚Wissen-wie‘ und ‚Wissen-was‘[208] zu übernehmen, mittels derer gezeigt werden kann, dass es fraglich ist, das im Lernen erworbene Wissen als ein ‚Wissen-was‘ – das als eine, wenn auch verzerrte, Abbildung eines Aspektes der Welt, verstanden wird – zu bezeichnen.

Als Gewinn zu betrachten ist *zweitens* auch die konstruktivistische Kritik am Objektivitäts- und Wirklichkeitsideal der an den Naturwissenschaften orientierten (Lern-)Psychologie und deren Lernkonzepten. Gegen die Annahme, man könne in der Forschung den Standpunkt eines neutralen Beobachters einnehmen, setzt der Konstruktivismus die Erkenntnis einer Kybernetik zweiter Ordnung, dass der Beobachter unhintergehbar Teil der beobachteten Welt ist und seine Erkenntnis somit stets ‚blinde Flecken‘ aufweist. Diese ‚blinden Flecken‘ können zwar nicht ausgetilgt werden, jedoch kann in der Theoriebildung dieser Zusammenhang berücksichtigt werden, indem die Theorie einen gewissen Grad von Rück- bzw. Selbstbezüglichkeit aufweist.

In Bezug auf lerntheoretische Überlegungen bedeutet dies *drittens*, Lernen nicht gegenstands-, sondern beobachtungstheoretisch zu verstehen: Lernen *ist* somit nicht *etwas*, sondern ist ein Erklärungs*prinzip,* das beobachtbare Verhaltensveränderungen ursächlich auf einen einheitlichen Prozess, den des Lernens, zurückführt bzw. ist ein Beobachtungs*begriff,* der auf eine spezifische Perspektive verweist, die (pädagogische) Wirklichkeit zu sehen und damit zu deuten, bzw. ist ein *imaginärer* Wert, auf den pädagogische Beschreibungen bezogen und pädagogische Operationen ausgerichtet werden.

Die darin schon enthaltene Kritik an einem verdinglichten bzw. essentialistischen oder substantialistischen Denken ist *viertens* auch in einer pädagogischen Theorie des Lernens zu berücksichtigen. Wissen ist nicht *etwas*, das in unseren Köpfen existiert und Lernen nicht ein Erwerb von *Etwas* bzw. die Übernahme eines Etwas von außen nach innen. Allerdings gelingt es dem Konstruktivismus nicht, eine entsprechende Alternative zu dem verdinglichten Denken zu liefern.

Fünftens hat der Konstruktivismus in Zusammenhang mit der Ablehnung eines substantialistischen Lernverständnisses zu Recht darauf hingewiesen, dass Lernprozesse nicht von außen steuerbar und direkt beeinflussbar sind. Auch hier fehlt jedoch eine angemessene, alternative Konzeption der Rolle der anderen für das Lernen.

208 Die aber ursprünglich von Gilbert Ryle (2002 [1949]) stammt; vgl. zu Ryle auch II.2.1.

Die Nicht-Steuerbarkeit des Lernprozesses wurde mit der Strukturdeterminiertheit des Lernsubjekts bzw. des lernenden Systems begründet. Zwar ist weder der Annahme der Determiniertheit noch der einer einseitigen Struktur- und Vergangenheitsabhängigkeit zuzustimmen, jedoch ist damit *sechstens* auf die wichtige Bedeutung der Erfahrungs- und Lerngeschichte des Lernsubjekts für das Lernen verwiesen. Lernen ist demnach stets bedingt durch die Ergebnisse früherer Lernprozesse, jedoch auch durch die spezifischen Situationen und Kontexte, in denen das Lernen stattfindet. Der ‚äußere' Aspekt des Lernens ist als Perturbation nicht hinreichend beschrieben.

Zusammengefasst verweist der Konstruktivismus somit auf zentrale Problemstellen des Lerndiskurses und der gängigen Lernverständnisse, kann insgesamt jedoch keine überzeugende Alternative zu diesen aufzeigen. Dies liegt vor allem, so die These, am Verhaftetsein des Konstruktivismus am individualtheoretischen und dualistischen Denken und an dem fehlenden Verständnis für die Bedeutung des Zwischenmenschlichen und der Kategorie des Relationalen.

I.4 Neurowissenschaften: Lernen als neuronaler Prozess und der ‚Hirntod des Subjekts'

„Wenn es ein Leib-Seele-Problem gibt, welches davon hätten sie lieber?"
WOODY ALLEN[209]

„Bürger sagte mir, Sie wären, wie er glaube, verliebt. Recht so. Mich freut es immer, wenn ich von einem verliebten Anatomiker und Physiologen höre; da schneiden sie und zerlegen und betrachten die Partes und raisonnieren, und am Ende müssen sie doch die unzerstückelte Maschine nehmen, um vergnügt zu sein."
GEORG CHRISTOPH LICHTENBERG ZU SAMUEL THOMAS SOEMMERRING[210]

„Lernen ist wie Sex. Sagt die Hirnforschung."
ULRICH SCHNABEL[211]

„Was zwischen Menschen vor sich geht, werden wir mit Computertomographien niemals erfassen können."
PETER HOBSON[212]

209 Zit. nach Düweke 2001: 28.

210 Lichtenberg 1994: 675.

211 Schnabel 2002.

212 Hobson 2003: 23.

Einleitende Bemerkungen

Die Neurowissenschaften erleben seit nun schon fast zwei Dekaden einen *Boom*, dessen Höhepunkt noch nicht erkennbar überschritten zu sein scheint. Diese Hochkonjunktur steht in engem Zusammenhang mit dem von George Bush senior am 17. Juli 1990 ausgerufenen Jahrzehnt des Gehirns (‚Decade of the Brain'), das nicht nur eine Menge Forschungsgelder freisetzte, sondern mit der Etablierung neuer ‚bildgebender Methoden', einherging. Es sind die ‚bunten Bilder' der bildgebenden Methoden, die einen direkten (Ein-)Blick ins menschliche Gehirn versprechen und damit überaus öffentlichkeitswirksam sind.[213] Im Aufwind dieser Entwicklungen werden die Neurowissenschaften, oft auch vereinfachend Hirnforschung genannt[214], nicht selten als neue Leitwissenschaft stilisiert und einige Forscher rufen nach dem ‚Jahrzehnt des Gehirns' nun gar das ‚Jahrhundert des Gehirns' aus; beispielsweise prognostiziert der Hirnforscher Changeux (2003: 35): „Wie das 20. Jahrhundert das der Atomforschung und der Molekularbiologie war, so wird das 21. das Jahrhundert der Hirnforschung sein." Durch die Entwicklung

---

213 Das anhaltende Medienecho lässt sich fast wöchentlich in den verschiedensten Medien verfolgen. „Fernsehsendungen, Wochenmagazine, Podcasts – sämtliche Medien schüren die Begeisterung für Neurone und Areale." (Könneker 2007: 11)

214 Zwar ist – besonders in den Mediendiskursen – häufig von Hirn- oder Gehirnforschung die Rede, doch weist schon der Plural im Terminus Neurowissenschaften darauf hin, dass es *die* Hirnforschung nicht gibt. Vielmehr ist der Begriff Neurowissenschaften eine Sammelbezeichnung für eine Vielzahl an Forschungen aus ganz unterschiedlichen Disziplinen und Subdisziplinen, die immer dann zu den Neurowissenschaften hinzugerechnet werden, wenn im Fokus ihrer spezifischen Forschung das zentrale Nervensystem steht – zu nennen sind als beteiligte Disziplinen die Evolutionsbiologie, Entwicklungsbiologie, Neurochemie, Neurobiologie, Molekularbiologie, Zellbiologie, Neurophysiologie, medizinische Neurologie, Neuroanatomie, Verhaltensforschung, Kognitionspsychologie, Neuropharmakologie und Neuropathologie (Müller 2005: 17f). Der Begriff der Neurowissenschaften selbst wird seit Ende der 1950er Jahre in der Fachliteratur verwendet, ist seit Ende der 1970er Jahre fachlich etabliert und hat seit den 1990er Jahren auch außerdisziplinär einen weiten Bekanntheitsgrad erlangt (Becker 2006a: 18). Da letztlich die Begriffe Neurowissenschaften und Hirnforschung häufig synonym verwandt werden, wird dies der Einfachheit halber auch im Folgenden praktiziert werden, wenngleich dem Terminus Neurowissenschaften der Vorrang zu geben versucht wird und der Terminus Hirnforschung vor allem dann Verwendung findet, wenn tendenziell auf einen eher populärwissenschaftlichen Diskurs verwiesen wird.

revolutionärer technischer Anwendungen[215] und die Gewinnung revolutionären Wissens würden die Neurowissenschaften im 21. Jahrhundert die Rolle der Physik im 20. Jahrhundert einnehmen.[216] Um die Radikalität der revolutionären Erkenntnisse der Hirnforschung zu unterstreichen, wird häufig das freudsche Diktum der Menschheitskränkungen herangezogen. Nach Kopernikus, Darwin und Freud stehe nun mit den Erkenntnissen der modernen Hirnforschung, die alle geistigen Eigenschaften des Menschen auf neuronale Korrelate zurückführen könne, die vierte und radikalste Kränkung des Menschen ins Haus: nicht nur sei das Ich nicht

---

215 „Was die Anwendungen der Neurowissenschaften betrifft, geben zahlreiche aktuelle Projekte alten literarischen Utopien einen Hauch von Machbarkeit, angefangen von Wunderheilungen bis hin zur Geburt des neuen Menschen. So tüfteln Forscher weltweit daran, defizitäre Sinneswahrnehmungen technologisch auszugleichen sowie Lähmungen zu überbrücken. Schon heute verändern und erweitern therapeutische Neurochips die Hirntätigkeit: Cochlea-Implantate, die Gehörlosen wieder zu auditiven Wahrnehmungen verhelfen, werden bereits erfolgreich eingesetzt; Netzhaut-Implantate für Blinde befinden sich in der Erprobung. Die Stimulation des Vagusnervs verringert bei Epileptikern die Zahl der Anfälle und verhilft schwer Depressiven zu mehr Lebensfreude. Bei Parkinson-Patienten reduziert eine mitten ins Gehirn eingesetzte Elektrode die typischen Zitter-Symptome. Darüber hinaus laufen bereits erste Versuche, Querschnittsgelähmten wieder ein Stück weit Bewegungsvermögen zu schenken – durch einen Gehirnchip, der die Befehle der motorischen Areale abgreift und an die Muskeln in Armen und Beinen weiterleitet. Doch auch der gesunde Mensch kann prinzipiell technologisch ‚verbessert' werden. Das US-Verteidigungsministerium fördert ganz offiziell verschiedene Studien zur Entwicklung von Gehirn-Computer-Schnittstellen. Fernziel ist es etwa, Soldaten mit schärferen Sinnen, zum Beispiel Nachtsicht, sowie einem computerähnlichen Erinnerungsvermögen auszustatten. Außerdem soll ihnen ermöglicht werden, in Kampfeinsätzen telepathisch – von Gehirn zu Gehirn – miteinander zu kommunizieren sowie Präzisionswaffen rein gedanklich zu steuern. [...] Man mag bezweifeln, dass sich gesunde Menschen je freiwillig Implantate in ihre Köpfe einsetzen lassen. Doch lässt sich das Gehirn auch mit Hilfe von Stimulanzien beeinflussen. In der Neuropharmakologie steht zunächst ebenfalls das medizinische Forschungsethos im Vordergrund: Stimmungsaufheller, Wachmacher, Konzentrationshelfer, Intelligenzheber und Gedächtnisverbesserer – entsprechende Präparate sollen Patienten mit spezifischen Symptomen helfen, ihren Alltag besser zu meistern." (Könneker 2007: 13f)

216 So auch das Fazit von Nicole Becker (2006a: 18): „Nicht selten werden die Biowissenschaften als neue Leitdisziplinen aufgefasst, an deren Erkenntnissen, Modellen und Forschungsmethoden sich auch die Sozial- und Geisteswissenschaften künftig orientieren sollen".

Herr im eigenen Hause, vielmehr gebe es gar kein Ich. In regelmäßigen Abständen wird denn auch in den Feuilletons ein heftiger Kulturkampf ausgetragen, der typischerweise zwischen ‚Vertretern des Geistes' (zumeist analytisch geschulte Philosophen) und ‚Vertretern des Gehirns' (zumeist so benannte oder selbst ernannte ‚Hirnforscher') entlang der Frage nach dem Sein oder Nichtsein der menschlichen Willensfreiheit geführt wird. Dabei scheinen die kritischen Anfragen und teils auch heftige Polemiken der Philosophen die entstandene Deutungsmacht der Hirnforschung kaum brechen zu können. Neurowissenschaftliche Erkenntnisse werden vielmehr häufig als ‚ultimative Erklärungen' aufgefasst; dies bedeutet: „Sie müssen erstens nicht weiter hinterfragt werden und schlagen zweitens alternative Erklärungen aus dem Feld" (Hüttemann 2008: 10). Und so gilt denn auch bezüglich des Lernens: „Kaum ein Argument im lerntheoretischen Diskurs scheint seit einigen Jahren ohne die Bekräftigung auszukommen, dass neuerdings die Hirnforschung dieses oder jenes bestätigt." (Meyer-Drawe 2008a: 30)

Dass in den letzten Jahren zunehmend Lernprozesse aus neurowissenschaftlicher Perspektive erforscht werden und die Hirnforschung zum wichtigsten lerntheoretischen Referenzpunkt heranwächst, gehorcht auch einer – der Geschichte der gängigen Lernparadigmen inhärenten – Logik: Der in der Entwicklung von Behaviorismus zu Kognitivismus und schließlich Konstruktivismus sich vollziehende Prozess der zunehmenden ‚Verinnerlichung des Lernens' wird mit der Gehirnforschung konsequent weitergeführt; denn: „Lernen findet *im* Kopf statt." (Spitzer 2002: XIII; kursiv d. Verf.), d.h. *im* Gehirn, denn dieses ist „das Organ des Lernens" (Spitzer 2002: XVI)[217] bzw. „die beste Lernmaschine der Welt" (ebd.) und daher seien „die Ergebnisse der Erforschung des Gehirns für das Lernen etwa so wichtig wie die Astrophysik für die Raumfahrt oder die Muskel- und Gelenkphysiologie für den Sport" (Spitzer 2002: XIII). Statt das Geschehen in der ‚black box' auszuklammern (Behaviorismus), behelfsweise zu modellieren (Kognitivismus) oder epistemologisch zu totalisieren (Konstruktivismus) verspricht nun die Hirnforschung, den eigentlichen Ort des Lernens dem forschenden Blick des neutralen wissenschaftlichen Beobachters zugänglich zu machen. Als Garant hierfür gelten zuallererst die schon angesprochenen ‚bildgebenden Verfahren', die den direkten Blick ins Gehirn und damit die unmittelbare Beobachtung des Lernens suggerieren.[218] Auf diese Weise soll das Lernen ‚dingfest' gemacht und

217 „Was der Magen für die Verdauung, die Beine für die Bewegung oder die Augen für das Sehen sind, ist das Gehirn für das Lernen." (Spitzer 2002: XIII)

218 So schreibt beispielsweise der Neurowissenschaftler Henning Scheich, die bildgebenden Verfahren würden es erlauben, „unter verschiedenen kognitiv-experimentellen Bedingungen, relativ problemlos von außen in das lebende, denkende menschliche Gehirn hineinzuschauen" (Scheich 2003: 99). Göhlich/Zirfas (2007: 11) merken dazu an:

die Lernforschung – 'endlich und endgültig' – aus dem nebulösen Ideenhimmel der Geisteswissenschaften in den faktenweichen Schoß der Naturwissenschaften befördert werden. Solcherlei Versprechungen scheinen ganz besonders im pisageschädigten Deutschland auf fruchtbaren Boden zu fallen und man erhofft sich, die Hirnforschung könne die vom Krieg der Ideologien in der Bildungslandschaft erzeugten Schäden beheben und mit frischen und wirkkräftigen 'hirngerechten' Lernrezepten blühende Bildungslandschaften erschaffen, die nachhaltig auch die deutsche Wirtschaft ankurbeln.[219] Anders gesagt: Den Hirnforschern wird nicht nur zugetraut, letzte Wahrheiten über Lernprozesse zu verkünden, sondern auch direkte Implikationen für Schule und Unterricht aus den Erkenntnissen der Hirnforschung abzuleiten.[220]

Um zu analysieren, welches Lern- und Subjektverständnis die Neurowissenschaften auszeichnet und wie diese zusammenhängen, werden zunächst die wichtigsten Grundannahmen, Methoden und Ergebnisse der modernen Neurowissenschaften skizziert und – mit Blick auf die zugeschriebene Deutungsmacht der

---

„Die derzeit große Rolle der Neurowissenschaften im interdisziplinären Diskurs und mehr noch in der öffentlichen Debatte um Lernen verdankt sich zu einem großen Teil der enormen technischen Verbesserung der bildgebenden Verfahren. [...] Der Mensch scheint sich heute – und diese Annahme verschafft der Neurowissenschaft ihre derzeit starke Stellung – beim Denken und Lernen zusehen zu können."

219 So werden die Plädoyers für die Bedeutung der Hirnforschung in Bildungsfragen immer wieder mit ökonomischen Argumentationen flankiert. Beispielsweise schreibt Manfred Spitzer (2006: 23): „Das Lernen zu verstehen heißt, das Gehirn zu verstehen. [...] Und da gerade für Deutschland gilt, dass die Gehirne der heranwachsenden Generation die wichtigste Ressource zur Bewältigung der Zukunft sind, können wir es uns nicht leisten, die Gehirnforschung nicht zur Kenntnis zu nehmen." Insofern ist Michael Hagner (2006: 19f) zuzustimmen, der in der „Aufklärung über unser Selbst via das Gehirn [...] ein psychophysisches Fitneßprogramm" sieht, „das uns als Leistungsträger für die wieder einmal komplexer gewordene Welt trainiert". Mit Blick auf Michel Foucaults Analysen gehört die neuere Hirnforschung nach Hans-Peter Krüger (2007a: 65) denn auch „in den Kontext der humanisierenden Formen von ‚Biomacht' in einer ‚Normalisierungsgesellschaft'" (ebd.).

220 Die von Andreas Hüttemann genannten Voraussetzungen für die Deutungsmacht der Hirnforschung scheinen somit besonders in pädagogischen Kontexten zu gelten. Als diese gelten ihm „ein Bedürfnis nach Orientierung(swissen), die Enttäuschung durch andere, ältere Angebote (insbesondere durch sozial- und gesellschaftliche Utopien der 60er und 70er Jahre) sowie die Erklärungserfolge der Biowissenschaften auf ihrem traditionellen Terrain (die Entschlüsselung des genetischen Codes, Fortschritte im Bereich der Hirnforschung, Medizin und so weiter)" (Hüttemann 2008: 9).

Neurowissenschaften – insbesondere auf die Reichweite ihrer Aussagen hin kritisch beleuchtet. Um die Komplexität des Forschungsgebietes wie des Forschungsgegenstands angemessen zu reduzieren, werden in Anlehnung an eine gängige Einteilung in den Neurowissenschaften drei Ebenen des menschlichen Gehirns voneinander unterschieden.[221] Ein erster Blick wird dabei auf die Mikroebene des Gehirns geworfen; anders formuliert: es wird erörtert, was von den Neurowissenschaftlern als die zellulären Grundlagen des Lernens beschrieben wird (I.4.1). In einem zweiten Schritt werden die Annahmen der Neurowissenschaften bezüglich der Makroebene des Gehirns erörtert (I.4.2). Um den epistemischen Status der von den bildgebenden Verfahren produzierten ‚Hirnbilder' zu klären, müssen nicht nur die methodischen Möglichkeiten und Grenzen dieser Verfahren geklärt werden, sondern auch die Lokalisationstheorie thematisiert werden, da diese den theoretischen Rahmen darstellt, in dem die Bilder der bildgebenden Verfahren überhaupt erst sinnvoll interpretiert werden können. Ein dritter Schritt wird gemacht, indem ein Blick auf die mittlere Ebene des Gehirns geworfen und das aktuelle Dilemma der Neurowissenschaften aufgezeigt wird (I.4.3). Nach diesen räumlich geordneten Schritten erörtert eine zeitliche Perspektive die Entwicklung des menschlichen Gehirns und deren Abhängigkeit von Umwelterfahrungen (I.4.4); thematisiert wird hier die pränatale Gehirnentwicklung, die Prozesse der Synaptogenese und des Prunings, der Prozess der Myelinisierung und die Entwicklung des Gehirns nach dem Kindesalter sowie die lebenslange Plastizität und Erfahrungsabhängigkeit des Gehirns. Aufbauend auf diesen Grundlagen kann schließlich das Lernverständnis der Neurowissenschaften expliziert werden (I.4.5): dort werden spezifische Problematiken einer neurowissenschaftlichen Definition des Lernens und der Rückgriff der Neurowissenschaften auf gedächtnispsychologische Kategorien betrachtet. Schließlich erfolgt die systematische Analyse des Zusammenhangs des Subjekts- und Lernverständnis der Neurowissenschaften (I.4.6). Zunächst wird das Subjektverständnis der Neurowissenschaften herausgearbeitet: von der Veräußerung des Innen und dem ‚Hirntod des Subjekts' zur Wiederbelebung des Subjekts als Gehirn; sodann wird der Zusammenhang von Subjekt- und Lernverständnis in den Blick genommen. Darauf wird erörtert, inwiefern das Gehirn die Achillesferse des naturwissenschaftlichen Weltbildes sowie eines individualtheoretischen Subjekt- und Lernverständnisses darstellt. Schließlich erfolgt ein kurzer

221 „Grundsätzlich setzt die neurobiologische Untersuchung des Gehirns auf drei verschiedenen Ebenen an. Die oberste erklärt die Funktion größerer Hirnareale, beispielsweise spezielle Aufgaben verschiedener Gebiete der Großhirnrinde, der Amygdala oder der Basalganglien. Die mittlere Ebene beschreibt das Geschehen innerhalb von Verbänden von hunderten oder tausenden Zellen. Und die unterste Ebene umfasst die Vorgänge auf dem Niveau einzelner Zellen und Moleküle." (Monyer u.a. 2004: 30)

Exkurs über die sogenannten Spiegelneuronen, die als neuronales Korrelat der Intersubjektivität angesehen werden und abschließend wird skizziert, wie durch die Bewegung vom neuronalen zu einem relationalen Primat eine nicht-reduktionistische Sicht des Gehirns als Beziehungsorgan aussehen kann.

I.4.1 DIE MIKROEBENE DES GEHIRNS UND DIE ZELLULÄREN GRUNDLAGEN DES LERNENS

Das im Durchschnitt 1,4 kg schwere menschliche Gehirn wird als „die komplexeste Aggregation von Materie überhaupt" (Niewels 2004: 97) angesehen. Es besteht unter anderem aus ca. 100 Milliarden Gehirnzellen, auch Nervenzellen oder Neuronen genannt, die im Unterschied zu anderen Körperzellen direkt miteinander ‚kommunizieren' und so ein hochkomplexes ‚Netzwerk' aus ca. einer Million Milliarden Verbindungen zwischen den Hirnzellen bilden (Blakemore/Frith 2006: 26; LeDoux 2003: 56). Die einzelnen Nervenzellen unterscheiden sich zwar in Größe und Gestalt erheblich voneinander, weisen jedoch charakteristische morphologische Bestandteile auf. Neben dem Zellkörper, der das Stoffwechselzentrum bildet und das Erbgut der Nervenzelle enthält, besteht jede Nervenzelle aus einem Dendritenbaum, der gewissermaßen die ‚Empfangsstelle' für die die Nervenzelle erreichenden Signale bildet, sowie aus einem Axon, das für die ‚Weiterleitung' von Signalen zuständig ist (Brand/Markowitsch 2006b: 24; Roth 2003: 102).[222]

Die *Kommunikation der Nervenzellen*, die nicht unmittelbar miteinander verbunden sind, sondern über den synaptischen Spalt miteinander 'Signale austauschen' müssen, lässt sich „als eine elektrisch-chemisch-elektrische Abfolge be-

222 Nachdem sich Mitte des 19. Jahrhunderts in der Biologie die allgemeine Zelltheorie durchsetzte, die besagt, dass alle Pflanzen und Tiere letztlich aus Zellen zusammengesetzt seien, begann man auch im Hirn nach Zellen zu suchen. Beim Blick durch das Mikroskop wurden zwar zellähnliche Strukturen ausgemacht, doch im Gegensatz zu den sonst üblichen Körperzellen entsprangen aus diesen lange, dünne Fasern. So entbrannte ein lange währender Streit darum, ob das Hirn letztlich aus voneinander getrennten Zellen besteht – die sogenannte Neuronen-Doktrin – oder aus einem dichten Geflecht von durchgängig miteinander verbundenen Elementen – die sogenannte Recticulum-Theorie (LeDoux 2003: 56). Um 1900 hatte sich die Neuronen-Doktrin zwar allgemein durchgesetzt (Breidbach 1997: 169), weil jedoch gesicherte Aussagen zur Morphologie einzelner Nervenzellen bis in die 1940er Jahre technisch nahezu unmöglich waren, konnte die Neuronen-Doktrin erst mit der Erfindung des Elektromikroskops in den 1950er Jahren empirisch bestätigt werden (Breidbach 1997: 270).

schreiben“ (LeDoux 2003: 70). Elektrische Signale ‚wandern‘ ausgehend vom Axonhügel, der in Zellkörpernähe am Ausgang des Axons liegt, am Axon entlang zum sogenannten synaptischen Spalt, um dort in chemische Botenstoffe umgewandelt zu werden. Diese überbrücken den synaptischen Spalt, um an der Membran des angrenzenden Dendritenbaums von spezialisierten ‚Empfangsstellen‘, den Rezeptoren, wiederum in elektrische ‚Signale‘ umgewandelt zu werden. Dies wird dadurch ermöglicht, dass die Membran der Nervenzellen elektrisch geladen ist und eine Spannung, bzw. eine elektrische Ladungsdifferenz, zwischen dem Zellinneren und der Zellumgebung von fast einem Zehntel Volt besteht (Blakemore/Frith 2006: 26; Roth 2003: 104). Die von den chemischen Botenstoffen am Dendritenbaum ausgelösten elektrischen ‚Signale‘ können daher erregend oder hemmend sein. Erregende ‚Signale‘ positivieren das elektrische Ruhepotenzial einer Nervenzelle, das bei ungefähr -70 Millivolt liegt; hemmende ‚Signale‘ führen zur dazu, dass das Ruhepotential sich noch stärker negativ auflädt (Brand/Markowitsch 2006b: 24f). Diese hemmenden oder erregenden lokalen Potenziale werden zunächst passiv bis zum Axonhügel ‚weitergeleitet‘, um dort mit den unzähligen, gleichzeitig empfangenen (erregenden oder hemmenden) Signalen ‚verrechnet‘ zu werden. Denn:

> „Eine ‚normale‘ Nervenzelle, die einen ausgedehnten Dendritenbaum und ein Axon besitzt, ist mit zehntausend oder mehr erregenden und hemmenden Synapsen besetzt, die von tausend bis zehntausend anderen Nervenzellen stammen (d. h. jede Nervenzelle wird im Schnitt über ein- bis zehntausend Synapsen von einer anderen Nervenzelle beeinflusst).“ (Roth 2003: 122)

Bleibt nach der Summierung der empfangenen Signale eine positive Ladung von ca. 15mV zurück, ‚feuert‘ die Nervenzelle das sogenannte Aktionspotential ab, das entlang des Axons zum präsynaptischen Ende geleitet wird und dort bestimmte chemische Vorgänge auslöst, die wiederum Signale an weitere Nervenzellen geben (Blakemore/Frith 2006: 27; Brand/Markowitsch 2006b: 25f). Zur Überbrückung des synaptischen Spalts werden bei Ankunft eines Aktionspotentials in der präsynaptischen Endigung chemische Botenstoffe (Neurotransmitter) freigesetzt, die, in kleine Bläschen ‚verpackt‘, sich über den mit Flüssigkeit gefüllten synaptischen Spalt zur Membran der nachgeschalteten Nervenzelle bewegen und an die dortigen Rezeptoren ‚andocken‘.[223] Die Rezeptoren wandeln die so empfangenen

223 Die Flüssigkeit im nur zehnmillionstel Millimeter großen synaptischen Spalt ist zwar ein Medium zum ‚Transport‘ der Botenstoffe, stellt dabei jedoch kein ‚neutrales‘ Medium dar, sondern enthält selbst „alle möglichen chemischen Stoffe, die die Zellfunktion beeinflussen und von denen viele elektrisch geladen sind“ (LeDoux 2003: 78).

chemischen Signale wiederum in die oben beschriebenen lokalen elektrischen Signale um, die erregend oder hemmend sein können (Brand/Markowitsch 2006b: 26; LeDoux 2003: 67).[224]

Sowohl die Rezeptoren als auch die Neurotransmitter existieren in vielen verschiedenen Varianten mit unterschiedlichen Funktionen. So können beispielsweise nicht alle Rezeptoren mit allen Neurotransmittern interagieren, manchen Neurotransmittern gelingt dies nur mit erregenden (z.B. Glutamat) oder nur mit hemmenden (z.B. GABA), anderen (z.B. Dopamin) mit beiden Sorten von Rezeptoren. Wie gut eine Nervenzelle Signale empfangen kann, hängt jedoch vor allem von der Anzahl der Rezeptoren ab. Diese ist nicht fix, vielmehr können neue gebildet und alte abgebaut werden, was in Abhängigkeit von der Nutzung der synaptischen Verbindung geschieht. Verbindungen, die häufig aktiviert werden, werden gestärkt, indem spezifische Rezeptoren vermehrt werden und vice versa. Brand und Markowitsch (2006b: 26) sehen hierin einen „wichtige[n] zelluläre[n] Mechanismus des Lernens". Sie konstatieren:

> „Lernen auf zellulärer Ebene bedeutet heutigen Vorstellungen zufolge, dass die Kommunikation (d.h. die synaptische Verbindung) zwischen Nervenzellen spezifischer neuraler Schaltkreise gestärkt wird und andere – für die spezifische Information nicht relevante – Verbindungen unterdrückt werden" (Brand/Markowitsch 2006b: 28)

Dieser *zelluläre Mechanismus des Lernens* wurde bereits 1949 vom Psychologen Donald O. Hebb in seinem Werk ‚The Organisation of Behavior' beschrieben. Hebb versuchte, über das bis dato leitende Bild des Hirns als Reflexmaschine[225]

---

224 Einschränkend muss gesagt werden, dass die Übertragung an den Synapsen zwar vorwiegend auf chemischem Wege abläuft, jedoch in Ausnahmen auch elektrische Direktübertragungen über Zellkontakte oder Plasmabrücken vorkommen. So bildet das Ende eines Axons normalerweise Verbindungen mit Dendriten, es kann aber auch an Zellkörpern oder anderen Axonen anliegen (LeDoux 2003: 61; Roth 2003: 104). „Wir wissen zwar nicht, in welchem Ausmaß elektrische Synapsen beteiligt sind, aber es zeigt sich immer deutlicher, dass sie bedeutsame Faktoren sind, mit denen wir uns beschäftigen müssen, wenn wir die Funktionsweise des Gehirns verstehen wollen" (LeDoux 2003: 86).

225 Ausgelöst durch einen Boom der Elektrophysiologie in den 1870er Jahren entstand das Bild vom Hirn als einem Telegraphensystem, das bis in die Mitte des 20. Jahrhunderts vorherrschend war. Bereits 1855 betrachtete der englische Psychologe Alexander Bain das Hirn als ein Gefüge von Nervenfasern, in dem Erregungen nach Art eines Telegraphennetzwerkes transportiert würden (Breidbach 1997: 122). Damit aber wurde das Hirn zu einer Reflexmaschine, die zwischen Reiz und Reaktion vermitteltete. Es war,

hinauszugehen und schuf dazu ein Modell für die erfahrungsabhängige Veränderung neuronaler Strukturen, genannt Neuroplastizität. Diese Plastizität des Hirns führt er mit Hilfe der von ihm postulierten hebbschen Lernregel – vereinfacht: ‚what fires together, wires together' – auf die Veränderung synaptischer Übertragungsmuster bzw. lokaler Konnektivitätsveränderungen zurück; dieser einfache Mechanismus wird bis heute in den Neurowissenschaften als die neurophysiologische Grundlage von Lernen und Gedächtnis angesehen. Das sich aus Hebbs Theorie ergebende Bild von der Funktionsweise des Hirns ließ sich gut logisch abbilden und in künstlichen Systemen realisieren[226] und führte in Verbindung mit der Entwicklung der Informationstheorie und insgesamt der kognitiven Wende in der Mitte des 20. Jahrhunderts zu einem Wandel vom Bild des Hirns als Telegraphensystem in das Bild vom informationsverarbeitenden Hirn (Breidbach 1997: 349).[227] Mit Etablierung der Kognitionswissenschaften entwickelte sich so eine computationale Lesart des Hirns, die annimmt, das Gehirn funktioniere wie eine Rechenmaschine. Diese Lesart blieb bis in die 1980er Jahre hinein in den Neurowissenschaften unangefochten (Müller 2005: 31) und zumindest die Rede vom Hirn als informationsverarbeitenden System und die Interpretation der ‚Kommunikation' der Nervenzellen als Informationsweitergabe und -verarbeitung ist auch heute noch sehr stark verbreitet.[228]

---

wie gezeigt (I.1), dieses Bild vom Hirn als einem Telegraphensystem, das in die Reflexphysiologie Pawlows und schließlich in den Behaviorismus mündete (Breidbach 1997: 272ff).

226 Hebb wurde denn auch in der Neurophysiologie erst dann breit rezipiert, als nach hebbschen Lernregeln aufgebaute künstliche Systeme der Reaktion realer biologischer Systeme nahe kamen (Breidbach 1997: 363f).

227 Parallel und unabhängig von Hebb gab es zudem seit Beginn der 1940er Jahre Versuche einer Modellierung neuronaler Verrechnungscharakteristika (Breidbach 1997: 367). Diese konnektionistische Sichtweise des Hirns, das Konzept des neuronalen Netzes, das mit der kognitiven Wende und der Etablierung der KI-Forschung in der Kognitionswissenschaft zu einem breiten Forschungsprogramm wurde, kam erst vermittelt über die Informatik in den 1980er Jahren verstärkt in den Neurowissenschaften an. Zu dieser Zeit hoffte man, aufgrund der Entdeckung der Parallelverarbeitung, den alten Traum von der künstlichen Intelligenz endlich realisieren zu können und so erlebte die Simulierung neuronaler Netze einen kurzzeitigen Boom (Breidbach 1997: 347, 374). In den Neurowissenschaften konnte sich jedoch eine konnektionistische Sichtweise des Gehirns bis heute nicht wirklich durchsetzen, auch wenn sie in den letzten Jahren Auftrieb erhielt.

228 Jedoch fanden unter dem Stichwort ‚Selbstorganisation' seit Mitte der 1980er Jahre entwicklungsbiologische Theorieansätze Eingang in die Neurowissenschaften und ei-

Wie komplex die zellulären Vorgänge sind, zeigt sich an den verschiedenen Weisen, die zur Festigung synaptischer Verbindungen führen. So können sich beispielsweise die Dendritenbäume stärker verzweigen oder auch sogenannte ‚Dornen‘ ausbilden, um eine größere ‚Andockflächen‘ für präsynaptische Endigungen anderer Nervenzellen zu bieten (Brand/Markowitsch 2006b: 28). Die Grundlage solcher *morphologischer Veränderungen* besteht wiederum entweder in der Bildung neuer Rezeptoren an der postsynaptischen Membran oder aber im gezielten Abbau anderer Rezeptoren, beispielsweise solcher, die hemmende Signale vermitteln. Damit die Nervenzellen überhaupt ‚wissen‘, dass bestimmte Rezeptoren vermehrt produziert werden müssen, existieren bestimmte Botenstoffe innerhalb der Zelle, die von den Dendriten zum Zellkörper wandern und dort die Proteinsynthese beeinflussen (ebd.). Zu welcher Gesamtkomplexität die Hirnaktivität auf zellulärer Ebene führt[229], bringt folgende Aussage auf den Punkt:

„Jedes menschliche Gehirn besteht aus Milliarden von Neuronen, zwischen denen es Billionen von synaptischen Verbindungen gibt. Fortwährend werden Botenstoffe ausgeschüttet und Entladungen ausgelöst, ob wir wachen oder schlafen, ob wir nachdenken oder uns langweilen. In jedem Augenblick sind Milliarden von Synapsen aktiv.“ (LeDoux 2003: 71)

Hinzu kommt, dass das menschliche wie tierische Gehirn neben den Nervenzellen noch aus einem anderen Zelltyp, den *Gliazellen*, besteht (Roth 2003: 99ff). Diesen im Gegensatz zu Nervenzellen neunmal so häufig vorkommenden Zelltypen (Becker 2006a: 215) wurde bis vor wenigen Jahren lediglich eine ‚Stütz- und Versorgungsfunktionen‘ zugesprochen, in der Forschung galt ihnen daher auch nur

nige Hirnforscher rücken seitdem vom Bild des Hirns als informationsverarbeitenden System, das die Umwelt auf eine wie auch immer geartete Weise repräsentiert, ab. Argumentiert wird dabei ungefähr wie folgt: Da die Struktureigentümlichkeiten des Hirns dessen Repräsentationseigenschaften bedingen, kann die Erfahrung der Welt aus neurophysiologischer Perspektive nicht einfach repräsentationistisch modelliert werden. „Das Bild des Außen faßt sich also nur nach Maßgabe des Binnenzustandes des Hirngewebes. Die erfahrene Welt ist in ihren Konturen demnach primär als eine Schöpfung der internen Verrechnungsvorgänge im Nervengewebe zu verstehen“ (Breidbach 1997: 381). Dass sich hier die Schnittstelle zwischen Konstruktivismus und Neurowissenschaften befindet, braucht wohl kaum noch eigens betont zu werden. Zugleich wird von Neurowissenschaftlern häufig darauf hingewiesen, dass das Hirn zwar eine Rechenmaschine sei, jedoch gänzlich anderes als ein Computer funktioniere, allein schon, weil ein Gehirn Informationen parallel, ein digitaler Computer jedoch analog verarbeite.

229 Die hier nur in sehr groben und stark vereinfachenden Zügen dargestellt werden kann.

geringe Aufmerksamkeit. Nach und nach wird aber immer deutlicher, dass die Gliazellen „eine nicht zu unterschätzende Hilfsfunktion bei der Kommunikation zwischen Nervenzellen" (Brand/Markowitsch 2006b: 24) ausüben und damit auch eine wichtige, jedoch noch recht ungeklärte Rolle für Lern- und Gedächtnisvorgänge spielen (Becker 2006a: 215). Diesen Befund unterstreichen auch Elsbeth Stern u.a. (2005: 59):

> „Gliazellen sind für die Informationsverarbeitung ebenfalls von Relevanz und stellen nicht nur reine Stütz- und Versorgungseinheiten für Nervenzellen dar. Sie unterstützen die Übertragung bioelektronischer Signale an den Synapsen, indem sie das Ionenmilieu regulieren, die Synapsen metabolisch versorgen und überschüssigen Transmitter aufnehmen, um somit einen erneuten Übertragungsvorgang zu ermöglichen. Daneben übernehmen Gliazellen noch weitere wichtige Funktionen wie die Bildung der Myelinschicht, die Unterstützung der (Nerven-)Zellmigration sowie den Schutz des Gehirns und Rückenmarks vor eindringenden Mikroorganismen wie Viren, Bakterien oder fremden Zellen".

Am Beispiel der Gliazellen zeigt sich, dass die Funktionsweise der Mikroebene des Gehirns keineswegs endgültig geklärt ist.

Trotzdem ist zu konstatieren, dass die Neurowissenschaften im Bereich der Mikroebene des Hirns, d.h. auf der Ebene einzelner Nervenzellen, im 20. Jahrhundert große Fortschritte gemacht hat. Mit der Etablierung des *Elektronenmikroskops* kam es zu einem großen Wissenszuwachs auf der Mikroebene; erstmals war es möglich, die Verknüpfung einzelner Neuronen (Synapsen) und deren Funktionsweise zu untersuchen (Rager 2002: 18). So gelang es beispielsweise 1949 erstmals, Elektroden in eine einzelne Nervenzelle einzuführen und somit deren Aktivität bzw. Erregungsverarbeitung zu messen (Breidbach 1997: 271). Dies führte kurzfristig zur Widerlegung der Theorie des sogenannten ‚Großmutterneurons', die davon ausging, dass einzelne Neuronen spezifische Gedächtnisinhalte, wie die Erinnerung an eine Großmutter, speichern. Längerfristig führte dies zum Boom der in den 1950er Jahre beginnenden Invertebratenneurobiologie, deren Programm bis heute darin besteht, anhand der – zumindest im Vergleich zu anderen Lebewesen – relativ einfachen Nervensysteme von Wirbellosen prinzipielle Aussagen über die Arbeitsweise der Mikrostruktur auch des menschlichen Hirns zu machen (Breidbach 1997: 179). Dazu werden Mikroelektroden in einzelne Nervenzellen eingeführt, um Änderungen im Erregungspotential in Abhängigkeit von bestimmten Versuchsbedingungen zu messen (Rager 2002: 19). Der Wissenszuwachs auf der Mikroebene hat aber bis heute für die Erklärung der Funktionsweise des ganzen Hirns kaum zu einem Quantensprung geführt, vielmehr konstatiert Olaf Breidbach (1997: 327): „Die Methoden verfeinerten sich, der Blick wurde immer präziser, jedoch reduzierte sich damit auch zwangsläufig der Horizont des noch in den Blick zu Nehmenden.“ Richten wir daher den Blick auf die Makroebene des Gehirns.

I.4.2 DIE MAKROEBENE DES GEHIRNS – VON AREALEN UND REGIONEN

Wie bereits angedeutet, besitzen die bildgebenden Verfahren für die Deutungshoheit der heutigen Hirnforschung eine besondere Bedeutung. Es wird suggeriert oder gar explizit formuliert, man könne mit Hilfe dieser Verfahren *dem menschlichen Gehirn beim Denken und beim Lernen zusehen*. „Hirnbilder, die auf diesen Verfahren basieren, schmücken halbe oder ganze Seiten in Hochglanzzeitschriften und Tageszeitungen. Sie vermitteln den Eindruck, neue Fenster zur Funktionsweise des Gehirns und damit auch zum geistigen Leben des Menschen zu öffnen.“ (Hagner 2006: 165f) Dabei ist jedoch dreierlei zu berücksichtigen: *Erstens* können aus den Daten der bildgebenden Verfahren nur auf dem Hintergrund der Lokalisationstheorie Schlüsse über die Funktionsweise des Gehirns und des Lernens gezogen werden, *zweitens* unterliegen die bildgebenden Verfahren einer Reihe methodischer Begrenzungen und *drittens* stellt sich daher auf methodologischer Ebene die Frage, welchen epistemischen Status die ‚bunten Bilder vom Hirn‘ besitzen. Daher soll im Folgenden zuerst die Lokalisationstheorie, deren Herkunft, Varianten und Probleme skizziert werden, darauf die methodischen Grenzen der bildgebenden Verfahren, sodann wird der epistemische Status der Bilder vom Hirn erörtert.

Die Lokalisationstheorie – die Materialisierung des Geistes

Blickt man historisch zurück in die Geschichte der Hirnforschung, dann zeigt sich, dass die Lokalisationstheorie gewissermaßen der Endpunkt eines Prozesses der zunehmenden Materialisierung des Geistes und Zergliederung des Ichs ist. Zwar sah man bereits seit der Antike das Gehirn als Ort des Denkens und Sitz der Seele an[230], als Seelen*organ* betrachtete man das Gehirn jedoch erst im

230 So schrieb bereits Platon dem Gehirn eine wesentliche Rolle für den Erkenntnisprozess zu und eine Reihe weiterer, nicht unbedeutender antiker Denker wie Demokrit und Hippokrates, nahmen „ein Primat des Gehirns vor anderen Körperteilen und Organen“ (Müller 2005: 21) an. Auch erste anatomische Kenntnisse des Gehirns erwarb man in der Antike, so führte Alkmaion von Kroton im 6. Jahrhundert vor Christus Sektionen an Tieren durch (Oeser 2002: 19); Erasistratos demonstrierte durch solche Tier-

Gefolge von *René Descartes*. Dieser brach radikal mit der aristotelisch-scholastischen Lehrmeinung, die Leib und Seele eher als eine substantielle Einheit, denn als zwei grundlegend getrennte Substanzen angesehen hatte und zielte auf dem Hintergrund der mechanistischen Physik seiner Zeit darauf ab, eine rein mechanische Theorie der Körperfunktionen zu konzipieren. So modellierte Descartes den menschlichen Körper als eine Maschine oder Automaten, der für sein reibungsloses Funktionieren die Seele nicht mehr nötig hat.[231] Um jedoch den Menschen in seiner Würde und Stellung in der Schöpfung zu retten, nahm Descartes gleichzeitig an, dass, wie der Körper nicht auf eine Seele angewiesen ist, die Seele auch als vollkommen unabhängig vom Körper zu denken ist.[232] Somit wird der

sektionen, dass alle Nerven ihren Ursprung im Gehirn haben und Herophilos gelang es, dank systematischer Sektionen an lebenden Menschen – Gefangene aus ägyptischen Gefängnissen –, hirnanatomische Kenntnisse zu gewinnen, die erst im 17. Jahrhundert überboten werden konnten (Oeser 2002: 34ff). Durch Vivisektionen an Tieren sowie seine Erfahrungen als Gladiatorenarzt erwarb Claudius Galenus, auch Galen genannt, seine anatomischen Kenntnisse, bekannt wurde er aber durch seine, auf Aristoteles' Pneumalehre und dessen Unterscheidung von Sensus communis (Gemeinsinn), Phantasie (Einbildungskraft) und Memoria (Gedächtnis) aufbauende Ventrikellehre, die oft in vereinfachter Form bis ins 18. Jahrhundert hinein das vorherrschende ‚Bild vom Hirn' blieb. In den blasenartigen Hirnkammern (Ventrikel) verortete er den ‚Spiritus animalis' – eine geheimnisvolle, sehr feine, daher nur sehr flüchtige Substanz, die ihm als Medium zwischen stofflichem Körper und seelischen Vermögen (Wahrnehmung, Vernunft, Phantasie und Gedächtnis) galt (Hagner 1997: 26; Oeser 2002: 37ff).

231 Aristoteles sah das Pneuma als ein Prinzip der Bewegung, das in der gesamten belebten und unbelebten Natur eine Rolle spielt (Oeser 2002: 33f). Und in der mittelalterlichen Lehrmeinung rief die Seele kraft ihrer Vermögen alle Körperfunktionen hervor, auch die Körperwärme wurde beispielsweise als unmittelbares Produkt der belebenden Seele gesehen. Im Gegensatz dazu versuchte René Descartes, „alle Funktionen des menschlichen Körpers ohne Zuhilfenahme von irgendwelchen Vermögen und Kräften durch ein Modell zu erklären, das ausschließlich von den Gesetzen der Mechanik wie die Bewegung einer Uhr oder eines anderen Automaten bestimmt ist" (Oeser 2002: 52). Beispielsweise erzeugte in der kartesischen Konzeption des Körpers nun nicht mehr die Seele die Körperwärme, sondern der Körper selbst erzeugt, als eine Wärmekraftmaschine, durch Umwandlung der Nahrung Wärme (Düweke 2001: 19ff).

232 In den Worten Descartes', der aus seinem Gedankenexperiment, bei dem er sich vorstellen kann, keinen Körper zu haben, jedoch nicht von seinem Bewusstsein und seinem Denken abstrahieren kann, zu dem Ergebnis kam, „daß ich eine Substanz bin, deren ganzes Wesen oder deren Natur nur darin besteht, zu denken und die zum Sein keines Ortes bedarf, noch von irgendeinem materiellen Dinge abhängt, so daß dieses

menschliche Körper zu einer Maschine, in die Gott eine unsterbliche Seele implementiert hat, die wiederum das Wesen des Menschen *alleinig* ausmacht. Descartes teilte damit die Mannigfaltigkeit des Seins in zwei radikal voneinander getrennte Substanzen ein: die ausgedehnte materielle Substanz (res extensa) und die nichtausgedehnte, immaterielle Substanz, die Seele (res cogitans).[233] Letzterer schrieb Descartes nicht nur das Vermögen zu Denken und Reflexion, sondern – als Sitz des Willens – auch eine Steuerungsfunktion zu. Doch wie kann die Seele auf den Körper einwirken und diesen steuern? Descartes musste nach einem Interaktionsort der beiden Substanzen suchen, einem ‚Scharnier' zwischen Körper und Seele. Bei der Suche nach einem Ort im Hirn, der nur einmal und nicht in beiden Hirnhälften vorhanden ist[234], stieß er schließlich auf den zentralen Sammelpunkt der afferenten (sensiblen) und efferenten (motorischen) Nervenbahnen: die erbsengroße Zirbeldrüse und erkor diese zum zentralen Umschlagsort (Hagner 1997: 27f). Das Medium zwischen Körper und Seele wird damit „von einer jahrhundertelangen Unsichtbarkeit in die Sichtbarkeit versetzt" (Hagner 1997: 29) und der Materialisierung des Ichs war der Weg gebahnt.[235]

Nachdem die mit Descartes einsetzende Suche nach dem Seelenorgan im Gehirn zwar zur Etablierung der Vivisektion von Tieren[236], jedoch zu keinem Erfolg

---

Ich, d. h. die Seele, durch die ich das bin, was ich bin, völlig verschieden ist vom Körper, ja daß sie sogar leichter zu erkennen ist als er und daß sie, selbst wenn er nicht wäre, doch nicht aufhörte, alles das zu sein, was sie ist" (Descartes 1997: 55).

233 Damit zementierte er eine ontologische Unterscheidung, die, wie sich schon zeigte, bis heute das westliche Denken zutiefst bestimmt, und schuf die wesentliche Hintergrundfolie, auf der alles Forschen und Denken über das Hirn fortan stattfindet: „Die neue seelenlose Leibauffassung revolutionierte die Biologie, Medizin und Psychologie und das Selbstverständnis des Menschen, dessen Seele plötzlich etwa die Hälfte ihrer Funktionen verlor." (Düweke 2001: 25)

234 Das Hirn als Ganzes kam dabei für ihn nicht in Frage, weil er die Idee der Einheit der Seele auf die Materie übertrug, das Gehirn aber aus zwei ungefähr gleichen Hälften zu bestehen schien.

235 „Das Konzept des Spiritus animalis der Alten hatte den Vorteil, daß er zwar materiell aber gleichzeitig so fein gedacht wurde, daß niemand ihn je zu sehen erwartete. Damit galt er einerseits als physiologisches Substrat, hatte andererseits aber auch die Aura einer göttlichen Substanz. Mit der Sichtbarkeit des Seelenorgans war der Boden für eine eventuelle Vergleichbarkeit von Seelenorganen bereitet, für ein Wägen und Messen und für eine anatomisch-physiologische Erforschung des Gehirns. Das Seelenorgan verlor somit seine göttliche Aura, erhielt dafür jedoch in der Hierarchie der cerebralen Strukturen den obersten Platz." (Hagner 1997: 29)

236 Dieser bereitete Descartes auf zweifache Weise den Weg: Erstens lag nach Descartes

führte[237], brach die Einheit des Seelenorgans auseinander und die *Idee der Lokalisation* der verschiedenen geistigen Fähigkeiten an verschiedenen Orten im Gehirn begann sich zu etablieren. Der erste Forscher, der versuchte, die Gesamtheit geistiger Vermögen im Gehirn zu lokalisieren, war der Wiener Mediziner Franz Joseph Gall, der daher zumeist als Begründer der Lokalisationstheorie gilt, auch wenn mit ihm diese für einige Zeit in Verruf kam. Gall zeigte anatomisch auf, dass es keinen zentralen Ort im Hirn gebe, an dem alle Nerven zusammenlaufen und von dem aus das gesamte Hirn kontrolliert werden könnte (Breidbach 1997: 68f). Stattdessen nahm er an, „daß die Hirnrinde verschiedene, unabhängig voneinander existierende, aber funktionell zusammenhängende Organe bzw. Fakultäten enthalte" (Hagner 1997: 89). Dabei unterteilte er das Hirn in 27 unterschiedliche ‚Grundfakultäten', die so unterschiedliche Eigenschaften wie Fortpflanzungstrieb,

der Unterschied von Tier und Mensch jenseits der Körperlichkeit, somit konnten Tier- und Menschenhirne durchaus als vergleichbar gelten (Hagner 1997: 33); zweitens degradierte er Tiere zu seelenlosen Maschinen, so dass keine ethischen Bedenken gegenüber den Tierversuchen, seien sie auch noch so grausam, aufkommen mussten (Oeser 2002: 55). Dass Vivisektionen an Tieren jedoch überhaupt bei der Suche nach dem Seelenorgan eine Rolle spielten, kam durch die Annahme, diese würden über ein ‚Sensorium commune, verfügen. Dieses wurde als einheitstiftendes Lebensprinzip angesehen, dessen genaue Lokalisation an dem Ort im Hirn vermutet wurde, dessen Zerstörung den sofortigen Tod eines Versuchtieres zur Folge haben würde (Hagner 1997: 33).

237 Anatomen des 17. und 18. Jahrhunderts präsentierten eine ganze Reihe von verschiedenen Orten im Hirn, die ihrer Ansicht nach die Voraussetzungen erfüllten, als Ort des Seelenorgans in Frage zu kommen. Statt jedoch dem Ort der Seele auf die Schliche zu kommen, stieg mit der Anzahl der durchgeführten Experimente das Ausmaß der Verwirrung und teils war man erstaunt darüber, wie umfangreich die Verletzungen am Hirn sein konnten, ohne wesentliche Ausfälle oder den Tod zur Folge zu haben (Hagner 1997: 38). Insgesamt kam es in dieser Phase „zu einer Anatomisierung und Physiologisierung der geistigen Fähigkeiten […], die aber gerade durch das Festhalten am Seelenorgan unter Kontrolle gehalten wurde" (Hagner 1997: 53). Ausgerechnet der vielleicht gründlichste Versuch, das Seelenorgan zu lokalisieren, leitete zugleich das Ende desselben ein. Die Rede ist vom Hirnforscher Soemmering, der in seiner Schrift ‚Über das Organ der Seele, dieses in merkwürdigem Anklang an die mittelalterliche Ventrikellehre in der Flüssigkeit der Gehirnkammern verortete. Seine Schrift widmete er Kant und lud diesen zu einem Kommentar ein, das als Nachwort seine Veröffentlichung krönen sollte. Kant setzte stattdessen jedoch in seinem Kommentar zu einer Grundsatzkritik an solcherlei Versuchen, im Gehirn das Seelenorgan zu lokalisieren, an und untergrub deren Legitimation damit.

Sachgedächtnis, Farbensinn, Würg- und Mordsinn, Nachkommenliebe, metaphysischer Tiefsinn und Dichtergeist enthielten (Düweke 2001: 51).[238] Auch wenn dies heute eher amüsant klingen mag, so muss doch festgehalten werden, dass er damit eine gänzlich neue Sicht des Hirns aufbrachte. „Das Gehirn ist jetzt zum ersten Mal nicht mehr bloß das Medium zwischen Seele und Sinnesorganen, sondern ein Organ, das aus unterschiedlichen und gleichwertigen Elementen besteht." (Hagner 1997: 93f) Anders formuliert:

> "Seit 1800 [...] wird das Gehirn als hierarchisch gegliedertes, distributiv arbeitendes Organ mit verschiedenen Funktionsbereichen aufgefaßt, wobei weder eine Seele noch ein Sensorium commune, das die verschiedenen Sinnesmodalitäten zu einer einheitlichen Wahrnehmung zusammenfaßt, irgendeine Rolle spielen." (Hagner 2006: 9)[239]

---

238 Bekannt wurde Gall vor allem mit dem Teil seines Forschungsprogramms, das ihn für die Nachwelt dubios erscheinen lässt. Galls Ansicht nach spiegelt die innere Hirnorganisation sich in der äußeren Gestalt des Schädels wieder, so dass man umgekehrt von der Gestalt des Schädels auf den Charakter eines Menschen schließen könne. Diese Theorie entwickelte Gall durch jahrelange, vergleichende Verhaltensbeobachtungen bei Tier und Mensch, die dort gesammelten Daten unterzog er schließlich einer Differentialdiagnose, in der Korrelationen zwischen spezifischen Ausprägungen des Schädels und Verhaltensfunktionen aufgezeigt wurden (Breidbach 1997: 66ff). Nachdem Gall in seiner Heimatstadt Wien ein Vorlesungsverbot auferlegt wurde, verbreitete er von 1805 bis 1807 seine Lehre auf einer triumphalen Tournee durch Mitteleuropa, durch die Galls Lehre äußerst populär wurde (Düweke 2001: 44; Breidbach 1997: 74). „Die Vorlesungen, für die Eintritt verlangt wurde, waren ein Spektakel, bei dem Gall Gehirne sezierte, Schädelknochen und Wachsmodelle von Gehirnen vorführte und die Köpfe anwesender Zuschauer abtastete. Das Gehirn wurde damit zum öffentlich diskutierten Gegenstand, der nicht mehr ausschließlich im Medium Buch oder hinter verschlossenen Türen einer Akademie oder eines Universitätshörsaales verhandelt wurde." (Hagner 1997: 120) Gleichzeitig entwarf Gall, vorgeblich aufbauend auf seinen neuroanatomischen Kenntnissen, „Konzepte für die Erziehung, den Strafvollzug, und scheute sich auch nicht vor moralischen Urteilen, etwa im Kontext der Bewertung ungeborenen Lebens" (Breidbach 1997: 74). Seine wissenschaftliche Autorität gewann Gall vor allem durch seine soliden Kenntnisse der Neuroanatomie, die selbst seine Gegner anerkannten. Allerdings war seine Schädeldiagnostik nur sehr indirekt mit neuroanatomischen Erkenntnissen verknüpft (Breidbach 1997: 74f) und so konnte sich diese in Folge auch von Galls Forschungsprogramm lösen und als Phrenologie viele Jahrzehnte Karriere machen, wie umgekehrt die Lokalisation geistiger Fähigkeiten im Gehirn auch ohne Phrenologie auskam.

239 So sehr Galls Lehre Furore machte, so sehr entfachte sie auch starke Kritik auf brei-

Die in dieser Zeit üblichen experimentellen Verfahren, in denen Teile des Hirns von lebenden Tieren abgetragen wurden, um im Anschluss etwaige Funktionsausfälle zu verzeichnen, kamen kaum zu einheitlichen Ergebnissen. Erfolgsversprechender erschienen die Ergebnisse aus Klinik und *Neuropathologie*, hier konnte eine minutiöse Beschreibung von Verhaltensausfällen mit einer post mortem erfolgenden Neuropathologie gekoppelt werden (Breidbach 1997: 118ff). Paradebeispiel für dieses Vorgehen ist der 1861 erfolgte erste Versuch der Lokalisation des Sprachzentrums in der dritten Windung des Stirnlappens durch Pierre Paul Broca, der damit einen ebenso heftigen Disput auslöste[240] wie den Startschuss für einen bis heute nicht abebbenden ‚Goldrun' auf die Lokalisierung geistiger Qualitäten gab.[241] Ärzte und Forscher begannen „fieberhaft, kranke Gehirne zu untersuchen und weitere Vermögen im Gehirn zu orten, und gegen Ende des Jahrhunderts warten einige von ihnen mit genauen ‚Landkarten vom Gehirn' auf, in die sie neben der Broca-Region mehr als 200 Funktionen einzeichnen" (Düweke 2001: 61).

Der Kliniker John H. Jackson kritisierte schon in der Boomzeit der Lokalisationsforschung den strengen Lokalisationsgedanken der fixen Lokalisierung von Einzelfunktion in einzelnen Hirnarealen und erstellte im Gegenzug das Konzept einer interaktiven Organisation von Hirnprozessen und damit ein dynamischeres Verständnis der Lokalisation kognitiver Funktionen. So kritisierte er Broca, dieser hätte nicht das Sprachvermögen, sondern den Schaden, der einem Menschen die

ter Basis. Bis in die 1860er Jahre hinein wurde die Lokalisation geistiger Qualitäten immer wieder heftig angegriffen, wenn auch nie ad acta gelegt. Insgesamt kann dieser Zeitraum als eine „Phase des Suchens" (Hagner 1997: 290) charakterisiert werden; durch den Einfluss der Romantik wurde eine ‚romantische Psychologie' oder eine ‚Naturphilosophie des Gehirns' zu konzipieren versucht (Hagner 1997: 151ff), insgesamt kam es zu einer „Entschärfung der materialistischen und deterministischen Konnotationen des Lokalisationsgedankens, ohne ihn in seiner Substanz aufweichen zu können" (Hagner 1997: 290).

240 Der an Broca anschließende Disput wird verständlich, wenn man bedenkt, dass die Sprache als das wichtigste Unterscheidungskriterium von Mensch und Tier galt und die Lokalisierung des Sprachvermögens im Gehirn damit einen besonders empfindlichen Punkt für das menschliche Selbstverständnis darstellt (Hagner 1997: 232).

241 Die neuropathologische Untersuchung von Hirnläsionen ist für die Analyse des menschlichen Hirns ein bis heute „eminent wichtige[s] Verfahren" (Rager 2002: 20). Schädigungen des Nervensystems führen zu spezifischen Funktionsausfällen, die typischerweise nach dem Tode des Patienten durch neuropathologische Untersuchungen analysiert wurden, dank der bildgebenden Verfahren heute aber bereits schon zu Lebzeiten ‚sichtbar, gemacht werden können.

Sprachfähigkeit raubt, lokalisiert.[242] Verhaltenseinheiten würden sich nur durch komplex ineinandergreifende Interaktionen verschiedener Hirnregionen konstituieren, so dass Läsionen eines Teilbereichs in diesem interaktiven Ganzen zu selektiven Ausfällen führen. Sprache fände damit nicht einfach an einem fixen Ort im Hirn statt, sondern an mehreren gleichzeitig. (Breidbach 1997: 134ff; Düweke 2001: 74) Bis heute oszilliert die neurowissenschaftliche Forschung zwischen einem strengen, eher fixen und einem dynamischen Verständnis von Lokalisation. Auch wenn die empirischen Befunde gegen eine strikte Lokalisationstheorie sprechen, erhält diese angesichts der neuen bildgebenden Verfahren eine Renaissance.[243]

---

242 Jacksons Polemik ist sachlich richtig, da die Schädigung einer bestimmten Region, die zum Ausfall einer spezifischen Fähigkeit führt, nur darauf hindeutet, dass diese eine notwendige, nicht aber bereits hinreichende Bedingung für diese Fähigkeit ist. Die Unzulänglichkeit einer strikten Lokalisierung veranschaulicht Fuchs (2008: 73) an einem simplen Beispiel: „Einen Fußball zu treten, scheint auf den ersten Blick die Tätigkeit nur eines Beines zu sein. Tatsächlich ist aber das andere, das Standbein, nicht weniger wichtig für die Funktion – wäre es z. B. gelähmt, käme der Schuss kaum zustande. Dies gilt aber für alle Funktionen des Organismus: Sie erhalten ihren Sinn und ihre Möglichkeit immer nur aus einem Zusammenspiel verschiedener Untereinheiten innerhalb des Gesamtsystems und lassen sich nicht nur im unmittelbar ausführenden Organ lokalisieren."

243 So kommen den aktuellen Stand um die Forschungen zur Lokalisationsdebatte betrachtend Stern u.a. zu folgendem Ergebnis: „Es ist [...] fraglich, ob man alle psychischen Prozesse und Funktionen in eine funktionale Topographie einbetten kann oder ob möglicherweise beträchtliche Unterschiede in der Lokalisierbarkeit zwischen basalen Funktionen (z.B. Farbwahrnehmung, motorischen Prozessen) und höheren kognitiven Funktionen existieren, sei es bei der Gliederung dieser Funktionen nach Inhaltsmaterial (verbal, numerisch, figural, räumlich) oder nach involvierten kognitiven Prozessen (Aufmerksamkeit, Gedächtnis, schlussfolgerndes Denken etc.). Auf Grundlage der aktuellen Befunde kann eine Erweiterbarkeit dieses ,Schrankmodells', in dem jede Funktion in eine spezifische ,Schublade' an einem spezifischen Ort zu finden ist, in Zweifel gezogen werden." (Stern u.a. 2005: 84) So hätten Übersichtsarbeiten gezeigt, dass es zwar zu Übereinstimmungen in den Aktivierungsmustern zwischen verschiedenen Studien zur gleichen kognitiven Funktion kam, diese ließen sich jedoch „nur auf einem sehr allgemeinen topographischen Niveau zusammenfassen" (Stern u.a. 2005: 85), waren mit anderen Worten also gerade nicht strikt in einer Hirnregion lokalisierbar. Ganz im Jacksonschen Sinne kommen Stern u.a. daher zu dem Resümee, dass „[n]icht zuletzt wegen der starken Vernetztheit verschiedener Gehirnregionen [...] gegenwärtig davon ausgegangen werden [kann], dass jedwede komplexe kogniti-

Jacksons komplexeres Verständnis des Lokalisationsgedanken konnte sich auch in seinem Entstehungskontext Ende des 19. Jahrhunderts nicht durchsetzen, was auch mit dem 1870 stattgefundenen Durchbruch der experimentellen Physiologie in Zusammenhang steht. Dieser gelang Gustav Fritsch und Eduard Hitzig, die durch elektrische Reizung bestimmter Areale der Hirne von Hunden die kortikale Lokalisierung motorischer und sensorischer Zentren einleiteten, damit einen „regelrechten Boom der elektrophysiologischen Kartierung von Funktionsarealen des Hirns" (Breidbach 1997: 248) evozierten und somit eine Brücke zur ebenfalls boomenden Neuropathologie schlugen. Die damit entstandene Situation fasst Breidbach (1997: 262) wie folgt zusammen:

„Die Suggestivität des Bildes einer Karte von Funktionsorten, das Arretieren der bisher nur ungefähr beschriebenen Funktionszustände dieses Hirnorganes schien etwaige Bedenken gegenüber der eigentlichen Tragweite einer solchen pointillistischen Rekonstruktion eines Reaktionsganzen auszumerzen. Das Raster der Lokalitäten, das sich – den Stimulationsexperimenten folgend – über das Hirn legte, wurde immer dichter."[244]

---

ve Leistung das (koordinierte) Zusammenspiel verschiedener Areale erfordert" (ebd.). Daher sei es möglich, dass „ein und dasselbe Gehirnareal als Teil eines Netzwerkes in Abhängigkeit von den anderen aktivierten Regionen unterschiedliche Funktionen annehmen" (Stern u.a. 2005: 86) könne. Zudem fällt bei genauer Betrachtung auf, dass das Gehirn von den Neurowissenschaftlern keineswegs einheitlich, d.h. in dieselben Areale und Regionen, eingeteilt wird.

244 In dieser Logik steht letztlich auch die Arbeit des Neurologen Wilder Penfield, der mit Hilfe elektrischer Stimulationen und Gewebeabtragungen versuchte, sensorische und motorische Funktionsareale einzugrenzen. Erstmals geschah dies jedoch nicht an Tieren, sondern bei Menschen. Die beschriebenen Techniken konnte er bei der Operation von Epileptikern anwenden. Dabei baute er auf der Vorstellung auf, dass sich periphere Stimuli in einem lokalen neuronalen Erregungsmuster, einem ‚neuronal pattern', repräsentieren, die als innere Abbildungen der Außenwelt zu verstehen sind (Breidbach 1997: 310ff). 1937 konnte er erstmals die zentrale Repräsentation der Körpersensorik und der Motorik darstellen und sah im medianen Hirnbereich des Menschen einen sensorischen und motorischen ‚Homunkulus' sitzen. Homunkulus meint hier, dass, „wenn jeder einzelne Muskel um jede einzelne sensible Hautpartie des Körpers ihre umschriebenen cerebralen Projektionsflächen hat, […] sich irgendwann ein wie auch immer deformiertes Double des Menschen selbst in der Hirnrinde abzeichnen" (Hagner 2006: 180) muss. Damit besitzt nach Penfield der Körper des Menschen ein neuronales Korrelat, eine direkte Abbildung seiner Oberflächen- und Muskelsensoren in der Oberfläche des Cortex (Breidbach 1997: 312).

Die Entstehung der modernen Hirnforschung, die mit der Lokalisationstheorie möglich wurde, kann in den breiteren Rahmen der Entstehung der Humanwissenschaften eingeordnet werden, in denen der Mensch zugleich zu Forschungssubjekt und -objekt, in foucaultscher Terminologie zur 'empirisch-transzendentalen Dublette', wird. Jedoch führt das zentrale Forschungmotiv der modernen Hirnforschung – die Lokalisierung geistiger Vermögen – zum Zerfall des (Forschungs-) Objekts, und das bedeutet in diesem Fall des Subjekts. Denn mit der Lokalisierung geistiger Vermögen, die einst einer einheitlichen Seele zugeschrieben wurden, in Arealen bzw. Regionen des Gehirns kam es zur „Fragmentierung des Geistes in einzelne Bestandteile, die im Verlauf des 19. Jahrhunderts immer wieder neu definiert werden und sich zunächst als Qualitäten, Eigenschaften, Talente und Neigungen und später als Funktionen artikulieren" (Hagner 1997: 20). Jedoch ermöglicht die Lokalisationstheorie überhaupt, die Hirnbilder 'sinnvoll' auszulegen. Bevor dies genauer erläutert wird, sollen jedoch die methodischen Grenzen der bildgebenden Verfahren aufgezeigt werden.

Die bildgebenden Verfahren – Möglichkeiten und methodische Grenzen

Im Folgenden gilt es, einen genaueren Blick auf die bildgebenden Verfahren zu werfen, deren (Weiter-)Entwicklung wesentlich den gegenwärtigen Boom der heutigen Neurowissenschaften ausgelöst haben und mit deren Hilfe suggeriert wird, man könne dem Gehirn beim Denken und Lernen zusehen. Nur wenn man auch die *Grenzen der bildgebenden Verfahren* betrachtet, „die in der zeitweilig auftretenden Euphorie über ‚bunte Bilder' des Gehirns [...] untergehen" (Stern u.a. 2005: 55), ist eine realistische Einschätzung der Aussagekraft dieser möglich.

Ziel der bildgebenden Verfahren, die ursprünglich aus der medizinischen Diagnostik entstammen, ist es, anatomische Strukturen des menschlichen Körpers möglichst genau zu visualisieren, sowie möglichst auch den zeitlichen Ablauf eines Vorgangs im Körper sichtbar zu machen (Jäncke 2005: 11).[245] Für Messungen des Geschehens im lebenden, menschlichen Gehirns war man bis in die

245 Etwas ausführlicher: „Hierbei werden je nach Methode jedem Punkt des Körpers Koordinaten (x, y, z) in einem dreidimensionalen System zugeordnet. Man bestimmt z. B. die Dichte eines bestimmten Gewebematerials an diesem Punkt durch ein Messverfahren und rekonstruiert aus der Beobachtung und Speicherung praktisch aller Punkte ein Bild des Körpers in verschiedenen Ansichten, perspektivisch oder in ausgewählten Schnitten, um damit die Diagnose zu erleichtern und zu präzisieren." (Jäncke 2005: 11)

1970er Jahre auf die traditionelle Röntgentechnik angewiesen, einen Einblick in die Funktionsweise des Gehirns konnte diese jedoch nicht gewähren.[246] Gleiches gilt „für die vor fast 40 Jahren entwickelte und sogleich als revolutionär apostrophierte Computertomographie, die inzwischen wohl als eine Übergangstechnologie von den radiologischen zu den Computerbildern angesehen werden kann" (Hagner 2006: 165).

Dieser Stand der Dinge scheint sich mit den modernen bildgebenden Verfahren geändert zu haben. Die Messungen erfolgen in der Forschung unter experimentellen, methodisch kontrollierten Bedingungen, unter denen durch Verabreichung bestimmter Reize oder der Durchführung bestimmter kognitiver Aufgaben die mit diesen einhergehende neuronale Aktivität bzw. deren Indikatoren gemessen werden. Die erhöhte neuronale Aktivität in einzelnen Regionen des Gehirns wird – auf dem Hintergrund der Lokalisationstheorie – als das materielle Substrat bzw. neuronale Korrelat der beanspruchten psychischen Funktionen angesehen. Als wichtigste bildgebende Verfahren gelten:

- *PET:* Die Positronen-Emissions-Tomographie (PET) ist das älteste und bis Mitte der 1990er Jahre dominierende bildgebende Verfahren und wird seitdem zunehmend durch das fMRT ersetzt (Stern u.a. 2005: 37f). Neben anderen, weiter unten noch genannten, verfahrensimmanenten Grenzen ist die PET auf die Injektion oder Inhalation von radioaktiv markierten Substanzen (Tracer) angewiesen, was eine gewisse Strahlenbelastung mit sich bringt und von Probanden häufig als unangenehm erlebt wird. Selbst gesunde Erwachsene können damit pro Jahr nur eine begrenzte Anzahl von PET-Verfahren durchlaufen, Kinder und Frauen im gebärfähigen Alter nur für medizinische Zwecke (Stern u.a. 2005: 37). Die damit ohnehin schon eingeschränkte Repräsentativität für die Gesamtpopulation verschärft sich noch dadurch, dass durch die „als unangenehm empfundene Prozedur der Tracer-Verabreichung [...] sich nur besonders ‚hartgesottene' Personen freiwillig zu PET-Untersuchungen melden" (ebd.). Die Angewiesenheit auf die radioaktiven Tracer macht diese Methode zusätzlich besonders kostenintensiv, da diese vor Ort hergestellt werden müssen, was nur mit entsprechender Apparatur realisierbar ist (Stern u.a. 2005: 38).
- *MRT:* Die Magnetresonanztomographie (MRT) dient der Erstellung eines dreidimensionalen Bildes von Gehirnstrukturen, die bis zur Entwicklung die-

246 Mit Röntgenbildern kann nicht nur die dreidimensionale Struktur des Hirns nur zweidimensional abgebildet werden, viel mehr kann auf diesen nur grob zwischen Schädelknochen und Gehirnmasse unterschieden werden; zur Unterscheidung weiterer Details müssen Kontrastmittel in die entsprechende Gefäße injiziert werden, was vor allem zur Diagnostik von Hirntumoren angewandt wurde (Ragerer 2002: 22).

ses Verfahren nur über die Untersuchung von Gehirnen post-mortem erfolgen konnte. Das MRT-Verfahren nutzt den Effekt der magnetischen Kernresonanz; die dafür notwendige Technik existiert seit 1973, seit den 1980er Jahren gehört die MRT zum festen Repertoire medizinischer Diagnoseinstrumente und auch in den kognitiven Neurowissenschaften wird dieses Verfahren als die geeignetste Methode zur Darstellung und Vermessung struktureller Merkmale des menschlichen Gehirns – wie Gehirnvolumen, Anteile von weißer und grauer Hirnsubstanz oder bestimmte anatomische Strukturen – angesehen (Stern u.a. 2005: 39). Auch wenn MRT-Untersuchungen somit nur strukturelle Eigenschaften des Hirns untersuchen, so sind sie doch auch für die neurowissenschaftliche Lernforschung interessant, da manche Untersuchungen nahelegen, dass Lernprozesse mit makrostrukturellen Änderungen einhergehen (siehe dazu I.4.4.).

- *fMRT:* Die funktionelle Magnetresonanztomographie (fMRT) stellt eine „Erweiterung der MRT um die Messung funktioneller Parameter des Nervensystems“ (Stern u.a. 2005: 42) dar, wurde Anfang der 1990er Jahre entwickelt (ebd.) und ist „zur Methode erster Wahl […] in den kognitiven Neurowissenschaften“ (Stern u.a. 2005: 46) avanciert, nicht zuletzt, weil die MRT-Hardware weit verbreitet ist.

Wichtige weitere Verfahren[247] sind EEG[248] oder MEG[249].

247 Da EEG und MEG zwar physiologische Vorgänge, jedoch nicht anatomischen Strukturen visualisieren, dürfen diese nicht zu den bildgebenden Verfahren hinzugerechnet werden. Trotzdem wird dies häufig getan, nicht zuletzt, weil es Versuche gibt, mittels mathematischer Modelle auch hier diesen Bezug herzustellen. Allerdings sind diese Versuche noch nicht ausgereift (Jäncke 2005: 11). Im Folgenden werden EEG und MEG trotzdem thematisiert, weil sie bis heute zu den Standardverfahren der Neurowissenschaften gehören und – wie erwähnt – häufig zu den bildgebenden Verfahren hinzugezählt werden.

248 Die Elektroencephalographie (EEG) ist das älteste der hier vorgestellten Verfahren. Ende des 19., Anfang des 20. Jahrhunderts begann man qua Messung der elektronischen Aktivität (sensorische) Zentren im Großhirn zu lokalisieren. 1925 schließlich gelang Hans Berger die erste Darstellung eines Elektroencephalogrammes des Menschen. Mittels Elektroden, die er oberhalb der Stirn und am hinteren Schädel von Probanden befestigte, gelang es ihm, Erregungsmuster zu messen, die mit dem Öffnen der Augen, Schmerz, lauten Geräuschen oder Ähnlichem einhergingen. Somit schien es erstmals möglich, physiologische Korrelate von psychischen Zuständen aufzuzeigen und damit einen Blick in das Innere des Hirns zu werfen. Hierfür bildete das Elektroencephalogramm (EEG) bis in die 1970er Jahre hinein das einzige Instrument und ist

Ein genauerer Blick auf die bildgebenden Verfahren zeigt, dass diese einer Reihe verfahrensimmanenter Beschränkungen unterliegen: *Erstens* messen diese nicht direkt die neuronale Aktivität, sondern verschiedene Indikatoren für diese, entweder elektrische bzw. magnetische Felder (EEG oder MEG)[250] oder Veränderungen des Blutflusses (PET, fMRT)[251]; *zweitens* werden diese Messungen

somit Vorläufer der heutigen bildgebenden Methoden (Breidbach 1997: 280ff). Die EEG (Elektroencephalographie) ist bis heute ein Standardverfahren in den Neurowissenschaften (Stern u.a. 2005: 48), mit der die Summe aller elektrischen Signale an der Schädeloberfläche gemessen werden können.

249 Die MEG (Magnetencephalographie) ist ein sehr junges Verfahren, mit dessen Hilfe magnetische Felder, die im Zuge neuronaler Aktivität induziert werden, gemessen werden können. Die Stärke dieser magnetischen Felder liegt jedoch um acht Größenordnungen unter jener des Erdmagnetismus, was hochempfindliche Detektoren zur Erfassung dieser Felder notwendig macht (Stern u.a. 2005: 53). Dies macht die praktische Anwendung sehr aufwendig, nicht nur geschieht die Messung durch eine große Apparatur, die „einer ‚überdimensionalen Trockenhaube' gleicht" (Stern u.a. 2005: 54), darüber hinaus erfordert die Gefahr der Artefaktbildung durch externe Magnetfelder die Durchführung der MEG-Messung in speziellen Messkabinen, die elektrisch und magnetisch abgeschirmt sind und zwischen sieben und zwölf Tonnen wiegen, was bereits beim Bauvorhaben statisch Berücksichtigung finden muss (ebd.). Entsprechend kostspielig ist das MEG-Verfahren, nicht nur in Bezug auf die Anschaffung, sondern auch für den Betrieb, der auf flüssiges Helium angewiesen ist (Stern u.a. 2005: 55).

250 Mit dem EEG wird die Summe aller elektrischen Signale an der Schädeloberfläche gemessen. Diese weisen auf die Aktivierung von Neuronenverbänden hin, enthalten zugleich aber auch elektrische Signale physiologischer Herkunft, wie beispielsweise Muskelspannungen (Stern u.a. 2005: 48ff). Somit kann nicht nur die neuronale Aktivität nicht genau lokalisiert werden, die Messung ist zudem auf kortikale neuronale Aktivität beschränkt (Stern u.a. 2005: 53). Beim MEG werden hingegegen magnetische Felder, die im Zuge neuronaler Aktivität induziert werden, gemessen. Mittels komplizierter mathematischer Verfahren ist beim MEG-Verfahren im Gegensatz zur EEG die Lokalisation der Aktivitätsquellen möglich. Eine große Einschränkung ergibt sich aber dadurch, dass nicht alle durch neuronale Aktivität produzierten Magnetfelder mittels MEG gemessen werden können, sondern nur die Magnetfelder, deren Feldlinien senkrecht durch den Kopf laufen. Daher muss man davon ausgehen, dass auch dieses Verfahren „vor allem auf die Abbildung kortikaler Aktivierung beschränkt ist" (Stern u.a. 2005: 55).

251 Das PET-Verfahren misst mittels radioaktiver Markierung die Glukose- oder Sauerstoffkonzentration im Gehirn und versucht auf diese Weise Rückschlüsse über die neuronale Aktivierung bestimmter Hirnareale zu erlangen. Die Annahme dabei lautet,

in unterschiedlich hoher zeitlicher und räumlicher Auflösung durchgeführt, alle Verfahren unterliegen mindestens auf einer dieser beiden Ebenen deutlichen Beschränkungen[252]; *drittens* sind die Verfahren entweder strikt an das Labor und die Messung im Computertomographen, einer Röhre mit ca. 60cm Durchmesser,

---

dass höhere neuronale Aktivität zu gesteigertem Energie- und Sauerstoffverbrauch in den jeweiligen Arealen führt. Um diesem erhöhten Verbrauch nachzukommen, müssen vermehrt Glukose und Sauerstoff über die Blutbahn ins Hirn gelangen, was mittels Erweiterung der Blutgefäße und des damit verbundenen Anstiegs des regionalen zerebralen Blutflusses und Blutvolumes geschieht. Zwar sprechen die meisten Befunde für eine gute Kopplung zwischen neuronaler Aktivierung und regionaler Blutflussveränderung, doch sind die molekularen Grundlagen für deren Vermittlung noch nicht wirklich geklärt (Stern u.a. 2005: 36). Die Annahme einer Kopplung zwischen neuronaler Aktivierung und regionaler Blutflussveränderung liegt auch dem fMRT zugrunde, durch Anlegen eines starken Magnetfeldes wird die Verteilung der jeweiligen Wasserstoffatome gemessen (Hagner 2006: 166; Stern u.a. 2005: 42)

252 Am eingeschränktesten ist hier die PET, deren räumliche Auflösung bei ca. $1cm^3$ liegt – „was in Anbetracht der Tatsache, dass bereits ein Kubikmillimeter Großhirnrinde mehr als 100.000 Nervenzellen enthält, nicht gerade umwerfend ist" (Korte 2008: 81) – und deren zeitliche Auflösung ihre untere Grenze bei 45-60 Sekunden hat (Stern u.a. 2005: 37). Solch grobe Zeitintervalle „machen die Untersuchung von Verläufen kognitiver Prozesse, welche sich in der Regel über Millisekundenbereiche erstrecken, unmöglich" (Stern u.a. 2005: 38). EEG und MEG weisen hohe zeitliche Auflösungen im Millisekundenbereich auf (Stern u.a. 2005: 54), beim EEG bleibt jedoch die räumliche Auflösung unklar, da „die Quellen der gemessenen Potenziale und damit auch deren Lokalisierbarkeit noch immer ein umstrittenes Problem" (Stern u.a. 2005: 49) darstellen. Die räumliche Auflösung der MEG liegt im Bereich von wenigen Kubikmillimetern (Stern u.a. 2005: 54). Auch die räumliche Auflösung der fMRT ist mit üblicherweise ca. $5mm^3$ recht gut, ein Nachteil liegt jedoch „in der eingeschränkten zeitlichen Auflösung" (Stern u.a. 2005: 43). Diese ist jedoch nicht primär technischer Natur, sondern hängt mit den gemessenen physiologischen Veränderungen zusammen. Denn bei hoher neuronaler Aktivität bestimmter Areale kommt es vor dem eigentlichen Signalanstieg zu einem kurzzeitigen Signalabfall des Signals, erst nach ca. 2 Sekunden erhöht sich der regionale Blutfluss (ebd.). „Daraus folgt, daß es auf jeden Fall eine Korrelation zwischen Durchblutung und Nervenaktivität gibt, aber mit einer bislang nicht genau bestimmbaren zeitlichen Verschiebung. Beide lassen sich nicht exakt aufeinander abbilden." (Hagner 2006: 167) Dies heißt jedoch, „dass mit Hilfe dieses Verfahrens lediglich bestimmt werden kann, wo neuronale Aktivität stattfindet und nicht wann und wie lange" (Stern u.a. 2005: 43).

gebunden (PET, MRT, fMRT, MEG)[253] und/oder lassen nur Rückschlüsse auf kortikale neuronale Aktivitäten zu (EEG, MEG); *viertens* liefern die bildgebenden Verfahren „lediglich Momentaufnahmen neuronaler Aktivität" (Becker 2006b: 220), wobei Lernprozesse nur in den seltensten Fällen innerhalb weniger Momente ablaufen dürften; *fünftens* beschränkt sich die Messung neuronaler Aktivität fast ausschließlich auf einfache Aufgabenstellungen, um neuronale Aktivitäten mit kognitiven Operationen eindeutig korrelieren lassen zu können (ebd.). Diese methodischen Einschränkungen werden jedoch nur selten bzw. kaum von Hirnforschern erwähnt, selbst wenn die Funktionsweise der bildgebenden Verfahren skizziert wird, wie man selbst bei Gerhard Roth (2003: 123ff) sehen kann.

Der epistemische Status der Hirnbilder

Sind bereits die im vorangegangenen Abschnitt dargestellten methodischen Einschränkungen der ‚bildgebenden Verfahren' beträchtlich, so werden die Grenzen dieser Verfahren noch deutlicher, wenn man sich die Reihe von *methodologischen Problemen* anschaut, die mit den bildgebenden Verfahren einhergehen. Dazu muss man nur die einfache Frage stellen: „Was sieht man eigentlich, wenn es auf Hirnbildern irgendwo aufleuchtet?" (Hagner 2006: 48) Zumeist sieht man einzelne Regionen des Hirns in bunten Farben mit hoher Kontrastschärfe aufleuchten. Welche Farben welchen Grad von neuronaler Aktivität anzeigen sollen und ab welchem

---

253 Bei der MRT und fMRT geht der Messvorgang zudem mit hoher Geräuschentwicklung (laute Klopfgeräusche) einher, was nicht nur zu Schwierigkeiten bei auditiven Stimuli führt, sondern in Verbund mit der Gesamtsituation häufig Angstgefühle und damit die nötige Verabreichung von Beruhigungsmitteln auslöst. Die Anwendung ist bei Kindern daher nur eingeschränkt, bei Kindern unter fünf Jahren nur unter Vollnarkose möglich (Stern u.a. 2005: 41) Da, um die Bildung von Artefakten zu vermeiden, bei der Messung der Kopf der Probanden zudem fixiert werden muss, können visuelle Stimuli nur mittels eines über den Augen angebrachten Spiegels präsentiert werden, Antworten der Probanden können aufgrund der hohen Geräuschentwicklung nicht mündlich erfolgen, sondern nur über eine Tastatur gegeben werden, die aufgrund der notwendigen Einschränkung der Kopfbewegungen nicht direkt gesehen werden kann, was wiederum bedeutet, dass die Probanden sich die Lage der Antworttasten einprägen müssen (Stern u.a. 2005: 42f). Die Aussagekraft von fMRT-Studien ist daher besonders stark von der Qualität des Untersuchungsdesigns abhängig (Stern u.a. 2005: 45). Die Gebundenheit an das Labor und die Messung im Computertomographen führen dazu, dass Lernen unter schulischen Bedingungen bzw. überhaupt im pädagogischen Feld mit den bildgebenden Methoden momentan nicht erfassbar ist (Stern u.a. 2005: 57f).

Schwellenwert die Gehirnaktivität überhaupt farblich kodiert wird, „legt nicht die Natur, sondern der Experimentator fest" (Korte 2008: 83); einheitliche Kriterien dafür existieren nicht, vielmehr werden diese je nach Ziel der Messung festgelegt. Somit sind die farblichen Kontraste nicht als realistische Abbildung neuronaler Aktivität zu verstehen, da sich die Messwerte aufgrund der selten betonten Tatsache, dass das Hirn normalerweise *immer und in allen Regionen* aktiv ist, häufig kaum unterscheiden (Grau 2007: 170).

Aufgrund dieser Daueraktivität des Gesamthirns „wären die Bilder wahre Farbenmeere" (Korte 2008: 83), würde nicht zusätzlich die sogenannte *Subtraktionsmethode* angewandt.

> „Anders als die Aufnahmen suggerieren, arbeiten nicht nur Teile, sondern das gesamte Gehirn permanent – und nur manche Regionen eben noch ein bisschen mehr. Wenn beispielsweise eine Versuchsperson Wörter liest, so sind nicht nur, wie auf entsprechenden Aufnahmen dargestellt, jene Hirnareale aktiv, die für die visuelle Wahrnehmung und die Sprachverarbeitung zuständig sind. Parallel dazu laufen im Gehirn unzählige andere neuronale Prozesse ab, die mit dem getesteten Reiz wenig zu tun haben." (Grau 2007: 170)

Dies macht die Subtraktionsmethode notwendig, die von den unter den Experimentalbedingungen gemessenen Werten, die unter einer Kontrollbedingung gemessenen Werte abzieht. „Damit ist klar, dass die Wahl des Kontrollreizes das Aussehen der Bilder ganz erheblich beeinflusst." (Grau 2007: 171) Auch diese Wahl ist stark an die Fragestellung des Experimentes gekoppelt. Zudem sind die Subtraktionsverfahren „darauf angelegt, einzelne, in jedem Fall nur wenige Gehirnareale mit einer kognitiven Aufgabe in Verbindung zu bringen. Dies lässt die Arbeitsweise des Gehirns modularer erscheinen, als diese unter Umständen ist" (Stern u.a. 2005: 85). Somit ist bereits das Aussehen der mit Hilfe der bildgebenden Verfahren hergestellten Bilder stark von den theoretischen Vorannahmen und Deutungen der einzelnen Forscher abhängig und deren Aussagekraft stark von der Qualität der Versuchsanordnung abhängig. „Doch gerade über die jeweilige Versuchsanordnung erfährt der wissbegierige Laie fast nie etwas." (Korte 2008: 83)

Genauso wird gerne verschwiegen, dass die ‚Hirnbilder' das *Ergebnis statistischer Mittelungen* sind. So ist „das Signal-Rausch-Verhältnis der aufgezeichneten Werte äußerst schlecht" (Grau 2007: 170), so dass „die gezeigten Bilder gemittelt aus über zwanzig oder noch mehr Wiederholungen" (Korte 2008: 83) zusammengestellt werden. Weil zudem einzelne Gehirne und deren jeweilige Hirnaktiviäten hochgradig individuell sind, d.h. sich sowohl strukturell als auch in den jeweiligen Aktivierungsmustern teils stark voneinander unterscheiden, „werden die Daten von einzelnen Probanden auf ein Standardhirn übertragen und dann aufsummiert" (Grau 2007: 171). Zusammengefasst lässt sich sagen:

„Die in Publikationen präsentierten Aufnahmen sind also zum einen Konstruktionen auf Grund biologischen Wissens und theoretischer Annahmen und darüber hinaus mit Hilfe von Subtraktion und Mittelung bearbeitete Datenmengen. [...] So erstaunt es eigentlich nicht, dass unterschiedliche Messreihen von Forschern, die sich mit annähernd gleichen kognitiven Leistungen befasst haben, zum Teil nur grob ähnliche Muster finden." (ebd.)

Bereits in die Konstitution der Bilder fließen somit eine Reihe theoretischer Vorentscheidungen mit ein, die von den ‚bildgebenden Verfahren' produzierten ‚Hirnbilder' können daher als „Konstruktionen anhand von theoretischen Vorannahmen, und zwar mit Blick auf die angestrebten Ergebnisse" (ebd.) angesehen werden und haben, semiotisch betrachtet, „mit einem Gemälde mehr zu tun als mit einer Fotographie" (Grau 2007: 174). Da zudem die gemessenen Daten, „die man ebensogut in einer Graphik, die Kurven oder bestimmte Anreicherungen zeigt, darstellen könnte (Hagner 2006: 219)[254], „erst durch komplizierte mathematische Operationen in ein Bild verwandelt" (Hagner 2006: 166) werden, ist Bildgebung ein das Verfahren treffend beschreibender Begriff, „weil damit zum Ausdruck gebracht wird, daß es sich nicht um ein Abbild des Gegenstands handelt, sondern um einen Herstellungsprozeß" (ebd.). Wer jedoch suggeriert, man könne mit Hilfe der bildgebenden Verfahren „den Kopf virtuell öffnen und dem Gehirn bei seinen Aktivitäten zuschauen" (Hagner 2006: 168), der unterschlägt all dies.

Jenseits der Herstellung der 'Hirnbilder' stellt sich die Frage nach der zulässigen Interpretation derselben. Denn was die gemessen Daten *bedeuten*, „erfährt man aus den Bildern nicht" (Liebau/Zirfas 2006: 238). Zwar wird oft suggiert, schon mit den Hirnbildern selbst kausale Erklärungen liefern zu können. „Aus Korrelationen werden dann schnell Kausalzusammenhänge. [...] Zeitliche Nähe wird zur ursächlichen Beziehung." (Meyer-Drawe 2008a: 31) Jedoch konstatiert selbst das 2004 veröffentlichte Manifest einiger führender Hirnforscher (Monyer 2004: 33):

„Daß sich all das im Gehirn an einer bestimmten Stelle abspielt, stellt noch keine Erklärung im eigentlichen Sinne dar. Denn ‚wie' das funktioniert, darüber sagen die Methoden nichts, schließlich messen sie nur sehr indirekt, wo in Haufen von Hunderttausenden von Neuronen etwas mehr Energiebedarf besteht. Das ist in etwa so, als versuchte man die Funktionsweise des Computers zu ergründen, indem man seinen Stromverbrauch mißt, während er verschiedene Aufgaben abarbeitet."

254 „Damit ließe sich jedoch nicht die visuelle Kraft herstellen, die die bunten Hirnbilder zweifellos haben und die allzu schnell dazu verleitet, ihnen gleichsam auch unmittelbare Evidenz zuzusprechen." (Hagner 2006: 166)

Der übergeordnete Deutungsrahmen bzw. der interpretative Deutungshorizont, der die ‚Hirnbilder' überhaupt aussagekräftig erscheinen lässt und ihnen einen Sinn zuweist, kann, wie bereits formuliert, in der Lokalisationstheorie ausgemacht werden[255] und geht somit „auf Axiome zurück[...], die aus dem 19. Jahrhundert stammen. Das ist für eine Wissenschaft, die sich so jung und zukunftsträchtig präsentiert, allein schon aus identifikatorischen und Marketing-Gründen keine sehr günstige Ausgangsposition" (Hagner 2006: 14).[256] Richtig ist, dass die ‚Hirnbilder' häufig den falschen Eindruck erwecken, „das Gehirn arbeite hochgradig seriell und modular" (Grau 2007: 172). Angesichts dieser Angewiesenheit der bildgebenden Verfahren auf eine recht strikte Version der Lokalisationstheorie[257], ist

255 So auch Grau (2007: 171): „Die Verwendung der funktionellen bildgebenden Verfahren in der Kognitionsforschung beruht auf der so genannten Lokalisationsthese, nach der einzelne kognitive, motorische, sensorische oder emotionale Leistungen halbwegs eindeutig auf bestimmte Orte in der Großhirnrinde begrenzt sind."

256 Gern inszeniert sich die Hirnforschung als eine noch recht junge Wissenschaft, die mit der Etablierung der bildgebenden Verfahren allererst richtig begonnen habe, in den letzten Jahren aber bereits zu revolutionären Erkenntnissen gelangt sei. So stecke die Gehirnforschung „im Vergleich zu anderen Wissenschaften erst in den Kinderschuhen" (Schachl 2005: 7) und stehe damit „erst am Anfang" (Spitzer 2006: 22). Das Gehirn sei ein „Organ, über das wir bislang fast nichts wussten" (Sternhard 2004: 9), doch dank der bildgebenden Verfahren wurde „die ‚black-box' Gehirn [...] geöffnet und ihr Innenleben [...] immer besser verstanden" (ebd.). So beginne die Gehirnforschung „unsere körpereigene Datenverarbeitungsanlage zu verstehen" (Sternhard 2004: 12f) und dieses Verstehen sei „schon so weit gediehen, dass ein Versuch der ‚Nutzbarmachung, für die Lehr- und Lernpraxis möglich und erlaubt ist" (Schachl 2005: 7). Angesichts derartiger ‚Argumentationen, dürfte unmittelbar plausibel werden, dass ein guter Anteil der Deutungsmacht der Hirnforschung aus dieser, in Selbstdarstellung wie Fremdzuschreibung zu findenden Rhetorik resultiert, die ihr dazu verhilft, in die Rolle des Produzenten letztgültiger Erklärungen zu schlüpfen. Einer solchen Revolutionsrhetorik hält der Historiker Hagner (2006: 11) die Annahme einer ‚proleptischen Struktur, der Neurowissenschaften entgegen: „Darunter ist zu verstehen, daß Hirnforscher in den letzten 200 Jahren zumeist dann, wenn neue technologische und apparative Interventionsmöglichkeiten zur Hand waren, große und weitgehende Versprechungen gemacht haben, die für eine Zeitlang auch ihre konkrete wissenschaftliche Arbeit mitbestimmten – bis es dann irgendwann zu einer großen Ernüchterung kam, die zu einer neuen Demut führte. Im Augenblick befinden sich die kognitiven Neurowissenschaften noch im Aufwind, aber dieser Zustand muß nicht von Dauer sein."

257 Gegenwärtig ist jedoch der Trend auszumachen, „nicht nur zu erforschen, wo bestimmte Funktionen im Gehirn lokalisiert sind, sondern auch der Frage nachzugehen,

es denn auch nicht verwunderlich, dass ein Großteil der bislang veröffentlichten Studien, die auf bildgebenden Verfahren beruhen, kaum revolutionäre Erkenntnisse aufzuweisen haben, sondern vor allem der Bestätigung oder Verwerfung älterer Erkenntnisse dienen. „So zeigen viele Untersuchungen meist nur noch einmal das, was aus der Läsionsforschung, der Pathologie und der Neuropsychologie schon seit längerem, teilweise seit dem ausgehenden 19. Jahrhundert, bekannt ist.“ (Grau 2007: 171f)

All die aufgewiesenen Einschränkungen scheinen jedoch von der ungeheuren *Suggestivkraft* der ‚bunten Bilder vom Hirn‘ neutralisiert zu werden. Die bildgebenden Verfahren sind somit „Evidenzmaschinen“ (Hagner 2006: 14), die „bislang ziemlich ungenügend verstandene Zusammenhänge auf eine Oberflächenbetrachtung reduzieren“ (ebd.) und mit Hilfe der „überbordernde[n] Dominanz des Visuellen“ (Hagner 2006: 219) die „schönen neuen Bilderwelten von Gehirn und Geist“ (Hagner 2006: 20) kreieren.[258] Zudem können die bildgebenden Verfahren, wie geschildert, Hinweise nur auf die neuronale Aktivität von Millionen oder gar Milliarden aktiver Nervenzellen geben, was auf die im nächsten Abschnitt behandelte mittlere Ebene des Gehirns verweist.

I.4.3 Die Mesoebene oder das Dilemma der Neurowissenschaften

Durch Läsionsforschung, Pathologie und die bildgebenden Verfahren weisen die Neurowissenschaften auf der obersten Erklärungsebene des Gehirns ein, wenn auch nicht einheitliches, so doch weit verzweigtes Wissen über die Funktion größerer Hirnareale auf. Ein ähnlich ausdifferenziertes Wissen existiert über die Mikroebene des Gehirns, d.h. über die Vorgänge zwischen und innerhalb einzelner Nervenzellen. Sieht man einmal von den bereits erläuterten Grenzen und Problemen des neurowissenschaftlichen Wissens über die Mikro- und die Makroebene ab, dann stellt sich zudem die Frage: „Wie sind aber die beiden Ebenen zu verbinden?“ (Breidbach 1997: 385) Denn in der neurowissenschaftlichen Forschung zur mittleren Ebene, die das Geschehen innerhalb von Verbänden von vielen tausend

wie verschiedene Gehirnareale bei kognitiven Prozessen zusammenarbeiten. ‚Funktionale Integration, dürfte das Schlagwort in den nächsten Jahren sein“ (Stern u.a. 2005: 57).

258 Auch Liebau und Zirfas (2006: 239) warnen davor, der „Suggestion einer Wirklichkeit durch das Bild zu erliegen“. Und Welzer (2005b: 45f) weist darauf hin, wie der Erfolg der bildgebenden Verfahren „mit intuitivem Denken und intuitiven Konzepten“ und der „Faszination des unmittelbaren Einleuchtens solcher Konzepte“ zusammenhängt.

Zellen aufklären soll, gibt es bislang kaum Fortschritte, es fehlt vor allem an einer Erklärung, wie einzelne Zellverbände miteinander interagieren (ebd.). Dies konzedieren auch die Hirnforscher im Manifest:

„Zwischen dem Wissen über die obere und untere Organisationsebene des Gehirns klafft aber nach wie vor eine große Erkenntnislücke. Über die mittlere Ebene – also das Geschehen innerhalb kleinerer und größerer Zellverbände, das letztlich den Prozessen auf der obersten Ebene zu Grunde liegt – wissen wir noch erschreckend wenig. Auch darüber, mit welchen Codes einzelne oder wenige Nervenzellen untereinander kommunizieren (wahrscheinlich benutzen sie gleichzeitig mehrere solcher Codes), existieren allenfalls plausible Vermutungen. Völlig unbekannt ist zudem, was abläuft, wenn hundert Millionen oder gar einige Milliarden Nervenzellen miteinander ‚reden'" (Monyer 2004: 31f).[259]

Somit kann Niewels (2004: 95) zugestimmt werden, wenn er trotz aller Erkenntnisfortschritte der Hirnforschung resümiert: „Wie allerdings das Gehirn in seiner Gesamtheit funktioniert, weiß man immer noch nicht". Auch Rager (2002: 24) bilanziert: „So groß die Fortschritte auch sein mögen, ein wirkliches Verstehen dessen, was sich auf neuronaler Ebene ereignet, ist in unabsehbarer Ferne." Die Erkenntnislücke bezüglich der mittleren Ebene hat, wie sich zeigen wird, vor allem für das neurowissenschaftliche Verständnis menschlicher Lernvorgänge gravierende Auswirkung und stellt daher ein zentrales *Dilemma der aktuellen Neurowissenschaften* dar. Zuvor wird jedoch das menschliche Gehirn aus einer eher entwicklungstheoretischen Perspektive betrachtet.

Insgesamt zeigt sich, dass die Neurowissenschaften „trotz anders lautender Botschaften in den Massenmedien noch weit davon entfernt [sind], Denk- und Lernprozesse beobachten zu können" (Becker 2006b: 220).

---

259 Und weiter: „Nach welchen Regeln das Gehirn arbeitet; wie es die Welt so abbildet, dass unmittelbare Wahrnehmung und frühere Erfahrung miteinander verschmelzen; wie das innere Tun als ‚seine' Tätigkeit erlebt wird und wie es zukünftige Aktionen plant, all dies verstehen wir nach wie vor nicht einmal in Ansätzen. Mehr noch: Es ist überhaupt nicht klar, wie man dies mit den heutigen Mitteln erforschen könnte. In dieser Hinsicht befinden wir uns gewissermaßen noch auf dem Stand von Jägern und Sammlern." (Monyer 2004: 33)

I.4.4 EINE ENTWICKLUNGSPERSPEKTIVE AUF DAS MENSCHLICHE GEHIRN

Obwohl im Durchschnitt die Zahl der Nervenzellen im Gehirn eines menschlichen Neugeborenen nahezu so groß ist wie die Zahl der Nervenzellen im Gehirn eines Erwachsenen wiegt das Gehirn des Neugeborenen nur ca. ein Viertel des Gehirns eines Erwachsenen (Blakemore/Frith 2006: 34; Markowitsch/Welzer 2005: 18). Darin zeigt sich, dass zum Zeitpunkt der Geburt das menschliche Gehirn „extrem unfertig ist" (Welzer 2005b: 52) und „die Gehirnreifung auf der biologischen Ebene nachgeburtlich stattfindet" (ebd.). Während dieser postnatalen *Gehirnentwicklung* durchläuft das Gehirn „mehrere Wellen einer Reorganisation" (Blakemore/Frith 2006: 34), bei der sich im Wesentlichen die Verbindungen zwischen den Nervenzellen verändern. Dabei wechseln sich Phasen der starken Bildung von Synapsen, der sogenannten Synaptogenese, mit Phasen der Abnahme von Synapsen, des sogenannten Prunings, ab. Ein weiterer zentraler Vorgang in der Hirnentwicklung ist die sogenannte Myelinisierung von Synapsen. All diese Prozesse sind, wie gezeigt werden wird, keine autonom ablaufenden biologischen Prozesse der Reifung, sondern wesentlich durch Umwelterfahrungen mitbedingt. Dies gilt, wenn auch in geringerem Maße, bereits für die pränatale Gehirnentwicklung, auch hier bedingen sich genetische Anlagen und Umweltbedingungen gegenseitig. Die menschliche Gehirnentwicklung ist somit zugleich ein biologischer, kultureller und sozialer Vorgang.

> „Es gibt keine einzige Entwicklungsphase, in der so etwas wie eine genetische Grundausstattung allein entscheidend wäre. Das Entscheidende in der menschlichen Entwicklung ist, dass die Vorgaben, die Anregungen, die Determinanten aus der Entwicklungsumwelt selbst in die Organisationsstruktur des Gehirns einwirken" (Welzer 2005b: 52).

Dies aber bedeutet nicht nur, dass alte Dualismen wie Anlage/Umwelt ad acta gelegt werden müssen, sondern hat auch bedeutsame Folgen für eine lerntheoretische Perspektive.

Pränatale Gehirnentwicklung

Während die Synaptogenese sich größtenteils postnatal ereignet, läuft die Bildung der Nervenzellen (Neurogenese) wesentlich pränatal ab.[260] Auf die erste Phase

260 Dabei entsteht ein Großteil der Neuronen bereits in den ersten drei pränatalen Monaten (Blakemore/Frith 2006: 34), wobei insgesamt die neuronale Stammzellvermehrung –

der Zellproliferation, gekennzeichnet durch Zellteilung und -wachstum, folgt die Phase der Zellmigration, durch die die Zellen aufgrund eines komplexen und erst grob verstandenen Prozesses vom Ort ihrer Entstehung zum ,Ort ihrer Bestimmung' wandern. Danach beginnt die Phase der Zelldifferenzierung, bei der sich das Axon, die Dendriten sowie verschiedene Enzyme bilden (Stern u.a. 2005: 60). Zwar laufen diese Prozesse der Neurogenese wesentlich durch Genexpression[261] ab, jedoch findet bereits hier ein „kontinuierliche[r] Dialog zwischen Genom und umgebendem Milieu" (Singer 2002b: 80) statt, so dass „die genetische Information nicht als Bauplan betrachtet werden" (Stern u.a. 2005: 65) darf.[262] Und je weiter sich beim menschlichen Embyro die Sinnesfunktionen entwickeln, desto mehr „gerät die Steuerung der Genexpression bzw. der Strukturentwicklung [...] unter den Einfluss extrakorporaler Faktoren" (Singer 2002b: 82). Zwar beschränken sich die Umwelteinflüsse, denen der Embyro ausgesetzt ist, auf das, was ,in utero' überhaupt wahrgenommen werden kann, doch haben eine Reihe von entwicklungspsychologischen Studien gezeigt, dass Säuglinge mit einem transnatalen Gedächtnis auf die Welt kommen; mit anderen Worten, dass sie Sinneserfahrungen, die sie im Mutterleib gemacht haben, – zu nennen sind hier vor allem die Stimme der Mutter, aber auch Geschmacksempfindungen, Geruchserlebnisse, Rhythmen wie Herztöne und andere Körpergeräusche – nach der Geburt wiedererkennen (Markowitsch/Welzer 2005: 133ff).[263] Damit aber sei anzunehmen, dass

die sogenannte Zellproliferation, bei der sich mittels Zellteilung die Anzahl der Nervenzellen in großer Geschwindigkeit erhöht – erst im siebten pränatalen Monat endet. So entstehen in diesen sieben Monaten im Durchschnitt 250.000 Zellen pro Minute (Stern u.a. 2005: 60).

261 Mit Genexpression wird der Vorgang bezeichnet, durch den mittels einer Biosynthese aus RNA und Proteinen, aus dem Genotyp, d.h. der genetischen ,Information', der Phänotyp einer Zelle entsteht.

262 Singer (2002b: 80) verdeutlicht dies am Beispiel der Zellproliferation: „Festzuhalten ist zunächst, dass Gene nie alleine, sondern immer in einer Umwelt eingebettet sind, dass es Signale aus der Umwelt sind, die das Auslesen der genetischen Information initiieren und die Entwicklung vom Ei zum Organismus maßgeblich koordinieren. [...] Spezifische Umgebungsbedingungen bestimmen die Expression ausgewählter Gene und deren Produkte verändern die Umgebung, so dass wiederum neue Gene exprimiert werden und so fort."

263 So können Neugeborene nicht nur „die Stimme ihrer Mutter von der anderer Menschen [...] unterscheiden" (Welzer 2005a: 54), sondern sind – wie eine Studie gezeigt hat, in der werdende Mütter in den letzten Wochen ihrer Schwangerschaft wiederholt eine Geschichte laut vorgelesen oder ein Gedicht vorgetragen haben – „sogar in der Lage, die prosodischen Elemente, den Rhythmus und die Intonation von Sprache zu erin-

das „bei der Geburt auf einhundert Milliarden Neuronen angewachsene Nervenbündel keineswegs unorganisiert, sondern bereits durch Wahrnehmungs- und Verarbeitungsprozesse strukturiert" (Welzer 2005a: 54) und menschliche Entwicklung somit „schon pränatal eine Kombination aus genetischer Prädisposition und – im weitesten Sinne – sozialer Umwelterfahrung" (Welzer 2005a: 57f).

Synaptogenese und Pruning

Synaptische Spuren finden sich bereits ab der 28. Schwangerschaftswoche, doch ist die Synapsendichte hier noch äußerst gering (Stern u.a. 2005: 63), diese steigt erst mit der Geburt steil an. Vor allem zwischen dem zweiten und dem vierten Monat kommt es zu einer sprunghaften Steigerung und Verdoppelung der Synapsendichte, wobei „in Spitzenzeiten bis zu 15000 Synapsen pro Sekunde an jedem Neuron entstehen können" (Markowitsch/ Welzer 2005: 91) Das Gehirn eines Säuglings in diesem Alter hat eine viel höhere Synapsendichte als das Gehirn eines Erwachsenen. Nach ungefähr einem Lebensjahr kommt es zu einer ersten Verringerung der Synapsendichte, die bis zum elften Lebensjahr ungefähr stabil bleibt, sich dann nochmals erhöht und wieder verringert (Blakemore/Frith 2006: 34f; Stern u.a. 2005: 63).

Dies weist bereits darauf hin, dass die Zunahme der Synapsendichte nicht mit einer erhöhten Lernfähigkeit gleichgesetzt werden kann, was jedoch lange Zeit getan wurde und teils noch wird; für Elsbeth Stern gehört diese Gleichsetzung zu „den weitreichenden Irrtümern des letzten Jahrzehnts" (Stern 2006: 129) in der Hirnforschung. Deutlich wird dies bei genauer Betrachtung des Prozesses der Abnahme von Synapsen, dem *Pruning*, der „ein ebenso wichtiger Entwicklungsschritt wie die ursprüngliche Zunahme" (Blakemore/Frith 2006: 34f), also die Synaptogenese, darstellt. „Auch Pruning ist ein Vorgang, der im Wechselspiel mit Umweltprozessen stattfindet" (Markowitsch/Welzer 2005: 94), da nur diejenigen Synapsen erhalten bleiben, die auch aktiv benutzt werden. So bleibt nach dem Pruning, das eine Art ‚funktionelle Validierung' (Singer) darstellt, nur das Drittel der Nervenverbindungen erhalten, das am aktivsten war. „Das bedeutet, dass die Ausbildung der funktionellen Architektur der Großhirnrinde in erheblichem

nern" (Markowitsch/Welzer 2005: 135f). Es wird angenommen, dass dieses transnatale Gedächtnis die Funktion hat, „für einen moderaten Übergang von der fötalen Existenz zu einem Leben außerhalb des Mutterleibs" (Markowitsch/Welzer 2005: 137) und für die Grundlagen „für eine gelingende frühe Bindung zur Mutter" (ebd.) zu sorgen, zugleich bildet sich damit auch „die Matrix, in die die nachgeburtlichen Erfahrungen eingegliedert werden können" (Markowitsch/Welzer 2005: 137f) bzw. müssen.

Umfang von Sinnessignalen und damit von Erfahrung beeinflusst wird“ (Singer 2002b: 83). Da man gleichzeitig von der Existenz interner, genetisch angelegter Bewertungssysteme ausgeht, die zusätzlich zur aktivitätsabhängigen Selektion von Verbindungen diese einer internen Bewertung unterziehen (Singer 2002b: 86), kooperieren „[g]enetische und epigenetische Faktoren [...] in untrennbarer Wechselwirkung, weshalb eine strenge Unterscheidung zwischen Angeborenem und Erworbenem unmöglich ist“ (Singer 2002b: 83).[264]

Einige Studien geben Hinweise darauf, dass diese Wellen der Reorganisation neuronaler Verschaltungsstrukturen und das *Zusammenspiel von Synaptogenese und Pruning* die neuronale Grundlage zur Feinjustierung bestimmter Fähigkeiten auf die spezifischen Bedingungen der Umwelt sind und auf diese Weise die Fähigkeiten auch grundlegend kulturell geprägt werden.[265] Wie dieses Zusammenspiel

264 Das Zusammenspiel von Synaptogenese und Pruning beobachtete man erstmals 1975 durch Forschung an Katzen. Man entdeckte, dass im visuellen Kortex die Synapsendichte zunächst rapide zu, und dann allmählich wieder abnimmt, bis sie eine kontinuierliche Dichte erreicht. Weitere Forschungen an Affen stellten fest, dass im Affenhirn die größte Synapsendichte zwei bis vier Monate nach der Geburt erreicht wird, dann das Pruning einsetzt und die Synapsendichte bis zum Zeitpunkt der Geschlechtsreife, bei Affen mit rund drei Jahren, allmählich abnimmt und von da an ungefähr gleich bleibt (Blakemore/Frith 2006: 39f). Wohl weil ein Großteil der Forschungen über die Hirnentwicklung auf Forschung an Tieren angewiesen ist, unterstellt man gerne, dass der zeitliche Ablauf der Synaptogenese und des Prunings sich bei Menschen und Affen ähneln. Da bei Affen jedoch die allgemeine Entwicklung, z.B. der Zeitpunkt der Geschlechtsreife, viel schneller verläuft als beim Menschen, nehmen Blakemore und Frith (2006: 40) an, dass „sich das rasche Wachstum in der Hirnentwicklung bei den Menschen über einen erheblich längeren Zeitraum erstrecken als bei den Affen“ (ebd.). Die meisten Daten zur Entwicklung des menschlichen Gehirns liegen für den visuellen Kortex vor (Blakemore/Frith 2006: 41), für diesen Bereich gelten die oben genannten Zeitverläufe. Allerdings ist es fraglich, inwieweit diese auf die gesamte Hirnentwicklung expoliert werden können.

265 Eine Studie von englischen Wissenschaftlern (Pascalis u.a. 2002) konnte zeigen, dass die Fähigkeit zur Wahrnehmung individueller Unterschiede von Gesichtern zwischen dem sechsten und dem neunten Lebensmonat einer Feinanpassung unterzogen wird. Während Säuglinge, die jünger als sechs Monate sind, neben Unterschieden in Menschengesichtern auch Unterschiede zwischen Affengesichtern wahrnehmen können, was für Erwachsene kaum möglich ist, nimmt diese Fähigkeit ab dem Alter von sechs Monaten sukzessive ab, so dass die Säuglinge irgendwann zwar noch sehr gut Unterschiede zwischen Menschengesichtern, nicht aber zwischen Affengesichtern wahrnehmen können. Somit wird die Fähigkeit zur Gesichtswahrnehmung an die Gesichter an-

sich jedoch zu der Herausbildung einzelner Fähigkeiten und Verhaltensweisen verhält, ist unklar. Die oben beschriebenen Phasen der Reorganisation einzelner Hirnregionen führen zwar scheinbar zur Feinanpassung einzelner kognitiver Funktionen, zugleich haben sie aber den Preis, dass die damit einhergehenden Prägungsvorgänge irreversibel sind.[266] Dies eröffnet die Frage nach der Existenz von sogenannten *Zeitfenstern* bzw. *kritischen Phasen*. Dazu schreibt Wolf Singer (2002b: 87f):

„Verschiedene Bereiche der Hirnrinde entwickeln sich mit unterschiedlicher Geschwindigkeit, was sich in der sequenziellen Ausreifung kognitiver Leistungen widerspiegelt. Entsprechend benötigt das Gehirn in verschiedenen Entwicklungsphasen unterschiedliche Informationen aus der Umwelt, um seine Entwicklung optimieren zu können."

Die Existenz solcher kritischen Phasen scheint bereits durch die Alltagserfahrung evident – wie beispielsweise beim Spracherwerb[267] –, so dass es nicht verwunderlich ist, dass Forschungen hierzu besonders breit rezipiert und diskutiert wurden und wesentlich zu den heftigen *Debatten um Früherziehung und Frühförderung* beigetragen haben.[268] Jedoch resümieren Sarah-Jayne Blakemore und Uta Frith (2006: 45) zu dieser Frage:

---

gepasst und feinjustiert, die einem Säugling begegnen; mit anderen Worten finden hier elementare Prägungsvorgänge statt. Auf weitere Beispiele, die zeigen, „wie nachhaltig Umwelteinflüsse auch unter ganz normalen Bedingungen die Ausbildung kognitiver Leistungen prägen" (Singer 2002b: 88), geht Wolf Singer ein: „Ein eindrucksvolles Beispiel für die frühe und irreversible Prägung der Phonemwahrnehmung ist das Unvermögen von Asiaten, die Phoneme ‚r' und ‚l' akustisch voneinander zu unterscheiden." (Singer 2002b: 89) Untersuchungen von taubstummen Kindern und dem Vergleich verschiedener Zeichensprachsysteme hätten zudem gezeigt, dass „auch höhere kognitive Leistungen, wie etwa die Abstraktionsfähigkeit, scheinbar prägbar" (ebd.) seien.

266 Wie man am Beispiel des Experimentes zur Gesichtererkennung sehen kann: So können die Säuglinge, die auf die Erkennung von Menschengesichtern geprägt sind, nicht mehr die Unterschiede an Affengesichtern wahrnehmen, die sie zuvor wahrzunehmen in der Lage waren.

267 „Die Erstsprache wird mühelos erlernt, wenn die Interaktionen mit einer sprachkompetenten Umwelt im richtigen Zeitfenster erfolgen. Die Zweitsprache, die meist erst im Schulalter, bei uns in der Regel erst im Gymnasialalter angeboten wird, lernt sich sehr viel schwerer und auf ganz andere Weise als die Erstsprache." (Singer 2002b: 88)

268 Die ‚neuesten Erkenntnisse, aus der Hirnforschung, auf die dabei immer wieder verwiesen wurde, um die Existenz solcher kritischer Phasen zu belegen, stammen dabei

„Die meisten Neurowissenschaftler sind heute der Ansicht, dass die kritischen Phasen nichts starr Festgelegtes und Unabänderliches darstellen. Vielmehr interpretiert man sie inzwischen meist als sensible Phasen, innerhalb derer sich winzige Veränderungen in der Fähigkeit des Gehirns vollziehen, sich durch Erfahrungen, die das ganze Leben über gemacht werden, prägen und verändern zu lassen.“

Neben Hinweisen auf die Existenz sensibler Phasen in der Entwicklung des Wahrnehmungsvermögens gibt es bislang empirisch bestätigte Hinweise einzig auf mehrere sensible Phasen in der Sprachentwicklung (Blakemore/Frith 2006: 52; Stern 2006: 131). Mit anderen Worten: Die Datenlage ist extrem dünn und viele ernsthafte Forscher weisen dezidiert darauf hin, dass der benötigte Input an Wahrnehmungsreizen in den untersuchten sensiblen Phasen „keineswegs besonders

---

erstaunlicherweise bereits von 1959. Es waren Torsten Wiesel und David Hubel von der Harvard University, die die neurobiologischen Auswirkungen visueller Deprivationen an Katzen untersuchten und dafür später den Nobelpreis erhielten. (Hubel/Wiese 1959) Sie entdeckten, dass ein dreimonatiger Entzug visueller Reize durch die Abdeckung eines Auges von neugeborenen Katzen dazu führte, dass diese Katzen auf dem entsprechenden Auge erblindeten und dies auch die nächsten Monate blieben. Die Abdeckung beider Augen führte jedoch selbst bei noch längerem Entzug nicht zur Erblindung. Die in diesem Versuch aufgezeigten irreversiblen Folgen früher Deprivationserfahrungen werden, wie erwähnt, häufig dazu benutzt, für die Notwendigkeit und Wichtigkeit gezielter Frühförderung zu argumentieren. Die Ergebnisse der Hirnforschung hätten gezeigt, so fassen Blakemore/Frith (2006: 44) die Argumentation der Verfechter der Frühförderung zusammen, „dass bis zu einem gewissen Alter bestimmte Erfahrungen gemacht werden müssten, weil sich sonst das Gehirn nie mehr richtig entwickeln und das Kind die entsprechenden Fertigkeiten oder Fähigkeiten niemals mehr erwerben könne“. Damit aber werden nicht nur auf unzulässige Weise Einzelergebnisse aus Experimenten, die an einem bestimmten Tier und nur zu visuellen Reizen gemacht wurden, auf die gesamte menschliche Entwicklung extrapoliert, sondern es wird auch übergangen, dass spätere Forschungen von Hubel, Wiese und anderen Wissenschaftlern zu Tage brachten, dass durch Deprivationen geschädigte kognitive Funktionen durchaus reversibel sind und wiederhergestellt werden können. Dabei kommt es sowohl auf die Dauer der Deprivation (je kürzer desto größer der Wiederherstellungseffekt) als auch auf die der Deprivation folgenden Umständen (als besonders hilfreich erwies sich ein spezielles Training) an (Blakemore/Frith 2006: 44f). So spöttelt Paulus zu Recht, dass man auf die gleiche Art und Weise von der Tatsache, dass der Verschluss beider Augen zu keiner Erblindung führte, hätte ableiten können, „man könne Babys ruhig eine Zeit lang vernachlässigen – wenn man es nur umfassend tue“ (Paulus 2003).

raffiniert sein“ (Blakemore/Frith 2006: 45) muss und „in der Regel […] in einer normalen Umgebung ohne weiteres verfügbar“ (ebd.) ist.[269] Allen drei wesentlichen Argumenten, die in den Debatten über Frühförderung in den USA, wie in Großbritannien und Deutschland immer wieder benutzt wurden (Blakemore/Frith 2006: 39) und mit Ergebnissen der Hirnforschung angeblich belegt worden seien, muss widersprochen werden.[270] Weder belegt die rapide Zunahme der Synapsendichte im Säuglings- und Frühkindalter ein kritisches Lernalter bzw. eine höhere allgemeine Lernfähigkeit, wie man am komplexen Zusammenhang zwischen Synaptogenese und Pruning sehen kann[271], noch ist die Existenz kritischer Phasen gesichert, auch wenn es Hinweise auf sensible Phasen gibt; auch das Argument, dass eine besonders anregenden (Lern-)Umgebung im frühen Kindesalter die Synapsenbildung besonders fördere, muss in dieser Form zurückgewiesen werden.[272]

269 Gegen eine gezielt pädagogische Intervention in solchen sensiblen Phasen spricht auch das Wissen, dass „Entwicklungsprozesse interindividuell hochgradig variabel sind, d.h. das, was man […] statistisch als Mittelwert feststellt, […] nicht für jedes Individuum [gilt]. Insofern sind Steuerungsversuche vielleicht in Einzelfällen sogar kontraproduktiv und nutzen diese Fenster falsch“ (Welzer 2005b: 60).

270 Nicole Becker (2006a: 81) verweist darauf, dass der pädagogische Diskurs über die Ergebnisse der Hirnforschung in den USA wie in Deutschland nicht durch Neurowissenschaftler sondern durch Befürworter von Frühförder- und Präventionsprogrammen angestoßen wurde, die die Erkenntnisse der Neurowissenschaften geschickt für ihre Belange instrumentalisierten. Es wurde dabei immer wieder auf die rasante Hirnentwicklung in den ersten drei Lebensjahren verwiesen, wobei das Wachstum von Synapsen oft mit Intelligenz gleichgesetzt wurde; gefordert wurde zudem der Fremdsprachenunterricht in möglichst frühem Alter, sowie die akademische Ausbildung von Erzieher/Innen.

271 Dieses wurde denn auch je nach Forscher sehr unterschiedlich angesetzt, mal waren es die ersten drei, dann die ersten sechs oder auch die ersten fünfzehn Jahre (Paulus 2003). So befindet auch Elsbeth Stern, dass „– allen gegenwärtig weit verbreiteten Mythen zum Trotz – nichts für eine höhere allgemeine Lernfähigkeit im Kindesalter“ (Stern 2003) spreche. „Vieles spricht sogar dagegen: Das kindliche Gehirn scheint eher auf die Abwehr von zu großer Komplexität als das Aufsaugen von Information ausgerichtet zu sein“ (ebd.)

272 Argumente dieser Art beziehen sich meist, direkt oder indirekt, auf Forschungen von Bill Greenough von der University of Illinois, der mehrere Jahrzehnte mit Hilfe von Studien an Ratten der Frage nachging, wie Umweltbedingungen und Synapsenbildung zusammenhängen. Seine Studien ergaben, „dass Laborratten, die in einer anregenden Umgebung mit Laufrädern, Kletterleitern und anderen Ratten als Spielgefährten aufwuchsen, in denjenigen Hirnregionen, die an der Verarbeitung von Sinneswahrneh-

Der für eine normale Entwicklung benötigte Stimulus ist laut Stern (2006: 130) „von so universeller Natur, dass er in einer Jurte in der Mongolei, einer Hütte in Afrika, einem Plattenbau in Berlin oder einer Villa in Beverly Hills zur Verfügung steht". Deutlich ist daher einzig, dass Deprivationen in der Hirnentwicklung vermieden werden müssen; denn: „Die frühkindliche Entwicklung stellt zwar keine besonders anspruchsvollen Erwartungen an die Umgebung, aber sie reagiert empfindlich auf künstliche Eingriffe und Störungen" (Stern u.a. 2005: 19).[273]

---

mungen beteiligt sind, bis zu 25 Prozent mehr Synapsen pro Nervenzelle aufwiesen als ‚deprivierte' Ratten, die allein in einem Laborkäfig ohne Spielkameraden oder Spielzeug aufgezogen wurden. Darüber hinaus bewältigten Ratten, die in komplexen Umgebungen aufwuchsen, Lernaufgaben schneller und fanden sich in Labyrinthen schneller zurecht als deprivierte Ratten. Anregende frühe Umgebungen scheinen also klügere Ratten hervorzubringen" (Blakemore/Frith 2006: 53). Doch belegen diese Ergebnisse, dass die Umgebung eines Säuglings so anregend und reichhaltig wie möglich gestaltet sein muss und dass sich in Abhängigkeit vom Grad dieser Anregung auch die Synapsenbildung besser vollzieht? Selbst wenn man die Problematik des Übertragens der Erkenntnisse aus Experimenten an Ratten auf Menschen beiseite lässt, ist dies nicht der Fall, da die ‚anregende Laborumgebung' in den Rattenexperimenten der normalen Umgebung einer wild lebenden Ratte entsprechen dürfte. „Statt also zu meinen, hier wäre der Beweis erbracht, dass zusätzliche Stimulierung die Zahl der Synapsenverbindungen erhöht, wäre es wohl richtiger zu sagen, dass eine ‚normale' Umgebung zu mehr Synapsenverbindungen führt als eine deprivierte, reizarme Umgebung." (Blakemore/Frith 2006: 55). Vielmehr verweisen diese Forschungen auf die mögliche Existenz einer Schwelle unterhalb derer eine Umgebung Deprivationen auslösen kann. „Die These von der Notwendigkeit einer konzentrierten, selektiven Frühförderung in den allerersten Lebensjahren von Kindern lässt sich alles in allem mit dieser Forschung nicht belegen." (Blakemore/Frith 2006: 56) Vielmehr zeigten spätere Studien von Greenough, dass auch das ausgewachsene Gehirn einer Ratte durch Erfahrungen geprägt werden kann. So bildeten sich als Folge neuer Erfahrungen und Spielzeuge auch neue Synapsen. „Zumindest bei Ratten geht also die Wirkung, die komplexe Umgebungen auf das Gehirn haben, ein Leben lang weiter" (ebd.). Blakemore und Frith (2006: 57f) folgern daraus: „Es gibt keine Belege dafür, dass gezielte Frühförderung gut für die Gehirnentwicklung ist. Das soll nicht heißen, dass gezielte Frühförderung schädlich sein muss – sie könnte es sein, aber einstweilen fehlen hier immer noch die notwendigen Untersuchungen. […] Denkbar ist also auch, dass das sich entwickelnde Gehirn überreizt werden könnte. Über die möglichen Auswirkungen einer solchen Überdosis wissen wir nichts."

273 Daher sei es nicht nötig, Kleinkinder „mit Angeboten zu überschütten und die Umgebung so früh wie möglich so komplex wie möglich zu gestalten: Mozart nicht nur

Die Gehirnentwicklung nach der Kindheit

Wie bereits erwähnt, ist neben der Synaptogenese und dem Pruning die Myelinisierung ein weiterer wichtiger Modus in der Gehirnentwicklung. Als Myelinisierung wird der Prozess beschrieben, bei dem Axone mit einer Schicht Myelin ummantelt werden, was isolierend wirkt und die Übertragungsgeschwindigkeit der elektrischen Impulse enorm erhöht. Während die elektronische Fortleitungsgeschwindigkeit von nicht-myelinisierten Nervenzellen bei ca. 0,1 bis 1 Meter pro Sekunde liegt, können durch myelinisierte Axonfasern Geschwindigkeiten von bis zu 130 Meter pro Sekunde erreicht werden. Neben dieser mehr als hundertfachen Erhöhung der Fortleitungsgeschwindigkeit leistet die Myelinisierung auch noch eine starke Platzersparnis, da myelinisierte Fasern sehr dünn sein können und trotzdem eine hohe Fortleitungsgeschwindigkeit erreichen (Roth 2003: 111). Somit ist die Myelinisierung „ein für die Gehirnentwicklung entscheidender Prozess" (Blakemore/Frith 2006: 40), der ebenfalls aktivitätsabhängig verläuft; eine hohe Aktivität bestimmter Verbindungen führt zur Ummantelung der Axone (Markowitsch/Welzer 2006: 90). Da einige Hirnregionen, z.B. die Frontallappen, erst spät in der Ontogenese in bedeutendem Maße beansprucht werden, findet eine Myelinisierung in diesen erst im zweiten, teils im dritten Lebensjahrzehnt statt (Blakemore/Frith 2006: 41; Markowitsch/Welzer 2006: 90). Letztlich besteht ein erwachsenes Gehirn „zum beträchtlichen Teil aus ‚weißer Substanz' (d.h. myelinhaltigen Fasern) im Vergleich zur ‚grauen Substanz' (d. h. Zellkörpern, Dendriten und unmyelinisierten Fasern)" (Roth 2003: 112); auch die Anfangs erwähnte Gewichtszunahme des Gehirns während der postnatalen Gehirnentwicklung ist größtenteils auf die Myelinisierung zurückzuführen (Stern u.a. 2005: 63).[274]

im Kuhstall, sondern auch im Babyzimmer, Musik und Malerei aller Stilrichtungen, vielleicht sogar etwas hohe Literatur vorlesen" (Singer 2002b: 95f). Vielmehr gelte für das frühe Kindesalter: „Eine optimale Entwicklung ermöglicht man Kindern im ersten Lebensjahr nicht durch die Bereitstellung von komplexen und anspruchsvollen Lernumgebungen – die im besten Falle keinen Schaden anrichten –, sondern indem man ihre Sinnesfunktionen in Vorsorgeuntersuchungen prüfen lässt." (Stern u.a. 2005: 19) Denn die meisten kortikalen Fehlentwicklungen im frühen Kindesalter sind auf Sinnesdysfunktionen zurückzuführen (Blakemore/Frith 2006: 52; Stern u.a. 2005: 19). Anders gesagt: „Sofern es keine Anzeichen für eine beeinträchtigte Hör- und Sehfähigkeit der Kinder gibt, muss man sich wenig Gedanken über die Lerngelegenheiten von Säuglingen und Kleinkindern machen." (Stern u.a. 2005: 20).

274 Der Hirnforscher Manfred Spitzer deutet diese Prozesse der Myelinisierung als in junge Hirne eingebaute „Sicherheitssysteme […], die dafür sorgen, dass immer genau das Richtige gelernt wird, auch wenn gerade kein Lehrer da ist" (Spitzer 2002: 229).

Eine bedeutsame Rolle scheint die Myelinisierung in der *Pubertät* zu spielen. Diese ist bekanntlich nicht nur die Zeit eines starken Persönlichkeitswandels, sondern auch eine Zeit starker hormoneller und körperlicher Veränderungen. Dass auch das menschliche Gehirn in dieser Zeit stärkeren Veränderungen ausgesetzt ist, haben eine Reihe jüngerer neurowissenschaftlicher Forschungen gezeigt (vgl. Blakemore/Frith 2006: 160ff). Dabei ist „die Vorstellung, dass sich das Gehirn auch nach der Kindheit noch weiter entwickelt, [...] relativ neu" (Blakemore/Frith 2006: 162). „Vor dreißig Jahren glaubten die Wissenschaftler noch, dass sich die Gehirnstruktur in der Kindheit entwickelt und dass es, wenn sich die Gehirnorganisation erst einmal herausgebildet hat, kaum noch Raum für Wandel und plastische Veränderung gibt." (Blakemore/Frith 2006: 176)[275] Es war Peter Huttenlocher, der durch die systematische Untersuchung der Gehirne von verstorbenen Kindern, Jugendlichen und Erwachsenen, in den 1970er und 1980er Jahren zu der Erkenntnis kam, dass sich einige Hirnregionen, insbesondere der Frontalkortex[276], auch noch lange nach der Kindheit entwickeln. Insbesondere zwei Unterschiede

Computersimulationen neuronaler Netzwerke, die die Wechselwirkungen von Gehirnreifung und Lernen erforschten, hätten gezeigt, dass durch die langsame ‚Reifung' des Hirns durch Myelinisierung gewährleistet sei, dass ein junges Gehirn „zunächst nur einfache Strukturen überhaupt verarbeiten kann [...], da es zunächst auch nur Einfaches lernen kann" (Spitzer 2002: 233). Nachdem es einfache Strukturen zu verarbeiten gelernt hätte, würde es zu „etwas mehr Verarbeitungskapazität heran[reifen]" (Spitzer 2002: 234) und könnte nun auch graduell komplexere Strukturen verarbeiten. Damit hätte man gezeigt, „dass die Reifung des Gehirns letztlich den Lehrer ersetzt" (Spitzer 2002: 232) und so folgert er: „Ein sich entwickelndes Gehirn kann daher auf einen Lehrer verzichten. Es ‚nimmt' sich nur die Lernerfahrungen, die es gerade ‚gebrauchen' kann – ohne Unterweisung." (Spitzer 2002: 239).

275 „So war es einer der Pioniere der modernen Hirnforschung, der Spanier Raymond y Cajal, der zu Beginn des 20. Jahrhunderts behauptete, die während der Entwicklung des menschlichen Gehirns herausgebildeten neuronalen Verschaltungen seien nach Abschluß der Hirnreifung nicht mehr veränderbar und könnten mit zunehmendem Lebensalter nur noch einer fortschreitenden Degeneration anheimfallen [...]. Diese Vorstellung wurde von den späteren Hirnforschern übernommen und fast ein Jahrhundert lang als Dogma vertreten. Sie bestimmte bis vor wenigen Jahren das Denken der meisten Neurobiologen, Psychologen und Psychiater und hat sich in weiten Kreisen der Bevölkerung als Grundüberzeugung verfestigt." (Hüther 2000: 107)

276 Der Frontalkortex wird als der Bereich angesehen, der „für die so genannten Exekutivfunktionen zuständig ist, etwa die Fähigkeit, unpassendes Verhalten zu unterdrücken, Dinge zu planen, sich zwischen Handlungen zu entscheiden, Informationen im Kopf zu behalten und zwei Dinge auf einmal zu tun" (Blakemore/Frith 2006: 162).

an Gehirnen von Vorpubertären und Nachpubertären konnten dabei festegestellt werden: Erstens konnten, bei gleichbleibendem Volumen des Hirngewebes, eine Zunahme der weißen Substanz im Frontalkortex festgestellt werden, was auf eine Myelinisierung der Axone in dieser Region verweist; zweitens kam es im Frontalkortex der Nachpubertären zu einer deutlichen Abnahme der Synapsendichte, was auf ein ‚Pruning' verweist (Blakemore/Frith 2006: 162f). Beide Erkenntnisse weisen darauf hin, dass – zumindest im Frontalkortex – eine weitere Welle der Reorganisation des Nervengewebes stattfindet, die als ‚Reifungsprozess' und Feinanpassung gedeutet werden kann. Mehrere jüngere MRT-Studien konnten diese Ergebnisse und Annahmen bestätigen; beispielsweise ergab eine 1999 groß angelegte Studie, bei der die Gehirne von 145 Jungen und Mädchen im Alter von vier bis 22 Jahren mittels MRT ‚gescannt' wurden, dass die graue Substanz im Alter von ungefähr 12 Jahren ihre höchste Dichte erreicht und nach der Pubertät wieder abnimmt (Blakemore/Frith 2006: 165ff). Eine weitere MRTStudie mit Probanden zwischen sieben und 30 Jahren belegte, dass die Zunahme der weißen Substanz im Frontalkortex noch bis zum Alter von 30 Jahren fortdauert. Die mit 176 Versuchspersonen im Alter zwischen sieben und 87 Jahren durchgeführte und 2003 veröffentliche Folgestudie kam zu dem Ergebnis, dass „die Abnahme der grauen Substanz von der Kindheit bis in das frühe Erwachsenenalter hinein am dramatischsten ist, dass jedoch die Zunahme der weißen Substanz auch lange danach und sogar bis zum Alter von 60 Jahren noch weitergeht" (Blakemore/Frith 2006: 168). Damit kann als recht sicher gelten, dass das Gehirn auch noch während und sogar noch nach der Pubertät Entwicklungsprozesse durchläuft.[277] Der alte Gedanke, dass die Gehirnentwicklung mit der Kindheit abschließt, ist somit wohl kaum mehr zu halten, der aktuelle Kenntnisstand zeichnet vielmehr ein Bild vom Gehirn, „das sich von Natur aus bis in die Teenagerjahre hinein in großen Wellen weiterentwickelt und selbst danach noch nicht stagniert" (Blakemore/Frith 2006:

277 Auch Stern u.a. weisen darauf hin, dass manche elementaren Prozesse der Hirnentwicklung wie Myelinisierung und die Genese von Gliazellen bis ins hohe Alter hinein möglich sind (Stern u.a. 2005: 59f) Und entgegen der lang gehegten Annahme, „dass das Gehirn nach den ersten Lebensjahren mit allen Zellen ausgestattet ist, die es jemals haben wird, und dass mit Erreichen des Erwachsenenalters eine Abwärtsspirale einsetzt, die mit einem Verlust von Gehirnzellen und einer Verschlechterung der Lernfähigkeit, des Erinnerungsvermögens und allgemein der Leistungsfähigkeit einhergeht" (Blakemore/Frith 2006: 22), finden sich zunehmend Belege dafür, „daß sich Neuronen lebenslang neu bilden" (Markowitsch/Welzer 2006: 20). So konnten schwedische und amerikanische Forscher „in einer neueren Studie nachweisen, dass es auch im Hippocampus von erwachsenen Menschen zur Zellteilung und zum Wachstum neuer Zellen kommen kann." (Blakemore/Frith 2006: 192)

169). Dabei scheinen insbesondere die Hirnregionen den längsten ‚Reifungsprozess' zu durchlaufen, die für die höheren geistigen Funktionen am wichtigsten sind (Markotisch/Welzer 2005: 95); allerdings ist dies keineswegs gesichert.

Die lebenslange Plastizität und Erfahrungsabhängigkeit des Gehirns

Den lang anhaltenden Annahmen einer Nicht-Veränderungsfähigkeit des nichtkindlichen Gehirns zum Trotz ist mittlerweile der Ausdruck der (neuronalen) Plastizität „fast zu einem Modewort geworden" (Markowitsch/Welzer 2005: 109); man geht davon aus, „dass Plastizität geradezu eine Grundverfassung des Gehirns darstellt" (Blakemore/Frith 2006: 262). Die Forschung zur Plastizität der Gehirne Erwachsener ist wohl der einzige Bereich, in dem die Einführung der bildgebenden Verfahren tatsächlich zu starken Umwälzungen in den Grundannahmen geführt hat. Unter Plastizität wird in den Neurowissenschaften „die Formbarkeit oder Veränderbarkeit von neuronalem Gewebe in Abhängigkeit von Reifeprozessen und – mehr noch – Umwelteinwirkungen verstanden" (Markowitsch/Welzer 2005: 109). Hinweise auf die Plastizität der Gehirne Erwachsener gaben diverse MRT-Studien, die analog zur Performanz bestimmter Tätigkeiten oder Fähigkeiten signifikante Veränderungen in der Größe der Hirnregionen, die mit diesen Fähigkeiten in Verbindung gebracht werden, maßen. So zeigte sich, dass die Größe des Hippocampus, in dem überlicherweise das räumliche Vorstellungsvermögen lokalisiert wird, bei Taxifahrern mit der Länge ihrer Tätigkeit als Taxifahrer korreliert.[278] Auch diverse Studien an Musikern verwiesen auf einen ähnlichen Zu-

278 Die häufig zitierte und bahnbrechende Studie (Maguire u.a. 2000) wurde an Londonern ‚Black Cab'-Taxifahrern durchgeführt. Mit Hilfe bildgebender Verfahren maßen sie die Gehirnaktivität der Taxifahrer, während diesen die Aufgabe gestellt wurde, eine Route zu beschreiben, die sie zwischen zwei (vorgegebenen) Orten in London mit dem Taxi fahren würden. Dabei wurde der Hippocampus besonders stark aktiviert. Bei einem Vergleich der Gehirnstruktur der Taxifahrer mit gleichaltrigen Nicht-Taxifahren konnte nicht nur ein signifikanter Unterschied in der Größe des Hippocampus festgestellt werden, sondern ebenfalls eine Korrelation zwischen der Größe des Hippocampus und der Länge der Zeit, in der die Taxifahrer als solche bereits tätig waren. Mit letzterem konnte nicht nur sichergestellt werden, dass der Größenunterschied des Hippocampus der Taxifahrer und der Nichttaxifahrer nicht darauf zurückzuführen ist, dass Menschen, die mit einem größeren Hippocampus und damit einem größeren Orientierungsvermögen veranlagt sind, mit größerer Wahrscheinlichkeit Taxifahrer werden als andere, sondern sie deuten darauf hin, dass in Abhängigkeit von der Nutzung des räumlichen Orientierungsvermögens der Hippocampus zu wachsen scheint.

sammenhang.[279] Weitere Studien geben Hinweise darauf, dass gezielte Übungen bereits kurzfristig signifikante, strukturelle Veränderung im Gehirn auslösen[280], sowie, dass diese sich bei ausbleibender Übung ebenso schnell wieder zurückbilden können.[281] Darüber hinaus gibt es eine Reihe von Beispielen dafür, dass die Plastizität des Gehirns auch als Kompensationsmechanismus fungiert, wenn Menschen bestimmte kognitive Funktionen verloren haben.[282]

Des Weiteren zeigte sich in der Studie, dass umgekehrt der vordere Hippocampus im Verhältnis zu der Länge der Zeit als Taxifahrer kleiner wurde, was darauf hindeutet, dass das Wachsen bestimmter Hirnregionen nur auf Kosten anderer, meist Nachbarregionen vonstatten gehen kann.

279 So kamen deutsche Wissenschaftler zu dem Ergebnis, dass auch bei hoch qualifizierten Musikern der Größenzuwachs der Hirnregionen, die man mit der Lautverarbeitung in Zusammenhang bringt (der sogenannte auditorische Kortex), mit Länge der Instrumentennutzung korreliert. Der auditorische Kortex war bei den hochqualifizierten Musikern um ca. 25 Prozent größer als bei Menschen, die noch nie ein Instrument gespielt haben. (Pantev u.a. 1998) Ein solcher Zusammenhang konnte auch bei professionellen Geigern festgestellt werden, die die Fingerspitzen ihrer linken Hand besonders intensiv nutzen und dabei eine besondere Feinfühligkeit entwickeln müssen. Es konnte gezeigt werden, dass die Repräsentation der linken Hand in der rechten Gehirnhälfte größer war als bei Menschen, die kein Saiteninstrument spielen, sowie, dass die Größe der Fingerrepräsentation umso größer war, je früher mit dem Geigenspielen angefangen wurde. Gleichzeitig konnte gezeigt werden, dass es auch noch bei Erwachsenen, die erst anfingen Geige spielen zu lernen, zu einer Vergrößerung der Fingerrepräsentation kommt (Elbert u.a. 1995). Hüther (2007: 156) weist darauf hin, dass als Folge der intensiven Nutzung des Daumens zum Versenden von SMS-Botschaften eine vergrößerte Repräsentanz des Daumens bei englischen Jugendlichen nachgewiesen werden konnte.

280 In einem Experiment wurde bei Erwachsenen, die nicht Klavier spielen konnten, dann aber fünf Tage lang zwei Stunden Fünf-Finger-Übungen auf dem Klavier trainierten, eine Vergrößerung des zuständigen motorischen Hirnareals nachgewiesen (Pascual-Leone 1996).

281 ‚Gescannt' wurden die Gehirne von Versuchspersonen bevor und nachdem diese jonglieren lernten Die Vp's mussten drei Monate lang täglich mindestens eine Minute lang jonglieren üben. Mit dem Üben ging eine Vergrößerung zweier Hirnregionen, des mittleren Temporalareals und des linken hinteren intraparietalen Sulcus, einher, die mit der Verarbeitung visueller Bewegungen in Zusammenhang gebracht werden. Nach drei Monaten ohne Übungen ging die Größe dieser Regionen wieder auf ihre ursprüngliche Größe zurück (Draganski u.a. 2004).

282 So zeigten Neurowissenschaftler, dass die Hörrinde, in der normalerweise Hörwahr-

Immer mehr Forschungsergebnisse deuten somit darauf hin, dass die Plastizität des Gehirns nach dem ‚Use-it-or-lose-it'-Prinzip funktioniert, d.h. „Veränderungen im Gehirn treten [...] im Allgemeinen in Abhängigkeit von der Nutzung ein [...]. Was nicht benutzt wird, geht verloren" (Blakemore/Frith 2006: 177). Diese *nutzungsabhängige Plastizität des Gehirns* scheine Ähnlichkeiten mit dem Körper eines Sportlers und dessen Veränderbarkeit durch Training zu haben: „Mit dem Training verändert sich sein Körper, aber nicht für immer. Hört er auf zu trainieren, verändert sich sein Körper erneut: Die Glieder verlieren ihre Geschmeidigkeit, die Muskeln erschlaffen. Sie können allerdings wieder trainiert werden. Mit dem Gehirn ist es ähnlich: Use it or lose it." (Blakemore/Frith 2006: 183)[283]

Somit scheinen im Gehirn weitreichende Anpassungs- und Veränderungsvorgänge stattfinden zu können, auch wenn noch keinesfalls geklärt ist, ob dies für alle Hirnregionen und alle Fähigkeiten gilt. Klar scheint jedoch, „dass wir uns das erwachsene Gehirn nicht als etwas Fertiges vorstellen dürfen" (Blakemore/Frith 2006: 189), dass es vielmehr „plastisch und flexibel bleibt" (Blakemore/Frith 2006: 188) und „zumindest in bestimmten Regionen fast so formbar wie das Gehirn eines Kindes" (Blakemore/Frith 2006: 176) ist. Anders gesagt: „Unter normalen Bedingungen findet so im Gehirn eine ständige Neubildung und Elimi-

---

nehmungen verarbeitet werden, bei Gehörlosen, die Sprache von den Lippen ablesen können, beginnt, auf Bewegungen des Mundes zu reagieren, während die Hörrinde bei Gehörlosen, die die Gebärdensprache erlernt haben, auf Handbewegungen reagiert. Analog dazu konnte gezeigt werden, dass bei Blinden das ‚Sehzentrum' beginnt, auf das Ertasten von Blindenschrift zu reagieren. Und bei Menschen, die zum Lesen von Blindenschrift mehrere Finger gleichzeitig benutzten, wandelte sich die Repräsentation einzelner Finger im sensomotorischen Kortex in eine einheitliche Repräsentation aller Finger der Hand, die zum Lesen der Blindenschrift gleichzeitig benutzt wurden. (Blakemore/Frith 2006: 185ff)

283 Somit weisen die Erkenntnisse zur Neuroplastizität darauf hin, dass dem Üben eine überaus wichtige Rolle zukommt. So schreibt auch Scheunpflug: „Das Einüben bestimmter Verbindungswege, zum Beispiel im motorischen Bereich das Erlernen des Laufens oder eines Musikinstrumentes, ist nur über die Wiederholung möglich. Das Üben in der Schule ist vor diesem Hintergrund ein wichtiger und häufig vernachlässigter Aspekt des Lernens." (Scheunpflug 2001: 82) Doch Becker (2006a: 162) bemerkt zu Recht: „Ob Übung und Training für alle Formen des Lernens zentral sind, ist damit jedoch noch nicht gesagt und auch darüber wie man effektiv trainiert oder übt, kann von den Neurowissenschaften bislang nicht beantwortet werden. Das bekannte Sprichwort ‚Übung macht den Meister, wird zwar bekräftigt, doch wie Übung am besten gestaltet wird, lassen die Untersuchungen unbeantwortet".

nation synaptischer Verbindungen und neuronaler Verschaltungen statt." (Hüther 2000: 107)

Dieser Sachverhalt wird von dem Neurobiologen Gerald Hüther vielleicht am stärksten interpretiert. „[D]aß das Gehirn zeitlebens zur adaptiven Modifikation und Reorganisation seiner einmal angelegten Verschaltungen befähigt ist" (Hüther 2001: 17f), bedeute, „konsequent zu Ende gedacht, daß unser Gehirn so wird, wie wir es benutzen" (Hüther 2001: 85) und, „daß die im Lauf des Lebens gemachten Erfahrungen strukturell im Gehirn verankert werden" (Hüther 2001: 17f). Jedoch hätten die sich im streng analytischen Denkgebäude der klassischen Naturwissenschaften bewegenden Neurowissenschaftler und Psychologen diesen Einfluss systematisch unterschätzt und nicht angemessen berücksichtigt. Dieser Einfluss, der sich „am zutreffendsten mit dem Begriff Erfahrung umschreiben" (Hüther 2001: 11) lässt, kann auch als

> „das im Gedächtnis eines Individuums verankerte Wissen über die in seinem bisherigen Leben entweder besonders erfolgreich oder besonders erfolglos eingesetzten, in dieser Weise immer wieder bestätigt gefundenen und deshalb auch für die Lösung zukünftiger Probleme als entweder besonders geeignet oder eben ungeeignet bewerteter Strategien des Denkens und Handelns" (ebd.)

beschrieben werden. Erfahrungen seien zwar einerseits „immer das Resultat der subjektiven Bewertung der eigenen Reaktionen auf wahrgenommene und als bedeutend eingeschätzte Veränderungen der Außenwelt" (ebd.), andererseits aber hätten sie uns allererst „ganz wesentlich zu dem gemacht, was wir heute sind. Den Spuren, die sie hinterlassen haben, verdanken wir die Fähigkeit, uns in unserer jetzigen Welt zurechtzufinden" (Hüther 2000: 105). Wer wir heute seien, lasse sich somit als „das Ergebnis von Kräften, die im Verlauf unserer bisherigen Entwicklung auf uns eingewirkt [...] haben" (ebd.) deuten.

> „Die Erfahrungen, die ein Mensch im Lauf seines Lebens gemacht hat, sind fest in seinem Gehirn verankert, sie bestimmen seine Erwartungen, sie lenken seine Aufmerksamkeit in eine ganz bestimmte Richtung, sie legen fest, wie er das, was er erlebt, bewertet und wie er auf das, was ihn umgibt und auf ihn einstürmt, reagiert." (Hüther 2000: 105f)

So ist auch das, was uns „bei all unseren Entscheidungen leitet, nicht unser Geist oder unser Bewußtsein [...], auch nicht all unser auswendig gelerntes oder von fragwürdigen Quellen übernommenes Wissen, sondern die Erfahrungen, die wir während unserer bisherigen Entwicklung gesammelt haben" (Hüther 2001:

11f).[284] Weil diese Erfahrungen aber fast immer Erfahrungen mit anderen Menschen sind und somit ein sich entwickelndes Gehirn auf den Umgang mit diesen optimiert wird, ist dieses „weniger ein Denk- als vielmehr ein Sozialorgan" (Hüther 2001: 18).

Wie Erfahrungen vermittelt über das Gehirn handlungs- und entscheidungsleitend wirken, dazu liefert der Neurowissenschaftler Antonio R. Damasio eine Theorie. In seinen Büchern ‚Descartes' Irrtum: Fühlen, Denken und das menschliche Gehirn' (Damasio 1995), ‚Ich fühle, also bin ich. Die Entschlüsselung des Bewusstsein' (Damasio 2007) und ‚Der Spinoza-Effekt. Wie Gefühle unser Leben bestimmen' (Damasio 2006) betont er die Rolle der Emotionen im Zusammenspiel von neuronalen Strukturen, Erfahrungen und höheren kognitiven Leistungen, insbesondere Handlungsplanungen und Entscheidungsprozessen. Damasio sieht in Emotionen die entscheidenden Operatoren bei der Bewertung und Speicherung von Erfahrungen, erst sie ermöglichten uns gewissermaßen, ‚aus Erfahrung klug zu werden'. Um dies zu verdeutlichen, benutzt er das Konzept der somatischen Marker. Damit will er deutlich machen, dass emotionale Empfindungen nie rein geistige Prozesse sind, sondern stets einen körperlichen Bezug haben. Nur weil der Körper mittels somatischer Marker vergangene Erfahrungen und ihre Bewertungen speichert bzw. diese in Situationen – über die Körperempfindung und die durch diese ausgelösten Emotionen – zum Ausdruck bringt, sind wir Wesen mit Geschichte und darüber hinaus aus dieser und durch diese Geschichte lernfähig. So ermöglichten uns somatische Marker die vorausgreifende Evaluation von Handlungsmöglichkeiten, indem sie uns emotionale Signale senden, die uns wiederum gestatten, die Situation und unsere Handlungsmöglichkeiten auf dem Hintergrund unserer Erfahrungsgeschichte bzw. unseres Erfahrungsschatzes einzuschätzen. Anders gesagt: Somatische Marker ermöglichen uns, auf bestimmte Reize nicht nur einfach zu reagieren, sondern uns mittels verschiedener Reaktionsmöglichkeiten zu diesen noch einmal zu verhalten. Damit stellt Damasio nicht nur eine plausible Erklärung für das Phänomen intuitiven Handelns auf, sondern gibt entscheidende Hinweise darauf, wie Lernen, Emotionen, Körperempfindungen und Erfahrungen zusammenhängen könnten.

Auch der Gedächtnisforscher Harald Welzer betont: „Das Gehirn ist ein auf erstaunliche Weise erfahrungsabhängiges Organ." (Welzer 2005a: 66) Damit sei

284 Meyer-Drawe (2008a: 31) kritisiert jedoch an solchen Versuchen, die Plastizität des Gehirns mit dem Begriff der Erfahrung zu ‚erklären': „Was aber Erfahrung neurowissenschaftlich bedeutet, wird nicht geklärt." An anderer Stelle fragt sie: „Was bedeutet es, dass das Gehirn durch Erfahrung geformt wird? Was ist das neuronale Korrelat zur Erfahrung? Handelt es sich nicht vielmehr um einen Sprachzauber der Neuromythologie?" (Meyer-Drawe 2008a: 75)

gemeint, „dass das Gehirn bei der Geburt unfertig ist und sich erst in Erfahrung strukturiert“ (Welzer 2005b: 53); dank seiner großen Neuroplastizität hänge „seine Entwicklung, Reifung und Formung [...], im Vergleich zu anderen Säugetieren, in großem Ausmaß von Einflüssen aus der Umwelt des sich entwickelnden Menschenwesens ab“ (Welzer 2005a: 57f). Und weiter:

„Während das Netzwerk im Erwachsenenalter beständigen Veränderungen unterliegt, die aus der Verarbeitung von körperinternen und -externen Informationen hervorgehen, liefern Signale aus der Umwelt beim Säugling, Kleinkind, Heranwachsenden und noch beim jungen Erwachsenen Modifikationsanlässe für neuronale Systeme, die in Entwicklung begriffen sind. Sie wirken damit direkt auf die sich entwickelnde Organisationsstruktur des Gehirns ein und somit auf die Möglichkeiten der sich entwickelnden Persönlichkeit zur Problembewältigung und Weltaneignung.“ (Welzer 2005a: 66f)[285]

Dies aber bedeute, „daß in ihrer Entwicklung genetisch angelegte Ausreifungsprozesse mit sozialen Ausformungsprozessen zusammenfallen“ (Markotisch/Welzer 2005: 18) und somit die „organische und die soziale Entwicklung“ (ebd.) gemeinsam abliefen. „Das menschliche Gehirn ist das einzige Gehirn in der Biosphäre, das sein Potenzial nicht aus sich selbst heraus realisieren kann. Es muss Teil eines Netzwerks werden, bevor seine Eigenschaften entwickelt werden können.“ (Merlin Donald zit. nach Welzer 2005b: 51) Anders gesagt: Das Gehirn „entwickelt sich in konkreten Austauschprozessen zwischen Menschen, oder im Zusammensein mit anderen“ (Welzer 2005b: 53). Zusammengefasst gelte daher: „Die Gehirnentwicklung des Menschen ist [...] kein autonom ablaufender biologischer Vorgang, sondern ein biologischer Prozeß, der unter sozialen und kulturellen Bedingungen geformt und in sozialer Interaktion gestaltet wird.“ (Welzer 2005a: 118) Dies bedeute, „dass wir uns von den ganzen alten Fragen verabschieden können“ (Welzer 2005b: 53), die bereits in der Fragestellung – „Was ist Anlage, was ist Umwelt? Was ist Natur, was ist Kultur? Was ist Instinkt, und was ist Lernen?“ (ebd.) – als

285 „Entwicklung ist in diesem Sinne sequentiell und hierarchisch: Was an Mustern angelegt wird, bildet den Rahmen für die Etablierung neuer, darauf aufbauender Muster. Diese Muster entstehen – im Verlauf der Entwicklung immer ausgeprägter – in der Interaktion zwischen den genetisch prädisponierten biochemischen und neurophysiologischen Entwicklungsprozessen und den Signalen und Informationen, die aus der Umwelt und besonders aus der Mikroumwelt des Kindes kommen. Ein wesentlicher Teil davon besteht – da das Kind unweigerlich in eine soziale Welt hineinwächst – aus interpersonellem Austausch und, später, aus intersubjektiver Erfahrung. Dieser Umstand hat den Psychiater Daniel Siegel zu der prägnanten Formulierung veranlaßt, daß menschliche Verknüpfungen neuronale Verknüpfungen formen.“ (Welzer 2005a: 66)

getrennte und oppositionale Kräfte konzipiert würden, jedoch nicht trennbar seien, sondern in einem komplexen, sequentiellen Prozess sich gegenseitig bedingen.

Wie Wolf Singer betont, galt es noch in den 1970er Jahren als ausgemacht, „das Menschengehirn käme als frei instruierbare Tabula rasa zur Welt" (Singer 2002b: 78), während mit den 1990er Jahren und „der medialen Euphorie über die missverstandenen Implikationen des abgeschlossenen Genomprojektes" (Singer 2002b: 79), die „von einer tiefen Unkenntnis über die tatsächlichen Bedingtheiten der Hirnentwicklung" (ebd.) zeugen[286], das Pendel hin zu einem genetischen Determinismus umschlug. Wie gezeigt werden konnte, seien jedoch beide Positionen falsch: Weder kann das sich entwickelnde Gehirn eines Neugeborenen als eine ‚tabula-rasa' wahrgenommen werden – denn erstens wirken noch lange Zeit nach der Geburt genetisch bedingte biologische Reifungsprozesse und zweitens formt bereits die vorgeburtliche Umwelt das sich entwickelnde Gehirn eines Embyros –, noch ist die Gehirnentwicklung ein einseitig genetisch determinierter Prozess, weil eben bereits pränatal, viel stärker aber noch postnatal Umwelterfahrungen die Gehirnentwicklung wesentlich bedingen, so „dass Hirnstrukturen das Ergebnis eines fortwährenden Dialogs zwischen genetischen und epigenetischen Faktoren sind und [...] beide Einflüsse auf dieselben Mechanismen der Strukturbildung einwirken" (Singer 2002b: 94). Anders gesagt: „Ein Säugling wird – wie jedes andere Lebewesen – mit einer genetischen Prädisposition für die Entwicklungs- und Verknüpfungsmöglichkeiten seiner neuronalen Architektur geboren, aber die Gestalt, die diese Architektur annimmt, hängt sowohl von den Genen wie von Erfahrung ab" (Welzer 2005a: 57).

Ein weiterer Hinweis darauf ist, dass sich die genetische Ausstattung des Menschen und damit biologischen Bedingungen für den Prozess der Gehirnentwicklung „in den letzten 30- 40000 Jahren nur unwesentlich, wenn überhaupt, verändert hat. Jedenfalls nicht mehr, als es der Streubreite der genetischen Ausstattung der heute lebenden Menschen entspricht." (Singer 2002b: 79f)[287] Dies zeigt nicht

286 Dieses Missverständnis zeigt sich insbesondere dann, wenn spezifische Fähigkeiten und Eigenschaften einem einzigen Gen zugeordnet werden. Wie Singer (2002b: 79) betont, gibt es „fast keine Eins-zu-eins-Beziehung zwischen genetischen Instruktionen und bestimmten Eigenschaften, schon gar nicht im Bereich von Begabungsspektren und Persönlichkeitsmerkmalen". „Das Genom enthält eine Fülle von Instruktionen, die wie in einem Netzwerk miteinander ‚wechselwirken'. [...] Die meisten Eigenschaften verdanken sich dem differenzierten und noch wenig verstandenen Zusammenspiel einer großen Zahl verschiedener Gene" (Singer 2002b: 94.).

287 „Dies bedeutet, daß das Kind eines steinzeitlichen homo sapiens, würde es in unserer Welt aufwachsen, Fähigkeiten hätte, Jet-Pilot oder Computer-Hacker zu werden, wie jedes andere Kind der westlichen Hemisphäre auch. Würde man hingegen aufgrund

nur „wie obsolet die derzeitige Überbetonung des genetischen Determinismus ist" (ebd.), sondern „gibt in etwa die Dimension der co-evolutionären Beschleunigung durch die menschliche Kultur an" (Markowitsch/Welzer 2005: 57), da der ganze Unterschied zwischen den Fähigkeiten eines steinzeitlichen homo sapiens und eines Jet-Piloten auf Veränderungen in der (kulturellen) Umwelt beruht.

All diese Erkenntnisse zur *erfahrungsbedingten Gehirnentwicklung* und der damit einhergehenden *Neuroplastizität* wie der Aufhebung falscher Dichotomien dürften weitgehende Konsequenzen für ein gänzlich anderes als das klassische Subjektverständnis haben und im Anschluss daran auch für das Lernverständnis. Aus *neurowissenschaftlicher* Perspektive, die auf dem neuronalen Primat beruht, wurden diese Konsequenzen jedoch bislang kaum gezogen, wohl weil mit ihr das Subjekt geradezu liquidiert statt transformiert wird, wie im übernächsten Abschnitt gezeigt wird. Zuvor wird jedoch das Lernverständnis der Neurowissenschaften expliziert.

I.4.5 Lernen aus neurowissenschaftlicher Sicht

Neurowissenschaftliche Definitionen des Lernens und deren Problematik

Wie anfänglich gezeigt, beruht die Deutungsmacht der Neurowissenschaften für den Lerndiskurs auf der Suggestion, ein objektives Wissen über Lernprozesse produzieren zu können. Doch was wird in den Neurowissenschaften überhaupt als Lernen verstanden? Durchpflügt man die vielen Publikationen, die sich aus einer im weitesten Sinne neurowissenschaftlichen Perspektive mit dem Thema Lernen auseinandersetzen, nach den in ihnen enthaltenen Lernverständnissen und Lerndefinitionen, fällt zweierlei auf.

Erstens explizieren nur die wenigsten Publikationen ihr Lernverständnis. Zwar ist häufig von Lernen die Rede, jedoch wird kaum definiert, was jeweilig als Lernen verstanden wird. Zumeist wird unausgesprochen „vorausgesetzt [...], dass man weiß, was Lernen bedeutet" (Meyer-Drawe 2008a: 89).[288]

irgendeines Zeitmaschinenwunders mit der heutigen Physis in die Steinzeit hineingeboren, so würde man sich exakt im Rahmen der kulturellen Bedingungen entwickeln, die damals herrschten, und es wäre keineswegs ausgemacht, ob man selbst derjenige sein würde, der den tiefen Teller erfindet." (Welzer 2005a: 118)

288 „In neurowissenschaftlichen Diskursen wird deshalb nur scheinbar vorausgesetzt, was Lernen im pädagogischen Diskurs bedeutet. Tatsächlich herrscht aber ein umgangssprachliches Verständnis von Lernen vor, das erheblich von den Moden der Zeit ge-

Wenn jedoch expliziert wird, was jeweils als Lernen verstanden wird, fällt *zweitens* auf, dass es in den Neurowissenschaften kaum eine einheitliche Definition des Lernens gibt. Betrachten wir einige Definitionen genauer. Eine erste lautet wie folgt: „Lernen bedeutet *Modifikation* synaptischer Übertragungsstärke. Solche Modifikation findet nur an Synapsen statt, die aktiv sind. Je aktiver neuronales Gewebe in einem bestimmten Bereich der Gehirnrinde ist, desto eher findet in ihm Veränderung von Synapsenstärken und damit Lernen statt." (Spitzer 2002: 146) Von ‚Lernen' kann Manfred Spitzer zufolge also dann gesprochen werden, wenn sich die synaptische Übertragungsstärke irgendwie verändert. Dies ist angesichts geschätzter einer Million Milliarden synaptischer Verbindungen im menschlichen Gehirn – vorsichtig formuliert – eine nicht sehr präzise Definition. Auch die implizite Spezifizierung dieser Definition, die Spitzer in den Nachsätzen klammheimlich leistet, verbessert dies nicht. Entgegen der Aussagen Spitzers findet eine Modifikation synaptischer Übertragungsstärke nämlich auch dann statt, wenn die Synapsen nur wenig oder gar nicht aktiv sind; dann wird die Übertragungsstärke schwächer. Damit ist anzunehmen, dass Spitzer hier unter Modifikation eine ganz spezifische Modifikation, nämlich *die Stärkung der synaptischen Verbindungsstärke* versteht. An anderer Stelle definiert Spitzer Lernen auf genau diese Weise: „Lernen bedeutet aus neurobiologischer Sicht, dass die Verbindungen zwischen Gehirnzellen stärker werden." (Spitzer in Stern/Spitzer 2004)

Wie auch in der Gehirnentwicklung nicht allein die Synaptogenese, sondern auch das gezielte ‚Löschen' von Synapsen, das Pruning, mit der Ausbildung von Fähigkeit einhergeht, so zeigt sich auch grundsätzlich, dass eine höhere neuronale Aktivität, die zur Stärkung und Bildung von Synapsen führt, keineswegs einfach als Indikator für erfolgte Lernprozesse gelten kann. Wie Stern u.a. (2005: 90) schreiben: „Tatsächlich liegt derzeit eine umfangreiche Befundlage vor, wonach bessere Leistungen mit einer geringeren Gehirnaktivierung einhergehen, was die Annahme von effizienter Aktivierung als eine Grundlage guter Leistungen plausibel erscheinen lässt." Insbesondere Lernprozesse, die mit einer Automatisierung bestimmter Tätigkeiten einhergehen, führen „in der Regel zu einer Abnahme der Aktivierung in mehreren Gehirnregionen" (Stern u.a. 2005: 89).[289] Betrachtet man diesen Sachverhalt genauer, wird die Sachlage noch komplexer. Denn:

prägt ist. Lernen meint dabei in diesem Zusammenhang immer etwas Positives. Man hat Fortschritte gemacht. Man kann etwas, das man vorher nicht bemeisterte. Dabei geht man stets von dem Resultat aus. Man beherrscht eine Sprache, einen Tanz oder ein Instrument. Der Lernprozess selbst ist nur sehr schwer in den Blick zu nehmen. [...] Das Wie des Lernens zieht sich in die Dunkelheit zurück." (Meyer-Drawe 2008a: 90)

289 Diese „durch Steigerung der neuralen Effizienz" (ebd.) hervorgerufene geringere Gehirnaktivierung bei besserer Leistung zeigte sich beispielsweise in einer Studie von

„Effiziente Gehirnaktivierung bedeutet [...] nicht, dass alle Gehirnregionen bei der Aufgabenbearbeitung weniger aktiv sind, sondern dass die Aktivierung bedarfsgerecht erfolgt: Jene Areale, welche für die Aufgabenbearbeitung erforderlich sind, sollten eine adäquate Aktivierung aufweisen, während aufgabenirrelevante Regionen nur schwach aktiviert oder sogar deaktiviert sind. Der Schlüssel zu effizienter Gehirnaktivierung scheint somit in der topographischen Aktivierungsverteilung zu liegen, die möglicherweise ein Resultat von erfolgreichen Lernprozessen darstellen kann." (Stern u.a. 2005: 90)

Zu diesen Befunden passt eine weitere neurowissenschaftliche Definition des Lernens: „Lernen auf zellulärer Ebene bedeutet heutigen Vorstellungen zufolge, dass die Kommunikation (d.h. die synaptische Verbindung) zwischen Nervenzellen spezifischer neuraler Schaltkreise gestärkt wird und andere – für die spezifische Information nicht relevante – Verbindungen unterdrückt werden" (Brand/Markowitsch 2006b: 28).

Implizit greifen die meisten neurowissenschaftlichen Definitionen des Lernens auf das schon angesprochene *hebbsche Lernverständnis* zurück, über das es in den Neurowissenschaften wohl eine Art Konsens gibt. Zur Erinnerung: Hebb zufolge festigt sich die Verbindung zwischen zwei Neuronen, wenn ein Neuron ein Signal an ein anderes Neuron sendet und damit dieses zweite Neuron aktiviert. Dies bedeutet weiter: Je häufiger ein Neuron andere Neurone aktiviert, desto fester wird die Verbindung zwischen ihnen. Im bekannten Slogan zusammengefasst: ‚What fires together, wires together!'. „Das heißt, Verbindungen zwischen Neuronen, die oft zusammen aktiv sind, werden bestätigt und bleiben erhalten." (Singer 2002b: 86) Lernen besteht für Hebb daher in der Veränderung synaptischer Übertragungs-

Haier u.a. (1992). Hier trainierten acht Männer in einem Zeitraum von vier bis acht Wochen das Computerspiel Tetris, das hohe Anforderungen an visuell-räumliche Fähigkeiten stellt. Das Training führte zu einer Versiebenfachung der Leistung im Spiel. Vor und nach dem Training wurden PET-Messungen durchgeführt, die zeigten, dass das Training eine Abnahme der Gehirnaktivierung in verschiedenen Regionen zur Folge hatte. Damit zeigt sich auch, dass das Verhältnis von Hirnbildern zu Prozessen des Lernens äußerst unklar ist. Zeigt eine hohe neuronale Aktivität in einer Hirnregion an, dass dort Informationen verarbeitet oder gespeichert werden, wie dies oft suggeriert wird, oder spiegeln diese vielleicht nur „Änderungen im Anstrengungsniveau oder im Einbezug von Aufmerksamkeits- und Kontrollprozessen [wieder]? Ist jenes Areal, welches im Mittel über Personen hinweg das Aktivierungsmaximum aufweist, tatsächlich der ‚Ort des Geschehens', oder zeichnen sich die für eine Funktion spezialisierten Regionen durch eine effizientere/geringere Aktivierung aus als nicht-spezialisierte Regionen?" (Stern u.a. 2005: 57)

muster bzw. lokaler Konnektivitätsveränderungen.[290] Kleinster gemeinsamer Nenner für das, was aus neurowissenschaftlicher Sicht als Lernen verstanden werden kann, ist somit: Lernen ist eine Veränderung auf neuronaler Ebene. Passend dazu ist die Definition von Stern u.a. (2005: 108): „Lernen ist ein Sammelbegriff für eine Vielzahl von Prozessen, die im zentralen Nervensystem ablaufen und es Lebewesen ermöglichen, die in ihrem jeweiligen Lebensumfeld gestellten Anforderungen zunehmend besser zu bewältigen." Andere Definitionen sind ähnlich weit gefasst. So schreibt Annette Scheunpflug (2001: 81): „Lernen bedeutet [...], neuronale Verknüpfungen zu schaffen, zu vertiefen oder zu löschen."[291] Und Gerhard Friedrich kommt im Rahmen seiner Neurodidaktik zu folgender Definition:

> „Lernen lässt sich [...] als zeitliche und räumliche Neustrukturierung des cell assemblies bezüglich der wechselseitigen Konnektivität der einzelnen Neurone beschreiben. Jede Aktivität führt dazu, dass sich strukturelle und darauf aufbauend funktionelle Änderungen einstellen, was wiederum dazu führt, dass ein Gehirn zu keinem Zeitpunkt mit einem früheren Zustand identisch ist." (Friedrich 2005: 288)

Mit anderen Worten: Man lernt immer.[292] Natürlich gilt: „Mit jeder neuen Erfahrung ändert sich ein wenig die physische Struktur unseres Gehirns" (Blakemore/

---

290 Wie bereits kurz erwähnt, wurden die Forschungen zu den zellulären und molekularen Grundlagen von Lernprozessen bislang vor allem an Tieren durchgeführt, die nur über eine sehr geringe Anzahl von Neuronen sowie nur wenige Neuronentypen verfügen. Als mögliche Grundlage des hebbschen Lernens wird seit den frühen 1970er Jahren der Mechanismus der Langzeitpotenzierung (LTP) betrachtet, der eine über eine Stunde anhaltende Verstärkung der Wirksamkeit einer Synapse auslöst und somit zur Festigung von Synapsenverbindungen führt. Bekannt sind dazu insbesondere die Forschungen Eric Kandels an einer im Meer lebenden Nacktschnecke, die nur ca. 20.000 Neuronen besitzt. (Blakemore/Frith 2006: 190) Solche Ergebnisse deuten zwar darauf hin, dass Lernen auf einfachen zellinternen Mechanismen beruht, die ähnlich den hebbschen Lernregeln sind. „Da hierbei jedoch vor allem nicht-assoziative Lernmechanismen und nur spezifische Formen assoziativen Lernens untersucht wurden, stellen sich auch einige Neurobiologen die Frage, was diese Ergebnisse über andere Lerntypen und Lernen im Allgemeinen aussagen. Fraglich ist vor allem, ob die bislang erforschten synaptischen Prozesse überhaupt konstitutiv für Lernen und Gedächtnisbildung höherer Säugetiere sind oder lediglich begleitende Ereignisse darstellen" (Müller 2005: 59).

291 Mit ‚vertiefen‘ wird hier wohl ‚verstärken‘ gemeint sein. Zudem ist das Verb ‚schaffen‘ unglücklich gewählt, suggeriert es doch, das Subjekt verfüge über eine Steuerung der neuronalen Vorgängen.

292 Dies ist auch das explizite Verständnis von Spitzer, der im Lernen „eine Aktivität"

Frith 2006: 190); jedoch konterkariert ein solches Verständnis gerade das ansonsten in der Hirnforschung vorausgesetzte alltägliche Verständnis von Lernen. So würde auch in Folge des Frustes angesichts eines nicht gelösten Problems der Aufprall eines Schädels auf einer Schreibtischplatte auf neuronaler Ebene höchstwahrscheinlich eine – wenn auch minimale – Modifikation in Stärke mehrerer Millionen synaptischer Verbindungen auslösen und somit von vorangehenden Definitionen als Lernen betrachtet. In der erfahrungsbedingten Modifikation synaptischer Verbindungsstärken liegt wohl eine wichtige neuronale Grundlage des Lernens, ist jedoch mit Lernen noch nicht identisch.

Kontrastiert man die Simplizität der hebbschen Lernregel, die sich vor allem auf das Verhalten zweier Neuronen bezieht, mit der angesichts der hohen Anzahl neuronaler Verbindungen anzunehmenden Komplexität des gesamten neuronalen Geschehens innerhalb eines menschlichen Hirns, dann dürfte deutlich werden, warum es der Hirnforschung so schwer fällt, klare Kriterien zu benennen, welche neuronalen Veränderungen als Lernen bezeichnet werden können. Eine Schwierigkeit betonen Stern u.a. (2005: 94): „Lernprozesse [...] lassen sich auf unterschiedlichen biologischen Ebenen analysieren und beschreiben, von Änderungen in der intrazellulär ablaufenden Proteinsynthese über Umgestaltungen in der Verschaltung einzelner Neuronen bis hin zur Aktivität großer Neuronenverbände".[293] Nur letztere – daran sei noch einmal erinnert – können überhaupt mit Hilfe bildgebender Verfahren unter bestimmten Bedingungen und mit spezifischen Einschränkungen im menschlichen Hirn gemessen werden.[294]

(Spitzer 2002: 4) sieht, auf „die der Mensch optimiert ist" (ebd.: 10), denn unsere Gehirne seien „äußerst effektive *Informationsstaubsauger*, die gar nicht anders können, als alles Wichtige um sie herum aufzunehmen, und auf effektivste Weise zu bearbeiten" (ebd.). Anders gesagt: „Unser Gehirn lernt immer. Und noch einmal: Was es lernt, bestimmen zumindest in der Freizeit eigentlich wir selbst" (ebd.). Der Widerspruch, dass es zwar das Gehirn ist, das lernt, andererseits jedoch ‚wir' es sind, die – zumindest in der Freizeit (!) – darüber entscheiden können, was das Gehirn lernt, scheint Spitzer nicht zu stören.

293 Streng genommen sind es nicht nur biologische, sondern auch chemische Ebenen auf denen Lernprozesse ablaufen bzw. die Lernprozesse mitbedingen, denn: „Nicht nur die physische Struktur des Gehirns macht [...] in Abhängigkeit von bestimmten Erfahrungen winzige Veränderungen durch, sondern auch seine chemischen Eigenschaften verändern sich durch Lernen." (Blakemore/Frith 2006: 190f)

294 Zudem gilt zu bedenken: „Im Großteil der derzeit vorliegenden neurophysiologischen Studien zu Lernprozessen wurde der Schwerpunkt auf eher kurze Zeitintervalle bzw. Lernphasen gelegt. Nur wenige Untersuchungen beschäftigen sich explizit mit den möglichen Auswirkungen von längerfristigem Lernen [...]. Allerdings sind es gerade

Goschkes (1996: 359) Definition zufolge findet Lernen dann statt,

„wenn Erfahrungen zu relativ dauerhaften Veränderungen im Nervensystem eines Organismus führen, die sich in Veränderungen seiner Wahrnehmungs- und Verhaltensdispositionen sowie – bei höheren Lebewesen – des Erlebens äußern und die im weitesten Sinn als Erwerb oder Modifikation von Information oder Wissen betrachtet werden können".

Auf welche Weise sich Wahrnehmungs- und Verhaltensdispositionen, Wissenserwerb oder Modifikation von Wissensbeständen auf neuronaler Ebene konkret niederschlagen, genau hier klafft jedoch eine große Erkenntnislücke. Unterstellt wird stets die Annahme eines *neuronalen Primats*, d.h. es wird vorausgesetzt, dass neuronale Prozesse Ursache von Kognition und Verhalten sind und gemessene Korrelationen zwischen diesen beiden daher in Kausalitäten umgewandelt werden können.

Dass das neuronale Geschehen keine inhärenten Kriterien für Lernen aufweist und die Neurowissenschaften daher stets auf die Heuristiken und Theoriebestände anderer Disziplinen angewiesen sind, betont auch Gerhard Gamm (2003: 307):

„Die Neurowissenschaften müssen wissen, was sie untersuchen, das können sie nicht allein durch eine neutrale Beobachtung oder eine bloße Registratur tatsächlich ablaufender Prozesse. Sie müssen – implizit oder explizit – auf Wissen zurückgreifen, das nicht (allein) dem Basiswissen ihrer Disziplinen entspringt. Im besten Fall entnehmen sie es anderen (fortgeschrittenen) Sozial- und Geisteswissenschaften, in der Regel aber der Alltagspsychologie" (ebd.).

Da das Identifizieren von Lernprozessen immer auf bestimmte *Heuristiken* angewiesen sein wird, die nicht schlicht gegenstandstheoretisch bestimmt werden können, sondern auf einen spezifischen interpretativen Deutungshorizont angewiesen sind, in dem diese allererst Evidenz gewinnen bzw. von dem aus diese aus erst ‚Sinn' machen, ist ganz grundsätzlich und unabhängig von aktuellen methodischen Beschränkungen eine direkte Beobachtung von Lernprozessen von der Warte eines neutralen Beobachters aus eine ‚epistemische Mär'. Lernen bleibt auch in der neurowissenschaftlichen Lernforschung ein Beobachtungsbegriff, d.h. Lernen kann nicht direkt beobachtet werden, sondern, was als Lernen bezeichnet wird bzw. welche neuronalen Veränderungen als Lernprozesse beschrieben werden, ist von theoretischen Vorannahmen und Vorentscheidungen abhängig.

Lernprozesse dieser Art, welche für die Lehr-Lern-Forschung von Relevanz sind, eignet sich man doch zum Beispiel eine Fremdsprache weder innerhalb von Minuten noch innerhalb von Tagen an." (Stern u.a. 2005: 89)

Aufgrund der dargestellten Schwierigkeiten, Lernen rein neurobiologisch zu definieren, greifen neurowissenschaftliche Lerntheorien daher nicht nur auf ‚Alltagspsychologie', sondern auch auf auswärtige Konzepte zurück, die zumeist aus der Lernpsychologie stammen. Es wurde bereits gezeigt (I.4.2), wie eng die modernen Neurowissenschaften mit den Entwicklungen und Konjunkturen des Behaviorismus, des Kognitivismus und des Konstruktivismus verwoben sind. Fast ausschließlich bewegen sich diese in der von den genannten Paradigmen vorgegebenen theoretischen Matrix und können kaum eigene (lern-)theoretische Weiterentwicklungen aufweisen. Diese „erstaunliche Theoriearmut" (Hagner 2006: 16) gilt für die modernen Neurowissenschaften im Ganzen. Besonders stark bedient man sich in den kognitiven Neurowissenschaften jedoch lernpsychologischer Gedächtniskonzepte.

Der Rückgriff auf die Gedächtnisforschung

Wenn in neurowissenschaftlichen Kontexten vom Lernen gesprochen wird, „geschieht dies meist in Verbindung mit dem Begriff des *Gedächtnisses*" (Müller 2005: 55) und – so könnte man hinzufügen – in Verbindung mit den Begriffen Information und Reiz. So verstehen Brand und Markowitsch (2006b: 22) „Lernen [...] als Teil einer Gedächtnisleistung bzw. als bestimmte[n] Gedächtnisprozess, nämlich de[n] der Einspeicherung und Ablagerung von Informationen". Lernen wird auch als „die Bildung neuer Gedächtniseinheiten" (Brand/Markowitsch 2006a: 60) definiert.

Nun stammen die Speicher-Modelle ebenso wie der Begriff der Information aus der *kognitivistischen Psychologie* und sind mit deren Grundannahmen untrennbar verbunden. Auf die mit diesen Konzepten und Grundannahmen verbundenen eminenten Problematiken wurde bereits in Kapitel I.2 ausführlich eingegangen, in der neurowissenschaftlichen Lernforschung bedient man sich jedoch üblicherweise einfach dieser Konzepte, ohne deren Entstehungs- und Bedeutungszusammenhang zu reflektieren. Zwar wird „seit den 1980er Jahren verstärkt auf den Zusammenhang zwischen der Konstruktivität von Gedächtnisleistungen und deren neuronaler Realisierung hingewiesen" (Müller 2005: 55) und die meisten neurowissenschaftlichen Konzeptionen greifen auf dynamische Speicher-Modelle zurück, die die statischen Speicher-Modelle des (frühen) Kognitivismus abgelöst haben, doch aufgrund der ebenso zentralen wie unreflektierten Rolle des Begriffs der Information in vielen dieser Konzepte changieren diese zwischen einem statischen und einem dynamischen Verständnis. So betont beispielsweise Harald Welzer immer wieder den dynamischen und konstruktiven Charakter des Gedächtnisses, doch die Definition von Gedächtnis, die in einer gemeinsam mit Hans J.

Markowitsch verfassten Publikation gegeben wird, könnte auch rein statisch verstanden werden: „Gedächtnis verarbeitet Informationen, die aus der Innen- und Außenwelt des Organismus kommen, und repräsentiert emotional und kognitiv bedeutungsvolle Gedächtnisinhalte, die sozial konstituiert sind." (Markowitsch/Welzer 2005: 73f) Und wenn die Neurowissenschaftler Brand und Markowitsch (2006b: 32f) formulieren: „Auf der Ebene der Prozesse der Informationsverarbeitung wird unterschieden: die Aufnahme, die Enkodierung (Einspeicherung), die Konsolidierung (Festigung), die Ablagerung und der Abruf von Inhalten", dann ist dies Kognitivismus in Reinform. Häufig wird somit suggeriert, das Gedächtnis könne, analog zur Festplatte eines Computers, Informationen speichern, so wie man Gegenstände an bestimmten Orten ablegen und wiederfinden kann. Dies aber macht nur dann Sinn, wenn man an die kognitivistische Unterscheidung von Software und Hardware anknüpft und die missverständliche Doppelbedeutung des Informationsbegriffs ausnutzt. Wenn es beispielsweise heißt, dass „[a]n der Synapse [...] die Information von einer Nervenzelle auf die andere übertragen" (Schachl 2005: 84) wird, dann ist dies eine irreführende Metapher, werden hier doch keine Informationen übertragen, sondern rein chemische 'Signale'. Wie Welzer schreibt, „sind [es] nämlich genausowenig 'Informationen', die durch die neuronalen Schaltkreise rauschen, wie ein Telefongespräch aus den digitalen Impulsen besteht, die durch das Glasfaserkabel jagen" (Welzer 2005a: 11). Vielmehr seien es „sozial gebildete bedeutungsvolle Erfahrungen und Verständigungen, die unser Gehirn unter Vollbeschäftigung halten" (ebd.).[295] Auch Gerhard Roth, der einer der Vertreter der Neurowissenschaften ist, die eher auf konstruktivistische Annahmen zurückgreift, kritisiert dieses Modell der Informationsverarbeitung. Wissen und Bedeutung könnten „nicht übertragen werden [...], sondern müssen vom Gehirn des Lernenden konstruiert werden" (Roth 2004: 497).

Eine ähnliche Problematik ergibt sich durch die gewohnten Unterscheidungen des Gedächtnisses in unterschiedliche *Gedächtnissysteme*. Denn: In der psychologischen und neurobiologischen Forschung wird davon ausgegangen, „daß es nicht

295 Ausführlicher: „Es ist schwer vorstellbar, daß wir auf der Grundlage des Informationsbegriffes ein hinreichendes Verständnis dafür gewinnen können, was menschliches Bewußtsein und Gedächtnis ausmacht. Sich zu erinnern, sich etwas vorzustellen, etwas zu bewerten, etwas zu planen – all das setzt nicht Daten voraus, sondern Bedeutung. An dieser Stelle ist es unabdingbar, die neurowissenschaftliche Perspektive um eine sozialwissenschaftliche zu erweitern: Sobald man sich für Gedächtnisinhalte interessiert, befindet man sich in einer Konvergenzzone zwischen den Disziplinen. Bedeutungen werden nun aber nicht individuell entwickelt oder erworben, sondern in Prozessen sozialer Interaktion, im Zusammensein mit anderen, vermittelt." (Markowitsch/Welzer 2005: 35f)

nur einen einzigen Typ von Erinnerung gibt, sondern eine ganze Reihe verschiedener, die nach unterschiedlichen Logiken operieren und die unterschiedliche Funktionen erfüllen" (Welzer 2005a: 22). Daher wird in der neurobiologischen Gedächtnisforschung üblicherweise eine formale Unterteilung verschiedener Gedächtnisformen bzw. Gedächtnissysteme vorgenommen. Unterschieden werden die verschiedenen Gedächtnissysteme „hinsichtlich der Dimensionen Zeit, Inhalt und Prozess" (Brand/Markowitsch 2006a: 31). Dabei bezieht sich die Dimension Inhalt auf „die Art der Information" (Markowitsch/Welzer 2005: 137), die verarbeitet wird und die Dimension Prozess auf „die Hirnstrukturen, welche dieser Verarbeitung zu Grunde liegen" (ebd.). Besonders stark verbreitet ist die Einteilung von Tulving bzw. dessen modifizierte Version von Markowitsch, die ein Kurzzeitgedächtnissystem[296] und fünf Langzeitgedächtnissysteme unterscheiden. Da „sich die Inhalte des Langzeitgedächtnisses zum Teil hinsichtlich ihrer Qualität, ihrer Bildhaftigkeit und des emotionalen Bezugs stark unterscheiden" (Brand/Markowitsch 2006a: 32), wird davon ausgegangen, dass diese unabhängig voneinander arbeiten; unterschieden wird ein prozedurales Gedächtnis[297], ein Pri-

296 Rein zeitlich betreffe das Kurzzeitgedächtnis einen Zeitraum von ca. 20-40 Sekunden, in Ausnahmefällen auch bis zu wenigen Minuten, während die Langzeitgedächtnissysteme alle darüber hinausreichende Zeiträume betreffe (Markowitsch/Welzer 2005: 80). Im Kurzzeitgedächtnis würden „Gedächtniseinheiten bearbeitet, d.h. es findet z.B. ein Abgleich zwischen der aktuell aufgenommenen Information und Inhalten, die bereits im Langzeitgedächtnis gespeichert sind, statt" (Brand/Markowitsch 2006a: 32). Im Gegensatz zu allen Formen des Langzeitgedächtnisses sei „die Menge an Information, die hier gespeichert werden kann [...] begrenzt" (Markowitsch/Welzer 2005: 153) und ginge auch „sehr schnell wieder verloren, wenn sie nicht wiederholt und so in den Langzeitspeicher überführt" (ebd.) würde. Das Kurzzeitgedächtnis wird häufig auch als Arbeitsgedächtnis bezeichnet, wobei es viele verschiedene und konkurrierende Modelle des Arbeitsgedächtnisses gibt, die aus der kognitiven Psychologie stammen. So wird das Arbeitsgedächtnis teils als eine Sonderform des Kurzzeitgedächtnis thematisiert oder auch vom Kurzzeitgedächtnis nochmal eine Art Ultrakurzzeitgedächtnis unterschieden (Müller 2005: 57).

297 Das *prozedurale Gedächtnis* ist ein unbewusstes, auf Motorik und Routinehandlungen ausgerichtetes Gedächtnissystem, „bei dem es um den Erwerb von Fertigkeiten wie Fahrradfahren, Schwimmen, Skifahren, Klavierspielen geht" (Markowitsch/Welzer 2005: 80), weitere Beispiele sind „das Sprechen einer Sprache, das Einhalten grammatischer Regeln, die Fähigkeit, eine Unzahl von Zeichensystemen dechiffrieren zu können, Tischsitten einhalten zu können usw." (Welzer 2005a: 24f). Mit anderen Worten, zu ihm gehören auch alle Erinnerungen, „die die Grundsemantik unserer Alltags-

ming-Gedächtnis[298], ein perzeptuelles Gedächtnis[299], ein semantisches Gedächtnis[300] und ein episodisch-autobiographisches Gedächtnis[301]. Wie Blakemore und

orientierung bilden, ohne daß wir sie, wenn wir sie einmal gelernt haben, uns bewußt vergegenwärtigen müßten" (Welzer 2005a: 24).

298 Das *Priming-Gedächtnis* ist gekennzeichnet durch „eine bessere Wiedererkennensleistung von zuvor unbewusst Wahrgenommenem (gleichen oder verwandten Inhalts)" (Brand/Markotisch 2006a: 33). Einige Experimente weisen darauf hin, „daß unser Gehirn offensichtlich auch dann permanent Reizwahrnehmungen verarbeitet, wenn wir das überhaupt nicht bemerken: also in den Randbereichen unserer Aufmerksamkeit, aber auch in Zuständen von Bewußtlosigkeit, also im Schlaf oder in der Narkose" (Welzer 2005a: 27). So zeigte beispielsweise ein in der Gedächtnisforschung bekanntes Experiment, „dass sich die Genesungschancen von postoperativen Patienten meßbar verbessern, wenn ihnen während der Narkose erzählt wird, daß die Operation glänzend verlaufe und sie bald wieder gesund seien" (Welzer 2005a: 28).

299 Beim *perzeptuellen Gedächtnis* „geht es um das Erkennen von Reizen, die einem schon mal begegnet sind" (Welzer 2005a: 26); im Gegensatz zum Priming-Gedächtnis gilt das perzeptuelle Gedächtnis jedoch als ein bewusstes Gedächtnissystem bzw. es „nimmt eine Zwischenstufe zwischen den bewußten und unbewußten Formen des Gedächtnisses ein, da ein Wiedererkennen ja auch ein höchst absichtsvoller, also bewußter Vorgang sein kann" (ebd.) Hier geht es also „um das Kennen oder Identifizieren eines Objektes oder Individuums, ohne daß dieses identisch mit einem vorangegangenen sein muß" (Markowitsch/Welzer 2005: 82).

300 Das *semantische*, auch Wissenssystem oder Weltwissen genannte Gedächtnissystem „basiert auf dem Lernen von Fakten, die man kontextfrei – also ohne das Erinnern an den raum-zeitlichen Kontext, in dem man sie gelernt hat – wiedergeben kann" (Markowitsch/Welzer 2005: 83). Es bezieht sich auf „Wissensinhalte, wie man sie in der Schule gelernt hat oder wie sie in den beliebten Quizsendungen im Fernsehen abgefragt werden" (Welzer 2005a: 24)

301 Das *episodisch-autobiographische Gedächtnis* bildet sich aus der Gesamtheit aller „expliziten, intentionalen Akte des Erinnerns, bei denen man sich auch bewußt ist, daß man sich erinnert" (Welzer 2005a: 24), anders formuliert handelt es sich hier um „das aktive, bewußte Erinnern von Episoden; in der Regel biographische Episoden, die emotional gefärbt sind und die man kontextgebunden, also in einer Art mentaler Zeitreise, zurückverfolgt" (Markowitsch/Welzer 2005: 83). Das episodisch-autobiographische Gedächtnis „bildet die Basis dafür, daß einzelne Zuammenhänge aus unserer Vergangenheit und unserem biographischen Erleben als lebensgeschichtliche Episoden, als ‚meine' Vergangenheit konturiert werden können" (Welzer 2005a: 24). Das episodische Gedächtnis setzt dabei so etwas „wie eine Vorstellung von einem Selbst, von einem Ich" (Welzer 2005b: 49), mit anderen Worten ein Selbstkonzept voraus.

Frith (2005: 197) schreiben, basierten unterschiedliche Gedächtnissysteme „auf unterschiedlichen Systemen im Gehirn und entwickeln sich zu unterschiedlichen Zeitpunkten".[302] Welche neurowissenschaftlichen Befunde weisen jedoch auf die unterschiedlichen Gedächtnissysteme hin?

Versuche der eindeutigen *Lokalisierung des Gedächtnisses* im Gehirn schlugen fehl, vielmehr stellte man fest, dass das gesamte Nervensystem von den peripheren Nerven hin zur Großhirnrinde mit der Verarbeitung von Gedächtnis befasst ist (Müller 2005: 58). Jedoch wird davon ausgegangen, dass trotzdem „bestimmte Hirngebiete weit stärker als andere mit der Einspeicherung, der Ablagerung und dem Abruf von Information zu tun" (Markowitsch/Welzer 2005: 85) hätten, als andere. Forschungen an Patienten mit Gedächtnisschwund ergaben Hinweise darauf, dass das semantische Gedächtnis in engem Zusammenhang mit dem Hippocampus steht, während mit dem prozeduralen Gedächtnis vor allem die Region der Basalganglien verbunden werden. So konnten Patienten, die eine Schädigung des Hippocampus erlitten hatten, meist keine Erinnerungen an neue Ereignisse in ihrem Leben speichern, während sie zugleich noch fähig waren, neue prozedurale Fähigkeiten zu erlernen (Blakemore/Frith 2005: 202ff). Umgekehrt konnte man bei Menschen mit Parkinsonscher Krankheit, deren Basalganglien nicht mehr normal arbeiteten, beobachten, dass deren semantisches Gedächtnis weiterhin normal funktioniert, während sie nicht mehr dazu in der Lage sind prozedurale Fähigkeiten zu erlernen. „Dies wurde durch neuere Bildgebungsstudien bestätigt bei denen nachgewiesen wurde, dass beim Erlernen neuer Fakten der Hippocampus aktiv wurde, nicht aber die Basalganglien, und beim Erlernen neuer motorischer Fähigkeiten die Basalganglien, nicht aber der Hippocampus." (Blakemore/Frith

302 Bezogen auf die zeitliche Entwicklung wird davon ausgegangen, dass „anfänglich das prozedurale Gedächtnis die vorherrschende Gedächtnisform" (Markowitsch/Welzer 2005: 137) sei, jedoch entwickeln sich nahezu zeitgleich noch im Säuglingsalter das Priming-Gedächtnis und das perzeptuelle Gedächtnis. Semantisches und episodisches Gedächtnis würden sich zuletzt entwickeln, „wobei das episodische Gedächtnis einer stark verzögerten Entwicklung folgt und erst lange nach allen anderen Gedächtnisformen entsteht" (ebd.). Zwar gibt es erste „Anzeichen autobiographischen Erinnerns – die Verwendung von Personalpronomen und ein erstes Selbst-Erkennen im Spiegel – […] schon in einem Lebensalter von etwa zwei Jahren; der eigentliche Beginn des autobiographischen Gedächtnisses liegt aber irgendwo zwischen drei und fünf Jahren, in jenem Alter also, aus dem unsere frühesten Kindheitserinnerungen stammen" (Markowitsch/Welzer 2005: 14). Diese Überlegungen bezüglich der ontogenetischen Entwicklung der Gedächtnissysteme, stammen jedoch mehr aus Ergebnissen der entwicklungspsychologischen, experimentellen Säuglingsforschung denn aus neurowissenschaftlichen Studien.

2005: 204). Neben den Basalganglien vermutet man auch Teile des Kleinhirns und der prämotorischen Hirnrinde für das prozedurale Gedächtnis verantwortlich. „Für Priming wie auch für das perzeptuelle Gedächtnis werden andererseits wohl hauptsächlich Rindenbereiche im hinteren Hirnbereich aktiviert, sowohl solche, die für Information nur einer Modalität (z. B. Sehen) zuständig sind, als auch solche, die polysensorische oder assoziative Funktionen haben“ (Markowitsch/Welzer 2005: 87). Damit scheinen neurowissenschaftliche Befunde jedoch bloß auf einen Unterschied zwischen expliziten und impliziten Gedächtnis hinzuweisen, sechs unabhängig voneinander arbeitende Gedächtnissysteme können jedoch nicht aus den neurowissenschaftlichen Befunden abgeleitet werden. Vielmehr sind die Gedächtnissysteme theoretische Konstrukte, was jedoch gern unterschlagen bzw. mit pauschalen Hinweisen auf eine neurobiologische Fundierung vertuscht wird.[303]

Worauf die neurowissenschaftlichen Forschungen insgesamt verweisen, ist, dass *implizite Lernprozesse* eine qualitativ und quantitativ stärkere Rolle spielen, als ihnen bislang zumeist zugeschrieben wurde. Auf die zentrale Bedeutung des impliziten Lernens verweisen vor allem die Erkenntnisse der Hirnforschung über die sogenannte ‚erfahrungsbedingte Hirnentwicklung‘ sowie die damit einhergehende ‚Neuroplastizität‘. Bewusst, darin sind sich wohl fast alle Neurowissenschaftler einig, wird uns nur ein ‚Bruchteil‘ der im Nervensystem ablaufenden neuronalen Prozesse (Singer 2007: 48).[304] Dies bedeutet aber zugleich, „daß wir in der Regel weit mehr wissen, als wir zu wissen meinen“ (Markowitsch/Wel-

303 An dieser Stelle ist Spitzer zuzustimmen: „‚Wie kriege ich das von meinem Kurzzeitgedächtnis in mein Langzeitgedächtnis?‘, hat sich so mancher Lernende schon gefragt. Aber auch diese Frage ist, wie die nach dem richtigen Trichter, falsch gestellt. Die drei Gedächtnisse, die Kästen, gibt es im Kopf nicht. Sie sind nichts als handliche Abstraktionen, wie etwa auch der Mannschaftsgeist auf dem Fußballfeld. Man kann über ihn reden, aber wer fragt, wo er denn gerade spiele, der hat ganz grundlegend nicht begriffen, worum es geht. Und wer gewinnen will, indem er den Mannschaftsgeist zum Mittelstürmer macht, der hat schon verloren. – Sie lachen? Wenn es an das Lernen geht, sind unsere Überlegungen mindestens so lächerlich!“ (Spitzer 2002: 5)

304 Das Unbewusste, von dem die Neurowissenschaften sprechen, ist jedoch „dem psychoanalytischen Konzept vom Unbewußten insofern geradezu entgegengesetzt [...], als es hier nicht um unsere tiefsten Erfahrungsschichten und Konflikte geht, sondern ganz im Gegenteil um oberflächliche, alltägliche Wahrnehmungs-, Verstehens- und Handlungsprozesse“ (Welzer 2005a: 29); zudem löst aus Sicht der Neurowissenschaften das Bewusstsein das Unbewusste in der Rolle des zu erklärenden Mysteriums ab. Das Unbewusste von dem hier gesprochen wird, gleicht gewissermaßen dem lacanschen Unbewussten mehr als dem freudschen.

zer 2005: 84). Daher spricht man sowohl in der neurobiologischen Gedächtnisforschung als auch in anderen Diszplinen von einem ‚impliziten Wissen' (siehe dazu ausführlicher II.2.1). Damit wird der Tatsache Rechnung getragen, dass ein Großteil dessen, was Menschen gelernt haben – ein Großteils ihres Könnens, ihrer Fähigkeiten und Kompetenzen – nicht sprachlich explizierbar ist und unbewusst, routinemäßig bzw. automatisiert abläuft.[305]

I.4.6 ANALYSE DES ZUSAMMENHANGS VON SUBJEKT- UND LERNVERSTÄNDNIS IN DEN NEUROWISSENSCHAFTEN

Die Veräußerung des Innen und der ‚Hirntod des Subjekts'

„Das Gehirn ist in Mode, der Mensch ins Gerede gekommen" – so fasst Könneker (2007: 11) präzise die aktuelle Stimmungslage in der Debatte um die Neurowissenschaften und das menschliche Subjekt zusammen.[306] Dies hängt jedoch nicht nur mit einem kurzfristigen Trend zusammen, sondern muss in den Rah-

305 Hierzu Welzer (2005a: 50f): „So komplex die Abläufe sind, die sie in die Lage versetzen, ein Auto durch eine Großstadt zu bewegen oder die Goldberg-Variationen zu spielen – sie setzen eine Routinisierung voraus. Routinemäßige Abläufe haben etwas mit Erfahrung, Lernen und Erinnern zu tun – aber eben so, daß es gar nicht notwendig ist, sich an das Erlernte zu erinnern, um es anzuwenden. Genaugenommen erinnern sie sich im Tun gar nicht daran, daß sie sich erinnern. Die Gedächtnisforschung hat [...] hierfür den Begriff ‚implizites Gedächtnis' geprägt und bezeichnet damit all jene Aspekte unseres ‚prozeduralen' Wissens, unserer erlernten Fähigkeiten, deren Ausführung uns so selbstverständlich geworden ist, daß uns gar nicht mehr bewußt ist, wie die entsprechende Handlung abzulaufen hat und welche komplizierten Abstimmungen und mühsamen Übungen dafür nötig waren, den nun selbstverständlichen Ablauf sicher beherrschen zu lernen. Mehr noch: Bei vielen Vorgängen, die mit implizitem Erinnern zu tun haben (wie zum Beispiel beim Autofahren), wäre es höchst unpraktisch, sich bei der Ausführung zu vergegenwärtigen, was man als erstes, zweites, drittes zu tun hat – daran erkennt man den Anfänger, der sich konzentriert dessen bewußt ist, daß er bei einer Steigung vom dritten in den zweiten Gang zurückschalten muß, was er nach 15000 Kilometern Fahrpraxis längst vergessen hat. Er macht es jetzt ganz einfach, wie automatisch."

306 Die mittlerweile ausgiebig geführt wird, wie sich in den vermehrten Publikationen zeigt, die das Verhältnis von Hirnforschung und menschlicher Subjektivität dezidiert diskutieren (wenn auch oft bezüglich der Debatte um die menschliche Willensfreiheit): Fürst/Gombocz/Hiebaum 2009; Fuchs/Vogeley/Heinze 2007; Fuchs 2008; Glasmeyer

men eines viel breiteren und älteren Problemhorizontes eingeordnet werden. So haben die *Logik des kartesischen Dualismus* und die Etablierung der modernen Wissenschaft, die auf dieser Logik aufbaut, zu einem tiefen kulturellen Riss und der Schaffung zweier entgegengesetzter Welten in der westlichen Kultur geführt. Während auf dem Boden der ,res extensa' die Welt der Natur entstand, die die moderne (Natur-)Wissenschaft zu erklären, ,entzaubern' und kontrollieren suchte, entwickelte sich die ,res cogitans' zum modernen Subjekt, das einerseits als neutraler Beobachter Agens der Wissenschaft und deren Agenda wurde, sich andererseits zum Besitzer eines beseelten und damit nach wie vor ,verzauberten' Innenraums entwickelte. Diese Beseelung und Verzauberung der inneren Welt ist komplementär zur Entzauberung, Erforschung und Eroberung der äußeren Welt, die der Logik des, seiner ,Natur' nach reduktionistischen, naturwissenschaftlichen Programms entstammt. Dieses

> „zielt auf eine Konzeption der Natur, aus der alle qualitativen, ganzheitlichen, also nicht einzeln-zählbaren Bestimmungen als bloß subjektive oder anthropomorphe Zutaten eliminiert sind. Diesem Ziel dient die Zerlegung ursprünglich lebensweltlicher Erfahrungen in eine physikalisch-quantitative und eine subjektiv-qualitative Komponente: Die eine wird der experimentellen Erforschung und Erklärung zugänglich, die andere in eine subjektive Innenwelt verlegt" (Fuchs 2008: 18).

Die so entstandenen schizoiden Wahrnehmungs-, Denk- und Handlungsschemata einer im Dualismus gefangenen westlichen Kultur[307] – fortschreitende Entzauberung der äußeren Welt, bei gleichzeitiger Beseelung der inneren – werden nun von der Gehirnforschung angegriffen, stellt diese doch eine „teuflisch attraktive Inversion des Sakralen, des für heilig Gehaltenen" (Krüger 2007a: 64) dar, denn „sie behandelt ausgerechnet das Innere als Äußeres und provoziert so in dieser Kultur die Gefahr, dass womöglich der letzte Rückzugsposten des Selbstseins im Inneren auch noch veräußert werde" (ebd.). Anders gesagt:

2004; Krüger 2007c; Krüger 2010; Morasch 2007; Rager/Quitterer/Runggaldier 2002; Wenke 2008.

307 Hierzu Rager u.a. (2002): „Immer mehr Menschen leben folglich in zwei Welten, die kaum etwas miteinander zu tun haben: In der einen Welt fühlen sie sich als Kulturwesen und behandeln sich gegenseitig als Personen, die frei sind und Verantwortung für ihre Handlungen tragen. In der anderen Welt fühlen sie sich als Wesen, natürlichen Prozessen unterworfen, die technisch manipuliert und wissenschaftlich erklärt werden können."

„Mit der Neurobiologie als neuer Leitwissenschaft gelangt dieses Programm [der Naturwissenschaft] nun an einen entscheidenden Punkt. Es begnügt sich nicht mehr mit der Reinigung der Natur durch Verschiebung von Qualitäten in das Subjekt. Auch das subjektive Erleben, das Bewusstsein selbst soll nun naturalisiert, auf physikalische Prozesse zurückgeführt werden. Gelänge die materialistische Aufklärung der Hirnfunktionen, dann wäre gleichsam die letzte Zitadelle des Subjektiven und Qualitativen in der physikalischen Wüste geschleift, die der Reduktionismus hinterlassen hat. Die ‚Entanthropomorphisierung' der Natur geht über in die Naturalisierung des Menschen." (Fuchs 2008: 19)

Die Zuspitzung des Verinnerlichungsprozesses führt also zu einer *Veräußerung des Inneren*, deren logische Folgerung der *„Hirntod des Subjekts"* (Künkler 2008a) ist; denn „wird durch die neuen Methoden, invasive und noninvasive, [das ‚Innen'] darstellbar als Materie, Physikalisches und Physisches" (Krüger 2007b: 432), dann löst sich Subjektivität in neuronalen Vorgängen auf.[308] „Die vollstän-

308 Dies sei noch einmal in der Logik und Semantik des neuronalen Primates ausgedrückt. Singer (2007: 42) schreibt: „Wir begreifen uns also als beseelte Wesen, die an einer immateriellen, geistigen Sphäre teilhaben, deren Erscheinungen nur der subjektiven Erfahrung zugänglich sind. Zugleich aber, und hier tritt der Konflikt auf, wissen wir uns mit der gleichen Gewissheit als der materiellen Welt zugehörig. Wir rechnen uns zu den Organismen, die ihr In-der-Welt-Sein einem kontinuierlichen evolutionären Prozess verdanken. Dabei erscheinen uns alle Komponenten dieses Prozesses und die zu Grunde liegenden Selbstorganisationsmechanismen als der dinglichen Welt zugehörig, als Naturphänomene, die sich aus der Dritten-Person-Perspektive, also aus der Perspektive eines Beobachters, objektivieren und beschreiben lassen [...]. Wir gehen davon aus, dass es im Prinzip möglich ist, all diese Phänomene im Rahmen naturwissenschaftlicher Beschreibungssysteme fassen und erklären zu können. Zu diesen, von der Position eines Beobachters aus beschreibbaren Eigenschaften von Organismen gehört auch deren Verhalten. Wie sich feststellen lässt, ist dieses durch die Organisation des Organismus und insbesondere durch sein Nervensystem determiniert." (Singer 2007: 41) Und weiter: „Die zunehmende Verfeinerung neurobiologischer Messverfahren hat nunmehr die Möglichkeit eröffnet, auch die neuronalen Mechanismen zu analysieren, die höheren kognitiven Leistungen komplexer Gehirne zu Grunde liegen. Somit werden auch diese, oft als psychisch bezeichneten Phänomene zu objektivierbaren Verhaltensleistungen, die aus der Dritten-Person-Perspektive untersucht und beschrieben werden können. Zu diesen mit naturwissenschaftlichen Methoden untersuchbaren Leistungen zählen inzwischen auch solche, die uns bereits aus der Ersten-Person-Perspektive vertraut sind. Darunter fallen Wahrnehmen, Vorstellen, Erinnern und Vergessen, Bewerten, Planen und Entscheiden, und schließlich die Fähigkeit, Emotionen zu haben. Alle diese Verhaltensmanifestationen lassen sich operationalisieren, aus der

dige Objektivität des Ich bildet sein Verschwinden“ (Schulte 2001: 212); anders gesagt: das Ich stirbt in dem Moment, in dem es von der Hirnforschung ‚dingfest gemacht‘ wird.[309] Die ‚Erste-Person-Perspektive‘ löst sich somit in der ‚Dritte-Person-Perspektive‘ auf bzw. entsteht als epiphänomenale Dunstwolke aus dieser. „Am Ende dieses Eliminations- und Reduktionsprozesses ist das Selbst etwas anderes, als wir bislang meinten. Es wird zu einer Illusion oder zu einem hochkomplexen neuronalen Netzwerk, welches als Netzwerk repräsentiert, was wir unter unserem Selbst verstehen.“ (Rager 2002: 16) Denn: “Die in unserem Rücken agierende neuronale Maschinerie erzeugt nur den Schein eines dauerhaften Selbst.“ (Fuchs 2008: 17) Auf den Punkt gebracht:

> „Sie, Ihre Freuden und Leiden, Ihre Erinnerungen, Ihre Ziele, Ihr Sinn für Ihre eigene Identität und Willensfreiheit – bei alldem handelt es sich in Wirklichkeit nur um das Verhalten einer riesigen Ansammlung von Nervenzellen und dazugehörigen Molekülen. Lewis Carrols Alice aus dem Wunderland hätte es vielleicht so gesagt: ‚Sie sind nichts weiter als ein Haufen Neuronen.‘“ (Crick 1997: 17)

Die Wiederbelebung des Subjekts als Hirn

Da ein restlos konsequent betriebener eliminativer Reduktionismus an der (dualistischen) ‚Mauer in den Köpfen‘ und der lebensweltlichen Evidenz der Ersten-Person-Perspektive scheitern würde, wird das ‚hirntote Subjekt‘ klammheimlich wiederbelebt, indem das Hirn selbst zum Subjekt inauguriert wird. So kommt in den Schriften der Neurowissenschaftler „das Gehirn nicht nur als das grammatikalisch unvermeidliche Subjekt von Sätzen des Spezialdiskurses der Hirnforschung vor“ (Krüger 2007c: 10), sondern tritt „auch an die Stelle […], die Personen oder Subjekte im philosophischen, allgemein-öffentlichen, juristischen und lebensweltlichen Verständnis spielen“ (ebd.).[310] So wird beispielsweise in der

---

Dritten-Person-Perspektive heraus objektivieren und im Sinne kausaler Verursachung auf neuronale Prozesse zurückführen.“ (Singer 2007: 42)

309 Das Ich wird zu einem Endprodukt komplexer neuronaler Prozesse: „Wir sehen, dass ein einzelnes Neuron bereits ein sehr komplexes System der Erregungsverarbeitung ist. Was Tausende, gar Millionen oder Milliarden von verschalteten Neuronen zusammen leisten, davon haben wir keinerlei Detailkenntnisse; wir kennen nur deren ‚Endprodukte„ z. B. uns als bewusstes Ich.“ (Roth 2003: 123)

310 Zwar weist Krüger (2007a: 69) darauf hin, dass dies „nur in einer starken, nicht aber schwachen Lesart zu einem naturalistischen Fehlschluss“ führt, doch die Kriterien für eine ‚schwache Lesart‘ werden nicht deutlich. Krüger zögert, zumindest Singer und

Argumentation bei Gerhard Roth (2003) bis in den Untertitel – „Wie das Gehirn unser Verhalten steuert" – hinein „das Gehirn zu dem Subjekt der Verhaltenssteuerung" (Krüger 2007a: 73); er projiziert damit „den emotional engagierten Teilnehmer ins Gehirn" (Krüger 2007b: 434). Ähnliche hermeneutische Konfusionen herrschen auch, ebenfalls bereits im Titel – „Der Beobachter im Gehirn" –, bei Wolf Singer (2002a), der laut Krüger an „einer enormen hermeneutischen Zärtlichkeit für seinen Gegenstand" leide und „Unterscheidungen, die in der soziokulturellen Praktik vorkommen […] in die selbstreferenzielle Funktionsweise des Gehirnes" (Krüger 2007a: 84) projiziere. Dem Gehirn werden all jene Attribute, Eigenschaften, Tätigkeiten und Leistungen zugesprochen, die ehedem das Subjekt ausmachten. Um nur einige Beispiele zu nennen: Bei Singer sind Gehirne dazu in der Lage zu interpretieren[311], bei Spitzer können sie gar aufmerksam oder motiviert sein, Freude oder Angst empfinden, Entscheidungen treffen und sich dabei auch noch unsicher sein sowie Fehler machen[312] und bei Brand und Markowitsch ist es eigentlich gleichgültig, ob wir oder unsere Nervenzellen aktiv werden[313]. Auch Nicole Becker beobachtet „in den jüngsten Rezeptionsversuchen […] eine bedenkliche ‚Zerebralisierung' des pädagogischen Diskurses […]: Hier sind es nicht mehr Menschen, die denken und lernen, sondern Gehirne" (Becker 2006a: 213). Und Käte Meyer-Drawe (2008a: 162) formuliert: „Das menschliche Gehirn ist […] zum absoluten Souverän avanciert. Nicht mehr das autonome Subjekt ist das Zentrum, um das alles kreist, sondern das Gehirn, das denkt, kommuniziert, bewertet, entscheidet, interpretiert und lernt." Anders gesagt: „Ihm wird die Anerkennung, aber auch die Bürde zuteil, die das traditionelle moderne Subjekt trug. Es scheint allem zugrunde zu liegen. Es lernt, es kommuniziert, es entscheidet, es

---

Roth – mit denen er sich intensiv auseinandersetzt – einen naturalistischen Vorwurf zu machen, wohl vor allem deshalb, weil beide davon ausgehen, dass sich im Hirn nicht nur Repräsentation, sondern auch Metarepräsentationen bilden. Diese können und wollen das Subjekt zwar nicht ersetzen, gehen jedoch über einen ‚primitiven' Naturalismus hinaus. Vgl. zu dieser komplexen Problematik, auf die ausführlich darzustellen hier verzichtet werden muss: Niewels 2004: 99f; Rager 2002: 39f; Singer 2000: 197ff; Singer 2007: 46f; Krüger 2010.

311 „Gehirne nutzen […] Vorwissen, um Sinnessignale zu interpretieren und in größere Zusammenhänge einzuordnen." (Singer 2007: 40)

312 „Und das Gehirn lässt sich beobachten, wenn es aufmerksam ist oder nicht, motiviert oder unmotiviert, wenn es Freude oder Angst empfindet, wenn es sich bei einer Entscheidung sicher ist oder unsicher, wenn es die Dinge im Griff hat oder nicht, wenn alles klappt oder wenn es einen Fehler macht." (Spitzer 2002: 139)

313 „Wollen wir Informationen längerfristig abspeichern, müssen wir – bzw. unsere Nervenzellen – aktiv werden." (Brand/Markowitsch 2006b: 22)

beobachtet, es bestimmt, es organisiert – vor allem sich selbst." (Meyer-Drawe 2008a: 71)

Die Häufigkeit und die Konsequenz, mit der das *Hirn als Subjekt* beschrieben wird, weist somit darauf hin, dass es sich hier um mehr als eine grammatikalische Verlegenheit handelt.

„Dieser Sprachgebrauch ist keineswegs nur bildlich oder metaphorisch gemeint, wie die Verteidigung oft lautet – im Gegenteil: Gerade eine erfolgreiche Naturalisierung erfordert es, in die Beschreibung subpersonaler Prozesse intentionales Vokabular einzuschleusen. Denn was ließe sich vom Menschen schon erklären, wenn man nur monotone elektrochemische Vorgänge an seinen Neuronenmembranen beschreiben würde? Die Zerlegung des lebendigen Ganzen in Mikroprozesse muss also wenigstens verbal rückgängig gemacht werden, um die Ebene von Wahrnehmungen, Motiven und Handlungen wieder zu erreichen. Die Neurowissenschaften versuchen daher, eine ‚hybride' Zwischenebene einzuziehen, die physikalische und intentionale Beschreibungen vermischt und so gewissermaßen dem Gehirn Personalität implantiert." (Fuchs 2008: 66)

Diese Personalisierung des Gehirns ist jedoch ein Kategorienfehler, da einem Teil des Organismus – dem Gehirn – Eigenschaften und Tätigkeiten zugeschrieben werden, die nur dem Menschen als ganzem zukommen. Bennett u.a. (2003) nennen dies den *mereologischen Fehlschluss*.[314] Darauf könnte ein fiktiver Gegner

314 ‚Mereologie' bezeichnet das Verhältnis von Teil und Ganzem (griech. meros = Teil). Wird das Gehirn, das einen wichtigen Teil des Menschen, aber nicht den Menschen in toto ausmacht, zum Subjekt gemacht, wird – streng genommen – ein doppelter mereologischer Fehlschluss begangen. So wird nicht nur der Mensch auf seine materielle, physische Dimension reduziert, sondern der ganze Organismus des Menschen auch noch auf das Gehirn, das zentrale Nervensystem. Letzteres scheint eine Annahme der Neurowissenschaften zu sein, die nur selten problematisiert wird. Auf ein anderes Verständnis weist Gerald Hüther hin. Er schreibt: „So ist in den letzten Jahren deutlich geworden, wie eng und untrennbar das Gehirn und der Körper miteinander verbunden und voneinander abhängig sind und wie sich beide wechselseitig auf allen Ebenen beeinflussen. Gehirn und Körper bilden eine untrennbare Einheit und jeder Versuch, das eine zu beschreiben, ohne das andere einzubeziehen, muß daher als unzulässige Reduktion betrachtet werden." (Hüther 2007: 168f) Darüber hinaus hat die neue Disziplin der Psychoneuroimmunologie eine umfassende Perspektive auf die komplexen organischen Vorgänge des denkenden und fühlenden Menschen entwickelt. Dabei zeigt sie auf, „in welchem Ausmaß also ein komplexes Interaktionsmilieu von Gehirnaktivität, gesamtleiblicher Verfasstheit und psychischer Disposition erst dasjenige formiert, was wir dann die ‚Immunkraft des Körpers' nennen" (Rittelmeyer 2002: 131). Gegen die

entgegnen: „Gut, man ist zwar nicht sein Gehirn, aber das Gehirn ist es doch, was einen ausmacht.“ (Kemmerling 2000: 226) Schließlich hätten zahlreiche Fälle gezeigt, dass Verletzungen am Gehirn Veränderungen der Person nach sich ziehen. „Und das ist doch ein Hinweis darauf, daß das Gehirn die Person ausmacht.“ (Kemmerling 2000: 227) Jedoch sollte man nicht nur die Begriffe Person und Persönlichkeit, „die zwar miteinander zusammenhängen, aber unterschiedlich sind“ (ebd.), auseinanderhalten, wie Kemmerling zu Recht argumentiert, sondern auch bedenken, dass das Gehirn zwar „ein konstitutiver Teil von mir [ist], doch es ist nicht mit mir identisch“ (Pauen 2007: 186). Anders gesagt: „Nun, gewiss bestreitet niemand, dass das Gehirn inniger mit der Subjektivität und Personalität eines Menschen verknüpft ist als etwa seine Hand oder seine Milz – ohne diese wäre er immer noch die gleiche Person wie zuvor. [...] Doch können wir deshalb eine Person mit ihrem Gehirn identifizieren?“ (Fuchs 2008: 14) Die klare Antwort lautet: Nein. Wie Kemmerling (2004: 224) pointiert schreibt:

„Ich bin nicht mein Hirn, denn ich habe jede Menge Eigenschaften, die meinem Hirn nicht zukommen. Ich bin etwa 1,80m groß, 80 kg schwer, deutsch, verheiratet; mein Gehirn hat eine andere Größe, ein anderes Gewicht, hat keine Nationalität und ist weder verheiratet noch ledig. Wenn ich jedoch auch nur eine einzige Eigenschaft habe, die mein Gehirn nicht hat, dann bin ich nicht mein Gehirn. Ich wiege 80 kg, mein Gehirn wiegt nicht 80 kg; also bin ich nicht mein Gehirn.“

Reduktion des Organismus auf das Zentrale Nervensystem (ZNS) spricht auch das sogenannte ‚Bauchhirn‘, das seit ca. einhundert Jahren von der Neurogastroentrologie erforscht wird und durch die Forschungen des Neurowissenschaftlers Michael Gershon in jüngerer Zeit etwas bekannter gemacht wurde. So existiert in unseren Eingeweiden eine Art zweites Gehirn, das in Punkto Zelltypen, Wirkstoffe und Rezeptoren dem ZNS gleicht und immerhin ca. 100 Millionen Nervenzellen enthält. Dabei weisen die Forschungen von Gershon darauf hin, dass psychische Prozesse und das vom Bauchhirn kontrollierte komplexe Verdauungssystem des Menschen sehr viel enger miteinander gekoppelt sind, als man bislang annahm. „Eigentlich eine Sensation, war doch für damalige Wissenschaftler das Gehirn der uneingeschränkte König über den gesamten Körper. [...] Je tiefer im Verdauungstrakt, umso schwächer die Herrschaft des Kopfhirns. Mund, Teile der Speiseröhre und Magen lassen sich temporär noch etwas von oben sagen. Doch hinter dem Magenausgang übernimmt ein anderes Organ die Regie: Was wann wo dort passiert, entscheidet das Bauchhirn. [...] Das zweite Gehirn hat alles, was ein integratives Nervensystem braucht.“ (Luczak 2000) Besonderes Aufsehen erregte der noch recht junge Befund, „dass weitaus mehr Nervenstränge vom Bauch in das Gehirn führen als umgekehrt: 90 Prozent der Verbindungen verlaufen von unten nach oben“ (ebd.).

Der entscheidende Fehler beim mereologischen Fehlschluss entsteht aus einem immer noch latent wirkenden kartesischen Dualismus, da der Mensch nicht als Ganzes betrachtet wird, sondern als eine Substanz, Entität oder Instanz angenommen wird, die die Seele und ‚res cogitans' beerbt und ‚den Menschen ausmacht'. Ehemals war dies das autonome Subjekt, das nun naturalisiert und zu .dem Gehirn' wird. Stellt man daher die „Frage nach der *Instanz* im menschlichen Organismus, die letztlich sinnhaft handelt und kommuniziert" (Reichertz 2006: 7), dann hat man bereits einen mereologischen Fehlschluss begangen. Letztlich gilt: „Nur ein sehr reduzierter Blick kann die Persönlichkeit des Menschen mit seinem Gehirn gleichsetzen. Dieser Blick ratifiziert eine rationalistische Tradition und übertüncht unsere Ratlosigkeit im Hinblick darauf, was Person heißt" (Meyer-Drawe 1996a: 81).

Der Zusammenhang von Subjekt- und Lernverständnis

Wie das Subjektverständnis bleibt somit auch das Lernverständnis der Neurowissenschaften letztlich im Dualismus gefangen, unter anderem, indem der materialistische Monismus der Neurowissenschaften wiederum den Dualismus nur reduziert bzw. halbiert – also Resultat einer Subtraktion innerhalb der dualistischen Formel ‚Mensch = Körper + Geist' ist –, den Dualismus aber nicht überwindet.[315] Lernen wird daher als rein materialistischer Prozess bzw. als neuronales Geschehen betrachtet. Dies bedeutet *erstens*, dass Lernen auch hier als determinierter, fremdbestimmter Prozess betrachtet wird. Veränderungen im Verhalten werden unter dem neuronalen Primat als durch neuronale Prozesse verursacht angesehen. Indem jedoch das Hirn zum Subjekt erkoren wird, wird suggeriert, es gäbe doch so etwas wie eine Entscheidungs- und Handlungsinstanz auch bezüglich des Lernens. Nun entscheiden also nicht mehr wir, sondern unser Hirn, ob und was gelernt wird. *Zweitens* kann, indem „die Neuro- bzw. Biowissenschaften Lernen durch Rückführung auf ein materielles Substrat zu erklären suchen" (Göhlich/Zirfas 2007: 12), Lernen „mit ihnen nur als sinnloses Geschehen" (ebd.) beschrieben werden. „Der Sinn des Geschehens wird ausgeblendet." (ebd.) Auch Plöger (2009: 3) konstatiert: „Hinsichtlich dessen, was Lernen eigentlich ausmacht,

315 Unter anderem, weil, wie im Abschnitt zuvor gezeigt wurde, bereits die Identifizierung des Subjekts mit einer autonomen Instanz, die in den Neurowissenschaften durch die Inthronisierung des Gehirns als Nachfolger des autonomen, souveränen Subjekts geschieht, Folge des Dualismus ist und diesen damit in gewissem Sinne fortschreibt. Daher konstatiert Käte Meyer-Drawe (1996a: 84) zu Recht: „Die Entwicklungen der Hirnforschung lösen das Leib-Seele-Problem nicht, sie verschärfen es."

bleibt sie [die Hirnforschung] jedoch sprachlos, denn sie kann uns nicht sagen, wie der Ablauf neuronaler Prozesse Neues entstehen lässt, neue Sinnstrukturen, neue Deutungsmuster und Perspektiven, die inhaltlich-spezifisch geprägt sind.“ (ebd.) Und Meyer-Drawe (2008a: 209) formuliert: „Zwar kann man mit bildgebenden Verfahren Hirnaktivitäten demonstrieren, die bestimmte Formen des Lernens herleiten. Allerdings führt keine Brücke von syntaktischen Strukturen zu semantischen Feldern.“ Aus der Materialisierung des Lernens ergibt sich somit die Sprachlosigkeit der Neurowissenschaften hinsichtlich der Ebene von Sinn, Semantik, Inhalt und Bedeutung. Dies zeigt sich bereits darin, dass die Neurowissenschaften Lernen sehr allgemein, abstrakt und formalistisch definieren, als neuronalen Veränderungsprozess. Zudem kann nicht überzeugend bestimmt werden, welche neuronalen Veränderungen überhaupt als Lernen bezeichnet werden können und so zeigte sich die neurowissenschaftliche Lernforschung auf außerdisziplinäre – zumeist kognitivistische, aber auch behavioristische und konstruktivistische – Heuristiken des Lernens angewiesen.

Durch die *Materialisierung des Lernens* und das Primat des Neuronalen, das dazu führt, dass die Phänomene der Ersten-Person-Perspektive als reine Epiphänomene betrachtet werden, wird auch in den Neurowissenschaften der Vollzug des Lernens ausgeblendet. Dies ändert sich auch nicht durch die Inthronisierung des Gehirns als Subjekt des Lernens. Denn im Gegensatz zu den Phänomenen der Ersten-Person-Perspektive, die uns zwar einerseits konstitutiv entzogen, andererseits jedoch vertraut sind, ist uns unser Gehirn vollkommen fremd. „Es meldet sich nicht einmal mit Schmerzen, wenn es erschüttert wurde.“ (Meyer-Drawe 2008a: 71) Grundsätzlicher formuliert: „Ich erfahre die physikalischen, chemischen und biologischen Vorgänge des Gehirns nicht.“ (Meyer-Drawe 2008a: 211) Denn: „Mein Gehirn ist mir fremd, meine Freude und meine Qual sind es nicht.“ (ebd.) Somit bleibt leztlich immer „ein Abgrund zwischen hirnbiologischen Dynamiken und mentalen Erlebnissen“ (ebd.), den die Neurowissenschaften in ihrem Subjekt- und Lernverständnis außer Acht lassen, da sie ihn nicht überbrücken können.

Betrachtet man, wie angesichts der Materialisierung des Lernens Sinn und Bedeutung, die Inhalte des Lernens sowie der Vollzug des Lernens ausgeblendet werden, so stellt sich die Frage, ob nicht Göhlich und Zirfas (2007: 12) Recht haben, wenn sie folgern: „Was die Neurowissenschaft als Lernen bezeichnet, ist also gerade nicht das, was die Pädagogik als menschliches Lernen interessiert und zu verstehen sucht.“ Zwar verweisen die Neurowissenschaften völlig zu Recht darauf, dass Lernen kein Prozess ist, der in einer welt- und leiblosen geistigen Sphäre abläuft, sondern auch ein materieller Prozess ist, jedoch kann Lernen nicht oder eben nur zum Preis eines reduktionistischen Verständnisses auf die materielle bzw. neuronale Ebene reduziert werden. Somit ist Meyer-Drawe (2008a: 99) zuzustimmen, die konzise formuliert: „Lernen ist auch durch neuronale Ordnungen bestimmt, aber es geht nicht darin auf."

Das Subjekt- und Lernverständnis der Neurowissenschaften bleibt jedoch nicht nur einem dualistischen, sondern auch einem *individualtheoretischen Verständnis* verhaftet. Schon methodisch gerät „in ihren Untersuchungen immer nur das einzelne Gehirn in den Blick" (Welzer 2005b: 54). „Die neurowissenschaftliche Theoriebildung ist daher strikt individualistisch" (Markowitsch/Welzer 2006: 38). Somit ist es immer das *einzelne* Gehirn, das lernt, bzw. Vorgänge auf der neuronalen Ebene *eines* Gehirns, die Lernprozesse verursachen. Welche Rolle andere für das Lernen haben bzw. wie sich spezifisch das Geschehen zwischen Menschen auf das Lernen auswirkt, kann neurowissenschaftlich nicht beschrieben werden. Auch hier gilt vor allem eine methodische Beschränkung, auf die das bereits eingangs verwendete Zitat von Peter Hobson (2003: 23) verweist, der formuliert: „Was zwischen Menschen vor sich geht, werden wir mit Computertomographien niemals erfassen können." Wie sich zeigen wird, könnte das Gehirn sich jedoch als Achillesferse nicht nur des naturwissenschaftlichen Weltbildes, sondern auch eines individualtheoretischen Subjekt- und Lernverständnisses erweisen.

Das Gehirn – die Achillesferse des naturwissenschaftlichen Weltbildes?

Dass mit der Veräußerlichung des Innen durch die Neurowissenschaften und dem darauf erfolgenden ‚Hirntod‘ des Subjekts dessen Wiederbelebung als Gehirn erfolgt, verweist darauf, dass „sich gerade an diesem scheinbar letzten Refugium der Subjektivität die Fronten überraschend umkehren, und [...] sich herausstellen [könnte], dass das Gehirn in Wahrheit die Achillesferse des naturwissenschaftlichen Weltbildes darstellt" (Fuchs 2008: 20).[316] Warum dies? Mindestens drei Gründe sind anzuführen.

Erstens mündet der in der Geschichte der modernen Wissenschaft bislang so erfolgreiche Weg der schrittweisen Elimination des Subjektiven von den Phänomenen mit dem ‚Hirntod des Subjekts‘ in eine Sackgasse. „Denn es gibt dann keinen Raum mehr, in den sie noch verschoben werden könnte." (ebd.) Wie eine ‚Jack-in-the-box‘-Figur taucht daher das Subjekt auf neuronaler Ebene als Gehirn

316 Ähnlich sieht Habermas im Streit um die Willensfreiheit des Menschen die Debatte um die Legitimität der reduktionistischen Perspektive der Hirnforschung „eine ironische Wendung [...] nehmen: Das Problem lenkt nämlich den Blick geradewegs auf die Struktur des Seienden im Ganzen und zieht nun auch die Naturwissenschaftler in den Sog der philosophischen Spekulation" (Habermas 2007: 263).

wieder auf und scheint damit 'unsterblicher' denn je zu sein. Genau dies mündet aber in eine epistemische Zwickmühle.

So führt *zweitens* der Reduktionismus „im Falle des Gehirns in unlösbare erkenntnistheoretische Aporien" (ebd.). Nicht nur ist das wiederbelebte Subjekt als Gehirn ein *Selbst*erzeuger, der die Täuschung, ein einheitliches Selbst zu sein allererst erzeugt, zugleich wird es zu einem *Welt*erzeuger, das auch die subjektiv wahrgenommene Wirklichkeit erschafft. Wie Fuchs (2008: 25) schreibt: „Dass alles, was Menschen erleben, in Wahrheit eine Konstruktion oder Vorspiegelung ihrer Gehirne sei, gehört zu den gängigen Überzeugungen von Neurowissenschaftlern und Neurophilosophen." Diese „zeichnen das Bild eines informationsverarbeitenden Apparates, der in seinen Windungen und Netzwerken eine monadische Innenwelt und ein in Täuschungen befangenes Subjekt konstruiert" (Fuchs 2008: 16). Diese Annahme, dass die Welt nur im Kopf jedes einzelnen Menschen existiert bzw. von dessen Gehirn erzeugt wird, führt jedoch, wie im Kapitel über den Konstruktivismus (I.3) bereits erörtert, in schwerwiegende Aporien. An einem Beispiel dargestellt:

> „Nehmen wir an, ich würde bei Bewusstsein am offenen Gehirn operiert (was möglich ist, weil das Gehirn über keine Schmerzempfindung verfügt) und könnte während der Operation mittels eines Spiegels mein eigenes Gehirn sehen – würde dann mein Gehirn sich selbst sehen? Doch eigentlich träumt mein Gehirn ja nur eine Welt, und es träumt mich selbst. Ich aber, obgleich selbst ein Traum, träume nun auch mein Gehirn, das zugleich mich träumt" (Fuchs 2008: 15)

Aus diesen Aporien entkommt man nur, wenn man ein Gehirn jenseits der subjektiven Wahrnehmung, ein ‚reales Gehirn', ein Gehirn-an-sich annimmt. Dies zeigt, „dass der Illusionsthese eine inadäquate Erkenntnistheorie zugrundeliegt" (Fuchs 2008: 49) und die sich ergebenden Aporien nicht allein aus der notwendigen Zirkularität des Unterfangens – das Erkenntnisorgan mit dem Erkenntnisorgan erklären zu wollen[317] – entstehen.

Drittens ist das vom Hirntod betroffene Subjekt eine spezifisch historische und damit letztlich auch kontingente Figur, die schon längst philosophisch bzw. allgemein geistes- und kulturwissenschaftlich unter starken Beschuss gelangt ist und von weitaus überzeugenderen Subjektverständnissen abgelöst wurde.[318] In-

317 Dass „Explanandum und Explanans eins sind", wie Singer (2007: 39) schreibt, ist nämlich eine Setzung, die bereits die epistemisch problematische Annahme eines Hirns-an-sich voraussetzt.

318 Auch Krüger (2007a: 72) weist darauf hin, dass die Hirnforschung „nicht gegen die Philosophie als solche, sondern gegen einen bestimmten klassischen Mainstream der

teressanterweise verweisen trotz des methodisch notwendigerweise individualtheoretischen Zugangs der Neurowissenschaften viele – insbesonders jüngere – Ergebnisse der Hirnforschung auf die an anderer Stelle und von neuen Subjektverständnissen aufgezeigte soziale und kulturelle Dimensionierung des Subjekts und unterlaufen somit gerade eine reduktionistische Sichtweise.[319] Die geschilderten Befunde zur Neuroplastizität und der erfahrungsabhängigen Gehirnentwicklung sowie die Theorie der ‚somatischen Marker' weisen darauf hin, dass Erfahrungen mit anderem und anderen die neuronale Architektur (d.h. nicht nur die Soft-, sondern auch die Hardware) nicht nur strukturell (und nicht bloß peripher) verändern können, sondern vielmehr, dass die neuronale Ebene, der das Primat zugesprochen wird, für ihre Entwicklung auf andere und anderes angewiesen ist, andere und anderes der neuronalen Ebene somit vorausgehen. Dies wird aber in den Neurowissenschaften systematisch ausgeblendet. Fuchs sieht daher die Grundproblematik des neurowissenschaftlichen Reduktionismus darin, die Abhängigkeit von der intersubjektiv konstituierten Lebenswelt auszublenden, die nicht nur für ihren Forschungsgegenstand, sondern auch für sie als Disziplin gilt. Als Disziplin ist sie „primär eine aus der Lebenswelt hervorgegangene, hochspezialisierte Form gemeinsamer Praxis" (Fuchs 2008: 88), die in ihrer spezifischen Beobachtungsperspektive, wie verschiedentlich auch schon gezeigt wurde, die lebensweltliche Erfahrung voraussetzt. Fuchs (2008: 87f) dazu: „Physikalische Gegenstände sind unabhängig von dieser Erfahrung gar nicht identifizierbar. Was ein Mensch, was ein Gehirn, was Neuronen, Moleküle oder Atome sind, erschließt sich nur aus dem gemeinsamen Vorverständnis oder aus konventioneller Vereinbarung." Anders formuliert: „Der wissenschaftlichen Beobachterperspektive, der Perspektive der 3. Person, liegt also die Teilnehmerperspektive voraus, die 'Du'-Perspektive der 2. Person oder die 'Wir'-Perspektive der 1. Person Plural, an die auch die wissenschaftliche Erkenntnis als soziale Praxis immer gebunden bleibt." (Fuchs 2008: 88).

Statt ihre Abhängigkeit von der Ebene der intersubjektiv konstituierten Lebenswelt zu reflektieren und in ihre Konzepte und Methoden einzubeziehen, wird

Subjekt-Philosophie [revoltiert], der noch immer auf naturphilosophischem Gebiete weit verbreitet ist, obgleich ihm inzwischen längst innerphilosophische Kritiken an der Subjekt-Philosophie gegenüberstehen." (ebd.). Weil aber sowohl der klassische Mainstream der Philosophie ebenso wie die Hirnforscher auf dem Boden des Dualismus stehen, erwächst ein Großteil des Streites zwischen Hirnforschung und Philosophie aus der Tatsache, „dass die Kombattanten unterschwellig noch zu viele Gemeinsamkeiten haben." (Krüger 2007c: 25)

319 So beginnt bereits der Begriff der ‚social cognitive neuroscience' zum Schlagwort zu werden (Fuchs 2008: 91).

diese immer wieder mit der Ebene naturwissenschaftlicher bzw. neurowissenschaftlicher Konstrukte kurzgeschlossen und Intersubjektivität selbst wird auf ein neuronales Korrelat hin untersucht. Ein solches neuronales Korrelat zwischenmenschlicher Beziehungen scheint seit einigen Jahren gefunden zu sein, die Rede ist von den sogenannten Spiegelneuronen, für die gilt: „Selten hat [...] eine Entdeckung weit über seine Wissenschaftsdisziplin hinaus für soviel Aufmerksamkeit gesorgt“ (Bayram/Zaboura 2006: 174). Daher sollen sie hier in einem Exkurs etwas genauer erörtert werden.

Exkurs: Spiegelneuronen – ein neuronales Korrelat zwischenmenschlicher Beziehungen?

Die Spiegelneuronen waren eine Zufallsentdeckung des Neurowissenschaftlers Giacomo Rizzolatti von der Universität Parma im Jahr 1996. Dieser untersuchte seit den 1980er Jahren die neuronalen Grundlagen für die Planung und Ausführung zielgerichteter Handlungen, wozu er bei Affen feine elektronischer Messfühler an bestimmten Orten direkt im Gehirn implementierte und so die Aktivität der an diesen Orten beheimateten Zellen messen konnte. Dabei stieß er auf Nervenzellen, die nicht nur dann aktiv wurden, wenn ein Affe nach Erdnüssen griff, sondern auch dann, wenn der Affe bloß beobachtete, wie ein anderer nach den Erdnüssen griff (Bauer 2005: 122; Bauer 2006: 41). Damit war man auf etwas gänzlich Neues gestoßen: „Die Beobachtung einer durch einen anderen vollzogenen Handlung aktivierte im Beobachter [...] ein eigenes neurobiologisches Programm, und zwar genau das Programm, das die beobachtete Handlung bei ihm selbst zur Ausführung bringen könnte“ (Bauer 2005: 123).

Mittels bildgebender Verfahren meint man die Existenz von Spiegelneuronen auch beim Menschen nachweisen zu können, d.h.: beobachteten Probanden, dass andere Menschen eine zielgerichtete Aktion ausführten, konnte eine besonders starke neuronale Aktivität in der für Motorik zuständigen Hirnregion gemessen werden (Bauer 2005: 124f; Bauer 2006: 41).[320] Die Aktivität der Spiegelneurone

320 Des Weiteren wurde gezeigt, dass bei Menschen die Spiegelneuronen schon dann feuerten, wenn die Probanden aufgefordert wurden, sich die entsprechende Handlung vorzustellen (Bauer 2005: 125). Auch reichte bereits aus, dass der Proband hörte, wie andere Menschen über die Handlung sprachen (Bauer 2005: 124). Ebenso konnte das Spiegelphänomen nicht nur für die Motorik, sondern auch für Schmerz, also Mit-Leiden im wörtlichen Sinne und Ekel aufgezeigt werden (Bauer 2006: 44).

wird als unterschwellige Simulation bzw. innerlicher Mitvollzug der beobachteten Handlung[321] interpretiert:

„So wird dem Menschen ein Miterleben dessen ermöglicht, was im Anderen vor sich geht, was diesen – im wahrsten Sinne des Wortes – bewegt (so die These mancher Hirnforscher). [...] Wenn Person A also Person B dabei beobachtet, wie sie ihre Arme vor ihrer Brust verschränkt, wird in ihrem Gehirn das gleiche Aktivitätsmuster erzeugt, als wenn sie selbst die Arme vor der Brust verschränken würde." (Bayram/Zaboura 2006: 174)

„Was die Spiegelnervenzellen im Beobachter ablaufen lassen, ist das Spiegelbild dessen, was der andere tut" (Bauer 2005: 27)[322]; daher der Name *Spiegel*neuronen. Wie Bayram und Zaboura (2006: 186) aber zu Recht anmerken, ist der Begriff missverständlich, „da hier nicht lediglich die Handlung des Gegenübers nachgeahmt bzw. gespiegelt wird (im imitatorischen Sinne), stattdessen aber in Verbindung gebracht wird mit dem eigenen individuellen motorischen Erfahrungsschatz". Die Spiegelneuronen feuern nämlich nur dann, „wenn die beim Gegenüber gesehene Aktion bereits im eigenen Handlungsrepertoire vorhanden ist. Ist dem nicht so, kann keine somatische Entsprechung, kein Abgleich entstehen, und so können die Absichten des Gegenübers auch nicht somatisch antizipiert werden." (Bayram/Zaboura 2006: 181) Anders gesagt greifen auch die Spiegelneuronen auf den lebensgeschichtlich erworbenen Erfahrungshorizont zurück.

Joachim Bauer sieht in den Spiegelneuronen

„das neuronale Format für einen überindividuellen, intuitiv verfügbaren, gemeinsamen Verständnisraum. Dieser bildet einen Korridor, in dessen Bandbreite sich die neuronalen Programme befinden für all das, was die Mitglieder einer sozialen Gemeinschaft als mögliches bzw. vorstellbares Erleben und Verhalten ansehen. Das System der Spiegelneurone ist einerseits in jedem Individuum präsent. Es bildet aber zugleich ein gemeinsames Vielfa-

321 Wichtig dabei ist, dass die für die motorische Handlung zuständigen Neuronen zwar feuern, jedoch nicht die Handlung selbst auslösen, sonst „wären wir vor lauter gleichzeitig nachgeahmter Bewegung nicht mehr Herr unserer Leiber" (Bayram/Zaboura 2006: 180). In der Tat gibt es das Krankheitbild der Echopraxie, „bei dem die Erkrankten unwillentlich und anhaltend die Bewegungen ihrer Mitmenschen simulieren müssen, auf ihren Leib also keinerlei Einfluss mehr nehmen können" (Bayram/Zaboura 2006: 181). Daher nimmt man an, es wirke ein „spezifischer neuronaler Sperrmechanismus" (ebd.).

322 Dabei ermöglicht das Feuern der Spiegelneuronen auch den Ausgang der Handlungen anderer zu antizipieren, „sie informieren [...] über den – aufgrund bisheriger Erfahrungen – wahrscheinlichen Ausgang einer Handlungssequenz" (Bauer 2006: 42).

ches, eine Art Pool, in dem die Programme für alle Handlungs- und Erlebensmöglichkeiten gespeichert sind, die innerhalb des jeweiligen sozialen Gefüges prinzipiell möglich und gangbar sind. Spiegelneurone stellen einen gemeinsamen sozialen Resonanzraum bereit" (Bauer 2005: 106)[323]

Diese sehr weitreichende Interpretation der Spiegelneuronen steht im Widerspruch zu der Aussage von Bayram und Zaboura, dass Spiegelneuronen nur dann feuerten, wenn die beobachtete Handlung im eigenen Handlungsreportoire bereits enthalten sind. Entgegen der Suggestion, Spiegelneuronen seien ein neuronales Korrelat der Intersubjektivität, muss betont werden, dass nicht die Spiegelneuronen menschliche Intersubjektivität und Sozialität hervorbringen, sondern – betrachtet man auch hier die Gehirnentwicklung – sich allererst innerhalb dieser entwickeln.

Insgesamt schwanken die Befunde zu den Spiegelneuronen und die Interpretation dieser denn auch zwischen reduktionistischen Erklärungen, die dem neuronalen Primat treu bleiben[324] und Interpretationen, die, konsequent zu Ende gedacht, dazu führen müssten, die reduktionistischen Grundannahmen, vor allem das neuronale Primat in Frage zu stellen.[325]

323 Ähnlich wie Bauer weist auch Vogd (2006: 149) darauf hin, dass sich die Befunde zu den Spiegelneuronen „auch sozialsystemisch [...] – als überindividuelle Situationsrahmungen" interpretieren ließen. „Die Leistungen der ‚Spiegelungen' wären nun vor allem darin zu sehen, dass hierdurch ein ‚transpersonaler' emotionaler Raum geschaffen wird" (Vogd 2006: 149f).

324 So geht Bauer an vielen anderen Stellen vom neuronalen Primat aus; beispielsweise schreibt er, ohne Spiegelzellen gäbe es „keine Intuition und keine Empathie. Spontanes Verstehen zwischen Menschen wäre unmöglich und das, was wir Vertrauen nennen, undenkbar" (Bauer 2005: 78); ebenso seien Spiegelneurone die neuronale Basis für das ‚Lernen am Modell' (Bauer 2006: 48f). Gegen allzu überzogene Interpretationen der Spiegelneurone spricht alleine schon, dass die beobachteten Spiegelphänomene „keineswegs die alleinige Instanz für wechselseitiges Verstehen sind, sondern in einer holistischen Einbindung mit sowohl weiteren Kortexarealen als auch höheren kognitiven Funktionen gedacht werden müssen" (Bayram/Zaboura 2006: 179f).

325 Fuchs kritisiert (2008: 201): „Neuronen spiegeln nichts. Auf physikalischer oder physiologischer Ebene ist die Relation von Urbild und Spiegelbild als solche gar nicht vorzufinden. Auch ein Spiegel wirft nur Lichtstrahlen zurück, die auf ihn treffen – dieses Licht als Abbild zu sehen vermag erst ein bewusstes Wesen. Ebenso kann die Ähnlichkeitsrelation zwischen eigenen und fremden Bewegungen nur von einem verkörperten Subjekt hergestellt werden, nicht von einem neuronalen System, erst recht nicht von einzelnen ‚Spiegelneuronen'."

Vom neuronalen zum relationalen Primat oder: Das Gehirn als Beziehungsorgan

Diese neueren neurowissenschaftlichen Erkenntnisse können nur dann fruchtbar gemacht und in andere wissenschaftliche Diskurse integriert werden, wenn man sich vom neuronalen Primat, das die neuronale Ebene zur eigentlichen, wirklichen Wirklichkeit stilisiert, verabschiedet und stattdessen von einem *relationalen Primat* ausgeht, das nicht nur die soziale und kulturelle Bedingheit des Subjekts und des Lernens ernst nimmt, sondern vor allem die besondere Ebene zwischenmenschlicher Beziehungen und die konstitutive Bedeutung anderer. Genau dies ist aber zumeist nicht der Fall. Beispielsweise konstatiert Roth (2003: 12): „Die gesellschaftliche Natur des Menschen ergibt sich aus seiner (neuro)biologischen Natur und nicht umgekehrt, und deshalb ist die gesellschaftliche Natur des Menschen ohne die (neuro)biologische nicht verständlich." Auf ähnliche Weise äußert sich Wolf Singer, in einem Interview angesprochen auf die Ambivalenz, dass er einerseits betone, wie wichtig soziale und kulturelle Erfahrungen für die Architektur des Gehirns seien, andererseits aber bei der Diskussion um den freien Willen diese Dimensionen ausblende:

> „[A]uch die kulturellen Überformungen, wie Sie es nennen, haben ihren Niederschlag in der Architektur des Gehirns. Wie sollte das anders sein? Lernen, ja auch das Erlernen bestimmter Verhaltensformen, erfolgt über Struktur- und Funktionsänderungen im Nervensystem, die ihre materielle, mehr oder weniger makro- oder mikroskopische Basis haben. Die Einbettung ins kulturelle Umfeld bedeutet nichts anderes, als dass Ihr Gehirn dadurch verändert wird. Das ändert jedoch nichts an seinem internen Determinismus." (Singer 2008: 24)

Gleichzeitig gibt es jedoch vereinzelt Stimmen, die eine alternative Sichtweise fordern oder sich um eine solche bemühen und zumindest die soziale Bedingtheit der neuronalen Prozesse betonen. So formuliert beispielsweise Gerald Hüther, dass die Forschungsergebnisse der letzten Jahre gezeigt hätten, dass das Gehirn „weniger ein Denk- als vielmehr ein Sozialorgan" (Hüther 2001: 18) sei. Weil diese Ergebnisse gezeigt hätten, dass das Gehirn in viel stärkerem Maß als bislang angenommen sozial und kulturell geformt sei, wird dieses „daher weder in seiner inneren Struktur noch in seiner Funktionsweise zu verstehen sein, solange es isoliert und abgetrennt von den formenden und strukturierenden Einflüssen der sozialen Gemeinschaft betrachtet wird, in der der betreffende Mensch aufgewachsen ist und in der er lebt" (Hüther 2007: 168f). Ganz ähnlich betont Harald Welzer, dass die Erfahrungsabhängigkeit des Gehirns darauf hinweise, dass die neurowissenschaftliche Forschung solange nicht sehr viel weiter komme, solange das Gehirn isoliert betrachtet würde „und nicht die Art und Weise, wie die Erfahrungen an es herangetragen werden" (Welzer 2005a: 68). Anders formuliert:

„Der Nebel über der Stadt wird sich nur lichten lassen, wenn wir nicht nur die Ergebnisse von Interaktionserfahrungen betrachten (oder zu betrachten versuchen), sondern die Interaktionen selbst, die die Erfahrungen hervorbringen. Dafür allerdings muß das Individuum als Teil einer sozialen Figuration betrachtet werden, in der es eine aktive Rolle einnimmt und in subtiler Abstimmung mit den Handlungen seiner Bezugspersonen eine innere Welt aufbaut, indem es mit einer äußeren interagiert. Das bedeutet, das Kind (und sein sich entwickelndes Gehirn) nicht als etwas zu betrachten, das ‚Informationen verinnerlicht', die von außen hereinströmen, sondern daß es selbst immer schon Teil dessen ist, was es erfährt, weil es Erfahrungen immer nur in der Relation seiner selbst zu anderen machen kann. Weil diese anderen Mitglieder einer Kultur sind und weil ihr Wissen und ihr Handeln eine Geschichte haben, gehen Kinder nicht mit ‚Informationen' im Sinne von Reizen und Signalen um, sondern mit Handlungen, die für sie Bedeutung haben." (Welzer 2005a: 69)

Eine solche neue Sichtweise am differenziertesten und überzeugendsten ausgearbeitet hat Thomas Fuchs, der aus phänomenologisch-ökologischer Sichtweise für eine ganz neue Betrachtung des Gehirns plädiert. Da die Neurowissenschaften der intersubjektiv konstituierten Lebenswelt nicht entkomme, müsse sie ‚vom Kopf auf die Füße' gestellt werden und das Gehirn von seiner es überfordernden Rolle als Nachfolger des Subjekts befreien; so könnten dann auch „seine faszinierenden Vermittlungsleistungen" (Fuchs 2008: 9) gewürdigt werden, „ohne uns selbst, unser Erleben und Handeln nur noch als Output einer informationsverarbeitenden neuronalen Apparatur begreifen zu müssen" (ebd.). Ausgehen müsste man dazu aber von der Sichtweise einer verkörperten (Inter-)Subjektivität, die die dynamische Interaktion von Gehirn, Körper, Um- und Mitwelt einbeziehe.

Gegen den latenten kartesischen Dualismus der Hirnforschung, der das Bewusstsein vom Gehirn und das Gehirn vom lebendigen Körper trennt und somit von einer welt- wie körperlosen Subjektivität ausgeht und diese auf eine physikalisch reduzierte materielle Ebene zurückführen will, plädiert Fuchs *erstens* aus einer systemisch-biologischen Betrachtung des Organismus für die Einheit von Gehirn und Organismus: Alle Funktionen des menschlichen Organismus setzten dessen Einheit voraus und seien nur aus dieser heraus zu verstehen (Fuchs 2008: 22). Was beispielsweise gewöhnlich als mentale Zustände beschrieben und im Kopf bzw. im Hirn lokalisiert würde, sei das Resultat „gesamtorganismische[r] Zustände, die nahezu alle Subsysteme des Körpers einbeziehen: Gehirn, autonomes Nervensystem, endokrines und Immunsystem, Herz, Kreislauf, Atmung, Eingeweide und Ausdrucksmuskulatur (Mimik, Gestik und Haltung)" (Fuchs 2007: 52).

Gegen die Annahme eines körperlosen Geistes, der einer Umwelt gegenübersteht, plädiert Fuchs *zweitens* von der systemischen Einheit von Gehirn, Organismus *und* Umwelt auszugehen. Nicht nur sei das Gehirn eingebettet in den Gesamtorganismus, ebenso sei „es abhängig von der sensomotorischen Interaktion mit der Umwelt, von Sinneseindrücken, Stimulation und Kommunikation“ (Fuchs 2007: 53). Das Gehirn sei daher auch nicht „der ‚Dirigent‘ des Organismus“ (Fuchs 2007: 54), dessen Rolle darin bestehe „Verhaltensabläufe zu determinieren“ (ebd.), vielmehr stelle es „sensomotorische Schemata für die Interaktion von Organismus und Umwelt“ (ebd.) bereit.

„Das Gehirn fungiert demnach als eine flexible Kontrollinstanz, nicht als Speicher fixierter und kompletter Bewegungsprogramme. [...] Der Körper als der eigentliche ‚Spieler im Feld‘ vermittelt alle Beziehungen von Gehirn und Umwelt. Der Prozess verläuft nicht linear und hierarchisch von einer Planungszentrale zur Peripherie, sondern als zirkuläre Dynamik zwischen situiertem Organismus und komplementärer Umwelt [...]. Daher ist das Gehirn nicht der Dirigent des Körpers; es gleicht eher einem der Musiker eines Jazz-Ensembles, die auf der Grundlage bestimmter Akkorde gemeinsam improvisieren.“ (ebd.)

Aus einer solchen Perspektive sei denn auch „Wahrnehmung nicht als interne Abbildung zu begreifen [...], sondern vielmehr als *Beziehung eines verkörperten Subjekts zu seiner Umwelt*“ (Fuchs 2008: 47).

Gegen die Annahme eines isolierten Einzelgehirns, das Selbst- und Weltenschöpfer ist, plädiert Fuchs *drittens* für die Einheit von Gehirn, Körper, Um- *und* Mitwelt. Denn erst durch die Interaktion mit anderen entwickelten sich die verkörperte Subjektivität und damit auch das Gehirn. Denn: „Das Gehirn kommt nicht als fertiger Apparat auf die Welt, um sie zu erkennen, sondern es bildet sich erst in und an ihr.“ (Fuchs 2007: 56) Somit zeige sich, das Gehirn „ist eingebettet in die Beziehungen des Organismus zu seiner Umwelt und in die Beziehungen des Menschen zu anderen Menschen. Es nimmt sie auf und ermöglicht sie, ohne sie jedoch hervorzubringen.“ (Fuchs 2007: 58) Zusammengefasst gelte daher:

„Das Gehirn ist [...] das Organ, das unsere Beziehung zur Welt, zu anderen Menschen und zu uns selbst vermittelt. Es ist der Mediator, der uns den Zugang zur Welt ermöglicht, der Transformator, der Wahrnehmungen und Bewegungen miteinander verknüpft. Das Gehirn für sich wäre nur ein totes Organ. Lebendig wird es erst in Verbindung mit unseren Muskeln, Eingeweiden, Nerven und Sinnen, mit unserer Haut, unserer Umwelt und mit anderen Menschen. Sobald sich die Fata Morgana der Zitadelle auflöst und die Lebenswelt wieder in ihr Recht gesetzt wird, zeigt sich auch das Gehirn nicht mehr als isolierte Burg des Subjekts, sondern als ein weltoffener, lebendiger Handels- und Umschlagsplatz, an dem Waren und

Nachrichten aller Art ausgetauscht werden, und der weitläufig mit anderen Orten vernetzt ist. Es zeigt sich als ein Beziehungsorgan." (Fuchs 2008: 21)

Auch Emrich (2007: 65) betont auf ähnliche Weise:

„Unser seelisch-geistiges Selbstsein geht nicht darin auf ZNS-Funktion zu sein und auch nicht in der damit verkoppelten Leiblichkeit, sondern es ist in merkwürdiger Weise beides zugleich bzw. eben dazwischen. Es spielt sich in dem rätselhaften Bereich des Zwischen ab, der dadurch entsteht, dass menschliche Gehirne vorgängig schon immer mit ihren zugehörigen Leibstrukturen und deren Lebenswelten in Verbindung stehen – ja, sich an ihnen gebildet haben – den Leiblichkeiten, in denen sie vorkommen."

Ist aber das Gehirn, wenn auch nicht das einzige, so doch das zentrale Organ des Lernens, dann ist auch Lernen, darauf weisen die Ergebnisse der Hirnforschung paradoxerweise hin, gerade nicht allein *im* Menschen, bzw. *im* Kopf oder gar *im* Gehirn zu lokalisieren, sondern auch das Lernen ist ganz zentral ein Beziehungsgeschehen, das sich im ‚rätselhaften Bereich des Zwischen' abspielt. Dass dafür notwendige Subjektmodell, für das Fuchs hier bereits einige wichtige Hinweise gibt, wird im zweiten Teil der Arbeit ebenso erarbeitet, wie der ‚rätselhafte Bereich des Zwischen' unter dem Stichwort der Relationalität genauer unter die Lupe genommen wird.

FAZIT

Auch in den Neurowissenschaften zeigte sich, dass sowohl das Subjekt- als auch das Lernverständnis innerhalb eines dualistischen und individualtheoretischen Rahmens verbleiben und auf vielfältige Weise zusammenhängen. Die Eliminierung bzw. Marginalisierung der Ersten-Person-Perspektive durch das neuronale Primat – kurz die Materialisierung des Subjekts – zeigte sich in einer Materialisierung des Lernens, die für die sinnhafte Seite des Lernens, die Inhalte des Lernens und den Vollzug des Lernens blind bleibt. Andererseits führte die Fortschreibung des autonomen Subjekts als Instanz *Gehirn* zu einem individualtheoretischen Verständnis des Subjekts und des Lernens, das, wie sich zeigte, jedoch von einigen neurowissenschaftlichen Befunden unterlaufen wird. Auch hier ist jedoch zu fragen, was bei aller Kritik am neurowissenschaftlichen Subjekt- und Lernverständnis für eine pädagogische Theorie des Lernens aus der Auseinandersetzung mit den Neurowissenschaften positiv hervor geht.

Zwar gelang es den Neurowissenschaften nicht, den Dualismus von Geist und Materie überzeugend zu überwinden, jedoch geben insbesondere die Erkenntnisse zur Gehirnentwicklung vielfältige Hinweise darauf, dass die falsche Oppositionalität von Anlage und Umwelt überwunden werden muss. Nimmt man an, dass das *Ineinander von Anlage und Umwelterfahrung* nicht nur für die Entwicklung des Gehirns, sondern des ganzen Leibes gilt, kann der Vorgang der Ichwerdung als ein Prozess des Erlernens beschrieben werden, der weder ein Reifungsprozess noch rein umweltdeterminiert ist, sondern Ergebnis eines *Ineinanders* von Umwelterfahrungen und Dispositionen.

Die erfahrungsabhängige Gehirnentwicklung und die als Neuroplastizität bezeichnete Gehirntransformation weisen auf ähnliche Weise darauf hin, dass auch das Subjekt keine unveränderliche Instanz darstellt, sondern sich in einem ständigen Veränderungsprozess befindet. Zwar werden die Befunde zur Neuroplastizität häufig dazu missbraucht, die Zwänge des lebenslänglichen Lernens mit der unendlichen Flexibilität und Anpassungsfähigkeit des Gehirns zu legitimieren, sie können jedoch auch kritisch gegen Begabungsideologie und künstlich angenommene, doch performativ wirksame Grenzen der Lernfähigkeit, verwandt werden. Insbesondere die Hinweise auf die radikale Erfahrungs- und Nutzungsabhängigkeit des Gehirns deuten darauf hin, dass wir zwar nicht alles lernen können, viele Fähigkeiten jedoch weniger das Resultat von Begabung sind, denn der bisherigen Performanzgeschichte, die zugleich eine Erfahrungsgeschichte ist und dass diese Fähigkeiten somit gezielt durch Übung erworben oder verbessert werden können.

Damit ist auch die Wichtigkeit von Übung herausgestellt, die von einem allzu rationalistischen Verständnis des Lernens gegenüber reflexiven Tätigkeiten wie Problemlösen an den Rand pädagogischer Reflexion und Praxis gedrängt wurde. Insgesamt verweisen die Ergebnisse der Neurowissenschaften auf die zentrale Bedeutung des impliziten, unbewussten Lernens.

Zudem unterstreichen die Neurowissenschaften gegenüber den eher geistig-idealistisch bzw. rationalistischen Tendenzen in kognitivistischen und konstruktivistischen Lerntheorien völlig zu Recht die körperliche Dimension des Lernens. Dass Lernen, wie gezeigt wurde, jedoch weder in dieser aufgeht, noch die körperliche Dimension des Lernens auf die neurobiologische Dimension reduziert werden darf, wurde gezeigt.

Zuletzt zeigt sich, dass trotz des individualtheoretischen Subjektverständnisses und der auf das einzelne Gehirn ausgelegten Methoden jüngere Ergebnisse der Neurowissenschaften auf die kulturelle und soziale Bedingtheit des Lernens verweisen, diese aufgrund des neuronalen Primats jedoch nicht wirklich in ihr Verständnis des Lernens integrieren können bzw. sich auf ein reduktionistisches Verständnis des Sozialen kaprizieren.

I.5 Exkurs: Die subjektwissenschaftliche Lerntheorie – Lernen vom Subjektstandpunkt?

„Um für solche Theoretisierungen einen Ansatz zu finden, versuchte ich, Lernen quasi als eine Komplizierung des Handelns zu fassen, also subjektive Lerngründe aus dem jeweiligen Handlungskontext verständlich zu machen."
KLAUS HOLZKAMP[326]

„Die Logik von Abwehr oder Expansion, wie sie ans begründete Verhalten der interessengeleiteten Menschen gekoppelt ist, zielt in geradliniger Konsequenz über den widersprüchlichen Zusammenhang der in widersprüchlichen Verhältnissen sich abmühenden Einzelnen auf eine Weise hinaus, dass die unzähligen Wirren dessen, was wir Lernen zu nennen gewohnt sind, undurchdringbar bleiben, weil sie als spezifischer Analysegegenstand delegitimiert sind."
FRIGGA HAUG[327]

„Der Mensch muss in dieser Psychologie offenbar erst beweisen, etwas zu können, bevor er etwas wollen darf. Sie macht aus einem leidenschaftlichen Wesen mit Bedürfnissen und inneren Widersprüchen ein Arbeitstier [...]."
GERALD ABL[328]

326 Holzkamp 1994: 50.

327 Haug 2004: 29.

328 Abl 2007: 176.

Einleitende Bemerkungen

Die ursprünglich ‚Kritische Psychologie', heute zumeist ‚Subjektwissenschaft' genannte und von Klaus Holzkamp begründete Strömung der Psychologie[329] wurde zu lerntheoretischen Fragestellungen in den letzten Jahren zunehmend in der Erziehungswissenschaft, dort besonders in der Erwachsenen-/Weiterbildung, rezipiert und nicht selten als theoretische Hintergrundfolie für qualitative Forschung zum Thema Lernen benutzt (vgl. Grotlüschen 2003; Schwab 2005). Initialzündung für diese lerntheoretische Rezeption der Subjektwissenschaft in der Erziehungswissenschaft war die 1993 erschienene Monographie „Lernen. Subjektwissenschaftliche Grundlegung" von Klaus Holzkamp (1995).

Die Subjektwissenschaft kann trotz dieser starken pädagogischen Rezeption in ihrer Wirkung jedoch nicht mit den zuvor behandelten 'Lernparadigmen' verglichen werden. Um dies zu markieren, wird die hier erfolgte Analyse des Zusammenhangs ihres Subjekt- und Lernverständnisses als Exkurs bezeichnet. Notwendig und fruchtbar ist die Auseinandersetzung mit der subjektwissenschaftlichen Lerntheorie für diese Arbeit aus drei Gründen: Erstens kritisiert auch die subjektwissenschaftliche Lerntheorie die traditionellen lernpsychologischen Lerntheorien und versucht zu diesen eine Alternative zu formulieren, zweitens gilt – worauf der Name schon verweist – auch dort die Frage nach dem Subjekt als eine Schlüsselfrage für ein (alternatives) Lernverständnis und drittens werden in ihr ebenfalls die gängigen Theorien des Lernens – wenn auch auf unterschiedliche Weise – einer Analyse bezüglich deren Subjektverständnis unterzogen.

Im Folgenden wird zuerst die subjektwissenschaftliche Lerntheorie bezüglich ihrer Grundannahmen (I.5.1), ihrer Reinterpretation der lernpsychologischen Theorien des Lernens (I.5.2) und ihres Lernverständnisses (I.5.3) rekonstruiert. Darauf erfolgt die Analyse des Zusammenhangs ihres Subjekt- und Lernverständnisses (I.5.4).

Grundannahmen der subjektwissenschaftlichen Lerntheorie

Die Subjektwissenschaft sieht sich als Gegner und Alternative einer immer noch stark an die Methodologie der Naturwissenschaften angelehnten nomothetischen

329 Die Subjektwissenschaft ist keineswegs die einzige Variante einer ‚kritischen Psychologie'; zu den unterschiedlichen Versionen kritischer Psychologien und deren Genese siehe Abl 2007. Abl (2007: 161) verweist auch darauf, dass sich Holzkamp im Gegensatz zu marxistischen Traditionen in der Psychoanalyse stärker an der kulturhistorischen Schule orientiert.

Vorgehensweise der ‚orthodoxen' Psychologie. Bezüglich des Lernens lautet ihr Hauptkritikpunkt, dass dieses „als Problem vom wissenschaftlichen Standpunkt des Lernsubjekts in den traditionellen Lerntheorien nicht vorkommt" (Holzkamp 1995: 14). Ausführlicher erläutert:

„Der gemeinsame Nenner [...] liegt im allen traditionell-psychologischen Ansätzen inhärenten Verständnis der Psychologie als Wissenschaft vom Außenstandpunkt bzw. (richtiger) Standpunkt dritter Person und dem damit gesetzten Bedingungsmodell: Demgemäß ist psychologische Forschung [...] auf methodischer Ebene prinzipiell mit dem Aufweis von Zusammenhängen zwischen fremdgesetzten Bedingungen und dadurch hervorgerufenen Verhaltens- und Erlebnisweisen (unabhängigen und abhängigen Variablen) identifiziert: So kann man auch die Erfahrungen der Lernenden, selbst wenn man sich explizit darauf beziehen möchte, dennoch nur als abhängige Größe von hergestellten und vorausgesetzten Bedingungen zu Gesicht bekommen, womit die individuelle Subjektivität hier wiederum lediglich als Forschungsobjekt in Erscheinung tritt." (ebd.) Das *Subjekt* des Lernens bliebe so aber völlig verdeckt, da es für die nomothetisch verfahrende Psychologie nur als *Objekt* Gegenstand der Forschung werden könne. Hauptkritikpunkt an den traditionellen Lerntheorien ist daher die dortige „Ausklammerung des Lernsubjekts" (ebd.)

Um nicht in diese Falle zu tappen, konstatiert Holzkamp (ebd.), „daß in einer gegenstandsadäquaten psychologischen Forschung der wissenschaftliche Standpunkt mit dem (verallgemeinerten) Subjektstandpunkt der Betroffenen zusammenfällt" (ebd.). Anders formuliert: Der Standpunkt des Lernsubjekts müsse Standpunkt der wissenschaftlichen Analyse sein. Die Subjektwissenschaft versucht somit, Wissenschaft nicht aus einer Dritten-Person-Perspektive, sondern aus einer Ersten-Person-Perspektive zu betreiben und das Subjekt von jeglichen Beschreibungen der Außenperspektive rein zu halten.[330]

330 Jedoch führen die Überlegungen Holzkamps nicht zu einer qualitativen Lernforschung, die das Lernen aus der Perspektive der Subjekte zu erforschen versucht. Eine solche würde für Holzkamp nur eine äußerst subtile Form der Forschung aus der Außenperspektive darstellen, in der letztlich ebenfalls die Subjekte zu Objekten der Forschung gemacht würden. Dies hält, wie bereits angedeutet, andere Forscher nicht davon ab, die ‚subjektwissenschaftliche Lerntheorie, zur theoretischen Hintergrundtheorie ihrer qualitativen Forschungen zu machen. Inwieweit dies methodologisch gerechtfertigt wird oder werden könnte, kann hier nicht bearbeitet werden, vgl. dazu Markard 2000 sowie die Überlegungen zum methodischen Vorgehen einer subjektwissenschaftlichen Lernforschung von Holzkamp (1996). Frigga Haug (2004: 126) kritisiert, dass bei Holzkamp nur Lernerfahrungen, die seiner eigenen Erfahrung entstammen, zum Forschungsmaterial werden und somit eingeschränkt und einseitig seien.

Doch was gilt der Subjektwissenschaft als Subjekt? Wie wird der Standpunkt des Subjekts beschrieben? Holzkamp schreibt der Ersten-Person-Perspektive einen „intentionalen Charakter“ (Holzkamp 1995: 21) zu, dies bedeute, dass sich „das Subjekt mit seinen Absichten, Plänen, Vorsätzen bewußt auf die Welt und sich selbst bezieht“. Daher könne man es auch „als eine Art von *Intentionalitätszentrum*“ (ebd.) bezeichnen, das sich in der Welt bewege, aktiv in sie eingreife, dabei aber stets an seine bestimmte und damit zugleich begrenzte Perspektive gebunden bleibe, somit nicht neutral in der Welt stehe, sondern sich zu ihr „als ein sinnlich-körperliches, bedürftiges, interessiertes Subjekt“ (ebd.) verhalte.

Als wichtigste Eigenschaft des Subjekts sieht Holzkamp dessen Handlungsfähigkeit; so formuliert er: „Intentionale Bezogenheit auf die Welt ist keineswegs nur ein kognitiver oder mentaler Akt, sondern schließt die aktive Umsetzung derartiger Handlungsmöglichkeiten ein.“ (Holzkamp 1995: 23) Menschliches Handeln sei die „Realisierung von Bedeutungen“ (ebd.), da die Welt durch ihre soziale Konstitution für das Subjekt stets „objektiv *bedeutungsvoll*“ (Holzkamp 1995: 22) sei und sich die Weltgegebenheiten somit für das Subjekt als ‘Handlungsmöglichkeiten’ darstellten, zu denen es sich bewusst verhalten und aktiv seine Lebensbedingungen (um)gestalten könne (Holzkamp 1995: 23). Den aktiven Weltbezug des Subjekts deutet Holzkamp zugleich als Welt*zugriff*, d.h. „als Erweiterung der Verfügung über die eigenen Lebensbedingungen“ (ebd.).

Der so beschriebene Standpunkt des Subjekts kann jedoch nur deswegen aus einer wissenschaftlichen Perspektive beschrieben werden, weil die Erfahrungen von diesem Standpunkt „in der Sprache *subjektiver Handlungsbegründungen* artikuliert und kommuniziert werden können“ (ebd.). Auf methodologischer Ebene fordert Holzkamp daher einen Wechsel vom Bedingtheits- zum Begründungsdiskurs; denn man spreche „von seinen eigenen Handlungen keineswegs in Termini von Bedingungs-Ereignis-Zusammenhängen, sondern in Termini von subjektiv begründeten Handlungen und den Prämissen, unter denen sie im eigenen Lebensinteresse ‚vernünftig‘ sind“ (Holzkamp 1994: 42). Eingeschlossen in diese Handlungsbegründungen sei stets auch ein „Rückbezug auf meine Lebensinteressen“ (Holzkamp 1995: 24), d.h. auf die „Wahrung und Entwicklung meiner Lebensqualität durch Verfügung über die dazu notwendigen Bedingungen“ (ebd.). Explizit will Holzkamp dem möglichen Missverständnis vorbeugen, er würde „in ‘rationalistischer’ Weise behaupte[n], menschliche Handlungsvorsätze seien immer […] ‚gut begründet‘ oder ‚vernünftig‘“ (Holzkamp 1995: 25), vielmehr werde lediglich angenommen, „daß ich von meinem Standpunkt aus nicht ‚begründet‘ gegen meine Interessen (wie ich sie wahrnehme) handeln kann“ (Holzkamp 1995: 26) bzw., „daß niemand bewußt seinen eigenen Interessen zuwiderhandelt“ (Holzkamp 1995: 27).

Reinterpretation der lernpsychologischen Theorien des Lernens

Ausgehend von diesem Subjektverständnis bzw. dieser Konzeption des Subjektstandpunktes will Holzkamp daher eine „Begründungstheorie des Lernens" (Holzkamp 1995: 177) aufstellen. Bevor er seine eigene Konzeption des Lernens erstellt, untersucht Holzkamp jedoch die traditionellen Lerntheorien auf das in ihnen implizit enthaltene Lernsubjekt hin; denn dieses könne „nicht real verschwunden sein [...], sondern offenbar nur in irgendeiner Weise theoretisch wegreduziert, verleugnet, damit konzeptionell verfehlt" (Holzkamp 1995: 15) sein. Auf dem Hintergrund des subjektwissenschaftlichen Subjektverständnisses ziele eine solche Untersuchung auf „das Herausanalysieren der hinter den nomologischen Theorieformulierungen verborgenen begründungstheoretischen Struktur der vorfindlichen Theorien" (Holzkamp 1995: 31). Holzkamp (1995: 27) nimmt daher an, dass die „Theoriesprache [...] selbst eine Sprache auf der Diskursebene der Handlungsgründe" sei und versucht das, was in den nomothetisch ausgerichteten Lerntheorien als „kontingenter Bedingungs-Ereignis-Zusammenhang" (Holzkamp 1995: 36) beschrieben wird, als einen „implikativ-inferentielle[n] Begründungszusammenhang" (ebd.) zu reinterpretieren. Auf diese Weise versucht sich Holzkamp an einer Reinterpretation der behavioristischen S-R-Psychologie, kognitiver Erweiterungen des S-R-psychologischen Lernkonzeptes, des Gedächtniskonzeptes als kognitivistischer Fassung des Lernproblems und der handlungstheoretisch-kybernetischen Fassung des Lernproblems.

Exemplarisch sei hier die *Reinterpretation des Behaviorismus* angedeutet. Holzkamp (1995: 46) fragt hier, „unter *welchen Prämissen Individuen mit ‚guten Gründen', also ‚vernünftigerweise' in einer Weise lernen, die von außen, also vom Drittstandpunkt, als Konditionierung* erscheint". Die holzkampsche Reinterpretation des Bedingungs-Ereignis-Zusammenhangs klassische Konditionierung als Begründungsmuster ergibt, dass diese Form des induktiven Lernens als begründetes Handeln beim Menschen nur „bei extrem eingeschränktem Realitätszugang" (Holzkamp 1995: 51) vorkomme. Auch die operante Konditionierung formuliert Holzkamp (1995: 55) als Begründungsmuster in eine Wenn-Dann-Hypothese um. Eine positive Verstärkung laute umformuliert als Begründungsmuster: „*Wenn* jemand für eine bestimmte Handlung eine Belohnung erhalten hat, *dann* führt er (bei Abwesenheit anderer Begründungsprämissen) *vernünftigerweise* diese Handlung zum Zwecke der neuerlichen Herbeiführung des belohnenden Ereignisses wieder aus". Solche „alltägliche[n] ‚Vernunftschlüsse'" (Holzkamp 1995: 57) würden in der Lernpsychologie jedoch als „Lerngesetze mystifiziert, womit durch die Unterstellung einer mechanischen Wirkung der verschiedenen ‚Verstärkungspläne' auf das Verhalten dessen psychologisches Verständnis verhindert" (ebd.) würde.

Auch wenn die holzkampsche Reinterpretation der traditionellen Lerntheorien mit vielen luziden Kritiken an diesen einhergeht, so dürfte bereits mit dieser knappen Skizze der Reinterpretation des Behaviorismus deutlich geworden sein, dass Holzkamp nicht, wie in der vorliegenden Arbeit geschehen, die Lerntheorien auf *ihr spezifisches* Subjektverständnis hin analysiert, er vielmehr sein *eigenes spezifisches* Subjektverständnis in die traditionellen Lerntheorien einschreibt bzw. diese aus seinem spezifischen Subjektverständnis heraus reinterpretiert.[331] So wundert es auch nicht, dass als Ergebnis dieser Reinterpretationen lediglich die zuvor aufgestellte Annahme wiederholt wird; Holzkamp (1995: 171) schreibt: „Ich habe – sofern ich tatsächlich lerne – natürlich immer inhaltliche Gründe dafür". Die klassischen Lerntheorien seien an diesen inhaltlichen Lerngründen jedoch nicht interessiert, da diese sich mit ihrer Außenperspektive stets auf die Seite der Lehrenden und damit Kontrollierenden schlügen, Lernen stets mit reglementierendem Lernen gleichsetzten und allein auf organisatorische Vorkehrungen zielten, die ein möglichst effektives Lernen ermöglichten (Holzkamp 1995: 13, 171).

DAS LERNVERSTÄNDNIS DER SUBJEKTWISSENSCHAFTLICHEN LERNTHEORIE

Welches Lernverständnis setzt Holzkamp dem jedoch entgegen? Holzkamp, der der „*Weltlosigkeit* der traditionellen Lerntheorien" (Holzkamp 1995: 151) entkommen möchte, deutet Lernen „als mögliche[n] Zugang des Lernsubjekts zur sachlich-sozialen Welt gesellschaftlicher Bedeutungszusammenhänge" (Holzkamp 1995: 181). Das Individuum sehe sich

> „den gesamtgesellschaftlichen Bedeutungsstrukturen in ihren verschiedenen Aus- und Anschnitten stets als in sich gegliederten Verweisungszusammenhängen gegenüber: Diese muß es in seinem Lebensinteresse soweit individuell erfassen, daß es subjektiv begründet über seine Lebens- und Entwicklungsbedingungen verfügen, d.h. subjektiv handlungsfähig werden kann" (Holzkamp 1995: 188).

331 Frigga Haug (2004: 133) kritisiert zudem: „Das holzkampsche Prüfverfahren der nachzutragenden Begründungsmuster scheint zu überallgemein, als dass es genauere Differenzierungen, gar Widersprüche oder wirkliche Ungereimtheiten herausarbeiten könnte, und es scheint auf der anderen Seite zu selbstverständlich und gefestigt, als dass es durch Krisen in der Wirklichkeit zu neuen Entdeckungen, Belehrungen, Kritik an den eigenen Grundannahmen geführt werden könnte."

Lernen wird daher von Holzkamp (1994: 34) „nicht – wie in den gebräuchlichen Lerntheorien – als Resultat fremdgesetzter Lernbedingungen, sondern als Erweiterung eigener Handlungs- und Erfahrungsmöglichkeiten durch das lernende Subjekt selbst" betrachtet.

Holzkamp betont, dass er keineswegs von einem allgemeinen Lernwillen des Menschen ausgehe, jedoch davon, dass Menschen stets aktiv und an der Erhaltung oder Erweiterung der Verfügung über die eigenen Lebensverhältnisse interessiert seien (Holzkamp 1994: 49). „In den ‚fortlaufenden Aktivitäten' sind dabei auch Lernprozesse involviert, durch welche die individuellen Möglichkeiten der Weltverfügung mittels Berücksichtigung der jeweils konkreten Lebensumstände optimiert werden." (Holzkamp 1994: 50) Diese Lernprozesse bezeichnet Holzkamp als beiläufiges Mitlernen, interessiert sich für diese in seiner Lerntheorie jedoch nicht weiter; an anderer Stelle schreibt er, „daß – wenn in diesem Zusammenhang von Lernen die Rede ist – nicht das inzidentelle Lernen also [...] das *Mitlernen* gemeint ist. Mitlernen begleitet nämlich mehr oder weniger jeden Handlungsvollzug" (Holzkamp 1995: 182f). Und weiter: „Vielmehr kommt für uns [...] nur der Bezug auf intentionales Lernen, also Lernen aufgrund einer speziell darauf gerichteten Handlungsvornahme, in Frage." (Holzkamp 1995: 183) Dies komme dann zum Zuge, wenn die menschlichen Lebensaktivitäten nicht glatt und reibungslos abliefen, sondern auf Hindernisse oder Widersprüche stoßen würden (Holzkamp 1994: 50).

Startpunkt eines solchen Lernens sei die bewusste Ausgliederung einer Handlungsproblematik in eine Lernproblematik, die immer dann erfolge, wenn „die *Bewältigung der Problematik aufgrund bestimmter Behinderungen, Widersprüche, Dilemmata nicht im Zuge des jeweiligen Handlungsablaufs selbst* [...] möglich erscheint" (Holzkamp 1995: 183) und mittels „einer besonderen Lernintention" (ebd.) „vom Subjekt eine *Lernhandlung ausgegliedert*, quasi eine *Lernschleife* eingebaut" (ebd.) wird.[332] Letzteres bedeute, dass das Subjekt mit dem ‚Bewältigungshandeln' aussetzt und es zu einer „(vorübergehende[n]) Suspendierung de[s] für das Bewältigungshandeln charakteristischen Zielbezugs" (Holzkamp 1995: 184) komme. Die Ausgliederung einer Lernproblematik impliziere somit eine „bestimmte Haltung (der Distanzierung, Dezentrierung, Aspektierung etc.), durch welche ich mir bewußt vornehme, nicht so weiterzumachen wie bisher (dies hat ja nichts gebracht)" (ebd.).[333] Die Lernschleife endet erst, wenn die Problema-

332 Peter Faulstich und Joachim Ludwig (2004: 20) betonen, dass Holzkamp Lernen somit „als eine spezielle Form sozialen Handelns" betrachtet.

333 Weil am Anfang des Lernens somit eine bestimmte Haltung stehe, könne das Lernen nicht von außen angeschoben werden: „Lernen kommt nicht dadurch von selbst in Gang, daß von dritter Seite entsprechende Lernanforderungen an mich gestellt werden;

tik gelöst, das Subjekt also gelernt hat. Lernen hat demnach stattgefunden, wenn „die Behinderungen, Dilemmata etc., die mich bis jetzt an der Überwindung der Handlungsproblematik gehindert haben, aufgehoben werden können, so daß daran anschließend bessere Voraussetzungen für die Bewältigung der Handlungsproblematik bestehen“ (Holzkamp 1995: 183).

Wie kommt es jedoch dazu, dass gelernt wird, und wann und warum scheitert ein solches Lernen? Auf diese Fragen scheint Holzkamp keine Antworten geben zu können. Auch weigert Holzkamp sich eine Systematik des Durchlaufens einer Lernschleife zu liefern.[334] Dies jedoch aus gutem Grund, denn Holzkamp betont, dass die formalen Aspekte des Lernens nicht von den inhaltlichen getrennt werden könnten; in Holzkamps Worten:

> „Zwar erscheinen die operativen Aktivitäten der Lernplanung und Regulierung, wenn man sie isoliert betrachtet, d.h. eine ihnen eigene, aus sich heraus verständliche operative ‚Logik‘ unterstellt, als inhaltsneutral-universelle Charakteristika beliebiger Lernprozesse. Wenn man indessen den thematischen Aspekt hinzunimmt, so zeigt sich, daß die Art und der Zusammenhang der Lernoperationen sich tatsächlich stets aus dem vorgeordneten thematisch gerichteten Lernvollzug im Kontext je bestimmter Lernproblematiken ergeben, indem die jeweils erfahrenen Behinderungen, Brüche, Widersprüche des Gegenstandsaufschlusses die dazu ‚passenden‘ Vorkehrungen und Planungen zu ihrer Überwindung erfordern.“ (Holzkamp 1995: 251)

Gegen die Weltlosigkeit der traditionellen Lernpsychologie, die aus ihrer üblichen Verfahrensweise resultiert, „vom Lerngegenstand wie dessen Problematisierung

---

mein Lernen kann keineswegs durch irgendwelche dafür zuständige Instanzen (etwa den Lehrer oder die Schulbehörde) über meinen Kopf hinweg geplant werden. Lernanforderungen sind nicht eo ipso schon Lernhandlungen, sondern werden nur dann zu solchen, wenn ich sie bewußt als Lernproblematiken übernehmen kann, was wiederum mindestens voraussetzt, daß ich einsehe, wo es hier für mich etwas zu lernen gibt.“ (Holzkamp 1995: 184f)

334 Holzkamp unterscheidet jedoch zwischen *expansivem* Lernen, bei dem „vom Subjektstandpunkt eine Lernhandlung aus der damit zu erreichenden Erweiterung/Erhöhung meiner Verfügung/Lebensqualität begründet und in diesem Sinne *motiviert* realisierbar ist“ (Holzkamp 1995: 190) und *defensivem* Lernen, das begründet und motiviert sei, durch einen „drohenden Verlust der gegebenen Verfügung/Lebensqualität durch Machtinstanzen“ (Holzkamp 1995: 192) und das nach Holzkamp üblicherweise das schulische Lernen kennzeichnet. Anders formuliert kann Lernen sowohl „aus der Verfügungserweiterung über das Eindringen in den Lerngegenstand als auch aus der Bedrohtheit der bestehenden Handlungsfähigkeit begründet sein“ (Holzkamp 1994: 52).

durch das Lernsubjekt unabhängige Lernmechanismen" (Holzkamp 1995: 225) zu extrahieren, betont er die inhaltlich-thematische Seite des Lernens. Zentral dafür ist sein Konzept des ‚Lerngegenstands'. „Dabei ist der ‚Lerngegenstand' nicht vom Außenstandpunkt als subjektlose Objektivität zu verstehen, sondern als Aspekt der widerständigen Welt, wie sie dem Subjekt von seinem Standpunkt aus gegeben ist" (Holzkamp 1995: 206). Zugleich betrachtet Holzkamp einen Lerngegenstand als „eine bestimmte gesellschaftliche Bedeutungseinheit" (Holzkamp 1995: 207), der einer „Symbolwelt" (ebd.) zugehöre und in dem sich dem Lernsubjekt „vergegenständlichte[.] verallgemeinerte[.] Handlungsmöglichkeiten" (ebd.) anböten. Zu einem Lerngegenstand könne ein bestimmter Bedeutungskomplex dann werden, wenn das Lernsubjekt zwischen dem Stand des Vorgelernten und dem Lerngegenstand eine Diskrepanz erfährt[335]; anders formuliert: „ich muß also bemerken, dass es mit Bezug auf den jeweiligen Gegenstand *mehr zu lernen* gibt, als mir *jetzt schon zugänglich* ist" (Holzkamp 1995: 212)

Das „Eindringen in die Bedeutungsstruktur des Lerngegenstandes" (Holzkamp 1995: 206) beschreibt Holzkamp (1995: 221) „als Durchdringung der Unmittelbarkeitsverhaftetheit der Erfahrung in Richtung auf die Erfassung immer vermittelterer gesellschaftlicher Bedeutungsstrukturen" und somit „als Fortschreiten von (relativer) *Flachheit* zu wachsender *Tiefe*" (ebd.).[336] Diese Tiefe sei „nicht

335 Holzkamp (1995: 209) betont, „daß das Lernen niemals angesichts eines speziellen Lerngegenstands erst beginnt, sondern [...] stets schon bestimmte Prozesse des ‚*Vorlernens*' vorausgesetzt werden müssen. Dies nicht nur (trivialerweise) auf der operativen Ebene, indem ich vorher irgendwelche einschlägigen Fähigkeiten erworben habe, sondern auch unter thematischem Aspekt, mit Bezug auf eine jeweils gegebene Bedeutungseinheit: Da ich immer schon vorgängig gehandelt und so gegenständliche Bedeutungen [...] realisiert habe, steht die aktuelle Bedeutungseinheit für mich notwendig stets in irgendeinem Verhältnis zu den schon vorgelernten Bedeutungszusammenhängen, erscheint mit Bezug darauf als da- oder dorthin gehörig, als ein besonderer Fall von dem und dem, als Bestätigung, Erweiterung, Problematisierung schon bekannter Handlungsmöglichkeiten etc."

336 Auch wenn Holzkamp hier von einem Fortschreiten spricht, so geht er nicht allein von kumulativen Lernprozessen aus, sondern versucht, auch dem Phänomen „qualitative[r] Lernsprünge" (Holzkamp 1995: 227) in seiner Theorie einen Platz zu geben. Dazu greift er sowohl auf Problemlöseforschung zurück als auch auf ontogenetische Entwicklungstheorien. Nicht jede Lernproblematik erfordere für ihre Bewältigung solche qualitativen Lernsprünge, dies sei nur bei folgender Konstellation der Fall: „Auf der einen Seite muß hier die Tiefe des Lerngegenstands so ausgeprägt sein, daß dessen Bedeutungsstrukturen in sich *mehrere Vermittlungsebenen* aufweisen; auf der anderen Seite aber die Lernproblematik beim gegebenen Stand des Vorwissens vom Subjekt

bloßes Kennzeichen *meiner* Verarbeitung des Materials, [...] sondern primär ein Kennzeichen des (Lern)*gegenstandes*" (Holzkamp 1995: 222). Und weiter: „Von der ‚Tiefe' des Lerngegenstandes ist es abhängig, wieweit ich bei seiner lernenden Aufschließung in verallgemeinerte Bedeutungszusammenhänge eindringen kann" (ebd.). Zugleich betont er jedoch,

„daß ein potentieller Lerngegenstand zwar einerseits in seiner Besonderheit durch den umfassenderen gesellschaftlichen Bedeutungszusammenhang, in den er eingebunden ist, bestimmt, aber andererseits vom Subjekt nicht im ganzen, sondern (nach Maßgabe der Art der Diskrepanzerfahrung) immer nur in gewissen Teilen, Ausschnitten, Aspekten oder (global formuliert) *Dimensionen* als ‚sein' Lerngegenstand aktualisiert wird" (Holzkamp 1995: 218).

Holzkamp versucht so, der dialektischen Vermitteltheit von Individuellem und Gesellschaftlichem gerecht zu werden.

Holzkamp, der konzediert, dass in seinen „Analysen zum lernenden Gegenstandszugang" (Holzkamp 1995: 253) das Subjekt „als abstraktes Intentionalitätszentrum" (ebd.) gesetzt wurde, versucht nun nachträglich der Tatsache gerecht zu werden, „daß das ‚Subjekt' [...] ein *sinnlich-körperliches* Individuum ist, das sich mit seinem ‚Standpunkt' jeweils an einem bestimmten raumzeitlichen Ort, also in einem *eigenen, in dem des Lerngegenstands nicht aufgehenden, lebenspraktischen Bedeutungszusammenhang* befindet" (ebd.). Dazu expliziert er die körperliche, mental-sprachliche und personale Situiertheit des Lernsubjekts und die sich daraus ergebenen Konsequenzen für das Lernen.

Als *körperliche Situiertheit* beschreibt Holzkamp „die physische Konkretheit ‚je meines' Standortes" (ebd.) als „primäre, unhintergehbare Daseinsrealität" (ebd.). Dies bedeute: „Davon, wo ich mich [...] konkret raumzeitlich mit diesem Körper befinde (oder er sich mit mir befindet), hängt es ab, wie ich jeweils auf

noch so wenig elaborierbar, daß durch die Diskrepanzerfahrung auf der jeweiligen Dimension zunächst nur eine *intermediäre Zwischenebene der Tiefenstruktur* des Lerngegenstandes erreichbar ist." (Holzkamp 1995: 239) Aus der Sicht des Subjekts formuliert müsse eine „Diskrepanzerfahrung höherer Ordnung" (Holzkamp 1995: 243) vorliegen, bei der das lernende Individuum ein bislang angewandtes Prinzip, das für Lernfortschritte gesorgt hat, nicht mehr anwenden könne, und daher dieses negieren und ein neues Prinzip finden müsse. Dabei würde es der subjektwissenschaftlichen Herangehensweise widersprechen, „eine vorgefertigte Systematik der Art und Reihenfolge qualitativer Lernsprünge zu adaptieren oder aufzustellen" (Holzkamp 1995: 247), vielmehr seien Typen qualitativer Lernsprünge nur empirisch, „‚durch' die Analyse konkreter Lernproblematiken ‚hindurch' in Aufschließung der Tiefendimension des Lerngegenstands" (ebd.) zu gewinnen.

meine Lebenswelt in ihrer Bedeutungshaftigkeit ‚ausgerichtet' bin, was ich davon mitkriege, wo und wie ich darauf Einfluß nehmen kann etc." (ebd.) Die körperliche Situiertheit wirke sich jedoch nicht nur auf die damit einhergehende unhintergehbare Perspektive aus, die den Zugang zur „reale[n] Bedeutungshaftigkeit" (Holzkamp 1995: 254) der Welt beschränke, denn „auch mein eigener Körper ist mir in der Selbsterfahrung immer nur aspekthaft gegeben" (ebd.). Handlungen dürften daher „nicht als bloße, entmaterialisierte Umsetzungen meiner Intentionen und Vorannahmen betrachtet werden" (ebd.). Dies gelte nicht nur bei „explizit ‚physischen' Handlungen, die als körperliche Bewegungen und Haltungen immer die spezifische Schwere und Beschränktheit ihrer Stofflichkeit an sich haben" (ebd.), sondern auch „mentale[.] Handlungen sind – selbst wo sie von physischen Konditionen weitgehend unabhängig scheinen, wie das Für-mich-über-etwas-Nachdenken – körperlich eingebunden und dadurch beschränkt" (ebd.) Für das Lernen bedeute dies, „daß ich in jede intentionale Lernhandlung immer irgendwie auch körperlich involviert bin" (Holzkamp 1995: 256) und „stets auch körperliche Bewegungen oder mindestens Haltungen" (ebd.) ausführe, z.B. „indem ich mich über ein Buch beuge, darin blättere" (ebd.). Aus dieser „unaufhebbaren körperlichen Situiertheit meiner Lernhandlungen ergibt sich darüber hinaus […], daß die Überwindung jeder beliebigen Lernproblematik immer auch auf irgendeine Weise die Berücksichtigung der benannten, *mit meiner Körperlichkeit gegebenen Verfügungsgrenzen, Behinderungen, Widerständigkeiten, Undurchschaubarkeiten* impliziert" (Holzkamp 1995: 257).

Dass „ich mit meinem Körper nicht nur situiert bin, sondern mich darin stets auch irgendwie zur Welt, zu mir selbst und anderen, ‚in Stellung bringe', also mich aktiv situiere" (Holzkamp 1995: 258) beschreibt Holzkamp als *mentalen Aspekt der Situiertheit.* Dieser würde häufig mit dem Konzept der Aufmerksamkeit beschrieben, Holzkamp zieht jedoch das prozesshaftere Konzept der Beachtung vor, bei dem „die Zuwendung, Abwendung, Zentrierung, Verteilung, Lenkung meiner Beachtung […] als Grundbestimmung des mentalen Charakters (oder Aspekts) von Handlungen" (ebd.) gelte. Die Beachtung bezeichnet er als *mental-sprachliche Situiertheit* und deutet sie mit Wygotzkis Konzept des ‚inneren Sprechens', weil, so die These Holzkamps, die Beachtung „meist mehr oder weniger deutlich eine – mindestens implizit – von mir selbst vollzogene *sprachliche Qualifizierung* der Betrachtungsweise" (ebd.) einschließe. Das innere Sprechen sei „willentliche, intentionale Zuwendung zur Welt, zu anderen und zu mir selbst" (Holzkamp 1995: 260) und ermögliche somit dem Subjekt qua Beachtungslenkung und -zentrierung „an den kritischen Punkten des Handlungsvollzuges seine Welt- und Selbsterfahrung auf die Erfassung jeweils relevanter Momente der sinnlichen Wirklichkeit [zu] richten, um so unmittelbaren Aufschluß über widerständige Beschaffenheiten der Realität zu gewinnen" (ebd.). Beim Lernen trete „das so gefaßte innere

Sprechen in Gestalt jener ‚an mich selbst' gerichteten Stellungnahmen zu meinen eigenen Lernhandlungen in Erscheinung, wie wir sie [...] als Selbstkommentare, Selbstaufforderungen, Selbstinstruktionen, Fragen an mich selbst etc." (Holzkamp 1995: 261) kennen, und falle somit „mit der Lernintention selbst, als deren jeweils konkrete Erscheinungsform, weitgehend zusammen" (ebd.).

Mit der *personalen Situiertheit* versucht Holzkamp (1995: 263), „die umfassenden gesellschaftlich-sozialen Bedeutungszusammenhänge vom sinnlich-konkreten Subjektstandpunkt in der Art, wie sie je mir als meine Befindlichkeit gegeben sind" zu explizieren und verweist dazu auf die

> „konkrete Person, die aufgund spezifischer Lebensverhältnisse (als individueller Aus- und Anschnitt allgemeiner gesellschaftlicher Lebensbedingungen) das geworden ist, was ich bin, mit dieser bestimmten Vergangenheit, aus der meine gegenwärtige Befindlichkeit und meine zukünftigen Möglichkeiten erwachsen. Dazu gehören natürlich auch mein Alter, Geschlecht, Wohnort, Beruf, meine soziale Stellung, aber nicht als bloß äußerliche Kennzeichen, sondern einbezogen in meinen konkreten individualgeschichtlichen Erfahrungshintergrund, von dem aus sie gewichtet, akzentuiert, eingefärbt sind."

Die personale Situiertheit erweise sich daher „als Vielfalt ineinander verschachtelter Möglichkeitsräume und deren spezifischer Grenzen" (Holzkamp 1995: 264). Holzkamp verweist in diesem Zusammenhang explizit auf die „Einheit zwischen Subjektivität und Intersubjektivität" (ebd.), die sich daraus ergebe, „daß gleichursprünglich mit meiner Person auch andere Personen gegeben sind, die jeweils von ihrem Standpunkt aus zur Welt, zu sich selbst und zu jeweils mir personal situiert sind" (ebd.) In der personalen Situiertheit sei daher „die wechselseitige Konstituierung meiner Welt- und Selbsterfahrung durch die der je anderen zwingend mitgemeint" (ebd.).[337] Konsequenzen für das Lernen zieht er aus dieser konstatierten Intersubjektivität nicht. Als den für das Lernen „relevante Moment der so verstandenen personalen Situiertheit" (ebd.) betrachtet er einzig „meine im phänomenal-biographischen Kontext erfahrenen Möglichkeiten, (jetzt noch) dieses oder jenes zu lernen" (ebd.); so hänge es von der spezifischen personalen Situiertheit ab, „was mir in welcher Weise überhaupt erst zum Lerngegenstand werden kann" (Holzkamp 1995: 267) – indem ich mir z.B. auf dem Hintergrund meiner biographischen Erfahrungen spezifische Fähigkeiten zuschreibe oder auch

337 Die sich dadurch ergebe, dass „[e]rst durch die personale Situiertheit der anderen [...]- indem ich für andere der/die andere bin, wir uns also wechselseitig als Subjekte (an) erkennen, deren Handlungsbegründungen prinzipiell für den anderen verständlich sind – auch je meine Situiertheit als diejenige dieses bestimmten Individuums, in der Art, ‚wie ich hier stehe', reflektierbar" (Holzkamp 1995: 264) werde.

nicht und so spezifische Lerngegenstände überhaupt erst zum Vorschein kommen oder aber mir verschlossen bleiben.

ANALYSE DES ZUSAMMENHANGS VON SUBJEKT- UND LERNVERSTÄNDNIS

Das Subjektverständnis der Subjektwissenschaft wird nicht nur explizit reflektiert, sondern ist deutlich komplexer und vielschichtiger als die ‚Subjektverständnisse' der vorangegangenen Lernparadigmen. Auch wenn einerseits die Situiertheit des Subjekts betont wird, schimmert im Subjektverständnis der Subjektwissenschaft andererseits jedoch deutlich die klassische Figur des souveränen, autonomen Subjekts (siehe dazu Kap. II.1.1) hindurch. Das Lernsubjekt wird konzipiert als ein heroischer Souverän, der im Kampf gegen eine widerständige Welt diese sich untertan zu machen sucht, um über die eigenen Lebensbedingungen verfügen und so die Qualität der eigenen Lebensverhältnisse erhalten oder erweitern zu können. Bis in die Wortwahl hinein zeigt sich, dass der Weltbezug des Subjekts einseitig als ‚Weltzugriff' und Versuch der ‚Weltaneignung' und ‚Weltverfügung' gedeutet wird.

Zudem bleibt das genaue Verhältnis von Bedingtheit, die im Konzept der Situiertheit eigentlich impliziert ist, und (Handlungs-)Freiheit ungeklärt. Zwar steht dem Subjekt eine widerständige Welt gegenüber, die seine Freiheit einschränkt, auf Seiten des Subjekts scheint Holzkamp jedoch von der „Mächtigkeit des Subjekts als Ursprung seiner eigenen Handlungen" (Holzkamp 1995: 116) überzeugt und schreibt so die klassische Figur des autonomen Subjekts fort. Dies wird auch deutlich in seiner Konzeption der körperlichen Situiertheit: Zwar bezieht er das Verständnis dieser dezidiert aus der Leibphänomenologie Merleau-Pontys (vgl. Holzkamp 1995: 253), die mit dem Konzept der Leiblichkeit den kartesischen Dualismus von Körper und Geist überwinden möchte, es zeigt sich jedoch bereits in der Begrifflichkeit – nicht *leibliche*, sondern *körperliche* Situiertheit –, dass Holzkamp hier ein dualistisches Verständnis wieder einschreibt. So sieht Holzkamp in der körperlichen Situiertheit einzig eine Beschränkung der Intentionalität und Handlungsfähigkeit des Subjekts. Bereits im Titel des Kapitels wird die körperliche Situiertheit als „Spannungsfeld zwischen intentionaler Gerichtetheit auf den Lerngegenstand und ‚zurückhaltender' Körperlichkeit" (ebd.) beschrieben; die zentrale Eigenschaft der Körperlichkeit wird darin gesehen, dass sie die intentionale Gerichtetheit auf den Lerngegenstand 'zurückhalte'. Bezüglich der körperlichen Situiertheit des Lernens sieht Holzkamp (1995: 287) es daher als zentrale Aufgabe des Lernsubjekts, „meine körperliche Schwerfälligkeit, die ‚Unwilligkeit' meiner Gliedmaßen (‚Muskeln' und ‚Sehnen'), der Lernintention zu gehorchen", zu überwinden. Erst diese eindeutige und einseitige Interpretation der körperlichen Verfasstheit als passiver und ‚zurückhaltender' Aspekt ermöglicht Holzkamp im Gegenzug, die mental-sprachliche Situiertheit gegenteilig als aktiven und freiheitlich-spontanen Aspekt zu deuten. Damit aber trennt er auf dualistische Weise wieder das, was Merleau-Ponty mit seinem Konzept der Leiblichkeit zusammendenkt; so beschreibt dieser dezidiert auch die Spontaneität und Intentionalität als etwas Leibliches. Das Subjekt bei Holzkamp erscheint somit aber als vom Körper getrenntes Geistwesen, das in einem Körper gefangen ist und dessen ursprüngliche Autonomie einzig durch diese körperliche Verfasstheit wie die ihm entgegenstehende, widerständige Welt beschränkt ist.

Das Subjekt der Subjektwissenschaft ist somit trotz Betonung des körperlich-sinnlichen Aspekts vor allem ein rationales Geistwesen. Wie beschrieben betont Holzkamp zwar, er wolle „keineswegs in ‚rationalistischer' Weise behaupte[n], menschliche Handlungsvorsätze seien immer […] 'gut begründet' oder 'vernünftig'" (Holzkamp 1995: 25). Jedoch setzt sein Konzept des intentionalen (Lern-) Handelns voraus, Menschen könnten „nur dann intentional handeln [...], wenn sie bestimmte aus ihrer Lebens- d.h. Prämissenlage sich ergebende Gründe dafür haben" (Holzkamp 1994: 44). Somit trennt er auch hier untergründig auf dualistische Weise menschliches Handeln in entweder bewusstes, intentionales und begründetes Handeln oder gegenteilig unbewusstes, nicht-intentionales und bloß gewohntes Handeln bzw. Verhalten; Zwischen- oder Mischformen scheint es nicht zu geben. Zusätzlich schreibt er einzig der bewussten Seite die Möglichkeit zur Selbstbestimmung zu und sieht in der anderen eine reine Fremdbestimmung. Wenn Holzkamp (1995: 27) zudem konstatiert, „daß niemand bewußt seinen eigenen Interessen zuwiderhandelt", dann unterstellt er in ebenso rationalistischer Weise, dass Subjekte zumindest für ihr bewusstes Handeln stets eindeutige Interessen oder Gründe haben und diese auch kennen. Das Subjekt der Subjektwissenschaft ist somit ein in sich transparentes, mit sich stets identisches, rationales und vernünftiges Wesen, dem keinerlei innere Widersprüche, Zerrissenheiten oder Selbstfremdheit bekannt sind.[338]

338 Haug (2004: 27) sieht dies der Nähe Holzkamps zur Handlungsregulationstheorie geschuldet, die von ihm zum Teil bis in die Begriffswahl übernommen werde. „Es ist, als ob der Mensch der Handlungsregulationstheorie als ein zu optimierender maschineller Prozess konzipiert sei. Komplizierte Verhältnisse, wie etwa widersprüchliche Orientierungen, die wir doch als menschlich gewöhnlich annehmen, existieren auf dieser Ebene jedenfalls nicht." Abl (2007: 162) kritisiert ganz allgemein die dialektische Schwäche des holzkampschen Ansatzes: „[I]m Gegensatz zur Tradition der Dialektik, welche die Widersprüchlichkeit aufspürt und darin das zentrale Moment theoretischer Entfaltung erfährt, ist Holzkamp bestrebt, sie einzugrenzen und auszuschließen".

Diese so herausgearbeiteten Aspekte des Subjektverständnisses bei Holzkamp – souveränes, autonomes, rationales, sich transparentes und mit sich identisches Vernunft- und Geistwesen –, die allesamt der klassischen Figur des Subjekts entstammen, wirken sich deutlich auf dessen Lernverständnis aus. So wird schon von der Anlage her ein äußerst reduzierter Blick auf das Lernen gewählt, denn Holzkamp schließt, wie gezeigt wurde, jegliche impliziten und unbewussten Lernvorgänge aus seinem Lernverständnis aus bzw. markiert diese analog zum skizzierten dualistischen Handlungsverständnis als peripher, bezeichnet sie zwar als Mitlernen, analysiert sie jedoch nicht weiter.[339] Lernen kommt in der Subjektwissenschaft daher nur unter der Voraussetzung seiner Intentionalität, Begründetheit und Vernünftigkeit in das Blickfeld einer subjektwissenschaftlichen Perspektive. Auch Breinbauer (2008: 57) kritisiert, dass auf diese Weise „eine ganze Reihe von Lernmöglichkeiten ausgeblendet (z. B. latentes, passives, implizites, inzidentelles oder informelles Lernen) [würden], um das Subjekt als Souverän des Lernprozesses herauszustellen“. Frigga Haug (2004: 30) betont, dass andere Lernprozesse zwar nicht völlig ausgeblendet, wo thematisiert, jedoch mit abwertenden Zusatzworten versehen seien. Lernen werde von Holzkamp daher normativ gefasst, es sei jedoch fraglich, „ob es weiterführend ist, ein Modell von Lernen vorzulegen, dem gegenüber die meisten realen Lernvorgänge als defizitär erscheinen müssen“ (Haug 2004: 29). Was Holzkamp als Lernen beschreibe, sei lediglich „als Sonderfall allgemeiner, sich täglich vollziehender Lernprozesse zu denken“ (Haug 2004: 30).

Zudem muss betont werden, dass ein solches Lernverständnis blind bleibt für die Bedingtheit des Lernens, die nicht allein in der Widerständigkeit der dem Lernsubjekt gegenüberstehenden Welt und der Behäbigkeit und Begrenztheit des

339 Einzig in einem kurzen Unterkapitel thematisiert er das Verhältnis von Mitlernen und intentionalem Lernen, jedoch nur, um zu zeigen, dass Intention nicht mit Zielsetzung und Anspannung gleichbedeutend sei (Holzkamp 1995: 329), es vielmehr „in bestimmten Stadien, Springpunkten etc. des Lernprozesses“ (Holzkamp 1995: 330), also dann, „wenn ich mich ‚einseitig‘ zu fixieren, in Sackgassen hineinzugeraten, mich zu verrennen drohe“ (Holzkamp 1995: 331). Zielführend sei in diesem Fall, sich „ohne Aufgeben der generellen Lernintention so ‚zurücknehmen‘, daß affinitive Lernphasen möglich werden“ (Holzkamp 1995: 330f). Letztere seien gekennzeichnet durch „ein ‚Kommen-Lassen‘ von gegenständlichen wie sprachlichen Bedeutungsverweisen, ein ‚Sich-Zurücklehnen‘, Übersicht-Gewinnen, eine ‚distributive‘ (im Gegensatz zu ‚fixierender‘) Beachtung, die Aufhebung von Festlegungen und Beschränkungen durch das In-den-Blick-Nehmen des ‚Ganzen‘, dabei das Sich-leiten-Lassen von ‚Verwandschaften‘, das Fortgetragenwerden von einer Verweisung zur nächsten in den modalitätsübergreifenden Bedeutungsnetzen“ (Holzkamp 1995: 328).

Körpers besteht, sondern in der Bedingtheit des Lernsubjekts selbst. Denn dieses ist ja selbst (auch) aus Lernprozessen hervorgegangen und kam nicht als fertiges, erwachsenes Subjekt zur Welt. Zumindest in seiner Lernkonzeption geht Holzkamp jedoch explizit von einem erwachsenen Subjekt aus. So formuliert er, er habe sich „entschlossen, bei der folgenden Erarbeitung unseres subjektwissenschaftlichen Lernkonzeptes die Grundbestimmungen des Lernens nicht in frühen Stadien der Ontogenese, sondern in der Welt- und Selbstsicht von ‚je mir' als Lernsubjekt zu suchen" (Holzkamp 1995: 180). Als Grund hierfür gibt er an, „aufgrund der notwendigen Verflochtenheit kindlicher Lernfortschritte mit Unterstützungsaktivitäten Erwachsener" (ebd.) könnten diese nur „in Termini des ‚Lehrens' (im weitesten Sinne)" (ebd.) beschrieben werde. Eine „klare analytische Scheidung von ‚Lernen' und ‚Lehren'" (ebd.) sei hier „kaum möglich" (ebd.). Deutlich wird damit nicht nur, wie Holzkamp all jene Aspekte ausblendet, die sein Lernverständnis irritieren könnten, sondern auch sein nicht nur dualistisches[340], sondern zudem oppositionales Verständnis von Selbst- und Fremdbestimmung. Die mit diesem Verständnis einhergehende Unfähigkeit, die Bedingtheit des Lernens zu denken, zeigt sich auch an Holzkamps Verhältnisbestimmung von Lernen und Macht. Zwar verweist er auf die „allgemeine Verflochtenheit des Lernens mit gesellschaftlicher Macht" (Holzkamp 1995: 12), jedoch sieht er in der Macht allein eine fremdbestimmende, das Lernen be- und verhindernde Kraft, die untrennbar mit gesellschaftlicher Herrschaft verbunden sei.[341] Bedroht sei das Lernen durch „politische[.] Vereinnahmungsbemühungen" (ebd.); in Institutionen des Lernens – insbesondere der Schule – sieht Holzkamp daher allein den Versuch, „Kontrolle über die Lernenden an[zu]streben" (ebd.) und das Lernen „mittels Kanalisierung, Selektion, Einschwörung auf erwünschte Denk- und Sichtweisen derart zu be-

340 Bremer (2007: 226) kritisiert den häufigen Rückgriff Holzkamps auf „dichotome Kategorien (etwa frei – unfrei, selbst – fremd, bewusst – unbewusst, intentional – nicht intentional, Subjekt – Objekt) [...], die der Praxis nicht angemessen" seien, da „die Praxis der Akteure und ihre Lernpraktiken tatsächlich oft quer zu solchen Polen liegen" (ebd.) würde.

341 Dies wird auch darin deutlich, wie Holzkamp Michel Foucault interpretiert, dessen Verständnis von Disziplinarmacht er „heuristisch als analytisches Instrument zur Durchdringung der Widersprüchlichkeiten schulischen Lebens und Lernens benutzen" (Holzkamp 1995: 359) will. Jedoch interpretiert er Foucault, der mit seinem relationalen Machtverständnis die Logik von Selbst- und Fremdbestimmung durchkreuzt und ein oppositionales Verständnis gerade zu überwinden sucht, auf eine – für eine pädagogische Rezeption Foucaults allerdings typische (vgl. dazu Balzer 2004) – missverständliche Weise und betrachtet Macht als etwas Fremdbestimmendes und Unterdrückendes, nicht aber mit Selbstbestimmung Verwobenes und auch Hervorbringendes.

schränken, daß die herrschende Ordnung [...] nicht durch ein ‚Zuviel' des Lernens gefährdet wird" (ebd.). Die Schule, die für Holzkamp nicht eine Stätte des Lernens, sondern der Lernbehinderungen ist, stelle „die offenbar wirkungsvollste Instanz indirekter Herrschaftssicherung durch Lernreglementierung" (ebd.) dar. Auch in der Lehrperson sieht Holzkamp alleinig eine Behinderung des Lernens, da der Lehrer sich durch sein instruktional-didaktisches Handeln zum Subjekt des Lernens mache (Holzkamp 1995: 391ff). Bremer (2007: 226) konstatiert, dass Holzkamp „Lehre tendenziell 'unter Verdacht'" stelle und annehme, „dass diese prinzipiell gegen die Subjekte gerichtet ist und expansives Lernen behindert" (ebd.). Aufgrund dieses oppositionalen Verständnisses von Selbst- und Fremdbestimmung wird aber die soziale Bedingheit des Lernens selbst nicht thematisierbar. Daher kritisiert Haug zu Recht, damit werde verhindert, dass „die massenhafte Weise, wie die herrschenden Verhältnisse gewissermaßen in die Poren der je Einzelnen sich einnisten, wie Medien, Traditionen, Kulturelles angeeignet werden, wie Gewohnheiten zustande kommen, unter Lernen fassbar wird" (Haug 2004: 29). Zudem bleiben die affektiv-motivationalen Aspekte im Lernen auch bei Holzkamp randständig.

Für unseren Zusammenhang am zentralsten ist aber, dass das Subjekt- und Lernverständnis der Subjektwissenschaft letztlich nicht nur viele Aspekte des klassischen Subjektverständnisses fortschreibt und trotz der Betonung der körperlichen Situiertheit des Subjekts und dessen Weltbezug einer dualistischen Bias folgt, sondern vor allem einem individualtheoretischen Verständnis verhaftet bleibt. Auch Faulstich/Grotlüschen (2006: 70) betonen, dass die „Sichtweise vom ‚Subjektstandpunkt' [...] eine ‚individualistische Schlagseite'" habe und Bremer (2007: 227) kritisiert, dass Holzkamp letztlich auf einer individualistischen Ebene bleibe, „bei der ein Ich einer fremden Umwelt gegenüber" stehe und „sich im Rahmen von Freiheitsgraden mit einer von Macht- und Herrschaftsstrukturen geprägten Gesellschaft auseinander" (ebd.) setze. Selbst der Subjektwissenschaftler Dreier (2006: 78) konzediert, dass Holzkamp mit der restlichen Psychologie zumindest darin übereinstimme, dass er die Menschen in einer isolierten Situation studiere und „Lernen als kritische Auseinandersetzung mit sich selbst in der Abschottung und auf Distanz" beschreibe.

Wie gezeigt wurde, thematisiert Holzkamp unter dem Aspekt der personalen Situiertheit des Lernsubjekts zwar die soziale Konstituiertheit der Selbst- und Welterfahrung und postuliert eine Einheit von Subjektivität und Intersubjektivität, bereits seine ebenfalls dort (Holzkamp 1995: 264) formulierte Annahme einer Gleichursprünglichkeit von Subjekt und anderen Subjekten verrät jedoch, dass Holzkamp die Gewordenheit des Subjekts theoretisch ‚überspringt' und von einem allein stehenden und zuerst für sich existierenden, erwachsenen Subjekts ausgeht; denn wie anders könnte er zu der Annahme gelangen, andere seien gleichurprünglich – bringt ein Subjekt sich doch nicht selbst auf die Welt (Stichwort: Natalität); ergo gehen die anderen mir voraus. Nur so wird verständlich, warum Holzkamps Annahme der sozialen Konstituiertheit der Erfahrung für das Lernverständnis kaum eine Rolle spielt und sein Verständnis der Intersubjektivität völlig abstrakt bleibt. In seiner Annahme der personalen Situiertheit ist zwar auch eine soziale Situiertheit des Lernsubjekts impliziert, so dass Holzkamp im Gegensatz zu den beschriebenen Lernparadigmen zumindest davon ausgeht, „dass Lernende generell einen sozialen Ort haben“ (Bremer 2007: 225), nicht deutlich wird bei ihm jedoch „wie sich welche Zugehörigkeit in Lernprozessen auswirkt“ (ebd.) und auch „die Formen und Wege, über die solche überindividuellen Strukturen zu den Subjekten gelangen“ (Bremer 2007: 227) bleiben unthematisiert.[342] Ähnlich betonen auch Faulstich und Ludwig (2004: 12), dass Holzkamp zwar von ‘gesellschaftlichen Individuen’ ausginge, diese „aber immer nur als Einzelne betrachtet [würden], denen die Gesellschaft allgemein gegenübergestellt wird“. Daher bleibe „deren gesellschaftliche Bestimmung abstrakt, nicht historisch konkret bezogen in Interaktions- und Kommunikationsstrukturen mit anderen Menschen“ (Faulstich/Ludwig 2004: 19); daraus folge auch, dass die „‚mittlere‘, institutionelle Ebene [...] weitgehend ausgeblendet“ (Faulstich/Ludwig 2004: 12) bleibe. Anders gesagt: Die konkreten anderen lösen sich somit in der angenommenen, theoretisch aber nicht ein- und ausgearbeiteten sozialen Konstituierung der Ersten-Person-Perspektive und deren Erfahrung auf und spielen so für das subjektwissenschaftliche Lernverständnis keine wirkliche Rolle. Das Lernsubjekt hat zwar einen Welt- nicht jedoch einen konkreten Anderenbezug, zentral für Lernprozesse sind daher auch Lerngegenstände, nicht aber andere, von denen oder durch die man lernen kann. Beziehungen zwischen Subjekten geraten bei Holzkamp bezüglich des Lernens überhaupt nur im Lehr-Lern-Verhältnis in den Blick und dieses Verhältnis wird allein auf seine negativen Auswirkungen hin reflektiert. Dass andere auch positiv zum Lernen beitragen, das Begehren zum Lernen anstacheln können, wird aus einer subjektwissenschaftlichen Perspektive nicht sichtbar. Faulstich und Ludwig (2004: 19) kritisieren, dass in der subjektwissenschaftlichen Lerntheo-

342 So zeigt sich, dass Holzkamp vor allem auch die eigene soziale Situiertheit und deren Auswirkungen auf seine theoretische Konzeption aus dem Blick verliert. Aus milieutheoretischer Perspektive verweist Bremer (2007: 225) darauf, dass die paradigmatische Lernhandlung bei Holzkamp, das erlernende Hören der schönbergschen Orchestervariationen, „der Praxis oberer Milieus“ entspreche und „an deren sozial und ökonomisch privilegierte Lage“ (ebd.) gebunden sei und schlussfolgert: „Insofern ist auch derart expansives, auf Handlungssuspendierung beruhendes Lernen ein Privileg.“ (ebd.) Es sei wahrscheinlich, dass in anderen Milieus das Mitlernen eine größere Rolle spiele (ebd.).

rie die „personale Interaktion und die wechselseitigen Anerkennungsbeziehungen im Verhältnis der Lernenden und Lehrenden sowie die institutionellen Strukturen [...] in ihrem Verhältnis zur Lernhandlung wenig reflektiert und nur allgemein kritisiert“ würden. Der kritisierten Dritten-Person-Perspektive der traditionellen Lerntheorien setzt Holzkamp die Erste-Person-Perspektive entgegen, die Zweite-Person-Perspektive, aus der die konkreten anderen in den Blick geraten, bleibt hingegen völlig ausgeblendet.

FAZIT

Der subjektwissenschaftlichen Lerntheorie Holzkamps ist es zu verdanken, dass die Erste-Person-Perspektive gegenüber der Dritten-Person-Perspektive der traditionellen Lerntheorien rehabilitiert und somit im psychologisierten Lerndiskurs der Vollzug des Lernens thematisiert wurde. Zahlreiche Phänomene des Lernens, die nur aus einer Ersten-Person-Perspektive in den Blick geraten und in den anderen Lernparadigmen unthematisiert blieben, wie die vielen verschiedenen Möglichkeiten, sich im Lernprozess zu sich selbst und zum Lerngegenstand zu verhalten, kommen im Lernverständnis der Subjektwissenschaft zum Zuge. Holzkamp beschreibt jedoch den Subjektstandpunkt beim Lernen in einer kruden Mischung aus Begriffen und Konzepten, die der Phänomenologie, Bewusstseinstheorie und Handlungsregulationstheorie entstammen sowie einer lebensweltlichen Alltagssprache. Haug kritisiert daher zu Recht, dass Holzkamp diese Begriffe, die allesamt theoretisch aufgeladen seien, nicht theoretisch reflektiere, sondern sie benutze, „als seien sie unschuldige und eindeutige Worte, die man in einen beliebigen Kontext einsetzen und belasten“ (Haug 2004: 128) könne. Dies verweist auf die allgemeinere Problematik, dass es der subjektwissenschaftlichen Lerntheorie zwar nicht hoch genug angerechnet werden kann, deutlich gemacht zu haben, dass die Frage nach dem Lernen und die Frage nach dem Subjekt untrennbar miteinander verbunden sind, sie jedoch die Frage nach dem Subjekt für schon beantwortet hält und diese nicht ausgiebig auf dem Hintergrund der Debatte um das Subjekt und die Subjektivität reflektiert. Auch Faulstich und Ludwig (2004: 19) schreiben: „Merkwürdig ist, dass dieser – obwohl zentrale Begriff [des Subjekts] – bei Klaus Holzkamp erstaunlich allgemein bleibt.“ Somit bleibt Holzkamp einem – wie sich zeigen wird, vielfach und aus guten Gründen kritisierten – klassischen Subjektverständnis sowie dessen dualistischer und individualtheoretischer Bahnung verhaftet. So reklamiert Holzkamp zwar die Erste-Person-Perspektive, beschreibt diese aber erstens in einer aus vielen Gründen (s.o.) zu kritisierenden spezifischen Fassung, zweitens verliert er, indem er die Dritte-Person-Perspektive völlig ausblendet, die Bedingtheit des Subjekts und des Lernens aus dem Blick und drittens bleibt die Zweite-Person-Perspektive gänzlich unthematisiert.

Aus der Perspektive einer pädagogischen Theorie des Lernens weist die Subjektwissenschaft ein zentrales Defizit auf, infolge dessen die pädagogischen Bezüge und deren konstitutiven Bestandteil an Lernprozessen nicht erklärt werden können. Gegenüber den anderen Lernparadigmen ist die Subjektwissenschaft jedoch dahingehend von Vorteil, dass mit ihr sowohl spezifisch das menschliche Lernen als auch die inhaltliche Seite des Lernens thematisiert werden können. So lässt Holzkamp konsequent ein formalistisches Verständnis des Lernens, wie es in den anderen Lernparadigmen üblich war, zurück und betont die Abhängigkeit der Formen des Lernens von dessen Inhalten. Anders gesagt: Lernen wird als ein bedeutungsvoller Prozess bzw. als ein Eindringen in eine allgemeine Bedeutungsebene beschrieben. Jedoch wird diese Bedeutungsebene theoretisch nur angedeutet, nicht aber ausformuliert. Teilweise scheint Holzkamp dabei von einem einheitlichen, in seinen Worten ‚gesamtgesellschaftlichen' (Holzkamp 1994: 253) Bedeutungszusammenhang auszugehen. Fraglich ist aber, ob diese transsubjektive Bedeutungsebene als einheitlicher, übergeordneter Rahmen verstanden werden kann, oder nicht viel mehr pluralistisch, in sich gebrochen und als vielfach widersprüchlich gefasst werden muss.

Fazit zu Studie I

> „Diesem erst nachträglich anerkannten Sozialen steht als Gegenmuster die Auffassung der sozialen Umgebung als einer unwiderstehlichen verdinglichten Macht entgegen, der es geboten ist, sich einspruchslos und restlos anzupassen."
> GORDANA JOVANOVIČ[343]

In Studie (I) wurden die vier großen ‚Lernparadigmen' – Behaviorismus, Kognitivismus, Konstruktivismus und die Neurowissenschaften – sowie die subjektwissenschaftliche Lerntheorie in ihren Grundgestalten und ihrer grundlegenden Theoriearchitektur rekonstruiert. Ein besonderes Augenmerk wurde dabei auf die jeweiligen Grundannahmen und deren kategoriale Fassungen gelegt. Herausanalysiert wurden vor allem die jeweiligen grundlegenden Lernverständnisse und die Subjektimplikationen der Lernparadigmen. Durchgängig konnte dabei gezeigt werden, dass die jeweiligen Subjektverständnisse eine wesentliche Wirkgröße für die spezifischen Lernverständnisse darstellen und somit eine gegenstandskonstitutive Bedeutung haben. Wer oder was in den Lernparadigmen als Subjekt des Lernens gilt und welche Eigenschaften diesem Lernsubjekt zugeschrieben werden, hat, wie gezeigt wurde, einen wesentlichen Einfluss darauf, was jeweils unter Lernen verstanden wird.

Bei allen Unterschieden in den jeweiligen Subjektverständnissen[344] zeigten sich zwei gemeinsame Muster, die als die in der gängigen kategorialen Fassung

343 Jovanovič 2005: 54.

344 Genauer analysiert werden die Unterschiede in den Subjektverständnissen nicht hier, sondern in Kap. II.1.1 – auf dem Hintergrund der rekonstruierten Figur des modernen Subjekts und dessen Eigenschaften.

des Lernens implizierte ‚Analytik der Wahrheit' gelten können: die dualistische und individualtheoretische Bahnung der Subjektverständnisse. Wie andere zentrale Aspekte des Subjektverständnisses wirkte sich auch diese Bahnung auf die jeweiligen Lernverständnisse aus. Es wurde gezeigt, wie Einseitigkeiten, Probleme und Widersprüchlichkeiten der jeweiligen Lernverständnisse wesentlich mit der dualistischen und individualtheoretischen Bahnung des Subjektverständnisses zusammenhängen.

Dabei verweist die *dualistische Bahnung* der Subjektverständnisse der Lernparadigmen auf die Unhintergehbarkeit einer ‚Ontologie des Lernens'. So wie jede Lerntheorie notwendig subjekttheoretische Implikationen enthält, gilt dies auch für ontologische Annahmen. Keine Lerntheorie kann sich der Frage entziehen, was sie als ‚Sein' oder als ‚Wirklichkeit' voraussetzt und welche unterschiedlichen ‚Seinsbereiche' oder ‚Wirklichkeitsebenen' sie annimmt. Alle untersuchten Lerntheorien blieben der kartesischen dualistischen Ontologie verhaftet, die zwei wesentliche Seinsbereiche oder Wirklichkeitsebenen unterscheidet und strikt voneinander trennt: ‚res extensa', die physischen Welt der Materie und ‚res cogitans', die psychische Welt des Geistes. Diesem dualistischen Zuschnitt unterliegt auch der Mensch, der in Körper und Psyche getrennt betrachtet wird und aus dieser Sichtweise einerseits mit seinem Körper der materiellen Außenwelt, andererseits mit seiner Psyche der geistigen Innenwelt zugehörig ist.

Ausgehend von einem dualistischen Verständnis der Wirklichkeit sowie einem positivistischen Wissenschaftsverständnis exkludiert der *Behaviorismus* die geistige Innenwelt der untersuchten Subjekte, um sich auf das in der Außenwelt beobachtbare Verhalten zu beschränken. Übrig bleibt das Subjekt als Körper bzw. als Organismus, der – da vollständig Naturgesetzen unterworfen – im Grunde nichts als eine komplexe Maschine darstellt. Lernen wird dementsprechend als rein fremdbestimmtes, determiniertes Geschehen – der Konditionierung, Gewohnheitsbildung und Anpassung – verstanden. Ausgeblendet werden dadurch die schöpferischen, kreativen, spontanen und transformativen Aspekte des Lernens. Die Exkludierung der geistigen Innenwelt führt zudem zur Exkludierung der Vollzüge des Lernens und damit der vielfältigen sich aus Erster-Person-Perspektive zeigenden Phänomene des Lernens.

Auch die *Neurowissenschaften* reduzieren ein zunächst dualistisch verstandenes Subjekt auf seine materielle und körperliche Dimension. In einer Kreuzung aus Materialismus und Rationalismus reduziert die Gehirnforschung den menschlichen Körper nochmals auf das materialisierte ‚Denkorgan': das Gehirn. Die damit auch vollzogene Materialisierung des Lernens, die in Lernen einen neuronalen Vorgang sieht, führt zugleich zu einer Determinierung des Lernens, zu einer Formalisierung des Lernens, d.h. der Ausblendung der inhaltlich-sachlichen Ebene des Lernens, sowie zu einer Ausblendung des Lernvollzugs.

Entgegen dem materiellen Reduktionismus des Behaviorismus und der Neurowissenschaften, kommt es in im Kognitivismus, im Konstruktivismus und in der Subjektwissenschaft letztlich zu einem geistigen Reduktionismus. Im Computermodell des *Kognitivismus* wird in dualistischer Manier der Geist vom Körper getrennt und angenommen, dass sich der Geist zum Körper wie die Soft- zur Hardware verhält. Der menschliche ‚Geist' wird somit zu einem informations- und symbolverarbeitenden System (Software/Programmebene), das ins Gehirn als einer universellen Turingmaschine (Hardware/physische Ebene) eingebaut ist. Es ist diese Ebene, auf der sich der Prozess des Lernens – als Informationsverarbeitung – wesentlich vollzieht. Dies führt vor allem zu einer Exklusion der leiblichen und zunächst auch der affektiven Dimension des Lernens. Weil diese Ebene jedoch die psychische Innenwelt nur simuliert und somit eine abstrakte Zwischenebene bildet, kommt es ebenfalls zur Exkludierung des Vollzugs des Lernens und der aus Erster-Person-Perspektive gegebenen Phänomenbreite.

Im Gegensatz dazu kapriziert sich der *Konstruktivismus* allein auf die Erlebenswirklichkeit und damit die psychische Innenwelt des Subjekts. In diesem Versuch, den Dualismus zur Seite des Geistes hin aufzulösen, blieb der Konstruktivismus entgegen seiner Intention dem Dualismus jedoch verhaftet. Abstrahiert wird auch hier vor allem von der körperlichen Dimension des Lernens. Während auch im Konstruktivismus trotz der Kaprizierung auf die Erlebenswirklichkeit die Bedeutung der Ersten-Person-Perspektive und der aus ihr sichtbar werdenden Phänomene noch nicht wirklich zum Zuge kommen, ist dies in der *subjektwissenschaftlichen Lerntheorie* der Fall. Doch auch hier ist, wie sich zeigte, das Subjekt ein vom Körper getrenntes Geistwesen, das in einem Körper gefangen und von diesem beschränkt wird. Zwar wird die körperliche Dimension des Lernens als körperliche Situiertheit betont, gerät jedoch allein als eine mögliche Beschränkung und Behinderung des Lernens in den Blick.

Durchgängig zeigte sich, dass es mit einer dualistischen Bahnung zu einer Ausblendung oder Marginalisierung der Vollzüge des Lernens und damit der vielfältigen sich aus Erster-Person-Perspektive zeigenden Phänomene des Lernens und bzw. oder der körperlichen Dimension des Lernens kommt.

Im Zusammenhang mit dieser dualistischen Bahnung steht auch *die individualtheoretische Bahnung*. Zugrunde liegende Bezugseinheit ist dann stets ein Einzelwesen, das als von seiner Umwelt und seinen Mitmenschen zunächst getrennt gedacht wird. Gekreuzt mit einem dualistischen Verständnis des Einzelmenschens, ist die Bezugseinheit der den Körper bewohnende individuelle Geist bzw. die Psyche oder das Bewusstsein des Menschen.

Im *Behaviorismus* ist die grundlegende Bezugseinheit der Einzelorganismus, der jedoch eine gegenüber seiner Umwelt letztlich abhängige Größe darstellte. Der zentrale ‚Schnitt' verläuft dabei zwischen Einzelorganismus und Umwelt, diese Grenze – die ‚Oberfläche des Verhaltens' – wird daher zum Ort des Lernens im Behaviorismus. Andere menschliche Subjekte spielen daher keine gesonderte Rolle im Behaviorismus, sie gehen letztlich in der Umwelt bzw. – aus Sicht des Organismus – in der ‚Reizflut' auf: Es wird zwischen menschlichen und nicht-menschlichen Reizen nicht unterschieden. Auch zwischenmenschliche Beziehungen existieren somit nur als Reiz-Reaktions-Konstellationen. Als Teil der Umwelt wird anderen Menschen fürs Lernen daher auch nur eine gewissermaßen manipulierende Rolle zugestanden.

Auch der *Kognitivismus* bezieht sich wesentlich auf den Einzelorganismus, zentral vor allem dessen Geist, der als symbolverarbeitendes System modelliert wird und mit Ausnahme der über die Sinneskanäle einkommenden Sinnesdaten von der Umwelt getrennt ist. Da Lernen hier zwar auch als eine beobachtbare Verhaltensveränderung betrachtet wird, diese aber wesentlich durch das informationsverarbeitende Geschehen zwischen Input und Output erklärt wird, wird der Ort des Lernens hier tendenziell von der ‚Oberfläche des Verhaltens' in das symbolverarbeitende System des Geistes verlegt. Der isolierte Geist ist somit nicht nur von der Um-, sondern auch seiner Mitwelt, d.h. von konkreten anderen isoliert. Auch diese erreichen ihn nur über seine Sinnesorgane und die hier hereinkommenden Informationen. Andere menschliche Subjekte gehen somit letztlich in diesem Input auf: Es wird zwischen von Menschen und von der dinglichen Umwelt kommenden Informationen nicht unterschieden. Auch zwischenmenschliche Beziehungen existieren somit nur als ein informationelles Geschehen. Eine Rolle für das Lernen spielen die anderen daher auch lediglich als gezielte Überbringer und Vermittler von Information.

Zentrale Bezugseinheit des *Konstruktivismus* ist, je nach Variante, das Einzelgehirns – als Gehirn-an-sich – oder aber ein Einzelsubjekt bzw. dessen Erlebenswirklichkeit. Auch hier wird somit das Subjekt individualtheoretisch verstanden: Es existiert vor allem für sich und ist von der Umwelt, hier tatsächlich radikal, getrennt. Auch hier ist der Ort des Lernens somit der menschliche Geist, der hier jedoch ein geschlossenes System darstellt. Lernen ist demnach ein Vorgang der individuellen Konstruktion und auch andere Subjekte und zwischenmenschliche Beziehungen sind letztlich nur individuelle Konstrukte. Das Lernen geht somit den anderen voraus, sind die anderen aber erst einmal konstruiert, so können sie – so zeigte sich bei von Glasersfeld – bestätigenden und bzw. oder aber eine produktiv-irritierenden Einfluss auf das Lernen haben.

In den *Neurowissenschaften* zeigt sich ebenfalls ein individualtheoretisches Verständnis: Ort des Lernens und zentrale Bezugseinheit ist hier das Einzelgehirn, das entweder analog zu kognitivistischen Annahmen als ein informationsverarbeitendes System oder aber analog zu konstruktivistischen Annahmen als ein Selbst und Welt erzeugendes geschlossenes System modelliert wird. Die Rolle, die dabei den anderen für das Lernen zugeschrieben wird, entspricht analog dazu diesen Deutungen und ist verschwindend gering. Trotz dieses individualtheoretischen Zuschnitts zeigt sich jedoch, dass einige neuere Ergebnisse der Neurowissenschaften die Rolle der anderen für das Lernen betonen und unterstreichen. Angemessene theoretische Modelle hierfür existieren jedoch nicht; in Widerspruch zu einem solchen Verständnis steht ohnehin das neuronale Primat.

Auch in der *subjektwissenschaftlichen Lerntheorie* wird ein individualtheoretisches Verständnis zumindest aufgebrochen, indem die soziale Konstituiertheit des Selbst- und Weltverständnis betont wird. Jedoch wird hier dezidiert nicht von einem Primat der Anderen sondern von einer Gleichursprünglichkeit von Ich und anderen ausgegangen. Zudem zeigt sich, dass insgesamt von einem Einzelsubjekt ausgegangen wird, das einer fremden Welt gegenübersteht und diese für sich bestmöglich bewältigen muss. Die konkreten anderen lösen sich letztlich in der sozialen Konstituierung der Ersten-Person-Perspektive auf und spielen so für das subjektwissenschaftliche Lernverständnis keine wirkliche Rolle. Das Lernsubjekt hat somit zwar einen Welt- nicht jedoch einen konkreten Anderenbezug. Andere geraten daher in Bezug auf das Lernen auch nur als Lehrende und Lehren nur als eine Behinderung des Lernens in den Blick. Zwar wird somit die Dritte-Person-Perspektive auf das Lernen zugunsten einer Ersten-Person-Perspektive überwunden, eine Zweite-Person-Perpektive bleibt jedoch außen vor.

Die individualtheoretische Bahnung, so zeigt sich durchgängig, führt somit dazu, dass die (konstitutive) Bedeutung der Anderen und des zwischenmenschlichen Geschehens für das Lernen marginalisiert oder gar ausgeblendet wird. Selbst wo dies dezidiert geschieht, scheinen geeignete Sprach- und Denkmuster zu fehlen. Somit ergibt sich als ein zentrales Ergebnis dieser ersten Studie die Notwendigkeit eines Subjektverständnisses, das die dualistische und individualtheoretische Bahnung angemessen verwinden kann. Von diesem her kann dann ein Verständnis des Lernens gewonnen werden, das nicht an den aufgezeigten Einseitigkeiten und ‚blinden Flecken' der gängigen Lernverständnisse ‚leidet'. Auf die Bewältigung dieser Aufgabe zielt die Studie II.

Zuvor sollen jedoch noch einmal gebündelt die ‚Einsichten' bzw. ‚Erkenntnisse' hinsichtlich des Lernens dargestellt werden, die sich im Durchgang dieser Studie ergaben und hinter die nicht wieder zurückgefallen werden sollte: Zunächst gilt, dass ausgehend von der Kritik am Objektivitäts- und Wirklichkeitsideal der an den Naturwissenschaften orientierten (Lern-)Psychologie und deren Lernkonzepten sowie den Einsichten einer Kybernetik zweiter Ordnung Lernen nicht gegenstands-, sondern beobachtungstheoretisch verstanden werden sollte: Lernen *ist* somit nicht *etwas*, sondern ist ein Erklärungs*prinzip*, das beobachtbare Verhaltensveränderungen ursächlich auf einen einheitlichen Prozess, den des Lernens, zurückführt bzw. ist ein Beobachtungs*begriff*, der auf eine spezifische Perspektive verweist, die (pädagogische) Wirklichkeit zu sehen und zu deuten. Dies enthebt jedoch nicht der Aufgabe, eine Lernkonzeption, d.h. eine spezifische Beobachtungsperspektive, zu konzipieren, die einerseits auch das beschreiben kann, was lebensweltlich unter Lernen phänomenal verstanden und beschrieben wird, andererseits die Einseitigkeiten und Probleme dieses gängigen Verständnis des Lernens überwinden kann. Nichthintergehbar ist dazu die *körperliche Dimension des Lernens*, die unter anderem auf die bedeutsame Rolle vor-, nicht-, und unbewusster Lernprozesse verweist, aber auch auf die Bedeutung von alltäglichen sich wiederholenden Erfahrungen sowie körperlichem Tun. Diese körperliche Dimension sollte aber nicht von einer geistigen Dimension des Lernens als radikal getrennt betrachtet werden bzw. gegen diese ausgespielt werden. Genauso Nichthintergehbar sind nämlich die Rolle der Ersten-Person-Perspektive und die Vollzüge des Lernens, hierzu gehört die Möglichkeit, sich zu den gegebenen Bedingungen noch einmal verhalten zu können. So muss einerseits die (situative, kulturelle, soziale etc.) Bedingtheit des Lernsubjekts sowie des Lernens betont werden, zugleich darf Lernen nicht als ein determinierter Prozess betrachtet werden. Ausgegangen werden sollte von einer Situiertheit des Lernsubjekts, ohne in ein oppositionales Verständnis von Autonomie und Heteronomie sowie Geist und Körper zurückzufallen. Auch ergab sich, dass Lernen als ein das ganze Subjekt umfassender Prozess betrachtet werden sollte. Auch Anlage und Umwelt sollten nicht voneinander getrennt betrachtet werden; Entwicklung ist demnach ein *Ineinander* von Umwelterfahrungen und Dispositionen, das auch lerntheoretisch als Vorgang des *Sich-Erlernens* gedeutet werden kann. Nicht nur die Subjektwerdung, sondern auch die Subjekttransformation ist somit lerntheoretisch als ein Geschehen zu deuten, bei dem sich das Subjekt als Ganzes bildet bzw. umbildet. Nicht übergangen werden darf bei einem solchen Verständnis jedoch, dass zu den zentralen Bedingungsfaktoren des Lernens die bisherige Erfahrungs- und Lerngeschichte des Lernsubjekts und die so erworbenen ‚internen' Strukturen bzw. das Vorwissen zählt, sowie die damit verbundene Einsicht, dass Lernprozesse nicht von außen linear beeinflussbar und direkt steuerbar sind. Eine weitere Herausforderung ergibt sich daraus, dass – besonders bedeutsam für ein pädagogisches Verständnis des Lernens – die inhaltliche-sachliche Dimension des Lernens nicht übergangen werden sollte; also sowohl, dass Lernen immer ein Lernen von Etwas ist, als auch, dass Lernen ein bedeutungsvoller Prozess bzw. ein Eindringen in eine allgemeine Bedeutungsebene ist. Die Herausforderung dabei ist nicht nur, diese Bedeutungsebene nicht von einem einheitlichen Horizont her zu beschreiben, sondern vielmehr das gelernte ‚Etwas' nicht verdinglicht bzw. essentialistisch oder substantialistisch zu verstehen. So verwies die konstruktivistische Kritik völlig zu Recht darauf, dass Wissen nicht *etwas* ist, das in unseren Köpfen existiert und Lernen nicht ein Erwerb von *Etwas* bzw. die Übernahme eines *Etwas* von Außen nach Innen verstanden werden sollte. Hier ergibt sich die Schwierigkeit, ausgehend von dieser Annahme nicht in ein rein formalistisches Verständnis des Lernens auszuweichen. Als bedeutsam in diesem Zusammenhang könnte sich die zentrale Unterscheidung von ‚Wissen-Wie' und ‚Wissen-Was' erweisen. Somit sind die wesentlichen Einsichten, Aufgaben und Herausforderungen genannt, die in der zweiten Studie bearbeitet werden sollen.

Studie II: Lernen, Subjektivität und Relationalität. Schritte zu einer relationalen Theorie des Lernens

Einleitende Bemerkungen zur Studie II

> „Ein gehaltvoller Begriff des Lernens, welcher mehr und anderes meint als eine bloß gesellschaftlich willkommene Änderung, setzt sich dabei der Gefahr aus, die Geschichte der beteiligten Disziplinen, insbesondere von Philosophie, Psychologie und Pädagogik als ganze aufzurollen, sich zu verzetteln und aufgrund des ruhelosen Umherblickens zu taumeln. Diese Schwierigkeit ist nicht gänzlich zu vermeiden."
> KÄTE MEYER-DRAWE[345]

Studie I zeigte erstens, dass das Subjektverständnis einer Lerntheorie eine wesentliche Wirkgröße für das Lernverständnis dieser Theorie darstellt, somit gegenstandskonstitutiv ist: Wer oder was in einer Lerntheorie als Subjekt des Lernens gilt und welche Eigenschaften diesem Lernsubjekt zugeschrieben werden, hat, so wurde gezeigt, einen wesentlichen Einfluss darauf, was jeweils unter Lernen verstanden wird. Zweites zentrales Ergebnis der Studie I ist, dass bei allen Unterschieden der großen Lernparadigmen, diese in ihrer kategorialen Fassung alle ein dualistisches und individualtheoretisches Verständnis des Subjekts und des Lernens aufwiesen. Es wurde drittens in Studie I deutlich gemacht – und im letzten Abschnitt, im Fazit zur Studie I, noch einmal zusammenfassend dargestellt – zu welchen Einseitigkeiten, Problemen und Widersprüchen die dualistische und individualtheoretische Bahnung führt. Somit ergibt sich als zentrales Ergebnis der Studie I die Notwendigkeit der Formulierung einer Subjektkonzeption, die die dualistische und individualtheoretische Bahnung hinreichend verwinden kann, um

345 Meyer-Drawe 2008a: 34.

ausgehend von dieser ein Verständnis des Lernens zu gewinnen, das die aufgezeigten Einseitigkeiten, Probleme und Widersprüche der gängigen Lernverständnisse hinter sich lassen kann. Auf die Bewältigung dieser Aufgabe zielt die Studie II.

Als erster wichtiger Schritt dazu (II.1) erfolgt ein Rückgriff auf den Diskurs um die Figur des modernen Subjekts, die eng mit den Subjektverständnissen der Lernparadigmen zusammenhängt und die eine breite Kritik, sowie eine Reihe von Über- und Verwindungsversuchen erfahren hat. Dargestellt werden die Genese der Figur des modernen Subjekts und die ihm zugeschriebenen Facetten und Eigenschaften (II.1.1), die zentralen Positionen und Argumente der Kritik am modernen Subjekt (II.1.2) und schließlich die Konturen, Facetten und Eigenschaften eines kritisch-reformulierten, dezentrierten Subjektverständnisses (II.1.3). Ausgehend von letzterem kann bereits ein verändertes Lernverständnis formuliert werden. Dies geschieht erstens durch eine lerntheoretische Interpretation der wesentlichen Eigenschaften und Konturen des reformulierten, dezentrierten Subjektverständnisses (in II.1.3), zweitens werden in einem weiteren wichtigen Schritt (II.2) einige bereits vorhandene lerntheoretische Anschlüsse an ein solches reformuliertes Subjektverständnis aufgezeigt: das Konzept des impliziten Wissens (II.2.1), praxistheoretische Perspektiven auf Lernen und Wissen (II.2.2), die kybernetische Lerntheorie Gregory Batesons (II.2.3), eine leibphänomenologische Perspektive auf Lernen (II.2.4), die lerntheoretische Bedeutsamkeit der bourdieuschen Praxeologie (II.2.5), die Theorie des situierten Lernens (II.2.6) und die phänomenologischen Betrachtungen zum Umlernen (II.2.7). Mehr oder weniger dezidiert versuchen diese Lerntheorien oder lerntheoretische Ansätze, Lernen nicht vor der Hintergrundfolie des modernen Subjekts zu verstehen und betonen dazu vor allem die implizite sowie leibliche Dimension des Lernens und verstehen Lernen entweder vom Konzept der Erfahrung oder vom Konzept der Praktiken her.

Die lerntheoretischen Anschlüsse an das dezentrierte, reformulierte Subjektverständnis verwinden zwar die dualistische Bahnung des Lernens überzeugend, aber nicht oder nicht hinreichend die individualtheoretische Bahnung. Um an dieser Stelle weiterzukommen ist es erneut nötig, den lerntheoretischen Diskurs zu verlassen und verschiedene Ansätze, Theorien und Diskurse zu beleuchten, in denen sich von einem individualtheoretischen Verständnis des Subjekts abzusetzen versucht wird (II.3). Beleuchtet wird dazu das relationale Denken des Soziologen Norbert Elias' (II.3.1), verschiedene entwicklungstheoretische Konzipierungen einer intersubjektiven Genese des Selbst (II.3.2), das Konzept eines relationalen Selbst im Sozialkonstruktionismus (II.3.3), Martin Bubers Explikation des ‚Zwischen' in seiner dialogischen Philosophie (II.3.4), die relationale Wende in der Psychoanalyse (II.3.5) und der sozialphilosophische Diskurs um Anerkennung (II.3.6). Gemeinsam ist dabei allen Ansätzen der Versuch der Über- bzw.

Verwindung eines individualtheoretischen Verständnisses, indem sie die konstitutive Bedeutung der – vor allem zwischenmenschlichen – Beziehungen für das Subjekt, aufzuzeigen und auszuformulieren versuchen. Die Erörterung und lerntheoretische Interpretation dieser ‚relationalen Ansätze' zielt dabei auf die Gewinnung von Sprach- und Denkmustern, die die Formulierung und Konzipierung eines relationalen Verständnis des Lernsubjekts sowie des Lernens – bzw. zumindest einige entscheidende Schritte zu einem solchen Verständnis – ermöglichen sollen.

In einem letzten Schritt (II.4) sollen schließlich die so gewonnenen Erkenntnisse mittels einer heuristischen Skizze eines relationalen Verständnis des Lernens weitestmöglich systematisiert und präzisiert werden. Dazu wird das in II.3 erarbeitete Verständnis von Relationalität und relationaler Subjektivität expliziert und noch einmal systematisch entfaltet sowie lerntheoretisch interpretiert. Unter Rückgriff auf zentrale Theorieelementen aus den lerntheoretischen Anschlüssen (II.2) wird sodann das so entwickelte relationale Verständnis des Lernens weiter entfaltet und ausdifferenziert.

II.1 Vom Tod des klassischen Subjekts zur kritischen Reformulierung eines dezentrierten Subjekts

> „Mein Problem bestand darin, selbst eine Erfahrung zu machen und die anderen aufzufordern, vermittelt über einen bestimmten historischen Inhalt an dieser Erfahrung teilzunehmen: nämlich an der Erfahrung dessen, was wir sind und was nicht nur unsere Vergangenheit, sondern auch unsere Gegenwart ausmacht; an einer Erfahrung unserer Modernität, derart, dass wir verwandelt daraus hervorgehen."
> MICHEL FOUCAULT[346]

> „Dies setzt ein Selbst voraus, das sich weder völlig aus sich selbst bewegt, noch einfach von anderem bewegt wird, sondern das sich selbst voraus ist und zugleich hinter sich zurückbleibt, ausgesetzt einer Fernwirkung, die alle potentielle Eigenwirkung übersteigt."
> BERNHARD WALDENFELS[347]

EINLEITENDE BEMERKUNG

Als erster, wichtiger Schritt hin zur Verwindung der dualistischen und individualtheoretischen Bahnung des Lernens sowie zur Gewinnung eines relationalen Verständnis des Lernens ist zunächst das Subjekt des Lernens anders zu konzipieren

346 Foucault 1996: 28f.

347 Waldenfels 2002: 195.

als gängigerweise in den Lernparadigmen. Dazu soll hier der lerntheoretische Diskurs im engeren Sinne verlassen werden, um den Diskurs um das Subjekt ins Visier zu nehmen. Die dort erfolgte gewaltige Verschiebung im Subjektverständnis soll nachvollzogen und lerntheoretisch fruchtbar gemacht werden.

Die Anfänge dieser ‚Verschiebung' sind bereits um die Wende zum 20. Jahrhundert auszumachen, jedoch wird sie im Verlaufe des Jahrhunderts immer breiter wie intensiver und spätestens seit den 1980er Jahren explizit unter dem Schlagwort ‚Tod des Subjekts' diskutiert. Ganz wesentlich ging es dabei um die ‚Entdeckung', dass das, was unter dem Titel *Subjekt* als eine universal gültige Kategorie verstanden wurde und wird[348], eine ganz spezifische menschliche Selbstbeschreibung ist, die einen historischen Entstehungs- und kulturellen Verbreitungshorizont aufweist, der aufs engste einhergeht und verknüpft ist mit der modernen, westlich-abendländischen Kultur. Parallel zur bzw. als Teil der Kritik an der Moderne wurde so eine *Kritik am modernen Subjekt* formuliert, die sich *erstens* darum bemühte, die historische Genese dieser Denkfigur nachzuzeichnen – nicht nur mit dem Ziel, deren historische Kontingenz aufzuzeigen, sondern auch, um ein expliziteres Verständnis der dem modernen Subjekt zugeschriebenen Eigenschaften zu erlangen –, *zweitens* diese Figur aus verschiedenen Perspektiven und mit verschiedenen Argumenten zu kritisieren[349], mit *drittens* dem Ziel, die Figur des modernen Subjekts zu überwinden. Diese im Zuge postmoderner Kritik an der Moderne erfolgten und mit dem Schlagwort ‚Tod des Subjekts' bezeichneten Überwindungsversuche – der Moderne wie des (modernen) Subjekts –, die zu heftigen Debatten zwischen Verfechtern und Verächtern der Moderne führten, sind in den letzten Jahren zunehmend verklungen und ein dritter – auf den ersten Blick moderater, vielleicht aber nicht weniger radikaler – Weg ist entstanden: Mit dem italienischen Philosophen Gianni Vattimo (2003) gesprochen[350] hat sich die Einsicht breit gemacht, dass man die Moderne und das moderne Subjekt nicht *über*winden, sondern nur *ver*winden kann. Denn die Figur des modernen Subjekts durchdringt zu tief unsere Sprache und unser Denken, als dass wir sie, wie eine Äußerlichkeit einfach abstreifen können. Was jedoch geleistet werden kann, sind *Verschiebungen und Verdrehungen des modernen Subjektverständnisses*, vor

348 Explizit wurde und wird das Verständnis des Subjekts in der Philosophie formuliert, implizit ist es aber auch in anderen wissenschaftlichen Disziplinen sowie dem Alltagsverständnis enthalten. Eng mit dem Konzept des ‚Subjekts' verbunden, wenn auch nicht vollkommen deckungsgleich, ist das, was als ‚Ich', ‚Selbst' oder ‚Individuum' bezeichnet wird.

349 Wobei der Aufweis der historischen Kontingenz bereits ein zentraler Zug der Kritik ist.

350 Der wiederum, wie bereits in der Einleitung zu dieser Arbeit erläutert, hier einen Begriff Heideggers aufnimmt (Vattimo 2003).

allem als Korrekturen von Einseitigkeiten und problematischen Annahmen. Statt also weiter den ‚Tod des Subjekts' zu proklamieren oder um die Sinnigkeit oder Unsinnigkeit dieser Formel zu streiten, sind eine Reihe von *kritischen Reformulierungsversuchen* entstanden, die darauf zielen, das Verständnis des modernen Subjekts zu ‚verwinden'.

Um diese Verschiebung im Subjektverständnis zu erörtern, soll zunächst in einer kurzen und sehr groben, wesentlich an die Analyse Charles Taylors angelehnte, Skizze die historische Genese des modernen Subjekts aufgezeigt werden und die wesentlichen dem modernen Subjekt zugeschriebenen Facetten und Eigenschaften aufgefächert und expliziert werden (II.1.1).[351] Darauf folgend sollen entlang der wichtigsten Stationen und einiger exemplarischer Positionen die zentralen Argumente der sich im 20. Jahrhundert entfaltenden Subjektkritik erörtert werden (II.1.2), bevor in einem dritten Schritt die Konturen, Facetten und Eigenschaften eines kritisch-reformulierten, dezentrierten Subjekts erläutert und lerntheoretisch interpretiert werden (II.1.3).

II.1.1 GENESE UND EIGENSCHAFTEN DES MODERNEN SUBJEKTS

Vom unterworfenen zum souveränen Subjekt

Zentrales Bedingungselement der Entstehung des modernen Subjekts ist das *Verschwinden vorneuzeitlicher Seinsordnungen*, die sowohl in der mitteralterlich-christlichen als auch antik-platonischen Variante göttlich gegebene, kosmische, metaphysische und übersubjekte Ordnungen darstellten. Es ist diese kosmische Seinsordnung, der ontische Logos, bzw. deren gesellschaftliches Abbild – die gegebene, göttliche gewollte Ordnung einer ständischen Gesellschaft –, die den vormodernen Menschen ihren Platz, ihren Lebenssinn und ihr Selbstverständnis zuwies. Mit dem Dahinschwinden des Gefühls, „der Kosmos sei ein sinnvoll geordnetes Gebilde" (Taylor 1994: 39), nimmt das aus der Seinsordnung heraustretende

351 Die überkomplexe Geschichte der Entstehung der Moderne und der Genese des modernen Subjekts auf nur wenigen Seiten angemessen zu erörtern, ist ein Vorhaben, das notwendig scheitern muss. Die folgende Skizze versucht auf dem Hintergrund von Charles Taylors Analyse der ‚Quellen des Selbst' (Taylor 1994) entlang ideengeschichtlich bedeutsamer Stationen die Logik der Genese des modernen Subjekts aufzuzeigen. Schon rein ideengeschichtlich wird die Genese des modernen Subjekts somit stark vereinfacht, die vielfältigen und komplexen Zusammenhänge dieser mit sozial-, kultur- und begriffsgeschichtlichen Zusammenhängen müssen hier leider ausgeblendet bleiben.

Subjekt jedoch die Rolle Gottes als Souverän ein. Statt in einem gegebenen Sein, in Gott oder in einer dritten Größe verankert zu sein, setzt das moderne Subjekt sich selbst und wird sein eigener Grund – *absolutum et inconcussum*. Das einstmals der göttlichen Seinsordnung unterworfene Subjekt, wird nun zur allem Sein zugrunde liegenden Größe. Wie Rogozinski (1987: 89) beschreibt, bezeichneten noch die Griechen mit *hypokeimenon* „den harten und geheimen Kern der Dinge“, während unter der lateinischen Übersetzung subjectum bereits dasjenige verstanden wurde, „was von sich selbst her den Dingen zugrundeliegt und als solches fortwährend anwesend ist“ (ebd.). Mit der Selbstsetzung des modernen Subjekts jedoch vollzöge sich „eine Einschränkung des *subjectum*, das jetzt nicht mehr nur den verborgenen Träger eines jeden Dinges bezeichnet, sondern ausschließlich die Subjektivität des Menschen meint“ (ebd.). Der göttliche Souverän wird abgelöst durch das souveräne, autonome und selbstbestimmte Subjekt, das in völliger Freiheit und Unabhängigkeit eine ihm eigene Kausalität besitzt, d.h. als *causa prima* seinen eigenen Handlungen zugrunde liegt bzw. sich als deren Verursacher bestimmt.[352] Es nimmt die Rolle Gottes als des Schöpfers wie des Herrschers ein.

Sich selbst gesetzt habend und sich selbst Gesetz gebend, sich somit fest im Zentrum bzw. im Mittelpunkt der Welt verankert habend, wird das autonome Subjekt zum *archimedischen Punkt der Erkenntnis*. Anders gesagt: Das moderne Subjekt ist zugleich *das moderne Erkenntnissubjekt*, das sich als neutraler Ausgangspunkt, mittels der Wissenschaft und deren Methodik die Welt Untertan machen, Erkenntnis und Wahrheit sammeln und die Eroberung und Kontrolle der Natur anstreben kann. Dem einst unterworfenen nun aber zugrunde liegenden Subjekt, dem neuen Souverän, steht nun die Welt als (unterworfenes) Objekt gegenüber.

Voraussetzung hierfür ist die mit dem Verschwinden der vorneuzeitlichen Seinsordnung und der Etablierung der neuzeitlichen wissenschaftlichen Weltsicht einhergehende ‚Entzauberung der Welt‘ (Weber) bzw. die *„Neutralisierung des Kosmos“* (Taylor 1994: 272; kursiv d. Verf.), bei der die geheimnisvolle, sinn- und wertstiftende sowie zweckbestimmende kosmische Seinsordnung in einen mechanistisch funktionierenden, (prinzipiell) restlos erklärbaren, wert- und zweckfreien Raum überführt wird, der der instrumentellen Kontrolle des souveränen Subjekts unterstellt ist. Mit anderen Worten: Der Kosmos wird zum Universum, das aus

352 In anderen Worten formuliert ist das moderne Subjekt souveräner Träger seiner Handlungen und intentionaler Akteur. Als Beispiel und Verdeutlichung sei hier nur das übliche Subjektverständnis der Psychologie benannt: „Das im terminologisch und theoretisch strengen Sinn handelnde Subjekt wird in der Psychologie gemeinhin als intentional, das heißt (üblicherweise) als bewusst und kontrolliert, jedenfalls absichtsvoll, zielorientiert oder zweckgerichtet und dabei zumindest nach subjektivem Ermessen als rational vorgehender Akteur aufgefasst.“ (Straub 2006: 51)

materiellen Objekten besteht, die in kausalen Beziehungen miteinander verbunden sind. Alle Ereignisse in diesem Universum sind zurückführbar auf deterministische Prinzipien bzw. Naturgesetze und damit (prinzipiell) restlos erklärbar. Fähig zu einer solchen objektivierten Sichtweise der Welt ist das neutrale Subjekt der Erkenntnis, das sich von sich selbst, den eigenen persönlichen Überzeugungen, Vorurteilen, Traditionen, Emotionen sowie seiner Eingebundenheit in der Welt distanzieren kann, um einen objektiven und neutralen Blick auf die Dinge zu bekommen und mit Hilfe der wissenschaftlichen Methodik wahres Wissen und damit Kontrolle über Welt und Natur erlangen kann.

In der konkreten Ausgestaltung des modernen Subjekts, z.B. in der Frage, wie sich das Subjekt zu sich selbst verhält und welche wesentlichen Eigenschaften diesem zugesprochen werden, haben sich, wie Taylor (1994) überzeugend herausgearbeitet hat, *zwei unterschiedliche Stränge* entwickelt. Kurz gesagt zielt der eine Strang auf *Selbstbeherrschung und Selbstbestimmung mittels instrumenteller Vernunft*, während der andere auf *Selbsterforschung und Selbstausdruck mittels Intuition und Gefühl* anstrebt. In den beiden folgenden Unterkapiteln soll die Entstehungsgeschichte des modernen Subjekts anhand dieser beiden Stränge skizziert werden.[353]

Das moderne Subjekt als Subjekt instrumenteller Vernunft

Zwar ist das moderne Subjekt, wie der Name schon sagt, eine moderne Erscheinungsweise bzw. eine Erfindung der Moderne, dessen Genese aber viel weiter zurück reicht. Im Gegensatz zu Homer, dem ein Begriff fehlt, „der den einen und einzigen Ort bezeichnet, an dem all unsere verschiedenen Gedanken und Gefühle ihren Sitz haben" (Taylor 1994: 219), kommt es, wie Taylor (1994: 219ff) aufzeigt, bereits in der Antike bei *Platon* zu einer *Zentrierung bzw. Vereinheitlichung des Selbst*, die als Vorbedingung späterer Entwicklungen gelten kann. Zentral für die weitere Entwicklung des Subjektverständnisses ist zudem Platons Zwei-Welten-Lehre bzw. die durch diese etablierten dualistischen Unterscheidungen zwischen Sein und Seiendem, Urbild und Abbild, Wesen (*essentia*) und Erscheinung (*akzidentia*), Wirklichkeit und Wahrnehmung, Ewigem und Vergänglichem, Im-

353 Beide Stränge stammen aus zwei unterschiedlichen Entwicklungslinien und unterscheiden sich zwar wesentlich voneinander, überschneiden sich bei aller Widersprüchlichkeit letztlich jedoch in der Figur des modernen Subjekts, zudem weisen beide, wie noch gezeigt wird, einige Gemeinsamkeiten auf.

merwährendem und Veränderlichem sowie Seele und Körper, die sich als oppositional gedachte Unterscheidungen bis heute fortgeschrieben haben.[354]

Über Plotin von Platon beeinflusst ist *Augustinus*, der die Gegensatzpaare von Platon an zentraler Stelle aufnimmt und mit Hilfe des Begriffspaars ‚Innen/Außen' markiert. Mit Augustinus komme es zu einer radikalen „Hinwendung zum Selbst" (Taylor 1994: 243), die zugleich eine „Hinwendung zur radikalen Reflexivität" (ebd.) sei. So spreche Augustinus beispielsweise vom inneren Licht, das uns scheint, wenn wir uns selbst gegenwärtig sind. Überhaupt entwickle Augustinus eine *Sprache der Innerlichkeit* – beispielsweise unterscheide er zwischen einem inneren und einem äußeren Menschen –, die enorm weitreichende Konsequenzen für die gesamte abendländische Kultur gezeitigt habe. Dies betreffe nicht nur seine Übernahme des platonischen Verständnisses der unsterblichen Seele, sondern auch seine Aufwertung des kognitiven Aspektes dieser Seele, der die spätere Umformung der Seele zum Geist vorbahne. (Taylor 1994: 235ff)[355]

Es sei René *Descartes* gewesen, der fast ein Jahrtausend später die augustinische Innerlichkeit aufgenommen und fortgeschrieben hätte[356], sie zugleich jedoch „in eine ganze neue Richtung [lenkt], die ebenfalls epochemachend gewirkt hat" (Taylor 1994: 262). Descartes formulierte seine Philosophie auf dem Hintergrund des beschriebenen entzauberten und objektivierten galileischen Universums und so ist es denn auch nicht die platonische Schau des Guten oder die augustinische Suche nach der Begegnung mit Gott, die ihn antreibt, sondern die durch

354 Im klaren Unterschied zum modernen Weltbild ist Platons Sichtweise jedoch durch und durch kosmozentrisch. Zwar spricht auch Platon schon von Vernunft, diese erreicht ihre Vollendung jedoch „in der Schau der umfassenderen Ordnung, die zugleich die Schau des Grundguten ist" (Taylor 1994: 228). Mit anderen Worten: Die Vernunft sowie ‚das Subjekt' bei Platon sind in der guten Ordnung des Kosmos gegründet und nicht in sich selbst.

355 Doch auch Augustinus trennt Entscheidendes vom modernen Weltbild und der modernen Sicht der Innerlichkeit: Zwar mache er den Standpunkt der ersten Person zur Grundlage der Suche nach Wahrheit (Taylor 1994: 245) und diese Suche führe nach Innen, „[d]och der Weg ins Innere führt nach oben" (Taylor 1994: 250), ist der Weg zur Begegnung mit Gott, der zur Umkehr und damit aus sich heraus führe. Wo Platons Sichtweise kosmozentrisch genannt werden kann, ist Augustinus' Sichtweise als theozentrisch zu bezeichnen (Guignon 2004: 17).

356 Als entscheidende Zwischenstation zwischen Augustinus und Descartes nennt Stanley Grenz (2001: 65ff) den ersten Scholastiker Boethius, der, aufbauend auf der Unterscheidung zwischen Substanz und Akzidenz, das Personsein als eine individuelle, unteilbare Substanz beschreibt und dessen Verständnis der Person von Thomas von Aquin übernommen und so äußerst wirkmächtig wurde.

den methodischen Zweifel an allen Gewissheiten ausgelöste Suche nach einem sicheren Fundament, einer unbezweifelbaren Gewissheit, einer *arche*, auf der er mit mathematischen Prinzipien ein feststehendes Denkgebäude errichten kann. Bekanntlich stößt Descartes dabei auf die Gewissheit des *cogito ergo sum*, des ‚Ich denke, also bin ich', der Gewissheit der eigenen Existenz, die in eins gesetzt wird mit der Fähigkeit zum Denken und der Fähigkeit zur Selbstreflexion. So kommt es im Anschluss an Descartes zur *Identifikation von Subjekt und denkendem Ich*. Das moderne Subjekt ist, spätestens seit Descartes, wesentlich cogito, wesentlich Bewusstsein, wesentlich ein denkendes und durch dieses Denken (selbst-) bestimmtes Wesen. In engem Zusammenhang damit tritt das *Denken der Repräsentation* seinen Siegeszug an. Denn die Realität erkennen bedeutet für Descartes, eine richtige Vorstellung von den Dingen zu haben. Wahrheit wird zur objektiven Gewissheit der Vorstellung. (Rogozinski 1987: 88) Damit wird, mit Heidegger gesprochen, das Gesamte des Seins zum Bild, das ich mir vorstelle, vor mich hin stelle, mir gegenüber stelle (Heidegger 2003: 82f).[357] Mit dieser Objektivierung der Welt geht komplementär die Objektivierung des Selbst einher; dies bedeutet bei Descartes die mechanistische Beschreibung des menschlichen Körpers.[358] Wie

357 Um über die Gewissheit der eigenen Existenz hinaus auch mit Gewissheit Aussagen über die Welt machen zu können, ist jedoch auch Descartes auf den Rückgriff auf die Existenz Gottes angewiesen. Gott ist bei Descartes jedoch nur noch Mittel zum Zweck (des Erreichens eines sicheren Denkgebäudes), nicht mehr das Ziel selbst, wie bei Augustinus; wie Taylor (1994: 286) formuliert: „Der Cartesische Beweis ist nicht mehr eine Suche nach einer inneren Begegnung mit Gott. Er ist nicht mehr ein Weg zum Erleben aller Dinge in Gott. Vielmehr ist das, worauf ich nun stoße, mein Ich: Ich gelange zu einer Klarheit und einer Vollständigkeit der Selbstgegenwärtigkeit, die vorher nicht gegeben war. Doch nun gebietet mir die Vernunft, von dem, was ich hier vorfinde, auf eine Ursache und eine transzendente Gewähr zu schließen, ohne die meine inzwischen richtig erkannten Kräfte nicht das sein könnten, was sie wirklich sind." Das kartesische Cogito kann sich somit „nicht durch sich selbst Halt verschaffen" (Rogozinski 1987: 91), es kann sich vielmehr nur durch "Rückgang auf die göttliche Wahrhaftigkeit" sichern (Rogozinski 1987: 92), wie Rogozinski entgegen der vielen Descartes-Interpretationen betont, die in Descartes' *cogito* bereits das vollständige moderne Subjekt, das sich in sich selbst gründet, sehen. Die vollständige Selbstgründung, so Rogozinski, vollziehe sich jedoch erst im deutschen Idealismus bei Fichte.

358 Taylor (1994: 290) versteht unter Objektivierung folgendes: „Zur Objektivierung eines gegebenen Bereichs gehört, daß man ihm die normative Kraft nimmt, mit der er auf uns wirkt. Wenn wir uns einen Seinsbereich vornehmen, dessen Gegebenheiten bisher unsere Normen oder Maßstäbe festgelegt haben, und uns ihm gegenüber nun wie zu etwas Neutralem verhalten, werde ich sagen, daß wir ihn damit objektivieren."

bereits beschrieben, greift er die Dualismen des platonischen und augustinischen Denkens auf und zementiert sie mit seiner ontologischen Unterscheidung von *res cogitans* und *res extensa*. Die Fähigkeit des Denkens und damit das, was nach Descartes wesentlich das Subjekt ausmacht, wird damit radikal als unabhängig und dies heißt auch radikal getrennt vom eigenen Leib wie dem Rest des Kosmos gedacht. Das denkende Bewusstsein ist nicht im ausgedehnten Raum der Materie verortet, die Welt des Denkens und die Welt der Materie sind nach Descartes zwei gänzlich unterschiedliche Seinsebenen. Es kommt zur Festsetzung einer klaren Grenze zwischen Psychischen und dem Physischen bzw. zwischen Geist und Materie. Bis heute ist der kartesische Dualismus entscheidend für das gängige Welt- und Selbstbild.[359] Ebenso wirkmächtig ist die damit einhergehende Trennung des menschlichen Wissens in einen objektiven und einen subjektiven Pol bzw. die daraus erfolgende Polarisierung zwischen Objektivität und Subjektivität.[360] Insgesamt habe sich somit mit Descartes „eine neue Auffassung der Vernunft und damit eine neue Auffassung ihrer Herrschaft über die Leidenschaften" (Taylor 1994: 263) gebildet, die die Vernunft ins Zentrum des Wesens des Menschen rücke und auf instrumenteller Kontrolle beruhe.

Es ist der menschliche Geist, der nun eine entzauberte Welt der Materie beherrscht und es ist diese Sicht auf den Menschen als ein dem Rest des Universums überlegenes Vernunftwesen, das dem menschlichen Wesen ein untrügliches Gefühl der Würde und der Selbstachtung gibt. (Taylor 1994: 262ff) Das zur Beherrschung der Welt nötige Desengagement zwischen Subjekt und Welt werde schließlich mit John *Locke* „noch weiter getrieben, indem es durch eine neue Wendung auf das Subjekt selbst bezogen wird" (Taylor 1994: 292); mit ihm komme es zu einer „radikale[n] Form der Selbstobjektivierung" (ebd. 309) sowie der Möglichkeit zu einer radikalen Selbstkontrolle wie Selbstumgestaltung. Das damit einhergehende Ideal des Selbst sei das „Ideal des desengagierten Selbst" (Taylor 1994: 47), das nicht nur die Welt, sondern auch sich selbst zu objektivieren und damit zu kontrollieren in der Lage ist, sofern es sich der instrumentellen Vernunft bedienen kann (vgl. Taylor 1994: 292ff).

Voraussetzung dafür sei zweierlei: Zum einen habe Locke eine empiristische Erkenntnistheorie formuliert, zu deren Grundannahmen gehöre, dass es keine angeborene Ideen gäbe, der Mensch als ‚tabula rasa' zur Welt komme, der menschliche Geist eine Art passiver Behälter für durch Erfahrung erworbene Ideen sei und

359 Die sich daraus ergebenden Schwierigkeiten wurden im gesamten Kapitel I deutlich.

360 Und damit auch das Bild von Wissenschaft als dem Reich der objektiven Fakten, in dem alle Elemente von Subjektivität beseitigt werden, sowie der damit einhergenden Abwertung aller anderen Formen des Wissens (in Kunst, Literatur, Poesie, Religion, etc.) als subjektiv.

der menschliche Charakter aus durch Erfahrung erworbenen Gewohnheiten bestehe. Damit aber erschienen Geist und Charakter als extrem formbares Material. Zum anderen besitze der Geist nach Locke das Vermögen, „die Verwirklichung jedes seiner Wünsche [...] auszusetzen; es steht ihm frei, die Gegenstände dieser Wünsche zu betrachten, zu untersuchen und gegen andere abzuwägen“ (Taylor 1994: 307); dieses Vermögen nenne er den Willen. Denke man die beiden Komponenten – Formbarkeit und Wille – zusammen, erschienen Selbstkontrolle und Selbstumgestaltung möglich[361]:

„Die desengagierte Loslösung von den Tätigkeiten des Denkens wie auch von unseren unreflektierten Begierden und Geschmacksvorlieben erlaubt es uns, uns selbst als Objekte umfassender Besserungsmaßnahmen zu sehen. Die rationale Kontrolle kann so weit reichen, daß sie die Neuschaffung unserer Gewohnheiten und damit unserer selbst umfaßt.“ (Taylor 1994: 309)

Das Selbst, das dieses Vermögen zur Selbstobjektivierung und damit Selbstkontrolle wie Selbstumgestaltung[362] besitze, könne daher nicht selbst ein Teil der Welt sein. Vielmehr liege dieses Vermögen nach Locke im Bewusstsein und damit in kartesischer Logik in jener Seinssphäre, die nicht Teil der ausgedehnten, materiellen Welt ist. Das Selbst sowie die personale Identität, die Locke ebenfalls als Konzept einführt, wird von Locke mit dem Bewusstsein gleichgesetzt (Grenz 2001: 72). Taylor nennt diese Konzeption Lockes das ‚*punktförmige Selbst*‘, welches dazu fähig ist, „sich selbst gegenüber eine derart radikale und auf Umgestaltung abzielende Haltung des Desengagements einzunehmen“ (Taylor 1994: 309). Denn:

„Diese Haltung einzunehmen heißt: sich mit dem Vermögen der Objektivierung und Umgestaltung zu identifizieren und dadurch von allen Einzelmerkmalen abzurücken, die Gegenstände möglicher Veränderung sind. Was wir wesentlich sind, ist nicht von dieser letzteren

361 Mit der Konzeption der Möglichkeit der rationalen Selbstkontrolle entstehe auch ein Ideal der Selbstverantwortlichkeit (Taylor 1994: 313).

362 Erste Formulierungen eines menschlichen Selbstverständnisses mit einer prinzipiellen Freiheit zur Selbstbestimmung, Selbstgestaltung bzw. Selbsterfindung sind jedoch lange vor Locke bereits in der Renaissance entstanden. Insbesondere lässt sich dies bei Giovanni Pico della Mirandola (1463-1494) zeigen, siehe dazu Ricken (1999: 40ff). Taylor beschreibt das solchermaßen auf Selbstkontrolle und Selbstgestaltung zielende Subjekt als die moderne Variante der antiken Vorstellung (Platon, Stoiker), das gute Leben bestehe in einer Art Selbstbeherrschung, in einer Überwindung der Begierde durch Vernunft (Taylor 1994: 47).

Art, sondern wesentlich sind wir das, was sich imstande sieht, diese Merkmale festzusetzen und zu bearbeiten. Dies ist es, was durch das Bild des ‚Punkts' im geometrischen Sinne des Ausdrucks angedeutet werden soll: Das eigentliche Selbst ist ‚ausdehnungslos'; es ist nirgends außer in diesem Vermögen, Dinge als Objekte zu fixieren. Dieses Vermögen liegt im Bewußtsein." (ebd.)

Mit dieser Konzeption des ‚punktförmigen Selbst' wurde paradoxerweise auch die Möglichkeit zu einer extrem materialistischen Sicht des Menschen geschaffen, in der das, was den Menschen wesentlich ausmacht, aus Dritter-Person-Perspektive beschrieben und erfasst werden kann und in der alle Reste von Subjektivität getilgt sind.[363] Paradox weil: „Nur durch radikale Subjektivität wird die radikale Objektivität verständlich und zugänglich" (Taylor 1994: 317f).

Es ist Immanuel *Kant*, der als eine weitere wesentliche Station in der Entstehung des modernen Subjektverständnisses beschrieben werden kann und dessen Konzept „des transzendentalen und autonomen Subjekts zu einer bis heute maßgeblichen Selbstverständigung geworden" (Ricken 1999: 61) ist. Mit Kant kam es zur ‚kopernikanische Revolution' sowohl auf dem Gebiet der Erkenntnistheorie als auch auf dem Gebiet der Moraltheorie.

Kants Revolution im Bereich der Erkenntnistheorie, die einen weiteren Versuch darstellt, die philosophische Konstitutionsproblematik zu lösen und in seinem berühmten Werk ‚Kritik der praktischen Vernunft' ausformuliert ist, steht in klarem Gegensatz zur empiristischen Suggestion, der Ursprung der Erkenntnis liege gewissermaßen in den Gegenständen (der Außenwelt) selbst, sowie im Gegensatz zur damit einhergehenden passiven Konzeption der menschlichen Verstandesfähigkeit. Im Gegensatz dazu schreibt Kant der menschlichen Verstandesfähigkeit eine aktive Rolle im Erkenntnisprozess zu und sieht im Subjekt selbst den *Ursprung der Erkenntnis*. Zwar liefern die Sinne das ‚Rohmaterial', dies gesteht der aus einer rationalistischen Schule entstammende und von Hume aus seinem dogmatischen Schlaf geweckte Kant zu, jedoch postuliert Kant die Existenz apriorischer formaler Prinzipien wie Zeit und Raum. Die kopernikanische Revolution

363 Geradezu idealtypisch für diese Sichtweise steht der Behaviorismus. Das sich überhaupt das Locksche Menschenbild so wirkmächtig durchsetzen konnte, lag, nach Taylor, nicht nur daran, „daß Lockes Ansichten zur Erkenntnis relativ genau mit dem siegreichen Modell Newtons übereinstimmen" (Taylor 1994: 313), sondern vor allem an dem Auf- und Anstieg der realen Praktiken der Selbstdisziplinierung, wie sie seit Ende des 18. Jahrhunderts beobachtet werden können. Wobei man auch hier nicht in einer Seite die Ursache und in der anderen die Wirkung sehen dürfe, sondern von komplexen Wechselwirkungen zwischen der Theorie des desengagierten Selbst, den Disziplinierungspraktiken und anderen Faktoren ausgehen müsse.

ist somit eine subjektivistische Wende, da das Postulat der aktiven Verstandestätigkeit die Unterscheidung zwischen den Dingen, wie sie in der Wahrnehmung erscheinen (‚Erscheinung') und den Dingen, wie sie an sich sind (‚Ding an sich') voraussetzt und zementiert. Erkenntnis wird damit auf den Raum der subjektiven Erfahrung begrenzt, gewusst werden kann nun nur noch, was als Objekt im Subjekt repräsentiert werden kann. Mit Kant entsteht endgültig das Subjekt der Repräsentation, für das gilt: „These two terms, ‚subject' and ‚representation', are tautological. [...] The subject is not the opposite of the object, it is the opposite of the being. It is that which makes being into an ob-ject, something that is set-forth, re-presented." (Henry 1991: 159) Damit wird der menschliche Geist zur Bedingung der Möglichkeit der Erkenntnis und das Subjekt zum transzendentalen Subjekt, das als transzendentales Selbstbewusstsein die Sicherung des Erkennens garantiert, damit aber ebenso ausdehnungslos bzw. weltlos ist wie das Locksche punktförmige Selbst.[364] Das Subjekt ist nun nicht mehr Teil der Welt, eine Entität unter anderen, sondern die Welt ist gewissermaßen die Schöpfung des Subjekts.

Wie oben bereits angedeutet, gelang Kant auch auf dem Gebiet der Moraltheorie eine Revolution. Das kantische Subjekt ist nicht nur das transzendentale Subjekt der Erkenntnis, sondern auch ein moralisches Subjekt mit dem Ziel der praktischen Selbstbestimmung. Im Mittelpunkt der moralischen Überlegungen Kants steht der Begriff der menschlichen Würde. Dem Mensch als mit Vernunft ausgestatteten, zur Freiheit und zur Selbstbestimmung fähigem Wesen, komme eine einzigartige Würde zu, das ihm gegenüber der restlichen Natur und den Tieren einerseits einen ungleich höheren Rang einnehmen lasse, ihn andererseits jedoch auch verpflichte, sich dementsprechend zu verhalten. Daher fasst Taylor das Kants ganzer Ethik zugrunde liegende Prinzip zusammen als: „Werde dem gerecht, was du eigentlich bist, nämlich ein vernünftig handelndes Wesen." (Taylor 1994: 635) Da das kantische Subjekt mit praktischer Vernunft ausgestattet sei, sei es fähig zu wissen, was das richtige Tun ist und fähig zu tun, was allgemeine Prinzipien vorschreiben. Die Quelle dieser Fähigkeit sei das Moralgesetz, das nach Kant nicht einer äußeren Ordnung entstammt, sondern in unserem Inneren fußt, da es in das vernünftige, praktische Denken eingeschrieben ist. (Taylor 1994: 634ff; Ricken 1999: 61ff)

Mit Descartes, Locke und Kant ist somit exemplarisch der Entwicklungsstrang der Genese des modernen Subjekts beschrieben, der auf die *doppelte Herrschaft*

364 Dazu passt eine weitere Definition des punktförmigen Selbst, die Taylor gibt: Das punktförmige Selbst werden so genannt, „weil bei seiner Definition von allen konstitutiven Belangen abgesehen wird [...]. Seine einzige konstitutive Eigenschaft ist das Selbstbewußtsein." (Taylor 1994: 99) Dies treffe bei allen Unterschieden sowohl auf das Locksche punktförmige Selbst als auch auf das transzendentale Subjekt bei Kant zu.

der Natur wie des Selbst mittels instrumentaler Vernunft zielt und somit das Subjekt wesentlich als ein punktförmiges, weil ausdehnungsloses, Selbst beschreibt, dessen Vermögen wie Existenzweise wesentlich in Vernunft, Willen und Verstand gesehen wird. Dieses Verständnis geht einher mit der Ratio der Aufklärung, der Vernunft, die dem Menschen Würde gibt und es ihm ermöglicht, sich von seiner natürlichen Umwelt und seinem sozialem Kontext loszulösen sowie die Welt und sich selbst zu objektivieren.

Das moderne Subjekt als Subjekt mit innerer Tiefe

Wie bereits formuliert, identifiziert Taylor jedoch noch einen anderen wesentlichen Entwicklungsstrang in der Formulierung des modernen Subjekts. Anders gesagt: Die (aufklärerische) Vernunft ist nicht der einzige Kandidat für die Rolle des Souveräns über die äußere wie innere Welt. Obwohl im kartesischen, wesentlich vom ‚cogito' bestimmten Subjekt, im lockschen punktförmigen Selbst und im kantianischen transzendentalen Subjekt sich der dominante Modus des modernen Subjekts zeigt, gibt es eine ebenso wirkmächtige alternative Version, die ebenfalls in Augustinus' Philosophie angelegt ist, die dessen Wende nach Innen jedoch anders fortschreibt. Kandidat für den Posten des Souveräns sei hier nicht die (aufklärerische) Vernunft, sondern die (romantische) Regung des Herzens, das Gefühl, „ein Wesen mit innerer Tiefe" (Taylor 1994: 8) zu sein. Strebt das (aufklärerische) Vernunftsubjekt nach Selbstkontrolle und Selbstbestimmung, so strebt das (romantische) Individuum nach *Selbstentdeckung* und *Ausdruck des Selbst.* Exemplarisch für diese Version des modernen Subjekts sei im Folgenden kurz auf Michel de Montaigne, Jean-Jacques Rousseau sowie deren Erben eingegangen.

Im Zeitalter der Renaissance, als ganz Europa von Entdeckungsreisen in neue Welten in Erregung versetzt wurde, setzte *Montaigne* zu einer Entdeckungsreise ganz eigener Art an: eine Reise nicht in eine äußere, noch unbekannte Welt, sondern eine Reise nach Innen, in die *terra incognita* des eigenen Selbst, mit dem Ziel der Entdeckung des eigenen Ichs. Als ‚Beförderungsmittel' dazu schuf er eine neue literarische Form, den Essay, der in Form wie Inhalt eine Innovation in der Literatur darstellte. Überzeugt davon, das Wesentliche im Leben eines Menschen spiele sich nicht in seinen Taten, sondern seinen Gedanken ab, hatten seine ‚Essays' zum Ziel, eine Art Selbstportrait zu schaffen, um die Innenwelt des Autors nach Außen sichtbar zu machen. In seinen Essays spricht Montaigne daher über seine Idiosynkrasien, seine persönlichen Gewohnheiten, Marotten, Gedanken und Einstellungen. (Grenz 2001: 100; Taylor 1994: 322ff)

Montaignes Suche nach dem Selbst war natürlich weder neu noch originell. Augustinus hatte diese schon Jahrhunderte zuvor betrieben, teils auch schon die antiken Griechen. Was Montaigne antrieb, sei jedoch ein *spezifisches* Streben nach Selbsterkenntnis gewesen, „nicht nach universeller Natur, sondern nach dem eigenen Wesen" (Taylor 1994: 325). Montaigne hätte sich auf die „Suche nach der Originalität jedes einzelnen" (ebd.) begeben, sein Blick nach Innen habe zum Ziel gehabt, das einmalige, einzigartige, individuelle Selbst zu entdecken (Grenz 2001: 102).[365] Auf diese Weise habe er eine neue Lesart des Selbst geschaffen, die sich bedeutend von der aufklärerischen Variante des auf Selbstbestimmung und Selbstkontrolle zielenden Vernunftsubjekts unterscheidet und eine Alternative zum kartesischen Rationalismus darstellt. Zielte Descartes auf ein universelles Selbst, die Essenz des Humanen, so galt Montaignes Suche dem partikularen Selbst, dem *einzigartigen und individuellen Selbst*, wie es sich von allen anderen unterscheidet. Damit habe Montaigne „eine neue Art von Reflexion, bei der das Individuelle großgeschrieben wird" (Taylor 1994: 325), geschaffen.

Für die weitere Entwicklung dieses Stranges ist Jean-Jacques *Rousseau* entscheidend. Rousseau greift die augustinische Unterscheidung von innerer und äußerer Natur des Menschen auf und belegt diese mit einer eindeutigen Wertung: Das *Innere des Menschen* ist die *Quelle des Guten*, während vom Äußeren, der sozialen und gesellschaftlichen Sphäre, Gefahr und Entfremdung drohen. Die Quelle des Guten, die Quelle von Einheit und Ganzheit, habe für Augustinus in Gott gelegen, das Innere sei dabei nur der Raum gewesen, der durchquert werden muss, um Gott begegnen zu können. Für Rousseau hingegen liege diese Quelle nun *innerhalb* des Selbst. (Taylor 1994: 631) Damit richtet sich Rousseau auch gegen die augustinische Lehre der Erbsünde, für ihn ist der Mensch von Natur aus gut bzw. es ist die Natur im Menschen, die Quelle des Guten ist. So konstatiert er: „Halten wir unerschütterlich daran fest, daß die ersten Regungen der Natur immer richtig sind. Es gibt keine Ur-Verderbtheit des Herzens. Es gibt darin kein einziges Laster, von dem man nicht sagen könnte, wie und woher es hineingekommen ist." (Rousseau 1971: 71) Alles Schlechte sei somit einem äußeren Einfluss zuzuschreiben, es entstamme der sozialen Sphäre, der Gesellschaft: „Alles ist gut, wie es aus den Händen des Schöpfers kommt; alles entartet unter den Händen des Menschen." (Rousseau 1971: 9) Dabei sei es die gesellschaftliche Existenz des Menschen, die diesen unterdrückt und von sich entfremde: „Der Gesellschaftsmensch wird als Sklave geboren und lebt und stirbt als Sklave." (Rousseau 1971: 16) Die Gesellschaft wird daher bei Rousseau zur Quelle allen Übels; durch Gesellschaft entstehe Ungleichheit, Abhängigkeit und Unterdrückung, sie verführt die Menschen dazu, sich Status und Anerkennung von anderen zu erwerben, um den Preis

365 Diese Suche würde einen, so Montaigne, mit sich selbst ins Reine bringen und nicht nur zur Loslösung von der äußeren Welt, sondern auch zur Befähigung führen, dem eigenen Tod begegnen zu können (Taylor 1994: 327).

einer künstlichen, entfremdeten Existenz. In seinem Gedankenexperiment einer idealen Erziehung – seinem Erziehungsroman ‚Emile' – formuliert Rousseau daher die Vision einer *negativen Erziehung*, die die gesellschaftlichen Einflüsse zu eliminieren versucht, um der natürlichen Entwicklung des Kindes möglichst viel Raum zu geben. Der Zögling Emile solle nichts für andere tun, stattdessen auf die Stimme der Natur hören, die sich in seinem Gewissen ausdrücke. So zielt das rousseausche Subjekt darauf, die innere Stimme der Natur wahrzunehmen und in Übereinstimmung mit dieser zu leben. Anders gesagt: Das Subjekt strebt hier weder nach Selbstformung noch nach Selbstkontrolle, sondern nach Selbsterforschung, mit dem Ziel, die innere Stimme wahrzunehmen, und schlussendlich nach dem Selbstsein, d.h. mit sich und mit der inneren Stimme in Einklang zu leben. (Grenz 2001: 104ff; Guignon 2004: 55ff; Taylor 1994: 622ff)

Montaigne und Rousseau formulieren somit eine Alternative zum rationalen Subjekt bei der die Wendung nach Innen, die in der Aufklärungslinie mit dem Ziel der Selbstkontrolle und der Selbstobjektivierung geschieht, hier auf die Selbstentdeckung konzentriert ist. Eine für diese Linie weitere wesentliche Komponente, die Taylor identifiziert, ist bei Montaigne und Rousseau zwar angelegt, jedoch nicht ausgearbeitet: die Wendung zum *Expressivismus*, d.h. dem Verständnis, dass das entdeckte Selbst bzw. die erfühlte innere Stimme ausgedrückt, ausformuliert und ausgelebt werden muss. Diese Wende zum Expressivismus werde von den Erben von Montaigne und Rousseau formuliert, anfänglich im deutschen Sturm und Drang, dann in der deutschen und englischen Romantik, am deutlichsten wohl im Werk von Johann Gottfried Herder. An Rousseau anschließend gilt dessen Erben die innere Stimme, die zugleich die Stimme der Natur ist, als der Zugang zu Sinn, Ganzheit und dem Guten. Doch kann dieser Zugang verloren gehen durch die objektivierende Haltung der instrumentellen Vernunft und die damit verbundene rein äußerliche Anschauung der Natur. Gelinge es jedoch, auf die innere Stimme zu hören, die sich in den ‚Regungen des Herzens', den Gefühlen ausdrücke, dann könne es gelingen, „zu den tiefsten Wahrheiten über die Moral und sogar den Kosmos vorzudringen" (Taylor 1994: 646).[366] Die so wahrgenommene Natur könne sich jedoch nur dann verwirklichen, wenn die Regungen des Herzens auch zum Ausdruck gebracht würden. Dies bedeute gerade nicht etwas schon vorher Existierendes bloß noch nach außen kundzutun, sondern im und durch das Ausdrücken selbst werde das Ausgedrückte (allererst) zur Existenz gebracht. (Taylor 1994: 639ff)

---

366 In Zusammenhang mit diesen Anschauungen werde das Empfinden selbst moralisch relevant bzw. werde „[d]as Empfinden bestimmter Gefühle [...] zu einem wichtigen Bestandteil des guten Lebens" (Taylor 1994: 521).

Dieser Expressivismus sei die Grundlage für die uns heute so selbstverständlich erscheinende, jedoch erst im achtzehnten Jahrhundert aufgekommene Vorstellung, „wonach jedes Individuum anders und etwas Ureigenes ist und durch seine Originalität darauf festgelegt wird, wie es leben sollte" (Taylor 1994: 653). Neu dabei sei nicht der Begriff des Unterschieds zwischen den Individuen, sondern die Vorstellung, dass dieser Unterschied im Hinblick darauf, wie man leben sollte, einen Unterschied mache. Fortan habe jeder die Pflicht, seinen eigenen ihm entsprechenden Lebensweg zu gehen und damit der eigenen Originalität gerecht zu werden. Somit sei das moderne *Ideal der Selbstverwirklichung und der Authentizität* entstanden.[367] Zwar beginne das Verständnis, dass das Subjekt ein Wesen mit einem Innenraum sei, bereits mit Augustinus und werde im Folgenden immer weiter ausformuliert, doch „erst seit der Formulierung des expressivistischen Gedankens der Artikulierung unserer inneren Natur sehen wir tatsächlich die Gründe dafür, dieses Innere als etwas mit Tiefe zu deuten, d.h. als einen Bereich, der mehr umfaßt, als wir je artikulieren können" (Taylor 1994: 677).

Skizze der Eigenschaften des modernen Subjekts

Mit dem (romantischen) Vermögen zur expressiven Selbstartikulierung ist das moderne Subjekt nicht mehr allein durch das (aufklärerische) Vermögen zur desengagierten rationalen Kontrolle definiert. Die Innerlichkeit bzw. die radikale Reflexivität des modernen Subjekts tritt somit in zwei Versionen auf, neben die *Formen der Selbstkontrolle* treten die *Formen der Selbsterkundung*. Während die erste Version zur ‚selbstverantwortlichen Unabhängigkeit' führt, führt die zweite zur ‚anerkannten Besonderheit' (Taylor 1994: 330). „Diese beiden großen und facettenreichen Umgestaltungen der Kultur – die Aufklärung und die Romantik samt der mit ihr einhergehenden expressiven Auffassung des Menschen – haben

367 Nach Taylor (1994, 2002) und Guignon (2004) leben wir heute geradezu in einer ‚Kultur der Authentizität,. Diese sei bestimmt durch die Annahme, tief in uns liege ein wahres, ureigenes Selbst verborgen, das den Einzelnen von allem unterscheide, was nicht er ist bzw. was er nur erzwungenermaßen oder fälschlicherweise, durch seine Funktion oder seine Rolle usw., sei. Auf den Punkt gebracht bestehe das Ideal der Authentizität aus zwei Komponenten, die in der Wende zum Expressivismus schon angelegt seien: Erstens müsse ein Mensch, um authentisch zu werden, mit seinem wahren Selbst in Kontakt kommen (durch Introspektion, Selbstreflexion oder Meditation), d.h. ein Selbstwissen erlangen und eine Selbstannahme vollziehen. Zweitens gelte es, das gefundene Selbst auszudrücken und auszuleben, um mit sich selbst ins Reine zu kommen und sich zu verwirklichen, d.h. eine authentische Existenz zu führen (Guignon 2004: 6).

uns zu dem gemacht, was wir sind." (Taylor 1994: 684) Damit lebt das moderne Subjekt in und mit der Spannung dieser beiden Stränge, deren Gemeinsamkeiten der Unterschiede zum Trotz dieses erst konstitutieren. So zeigt sich, dass die zwei Versionen in einen Subjektivismus münden, der mit Taylor so verstanden werden muss, dass die konstitutiven Güter, die im vormodernen Sinne einer kosmischen und göttlichen Ordnung als Quelle des Guten außerhalb des Menschen existieren, nun komplett nach Innen verlagert werden (Taylor 1994: 177ff).

Diese Verlagerung führt zu einer Intensivierung des Gefühls der Innerlichkeit bzw. zum Selbstverständnis, ein *Wesen mit innerer Tiefe* zu sein. Wie konstitutiv dieses Gefühl sowie die korrespondierende Unterscheidung von Innen und Außen für das moderne Subjekt ist, zeigt sich in der gängigen Sprache des Selbst:

„Unsere Gedanken, Vorstellungen oder Gefühle sind nach unserer Auffassung ‚in' uns, während die Gegenstände in der Welt, auf die sich diese geistigen Zustände beziehen, ‚draußen' sind. Außerdem meinen wir, unsere Fähigkeiten oder Möglichkeiten seien etwas ‚Inneres', das auf die Entwicklung wartet, durch die dieses Potentielle in der öffentlichen Welt kundgetan oder verwirklicht wird. Das Unbewußte befindet sich nach unserer Vorstellung innen; und die Tiefen des Ungesagten, des Unsagbaren, der sich heftigen Gefühle, Neigungen und Ängste, mit denen wir um die Beherrschung des eigenen Lebens ringen, fassen wir ebenfalls als etwas Inneres auf. Wir sind Geschöpfe mit innerer Tiefe, mit einem Inneren, das zum Teil unerforscht und dunkel ist." (Taylor 1994: 207).[368]

368 Taylor (1994: 210f) schreibt weiter: Doch „wie überzeugend diese Einteilung der Welt uns auch vorkommt, wie fest und im Wesen des handelnden Menschen selbst verankert diese Ortsbestimmung erscheinen mag, so ist sie doch weitgehend ein Merkmal unserer Welt, der Welt der Menschen im neuzeitlichen Abendland. Diese Ortsbestimmung ist keine allgemeingültige, die von den Menschen als etwas so Selbstverständliches anerkannt würde wie die Feststellung, daß sich der Kopf über dem Rumpf befindet, sondern sie ist abhängig von einer historisch begrenzten Art der Selbstinterpretation, die im neuzeitlichen Abendland zur Vorherrschaft gekommen ist und sich von da aus freilich auch auf andere Teile der Erdkugel ausbreiten kann, die aber dennoch einen Anfang in Raum und Zeit hat und vielleicht auch ein Ende." (Taylor 1994: 207f) Zwar sei es wahrscheinlich, „daß jede Sprache Möglichkeiten der Selbstbezugnahme [...] sowie Mittel zur Beschreibung reflexiven Denkens, Handelns und Sichverhaltens" (Taylor 1994: 210) kennt. Doch: „Das ist aber durchaus nicht das gleiche wie die Substantivierung von ‚selbst' zu ‚Selbst', so daß man dem Wort den bestimmten oder unbestimmten Artikel voranstellen und von ‚dem' oder ‚einem' Selbst sprechen kann. Darin spiegelt sich etwas Wichtiges, was unserem neuzeitlichen Handlungsverständnis eigentümlich ist."

Die Verinnerlichung bzw. der damit ausgelöste Subjektivismus führt zu einem *Denken der Immanenz*. Dies meint das übliche Denkmuster, „daß die Eigenschaften eines Dings eben ‚in' diesem Ding ihren Ort haben" (Taylor 1994: 332), und, „daß insbesondere der Gedanke seinen Ort im ‚Geist' hat" (ebd.). Mit anderen Worten: Denken und Fühlen sind nunmehr auf den Geist beschränkt, der wiederum im Inneren des Subjekts bzw. in dessen Kopf lokalisiert wird. Denken und Fühlen werden somit zu mentalen Fähigkeiten, die den Bereich des Psychologischen definieren. Dies mag als selbstverständlich erscheinen, doch: „Solange die Ordnung der Dinge einen ontischen Logos umfaßt, gelten auch Gedanken und Wertungen als etwas, was seinen Ort nicht nur im Subjekt, sondern auch in der Welt hat." (ebd.) Der Subjektivismus und das Denken der Immanenz bauen beide auf der *dualistischen Auffassung* von Innen und Außen, Subjekt und Objekt, von Psychischem und Physischem, von Geist und Materie auf.

Was der aufklärerischen wie der romantischen Version des modernen Selbstverständnisses zudem gemein ist, ist die Vorstellung, ein „Wesen mit einem ‚Selbst' zu sein" (Taylor 1994: 8). Dieses Selbst wird als *unveränderlicher Wesenskern*, als Selbstkern bzw. als fixes Kernselbst, somit als unveränderliche Substanz gedacht, die unabhängig von allen äußerlichen Erscheinungen und veränderlichen Charaktereigenschaften besteht. Dieser Selbstkern wird auch als *Identität* bezeichnet, d.h. das moderne Selbst ist entweder in seinem Innersten, als Selbstkern, in sich kohärent und einheitlich oder strebt diese Einheitlichkeit an.[369] Damit einhergehend versteht sich das moderne Subjekt *individualtheoretisch* als ein von der Gesellschaft getrenntes Individuum bzw. versteht sich *monadisch* oder *atomistisch*, als von der Umwelt abgeschlossenes und getrenntes Einzelwesen. Komplementär dazu entsteht ein atomistisches Verständnis der sozialen Sphäre, die im Individuum die Ursache sozialer Institutionen wie der Gesellschaft überhaupt sieht, wie dies in philosophischen Vertragstheorien der Fall ist. Aus dieser Sichtweise besteht die Gesellschaft aus der Summe der autonomen und unabhängigen Individuen bzw. aus Trägern individueller Rechte.

Beiden Stränge gemeinsam ist zudem das moderne *Ideal individueller Autonomie*, verstanden als die Fähigkeit, das eigene Leben selbstbestimmt, d.h. unabhängig vom Einfluss äußererer, gesellschaftlicher und sozialer Kräfte zu führen;

369 Dazu schreibt Taylor (1994: 800): „In unterschiedlicher Weise beruhen sowohl das Ideal der desengagierten Vernunft als auch das der romantischen Erfüllung auf einer Vorstellung vom einheitlichen Selbst. Jenes verlangt ein kompaktes Kontrollzentrum, das die Erfahrung steuert und zum Aufbau der Vernunftbefehle imstande ist, nach denen wir Denken und Leben ausrichten können. Nach Ansicht dieses Ideals gelangt das ursprünglich geteilte Selbst durch die Anpassung von Empfinden und Vernunft zur Einheit."

Stichwort: Mündigkeit, Emanzipation, Freiheit und Selbstverwirklichung. Alle verschiedenen Formulierungen dieses modernen Subjekts beruhen letztlich auf der Autonomie des Subjekts: Diese Autonomie, so die zugrunde liegende Annahme, sei

> „eine irreduzible Instanz der Reflexion, des Handelns und des Ausdrucks, welche ihre Grundlage nicht in den kontingenten äußeren Bedingungen, sondern in sich selber findet. Das klassische Subjekt ist als Ich eine sich selber transparente, selbst bestimmte Instanz des Erkennens und des – moralischen, interessegeleiteten oder kreativen – Handelns. Das klassische Subjekt erhält seinen Kern in bestimmten mentalen, geistigen Qualitäten, die zugleich Ort seiner Rationalität sind. Ihm werden im klassischen Diskurs in diesem Sinne universale, allgemeingültige Eigenschaften – seien diese in einer Vernunft oder einer Natur begründet – zugeschrieben" (Reckwitz 2008: 11f)

Zusammengefasst ist das moderne Subjekt eine Instanz, die in sich selbst gründet bzw. sich selbst zugrunde liegt und daher als *causa prima* souverän, autonom und selbstbestimmt handeln kann und frei und unabhängig ist. Anders formuliert ist das Subjekt die Quelle, aus der Handlungen entspringen, ein Akteur, der sein Handeln intentional und frei steuern und initiieren kann.

In der vorherrschenden Variante ist es zudem ein *Vernunftsubjekt*, das nicht nur die Fähigkeit zu Selbstreflexion und Selbstbewusstsein besitzt, sondern wesentlich mit diesem Vermögen identifiziert wird. Das moderne Subjekt ist vor allem *cogito*, wesentlich ein denkendes, bewusstes und durch Denken und Bewusstsein (selbst-)bestimmtes Wesen. Zudem ist es im Besitz einer *universell-gültigen Rationalität*, die es ihm ermöglicht, auf Vernunft basierte Entscheidungen und Urteile zu fällen und ein vernünftiges Verhältnis zu sich selbst, zur Welt und zu anderen einzunehmen. Entscheidend für diese Vernunft ist, dass sie im Singular existiert, sie ist die eine, einzige und universell gültige Vernunft, die Vernunft nicht nur eines, sondern des einen (jüdisch-christlichen) Gottes, die das moderne Subjekt als dessen einziger, wenngleich selbstlegitimierter, Erbe in seinen Besitz aufgenommen hat. Gleichzeitig ist diese Vernunft das leitende und leuchtende Licht, das dabei hilft das Dunkel des obskuren Kosmos auf-zu-klären und auf die ihm zugrunde liegenden Naturgesetze hin zu ‚röntgen'. Bezüglich dieser Tätigkeit ist das moderne Subjekt als neutrales Erkenntnissubjekt zudem *archimedischer Punkt der Erkenntnis* und mittels wissenschaftlicher Methodik als angewandte Vernunft zu objektiver Erkenntnis in der Lage.

Doch die Vernunft erleuchtet nicht nur die äußere Welt, sondern auch die innere; das moderne Subjekt ist sich selbst transparent. Dem modernen Erkenntnissubjekt kann das eigene Selbst zum Objekt werden, es ist zur *Selbsterkenntnis* in der Lage, auch ist dieser Selbsterkenntnis keine prinzipielle Grenze gesetzt.

Entweder zielt es auf Selbstkontrolle via Selbstobjektivierung und steht dazu in ständigem inneren Monolog (Denken genannt), überwacht und kontrolliert seine inneren und äußeren Tätigkeiten permanent und wirkt auf sich selbst mittels rationaler Reflexion ein, oder es zielt auf Selbstverwirklichung via Selbsterkenntnis und Selbstausdruck und taucht dazu in die innere Tiefe ab, um dort seinem wahren Selbst zu begegnen und die Stimme der Natur zu vernehmen. Das moderne Subjekt ist daher ein *Wesen mit innerer Tiefe*. Subjektivität wird als ein *Raum der Innerlichkeit* gedacht, der mit Wahrnehmungen, Erinnerungen, Wissen, Gefühlen, Wünschen, Zielen und Bedürfnissen gefüllt ist und auch als Bewusstsein, Geist oder Kognition bezeichnet wird. Es ist dieses unhintergehbare Feld der Wahrnehmung und des Bewusstseins, auf das sich ein westlicher Mensch bezieht, wenn er Wörter wie „Ich" benutzt. Entweder verbirgt sich in der Tiefe dieses Raumes jedoch ein Kernselbst oder es existiert zu diesem Raum eine Steuerungsinstanz, ein punktuelles Selbst. In beiden Fällen wird das Wesentliche des Subjekts als eine Instanz gedacht, die unveränderlich ist und getrennt vom Körper, der Welt und von anderen Subjekten zuerst für sich existiert und erst nachträglich Beziehungen zur Welt und zu anderen aufnimmt. Damit aber wird das moderne Subjekt *atomistisch* und *vorsozial* bzw. *individualtheoretisch* verstanden. Zudem liegen den beschriebenen Eigenschaften des modernen Subjekts und seinem individualtheoretischen Verständnis die dualistische Aufteilung des Seins in Geist und Materie, Subjekt und Objekt, psychische und physische Sphäre, Bewusstsein und Körper zugrunde.

Noch einmal: Die Subjekt- und Lernverständnisse der Lernparadigmen vor dem Hintergrund der Figur des modernen Subjekts

Bilanziert man, wie die Subjekt- und Lernverständnisse der in Studie I analysierten Lernparadigmen – außerhalb der bereits im Fazit der Studie I ausführlich aufgezeigten dualistischen und individualtheoretischen Bahnung – mit den Eigenschaften des modernen Subjekts zusammenhängen, dann zeigt sich Folgendes.

Das *Subjekt als autonome Handlungsinstanz* wird im *Behaviorismus* negiert, Lernen ist daher ein determinierter Prozess. Diese Negation gilt im Grunde auch für den *Kognitivismus*, es zeigt sich aber, dass teils hinterrücks das Subjekt als Handlungsinstanz – als Fähigkeit zur Metakognition o.ä. – wieder auftaucht. Auch das Lernen schwankt daher im Kognitivismus zwischen totaler Determinierung und der Möglichkeit, dieses zu steuern und zu lenken. Im *Konstruktivismus* wird das Subjekt als Instanz ebenfalls alternierend entweder als Illusion beschrieben – dort, wo das Subjekt durch ein System ersetzt wird – oder aber implizit vorausgesetzt – dann, wenn angenommen wird, man könne auf das Lernen als Prozess der Konstruktion von Wissen einwirken bzw. sogar die Welt beliebig konstruieren.

Als autonome Handlungsinstanz negiert wird das Subjekt hingegen in den *Neurowissenschaften*; Lernen wird daher dort als durch neuronale Prozesse determiniert betrachtet. Jedoch taucht auch hier die Instanz des Subjekts in der fiktiven Einheit des Gehirns teils wieder auf, etwa dann, wenn konstatiert wird, das Gehirn könne entscheiden, was und wann es lernt. In der *Subjektwissenschaft* hingegen wird die Annahme des Subjekts als Handlungsinstanz übernommen, auch das Lernen ist dementsprechend beeinflussbar durch gezielte Intentionen. Zudem gilt für alle Lernparadigmen, dass, wo das Subjekt als autonome Instanz auftaucht, dieses eher im aufklärerischen Sinne auf Selbstbeherrschung und Selbstkontrolle mittels instrumenteller Vernunft zielt bzw. als Instanz verstanden wird, die das Lernen steuern und kontrollieren kann. Dementgegen entfalten sich viele alternative Lernverständnisse, die sich gegen diese wissenschaftlichen Lernparadigmen stemmen, eher auf dem Hintergrund romantischer und reformpädagogischer Heuristiken. Lernen gilt hier als Geschehen, das nicht gesteuert, jedoch durch Selbsterforschung und Selbstausdruck evoziert werden kann und vor allem in einem emotionalen und intuitiven Modus abläuft.

Betrachtet man einen weiteren wesentlichen Aspekt des modernen Subjekts, nämlich ein *Ort bzw. Raum des Bewusstseins* und ein *Wesen mit innerer Tiefe* zu sein, dann zeigt sich, dass auch dieser Aspekt vom *Behaviorismus* negiert wird. Der Prozess des Lernens wird daher auch nicht in einem Innen lokalisiert, sondern als ein Reiz-Reaktions-Geschehen begriffen, das sich wesentlich auf der Ebene des äußeren, beobachtbaren Verhaltens abspielt. Hingegen modelliert der *Kognitivismus* diesen Raum der Subjektivität als Kognition, beschreibt ihn in Computermetaphern sowie als Ort des Lernens. Auch der *Konstruktivismus* übernimmt diesen Aspekt des modernen Subjekts, indem er diesen Raum verabsolutiert und dort daher notwendig auch das Lernen verortet. Unangetastet bleibt dieser Raum von den *Neurowissenschaften*, jedoch gerät er hier zu einem reinen Epiphänomen. Lernen, so die Annahme, findet wesentlich nicht in diesem Raum, sondern auf neuronaler Ebene statt. Vollkommen übernommen wird dieser Aspekt des modernen Subjekts wiederum von den Subjektwissenschaften, die auch das Lernen hier lokalisieren.

In engem Zusammenhang steht all dies mit einem weiteren zentralen Aspekt des modernen Subjekts, nämlich, dass dieses zumeist als *Vernunftsubjekt*, als Besitzer der einen, reinen und universellen Vernunft und Rationalität, verstanden wird. Im *Behaviorismus* zeigt sich, dass zwar der Forscher, nicht aber die beforschten Subjekte als vernünftig gelten; Lernen ist daher ein 'blinder' Prozess, dem höchstens die unbewusste ‚Trial-and-Error'-Rationalität der Evolution zugrunde liegt. Ganz im Gegensatz dazu zeichnet der *Kognitivismus* ein überaus rationalistisches Bild vom Subjekt und dessen Lernprozess. Lernen spielt sich auf einer Symbolebene ab, in der eine reine Vernunft am Werke ist und vollzieht sich daher wesentlich unabhängig von allen körperlichen und materiellen Prozessen. Weniger deutlich zeigt sich dies im *Konstruktivismus*, doch auch dort wird das Subjekt, sofern es nicht negiert wird, als vernünftige Instanz und Lernen als rationaler Prozess modelliert, auch wenn durch die kontingenten Konstruktionen ein gewisses irrationales Element am Werk ist. In den *Neurowissenschaften* ist das Lernen einerseits wie im Behaviorismus ein gegenüber Vernunft und Bewusstsein 'blinder' Prozess, sofern das Hirn jedoch das Subjekt beerbt und indem der Körper auf das Gehirn reduziert wird, zeigt sich implizit eine sehr rationalistische, 'verkopfte' Variante des modernen Subjekts. Auch wird den neuronalen Prozessen und damit dem Lernen eine gewisse inhärente Rationalität zugeschrieben. Recht eindeutig zeigt sich hingegen in der *Subjektwissenschaft* das Vernunftsubjekt, auch Lernen wird als ein intentionaler, bewusster und vernünftiger Vorgang beschrieben.

Ein letzter wesentlicher Aspekt des modernen Subjekts, nämlich ein *unveränderliches Kernselbst* zu besitzen bzw. zu sein, wird eindeutig vom *Behaviorismus* und den *Neurowissenschaften* abgelehnt. Das Subjekt bzw. der Organismus oder das Gehirn gelten hier als veränderbar und sich in einem ständigen Veränderungsprozess befindlich. Im Grunde gilt dies auch für *Kognitivismus* und *Konstruktivismus*, sofern hier jedoch die Möglichkeit zur Steuerung des Lernprozesses auftaucht, setzt dies eine Instanz voraus, die dem unveränderbaren Kernselbst zumindest gleicht. Allein die *Subjektwissenschaft* übernimmt auch diesen Aspekt des modernen Subjekts eindeutig.

II.1.2 Subjektkritik(en)

Die im letzten Kapitel erörterte Figur des modernen Subjekts hat sich einerseits als wesentlicher Bestandteil der modernen, westlichen Weltsicht durch *Kolonialisierung* und *Globalisierung* weltweit verbreitet, andererseits aber ist diese spätestens seit dem Ende des 19. Jahrhunderts immer wieder radikal kritisiert und zunehmend in Frage gestellt worden. Diese *Kritik* kam aus zwei unterschiedlichen Richtungen. Einerseits wohnte dem Unternehmen der Eroberung und Kontrolle der Natur durch den Menschen mittels Wissenschaft und Rationalität in Bezug auf die Rolle des Subjekts von vorneherein eine Ambivalenz inne: Das Subjekt, der Natur nicht nur enthoben, sondern selbst auch Teil derselben, geriet in den Sog der Objektivierung der Welt und wurde immer stärker zum Objekt, nicht nur der Selbstkontrolle, sondern auch der Kontrolle der gesamten Natur. Als ein Objekt wurde das Subjekt jedoch gerade in seiner Rolle des Souveräns, als unbedingter Ursprung allen Handelns entthront und in den geschlossenen Kausalkreislauf gestellt. Damit kam es zu einer fortschreitenden Ansammlung von Wissen über die

Vielzahl von kausalen Wirkkräften, die auf das Subjekt/Objekt Mensch einwirken bzw. in diesem wirken. Das Wissen über diese Kräfte schreibt sich schließlich in die Selbstbeschreibungen der Menschen ein und lässt diese immer mehr als determiniert und fremdbestimmt, denn als frei und selbstbestimmt erscheinen. Dieser eher implizite *naturwissenschaftliche Strang der Subjektkritik* reicht von Darwin über den Behaviorismus, die Genforschung und die Neurowissenschaften. Es zeigte sich, dass der gängige Lerndiskurs und die dortigen Subjekt- und Lernverständnisse zwischen einer solchen naturwissenschaftlichen impliziten Subjektkritik und dem klassischen, modernen Subjektverständnis oszilliert bzw. beide dort auf komplexe Weise miteinander verschlungen sind.

Der andere, eher *philosophisch bzw. geisteswissenschaftliche Strang der Subjektkritik* soll im Folgenden in der notwendigen Kürze skizziert werden. Explizit wird diese Subjektkritik gegen Ende des 19. Jahrhunderts von Friedrich Nietzsche formuliert und anschließend von Freud, Heidegger, den Strukturalisten und vor allem den Poststrukturalisten fortgeführt.

Nietzsches Subjektkritik

Es war Friedrich Nietzsche, der wahrscheinlich als erster Denker die radikalen Konsequenzen aus dem – bereits von Hegel formulierten – *Tod Gottes* zog und sah, dass mit dem Tod Gottes auch dessen designierter Nachfolger, das Subjekt, unwiederbringlich dem Tod geweiht ist. Die Erzählung vom Tode Gottes meint bei Nietzsche den irreversiblen Verlust einer metaphysischen, übersubjektiven Ordnung, die der Preis für die ‚Befreiung des Subjekts' und des Zusammenbruchs der vormodernen, kosmischen Ordnung ist. Der Gott, dessen Tod Nietzsche verkündet, ist *Garant der Ordnung*. Es ist Nietzsche, der nun versucht, sich konsequent eine Welt ohne eine allumfassende Ordnungsinstanz vorzustellen und eine Philosophie zu formulieren, die nicht selbst wieder versucht, ein einheitliches, die Welt ordnendes, – erkenntnistheoretisches, moralisches oder ästhetisches – Prinzip zu formulieren, um damit das Chaos, die Kontingenz und die Sinnlosigkeit einer Welt ohne (metaphysische) Ordnung vorschnell aufzugeben. Auch und gerade im Subjekt sieht Nietzsche ein solches die Welt ordnendes und dieser sinngebendes Prinzip und damit einen Ausdruck der Metaphysik und zentrales Werkzeug der platonisch-christlichen Moral, die er zu überwinden trachtet. Die Rolle als Weltordner und Sinngeber kann das Subjekt nur spielen, wenn es den Platz des ehemaligen Souveräns einnimmt. Quasi als ‚Schmarotzer' profitiert das Subjekt von der ehemaligen Ordnung, indem einerseits der Zusammenbruch dieser Ordnung ihm allererst ermöglicht, den Platz des toten Gottes einzunehmen, es andererseits diese Position jedoch nur annehmen kann, indem *mit* ihm ein Rest dieser verbürgten, göttlichen Ordnung weiterbesteht. Dass jedoch auch dieser ,Ordnungsrest' eine pure Fiktion ist, der es dem Subjekt ermöglicht, als eine einheitliche, ordnungs- und sinnstiftende Instanz aufzutreten, versucht Nietzsche auf vielfältige Weise zu entlarven.[370] So deklamiert Nietzsche: „Und gar das Ich! Das ist zur Fabel geworden, zur Fiktion, zum Wortspiel" (Nietzsche 1999b: 973). Das Subjekt ist somit für Nietzsche kein Zugrundeliegendes und keine *causa prima*, sondern ein Produziertes und Geschaffenes, das sich vollkommen in der dynamischen, chaotischen, kontingenten Welt auflöst. Wie Vattimo (2005: 55) formuliert: „Nietzsches ,Nominalismus' ist vollkommen. Das Subjekt ist nichts anderes als die Tätigkeit des Setzens, Überschreitens, Verfälschens."

So torpediert Nietzsche das Subjekt von unterschiedlichen Seiten und in seinen unterschiedlichen Eigenschaften. Das Subjekt als wesentlich ein denkendes, der Welt enthobenes, das als *cogito*, als Bewusstsein, sich als Souverän seiner eigenen Gedanken sieht, hält Nietzsche entgegen (Nietzsche 1999c: 580), „dass ein Gedanke kommt, wenn ,er' will, und nicht wenn ,ich' will; so dass es eine Fälschung des Tatbestandes ist, zu sagen: das Subjekt ,ich' ist die Bedingung des Prädikats ,denke'. Es denkt". Dem reinen Subjekt des Denkens, im Besitz reiner Vernunft, hält Nietzsche die unreine Vernunft und Sinnlichkeit des Leibes entgegen. Von dort aus kritisiert er auch das neutrale Erkenntnissubjekt, das rein, willen- und zeitlos ist und hält dem entgegen, es gebe für ein leiblich gebundenes Subjekt nur ein perspektivisches Sehen und Erkennen. Überhaupt kritisiert Nietzsche radikal das ganze Projekt der Aufklärung, insbesondere dessen implizite Annahme, die Wahrheit warte darauf, entdeckt zu werden. Vielmehr sei Wahrheit stets gemacht, sei Ausdruck des menschlichen Willens zur Macht. Und schließlich entlarvt Nietzsche das Subjekt, das sich als ein Wesen mit innerer Tiefe betrachtet und erklärt auch die Innerlichkeit als ein Nebenprodukt der kontingenten Herkunft des Menschen. In seiner ,Genealogie der Moral' formuliert er die These, dass in der Entwicklungsgeschichte der Menschen Instinkte, die sich nicht nach außen entladen konnten, nach innen gerichtet wurden und sich damit der Innenraum des Menschen erst geschaffen habe; dieser „hat Tiefe, Breite, Höhe bekommen, als die Entladung des Menschen nach Außen gehemmt worden ist" (Nietzsche 1999a: 825). Erst in Folge dieser „Verinnerlichung des Menschen" (ebd.) wächst, laut Nietzsche, das am Menschen heran, was man später die Seele nennt.[371]

---

370 Zum inneren Zusammenhang von ,Tod Gottes' und ,Tod des Subjekts' siehe auch Foucault 2002b: 680, Meyer-Drawe 2000: 15, 17f, 101 und Ricken 1999: 130.

371 Die These der Verinnerlichung ist in der ,Genealogie der Moral' zwar ungenügend begründet, ist theoriegeschichtlich aber äußerst wirksam gewesen und wurde unter anderem von Freud (Kultur als Triebunterdrückung), von Max Weber (Rationalisierung), Norbert Elias (Zivilisierung als Überführung des Fremdzwangs in Selbstzwang) und

Statt auf das Subjekt, das er als einen selbstbetrügerischen Glauben der schwachen Menschen betrachtet[372], setzt Nietzsche auf seine eigene romantische, heroische Vision des Übermenschen, der die Sklavenmoral der westlichen Zivilisation überwindet und die Menschheit vor dem Zerfall rettet.

Freud, Heidegger und der Strukturalismus als zentrale Stationen der Subjektkritik

Ein zentrales Element der Subjektkritik im 20. Jahrhundert stellt die Psychoanalyse dar. *Sigmund Freud* als Gründervater der Psychoanalyse steht zwar einerseits noch in der Tradition der Aufklärung, was z.B. in seiner Favorisierung der menschlichen Ratio zeigt, die sich in seiner berühmten Formel, ‚wo Es ist, muss Ich werden' ausdrückt, andererseits unterläuft seine Theorie aber die Konzeption des einheitlichen und souveränen Subjekts. Dies auf zweierlei Weise: Erstens ist das Subjekt nach Freuds Konzeption des Unbewussten nicht mehr ‚Herr im eigenen Hause', nicht nur weil es von nur teils kontrollierbaren Trieben, sondern auch von kontingenten frühkindlichen Ereignissen bestimmt ist, die unbewusst Herrschaft über das sich nur souverän denkende Subjekt ausüben. Zweitens spaltet sich in der Konzeption des Psychischen bei Freud das einheitliche Subjekt in drei unterschiedliche Instanzen auf – Ich, Es und Über-Ich – und wird somit zum „stets herausgeforderte[n] Produkt eines territorialen Kampfes innerhalb der Provinzen des Bewußtseins" (Meyer-Drawe 2000: 20). Damit formuliert Freud eine treffsichere Kritik am Subjekt der Repräsentation und des Bewusstseins (Henry 1991: 163).

Nach Freud muss *Martin Heidegger* als eine weitere wichtige Station in der Formulierung der Subjektkritik genannt werden. Außer Nietzsche hat wohl kein zweiter auf diese einen so großen, wenngleich häufig eher unsichtbaren[373], Ein-

Michel Foucault (Disziplinierung und als deren Nebenprodukt die Seele/Innerlichkeit) aufgenommen und weitergeführt. Überhaupt kann Nietzsche als einer der ‚Hypothesenlieferanten' des Denkens im 20. Jahrhundert angesehen werden.

372 „Das Subjekt (oder, daß wir populärer reden, die Seele) ist vielleicht deshalb bis jetzt auf Erden der beste Glaubenssatz gewesen, weil er der Überzahl der Sterblichen, den Schwachen und Niedergedrückten jeder Art, jene Selbstbetrügerei ermöglichte, die Schwäche als Freiheit, ihr So- und So-sein als Verdienst hinzunehmen." (Nietzsche 1999a: 791)

373 Dies zeigt sich beispielsweise bei Michel Foucault. Während der Einfluss Nietzsches bei Foucault bis in die Terminologie (z.B. Genealogie) und Titelwahl (‚Wille zum Wissen') hinein deutlich wird, bleibt der Einfluss Heideggers nahezu unsichtbar. Je-

fluss gehabt, inbesondere, da die französischen Philosophie des 20. Jahrhunderts Heidegger intensiv rezipierte. Heideggers Wirkung auf die Subjektkritik kam auf zweierlei Weise zustande: Erstens half er wesentlich dabei, die Genese des modernen Subjekts – insbesondere die dabei entscheidende Tatsache der Herauslösung aus dem metaphysischen Weltengrund, der kosmischen Ordnung – nachzuvollziehen und zu formulieren und dekonstruierte die Figur des modernen Subjekts „mit einer bislang nicht wieder erreichten Radikalität" (Rogonzinski 1987: 87), zweitens schuf er mit seinem Konzept des Daseins und seiner Daseinsanalyse einen ersten und wesentlichen Gegenentwurf zur Figur des modernen Subjekts, die im Gegensatz zu diesem nicht als gründendes Zentrum betrachtet wird.

Die kritischen Reformulierungsversuche des Subjekts, die im nächsten Unterkapitel dargestellt werden, haben neben Heidegger ihren Hauptbezug und Ideengeber in dem französischen Leibphänomenologen Maurice *Merlau-Ponty*, dem es – auf Husserl und Heidegger aufbauend, wie sich von diesen absetzend – vor allem darum ging, den kartesischen Leib-Seele- bzw. Leib-Geist-Dualismus sowie die kantische transzendentale, körperlose Vernunft zu überwinden, indem das Subjekt und dessen Vernunft als leiblich und inkarniert konzipiert werden.[374]

Es ist der *Strukturalismus* und in dessen Nachfolge der sogenannte Poststrukturalismus, der die Nietzsche-Freud-Heidegger-Linie der Subjektkritik auf eine andere Art und Weise fort- und umschreibt. Für diese Linie wesentlich ist der linguistische ‚Strukturalismus' Ferdinand de *Saussures* (2001 [1916]). Dessen Konzeption von Sprache liegen zwei zentrale Unterscheidungen zugrunde. Zunächst unterscheidet Saussure zwischen Sprache als ‚parole', der Sprache eines einzelnen Sprechers in einer konkreten Situation, also dem Sprechakt, und Sprache als ‚langue', der Sprache als einem abstrakten Zeichen- und Regelsystem, das den konkreten Sprechakt überhaupt erst ermöglicht. Sodann unterscheidet er zwischen Signifikant (Zeichenform) und Signifikat (Zeicheninhalt bzw. Bedeutung) und stellt die These auf, dass das Signifikat eines Zeichens nicht durch seine Relation zur bezeichneten Sache, sondern durch die Position des Signifikanten in

doch betonte Foucault den starken Einfluss Heideggers, z.B. konstatiert er: „Heidegger ist für mich immer der wesentliche Philosoph gewesen" (Foucault 1990: 140) und: „Meine ganze philosophische Entwicklung war durch meine Lektüre von Heidegger bestimmt" (Foucault 1990: 140f). Selbst Nietzsche habe er nur durch Heidegger verstanden (Foucault 1990: 141).

374 Weder auf Heidegger noch auf Merlau-Ponty soll jedoch an dieser Stelle näher eingegangen werden. Heideggers Analyse und Dekonstruktion des modernen Subjekts wurde bereits an anderer Stelle in dieser Arbeit formuliert (I.3.3), Merlau-Pontys Konzeption wird hingegen im nächsten Unterkapitel (II.1.3) an mehreren Stellen erörtert werden.

der ‚langue' und dessen Relation zu anderen Zeichen bestimmt ist. Daraus folgt nicht nur, dass Signifikant und Signifikat bloß arbiträr miteinander gekoppelt sind, die Sprache somit vollkommen kontingent und selbstreferentiell ist und nicht die Dinge, sondern letztlich nur sich selbst bezeichnet, vielmehr spricht – durch die Stellung der ‚langue' in Saussures Konzeption – die Sprache gewissermaßen durch den Sprecher. Damit betreibt Saussure, ohne explizit eine Subjektkritik formuliert zu haben, „indirekt eine linguistische Dezentrierung des sprechenden Subjekts" (Reckwitz 2008: 19), da der Sprecher in seinem Sprechen nicht ursächlicher Stifter von Ordnung und Sinn, sondern vielmehr das Produkt einer willkürlichen Ordnung (dem Zeichensystem) ist, die kontingenten Sinn erzeugt. Saussure bahnt damit auch, was für die weitere Geschichte der Subjektkritik entscheidend ist, das Primat der Differenz über die Identität vor, indem er die Sprache als ‚langue' wesentlich als ein System aus Differenzen beschreibt und es damit zu einem Primat der Differenz vor der Identität kommt, da die Identität des einzelnen Zeichens durch die Differenzen zwischen der Gesamtheit der Zeichen bestimmt wird (Reckwitz 2008: 19f). Indem Saussure somit die Sprache als ein Zeichensystem ohne Mitte und Einheit konzipiert, schafft die saussursche Semiologie allererst „die Möglichkeit, zentrenlose Strukturen zu bestimmen" (Vetter 1987: 41), was für den Strukturalismus grundlegend notwendig ist.

Zentraler Vertreter des Strukturalismus ist neben Roman Jakobson der Philosoph und Ethnologe *Claude Lévi-Strauss*, der sich mit der Veröffentlichung seiner Monographie ‚Traurige Tropen' aus dem Jahr 1955 (Lévi-Strauss 2003) einen führenden Platz in französischen literarischen und intellektuellen Kreisen erwirbt. Mit dessen Werk ‚Das wilde Denken' (2009 [1962]) bricht die Blütezeit des Strukturalismus an, die bis Ende der 1960erJahre andauert. Lévi-Strauss' Grundannahme dabei ist, dass hinter den zahlreichen und heterogenen Ausdrucksformen der Kultur, in menschlichen Sprachen wie sozialen Institutionen Tiefenmuster bzw. „Strukturierungsprinzipien, die immer und überall wirksam sind" (Ruijter 1991: 14) existieren. Mit anderen Worten geht er von der Annahme eines objektiven Systems aus, das unsere mentalen, sozialen und kulturellen Prozesse strukturiert und hervorbringt. Das Subjekt, das „unerträglich verwöhnte Kind, das allzu lange die philosophische Szene beherrscht [...] hat" (Lévi-Strauss 1983: 808), ist demnach keineswegs frei, sondern „wird von den Kräften eines gebieterischen Denk- und Sprachsystems beherrscht" (Ruijter 1991: 10). Lévi-Strauss zeigt somit „die Ohnmacht des Individuums und seine Unterwerfung unter Strukturen" (ebd.). Das Subjekt als Teil der Natur wird dort zum letztlich passiven Element im sich vom Menschen unabhängig vollziehenden Naturgeschehen, in dem überhaupt die Existenz auch der gesamten Menschheit nur eine unbedeutende Episode darstellt. Indem Lévi-Strauss somit von einem „Primat der Struktur gegenüber Bewußtsein und Subjekt" (Schmerfeld 1991: 14) ausgeht, formuliert er zwar eine wirkmächtige Subjektkritik, die im Subjekt das bloße Produkt von Strukturen sieht, dieses somit in Strukturen auflöst, gleichzeitig bleibt auch Lévi-Strauss in gewissem Sinne der aufklärerischen Tradition und dem Projekt der Moderne verpflichtet. So geht er davon aus, dass die Wissenschaft dazu in der Lage ist, den Schleier des Bewusstseins und der uns natürlich erscheinenden Realität zu lösen und „die Ebene der eigentlichen Realität, bestehend aus Strukturen“ (Ruijter 1991: 24) aufzudecken und vom Sinnlichen zur Ratio der „universell gültigen und wirksamen Struktur“ (Schmerfeld 1991: 14) durchzudringen, somit ein objektives Wissen von der universalen Struktur, die hinter allen menschlichen Phänomenen liegt, zu erlangen.[375]

Poststrukturalistische Subjektkritik am Beispiel Foucault

Diese radikale Subjektkritik des Strukturalismus wird von einer ganzen Reihe theoretischer Ansätze weiterbetrieben, die üblicherweise unter dem Sammelbegriff *Poststrukturalismus* zusammengefasst werden. Dabei darf unter dem Poststrukturalismus kein einheitlicher Theorieansatz verstanden werden, vielmehr teilen die als poststrukturalistisch bezeichnete Theoretiker eine gemeinsame Haltung, die sich beispielsweise in der Ablehnung vereinheitlichender und identifizierender Termini wie Poststrukturalismus ausdrückt. Gemeinsam ist den ‚poststrukturalistischen‘ Positionen jedoch, dass sie gewissermaßen durch die Schule des Strukturalismus gegangen sind, dabei gelernt haben, mit dessen theoretischem ‚Werkzeugkoffer‘ zu hantieren und mit dem Strukturalismus das Primat des Subjekts in Frage zu stellen. Gemeinsam ist ihnen jedoch auch, dass sie gleichzeitig einige Prinzipien und Grundannahmen des Strukturalismus in Frage stellen, besonders dort, wo der Strukturalismus noch modernistische Momente beinhaltet und dem ‚Projekt der Aufklärung‘ verhaftet scheint. Somit wird vor allem der Universalismus und Rationalismus des Strukturalismus kritisiert und neben dem ‚Primat des Subjekts‘ wird gleichzeitig das ‚Primat der Struktur‘ in Frage gestellt. Gegen die Position Lévi-Strauss′ betonen sie, dass Strukturen nicht statisch und schon gar nicht universell, sondern auch diese kulturell, historisch und sprachlich bedingt

375 Mit dem Strukturalismus entstand auch eine ‚strukturalistische‘ Literaturwissenschaft, die das Prinzip des Strukturalismus auf die Hermeneutik literarischer Texte anwendet und darauf zielt, die linguistischen, psychoanalytischen, logischen, soziologischen und rhetorischen Strukturen aufzudecken, die den Text und dessen Bedeutung produzieren. Analog zum Tod des Subjekts kommt es so zum *Tod des Autors* (Barthes 2000 [1968]) d.h. der Zurückweisung der Annahme, dem Text läge ein kreatives und intentionales Subjekt zugrunde.

seien. Statt von einem Primat des Subjekts oder der Struktur auszugehen, wird überhaupt die Annahme eines einheitlichen, die Vielfalt des ganzen Seins strukturierenden Prinzips verworfen, auch wenn es in einigen poststrukturalistischen Theorien zu einem Quasi-Primat des Diskurses oder der Differenz zu kommen scheint. Gemeinsam ist den poststrukturalistischen Ansätzen auch die Kritik am Projekt der Moderne, am westlichen Logozentrismus, die Annahme einer einheitlichen Vernunft, die mittels wissenschaftlicher Methoden wahres Wissen über die Welt erlangen kann. Der ‚Glaube' an ein einheitliches, abgegrenztes und von der Vernunft bestimmtes Subjekts bildet somit die Zielscheibe aller Formen poststrukturalistischer Kritik. Daher sind es vornehmlich poststrukturalistische Theorien, in denen bzw. in der Auseinandersetzung mit diesen der ‚Tod des Subjekts' debattiert wurde, es teils jedoch auch zu Versuchen einer kritischen Reformulierung eines dezentrierten Subjekts kam. Dabei werden die Ansätze folgender Theoretiker gewöhnlich als poststrukturalistisch bezeichnet, auch wenn sie sich zum Teil gegen diese Bezeichnung wehren: Jacques Lacan, Michel Foucault, Jacques Derrida, Gilles Deleuze, Roland Barthes, Louis Althusser, Judith Butler, Jean Baudrillard, Luce Irigaray, Julia Kristeva, Ernesto Laclau u.a.

Es ist wohl das zwischen den 1960er und 1980er Jahren entstandene Werk *Michel Foucaults*, das von allen poststrukturalistischen Theoretikern den größten Einfluss ausgeübt hat und bis heute ausübt und das im Folgenden exemplarisch für eine poststrukturalistische Subjektkritik betrachtet werden soll. Foucault wurde häufig als derjenige verstanden, der den ‚Tod des Subjekts' ausgerufen habe, zugleich sprach er in einem seiner letzten Texte davon, dass das Subjekt das zentrale Thema seiner Forschung gewesen sei (Foucault 1994: 243). Zentral für sein heterogenes in ständiger Transformation begriffenes Werk ist der Zusammenhang von Wissen (bzw. Diskursen oder Wahrheit), Macht (bzw. Machttechnologien und -strategien) und Subjekt (bzw. Subjektformen sowie Selbsttechnologien). Gewissermaßen quer dazu und als grundsätzliche Herangehensweise betreibt Foucault – im Geiste Nietzsches, wie aber auch Heideggers – eine radikale Historisierung des sich als universalistisch und objektiv ausgebenden wissenschaftlichen Wissens, insbesondere des Wissens über den Menschen[376]. So spricht Foucault davon, dass seine Untersuchungen „sich gegen den Gedanken universeller Notwendigkeiten im menschlichen Dasein" (Foucault 1993: 17) richteten und er „versuche, im höchsten Maße zu historisieren, um dem Transzendentalen so wenig Platz wie möglich zu lassen" (Foucault 2002b: 466). Dabei zielt Foucault auf eine *Geschichte der Gegenwart*, das heißt, er versucht insbesondere jenes Wissen als historisch geworden zu markieren, das in der Gegenwart für selbstverständlich und damit für

376 Und damit ganz besonders der Wissenschaft vom Menschen, der Anthropologie.

universell gültig gehalten wird und das ins Innere des gegenwärtigen Menschen eingegangen zu sein scheint.

„Mit anderen Worten, wir werden von Prozessen, Bewegungen, Kräften durchdrungen; diese Prozesse und Kräfte kennen wir nicht, und die Rolle des Philosophen besteht darin, diese Kräfte bzw. die Wirklichkeit zu diagnostizieren. Es geht darum, eine Antwort auf die Frage zu geben: Wer sind wir und was geht eigentlich vor?" (Foucault 2003c: 721f)[377]

Von dort ausgehend kann auch verstanden werden, was Foucault, angesprochen auf die grundlegende Frage seines Werks, meint, wenn er formuliert: „Mein Problem bestand darin, selbst eine Erfahrung zu machen und die anderen aufzufordern, vermittelt über einen bestimmten historischen Inhalt an dieser Erfahrung teilzunehmen: nämlich an der Erfahrung dessen, was wir sind und was nicht nur unsere Vergangenheit, sondern auch unsere Gegenwart ausmacht; an einer Erfahrung unserer Modernität, derart, dass wir verwandelt daraus hervorgehen." (Foucault 1996: 28f) Die Methode, die er dazu benutzt, nennt und bestimmt er im Rückgriff auf Nietzsche: Genealogie.

Diese „steht im Gegensatz zur Suche nach dem ‚Ursprung'" (Foucault 2002b: 167), denn „[a]m geschichtlichen Anfang der Dinge stößt man nicht auf die noch unversehrte Identität ihres Ursprungs, sondern auf Unstimmigkeit und Unterschiedlichkeit" (Foucault 2002b: 169), am Anfang stehe nicht die Wahrheit, sondern der Zufall. Den gegenwärtigen Endpunkt der Entstehungsgeschichte hält der *Genealoge* daher auch „nicht für den Endpunkt eines Fortschritts [...], den man in der Geschichte nachzuvollziehen hätte" (Foucault 2002b: 927), daher enthält er sich, die Entstehungsgeschichte „mit einer Positivität, einer Bewertung zu versehen" (ebd.). Statt nach dem Ursprung forsche der Genealoge nach der Herkunft. Diese „schafft keine sichere Grundlage; sie erschüttert, was man für unerschütterlich hielt; sie zerbricht, was man als eins empfand; sie erweist als heterogen, was mit sich übereinzustimmen schien" (Foucault 2002b: 173). Besonderes Augenmerk richte der Genealoge darauf, dass jede Herkunft Spuren von Konfrontation und miteinander konkurrierenden Kräfteverhältnissen aufweist; anders gesagt:

377 Noch zugespitzter formuliert: „Das alles tue ich, um zu klären, was wir heute sind. Ich möchte mich in meiner Forschung auf die Frage konzentrieren, was uns heute geschieht, was wir sind und was unsere Gesellschaft ist. Ich glaube, in unserer Gesellschaft und in dem, was wir sind, gibt es eine tiefgründige historische Dimension, und Diskursereignisse, die sich vor Jahrhunderten oder vor Jahren ereignet haben, sind innerhalb dieses geschichtlichen Raums von großer Bedeutung. Wir sind untrennbar mit den Diskursereignissen verbunden. In gewissem Sinne sind wir nichts als das, was vor Jahrhunderten, vor Monaten, vor Wochen gesagt worden ist." (Foucault 2003c: 599)

„Die Genealogie rekonstruiert […] das zufällige Spiel der Herrschaftsbeziehungen" (Foucault 2002b: 175) und markiert konsequenterweise auch das eigene Wissen als ein perspektivisches. Dabei genüge es nicht, dass der Genealoge den Mythos vom neutralen Subjekt der Erkenntnis opfert und anerkennt, dass auch „das Erkenntnissubjekt [...] eine Geschichte" (Foucault 2002b: 670) hat, das Erkenntnissubjekt also historisiert, vielmehr müsse er sich überhaupt vom Mythos eines konstituierenden Subjekts frei machen, um „zu einer Analyse [zu] gelangen, die der Konstitution des Subjekts in der historischen Verlaufsform Rechnung tragen könnte" (Foucault 2003c: 195).[378]

Wogegen Foucault sich also wendet und worin er die zentrale Erfahrung unserer Modernität sieht, die es zu überwinden gilt, ist die Figur des modernen Subjekts. So sieht sich Foucault mit Lacan, Lévi-Strauss, Barthes und Althusser darin übereinstimmen, „dass man nicht von dem Subjekt ausgehen sollte, vom Subjekt in Sinne Descartes′ als einem Ursprungsort, von dem alles erzeugt werden sollte, sondern dass das Subjekt selbst eine Genese hat" (Foucault 2003c: 741f). Stets betont Foucault, „dass es kein souveränes und konstitutives Subjekt gibt, keine universelle Form des Subjekts, die man überall wieder finden könnte" (Foucault 2002a: 138). Explizit spricht er sich gegen eine Philosophie des Subjekts aus, die es als ihre Aufgabe betrachte, „die Abstammung aller Erkenntnis und aller Bedeutung von dem sinnstiftenden Subjekt aufzuzeigen" (Foucault 2002a: 33), die „dem beobachtenden Subjekt absolute Priorität einräumt" (Foucault 2002a: 15) und in der Tradition von Descartes und Kant von der „Gleichsetzung von Subjekt und Bewusstsein auf transzendentaler Ebene" (Foucault 2002b: 465) ausgeht. Gleichzeitig richtet Foucault sich jedoch auch gegen die Version des modernen Subjekts, die sich als mit einer ureigenen, ursprünglichen, authentischen Innerlichkeit ausgestattet versteht; im Gegensatz dazu hält er „es für gefährlich, Identität und Individualität für tiefgründige natürliche Elemente zu halten" (Foucault 2003c: 1000), da dies die Verstrickung des Subjekts in die ‚Maschen der Macht' noch intensiviere. So konstatiert Foucault: „Wir sind Gefangene gewisser Vorstellungen über uns selbst und unser Verhalten. Wir müssen unsere Subjektivität, unser Verhältnis zu uns selbst, befreien" (ebd.). Dabei zielt Foucault, wie manchmal missverständlich

---

378 „Und das ist das, was ich Genealogie nennen würde, das heißt eine Form von Geschichte, die der Konstitution der Wissensarten, der Diskurse, der Gegenstandsbereiche usw. Rechnung trägt, ohne sich auf ein Subjekt beziehen zu müssen, ob dieses nun dem Feld der Ereignisse gegenüber transzendent ist oder ob es in seiner leeren Identität an der Geschichte entlangläuft." (Foucault 2003c: 195) Denn: „Aus der historischen Analyse den Diskurs des Kontinuierlichen machen und aus dem menschlichen Bewusstsein das ursprüngliche Subjekt allen Werdens und jeder Anwendung machen, das sind die beiden Gesichter ein und desselben Denksystems." (Foucault 2003a: 23)

formuliert und teils auch missverstanden, nicht auf die Überwindung jeder bzw. jeglicher Form von Subjektivität, sondern auf jene, „die man uns jahrhundertelang auferlegt hat" (Foucault 1994: 250), stattdessen müsse man „neue Formen der Subjektivität zustande bringen" (ebd.).

Der erste Schritt hierzu sei eine „*Genealogie des modernen Subjekts* als einer historisch und kulturellen Realität [...], d.h. als etwas, was sich eventuell ändern kann" (Foucault 1984: 35; kursiv d. Verf.) durchzuführen. Dazu untersuchte Foucault auf verschiedenartige Weise, wie Menschen zu Subjekten (gemacht) werden, d.h., statt von einem konstituierenden, stiftenden Subjekt auszugehen, rückt bei Foucault der Prozess der Subjektkonstitution in den Brennpunkt der Analyse. Beispielsweise untersuchte Foucault in seiner Studie ‚Ordnung der Dinge' (Foucault 2002a), wie sich in unterschiedlichen Wissenschaften zur gleichen Zeit ähnliche Ordnungen des Wissens, von ihm *episteme* genannt, herausbilden, die als eine Art historisches Apriori die historische Bedingung der Möglichkeit wissenschaftlicher Erkenntnis kennzeichnen. Ähnlich wie bereits in der Untersuchung ‚Wahnsinn und Gesellschaft' (Foucault 2001a) und später in ‚Überwachen und Strafen' (Foucault 2003b) entdeckt Foucault „in der Wende des 19. Jahrhunderts die Schwelle einer Modernität, aus der wir immer noch nicht herausgekommen sind" (Foucault 2002a: 27). „Auf dieser Schwelle ist zum ersten Mal die fremde Gestalt des Wissens erschienen, die man den Menschen nennt und die einen den Humanwissenschaften eigenen Raum gebildet hat" (ebd.), sie betrifft „das Sein unserer Modernität selbst" (Foucault 2002a: 273), die *episteme* ‚Mensch'.[379] Provozierend konstatiert Foucault: „Vor dem Ende des achtzehnten Jahrhunderts existierte der *Mensch* nicht." (Foucault 2002a: 373) Natürlich hätten zuvor schon menschliche Wesen existiert, jedoch nicht der Mensch (als Subjekt), die vorherig existierenden *episteme* hätten „sich nach Linien [gegliedert], die in keiner Weise ein spezifisches und eigenes Gebiet des Menschen isolieren" (ebd.). Anders gesagt: „Der Mensch als dichte und ursprüngliche Realität, als schwieriges Objekt und souveränes Subjekt jeder möglichen Erkenntnis findet darin keinen Platz." (Foucault 2002a: 375) Was mit dem Aufkommen der Transzendentalphilosophie und den Humanwissenschaften entstanden sei, sei der Mensch als „eine seltsame, empirisch-transzendentale Dublette" (Foucault 2002a: 384). Als transzendentales Subjekt sei der Mensch zur Bedingung der Möglichkeit von Erkenntnis gemacht worden, gleichzeitig gerate er als empirisches Wesen zum Objekt der (Human-) Wissenschaft. Anders gesagt: Der Mensch werde zum Wesen, „indem man Kenntnis von dem nimmt, was jede Erkenntnis möglich macht" (ebd.), das Wesen, das gleichzeitig „die Grundlage aller Positivitäten und auf eine Art, die man nicht

379 Foucault merkt an, das Aufkommen der episteme Mensch „korrespondier[e] mit der Einführung einer Transzendentalphilosophie" (Foucault 2002a: 301).

einmal privilegiert bezeichnen kann, im Element der empirischen Dinge präsent" (Foucault 2002a: 413) sei. Im diesem Zusammenhang schließlich spricht Foucault davon, dass es durchaus möglich sei, „dass der Mensch verschwindet wie am Meeresufer ein Gesicht im Sand" (Foucault 2002a: 462).

Es ist diese These vom Tod des Menschen, die Furore machte und die Debatte um den ‚Tod des Subjekts' an- wie aufheizte. An anderer Stelle kommentiert Foucault seine These und betont, dass er damit nicht auf das Ende von Subjektivität überhaupt, sondern einer spezifischen Subjektivität anspielte. Dadurch, dass Menschen „in den Prozess der Erkenntnis eines Objektbereichs ein[..]treten und dabei gleichzeitig sich selbst als Subjekte mit einem festen und determinierten Status [...] konstituieren" (Foucault 1996: 52), befänden sich die Subjektivitäten in einem ständigen Prozess des Verschiebens:

> „Diese Serie von Subjektivitäten wird niemals zu einem Ende kommen und uns niemals vor etwas stellen, das ‚der Mensch' wäre. Die Menschen treten in einen Prozess ein, der sie als Objekte konstituiert und sie dabei gleichzeitig verschiebt, verformt, verwandelt – und der sie als Subjekt umgestaltet. Das war es, was ich sagen wollte, als ich undeutlich und vereinfachend vom Tod des Menschen sprach." (Foucault 1996: 85)

Zentral dabei ist für Foucault jedoch, dass das über das Objekt Mensch gesammelte Wissen sich gegenüber dem Subjekt dieses Wissens nicht neutral verhält, sondern sich diesem gewissermaßen als wahres Wissen über sich selbst einschreibt, mit den Worten Foucaults gesprochen, „der Mensch ins Innere seines eigenen Wissens eingeht" (Foucault 1996: 53).

Foucault nimmt jedoch nicht nur den Zusammenhang von Wissen und Subjektivität in den Blick, sondern betrachtet auch den Zusammenhang von Wissen, Subjektivität und Macht. Dabei setzt sich Foucault vom herkömmlichen Verständnis der Macht ab, indem diese nicht nur substantialistisch, als ein Besitz, verstanden wird, sondern auch als etwas Repressives und Unterdrückendes. Im Gegensatz dazu entwickelt Foucault ein relationales und agonales Machtverständnis und untersucht nicht *die* Macht, sondern ‚Machtverhältnisse', ‚-strategien' sowie ‚Technologien der Macht' und bestimmt Macht als eine „Führung der Führungen" (Foucault 1994: 255). Darüber hinaus zeigt er insbesondere die produktiven Seiten von Macht auf. Auch das Subjekt erscheint in diesem Fokus als etwas, das zugleich von Macht *unterworfen* und *hervorgebracht* wird. Um dies zu kennzeichnen, verweist Foucault auf die Doppeldeutigkeit des Terminus´ Subjekt[380]: „Das Wort *Subjekt* hat einen zweifachen Sinn: vermittels Kontrolle und Abhängigkeit

380 Vom lateinischen Ursprung her – ‚sub-iectum' – wird mit Subjekt sowohl das Zugrundeliegende als auch das Unterworfene bezeichnet.

jemandem unterworfen sein und durch Bewusstsein und Selbsterkenntnis seiner eigenen Identität verhaftet sein" (Foucault 1994: 247). Das Subjekt gehe nicht der Macht voraus, d.h. es dürfe nicht begriffen werden als „primitives Atom, vielfältige und träge Materie [...], auf die die Macht angewendet wird" (Foucault 2001b: 45), vielmehr sei es eine „Wirkung der Macht" (ebd.). Im Gegensatz zur Ideologiekritik, für die es ein Außen der Macht gibt, sind politische und ökonomische Bedingungen für Foucault nicht ein Schleier für das an sich neutrale Erkenntnissubjekt, „sondern dasjenige Medium, durch das hindurch die Erkenntnissubjekte und damit auch die Wahrheitsbeziehungen sich herausbilden" (Foucault 2002b: 686).

Mit dem Begriff der Subjektivation bzw. der Subjektivierung verweist Foucault darauf, dass das Subjekt nicht als der Macht vorgängiges, schon vorhandenes zu betrachten sei, sondern in einem Prozess der Subjektivation zu einem Subjekt gemacht werde bzw. sich „im Prozess seiner permanenten kulturellen Produktion" (Reckwitz 2008: 10) befindet. Mit diesem Konzept der Subjektivation löst Foucault eine Wende von Theorien des Subjekts hin zur rekonstruktiven Analyse von (kulturell und historisch bedingten) spezifischen Subjektformen aus und schuf „ein heuristisches Schlüsselkonzept der Kultur- und Sozialwissenschaften zu Beginn des 21. Jahrhunderts" (Reckwitz 2008: 10f).[381]

Postkoloniale und postmodernistische Subjektkritiken

Quer zu der hier vorgestellten Linie der Subjektkritik Nietzsche-Freud-Heidegger-Strukturalismus-Poststrukturalismus wurde, von gänzlich unterschiedlichen Seiten her, die sich als universalistisch gültig ausgebende Figur des modernen Subjekts als eine höchst spezifische und partikulare Figur menschlicher Selbstbe-

381 Ausführlich: „Wenn die kulturwissenschaftliche – die soziologische, historische, literaturwissenschaftliche, kulturanthropologische – Subjektanalyse nach ‚dem Subjekt' fragt, dann fragt sie nach der spezifischen kulturellen Form, welche die Einzelnen in einem bestimmten historischen und sozialen Kontext annehmen, um zu einem vollwertigen, kompetenten, vorbildlichen Wesen zu werden, nach dem Prozess der ‚Subjektivierung' oder ‚Subjektivation', in dem das Subjekt unter spezifischen sozial-kulturellen Bedingungen zu einem solchen ‚gemacht' wird. Die kulturwissenschaftliche Subjektanalyse zielt darauf ab herausfinden, welches Know-how und welche Wunschstrukturen, welche körperlichen Routinen und welches Selbstverständnis, welche Abgrenzungsformen nach außen und welche Kompetenzen, welche psychisch-affektiven Orientierungen und Instabilitäten der Einzelne ausbildet, um jener ‚Mensch' zu werden, den die jeweiligen gesellschaftlichen Ordnungen voraussetzen." (Reckwitz 2008: 9f)

schreibung entlarvt und entsprechend verortet. Die Figur des Subjekts ist nicht nur zeitspezifisch ein *modernes Subjekt*, sondern auch klassenspezifisch ein *bürgerliches Subjekt*, geschlechtsspezifisch ein *männliches Subjekt* und kulturspezifisch ein *westlich-abendländisches Subjekt*.

Letzteres, also „daß unser egozentriertes Subjektverständnis im Weltmaßstab eher eine Besonderheit als ein verallgemeinerbares Konstrukt darstellt" (Keupp 1994: 252) und Identitäten in höchstem Maße kulturell geformt sind, konnte bereits recht früh im 20. Jahrhundert – in Marcel Mauss letztem, 1938 publizierten Essay (Mauss 1989), noch bekannter jedoch in Clifford Geertz 1966 publizierten, sehr einflussreichen Aufsatz ‚The Impact of the Concept of Culture on the Concept of Man' (Geertz 2003) – die *kulturvergleichende Forschung* aufzeigen. Eine noch radikalere Kritik am kulturspezifischen Subjekt ist in den postkolonialen Theorien von Edward Said, Homi Bhabha, Stuart Hall u.a. formuliert worden. Deren Ziel, „die Abhängigkeit der Selbstformung westlicher Subjektivität von ihrer Repräsentation eines nicht-westlichen – schwarzen, orientalischen, asiatischen etc. – Anderen herauszuarbeiten" (Reckwitz 2008: 96), kulminierte in einer Umkehrung des hegemonialen westlichens Blicks vom Zentrum auf die Peripherie. Als Gegenkonzept zum westlichen, essentialistischen Subjektverständnis wurde hier besonders das *hybride Subjekt* betont, dessen Identität sich keineswegs einheitlich präsentiert, sondern sich aus gänzlich unterschiedlich kulturellen 'Mischungsverhältnissen' zusammensetzt (vgl. Benhabib 2002).

Die radikalisierte poststrukturalistische und postkolonialistische Subjektkritik kann in einem noch weiteren, gleichfalls unschärferen, *postmodernen Ethos* verortet werden, die den ‚Tod des Subjekts' als Befreiung von einer Illusion, als Aufklärung über die ‚Aufklärung', begrüßt und teils als Auflösung des einheitlichen Subjekts in ein polyzentrisches, fluides, fragmentarisches Produkt – positiv definierbar nur als Punkt der Überschneidung in einem größeren Netz – zelebriert und ästhetisiert wird. Diese postmodernistische Begrüßung des ‚Tod des Subjekts' ist eingebettet in eine viel breitere Kritik an der Moderne, ihren ‚großen Erzählungen' (Lyotard) – wie sie die Geschichte vom freien, sich befreit habenden Subjekt selbst eine ist – und ihrer instrumentalistischen Vernunft, deren negative, mindestens ambivalente Folgen im 20. Jahrhundert überdeutliche Spuren hinterlässt.[382]

382 Die Subjektkritik ist damit nicht nur aufgrund theoretischer Überlegungen so durchschlagend erfolgreich gewesen, denn wie Nancy (1991: 4) betont: "one should not forget the practical, ethical, and political experience of Europe since the 1930s: the fascisms, Stalinism, the war, the camps, decolonization, and the birth of new nations, the difficulty in orienting oneself between a ‚spiritual' identity that has been devastated and an ‚American' economism, between a loss of meaning and an accumulation of signs: so many instances for the investigation of the diverse figures of the ‚subject'".

Konsequenzen der Subjektkritik

Was sind die Konsequenzen der Subjektkritik? *Einerseits* wurde diese so schlagkräftig formuliert und war so durchschlagend wirksam, dass die klassische moderne Subjektfigur unwiederbringlich fraglich wurde.[383] Anders gesagt: Gegen den Souverän Subjekt hat sich eine wirksame Opposition gebildet und das mittels Vernunft regierende Subjekt scheint argumentativ in Bezug auf die Legitimation seiner selbst in die Defensive geraten zu sein.[384] Gleichzeitig lebt *andererseits* diese Figur, im Gegensatz zu ihrem propagierten Tod, in wissenschaftlichen Theorien sowie im *common sense* der westlichen Kultur – mindestens implizit – ‚putzmunter' weiter. Auf diese paradoxe Situation gibt es auf Seiten der Subjektkritik zwei unterschiedliche Reaktionen.

Eine Antwort besteht darin, die Auflösung des einheitlichen Subjekts noch weiter und noch radikaler zu betreiben und zu versuchen, sich weitestgehend jeglicher expliziten Subjektkonzeption zu enthalten. Jede positive Formulierung eines Subjektverständnisses steht für Vertreter eines solch radikal nominalistischen Ethos in zweifacher (ethischer) Gefahr: erstens ein Subjektverständnis zu formulieren, das noch zu sehr vom logischen Nährboden der Figur des modernen Subjekts zehrt und diesem noch zu ähnlich ist und es damit eher bestätigt und reproduziert, denn überwindet. Zweitens die Gefahr, die Lehre aus der Einsicht in die historische und kulturelle Bedingtheit jeder menschlichen Selbstbeschreibung

383 So konstatiert selbst der Kritiker der Subjektkritik Nagl-Docekal (1987: 21), dass die Subjektkritik sich insofern als treffsicher erwiesen habe, als „daß sie die Subjektkonzeptionen der Tradition zersprengte". Nancy (1991: 5) beschreibt die Infragestellung der Instanz des Subjekts als „one of the major characteristics of contemporary thought" und Michel Henry (1991: 157) schreibt: „The critique of the subject is taken for the principal lesson of the philosophy of the second half of this century – and already, to a large extent, of the first half. To each of the different forms it has assumed, a precise historical expression can be assigned. Indeed, so widespread is it that one would have to draw up a list of almost all contemporary movements of thought in order to take stock of its numerous but convergent formulations."

384 Wenngleich es natürlich weiterhin eiserne Verteidiger klassischer Subjektkonzeptionen gibt. Für diese „bedeutet der Tod des ‚Subjekts' Verzicht auf Verantwortung, Auslieferung an fremde Mächte, Auflösung errungener Formen, Regression auf pathische Frühstufen, ästhetizistische Spielerei, Konzession an die Gewalt und ähnliches. Was verteidigt wird, ist die Autopraxie und Autonomie eines ‚Subjekts', das den Mut hat sich seines eigenen Verstandes zu bedienen, und das in der Orientierung an universalen Maßstäben bei sich und anderen der Vernunft zur Herrschaft verhilft." (Waldenfels 1987: 81)

nicht zu ziehen und mit der Reformulierung eines Subjektverständnisses zu suggerieren, man könnte nun eine einheitliche und universal gültige Beschreibung dessen liefern, was den Menschen ausmacht.

Eine andere Reaktion besteht darin, diese Gefahren wahr- und ernstzunehmen, trotzdem explizit an einer kritischen Reformulierung des Subjekts zu arbeiten, da man annimmt, dass die Kritik am Subjekt die Kritik an einer *spezifischen* Formulierung des Subjekts gewesen ist und dass, auch wenn es damit einhergehend zur Einsicht in die prinzipielle historische und kulturelle Gebundenheit jeglicher menschlichen Selbstbeschreibung kam, menschliche Selbstbeschreibungen prinzipiell unumgänglich und zumindest implizit in jeder Theorie enthalten sind.[385] Eine reine Auflösung des Subjekts zu betreiben, birgt aus der Sicht dieses ‚Reformulierungsethos' die Gefahr, dass die klassische Figur des Subjekts, wenn keine expliziten alternativen Konzeptionen existieren, nur umso wirksamer weiter lebt[386] bzw. man damit nur deren komplementäre Figur des vollkommen determinierten, aus der ‚Dritten-Person-Perspektive' beschriebenen, ‚Subjekts' stärkt.[387]

Dass bei der kritischen Reformulierung selbst an den Termini Subjekt und Subjektivität festgehalten wird, ist auf dreierlei Weise zu begründen: *Erstens* schimmert die Figur des modernen Subjekts auch in allen anderen gängigen Selbstbeschreibungen durch, so dass ein Wechsel in der Terminologie neben der Frage der Plausibilität und Durchsetzbarkeit gegen die Tradition und Konvention in der Gefahr stünde, eine größere Überwindung anzuzeigen als de facto geschehen ist. *Zweitens* steht der Terminus Subjekt zumindest für die explizite und gründliche philosophische Auseinandersetzung mit menschlichen Selbstbeschreibungen, so dass eine kritische Reformulierung hier einen passenden ‚semantischen Ort' zu haben scheint und *drittens* ist mit besagten Termini auch markiert, dass das Subjekt nicht vollkommen in seinen Bedingungen aufgeht und auch die ‚Erste-Person-

385 So bekräftigt auch Meyer-Drawe (2000: 9), dass die Formel vom ‚Tod des Subjekts' letzlich Analysen zusammenfasse, die darin übereinstimmten, „daß eine bestimmte Subjekt-Konzeption ihre erklärende Kraft eingebüßt hat" und Descombes (1991: 120f) konstatiert: „we find not so much a censure of persons as the denunciation of an illusion. What we call the critique of the subject is in fact the critique of the *concept* of subject (or of the concept of subjectivity)." Wolfgang Welsch (1991:351) bekäftigt die Unhintergehbarkeit eines Subjektverständnisses, wenn er formuliert: „Ich halte es für einen Irrtum, daß es darum gehe, *für* oder *gegen* das Subjekt zu sein. Entscheidend ist vielmehr, für oder gegen *welches* Subjekt man ist."

Perspektive', wenn auch durchtränkt von dem Selbstverständnis des modernen Subjekts, etwas anzeigt, das nicht einfach ‚über Bord geworfen' werden darf.[388]

Jenseits euphorischer Verabschiedung und pessimistischer Verteidigung der Subjektfigur ist es somit zu einer Thematisierung des Subjekts nach dem ‚Tod des

386 Dazu schreibt Meyer-Drawe (2000: 65f): „Der Abschied von Subjektivität und Metaphysik wird oft allzu rasch vollzogen, ohne zu bedenken, daß diese Konzeptionen eine Gravur unseres Denkens, Wahrnehmens und Handelns bedeuten, die man nicht ablegen kann, wie eine bloß äußerliche Dekoration. Die vordergründige Aufmerksamkeit gegenüber groben Mustern der kritisierten Tradition verursacht, daß hinter unserem Rücken subtile Spielarten des Abgewiesenen umso ungehinderter tummeln." Gilles Deleuze (1991: 94) formuliert im Kontext der Diskussion um den ‚Tod des Subjekts': "This means that a concept does not die simply when one wants it to, but only when new functions in new fields discharge it. This is also why it is never very interesting to criticize a concept: it is better to build the new functions and discover the new fields that make it useless or inadequate."

387 Für diese zweite Variante der Reformulierung entscheidet sich beispielsweise Käte Meyer-Drawe, die dies wie folgt begründet: Zwar könne ein Konsequenz aus der Subjektkritik sein, „die Suche aufzugeben und sich der anonymen Zirkulation von Sprachspielen oder Systemen zuzuwenden" (Meyer-Drawe 2000: 37). Doch diese Position vergesse, dass bei aller Ausgeliefertheit das Subjekt „auch als ein Jemand fungiert" (ebd.). „Die Dichte der konkreten Situationen, in die wir eingetaucht sind, läßt es nicht zu, daß wir uns zu Souveränen stilisieren, sie verbietet es aber auch, uns zu bloßen Funktionären zu degradieren, denn tatsächlich erfahren wir uns als Zeugen und Akteure, als Wahrnehmende, Sprechende und Denkende, und noch der Irrtum und das Fehlschlagen der Handlung bekunden unseren Eingriff. Das Subjekt, das sich zum bloßen *cogito* stilisiert, verkennt seine Abhängigkeit von realen Machtmechanismen. Das Subjekt, das sich als Akteur verleugnet, entzieht sich der sozialen Verantwortung." (Meyer-Drawe 2000: 18) Gegen „[ü]berhebliche Selbstbejahung wie plakativ-polemische Selbstverneinung" (Ricken 1999: 131), gegen „[d]ie Logik des vernünftigen Subjekts wie die Logik des toten Subjekts" (ebd.) und gegen die zwanghafte Alternative „entweder ist der Mensch Subjekt oder er ist es nicht" (ebd.) wendet sich auch Norbert Ricken und betont auf dem Hintergrund der „Nichtvermeidbarkeit menschlicher Selbstverständigung" (ebd.), die sich im Streit ums Subjekt nun ergebende Möglichkeit einer veränderten menschlichen Selbstverständigung: „[D]ie die Aufklärung und Moderne konstituierenden und prägenden Kategorien des Denkens – Universalität und Totalität, Identität und Notwendigkeit – können – vielleicht erstmalig – aufgebrochen und so verlassen werden; eine veränderte Gestalt nachmodernen Denkens tut sich auf, ohne bereits in ihren Bahnen vorgezeichnet zu sein: radikale ‚Nachmetaphysik', ‚schwaches Denken'." (ebd.)

Subjekts' bzw. dem Versuch einer kritischen Reformulierung des Subjekts und der Subjektivität gekommen. Eine Zwischenbilanz über die wichtigsten Ergebnisse dieses Versuchs wird im nächsten Kapitel gegeben, zugleich werden diese lerntheoretisch interpretiert.

II.1.3 Kritische Reformulierung eines dezentrierten (Lern-)Subjekts

Die zugrunde liegenden Dualismen verwinden

Wie gezeigt wurde, formulierte die Subjektkritik häufig den jeweiligen Gegenpol zu den einseitigen Gewichtungen der klassischen Subjektfigur: gegenüber der Autonomie die Abhängigkeit, gegenüber der Souveränität die Angewiesenheit, gegenüber der Einheitlichkeit die Gespaltenheit, gegenüber der Identität die Differenz, gegenüber dem cogito die Sinn- und Körperlichkeit, gegenüber der Universalität die Relativität, gegenüber der Vernunft die Irrationalität, gegenüber der Selbstransparenz die Selbstfremdheit. Überhaupt beruht, wie beschrieben, die Figur des modernen Subjekts auf eingeschliffenen Dualismen – Subjekt/Objekt, Psyche/Materie, Innen/Außen, Transzendental/Empirisch, Geist/Körper, Autonomie/Heteronomie, Macht/Freiheit. Einer kritischen Reformulierung müsste nun darauf zielen, dem Denken in den jeweiligen dualistischen Polen möglichst zu widerstehen. Da diese jedoch *erstens* oppositional, also als einander ausschließende Alternativen, gedacht werden und sie *zweitens* für das moderne Weltbild konstitutiv sind, können auch sie nicht einfach überwunden werden: „Das kritische Bewußtsein kann die Welt nicht einfach neu ordnen wie in einem Sandkastenspiel, in das es eingreift, ohne an ihm teilzunehmen." (Meyer-Drawe 2000: 152). Daher gilt für die Reformulierung:

388 Auch Charles Taylor betont, wie unentrinnbar wir in die neuzeitliche Identität des modernen Subjekts verstrickt sind (Taylor 1994: 8) bzw. wie diese eine „Möglichkeit der Selbstdeutung dar[stellt], die wir nur mühevoll abschütteln können" (Taylor 1994: 289). Gegen die poststrukturalistische-postmoderne Subjektkritik, die die Auflösung des Subjekts ästhetisiert und feiert, wendet er jedoch ein, diese sei vor allem eine Kritik am punktförmigen Selbst und stehe in der Gefahr, nur neuerlich bloß die romantische Seite des modernen Subjekts stark zu machen und die Innerlichkeit und Subjektzentrierung nur zu verstärken. In der Dezentrierung in diesem Sinne versteht er „nicht die Alternative zur Innerlichkeit, sondern deren Ergänzung" (Taylor 1994: 805f). Gleichzeitig sieht er in der Überwindung der Subjektzentrierung „eine Hauptaufgabe unserer Zeit" (Taylor 1994: 747).

„Der Versuch, der Verführung des Denkens in Alternativen zu widerstehen und einen abzählbaren (sei es der dritte, vierte ...) weiteren Weg zu bahnen, bleibt ein Versuch im strengen Sinne. Dualistische Strukturen sind unserem Denken so tief eingraviert, daß der Anspruch, sie vermeiden zu können, von vornherein zu hoch gesteckt ist. Die Bemühung um eine Sicht, die sich aus dem Entweder-Oder herauswinden möchte, richtet sich auf Zwischenmöglichkeiten, in denen die zur Entscheidung gebrachten Alternativen noch verbunden sind“ (Meyer-Drawe 2000: 10)

Meyer-Drawe schlägt dazu zwei Formen vor, die des *Sowohl-als-Auch* sowie die des *Weder-Noch*.

„Das Sowohl-als-Auch verdient Sympathie aufgrund seiner positiven Vielfalt und seiner irenischen Aura, allerdings dient es dem zur Debatte stehenden Dualismus dadurch, daß es die Differenz in der Vermittlung aufrecht erhält. Das Weder-Noch kennzeichnet eine neutrale Indifferenz, die nicht selten Ärger auf sich zieht, weil sie die bestimmte Stellungnahme verweigert.“ (Meyer-Drawe 2000: 11)

Notwendig für die zweite Variante des Weder-Noch sei ein ‚offener Denkstil', der sich bezüglich der dualistischen Alternativen in einer Haltung der negativen Indifferenz üben müsse:

„Die negative Indifferenz, die sich *weder* in das eine *noch* das andere Extrem einer Alternative treiben läßt, kennzeichnet keine Gleichgültigkeit, sondern in der Bestreitung der ausschließlichen Gültigkeit eines Merkmals macht sie aufmerksam auf die Verflochtenheit der Qualitäten, die nur in ihrer gegenseitigen Bezogenheit Bedeutung haben.“ (Meyer-Drawe 2000: 41)

Ausdrücklich warnt Meyer-Drawe (2000: 11) davor, sich der Illusion zu ergeben, man könne die dualistischen Alternativen in einem einheitlichen Dritten aufheben, da dann die Gefahr bestehe, die Logik der Identität und das Muster der Souveränität mit der Zentrierung dieses Dritten beizubehalten. Es ist die *Kategorie der Relationalität*, die im Folgenden vornehmlich dazu dienen soll, die dualistischen Kategorien nicht oppositional, sondern durch ihren gegenseitigen Bezug zu denken, dabei ist jedoch darauf zu achten, dass die Relationalität nicht zu einem einheitsstiftenden Dritten gemacht wird.

Auch die folgende Zwischenbilanz der kritischen Reformulierung wird gezwungen sein, hin- und herzupendeln zwischen den verhängnisvollen jedoch verständnisstiftenden Dualismen und Polen, der (wiederum) einseitigen, jedoch Ausgleich verschaffenden Betonung des Gegenpols, der zumindest vorläufigen Formulierung eines die Alternativen transzendierenden Dritten, um das Ineinander und die Bezogenheit zu akzentuieren, und den Figuren des Sowohl-als-auch und des Weder-Noch. Dabei wird sich die Zwischenbilanz entlang folgender, für das kritisch reformulierte, dezentrierte Subjekt wesentlichen Aspekten orientieren: kulturelle und historische Bedingtheit, Sprachlichkeit, Autonomie und Heteronomie, Leiblichkeit, Differenz und Relationalität.

Kulturelle und historische Bedingtheit des (Lern-)Subjekts

Grundsätzlich versucht eine „kritische Reformulierung des Subjektbegriffs" (Ricken 1999: 21) im Gegensatz zur Universalität des klassischen Subjekts, der *kulturellen und historischen Bedingtheit* des Subjekts Rechnung zu tragen. Dies bedeutet: Die Reformulierung des Subjektbegriffs zielt zwar nach wie vor auf eine möglichst allgemeingültige und phänomenal zutreffende Selbstbeschreibung dessen, was die menschliche Existenz grundlegend ausmacht, gleichzeitig ist sie sich jedoch ihrer historischen und kulturellen Situiertheit bewusst, gibt nicht vor, die Essenz des Humanen definieren zu können und ist ein für Ein- und Umschreibungen offenes Modell bzw. Konzept.[389] Gleiches muss für das später zu (re)formulierende relationale Verständnis des Lernens gelten.

Dabei sind nicht nur die Reformulierungen eines dezentrierten Subjekts historisch und kulturell bedingt, auch die konkreten Subjekte als Individuen sind in Raum und Zeit situiert. Auf den Punkt gebracht wird dies von Hans-Georg Gadamer (1960: 261):

> „In Wahrheit gehört die Geschichte nicht uns, sondern wir gehören ihr. Lange bevor wir uns in der Rückbesinnung selber verstehen, verstehen wir uns auf selbstverständliche Weise in Familie, Gesellschaft und Staat, in denen wir leben. Der Fokus der Subjektivität ist ein Zerrspiegel. Die Selbstbestimmung des Individuums ist nur ein Flackern im geschlossenen Stromkreis des geschichtlichen Lebens. Darum sind die Vorurteile des einzelnen weit mehr als seine Urteile die geschichtliche Wirklichkeit seines Seins."

Diese wesentlich hermeneutische Einsicht in die *Historizität des Seins* war vor Gadamer auch schon von Heidegger und Nietzsche formuliert worden, sie besteht – in anderen Worten formuliert – darin,

389 Diese Vorläufigkeit betont Ricken (1999: 13): Menschliche Selbstbeschreibungen seien vorläufig, „weil sie geschichtlich sich verändern und in konkreten Verständigungspraktiken fortgeschrieben werden; vorläufig aber auch, weil Menschen in das, worüber sie sich verständigen, selbst verwickelt sind".

„dass das Sein nicht das Seiende ist, das, was – im Sinne Parmenides – ist und nicht anders als sein und daher auch nicht werden kann; es ist im Gegenteil gerade das, was wird, entsteht und vergeht und eben dadurch eine Geschichte hat, eine eigene ‚Dauerhaftigkeit' durch die Vielfalt der miteinander verbundenen Bedeutungen und Auslegungen, eine Vielfalt, die den Rahmen und die Möglichkeiten unserer Erfahrungen der Dinge ausmacht" (Vattimo 2005: 34)

Gilt dies für das Subjekt, so ist auch jedes Lernen bedingt nicht nur durch die bisherige Lerngeschichte des Subjekts sowie durch den spezifischen Kontext des Lernens, sondern auch durch seine historische, kulturelle Situiertheit.

Das (Lern-)Subjekt nach dem ‚linguistic turn'

Diese Einsicht der historischen und kulturellen Bedingtheit ist eng verknüpft mit der Einsicht in die *sprachliche Bedingtheit*, die auf dem Hintergrund des sogenannten *linguistic turn* zu verstehen ist. Erkenntnis, Denken und Bewusstsein sind demnach stets semiotisch vermittelt, es gibt keinen Zugang zum Sein, auch nicht zum Sein des Subjekts, jenseits von Sprache. Damit einher geht ein verändertes, im Anschluss an Saussure gebildetes Verständnis von Sprache. Diese wird nicht mehr repräsentionalistisch verstanden, d.h. Sprache bildet nicht einfach die Welt ab, basiert nicht auf einem „ewigen Bund zwischen Zeichen und Bezeichnetem" (Meyer-Drawe 2000: 74); Bedeutung ruht daher auch nicht *in* den Worten. Der Augenmerk liegt vielmehr auf der konstutierenden, (wirklichkeits)stiftenden, performativen Dimension der Sprache sowie ihrer – auch hier wieder historischen und kulturellen – Kontingenz.

„Die sprachlichen Apriori, die uns die Erfahrungen von Welt ermöglichen, sind keine ewigen Strukturen der Vernunft, sondern Akte: des Wortes, Überlieferung von Botschaften, die uns aus der Vergangenheit, aus der ‚Kultur' erreichen, und nur indem wir auf sie antworten, können wir der im Augenblick gelebten Erfahrung Sinn geben." (Vattimo 2005: 13)

Während die Souveränität des klassischen Subjekts unter anderem darin bestand, „dass es das Sagen hatte" (Mecheril 2006: 130), d.h. die Sprache beherrschte, diese mittels Vernunft planvoll und rational gebrauchte, dreht sich mit dem *linguistic turn* auch diese Logik gewissermaßen um. Gegenüber der Autonomie des Subjekts gewinnt die Sprache an Autonomie. „Sie ist als ein den einzelnen Sprechern gegenüber vorgängiger Zusammenhang von Regeln und Optionen ein vorsubjektiver Rahmen, in dem die Formierung des Subjektes stattfindet." (Mecheril 2006: 129) So ist das Subjekt auch Effekt von Sprache, indem dessen Selbst- und Weltverhältnis sprachlich konstituiert ist und die Sprache Denk-, Wahrnehmungs- und

Handlungsmöglichkeiten allererst hervorbringt. Doch auch hier muss der Gefahr widerstanden werden, die Rolle des souveränen Subjekts bloß auf die Sprache zu verschieben und das Subjekt als ein sich in Sprache auflösendes zu (miss)verstehen. Anders gesagt: Weder das Subjekt noch die Sprache hat nunmehr das Sagen. Denn auch nach dem *linguistic turn* gilt, dass die Zeichen nicht aus sich selbst leben und Sprechen eine Praxis ist (Meyer-Drawe 2000: 84f).

Taylor spricht daher vom Menschen als dem sprechenden Tier, da Menschen Wesen seien, „die nur durch eine bestimmte Sprache existieren oder zum Teil durch sie konstituiert werden" (Taylor 1994: 69). Statt von einem anonymen Sprachsystem geht Taylor jedoch von 'Geweben des sprachlichen Austauschs' aus, „nur in diesen existiert das Selbst" (Taylor 1994: 71). Damit konstatiert auch Taylor die „fundamentale[.] Abhängigkeit unseres Denkens von der Sprache" (Taylor 1994: 77). Gleichzeitig betont er, dass Sprache auf die Praxis des Sprechens angewiesen sowie etwas grundlegend Soziales sei:

„In diesem Sinne ist es ausgeschlossen, allein ein Selbst zu sein. Ein Selbst bin ich nur im Verhältnis zu bestimmten Gesprächspartnern, die im Prozeß der Selbstbestimmung eine wesentliche Rolle gespielt haben; in einer anderen Hinsicht im Verhältnis zu denen, die jetzt von maßgeblicher Bedeutung sind für mein fortwährendes Erfassen der Sprachen der Selbstverständigung – und natürlich kann es sein, daß sich diese Klassen überschneiden." (ebd.) Noch eine weitere Erkenntnis Taylors in Bezug auf die Rolle der Sprache ist für eine kritische Reformulierung des Subjektbegriffs entscheidend. Auch wenn ein kritisch reformuliertes Subjektverständnis als bloßes Modell verstanden werde, muss gleichzeitig auch dessen (wirklichkeits)stiftender Charakter bedacht werden. Geht man vom performativen Charakter der Sprache aus, dann ist klar: „Das Selbst wird zum Teil durch seine Selbstinterpretationen konstituiert" (Taylor 1994: 68).

Für den Lernprozess eines solchen Subjekts gilt daher, dass das menschliche Lernen sich im Medium eines konstitutiven Sinnes vollzieht, der untrennbar mit der Sprache – im Sinne der saussureschen ‚langue' und des lacanschen ‚Symbolischen'[390] – verwoben und zugleich sozialer Sinn ist, der ähnlich wie die Sprache

390 Die sprachlich-kulturelle Ordnung des Symbolischen ist für den Psychoanalytiker Jacques Lacan eins der drei ‚Register', die sich im Subjekt bzw. im ‚Psychischen' kreuzen. Mit diesem Register des Symbolischen schließt Lacan eng an das Verständnis der Sprache im Sinne Saussures ‚langue' an. Lacan macht deutlich, dass sowohl das Begehren als auch das Subjekt nie außerhalb von symbolischen Ordnungen existiert, sondern stets schon von diesen strukturiert ist. Erst innerhalb des Symbolischen wird das Subjekt zu einer intelligiblen ‚Instanz'. Eine der berühmtesten Aussagen Lacans lautet: „Das Unbewusste ist wie eine Sprache strukturiert." (Lacan 1996 [1964]: 26)

sowie mit und über die Sprache erworben wird. „Jedes Lernen, auch das einsame, geht in dem auch die Selbstvermittlung umgreifenden Vermittlungshorizont der Sprache vor sich. Es ist Lernen in einer immer schon ausgelegten und als solche ohne weiteres belehrenden Welt.“ (Buck 1989: 2) Lernen selbst ist daher ein wesentlich sprachlicher Akt bzw. es gibt kein vorsprachliches Lernen. Dies bedeutet selbstverständlich nicht, dass Lernen notwendig mit Sprechen einhergehen oder gar bewusst ablaufen muss. Zudem ist vor dem Hintergrund eines solchen Subjektverständnisses zu beachten, dass jedes Lernverständnis, das spezifische Veränderungen als Lernen bezeichnet bzw. interpretiert auch eine performative Dimension hat und spezifische Effekte zeitigt, die – soweit möglich – antizipiert und reflektiert werden sollten.

Diesseits von Autonomie und Heteronomie

Bislang wurde die kulturelle, historische und sprachliche Bedingtheit des Subjekts erörtert. Ganz bewusst war dabei von Bedingtheit und nicht Determination die Rede. Um den kleinen aber entscheidenden Unterschied zwischen diesen beiden Termini sichtbar zu machen, muss auf die Frage geantwortet werden, wie

---

Dies darf nicht dahingehend missverstanden werden, dass das Unbewusste seinen Sitz im Subjekt hat und die Struktur des Unbewussten bloß analog zur Struktur der Sprache strukturiert ist. Vielmehr hat nach Lacan das Subjekt seinen Sitz im Unbewussten, dessen Ordnung keine ‚Architektur der Vernunft‘ (Meyer-Drawe) ist, sondern sich aus der kontingenten und dynamischen Struktur des Symbolischen speist. Anders gesagt: „Nicht der Mensch schafft Symbole. Es ist vielmehr umgekehrt: Der Mensch wird durch Symbole zum Menschen. Er taucht auf aus sprachlichen Strukturen, die sein symbolisches Verhalten unbewußt strukturieren.“ (Meyer-Drawe 2000: 126) Neben dem Register des Symbolischen geht Lacan noch von dem Register des Imaginären und des Realen aus. Im Gegensatz zum Symbolischen, das auf der Ebene der Signifikanten existiert, existiert das Imaginäre auf der Ebene der Signifikate, so dass beide Register somit quasi komplementär sind (Reckwitz 2008: 61f). Jedoch geht nicht alles in den Ordnungen des Symbolischen und Imaginären auf, was diesen widersteht und gewissermaßen als Rest zurückbleibt, wird von Lacan als das Reale bezeichnet. Das Reale darf jedoch nicht als Realität, als kantisches Ding-an-sich, als etwas, das bereits vor jeder symbolisch-imaginären Ordnung existiert, missverstanden werden; im Gegensatz dazu beschreibt Lacan das Reale „als ein unintendiertes, verqueres Produkt“ (Reckwitz 2008: 66) dieser Ordnung: „Es ist nicht ein äußeres Ding, das sich dem Einfangen durch das symbolische Netzwerk widersetzt, sondern der Riß im symbolischen Netzwerk selbst.“ (Zizek 2008: 98f)

die kritische Reformulierung des Subjekts sich in das *Spannungsfeld zwischen Autonomie und Heteronomie* einzuschreiben versucht. Wie gezeigt wurde, ist das moderne Subjekt ganz wesentlich das autonome Subjekt, Zentrum der Aktivität, zugrunde liegendes und sich selbst verursachendes Vermögen zum selbstbestimmten Denken, Handeln, Wahrnehmen und Urteilen. Demgegenüber wurde in der Subjektkritik die Heteronomie, also die Abhängigkeit und Angewiesenheit des Subjekts betont. Dies geschah nicht nur durch die Akzentuierung der die Freiheit des Subjekts einschränkenden Strukturen, Bedingungen und Zwängen, sondern Autonomie und Freiheit wurden selbst als abhängige Größen entlarvt; Autonomie wurde von Heteronomie, Freiheit von Macht *unterlaufen*. Die Selbstbestimmung des Subjekts, die einst als emanzipatorische Größe gegen eindeutig bestimmbare Fremdbestimmung gesetzt wurde, geriet in der ‚neuen Unübersichtlichkeit' (Habermas) unter Verdacht und wurde schließlich entweder als ein unbedeutender peripherer Effekt der gesellschaftlichen Produktion des Subjekts bestimmt oder als das Moment entlarvt, über das die Fremdbestimmung sich vollzieht. Um die dem autonomen Subjekt zugeschriebene eigene Kausalität zu dekonstruieren, gerieten andere Größen – wie beispielsweise die der Struktur oder der Macht – in die Rolle des Subjekts mit seiner *causa prima*. Diese Umkehrung der Autonomie in die Heteronomie, die die Rolle des souveränen Subjekts bloß weiterreicht[391], sucht eine Perspektive zu überwinden, die das *Ineinander* und die *unauflösbare Verstrickung von Autonomie und Heteronomie* betont, ohne damit die Autonomie in der Heteronomie aufzulösen. Aus dieser heißt es: Subjekte sind weder vollkommen autonom noch vollkommen heteronom, noch sind sie teils autonom und teils heteronom, vielmehr setzen sich beide „in einer gemeinsamen Bewegung gegeneinander durch" (Meyer-Drawe 2000: 152f), d.h. die „spannungsreiche[.] Gestalt von Herrschaft und Beherrschtsein" (Meyer-Drawe 2000: 17f) wird nicht zu einer Seite aufgelöst, sondern *in ihrer Bezogenheit* betont. Weder gibt es eine bedingungslose Selbstbestimmung noch eine, jedes Freiheitsvermögen und Spielraums beraubte, Fremdbestimmung, sondern beide bilden ein komplexes Ineinander.

Besonders deutlich wird dies im schon bei Foucault angedeuteten, vor allem aber von *Judith Butler* ausformulierten Verständnis von *Subjektivation*.[392] Subjektwerdung wird hier entgegen der eingewöhnten Oppositionalität von Sozial*machung* oder der Selbst*entfaltung* als eine *‚Subjektwerdung im Zwischen'* ver-

391 Und aus einer kritischen Perspektive nicht einfach abschaffbar ist, denn: „Als Chiffre für eine humane Gesellschaft bleibt Autonomie unverzichtbar, weil sie protestiert gegen reale Fremdbestimmungen, wenngleich deren vollständige Beseitigung aussichtslos ist." (Meyer-Drawe 2000: 64)

392 Der folgende Abschnitt über Subjektivation ist stark angelehnt an Abschnitt I im Aufsatz Balzer/Künkler 2007.

standen, die sich in einem unauflöslichen Ineinander von Fremd- und Selbstbezug vollzieht. Auch die subjektivationstheoretische Perspektive versucht somit die gängigen, oppositional gedachten Dualismen – wie Individuum/Gesellschaft, Selbstbestimmung/Fremdbestimmung, Freiheit/Macht, Anlage/Umwelt, Entwicklung/Sozialisation, Individuierung/Vergesellschaftung, usw. – zu unterlaufen, indem sie eine Perspektive eröffnet, die weder auf einer der beiden Seiten der Dualismen anzusiedeln ist, noch auf irgendeinem Punkt auf einer fiktiven Linie zwischen diesen Dualismen, sondern beide Seiten als stets aufeinander bezogen bzw. beide Seiten füreinander konstitutiv begreift. Dies bedeutet: In der Subjektwerdung treffen stets beide Seiten – die Freiheit wie die Macht, die Selbstbestimmung *wie* die Fremdbestimmung etc. – aufeinander (Butler 2001: 22), aus diesem Zusammentreffen geht etwas hervor, was weder vorher bereits vorhanden war noch einer der beiden Seiten ursächlich zugerechnet werden kann.[393] Subjektivation meint diese gleichzeitige *Unterwerfung und Hervorbringung* des Subjekts. Dabei bezieht sich die Unterwerfung nach Butler auf zweierlei. Einerseits vollzieht sich die Subjektgenese immer schon und notwendig innerhalb gesellschaftlicher Ordnungen und Normen sowie innerhalb der durch sie markierten Grenzen, andererseits ist sie eine Genese des Subjekts vom anderen her; kurz: „meine Formierung [bezieht] den anderen in mich ein [...]" (Butler 2005: 63), denn (erst) in der Begegnung mit dem Anderen wird das Subjekt konstituiert.[394] Erst die Unterwerfung – unter Normen wie unter die Anderen – ermöglicht die Entstehung des Subjekts, durch sie wird das Subjekt zu einem (spezifischen) Jemand (gemacht). Subjektwerdung ist daher immer eine „Formierung in Abhängigkeit" (Butler 2001: 15) und zugleich paradox: Ein Subjekt muss bereits vorausgesetzt werden, „wo allererst die Subjektbildung zu erklären ist" (ebd.: 9); vorausgesetzt wird das, was unterworfen, darin aber zugleich hervorgebracht und freigesetzt wird. Mit ‚Subjektivation' bezeichnet Butler diese *gleichzeitige* (hervorbringende) Erzeugung und (regulierende) Unterwerfung des Subjekts. Aufgrund dieser Paradoxalität ist die Subjektwerdung kein Ableitungsprozess: Das Subjekt setzt sich zu den Verhältnissen und Bedingungen, in denen es sich schon immer befindet und denen es sich verdankt, stets noch in ein Verhältnis. Es *ist* oder *wird* nicht einfach, sondern *verhält* sich auch: zu sich, zur Welt, zu den es bedingenden Bedingungen wie zu dem und den Anderen.

---

393 So ergibt es auch keinen Sinn, bei der Fläche eines Rechtsecks danach zu fragen, ob Seite a oder Seite b für die Entstehung der Fläche des Rechtsecks verantwortlich ist. Trägt man das Rechteck in ein Koordinatensystem ein, dann wird deutlich, dass die Fläche des Rechtecks sich durch eine Vielzahl von Punkten ergibt, die jeweils durch eine Position auf der x-, wie der y-Ach se zustande kommen (vgl. Siegler u.a. 2005: 136).

394 Diese Dimension von Subjektivation verdeutlicht Butler insbesondere in ihren anerkennungstheoretischen Überlegungen, siehe dazu II.3.6.

Zu ähnlichen Reformulierungsversuchen in Bezug auf das Verhältnis von Autonomie und Heteronomie kam es auch, indem Alternativen zum Handlungsbegriff gesucht wurden, da dieser auf einem aktiven Subjekt als autonomes Aktzentrum beruht. Der Begriff der *Widerfahrnis,* entlehnt aus der Anthropologie Wilhelm Kamlahs, wurde beispielsweise als ein „kontrastive[r] Gegenbegriff des Handlungsbegriff" (Straub 2006: 68) eingesetzt, um die passive Seite des Handelns und Erlebens, die selbst im aktiven Handeln noch vorhanden ist, zu betonen. Menschliches Leben wurde als ‚Handlungs-Widerfahrnis-Gemisch' (Marquard) formuliert. Aus Sicht einer ‚poststrukturalistischen' Handlungstheorie formuliert: „‚Handlungsvermögen' ist insofern keine Eigenschaft, keine Kompetenz der Einzelnen, sondern kommt ihnen, sie konstituierend, in einem vorgängig strukturierten Feld zu, das an ihnen ‚handelt' und sie dadurch zu Handlungssubjekten macht." (Mecheril 2006: 130) Auch der Begriff der *Responsivität* wurde vom Leibphänomenologen Bernhard Waldenfels konzipiert, um menschliches Handeln zu beschreiben, das sich nicht in der Dualität von Aktivität und Passivität verorten lässt. Dazu räumt er der in jeder Handlungssituation existierenden *Situation*, dem Kontext des Handelns, eine Art Mitspracherecht ein, diese gerät „zu einem nicht vollständig kontrollierbaren und gleichwohl in das Handeln hineinspielenden Wirkzentrum" (Straub 2006: 64). Durch dieses ‚Wirkzentrum' wird das Handeln des Subjekts jedoch nicht vollständig determiniert, vielmehr eröffnet die Vielfalt der Bezüge und Zusammenhänge, die in einer Handlungssituation zusammenlaufen, einen Spielraum, in dem das Subjekt auf die Situation *antworten* kann. Mit Responsivität ist dieses Antwortvermögen im Gegensatz zum einseitig die Aktivität des Subjekts betonenden und auf Intentionalität beruhenden Handlungsvermögen markiert, das zugleich auf das Ineinander von Aktivität und Passivität, von Selbstbezogenheit und Fremdbezogenheit und damit auf „eine Sphäre des Zwischen, die sich aus dem Wechselspiel von Anspruch und Antwort aufbaut" (Waldenfels 1987: 81), verweist.[395]

395 Diese Art von Responsivität gilt auch für den Selbstbezug und für die Subjektgenese, wie Meyer-Drawe mit Mead ausführt: „Das Subjekt verwirklicht sich als antwortendes Ich. Auch sich selbst begegnet es nur im Modus des Objekts […]. Indem es auf sich reflektiert, kommt es auf seine Vergangenheit zurück, die für es selbst niemals Gegenwart war. Das Ich (I) ist deshalb unbestimmt, ein eigentümliches Erinnerungsbild [...], eine Antwort des Organismus auf die Haltung der anderen, die das Bild des Ich im Sinne des me mitkonstituieren. Das Ich als I wird im selben Moment, in denen es sich selbst zuwendet, zum me. Niemals wird man schnell genug sein, es als solches zu erwischen […]. In dieser obliquen Beziehung des Ich zu sich selbst findet unsere Selbstreflexion ihre Grenze." (Meyer-Drawe 2000: 154) Damit ist auch „[d]as ‚Ich denke, [...] nicht das Erste, es ist von unüberwindlicher Nachgängigkeit gegenüber der Ver-

Für ein Lernverständnis, das sich vor dem Hintergrund eines Subjektverständnisses formuliert, das weder von der Autonomie noch von der Heteronomie des Subjekts ausgeht, bedeutet dies, dass auch der Prozess des Lernens als komplexes und aufeinanderbezogenes Ineinander von Selbst- und Fremdbestimmung gedacht werden muss. Dies bedeutet z.B., mittels des Begriffs der Widerfahrnis am Lernen, das heute zumeist einseitig aktivisch gedeutet wird, auch die passiven Momente zu markieren, d.h. von Lernprozessen auszugehen, die nicht durch eine Instanz Subjekt initiiert werden, sondern durch Widerfahrnisse. Dies bedeutet nicht, von einem rein passiven Geschehen auszugehen, denn in der Art und Weise, wie auf das Widerfahrnis geantwortet wird bzw. sich das Subjekt zu diesem noch einmal verhält, ist es auch aktiv. Nicht ausgeschlossen werden sollten damit all jene Prozesse des Lernens, die mit einer bewussten Intention beginnen. Doch ist ein solches Lernen nicht nur eher ein Grenzfall, sondern es beginnt und vollzieht sich auch nicht in einem leeren oder neutralen Raum, sondern ist immer auch und immer schon ein responsives Geschehen, das nur auf dem Hintergrund einer spezifischen Situation (des Lernkontextes) und einer spezifischen Geschichte (des Lernsubjekts) beginnt und sich vollzieht.

Auch kann Lernen selbst als Subjektivationsprozess beschrieben werden, bei dem zugleich Hervorbringung als auch Unterwerfung geschieht. Hervorgebracht wird ein mit der Veränderung, die als Lernen bezeichnet wird, einhergehendes genuin Neues. Zugleich aber ist dies ein Prozess der Unterwerfung unter gesellschaftliche Normen und die symbolische Ordnung, die sowohl durch die durch Situiertheit des Lernsubjekts im sozialen, historischen und kulturellen Raum als auch durch die Unterwerfung unter konkrete Andere, die für mein Lernen konstitutiv sind, verursacht ist. Letzteres verweist auf die Intersubjektivität und Sozialiät des Subjekts, die auch ein Moment des Reformulierungsdiskurses darstellen, hier aber nicht weiter beschrieben werden sollen, da sie in Kapitel II.3 ausführlich zur Sprache kommen.

Das leibliche (Lern-)Subjekt

Neben der Universalität und der Souveränität der klassischen Subjektfigur kennzeichnet diese ganz wesentlich deren Identifizierung mit dem *cogito*, dem Bewusstsein, der Psyche, dem Geist, der Innerlichkeit des Menschen und damit einhergehend mit der kartesischen Trennung von Körper und Geist und der kantischen

---

flechtung in eine konkrete individuale und kollektive Geschichte, auf die es antwortet und die auf es Resonanzen zeigt, die wiederum Handeln und Denken befördern oder verhindern." (Meyer-Drawe 2000: 14)

Trennung von Empirisch und Transzendental. Der bislang wohl überzeugendste Versuch, diese Trennungen zu überwinden, stammt aus der *Leibphänomenologie* Maurice *Merlau-Pontys* (1974, 1993, 1994).[396] Die einseitige Selbstauslegung des modernen Subjekts auf sein reines, transzendentales Bewusstsein kann auch als der Versuch des die Position Gottes einnehmenden Subjekts verstanden werden, „die animalische Seite seiner Existenz zu vergessen" (Meyer-Drawe 2000: 101) und damit zu unterschlagen, „daß es als animal rationale mortale der Natur angehört, die es zu beherrschen vorgibt" (ebd.). Doch ganz gelang dies nie, stets wurde das transzendentale Subjekt von einem ‚kleinen Endchen Welt' (Husserl) eingeholt, „den Bewußtseinsphilosophen ein ärgerlicher Rest, den Kritikern ein willkommenes Menetekel" (Meyer-Drawe 2000: 11). Ein solches ‚kleines Endchen der Welt' stellt auch die leibliche Existenz des Menschen dar, die das transzendentale Subjekt zwar als eine ihm äußerliche – notwendige jedoch nicht hinreichende – Bedingung der eigenen Existenz abwertet, damit jedoch auch nicht gänzlich loswerden kann und so stets in der Gefahr steht, „von seiner Hybriden-Existenz eingeholt" (Meyer-Drawe 2000: 102) zu werden. Daher stellt Merlau-Ponty die *Leiblichkeit* des Menschen ins Zentrum seines Denkens.

Um den Geist-Körper-Dualismus, in dessen Matrix sich das transzendentale Subjekt eingeschrieben hat, zu überwinden, ist es für eine reformulierte Subjektkonzeption daher notwendig, die *Leiblichkeit des Menschen* zu betonen und diese mit Merlau-Ponty „aus einer sozialen Praxis inkarnierter Subjekte" (Meyer-Drawe 2000: 14) zu verstehen. Ist aus der Sicht transzendentaler Subjektivität „der Geist das alleinige Sinnkonstituierende" (Meyer-Drawe 2000: 52), so wird mit der Akzentuierung der Leiblichkeit die „Verflochtenheit von geistigem und körperlichem Sein" (Meyer-Drawe 2000: 55) betont, d.h. „daß sich Kognitives nicht vom Somatischen trennen läßt" (Meyer-Drawe 2000: 53). Es ist der Leib, „in dem Bewußtsein und Körper ein Geflecht bilden, in dem sich Fremdes und Eigenes, Vergangenes und Zukünftiges, Materielles und Ideelles, Soziales und Individuelles durchdringen" (Meyer-Drawe 2000: 153).[397] Durch unsere leibliche Existenz

396 Dessen wesentliche Einsichten in die Leiblichkeit der menschlichen Existenz hier entlang Meyer-Drawes Lesart von Merlau-Ponty skizziert werden, da diese ihn explizit vor dem Hintergrund eines zu reformulierenden Subjektverständnisses liest.

397 Der Leib darf demnach nicht als Körper missverstanden werden. Ist mit der Rede vom Körper doch gemeinhin der Blick aus der Dritten-Person-Perspektive verbunden, der im naturwissenschaftlichen Sinne den Körper als nach objektiven Naturgesetzen funktionierende ‚Bio-Maschine, betrachtet. Die Rede vom Leib nimmt hingegen die Erste-Person-Perspektive an, in deren Erfahrung es – darauf verweist die phänomenologische Betrachtung – kein Denken ohne Körper und kein Körper ohne Denken gibt. Einen Körper hat man, Leib ist man. Leiblichkeit bedeutet demnach, das Subjekt

leben wir vor jeder reflexiven Zuwendung „in einer Fusion mit der materialen Welt“ (Meyer-Drawe 2000: 58), die sich beispielsweise in unseren habitualisierten Alltagsritualen sowie in unterhalb des Bewusstseins verlaufenden Gestiken und Mimiken zeigt und die auf die „leibliche Mitwirkung an der Bildung des Ich“ (Meyer-Drawe 2000: 48) verweist. „Der Primat der aktiven Erkenntnistätigkeit aufgrund von spontanen Sinnstiftungen ist gebrochen durch eine Passivität, die darauf deutet, daß Sinn empfangen wird, ohne vom Geist produziert zu sein.“ (Meyer-Drawe 2000: 53f) Denn: „Unser Leib fungiert als Register unserer Erfahrung.“ (Meyer-Drawe 2000: 110) Anders formuliert: Sinn „kann nicht länger einer bloß idealen Sphäre zugerechnet werden, er ist verstrickt in die Kontingenzen einer geschichtlichen Welt, von deren Erwerb er profitiert und deren Trägheit er teilt.“ (ebd.). Die reine Vernunft des transzendentalen Subjekts wird damit ersetzt durch eine (leiblich) situierte Vernunft, die zwar fragil ist, dafür jedoch nicht mehr dem Diktat des Logozentrismus untersteht (Meyer-Drawe 2000: 10f). Die leibliche Existenz des Menschen entzieht sich somit der Aufteilung in *res extensa* und *res cogitans* bzw. empirisch und transzendental.[398] Gleichzeitig bedeutet diese Betonung der Leiblichkeit jedoch nicht, dass das Subjekt sich in seiner Körperlichkeit und Materialität auflöst. Auch das inkarnierte Subjekt habe jenen ‘reflexiven Sprung’ hinter sich, der nicht zu schließen ist (Meyer-Drawe 2000: 69); es „ist ständige Modulation seines Seinsbezugs und insofern niemals vollständig bei sich selbst“ (Meyer-Drawe 2000: 110). In der Spannung zwischen Habitualität, Spontaneität und Reflexivität konstituiert sich „ein Identitätsfeld, das sich nicht in einem Pol zusammenziehen läßt“ (Meyer-Drawe 2000: 30) und das Merlau-Ponty auch aufgrund der Intersubjektivität dieses Feldes als *Zwischenleiblichkeit* bezeichnet.[399]

Versteht man – wie gängigerweise üblich – Lernen als wesentlich geistigen bzw. psychischen Prozess, betrachtet man den Körper vornehmlich als bloße Voraussetzung und/oder möglichen Störfaktor fürs Lernen. So konstatiert Faulstich

weder als geistige Instanz zu betrachten, die einen Körper bloß bewohnt oder besitzt, noch als reinen Körper, denn die leibliche Existenz des Menschen ist stets *auch* – und d.h. nicht nur – durch einen uneinholbaren reflexiven Bruch gekennzeichnet.

398 Es entzieht sich auch der gängigen Unterscheidung von Kultur und Natur. Wie Bernhard Waldenfels (2000: 188) betont, ist der Leib natürlich und kulturell zugleich. Somit sind einerseits auch neurologische Prozesse am Leib beteiligt, jedoch sind diese nicht nur „immer schon kulturelle durchformt und […] keine isolierte Eigenschicht“ (Waldenfels 2000: 189), vielmehr ist die Differenz zwischen Kultur und Natur eine kulturelle Unterscheidung.

399 Für eine ausführliche Analyse zu Merlau-Pontys Konzept der Zwischenleiblichkeit siehe Meyer-Drawe 1987.

(2008: 52): „Lernfähigkeit ist in erster Linie ein psychisches Problem. Die körperliche Ausstattung schafft nur die Voraussetzungen für Wahrnehmung, Erfahrung und Aneignung beim Lernen." Wie der Körper lerntheoretisch vor allem als potentielle Störquelle des Lernens betrachtet wird, zeigte sich bereits in Holzkamps subjektwissenschaftlicher Lerntheorie (I.6). Auch Göhlich und Zirfas (2007: 121) verweisen darauf, dass in der Geschichte der Pädagogik der Körper tendenziell „als ruhigzustellendes Hindernis für die – nicht leiblich gedachte – Vernunft" betrachtet wurde. Die einseitige Fokussierung auf geistige Aspekte des Lernens sowie einhergehende pädagogische Disziplinierung des Körpers wird in reformpädagogischen wie – häufig reformpädagogisch ‚angehauchten' – subjektivistischen Deutungen des Körpers jedoch bloß umgedreht. Nicht nur findet hier eine Aufwertung des Leibes statt, vielmehr gilt dessen Befreiung durch Bewegung, sinnliche Erfahrung und Selbst- als Körpererfahrung auch schon als Garant eines nun unproblematischen, natürlichen Lernens. Eine leibphänomenologische Perspektive, die die Leiblichkeit betont, versucht sich der Logik sowohl objektivistischer (als Körper) und subjektivistischer (als Leib) Deutungen zu entziehen. Aus einer solchen Perspektive heraus macht es dann auch wenig Sinn, von einem leiblichen Lernen (vgl. Liebau 2007) zu sprechen, da dies voraussetzt, es gebe auch ein nicht-leibliches Lernen. Dem ist entgegenzuhalten: „Jedes Lernen, und eben auch das kognitiv-sprachliche Lernen, hat sein Fundament in der Leiblichkeit, die sich nicht hintergehen lässt." (Schultheis 2008: 252f) Denkt man folglich Lernen von einem leiblichen Subjekt aus, dann ist auch Lernen als ein leibliches Geschehen zu betrachten, bei dem nicht nur Selbst- und Fremdbestimmung, sondern auch auf ähnliche Weise geistige und körperliche Aspekte ineinander verflochten sind und sich erst in ihrem gegenseitigen Bezug realisieren. Anders gesagt: Ebenso wie Lernen niemals rein autonom oder rein heteronom abläuft, so gibt es niemals ein rein kognitives oder geistiges Lernen, das unabhängig von (neuro-)physiologisch-körperlichen Prozessen abläuft und niemals ein reines Körper- oder Bewegungslernen, das unabhängig von reflexiven (Selbst-)Bezügen abläuft. Auch dürfen körperliche und geistige Prozesse nicht nur als oppositional und sich gegenseitig behindernd gedacht werden. Zudem bedeutet Lernen als ein leibliches Geschehen zu betrachten auch, die für menschliches Lernen konstitutive ‚Sinnhaftigkeit' des Lernens nicht einseitig auf einer kognitiven, geistigen Seite zu verorten, sondern als ein auch präreflexives und somit nichtbewusstes Geschehen der Inkorporierung zu betrachten.[400]

---

400 Ausführlicher: „Als leibliche Wesen sind wir den Dingen und unseren Mitmenschen nicht nur denkend zugewandt, sondern primär agierend und empfindend lernen wir durch gemeinsames Handeln und in der spezifischen Weise, wie wir mit anderen und mit Dingen umgehen. Wir lernen Bewegungen, wir lernen, wie wir essen und uns mit

Differenz und Relationalität

Die Leiblichkeit des inkarnierten Subjekts darf nicht als ein neues Zentrierungsprinzip missverstanden werden, sie bildet keine neue Identität, sondern ist Ausdruck einer grundlegenden *Differenz*. Damit ist ein weiteres zentrales Kennzeichen einer auf dem Hintergrund der Subjektkritik reformulierten Subjektkonzeption angezeigt: das *Primat der Differenz vor der Identität*. Dies geschieht vor dem Hintergrund einer seit dem Diskurs um die Postmoderne „sich abzeichnende und zunehmend alle kultur- und sozialwissenschaftlichen Disziplinen übergreifende thematische wie kategoriale Um- und Neuorientierung des Denkens“ (Ricken/Balzer 2007: 56f), kurz: einem differenztheoretischen Denken. Der Terminus Differenz markiert „den Bruch mit [...] übergreifenden Ordnungsvorstellungen“ (Ricken/Balzer 2007: 57) und somit „ein Besonderes, zu dem es kein Allgemeines mehr gibt“ (Ricken/Balzer 2007: 58) bzw. „eine radikal gedachte Unterschiedenheit und Singularität [...], die durch keinen übergreifenden Kontext bzw. kein einheitliches Fundament (mehr) zusammengehalten wird“ (Ricken/Balzer 2007: 57).

Das Subjekt wird differenztheoretisch daher als *dezentriertes Subjekt* verstanden. Dies kennzeichnet die „Fragmentierung der Erfahrung“ (Taylor 1994: 800) bzw. „die Erfahrung der Zerstreuung des Menschen, der sich weder in der Einheit einer christlichen Seele noch in der Einheit einer alles begreifenden Vernunft erfuhr, sondern als orientierungsarmes Ich ohne stabiles Zentrum und verläßliche Grenzen“ (Meyer-Drawe 2000: 32). Statt Einheit, Identität und Kohärenz zu besitzen, ist das dezentrierte Subjekt von Fragmentarität, Differenz und Brüchen durchzogen. Wie aufgezeigt, verschreibt sich der Versuch einer kritischen Reformulierung des Subjekts zwar nicht dessen Auflösung, beruht jedoch auf einem ‚Ethos der Differenz‘ (Reichenbach), d.h. auf einer Bejahung von Differenz, Pluralität und Fragmentarität und versucht jenseits einer Identitätslogik, „das Subjekt als unauflösbare, insofern offene Differenz“ (Ricken 1999: 21) zu beschreiben. Betont wird dabei besonders die Differenz *im* Subjekt, die nur aus Sicht eines

anderen unterhalten. Wir lernen das Untunliche nicht nur dadurch, daß wir sprachlichen Verboten und nachfolgenden Sanktionen ausgesetzt sind. Es gibt eine viel subtilere Zensur, indem wir vor der Schwelle ausdrücklicher Thematisierung lernen, unser Verhalten den Üblichkeiten unseres Milieus anzupassen. Die Wahrheit des Behaviorismus zeigt sich in der Beobachtung, daß Verhalten auf Spezifika von Situationen reagiert, ohne vom Bewußtsein dirigiert zu sein. Daß diese Reaktionen nicht nur Anpassungen, sondern Antworten darstellen, verweist auf die Einseitigkeit von Konditionierungskonzeptionen. Allerdings ist die Beharrlichkeit unseres vorbewußt agierenden Leibes enorm.“ (Meyer-Drawe 2000: 59)

essentialistischen Denkens als Auflösung einer vormals gegebenen Einheitlichkeit erscheinen kann, in der Reformulierung jedoch *relational* ausgelegt wird.

Beispielsweise beschreibt Käte Meyer-Drawe auf dem Hintergrund der von Freud (Es, Ich, Über-Ich), Mead (I und Me) und Lacan (je und moi) formulierten Differenz *im* Subjekt, die dessen Verständnis als einheitliche Instanz dekonstruiert, das Subjekt als ein „Beziehungsgefüge“ (Meyer-Drawe 2000: 122). Durch diese offene Differenz klaffe eine Lücke im Subjekt, die niemals vollständig geschlossen werden könne und „das Subjekt als Feld formier[t], das zirkulär auf sich zurückkommt und sich so stets nur in der Spannung von Vergangenheit und antizipierter Zukunft realisiert“ (ebd.). So sei das Ich „keine Integrationsinstanz, die irgendwann einmal in die Form des Präsens zu überführen ist“ (ebd.), sondern „[i] n dieser Spannung realisiert sich ein Ich, das nur in der Spaltung, in der Differenz existiert, für das Identität nur als Differenz gegeben ist“ (ebd.). Anders formuliert: „Identität verliert aus dieser Sicht den Charakter der Koinzidenz. Sie ist wesentlich Relation, die ihre Relata auseinanderhält.“ (Meyer-Drawe 2000: 71)

Ähnlich versteht Norbert Ricken – auf dem Hintergrund der Definition der Struktur des Selbst von Søren Kierkegaard[401], dem Verständnis der ‘exzentrischen Positionalität’ bei Helmuth Plessner[402] und der ‘anthropologischen Differenz’ bei Dietmar Kamper[403] – die Differenz im Subjekt als ein unabschließbares „Selbstverhältnis“ (Ricken 1999: 13), als eine „unaufhebbare Selbstdifferenz“ (Ricken 1999: 244). „Subjektivität meint gerade keinen Selbstkern“ (Ricken 1999: 245), sondern eine „unaufhebbare Differenz, die gestaltet werden muß und kann, – kurz: [...] ein praktisches Selbstverhältnis, das sich in seiner Differentialität zu anderem und Anderen verhält“ (Ricken 1999: 246). Von diesem Verständnis, das ähnlich der Responsivität das Handlungskonzept durch „aktivisch-passivische Figuren eines ‘Sich-Verhaltens’“ (Ricken 1999: 123) zu ersetzen sucht, formuliert Ricken ein differenztheoretisches Verständnis von relationaler Subjektivität. Das Subjekt

401 Diese lautet: „Das Selbst ist ein Verhältnis, das sich zu sich selbst verhält, oder es in diesem Verhältnis jenes, dass dieses sich zu sich selbst verhält; das Selbst ist nicht das Verhältnis, sondern dass sich das Verhältnis zu sich selbst verhält.“ (Kierkegaard 1997 [1849]: 13)

402 So betont Plessner den „Abstand in mir und zu mir“ (Plessner 2000: 63) und konstatiert: „Ich bin, aber ich habe mich nicht.“ (ebd.). Jedoch bedeutet diese Differenz im Subjekt nach Plessner nicht eine „Zerklüftung und Zerspaltung meines im Grund ungeteilten Selbst, sondern geradezu die Voraussetzung, selbstständig zu sein“ (ebd.).

403 Die anthropologische Differenz bei Kamper bedeute, „sich selbst als ein Selbstverhältnis verstehen zu müssen, das – weil unabschließbar – dauernde Selbstbeschreibung nach sich zieht – kurz: unaufhebbare Selbstdifferenz als Selbstverständnis“ (Ricken 1999: 240).

werde dazu nicht in Metaphern eines Kerns, einer Instanz oder eines Zentrums verstanden, sondern als „ein durch vielfältige Differenzen bestimmter Raum" (ebd.), „in dem sich vielfältige Relationen überlagern und überschneiden" (Ricken 1999: 264). Relationale Subjektivität bedeutet daher, „sich in vielfältigen Bedingungen und Relationen zu sich selbst zu verhalten" (ebd.). Dies darf jedoch nicht dahingehend missverstanden werden, dass es doch wieder eine fixe Instanz des Selbst gibt, die sich rein aktivisch verhält und, ähnlich einem Kernselbst, unverändert außerhalb der Relationen steht. Vielmehr gilt: „Menschen leben, das ist unumstritten, nicht nur in sie bedingenden Kontexten und Relationen zu anderen und zur Welt, sondern – das ist die Pointe eines anderen Verständnisses endlicher Subjektivität – sie selbst sind eben diese Relationen." (Ricken 1999: 273) Anders gesagt:

„[J]enseits dieser Relationierungen als gestalteten Bezugnahmen läßt sich kein hintergründiges oder eigentliches Selbst ausmachen, das sich – von sich selbst ausgehend – erst in diese Relationen begibt; vielmehr meint die Rede von kontingenter Subjektivität als einem vieldimensionalen Raum diese als eine Praxis des Sich-Verhaltens innerhalb dieser Relationen: Selbstsein ist relational, weil das, wozu man sich verhält, zur eigenen Bedingung gerät; und: das, wozu sich Menschen (immer) verhalten, läßt sich gerade nicht von dieser grundsätzlichen Selbstbezüglichkeit oder Selbstreferenz, die in ihrem Selbstverhältnis aufgenommen und gestaltet wird, lösen." (ebd.)

Dies bedeutet auch, dass sich eine relationale Subjektivität „nicht in eine doppelte Perspektive auflösen [lässt], die einen inneren Selbstbezug (Sich) und einen äußeren Kontextbezug (Ich) unterscheidet; vielmehr verschränken sich beide Relationalitäten zu einem komplexen Geflecht" (ebd.). Ein solch relationales Subjektverständnis sei in einem von Substanzlogik und essentialistischen, verdinglichtem Denken und Sprechen geprägten Kultur nur schwer verständlich:

„Subjektivität als relationale Figur eines ‚Sich' zu verstehen irritiert eingewöhnte Selbst- und Subjektverständnisse; die naheliegende, theoretisch wie lebenspraktisch aber unlösbare Verführung, immer wieder nach dem ‚Ich des Sich' zu suchen, geht ins Leere: das vermeintliche ‚Ich' ist immer schon ein ‚Sich', das sich gerade nicht aus sich allein erzeugen und auf sich allein berufen kann. Vielmehr geht es darum, das vermeintliche ‚Ich' als (biographisch) erzählte und (lebenspraktisch) gestaltete Konstruktion eines ‚situierten Sich' zu verstehen: nicht Substanz, nicht Subjekt, sondern Relationierung, die zugleich das ‚Sich' nicht einzuholen vermag. Die Kritik des Selbst als eines (Akt-)Zentrums ist daher konsequente Aufgabe eines veränderten Verständnisses kontingenter Subjektivität" (Ricken 1999: 275f)

Der Raum der relationalen Subjektivität, der als ein Ineinander sich überschneidender und überlagender Relationen zu verstehen ist, könne nun – zumindest analytisch – in drei unterschiedliche Bezüge unterschieden werden:

„als *Selbst*relation, in der das Sich sich zu sich selbst verhält; als *Anderen*relation, in der das Sich sich zu anderen als Anderen verhält; als *Welt*relation, in der das Sich sich zur Welt, verstanden als Inbegriff von Natur und Kultur, verhält; in diesen drei wechselseitig sich durchdringenden, aufeinander sich beziehenden und gegenseitig sich bedingenden Relationen, sucht sich das Sich als ein Ich zu konstruieren und (nach außen wie auch – verändert – nach innen) zu präsentieren: als dreifach aufgespannter, vielfältig durchbrochener Raum – Vielperspektivität, Heterogenität und Pluralität.“ (Ricken 1999: 273)

Quer zu diesen drei Bezügen sei die relationale Subjektivität von drei zentralen Eigenschaften durchzogen. Kurz formuliert: Menschen seien sich gegeben, aufgegeben und entzogen. Menschen sind sich *gegeben* bedeutet, sie sind keine *causa prima*, kein unbedingter Ursprungsort von Handlungen, kein autonomes Aktzentrum, sondern unterliegen und entstammen selbst zahlreichen Bedingungsgefügen, kurz: sie sind gekennzeichnet durch ‚Nichtursprünglichkeit‘. Gleichzeitig könne ihnen eine ‚Nichthintergehbarkeit‘ zugeschrieben werden, d.h. sie bilden einen spezifischen Ort bzw. eine spezifische Perspektive, die nicht von Anderen eingenommen oder vertreten werden kann. Dieser Ort sei jedoch nicht als ein fixer Punkt zu verstehen, sondern als ein von Relationen aufgespannter Raum, der dadurch existiere, dass sich Menschen nicht nur gegeben, sondern auch *aufgegeben* seien. Dies meint die Freiheit bzw. den Zwang, das eigene Leben führen, sich zu sich selbst verhalten zu können bzw. zu müssen.[404] (Ricken 1999: 174, 243f) Mit

404 Daraus resultiert auch ein verändertes Freiheitsverständnis, das sich nicht in die Opposition von Autonomie und Heteronomie einspannen lässt: „Freiheit, so ließe sich zuspitzen, meint so gerade nicht bloß die als ursprünglich interpretierte und apriorisch vorauszusetzende Fähigkeit, ‚etwas von selbst anfangen zu können‘ (Kant) – subjekttheoretisch: Selbstbestimmung –, sondern jene differentielle Fähigkeit, sich in Verhältnissen und Kontexten verhalten und verändern zu können; kurz: nicht (selbstsetzende) Selbstbestimmung, der (einschränkende) Fremdbestimmung oppositionell gegenüber steht, sondern kontextuelle Selbstrelationierung. Menschliche Freiheit ist dann weder eine metaphysische Substanz noch ein ursprüngliches Vermögen der Selbstbestimmung, sich als Ich zu bestimmen, sondern allein jene praktische Fähigkeit, sich zu sich, darin zur Welt und zu Anderen – dann auch verändert – verhalten zu können; kurz: ein anderer werden zu können.“ (Ricken 1999: 248) Somit ist der „Riß in der Subjektivität [...] zwar Versagung einer sicheren Einheit, aber gleichzeitig auch Ort der Veränderung“ (Meyer-Drawe 2000: 155).

der Differenz des Gegeben- und des Aufgegebenseins deutet sich jedoch auch der konstitutive Spalt bzw. Riss im Subjekt an, der dazu führt, dass dieses sich stets *entzogen* ist. Diese Dimension der Entzogenheit zieht sich nun durch alle drei Bezüge. Für den Selbstbezug bedeute dies den Selbstentzug: „das Sich läßt sich nicht in Deckung mit sich selbst bringen und in Identität überführen, sondern bleibt dauernde Differenz. Menschen bleiben sich daher konstitutiv fremd und sind in sich gebrochen, weil sie sich selbst spürend hinter her sind; trotz, bei und in aller Selbstnähe und Vertrautheit bleibt eine unaufhebbare Selbstfremdheit" (Ricken 1999: 274).[405] Damit resultiert aus der Differenz im Subjekt eine Entzogenheit und Selbstfremdheit, die im Gegensatz zu der Selbstverfügbarkeit und Selbstransparenz des klassischen Subjekts steht. Doch auch für den Anderen- und den Weltbezug gelte diese unaufhebbare Fremdheit. Denn erstens seien die Anderen „nicht nur als Andere Teil des Selbstverhältnisses, sondern sind ebenso unvertraut-fremde Andere, dem eigenen Verstehen und Auskennen entzogen" (ebd.) und zweitens sei Welt „einerseits bekannte und dem eigenen Handeln verfügbare Welt, andererseits auch fremde und dem eigenen Handeln entzogene und so los- und zugelassene Welt" (ebd.). Diese Dimension der Andersheit und Fremdheit wird üblicherweise unter dem Terminus *Alterität* verhandelt bzw. Alterität kann als eine Zuspitzung und zugleich Verschiebung des Differenzdenkens gedeutet werden, bei dem sich „der Fokus auf Fragen personaler Andersheit verschiebt" (Ricken/Balzer 2007: 62) und – im Anschluss vor allem an Emmanuel Levinas – in der „Frage nach der Andersheit des und der anderen als Anderen" (ebd.) zugespitzt wird.

405 Meyer-Drawe verdeutlicht dieses Sich-Entzogen-Sein an der Unmöglichkeit, sich selbst anblicken zu können. Sie schreibt: „Ich kann mich nicht anblicken, wohl ansehen, aber dann bin ich Gegenstand meiner Wahrnehmung, ein Doppel meines Ichs. Nur im wirklichen Blicken gelingt Verschmelzung, und das ist gerade nicht mit meinem eigenen Bild möglich, aber mit den Blicken der Anderen." (Meyer-Drawe 2000: 46) Unser Gesicht, „das dem begegnenden Anderen als Ausdruck unserer Existenz dient" (Meyer-Drawe 2000: 108) sei uns selbst entzogen und fern: „Wir hören uns anders als die anderen, wir sehen uns anders. Um unser Gesicht sehen zu können, sind wir auf Hilfsmittel angewiesen: Spiegel und Bild, aber wir können uns nicht in Aktion sehen, können nicht sehen, wie wir blicken, wenn sich unsere Aufmerksamkeit, unser Zorn, unser Begehren auf den anderen richtet." (ebd.) Gerade dieser Selbstentzug bedeute nun aber eine Öffnung zum Anderen hin und ermögliche Intersubjektivität: „Im wirklichen Anblicken bin ich beim Anderen, so wie er selbst bei sich nicht sein kann." (Meyer-Drawe 2000: 46f). Und: „Ein Ich das wirklich bei sich wäre, wäre nur bei sich. Der Weg zum Anderen und zur Wahrnehmungswelt wäre abgeschnitten." (Meyer-Drawe 2000: 22)

Versteht man Subjektivität als ein differentielles Feld bzw. relationalen Raum, dann stellt sich die Frage, wie Lernen vor einem solchen Verständnis konzipiert werden kann. Zunächst können die von Ricken genannten drei Eigenschaften relationaler Subjektivität – gegeben, aufgegeben und entzogen – auch für ein Verständnis des Lernens fruchtbar gemacht werden. Zunächst ist das Lernsubjekt sich – bzw. das ‚Sich' – ‚gegeben', d.h. Lernen ist nie ein vollkommen autonomer, sondern stets zahlreich bedingter Prozess, z.B. durch die Bedingung, die es selbst für das Lernen darstellt. Zugleich ist es sich ‚aufgegeben', d.h. es ist auch im Lernen den Bedingungen des Lernens nicht passiv unterworfen, sondern kann bzw. muss sich unhintergehbar zu diesen Bedingungen verhalten. Dass damit Lernen jedoch nicht gesteuert oder gar hergestellt werden kann, darauf verweist die Eigenschaft der Entzogenheit. Markiert ist damit die Unverfügbarkeit des Lernens.

Versteht man mit Ricken die Relationen, die den Raum der relationalen Subjektivität aufspannen, nicht als etwas außerhalb einer Instanz Ich oder Selbst, sondern als das Selbst, dann darf dieser Raum nicht als Innenraum und die Differenzen nicht als Differenzen im Subjekt missverstanden werden, sondern sind ein Raum des Zwischen (sich, Anderen und Welt). Damit könnte auch der Ort des Lernens markiert sein, der sich der dualistischen Logik von Innen und Außen entzieht: Lernen wäre demnach etwas, dass sich im *Zwischen* vollzieht.

Fazit

In diesem Kapitel wurde zunächst die Genese des modernen Subjekts und seiner Eigenschaften skizziert. Dies ermöglichte einen erneuten Blick auf die Ergebnisse der Studie I. Es konnte gezeigt werden, wie die Subjektverständnisse der Lernparadigmen sich zu der Figur des modernen Subjekts verhalten, d.h. wie einerseits dem modernen Subjekt zugeschriebene Eigenschaften dort fortgeschrieben oder aber auch gezielt negiert werden. Jedenfalls scheint es die Figur des modernen Subjekts zu sein, an der sich die Lernparadigmen in ihrem Verständnis des Lernsubjekts implizit abarbeiten und die sie selbst dort, wo sie sie explizit zu überwinden trachten – vor allem der Aspekt des autonomen Aktzentrums –, nicht hinter sich lassen können. Dies gilt insbesondere für die dualistische und individualtheoretische Bahnung des Subjekts, die sich nicht nur in den Subjektverständnissen der Lernparadigmen zeigte, sondern zentrale Bestandteile der Figur des modernen Subjekts sind. Nicht nur vor diesem Hintergrund wurde noch einmal deutlich, dass für ein verändertes Verständnis des Lernens vor allem ein verändertes Verständnis des Subjekts von Nöten ist; auch die im Anschluss erörterte Subjektkritik bzw. Kritik am modernen Subjekt verwies darauf, indem sie mit ihren Argumenten eine ‚erdrückenden Beweislast' gegen das moderne Subjekt erbrachte. Zugleich wurde noch einmal deutlich, dass man die Figur des modernen Subjekts nicht über-, sondern nur verwinden kann. Daher wurden schließlich die wichtigsten Ergebnisse bisheriger Versuche einer kritischen Reformulierung eines dezentrierten Subjekts zusammengetragen und entlang zentraler Aspekte – Verwindung der Dualismen, kulturelle und historische Bedingtheit, Sprachlichkeit, Autonomie und Heteronomie, Differenz und Relationalität – erläutert und, zumindest in Ansätzen, lerntheoretisch interpretiert. Jedoch gilt es in einem nächsten Schritt, die lerntheoretischen Anschlüsse an das so veränderte Subjektverständnis zu vertiefen, indem auf Lerntheorien oder lerntheoretische Ansätze rekurriert wird, die bereits ausgearbeitet sind und die – mehr oder weniger dezidiert – an ein dezentriertes Verständnis des Subjekts anschließen.

II.2 Lerntheoretische Anschlüsse an ein dezentriertes Subjektverständnis

„Ungetrübte Klarheit (kann) unser Verstehen komplexer Sachverhalte zunichte machen.“
MICHAEL POLANYI[406]

„Das wirklich Schwierige und Seltene ist nicht, sogenannte ‘eigene Einfälle’ zu haben, sondern sein Scherflein dazu beizutragen, jene nicht personengebundenen Denkweisen zu entwickeln und durchzusetzen, mit denen die verschiedensten Menschen Gedanken hervorbringen können, die bisher nicht gedacht werden konnten.“
PIERRE BOURDIEU[407]

“There is, therefore [...] a whole order of learning, quite different from the subjects taught, inevitably always carrying implications for character, about what sort of a world you think you’re living in, about what sort of a world you think the relationship between you and the teacher springs out of, and these are going to be related, of course.”
GREGORY BATESON[408]

406 Polanyi 1985: 25.

407 Bourdieu 2003: 12.

408 Bateson in Rogers 1989: 182.

EINLEITENDE BEMERKUNGEN

Im vorangegangenen Kapitel wurden Verschiebungen im Diskurs um das Subjekt nachgezeichnet und Konturen eines reformulierten, dezentrierten Subjektverständnisses skizziert. Einige lerntheoretische Anschlüsse an ein solches reformuliertes Subjektverständnis sollen in diesem Kapitel erörtert werden. Mehr oder weniger dezidiert versuchen die hier erörterten Theorien, Lernen nicht vor der Hintergrundfolie des (Vernunft-)Subjekts zu verstehen, das als autonome Handlungsinstanz sowohl einen inneren Raum des Bewusstseins als auch ein unveränderliches Kernselbst besitzt sowie mit den Dualismen von Geist und Körper, Rationalismus und Empirismus, Denken und Handeln, Kognition und Verhalten, Autonomie und Heteronomie einhergeht. Dazu versuchen die hier skizzierten lerntheoretischen Anschlüsse, vor allem die implizite, nicht- oder vorbewusste, präreflexive Seite des Lernens zu betonen und angemessen theoretisch zu erfassen. Hierfür wird ein besonderes Augenmerk auf die körperliche Dimension des Lernens gelegt bzw. Lernen vom Konzept der Leiblichkeit her verstanden. Um weder von einem autonomen Subjekt als steuernder Instanz des Lernens noch von Lernen als einem anonymen, determinierten Prozess auszugehen, wird besonders der *Vollzug* des Lernens betont, in dem Lernen entweder vom Konzept der *Erfahrung* oder vom Konzept der *Praktiken* her verstanden wird. Deutlich wird so auch, dass der Vollzug des Lernens kein Selbst (als Instanz) voraussetzen kann, das dem Lernen vorausgeht und es steuern kann bzw. das Lernen unverändert übersteht. Diese – gegenüber dem gängigen Lernverständnis der Lernparadigmen – alternativen lerntheoretischen Ansätze sind für den weiteren Gang der Arbeit insofern wichtig zu explizieren, als dass sie in das hier entwickelte relationale Lernverständnis einfließen bzw. ein weiterer Schritt zu diesem hin sind. Im nächsten Kapitel (II.3) werden relationale Denk- und Sprachmuster erarbeitet, vor deren Hintergrund im übernächsten Kapitel (II.4) eine Heuristik eines relationalen Verständnisses des Lernens konzipiert wird. Die hier erörterten lerntheoretischen Anschlüsse sind dafür ein nötiger und hilfreicher Zwischenschritt, der zudem auch den Anschluss an den ‚breiteren' Lerndiskurs ermöglicht.

Wichtig ist zu betonen, dass es im Folgenden lediglich darum geht einige bedeutsame lerntheoretische Anschlüsse an das zuvor reformulierte Subjektverständnis aufzuzeigen. Nicht möglich wird es sein, die jeweiligen theoretischen Ansätze in ihrer Gesamtgestalt darzustellen und zu diskutieren noch – wie in Teil I – dezidiert das Subjektverständnis dieser Theorien zu analysieren. Vielmehr werden hier nur spezifische Aspekte dieser Ansätze erläutert, und zwar solche, die für den weiteren Gang der Arbeit von Bedeutung sind. Skizziert werden im Folgenden das Konzept des impliziten Wissens (II.2.1), praxistheoretische Perspektiven auf Lernen und Wissen (II.2.2), die kybernetische Lerntheorie Gregory Batesons

(II.2.3), eine leibphänomenologische Perspektive auf Lernen (II.2.4), die lerntheoretische Bedeutsamkeit der bourdieuschen Praxeologie (II.2.5), die Theorie des situierten Lernens (II.2.6) und die phänomenologischen Betrachtungen zum Umlernen (II.2.7).

II.2.1 WISSEN ALS PROZESS: DAS KONZEPT DES IMPLIZITEN WISSENS

Das *Konzept des impliziten Wissens* (‚tacit knowing') baut auf den Einsichten des britischen Philosophen Gilbert Ryles (2002 [1949]) auf, wurde im Wesentlichen vom ungarisch-britischen Wissenschaftstheoretiker und Philosoph Michael Polanyi (1969, 1985, 1986) entwickelt und im deutschsprachigen Raum vor allem durch den Wirtschaftspädagogen Hans Georg Neuweg (2001, 2004, 2005) bekannt und weiterentwickelt.[409] Obwohl der Name dies nahelegt, zielt das Konzept des impliziten Wissens in erster Linie nicht auf die Konzeption und Analyse einer speziellen Form des Wissens – in Abgrenzung zu explizitem Wissen –, sondern auf ein, gegenüber der traditionellen Sichtweise des Zusammenhangs von Wissen und Handeln, *alternatives Wissenskonzept*. Es richtet sich vor allem gegen intellektualistische, rationalistische und kognitivistische Konzeptionen, die Wissen wesentlich als propositional betrachten und intelligentes Handeln somit als durch bewusste Denkprozesse und/oder mentale Regeln und Schemata verursacht ansehen.[410] Die Konzeption impliziten Wissens betrachtet Wissen hingegen als Komponente des Verhaltens, die sich „im Können zeigt" (Neuweg 2001: 2) und somit *im* Handeln selbst liegt. Wissen meint demnach nicht etwas Statisches, wird nicht verdinglicht im Sinne eines Speicherinhaltes gedacht, sondern als etwas, das nur im Gebrauch und als Prozess – Wissen als Prozess bzw. des Akts der Wahrnehmung, des Urteilens, des Handelns, der Einsicht – existiert (Neuweg 2004: 131). Der englische Begriff des ‚tacit knowing' (statt ‚tacit knowledge') betont diese Prozesshaftigkeit, die im deutschen Begriff des Wissens verlorengeht; so Polanyi (1969: 131): "Knowledge is an activity which would be better described as a process of knowing."

Die Konzeption impliziten Wissens knüpft dabei an die lebensweltliche Einsicht an, dass es uns größtenteils unmöglich ist, das in unserem Können enthal-

409 Die folgende Skizze folgt weitestgehend Neuwegs Lesart und Weiterentwicklung des Konzeptes des impliziten Wissens.

410 Aus dieser Sichtweise wäre dann Praxis angewandte Theorie, Lehre der Transfer von Information und Lernen die Speicherung eines Wissens, das auch ohne subjektive Träger existieren kann (Neuweg 2004: 132).

tene Wissen sprachlich zu explizieren, so dass umgekehrt angenommen werden könne, dass wir stets „mehr wissen, als wir zu sagen wissen“ (Polanyi 1985: 14). So könnten Menschen, wenn sie handeln, „oft nicht oder nur sehr vage angeben, welchem Wissen sie dabei folgen und was sie dabei ‚denken‘, und sie scheinen das umso weniger zu können, je reifer und flexibler ihr Wahrnehmungs- und Handlungsvermögen ist“ (Neuweg 2001: 5). Neben diese *Nichtverbalisierbarkeit* tritt die *Nicht-Formalisierbarkeit* des impliziten Wissens, also die These,

> „dass menschliches Können, insbesondere Expertise, in seiner Flexibilität über Regeln überhaupt nicht angemessen beschrieben und daher durch die – bewußte oder unbewußte – Befolgung von Regeln auch nicht erklärt werden kann. [...] Das reife Können des Experten erweist sich als zu kontextsensitiv und einzelfallbezogen, als daß seine Flexibilität in Algorithmen abgebildet werden könnte.“ (Neuweg 2001: 18)[411]

Dabei unterscheidet Neuweg zwischen einer ‚schwachen‘ und ‚starken‘ Variante des impliziten Wissens. So verweise die schwache Variante auf „ein dem Könner nicht verbal zugängliches, durch die dritte Person aber durchaus explizierbares Wissen“ (Neuweg 2005: 209). Klassisches Beispiel für regelgeleitetes Verhalten bei gleichzeitiger Unfähigkeit, diese Regeln zu benennen, sei unser Vermögen, eine begrenzte Zahl von Sätzen als grammatikalisch richtig zu erkennen oder solche Sätze hervorzubringen (Neuweg 2001: 5).[412] Demgegenüber meine die starke Variante des impliziten Wissens „im Handeln verausgabte, nicht-formalisierbare ‚Wissensbestände‘ [...], die sich der Abbildung auf Regeln entziehen“ (Neuweg 2005: 209).[413]

---

411 Über Forschungen zu Expertenwissen ist die Konzeption des impliziten Wissens auch in die Lehrerkognitions- und Lehrerprofessionsforschung eingeflossen (vgl. Bromme 1992).

412 Auch könne die Kompetenz des Radfahrens als das Halten des Gleichgewichts in Form einer Regel beschrieben werden: „Radfahrer halten das Gleichgewicht, indem sie jeden auftretenden Neigungswinkel kompensieren durch eine Lenkbewegung in die Richtung des Ungleichgewichts, die eine die Wirkung der Schwerkraft aufhebende Zentrifugalkraft auslöst, wobei der Radius, der mit der Lenkbewegung beschriebenen Kurve dem Quadrat der Geschwindigkeit dividiert durch den Neigungswinkel entsprechen muss. Die Regel erklärt in gewisser Weise, worin die Kompetenz des Radfahrens besteht. Wir können jedoch Radfahren nicht lernen, indem wir diese Regel explizit lernen. Obwohl wir nach Abschluß des Lernprozesses sagen könnten, wir hätten gelernt diese Regel einzuhalten.“ (Neuweg 2001: 107)

413 Dazu Neuweg (2001: 241) ausführlicher: „Die Formalisierung der Regeln (und der Versuch, ‚regular acts‘ durch die Weitergabe solcher Regeln zu lehren) scheitert daran,

Polanyis Konzeption baut dabei auf der gestalttheoretisch geprägten Unterscheidung von einem Hintergrundbereich der Aufmerksamkeit und des Bewusstseins (‚subsidiary awareness‘) und einem vordergründigen, fokussierenden Aufmerksamkeitsbereich (‚focal awareness‘) auf. So könne jede fokussierende Wahrnehmung eines Objekts nur auf dem Hintergrund der Wahrnehmung einer kohärenten Struktur oder Gestalt geschehen, mit der präreflexiv bereits eine Deutung der Situation bzw. des Kontextes stattfinde. Analog dazu geht Polanyi von *zwei Komponenten des Wissens* aus, die nur im gegenseitigen Bezug zueinander existieren: Als *proximalen Term* bezeichnet er das latente, implizite Wissen im Hintergrund, das nicht versprachlicht werden kann, als *distalen Term* das ‚Wissen,‘ auf das die Aufmerksamkeit gelenkt wird und das sprachlich expliziert werden kann. (Vgl. Polanyi 1985) Daher entwickelt Polanyi „nicht das Konzept zweier unterschiedlicher Arten von Wissen, sondern das analytische Konstrukt der Zweigliedrigkeit des Wissens“ (Schilcher 2006: 117) und so ist für ihn auch „das Implizite im Wissen kein Rest“ (Schilcher 2006: 120), sondern die „conditio sine qua non für Wissen“ (ebd.).

Polanyi betont zudem die wichtige *Rolle des Körpers*, die dieser im Prozess des Wissens spielt. Nicht nur sei unser Körper „das grundlegende Instrument, über das wir sämtliche intellektuellen oder praktischen Kenntnisse von der äußeren Welt gewinnen“ (Polanyi 1985: 23), vielmehr sei die implizite, hintergründige Dimension des Wissens eine verkörperte bzw. inkorporierte Dimension und somit ein Teil von uns. „In diesem Sinne könnten wir sagen, daß wir uns die Dinge einverleiben, wenn wir sie als proximale Terme eines impliziten Wissens fungieren lassen – oder umgekehrt, daß wir unseren Körper soweit ausdehnen, bis er sie einschließt und sie uns innewohnen.“ (Polanyi 1985: 24) Polanyi betont, dass dies nicht nur für praktische Fähigkeiten gelte, sondern auch für theoretische Konzepte; beispielsweise könnten wir auch Theorien bzw. Lehren inkorporieren, indem wir uns „mit den betreffenden Lehren identifizieren, sie zum proximalen Term eines impliziten moralischen Wissens machen, das in praktischen Handlungen folgenreich wird“ (Polanyi 1985: 24f) und sich zum „unausgesprochenen Bezugsrahmen unserer moralischen Handlungen und Urteile“ (ebd.) formiert.

daß wir dabei äußerst umfängliche Erklärungsregresse in Form von Konditionalsätzen einführen müssten, die letztlich das gesamte Wissen einer Kultur enthalten. Wir müßten all das explizit machen, was jene, die ‚regular acts‘ schon immer beherrschen, immer schon implizit mitberücksichtigen, wenn sie kontextangemessen handeln oder das Handeln anderer interpretieren. Das Handeln eines Novizen erscheint uns gerade deshalb so mechanisch, weil er versucht, einen Satz dekontextualisierter Regeln auf Situationen anzuwenden, auf die sie nicht wirklich passen. Das Wesen einer Regel ist ja ihre relative Kontext*freiheit*“.

Das implizite Wissen eines Expertens muss ganz offensichtlich erlernt werden, drückt sich jedoch zumeist in einem intuitiven Vollzug aus, der nicht verbalisiert und nicht oder nur schwer und nur teils aus der Beobachterperspektive heraus formalisiert werden kann. Neuweg unterscheidet von einem solchen *tacit knowing-how*, als die implizite Seite eines Könnens oder Expertenhandelns, das mehr oder anderes ist als die Anwendung von Theorie bzw. die Performanz von Regeln, von einem *tacit knowing-that*, das all das umfasst, was wir für selbstverständlich halten, sowie interpretative Rahmen, Sichtweisen und Paradigmen (Neuweg 2004: 138f). Zugleich könne man von den *tacit roots of explicit knowledge* sprechen, da selbst explizites, propositionales Wissen nur deswegen eine spezifische Bedeutung erhält, weil es auf dem Hintergrund größerer Bedeutungs- und Sinnhorizonte verstanden werde, die wiederum selbst nie zur Gänze expliziert werden könnten (Neuweg 2004: 140).

Somit kann Wissen nicht in implizites und explizites Wissen aufgespalten werden, sondern deutlich wird, dass jedes Wissen explizite und implizite Elemente enthält. So bestehen Fertigkeiten, wie das Tippen auf einer Tastatur, größtenteils aus einem ‚implizites Wissen-Wie' (‚tacit knowing-how'), sind aber teilsweise auch von expliziten Elementen durchzogen, z.B. kann es teils versprachlicht werden. Hingegen ist ein propositionales Wissen – z.B. ‚Paris ist die Hauptstadt Frankreichs' – größtenteils explizit, beruht aber stets auch auf einem ‚impliziten Kontextwissen' (‚tacit roots of explicit knowledge'). Zudem ist auch insgesamt der größte Teil des Wissens-Was (‚knowing that') implizit, indem es von uns einverleibt wurde und von uns nicht mehr oder nur in Grenzfällen als ein Wissen wahrgenommen und sprachlich expliziert wird bzw. teils auch nicht oder kaum sprachlich expliziert werden kann.

Das Konzept des impliziten Wissens hilft somit, Wissen nicht verdinglicht als ein statisches Produkt, sondern als dynamischen Prozess, als ein Akt des Wissens zu verstehen und zudem verschiedene Aspekte wie Formen von Wissen zu unterscheiden. Dass damit auch ein lerntheoretisch bedeutsamer Anschluss an ein verändertes Verständnis des Lernens gelegt ist, dürfte unmittelbar deutlich sein. Trotzdem bleibt die Frage, wie die so voneinander unterschiedenen Formen von Wissen erworben, d.h. erlernt werden können und ob mit den unterschiedlichen Aspekten und Formen des Wissens unterschiedliche Modi des Lernens einhergehen. Zunächst einmal verdeutlicht das Konzept des impliziten Wissens, worauf – wie gezeigt wurde (I.4) – aktuell auch die Neurowissenschaften vielfältige Hinweise geben, nämlich, dass der Großteil des Lernens implizit und unbewusst abläuft. Auch wird deutlich, dass ‚Wissenserwerb' als ein Prozess der Inkorporierung verstanden werden muss. Neuweg definiert vor dem Hintergrund von Polanyis Theorie Lernen „als das Entstehen zunehmend mächtigerer hintergrundbewußter Terme, die zunehmend mächtigere distale Terme aufschließen helfen" (Neuweg 2001: 138).

Zudem verweist Polanyi (1986: 55, 88) auf *Beobachtung*, *Imitation* und *Übung* als Modi eines solchen Lernens sowie darauf, dass das dabei erworbene praktische Wissen eng mit dem konkreten Kontext verbunden bleibt, in dem es erworben wird. Polanyi (1986: 53ff) sah daher besonders im *Schüler-Meister-Verhältnis* eine wichtige Lehr-Lern-Konstellation. In diesem Zusammenhang verweist er auf die Verbindung von Lernen, zwischenmenschlicher Beziehung, Tradition, Autorität und Anerkennung. Wichtig für das Schüler-Meister-Verhältnis sei nicht nur der Erwerb einer spezifischen ‚Kunst' und damit die Fortführung einer Tradition, die nur teils über direkte Instruktion, vielmehr größtenteils durch indirekte Nach- und Mitahmung, Beobachtung und Übung erworben werde, sondern die Spezifik der Beziehung zwischen Schüler und Meister. Wie Polanyi deutlich macht, ist es nicht die ‚gute persönliche Beziehung', die das dort stattfindende Lernen antreibt, sondern die Asymmetrie der Beziehung und das darin enthaltene Autoritätsgefälle. Nicht nur setzt dies die Anerkennung der Autorität des Meisters voraus, sondern die Tätigkeit des Schülers zielt darauf, vom Meister anerkannt zu werden, nicht nur für seine Leistung, sondern auch als Person. Er selbst strebt an, ein Meister zu werden. Im besten Fall ist die Tätigkeit des Schülers oder Lehrlings daher kein indifferentes Nachahmen, sondern ein Nacheifern. Polany verheimlicht nicht, dass ein solches Verhältnis die Unterordnung unter eine Autorität verlangt:

> „To learn by example is to submit to authority. You follow your master because you trust his manner of doing things even when you cannot analyse and account in detail for its effectiveness. By watching the master and emulating his efforts in the presence of his example, the apprentice unconsciously picks up the rules of the art, including those which are not explicitly known to the master himself. These hidden rules can be assimilated only by a person who surrenders himself to that extent uncritically to the imitation of another. A society which wants to preserve a fund of personal knowledge must submit to tradition." (Polanyi 1986: 53)

Aufgezeigt ist damit die Ambivalenz eines solchen Lernens. Polanyi verweist zumindest an dieser Stelle zwar auf die Bedeutsamkeit von sozialen Beziehungen für das Lernen, dieser Aspekt bleibt ansonsten in seiner Theorie jedoch eher ausgeblendet. Überhaupt hat Polanyi, wie Schilcher (2006: 133) zugestimmt werden kann, „zu seiner Wissenstheorie eine Lerntheorie nur angedeutet, nicht aber größer entfaltet".

II.2.2 PRAXISTHEORETISCHE PERSPEKTIVEN AUF LERNEN UND WISSEN

Eine gewissermaßen noch radikalere Konzeption eines nicht-verdinglichten Verständnisses von Wissen bieten viele kultur- und sozialwissenschaftliche Praxistheorien[414], die sich sowohl gegen einen ‚Mentalismus' – der die Wissensordnungen der Kultur als kognitive Schemata und somit in den ‚Köpfen' verortet –, sowie gegen einen ‚Textualismus' – der die Wissensordnungen als Codes innerhalb von Diskursen und Kommunikation und somit ‚über den Köpfen', in einer rein ideellen bzw. geistigen Ebene verortet – wenden; dementgegen lokalisieren die Praxistheorien das Wissen *in* sozialen Praktiken, „verstanden als know-how abhängige und von einem praktischen ‚Verstehen' zusammengehaltene Verhaltensroutinen" (Reckwitz 2003: 289), die „über die Diskontinuität der Zeit und die Verstreutheit räumlicher Orte hinweg immer wieder neu hervorgebracht" (Reckwitz 2004: 43) würden. Gewonnen werde

> „ihre relative (wenngleich keineswegs vollständige) Reproduktivität in der Zeit und im Raum durch ihre materiale Verankerung in den mit inkorporierten Wissen ausgestatteten Körpern, die – in der Dauer ihrer physischen Existenz – praxiskompetent sind, und in den Artefakten, in denen sich – deren Haltbarkeit und Erneuerbarkeit vorausgesetzt – Praktiken über Zeit und Raum hinweg verankern lassen" (Reckwitz 2003: 291)

Wissen ist aus dieser Sicht immer ein *praktisches Wissen*, ein *know-how*, das die Körper allererst zu kompetenten, handlungsfähigen Körpern und damit gewissermaßen zu Akteuren macht, die zur Performanz bzw. zum Vollzug von Praktiken in der Lage sind (Reckwitz 2004: 44).[415] Jedoch wird auch hier der Körper nicht als bloß ausführendes Instrument verstanden, das von einer Art dahinter liegendem Zentrum im Sinne eines intentionalen Subjekts gesteuert wird. Praxeologisch sei

---

414 Ich beziehe mich aufgrund der nötigen Kürze ausschließlich auf Andreas Reckwitz, der versucht, die bei allen Unterschieden bestehenden Gemeinsamkeiten in gänzlich unterschiedlichen ‚Praxistheorien' zu formulieren: Reckwitz (2003: 290) nennt die soziologischen ‚Großtheorien' von Pierre Bourdieu und Anthony Giddens, die Sozialphilosophien Theodore Schatzkis und Charles Taylors, die ethnomethodologische Sozialtheorie Luc Boltanskis und Laurent Thévenots, die poststrukturalistischen Theorien des späten Michel Foucaults sowie Gilles Deleuze' Ansatz, die ‚Cultural Studies', die Artefakt-Theorien und die Theorie des Performativen.

415 Grundsätzlich gelte: „Eine Praktik *besteht* aus bestimmten routinisierten Bewegungen und Aktivitäten des Körpers. Dies gilt ebenso für intellektuell ‚anspruchsvolle' Tätigkeiten wie die des Lesens, Schreibens oder Sprechens." (Reckwitz 2003: 290)

es vielmehr eine „wissensabhängige Routinisiertheit, die das einzelne ‚Handeln' anleitet" (Reckwitz 2003: 293). Auch diese darf jedoch nicht rationalistisch als quasi-mechanische Regelgeleitetheit missverstanden werden, ausgegangen wird auch hier vielmehr von einer „vorrationale[n], niemals durch Reflexion einholbare[n] Implizitheit des Wissens" (Reckwitz 2004: 46), so dass Wissen „nicht primär als ein mental Gewusstes/Bewusstes, sondern als ein durch körperliche Übung Inkorporiertes zu verstehen" (Reckwitz 2004: 45) sei. Anders gesagt: „Die Praxistheorie betont [...] die körperlich-leibliche Mobilisierbarkeit von Wissen, die häufig gar nicht mit einer Explizierungsfähigkeit oder Explizierungsbedürftigkeit dieses Wissens einhergeht" (Reckwitz 2003: 290).[416] Auch Reckwitz markiert verschiedene Formen des praktischen Wissens: Unterscheiden könne man

> „in Schemata des Verstehens und der Interpretation, die den Handelnden routinemäßige Zuschreibungen von Bedeutungen zu Gegenständen der Handlungsumwelt und der darüber hinausreichenden Welt ermöglichen (und erzwingen); in *script*-förmigen Prozeduren kompetenten Sichverhaltens; schließlich in einem impliziten Sinn für in diesem Rahmen als gewollt und als zu vermeidend voraussetzbares Handeln" (Reckwitz 2004: 44)

Wenngleich Praxistheorien somit die Repetitivität und Routinisiertheit menschlichen Handelns betonen, so gingen diese jedoch davon aus, dass „sich die Praxis zwischen einer relativen ‚Geschlossenheit' der Wiederholung und einer relativen ‚Offenheit' für Misslingen, Neuinterpretation und Konflikthaftigkeit des alltäglichen Vollzugs" (Reckwitz 2003: 294) bewege. Diese Offenheit der Praxis ergebe sich jedoch „nicht aus einer subjektiven ‚Freiheit' und ‚Autonomie' ‚hinter' dem

416 Neben der Inkorporiertheit seien es, wie schon angedeutet, zudem die Artefakte, die für die Repetitivität sozialer Praktiken sorgen: „Wenn eine Praktik einen Nexus von wissensabhängigen Verhaltensroutinen darstellt, dann setzen diese nicht nur als ‚Träger' entsprechende ‚menschliche' Akteure mit einem spezifischen, in ihren Körpern mobilisierbaren praktischen Wissen voraus, sondern regelmäßig auch ganz bestimmte Artefakte, die vorhanden sein müssen, damit eine Praktik entstehen konnte und damit sie vollzogen und reproduziert werden kann." (Reckwitz 2003: 291). Und weiter: „Aus praxeologischer Perspektive haben diese oder andere Artefakte weder einen allein materiellen noch einen allein kulturell-symbolischen Stellenwert: Die Artefakte erscheinen [...] als Gegenstände, deren sinnhafter *Gebrauch*, deren praktische Verwendung Bestandteil einer sozialen Praktik oder die soziale Praktik selbst darstellt. In diesem sinnhaften Gebrauch behandeln die Akteure die Gegenstände mit einem entsprechenden Verstehen und einem know how, das nicht selbst durch die Artefakte determiniert ist. Andererseits und gleichzeitig erlaubt die Faktizität eines Artefakts nicht beliebigen Gebrauch und beliebiges Verstehen." (ebd.)

Sozialen der Praktiken“ (ebd.), sondern aus „verschiedene[n] Eigenschaften der sozialen Praktiken *selbst*“ (ebd.). Reckwitz unterscheidet vier solcher Eigenschaften: Erstens die praktische Unberechenbarkeit, die daraus entstehe, dass „kein praktisches Wissen [...] Antworten auf sämtliche Eigenschaften des *Kontextes*, in dem die Praktik vollzogen wird, bereithalten kann“ (ebd.), zweitens enthalte „die *Zeitlichkeit* des Vollzugs einer Praktik [...] die beiden Momente der Zukunftsungewissheit und des Potentials der Sinnverschiebung“ (Reckwitz 2003: 295), drittens stelle die lose Kopplung von Praktiken, „die häufig nur bedingt und widerspruchsvoll aufeinander abgestimmt oder gegeneinander abgegrenzt“ (ebd.) seien, „eine Quelle von ‚Agonalität‘, d.h. der Konkurrenz unterschiedlicher sozialer Logiken in sozialen Feldern, und von interpretativen Mehrdeutigkeiten dar“ (ebd.), gleiches gelte viertens für die „Überschneidung und Übereinanderschichtung verschiedener Wissensformen in den gleichen Akteuren und Subjekte[n]“ (Reckwitz 2003: 296).

Die reckwitzsche Lesart der Praxistheorien bietet zwar ein radikal nicht-verdinglichtes Verständnis von Wissen, kritisiert werden muss jedoch, dass Reckwitz tendenziell einen anonymen, d.h. vom konkreten Akteur tendenziell losgelösten, Praxisbegriff vertritt. Dies zeigt sich unter anderem in seiner Rede von menschlichen Körpern, die entgegen der Annahme der Inkorporiertheit des Wissens und der Praktiken nahelegt, man könne den körperlichen und den symbolisch-geistigen Aspekt der menschlichen Existenz trennen. Zwar negiert er eine subjektive Instanz des Geistes, die den Körper steuert, jedoch legen seine Ausführungen eine Steuerung des Körpers durch anonyme Praktiken nahe und damit doch wieder ein zumindest tendenziell mechanistisches und determiniertes Verständnis. Deutlich wird dies beispielsweise in der Überbetonung der Repetitivität und Routinisiertheit menschlicher Praktiken, deren Offenheit bzw. Wandelbarkeit niemals in einer Spontaneität der Akteure, sondern gewissermaßen nur in einer ‘Fehlbarkeit’ des Systems der Reproduktion liegt. Trotz dieser Einwände liefert die reckwitzsche Lesart der Praxistheorien wichtige Hinweise darauf, wie auch Lernen praxistheoretisch verstanden werden kann. Doch bleibt auch hier der Prozess des Erwerbs des praktischen Wissens wesentlich unbeleuchtet. Hilfreiche Einsichten dazu kann die kybernetische Lerntheorie Batesons liefern.

II.2.3 Lernen als Erlernen der Kontexte: Die kybernetische Lerntheorie Batesons

Entscheidende Hinweise hinsichtlich des Erwerbs eines nicht-verdinglicht verstandenen, impliziten und praktischen Wissens gibt ein Theoretiker ganz anderer Provenienz: Gregory Bateson. Dieser kann geradezu beispielhaft für einen interdisziplinär arbeitenden Wissenschaftler gelten; seine Arbeiten bilden eine Mixtur aus Anthropologie, Psychologie, Biologie und Epistemologie, alle werden jedoch aus einer kybernetischen Perspektive betrachtet.[417] Das dabei entstehende hybride und doch kohärente ‚Denkgebäude' wird dabei vor allem von seiner Lerntheorie ‚zusammengehalten', die in sehr unterschiedlichen Kontexten und Weisen rezipiert und weiterverarbeitet wurde.[418] Bateson betrachtet Lernen „als einen im wesentlichen stochastischen oder probabilistischen Prozeß" (Bateson 1981: 334), also Versuch und Irrtum unterworfen, und wendet Russels logische Typenlehre aus den ‚Principia Mathematica' auf den Lernbegriff an, indem er die Ordnung der Lernprozesse auf eine hierachische Klassifizierung der Irrtumstypen stützt, die in den vielfältigen Lernprozessen korrigiert werden sollen (Bateson 1981: 362; 371). Um dies verständlich zu machen, benutzt Bateson eine Analogie aus der klassischen Physik bezüglich verschiedener Hierarchien von Veränderungen: Zuerst gebe es die ruhende Lage, darauf folge die Geschwindigkeit (d. h. Veränderung der Lage), sodann die Beschleunigung (d. h. Veränderung der Geschwindigkeit oder Veränderung der Veränderung der Lage) und schließlich die Veränderung der Beschleunigung usw. (Bateson 1981: 325f) Ähnlich unterscheidet Bateson ver-

417 Gregory Bateson nahm an den zehn Kybernetik-Konferenzen in New York von 1946 bis 1953 teil, die gewissermaßen den Beginn der Kybernetik markieren und gehörte zu den ersten, die kybernetische Erkenntnisse auf den sozialen Bereich übertrugen (Lutterer 2000: 1).

418 In den pädagogischen Diskurs sickerten Batesons Erkenntnisse zumeist auf dem Umweg über Paul Watzlawick ein, der ihn „systematisiert und pragmatisiert, aber auch dogmatisiert" (Lutterer 2000: 277) und, wie man ergänzen könnte, popularisiert teils aber auch trivialisiert hat. Bateson wurde daher vor allem als ein früher Konstruktivist betrachtet. Explizit lerntheoretisch wurde er eher selten rezipiert (als Ausnahmen vgl. Engeström 2008; Illeris 2007; Marotzki 1988; Portele 1985, 1989) – wohl weil er ‚zwischen allen Stühlen saß', indem er einerseits ein klassisch naturwissenschaftliches Denken kritisierte, zugleich aber kein geistes- oder sozialwissenschaftliches Denken im gewöhnlichen Sinne betrieb. Auch für das hier unternommene Vorhaben einer relationalen Sichtweise des Lernens hat Batesons ‚hybride' Lerntheorie einen durchaus ambivalenten Charakter. Einerseits schließt Bateson an den Versuch der Überwindung der dualistischen Ontologie, ein radikales Prozessdenken, das substantialistisches Denken zu überwinden trachtet, sowie ein ebensolches – prozessuales, nicht-verdinglichtes – Verständnis des Selbst an, andererseits benutzt er vollkommen unproblematisiert Begriffe wie Reiz, Reaktion und Information, spricht zudem vom Organismus und scheint prinzipiell auch keinen wirklichen Unterschied zwischen Menschen und Tieren zu machen. Zudem betrachtet er Lernen vornehmlich als Versuch und Irrtum unterworfen und damit tendenziell mechanistisch.

schiedene hierarchisch angeordnete Lernebenen: Lernen 0, Lernen I, Lernen II und Lernen III. Da hier weder Batesons Annahme einer probalistischen Natur des Lernens gefolgt, noch Batesons komplette Lerntheorie diskutiert wird, verzichte ich auf die Darstellung von Lernen 0-IV und greife nur seine Überlegungen zum *Lernen II* heraus, das Bateson anderweitig auch als Deuterolernen beschreibt und das m.E. auch losgelöst von einer stochastischen Lerntheorie reinterpretiert werden kann.

Bateson wandte sich dem bekannten Phänomen zu, das irreführender Weise häufig als ‚Lernen lernen' bezeichnet wird; also der in klassischen Lernexperimenten zu machenden Beobachtung, dass ein

> „Versuchsobjekt – ob Tier oder Mensch – nach wiederholten Experimenten besser wird. Es lernt nicht nur, in den passenden Momenten Speichel abzusondern oder die richtigen Nonsens-Silben zu rezitieren; es lernt in gewisser Weise auch zu lernen. Es löst nicht nur die Probleme, die ihm vom Experimentator gestellt werden, wobei jede Lösung ein Stück einfachen Lernens ist; sondern es wird darüber hinaus immer geschickter in der Lösung von Problemen" (Bateson 1981: 228)

Doch lernt es dabei Lernen im Sinne einer allgemeinen Problemlösefähigkeit? Nein, vielmehr lerne es, „sich in bestimmten Typen von Kontexten zu orientieren, oder ‚Einsicht' in die Kontexte der Problemlösung" (ebd.) zu gewinnen. Es lerne „eine Gewohnheit [...], eher nach Kontexten oder Abfolgen des einen anstelle eines anderen Typs zu suchen, eine Gewohnheit, den Strom von Geschehnissen zu ‚interpunktieren', woraus sich Wiederholungen eines bestimmten Typs von sinnvoller Abfolge ergeben" (ebd.). Es lerne somit nicht das Lernen an sich, sondern eine Gewohnheit, die es ihm ermögliche, sich besser in einem spezifischen Kontext zu orientieren.[419]

Den *Begriff des Kontextes* versteht Bateson dabei als gemeinsamen Terminus für all jene Ereignisse, die einem Organismus mitteilen, unter welcher Menge von Alternativen er seine nächste Wahl treffen müsse (Bateson 1981: 374). „Ein Kontext wird für eine bestimmte Klasse von Reaktionen gesetzt." (Bateson 1981: 358) Den Begriff Kontext, den Bateson teils auch durch den Begriff des Rahmens

---

419 Dass dies als das Lernen des Lernens im Sinne einer allgemeinen Fähigkeit missverstanden werden konnte, hängt eng mit der Kontextvergessenheit der Experimentalpsychologie zusammen, die quasi als Nebenprodukt des Versuchs, sämtliche Variablen zu kontrollieren, äußerst karge Umgebungen und damit einen spezifischen Kontext erzeugt, der sich beständig wiederholt und somit als spezifischer Kontext in seiner Wirkung und Wirksamkeit geradezu unsichtbar gemacht wird.

ersetzt[420], versucht er durch zwei Analogien zu erklären: die physische Analogie des Bilderrahmens und die abstrakte Analogie der mathematischen Menge. „Aber während die Analogie der mathematischen Menge vielleicht zu abstrakt ist, erscheint die des Bilderrahmens als viel zu konkret. Der psychologische Begriff, den wir zu definieren versuchen, ist weder physisch noch logisch." (Bateson 1981: 252f) Ein Rahmen schließt also gewisse Reaktionen ein und andere aus. „Der Rahmen um ein Bild besagt, wenn wir ihn als eine Mitteilung auffassen, die dazu dient, die Wahrnehmung des Betrachters zu ordnen oder zu organisieren: ‚Achten Sie auf das, was innen, und nicht auf das, was außen ist.'" Des Weiteren teilt der Bilderrahmen dem Betrachter mit, dass „er bei der Interpretation des Bildes nicht dieselbe Art des Denkens anwenden soll, die er bei der Interpretation der Tapete außerhalb des Rahmens einsetzen könnte." (Bateson 1981: 254) Gelernt werde in den oben genannten Experimenten keine allgemeine Problemlösefähigkeit, sondern „eine[.] Art Gewohnheit [...], die Nebenprodukt des Lernprozesses ist" (Bateson 1981: 225). Bateson zieht zur Erläuterung den Vergleich des pawlowschen Hundes mit der skinnerschen Ratte heran. Während beide im Sinne des Behaviorismus in den Lernexperimenten ein spezifisches Verhalten lernen, übersehe der Behaviorismus, dass in jedem Lernen zugleich ein Kontext mitgelernt werde. Während der pawlowsche Hund quasi für seine Passivität belohnt werde, werde die skinnersche Ratte, die erfolgreich ihre Umgebung manipulieren muss, für ihre Aktivität belohnt. In diesem Sinne werde neben einem spezifischen Verhalten als Nebenprodukt des spezifischen Kontextes eine Gewohnheit gelernt: Passivität oder Aktivität. (Bateson 1981: 322) Ebenso lerne ein Kind, dem Klavierspielen beigebracht wird, neben der Fähigkeit Klavier zu spielen, implizit noch ganz anderes, z.B. dass Kontexte existieren, die es manipulieren kann, um Anerkennung zu erhalten (Bateson in Bateson/Bateson 1993: 74). Lernen trete „immer in einem Kontext mit formalen Charakteristika auf" (Bateson 1981b: 322), der verantwortlich sei für ‚Lernen II' oder ‚Deutero-Lernen', als einer Veränderung in der Art und Weise, wie die Abfolge unserer Erfahrung und unseres Handelns interpunktiert werde. Mit ‚Lernen II' verweist Bateson also auf eine Veränderung in der Art und Weise, wie wir durch Kontextmarkierungen unseren Handlungs- und Erfahrungsstrom in Kontexte unterteilen, wie wir dadurch ‚Welt' wahrnehmen, in ihr handeln und urteilen (Bateson 1981: 379); anders formuliert: wie wir Schemata des Handelns, Wahrnehmens, Denkens und Urteilens entwickeln.[421] Dieser Prozess des Erwerbens von Gewohnheiten sei wesentlich ein nicht-bewusster Pro-

420 Das Konzept des Kontextes bzw. des Rahmens wurde von Goffman (1997) mit seiner Rahmenanalyse aufgenommen und weiterverarbeitet.

421 All diese Gewohnheiten sind nach Bateson (1981: 232) stets auch „durch Sprache, Kunst, Technologie und andere kulturelle Medien vermittelt".

zess, der intentionaler Planung und Steuerung wesentlich entzogen sei.[422] Bateson betont somit die Bedeutung des Kontextes für das Lernen. Im Hintergrund steht dabei ein Verständnis des ‚Subjekts', das nicht unabhängig und keinesfalls isoliert von seinem Kontext verstanden werden kann. Zudem betont Bateson, dass der Kontext nicht als eine neutrale, sachliche Umwelt missverstanden werden dürfe; so konstatiert er: „Wir haben es nicht mit einem hypothetischen isolierten Individuum im Kontakt mit einem unpersönlichen Strom von Ereignissen zu tun, sondern vielmehr mit realen Individuen, die komplexe emotionale Beziehungsmuster zu anderen Individuen haben" (Bateson 1981: 232). Der Kontext ist somit gewissermaßen ‚affektiv' aufgeladen. Bateson weist zudem darauf hin, dass die so benannten Beziehungsmuster zu anderen Individuen nicht nur konstitutiver Bestandteil des Kontextes, sondern selbst sowohl erlernt bzw. Ergebnis von früherem Lernen II, als auch konstitutiver Teil des Selbst sind. So sind nach Bateson die Adjektive zur Beschreibung des Charakters menschlicher Wesen – wie ‚höflich', ‚ehrgeizig', ‚unscheinbar' – nicht nur Ergebnisse von Lernen II (Bateson 1981: 384f), sondern allesamt Eigenschaften von Beziehungen: „Das Charakteristische eines Menschen, was es auch sein mag, ist nicht etwas an ihm, sondern eher ein Charakteristikum dessen, was zwischen ihm und etwas (oder jemandem) anderem vorgeht" (Bateson 1981: 385).[423] Die Beziehungen, die wir somit nicht nur

422 Bateson greift hier auf Samuel Butler zurück, „der gezeigt hat, daß das, was wir am besten wissen, auch das ist, dessen wir uns am wenigsten bewußt sind, d h. daß der Prozeß der Gewohnheitsbildung ein Absinken des Wissens auf weniger bewußte und archaischere Ebenen ist" (Bateson 1981: 199). Auch dies sei, laut Bateson, eine Sache der ‚Ökonomie': „Bewußtsein muß aus offensichtlichen mechanischen Gründen immer auf einen ziemlich kleinen Ausschnitt des geistigen Prozesses begrenzt sein. Soll es überhaupt nützlich sein, dann muß sparsam damit umgegangen werden. Das mit der Gewohnheit verbundene Unbewußte ist eine Ökonomie sowohl des Denkens als auch des Bewußtseins; und dasselbe gilt für die Unzugänglichkeit der Wahrnehmungsprozesse. Der bewußte Organismus muß (zu pragmatischen Zwecken) nicht wissen, wie er wahrnimmt – nur, *was* er wahrnimmt." (Bateson 1981: 193) Jedoch: „Gewohnheiten sind bekanntlich rigide, und ihre Rigidität folgt als ein notwendiges Korollar aus ihrem Status in der Hierarchie der Anpassung. Gerade die Ökonomie von Versuch und Irrtum, die durch Gewohnheitsbildung erreicht wird, ist nur möglich, weil Gewohnheiten vergleichsweise ‚hart programmiert' sind, um mit dem Ausdruck des Ingenieurs zu sprechen. Die Ökonomie besteht genau darin, die Prämissen der Gewohnheit nicht jedesmal neu zu überprüfen oder wiederzuentdecken, wenn die Gewohnheit ins Spiel kommt." (Bateson 1981: 357).

423 Bateson machte sich immer wieder gegen ein substantialistisches Denken und für ein Denken-in-Relationen stark und plädierte in unterschiedlichen Zusammenhängen da-

haben, sondern ‚sind' (siehe dazu Kap. II.4), sind somit das Ergebnis spezifischer wechselseitiger Bezüge, in denen sich stets Muster ausbilden, die wir gewohnt sind, als Gewohnheiten oder Charaktereigenschaften einem individuellen Selbst zuzuschreiben. Bateson hat so eine kybernetische bzw. systemische Sichtweise des Selbst entwickelt, d.h. das Selbst wird erstens holistisch betrachtet, kann also nicht in „Geist und Materie oder [...] in bewußten Willen oder ‚Selbst' und den Rest der Persönlichkeit" (Bateson 1981: 405) gespalten werden, zweitens geht er nicht von einer linearen, sondern zirkulären Kausalität aus, „so daß alles, was ein Organismus tut, auf ihn selbst zurückwirkt" (Holl 1985: 22). Damit wird deutlich, inwiefern *als Nebenprodukt eines jeden Tuns ein implizites Lernen* stattfindet, das, mag die Veränderung auch noch so minimal sein, das ganze Selbst verändert.[424] Ebenso ist das Selbst aus Batesons Sicht wesentlich das Ergebnis seiner Lerngeschichte: So „bin ‚ich' die Gesamtheit derjenigen Charakteristika, die ich als meinen ‚Charakter' bezeichne. ‚Ich' bin meine Gewohnheiten, im Kontext zu handeln und die Kontexte zu gestalten und wahrzunehmen, in denen ich handle. Individualität ist ein Resultat oder eine Ansammlung aus Lernen II" (Bateson 1981: 393)[425]

II.2.4 LERNEN ALS INKORPORIERUNG: LEIBPHÄNOMENOLOGISCHE BETRACHTUNGEN

Auf eine ähnliche Art und Weise des Erlernens von praktischem Wissen verweist auch Bernhard Waldenfels' leibphänomenologische Sicht auf das Lernen. Lernen wird hier vom Konzept der Leiblichkeit her verstanden und wesentlich als *In-*

für, „zuerst an die Beziehungen" (Bateson 1981: 213) zu denken und „die Relata als nur durch ihre Beziehungen definiert" (ebd.) zu betrachten. Wie andere, z.B. Norbert Elias (siehe II.3.1), machte er dafür u.a. auch die westlichen Sprachen verantwortlich; so Bateson (in Bateson/Bateson 1993: 59): „Abendländische Sprachen eignen sich im allgemeinen nicht zu einer Behandlung von Relationen. Wir fangen mit der Benennung der Teile an, und danach erscheinen die Relationen zwischen den Teilen als Prädikate, die meistens an einen einzelnen Teil geheftet werden – nicht an zwei oder mehr Teile, zwischen denen die Relation besteht." In diesen Sprachen liege die Betonung „nicht auf ‚Relationen zwischen„ sondern auf den Enden der Beziehung, den Relata" (Bateson/Bateson 1993: 228)

424 Dazu passend: „In Abwandlung von Heraklits berühmtem Ausspruch können wir nie zweimal zum ersten Mal dasselbe tun, weil gemachte Erfahrungen wieder auf uns zurückwirken." (Manella 2003: 29)

425 Allerdings stellt Bateson auch die Möglichkeit eines Lernen III in Aussicht, siehe dazu II.2.5.

korporierung gedacht, was im Konzept des impliziten Wissens und der reckwitzschen Interpretation der Praxistheorien zumindest als ein Aspekt bereits auftauchte. Waldenfels (2000: 153) weist darauf hin, dass bereits Aristoteles – entgegen allen späteren rationalistischen Versionen des Lernens – betont hätte, dass man „lernt, indem man etwas tut". Er habe somit als erster artikuliert, dass Wissen wesentlich ein praktisches Wissen sei. „Dieses Wissen wird im Handeln erworben und bewährt sich im Handeln." (ebd.) Auch Waldenfels betont, dass dieses praktische Wissen, das in *Kennen* oder *Können* nochmals zu differenzieren sei[426], ein zumeist bzw. größtenteils implizites Wissen sei, was in engem Zusammenhang damit stünde, dass das implizite Wissen zugleich ein inkorporiertes Wissen sei. Anders gesagt: „Der Leib ist geradezu der Inbegriff dessen, was ich kann" (Waldenfels 2000: 169). Frage man beispielsweise, wo das praktische Wissen bzw. das Können des Tippens mit einer Tastatur lokalisiert sei, so laute die Antwort: „Dieses Wissen steckt in den Händen [...], es ist im Leib inkorporiert." (ebd.) Daher lasse es sich auch „nur begrenzt explizit machen und in Worte fassen" (ebd.). „Wir wissen zwar, es sind 24 [sic] Buchstaben auf der Tastatur, aber wir haben nur ein ungefähres Tableau vor uns, an dem wir uns orientieren, denn es sind die Finger selbst, die sich im Schreibraum zurechtfinden." (ebd.)

Der Erwerb eines solchen praktischen Wissens verlaufe dabei vor allem über wiederholtes Tun: „eine wiederholte Handlung, die eine bestimmte typische Gestalt hat wie Handgriffe, die ich immer wieder ausführe, führt zur Gewohnheit" (Waldenfels 2000: 183). Wichtig ist Waldenfels, dass dieses Lernen von Gewohnheiten eine „Einverleibung von Strukturen" (Waldenfels 2000: 173) bzw. das „Lernen von Differenzen" (Waldenfels 2000: 171f) darstelle. Gegen rein empiristische Versionen des Lernens, die ein Zufallslernen nach Versuch und Irrtum zum Normalfall des Lernens erklären, formuliert er: „Lernen bedeutet [...] ein Erlernen bestimmter Strukturen, das Erlernen eines Zusammenhangs und nicht

426 So schreibt Waldenfels (2000: 182), dass Lernen auf zwei Bereiche zu beziehen sei, „auf die kognitive und auf die praktische Tätigkeit, auf das Kennen und auf das Können". Während das Kennen „auf eine Geschichte des Kennenlernens" verweise, verweise „das Können auf eine Geschichte der Eingewöhnung durch Betätigung" (ebd.). Gegen ein dualistisches Verständnis betont er jedoch ausdrücklich, dass „beide Bereiche [...] eng zusammenhängen" (ebd.). Waldenfels führt diese Unterscheidung wie den Zusammenhang dieser beiden Bereich jedoch nicht weiter aus, anzunehmen ist jedoch, dass wie die Gewöhnung und die Spontaneität (s.u.) auch das Kennen und das Können als zwei Pole eines Kontinuums gedacht werden können, so dass alle Tätigkeiten sowohl kognitive als auch praktische Elemente enthalten, nur mit unterschiedlichen Gewichtungen.

das An-dressieren von Einzelheiten Schritt für Schritt." (Waldenfels 2000: 168)[427] Denn Lernen bedeute immer auch

„einen Erwerb genereller Fähigkeiten, also keine bloße Abrichtung auf Einzelaktionen, die sich lediglich dadurch auszeichnen, daß sie immer wieder auftreten. Ein Erwerb genereller Fähigkeiten bedeutet, daß wir in die Lage versetzt werden, auf typische Situationen, die nicht materialiter identisch sind, mit variablen Mitteln zu antworten, also nicht immer wieder dasselbe zu tun und uns dies langsam einzuprägen. Dem Modell trial and error, das von einer punktuellen Fähigkeit ausgeht, wird mithin eine generelle Fähigkeit entgegengestellt, in der eine Verallgemeinerung erreicht wird, denn Lernen bedeutet stets eine Ausbildung allgemeiner Strukturen." (Waldenfels 2000: 167)

Daher gebe es auch kein sogenanntes ‚blindes Auswendiglernen', denn dies hieße, „daß alles Prä-semantische verschwände und nur noch ein Mechanismus übrigbliebe" (Waldenfels 2000: 161). Anders gesagt: Auch im stupide erscheinenden Auswendiglernen, lernt man – quasi als Nebenprodukt – auch stets noch etwas anderes, hier präsemantische Strukturen und Differenzen, ähnlich dem, was von Polanyi als ‚tacit roots of explicit knowledge' beschrieben wurde. Dieser Strukturerwerb beim Lernen, mit dem Waldenfels zu zeigen versucht, wie man im Partiellen stets auch etwas Allgemeines erlernt, erinnert an das Lernen II, das Erlernen des Kontextes bei Bateson. Das Erlernen der Struktur und das Erlernen des Kontextes verweisen somit auf Ähnliches. Mit Waldenfels wird jedoch deutlich, inwiefern das Erlernen des Kontextes nicht nur das Erlernen eines spezifischen Kontextes bedeutet, sondern damit etwas Allgemeines gelernt wird, was zwar nicht ein schlechthin Allgemeines, alle Kontexte Übersteigendes ist – im Sinne einer allgemeinen Fähigkeit zu Lernen –, aber ermöglicht, „auf typische Situationen, die nicht materialiter identisch sind, mit variablen Mitteln zu antworten" (ebd.).

Während Bateson deutlich machte, wie ein solches Lernen auf das Selbst zurückwirkt und dieses verändert wie allererst entstehen lässt, verweist Waldenfels darauf, das bei einem solchen Lernen nicht nur das ‚Selbst', sondern auch ‚Welt' entsteht und sich verändert. Gegen eine ‚Psychologisierung der Gewöhnung' konstatiert er: „Gewöhnung bedeutet, daß für uns eine Welt entsteht" (Waldenfels 2000: 184). Wie geschieht dies? „Es entsteht eine Alltagswelt dadurch, daß es

427 Zwar gebe es ein ‚trial and error'-Lernen, jedoch stelle dies erstens nicht den Normal-, sondern lediglich einen Ausnahmefall des Lernens dar (Waldenfels 2000: 157), zweitens stelle sich die Frage: „Doch was hat man gelernt, wenn man beim trial and error Erfolg hat [...]? Das ist doch kein Lernerfolg! Man hat nichts gelernt dabei, sondern hat Glück gehabt und dadurch die Lösung gefunden. Dieses Finden ist kein Lernen, sondern ein Glücksfund." (Waldenfels 2000: 160)

wiederkehrende Vorgänge im natürlichen Bereich ebenso gibt wie im sozialen Bereich, in der Wahrnehmung ebenso wie in der Sprache.“ (ebd.) Gegen einen Subjektivismus wie einen Objektivismus setzt er auf ein Verständnis des ‚In-der-Welt-sein‘: „Es geht hier nicht um eine Betrachtung von subjektiven Seelenvorgängen oder objektiven Verhaltensweisen, sondern wir haben es bei der Eingewöhnung immer mit dem In-der-Welt-sein zu tun, mit unserem Verhältnis zu den Dingen.“ (ebd.) Statt die rein subjektive oder die rein objektive Seite dieses Prozesses zu betonen, versucht Waldenfels mit dem heideggerianischen Konzept des ‚In-der-Welt-sein‘, das *Verhältnis* dieser beiden Seiten, das *relationale Zwischen von Selbst und Welt* zu betonen und lerntheoretisch als erlernt und als veränderbar zu betrachten.

Von einem solchen Verständnis her bedeute Gewöhnung, „daß wir lernen, in der Welt zu wohnen, und daß überhaupt eine Welt für uns entsteht, die es nicht gäbe, wenn von einem Augenblick zum anderen immer alles ganz anders liefe“ (ebd.). Mit der Wiederholung spezifischer Konstellationen und spezifischen Tuns bzw. ähnlicher Weisen des Sich-zu-sich-selbst-und-zu-anderem-Verhaltens entwickeln sich also Gewohnheiten, die jedoch nicht in objektivistischer Manier als ‚blinde Automatismen‘ bzw. als reflexartiges Verhalten betrachtet werden dürfen. Denn in und mit der Gewohnheit entwickelt sich eine (Alltags-)Welt, in der wir ‚wohnen‘ können. Mit Husserl spricht Waldenfels neben ‚Habitualisierung‘ „in bezug auf Tätigkeiten“ (Waldenfels 2000: 183), von Sedimentierung „in bezug auf die Bedeutung der Dinge“ (ebd.).

„Sedimentierung [...] weil es nicht um eine bloß aktuelle Bedeutung geht, wenn ich jetzt etwas meine, etwas in den Blick nehme, etwas verstehe und deute, denn ich fange ja nicht jeden Augenblick neu an. Die Dinge erlangen und haben am Ende ihre Bedeutung. [...] Diese abgelagerten Bedeutungen nennt Husserl Sedimentierungen. Die Dinge selber bekommen einen ganz bestimmten funktionalen Wert oder eine bestimmte Bedeutung, so daß ich etwas immer als etwas wiedererkenne. Sedimentierung besagt: das Erlernte geht in die Welt ein, lagert sich in ihr ab.“ (ebd.)

Das „Lernen als Erwerb und als Ausübung von Gewohnheiten“ (Waldenfels 2000: 167) über wiederholtes Tun bzw. wiederholte Formen des ‚In-der-Welt-Seins‘ sei daher „keine bloße Anpassung an eine Welt, die schon fertig da ist oder von Anderen für mich produziert wurde, sondern das Lernen selber enthält ein Moment des Schöpferischen“ (ebd.). Anders formuliert: „Lernen besagt immer auch eine Neuschöpfung. Im Lernen ändert sich die Welt, sie nimmt eine andere Bedeutung an.“ (ebd.)

Waldenfels (2000: 190) blickt somit nicht nur auf die Vergangenheitsdimension des Lernens bzw. die Dimension von *Habitualisierung* und *Sedimentierung*, sondern auch auf die Zukunftsdimension des Lernens bzw. das *Schöpferische* und die *Spontaneität*. Auf diese Weise versucht er, die „Antithese von Spontaneität und Gewohnheit" (Waldenfels 2000: 151) als eine „Polarität" (Waldenfels 2000: 152) umzuinterpretieren. Gegen ein kartesianisch-dualistisches Verständnis, das Körper und Geist voneinander trennt und bei dem somit „zwischen einer inneren Willenskausalität und den diesen Willen ausführenden äußeren Körpermechanismen unterschieden wird" (Waldenfels 2000: 191), versucht Waldenfels (2000: 190) zu zeigen, wie sich auf dem Hintergrund des Verständnisses eines leiblichen Subjekts „die Frage nach Spontaneität und Freiheit [...] neu stellt". Anders gesagt versucht er, Freiheit und Spontaneität nicht als einen geistigen Willensvorgang zu betrachten, sondern „Freiheit von der Bewegung her zu denken" (Waldenfels 2000: 194), also als etwas ‚Leibhaftiges' und den Willen nicht als eine Instanz des Geistes, sondern den ganzen Körper Umfassendes zu denken. Im Anschluss an Kurt Goldstein und Merlau-Ponty fasst er Freiheit als eine „Art und Weise, *wie* wir uns leiblich in der Welt bewegen, wie wir die Welt gestalten und sie strukturieren" (Waldenfels 2000: 193). Eine wesentliche Form der Freiheit wäre aus dieser Sicht „die Möglichkeit, Situationen zu generieren" (Waldenfels 2000: 195) bzw. „Situationen zu schaffen, auf sie zu antworten, sie zu strukturieren" (Waldenfels 2000: 196). Aspekt menschlichen Verhaltens sei nicht nur, „daß wir Situationen einordnen, d.h. eine Situation nach einer bestimmten Regel oder einem Schema interpretieren, sondern darüber hinaus gibt es die Möglichkeit einer *Umordnung* oder einer *Umgestaltung*, durch welche die Situation selber in ein anderes Arrangement verwandelt wird" (Waldenfels 2000: 201). Wichtig für ein solches Verständnis ist aber zu bedenken, dass Freiheit „nicht in einer willkürlichen Setzung, sondern in einer Umgestaltung und Umstrukturierung der Situation" (Waldenfels 2000: 197) bestehe. Die Generierung einer neuen Situation kann somit (stets) immer nur eine Umstrukturierung einer schon gegebenen Situation sein. Spontaneität bzw. freiheitliches Verhalten sei somit nicht eine „höhere[.] Form der Tätigkeit, die von außen in etwas eingreift" (ebd.), sondern übersteige die bereits vorhandenen Strukturen und Situationen quasi von innen. Freiheit lasse sich demnach „bloß innerhalb von Strukturen und Regeln realisieren [...] – und nicht außerhalb ihrer" (Waldenfels 2000: 201). Auf den Punkt gebracht: „Freiheit ist eine *Spontaneität innerhalb von Strukturen*" (ebd.), die dann möglich wird, „wenn wir zur Situation auf Distanz gehen" (Waldenfels 2000: 205) und im wahrsten Sinne des Wortes ein ‚Spielraum' entstehe. So gehöre zu jeder Situation „immer ein gewisser Rand nicht fest eingebundener Möglichkeiten: das, was wir Spielraum nennen" (ebd.). Dieser Spielraum entstamme somit nicht der Fähigkeit eines autonomen Subjekts, einer Ich-Instanz, sondern aus der Situation heraus. Beachtet man nun, dass hier nicht von einer statischen Situation die Rede ist, sondern von sich stets in Bewegungen befindenden leiblichen Subjekten, so könne man sagen, der „Spielraum entstammt einer Bewegung, die wie etwa im Falle der Tanzbewegung einen bestimmten Raum um sich verbreitet" (Waldenfels 2000: 205f). Um diesen Spielraum – die Spontaneität innerhalb von Strukturen bzw. die responsive Freiheit als ein aus der sich in Bewegung befindlichen Situation heraus entstehende Antwort und Möglichkeit zur Umstrukturierung der Situation – noch weiter auszudeuten, greift Waldenfels auf die Unterscheidung des Romanciers Robert Musil zwischen Wirklichkeitssinn und Möglichkeitssinn zurück. Aus dieser Sichtweise unterscheide sich tierisches und menschliches Verhalten nicht durch eine zum Verhalten hinzuaddierende Fähigkeit zu abstrakter Vernunft, sondern die

> „spezifische Fähigkeit des Menschen bestünde dann darin, Gesichtspunkte zu vervielfältigen und gegenüber vorgegebenen Strukturen verschiedene Möglichkeiten der Strukturierung zu bedenken und zu berücksichtigen. Desgleichen ist damit die Fähigkeit angesprochen, Ambiguitäten, Zweideutigkeiten zu ertragen oder den Sinn für das Mögliche zu entfalten. Mit der Fähigkeit, die Gesichtspunkte zu vervielfältigen, ist gemeint, daß ich nicht in einem einzigen Gesichtspunkt, der mir 'zugewachsen' ist, sozusagen einbetoniert bin" (Waldenfels 2000: 198)

Die menschliche Welt unterscheide sich von der tierischen Umwelt somit nicht darin, „daß *alles* möglich ist, sondern, daß *mehr* möglich ist, als wirklich ist" (Waldenfels 2000: 199f). Denn zum Menschen gehöre „immer das Bewußtsein oder Gefühl, die Wirklichkeit könnte auch anders sein" (Waldenfels 2000: 199). Die Freiheit als situativer Spielraum sei somit als ein „Spielen mit Möglichkeiten" (Waldenfels 2000: 204) zu fassen, jedoch nicht als ein rein hypothetisches, sich allein in der Gedankenwelt des Bewusstseins sich abspielendes Spiel, sondern als eine grundsätzliche „Spannung zwischen dem Wirklichkeitssinn und dem Möglichkeitssinn" (ebd.). Dies bedeute auch: „Zwischen Freiheit und Unfreiheit gibt es keine reine Bereichsabgrenzung" (Waldenfels 2000: 202), sondern die „Polarität von Spontaneität und Gewöhnung verkörpert zwei Momente der Weltstruktur" (Waldenfels 2000: 207): erstens, „daß wir durch Strukturen, Wiederholungen eine Welt erwerben" (ebd.) und zweitens, „daß wir zugleich für neue Möglichkeiten offen sind, die über diese Regeln und Strukturen hinausführen" (ebd.). Spontaneität und Gewöhnung bilden somit zwei Pole zwischen denen sich das Verhalten in vielerlei Graduierungen bewegen könne: „Man kann sich mehr oder weniger dem Pol der Determinierung annähern, wo nur noch *eine einzige* Möglichkeit bleibt, oder dem Pol der Beliebigkeit, wo ich *irgendeine* Möglichkeit wähle." (Waldenfels 2000: 202)[428]

428 Auch der Vorgang einer wichtigen Entscheidungsfindung erscheint vor diesem Hintergrund in neuem Licht: „Ernsthafte Entscheidungen bereiten sich lange vor, so daß

Vor diesem Hintergrund ist auch die Unterscheidung Waldenfels' zwischen aktivem und passivem Erwerb zu betrachten. Der Unterschied zu einem passiven Erlernen „durch Hören, Nachmachen, durch Mimesis" (Waldenfels 2000: 185) und einem „Lernen auf der Stufe der eigenen Betätigung" (ebd.) verdeutliche sich am Unterschied zwischen Erst- und Zweitspracherwerb: Im Gegensatz zur bewussten Entscheidung, „eine Fremdsprache zu lernen" (ebd.), sei „das Erlernen der Muttersprache damit verglichen als passiver Erwerb zu bezeichnen" (ebd.). „Das Kind ist dabei zwar nicht völlig untätig, aber es ist nicht tätig in der Weise, daß es bestimmte Ziele verfolgt und bestimmte Regeln einhält, sondern zunächst einmal macht es schlicht mit." (ebd.) Waldenfels verweist damit auch darauf, dass es so etwas wie ein „elementar Erlerntes" (Waldenfels 2000: 187) gibt, das zurückweist „auf meine Vorgeschichte, die begonnen hat, noch bevor ich selber sie in Angriff genommen habe" (ebd.). Auf diese Weise elementar Erlerntes könne nicht vergessen oder verlernt werden. Grundsätzlich gibt er jedoch zu bedenken, dass aktiver und passiver Erwerb „nicht als zwei Stockwerke zu betrachten [sind], sondern als ineinander verschränktes Geschehen" (Waldenfels 2000: 188).

Auch die leibphänomenologische Perspektive betont somit die Bedeutung des Erwerbs eines praktischen und größtenteils impliziten Wissens über das (wiederholte) Tun und verdeutlicht, warum dieser Erwerb jedoch nicht – wie bei Bateson – im Sinne eines ‚trial and error' verstanden werden sollte. Gleichzeitig wird bei Waldenfels jedoch die Bedeutung des Erlernens der Kontexte des Lernens, die Bateson aufzeigt, nicht deutlich. Dafür zeigt Waldenfels, wie mit dem elementaren Erlernen nicht nur ein Sich-Erlernen, sondern auch das Erlernen einer ‚Welt' bzw. eines ‚In-der-Welt-sein' einhergeht, bzw. mit der Habitualisierung (des Verhaltens) eine Sedimentierung (der Bedeutung dessen, wozu man sich verhält). Waldenfels' Betonung der Polarität von Habitualität und Spontaneität aus seiner leibphänomenologischen Perspektive ist zudem eine wertvolle Korrektur der Überbetonung der Habitualisierung und der Repetitivität der Praktiken bei der reckwitzschen Interpretation der Praxistheorien sowie der Lerntheorie Batesons. Auch die nun zu skizzierende Praxeologie Bourdieus schließt an diese Verständnisse an, bietet zugleich aber einen noch größeren theoretischen Rahmen, in dem diese eingebettet werden können.

---

die Entscheidung selbst dann immer nur das letzte Wort hat in einem Prozeß der Entscheidungsfindung. Die Freiheit selbst liegt in der Art und Weise, wie wir etwas abwägen, welche Aufmerksamkeit wir auf etwas verwenden, wie wir überhaupt etwas in den Blick geraten lassen. Die Freiheit liegt nicht in dem großen Schlußwort ‚Ja' oder ‚Nein', das einen Prozeß der Entscheidungsfindung im allgemeinen nur abbricht." (Waldenfels 2000: 197)

II.2.5 Bourdieus Praxeologie: Habituserwerb und Habitustransformation

Als eine Praxistheorie, die lerntheoretisch enorm anschlussfähig und aufschlussreich ist und auch zunehmend lerntheoretisch gedeutet bzw. lerntheoretisch genutzt wird[429], kann die Sozial-, Kultur- und Gesellschaftstheorie des französischen Soziologen Pierre Bourdieus betrachtet werden. Auch Bourdieu zielt mit seiner Theorie dezidiert auf die Überwindung zentraler Dichotomien modernen Denkens, wie Geist und Körper, Wissen und Handeln, Freiheit und Determinismus. Diese Dualismen zeigen sich für Bourdieu auch in sozialwissenschaftlichen bzw. soziologischen Theorien, die entweder objektivistisch oder subjektivistisch seien. Dabei sei der Gegensatz von Subjektivismus und Objektivismus „der grundlegendste und verderblichste" (Bourdieu 2003: 49) in den Sozialwissenschaften, daher zielt Bourdieu auf eine Soziologie diesseits von Objektivismus und Subjektivismus. Den Objektivismus kritisiert er vor allem in seiner Annahme, soziale Strukturen – wie soziale Klassen – existierten unabhängig von subjektiven Erfahrungen und Praktiken der Akteure bzw. die Erfahrungen und Praktiken seien von den Strukturen abhängige Größen.[430] Der Subjektivismus hingegen vollziehe nicht den notwendigen objektivistischen Bruch mit der subjektiven Primärerfahrung und bleibe somit der lebensweltlichen Evidenz und der mit dieser einhergehenden Voreingenommenheit verhaftet. So vermisse der Subjektivismus es, nach den sozialen Bedingungen der Möglichkeit der subjektiven Erfahrung zu fragen.

429 Sehr früh deutet Portele (1985, 1989) Bourdieu lerntheoretisch. In der Erziehungswissenschaft wird Bourdieu im Folgenden jedoch zunächst vor allem sozialisationstheoretisch gedeutet (Liebau 1987; Wittpoth 1994). Erst in den letzten Jahren kommt es verstärkt zumindest in Ansätzen zu lerntheoretischen Deutungen Bourdieus (Bremer 2004, 2007, 2009; Faulstich 2008; Göhlich/Zirfas 2007; Krais/Gebauer 2002).

430 Der Objektivismus, der dazu tendiere, die Sozialwelt auf eine ‚Sozialphysik' zu reduzieren (Bourdieu 2003: 49), habe den Grundfehler, seine theoretischen Abstraktionen zu verdinglichen und ihnen eine Eigenexistenz zuzusprechen, so behandele er „seine Konstruktionen [...] als Realitäten, die auf Gesellschaft wirken und die Praktiken direkt beherrschen können; oder aber er personifiziert Kollektive" (Bourdieu 2003: 71). Geschichte würde dadurch „auf einen ‚Prozeß ohne Subjekt'" (Bourdieu 2003: 78) reduziert und „das ‚schöpferische Subjekt'" (ebd.) würde ersetzt „durch einen Automaten, der den Gesetzen einer Naturgeschichte gehorchen muß" (ebd.) Anders gesagt: Reduziert würden so „die historisch handelnden Subjekte auf die Rolle von ‚Trägern' der Struktur und ihre Handlungen auf simple Randerscheinungen der Fähigkeit der Struktur, sich nach ihren eigenen Gesetzen zu entwickeln und andere Strukturen zu determinieren oder zu überdeterminieren" (ebd.).

(Bourdieu 2003: 50f) Entgegen subjektivistischen Theorien geht Bourdieu somit einerseits von der Existenz sozialer Strukturen und symbolischer Systeme – auch jenseits der Erfahrungen der Akteure – aus, andererseits betrachtet er diese nicht als unabhängig von den subjektiven Erfahrungen sowie den Praktiken der Akteure. Um dies zu erreichen, zielt Bourdieu erstens darauf, das verdinglichte Denken durch ein *relationales Denken* zu überwinden[431], macht zweitens die Praktiken der Akteure bzw. ihren ‚praktischen Sinn' zum Ausgangspunkt seiner Analyse und erfasst drittens den Zusammenhang von Strukturen und Praktiken mittels des in seiner Theorie zentralen Konzeptes des Habitus.

Elementar wichtig für seine Theorie der Praxis war Bourdieu, der spezifischen „Logik der Praxis" (Bourdieu 2003: 40f) gerecht zu werden, die sich von der Logik der Theorie fundamental unterscheide und daher das sei, „was der intellektuelle Diskurs am wenigsten in seiner Wahrheit ausdrücken kann" (Bourdieu 2003: 41). So sei die *Logik der Praxis* gewissermaßen vorlogisch; anders gesagt: „Man muß der Praxis eine Logik zuerkennen, die anders ist als die Logik der Logik, damit man der Praxis nicht mehr Logik abverlangt, als sie zu bieten hat. Sonst wäre man dazu verdammt, entweder mangelnde Schlüssigkeit von ihr zu verlangen oder ihr eine erzwungene Schlüssigkeit überzustülpen." (Bourdieu 2003: 157) Dies bedeute jedoch nicht, dass die Praxis vollkommen ‚unlogisch' und irrational sei, denn es gebe „eine den Praktiken innewohnende Vernunft, die ihren ‚Ursprung' weder in ‚Entscheidungen' der Vernunft als bewußter Berechnung noch in den Bestimmtheiten der äußerlichen und den Handelnden übergeordneten Mechanismen findet" (Bourdieu 2003: 95). Doch worin besteht die Logik der Praxis, wenn Praktiken „vernünftig sind, ohne deswegen das Produkt eines durchdachten Plans oder gar einer rationalen Berechnung zu sein" (ebd.) bzw. wenn den Praktiken „eine Art objektiver Zweckmäßigkeit innewohnt, ohne daß sie deswegen auf einen explizit gesetzten Zweck bewußt hinorganisiert wären" (ebd.) oder wenn Praktiken „verstehbar und schlüssig sind, ohne aus gewollter Schlüssigkeit und reiflich überlegter Entscheidung hervorgegangen zu sein" (ebd.)? Dies werde nur deutlich, wenn

431 Bei aller Kritik am Strukturalismus – als eine Variante des Objektivismus – erinnert Bourdieu jedoch daran, „daß mit ihm die strukturelle Methode oder einfacher das relationale Denken in die Sozialwissenschaften eingeführt wurde, das mit dem substantialistischen Denken bricht und dazu führt, jedes Element durch die Beziehung zu charakterisieren, die es zu anderen Elementen innerhalb eines Systems unterhält und aus denen sich sein Sinn und seine Funktion ergeben" (Bourdieu 2003: 12). Bourdieu spricht daher auch von einem „Primat der Relationen" (Bourdieu 1998: 7) bzw. betitelt (in Bourdieu 1998) ein Kapitel mit: „Das Reale ist relational"; zum relationalen Denken Bourdieus siehe Bongaertz 2008: 78ff, Rieger-Ladich 2002: 297ff und Vester u.a. 2001: 150ff.

man erkenne, „daß die Praxis der Ort der Dialektik von opus operatum und modus operandi, von objektivierten und einverleibten Ergebnissen der historischen Praxis, von Strukturen und Habitusformen ist" (Bourdieu 2003: 98).

Um dies jedoch nachvollziehen zu können, muss das *Konzept des Habitus* erläutert werden. Zunächst ist der Habitus nach Bourdieu ein System strukturierter Strukturen bzw. ein „subjektives, aber nichtindividuelles System verinnerlichter Strukturen, gemeinsamer Wahrnehmungs-, Denk- und Handlungsschemata" (Bourdieu 2003: 112), die vereinfacht gesagt durch Sozialisation erworben bzw. erlernt wurden.[432] Verknüpft sei der Habitus daher „mit einer bestimmten Klasse von Existenzbedingungen" (Bourdieu 2003: 98), die die spezifischen Habitusformen erzeugen. Verdeutlichen lässt sich dies am sich im Lebensstil einer Person ausdrückenden *Geschmack*. In Bourdieus Studie ‚Die feinen Unterschiede. Kritik der gesellschaftlichen Urteilskraft' zeigt er (2005a [1979]), dass es objektive, d.h. statistisch messbare, Zusammenhänge beispielsweise von Musik- und Essensgeschmack und dem Standort im sozialen Raum bzw. der Zugehörigkeit zu einer sozialen Klasse gibt.[433] So ist der Geschmack entgegen der lebensweltlichen Deu-

---

432 Nach Reckwitz (2008: 44) besteht diese dispositionelle Seite des Habitus aus der Kombination von erstens evaluierten Differenzen, d.h. „aus Unterscheidungen, an deren Seiten jeweils positive und negative Bewertungen geheftet sind" (ebd.), zweitens Ablaufschemata, d.h. „‚script'-förmigen Ablaufschemata angemessenen Verhaltens" (ebd.) bzw. „impliziten Wissen[s], wie in Situationen passend zu handeln ist" (ebd.) und drittens Strategien, d.h. „kulturell codierte, wiederum häufig eher vorbewusst eingesetzte als explizit bewusste ‚Strategien': Wunschkomplexe dessen, was kurzfristig oder langfristig für einen selbst und durch das eigene Handeln scheinbar natürlicherweise erstrebenswert und was zu vermeiden oder unmöglich zu erreichen ist" (ebd.).

433 Bourdieu benutzt zumeist den Begriff der *Klasse*, um den im üblich gewordenen Begriff der Schicht verlorengegangen Aspekt der Herrschaft zu verdeutlichen. Im engen Anschluss an Bourdieu ist es – in Deutschland vor allem durch die Forschungsgruppe um Michael Vester – zur Entstehung von Milieuanalysen gekommen (vgl. Vester u.a. 2001). Dort konnte der recht grobe Klassenbegriff durch Rückgriff auf die Lebensstilforschung und der Unterscheidung unterschiedlicher *sozialer Milieus* erweitert und ausdifferenziert werden. Mit der Analyse sozialer Milieus wird die Sozialstruktur nicht nur vertikal differenziert – mittels vor allem ökonomischer Kriterien wie Einkommen und Besitz –, sondern auch horizontal – mittels vor allem kultureller Kriterien wie Einstellungen, Werte und Lebensstil. Bei aller Differenzierung und Beachtung der horizontalen Achse geht jedoch der Fokus auf Ungleichheit und Herrschaft keineswegs verloren: nicht nur, indem die vertikale Achse als Herrschaftsachse definiert wird und zwei zentrale Trennlinien betont werden, die die auf der vertikalen Achse oberen, mittleren und unteren Milieus trennen, sondern auch, weil aufbauend auf Bourdieu gezeigt

tung eben nichts rein Individuelles und Persönliches, sondern zeigt sich grundlegend sozial geprägt von den Existenzbedingungen der sozialen Herkunft sowie des aktuellen Standorts der Akteure im sozialen Raum. So würden die von einem ‚Kampf ums Überleben' geprägten Existenzbedingungen der unteren Klassen mit hoher Wahrscheinlichkeit einen ‚Notwendigkeitsgeschmack' erzeugen, der auf unmittelbare Bedürfnisbefriedigung zielt – stichwortartig sei auf ‚Fast-Food' und ‚Würstchenbude' verwiesen. Gegenteilig dazu würden die von materiellem Überfluss und Sorglosigkeit geprägten Existenzbedingungen der oberen Klassen tendenziell einen ‚Luxusgeschmack' erzeugen, der von einer ästhetisierenden Herangehensweise geprägt ist. Für diese sei Funktion und Inhalt nebensächlich, das Interesse am Formvollendeten hingegen vorrangig, so dass der Konsum von Kulturgütern, von Ritualen des Wiedererkennens und Einordnens und vom Spiel der Anspielungen durchzogen sei. Am Beispiel des Essensgeschmacks zeigt sich dies in Luxusrestaurants, bei denen allein schon die – aus den Augen der mittleren und unteren Klassen – ‚mickrigen' Portionen die Nebensächlichkeit der Funktion (hier des Sattwerdens) verdeutlichen und die darauf zielen, sich vom ‚populären Geschmack' der mittleren Klassen zu distinguieren. Die sich im Lebensstil ausdrückenden Geschmäcker seien jedoch nichts rein ‚Äußerliches', vielmehr manifestiere sich in ihnen grundsätzlich „jeweils eine ganz andere Beziehung zur Welt, aber auch ein anderes Verhältnis zu sich selbst und zum eigenen Körper" (Krais/Gebauer 2002: 40). Der Geschmack ist für Bourdieu als Teil des Habitus Körper gewordene Klasse.[434] Dass der Geschmack üblicherweise jedoch als etwas Persönliches und Individuelles wahrgenommen wird, verdeutlicht Bourdieus Verständnis vom Habitus als „einverleibte, zur Natur gewordene und damit als solche vergessene Geschichte" (Bourdieu 2003: 105), die dazu führe, dass der Habitus „wirkende Präsenz der gesamten Vergangenheit, die ihn erzeugt hat" (ebd.), sei.

Zentral für Bourdieu ist jedoch, dass der Habitus nicht nur ein System strukturierter, sondern auch strukturierender Strukturen ist, d.h., dass der Habitus nicht nur Praktiken generiert, sondern vermittelt über diese Praktiken bzw. die durch ihn spezifisch strukturierten Praktiken seinerseits (soziale) Strukturen hervorbringt bzw. tendenziell reproduziert. Es ist diese *strukturierende Seite des Habitus* – dessen dispositionelles System „als Erzeugung- und Ordnungsgrundlagen für Praktiken und Vorstellungen" (Bourdieu 2003: 98) fungiert –, die die spezifische Logik

---

wird, wie sich Herrschaft und Ungleichheit vor allem durch die ‚feinen Unterschiede' in ‚weichen' kulturellen Faktoren (re-)produziert.

434 Der Habitus ist daher nicht nur praktischer, sondern auch *sozialer Sinn*, d.h., die vom Habitus strukturierten Denk-, Wahrnehmungs-, und Handlungsschemata zeigen soziale Unterschiede an bzw. verstärken und reproduzieren diese und erzeugen so Zugehörigkeit wie Distinktion.

der Praktiken ausmache und dazu führe, dass die Praktiken „objektiv ‚geregelt' und ‚regelmäßig' sind, ohne irgendwie das Ergebnis der Einhaltung von Regeln zu sein, und genau deswegen kollektiv aufeinander abgestimmt sind, ohne aus dem ordnenden Handeln eines Dirigenten hervorgegangen zu sein" (Bourdieu 2003: 98f). Der Habitus sei somit ein „System der Dispositionen als Vergangenheit, die im Gegenwärtigen überdauert und sich in die Zukunft fortzupflanzen trachtet" (Bourdieu 2003: 101f); anders formuliert:

> „Als Produkt der Geschichte produziert der Habitus individuelle und kollektive Praktiken [...]; er gewährleistet die aktive Präsenz früherer Erfahrungen, die sich in jedem Organismus in Gestalt von Wahrnehmungs-, Denk- und Handlungsschemata niederschlagen und die Übereinstimmung und Konstantheit der Praktiken im Zeitverlauf viel sicherer als alle formalen Regeln und explizite Normen zu gewährleisten suchen." (Bourdieu 2003: 101)

Der Habitus ist somit ein *generatives Prinzip*, darf jedoch nicht deterministisch missverstanden werden. Bourdieu erläutert dies wie folgt:

> „Da er ein erworbenes System von Erzeugungsschemata ist, können mit dem Habitus alle Gedanken, Wahrnehmungen und Handlungen, und nur diese, frei hervorgebracht werden, die innerhalb der Grenzen der besonderen Bedingungen seiner eigenen Hervorbringung liegen. Über den Habitus regiert die Struktur, die ihn erzeugt hat, die Praxis, und zwar nicht in den Gleisen eines mechanischen Determinismus, sondern über Einschränkungen und Grenzen, die seinen Erfindungen von vornherein gesetzt sind. Als unendliche, aber dennoch strikt begrenzte Fähigkeit zur Erzeugung ist der Habitus nur so lange schwer zu denken, wie man den üblichen Alternativen von Determiniertheit und Freiheit, Konditioniertheit und Kreativität, Bewußtem und Unbewußtem oder Individuum und Gesellschaft verhaftet bleibt, die er ja eben überwinden will. Da der Habitus eine unbegrenzte Fähigkeit ist, in völliger (kontrollierter) Freiheit Hervorbringungen – Gedanken, Wahrnehmungen, Äußerungen, Handlungen – zu erzeugen, die stets in den historischen und sozialen Grenzen seiner eigenen Erzeugung liegen, steht die konditionierte und bedingte Freiheit, die er bietet, der unvorhergesehenen Neuschöpfung ebenso fern wie der simplen mechanischen Reproduktion ursprünglicher Konditionierungen." (Bourdieu 2003: 102f)

Bourdieu betont somit sowohl die Grenzen, die mit dem Habitus einhergehen, zugleich jedoch, dass der Habitus eine „ständig von regelhaften Improvisationen überlagerte Erzeugungsgrundlage" (Bourdieu 2003: 107) sei, bzw., „daß mit dem Habitus [...] unendlich viele und (wie die jeweiligen Situationen) relativ unvorhersehbare Praktiken von dennoch begrenzter Verschiedenartigkeit erzeugt werden können" (Bourdieu 2003: 104). Auch Michael Vester (2002b: 415) betont zwar einerseits: „Der Habitus hat seine Schwerkraft"; andererseits verdeutlicht er: „Was jemand gelernt hat, schafft Bahnen, schafft Voraussetzungen, aus denen nicht beliebig herausgesprungen werden kann. Aber es schafft auch keine Sklaverei.“ (Vester 2002b: 413)

Dabei hilft es, sich den Habitus als ein Art *Handlungsgrammatik* vorzustellen und eine Analogie zwischen dem Verhältnis von Äußerungen und Grammatik zum Verhältnis von Handlungen und Habitus zu ziehen. Wie gestaltet sich das Verhältnis von sprachlichen Äußerungen und Grammatik? Erstens ist die Grammatik ein einheitliches System und besteht nicht aus der Summe von Einzelregeln; zweitens begrenzt wie ermöglicht die Grammatik zugleich sprachliche Äußerungen; drittens ermöglicht die Grammatik unbegrenzt viele, jedoch stets durch sie strukturierte Äußerungen und viertens sind die Äußerungen aus der Beobachterperspektive auf Regeln (der Grammatik) zurückzuführen, ohne dass die Entstehung von Äußerungen durch explizites Befolgen dieser Regeln erfolgt. Ähnlich ist der Habitus erstens als ein zusammenhängendes Ganzes, ein Netz aus sich nicht rein additiv zusammensetzenden Dispositionen zu verstehen; ähnlich ermöglicht der Habitus zweitens unendlich viele, aber beschränkte Praxisformen; ähnlich ist der Habitus als System von Dispositionen drittens etwas, das unbegrenzt viele Handlungen erzeugen kann, die jedoch zugleich sowohl der Situation, als auch der Person (ihrem Handlungsstil) angemessen sind[435] und ähnlich strukturiert der Habitus die Handlungen nicht bewusst und nicht in Form expliziter Regeln (vgl. dazu auch Krais/Gebauer 2002: 32; Portele 1989: 87).

Bourdieu versteht, anknüpfend an Bachelard, das Verhältnis vom Netz der Dispositionen und den Praktiken in Form einer *Kausalität des Wahrscheinlichen*, so determiniere der Habitus Handlungen nicht, mache aber in spezifischen Situationen spezifische Handlungen wahrscheinlicher als andere. Pointiert dazu Bourdieu: „Nur im Phantasieerlebnis (z.B. im Märchen), das den Sinn der gesellschaftlichen Wirklichkeit neutralisiert, nimmt die Sozialwelt die Gestalt einer für jedes mögliche Subjekt gleich möglichen Welt von Möglichkeiten an.“ (Bourdieu 2003: 119f)[436] Als *praktischer Sinn* lässt der Habitus „das Subjekt implizit wissen, was zu tun ist und wie es zu tun ist“ (Reckwitz 2008: 44) und bewirkt, dass man mag,

435 So erlaubt der Habitus als Handlungsgrammatik die Entwicklung eines individuellen, persönlichen Stils, in dem sich zugleich jedoch die sozialstrukturelle Verortung ausdrückt.

436 In den an Bourdieu anschließenden Studien zur Reproduktion sozialer Ungleichheit zeigt sich die aus diesem unterschiedlichen ‚Möglichkeitssinn‘ resultierende *Selbstselektion* der unteren sozialen Milieus sehr deutlich. So ergeben statistische Analysen der ‚freien‘ Schulwahl am Übergang von der Grundschule zur Sekundarstufe, dass die Schulwahlentscheidung der Eltern noch sozial selektiver als die der Lehrkräfte ist (vgl. z.B. Ditton u.a. 2005: 296).

was man hat, das ‚amor fati', die freiwillige und dem Akteur als frei erscheinende Annahme des Schicksals (Krais/Gebauer 2002: 43). Dass der Habitus praktischer Sinn ist, bedeutet auch, dass er „unmittelbar auf die Handlungspraxis gerichtet [ist] und [...] als ein solches handlungsorientiertes Wissen letztlich nirgendwo sonst [existiert] als in den Praktiken, die das Subjekt in der Kette von Handlungssituationen immer wieder neu hervorbringt" (Reckwitz 2008: 42f). Anders gesagt: Der Habitus existiert im ‚modus operandi'. Somit fungiert auch der Habitus als implizites, praktisches Wissen, das mehr ein Können als ein Wissen im klassischen Sinne ist. Der Habitus wird praktisch gekonnt, nicht symbolisch gewusst.

Dies zeigt sich auch, betrachtet man den *Habituserwerb*. Bourdieu unterscheidet drei Modi des Habituserwerbs (vgl. Bourdieu 1976: 136f), denen er jedoch unterschiedlich große Bedeutung zuspricht. *Erster* und wichtigster Modus sei der implizite Erwerb von Strukturen und Regeln durch den Vollzug von Praktiken und die Einverleibung der objektiven Strukturen bzw. der Existenzbedingungen. Der Habituserwerb verlaufe in diesem Modus als mit dem Heranwachsen sich vollziehender Prozess des unmerklichen Vertrautwerdens mit der Herkunftskultur, ein Prozess der Enkulturation und Inkorporierung, der auch hier dem Erlernen der Muttersprache und ihrer Grammatik gleicht. Bourdieu betont somit, dass „Schemata von Praxis auf Praxis übertragen werden können, ohne den Weg über Diskurs und Bewußtsein zu nehmen" (Bourdieu 2003: 126). Wie Waldenfels betont jedoch auch Bourdieu, dass dieser nicht- oder vorbewusste Erwerb nicht „auf ein mechanisches Lernen durch Versuch und Irrtum zurückgeführt werden kann" (ebd.), da dies ein Erwerb von Strukturen sei. Bourdieu verdeutlicht dies am Unterschied des Erlernens einer unstrukturierten Zahlenfolge und einer strukturierten Zahlenreihe:

> „Im Unterschied zu einer zusammenhanglosen Zahlenfolge, die nur nach wiederholten Versuchen in kontinuierlichen und vorhersehbaren Schritten gelernt werden kann, ist eine Zahlenreihe leichter zu erlernen, weil sie eine Struktur enthält, die dem Lernenden erspart, sich mechanisch alle Zahlen einzeln merken zu müssen" (Bourdieu 2003: 136f)

Kurz gesagt: „Tatsächlich wird die praktische Meisterung der grundlegenden Schemata durch Handlungen im strukturierten Raum und in der strukturierten Zeit erworben, die sofort symbolisch eingeordnet werden und alle wie Strukturübungen fungieren." (Bourdieu 2003: 139) Der Habituserwerb läuft somit als „ein praktisches Lernen der Wahrnehmungs-, Beurteilungs- und Handlungsschemata" (Bourdieu 2003: 31f) durch den Vollzug der Praktiken und das Erlernen der Kontexte der Praktiken ab. Der Habitus wird erworben durch alltägliche Praktiken in gesellschaftlich geformten Lebensbedingungen, in denen das Kind aufwächst – so z.B. spezifische Essenspraktiken. Wie schon angedeutet wird dies von Bourdieu dezidiert nicht als ein Modus der Nach-, sondern eher der Mitahmung beschrieben, „weil der Prozeß des Erwerbs, praktische Mimesis (oder Mimetismus) als So-tun-als-ob, das ein umfassendes Verhältnis der Identifikation voraussetzt, nichts von einer Nachahmung an sich hat, die ein bewußtes Bemühen um Reproduktion eines explizit zum Modell gemachten Akts, Objekts oder Sprechens voraussetzen würde" (Bourdieu 2003: 135).[437] So werden durch den Nach- bzw. Mitvollzug von Praktiken zugleich die impliziten Logiken der Praktiken bzw. der Kontext der Praktiken und damit die objektiven Strukturen des Kontextes bzw. die Existenzbedingungen erlernt. „Die charakteristischen Strukturen einer bestimmten Klasse von Daseinsbedingungen sind es nämlich, die über die ökonomische und soziale Notwendigkeit [...] die Strukturen des Habitus erzeugen, welche wiederum zur Grundlage der Wahrnehmung und Beurteilung aller späteren Erfahrung werden." (Bourdieu 2003: 101) Ähnliche objektive Strukturen – wie die Existenzbedingungen eines Milieus – führen somit zu ähnlichen Erfahrungen und daher zu einem ähnlichem Habitus (vgl. Bourdieu 2003: 112). Bourdieu (2003: 102) beschreibt dies auch als eine „Verinnerlichung der Äußerlichkeit". Deutlich macht dies Bourdieu am Beispiel des Besitzes, bei dem sich die Besitzverhältnisse gewissermaßen umkehrten. Denn, so Bourdieu (2003: 107), „[d]as Eigentum eignet sich den Eigner an, indem es sich in Form einer Struktur zur Erzeugung von Praktiken verkörpert, die vollkommen mit seiner Logik und seinen Erfordernissen übereinstimmen". Auf diese Weise vollziehe sich der Habituserwerb „als unbewusste Einübung und Übernahme der handlungsleitenden Codes, die für eine soziale Klasse typisch sind" (Rieger-Ladich 2002: 323). Gelernt wird der Habitus in diesem Modus somit sowohl von bzw. durch andere (als Mitahmung), jedoch auch durch die Dinge selbst (die jedoch Artefakte, d.h. kulturell erzeugte Produkte der Mitwelt sind); so Bourdieu (2003: 142): „[J]edes hergestellte Produkt – angefangen mit symbolischen Hervorbringungen wie Kunstwerken, Spielen, Mythen usw. – übt eben durch seine Funktionsweise, und besonders durch seine Verwendung, eine erzieherische Wirkung aus, die dazu beiträgt, den Erwerb der für seine adäquate Verwendung nötigen Dispositionen zu erleichtern." Kurz gesagt wird der Habitus in diesem Modus „durch Praxis erworben" (Portele 1989: 84).

Als *zweiten*, nicht unwichtigen aber unwichtigsten Modus nennt Bourdieu (1976: 192) Praktiken der Unterweisung und Überlieferung, die auf eine direkte Weitergabe kulturellen Wissens zielen, also Praktiken des Erziehens und Lehrens. Zwischen diesen beiden Modi liege jedoch noch ein *dritter* Modus. „Zwischen dem Lernen durch schlichte Gewöhnung einerseits, bei dem der Lernende un-

437 Auch Krais und Gebauer (2002: 62) verweisen auf die zentrale Rolle des mimetischen Lernens – also Lernen durch Mitmachen, Abgucken, Ausprobieren, Einüben, etc. – bei Ausbildung und Erwerb des Habitus.

merklich und unbewußt die Grundzüge von ‚Kunst' und Lebenskunst erwirbt, [...] und der expliziten und ausdrücklichen Übertragung durch Vorschriften und Regeln andererseits sieht jede Gesellschaft Strukturübungen vor, mit denen diese oder jene ‚Form praktischer Meisterschaft' übertragen werden dürfte" (Bourdieu 2003: 138).[438] Wittpoth (1994: 99) deutet diese als „Praktiken und Situationen, in denen die Logik der Praxis besonders prägnant zum Ausdruck kommt", weil sie das Bewusstsein umgehen und den Körper als Gedächtnisstütze nutzen. Beispiele sind (Wett-)Spiele, Rituale, spezifische Interaktionen und auch direkte Anweisungen, die verdichtet spezifische symbolische Ordnungen beinhalten und bei denen äußere Haltungen in innere Haltungen transformiert und somit inkorporiert werden.

„Man könnte in Abwandlung eines Worts von Proust sagen, Arme und Beine seien voller verborgener Imperative. Und man fände kein Ende beim Aufzählen der Werte, die durch jene Substanzverwandlung verleiblicht worden sind, wie sie die heimliche Überredung durch eine stille Pädagogik bewirkt, die es vermag, eine komplette Kosmologie, Ethik, Politik über so unscheinbare Ermahnungen wie ‚Halt dich gerade!' oder ‚Nimm das Messer nicht in die linke Hand!' beizubringen und über die scheinbar unbedeutendsten Einzelheiten von Haltung, Betragen oder körperliche und verbale Manieren den Grundprinzipien des kulturell Willkürlichen Geltung zu verschaffen, die damit Bewußtsein und Erklärung entzogen sind." (Bourdieu 2003: 128)

In allen drei Modi verlaufe der Habituserwerb, auch dies betont Bourdieu, immer als ein Prozess der *Inkorporierung*, also ein leiblicher Prozess bzw. der Prozess der Einverleibung. Der Habitus sei im wörtlichen Sinne ‚einverleibt' in den Geschmacksnerven, im Gang, in der Körperhaltung, in den neuronalen Strukturen usw., daher gelte: „Was der Leib gelernt hat, das besitzt man nicht wie ein wiederbetrachtbares Wissen, sondern das ist man." (Bourdieu 2003: 135) Der Körper ist demnach „das Körper gewordene Soziale" (Bourdieu/Wacquant 1996: 161).[439]

---

438 Andernorts nennt Bourdieu (1976: 136) dies auch „strukturale Übungen".

439 Dabei betont Bourdieu, dass der Leib von Anbeginn ein sozialer Körper ist. Gegen die repräsentationstheoretische Annahme, wir hätten ein Körperbild, betont er, dass „alle Wahrnehmungs- und Beurteilungsschemata, in denen eine Gruppe ihre Grundstrukturen und die Äußerungsschemata festlegt, [...] sich von Anbeginn zwischen das Individuum und seinen Leib schalten" (Bourdieu 2003: 134). Und gegen ein Subjekt-Objekt-Dualismus und ein individualtheoretisches Verständnis des Subjekts betont Bourdieu (2003: 142) in fast subjektivationstheoretischer Weise: „Die Strukturen, die zum Aufbau der Objektwelt beitragen, werden in der Praxis einer Welt von Objekten aufgebaut, die selbst wiederum nach denselben Strukturen aufgebaut sind. Dieses aus

Unter anderem die Inkorporiertheit des Habitus führt dazu, dass dieser sich durch relative Beständigkeit und Beharrlichkeit auszeichnet, wie Bourdieu immer wieder betont und als *Hysterisis-Effekt* beschrieben hat.[440] So führe der Habitus zu einer „selektiven Wahrnehmung von Indizien, die eher zu seiner Bestätigung und Bekräftigung als zu seiner Verwandlung taugen“ (Bourdieu 2003: 120). Anders gesagt versuche der Habitus

> „seine eigene Konstantheit und seine eigene Abwehr von Veränderungen über die Auswahl zu gewährleisten [...], die er unter neuen Informationen trifft, indem er z. B. Informationen, die die akkumulierte Information in Frage stellen könnten, verwirft, wenn er zufällig auf sie stößt oder ihnen nicht ausweichen kann, und vor allem jedes Konfrontiertwerden mit derlei Informationen hintertreibt: man denke nur an die Homogamie als Paradigma aller ‚Entscheidungen‘, mit denen der Habitus alle Erfahrungen zu bevorzugen sucht, die dazu taugen, ihn selbst zu verstärken (z. B. an die empirisch belegte Tatsache, daß man über Politik am liebsten mit Leuten diskutiert, die ohnehin gleicher Meinung sind). Durch die systematische ‚Auswahl‘, die er zwischen Orten, Ereignissen, Personen des Umgangs trifft, schützt sich der Habitus vor Krisen und kritischer Befragung, indem er sich ein Milieu schafft, an das er so weit wie möglich vorangepaßt ist, also eine relativ konstante Welt von Situationen, die geeignet sind, seine Dispositionen dadurch zu verstärken, daß sie seinen Erzeugnissen den aufnahmebereitesten Markt bieten.“ (Bourdieu 103: 113f)

Anders gesagt: „die Wahrnehmungs- und Beurteilungsschemata des Habitus, auf denen alle Vermeidungsstrategien beruhen, sind größtenteils das Ergebnis eines unbewußten und nicht gewollten Meidungsverhaltens, ob sich dieses nun automatisch aus den Existenzbedingungen ergibt (wie z. B. das Meidungsverhalten aufgrund räumlicher Trennung) oder auf eine strategische Absicht zurückgeht (die z.B. die Kinder von ‚schlechtem Umgang‘ oder ‚Schmutz und Schund‘ fernhalten will), für die jedoch die Erwachsenen zuständig sind, die unter den gleichen Umständen geprägt wurden.“ (Bourdieu 2003: 114) Auf diese Weise würden „die unwahrscheinlichsten Praktiken vor jeder näheren Prüfung durch eine Sofort-

der Objektwelt hervorgegangene ‚Subjekt‘ bezieht nicht wie eine Subjektivität gegen eine Objektivität Stellung: die objektive Welt besteht aus Objekten, die das Ergebnis von Objektivierungsoperationen sind, welche nach denselben Strukturen strukturiert sind, wie sie der Habitus auf sie anwendet.“ (ebd.)

440 Insbesondere, weil der Habitus inkorporiert ist, d.h. als implizites, praktisches Wissen existiert und sich somit einem reflexiven Zugriff – mindestens teilweise – entzieht, lässt er sich nur schwer verändern und neigt dazu, sich zu bestätigen (Reckwitz 2008: 42f). Darauf verweist auch Schmidt (2004: 62): „Als Speicher verbürgt der Körper also aufgrund seiner konstitutiven Nichtreflexität die Beharrungskraft des Habitus“.

unterwerfung unter die Ordnung, die aus der Not gern eine Tugend macht, also Abgelehntes verwirft und Unvermeidliches will, als undenkbare ausgeschieden" (Bourdieu 2003: 100). Somit komme es nicht nur zu einer selektiven Wahrnehmung und Bewertung von Erfahrungen, vielmehr werde der Habitus durch die „Welt des Alltagsverstands" (Bourdieu 2003: 108), die eine Welt des „Einklangs von praktischem Sinn und objektiviertem Sinn" (ebd.), sei, unmittelbar verstärkt, indem es über den alltagsweltlichen „Konsens über den Sinn der Praktiken und der Welt" (ebd.) zu einer „Harmonisierung der Erfahrungen" (ebd.) käme. Insgesamt führe die ‚Funktionslogik' des Habitus somit dazu, dass dieser „die Ersterfahrungen viel zu hoch" (Bourdieu 2003: 101) bewerte.

Krais und Gebauer (2002: 63f) interpretieren den Habitus als komplexes, sich stets veränderndes Erfahrungswissen, in dem die Fülle der einzelnen Erfahrungen, die Menschen aufgrund ihrer Tätigkeiten in der Welt machen, zu einem komplexen Erfahrungswissen zusammengearbeitet seien. Der Habitus sei dabei das dispositionelle Netz, das Erfahrungen und sinnliche Eindrücke aufnehme und in spezifischer Weise ‚verarbeite', damit aber auch selbst immer wieder modifiziert werde. Aus der Fülle der Erfahrungen werde das selektiert, für das im Habitus eine Art Ankopplungsstelle vorhanden sei, was zur Stabilität des Habitus bzw. zum Phänomen des Hysteresiseffekts beiträgt. Krais und Gebauer eröffnen mit dieser Interpretation den Anschluss an unten (II.2.7) weiter ausgeführte phänomenologische Lerntheorien, die Lernen wesentlich als ein Erfahrungsgeschehen betrachten und die im Gegensatz zum Habituskonzept den modifizierenden bzw. transformierenden Aspekt des Lernens betonen. Zwar betont Bourdieu besonders die Beharrungskraft des Habitus, jedoch geht auch er davon aus, dass der Habitus sich transformieren kann.

Doch wie kann dies geschehen? Was führt zur Durchbrechung des Hysterisis-Effektes? Diese Frage hat Bourdieu weniger beschäftigt denn seine Interpreten. Vor allem hat Bourdieu wiederholt darauf hingewiesen, dass eine kritische Bewusstwerdung des Habitus, sowie der habitusgenerierten Praxis nur eine notwendige, aber noch keine hinreichende Bedingung für eine *Habitustransformation* sei.

Die mit Bourdieus Theorie am sichersten prognostizierbare Transformation eines Habitus geschieht durch den *Eintritt in ein (neues) soziales Feld.*[441] Zum Verständnis: Nach Bourdieu ist der *soziale Raum* einerseits nach *Logik der Lebensstile* gegliedert – also in Klassen, Schichten oder Milieus –, andererseits nach der *Logik sozialer Felder*, die ähnlich den luhmannschen funktional differenzierten gesellschaftlichen Subsystemen – wie Wirtschaft, Recht, Wissenschaft, Bildung, etc. –, von Bourdieu als mit spezifischen Logiken ausgestattete ‚Spiel-

441 Mit Eintritt in ein neues Feld ist nicht ein einmaliges und punktuelles Ereignis, sondern ein Prozess des Eingewöhnens und zunehmenden Teilnehmens zu verstehen.

und Kampffelder' betrachtet werden. Dabei ist jedes Feld mit einer ,illusio' oder ,doxa' ausgestattet[442] – der „Sinn für das Spiel" (Bourdieu 2003: 122) bzw. der allen Spielern des Feldes gemeinsame „praktische Glaube" (Bourdieu 2003: 124) an das Spiel, seinen Sinn, der Sinn der Einsätze des Spiels und die Erstrebenswertigkeit des Ziels des Spiels. Der praktische Glaube bewirkt, dass die spezifische Wirklichkeit und Logik des Feldes als selbstverständlich sowie als konstitutiver Bestandteil der Identität des spielenden Akteurs betrachtet und nicht hinterfragt bzw. bezweifelt wird. „Der praktische Glaube ist das Eintrittsgeld" (ebd.) in alle Felder. Indem durch den Eintritt in ein Feld und das ,Zahlen des Eintrittsgeldes' die spezifische Logik des Feldes, die ,illusio' und die ursprüngliche ,doxa' inkorporiert werden, kommt es zu einer gewissen Habitustransformation. Als wichtigsten Antrieb für die Überwindung der Mühen, die mit dem Eintritt in ein Feld verbunden sind, betrachtet Bourdieu die „soziale Anerkennung" (Bourdieu 2003: 116).[443] Doch auch hier betont Bourdieu, dass bei allen Habitustransformationen, die auch als Erwerb eines Sekundärhabitus beschrieben werden können, der Primärhabitus wirksam bleibe.

Den Unterschied des Erwerbs von Primär- zu Sekundärhabitus verdeutlicht Bourdieu am Beispiel des Unterschieds von Erst- und Zweitspracherwerb:

> „Beim Erlernen einer Fremdsprache trifft eine bereits gebildete Disposition auf eine Sprache, die als solche wahrgenommen wird, d.h. als willkürliches explizit in Form von Grammatik, Regeln, Übungen verfaßtes Spiel, das ausdrücklich in Institutionen beigebracht wird, die nur zu diesem Zweck da sind. Beim Erwerb der Erstsprache hingegen lernt man die Sprache (die sich immer nur im Akt des Sprechens, im eigenen oder fremden Sprechen darstellt) sprechen und lernt zugleich, in (statt mit) dieser Sprache denken." (Bourdieu 2003: 124)

Weil man mit dem Erwerb des Primärhabitus überhaupt erst Denken, Wahrnehmen und Handeln lernt, bleiben die basalen Schemata und Dispositionen des Primärhabitus in allen späteren Transformationen gewissermaßen enthalten. Anders gesagt:

---

442 Bourdieu unterscheidet nicht immer trennscharf zwischen beiden Begriffen, legt den Akzent bei der ,illusio' jedoch stärker auf den von allen Mitgliedern des Feldes geteilten Sinn, bei der ,doxa' hingegen stärker auf das Verhältnis des Individuums zur ,illusio', bzw. die individuelle Anerkennung der ,illusio'.

443 Wittpoth sieht daher die Möglichkeit einer Habitustransformation im Erwachsenenalter „an Partizipation geknüpft, an Position und Bewegungsmöglichkeiten im sozialen Raum" (Wittpoth 1994: 112). Letzteres verweist darauf, dass Habitustransformationen nicht nur durch den Eintritt in ein neues Feld, sondern auch durch Mobilität im sozialen Raum der Milieus (gesellschaftlicher Auf- oder Abstieg) geschieht.

Transformationen hin zu einem Sekundärhabitus können den Primärhabitus zwar überlagern und überformen, nicht aber ersetzen. Bourdieu macht dies am Beispiel des sozialen Aufsteigers deutlich, dessen später – durch Nachahmung erfolgte – Erwerb des Stils und des Geschmacks der oberen Klassen zumindest für letztere immer durch ‚feine Unterschiede' als ‚Aufsteiger' erkennbar bleibt. Wie Krais und Gebauer (2002: 61) betonen, tritt man nicht mit einem fertigen Habitus in ein Feld ein, sondern mit einem kompatiblen, der dann in einen konformen Habitus transformiert wird. Jedoch gibt es auch gesellschaftlich erzwungene Eintritte in ein Feld, wie der Eintritt in das Feld Bildung bzw. den Eintritt in das Feld Schule, das sozialisationstheoretisch gesprochen den Übergang vom Primär- zur Sekundärsozialisation markiert. In der bildungssoziologischen Ungleichheitsforschung, in der Bourdieus Theorie sich als besonders erklärungskräftig erwiesen hat, wurde in vielen Studien gezeigt, wie dieser Übergang bzw. über den Übergang hinaus der Erfolg im Feld der Schule nicht nur durch unterschiedliche Startbedingungen – hier: unterschiedliche Herkunftshabitus und damit verbunden unterschiedlicher Kapitalbesitz[444] – sondern auch durch unterschiedliche ‚Passungsverhältnisse' von Herkunftshabitus und Feld – genauer von Herkunftshabitus, spezifischer Logik des Feldes, spezifische Schulkulturen sowie den Herkunftshabitus der Lehrkräfte – geprägt ist.

Neben dem Eintritt in ein Feld werden in der Sekundärliteratur des Weiteren *gesellschaftliche Krisen* genannt, die die Abstimmung von Feld und Habitus stören und den Habitus zur Transformation zwingen (Rieger-Ladich 2002: 341), sowie besondere „Handlungskontexte, die es dem einzelnen möglich machen, sich im anderen als jemand zu erfahren, der zu Veränderungen fähig ist" (Wittpoth 1994: 113). Um die Frage nach der Möglichkeit der Habitustransformation zu beantworten, wird zudem häufig auf *Batesons Lernen III* zurückgegriffen – es war

444 Bislang nicht erwähnt – weil für die hier erfolgte Lesart Bourdieus nicht von zentraler Bedeutung – wurde die berühmt gewordene bourdieusche Ausweitung des Kapitalbegriffs. Geld und Güter seien nur spezifische Formen sozialen Austauschs, neben ökonomischem Kapital geht Bourdieu daher von der Existenz sozialen, kulturellen und symbolischen Kapitals aus. Während ökonomisches Kapital den Besitz von Geld und Gütern meint, soziales Kapital vor allem auf die Beziehungen, auf die jemand zurückgreifen kann, verweist, bedeutet kulturelles Kapital kurz gesagt vor allem Bildungskapital, das wie ökonomisches Kapital wesentlich durch die Familie vererbt wird und inkorporiert (einverleibtes Wissen und Bildung), objektiviert (Bildungs- und Kulturgüter wie Bücher oder Gemälde) oder institutionalisiert (Bildungstitel) sein kann. Als symbolisches Kapital bezeichnet Bourdieu hingegen das – sich gewissermaßen durch die Summe der anderen Kapitalien ergebende, jedoch besonders an spezifische Felder gebundene – Kapital an Ehre und Prestige. (Vgl. Bourdieu 2005b: 49ff)

Gerhard Portele (1981, 1989), der Batesons Lernen III als Habitustransformation beschrieb. Deshalb soll hier ein kurzer Rückgriff auf Batesons Lernen III und Porteles Deutung erfolgen.

Wenn Lernen II als Lernen *von* Gewohnheiten, Charakter und Habitus gedeutet werden könne, dann könne Lernen III interpretiert werden als lernen, *wie* man Gewohnheiten, Charakter und einen Habitus *bildet* (Portele 1989: 19). Bateson (1981: 392) selbst gibt an, das Individuum könnte lernen,

„a) schneller, bereitwilliger Gewohnheiten zu bilden und nicht an alten Gewohnheiten festzuhalten; b) sich selbst die ‚Auswege' zu verbauen, die es ihm erlauben Lernen III zu umgehen (nämlich andere neue Gewohnheiten zu bilden); c) Gewohnheiten zu ändern (eine anschließend beibehaltene geänderte Gewohnheit ist aber wieder Lernen II); d) daß es ein Lebewesen ist, das unbewußt Lernen II erreicht; e) Lernen II einzuschränken und zu steuern; f) den Kontext der Kontexte zu finden; wenn Lernen II ein Erlernen des Kontextes für Lernen I ist, dann ist Lernen III das Erlernen der Kontexte dieser Kontexte."

Lernen III ist laut Bateson jedoch schwierig und selten: „Man behauptet aber, dass etwas dieser Art von Zeit zu Zeit in der Psychotherapie, in religiöser Bekehrung oder in anderen Sequenzen auftritt, in denen eine tiefgreifende Umstrukturierung des Charakters stattfindet." (Bateson 1981: 390) In der Beschreibung des Lernen III ist Bateson insgesamt jedoch widersprüchlich und wechselt zwischen Lernen III als einer Umstrukturierung des Charakters und Lernen III als eine Art Auflösung oder Verflüssigung des Selbst. Zu letzterem schreibt Bateson:

„Aber jede Freiheit von der Knechtschaft der Gewohnheit muss auch eine tiefergreifende Neudefinition des Selbst kennzeichnen. [...] In dem Maße, wie ein Mensch Lernen III erreicht und es lernt, im Rahmen der Kontexte von Kontexten wahrzunehmen und zu handeln, wird sein ‚Selbst' eine Art Irrelevanz annehmen. Der Begriff ‚Selbst' wird nicht mehr als ein zentrales Argument in der Interpunktion der Erfahrung fungieren." (Bateson 1981: 393)

Konnte Lernen II unter anderem als ein Sich-Erlernen interpretiert werden, dann wäre Lernen III eine Art Sich-Verlernen. Dieses Lernen III findet nach Bateson vor allem durch die Infragestellung oder das Hinterfragen ungeprüfter Prämissen des Charakters statt (Bateson 1981: 392). Laut Bateson wäre es aber „notwendig zwischen bloßer Ersetzung von Prämissen und Erleichterung der Ersetzung zu unterscheiden, nur letzteres wäre wahrhaft Lernen III. (Bateson 1981: 390)

Die erste Variante wäre eine Veränderung des Charakters, des Habitus, der erlernten Gewohnheiten und Haltungen, bei der ein kurzer ‚Sprung', ein einmaliger Vorgriff auf die Ebene des Lernen III benötigt wird, um die Ergebnisse von Lernen II umzustrukturieren. Hier wird jedoch Gewohnheit mit Gewohnheit ersetzt, ich bin immer noch das Ergebnis von Lernen II und es fällt mir in Zukunft nicht leichter, mich zu verändern. Da es kein Selbst außerhalb des Lernens II bzw. kein Selbst unabhängig vom Habitus gibt, darf Lernen III in der anderen Variante – die Erleichterung der Ersetzung – aber nicht als ein zunehmende souveräne und autonome Verfügung über den eigenen Habitus missverstanden werden.[445] Lernen III in diesem Sinne kann laut Bateson denn auch nur dort geschehen, wo mein Selbst zunehmend irrelevant wird. Daher betont er auch: „Lernen III kann [...] gefährlich sein und zum Scheitern führen." (Bateson 1981: 395)[446]

Somit bleibt auch hier letztlich unklar, wie Habitustransformationen geschehen können. Bevor jedoch die phänomenologische Lerntheorie erörtert wird, die Lernen als Erfahrung beschreibt und sich vor allem auf den Vorgang des Umlernens konzentriert und damit eventuell auch Hinweise auf die Möglichkeit von Habitustransformationen liefern kann, ist die Theorie des situierten Lernens zu erläutern, die einen Lernprozess in den Fokus ihrer Theorie rückt, die an den Eintritt eines Akteurs in ein Feld erinnert.

II.2.6 LERNEN UND PARTIZIPATION: ZUR THEORIE DES SITUIERTEN LERNENS

Eine Lerntheorie, die ebenfalls menschliche Praktiken ins Zentrum stellt und die implizite Seite des Lernens betont, ist die *Theorie des situierten Lernens*.[447] Die

445 Häufig wurde dieses Lernen III fälschlicherweise als „eine Möglichkeit zur Freiheit verortet" (Lutterer 2000: 135), die „im Gegensatz zu einem als deterministisch interpretierten Lernen II" (ebd.) gedacht wurde

446 Gewissermaßen ein erfolgreicher Prozess des Lernens III, der jedoch zu einer pathologischen Auflösung des Ichs führt, wird im bekannten Roman ‚Zen oder die Kunst ein Motorrad zu warten.' von Robert M. Pirsig (2003) beschrieben.

447 Die Theorie situierten Lernens kann eingebettet werden in die breitere Strömung von Theorien der situierten Kognition, die im Zuge der Bearbeitung des Problems des sogenannten ‚trägen Wissens' seit den späten 1980er Jahren vor allem in der empirischen Lehr-Lern-Forschung entwickelt und angewandt wurden (Renkl 2009: 744); für einen Überblick über empirische Studien hierzu siehe Gerstenmaier/Mandl 2001. Die grundlegende Idee des Situiertheitsansatzes, die bei einer Kritik am traditionellen Wissenskonzept ansetzt und vor allem die Kontextgebundenheit des Wissens betont, fand in der Lehr-Lern-Forschung nicht nur „große Beachtung" (Renkl 2009: 745), sondern führte auch zu heftigen Kontroversen. Während vor allem Lave dafür steht, „dass es überhaupt kein Wissen als abgespeicherte, abstrakt-dekontextualisierte Repräsentationen gibt, die in einem Kontext erworben und in einem anderen Kontext angewandt

Grundzüge dieser Lerntheorie wurden 1991 in der gemeinsamen Veröffentlichung ‚Situated Learning. Legitimate peripheral participation' von Jean Lave und Etienne Wenger (Lave/Wenger 1999) ausgearbeitet. Mit seiner Monographie ‚Communities of practice. Learning, meaning and identity." (Wenger 2004) hat Wenger diese Theorie weiterentwickelt und ausgebaut. Die Theorie des situierten Lernens versucht dezidiert, ein individualtheoretisches Verständnis des Lernens zu überwinden, indem als zentrale Bezugseinheit der Lerntheorie nicht mehr das einzelne Individuum bzw. dessen Psyche, Geist oder Gehirn, sondern eine *community of practice* gilt. Was aber wird unter einer solchen ‚communitiy of practice' verstanden? Und welches Verständnis von Praktiken liegt dem zugrunde?

Das *Konzept der Praktiken* in den Mittelpunkt der Theorie zu stellen, bedeutet für Wenger nicht, menschliche Zusammenhänge vornehmlich funktional oder gar mechanistisch zu verstehen. „It includes not just bodies (or even coordinated bodies) and not just brains (even coordinated ones), but moreover that which gives meaning to the motions of bodies and the workings of brains." (Wenger 2004: 51) Durch Praktiken erführen wir die Welt und unsere Teilhabe an ihr als bedeutungs- und sinnvoll. Denn Praktiken seien nicht einfach irgendein Tun, sondern ein Tun in einem konkreten historischen und sozialen Kontext, der dieses

werden könnten" (ebd.), versuchten viele Lehr-Lern-Forscher, diese aus ihrer Sicht ‚radikale' Perspektive abzumildern und sie in Form einer „Situiertheit light" (ebd.) in die kognitive Theorie des Lernens zu assimilieren bzw. beide Ansätze als komplementär zu betrachten. Häufig wurden Theorien der situierten Kognition auch mit konstruktivistischen Positionen verbunden und vor allem als theoretische Legitimation für neue Praxisformen in der Gestaltung von Lehr-Lern-Prozessen – vor allem: Lernumgebungen mit neuen Medien, die auf selbstgesteuertes Lernens setzen – genutzt (Gerstenmaier/Mandl 2001: 5). Kirshner und Whitson (1997: vii) weisen darauf hin, dass die zunehmende Beschäftigung mit Theorien situierter Kognition in der Kognitionswissenschaft von manchen Psychologien als ein ähnlich grundlegender – philosophischer und methodologischer – Paradigmenwechsel betrachtet wird, wie es die kognitive Wende war. Auch in der Erwachsenenbildung wurde die Theorie des situierten Lernens aufgenommen, dort jedoch ebenfalls zumeist mit einer anderen Lerntheorie, der subjektwissenschaftlichen Lerntheorie (I.5), vermischt. Auffällig ist, dass trotz der teils breiten Rezeption von Theorien situierter Kognition eine im engeren Sinn lerntheoretische – d.h. nicht schon lehr-lern-theoretische – Auseinandersetzung mit der Theorie situierten Lernens zumindest im deutschsprachigen Raum kaum erfolgt ist, was sich darin zeigt, wie möglicherweise aber auch den Grund hat, dass die genannten Hauptwerke von Lave/Wenger und Wenger bislang nicht ins Deutsche übersetzt wurden. Die folgende Skizze der Theorie situierten Lernens wird daher vor allem auf diese beiden Werke, vor allem an Wengers Weiterentwicklung, aufbauen.

Tun strukturiert und ihm eine Bedeutung bzw. einen Sinn zuweise.[448] Daher seien Praktiken auch stets soziale Praktiken, da diese auszuüben auch immer bedeute, an einem größeren historischen und sozialen Kontext zu partizipieren.[449] Wenger versucht, mit dem Konzept der Praktiken zudem ein dualistisches Verständnis zu

448 Sinn werde erzeugt in einem Prozess des Aushandelns von Sinn: „I intend the term negotiation to convey a flavor of continuous interaction, of gradual achievement, and of give-and-take. By living in the world we do not just make meanings up independently of the world, but neither does the world simply impose meanings on us. The negotiation of meaning is a productive process, but negotiating meaning is not constructing it from scratch. Meaning is not pre-existing, but neither is it simply made up. Negotiated meaning is at once both historical and dynamic, contextual and unique." (Wenger 2004: 53f) Daher gelte: "Meaning exists neither in us, nor in the world, but in the dynamic relation of living in the world." (Wenger 2004: 54) Der Prozess des Aushandelns von Sinn umfasse zudem zwei komplementäre Komponenten: Partizipation (‚participation') und Konkretion bzw. Vergegenständlichung (‚reification'). Das Konzept der Vergegenständlichung (‚reification') benutzt Wenger, um unsere Beziehung zur Welt nicht nur als tendenziell passive Teilhabe (‚participation') zu beschreiben, sondern das darin stets aktive Moment der Sinnbildung zu beschreiben. ‚Reification' bedeute, etwas zu behandeln, als wäre es ein substantiell existierendes oder konkretes materielles Objekt und wird von Wenger als der Vorgang beschrieben, bei dem wir unsere Bedeutungen zuerst in die Welt projizieren, um sie sodann als etwas in der Welt eigenständig Existierendes, eine Realität in sich selbst, wahrzunehmen. Beispiele dafür wären die Gerechtigkeit oder die Demokratie. (Wenger 2004: 58) Beschrieben wird somit der Prozess der Formung unserer Erfahrung durch die Produktion von Objekten, die in der Erfahrung zu etwas Gegenständlichem gerinnen (ebd.).

449 Dies führt Wenger (2004: 57) wie folgt aus: "From this perspective, our engagement with the world is social, even when it does not clearly involve interactions with others. Being in a hotel room by yourself preparing a set of slides for a presentation the next morning may not seem like a particularly social event, yet its meaning is fundamentally social. Not only is the audience there with you as you attempt to make your points understandable to them, but your colleagues are there too, looking over your shoulder, as it were, representing for you your sense of accountability to the professional standards of your community. A child doing homework, a doctor making a decision, a traveler reading a book – all these activities implicitly involve other people who may not be present. The meanings of what we do are always social. By ‚social' I do not refer just to family dinners, company picnics, school dances, and church socials. Even drastic isolation – as in solitary confinement, monastic seclusion, or writing – is given meaning through social participation. The concept of participation is meant to capture this profoundly social character of our experience of life."

überwinden, das Wissen von Handlung, Mentales von Manuellem und Konkretes von Abstraktem trenne; dementgegen gelte: „The process of engaging in practice always involves the whole person, both acting and knowing at once. In practice, so-called manual activity is not thoughtless, and mental activity is not disembodied." (Wenger 2004: 47f) Auch unterliege dem Konzept der Praktiken keine dualistische Trennung von Theorie und Praxis, Ideen und Realität oder Reden und Tun (Wenger 2004: 48).[450]

Auf dem Hintergrund eines solchen Verständnis von Praktiken wird unter einer *community of practice* keine fest umrissene soziale Einheit verstanden. Der Terminus ‚communities of practice' stehe nicht synonym für Gruppe, Team oder Netzwerk, auch hätten die meisten ‚communities of practice' keinen Namen und keine Mitgliedsausweise für ihre Mitglieder. Die Zugehörigkeit zu einer ‚community of practice' müsse nicht einmal dem Einzelnen bewusst sein, denn ‚communities of practice' seien Bestandteil unseres selbstverständlichen Alltagslebens. Eine Einzelperson partizipiere daher üblicherweise an vielen verschiedenen ‚communities of practice' (Wenger 2009: 212f). Als Beispiele für ‚communities of practice' nennt Wenger (2006) „a tribe learning to survive, a band of artists seeking new forms of expression, a group of engineers working on similar problems, a clique of pupils defining their identity in the school, a network of surgeons exploring novel techniques, a gathering of first-time managers helping each other cope".

Wie der Name bereits andeutet, seien es die Praktiken, die den eher unsichtbaren Zusammenhang einer ‚community of practice' stiften (Wenger 2004: 49). Diese Praktiken entstünden im Hinblick auf ein von mehreren Individuen *geteiltes Ziel oder Vorhaben* („shared enterprise") (Wenger 2004: 73). Sie seien somit Ergebnis eines gewissermaßen kollektiven Lernprozesses und daher auch weniger ein ‚Besitz' einzelner Individuen, sondern Besitz der ‚community of practice'.[451]

450 „Even when theory is a goal in itself, it is not detached but instead is produced in the context of specific practices. Some communities specialize in the production of theories, but that too is a practice. The distinction between theoretical and practical then refers to distinctions between enterprises rather than fundamental distinctions in qualities of human experience and knowledge." (Wenger 2004: 48) Auf den Punkt gebracht: "Even when it produces theory, practice is practice." (Wenger 2004: 49) Insgesamt gelte für das Verhältnis von Theorie und Praxis: "The relation between practice and theory is always a complex, interactive one. From this perspective, theory is neither useless nor ideal. Practice is not immune to the influence of theory, but neither is it a realization of theory or an incomplete approximation of it. In particular, practice is not inherently unreflective." (Wenger 2004: 48)

451 Ausführlicher: "Being alive as human beings means that we are constantly engaged in the pursuit of enterprises of all kinds, from ensuring our physical survival to seeking

Zwar beschreibt Wenger das gemeinsame Vorhaben als einen von drei zentralen Aspekten einer ‚community of practice', jedoch dürfe das gemeinsame Vorhaben nicht instrumental missverstanden werden: die ‚community of practice' sei kein Mittel zum Zweck eines gemeinsamen Vorhabens. „Communities of practice should not be reduced to purely instrumental purposes. They are about knowing, but also about being together, living meaningfully, developing a satisfying identity, and altogether being human." (Wenger 2004: 135) Vielmehr verhalte sich das gemeinsame Vorhaben zur ‚community of practice' wie der Rhythmus zur Musik, indem es den Zusammenhang der ‚community of practice' erzeuge und bündele (Wenger 2004: 82). Das gemeinsame Vorhaben sei vielmehr durch und im Tun der Praktiken – und nicht abstrakt im Vorhinein und unabhängig von den Praktiken – einem ständigen, gemeinsamen Aushandlungsprozess unterworfen (Wenger 2004: 77).

Neben dem gemeinsamen Vorhaben nennt Wenger (2004: 73) eine durch gemeinsames Tun entstehende wie dadurch ausgeübte *wechselseitige Verpflichtung und Verantwortung* als weiteren wesentlichen Aspekt einer ‚community of practice'. So sei sie ein dichtes Knäuel vieler Beziehungen, dürfe jedoch keineswegs von einem idealisierten Gemeinschaftsideal her verstanden werden. Die Beziehungen in einer ‚community of practice' könnten ebenso harmonisch wie konfliktreich sein. Uneinigkeiten, Spannungen, Konkurrenzkämpfe und Konflikte seien normaler Bestandteil einer ‚community of practice'. (Wenger 2004: 76f) Zwar bedürfe diese einer gewissen *Gemeinschaftspflege*, die allerdings nicht auf eine Vereinheitlichung ihrer ‚Mitglieder' ziele. Eine ‚community of practice' setze eher Heterogenität denn Homogenität voraus, da jeder seinen eigenen und einzigartigen Platz habe. Zwar seien durch die *gemeinsame Teilhabe* die Identitäten ihrer ‚Mitglieder' ineinander verzahnt, jedoch würden diese nicht miteinander verschmelzen. (Wenger 2004: 75f) Als weiteren entscheidenden Aspekt einer ‚community of practice' nennt Wenger (2004: 73) ein von den Mitgliedern *geteiltes Repertoire an Wissen, Erzählungen, Artefakten, Werkzeugen, Stilen, Handlungen, historischen Ereignissen, Diskursen, Konzepten und Routinen.*[452]

---

the most lofty pleasures. As we define these enterprises and engage in their pursuit together, we interact with each other and with the world and we tune our relations with each other and with the world accordingly. In other words, we learn. Over time, this collective learning results in the pursuit of our enterprises and the attendant social relations. These practices are thus the property of a kind of community created over time by the sustained pursuit of a shared enterprise. It makes sense, therefore, to call these kinds of communities communities of practice." (Wenger 2004: 45)

452 Die Teilhabe an einer ‚community of practice' betreffe explizite wie implizite Aspekte: "It includes what is said and what is left unsaid; what is represented and what is

Doch was wird ausgehend von diesem Verständnis von Praktiken und von ‚communities of practice' unter Lernen verstanden? Welches Lernverständnis ergibt sich, betrachtet man nicht Individuen, sondern ‚communities of practice' als den zentralen *Ort des Lernens*?

Zunächst wird, wie bereits angedeutet, Lernen vor allem von seiner impliziten Seite betrachtet. Entgegen einer Verkürzung des Lernens auf explizite und intendierte Praktiken, die zumeist in spezifischen institutionellen Settings vollzogen werden, wird betont, dass Lernen ein natürlicher Bestandteil der menschlichen Natur sei und somit keine Aktivität, die vom Rest unserer Aktivitäten getrennt wäre.[453] (Wenger 2009: 209f) „We have come to the conclusion [...] that there is

assumed. It includes the language, tools, documents, images, symbols, well-defined roles, specified criteria, codified procedures, regulations, and contracts that various practices make explicit for a variety of purposes. But it also includes all the implicit relations, tacit conventions, subtle cues, untold rules of thumb, recognizable intuitions, specific perceptions, well-tuned sensitivities, embodied understandings, underlying assumptions, and shared world views. Most of these may never be articulated, yet they are unmistakable signs of membership in communities of practice and are crucial to the success of their enterprises. Of course, the tacit is what we take for granted and so tends to fade into the background. If it is not forgotten, it tends to be relegated to the individual subconscious, to what we all know instinctively, to what comes naturally. But the tacit is no more individual and natural than what we make explicit to each other. Common sense is only commonsensical because it is sense held in common. Communities of practice are the prime context in which we can work out common sense through mutual engagement. Therefore, the concept of practice highlights the social and negotiated character of both the explicit and the tacit in our lives." (Wenger 2004: 47)

453 Wenger führt dies wie folgt aus: "Learning in this sense is not a separate activity. It is not something we do when we do nothing else or stop doing when we do something else. There are times in our lives when learning is intensified: when situations shake our sense of familiarity, when we are challenged beyond our ability to respond, when we wish to engage in new practices and seek to join new communities. There are also times when society explicitly places us in situations where the issue of learning becomes problematic and requires our focus: we attend classes, memorize, take exams, and receive a diploma. And there are times when learning gels: an infant utters a first words, we have a sudden insight when someone´s remark provides a missing link [...]." (Wenger 2009: 213) Und weiter: "But situations that bring learning into focus are not necessarily those in which we learn most deeply." (Wenger 2009: 214) Daher gelte: "Learning is something we can assume – whether we see it or not [...] Even failing to learn what is expected in a given situation usually involves learning something else

no such thing as ‚learning' sui generis, but only changing participation in the culturally designed settings of everyday life." (Lave 2009: 201) Ort des Lernens sei daher nicht das Individuum, sondern die über Praktiken bzw. über ‚communities of practice' vermittelte, gelebte und erlebte Teilhabe und Teilnahme in und an der Welt, kurz: „learning as social participation" (Wenger 2009: 210). Lernen sei daher weniger ein mentaler Vorgang im Individuum, sondern das, was sich auf natürliche Weise im Prozess der Partizipation an einer ‚community of practice' vollziehe.

„This kind of learning is not just a mental process [...] though mental processes are surely involved. Such learning has to do with the development of our practices and our ability to negotiate meaning. It is not just the acquisition of memories, habits, and skills, but the formation of an identity. Our experience and our membership inform each other, pull each other, form each other." (Wenger 2004: 96)

Anders gesagt: „Engagement in practice – in its unfolding, multidimensional complexity – is both the stage and the object, the road and the destination. What they learn is not a static subject matter but the very process of being engaged in, and participating in developing, an ongoing practice." (Wenger 2004: 97)

Wenger unterscheidet dabei analytisch vier miteinander zusammenhängende und sich gegenseitig konstituierende Komponenten des Lernens. Mit der ersten Komponente, der *Gemeinschaft* (‚community'), betont er, dass Lernen nicht nur ein Nebenprodukt der Partizipation an einer Gemeinschaft sei, sondern der Prozess des Zugehörig-Werdens selbst, kurz: „learning as belonging" (Wenger 2009: 211). Lernen sei daher stets – dies betont Wenger mit der zweiten Komponente, der *Identität* (‚identity') – der Prozess des (Anders-)Werdens, kurz: "learning as becoming" (ebd.). „Because learning transforms who we are and what we can do, it is an experience of identity. It is not just an accumulation of skills and information, but a process of becoming – to become a certain person or, conversely, to avoid becoming a certain person." (Wenger 2004: 215)[454] Die dritte Komponente

instead." (ebd.) Lave (2009: 203) betont zudem, dass die gängige Sichtweise auf Lernen als eine besondere Aktivität, vor allem zu zwei problematischen Annahmen führe: „One is that actors, relations with knowledge-in-activity are static and do not change except when subject to special periods of ‚learning' or ‚development'. The other is that institutional arrangements for inculcating knowledge are the necessary, special circumstances for learning, separate from everyday practices."

454 Dabei weist Wenger explizit darauf hin, dass er Identität nicht individualtheoretisch versteht, sondern damit eher auf die Gelenkstelle zwischen dem Sozialen und dem Individuellen bzw. deren gegenseitiger Konstitution verweist (Wenger 2004: 145f). „As

des Lernens sei die von *Sinn und Bedeutung* (‚meaning'), kurz: „learning as experience" (Wenger 2009: 211). Lernen sei nicht nur stets ein bedeutungsvoller Akt und produziere Bedeutung, sondern könne gar als „our (changing) ability – individually and collectively – to experience our life and the world as meaningful" (ebd.) verstanden werden. *Praktiken* würden hingegen die vierte entscheidende Komponente des Lernens bilden. Lernen vollziehe sich stets über Praktiken; kurz: „learning as doing" (ebd.). Dabei seien die Praktiken „the shared historical and social ressources, frameworks, and perspectives that can sustain mutual engagement in action" (ebd.). Dabei würden Praktiken und Lernen sich wie folgt zueinander verhalten: "Learning is the engine of practice, and practice is the history of that learning." (Wenger 2004: 96) Auch wenn so ein sehr umfassendes Verständnis von Lernen formuliert würde, so sei dies jedoch keine Trivialisierung, bei der alles, was wir tun, als Lernen bezeichnet würde (Wenger 2004: 95). Denn es gebe einen Unterschied zwischen bloßem Tun und Lernen. Zwar liege dieser nicht in der Art und Weise der Aktivität selbst – dies würde bedeuten, Lernen wieder vom restlichen Tun und Leben zu trennen –, sondern darin, „that learning – whatever form it takes – changes who we are by changing our ability to participate, to belong, to negotiate meaning. And this ability is configured socially with respect to practices, communities, and economies of meaning where it shapes our identities." (Wenger 2004: 226) Lernen wird somit nicht als der Erwerb von Wissensprodukten, sondern als *Prozess der Partizipation an den Praktiken einer ‚community of practice'* verstanden, in gewisser Weise somit als eine „Enkulturation in soziale Gemeinschaften" (Renkl 2009: 746).

---

trajectories, our identities incorporate the past and the future in the very process of negotiating the present." (Wenger 2004: 155) Auch grundsätzlich geht Wenger von einer wechselseitigen Konstitution von Individuellem und Sozialem aus: „Indeed, in everyday life it is difficult – and, I would argue, largely unnecessary – to tell exactly where the sphere of the individual ends and the sphere of the collective begins. Each act of participation or reification, from the most public to the most private, reflects the mutual constitution between individuals and collectivities. Our practices, our languages, our artifacts, and our world views all reflect our social relations. Even our most private thoughts make use of concepts, images, and perspectives that we understand through our participation in social communities. Taken separately, the notions of individual and community are reifications whose self-contained appearance hides their mutual constitution. We cannot become human by ourselves; hence a reified, physiologically based notion of individuality misses the interconnectedness of identity. Conversely, membership does not determine who we are in any simple way; hence generalizations and stereotypes miss the lived complexity of identity." (Wenger 2004: 146)

Es bleibt die Frage, was aus einer solchen Perspektive dann noch unter *Wissen* verstanden werden kann. Deutlich ist: Wissen wird nicht mehr verdinglicht als eine ‚Substanz' in den Köpfen der Individuen, und Lernen nicht mehr als der Erwerb bzw. die Verinnerlichung eines solchen Wissens begriffen. Lave (2009: 203f) betont, dass im traditionellen Verständnis von Lernen und Wissen vor allem das Lernen als das komplexere und problematischere Konzept betrachtet wurde. Dieses Verhältnis würde nun auf den Kopf gestellt. Wenger betrachtet Wissen als eine mit einem spezifischen Vorhaben (‚enterprise') verknüpfte Kompetenz, die aus der Partizipation an spezifischen Unternehmungen, d.h. aus einer aktiven Teilhabe an Welt entstünde (Wenger 2009: 210). Der Prozess des Wissens sei daher zu verstehen „as competent participation in the practice" (Wenger 2004: 137). Wissen sei daher steht „knowing in practice" (Wenger 2004: 141). Da die Praktiken jedoch stets soziale Praktiken bzw. Praktiken in ‚communities of practice' seien, ist die Rede auch von einem verteilten Wissen bzw. Wissen als etwas, das niemals im Besitz nur einer einzelnen Person, sondern nur im Besitz mehrerer Individuen bzw. einer Gemeinschaft existieren könne. Renkl betont, dass Wissen somit nicht etwas sei, das ein Individuum besitzen könnte, sondern vielmehr „relational definiert" (Renkl 2009: 745) sei, als etwas, dass „‚in situ' als Relation zwischen Person und Situation" (ebd.) entstünde.

Damit aber wird vor allem auch die Kontextgebundenheit des Wissens betont und es stellt sich – vor allem für die empirische Lehr-Lern-Forschung – die Frage nach der Transferierbarkeit des Wissens von einem Kontext in den anderen. Wie bereits erwähnt, entzündeten sich die Kontroversen um die Theorie des situierten Lernens vor allem an diesem Aspekt. Lave kritisiert hingegen den aus ihrer Sicht sehr engen Fokus der Lehr-Lern-Forschung auf die Frage nach der Transferierbarkeit des Wissens, die überhaupt nicht die Frage thematisiere, wie neues Wissen entstünde und somit übersehe, dass es im Akt des Wissens selbst stets ein innovatives bzw. kreatives Moment gebe: „Doing and knowing are […] open-ended processes of improvisation with the social, material, and experiential resources at hand." (Lave 2009: 204) Fraglich ist jedoch, ob damit bereits das kreative und innovative Moment des Lernens ausreichend betont ist. Auch wenn die Theorie des situierten Lernens durch ihre innovativen Grundidee – nicht das einzelne Subjekt, sondern eine ‚community of practice' zur zentralen Bezugseinheit der Lerntheorie zu machen – das Versprechen hält, Lernen und Wissen bzw. den Prozess des Wissens als etwas fundamental Soziales und Kulturelles zu konzipieren, so gehen mit dieser Verschiebung jedoch zugleich auch einige ‚blinde Flecken' und ‚Einseitigkeiten', mit der ‚Blickerweiterung' auch eine ‚Blickverengung' einher. Verständlich angesichts einer solch radikalen Neukonzeption des Lernens und Wissens ist es, dass der Prozess des Lernens gewissermaßen ‚unschärfer' wird, jedoch bleibt auch die Konzeption dessen, was als eine ‚community of practice' verstanden werden kann und was nicht, undeutlich. Problematischer hingegen ist es, dass im Verständnis des Lernens als Partizipation an einer ‚community of practice' zwar zu Recht betont wird, dass Lernen vor allem ein unproblematischer, gewissermaßen ‚natürlicher' Prozess ist, damit aber erstens die adaptive Seite des Lernens überbetont zu werden droht, zweitens das innovative und kreative Moment des Lernens nicht wirklich hinreichend erklärt werden kann und damit drittens sowohl individuelle Lern- bzw. Anpassungsprobleme – beispielsweise als ein Nicht-Können-Können – und die damit verbundenen Ambivalenzen und Kämpfe der Individuen, als auch die möglicherweise schmerzhaften Prozesse des Umlernens ausgeblendet werden (vgl. dazu auch Elkjaer 2009: 87). Unterbelichtet bleiben somit Lernprozesse, die nicht nebenbei und unproblematisch ablaufen sowie der konkrete Vollzug des Lernens, wie er sich aus Erster-Person-Perspektive ergibt. Auch Engeström (2008: 72) betont, dass mit der Theorie situierten Lernens zwar der „allmählich fortschreitende[.] Kompetenzerwerb von Anfängern in relativ stabilen Praxisbereichen" befriedigend erklärt werden könne – indem die Motivation zum Lernen durch die „Teilhabe an der kulturell geschätzten kollektiven Praxis" (ebd.) zustande käme –, nicht deutlich werde aus einer solchen Perspektive jedoch die „Motivation für riskante expansive Lernprozesse" (ebd.). Hinzuzufügen an diesen Kritiken ist, dass auch die konkreten Interaktionsprozesse zwischen den Individuen in einer ‚community of practice' sowie deren Bedeutung für das Lernen, kurz gesagt: die Rolle der konkreten Anderen für das Lernen wesentlich unbeleuchtet bleibt.

Auch stellt sich die Frage, ob es zufällig oder eine Schwäche der Theorie ist, dass die Theorie situierten Lernens bzw. überhaupt die Theorien situierter Kognition häufig normativ missdeutet oder gar missbraucht wurden: als Kritik an der gängigen Schulpraxis, als Plädoyer für kompetenzorientiertes, selbstgesteuertes und erfahrungsgeleitetes Lernen und, wie Kirshner und Whitson (1997: viii) andeuten, in den USA sogar als Plädoyer für eine Abschaffung bzw. vollkommene Liberalisierung des öffentlichen Bildungswesens. Kirshner und Whitson (ebd.) betonen die Gefahr des Situiertheitsansatzes, dass diese in ihrem exklusiven Fokus auf die ‚communities of practice' dazu tendieren, einzig eine Inversion der traditionellen Sichtweise und ihres Fokus auf den individuellen Geist bzw. das individuelle Gehirn zu liefern. Gerade damit sei das Risiko sehr hoch, dass die Theorie des situierten Lernens nur den Status „of a social supplement to a still-dominant individualistic psychology" (ebd.) zugewiesen bekäme. Notwendig sei daher „an integrative account of social and individual perspectives" (ebd.). Dies hätten zwar viele Vertreter des Situationsansatzes verstanden, jedoch fehle es an weiterführenden theoretischen Ressourcen für ein solches Unterfangen. Resümierend fassen sie daher zusammen: „The theme of this story is that the notion of the individual in situated cognition theory needs to be fundamentally reformulated." (Kirshner/Whitson 1997: 9)

Bevor hier – im nächsten Kapitel (II.3) – gewissermaßen einem solchen Unterfangen nachgegangen wird, wird zunächst jedoch noch ein letzter lerntheoretischer Anschluss skizziert, der vor allem das in den bisherigen Theorien fehlende oder unterbetonte Moment des Umlernens ins Zentrum stellt.

II.2.7 LERNEN ALS UMLERNEN: EINE PHÄNOMENOLOGISCHE PERSPEKTIVE

Eine *phänomenologische Perspektive auf das Lernen* gehört in der erziehungswissenschaftlichen Beschäftigung mit dem Lernen im deutschsprachigen Raum mittlerweile sicherlich zu der gängigsten Alternative zu den psychologischen und neurowissenschaftlichen Lerntheorien. Initialzündung für diese Entwicklung ist Günther Bucks mittlerweile fast schon zum Standardwerk erhobene Monographie ‚Lernen und Erfahrung.' (Buck 1989), die vor allem von Käte Meyer-Drawe entscheidend weiterentwickelt wurde (Meyer Drawe 1982, 1996b, 2003, 2008a, 2008b), jedoch auch von anderen (Combe/Gebhard 2007; Mitgutsch 2008, 2009; Stieve 2008).

Aus phänomenologischer Sichtweise wird kritisiert, dass in den meisten, insbesondere in den empirisch ausgerichteten Lerntheorien Lernen „von seinem jeweiligen Resultat her verstanden" (Meyer-Drawe 1996b: 85) werde. Anders gesagt: Vom Gelernten her wird auf den Prozess des Lernens (rück)geschlossen, unbeachtet bleibe dabei jedoch der ‚Vollzug des Lernens', sowie „was mit dem Lernenden auf seinem Weg der Veränderung […] geschieht" (ebd.). Zwar sei dies angesichts der Problematik, „dass der Lernvollzug nur modo praeterito zu erfassen ist" (Meyer-Drawe 2008a: 213) verständlich, dennoch zielten phänomenologische Lerntheorien darauf zu erfassen, „wie uns Lernen in unserer Erfahrung gegeben ist" (Meyer-Drawe 1996b: 86) und fokussieren somit das *Wie* des Lernens bzw. den Vollzug des Lernens. Um dies zu erreichen, wird Lernen als ein Erfahrungsprozess beschrieben; damit ist nicht bloß anknüpfend an die auch alltagsweltliche Einsicht gemeint, dass wir aus Erfahrungen lernen (können), sondern: „Lernen *als* Erfahrung steht im Mittelpunkt des Interesses" (Meyer-Drawe 2008a: 206, kursiv d. Verf.), anders gesagt: Lernen *ist* „in strengem Sinne eine Erfahrung" (Meyer-Drawe 2008a: 15).[455]

455 Wichtig ist hierbei darauf zu verweisen, dass sich die Phänomenologie zwar auf die Erfahrung des Subjekts kapriziert, dies jedoch in einer fundamental anderen Weise als dies der radikale Konstruktivismus tut. Wie die Konstruktivisten glauben auch die

Abgegrenzt wird sich hierbei von allen Verständnissen des Lernens, die Lernen vornehmlich als eine Gewohnheitsbildung betrachten. Zwar gliederten wir uns über die Bildung von Gewohnheiten in die Lebenswelt ein (Meyer-Drawe 2008a: 14), jedoch verdecke die „Auffassung vom Lernen als Gewohnheitsbildung [...] den Umstand, dass man zuweilen lernen muss, von Gewohnheiten Abstand zu nehmen" (Meyer-Drawe 2008a: 113).

„Denn so, wie wir durch unsere Gewohnheiten in unsere Lebenswelt eingegliedert werden, so werden wir durch sie in Schlingen des Selbstverständlichen gefangen gehalten. Etwas Neues in Erfahrung zu bringen, heißt aber Lernen. Dies ist der Vollzug, in dem das Zutrauen zu prärationalen Konventionen gestört wird und in dem das Fremde in das Vertraute einbricht." (Meyer-Drawe 2008a: 14)

Zwar würden „auch andere Praktiken als Lernen bezeichnet, etwa das Üben, aber es soll uns in erster Hinsicht um den Prozess gehen, in dem ein neuer Horizont eröffnet wird, dem der alte bis zu einem bestimmten Grad geopfert werden muss" (ebd.). Kurz gesagt: Lernen wird hier als Umlernen betrachtet.

Doch wie vollzieht sich der Vorgang des *Umlernens*? Um sich diesem Vollzug zu nähern, greift Buck (1989: 3) auf das aristotelische Verständnis der ‚epagoge' zurück. Buck verweist damit auf die einheitliche ‚Geschehensstruktur der Erfahrung', die sich in der fundamentalen Bedeutung des Vorwissens für jedes Lernen zeige. „Jede Kenntnisnahme – und das heißt: jede aktuale Einzel-Erfahrung – geschieht von einem Vorverständnis her" (ebd.: 62). Daher habe Lernen eine ‚eigentümliche Gangstruktur': „Es ist die Erfahrung, dass das Lernen eine Aneignung von Neuem, noch Unbekanntem auf Grund von schon Bekanntem, von noch Ungekonntem auf Grund von schon Gekonntem ist" (ebd.: 11). Erfahrungen würden demnach immer schon auf dem Hintergrund des bisherigen Erfahrungshorizontes gemacht, so dass jede Erfahrung streng genommen eine Erfahrungserfahrung sei. Von dieser Bedeutung des Erfahrungshorizonts ausgehend forciert Buck ein Verständnis von Lernen als „Umlernen" (ebd.: 14), um Lernen selbst nicht als eine „bruchlose Folge einander bedingender Erwerbungen" (ebd.: 47) bzw. „bruch-

Phänomenologen nicht, „an die Dinge selbst heranzugelangen" (Meyer-Drawe 2008a: 163), vielmehr „begegnen [sie] jemandem oder etwas stets in der Differenz des etwas als etwas" (ebd.). Im Unterschied zu den Konstruktivisten betonen die Phänomenologen jedoch, dass es „eine Sinnbildung [gebe], die nicht von der Sinngebung des Bewusstseins ausgeht" (ebd.), die vielmehr von Außen ins Bewusstsein hereinbrechen würde. Die Bedeutung und Sinnbildung der Welt entstamme somit einem „Chiasma zwischen purer Konstruktion und unmittelbarer Erfahrung" Meyer-Drawe 2008a: 177), die „Gespinst, aber nicht Hirngespinst" (ebd.) sei.

loses Anhäufen neuer Kenntnisse" (Meyer-Drawe 1996b: 89) zu verstehen. Der Schlüsselbegriff ‚epagoge' verweise darauf, dass wir eine Erfahrung in vollem Sinne nur dann machen – und d.h. hier: dass wir nur dann lernen –, wenn diese uns dazu nötige, unser Vorwissen aufgrund der Erfahrung umzustrukturieren. Der bislang gültige Erfahrungshorizont werde dabei in seiner Gültigkeit in Frage gestellt, es komme zu einer ‚Neuindizierung alter Erfahrungen' (ebd.) bzw. zu einem „Wandel der ‚Einstellung', d.h. des ganzen Horizonts der Erfahrung" (Buck 1989: 47).

Im Prozess des Umlernens würden wir somit nicht nur eine Erfahrung über oder von etwas, sondern aufgrund der „innere[n] Rückbezüglichkeit der Erfahrung" (Buck 1989: 3) würden wir zugleich eine Erfahrung über den bisherigen Erfahrungshorizont sowie eine Erfahrung „in Bezug auf sich als Erfahrungsinstanz" (Meyer-Drawe 1996b: 90) machen. Umlernen stelle somit „nicht nur das eigene Wissen, sondern die eigene Person zur Disposition" (Meyer-Drawe 2008a: 206). Ein Umlernen bringe somit immer auch einen Wandel des bisherigen Erfahrungshorizonts, des bislang gültigen Vorwissens sowie des Lernenden selbst mit sich. Mit Buck (1989: 16) formuliert: „Erfahrungen, die einer macht, verändern den Erfahrenden bzw. sein Verhalten", denn aufgrund einer Erfahrung verhalte man sich „nicht nur zu den Dingen und Menschen, sondern vor allem zu sich selbst in einer neuen Weise" (ebd.: 77). Bedeute Lernen „nicht nur die Korrektur dieser und jener Vorstellungen, die man sich über etwas gemacht hat", sondern immer „auch einen Wandel der ‚Einstellung', d.h. des ganzen Horizonts der Erfahrung" (Buck 1989: 47), so hieße dies auch: „Wer umlernt, wird mit sich selbst konfrontiert" (ebd.), so dass sich im Lernen nicht nur Vorstellungen wandeln, sondern: „[D]er Lernende selbst wandelt sich" (ebd.). Im Lernen stehe somit immer das Subjekt selbst ‚auf dem Spiel', es geht aus dem (Um)Lernen stets verändert hervor, lernt bzw. ‚erlernt' und ‚verlernt' im Lernen immer (auch) ‚sich'.[456]

Ein solches Verständnis von ‚Lernen' unterstreicht gleichzeitig – worauf jüngst vermehrt hingewiesen wurde (vgl. Benner 2005; Fritsche 1996; Mitgutsch 2009; Oser/Spychiger 2005) –, dass sich Lernen stets über *Negativität* vollzieht. Weil Lernen immer ein Umlernen ist, in dem der bisherige Erfahrungshorizont umstrukturiert wird, wird dieser zu einem gewissen Grad immer auch negiert, daher ist es „unausweichlich, dass Negativität zum Lernprozess dazugehört"

456 Wichtig ist dabei, dass Lernen somit „nicht nur den Gewinn einer neuen Perspektive, sondern gleichzeitig den Verlust der alten" (Meyer-Drawe 2008a: 16) beinhaltet, so dass Lernen zudem unausweichlich „immer von einem Vergessen begleitet ist" (Meyer-Drawe 1996b: 87). Da sich das Selbst im Lernen transformiert, ist dies auch ein Vergessen, wer „wir waren, bevor wir lernten" (Meyer-Drawe 2008a: 147). Daraus entsteht eine große Herausforderung für die Tätigkeit des Lehrens.

(Meyer-Drawe 2008a: 96). Die produktive Negativität des Lernens bedeute somit aber auch, dass Lernen „das Verlassen einer als sicher aufgefassten Position, einer schon erreichten Handlungsfähigkeit, und damit eine Verunsicherung" (Haug 2004: 64) sei und verweist auf die fragile, schmerzhafte, leidvolle und damit existentielle Seite des Lernens.

Diese Seite ist jedoch nicht in allem Lernen in gleichem Maße anwesend. Dies lässt sich nachvollziehen, beachtet man die Unterscheidung Meyer-Drawes in ein Lernen erster und zweiter Ordnung. In beiden findet, jedoch in unterschiedlicher Art und Weise bzw. in unterschiedlicher Intensität, ein Umlernen statt. Ein Umlernen im starken Sinne sei das *Lernen erster Ordnung*, bei dem „ein Verständnis- und Handlungshorizont allererst eröffnet" (Meyer-Drawe 1996b: 90) werde. Lernen erster Ordnung beschreibe demnach einen Prozess, „in dem einer neuer Horizont eröffnet wird, dem der alte bis zu einem bestimmten Grad geopfert werden muss" (Meyer-Drawe 2008a: 14); dieser Prozess „verändert die spezifische Weise des Zur-Welt-seins des Lernenden, wandelt sein Wahrnehmen, Denken und Handeln" (Meyer-Drawe 1982: 38). *Lernen zweiter Ordnung* finde hingegen „innerhalb eines bereits etablierten Horizontes" (Meyer-Drawe 1996b: 90) statt, dieser werde expliziert oder ausdifferenziert. Doch auch Lernen zweiter Ordnung sei „kein kumulatives Anhäufen neuer Kenntnisse, sondern Umlernen" (ebd.), da es „auch durch Diskontinuität und Unstetigkeit gekennzeichnet" (ebd.) sei, wenn auch „nicht so auffällig und prägnant wie das Lernen erster Ordnung" (ebd.). Deutlich werde, dass bei genauem Blick somit auch „jedes Dazulernen sich als Umlernen vollzieht" (Meyer-Drawe 1982: 40). Selbst das Üben sei in diesem Sinne als ein Umlernen (zweiter Ordnung) zu betrachten, „denn unsere Wiederholungen sind keine Automatismen, sondern unvermeidlich Modifikationen, auch wenn sie unscheinbar sein mögen" (Meyer-Drawe 2008a: 213). Auch das Lernen, das innerhalb eines bestehenden Horizonts stattfindet, ist demnach ein Umlernen, da auch hier der bisherige Erfahrungshorizont modifiziert wird und sei es auch nur, insofern dieser verstärkt, d.h. weiter fixiert wird, was ein Umlernen erster Ordnung schwieriger und unwahrscheinlicher macht. Das Moment der Negativität ist somit zwar für ein Lernen erster wie zweiter Ordnung konstitutiv, da beide Umlernprozesse sind, jedoch spielt das Moment der Negativität und damit die existentielle Dimension des Lernens eine ungleiche Rolle, wird der Erfahrungshorizont nicht nur modifiziert (wie beim Lernen zweiter Ordnung), sondern transformiert (wie beim Lernen erster Ordnung). Nicht für alles Lernen, jedoch für ein Lernen erster Ordnung gilt daher wohl, dass es zumeist „durch eine komplizierte Entstehungsphase, durch Scheitern und durch Schmerzen hindurchgegangen" (Oser/Spychiger 2005: 16) ist.

Ein weiterer wesentlicher Unterschied zwischen Lernen erster und zweiter Ordnung ergibt sich, blickt man auf die *Anfänge des Lernens*. Während Buck implizit von einer Erfahrungsinstanz auszugehen scheint, die Erfahrungen macht und somit in den Spuren eines klassischen Subjektverständnis wandelt, wendet sich Meyer-Drawe (2008a: 146) ausgiebig der Frage zu, „wie Lernen anfängt". Dies sei wichtig, um nicht einfach vorauszusetzen, dass sich der Anfang des Lernens der Initiative eines aktiven Subjekts verdanke, das den Anfang mache. Dabei leugnet sie nicht, dass es beim Lernen auch einen ‚Anfang machen' gebe: „Denn wir nehmen eine Aufgabe in Angriff, indem wir Bücher aufschlagen, im Internet suchen, Filme anschauen oder jemandem zuhören, irgendetwas werden wir dabei lernen, wenn vielleicht auch nicht immer das Beabsichtigte." (ebd.) Jedoch: „Einen Anfang mit dem Lernen zu machen, bezieht sich meistens auf einen Vorgang, in dem ein bereits etablierter Erfahrungshorizont erweitert oder auch in seinem Bestand gesichert wird." (ebd.) Anders gesagt: Ein Lernen, bei dem man den Anfang macht, verweist auf ein Lernen zweiter Ordnung. Anders stellt sich die Lage bei einem Lernen zweiter Ordnung dar, bei dem es „um die Eröffnung eines neuen Verständnishorizontes geht" (ebd.). Hier handle es sich um ein Anfangen, „das sich als solches erst im Rückblick erweist und das sich didaktisch sowie methodisch nur sehr schwer verwirklichen lässt" (ebd.), da Voraussetzung eines solchen Anfangs sei, dass gewohnte, routinisierte Vollzüge gestört und irritiert werden, d.h. „wenn sich etwas nicht wie gewohnt erledigen lässt" (Meyer-Drawe 2008a: 15), wir in „aporetische Situationen [geraten], in denen sich Erfahrung ändern muß, wenn sie als Erfahrung ihre orientierende Bedeutung beibehalten soll" (Meyer-Drawe 1996: 89b) oder „das Fremde in das Vertraute einbricht" (Meyer-Drawe 2008a: 14). „Lernen beginnt in dieser Hinsicht dort und dann, wo und wenn das Vertraute seinen Dienst versagt und das Neue noch nicht zur Verfügung steht" (Meyer-Drawe 2008a: 15). Den Anfang eines solchen Lernens beschreibt Meyer-Drawe daher als „eine eigentümlich aktive Passivität" (Meyer-Drawe 2008a: 150), diese sei „keine Initiative, sondern eine Antwort auf einen Anspruch" (Meyer-Drawe 2008a: 154f). Lernen beginne somit dort, wo „Widerfahrnis in Gestaltung umschlägt" (Meyer-Drawe 2008a: 143). Somit sei die Irritation, die Störung, das Widerfahrnis die Voraussetzung des Lernens, das jedoch erst dann beginne, wenn darauf wiederum geantwortet werde. Meyer-Drawe (2008a: 182) unterstreicht somit „die pathische Dimension des Lernens, welche zwar im Verlaufe der Geschichte der Lerntheorien niemals vollends in Vergessenheit geriet, aber doch in erster Linie im Schatten der Sinnstiftungsleistung des Subjekts stand". Lernen lasse sich in diesem Sinne „[w]eder als überwiegend selbstbezüglich noch als vor allem fremdbestimmt" (Meyer-Drawe 2008a: 16) verstehen und entziehe sich dem gewohnten Dualismus von aktiv und passiv, selbstbestimmt und fremdbestimmt, intendiert und nicht-intendiert.

Welche Rolle spielen jedoch *die Anderen* aus der Perspektive einer phänomenologischen Lerntheorie? Während dies bei Buck eher unklar bleibt, weist Meyer-

Drawe dezidiert auf die „konstitutive[.] Bedeutung des Sozialen" (Meyer-Drawe 1996b: 94) hin. Da Sozialität ein „Grundmodus menschlicher Existenz" (ebd.) sei, d.h. „daß das Ich immer schon durch andere mitkonstituiert ist" (ebd.), Menschen somit „immer schon [...] in einer Welt von Mitsubjekten" (Meyer-Drawe 1996b: 95) verankert seien, sei auch Lernen stets „eingetaucht in ein Medium der Intersubjektivität, wie es am deutlichsten durch die Sprache repräsentiert ist" (Meyer-Drawe 1996b: 94).

Aus der Perspektive eines wesentlich responsiven Lernens, wie es vor allem für das Lernen erster Ordnung zutrifft, wird Lernen zudem als ein *„intersubjektiver Vollzug"* (Meyer-Drawe 1996b: 95; kursiv d. Verf.) sichtbar,

> „in dem sich Erfahrungsmöglichkeiten begegnen und gegeneinander durchsetzen, in dem der Sinnüberschuss, den ich durch die Mehrdeutigkeit meines Sagens und Handelns hervorbringe, vom anderen aufgegriffen und in seinem Sinne zur Sprache gebracht werden kann. Darum kann es geschehen, dass ich erst im Sagen und Handeln erfahre, was ich wusste, dass erst die Fragen eines anderen meine Antwortmöglichkeiten hervorbringen und nicht nur abrufen." (ebd.)

Die gesonderte Rolle der Anderen beim Lernen wird somit zumindest angedeutet, wenn auch nicht systematisch ausbuchstabiert. Deutlich wird das darin, dass Meyer-Drawe in ihrer gegen die Formalisierung des Lernens gerichteten Betonung der Inhaltsseite des Lernens an der einen Stelle davon spricht, dass eine „genuin pädagogische Auffassung" (Meyer-Drawe 2008b: 392) vom Lernen beachte, dass „jedes Lernen, *‚Lernen von etwas durch jemand bestimmten*'" (ebd.) sei, an anderer Stelle jedoch, dass Lernen „stets das Lernen von etwas durch jemanden bzw. durch etwas" (Meyer-Drawe 2008a: 187) sei. Damit aber wird deutlich, dass unklar bleibt, welche Rolle die Anderen angesichts der Sozialität des Lernens sowie des Lernens als intersubjektiver Vollzug nun genau spielen.

Die hier in aller Kürze skizzierte phänomenologische Sichtweise des Lernens als Umlernen ergänzt somit die zuvor skizzierten lerntheoretischen Anschlüsse. Betonten letztere auf schlüssige Weise das formative Moment des Lernens als den Erwerb von implizitem, praktischen Wissen, durch den nicht nur eine Welt, sondern auch ein Selbst, bzw. ein 'Zur-Welt-Sein' allererst entwickelt wird, so betonte die phänomenologische Perspektive auf schlüssige Weise das transformative Moment des Lernens, indem es nicht allein praxeologisch als Moment an Praktiken, sondern phänomenologisch als Erfahrung beschrieben wird.[457] Betrachtet man die phänomenologische Perspektive des Lernens jedoch für sich, so muss kritisiert werden, dass diese der Gefahr unterliegt, das Lernen zu existentialisieren und die

457 Zu dieser Unterscheidung siehe auch II.4.2.

triviale, natürliche Seite des Lernens zu übersehen oder an den Rand zu drängen. Zwar wird der Vorerfahrung, bzw. dem Vorwissen, bzw. dem Erfahrungshorizont im Vollzug des Umlernens eine zentrale Bedeutung zugesprochen, wie der Erfahrungshorizont jedoch allererst zustande kommt bzw. entsteht, kann mit der phänomenologischen Sichtweise des Lernens nur schlecht bzw. kaum erklärt werden, da allein die Veränderung des Erfahrungshorizontes, nicht aber dessen Genese als Lernen betrachtet wird.[458] Zwar erhellen die phänomenologischen Lerntheorien den Vollzug des Lernens, indem sie ihn als Antwort auf widerfahrendes Fremdes deuten, unklar aber bleibt, woher dieses Fremde kommt sowie wie auf dieses geantwortet werden muss, damit ein transformatives Lernen geschieht.[459]

Fazit

Die in diesem Kapitel erörterten lerntheoretischen Anschlüsse sollen nicht an dieser Stelle, sondern später in II.4 systematisch aufeinander bezogen werden. Resümierend festzustellen ist jedoch, dass viele der hier skizzierten Anschlüsse nicht nur an das zuvor skizzierte veränderte Subjektverständnis anschließen sowie die dualistische Bahnung des Lernens verwinden können, nicht oder nur wenig aber die individualtheoretische Bahnung. Explizite Ausnahme hiervon ist die Theorie des situierten Lernens. Wie erläutert ist deren Grundidee – nicht das individuelle Subjekt bzw. dessen individuellen Geist oder Gehirn zur Analyseeinheit der Lerntheorie zu machen, sondern eine ‚community of practice' – innovativ, ermöglicht die Abkehr von einer individualtheoretischen Fassung des Lernens und bringt eine

458 Dies steht m.E. in Zusammenhang mit der weitestgehenden Ausblendung der leiblichen Seite des Lernens bei Buck und Meyer-Drawe, was notwendig macht, Waldenfels dezidiert leibphänomenologische Perspektive des Lernens von dieser phänomenologischen Perspektive des Lernens zu trennen. Dies ist umso merkwürdiger, da Käte Meyer-Drawe nicht nur innerhalb der Erziehungswissenschaft als prominente Vertreterin eines tendenziell eher leibphänomenologischen Ansatzes gilt, der sich aus der waldenfelschen Lesart von Merlau-Ponty wesentlich speist und dazu wichtige Veröffentlichungen geliefert hat (Meyer-Drawe 1987, 2000). Dass die leibliche Dimension des Lernens bei Meyer-Drawe so sehr unterbelichtet bleibt, ist somit beim Lernverständnis nur aus der Nähe zu Buck bzw. aus der Intention, vor allem die transformative Seite des Lernens zu betonen, zu verstehen.

459 So kritisieren Göhlich und Zirfas (2007: 132) nicht zu Unrecht, dass die Erfahrung von Fremdheit „nicht unmittelbar zu Lernprozessen" führe, sich im Gegenteil dazu, die Muster des Eigenen angesichts des Fremden gerade noch verstärken könnten, was sich beispielsweise in der Praxis interkulturellen Lernens häufig zeige.

neue Perspektive auf das Lernen hervor. Jedoch zeigte sich an der Kritik an der Theorie des situierten Lernens, dass eine solche Perspektive bei allem Gewinn wiederum zu viel ausblendet und eine integrative Sicht gefordert wird, bei der auch das einzelne Subjekt in den Blick gerät, jedoch ohne wiederum in ein individualtheoretisches Verständnis des Lernens zurückzufallen. Die hier skizzierten lerntheoretischen Anschlüsse gehen deutlich über die gängigen Lernverständnisse der großen Lernparadigmen hinaus und liefern zentrale Hinweise und Befunde für eine alternative Theorie des Lernens. Unbeantwortet bleibt hingegen die Frage, wie die spezifische Rolle der Anderen fürs Lernen systematisch bestimmt werden kann und wie Lernen jenseits eines individualtheoretischen Zugriffs verstanden werden kann, ohne in ein kollektivistisches Verständnis zurückzufallen. Dazu ist es notwendig, vor dem Hintergrund der hier erarbeiten Verständnisse eines dezentrierten Subjekts und der erfolgten lerntheoretischen Anschlüsse an diese ein Verständnis einer relationalen Subjektivität zu entwickeln, um von dort aus verändert auf das Lernen zu schauen und die hier markierten Leerstellen zu füllen. Dies soll im folgenden Teil der Arbeit geschehen.

II.3 Relationale Wendungen: Generative Diskurse der Relationalität

„Wir sind so sehr eingebettet in Beziehungen mit Anderen, dass es uns schwer fällt, diese Beziehungen deutlich zu erkennen. Wir stecken so tief in der Relationalität, dass es beinahe unmöglich ist, ihre inneren Konturen und Funktionsweisen in vollem Umfang zu würdigen."
STEPHEN A. MITCHELL[460]

„Wer 'bin' ich ohne dich?"
JUDITH BUTLER[461]

„Jenseits des Subjektiven, diesseits des Objektiven, auf dem schmalen Grat, darauf Ich und Du sich begegnen, ist das Reich des Zwischen."
MARTIN BUBER[462]

„Wir brauchen generative Diskurse, d.h. Formen des Sprechens und Schreibens (und anderer Darstellungen), die etablierte Traditionen des Verstehens in Frage stellen und gleichzeitig neue Handlungsmöglichkeiten eröffnen."
KENNETH J. GERGEN[463]

460 Mitchell 2003: 28.

461 Butler 2005: 39.

462 Buber 2007: 167.

463 Gergen 2002a: 69.

EINLEITENDE BEMERKUNGEN

Die kritische Reformulierung eines dezentrierten Subjekts im vorletzten Kapitel (II.1) und die im letzten Kapitel (II.2) erörterten lerntheoretischen Anschlüsse an dieses ermöglichten bereits eine gewisse ‚Verwindung' der dualistischen und individualtheoretischen Bahnung des Subjekt- und darauf anschließend des Lernverständnisses. Wie bilanziert wurde, galt diese Verwindung jedoch größtenteils der dualistischen Bahnung, jedoch keinesfalls hinreichend der individualtheoretischen. Daher werden in diesem Kapitel verschiedene Ansätze, Theorien und Diskurse beleuchtet, die in aller Unterschiedlichkeit zumindest gemeinsam haben, dass sie sich von einer individualtheoretischen Deutung des Subjekts abzusetzen versuchen. Zur Erinnerung: Ein *individualtheoretisches, monadisches* oder auch *atomistisches* Verständnis des Subjekts betrachtet das einzelne Subjekt als eine zentrale Entität. Es wird zudem als geschlossen betrachtet, d.h. zwischen ihm und seiner Umwelt, zur der auch andere Menschen gehören, befindet sich eine – letztlich unüberwindbare – Kluft. Beziehungen – zur dinglichen Umwelt wie zu anderen Menschen – sind sekundär bzw. nachträglich und dem Subjekt äußerlich, d.h. sein Wesen, seine Identität besteht zunächst außerhalb und unabhängig seiner Beziehungen zur Umwelt wie zu anderen Menschen. Eng verwandt mit einem dualistischen Verständnis ist ein solch individualtheoretisch verstandenes Subjekt insofern, als dass der Mensch hier letztlich mit seinem (individuellen) Geist identifiziert, d.h. auf diesen reduziert wird und somit auf der dualistischen Trennung von Körper und Geist sowie auf dem ‚Zuschnitt' von Subjekt und Objekt bzw. Innenwelt und Außenwelt beruht. Es sind die Beziehungen des Subjekts, vor allem aber die zwischenmenschlichen Beziehungen bzw. die Beziehungen zu anderen Menschen, auf die und deren Bedeutung sich diese Ansätze fokussieren, um ein alternatives Verständnis des Subjekts zu gewinnen. Gemeinsam ist dabei allen Ansätzen, dass sie die konstitutive Bedeutung der Beziehungen für das Subjekt aufzuzeigen versuchen. Hingegen unterscheiden sich die Ansätze vor allem darin, was sie unter Beziehungen verstehen, welchen ‚ontologischen' Status sie diesen zuschreiben und vor allem, welche Bedeutung sie den Beziehungen *zu den anderen*, d.h. der zwischenmenschlichen Beziehungen, und damit verbunden, welch unterschiedliche Bedeutung sie *den anderen*, geben.

Die Erörterung dieser intersubjektivitätstheoretischen bzw. relationalen[464] Ansätze zielt dabei auf die Gewinnung von Sprach- und Denkmustern, die die For-

464 Manche der hier erörterten Ansätze benutzen nicht explizit den Terminus relational, dafür bezeichnen sie sich oder werden als intersubjektiv oder intersubjektivitätstheoretisch bezeichnet. Der Terminus der Relationalität wird hier hingegen dem Terminus der Intersubjektivität vorgezogen, da erstens Intersubjektivität allein auf die zwischen-

mulierung und Konzipierung eines relationalen Verständnisses des Lernsubjekts sowie des Lernens bzw. zumindest einige entscheidende Schritte hin zu einem solchen Verständnis ermöglichen sollen. Dieses Ziel leitet die folgenden Erörtungen der unterschiedlichen Ansätze, die hier nicht in ihrer Gänze rekonstruiert werden können, sondern vor allem auf deren ‚relationales Potential' hin analysiert werden. Beleuchtet wird daher im Folgenden das relationale Denken des Soziologen Norbert Elias (II.3.1), verschiedene entwicklungstheoretische Konzipierungen einer intersubjektiven Genese des Selbst (II.3.2), das Konzept eines relationalen Selbst im Sozialkonstruktionismus (II.3.3), Martin Bubers Explikation des ‚Zwischen' in seiner dialogischen Philosophie (II.3.4), die relationale Wende in der Psychoanalyse (II.3.5) und der sozialphilosophische Diskurs um Anerkennung (II.3.6).

Dass zur Gewinnung relationaler Sprach- und Denkmuster auf so vielfältige Positionen zurückgegriffen wird, hat vornehmlich zwei Gründe: *Erstens* um zu zeigen, dass – wenn auch ein relationales Denken im Lerndiskurs bislang kaum ‚angekommen' ist – der Versuch einer relationalen Konzipierung des Lernens, kein abseitiger und absurder Versuch ist, der einzig der Idiosynkrasie des Verfassers dieser Arbeit geschuldet ist. Denn, wie gezeigt werden wird, ist es in vielen und gänzlich unterschiedlichen Disziplinen und Diskursen zu einer Art relationaler Wende bzw. ‚relational turn' gekommen. Die Kategorie der Relationalität ist zwar noch nicht so ausgiebig und vor allem systematisch diskutiert und reflektiert worden wie die Kategorie des Subjekts, so dass sich auch noch kein eigenständiger Relationalitätsdiskurs herausgebildet hat, dennoch kann in der Thematisierung der Relationalität eine Art *Theorieentwicklungsrichtung* gesehen werden, in die sich aktuell gänzlich unterschiedliche Theoriediskurse entwickeln. Anders gesagt: Ein Verständnis des Relationalen scheint zunehmend zu emergieren. Die Thema-

menschlichen Beziehungen verweist, unter relationalen Ansätzen hier jedoch nicht nur Ansätze verstanden werden sollen, die die konstitutive Rolle der zwischenmenschlichen Beziehungen betonen, sondern auch jene, die allgemeiner, gegen ein verdinglichtes bzw. substantialistisches Verständnis gerichtet, die konstitutive Bedeutung von Beziehungen und Bezügen überhaupt unterstreichen. Zweitens enthält der Terminus der Intersubjektivität, insbesondere im philosophischen Diskurs, bereits zahlreiche andere Konnotationen, die nicht darunter fallen, was hier als ‚Relationalität' verstanden werden soll; beispielsweise gilt Intersubjektivität auch als wissenschaftstheoretisches (Güte-)Kriterium, auch wird mit dem Terminus ‚Intersubjektivität' häufig die erkenntnistheoretische Problematik des Zugangs zum ‚Fremdpsychischen' bezeichnet, was eine individualtheoretische Isolation des Psychischen zumeist bereits voraussetzt, zudem wurde der Terminus der Intersubjektivität häufig in Zusammenhang mit der Diskursethik Habermas' (1981a, b) genannt, die aus der hier vertretenen Sicht jedoch auf verkürzte Weise Intersubjektivität thematisiert (vgl. dazu Masschelein 1991).

tisierung der Relationalität in den unterschiedlichen Disziplinen und Diskursen ist *zweitens* notwendig, um überhaupt ein Vokabular zu erlangen, mit dem (Lernen) relational gedacht und theoretisch konzipiert werden kann. Das hiesige Kapitel strebt in diesem Zusammenhang an, einige *generative Diskurse zu rekonstruieren*, um einen generativen Lerndiskurs zu erzeugen (siehe dazu II.3.3). Generativ bedeutet hierbei: Das konventionelle Sprechen, Schreiben und Denken über das Lernen nicht nur, kritisch auf Grundannahmen, Widersprüche und Einseitigkeiten zu befragen (wie in Teil I der Arbeit), sondern neue Interpretationen, Deutungen, Sichtweisen, Sinnkonstruktionen, also insgesamt neues Verstehen zu ermöglichen und die Grenzen der Intellegibilität des Lernens so ein Stück weit zu verschieben.

II.3.1 DIE RELATIONALE SOZIOLOGIE NORBERT ELIAS'

Der Soziologe Norbert Elias, bekannt geworden vor allem durch seine Zivilisationstheorie (Elias 1995a, 1995b), ist ein früher Denker des Relationalen. Gleichwohl spielt er – wie sich zeigen wird – in den Diskursen um Relationalität kaum eine Rolle. Dass er zu diesem Diskurs jedoch trotzdem einiges beizutragen hat, soll in folgendem Unterkapitel gezeigt werden.

Die Figur des ‚homo clausus' und das verdinglichte Denken

Auch Elias' Denken beginnt mit einer Kritik des modernen Subjekts, in seinen Termini der *homo clausus*. Das Denkmuster und Selbstverständnis des modernen Menschen als ‚homo clausus' zeichnet sich laut Elias vor allem darin aus, dass der ‚homo clausus' sich selbst *zuallererst* und *vor allem* als einzelnes, in sich geschlossenes, von allen anderen (ab)getrenntes Wesen versteht. Der ‚homo clausus' sei das Bild eines einzelnen Menschen, einer geschlossenen Persönlichkeit, die eine kleine Welt für sich bilde, also ‚innerlich' ganz auf sich selbst gestellt sei und im Wesentlichen unabhängig von der ‚äußeren' sie umgebenden Welt existiere. (Elias 1995a: XLVII, IL) Auch beschreibt Elias wie sehr die Figur des ‚homo clausus' durch die Raummetapher des ‚Innen' und ‚Außen' bestimmt ist: Im ‚Inneren' des Menschen existiere demnach ein ‚Kern(selbst)', ein ‚eigentliches Selbst', das von der ‚Außenwelt' wie von einer Mauer umschlossen und abgetrennt sei. Der menschliche Leib werde dabei als das ‚Gefäß', bzw. die menschliche Haut als die Grenze des abgeschlossenen Selbst angesehen. (Elias 1995a: L) Sich somit als ein fundamental von der ‚Außenwelt' und von anderen Menschen abgetrenntes Wesen wahrnehmend, wähne der ‚homo clausus' sich als ein an sich völlig freies, völlig unabhängiges, autonomes Wesen (Elias 1995a: XLVII).

Das ‚homo clausus'-Denken sei zudem verwoben mit einem *verdinglichten Denken*, das zutiefst in die westlichen Sprachen eingebrannt sei. Nach Elias sind „unsere Sprach- und Denkmittel […] in hohem Maße so geformt, als ob alles außerhalb des Einzelmenschen den Charakter von 'Objekten' und überdies gewöhnlich von ruhenden Objekten habe" (Elias 1986: 9). Durch „diesen verdinglichende[n] Charakter der herkömmlichen Sprachmittel" (ebd.) verlören die ‚Objekte' ihren Prozess-, Beziehungs- und Funktionscharakter. So zwinge uns die Sprache immer wieder dazu, sich „die Eigenheiten von beweglichen Beziehungen als ruhende Substanzen vorzustellen" (Elias 1986: 77f). Als Beispiel dient Elias der Begriff des Windes: „Wir sagen: Der Wind weht, als ob der Wind ein zunächst ruhendes Etwas wäre, das sich zu einem bestimmten Zeitpunkt in Bewegung setzt und zu wehen beginnt – als ob der Wind etwas anderes wäre als das Wehen, als ob es auch einen Wind geben könnte, der nicht weht." (Elias 1986: 119) Durch unsere Sprache bezeichneten wir somit ‚Dinge', die erst durch und in Beziehungen sind, so, als ob sie beziehungslose Objekte seien, die erst sekundär in Relationen stünden. Somit nötige die Sprache gewissermaßen dazu, Beziehungen zwischen einzelnen Elementen als etwas Nachträgliches zu denken. Dabei wäre es „angemessener, wenn man von den Beziehungen her auf das Bezogene hin denkt" (Elias 1986: 124). Elias plädiert daher dafür, „angemessenere Sprech- und Denkinstrumente zu entwickeln" (Elias 1986: 17).[465]

Relationales Denken, ‚homines aperti' und deren Verflechtungen

Die Figur des ‚homo clausus' gewinne seine Selbstverständlichkeit zwar durch die Selbsterfahrung des modernen Menschen[466], jedoch werde sie weder „der nie

465 Dabei ist Elias sich der Schwierigkeit dieser Aufgabe bewusst. Er betont immer wieder, dass die Entwicklung einer ‚neuen Sprache' eine Aufgabe ist, die mehrere Generationen umfasst, da bei einer zu schnellen Umbildung der Sprache die Gefahr droht, dass sie kein Verständnis erreichen wird. (Elias 1986: 18)

466 Mit dem Adjektiv modern ist angezeigt, dass nach Elias, diese Selbsterfahrung sich zwar als „eine ewige, keiner weiteren Erklärung zugängliche Grunderfahrung aller Menschen" (Elias 1995a: LVI) präsentiert, diese jedoch nichts Universelles, sondern etwas historisch Gewordenes bzw. Gewachsenes sei. Um dies zu zeigen, versucht Elias, ähnlich wie die Kritiker des Subjekts, die historische Genese der Figur des ‚homo clausus' aufzuzeigen. Auch er setzt dazu an Descartes an, dessen Trennung ‚res cogitans' und ‚res extensa' nicht nur das Innen/Außen-Denken, sondern auch die Vorstellung eines ‚wirlosen Ichs' (Elias 1994: 264) zementiert hätte. Descartes ist damit für Elias jedoch nicht der Erfinder des ‚homo clausus'-Denkens, vielmehr sieht Elias

endenden Bezogenheit des einzelnen Menschen auf andere" (Elias 1986: 131) bzw. der „Ausgerichtetheit der Menschen aufeinander und entsprechenden Bindungen aneinander" (Elias 1986: 11), somit seiner „existenzielle[n] Gruppenbezogenheit" (Elias 1996: 114), noch der starken Wandelbarkeit (Elias 1986: 116) des Menschen gerecht. Anders gesagt: Die Figur des ‚homo clausus' überdecke, „dass Individuen von klein auf in Interdependenz mit anderen leben" (Elias 1995a: IL) und abstrahiere somit von zwei grundlegenden, miteinander zusammenhängenden Tatsachen des menschlichen Lebens: Erstens von der Tatsache, dass der Mensch als ein Säugling auf die Welt gekommen ist und einen Prozess der Entwicklung zum Erwachsenen durchgemacht hat. Dieser Prozess werde auf einen Zustand reduziert, insofern, als der ‚homo clausus' sich selbst thematisierend meist als einen Erwachsenen wahrnehme und somit dazu tendiere, die Prozesshaftigkeit des menschlichen Daseins zu vergessen, zu verleugnen oder als sekundär zu betrachten und zu behandeln. (Elias 1994: 39ff) Zweitens werde damit von der Tatsache abstrahiert, dass Menschen in dieser Entwicklung zum Erwachsenen, wie auch noch im Leben als Erwachsene, immer nur in und durch die vielfältigsten Beziehungsnetze existierten. Statt den Menschen als isolierte Entität zu betrachten, die zuerst an sich bzw. in sich existiert und erst sekundär, d.h. nachträglich Beziehungen eingeht, gibt Elias Beziehungen einen primären und konstitutiven Status: der Mensch entwickelt sich erst durch und in Beziehungen, zugleich existiert auch ein erwachsener Mensch niemals außerhalb seiner Beziehungen. Ähnlich radikal versucht Elias die Prozesshaftigkeit des Menschen zu denken: Während im verdinglichten ‚homo clausus-Denken' der Mensch zuerst als etwas schon Bestehendes betrachtet werde, das sich erst sekundär auch wandeln kann, versucht Elias diese Logik umzudrehen. Der Mensch durchlaufe nicht einen Prozess, er sei ein Prozess (Elias 1986: 116, 127).

Als Gegenbild zum ‚homo clausus' skizziert Elias die *homines aperti*. Wenn Menschen über Menschen nachdenken, sollten diese nicht das Bild eines *einzelnen* Menschen haben, sondern von vielen interdependenten und ‚offenen' Menschen, die miteinander Figurationen bilden. (Elias 1995a: LXVII) Anders formu-

Descartes „die gesellschaftliche Wende seiner Zeit zum Ausdruck" (Elias 1994: 133) bringen. Anders gesagt versucht sich Elias nicht nur an einer rein ideengeschichtlichen Genese des ‚homo clausus', sondern skizziert eine Soziogenese dieser Figur, die in starkem Zusammenhang mit seiner Zivilisationstheorie steht und die auszuführen hier den Rahmen sprengen würde (vgl. dazu Elias 1994: 133ff). Elias zweifelt somit nicht „an der Echtheit dieses Empfindens" (Elias 1986: 129), die mit der Selbsterfahrung als ‚homo clausus' einhergeht, jedoch: „Was man bezweifeln muss, ist, ob die Vorstellung von sich selbst und weiterhin das Bild von Menschen überhaupt, das auf dieses Empfinden zurückgeht, den Tatsachen entspricht." (Ebd.)

liert: Statt von *dem* Menschen solle man lernen von *den* Menschen zu denken, d.h. den einzelnen Menschen schon immer als eingebunden in menschliche Relationen zu denken (Elias 1986: 9), denn laut Elias kann man „den Einzelnen nur aus und in seinem Zusammenleben mit anderen verstehen" (Elias 1994: 91).

Um ‚a priori' „von den ‚Vielen' zum Einzelnen hin" (Elias 1995a: XXX) zu denken und die vielfältigen menschlichen Interdependenzen von vorneherein mit anzurechnen, versucht Elias das *Konzept der Figuration* zu entwickeln.[467] Unter Figurationen versteht Elias das „Geflecht von Menschen aufeinander, ihre Interdependenzen" (Elias 1995a: LXVII), bzw. sei Figuration der „Allgemeinbegriff für die Struktur, die interdependente Menschen als Gruppen oder Individuen miteinander bilden" (Elias 1990: 137). Unter menschlicher Interdependenz versteht Elias die ständige Verflechtung menschlicher Handlungen und Erfahrungen (Elias 1986: 75). Er sieht die Menschen „durch eine Fülle von unsichtbaren Ketten an andere Menschen gebunden, sei es durch Arbeits- oder Besitzketten, sei es auch durch Trieb- oder Affektketten" (Elias 1994: 31). Eine Figuration sei somit das Bild „vieler einzelner Menschen, die kraft ihrer elementaren Ausgerichtetheit, ihrer Angewiesenheit aufeinander und ihrer Abhängigkeit voneinander auf die verschiedenste Art und Weise aneinander gebunden sind und demgemäß miteinander Interdependenzgeflechte oder Figurationen [...] bilden" (Elias 1986: 12). Obwohl diese Interdependenzgeflechte zumeist ‚unsichtbar' seien, seien sie „ebenso wirklich wie die einzelnen Menschen, die sie bilden" (Elias 2003a: 29).[468]

Wesentlich für eine Figuration sei, dass sie aufgrund der Verflechtung eine immanente Dynamik bzw. eine Eigengesetzlichkeit entwickele (Elias 1994: 33): „Die Vielheit der Menschen stellt eine Ordnung eigener Art dar. Die Einzigartigkeit des menschlichen Zusammenlebens bringt die Entstehung von einzigartigen, spezifisch sozialen Gegebenheiten mit sich, die sich nicht verstehen und erklären lassen, wenn man von dem einzelnen her denkt." (Elias 2003b: XXVII) Es entstehe somit „eine Figurationsebene *sui generis*" (Elias 2002: 217), die ihre eigene Dynamik und Gesetze aufweise. So entwickelten sich aus dem Zusammentref-

467 Korte (1997: 156) weist darauf hin, dass Elias den Begriff der Figuration erst seit Anfang der siebziger Jahre benutzt. Vorher sprach Elias von Beziehungsgeflechten und Interdepenzenstrukturen, was jedoch ungefähr dasselbe meint. Später verwarf Elias den Begriff wieder, weil er ihm zu statisch erschien.

468 Ein Beispiel für eine Figuration kann eine Gruppe Kartenspieler sein, die aufgrund des Spiels in bestimmter Art und Weise aneinander ‚gebunden' sind, d.h. ihre Handlungen aufeinander und auf die Spielregeln abstimmen. Die Millionen von Menschen, die durch den Prozess der Globalisierung auf unsichtbare Weise in Interdependenzbeziehungen zueinander stehen und somit voneinander abhängig sind, bilden ein weiteres Beispiel für eine Figuration.

fen vieler einzelner Pläne und Handlungen soziale Prozesse, die zwar auf eine bestimmte Art und Weise strukturiert seien, jedoch in *dieser* Art und Weise von niemandem, der sie mit hervorgebracht hat, geplant oder intendiert wurden (Elias 1990: 167f). Vielmehr bestimme die immanente Dynamik der Figuration die Pläne und Handlungen der Menschen und Gruppen, die Teil der Figuration sind (Elias 1990: 137).[469] Obwohl die Figurationen, die Menschen miteinander bilden, somit keinesfalls „einfach als von bestimmten einzelnen, namentlich bekannten Personen geschaffene Zusammenhänge" (Elias 1986: 58) angesehen werden sollten, solle man sich andererseits davor hüten, den Figurationen eine Art Eigenexistenz *außerhalb* der Individuen zuzusprechen. Dies hieße, die aus der Verflechtung entstehenden Zwänge zu verdinglichen, so als ob diese eine Substanz besäßen. Figurationen hätten „eine relative Unabhängigkeit von bestimmten einzelnen Individuen, aber nicht von Individuen überhaupt" (Elias 2003a: 51), und die Verflechtungszwänge seien und blieben „Zwänge, die lebendige Menschen auf lebendige Menschen ausüben" (Elias 1994: 74). Der Begriff der Figuration ziele auf den Sachverhalt, dass das Individuum immer Geprägtes wie Prägendes, immer 'Münze' und 'Prägestock' zugleich sei (Elias 1994: 83f).

Implikationen für das Subjekt- und Lernverständnis

Elias' relationales Denken kann dabei helfen, sich wie der Konstruktivismus gegen ein verdinglichtes Verständnis des Lernens zu wenden, jedoch ohne die Figur des ‚homo clausus' fortzuschreiben. Mit Elias nicht verdinglicht zu denken, sondern relational, bedeutet, von den Beziehungen her auf das Bezogene und von

469 Erkennbar ist dies am Beispiel der Kartenspieler. Warum Spieler X den Zug Y spielt, lässt sich wohl kaum hinreichend aus der Persönlichkeit X mit seinen Eigenschaften und Plänen, sondern viel stärker aus der speziellen Spielsituation heraus erklären. Bereits hier entwickelt sich eine eigene Dynamik des Spiels, die von keinem einzelnen Spieler vollkommen gelenkt werden kann und die vielmehr die Handlungen der einzelnen Spieler beeinflusst. Dabei hat ein einzelner Spieler in dieser Situation noch den Vorteil, die Situation überschauen zu können. Die vielfältigen Figurationen, die Menschen miteinander bilden, sind jedoch meist – allein durch die Zahl der menschlichen ‚Teilnehmer' – zu groß und somit zu komplex, um durchschaut werden zu können. Daher gilt für Elias (1986: 88): Je mehr Menschen in einer Figuration voneinander abhängig sind, desto undurchschaubarer und unkontrollierbarer wird die Situation für den Einzelnen, desto stärker gewinnt die Verflechtung ein Eigenleben. Und umso mehr erlangt die Verflechtung der Menschen „eine relative Autonomie gegenüber den Zielen und Absichten der sie bildenden Menschen" (Elias 1986: 61).

den Prozessen her auf die Entitäten hin zu denken. Ein relationales Verständnis des Lernens würde demnach nicht von einem Lernsubjekt und dessen Lernen ausgehen, sondern von einer sich durch vielfältige Eigendynamiken in ständiger Veränderung befindlichen Figuration von Lernsubjekten ausgehen, die aufeinander bezogen sind und sich in ständiger Veränderung befinden. Der Mensch lebt somit weniger in sich, sondern in der Beziehung zu Anderen. Lernen wäre demnach nicht *im* Subjekt, sondern im figurativen Zwischen zu verorten und weniger aus der Innenwelt der Subjekte denn aus dem Zwischen, der Eigendynamik der Figuration, heraus zu verstehen.

Man könnte sich mit Elias gar fragen, ob sich nicht das ganze lerntheoretische Denken einem verdinglichten Denken verdankt, das als Bezugsgröße stets von einem Einzelwesen, dem Subjekt, ausgeht, das zuallererst als etwas Statisches, als eine ruhende Substanz, angesehen wird. Erst auf dem Hintergrund eines solchen Denkens wird der Wandel dieser an sich als statisch gedachten Einheit ‚Subjekt' zu etwas Erklärungsbedürftigem. Geht man mit Elias jedoch von ‚homines aperti' aus, von vielen miteinander auf vielfältige und sich stets wandelnde Weise verflochtenen Menschen, die stets Einfluss aufeinander haben und nehmen und sich daher in stetiger Wandlung befinden, somit nicht einen Prozess durchlaufen, sondern dieser Prozess sind, dann wird nicht die Wandlung eines Menschen, sondern dessen (relative) Beständigkeit zum erklärungsnötigen Faktum.

II.3.2 DIE INTERSUBJEKTIVE GENESE DES SELBST

Elias wies darauf hin, dass in der Annahme eines monadischen Selbst ein Vergessen der Ontogenese impliziert ist. Dementgegen verweist die Ontogenese auf unsere Herkunft von anderen her: Wir werden von einer anderen geboren, können die ersten Jahre ohne die Fürsorge anderer nicht überleben usw. Obwohl die Ontogenese somit stark von sich her auf die intersubjektive Verfasstheit des Subjekts hinweist, wurde und wird auch sie häufig individualtheoretisch und essentialistisch verstanden, indem sie – analog zu einem biologischen Reifungsprozess – als Prozess der Entfaltung eines metaphysisch oder biologisch-genetisch bereits angelegten und damit vorsozialen Selbst konzeptualisiert wurde. Zwar wurden neben dieser ‚Anlage' auch Umwelteinflüsse als bedeutsam für den Entwicklungsprozess angesehen, indem jedoch in dualistischer Manier Anlage und Umwelt als zwei voneinander getrennte ‚Einflüsse' betrachtet wurden, ändert sich an der Annahme eines bereits präformierten Selbst nichts. Denn wäre man dazu in der Lage, die Einflüsse der Umwelt restlos zu identifizieren, dann könnte man theoretisch das eigentliche, substantielle Selbst der Anlage ‚extrahieren', das unabhängig von den ‚Prägungen' der Umwelt existiert. Darüber hinaus wurden innerhalb der

Umwelteinflüsse nicht zwischen Einflüssen durch die dingliche Umwelt und zwischenmenschlichen Einflüssen unterschieden.

Entgegen solcher Konzeptionen der Ontogenese kam es in den 1930er Jahren – mit der sozialbehavioristischen Theorie des US-Amerikaners George Herbert Mead sowie mit der in der neueren psychologischen Schule in Russland entstandenen Entwicklungstheorie Lew S. Wygotzkis – zu ersten Versionen einer intersubjektiven Genese des Selbst. Beide wurden jedoch erst seit den 1970er und 1980er Jahren verstärkt rezipiert. Seit dieser Zeit wurden innerhalb der Säuglings-, Kleinkind- und Bindungsforschung immer mehr und immer stärkere empirische Indizien für eine intersubjektive Genese des Selbst gefunden, so dass diese Sichtweise sich dort nahezu durchgesetzt hat. Dabei gibt es jedoch immer noch Schwierigkeiten. die intersubjektive Genese theoretisch so zu konzeptualisieren, dass sie nicht individualtheoretisch und/oder essentialistisch (miss-)verstanden wird.[470] Neben Meads und Wygotzkis' Version einer intersubjektiven Genese des Selbst, sollen hier die interdisziplinäre Säuglingsforschung, die Bindungsforschung sowie als Beispiel für – auf interdisziplinärem Hintergrund entstandene – neuere Theorien über die Ontogenese die Theorien Michael Tomasellos sowie Peter Hobsons thematisiert und auf ‚relational bedeutsame' Erkenntnisse hin analysiert werden.[471]

---

470 Dies wird im Folgenden deutlich werden.

471 Keine vertiefende Erwähnung findet die Entwicklungstheorie Youniss', die in Anlehnung an Harry S. Sullivan und Jean Piaget sowie ausgehend „von einer Kritik an herrschenden Kognitions- und Sozialisationstheorien" (Youniss 1994: 17) darauf zielt „einen theoretischen Rahmen zu entwerfen, in dem Kognition gleichzeitig als selbstkonstruiert und als sozialisiert, das heißt von außen determiniert, aufgefaßt wird" (ebd.) bzw. zu ermöglichen, „zugleich die Konstruktion und die Sozialisation des Denkens zu beschreiben" (Youniss 1994: 19). Im Zentrum steht dazu der Begriff der Ko-Konstruktion, der erläutern soll, wie durch interpersonale Beziehungen und Austausch von den Beteiligten gemeinsam entwickelte und von ihnen geteilte Perspektiven sowie Wissen entsteht. Jedoch bleibt der Prozess der Ko-Konstruktion nicht nur letztlich ungeklärt (siehe auch Ricken 1999: 286ff), auch irritiert die – scheinbar aus normativer Motivation heraus getätigte – einseitige Fokussierung auf symmetrische Beziehungen bzw. die zugrunde liegende kontrastierende und letztlich wertende Gegenüberstellung von – tendenziell problematischen und autoritäten, ‚uniliteralen Machtbeziehungen' – Erwachsenen-Kind-Beziehungen und – unproblematischen, machtfreien – Gleichaltrigen-Beziehungen. Trotzdessen wäre eine vertiefte Auseinandersetzung mit Youniss, Theorie sicherlich gewinnbringend gewesen, konnte aus Platzgründen hier jedoch nicht erfolgen.

Mead: Wie wir uns von anderen her erlernen

George Herbert Mead, der Zeit seines Lebens keine einzige Monographie veröffentlichte und der als Sozialpsychologie zum Klassiker der Soziologie avancierte[472], gilt als „[e]iner der ersten Verfechter der Intersubjektivität" (Cavell 2006: 182). Er entwickelte in den 1930er Jahren eine Theorie der intersubjektiven Genese des Subjekts, derzufolge sich das Selbst wie der menschliche Geist innerhalb des Sozialen entwickelt und es zu einer „Einheit von Individuation und Sozialisation" (Joas 2000: 186) kommt. Die menschliche Natur betrachtete Mead als durch und durch sozial, wie Burkitt (1991: 53) beschreibt: "he refuses to see any aspect of the self as asocial, yet at the same time he does not reduce the individual to the level of a cultural cypher". Und Kenneth J. Gergen (2002a: 157) konstatiert: „Mead zufolge gibt es kein Denken und kein Gefühl eines Selbst, das unabhängig von sozialen Prozessen existiert."

Entgegen dem in der Sozialpsychologie seiner Zeit üblichen Ansatz, sich „mit den verschiedenen Phasen gesellschaftlicher Erfahrung aus der psychologischen Sicht der individuellen Erfahrung" (Mead 2000: 39) zu beschäftigen, schlägt Mead vor, „die Erfahrung vom Standpunkt der Gesellschaft aus zu betrachten" (ebd.). Und anstatt auf individualtheoretische Weise das Selbst „als ein mehr oder weniger isoliertes und selbständiges Element zu behandeln, als eine Substanz, die durchaus allein bestehen könnte" (Mead 2000: 206), versucht Mead, die Erfahrungen und das Verhalten des Selbst „soweit wie möglich an Hand der Voraussetzungen aufzuzeigen" (Mead 2000: 75), an denen diese entstehen. Für Mead ist das Verhalten eines Individuums stets „in den gesellschaftlichen Prozeß eingebettet" (Mead 2000: 45) und „kann nur in Verbindung mit dem Verhalten der ganzen gesellschaftlichen Gruppe verstanden werden, dessen Mitglied es ist" (ebd.). Daher geht er „von einem gesellschaftlichen Ganzen, einer komplexen Gruppenaktivität aus" (ebd.), um „das Verhalten jedes einzelnen Individuums [zu] analysieren"

472 Zum Klassiker der Soziologie wurde Mead durch sein Wirken und seine Wirkung innerhalb der Chicagoer Schule sowie dem soziologischen Ansatz des symbolischen Interaktionismus (bei dem Mead zur Gründungsfigur gemacht wurde). Seit Jürgen Habermas in seinem Hauptwerk ‚Theorie der kommunikativen Vernunft, (Habermas 1981a, 1981b) an prominenter Stelle auf Mead rückgriff, wurde Mead auch in Deutschland stark rezipiert. Meads Theorie geriet damit jedoch ins Fahrwasser einer spezifischen Interpretation, die eher eine identitäts-, denn eine differenztheoretische Lesart Meads üblich machte. Diese Lesart wirkte sich bis in die Übersetzung seiner Schriften hinein aus; so wurde ‚self' in der deutschsprachigen Übersetzung nicht mit ‚Selbst' übersetzt, sondern mit ‚Identität'. Zur Biographie und Rezeption Meads siehe Joas 2000.

(ebd.); anders gesagt: „der Teil wird im Hinblick auf das Ganze, nicht das Ganze im Hinblick auf den Teil oder die Teile erklärt" (ebd.). Mead plädiert des Weiteren dafür, die Ansicht aufzugeben, „die Seele sei eine Substanz, die bereits bei der Geburt die Identität des Individuums ausmacht" (Mead 2000: 39). So werde sichtbar, dass „Geist und Identität wesentlich Produkte der Gesellschaft sind" (Mead 2000: 40). Damit stellt Mead die gängige Sicht auf den Kopf: Eine Gemeinschaft bilde sich nicht aus dem Zusammenschluss vieler Einzelpersönlichkeiten, sondern: „Ein Mensch hat eine Persönlichkeit, weil er einer Gemeinschaft angehört, weil er die Institutionen dieser Gemeinschaft in sein eigenes Verhalten hereinnimmt." (Mead 2000: 204f) Die Genese des Selbst sei daher „ein gesellschaftlicher Prozeß, der die gegenseitige Beeinflussung der Mitglieder der Gruppe, also das vorherige Bestehen der Gruppe selbst voraussetzt" (Mead 2000: 206).[473]

Doch wie vollzieht sich aus Meads sozialbehavioristischer Perspektive die Entstehung des Selbst?[474] Um den für diesen Vorgang wesentlichen ‚Mechanis-

---

473 Auf den Kopf stellt Mead auch das Verhältnis von Bewusstsein und Handlung: „Anstatt eine Voraussetzung für gesellschaftliches Handeln zu sein, ist das gesellschaftliche Handeln eine Voraussetzung für Bewußtsein." (Mead 2000: 56) Bewusstsein ist für ihn nicht nur etwas – gegenüber der Ebene des Sozialen – Sekundäres, vielmehr konstatiert er, „daß Bewußtsein als solches keine getrennte Substanz ist, kein selbständiges Etwas, das dem jeweiligen Individuum übergestülpt würde" (Mead 2000: 378) und betrachtet Bewusstsein funktional als „eine bestimmte Art der Umwelt in ihrer Beziehung zu sensitiven Organismen" (ebd.), das nicht einmal „unbedingt für die Präsenz des Sinnes im gesellschaftlichen Erfahrungsprozeß notwendig" (Mead 2000: 117) sei. Mead erklärt in einem angesichts des aktuellen Abstiegs des Bewusstsein im Licht der Ergebnisse der Neurowissenschaften fast schon prophetisch erscheinenden Satz: „Je besser man die psychologischen Prozesse mittels des Zentralnervensystems erklären kann, desto unwichtiger wird dieses Bewußtsein." (Mead 2000: 66)

474 Mead bezeichnete seinen Ansatz als ‚sozialbehavioristisch'. Bedenkt man, dass für Mead neben seiner Infragestellung der Rolle des Bewusstseins zudem „der der Erfahrung zugrundeliegende physiologische Mechanismus [...] alles andere als irrelevant" (Mead 2000: 40) ist und beachtet zudem den zeitlichen Kontext, in dem seine Theorie entstanden ist, so erscheint es nicht als unpassend, dass er diese als Sozialbehaviorismus bezeichnet, auch wenn diese Bezeichnung viele seiner Interpreten irritierte und/oder störte. Unter Behaviorismus verstand er dabei „einfach eine Methode, die Erfahrung des Individuums vom Standpunkt seines Verhaltens aus zu untersuchen, insbesondere, jedoch nicht ausschließlich jenes Verhaltens, das von anderen beobachtet werden kann" (ebd.). Explizit kritisierte er den – seiner Zeit so populären – Behaviorismus Watsons und konstatierte, ganz im Sinne eines *Sozial*behaviorismus: „Die gesellschaftliche Handlung ist nicht schon dadurch erklärt, daß man sie aus Reiz und

mus‘ deutlich zu machen, schließt Mead an Darwins Analyse des Ausdrucksverhaltens und Wundts Begriff der Gebärde bzw. der *Geste* an. Unter einer Geste versteht Mead mit Wundt „jene[n] Teil einer gesellschaftlichen Handlung, der als Reiz auf andere, in die gleiche gesellschaftliche Handlung eingeschaltete Wesen wirkt“ (Mead 2000: 81). Um zu verdeutlichen, was dies bedeutet, wählt Mead das Beispiel eines Kampfes zwischen zwei Hunden. Wenn in einem solchen Kampf ein Hund auf das Zähnefletschen des anderen Hundes wiederum mit Zähnefletschen oder auch mit Flucht reagiere, dann sei das Zähnefletschen des ersten Hundes eine Geste, weil diese Teilhandlung dem zweiten Hund bereits die Gesamthandlung ‚Angriff‘ signalisiere und dieser mit einer bereits auf die Gesamthandlung angepassten Reaktion antworte. (Mead 2000: 82) Mead betont auch hier, dass diese Form der Kommunikation, der Austausch von Gesten gewissermaßen ein Austausch von Bedeutungen ist, dies jedoch implizit und nicht über das Bewusstsein laufe:

„Wir sehen, daß ein Tier zornig ist und zum Angriff übergehen wird. Wir wissen, daß dieser Sachverhalt in der Haltung des Tieres aufgezeigt wird. Wir können aber nicht behaupten, das Tier wolle dies in dem Sinne, daß es die reflektierte Absicht zum Angriff hat. Ein Mensch kann einen anderen schlagen, bevor er es will; ein Mensch kann nach einem lauten Geräusch hinter seinem Rücken aufspringen und davonlaufen, bevor er noch weiß, was er tut.“ (Mead 2000: 84)[475]

Auch wenn eine solche ‚instinktive‘ Kommunikation auch beim Menschen vorkomme, so unterscheide dieser sich von den Tieren, weil er eine bestimmte Form der Geste ausüben könne: die Lautgebärde bzw. die vokale Geste.

Was ist das besondere an der *vokalen Geste*? Diese „gibt uns die Fähigkeit, auf die eigenen Reize so zu reagieren, wie andere es tun“ (Mead 2000: 105). Denn:

Reaktion aufbaut; sie muß als ein dynamisches Ganzes – als etwas in Fluß Befindliches – angesehen werden, von dem kein Teil in sich allein betrachtet oder verstanden werden kann – ein komplexer organischer Prozeß, der in allen individuellen Reizen und Reaktionen stillschweigend mit inbegriffen ist.“ (Mead 2000: 45f)

475 Als Haltung bezeichnet Mead die „Anfänge von Handlungen“ (Mead 2000: 43). Sie seien die innere, physiologische, dispositionelle Komponente einer Handlung, die ermögliche, bereits in der Anfangsphase einer Handlung die späteren Phasen vorwegzunehmen. „Wenn man sich einem entfernten Gegenstand nähert, so nähert man sich ihm im Hinblick auf das, was man bei der Ankunft zu tun gedenkt. Nähert man sich einem Hammer, so sind die Muskeln dazu bereit, den Stiel des Hammers zu ergreifen. Die späteren Phasen der Handlung sind in den früheren enthalten“, so Mead (2000: 50).

„Wir können uns selbst nicht sehen, wenn unser Gesicht einen bestimmten Ausdruck annimmt. Aber wir hören uns selbst sprechen und sind daher zur Aufmerksamkeit fähig. Man hört sich selbst, wenn man durch einen irritierenden Ton, den man hören läßt, irritiert wird: man erwischt sich sozusagen selbst. Beim irritierenden Gesichtsausdruck aber löst der Reiz keinen Ausdruck im Individuum selbst aus, sondern nur bei den anderen. Weit eher fängt und kontrolliert man sich in der vokalen Geste als im Mienenspiel." (Mead 2000: 105)

Indem vokale Gesten somit „im Gesten setzenden Wesen die gleichen Rektionen implizit auslösen, die sie explizit bei anderen Individuen auslösen oder auslösen sollen" (Mead 2000: 86), ermöglichten sie eine bessere Anpassung an die Handlung des anderen, da man so die mögliche Reaktion des anderen besser antizipieren könne, bzw. – in den Worten Meads –,

„weil sie im Individuum, das sie ausführt, die gleiche Haltung sich selbst gegenüber (oder gegenüber ihrer Bedeutung) auslöst wie in den anderen Individuen, die gemeinsam mit ihm an einer gesellschaftlichen Handlung teilnehmen, und ihm damit deren Haltung dazu (als eine Komponente seines Verhaltens) bewußt werden läßt und es in die Lage versetzt, sein weiteres Verhalten im Lichte dieser Haltung dem ihrigen anzupassen" (Mead 2000: 85).[476]

Da eine solche vokale Geste eine *bestimmte* Bedeutung bezeichnet, nennt Mead sie auch signifikantes Symbol. Anders gesagt:

„Die so nach innen genommenen Gesten sind signifikante Symbole, weil sie für alle Mitglieder einer gegebenen Gesellschaft oder gesellschaftlichen Gruppe den gleichen Sinn haben, d. h. daß sie jeweils in dem die Geste setzenden Individuum wie auch in den auf sie reagierenden Individuen die gleichen Haltungen auslösen" (Mead 2000: 86f)

Was durch den Austausch vokaler Gesten somit vonstatten gehe, sei ein Prozess der Perspektivenübernahme und daher „für die Entwicklung von Bewußtsein und Identität von äußerst fundamentaler Bedeutung" (Mead 2000: 108). Indem wir durch vokale Gesten ständig in uns selbst jene Reaktionen auslösen würden, die wir auch in anderen Personen auslösten, nähmen wir damit „die Haltungen anderer Personen in unser eigenes Verhalten herein" (ebd.). Anders gesagt: „Die von uns hier gemeinte Identität entwickelt sich dann, wenn die Übermittlung von Gesten in das Verhalten des Einzelnen hereingenommen wird." (Mead 2000: 209) Warum ist dies so? Ein Bewusstsein von sich selbst hat nur, wer sich selbst in

476 Bei jedem Vollzug einer vokalen Geste, so könnte man lerntheoretisch interpretieren, *erlernt* man sich daher ein Stück weit. Denn jede vokale Geste enthalte „einen Hinweis auf die Identität des Individuums [...], das die Geste ausführt" (Mead 2000: 85).

gewissem Sinne zum Objekt machen kann. Genau dies wird durch die *Perspektivenübernahme* ermöglicht. Jemand werde „für sich selbst nur zum Objekt, indem er die Haltungen anderer Individuen gegenüber sich selbst innerhalb einer gesellschaftlichen Umwelt oder eines Erfahrungs- und Verhaltenskontextes einnimmt, in der er ebenso wie die anderen eingeschaltet ist" (Mead 2000: 180). Der durch vokale Gesten ermöglichte Akt der Perspektivenübernahme sei es, der somit „für Genesis und Existenz von Geist oder Bewußtsein verantwortlich ist" (Mead 2000: 87).[477] Das Selbst ist für Mead daher „nicht so sehr eine Substanz als ein Prozeß, in dem die Übermittlung von Gesten in einen Organismus verlegt wurde" (Mead 2000: 222).

Neben der sprachlichen Kommunikation als ganzer sieht Mead insbesondere die *Tätigkeit des Spielens* als einen wichtigen Faktor für die Entstehung des Selbst. Dabei unterscheidet er zwei Weisen des Spielens, die für zwei Entwicklungsphasen des Selbst stehen. Die erste ist *das nachahmende Spiel* (‚play'), „die einfachste Art und Weise, wie man sich selbst gegenüber ein anderer sein kann" (Mead 2000: 193), bei dem das Kind mit imaginierten Spielgefährten spielt und unterschiedliche Rollen, wie die der Mutter, der Lehrerin oder des Polizisten einnimmt. Indem es beispielsweise sich als Polizist selbst verhaftet, hat es „in sich Reize, die in ihm selbst die gleiche Reaktion auslösen wie in anderen" (ebd.). Durch die Nachahmung der Verhaltensreaktionen anderer übt sich das Kind in die Fähigkeit zur Verhaltensantizipation ein sowie zur Fähigkeit der Perspektivenübernahme und damit auch der Fähigkeit sich selbst zum Objekt machen zu können. So entwickele sich „in ihm und in seiner anderen, antwortenden Identität eine organisierte Struktur" (ebd.).

Die zweite für Mead entscheidende Weise des Spiels, die sich an das ‚play' anschließt, ist der *Wettkampf* (‚game'). In einem Wettkampfspiel spiele das Kind nicht nur mit realen anderen Spielgefährten, sondern ein Wettkampf sei von Regeln geprägt, die verschiedenen Teilnehmern verschiedene Rollen zuweisen. Um an einem solchen Wettkampfspiel erfolgreich teilnehmen zu können, müsse das Kind nicht nur, wie beim ‚play', die Verhaltensreaktion eines anderen, sondern „die Haltung aller in das Spiel eingeschalteten Personen" (ebd.) antizipieren, was nur dann möglich sei, wenn es dem Kind gelänge, die vielzähligen anderen Teil-

477 Ausführlicher: „Nur durch Gesten qua signifikante Symbole wird Geist oder Intelligenz möglich, denn nur durch Gesten, die signifikante Symbole sind, kann Denken stattfinden, das einfach ein nach innen verlegtes oder implizites Gespräch des Einzelnen mit sich selbst mit Hilfe solcher Gesten ist. Dieses Hereinnehmen-in-unsere-Erfahrung, dieser äußerlichen Übermittlung von Gesten, die wir mit anderen in den gesellschaftlichen Prozeß eingeschalteten Menschen ausführen, macht das Wesen des Denkens aus." (Mead 2000: 86)

nehmer und deren unterschiedliche Haltungen „zu einer gewissen Einheit“ (Mead 2000: 196) zu organisieren. Diese antizipierte Haltung einer ganzen, auf bestimmte Art organisierten, Gemeinschaft nennt Mead (ebd.) „(das) verallgemeinerte Andere“. Mit anderen Worten lernt das Kind in solchen Wettkampfspielen und ähnlichen Situationen[478], sein Handeln auf die Erwartungen der ihm umgebenden Gemeinschaft anzupassen und damit deren Werte und Normen zu ‚verinnerlichen‘.[479]

Durch diese Akte der Perspektivenübernahme bzw. der Übernahme der Haltungen anderer bildet sich somit nicht nur das Selbst heraus, sondern es bilden sich nach Mead *unterschiedliche Instanzen des Selbst.* Durch die Übernahme der Haltungen, Perspektiven und Erwartungen der anderen konstituiert sich die Instanz des ‚Me‘. Nach Mead geht das Selbst (‚Self‘) jedoch niemals ganz im ‚Me‘ auf, da diesem stets das ‚I‘ gegenübersteht. Das ‚I‘ steht bei Mead für spontane und kreative Handlungsimpulse, aber auch für die körperlichen Triebe. Somit ist das ‚Me‘ einerseits die Bewertungsinstanz für die spontanen Handlungsimpulse des ‚I‘, andererseits entzieht sich das ‚I‘ ständig dem reflexiven Zugriffs des ‚Me‘. Das ‚Self‘ steht für das Zusammenspiel zwischen ‚Me‘ und ‚I‘ und damit für das Selbst als Ganzes.[480]

---

478 Die Fähigkeit, die Perspektive des verallgemeinerten Anderen einzunehmen, übt es somit nicht nur im Wettkampf ein. „Was sich im Wettkampf abspielt, spielt sich im Leben des Kindes ständig ab. Es nimmt ständig die Haltungen der es umgebenden Personen ein, insbesondere die Rollen jener, die es beeinflussen oder von denen es abhängig ist.“ (Mead 2000: 202)

479 Wobei dies kein Internalisierungsprozess im eigentlichen Sinne ist, da das Innere in und mit diesem Prozess erst entsteht; denn so sei beispielsweise abstraktes Denken nur dann möglich, wenn „der Einzelne die Haltung des verallgemeinerten Anderen gegenüber sich selbst“ (Mead 2000: 198) einnehme.

480 Gleichzeitig darf es gerade nicht als Ich-Identität missverstanden werden, wie das insbesondere in der deutschsprachigen Rezeption Meads geschehen ist. So steht nach Hans Joas (2000: 176f) das ‚Self‘ für die gelungene Synthetisierung der Erwartungen verschiedener anderer. „Gelingt diese Synthetisierung, dann entsteht das ‚self‘, d.h. Ich-Identität als einheitliche und doch auf die Verständigung mit stufenweise immer mehr Partnern hin offene und flexible Selbstbewertung und Handlungsorientierung; zugleich entwickelt sich eine stabile, ihrer Bedürfnisse sichere Persönlichkeitsstruktur.“ Im Gegensatz dazu argumentiert Ricken (2002: 339), „dass das ‚self‘ gerade aufgrund dieser Struktur nicht als eine wie auch immer gedachte ‚Übereinstimmung‘ oder Einheit des Ich mit sich gedacht werden kann (wie es der Begriff der Identität hier fälschlich nahelegt!), sondern als eine nicht wieder auflösbare Differenz im ‚self‘ selbst“. Da sich das ‚I‘ dem ‚Me‘ ständig entziehe, sei das ‚Self‘ „eine ambivalente, in

Dieses *Selbst* aber, so kann Meads Konzeption noch einmal zusammengefasst werden, „entwickelt sich" (Mead 2000: 177), es „ist bei der Geburt anfänglich nicht vorhanden, entsteht aber innerhalb des gesellschaftlichen Erfahrungs- und Tätigkeitsprozesses, das heißt im jeweiligen Individuum als Ergebnis seiner Beziehungen zu diesem Prozeß als Ganzem und zu anderen Individuen innerhalb dieses Prozesses" (ebd.). Das Selbst, ein Subjekt, das sich selbst zum Objekt werden kann, „ist im Grunde eine gesellschaftliche Struktur und erwächst aus der gesellschaftlichen Erfahrung" (Mead 2000: 182). Mead zeigt somit nicht nur, wie wir uns an anderen erlernen, sondern auch, wie unsere eigene Existenz grundlegend mit anderen verworben ist. So

> „kann keine scharfe Trennungslinie zwischen unserer eigenen Identität und der Identität anderer Menschen gezogen werden, da unsere eigene Identität nur soweit existiert und als solche in Erfahrung eintritt, wie die Identitäten anderer Menschen existieren und als solche ebenfalls in unsere Erfahrung eintreten" (Mead 2000: 206).[481]

---

sich paradoxe Struktur: sich gegeben wie entzogen zugleich zu sein" (ebd.). Auch das ‚I' dürfe nicht als asoziale Instanz verstanden werden, das ‚I' sei „seinerseits responsiv strukturiert und damit sozial dimensioniert" (Ricken 2002: 340).

481 So wirkungsvoll und erfolgreich Meads Konzeption der intersubjektiven Genese des Selbst auch gewesen ist, so hat sie gleichzeitig auch Kritik hervorgerufen und es wurde bezweifelt, ob Meads Ausführungen wirklich hinreichend dafür seien, die intersubjektive Genese des Selbst zu erklären (vgl. Ricken 2002: 338). Obwohl insbesondere im symbolischen Interaktionismus Meads Konzeption des ‚I' benutzt wurde, um gegen den Determinismus des Behaviorismus zu argumentieren, wurde Mead selbst immer wieder des sozialen Determinismus verdächtigt. So beschreibt Düsing, Meads Konzeption könne „zur Begründung der Auffassung herangezogen werden, der Mensch sei primär und wesentlich ein existierendes Konglomerat sozialer Rollen" (Düsing 1986: 77). Da er vom „absolute[n] Primat der Gesellschaft und der Außenbestimmtheit des Ich" (ebd.) ausgehe, bleibe bei Mead ungeklärt, „wodurch das Individuum mehr zu sein vermag als ein rein zufällig zusammengebündeltes Konglomerat sozialer Verhaltenstypen" (Düsing 1986: 71). Ganz im Gegensatz dazu kritisieren andere Meads Konzeption dafür, dass sie noch zu viele individualtheoretische Reste enthalte. So kritisiert Gergen (2002a: 159), dass „dieser Ansatz trotz seines relationalen Schwerpunktes noch immer Elemente des Individualismus" aufweise und „[p]ersönliche Subjektivität in Meads Ansatz nie wirklich in Frage gestellt" (ebd.) werde. Ob man Mead nun eher Sozialdeterminismus vorwirft oder aber noch zu stark individualtheoretisches Denken, kommt wohl auf den Standpunkt der Kritik an. Ernster zu nehmen ist die Kritik, Mead hätte, indem er den Akt der Perspektivenübernahme ins Zentrum seiner Erklärung der intersubjektiven Genese des Selbst rückt, eine ‚Pseudoerklärung' geliefert, da damit

Wygotzki: Intermentales wird Intramentales

Eine weitere frühe Version der intersubjektiven Genese des Selbst formulierte der russische Psychologe Lew S. Wygotzki. Wygotzkis Werk, das im Wesentlichen in den späten 1920er und frühen 1930er Jahren entstand, wurde in den westlichen Staaten erst seit den 1980er Jahren intensiv rezipiert (Miller 1993: 343).[482] Wygotzkis entscheidende Grundannahmen lauten, dass *erstens* der Mensch nicht ohne seinen konstitutiven *Bezug* zum ihn umgebenden Kontext zu denken ist, sowie dass *zweitens*, die spezifisch menschliche Umwelt eine soziale ist. Wygotzki erläutert dies an der Entwicklung des Kindes. Eines der größten Hindernisse, diese zu erforschen, sieht er darin, „daß man die Umwelt als etwas Äußeres in bezug auf das Kind betrachtet" (Wygotski 1987: 75). Häufig verfahre man so,

---

schon vorausgesetzt sei, was doch allererst erklärt werden soll (Cavell 2006: 183, Düsing 1986: 71f). Denn wie kann eine fremde Perspektive übernommen werden, ohne eine eigene selbst schon zu besitzen? Hier stößt man auf ein grundlegendes Paradox jeder intersubjektiven Konzeption der Genese des Selbst, das wohl kaum einfach aufgelöst werden kann. So konzediert auch Ricken (2002: 338), dass zwar „auch eine noch so sozial gedachte ‚responsive Struktur' nicht aus Nichts entstehen kann", dies jedoch bedeute nicht einen schon bestehenden Identitätskern anzunehmen. Besonders zutreffend ist m.E. ein vierter Kritikpunkt an Mead, der diesem letztlich einen unterbestimmten Begriff des Sozialen vorwirft. So kritisiert Burkitt (1991: 53): "Mead did not deal thoroughly with the formation of any particular society, nor did he dwell on the ramifications of social conflicts for the individual psyche. [...] He did not consider the power relations that exist in society on a macro, or a historical scale, and the extent to which these limit the scope for consciously chosen actions within the social group." Burkitt zeigt somit an, an welchen Stellen Meads Konzeption erweitert werden muss.

482 Wygotzki gründete mit Luria und Leontjew die – heute zumeist Tätigkeitspsychologie oder auch kulturpsychologische Schule genannte – ‚Neue psychologische Schule', die sich zum Ziel gesetzt hatte, ausgehend von marxistischen Grundannahmen einen umfassenden Ansatz zur Erklärung der menschlichen Psyche zu entwickeln. Die Rezeption erschwerte nicht nur der frühe Tod Wygotzkis – er starb bereits mit 38 Jahren an Tuberkolose –, sondern auch die späte Übersetzung seines Werkes ins Englische. Mit Ausnahme einiger Aufsätze gab es bis zur Übersetzung seines Hauptwerkes ‚Denken und Sprechen, bis 1962 keine englische Schriften von Wygotzki. Zudem wurde Wygotzki in den frühen 1930er Jahren Opfer politischer Auseinandersetzungen in der Stalin-Ära, was zur Folge hatte, das seine Werke in Russland von 1936 bis 1956 verboten wurden. Da es Wygotzki trotz frühen Todes und anderer widriger Umstände gelang, eine revolutionär neue psychologische Denkart zu entwickeln, gilt er auch als der ‚Mozart der Psychologie' (Miller 1993: 342f).

„als stünde auf der einen Seite der Einfluß der Persönlichkeit und auf der anderen Seite der Einfluß des Milieus, und beides wirke in der Art von äußeren Kräften“ (Wygotski 1987: 278). Damit zerstöre man in einem ersten Schritt die Einheit, die man eigentlich untersuchen wolle, nur um in einem zweiten Schritt wieder zu versuchen, „das eine mit dem anderen zu verbinden“ (ebd.). Mensch und Umwelt seien jedoch keine voneinander getrennten Entitäten, sondern bildeten gemeinsam eine ‚Prozesseinheit‘; auch die Ursache des Verhaltens liege daher nie nur *im* Menschen.[483] Die Umwelt sei dem Kind zudem „niemals nur etwas Äußeres“ (Wygotski 1987: 279), da diese im Gegensatz zur Umwelt des Tieres „sozial“ (ebd.) sei. Das Kind sei somit nicht nur „ein gesellschaftliches Wesen“ (ebd.), sondern „selbst Teil dieser gesellschaftlichen Umwelt“ (ebd.). Wygotzki kritisiert damit die gewöhnliche implizite Übertragung der modernen erkenntnistheoretischen Annahme eines neutralen Beobachters, der in Distanz zur ihm umgebenden äußeren Welt lebt, auf den Entwicklungsprozess.

Doch auch die – im Subjekt-Objekt-Dualismus – gängigen epistemologischen Annahmen stellt er in Frage, wenn er das Erleben des Menschen nicht als einen inneren Prozess konzipiert, sondern formuliert: „Das Erleben ist biosozial orientiert, befindet sich zwischen Persönlickeit und Umwelt, kennzeichnet eine Beziehung der Persönlichkeit zur Umwelt, zeigt, was ein bestimmtes Moment der Umwelt für die Persönlichkeit bedeutet.“ (Wygotski 1987: 281) Anders formuliert: „Das Kind ist Teil der sozialen Situation; die Beziehung des Kindes zur Umwelt und der Umwelt zum Kind realisiert sich im Erleben und in der Tätigkeit des Kindes selbst“ (Wygotski 1987: 282).

Auch die menschliche Psyche sei demnach nicht eine eigene Sphäre der Existenz – wie im kartesischen Dualismus – sondern sozialer Natur, d.h. sie entwickle sich innerhalb und durch die *Sphäre des Sozialen*. Nach Wygotzki ist die soziale Wirklichkeit die „Hauptquelle der Entwicklung“ (Wygotski 1987: 75) bzw. der „Weg, auf dem Soziales zu Individuellem wird“ (ebd.). Für ihn gilt daher: *Inter*mentales wird *Intra*mentales. Als „Grundgesetz der Entwicklung der höheren psychischen Funktionen“ (Wygotzki 1987: 302) formuliert er: „In der Entwicklung des Kindes tritt jede höhere psychische Funktion zweimal in Szene – einmal als kollektive, soziale Tätigkeit, das heißt als interpsychische Funktion, das zweite Mal als individuelle Tätigkeit, als innere Denkweise des Kindes, als

483 Wygotzki (1987: 280) sieht ein solch verdinglichtes Denken auch an anderer Stelle am Wirken: „Wird zum Beispiel untersucht, in welchem Verhältnis Sprechen und Denken zueinander stehen, so wird die Sprache künstlich vom Denken, das Denken von der Sprache gelöst und gefragt, welche Bedeutung das eine für das andere hat. Das erweckt den Eindruck, als handele es sich um zwei Flüssigkeiten, die man miteinander mischen kann.“

intrapsychische Funktion" (ebd.). Was zuerst extern sei, werde im Laufe der Entwicklung verinnerlicht. Kinder interagierten mit sich selbst, wie sie zuvor mit anderen Menschen interagiert hätten.[484] Die *inter*mentale Aktivität ist demnach gegenüber der intramentalen Aktivität primär. In den Worten Wygotzkis: „Die allererste Quelle für die Entwicklung der inneren individuellen Eigenschaften der Persönlichkeit des Kindes ist seine Zusammenarbeit (wobei dieses Wort in weitestem Sinne zu verstehen ist) mit anderen Menschen." (Wygotski 1987: 85) Damit steht Wygotzki, wie Miller (1993: 353) bemerkt, „im Widerspruch zu den meisten zeitgenössischen Theorien westlicher Psychologen, die die Kognition ‚innerhalb' eines autonomen Individuums ansiedeln".[485]

Wygotzki beschreibt somit das Selbst als das Ergebnis eines Internalisierungsprozesses, der im strengen Sinne kein Internalisierungsprozess ist, d.h. es erfolgt in diesem Prozesse „gerade nicht die Übertragung von etwas Äußerem auf eine bestehende innere Struktur" (Cavell 2006: 183), denn mit Internalisierung wird der Prozess beschrieben, „in dem diese innere Struktur allererst entsteht" (ebd.). Von besonderer Bedeutung in diesem Prozess ist auch hier die Sprache, die dem Denken gegenüber primär sei. Wygotzki erläutert: „Die Sprache entsteht zunächst als Mittel des Verkehrs zwischen dem Kind und den Menschen seiner Umgebung. Erst in der Folge, nachdem sie zur inneren Sprache geworden ist, wird sie zum Hauptmittel des Denkens für das Kind selbst, wird sie zu seiner inneren psychischen Funktion." (Wygotski 1987: 302) Auch hier wird somit der intermentale Prozess, der soziale Akt der sprachlichen Kommunikation zwischen Menschen, zum intramentalen Prozess, zum privaten Akt des inneren Dialogs bzw. es entsteht die Ebene des Mentalen durch diesen Prozess.

Um die konstitutive Bedeutung der sozialen Umwelt des Kindes für dessen Entwicklung auch für die Diagnostik des Entwicklungsstandes eines Kindes fruchtbar zu machen, entwickelte Wygotzki das Konzept der *Zone der nächsten Entwicklung*; der wohl am häufigsten rezipierte Bestandteil aus der Theorie Wygotzkis. Auch hier kritisiert er die gängige Methode der diagnostischen Psychologie: Diese erfasse nur einen Teil der Entwicklung, nämlich nur das Produkt der bisherigen Entwicklung, nicht aber den Prozess der Entwicklung selbst. Damit

484 Wobei man die intramentalen Prozesse nicht als direkte ‚Kopien' der intermentalen Prozesse missverstehen darf, da Wygotzki betont habe, dass im Internalisierungsprozess stets eine Transformation stattfindet, so Miller (1993: 354).

485 Zwar findet beispielsweise auch bei Piaget ein Internalisierungsprozess statt, doch ist es dort nicht die Interaktion mit anderen Menschen, sondern mit physischen Objekten, die für diesen ursächlich ist (Piaget 2001). Vor allem der mittlere und späte Piaget beschränkte sich dabei auf einen rein individualpsychologischen Fokus (Miller 2006: 67ff).

aber gebe sie „eher Auskunft darüber, wie die Entwicklung bisher verlaufen ist, als darüber, wie sie gegenwärtig verläuft und welche Richtung sie in Zukunft einschlagen wird“ (Wygotski 1987: 79). Dementgegen versucht Wygotzki durch Ermittlung der ‚Zone der nächsten Entwicklung‘ die „momentan noch nicht reifen, sich aber im Reifungsstadium befindenden Prozesse“ (Wygotski 1987: 80) zu erfassen, denn: „Das Gebiet der noch nicht ausgereiften, jedoch reifenden Prozesse ist die Zone der nächsten Entwicklung des Kindes.“ (Wygotski 1987: 83) Dies erläutert er wie folgt: Während man üblicherweise zur Bestimmung des Entwicklungsniveaus ein Kind Aufgaben lösen lasse und als bedeutsamen Faktor für die Bestimmung allein das das selbstständige Lösen ansehe, rechne man dem „unselbstständige[n] Aufgabenlösen keinerlei Bedeutung für das Urteil über die geistigen Fähigkeiten eines Kindes“ (Wygotski 1987: 81) bei. Dies resultiere „aus der alten, falschen und heutzutage völlig sinnlosen Auffassung, die Nachahmung irgendeiner geistigen Operation sei ein rein mechanischer, automatischer Akt, der nichts über die geistigen Fähigkeiten des Nachahmenden aussagt“ (ebd.). Dementgegen betrachtet Wygotski (1987: 82) das Nachahmen nicht nur als „eine einsichtige, auf dem Verstehen beruhende nachahmende Ausführung einer bestimmten geistigen Operation“, sondern nimmt zudem an, dass sich die Fähigkeit zur Nachahmung im Laufe des Entwicklungsprozess selbst ändere. Außerdem „vermag das Kind durch Nachahmung auf geistigem Gebiet stets mehr zu erreichen als das, wozu es selbstständig handelnd in der Lage ist“ (Wygotski 1987: 82). Somit sieht Wygotzki (1987: 83) eine „strenge genetische Gesetzmäßigkeit im Hinblick auf den Zusammenhang zwischen dem, was das Kind nachzuahmen vermag, und seiner geistigen Entwicklung. Was das Kind heute in Zusammenarbeit und unter Anleitung vollbringt, wird es morgen selbstständig ausführen können.“ Um die Zone der nächsten Entwicklung zu ermitteln, müsse man daher die Fähigkeit des Kindes zur Nachahmung ermitteln, also untersuchen, zu was es in der Zusammenarbeit mit anderen Personen fähig ist (ebd.).

Seine Konzeption der ‚Zone der nächsten Entwicklung‘ hat für Wygotzki auch direkte pädagogische Konsequenzen. Zum Unterricht postuliert er: „Nur der Unterricht ist gut, der der Entwicklung vorauseilt“ (Wygotski 1987: 302). Der Unterricht solle sich somit nicht am aktuellen Entwicklungsstand bzw. Lernniveau der Schülerinnen und Schüler orientieren, sondern am – durch die Zone der nächsten Entwicklung aufgezeigten – potentiellen Niveau. Daher ist es nach Wygotzki von großer Bedeutung, die Zone der nächsten Entwicklung zu bestimmen, um die Schüler weder zu über- noch zu unterfordern (Wygotski 1987: 86f). Auf dem Hintergrund seiner relationalen Entwicklungstheorie kann Wygotzki zudem einen Aspekt der konstitutive Bedeutung der Beziehung zwischen Lehrenden und Lernenden für das Lernen fassen; er formuliert: „Der Lehrer lehrt den Schüler nicht das, was das Kind bereits selbstständig zu leisten vermag, sondern etwas, das es noch nicht kann, das es aber im Unterricht unter Anleitung schafft." (Wygotski 1987: 87) Wie Kenneth J. Gergen formuliert, findet für Wygotzki „das Lernen innerhalb einer Matrix relationaler Handlungen statt" (Gergen 2002a: 162). Letztlich liefert Wygotzki wie Mead mit seiner Konzeption, wenn auch keine vollständige Erklärung[486], so doch wichtige Einsichten in die intersubjektive Genese des Selbst, die teils noch immer über das hinausgehen was in der modernen Säuglings-, Kleinkinder- und Entwicklungsforschung theoretisch konzipiert wird. Dieser wollen wir uns nun zuwenden.

Interdisziplinäre Säuglingsforschung: Der ‚soziale' Säugling

Die Theorie, die den größten Teil des 20. Jahrhunderts die *Sicht auf die frühe Kindheit* prägte, ist die *Psychoanalyse*. Dies lag vor allem daran, dass die Psychoanalyse „einen Wendepunkt im Nachdenken über die Kindheit" (Dornes 1999: 74) markierte und ihr die entscheidende Bedeutung für die Bildung der Persönlichkeit zuschrieb. Die Entwicklungsgeschichte der frühen Kindheit erzählte sie dabei als die „‚heroische' Individuierungsgeschichte [...] eines hilflosen, passiv seiner Triebnatur ausgelieferten Säuglings [...], der aus dem intrauterinen Paradies der Spannungslosigkeit in eine feindliche, per se traumatisierende Welt hineingeboren wird" (Altmeyer/Thomä 2006: 14). Die Erlebenswelt des Säuglings aus psychoanalytischer Sicht sei daher am besten mit den Worten Konflikt, Trauma, Fragmentierung und Phantasie gekennzeichnet, der Realität wende der Säugling sich aus dieser Sichtweise „überhaupt nur zu, weil seine elementaren Bedürfnisse ihn dazu nötigen" (ebd.). Später gerate das Kind in andere, wohl bekannte Konflikte wie den Ödipuskonflikt.

Diese psychoanalytische, weitestgehend an Freud angelehnte, Sicht auf die Kindheit gründete sich jedoch nicht auf eine Beobachtung kleiner Kinder, sondern wurde von Freud aus Berichten Erwachsener über ihre Kindheit rekonstruiert. Als in der Psychoanalyse die Bedeutung der frühen Kindheit aufgrund klinischer

486 Wie auch schon bei Mead wurde an Wygotzkis Konzept immer wieder in Frage gestellt, ob er wirklich erklären könne, was zu erklären er vorgebe; vor allem die exakten psychischen Prozesse der Internalisierung lasse Wygotzki letztlich ungeklärt (vgl. Miller 1993: 377). Auch Gergen kritisiert, Wygotzki hätte wie Mead das Problem „erklären zu müssen, wie kulturelle Einsichten in den individuellen Geist Eingang finden" (Gergen 2002a: 162). An Wygotzkis Konzept der Zone der nächsten Entwicklung wurde kritisiert, dass dieses sehr vage bleibe. Da für es keine verbindliche Messmethode gefunden wurde, konnte es sich in der am Exaktheitsideal der Naturwissenschaften ausgerichteten Psychologie letztlich nicht durchsetzen (vgl. Miller 1993: 374).

Erfahrungen immer stärker betont wurde und sich der Blick auf immer frühere Phasen der Kindheit verschob, wurde diese rekonstruktive Vorgehensweise zum Problem, da aufgrund der sogenannten ‚kindlichen Amnesie' sich Erwachsene für gewöhnlich nicht an Erlebnisse vor ihrem dritten Lebensjahr erinnern können. Somit kam es dazu, dass sich einige Psychoanalytiker auf eine systematische Erforschung der frühen Kindheit einließen: dies war die Geburtsstunde der modernen Säuglingsforschung – auch frühe Kindheitsforschung genannt. Die Säuglingsforschung steht somit von Anfang an in engem Zusammenhang mit der Psychoanalyse, forderte diese mit ihren, der klassischen psychoanalytischen Sicht häufig nicht entsprechenden, Ergebnissen jedoch schon bald heraus und wurde vom Mainstream der Psychoanalyse lange und teils bis heute als positivistisch und affirmativ abgelehnt.[487] Die schrittweise Anerkennung der Ergebnisse der Säuglingsforschung seit den 1970er Jahren in der Psychoanalyse bereitete dort jedoch entscheidend die intersubjektive Wende vor (siehe auch II.3.5), weil die Säuglingsforschung „bis in kleinste Verhaltenseinheiten hinein zeigen konnte, wie sich das Selbst des Kindes aus den reziproken Interaktionsprozessen zwischen Mutter und Kind entfaltet" (Bohleber 2006: 218). Somit bietet die Säuglingsforschung nicht nur eine Reihe von empirischen Befunden, die für eine intersubjektive Genese des Subjekts sprechen, sie ist hier auch wegen ihrer Versuche, die Genese des Selbst angemessen theoretisch zu konzeptualisieren und der dabei auftretenden (sprachlichen) Schwierigkeiten, betrachtenswert.[488]

Bevor einige für unsere Fragestellung besonders relevante Konzeptualisierungsversuche geschildert werden sollen, soll zuvor jedoch die sich aus den Ergebnissen der empirischen Säuglingsforschung entwickelte *alternative Sichtweise*

---

487 Dieser Kritik hält Martin Dornes (2006: 67) entgegen, dass Säuglingsforscher „keine habermasianische Vernunftidealisten" seien, sie fänden eben nur „das Unangepaßte in *Momenten* der Interaktion zwischen Eltern und Kind, nicht in der triebhaften oder symbiotischen *Konstitution* des Säuglings" (ebd.). Außerdem würden sie anerkennen, dass „Interaktionen zwischen Eltern und Kind [...] *grundsätzlich und unausweichlich* störanfällig" (ebd.) seien. Auch wenn sie das Dialogische in der frühen Eltern-Kind-Beziehung betonen würden, bedeute dies nicht, „die ebenfalls vorhandene Asymmetrie in der Beziehung auszublenden" (Dornes 2006: 69). Zur Kontroverse zwischen Psychoanalyse und Kleinkindforschung siehe ausführlich Dornes 2006: 21ff.

488 So kann die Säuglingsforschung „auch als eine Art Kryptophilosophie betrachtet werden, die versucht, durch das Studium der frühen Lebensjahre alte philosophische Fragen – wie zum Beispiel die nach dem Verhältnis von Subjekt und Objekt, nach der Konstitution von Intersubjektivität oder nach der Stellung des Menschen in der Welt – mit anderen Methoden als denen des rein philosophischen Denkens zu beantworten" (Dornes 2004: 11).

auf die frühe Kindheit beschrieben werden. Insbesondere mit Hilfe neuer Videotechnik ist es der empirischen Säuglingsforschung gelungen, eine Mikroanalyse der frühen Mutter-Kind-Interaktion vorzunehmen und dabei auch subtile Kommunikationsformen zu entdecken, die ‚dem bloßen Auge' verdeckt bleiben. Dabei bemerkte man vor allem, dass der frisch geborene Säugling, der bis dato vor allem als mit nur geringen Fähigkeiten zu Wahrnehmung und Interaktion ausgestatteter passiver Empfänger mütterlicher Fürsorge betrachtet wurde, vielmehr ein ‚kompetenter Säugling' ist. „Diese Metapher meint, daß der Säugling *auf der Basis einer funktionierenden Beziehung zu primären Bezugspersonen* Fähigkeiten hat und entfaltet, von denen wir früher noch nichts ahnten." (Dornes 1999: 75) So zeigte sich, dass nicht nur sowohl die Wahrnehmungs- als auch die Gefühlswelt des Säuglings erheblich komplexer und differenzierter ist, als man früher annahm[489], auch im Bereich der menschlichen Interaktion entdeckte man den Säugling als aktiven und eigenständigen Teilnehmer am Interaktionsgeschehen, der dieses ebenfalls beeinflusst. Man entdeckte, dass Säuglinge „über ein subtiles Repertoire von mimischen, lautlichen und gestischen Verhaltensweisen [verfügen], mit denen sie den Eltern ihre Befindlichkeit signalisieren und deren Interaktionsangebote beeinflussen" (Dornes 1999: 76).[490] Damit wurde auch die Annahme der Triebtheorie widerlegt, der Säugling nehme mit der Mutter nur zu Still- und Befriedigungszwecken Kontakt auf (Altmeyer/Thomä 2006: 15). Des Weiteren relativierten die Befunde der Säuglingsforschung die einseitige Sichtweise der Psychoanalyse auf die frühkindliche Entwicklung und betonte im Gegensatz zu dieser „Harmonie und Regulierung, Integration und Gesundheit, Außenwelt und Interaktion" (Altmeyer/Thomä 2006: 14) und setzte der Annahme einer per se feindlichen Umwelt Befunde über „eine aktive, intelligente und lustvolle Beschäftigung des Säuglings mit der Umgebung" (Altmeyer/Thomä 2006: 15) und die Annahme, „daß das Kind

---

489 Nur ein Beispiel hierfür ist die ehemalige Auffassung, daß Säuglinge anfänglich nur Lust und Unlust empfinden. Dementgegen fand man in Untersuchungen heraus, dass für mindestens sieben Emotionen – Interesse/Neugier, Überraschung, Ekel, Freude, Ärger, Traurigkeit und Furcht – kulturübergreifend typische Gesichtsausdrücke existieren, die sich alle schon bei Säuglingen im ersten halben Lebensjahr finden lassen (Dornes 1999: 76). Für eine ausführliche Zusammenstellung der Befunde zur Wahrnehmungs- und Gefühlswelt des Neugeborenen siehe Dornes 2004.

490 Dem dieser frühen Fähigkeit die Eltern zu beeinflussen korrespondierenden Gefühl der Wirkmächtigkeit misst Dornes (1999: 76) für die gesamte Entwicklung äußerste Bedeutung zu: „Es ist (mindestens) genauso wichtig wie Lust und Unlust, Sexualität und Aggression, Rivalität und Eifersucht, denn es entscheidet darüber, ob sich im Menschen die Überzeugung ausbildet, den weiteren Gang der Ereignisse beeinflussen zu können oder nicht."

schon bei der Geburt die Fähigkeit und den Wunsch hat, sich mit der Welt in Beziehung zu setzen" (Benjamin 1999: 21), entgegen.[491]

Viele Säuglingsforscher interpretierten diese Ergebnisse als Widerlegung der Hypothese von einer *frühkindlichen Symbiose* bzw. fusionären Verschmelzung, wie sie insbesondere von Margaret S. Mahler vertreten wurde. Mahler (u.a. 2003) postulierte, dass der Säugling die ersten sechs Monate seines Lebens als eine symbiotische Verschmelzung mit der Mutter erlebe, d.h. er sich weder als von der Mutter getrennt, noch grundsätzlich von einer Außenwelt als etwas, das unabhängig von ihm existiert, wahrnimmt. Die Trennung von der Mutter und eine gewisse eigenständige Existenz sind aus dieser Sichtweise zentrale Entwicklungsziele der frühen Entwicklung. Vor allem der Säuglingsforscher Daniel Stern (2007) kritisierte diese Vorstellung und postulierte im Gegensatz dazu, der Säugling lebe zu keiner Zeit in völlig undifferenzierter Symbiose mit seiner Mutter, sondern sei von Anfang an bereit, sich für die Welt der anderen zu interessieren und sich von ihr abzugrenzen. Beiden Sichtweisen wohnt aus relationaler Sichtweise eine Gefahr inne. Kann die Sichtweise einer symbiotischen Verschmelzung zur Annahme verführen, „daß wir aus Beziehungen *heraus*wachsen, statt immer aktiver und

491 Nach der Auffassung von Dornes (1999: 76) resultieren diese Fähigkeiten des kompetenten Säuglings auf nicht erlernten biologischen Programmen, die dem Säugling die Anpassung an seine natürliche Umwelt gewährleisten. Gleichzeitig gibt es Hinweise für korrespondierende Programme im Pflege- und Interaktionsverhalten der Eltern, die eine ‚intuitive Elternschaft, (Papoušek/Papoušek 1987) ermöglichen. Dass die Interaktion zwischen Säuglingen und Bezugspersonen trotz dieser biologischen Programme misslingen kann, führt Dornes vor allem darauf zurück, dass diese beim Menschen „im Gegensatz zum Tier nur noch als disponierender, nicht mehr als determinierender Faktor vorhanden" (Dornes 1999: 77) seien und durch die, dem Menschen eigene, symbolvermittelte Fähigkeit zur Bedeutungszuschreibung und Fantasiebildung überformt werde. Diese Fähigkeit habe zwei Seiten: Einerseits könnten Bezugsperson Fantasien entwickeln, die zu einer pathogenen Entwicklung der Interaktion führen, – so kann beispielsweise eine Mutter die Phantasie entwickeln „ihr Säugling sehe sie stechend an" oder auch „ihr Säugling könne verhungern" (ebd.); andererseits hätten „Phantasien von Eltern über ihre Kinder/Säuglinge auch einen enorm wachstums- und entwicklungsfördernden Effekt" (ebd.), z.B. indem „Erwachsene generell und Eltern verstärkt den zunächst vergleichsweise unbestimmten Gesten und Vokalisierungen ihrer Säuglinge Bedeutungen zuschreiben, die sie wahrscheinlich vom Säugling aus betrachtet so explizit noch gar nicht haben" (ebd.). Damit erzeugen Erwachsene „einen Sog [...], in dessen Kielwasser der Säugling etwas Neues lernt, weil er dem Überschuß an Bedeutung, den die Eltern in sein Verhalten hineininterpretieren, gleichsam nachwächst" (ebd.).

selbstständiger *in* ihnen zu werden; daß wir von einem Zustand doppelten Einsseins ausgehen und in einem Zustand vereinzelten Einsseins enden" (Benjamin 1999: 21; kursiv d. Verf.), so verführt das gegenteilige Postulat dazu, eine Art vorsoziales Selbst anzunehmen, das erst nachträglich Beziehungen eingeht und sich nicht allererst in Beziehungen entwickelt. So geht Stern beispielsweise von einer Art Kernselbst aus. Auch Martin Dornes verfällt in altbekannte epistemische Deutungsmuster, wenn er postuliert, der Säugling hätte „a priori ein epistemisches, erkennendes Verhältnis zur Welt und nicht bloß Empfindungen" (Dornes 1997: 150). Altmeyer kritisiert, dass in der Kritik symbiotischer Vorstellung häufig, „die Frage, ob der Säugling die Mutter als aussen *erkennen* kann, mit der ganz anderen Frage konfundiert [werde], ob er sie auch als unabhängig *anerkennen* kann" (Altmeyer 2001: 10).[492]

Noch in einem letzten, lerntheoretisch bedeutsamen, Punkt weichen die Ergebnisse der Säuglingsforschung von klassischen psychoanalytischen Vorstellungen ab: Während die Psychoanalyse ihr Augenmerk auf dramatisch-traumatische, also außergewöhnliche und spannungsvolle Erlebnisse und Situation legte und diesen die entscheidende Bedeutung für die spätere Entwicklung und Charakter- und Persönlichkeitsbildung zusprach, lenkt die Säuglingsforschung den Blick auf den enormen Einfluss undramatischer, alltäglicher Erlebnisse und Situationen, die jedoch durch ihre ständige Wiederholung für Entwicklung und Charakterbildung entscheidend seien.

> „Möglicherweise werden diese Prozesse, weil sie undramatisch sind, später nicht mehr mit der gleichen Deutlichkeit erinnert wie die hohen Spannungszustände. Ihre Auswirkung und Bedeutung für die Entstehung von psychischen Strukturen, kognitiven Stilen, Charaktereigentümlichkeiten und Charakterpathologien ist deshalb nicht genügend beachtet worden." (Dornes 1999: 78)

Zwei weitere Theorien, die für die Säuglingsforschung von eminenter Bedeutung sind, sollen hier wenigstens kurz Erwähnung finden. Die neuere empirische Säuglingsforschung entscheidend angestoßen hat der als „Gründungsvater der entwicklungspsychologischen Intersubjektivitätsforschung" (Dornes 2006: 77) geltende, in Schottland beheimatete, neuseeländische Entwicklungspsychologe Colwyn Trevarthen, der seit den 1970er Jahren darauf hingewiesen hat, dass das Selbst

---

492 Einen zumindest ungewöhnlichen Versuch, diesem Dilemma zu entgehen, unternimmt der norwegische Entwicklungspsychologie Stein Bråten (2006) mit seinem Konzept vom virtuellen Anderen. Bråten konstatiert, dass „das werdende Selbst bereits vor jeder Interaktion sozial konstituiert" (Altmeyer/Thomä 2006: 16) bzw. die ‚Psyche' des Säuglings bereits vorgeburtlich dialogisch strukturiert sei.

von Anfang an auf den anderen bezogen ist (Trevarthen 2006). Diese anfängliche Bezogenheit nennt Trevarthen die ‚primäre Intersubjektivität', sie ermöglicht dem Säugling, von Geburt an eine emotionale Verbindung zu anderen herzustellen und ist zugleich von herausragender entwicklungskonstitutiver Funktion. Mit anderen Worten postuliert Trevarthen ein bereits pränatal angelegtes relationales Bedürfnis, jemandem etwas zu bedeuten und für jemanden von Bedeutung zu sein. Bekannt wurde Trevarthen auch durch die Erforschung und Beschreibung von Protokonversationen zwischen Säugling und Mutter, als solche bezeichnet man die subtil ablaufenden, vorsprachlichen Interaktionen zwischen Säugling und Mutter, sie haben insbesondere für die Sprachentwicklung eine entscheidende Funktion.

Noch bekannter ist die Theorie des bereits erwähnten Säuglingforschers und Psychoanalytikers Daniel Stern, der auf Colwyn Trevarthen und Donald W. Winnicott (siehe zu Winnicott II.3.5) aufbaut. Stern versucht, die Entstehung bzw. Entwicklung des Selbst in den ersten Lebensmonaten aus der subjektiven Seite des Säuglings heraus, aus dessen Selbstempfinden zu konzeptualisieren. Dazu führt er zwar selbst experimentelle Studien und Beobachtungen durch und greift auch auf andere empirische Forschungsergebnisse zurück, wie ihm häufig vorgeworfen wurde, ist sein Verfahren jedoch letztlich spekulativ. Stern nimmt einerseits an, dass das Selbst insofern nicht monadisch konstituiert ist, weil es von Anfang an auf den anderen bezogen ist und sich in dieser Bezogenheit entwickelt, andererseits unterscheidet er verschiedene Formen des Selbstempfindens in der Entwicklung des Selbst und sieht diese – wenn auch in rudimentärer Form – von Anfang an gegeben. Stern geht somit von anfänglicher Verbundenheit wie anfänglicher Separation zugleich aus und beschreibt verschiedene Formen des ‚self-with-others' wie ‚self-against-others'. In diesen Formen des ‚Selbst-mit-anderen' erforschte Stern vor allem die Wechselseitigkeit der dort stattfindenden Interaktionen. Bekannt wurde vor allem das Ergebnis seiner Forschung, dass in der frühen Entwicklung des Säuglings dessen Selbstregulierung, die Veränderung des psychischen Zustands, nur durch die Beeinflussung des anderen erreicht werden kann, indem dieser dazu gebracht wird, sich stimulierend zu verhalten. Stern sieht darin jedoch keine Symbiose, sondern betont dagegen die Aktivität des Säuglings sowie frühe Formen eines diffusen Selbstempfindens. Dieses entwickle sich sukzessive, bevor es zwischen dem siebten und dem neunten Monat einen Quantensprung mache. Hier erhalte der Säugling ein wirkliches Bewusstsein von sich selbst, indem er zugleich lerne, dass sowohl er selbst als auch andere psychische Zustände hätten. Erst ab dann ist nach Stern wirkliche Intersubjektivität möglich, darunter versteht er ein mit anderen gemeinsames Erleben psychischer Zustände.[493] (Stern 2007)

493 Damit wendet sich Stern gegen Trevarthen, der diese Entwicklung zwar ebenfalls für

Die Bindungsforschung: Zur bedeutsamen Rolle frühkindlicher Bindungsqualität

Die vielleicht bekannteste und älteste ‚Theorie' in der Säuglingsforschung ist die Bindungstheorie, deren zentrale These es ist, dass die Qualität der Beziehung zwischen Säugling/Kleinkind und seiner Bezugsperson von entscheidender Bedeutung für die Qualität des weiteren Entwicklungsverlaufes ist.[494] Als Begründer der Bindungstheorie gilt der britische Psychoanalytiker John Bowlby, der mit seiner 1951 veröffentlichten Monographie ‚Mütterliche Fürsorge und seelische Gesundheit' – die Populärfassung eines für die Weltgesundheitsorganisation verfassten Forschungsberichts – große Bekanntheit erlangte. Während Bolwby (1973) in diesem Buch die negativen Auswirkungen des Verlustes des Beziehungbandes zwischen Mutter und Kind am Beispiel von ‚Heimkindern' aufzeigte[495], versuchte er im Folgenden, die Natur dieses Bandes, der *frühkindlichen Bindung*, zu erforschen und wandte sich dazu unter anderem der Ethologie zu. So entwickelte er einige kürzere Arbeiten, die er Ende der 1950er Jahre vor der Britischen Psychoanalytischen Gesellschaft vortrug, dort jedoch größtenteils auf Ablehnung stießen. Unter anderem kritisierte er nämlich, dass die Triebtheorie keine hinreichende Erklärung für die Objektbezogenheit des Säuglings sei, die Objektbezogenheit sei ein primäres nicht ein sekundäres Verhaltensphänomen, d.h. der Säugling suche nicht nur Befriedigung der Trieblust, sondern auch Kontakt und Sicherheit. Somit postulierte Bolwby neben den von Freud angenommenen sexuellen und aggressiven Triebbedürfnissen mindestens gleichwertige Bindungsbedürfnisse, deren Ziel die Nähe zu einer vertrauten Person und das damit einhergehende Gefühl der Sicherheit ist. (Bowlby 2005)

Es war die kanadische Psychologin Mary Ainsworth, der es schließlich gelang, die Bindungstheorie Bowlbys entscheidend weiterzuentwickeln. Ainsworth, die Bowlby und dessen Theorie in den 1950er Jahren kennengelernt hatte, entwickelte eigenständige Studien, um die Bindungsqualität feststellen zu können. Berühmt wurde ihre Baltimore-Studie, in der sie nicht nur das Interaktionsverhalten von

den Zeitraum zwischen sieben und neun Monaten beschreibt, das Ergebnis dieser Entwicklung aber als sekundäre Intersubjektivität interpretiert.

494 Die Bindungstheorie wird hier wesentlich in der Interpretation Martin Dornes (2004) dargestellt.

495 Dazu Dornes (2004: 41) „Nach dem Erscheinen der Monographie ist zu diesem Thema viel geforscht worden. Bowlbys Aussagen wurden relativiert und modifiziert, aber als grundlegende Einsicht bleibt, daß die langandauernde Trennung von der Mutter bei ungenügendem Ersatz ein erstrangiger Risikofaktor für die weitere gesunde seelische Entwicklung ist."

27 Eltern-Kind-Paaren in der natürlichen Umgebung (elterlicher Haushalt) mittles eines Beobachtungsverfahrens dokumentierte, sondern diese Beobachtung durch ein quasiexperimentelles Setting, die *Fremde Situation* ergänzte, das, wie Dornes (2004: 45) treffend bemerkt, „für die Bindungstheorie eine ähnliche Rolle spielt, wie die Couch für die Psychoanalyse". Die ‚Fremde Situation' besteht aus acht jeweils drei Minuten langen Episoden, in der eine Mutter den Raum verlässt, das Kind mit einer fremden Person zurücklässt und schließlich wieder zurückkehrt. In Kombination mit den zuvor durchgeführten Beobachtungen in der natürlichen Umgebung, gelang es Ainsworth, die Verhaltensreaktion des Kindes auf die Wiederkehr der Mutter als den maßgeblichen Indikator für die Qualität der Bindung, und somit das Ergebnis der Interaktionsgeschichte im ersten Lebensjahr, zu identifizieren.[496] Den zentralen Erklärungsfaktor für die Bindungsqualität sah Ainsworth

496 Ainsworth unterteilt die Reaktionen der Kinder anfänglich in drei, später in vier Kategorien. „Es gibt Kinder, die Zeichen von Kummer zeigen, wenn die Mutter den Raum verläßt. Sie unterbrechen ihr Spiel und suchen gelegentlich aktiv nach ihr. Von der Fremden lassen sie sich nur ungern trösten, aber manchmal zur Neuaufnahme des Spiels überreden. Sie suchen Nähe und Körperkontakt wenn die Mutter zurückkommt, begrüßen sie freudig und beginnen nach kurzer Zeit wieder zu spielen. Diese Kinder sind sicher gebunden (B). Eine zweite Gruppe von Kindern (A) ignoriert den Weggang der Mutter. Sie setzen ihr Spiel fort, wie wenn nichts geschehen wäre, und spielen mit der Fremden oft lebhafter als mit der Mutter. Auch die Rückkehr der Mutter wird ignoriert. Die Kinder vermeiden den Blickkontakt, begrüßen sie nicht oder nur flüchtig und suchen kaum ihre Nähe. Sie wirken ruhig, aber physiologische Messungen zeigen, daß sie stark unter Streß stehen. Ainsworth nennt sie unsicher vermeidend gebundene Kinder. Eine dritte Gruppe, die unsicher ambivalent Gebundenen (C), wird unruhig und weint, wenn die Mutter den Raum verläßt. Sie lassen sie nur ungern gehen und sich von der Fremden nicht recht trösten. Sie begrüßen die Mutter nach der Rückkehr zwar und suchen ihre Nähe, zeigen aber gleichermaßen Zeichen von Verärgerung. Sie beruhigen sich kaum, weisen Spielzeug zurück, klammern sich an die Mutter, werden durch den Kontakt aber nicht wirklich beruhigt und wollen im nächsten Moment wieder losgelassen werden. Es herrscht eine unzufriedene, quengelige Grundstimmung. Bei manchen ist sie eher ärgerlich-aggressiv (Cl), bei anderen stark passiv (C2) getönt." (Dornes 2004: 50f) Und weiter: „Von Anfang gab es Kinder, die sich nicht gut in die drei Gruppen A, B, C) einfügen ließen. [...] Eine erneute Untersuchung sämtlicher schwer klassifizierbarer Fälle führte zur Entwicklung einer neuen Kategorie. Kinder mit den oben beschriebenen Verhaltensweisen wurden nun als desorganisiert/desorientiert gebunden (D) bezeichnet. Die bisher forciert klassifizierten Fälle wurden noch einmal gesichtet und im großen Teil der D-Gruppe zugeordnet. Gemeinsam ist diesen Kindern, daß sie über keine konsistente Bindungsstrategie verfügen wie die Kinder der

in der mütterlichen Feinfühligkeit. Im Idealfall nimmt die Mutter die Äußerungen ihres Kindes wahr, interpretiert diese zutreffend und reagiert auf diese prompt und angemessen. Ist dies der Fall, dann ist ihr Kind mit einer hohen Wahrscheinlichkeit sicher gebunden. Eine Mutter, die hingegen inkonsistent – mal angemessen, mal zurückweisend – reagiert, wird wahrscheinlich ein unsicher ambivalent gebundenes Kind erhalten; eine Mutter, die insgesamt eher zurückweisend reagiert, eher ein unsicher vermeidend gebundenes Kind. (Dornes 2004: 44ff)

Im Anschluss an Bolby und Ainsworth hat es unzählige weitere Forschungen[497] und Debatten um die Bindungstheorie gegeben. Insbesondere Ainsworths These, dass vor allem die Qualität der mütterlichen Feinfühligkeit für die im ersten Lebensjahr entstehende Bindungsqualität verantwortlich ist, wurde kontrovers diskutiert. Als vorläufiges Ergebnis der Debatte wird größtenteils nun auch der geringfügige Einfluss von Temperamenteigenschaften des Säuglings auf die Bindungsqualität angenommen. Dornes (2004: 58) fasst die entstandene Datenlage wie folgt zusammen: „Im großen und ganzen kann Ainsworths Befund über den Zusammenhang zwischen mütterlicher Feinfühligkeit während des ersten Lebensjahres und sicherer Bindung mit zwölf Monaten als bestätigt gelten [...] Ebenso – in Maßen – der Zusammenhang zwischen einem eher zurückweisenden Interaktionsstil und vermeidender Bindung bzw. einem inkonsistenten Interaktionsstil und ambivalenter Bindung." Es wurden auch die langfristigen Effekte der Bindungsqualität im ersten Lebensjahr auf die sozioemotionale Entwicklung empirisch erforscht. Zumindest bis zum zehnten Lebensjahr, so zeigte sich, kann man aus den Ergebnissen der ‚Fremden Situation' gute Prognosen für die weitere Entwicklung erstellen.[498] Bekannt wurden auch Studien, die die ‚Fremde Situation'ergänzen

---

anderen Gruppen (A, B, C). Sie zeigen starkes Konfliktverhalten, das oft mit Furcht vor der Bindungsperson zu tun zu haben scheint. So sind z.B. ca. 80% von Kindern, die mißhandelt wurden, desorganisiert gebunden" (Dornes 2004: 52).

497 Diese stützen sich größtenteils aber nur auf die ‚Fremde Situation' und nicht auf Beobachtungen in der häuslichen Umgebungen. Daher ist es fraglich, ob und inwiefern man die Ergebnisse der ‚Fremden Situation' mit der Interaktionsgeschichte im ersten Lebensjahr verknüpfen kann (Dornes 2004: 53f).

498 Zur Verdeutlichung ein paar Beispiele: „Sicher gebundene Kinder zeigen im Kindergarten adäquateres Sozialverhalten. Sie sind in der Lage, auftauchende Konflikte selbständig zu lösen, während die früher so unabhängig wirkenden vermeidenden Kinder eher ängstlich oder aggressiv sind, Konflikten aus dem Weg gehen oder die Kindergärtnerin zu ihrer Lösung einspannen. In Spielsituationen während des zweiten und dritten Lebensjahres zeigen sichere Kinder mehr Phantasie, mehr positive Affekte und mehr Ausdauer. Sie sind konzentrierter, erfindungsreicher und frustrationstoleranter. Verlieren sie bei einem Spiel, so strengen sie sich in der nächsten Runde mehr an,

durch von Mary Main und Mitarbeitern entwickelten Adult-AttachmentInterviews, in denen (angehende) Eltern über ihre eigenen vergangenen Bindungserfahrungen befragt werden.[499] Hier konnte ein signifikanter Zusammenhang zwischen der sich im Interview manifestierenden Qualität der elterlichen Bindungs*repräsentationen* – bezüglich ihrer eigenen Bindungserfahrung – und der kindlichen Bindungsqualität nach einem Jahr – zwischen den interviewten Eltern und ihren Kindern – aufgezeigt werden. Bindungsmuster werden somit mit einer gewissen Wahrscheinlichkeit über verschiedene Generationen hinweg ‚vererbt'.

Tomasello: Wie wir uns durch andere erlernen

Die Entwicklung des Denkens zu erklären, darauf zielt der Entwicklungs- und Kognitionspsychologe Michael Tomasello. Neben der Ontogenese nimmt er dazu jedoch auch die Phylogenese in den Blick und bezieht beide aufeinander. Als Grundrätsel der menschlichen Phylogenese bezeichnet er den Sachverhalt, dass die kognitiven Fähigkeiten des Menschen, die diesen im Gegensatz zu nichtmenschlichen Primaten und anderen Lebewesen auszeichnen, nicht mit den üblichen biologischen Evolutionsprozessen – genetische Variation und natürliche Selektion – erklärt werden können. Grund dafür sei der verhältnismäßig viel zu kurze Zeitraum, in dem sich diese Fähigkeiten entwickelt hätten.[500] Für Tomasello

während unsichere Kinder häufiger verärgert oder resigniert reagieren. Bei unlösbaren Aufgaben suchen die sicheren nach einer Probierphase, in der sie versuchen, das Problem selbst zu lösen, die Hilfe der Mutter, während vermeidende Kinder eher verärgert aufgeben." (Dornes 2004: 59) Und: „Im Alter von zehn Jahren haben ambivalente Kinder die wenigsten Freunde und die meisten Probleme mit ihnen. Sie berichten häufiger von einer unrealistisch großen Anzahl bester Freunde. Sicher gebundene Kinder haben weniger Probleme mit Gleichaltrigen und nennen auf Befragen eine realistische Zahl guter Freunde. Vermeidende Kinder haben in diesem Alter schon erhebliche Mühe, Gefühle wie Kummer und Traurigkeit im Gespräch zu thematisieren." (Dornes 2004: 59f) Für die Zeit danach spielen zwischenzeitlich aufgetretene einschneidende Lebensereignisse, wie der Tod eines Elternteils oder die Scheidung der Eltern, eine zu entscheidende Rolle (Dornes 2004: 60).

499 Um zu verhindern, dass das Bindungsverhalten das Interview beeinflusst, wird das Interview mittlerweile während der Schwangerschaft durchgeführt (Dornes 2004: 70).

500 So seien nicht nur die sechs Millionen Jahre, die den Menschen von Menschenaffen trennen, aus evolutionärer Perspektive eine äußerst kurze Zeitspanne, hinzu komme, dass der moderne Mensch mit dem Schimpansen ca. 99 Prozent des genetischen Materials teile. Neueste Forschungsergebnisse aus der Paläoanthropologie kämen gar zu dem

(2006: 15) gibt es „nur einen einzigen bekannten, biologischen Mechanismus, der diese Veränderungen im Verhalten und der Kognition in so kurzer Zeit hervorbringen" konnte. Dieser bestünde „in der sozialen oder kulturellen Weitergabe, die auf einer um viele Größenordnungen schnelleren Zeitskala operiert als die Prozesse der organischen Evolution" und der auf einer Fähigkeit beruhe, die nur der Mensch besitze. Auf diese Fähigkeit lasse sich schließen, betrachte man einige soziale Verhaltensweisen des Menschen, die man bei nicht-menschlichen Primaten nicht beobachten könne: Weder zeigen letztere ihren Artgenossen irgendwelche Gegenstände, noch lehren sie diesen absichtlich neue Verhaltensweisen.[501] Tomasellos These dazu lautet, dass sie dies nicht tun, „weil sie nicht verstehen, daß ihre Artgenossen intentionale und geistige Zustände haben, die möglicherweise beeinflußbar sind" (Tomasello 2006: 34).[502] Demnach sei der ausschlaggebende Unterschied, „daß Menschen sich mit ihren Artgenossen tiefer ‚identifizieren' als andere Primaten" (Tomasello 2006: 25), sie begreifen „daß andere Personen im Gegensatz zu unbelebten Gegenständen ihm ähnliche Wesen sind" (ebd.) und versuchen daher, deren Perspektive einzunehmen. Erst dies ermögliche kulturelles Lernen und Prozesse der Soziogenese, die wiederum wesentlich den Mechanismus der kulturellen Weitergabe ausmachten (Tomasello 2006: 39). Als *Soziogenese* beschreibt Tomasello Prozesse, „in denen mehrere Individuen gemeinsam kulturelle Artefakte und Praktiken hervorbringen" (Tomasello 2006: 27). Dabei unterscheidet er zwei Formen der Soziogenese. In der einen Form bestehe die Soziogenese aus der realen Zusammenarbeit mehrerer Individuen, in der anderen Form sei diese „eine virtuelle, insofern die Zusammenarbeit über einen historischen Zeitraum hinweg stattfindet" (Tomasello 2006: 59). Die Zweite sei dabei die Wichtigere, da die meisten komplexen kulturellen Artefakte und soziale

---

Ergebnis, dass sich die ersten Anzeichen für die kognitiven Fähigkeiten des modernen Menschens erst in den letzten 250.000 Jahren finden ließen. (Tomasello 2006: 14)

501 Dies gelte jedoch nur für nicht-menschliche Primaten, die nicht in einer menschlichen Umwelt aufgezogen wurden (Tomasello 2006: 34).

502 Zwar seien nicht-menschliche Primaten im Gegensatz zu anderen Säugetieren dazu in der Lage, relationale Kategorien im physischen wie sozialen Bereich zu verstehen, beispielsweise die sozialen Beziehungen Dritter, dies weise darauf hin, dass sie „ihre Artgenossen als Lebewesen auffassen, die zu spontaner Selbstbewegung fähig sind" (Tomasello 2006: 34), jedoch seien sie nicht in der Lage, diese „als intentionale Akteure verstehen, die Ziele verfolgen, oder als geistbegabte Akteure, die die Welt repräsentieren" (Tomasello 2006: 34f). Anders gesagt: „Nichtmenschliche Primaten verstehen viele der Antezedenz-Konsequenz-Beziehungen, die es in der Welt gibt, aber sie scheinen kein Verständnis für die kausalen Kräfte als Vermittler dieser Beziehungen zu haben." (Tomasello 2006: 36)

Praktiken nicht „ein für allemal zu einem einzigen Zeitpunkt von einem einzelnen oder einer Gruppe von Individuen erfunden" (Tomasello 2006: 16) worden wären. „Vielmehr war es so, daß ein Individuum oder eine Gruppe zunächst eine primitive Version des jeweiligen Artefakts oder der betreffenden Praxis erfand und spätere Benutzer eine Veränderung oder ‚Verbesserung' einführten, die dann von anderen manchmal unverändert viele Generationen lang übernommen wurde." (ebd.) Der bei einer solchen Soziogenese wirksame *Wagenhebereffekt,* führe aber nur dann zu einer kumulativen kulturellen Evolution, wenn eine zuverlässige soziale Weitergabe sicherstelle, dass die neu erfundenen Artefakte oder sozialen Praktiken nicht wieder vergessen würden und somit „ähnlich wie ein Wagenheber das Zurückfallen verhindern" (ebd.) würden.[503]

Um wirksam zu sein, sei die Soziogenese daher auf *kulturelle Lernprozesse* angewiesen, denn es seien „Prozesse des kulturellen Lernens und der Internalisierung, in denen die sich entwickelnden Individuen lernen, wie bestimmte Aspekte der durch Zusammenarbeit ihrer Artgenossen entstandenen Erzeugnisse verwendet, und in denen diese Aspekte verinnerlicht werden" (Tomasello 2006: 27). Von weiter verbreiteten Formen des sozialen Lernens[504] grenzt Tomasello das *menschliche,* kulturelle Lernen ab, welches er in drei Grundtypen einteilt – Imitationslernen, Lernen durch Unterricht und Lernen durch Zusammenarbeit –, die alle auf der spezifisch menschlichen Fähigkeit, sich in die geistige Welt einer anderen Person hineinversetzen zu können, aufbauen würden, „so daß sie nicht nur vom anderen, sondern auch *durch* den anderen lernen können" (Tomasello 2006: 17).[505]

503 Dazu Tomasello (2006: 56) ausführlicher: „Es überrascht vielleicht, aber bei vielen Tierarten ist es nicht die Komponente der Erfindung, sondern die stabilisierende ‚Wagenheberkomponente', deren Fehlen eine Fortentwicklung verhindert. So bringen nichtmenschliche Primaten zwar regelmäßig intelligente Verhaltensneuerungen hervor, aber die anderen Gruppenmitglieder durchlaufen dann nicht diejenigen Arten sozialer Lernprozesse, die über die Zeit hinweg den kulturellen Wagenhebereffekt realisieren würden." Die kumulative kulturelle Evolution werde also durch – in einem dialektischen Prozess verschränkte – „Innovation und Imitation" (ebd.) ermöglicht.

504 Damit bezeichnet er „lokale[.] Verbesserungen, Emulationslernen, ontogenetische[.] Ritualisierung oder individuelle[s] Lernen" (Tomasello 2006: 56).

505 Etwas ausführlicher erläutert: „Diese Auffassung anderer als intentionale Wesen, die einem selbst ähnlich sind, ist entscheidend für das kulturelle Lernen des Menschen, weil kulturelle Artefakte und soziale Praktiken, deren prototypische Beispiele im Werkzeuggebrauch und in sprachlichen Symbolen bestehen, stets über sich hinaus auf andere Entitäten verweisen: Werkzeuge weisen auf die Probleme hin, die sie lösen sollen, und sprachliche Symbole verweisen auf die kommunikativen Situationen, die sie repräsentieren sollen. Um den konventionellen Gebrauch eines Werkzeugs oder

Die Entwicklung dieser spezifisch menschlichen Fähigkeit, die dem einzelnen Menschen ermögliche, am kollektiven kulturellen Wissen seiner Gattung zu partizipieren, betrachtet Tomasello auch aus ontogenetischer Perspektive. Dazu greift auch er auf die Ergebnisse der modernen Säuglingsforschung zurück und betont sowohl die vielfältigen ‚Kompetenzen' von Säuglingen, als auch, dass diese von Anfang an soziale Wesen seien.[506] Insbesondere die Fähigkeit zu Protokonversation, bei der Bezugsperson und Säugling ihre Aufmerksamkeit aufeinander richten sowie die bereits bei Neugeborenen festgestellte Fähigkeit zur Nachahmung gingen über die Fähigkeit von nicht-menschlichen Primaten hinaus. Zwar sei der Säugling daher von Anfang an sozial, er mache jedoch keine intersubjektiven Erfahrungen, da dies voraussetze, „die anderen als Subjekte von Erfahrungen [zu] verstehen" (Tomasello 2006: 81). Diese Fähigkeit würden Kinder in der sogenannten *Neunmonatsrevolution* erlangen: „Im Alter von etwa neun bis zwölf Monaten beginnen Kleinkinder eine Vielfalt neuer Verhaltensweisen zu zeigen, die auf eine Revolution ihres Weltverständnisses hinweisen, besonders bezüglich ihrer sozialen Welt. Wenn es auch fraglich sein mag, ob die soziale Kognition der Kleinkinder sich von der anderer Primaten in den Monaten vor dieser Revolution unterscheidet, so kann danach kein Zweifel mehr an einem solchen Unterschied bestehen." (Tomasello 2006: 83f)

Welche sind und was kennzeichnet diese neu auftauchenden Verhaltensweisen? Sechs Monate alte Säugling würden sowohl mit Gegenständen (greifen und manipulieren) als auch mit Menschen (wechselseitiger Gefühlsausdruck) ausschließlich *dyadisch* interagieren. „Wenn sie Gegenstände in Gegenwart von anderen manipulieren, ignorieren sie meistens die Anwesenden. Wenn sie in Gegenwart von Gegenständen mit anderen interagieren, ignorieren sie meistens die Gegenstände." (Tomasello 2006: 84) Im Alter zwischen neun und zwölf Monaten jedoch würden Kleinkinder beginnen, *triadisch* zu interagieren. Kleinkinder seien nun in der Lage, gemeinsam mit einer zweiten Person ihre Aufmerksamkeit auf etwas Drittes – Gegenstände, weitere Personen oder Ereignisse – zu richten:

Symbols von anderen zu erlernen, müssen Kinder daher zu einem Verständnis dessen gelangen, wozu, d. h. zu welchem äußeren Zweck, der andere das Werkzeug oder Symbol verwendet; das bedeutet, sie müssen die intentionale Bedeutung des Werkzeuggebrauchs oder der symbolischen Praxis verstehen lernen, wozu sie ‚gut' ist, was ‚wir', die Benutzer dieses Werkzeugs oder Symbols, damit tun." (Tomasello 2006: 17)

506 Dazu Tomasello (2006: 80): „Nur wenige Stunden nach der Geburt schauen sie selektiv auf schematische Zeichnungen menschlicher Gesichter gegenüber anderen Wahrnehmungsmustern; noch in utero scheinen sie sich an die Stimme ihrer Mutter zu gewöhnen; und schon in einem sehr frühen Entwicklungsstadium erkennen sie andere Personen als Lebewesen, die sich von physischen Gegenständen unterscheiden."

Sie verfolgen den Blick der Erwachsenen, beschäftigen sich gemeinsam mit ihm mit einem Gegenstand, beginnen, dessen Umgang mit Gegenständen zu imitieren, verwenden erstmals deiktische Gesten (z.B. zeigen sie auf einen Gegenstand) und versuchen damit, die Aufmerksamkeit anderer auf etwas Drittes zu lenken. Tomasello nennt dies *Szenen gemeinsamer Aufmerksamkeit.* (Tomasello 2006: 84f)[507]

Dass diese Fähigkeiten zu gemeinsamer Aufmerksamkeit im Alter von ca. neun Monaten relativ plötzlich auftauchen, erklärt Tomasello damit, dass die Kleinkinder nun die Fähigkeit entwickelt hätten, „andere Personen als intentionale Akteure wie sich selbst zu verstehen" (Tomasello 2006: 93).[508] Um dies zu erklären, greift Tomasello auf die Analogiethese aus der ‚Theory of Mind'-Philosophie zurück, derzufolge „Individuen andere Personen anhand einer Analogie mit dem Selbst verstehen, da die anderen ‚wie ich selbst' sind, und zwar so, wie sie es bei unbelebten Gegenständen nicht tun, da diese eben nicht ‚wie ich selbst' sind" (Tomasello 2006: 95). Anders gesagt: „Ich simuliere mehr oder weniger die psychische Tätigkeit der anderen durch eine Analogie zu meiner eigenen, mit der ich am unmittelbarsten und innigsten vertraut bin." (Tomasello 2006: 96f) Und weiter wird erläutert: „Allgemein gesprochen ist die These, daß Kleinkinder bei dem Versuch, andere Personen zu verstehen, das anwenden, was sie bereits an sich selbst erfahren." (Tomasello 2006: 95)[509]

Es sei noch einmal daran erinnert, dass laut Tomasello erst diese Fähigkeit, andere Personen als intentionale Akteure zu verstehen, kulturelles Lernen ermögliche. Während es „in der frühen Kindheit nur eine dyadische Nachahmung des

507 Tomasello wendet sich damit gegen Trevarthen und andere Vertreter einer ‚Intersubjektivität' von Anfang an, die annehmen, dass Säuglinge mit einem Sinn für den anderen und sich selbst geboren werden und die im Auftreten dieser Verhaltensweisen gemeinsamer Aufmerksamkeit nur die sichtbare Manifestation und Weiterentwicklung dieser Fähigkeit zur sozialen Kognition sehen. Gegen eine solche Annahme spreche, so Tomasello, dass bereits „fünf Monate alte Kinder alle notwendigen motorischen Fertigkeiten haben, um dem Blick von anderen zu folgen (sie verfolgen nämlich mit dem Blick Gegenstände, die sich bewegen) und ihnen gegenüber auf etwas zu deuten (sie greifen nach Gegenständen und strecken recht häufig ihre Zeigefinger aus). Deshalb können motorische Beschränkungen alleine nicht erklären, warum junge Säuglinge, wenn sie schon über eine hochentwickelte soziale Kognition verfügen, kein Verhalten triadischer gemeinsamer Aufmerksamkeit zeigen" (Tomasello 2006: 90).

508 Wie andere Primaten verstünden Säuglinge vor der Neunmonatsrevolution andere Wesen zwar als mit der Fähigkeit zur Selbstbewegung ausgestattet, jedoch noch nicht als intentionale Akteure. (Tomasello 2006: 104)

509 Tomasello kann jedoch nicht erklären, wie sich denn die Fähigkeit, sich selbst als intentionaler Akteur wahrzunehmen, entwickelt.

Verhaltens von Angesicht zu Angesicht gab“ (Tomasello 2006: 108), beginne das Kleinkind mit ca. neun Monaten, „die intentionalen Handlungen der Erwachsenen gegenüber äußeren Gegenständen zu reproduzieren“ (ebd.). Mit dieser Fähigkeit öffne sich „eine ganz neue Welt intersubjektiv geteilter Wirklichkeit“ (Tomasello 2006: 121), die „von materiellen und symbolischen Artefakten und von sozialen Praktiken bevölkert ist, die Angehörige ihrer Kultur sowohl in der Vergangenheit als auch in der Gegenwart für den Gebrauch anderer geschaffen haben“ (ebd.). Zwar seien Säuglinge auch schon vor der ‚Neunmonatsrevolution‘ „in den Habitus ihrer Kultur verstrickt“ (ebd.), doch könnten sie nur ‚individuelle Lernprozesse‘ durchlaufen; erst die Fähigkeit, sich in andere hineinversetzen und sich mit diesen identifizieren zu können, ermögliche soziale und kulturelle Lernprozesse und damit die volle Partizipation am Wissensspeicher der Kultur.

Tomasello zeigt, dass Kleinkinder in der Zeit zwischen einem und drei Jahren „regelrechte ‚Imitationsmaschinen‘ sind, insofern sie sich die kulturellen Fertigkeiten und Verhaltensweisen der erwachsenen Mitglieder ihrer sozialen Gruppen anzueignen versuchen“ (Tomasello 2006: 203). Die Fähigkeit zum Imitationslernen entfalte jedoch ihre „wahre Kraft [...] erst allmählich, wenn Kinder die kulturellen Instrumente, vor allem die Sprache, aktiv gebrauchen, die ihnen erlaubt, dieses Verstehen zu beherrschen“ (Tomasello 2006: 77). Dass Kinder sprachliche Symbole zu verwenden lernten, führe „zu einer radikal neuen Form kognitiver Repräsentation [...], die die Art und Weise verändert, wie Kinder die Welt auffassen“ (Tomasello 2006: 125). Rein subjektbezogene Repräsentationen[510] würden nun mit symbolischen Repräsentationen überformt, diese seien intersubjektiv – weil sprachliche Symbole mit anderen geteilt werden – und perspektivisch – weil sprachliche Symbole eine spezifische Perspektive eines spezifischen Phänomens darstellen.[511] Das Erlernen „komplexer sprachlicher Symbole, die historisch kon-

510 Nicht-menschliche Primaten und menschliche Neugeborene repräsentieren laut Tomasello (2006: 125) nur die unmittelbaren sensu-motorischen Erfahrungen ihre Umwelt.

511 Dazu ausführlicher Tomasello (2006: 126): „Der zentrale theoretische Punkt ist, daß sprachliche Symbole die unzähligen Weisen der intersubjektiven Auslegung der Welt verkörpern, die in einer Kultur über einen historischen Zeitraum hinweg akkumuliert wurden; und der Erwerb des konventionellen Gebrauchs dieser symbolischen Artefakte, und damit die Verinnerlichung dieser Auslegungen, verwandelt die Eigenart der kognitiven Repräsentationen von Kindern grundlegend“. Sich in die Tradition von Wittgenstein und Quine stellend, sieht Tomasello im Akt sprachlicher Referenz „ein[en] soziale[n] Akt [...], bei dem eine Person versucht, die Aufmerksamkeit einer anderen Person auf etwas in der Welt zu fokussieren“ (Tomasello 2006: 128); sich gleichzeitig in die Tradition von Wygotzki stellend geht Tomasello zudem von einem – durch die Teilnahme des Kindes an sprachlichen Interaktionen in Gang gesetzten – Internalisie-

ventionalisiert wurden, um auf komplexe, aber wiederkehrende Kommunikationsfunktionen zu reagieren" (Tomasello 2006: 202), ermögliche Kindern ihre Erfahrungen zu kategorisieren, komplexe Ereignisse multiperspektivisch zu betrachten, abstrakte Konstruktionen zu bilden und verleihe ihrer Kognition damit insgesamt „eine große Komplexität und Flexibilität" (ebd.).[512]

Insgesamt macht Tomasello deutlich, dass die Kultur die artspezifische Umwelt und „einzigartige ‚ontogenetische Nische' für die Entwicklung des Menschen" (Tomasello 2006: 105) ist. Dabei bilde die Kultur auf zweierlei Weise den Kontext für diese Entwicklung: „als kognitiver ‚Habitus' und als eine Quelle aktiven Unterrichts durch Erwachsene" (ebd.). Einen spezifisch kognitiven Habitus würden die Kinder erwerben, indem sie an der spezifischen Lebensweise der Mitglieder ihres kulturellen Milieus partizipierten. Das kulturelle Milieu lege „die Modi seiner sozialen Interaktionen fest, die Arten von physischen Gegenständen, die ihm zur Verfügung stehen, die Sorten von Lernerfahrungen und Gelegenheiten, denen es begegnen wird, und die Arten von Schlußfolgerungen, die es über den Lebensstil seiner Umgebung ziehen wird" (Tomasello 2006: 106). Die zweite Form, wie die Kultur den spezifischen Kontext für die (kognitive) Entwicklung des Menschen bilde, sei der Unterricht bzw. unterrichtliche Unterweisungen.

rungsprozess aus, indem nicht nur die kommunikative Absicht der anderen Person, sondern auch deren eingenommene Perspektive verinnerlicht wird (Tomasello 2006: 166). Somit stellten Szenen gemeinsamer Aufmerksamkeit „den intersubjektiven Kontext bereit, innerhalb dessen der Symbolisierungsprozeß stattfindet" (Tomasello 2006: 130).

512 Dass Kinder zudem im Alter zwischen fünf und sieben Jahren die Fähigkeit zu stärkerer Selbstkontrolle sowie eine Reihe anderer metakognitiver Fertigkeiten erlangen, sieht Tomasello dadurch verursacht, dass Erwachsene Kindern gegenüber eine ganz bestimmte Rede – Formen reflexiver Metarede wie Anweisungen – gebrauchen, die die Kinder allmählich verinnerlichen. „Die Grundidee ist dabei folgende: Wenn der Erwachsene das Verhalten des Kindes bei einer bestimmten kognitiven Aufgabe steuert, versucht das Kind zunächst, diese Steuerung vom Standpunkt des Erwachsenen zu verstehen (die Perspektive des Erwachsenen zu simulieren). Später vollzieht es die Anweisungen des Erwachsenen offen nach, indem es sein eigenes Verhalten in der gleichen oder einer ähnlichen Situation durch metakognitive, verhaltensüberwachende Strategien oder selbststeuernde Rede reguliert." (Tomasello 2006: 243) Was das Kind dabei verinnerliche, sei „nicht nur ein blutleerer Standpunkt" (Tomasello 2006: 245), sondern „höchstwahrscheinlich die ‚Stimme'" (ebd.) einer anderen Person, die für das Kind eine gewisse Autorität habe und neben der epistemologischen Dimension, der mit der Rede einhergehenden Perspektive, auch eine moralische Dimension beinhalte.

> „Wenn Kinder keinen Unterricht von Erwachsenen in Form von Sprache, Bildern und anderen symbolischen Medien erhalten würden, würden sie genauso viel über Dinosaurier wissen wie Platon und Aristoteles, nämlich überhaupt nichts. [...] Über die grundlegenden Fertigkeiten der Primatenkognition hinaus hängen das bereichsspezifische Wissen und der Sachverstand der Kinder nahezu vollständig von dem akkumulierten Wissen ihrer Kulturen und dessen ‚Weitergabe' an sie durch sprachliche und andere Symbole ab, darunter Schrift und Bilder. Die Menge von Wissen, die ein einzelner Organismus erwerben kann, indem er einfach die Welt alleine beobachtet, ist äußerst begrenzt." (Tomasello 2006: 209f)

So gebe es in allen menschlichen Gesellschaften Wissenselemente, die von so großer Bedeutung sind, dass die Erwachsenen den Jüngeren diese lehren. Expliziter Unterricht sei deshalb ein so wirksamer Faktor bei der kulturellen Weitergabe, „da er mit einer bestimmten Wahrscheinlichkeit sicherstelle, daß eine besondere Fertigkeit oder ein Wissenselement tatsächlich weitergegeben wird" (Tomasello 2006: 107).[513] Damit gelingt es Tomasello, die menschliche Ontogenese und Phylogenese miteinander zu verknüpfen und er zeigt, wie wir uns über bzw. durch die anderen als Angehörige einer spezifischen Kultur erlernen. Nicht überzeugen hingegen kann m.E. Tomasellos Rückgriff auf die ‚Theory of Mind'-Analogie, dies wird im nächsten Abschnitt deutlich.

Hobson: Zur Rolle zwischenmenschlicher emotionaler Verbundenheit für die intersubjektive Genese

Wie Tomasello greift auch der britische Psychoanalytiker und Autismusforscher Peter Hobson auf Ergebnisse der Säuglingsforschung und der Primatenforschung zurück, um aus ontogenetischer Perspektive die Entwicklung der menschlichen Fähigkeit zum Denken und zur Symbolbildung zu erklären. Hobson geht jedoch insofern über Tomasello hinaus, als dass er *erstens* Tomasellos Rückgriff auf die ‚theory-of-mind'-Theorie kritisiert und statt dieser tendenziell rationalistischen Sichtweise die elementare Rolle zwischenmenschlicher *emotionaler* Verbundenheit für die Entwicklung des Denkens unterstreicht, *zweitens* diesen Prozess de-

513 Die in unserer Kultur ungewohnt hohe Einschätzung des Unterrichts gewinnt Tomasello auch hier wieder durch den Vergleich mit Primaten. „Die sich entwickelnden Jungtiere sind bei allen Primatenarten mit Ausnahme des Menschen meist sich selbst überlassen, wenn sie die Informationen erwerben, die sie zum Überleben und zur Fortpflanzung brauchen; die Erwachsenen tun wenig, um ihnen Informationen bereitzustellen. Eine der bedeutendsten Dimensionen menschlicher Kultur besteht daher darin, daß Erwachsene ihre Kinder aktiv unterrichten." (Tomasello 2006: 108)

zidiert als eine intersubjektive Genese beschreibt und insgesamt eine integrierte Sicht des Geistes und dessen Genese anstrebt.[514]

Da wir, so Hobson, in unserer Kultur auf Erklärungen fixiert seien, „die von isolierten Individuen ausgehen" (Hobson 2003: 23), fassten die meisten von uns „das Denken als etwas Individuelles auf, das wir in unserem eigenen Kopf tun" (Hobson 2003: 10). Demgegenüber konstatiert Hobson (2003: 148):

> „Denken ist keine Sache, die sich nur im Individuum abspielt. Selbst wenn man allein ist und nachdenkt, weiß man dabei, daß diese Gedanken zu einem selbst gehören. Dieses Wahrnehmen der eigenen Person und des eigenen Bewußtseins wurzelt, ebenso wie das Wahrnehmen eines Gegenübers und seines Bewußtseins, in unseren frühkindlichen Beziehungen."

Das Denken und dessen ‚Werkzeuge' seien daher auch nicht „durch irgendeinen allein im Individuum ablaufenden Prozeß entstanden [...]. Vielmehr bilden sich die Werkzeuge des Denkens [...] im emotionalen Kontakt des Kindes mit anderen Menschen heraus. Einfach gesagt: Stünde ein Kind nicht in Beziehung zu anderen Menschen, würde es nicht zum Denken kommen." (Hobson 2003: 10) So lautet seine zentrale These, „daß einer der stärksten Einflüsse auf die kindliche Entwicklung das ist, was *zwischen* Menschen geschieht" (Hobson 2003: 23). Die Fähigkeit zum Denken entwickle sich durch zwischenmenschliche emotionale Verbundenheit in drei wesentlichen Phasen.

Die in der *ersten Phase* erworbene wesentliche Fähigkeit – zugleich die Grundvoraussetzung für die weitere Entwicklung – sei eine elementare emotionale Ansprechbarkeit durch andere Menschen. „Die Grundvoraussetzung für die Entwicklung des Denkens ist, daß das Kind in der Lage ist, sich emotional 'bewegen' zu lassen" (Hobson 2003: 107). So habe die Säuglingsforschung gezeigt, dass Säuglinge schon sehr bald nach der Geburt auf Menschen anders als auf Gegenstände reagierten und mit diesen auf eine besondere Weise verbunden seien, was sich darin zeige, dass Säugling und Bezugspersonen sich von früh an – Stichwort Protokonversation – wechselseitig beeinflussen und in einen emotionalen Austausch treten würden, der Säugling somit von früh auf dafür gerüstet sei, „seine Rolle im Tanz der zwischenmenschlichen Kommunikation einzunehmen" (Hobson 2003: 72). Letztlich erforsche die Säuglingsforschung „Muster[.] des Aufeinander-Bezogenseins" (Hobson 2003: 50): „Das Kind wird in einen wahren Strudel

---

514 So kritisiert er die individualtheoretische Trennung von Individuum und Gesellschaft, die dualistische Trennung von Körper und Geist sowie die „dreifache[.] Unterteilung geistiger Vorgänge in Kognition (Denken), Wille und Affekt (Gefühle)" (Hobson 2003: 9) und sieht in der Erforschung der frühkindlichen Entwicklung den „beste[n] und vielleicht einzige[n] Weg" (ebd.), diese ‚Zersplitterungen' zu überwinden.

aus emotionalen Anreizen und Impulsen hineingezogen. Dieser Strudel reißt es, wie wir sehen werden, schließlich aus seiner Selbstbezogenheit heraus, so daß die Prozesse des Denkens in Gang kommen können." (Hobson 2003: 57)

Der entscheidende Schritt dazu vollziehe sich in der *zweiten Phase*. Wie schon Tomasello sieht auch Hobson in der ‚Neunmonatsrevolution' eine ‚kopernikanische Wende' für die Entwicklung des Denkens, die im Wesentlichen darin bestehe, „daß ein Gegenstand oder Ereignis ins Blickfeld *zwischen* zwei Menschen rückt, so daß sie darüber kommunizieren können." (Hobson 2003: 75) Anders gesagt: „Das Kind ist also mittlerweile in der Lage, die Aufmerksamkeit nicht nur *entweder* auf ein Objekt *oder* auf eine Person zu richten, sondern auch auf die Beziehung der Person zu dem Objekt." (ebd.) Die entscheidende Entdeckung des Kindes, die damit einhergehe, bringt Hobson wie folgt auf den Punkt: „Die Welt ist nicht einfach eine Welt-für-mich, die Bedeutung hat, weil sie in mir bestimmte Empfindungen auslöst oder weil ich in ihr bestimmte Dinge tue. Die Welt hat auch Bedeutung für andere, und diese Bedeutung kann die Bedeutung verändern, die die Welt für mich hat." (Hobson 2003: 86)

Stimmt Hobsons Interpretation der ‚Neunmonatsrevolution' bis dahin mit Tomasello überein, so betont er jedoch, dass sich diese Entdeckung „nicht im Denken, sondern im Handeln und Fühlen" (Hobson 2003: 87) vollziehe und warnt davor, die ‚Neunmonatsrevolution' überzuinterpretieren und anzunehmen, „das Baby würde bereits verstehen oder denken, daß sein Gegenüber ein Bewußtsein und ein eigenes Erleben hat" (Hobson 2003: 75). Vielmehr interpretiert Hobson das Geschehen in dieser Phase als eine eher unbewusste Übernahme oder emotionale Identifikation mit der Haltung eines anderen (Hobson 2003: 90).

Bewusst und gezielt könne dies erst in der *dritten Phase* erfolgen, nachdem das Kind in der Mitte des zweiten Lebensjahres einen weiteren Entwicklungssprung durchlaufe. Gemeinsam mit dem Erwerb der Sprache und der Fähigkeit zum symbolischen Spiel entfalte hier „das Kind eine neue Form des Bewußtseins von sich selbst und anderen Menschen" (ebd.). Was das Kind hier lerne, sei im Wesentlichen das, was Mead als den Prozess der Perspektivenübernahme beschrieben habe. Nehme das Kind zunächst die Welt – wenn auch nicht bewusst – nur aus einer Perspektive war, so macht es durch das Geschehen in der zweiten Phase die wiederholte Erfahrung, dass es, affiziert durch die Perspektive eines anderen, „eine Bewegung von einem psychischen Standpunkt gegenüber Dingen und Ereignissen hin zu einem anderen Standpunkt vollzieht" (Hobson 2003: 112) und lerne dadurch allmählich, seine Perspektive von der eines anderen zu trennen und den Perspektivwechsel selbst zu vollziehen. Durch die wiederholten Erfahrungen des Perspektivwechsels wiederum, werde sich das Kind zunehmend „seiner selbst bewußt und begreift, was es bedeutet, eine Perspektive einzunehmen. In der Interaktion mit anderen gewinnt es einen Bezugspunkt, von dem aus es die eigenen Haltungen und Handlungen betrachten kann. Es hat sozusagen die Perspektive der anderen in sein eigenes Bewußtsein hineingenommen.“ (Hobson 2003: 114) So entstünden „aus Vorgängen zwischen Menschen neue Vorgänge im Bewußtsein des Kindes“ (ebd.). In diesem Prozess der Differenzierung der eigenen Perspektive von der anderer entstehe auch die Fähigkeit, zwischen „Dingen und Gedanken über Dinge“ (Hobson 2003: 126) zu unterscheiden. Damit sei auch die Grundlage zum symbolischen Denken geschaffen. Symbole haben nach Hobson „die Funktion, Bedeutungen zu verankern“ (ebd.), sie sind die „Währung des Denkens“ (ebd.), deren Wurzeln in der vorsprachlichen Kommunikation liegen. Auch die Symbole erlerne das Kind von anderen:

> „Durch die Beziehungen zu anderen Menschen wird das Kind dazu hingeführt, die Bedeutungen zu erfassen, die sie der Welt zuschreiben. […] Durch dieses unwillkürliche Eintauchen in ihre Beziehung zur Welt entdeckt das Kind, daß Bedeutungen sich von Gegenständen und Ereignissen ablösen und an etwas Neues koppeln lassen – an Symbole.“ (ebd.)

Mit anderen Worten:

> „Das Kind erkennt, daß die Bedeutung eines Wortes, das andere ihm gegenüber verwenden, bestehen bleibt, wenn es das Wort ihnen gegenüber verwendet. Es begreift, daß es selbst Bedeutungen zuweisen und im symbolischen Spiel von einer Sache auf eine andere verlagern kann. Das ist es, was wir unter Denken verstehen.“ (Hobson 2003: 234)

Die neue Form von Selbstbewusstsein und Selbstbezogenheit, die in dieser dritten Stufe entsteht, will Hobson aber nicht so verstanden wissen, „daß das Kind Gedanken über die eigenen Gedanken entwickelt, sondern daß es Haltungen zu den eigenen Haltungen einnimmt. Die Wichtigkeit dieser Unterscheidung liegt darin, daß Gedanken *aus Haltungen entstanden sind*“ (Hobson 2003: 235), nicht aber andersherum.

> „Damit das Kind sich selbst als denkendes Wesen begreifen kann, muß es in der Lage sein, auf die Haltungen anderer, die auf die Welt und das Kind selbst gerichtet sind, so zu reagieren, daß es dabei eine emotionale Bewegung vollzieht. Voraussetzung ist also, daß es zu erfassen vermag, worauf sich die Haltungen richten, die in den körperlichen Äußerungen der anderen zum Ausdruck kommen, und daß es sich als Reaktion darauf mit den anderen identifiziert.“ (Hobson 2003: 235f)

Damit wendet Hobson sich gegen Theorien der Ontogenese, die sich – wie Tomasello – auf die ‚theory of mind‘[515] beziehen und den Akt der Perspektiven-

515 „Das ist ein in vieler Hinsicht deplazierter Ausdruck, denn er unterstellt, das Kind wür-

übernahme in Form eines Analogieschlusses beschreiben, der wie folgt aussieht: „Ich kann den Körper des anderen, aber nicht sein Bewußtsein sehen. Zu meinem eigenen Bewußtsein habe nur ich selbst direkten Zugang. Weil der andere einen Körper hat, der dem meinen gleicht, gelange ich zu der Schlußfolgerung, daß er auch ein Bewußtsein wie ich hat. Ich schließe von mir auf ihn." (Hobson 2003: 220). Der Analogieschluss stützt sich, wie Hobson kritisiert, dabei nicht nur auf „die gängige Unterscheidung zwischen Körper und Geist" (ebd.), sondern unterstellt auch, „ein Mensch würde den Körper eines anderen wie einen Gegenstand wahrnehmen" (ebd.). Dem hält Hobson entgegen, es habe sich beim Blick auf die ersten Lebensmonate eines Säuglings gezeigt, dass man den Menschen schon immer als Menschen und nie nur emotional neutral als Körper und damit als bloßen Gegenstand wahrnehme.[516] Mit Wittgenstein und Merlau-Ponty argumentiert Hobson dahingehend, dass ein Kind „durch die körperlichen Äußerungen der anderen ihre Gefühle erfaßt" (Hobson 2002: 222) und dies auf eine recht unmittelbare Weise, „die uns in sein subjektives Leben gleichsam hineinzieht" (ebd.). So nehmen wir, wie Wittgenstein gezeigt habe, „ein Lächeln nicht als eine nach oben geschwungene Konfiguration des Mundes wahr, um aus ihr die logische Schlußfolgerung zu ziehen, daß der Betreffende sich freue", sondern bemerkt die spezifische Gestalt des Lächelns nicht einmal, weil wir uns beim Wahrnehmen von Emotionen vielmehr über den körperlichen Ausdruck auf eine Weise mit der ausgedrückten inneren Haltung des anderen identifizieren, die nicht bewusst abläuft. Somit haben wir eine Art „direkten Zugang zu ihrem Bewußtsein, ohne daß komplizierte Zwischenschritte mit Herleitungen, Analogien und Schlussfolgerungen notwendig wären." (Hobson 2003: 231)[517]

Implikationen für das Subjekt- und Lernverständnis

So unterschiedlich die Genese des Selbst in den skizzierten Ansätzen und Theorien auch dargestellt und theoretisch konzipiert wurde, unumstritten ist, dass die-

de theoretische Überlegungen zum Wesen von Gefühlen, Wünschen, Überzeugungen, Intentionen und so weiter anstellen. In Wirklichkeit aber begreift es solche mentalen Aspekte auf einem Weg, der *alles andere* als theoretisch ist." (Hobson 2003: 144)

516 Zudem müsse das Kind „erst einmal Erfahrungen mit anderen Menschen (die ein Bewußtsein haben) machen, ehe es einen Begriff vor Bewußtsein gewinnen kann. [...] Die Vorstellung, daß es den Begriff des Bewußtseins von sich aus bilden und zutreffend anwenden könnte, ergibt keinen Sinn." (Hobson 2003: 222).

517 Darauf verweisen, wie gezeigt wurde (I.4.6), auch die neurowissenschaftlichen Erkenntnisse zu den ‚Spiegelneuronen'.

se Genese eine intersubjektive Genese ist, d.h., dass die Anderen nicht nur dem Selbst in seiner Entstehung vorausgehen, sondern für dessen Entstehung eine konstitutive Rolle spielen.[518]

Interpretiert man die intersubjektive Genese des Selbst lerntheoretisch, dann stellt diese nicht nur die Genese des Lernsubjekts dar, sondern dieser Vorgang der intersubjektiven Genese kann auch selbst als ein, wenn auch spezifischer, Lernprozess betrachtet werden. Entwicklung kann dann nicht mehr als eine Reifungs-, sondern muss als eine Interaktions- bzw. Beziehungsgeschichte erzählt werden und kann auch als Lerngeschichte ausgelegt werden. Anders gesagt: Das Lernsubjekt erlernt sich, weder ist es einfach, noch entwickelt es sich selbst, sondern es entsteht allererst von Anderen her, es erlernt sich an, über und durch Andere. Beachtet man, dass die intersubjektive Subjektwerdung zudem zugleich ein Prozess der Individuation und Sozialisation ist, dieser Prozess der Entwicklung also nicht nur ein Erlernen an konkreten Anderen ist, bei dem das Selbst als spezifisches Individuum entsteht, sondern zugleich als eine Verwicklung in spezifische kulturelle Milieus und größere kulturelle Traditionsbestände hinein verstanden werden muss, dann wird deutlich, dass Entwicklung, Lernen und Sozialisation sich nur analytisch unterscheiden lassen und drei verschiedene Perspektiven auf einen Prozess bezeichnen, der sich phänomenal nicht trennscharf in Entwicklung, Lernen und Sozialisation unterscheiden lässt.[519]

518 Unterschiede in den Versionen einer intersubjektiven Genese gibt es unter anderem darin, was unter dem sich entwickelnden Selbst verstanden wird. Hier gibt es in vielen Entwicklungstheorien durchaus die Tendenz, das Selbst wesentlich mit dem Geist bzw. der Fähigkeit zu Denken und zu bewusster Wahrnehmung oder auch einer zentralen (Selbst-)Steuerungsinstanz zu identifizieren. Des Weiteren unterscheiden sich die verschiedenen Versionen darin, welche Vor- und Zwischenstufen des Selbst angenommen werden, wie diese in ihrer engen Beziehung bzw. Bindung zu primären Bezugspersonen theoretisch konzipiert werden und vor allem wie die Genese des Selbst aus der Ersten-Person-Perspektive beschrieben werden kann, also wann und in welcher Intensität sich erste (Vor-)Formen von Wahrnehmung und Denken bilden. Auch gibt es unterschiedliche Auffassungen davon, in welcher Form bzw. auf welche Art und Weise die anderen für die Genese des Selbst konstitutiv sind. Es fehlt hier jedoch der Raum, diese Unterschiede genauer zu beleuchten und kritisch zu diskutieren, auch wurden die unterschiedlichen Versionen dafür nicht vollständig und präzise genug rekonstruiert.

519 Wobei Lernen dann als umfassendster Prozess gelten kann und Entwicklung und Sozialisation vor allem verschiedene Aspekte bzw. Seiten an diesem Prozess deutlich machen. Dabei betont der Terminus der Entwicklung, dass Lernen immer auf bereits vorhandenen Dispositionen aufbaut. Jedoch kann Entwicklung leicht als linearer sowie vorgegebener Prozess der Reifung, der in einen Endzustand führt, missverstan-

Durchgängig zeigte sich dabei in den verschiedenen Konzeptionen das von Wygotzki formulierte Muster des ‚Inter zu Intra' als den wesentlichen ‚Mechanismus' der intersubjektiven Genese: Mead beschrieb die Übernahme der Haltungen bzw. der Perspektiven anderer in das eigene Verhalten sowie die Übernahme der Haltung des verallgemeinerten Anderen einer Gemeinschaft als den Erwerb von Normen und Erwartungen dieser Gemeinschaft. Die Bindungsforschung zeigte, wie die Qualität der Beziehungen zu den frühen Bezugspersonen die Qualität des weiteren Entwicklungsverlaufs bedingt und durch die moderne Säuglingsforschung wurde sichbar, wie die frühen, sich stets wiederholenden Interaktionsmuster charakter- und persönlichkeitsbildend sind. Tomasello zeigte unter anderem, wie die Internalisierung reflexiver Metarede allererst bestimmte Formen der Selbststeuerung ermöglicht und Hobson machte deutlich, wie sich die Fähigkeit zu denken und die Werkzeuge des Denkens sich im emotionalen Kontakt des Kindes mit anderen Menschen herausbildet. Wie Hobson meint, übt das, was zwischen den Menschen geschieht, den stärksten Einfluss auf Entwicklung aus. Der Bereich des Zwischenmenschlichen zeigte sich somit bei allen Ansätzen durchgängig als die primäre Quelle der Entwicklung.

Zusammengefasst bedeutet dies: Vor allem in der Relation zu Anderen erlernt das Subjekt die Relation zu sich und zur Welt. Ein Säugling kommt nicht als modernes Erkenntnissubjekt auf die Welt: Weder besitzt er die Fähigkeit, sich seiner selbst bewusst zu sein, noch nimmt er die Welt in Form neutraler Sinnesdaten auf. Jedoch ist er von Anfang an dazu in der Lage, auf basale und stets emotionale Weise mit anderen zu interagieren und zu kommunizieren. Ist der Säugling anfänglich quasi diese Beziehung zu der Bezugsperson – hier liegt m.E. die ‚Wahrheit' der Symbiose –, so spricht vieles dafür, dass die Fähigkeit zunehmend bewusster und gezielter sich zu sich selbst und zu anderen und anderem verhalten zu können, sich allererst langsam und sukzessive *auf der Basis dieser Beziehung zu Anderen und durch deren Bezugnahmen* auf ihn entwickelt. Der Zugang zur Welt ist daher

den werden. Entwicklung lerntheoretisch als ein Erlernen zu interpretieren, betont die Offenheit dieses Prozesses, sowie dessen Bedingtheit durch andere und anderes und damit auch durch den weiteren kulturellen und gesellschaftlichen Kontext. Der Begriff der Sozialisation wiederum betont den Aspekt der Vergesellschaftung und gesellschaftlichen Formung des Subjekts. Jedoch wird damit tendenziell von einem Gegensatz von Individuum und Gesellschaft ausgegangen und Lernen daher als zur Sozialisation gegensätzlicher, individueller Prozess gesehen. Demgegenüber wird hier – in subjektivationstheoretisch-paradoxer Logik – betont, dass die Entwicklung einer individuellen Persönlichkeit (Individuation) und die Verwicklung in kulturelle, soziale und gesellschaftliche Zusammenhänge (Sozialisation) nicht zwei getrennte, sondern ein und derselbe Prozesse sind.

niemals abstrakt, in Form ‚neutraler' Sinnesdaten, die über die Sinne als Informationen aufgenommen werden, sondern entwickelt sich in seiner spezifischen Weise aus den emotionalen zwischenmenschlichen Beziehungen allererst heraus; d.h. die Beziehung zu Anderen geht der Beziehung zur nicht-menschlichen Umwelt voraus, sowie das Emotional-Affektive, dem Rational-Kognitiven. Natürlich ist ein neu geborener Säugling dazu in der Lage, auf basale Weise Gegenstände wahrzunehmen, jedoch kann er nicht nur von vorneherein zwischen Menschen und Objekten unterscheiden, vielmehr hat er, bevor er erste Aspekte einer gegenständlichen Umwelt erfährt, im mütterlichen Leib bereits eine menschliche ‚Umwelt' bzw. eine Form der Verbundenheit bzw. des Selbst-mit-anderen ‚erfahren'. Die Fähigkeit, die Umwelt zunehmend ‚bewusster' zu erleben und den Weltzugang spezifisch zu gestalten, bildet sich somit erst auf dem Hintergrund intensiver zwischenmenschlicher Beziehungen bzw. Bindungen heraus. Wie sich am Beispiel der Neunmonatsrevolution zeigt, erlernt der Säugling auf Basis der intensiven emotionalen Bindung zur Bezugsperson sich mit dessen Haltung bzw. Perspektive zu identifizieren und in Akten geteilter Aufmerksamkeit dessen Haltungen zu erlernen und aus dessen Perspektive die Welt zu erfahren. Vor allem der symbolische Gehalt der Sprache formt diesen Zugang zur Welt wie zu sich selbst auf spezifische, intersubjektive Weise. Damit ist nicht negiert, dass in diesem Prozess auch die Fähigkeit entsteht, sich zu anderen auf andere Weise zu verhalten sowie sich selbst und andere als eigenständige Wesen zu sehen. Somit ist das Selbst von Anfang an ein ‚Selbst-mitanderen' und ein ‚Selbst-auf-andere', d.h. auf diese bezogen und auf diese angewiesen.

Weder ist das Lernsubjekt jedoch bloßes Produkt seiner Relation zu anderen, noch mündet die Entwicklung des Lernsubjekts in eine vollständige Autonomie. Das Lernsubjekt wächst nicht aus Beziehungen heraus, sondern wird in diesen selbstständiger, d.h. es bleibt immer ein ‚Selbst-mit-anderen'. Zwar gewinnt es zunehmend die Fähigkeit, sich in gewissem Sinne bewusst auf sich, auf andere und auf anderes zu beziehen, es bleibt dabei aber fundamental, wenn auch zumeist unbewusst, auf Andere bezogen. Bereits Mead konstatierte, dass kein Gedanke und kein Gefühl unabhängig von einer Bezugnahme auf andere existieren und menschliches Verhalten nur dann verständlich werden könne, wenn man seine Einbettung in gesellschaftliche Prozesse beachte. Zudem zeigte sich durch die Säuglingsforschung, dass Säuglinge von Anfang an auf andere bezogen sind bzw. Bowlby machte deutlich, dass das menschliche Bedürfnis nach Bindung ein primäres Bedürfnis sei. Trevarthen konstatiert gar ein bereits pränatal angelegtes Bedürfnis, jemandem etwas zu bedeuten und für jemanden von Bedeutung zu sein. Jedoch darf Genese nicht mit Geltung verwechselt werden, d.h. zu prüfen wird sein, inwiefern die in der intersubjektiven Genese von Anfang an gegebene Bezogenheit auf Andere auch lebenslang gilt.

Zumindest für die frühen Lernprozesse wird deutlich, dass sich die Bezogenheit auf Andere im Lernen darin zeigt, dass die meisten Lernprozesse als Imitation und Nachahmung ablaufen. Basales Imitationslernen gibt es zwar von Geburt an, doch bereits Wygotzki wies darauf hin, dass die Fähigkeit zum Nachahmen selbst lern- und entwicklungsfähig ist. Und wie Tomasello zeigte, wird durch die Fähigkeit zur Identifikation mit anderen sowie durch späteren Erwerb der Sprache ein Lernen nicht nur *von*, sondern auch *durch* andere ermöglicht und somit ein effektiveres, beschleunigtes und nachhaltigeres Nachahmen. Möglich wird so Imitationslernen, Lernen durch Unterricht und Lernen durch Zusammenarbeit, allesamt Formen des kulturellen Lernens, durch die der Einzelne am ‚Wissenspeicher der Kultur' partizipieren kann bzw. er selbst Teil dieser Kultur wird und deren spezifischen Habitus erwirbt.

II.3.3 DAS RELATIONALE SELBST IM SOZIALKONSTRUKTIONISMUS

Der Sozialkonstruktionismus ist die im englischsprachigen Raum wohl bekannteste Strömung einer postkognitivistischen Psychologie, also einer Psychologie, die sich dezidiert als Gegenentwurf zur – immer noch hegemonialen – kognitivistischen Psychologie versteht.[520] Entstanden ist der Sozialkonstruktionismus in den 1980er Jahren im Kontext der Kritik an der gängigen sozialpsychologischen Forschung, die das Sozialleben durch die Analyse der kognitiven Prozesse der einzelnen Interaktionsteilnehmer empirisch-experimentell zu erforschen suchte (Jacob 2004: 8ff, 100; Zielke 2004: 203). Während so für die gängige Sozialpsychologie die Genese des Sozialen durch das Individuelle zustande kommt und somit der forschende Blick auf das Individuum gerichtet wird, betrachtet der Soziale Konstruktionismus die Genese des Psychischen in Abhängigkeit vom Sozialen und nimmt eben dieses Soziale in den Fokus seiner Forschung.

Führender Vertreter sowie Begründer und Namensgeber des Sozialkonstruktionismus ist Kenneth J. Gergen.[521] Mit der Bezeichnung Sozialkonstrukti*onismus*

520 Im deutschsprachigen Raum hingegen ist die handlungstheoretische Kulturpsychologie, wie sie beispielsweise in Jürgen Straub einen wichtigen Vertreter hat, sicherlich die bekannteste Variante einer postkognitivistischen Theorie.

521 Andere bekannte Vertreter des Sozialkonstruktionismus sind John Shotter, Jonathan Potter und Margret Wetherell. Eine Spezialform des Sozialkonstruktionismus in Großbritannien ist unter der Bezeichnung Diskursive Psychologie oder Diskurspsychologie bekannt (Zielke 2004: 206). Aufgrund der Zentralität Gergens und der gebotenen Kürze wird sich die Darstellung im Folgenden hauptsächlich auf Gergens Version des Sozialkonstruktionismus fokussieren.

will er seinen Ansatz einerseits von sozialphänomenologischen/-konstruktivistischen Ansätzen abgrenzen, wie sie im Anschluss an Berger und Luckmanns (2007 [1966]) ‚Gesellschaftliche Konstruktion der Wirklichkeit' entstanden sind. Zwar sieht er in diesen einen wichtigen Vorläufer des Sozialen Konstruktionismus, gleichzeitig spiele der Dualismus von individueller Subjektivität und sozialer Struktur dort noch eine zu starke Rolle (Gergen 2002a: 73f). Andererseits versucht Gergen sich mit der Bezeichnung Sozialkonstruktionismus vom radikalen Konstruktivismus abzugrenzen. Zwar teilt er mit diesem dessen erkenntnistheoretischen Skeptizismus, in direktem Gegensatz zu dessen Annahme von der Subjektgebundenheit aller Erkenntnis und allen Wissens und der Geschlossenheit kognitiver Systeme jedoch geht der Sozialkonstruktionismus von der sozialen Eingebundenheit aller Erkenntnis und allen Wissens aus und stellt die Existenz geschlossener kognitiver Systeme in Frage (Gergen 2002a: 5; Jacob 2004: 113).

Relationale Realitäten: Die soziale Konstituiertheit von Sprache, Erkenntnis und Wissen

Um die zentrale These des Sozialkonstruktionismus, die *soziale Konstituiertheit von Wissen, Erkenntnis und Sinn*, nachvollziehbar zu machen, unterzieht Gergen das repräsentationalistische Sprachverständnis, nach der Sprache ein Medium ist, in dem die Außenwelt gespiegelt oder abgebildet wird, einer Kritik. Einem solchen Verständnis hält Gergen (2002a: 66) entgegen: „Die Begriffe mit denen wir die Welt und uns selbst verstehen, ergeben sich nicht zwangsläufig aus ‚dem, was ist'." Im Einklang mit Saussure versteht Gergen Sprache als ein kontingentes Differenzsystem, in dem „die Bedeutung unserer Wörter nicht von den Eigenschaften der Welt abhängt, sondern von ihrer Beziehung zu anderen Wörtern. Sinn entsteht erst innerhalb von Texten (oder Sprachen)" (Gergen 2002a: 59). Gergen hält die saussuresche Konzeption der Sprache als abstraktes Zeichensystem jedoch für nicht ausreichend, um nachzuvollziehen wie Menschen in und durch ihre alltägliche Interaktionen Diskurse gebrauchen und verändern (Gergen 2002a: 59; 2005: 25f). Um dies beschreiben zu können, stellt sich Gergen in die sprachpragmatische Tradition des späten Wittgensteins und betrachtet Sprache vor allem als eine menschliche Praxis.[522] Wittgenstein hätte nicht nur die Bild- oder Spiegelmeta-

522 Für eine ausführliche Analyse der Rezeption des späten Wittgensteins in Gergens Sozialkonstruktionismus siehe Jacob 2004: 101ff und Zielke 2004: 240ff. Der späte Wittgenstein kann generell als Pionier eines relationalen Denkens betrachtet werden (siehe dazu Cavell 2006: 183ff), da er beschrieben hat, wie menschliches Bewusstsein und Denken sich einer sozialen Sprachgemeinschaft verdankt.

pher der Sprache durch die des Spiels ersetzt (Gergen 2002a: 51), wichtiger noch sei, dass sich nach Wittgenstein die Sprachspiele, durch die unsere Beschreibungen und Erklärungen der Welt unhintergehbar geformt würden, innerhalb konkreter ‚Lebensformen' entwickelten, so dass „Formen des Sprechens in Handlungsweisen eingebettet und [...] von Dinglichkeit umgeben" (Gergen 2005: 26) seien. Intelligibilität, also ein verstehbarer und sinnvoller Zusammenhang, entstehe somit stets innerhalb spezifischer Sprachgemeinschaften, die spezifische Praktiken, Anordnungen von Gegenständen und Diskurse zugleich mit Sinn ausstatten.[523] So konstituiere sich Sinn und Bedeutung sozial und sprachlich bzw. innerhalb konkreter Sprachgemeinschaften und deren Lebensformen.[524] Die sich so ergebende Konzeption der Sprache nennt Gergen eine relationale. Dies erläutert er wie folgt:

> „Wie wir beschreiben, erklären und darstellen leitet sich aus Beziehungen ab. [...] Aus dieser Sicht erhalten Sprache und andere Formen der Darstellung ihre Bedeutung aus der Art und Weise, in der sie in Beziehungen verwendet werden. Was wir über uns und über die Welt für wahr halten, ist damit kein Produkt des individuellen Geistes. Der individuelle Geist erschafft weder Sinn und Bedeutung noch Sprache. Ebenso wenig entdeckt er die wahre Beschaffenheit der Welt. Sinn und Bedeutung ergeben sich aus aufeinander bezogenen Interaktionen zwischen Menschen – aus Diskussionen, Verhandlungen und Überein-

523 Gergen erläutert dies am Beispiel der ‚Lebensform' Fussball: „Man denke an die Lebensform, die wir als Fußballspiel bezeichnen. Sicherlich gibt es übliche Weisen, über Fußball zu sprechen – über Mannschaften, Spielstände, Strafstöße." (Gergen 2005: 26) Jedoch: „Man kann nicht einfach ‚Tor!' an einer belebten Straßenecke ausrufen, ohne Aufsehen zu erregen. Nur unter spezifischen Umständen ergibt ein solcher Ausruf Sinn, und dies hängt von einer bestimmten Anordnung von Gegenständen (wie dem Spielfeld und dem Ball) und Menschen ab." (ebd.)

524 Auch eine Sinnesempfindung sei daher nicht Resultat eines Transfers neutraler Daten aus einer externen Welt, sondern Resultat einer gemeinschaftlich konstituierten Handlung. „Damit meine ich, dass eine Handlung innerhalb einer kulturellen Tradition als bedeutungsvoll erschaffen wird. Es gibt z.B. nichts an fermentiertem Traubensaft, was Menschen auf natürliche Weise anzieht. Tatsächlich finden viele Personen den Geschmack ekelhaft. Es gibt jedoch eine kleine Gemeinschaft professioneller Weinbeurteiler. Die die Qualität eines Weines bewertenden Mitglieder dieser Gemeinschaft verfügen über ihre eigene Fachsprache, die von Uneingeweihten kaum verstanden wird. Der Wein führt nicht zu einer automatischen Reaktion der Sinne. Vielmehr beteiligen sich die Experten an einem gemeinschaftlichen Akt der Bewertung. Sicher ist der Wein hierbei ein wichtiger Bestandteil. Gleiches gilt jedoch für den eigenen Körper. Der angenehme Geschmack ist ein Nebenprodukt einer sozialen Tradition." (Gergen 2002a: 132)

stimmungen. Aus dieser Sicht sind Beziehungen die Grundlage für alles, was verstehbar ist." (Gergen 2002a: 67)

Erst durch spezifische ‚Relationalitäten' existierten spezifische ‚Intelligibilitäten' und damit ‚Realitäten'. Daher ergebe sich: „Nicht dem Kopf des Einzelnen wohnen Wissen, Verstand, Emotion und Moralität inne, sondern den Beziehungen." (Gergen 2005: 23)[525]

Die generative Theorie des relationalen Selbst

Bedenkt man insbesondere den performativen Aspekt von Sprache und Wissen[526], dann wohnt diesen eine große Macht inne; insbesondere gilt dies für wissenschaftliches Wissen.[527] Als positive Kehrseite dieser Tatsache sieht Gergen die enorme

525 Zielke (2004: 212) fasst Gergens Konzept von Sprache bzw. von Diskursen wie folgt zusammen: „Fest steht, dass Diskurse erstens durch sprachliche Konventionen ‚vorstrukturiert, sind – etwa durch Metaphern und Narrative –, sie sind zweitens ‚rhetorisch' [...], sie wirken performativ im Sinne der Konstitution bestimmter und des Ausschlusses anderer Weltinterpretationen; und drittens sind Diskurse eher pragmatische Prozesse denn starre Strukturen, sie konstituieren sich oder ihre eigene Intelligibilität durch ihre Funktion in sozialen Zusammenhängen. Diese Diskurse und die mit ihnen verwobenen Praktiken bestimmen, was wir für real halten".

526 Gergen betont mit John L. Austin die Performativität von Sprache, diese beschreibe nie nur Realität, sondern habe stets *reale* Effekte.

527 Aufgrund der der Wissenschaft zugesprochenen Autorität und des damit einhergehenden hohen Stellenwertes des wissenschaftlichen Wissens wirke dieses besonders stark auf „die gesellschaftlichen Vorstellungen über die Beschaffenheit der Welt" (Gergen 2002a: 71); mit anderen Worten: Es habe einen besonders starken Realitätseffekt und sei daher kritisch daraufhin zu befragen, welche realen Effekte es zeitige. Um „die uneingeschränkte wissenschaftliche Autorität zu hinterfragen und ihr den Nimbus des Unantastbaren zu nehmen" (ebd.), betont Gergen – auf dem Hintergrund seines relationalen, nicht-repräsentationalistischen Verständnis von Wissen und Sprache sowie mit Bezug auf verschiedene Ansätze der Wissenstheorie und Ideologiekritik sowie Wissenschaftstheorie und -kritik wie Mannheim, Fleck, Kuhn und Latour –, dass auch wissenschaftliches Wissen sozial konstituiertes und damit kulturell und historisch kontingentes Produkt spezifischer Sprachgemeinschaften sei. Somit könne auch die Wissenschaft „keine universelle Wahrheit mehr für sich beanspruchen, da jede Aussage sich stets auf eine bestimmte Tradition beschränkt, die ihrerseits in der jeweiligen Zeit und Kultur verankert ist" (Gergen 2002a: 27).

Macht, „die einer Transformation von Sprachgebrauch innewohnt" (Gergen 2005: 26). Daher fordert Gergen dazu auf, „Sinn und Bedeutung neu zu definieren und zu poetischen Aktivisten zu werden" (Gergen 2002a: 69). Denn:

> „Neue Muster des sozialen Lebens werden nicht einfach nur durch die Ablehnung bestimmter Bedeutungen sichergestellt [...]. Vielmehr bedarf es neuer Formen von Sprache, neuer Interpretationen der Welt und neuer Muster der Darstellung. Wir brauchen generative Diskurse, d.h. Formen des Sprechens und Schreibens (und anderer Darstellungen), die etablierte Traditionen des Verstehens in Frage stellen und gleichzeitig neue Handlungsmöglichkeiten eröffnen." (ebd.)

Anders gesagt: „Neue Konstruktionen, neue Ausdrucksweisen, neue Metaphern und Erzählungen und neue Formen der Beschreibung und Erklärung sind nötig." (Gergen 2002a: 148) Wissenschaftler sollten *generative Theorien* aufstellen, die Gergen (ebd.) wie folgt begreift: „Darstellungen unserer Welt, welche die als selbstverständlich geltenden Konventionen des Verstehens herausfordern und gleichzeitig in neue Welten von Bedeutung und Handlung einladen".[528] Dabei ist es die Kontingenz wissenschaftlichen Wissens, die dies erlaubt: „Wenn unsere Beschreibungen und Erklärungen der Welt nicht von der Natur der Welt an sich verlangt werden, dann befreit uns das von den Fesseln des Gegebenen. Wir sind in erster Linie zu einer Haltung theoretischer Kreativität eingeladen." (Gergen 2005: 39) Auch im „generative[n] Theoretisieren" sieht Gergen (2002a: 149) „eine Form von poetischem Aktivismus". Nach Gergen (ebd.) besteht sogar „eine der wichtigsten Möglichkeiten zu sozialen Veränderungen in kühnem Theoretisieren".[529]

528 Der Terminus ‚generative Theorie, entstammt aus Kuhns Wissenschaftstheorie. Kuhn (2007) unterscheidet das Stadium der ‚normal science', in der das Wissensystem stabil ist, von einem krisischen Stadium der Wissenschaft – ‚transformational stage of science' –, das einen möglichen Paradigmenwechsel nach sich zieht. Müssen wissenschaftliche Theorien im Stadium der ‚normal science' sich in das vorgegebene Paradigma einpassen und dieses bloß ausdifferenzieren oder bestätigen können, so sind in einer Zeit der Krise vor allem ‚generative Theorien' nötig, die die Grundannahmen, die gängige Sprache und die gegebenen Regeln wissenschaftlicher Theoriebildung unterlaufen. Gergen übernimmt Terminus und Funktion der ‚generativen Theorien', scheinbar jedoch ohne die kuhnsche Unterscheidung verschiedener Stadien der Wissenschaft.

529 Als Beispiele für generative Theorien in der Wissenschaft benennt Gergen folgende: „Freuds theoretische Werke waren mit Sicherheit generativ, da sie die traditionellen Vorstellungen des Bewusstseins als dem Zentrum der Handlung, der Sexualität als untergeordnetem Aspekt menschlichen Lebens und der Moralität als essentiellem Gut herausforderten. Die marxistische Theorie war in ähnlicher Weise generativ, indem

Denn: „So, wie wir beschreiben, erklären oder anderweitig darstellen, so gestalten wir unsere Zukunft." (Gergen 2002a: 68) Eine der wirkmächtigsten Konzepte in der westlichen Kultur und in den dort beheimateten Wissenschaften sieht Gergen im Konzept des einzelnen Individuums und seines individuellen Geistes. Daher unterzieht er es einer ausführlichen Untersuchung hin auf dessen Effekte[530] und

sie die ‚Natürlichkeit' sozialer Klassenunterschiede und die Einkommensunterschiede zwischen Fabrikbesitzern und Arbeitern in Frage stellte. B. F. Skinners behavioristische Theorie, in der individuelles Verhalten als ein Produkt von Verstärkungskontingenzen gilt, stand in krassem Widerspruch zu den üblichen Annahmen über menschliche Selbstbestimmtheit (den freien Willen) und die Bedeutung psychologischer Prozesse. In all diesen Fällen kam es zu erheblichen Konsequenzen – u.a. der Entstehung des Berufsbildes des Psychiaters, der russischen Revolution und der Änderung von Erziehungs- und Bildungsmaßnahmen." (Gergen 2002a: 148)

530 Gergen (2002a: 131) zeigt, wie das Konzept des „rationalen, selbstbestimmten Individuum[s]", das „als abgegrenzt, autonom, integriert und sich seiner selbst bewusst" betrachtet wird, tief in unsere kulturelle Matrix eingebrannt ist. Dies zeige sich nicht nur in unseren Annahmen über uns selbst (als rationale Einzelwesen), die Wissenschaft und die Wahrheit, sondern auch in unseren zentralen „Institutionen der Gesellschaft, einschließlich unseren Moralvorstellungen, unserem Erziehungs- und Bildungswesen und unserer Demokratie" (Gergen 2002a: 16f). Doch so tief das Konzept des autonomen Selbst auch in unsere kulturelle Matrix eingebrannt sei, so sei es doch ein historisch und kulturell kontingentes Konstrukt (Gergen 2002b: 177). Daher fragt sich Gergen (2002a: 150): „[W]as gewinnen wir und was verlieren wir, wenn wir die Tradition des persönlichen, individuellen Selbst als dem Urheber unserer Handlungen beibehalten?" Zwar könne man nicht verneinen, „dass diese Konzeption der westlichen Kultur viele Vorteile gebracht hat" (ebd.) – Gergen verweist hier insbesondere auf die Demokratie und die Förderung von öffentlicher Bildung und unabhängigem Denken –, jedoch hält er die „Ideologie des Selbst als eine in sich geschlossene Einheit [für] überaus problematisch" (Gergen 2002a: 151). Auf theoretisch-konzeptioneller Seite sieht Gergen die Probleme der Ideologie des Selbst unter anderem in dem ungelöstem ‚Zwei-Welten-Problem', also der ungelösten Frage, „welcher kausale Zusammenhang zwischen einer mentalen und einer physischen Welt bestehen könnte" (Gergen 2002a: 20), sowie in der daraus resultierenden epistemologischen Problematik des Wissens, nämlich der ungelösten Frage „wie individuelles Bewusstsein zu Wissen über die externe Welt gelangt" (Gergen 2002a: 21). Viel bedenklicher als die ungelösten Probleme und Paradoxien des Denkens sind laut Gergen jedoch die praktischen, sozio-politischen Implikationen der Ideologie des Selbst. Die Aufwertung des geschlossenen, individuellen Selbst führe zugleich „zur Abwertung von allem, was nicht zum ‚Selbst' gehört" (Gergen 2002a: 32). Dies (ver)führe nicht nur dazu, gegenüber anderen und anderem

versucht, ein alternatives, generatives Konzept zu entwickeln, das er als ‚relationales Selbst' bezeichnet.[531]

So stellt er sich die Frage: „Wie können wir unser Verständnis vom Selbst durch Sprache transformieren?" (Gergen 2002a: 149) und antwortet: „Es gilt, die traditionelle Vorstellung eines individuellen Selbst durch die Sicht eines in Beziehungen eingebundenen Selbst zu ersetzen." (ebd.) Mit anderen Worten versucht Gergen sich an einer *relationalen Reinterpretation des individuellen Selbst*. „Es wird der Versuch unternommen, das individuelle Selbst als ein in vielfältige Beziehungen eingebundenes Wesen zu sehen." (Gergen 2002a: 16)[532] „Beziehungen

eine rein instrumentelle Haltung einzunehmen und diese als bloße Mittel zum Zweck des eigenen Wohlergehens anzusehen, auch die angenomme Isolation der Individuen voneinander (ver)führe zu „Isolation, Misstrauen, Narzissmus und Konkurrenzkampf, während Beziehungen auf unwesentliche Kunstgriffe reduziert werden, die nur unsere Freiheit bedrohen" (Gergen 2002a: 155). „Wenn wir glauben, dass das Selbst die elementare Einheit bildet und dass die Gesellschaft sich aus individuellen Akteuren zusammensetzt, dann müssen Beziehungen aufgebaut, geschaffen oder repariert werden. Das Selbst wird damit zur vorrangigen Realität, während Beziehungen als künstlich und vorübergehend angesehen werden. Außerdem gelten Beziehungen nur dann als wünschenswert, wenn man nicht so gut allein zurechtkommt." (Gergen 2002a: 152f) Zusammengefasst: „Wenn wir eine fundamentale Unterscheidung zwischen Selbst und Anderen machen, so schaffen wir eine Welt der Distanzen" (Gergen 2005: 29).

531 Gergens Beschäftigung mit dem Selbst durchzieht sein gesamtes wissenschaftliches Opus. Schon vor Erarbeitung des eigenen sozialkonstruktionistischen Ansatzes befasste er sich mit Theorien zu Selbstkonzepten, Selbstpräsentation und Selbstwahrnehmung (vor allem Gergen 1971). Am bekanntesten ist Gergen im deutschsprachigen Raum wohl ohnehin „für seine umstrittene, postmoderne Identitätstheorie" (Zielke 2004: 205), die er in seinem Buch ‚Das übersättigte Selbst' (Gergen 1996) darstellt oder aber für seine narrative Identitätstheorie, die zwar in einem gewissen Zusammenhang mit dem relationalen Selbst bzw. dessen Selbstkonzept steht, für den hier interessierenden Gedankengang jedoch nicht zentral ist und daher unthematisiert bleibt. Zur narrativen Konstruktion des Selbst bei Gergen vgl. Gergen 2002a: 94; Jacob 2004: 149ff; Zielke 2004: 287f, zur Kritik an diesem siehe Zielke 2004: 291f.

532 Dabei darf dies nicht als ein ‚Zurück zur Gemeinschaft, verstanden werden. Dabei ist es weniger die Tendenz zur Unterdrückung des Individuellen, in der Gergen die Gefahr von Kollektiven und Gemeinschaften sieht, denn: „If one did not already possess a conception of an individual self – apart from the group – group tyranny would not be an intelligible phenomenon" (Gergen 2002b: 182). Als Hauptproblematik jedes Kollektivs sieht Gergen, dass dieses stets auf die Konstruktion ‚der anderen' angewiesen ist, die tendenziell als irrational, unmoralisch und böse angesehen werden (ebd.).

statt Individuen“ (Gergen 2002a: 156) sollen die zentrale Bezugseinheit des Sozialkonstruktionismus sein. Doch:

„Dies ist keine leichte Aufgabe, da die Sprache, die wir übernommen haben, stark am Individualismus orientiert ist. Im Englischen gibt es mehr als 2000 Begriffe, die sich auf individuelle geistige Zustände beziehen (und diesen dadurch ‚Realität verleihen‘), doch nur sehr wenige, die Beziehungen beschreiben. Sogar das Konzept der Beziehung, das wir übernommen haben, setzt voraus, dass Beziehungen durch einen Zusammenschluss noch elementarerer Einheiten, eben individueller Personen, entstehen.“ (ebd.)

Wie also kann eine generative Theorie des relationalen Selbst entwickelt werden, „ohne über das entsprechende Vokabular zu verfügen?“ (ebd.).

Da auch generative Theorien, um intelligibel zu sein, nur die Grenzen des bekannten Verständnisraums erweitern können bzw. kein gänzlich neues Vokabular ohne Bezugnahme auf bekanntes Vokabular verständlich sein kann, ist der einzig gangbare Weg, sich auf die Suche nach Konzepten in der Vergangenheit zu begeben, die ein solch relationales Verständnis des Selbst zumindest in Ansätzen entwickelt haben. Drei Versuche, „die uns einem relationalen Verständnis des Seins näher bringen“ (Gergen 2002a: 157), seien der Symbolische Interaktionismus George H. Meads, die Kulturpsychologie Lew Wygotzkis und Teile der Phänomenologie[533]; alle drei zeigten, „dass sich das Psychologische aus dem Sozialen“ (Gergen 2002a: 165) ergebe. Jedoch sieht Gergen alle drei an der gleichen Stelle einen Schritt ins alte Denken zurück antreten:

„Sobald die soziale Welt die psychologische geprägt hat, existiert das Selbst unabhängig von der Gesellschaft. Demnach bedienen sich all diese Ansätze der bekannten binären Unterscheidungen wie Selbst/Anderer, innen/außen, Individuum/Gesellschaft. Suchen wir nach einem Nachfolger für den Individualismus, müssen wir einen radikaleren Versuch beschreiten. Wir müssen die binären Unterscheidungen aufgeben, durch die wir von anderen getrennt sind und dennoch unter deren Einfluss stehen. Wir müssen einen Weg finden, uns selbst zu verstehen als Bestandteile eines Prozesses, in dem es kein Individuum gibt, der sich aber gleichzeitig aus individuellen Elementen zusammensetzt.“ (Gergen 2002a: 165)

Eine entscheidende Hilfe, eine solche Sichtweise zu entwickeln, sieht Gergen im Werk des russischen Literaturwissenschaftlers Michail Bachtin.[534] Es sind dabei

533 Um die genaue Rezeption dieser drei Ansätze nachzuvollziehen, siehe Gergen 2002a: 156ff.

534 Für eine anthropologische Lektüre Bachtins, die den Schwerpunkt auf den dialogischen Charakter seines Werkes setzt, siehe Todorov 1985.

vor allem zwei Einsichten, die er von diesem übernimmt. Erstens die Annahme, „dass die Bedeutung von Äußerungen aus einer dialogischen Beziehung hervorgeht“ (Gergen 2002a: 166) und zweitens zeige Bachtin, „dass die Position eines Individuums – z.B. seine Vernunft oder Einfühlsamkeit – stets auf einer Beziehung beruht. Das Selbst kann in dieser Hinsicht nicht vom anderen getrennt werden. In der Entstehung von Sinn und Bedeutung bilden das Selbst und der Andere eine Einheit“ (ebd.). Doch auch der bachtinsche Versuch enthalte „noch immer Spuren von Individualismus“ (Gergen 2002a: 167), noch immer sei der „individuelle Geist [...] entscheidend für die Generierung und Interpretation von Bedeutung“ (ebd.). Somit sei eine Darstellung nötig, „die aus dem Bachtinschen Ideenreichtum schöpft und gleichzeitig die Beziehung in den Mittelpunkt stellt“ (ebd.). Dazu versucht Gergen, alle sprachliche Bezugnahme auf geistige Prozessen zu eliminieren und „das gesamte Vokabular des Geistes als Bestandteil von Beziehungen“ (Gergen 2002a: 169) zu konzeptualisieren. Dazu sind zwei theoretische Schritte nötig. Erstens sollen psychologische Diskurse als performativ betrachtet werden. Äußerungen wie ‚Ich liebe Dich‘ sind demnach nicht sprachlicher Ausdruck eines geistigen Zustands, sondern selbst ein „wichtiger Teil der Beziehung“ (Gergen 2002a: 167), der jedoch zugleich „der Beziehung eine ganz bestimmte Form und Richtung“ (ebd.) gibt. Damit aber erfüllt die Äußerung eine performative Funktion, denn: „[i]ndem wir etwas sagen, vollziehen wir auch eine Handlung innerhalb der Beziehung“ (Gergen 2002a: 168). Dabei ist nicht einmal der spezifische Inhalt einer Äußerung entscheidend, „sondern ihre Funktion innerhalb verschiedener Beziehungen“ (ebd.). Doch auch wenn wir Emotionen, Gedanken und Erinnerungen nicht *haben*, d.h. sie als geistige Zustände besitzen, sondern sie vielmehr erst in der performativen Äußerung *vollziehen*, so stellt sich doch die Frage, woher der Handlungsvollzug stammt. Um hierzu nicht wie üblich eine Handlungsinstanz vorauszusetzen, ist laut Gergen ein zweiter theoretischer Schritt nötig: die relationale Einbettung der Performanz. So sei ein Handlungsvollzug nicht der Vollzug einer autonomen Instanz, sondern „im Wesentlichen Bestandteil von Beziehungen“ (Gergen 2002a: 169) und zwar auf zweierlei Art und Weise. Erstens resultierten sie aus Beziehungen der Vergangenheit: „Indem ich handle, bringe ich eine lange Geschichte von Beziehungen zum Ausdruck, die jede meiner Bewegungen durchdringt“ (ebd.); zweitens konstitutieren auch zukünftige Beziehungen qua Antizipation bereits den Handlungsvollzug: Handlungsvollzüge seien auch geprägt „von jenen Beziehungen, die durch sie beeinflusst werden sollen“ (ebd.). Gergen meint damit einen entscheidenden Schritt in der Konzeptualisierung eines relationalen Selbst weitergekommen zu sein: „Es erfolgt keine Erschaffung eines unabhängigen Geistes durch soziale Beziehungen mehr wie in den früheren Darstellungen. Wir müssen uns nicht mehr darum sorgen, wie die soziale Welt in die subjektive Welt des Individuums Eingang findet. Aus dieser Sicht gibt es kein unabhängiges Territorium des ‚Geistes' mehr, dem wir unsere Aufmerksamkeit zuwenden könnten. Es gibt Handlungen, und diese Handlungen erfolgen innerhalb von Beziehungen, die ihnen auch ihren Sinn verleihen." (ebd.) Und: „Durch diese Sicht lassen wir auch das Problem früherer relationaler Theorien hinter uns, nämlich dass das Selbst ein Produkt der Anderen und die bloße Folge des sozialen Umfelds wäre. Innerhalb der neuen Sichtweise gibt es weder Ursache noch Wirkung. Wir bedingen uns gegenseitig." (Gergen 2002a: 174f) Gleichzeitig betont er, dass dieser „Versuch, uns selbst als relationale Wesen zu begreifen, erst in den Anfängen" (Gergen 2002a: 175) stecke. So hofft er, künftig „über ‚das Privilegieren des Sozialen'" (ebd.) hinauszugehen, des Weiteren bedürfe es „einer Erweiterung des Begriffs der Beziehung, der auch die Welt des Nicht-Sozialen und insbesondere die natürliche Umgebung mit einschließt" (ebd.).[535]

Barbara Zielke kritisiert Gergens Konzept des relationalen Selbst, dieses sei „eigentlich nur ein Verknüpfungspunkt im Geflecht seiner aktuell bestehenden Beziehungen" (Zielke 2004: 285), dem vollständig „die subjektive Seite, die Erlebensqualität" (Zielke 2004: 296) fehle und das nur „als fiktiver Ort [existiere], an dem sich unterschiedliche Arten sozialer Beziehungen überschneiden" (Zielke 2004: 286). Warum aber spreche Gergen dann überhaupt von zwischenmenschlichen *Beziehungen* und begnüge sich nicht mit abstrakten *Relationen*, warum betone er den Vollzug und die Bezogenheit? „Offensichtlich strebt auch Gergen nicht eine strukturalistische oder systemische Perspektive an" (Zielke 2004: 296) und

„will es vermeiden, als Preis für die Absage an eine individuozentrische Psychologie und für die Betonung der bedeutungskonstitutiven Kraft der Sprache in eine Psychologie zu

535 Gergen (2002a: 175) versteht darunter Folgendes: „In der Entwicklung des Konzepts des relationalen Selbst ist die Annahme enthalten, Beziehungen seien sozialer Natur und würden in menschlichen Gemeinschaften im Zuge der Erzeugung von Bedeutungen gelebt. Beschreiben wir jedoch Beziehungen in dieser Weise, erhalten wir damit binäre Unterscheidungen wie sozial/nicht-sozial oder Kultur/Natur, Gemeinschaft/Umgebung. Indem wir über die Prozesse sprechen, auf die sich die erstgenannten Ausdrücke der Gegenüberstellungen beziehen, unterdrücken wir die Bedeutsamkeit der zweitgenannten." Auch an anderer Stelle schreibt er: „Obgleich in diesem Buch Beziehungen vorwiegend als menschliche Interaktionen beschrieben werden – daher die soziale Konstruktion der Wirklichkeit –, ist diese Eingrenzung letztlich irreführend. Beziehungen zwischen Menschen sind untrennbar verbunden mit der Beziehung der Menschen zur Natur. Unsere Kommunikation ist angewiesen auf all die natürlichen Ressourcen, ohne die wir nicht leben können – Sauerstoff, Pflanzen, Sonnenlicht etc. Wir sind nicht unabhängig von unserer natürlichen Umgebung. Unser Umfeld ist in uns und wir in ihm."

geraten, die nur noch reine Sprachwissenschaft, oder aber rein strukturell orientierte Sozialpsychologie sein kann, und derzufolge das Handeln, Fühlen und Denken der Menschen allein durch die gesellschaftlichen Verhältnisse oder die Struktur des Symbolsystems Sprache erklärbar ist" (ebd.)

– daher betone er die *soziale Praxis*. Letztlich gelinge Gergen genau dies jedoch nicht, da er „auch bei den Versuchen, konkrete Handlungen zu beschreiben, immer wieder auf Begründungsfiguren strukturalistisch-semiotischer Bedeutungstheorien zurückgreift, die auf das Element der Intentionalität (oder: auf die Erstpersonperspektive) verzichten können" (Zielke 2004: 297); so hätte Gergen letztlich einen *anonymen Praxisbegriff,* der die eigene ‚Intention' unterlaufe (Zielke 2004: 299).[536] Indem er „die Partizipienten an der Praxis, die auch ihren Teil dazu beitragen, dass die Zeichen eine Bedeutung erlangen" (Zielke 2004: 298), völlig ausblende, drohe seine Theorie nicht nur, ständig in eine „sozialdeterministischen Sozialpsychologie, die keinen Ort für die ‚Psyche' oder gar den ‚Geist' lässt" (Zielke 2004: 207), abzugleiten, auch gerate Gergen in Selbstwidersprüche, sobald er „den macht- und herrschaftskritischen oder kultur- und gesellschaftskritischen, mit einem Wort: den explizit emanzipatorischen Anspruch des Social Constructionism geltend macht" (Zielke 2004: 91f). Denn: „Welches Subjekt könnte hier als Gergens Adressat fungieren, und wie sollte man diesen Adressaten ‚denken'?" (Zielke 2004: 291f)

Gegenüber diesen und ähnlichen Kritiken verteidigt Susanne Jacob Gergens Konzept. Sie schreibt:

„Gergen will sozialen Determinismus ebenso vermeiden wie die kausale Erklärung der intentionalen Handlung aus Einstellungen und Dispositionen. Agency soll nicht empirisch erklärt, sondern theoretisch vorausgesetzt werden, jedoch nicht als Vorstellung eines autonomen Subjektes, sondern eines relationalen Subjektes. Diese Aussage wiederum soll nicht

536 Diese Problematik sieht sie bereits in Gergen Versuch angelegt, die diskurstheoretische Auffassung, „derzufolge eine anonyme Sozialität unser scheinbar individuelles Wissen (und Sein) durchdringt und – in radikaleren Varianten – sogar vollständig hervorbringt, mit der handlungstheoretischen, interaktionistischen Auffassung, dass wir die Welt, in der wir leben, in soziopragmatischen Prozessen aushandeln" (Zielke 2004: 275), gleichzusetzen. „Zwar transzendiert die soziale Alltagspraxis die Handlungsplanung des einzelnen Akteurs. Sie lässt sich jedoch nicht vollständig bestimmen ohne die subjektive Realisierung sozialer Regeln oder Bedeutungsgehalte, ohne die Frage danach, wie (kraft welcher Kompetenzen beispielsweise) der oder die einzelne am Diskurs partizipiert, seine Rolle mitgestaltet, symbolisch handelt, kommuniziert, antizipiert, interagiert, bzw. sogar kritisiert und sich emanzipiert" (ebd.).

ontologisch, als existentielle Annahme eines relationalen Subjektes, verstanden werden, sondern als Position innerhalb eines Diskurses, die an ihrer Intelligibilität gemessen werden muß. Bei einer solchen Komplexität ist es nicht verwunderlich, daß diese Position zu Widersprüchen führt und Kritik hervorruft." (Jacob 2004: 161)

Jedoch werde „im sozialkonstruktionistischen Denken die Möglichkeit, sich zu sich selbst zu verhalten, vorausgesetzt und keineswegs geleugnet [...]. Der Vollzug dieses Selbstverhältnis ist aber immer dialogisch eingebettet: die Art und Weise wie wir uns zu uns selbst verhalten orientiert sich daran, wie sich andere zu uns verhalten" (ebd.).

Es ist schwierig, ein abschließendes Urteil in dieser Debatte zu finden: Einerseits muss man Gergen vorwerfen, dass sein Konzept des relationalen Selbst zu wenig ausgearbeitet bzw. zu uneindeutig bleibt[537], andererseits existiert an dieser Stelle einfach ein Sprachproblem: Entweder verzichtet man auch in der Konzeption eines relationalen Subjekts nicht auf die Annahme einer subjektiven Erlebensperspektive und die Annahme einer ‚agency', d.h. eines zwar bedingten, dennoch aber (auch) intentionalen Akteurs, dann fällt der Vorwurf leicht, vorschnell in individualtheoretisches Denken zurückgefallen bzw. in der Konzeption des relationalen Selbst nicht weit genug gegangen zu sein und steht zudem in der Gefahr, dass das gewohnte Denken nicht genügend irritiert wird; verzichtet man jedoch darauf, dann muss man sich – nicht ganz zu Unrecht – vorwerfen lassen, sich zu stark an strukturalistische und systemtheoretische Denkmuster anzulehnen und eine deterministische Auflösung des Subjekts zu betreiben. M.E. nach trifft ein anderer Kritikpunkt Gergens Konzeption jedoch viel stärker. Indem er nämlich *die leibliche Dimension des relationalen Selbst* unbeachtet lässt und damit auch das – von Polanyi (II.2.1) und Bourdieu (II.2.5) beschriebene – praktische, sozial erworbene, *inkorporierte* implizite Wissen unbeachtet lässt, kann Gergen gerade die Beharrungskraft, die der

537 Missverstanden oder konzeptionell nur wenig beachtet – im Gegensatz zu anderen Aspekten des Sozialkonstruktionismus – wird das Konzept des relationalen Selbst sicherlich auch deswegen, weil er dieses ursprünglich in engem Zusammenhang mit zeitdiagnostischen Überlegungen in seinem Werk über ‚Das übersättigte Selbst' (Gergen 1996) einführte. Das übersättigte Selbst ist dort zugleich das relationale Selbst, das aufgrund neuer Kommunikationstechnologien und anderen Entwicklungen zu immer mehr Menschen immer beiläufigere und vorübergehende Beziehungen eingeht. Die so von statten gehende ‚Bevölkerung des Selbst' führt zu einer Fragmentierung des ehemals einheitlichen Selbst, das im Extremfall zur Auflösung führt. Was wie eine kulturpessimistische Zeitdiagnose klingt, wertet Gergen aber positiv. Damit aber ist – zumindest in ‚Das übersättigte Selbst' – das relationale Selbst nicht nur eng gekoppelt mit einer fragwürdigen Zeitdiagnose, sondern zudem mit einer normativen Position.

Transformation un- oder nur schwer zugängliche Seite des ,Wissens-wie' des relationalen Selbst nur schwer erklären. So steht nicht nur sein Begriff des Diskurses in der ständigen Gefahr, Diskurse als „,frei schwebende[.]', beliebige[.] Intelligibilitätssysteme" (Zielke 2004: 298) misszuverstehen, auch die ständige Suggestion in Gergens Konzept, das relationale Selbst könne sich selbst, die anderen oder die Welt relativ beliebig konstruieren, wird damit eingeklammert.

Implikationen für das Subjekt- und Lernverständnis

Geht man mit Gergen und dem Sozialen Konstruktionismus von einem in (vielfältige) Beziehungen eingebundenen Selbst aus, dann muss für eine *relationale Theorie des Lernens* vor allem gelten, dass sie statt von Individuen von *Beziehungen als zentrale Bezugseinheit* ausgeht und *Lernen* radikal *als ein Beziehungsgeschehen* beschreibt. Nicht nur sich, wie die intersubjektive Genese zeigte, sondern auch alles andere erlernt man stets nur im Medium des Sozialen bzw. des sozialen Sinns. Anders gesagt: Nicht nur findet die Genese des Psychischen durch das Soziale statt, vielmehr – geht man von der sozialen Eingebundenheit und Konstituiertheit aller Erkenntnis, allen Wissens, allen Sinns und aller Praktiken aus – ist auch alles Erlernen von Können und Wissen ein sozialer Prozess. ,Wissenserwerb' ist somit zwar eine Konstruktion, jedoch keine *individuelle*, sondern *soziale* Konstruktion. Dies bedeutet: Weder sickert das Wissen von Außen in den Kopf, noch wird es im Kopf der Einzelnen individuell konstruiert, denn Wissen existiert nicht in den Köpfen, sondern höchstens in einem überindividuellen, sozialen Raum, in dem – im Bild gesprochen – die Köpfe stecken. Wie dies jedoch angemessen theoretisch beschrieben werden kann und vor allem *wie* der Prozess der sozialen Konstruktion von statten geht, kann vom Sozialen Konstruktionismus nicht hinreichend beschrieben werden.[538] Zumindest weist er darauf hin, dass hierfür nicht nur spezifische Andere bedeutsam sind, sondern auch spezifische Sprachgemeinschaften bzw. Lebensformen, in die hinein das Subjekt sich erlernt und verwickelt.

Deutlich wurde im Sozialen Konstruktionismus auch die *Bezogenheit* als grundlegende Dimension eines relationalen Selbst. Es wurde auch hier betont, dass wir uns zwar zu uns selbst verhalten können, wir jedoch noch in dieser Bezugnahme auf uns selbst auf Andere bezogen bleiben und uns an ihnen orientieren. Dies gilt auch für die Bezugnahmen auf anderes: Wie sich schon in der intersubjektiven Genese zeigte, erlernen wir von bzw. durch Andere, worauf und wie wir uns auf anderes beziehen.

538 Dass dieses ,Wie' fehlt, hängt wohl auch mit der fehlenden leiblichen Dimension des relationalen Selbst sowie dem anonymen Praxisbegriff zusammen.

Überhaupt bemühte sich Gergen, Handlungs- und somit auch Lernvollzüge nicht als Ausdruck einer autonomen Instanz zu betrachten, sondern als performative Vollzüge *in* Beziehungen, die zugleich diese Beziehungen ändern und die aus dem Ineinander von vergangenen Beziehungen sowie der Antizipation zukünftiger Beziehungen resultieren.

II.3.4 Bubers Explikation der ‚Sphäre des Zwischen'

Wie sich gezeigt hat, liegt ein zentrales Problem des Lerndiskurses an seiner Gebundenheit an die Dritte-Person-Perspektive (Behaviorismus, Neurowissenschaften), die Erste-Person-Perspektive (Subjektwissenschaft) oder eine Konfusion der beiden (Kognitivismus, Konstruktivismus). Weitestgehend ausgeklammert bleibt hingegen die *Zweite-Person-Perspektive*. Der Denker, der sich dezidiert der Erkundung dieser Perspektive verschrieben hat, ist Martin Buber. Aus zwei Gründen ist es prekär, Buber an dieser Stelle ‚ins Spiel zu bringen': *Erstens* führt Buber keinen (reinen) (schul-)philosophischen Diskurs. Seine sprachgewaltige Exploration eines bis dato kaum erforschten ‚Gebiets', das die Grenzen des Diskurses der akademischen Philosophie und Wissenschaft verlässt, ist zugleich philosophische Reflexion, poetischer Essayismus und religiöses Bekenntnis.[539] Dies hat zu einer äußerst asymmetrischen Rezeption des buberschen Werkes geführt: Während es von der akademischen Philosophie nur wenig beachtet wurde, ist es in der Pädagogik – vor allem in den 1970er und 1980er Jahren – relativ stark rezipiert worden. Da dort aber eine sehr einseitige, häufig an reformpädagogische Deutungsmuster angelehnte und tendenziell ‚verkitschte' Rezeption Bubers erfolgte, kann es *zweitens* besonders missverständlich sein, in einem erziehungsphilosophischen Diskurs an Buber anzuschließen; insbesondere dann, wenn dieses von einem differenztheoretischen Denken her erfolgt. Dennoch soll es hier gewagt werden. Auch im Folgenden wird Buber äußerst einseitig rezipiert werden. Im Anschluss an Michael Theunissens Interpretation des buberschen Denkens als *Sozialontologie* liegt hier der Schwerpunkt auf dessen ‚*Ontologie des Zwischen*'.[540]

539 Theunissen beispielsweise kritisiert an Buber „die Undifferenziertheit der argumentativen Operationen und die Unangemessenheit seiner Begriffe" (Theunissen 1965: 258), mithin diagnostiziert er einen methodischen Mangel, der jedoch Grund darin habe, dass seine Theorie einer Glaubenserfahrung entspringe und daher „erst in philosophische Begrifflichkeit ‚übersetzt' werden" (ebd.) müsse. Eine solche Übersetzung sei jedoch „*notwendig* inadäquat" (ebd.).

540 So war es vor allem Michael Theunissen, der Buber in seiner Studie ‚Der Andere' sozialontologisch deutete. Theunissen untersucht Buber als den herausragenden Vertre-

Dialogisches Denken: Weder Individualismus noch Kollektivismus

Den Ausgangspunkt für die bubersche Sozialontologie bildet die historische Situation zu Beginn des 20. Jahrhunderts, in der viele Denker den vorherrschenden „idealistischen Begriff des selbstherrlichen, weltumschließenden, welttragenden, welterschaffenden Ich" (Buber 2006: 263) kritisierten, indem sie die Gebundenheit dieses Ichs „an einen Raumbezirk, an eine Geschichtsstunde, an ein Volk, an eine Familie, an eine Gesellschaft, an eine Berufsgruppe, an eine Gesinnungsgemeinschaft" (Buber 2006: 264) aufzeigten. Buber selbst kritisiert zwar ebenfalls das idealistische Ich-Verständnis und die verwandte Praxis des Individualismus, gleichzeitig vernahm er die Tendenz, dass „die Gebundenheitswahrnehmung zur Hörigkeitslehre überspannt[.] und verkehrt[.]" (ebd.) und so „einer Kollektivität der Primat [über das einzelne Individuum, T.K.] zugesprochen" (ebd.) wurde: „Das Kollektiv wird das eigentlich existierende, die Person wird das abgeleitete; in alle Bereichen, mit denen sie dem Gesamt angehört, soll ihr die persönliche Antwort abgenommen sein" (ebd.). An einem solchen Kollektivismus kritisiert Buber aus anthropologischer Perspektive: „Wenn [...] der Individualismus nur einen Teil des Menschen erfaßt, so erfaßt der Kollektivismus nur den Menschen als Teil: zur Ganzheit des Menschen, zum Menschen als Ganzes dringen beide nicht vor." (Buber 2007: 159) Bubers Denken zielt nun auf die Zerschlagung dieser falschen Alternative von „Individualismus oder Kollektivismus" (Buber 2007: 164) bzw. „einer individualistischen Anthropologie und einer kollektivistischen Soziologie" (ebd.), indem er eine dritte Anschauung er- bzw. begründen will, „die

ter des Dialogismus; im Dialogismus sieht Theunissen „eine Oppositionsbewegung" (Theunissen 1965: 244) gegen die Transzendentalphilosophie, die der Subjektivität eine weltkonstituierende Kraft zuspricht. Um ein besseres Verständnis der buberschen Sozialontologie zu erlangen, kontrastiert er diese mit einer ausführlichen Analyse der Transzendentalphilosophie bei Husserl, Heidegger und Sartre. Auch wenn Husserl von einer ‚Intersubjektivitätstheorie' spreche, so spiele der Andere jedoch keine ‚wirkliche' Rolle in Husserls Philosophie, da bei ihm gelte, dass das „ich, das absolut einzige ego, wie alles andere, so auch den Anderen konstituiere" (Theunissen 1965: 151). Auch Heidegger gehe aus sozialontologischer Sicht nicht wesentlich über Husserl hinaus. Wenngleich Heidegger die (bei Husserl fehlende) Weltlichkeit (als Faktizität) in das Subjekt einschreibe, so bleibe das Subjekt letztlich doch die weltkonstituierende Kraft (Theunissen 1965: 161). Sartre hingegen bescheinigt Theunissen (1965: 187), „dem Wesen und der Wirklichkeit der zwischenmenschlichen Begegnung ein gutes Stück näher" zu kommen. Letztlich gelte jedoch auch für ihn wie für alle Vertreter der Transzendentalphilosophie, dass er „den Boden der je-eigenen Subjektivität im Überschreiten doch nicht verläßt" (Theunissen 1965: 18).

weder auf einer der beiden genannten zurückgeführt werden kann, noch einen bloßen Ausgleich zwischen beiden darstellt“ (ebd.).

Das dialogische Moment und die Sphäre des Zwischen

Startpunkt für eine solche Anschauung sei daher „weder der Einzelne als solcher noch die Gesamtheit als solche“ (ebd.), sondern „der Mensch mit dem Menschen“ (ebd.), da sich „zwischen Wesen und Wesen etwas begibt, dessengleichen nirgends in der Natur zu finden ist“ (ebd.). Doch was ist das, was zwischen Wesen und Wesen geschieht? Es ist nach Buber *das dialogische Moment*, das immer schon mehr ist als Austausch von Information oder Kommunikation. Buber erläutert dies am Beispiel dessen, was er ein ‚wirkliches Gespräch‘ nennt, „d.h. ein nicht vorher in seinen einzelnen Beiträgen verabredetes, sondern ein völlig spontanes, in dem jeder unmittelbar zu seinem Partner spricht und dessen unvorhersehbare Erwiderung hervorruft“ (Buber 2007: 165). Das wesentliche Geschehen eines solchen Gesprächs „vollzieht sich nicht in dem einen und dem anderen Teilnehmer, noch in einer beide und alle anderen umfassenden neutralen Welt, sondern im genauesten Sinn zwischen beiden, gleichsam in einer nur ihnen beiden zugänglichen Dimension“ (Buber 2007: 165f). Die damit markierte Sphäre nennt Buber „die Sphäre des Zwischen“ (Buber 2007: 165). Buber weiter:

> „Die den Begriff des Zwischen begründende Anschauung ist zu gewinnen, indem man eine Beziehung zwischen menschlichen Personen nicht mehr, wie man gewohnt ist, entweder in den Innerlichkeiten der Einzelnen oder in einer sie umfassenden und bestimmenden Allgemeinwelt lokalisiert, sondern faktisch zwischen ihnen.“ (ebd.)

Anders formuliert: „Jenseits des Subjektiven, diesseits des Objektiven, auf dem schmalen Grat, darauf Ich und Du sich begegnen, ist das Reich des Zwischen.“ (Buber 2007: 167) Weil die Sphäre des Zwischen nur auf diesem schmalen Grad sichtbar wird und sie „zum Unterschied von Individualseele und Umwelt keine schlichte Kontinuität aufweist, sondern sich nach Maßgabe der menschlichen Begegnungen jeweils neu konstituiert“ (Buber 2007: 165), habe man diese Sphäre bislang nur wenig beachtet und, was sich in ihr ereignet, „an die kontinuierlichen Elemente, Seele und Welt, angeschlossen“ (ebd.).

Buber betont jedoch, dass trotz des diskontinuierlichen und emergenten Charakters des Zwischen, dieses „nicht nur eine Hilfskonstruktion, sondern wirklicher Ort und Träger zwischenmenschlichen Geschehens“ (ebd.) und somit „etwas

Ontisches" (Buber 2007: 167) sei.[541] Später wird klar werden, dass Buber die ontische Sphäre des Zwischen nicht (nur) als eine gleichberechtigte, dritte Sphäre des Seins neben die subjektive Innenwelt des Geistes und der objektiven Außenwelt der Materie stellt, sondern dieser in gewisser Weise ein ontologisches Primat zuspricht. Zuvor jedoch soll noch stärker herausgearbeitet werden, was Buber als spezifischen Charakter der Sphäre des Zwischen betrachtet.

Beziehungswelten: Ich-Du und Ich-Es

Auch wenn Buber – wie erläutert – die Sphäre des Zwischen aus dem zwischen*menschlichen* Geschehen ableitet, so markiert das Zwischen für ihn weder *den gesamten* zwischenmenschlichen Bereich, noch ist es *ausschließlich* auf ein zwischenmenschliches Geschehen beschränkt. Ersteres macht Buber deutlich, indem er kritisiert, dass das komplette zwischenmenschliche Geschehen dem Gebiet des ‚Sozialen' zugerechnet werde, man so jedoch „eine grundwichtige Trennungslinie zwischen zwei wesensverschiedenen Bereichen der Menschenwelt" (Buber 2006: 271) verwische. Die Sphäre des Sozialen ereigne sich überall dort, „wo das Miteinandersein einer Vielheit von Menschen, ihre Verbundenheit miteinander gemeinsame Erfahrungen und Reaktionen zur Folge hat" (ebd.). Von dieser unterscheiden möchte Buber die Sphäre des *Zwischen*(menschlichen), die sich allein dort ereigne, wo zwischen Menschen eine „personhafte Beziehung" (Buber 2006: 272) be- bzw. entsteht.

Doch was versteht Buber unter einer personhaften Beziehung? Dies wird deutlich, wenn man auf den Unterschied dessen eingeht, was Buber *Ich-Du-Beziehung* und *Ich-Es-Beziehung* nennt. Buber unterscheidet damit zwei gänzlich verschiedene Weisen von Relationen, die zwei wesentlich voneinander unterschiedene Relata stiften. So gibt es für Buber „kein Ich an sich, sondern nur das Ich des Grundworts Ich-Du und das Ich des Grundworts Ich-Es" (Buber 2006: 8).[542] Allein das Ich der Ich-Es-Relation „erscheint als Eigenwesen und wird sich

541 Wittschier interpretiert mit Wiplinger das Zwischen als dialogischen Logos. „Daraus folgt, daß das Zwischen – erstens – sich immer nur als inkarnierter Logos, d.h. in einer konkreten Ich-Du-Beziehung zeigen kann und – zweitens – jeder konkreten Ich-Du-Beziehung vorausgehen muß. Anders formuliert: Das Zwischen als dialogischer Logos ist einerseits vorgängige Möglichkeitsbedingung für die konkrete Ich-Du-Beziehung, andererseits nur anwesend in einer ganz bestimmten, zeit-räumlichen, geschichtlichen Situation." (Wittschier 1980: 201)

542 Es mag auf den ersten Blick verwundern, dass Buber ‚Ich-Du-Beziehung' und ‚Grundwort Ich-Du' quasi synonym benutzt. Dies ergibt sich jedoch aus Bubers Sicht der

bewußt als Subjekt (des Erfahrens und Gebrauchens)" (Buber 2006: 65), das Ich der Ich-Du-Relation hingegen „erscheint als Person und wird sich bewußt als Subjektivität (ohne abhängigen Genitiv)" (ebd.). Während das „Reich des Es" (Buber 2006: 8) aus Tätigkeiten besteht, „die ein Etwas zum Gegenstand haben" (ebd.), hat, „[w]er Du spricht, [...] kein Etwas zum Gegenstand. [...] Wer Du spricht, hat kein Etwas, hat nichts. Aber er steht in der Beziehung." (ebd.).

Doch nicht nur das Ich der Ich-Du- und der Ich-Es-Relation sei zwiefältig, zwiefältig sei auch der andere Pol, die aus diesen Relationen gestiftete Welt (Buber 2006: 7). Die Ich-Es-Relation erzeuge sowohl die äußere materielle, gegenständliche Welt als auch die innere Welt der Erfahrung.[543] In beiden „waltet uneingeschränkt die Ursächlichkeit" (Buber 2006: 53), d.h. das Faktum der Kausalität: „Jeder sinnlich wahrnehmbare ‚physische', aber auch jeder in der Selbsterfahrung vorgefundene oder gefundene ‚psychische' Vorgang gilt mit Notwendigkeit als verursacht und verursachend." (ebd.) Während somit die Ich-Es-Beziehung, die andernorts als Subjekt-Objekt-Verhältnis beschrieben wurde, die subjektive und die objektive Welt stiftet, erzeugt das Ich-Du-Verhältnis „die Welt der Beziehung" (Buber 2006: 10).

Doch was charakterisiert diese *Welt der Beziehung*? Beziehung sei, wie schon am Beispiel des Dialogs gezeigt wurde, wesentlich gekennzeichnet durch *Gegenseitigkeit*, ja „ist Gegenseitigkeit" (Buber 2006: 12); durch diese Reziprozität kommt es zu einer tatsächlichen *Wechselwirkung*: „Mein Du wirkt an mir, wie ich

---

Sprache, die Buber als wirklichkeitsstiftend ansieht und so bereits vor dem ‚linguistical turn' die Performativität der Sprache betont. So kann er formulieren „Ich sein und Ich sprechen sind eins." (Buber 2006: 8) Und: „Wer ein Grundwort spricht, tritt in das Wort ein und steht darin." (ebd.) Das Sprechen ist somit nicht als Ausdruck eines intentionalen, souveränen Subjekts zu verstehen, denn „Grundworte sagen nicht etwas aus, was außer ihnen bestünde, sondern gesprochen stiften sie einen Bestand." (Buber 2006: 7) Somit „steckt die Sprache nicht im Menschen, sondern der Mensch steht in der Sprache und redet aus ihr" (Buber 2006: 41). Theunissen interpretiert dies wie folgt: „Die Sprache also unterwandert die ‚Sphäre der Subjektivität', mit der das Modell der Intentionalität steht und fällt. Wohl setzt der Mensch im Wechsel seiner Haltungen Seiendes als Du oder Es, aber die Sprache ist es, die den Menschen allererst in seine Haltungen einsetzt." (Theunissen 1965: 282)

543 Denn auch in der Erfahrung erfahre man stets nur *etwas*. „Der Mensch befährt die Fläche der Dinge und erfährt sie. Er holt aus ihnen ein Wissen um ihre Beschaffenheit, eine Erfahrung. Er erfährt, was an den Dingen ist." (Buber 2006: 9) Jedoch: „Der Erfahrende hat keinen Anteil an der Welt. Die Erfahrung ist ja ‚in ihm' und nicht zwischen ihm und der Welt." (ebd.) Der Erfahrung fehlt zur Beziehung die Gegenseitigkeit: „Die Welt hat keinen Anteil an der Erfahrung. Sie läßt sich erfahren, aber es geht sie nichts an, denn sie tut nichts dazu, und ihr widerfährt nichts davon." (ebd.)

an ihm wirke." (Buber 2005: 19) Des Weiteren ist nach Buber Beziehung gekennzeichnet durch *Ausschließlichkeit*. Weil das Ich der Ich-Es-Beziehung sich stets auf *Etwas* beziehe, beziehe es sich stets auch noch auf etwas anderes. „Denn wo Etwas ist, ist anderes Etwas, jedes Es grenzt an andere Es, Es ist nur dadurch, daß es an andere grenzt." (Buber 2006: 8) Hingegen gilt für Buber: „Wo aber Du gesprochen wird, ist kein Etwas. Du grenzt nicht." (ebd.) Als ein Du ist ein Gegenüber kein Etwas, „kein Ding unter Dingen und nicht aus Dingen bestehend" (Buber 2006: 12), „nicht eine Beschaffenheit, erfahrbar, beschreibbar, lockeres Bündel benannter Eigenschaften" (ebd.), sondern ein Jemand, d.h. „nachbarnlos und fugenlos ist er Du und füllt den Himmelskreis. Nicht als ob nichts andres wäre als er: aber alles andre lebt in *seinem* Licht." (ebd.) Eng damit verbunden ist daher ein weiteres Charakteristikum der Beziehung: die *Unmittelbarkeit* (Buber 2006: 15). „Zwischen Ich und Du steht keine Begrifflichkeit, kein Vorwissen und keine Phantasie [...], kein Zweck, keine Gier und keine Vorwegnahme" (ebd.). Anders gesagt: „Alles Mittel ist Hindernis. Nur wo alles Mittel zerfallen ist, geschieht die Begegnung." (Buber 2006: 16) Da die (Ich-Du-)Beziehung Begegnungscharakter hat, sei diese zudem durch Unbeständigkeit in Bezug auf Zeit gekennzeichnet. In den Worten Bubers: „Jedem Du in der Welt ist seinem Wesen nach geboten, uns Ding zu werden oder doch immer wieder in die Dinglichkeit einzugehen" (Buber 2006: 100).[544] Während die in die Kausalität eingeschlossene Ich-Es-Beziehung „nur Vergangenheit, keine Gegenwart" (Buber 2006: 16) habe, sei eine Ich-Du-Beziehung nur etwas in der Gegenwart erscheinendes, gegenwärtiges. Doch dies ist noch nicht radikal (relational) genug formuliert: So stifte die Ich-Es-Relation allererst die Vergangenheit der subjektiven und objektiven Welt, während durch die Ich-Du-Relation allererst die Gegenwart entstehe. „Nur dadurch, daß das Du gegenwärtig wird, entsteht Gegenwart." (ebd.) Und: „Gegenwart ist nicht das Flüchtige und Vorübergleitende, sondern das Gegenwartende und Gegenwährende." (Buber 2006: 17)

Soweit zur Differenz von Ich-Es- und Ich-Du-Beziehung bzw. zu der Frage, inwiefern letztere den Bereich des *Zwischen* vom *Sozialen* abtrennt. Oben wurde zudem die These aufgestellt, dass das Zwischen für Buber nicht nur nicht den gesamten zwischenmenschlichen Bereich markiert, sondern dass er dieses über den zwischenmenschlichen Bereich hinaus ausweitet. So spricht er von drei ‚Bezirken', in denen sich eine Ich-Du-Relation ereignen könne bzw. drei Bezirke, die von Ich-Du-Relationen gestiftet würden. Der *erste* Bezirk des Seins ist der schon besprochene und offensichtlichste: „das Leben mit den Menschen" (Buber 2006: 10). Hier sei die Beziehung „offenbar und sprachgestaltig" (ebd.), sie exis-

544 Es ist das Charakteristikum der Ausschließlichkeit, die zusammen mit der Existenz des Dritten dazu führt: „Jede wirkliche Beziehung in der Welt ist ausschließlich; das Andere bricht in sie ein und rächt seine Ausschließung." (Buber 2006: 101)

tiere „in Rede und Gegenrede" (Buber 2006: 104) sowie in „Schauen und Geschautwerden, Erkennen und Erkanntwerden, Lieben und Geliebtwerden" (ebd.). Enthoben werden könne diesem Bezirk die ‚psychische' Welt der Affizierbarkeit (Buber 2006: 103).[545] Das „Leben mit den geistigen Wesenheiten" (Buber 2006: 10) ist der *zweite* von Buber angesprochene Bezirk, dem die ‚noetische' Welt von Gültigkeit enthoben werden könne (Buber 2006: 103). Hier sei die Beziehung „in Wolke gehüllt, aber sich offenbarend, sprachlos, aber sprachzeugend. Wir vernehmen kein Du und fühlen uns doch angerufen, wir antworten – bildend, denkend, handelnd: wir sprechen mit unserem Wesen das Grundwort, ohne mit unserem Munde Du sagen zu können." (Buber 2006: 10) Ein Zwischen jenseits von Subjektivismus und Objektivismus sei hier vielleicht am eindeutigsten, denn: „Die Ideen thronen ebensowenig über unsern Köpfen, wie sie in ihnen hausen; sie wandeln unter uns und treten uns an" (Buber 2006: 18). Anders gesagt: „Geist ist nicht im Ich, sondern zwischen Ich und Du. Er ist nicht wie das Blut, das in dir kreist, sondern wie die Luft, die du atmest." (Buber 2006: 41) Daher gelte: „Den Sinn finden wir nicht in den Dingen vor, wir legen ihn auch nicht in die Dinge hinein, aber zwischen uns und den Dingen kann er sich begeben." (Buber 2006: 192) Buber spricht hier jedoch nicht von einer der sozialen wie materiellen Welt enthobenen Geisteswelt, die dem Ort der platonischen Ideen ähnelt, sondern er betont, dass diese Ideenwelt „nicht ungesät in der Menschenwelt keimt und wächst" (Buber 2006: 128), vielmehr aus „Begegnungen mit dem Anderen hervorgeht" (ebd.). Als *dritten* Bezirk nennt Buber „das Leben mit der Natur" (Buber 2006: 10), aus dem die 'physische' Welt der Beständigkeit gehoben werden könne (Buber 2006: 103). Hier sei die Beziehung „im Dunkel schwingend und untersprachlich" (Buber 10) und somit auch am schwierigsten verständlich zu machen.[546] Am deutlichsten kann eine Ich-Du-Beziehung in diesem Bezirk vielleicht an der buberschen Unterscheidung dreier Wahrnehmungsweisen werden. Im Betrachten und Beobachten sieht Buber intentionale Wahrnehmungsweisen, bei denen Betrachter und

545 Sutter (1972: 36) kritisiert zu Recht die bei Buber fehlende Differenzierung von binarischer Dialogizität (Ich und Du sind aufeinander bezogen) und trinarischer Dialogizität (Ich und Du sind auf eine gemeinsame Sache bzw. ein Drittes oder einen Dritten bezogen). Dass eine solche trinarische Dialogizität von erheblicher Bedeutung ist, sollte spätestens mit Tomasello deutlich geworden sein.

546 Buber erläutert dies am Beispiel einer Ich-Du-Beziehung zwischen einem Menschen und einem Baum. Den dialogischen Moment, der sich bei Betrachtung eines Baumes ereignen könne, beschreibt Buber wie folgt: „Es kann aber auch geschehen, aus Willen und Gnade in einem, daß ich, den Baum betrachtend, in die Beziehung zu ihm eingefasst werde, und nun ist er kein Es mehr. Die Macht der Ausschließlichkeit hat mich ergriffen." (Buber 2006: 11)

Beobachter „eine Einstellung haben“ (Buber 2006: 151), die damit einhergehe, dass das Betrachtete/Beobachtete „für sie ein von ihnen selber und ihrem persönlichen Leben abgetrennter Gegenstand ist“ (ebd.). Beide unterschieden sich nur in der Weise der Einstellung, insbesondere deren Grad der Spannung: So sei der Beobachter „gespannt“ (Buber 2006: 150) und darauf gerichtet, möglichst viele ‚Züge‘ des Beobachteten zu erfassen; im Gegensatz dazu sei der Betrachter „überhaupt nicht gespannt“ (ebd.), er „erwartet unbefangen, was sich ihm darbieten wird“ (Buber 2006: 150f). Von diesen beiden Wahrnehmungsweisen unterscheidet Buber das Innewerden, das immer dann geschieht, wenn die Beobachtung in eine Begegnung umschlägt, d.h. wenn mir am beobachteten Gegenstand etwas begegnet, das auf eine Weise, die nicht gegenständlich erfasst werden kann (Buber 2006: 151), „*mir* etwas sagt, mir etwas zuspricht, mir etwas in mein Leben hineinspricht“ (Buber 2006: 152). Dieses Ansprechen erfordere eine Annahme auf Seiten des Angesprochenen, die entweder in eine Tat oder in ein Lernen münden könne (ebd.). Buber betont dabei: „Es muß keineswegs ein Mensch sein, dessen ich innewerde; es kann ein Tier sein, ein Gewächs, ein Stein.“ (Buber 2006: 153)

Die Begegnung

Auch wenn Buber das Innewerden als eine Wahrnehmungsweise beschreibt, so versteht er darunter jedoch nicht ein subjektives Geschehen, das sich der (subjektiven) Einstellung oder Haltung eines Ichs verdankt, dem dadurch ein Mensch, eine Idee oder ein Gegenstand zum Du wird. Denn das Innewerden könne erst dann geschehen, wenn dem Ich ein Zu- bzw. Anspruch widerfahre bzw. das Ich angesprochen werde. „Was mir widerfährt ist Anrede an mich“, so Buber (2006: 154). Erst so könne aus dem Es ein Du werden. Die Widerfahrnis bzw. die Anrede beschreibt Buber jedoch als „eine Gnade, für die man stets bereit sein muß“ (Buber 2006: 130). Dies bedeutet, dass, um überhaupt ‚empfänglich‘ für eine widerfahrende Anrede zu sein, das Ich eine bestimmte Haltung einnehmen muss, die Buber auch als eine Grundbewegung bezeichnet. So ist nach Buber die dialogische Grundbewegung die der ‚Hinwendung‘, während die monologische Grundbewegung, die der ‚Rückbiegung‘ ist (Buber 2006: 170f). Die dialogische Grundbewegung des Hinwendens ist es auch, die Buber an anderer Stelle als das Sprechen des Grundwortes beschreibt. Diese Haltung, die ein Du-Sprechen meint, ist somit notwendige jedoch nicht hinreichende Bedingung für eine Begegnung, die in eine Ich-Du-Beziehung mündet.[547] Buber spricht auch davon, dass eine solche Begegnung daher „aus Willen und Gnade in einem“ (Buber 2006: 11) geschehe. Genauer:

---

547 Dazu ausführlich die Interpretation Theunissens (1965: 324): „In der Begegnung läßt

„Das Du begegnet mir von Gnaden – durch Suchen wird es nicht gefunden. Aber daß ich zu ihm das Grundwort spreche, ist Tat meines Wesens, meine Wesenstat. Das Du begegnet mir. Aber ich trete in die unmittelbare Beziehung zu ihm. So ist die Beziehung Erwähltwerden und Erwählen, Passion und Aktion in einem." (Buber 2006: 15).[548]

---

sich das aktive Moment nicht einseitig mir oder dem Anderen zurechnen; vielmehr greifen unsere Akte dergestalt ineinander, daß mir, was ich tue, zugleich angetan wird. Es liegt da also die Initiative weder bei mir noch beim Anderen. Die Begegnung ist, mit anderen Worten, ursprünglich weder bloß mein Ansprechen noch mein Angesprochenwerden. Dennoch zeigt sich mir [...] die Ursprünglichkeit des Zwischen im konkreten Begegnungserlebnis als Vorrang des Angesprochenwerdens vor dem Ansprechen. Als Faktizität der Begegnung erfahre ich die dialogische Faktizität demnach primär im Angesprochenwerden."

548 Wenngleich somit die Begegnung weder dem Ich noch dem Du zugesprochen werden kann bzw. eine Begegnung weder aktivisch noch passivisch gedeutet werden kann, sondern ein Geschehen im Zwischen ist, so fällt jedoch auf, dass Buber häufiger von der aktiven und subjektiven Seite der Begegnung spricht. Dies begründet Buber wie folgt: „Womit wir uns zu befassen, worum wir uns zu bekümmern haben, ist nicht die andre, sondern unsre Seite; ist nicht die Gnade, sondern der Wille. Die Gnade geht uns insofern an, als wir zu ihr ausgehn und ihrer Gegenwart harren; unser Gegenstand ist sie nicht." (Buber 2006: 77) Dass Buber „trotz gelegentlicher Andeutungen, die die Ursprünglichkeit des Angesprochenwerdens vermuten lassen, faktisch das Ich-Du-Verhältnis fast durchweg am Modell derjenigen Beziehung demonstriert, in der ich mich an den Anderen wende", führt nach Theunissen (1965: 281) dazu, dass sich so „die Konstitution des Ich nur unvollkommen aufzeigen" lasse. Damit aber widerspreche sich Buber selbst, denn: „Ist das Du oder Es sprechen tatsächlich eine Haltung, eine Entwurf, so geht dem Du verloren, was Buber ihm doch ausdrücklich zuspricht: die Unmittelbarkeit" (Theunissen 1965: 280). Und: „Der vom Du-Ich oder Es-Ich besetzte Mensch hat insofern die zentrale Stellung inne, als er der Ort ist, an dem sich das Schicksal der Welt entscheidet. [...] Damit aber erhält das Ich – entgegen allen anderslautenden Versicherungen Bubers – den Vorrang vor dem Du." (Theunissen 1965: 281) Diese Schwierigkeiten ergeben sich laut Theunissen dadurch, dass Bubers Denken seinen „Absprung von dem transzendentalphilosophischen Boden" (Theunissen 1965: 261) mache. Die Schwierigkeit, die dabei entstehe, sei „leicht ersichtlich: das Ich und das Zwischen scheinen sich wechselseitig das Recht der Ausgangsposition streitig zu machen. Das Ich will Ausgangspunkt sein, weil das Geschehen der Begegnung nur an dem, was ihm geschieht, erfahrbar ist, das Zwischen aber gründet seinen Anspruch, das logisch Erste zu sein, darauf, daß es auch ontologisch den Anfang macht." (Theunissen 1965: 272) Dass somit Buber „die ‚Sphäre des Zwischen' nur in Abhebung von der ‚Sphäre der Subjektivität' erfaßt", führt nach Theunissen (1965: 276f) denn auch dazu,

Die Begegnung ist somit ein *Geschehen im Zwischen.* Dieses Zwischen entstehe zwar gewissermaßen erst durch die Begegnung von Ich und Du, gleichzeitig gehe es dieser Begegnung voraus – so spricht Buber vom „Apriori der Beziehung“ (Buber 2006: 31) bzw. er konstatiert: „Im Anfang ist die Beziehung.“ (Buber 2006: 22) Dies kann m.E. auf zweierlei Weise verstanden werden. Zunächst ontogenetisch als intersubjektive Genese des Selbst, in dem Sinne, dass die (Mutter-Kind-)Beziehung dem Ich vorausgeht bzw. sich das Ich erst in und durch die Beziehung bildet. So beschreibt Buber die intersubjektive Genese des Selbstbewusstseins wie folgt:

> „Gegenüber kommt und entschwindet, Beziehungsereignisse verdichten sich und zerstieben, und im Wechsel klärt sich, von Mal zu Mal wachsend, das Bewußtsein des gleichbleibenden Partners, das Ichbewußtsein. Zwar immer noch erscheint es nur im Gewebe der Beziehung, in der Relation zum Du, als Erkennbarwerden dessen, das nach dem Du langt und es nicht ist, aber immer kräftiger hervorbrechend, bis einmal die Bindung gesprengt ist und das Ich sich selbst, dem abgelösten, einen Augenblick lang wie einem Du gegenübersteht, um alsbald von sich Besitz zu ergreifen und fortan in seiner Bewußtheit in die Beziehung zu treten.“ (Buber 2006: 32)

Es ist somit das sich wiederholende Ansprechen des Du, das aus dem Ich ein Ich erst macht. Existiert das Ich zuerst alleinig in der Beziehung zum Anderen, als angesprochenes Gegenüber, so lernt es allmählich, auch sich selbst zum Gegenüber zu machen und wird sich dadurch erst (selbst-)bewusst. Kurz gesagt: „Der Mensch wird am Du zum Ich.“ (ebd.)

Dieses am Du entstehende Ich ist jedoch kein autarkes, beziehungsloses Ich[549], das in sich selbst ruht und fortan für sich selbst existieren kann, sondern es bleibt ein Beziehungs-Ich, das sich – und damit ist die zweite Bedeutung angesprochen – in und mit jeder Begegnung verändert. So spricht Buber davon, dass ein Mensch aus dem Moment der Begegnung mit einem Du „nicht als der gleiche hervorgeht, als der er in ihn eingetreten ist“ (Buber 2006: 110). Die Begegnung, das Zwischen,

---

„daß die Ontologie des Zwischen in ihrer Ausführung auf weite Strecken eine bloß negative Ontologie bleibt“. Buber komme somit „seiner Forderung nach einer positiven kategorialen Erhellung des Ich-Du-Verhältnisses [...] faktisch nur ansatzweise nach“ (Theunissen 1965: 277). Zwar könne Bubers ‚Theologie‚ des Zwischen als „ein Versuch zur Überwindung der Negativität, welche der Ontologie des Zwischen anhaftet“ (Theunissen 1965: 347), angesehen werden: „Allein, selbst dann, wenn dieser Versuch geglückt sein sollte, wäre die Posititivität, die Buber damit erreicht hätte, eben nur die Positivität der – freilich apostrophierten – Theologie, nicht aber die der Ontologie. Bubers Ontologie des Zwischen bleibt damit wesentlich negativ.“ (ebd.)

549 So gilt für Buber, „daß Ich nicht etwas ‚in‚ mir ist“ (Buber 2006: 100).

hat somit für das Ich einen stiftenden Charakter. Kurz gesagt: „Ich werde am Du; Ich werdend spreche ich Du.“ (Buber 2006: 15)

Implikationen für das Subjekt- und Lernverständnis

Wie oben erläutert, führt Bubers Versuch, eine Alternative sowohl zu einem individualistischen als auch zu einem kollektivistischen Denken zu formulieren, zu einer ‚Ontologie des Zwischen‘. Diese kann auch als Alternative zum kartesischen Dualismus verstanden werden; sie resultiert daraus, dass Buber die gewohnten kartesischen Bahnen des Denkens aus der ‚Ersten- oder Dritten-Person-Perspektive‘ verlässt und stattdessen die ‚Zweite-Person-Perspektive‘ expliziert. Somit bietet sich eine Möglichkeit, den Prozess des Lernens weder – wie aus der Dritten-Person-Perspektive – in der Materie des Gehirns oder der Physis des Organismus noch – wie aus Erster-Person-Perspektive – im individuellen Geist zu verorten. Lernen vollzöge sich stattdessen jenseits des Subjektiven und diesseits des Objektiven in der Sphäre des Zwischen.

Zur Erinnerung: Diese Sphäre des Zwischen markiert weder den gesamten zwischenmenschlichen Bereich und muss demnach von der Sphäre des Sozialen unterschieden werden, noch bleibt sie allein zwischenmenschlichem Geschehen vorbehalten, sondern manifestiert sich überall dort, wo ein dialogischer Moment, eine Begegnung, stattfindet. Die Sphäre des Zwischen ist daher gekennzeichnet durch einen – im Gegensatz zur Beständigkeit des Materiellen – ereignishaften, diskontinuierlichen, fragilen und obskuren Charakter. Trotz dieser Eigenschaften spricht Buber der Sphäre des Zwischen ontologisch keinen zweitrangigen Charakter zu, sondern geht vielmehr von deren ontologischem Primat aus. Das bubersche Paradox lautet daher: Auch wenn die Sphäre des Zwischen erst durch die Begegnung von Ich und Du entsteht, ist sie dem Ich und dem Du vorgängig. Bubers Apriori der Beziehung spricht den Relationen gegenüber den Relata ein ontologisches Primat zu, erst die Relationen stiften die Relata. Dies zeigt sich laut Buber sowohl in der menschlichen Ontogenese – das Ich wird am Du zum Ich – als auch darin, dass Ich und Du aus einem dialogischen Moment der Begegnung verändert hervorgehen. Somit denkt Buber nicht nur relational, sondern auch radikal das Beständige vom Prozess her.

Verortet man Lernen in der Sphäre des Zwischen, dann erscheint es sinnvoll, das dialogische Moment der Begegnung von Ich und Du als das transformative Moment des Lernens, den Prozess des Lernens, zu interpretieren. Lernen wäre demnach ein Beziehungsgeschehen im Zwischen, aus dem Ich und Du verändert hervorgehen, wobei sich die Begegnung im Zwischen von Ich und menschlichem Du (Lernen von und durch Andere), von Ich und geistigen Wesenheiten (Lernen in der Auseinandersetzung mit ‚Inhalten‘) und mit gegenständlichen Wesenheiten

(Lernen durch Umgang mit Dingen oder durch Einfluss der dinglichen Umwelt) ereignen kann. Bedenkt man zugleich, dass aus jedem Du ein Es werden muss, dann kann auch dies lerntheoretisch als das Resultat des Lernprozesses, das in der konkreten, veränderten Form des Ichs sich manifestiert und dort auch relativ beständig wirken kann, interpretiert werden. Zugleich ermöglicht ein solches Verständnis des Lernens, das Lernen aus Erster-Person-Perspektive als Ineinander von Aktion und Passion zu beschreiben. Voraussetzung für eine Begegnung ist nach Buber die Haltung der Hinwendung, die Offenheit dafür angesprochen zu werden; vereinfacht: die Bereitschaft zum Lernen und damit des sich selbst in Frage stellen lassen. Zugleich ist diese Haltung eine zwar notwendige, jedoch nicht hinreichende Bedingung für das Zustandekommen einer Begegnung; denn diese setzt stets auch die Widerfahrnis der Anrede voraus. Relativ unkonkret bleibt hingegen bei Buber sowohl das Ich als auch das Du als Anderer. Zwar ist das Ich ein Beziehungs-Ich, welche konkreten Eigenschaften dieses aber aufweist, darüber gibt Buber kaum Auskunft. Daher steht das ‚Subjekt' in der Gefahr, doch wieder als eine Instanz verstanden zu werden. Auch beachtet Buber den Anderen nicht oder kaum in seiner Fremdheit sowie seiner radikalen und unhintergehbaren Andersheit, zudem unterscheidet er nicht zwischen verschiedenen anderen und bleibt so einem dyadischen Denken von Ich und Du verhaftet, in der die Figur des Dritten unbeachtet bzw. ausgeschlossen bleibt.[550]

550 Damit ist zunächst auf Levinas Kritik an Buber verwiesen (Levinas 1963), der zwar Bubers Kritik des erkenntnistheoretischen Subjekt-Objekt-Denkens würdigt, aber vor allem die von Buber angenommene Wechselseitigkeit der Ich-Du-Beziehung hinterfragt. Buber unterschlage die radikale Andersartigkeit des Du, so dass das Du letztlich zum Selben werde. Nicht nur bleibe das Ich auch in der Begegnung mit dem Du auf seine Subjektivität zurückgeworfen, so dass die Begegnung die Trennung von Ich und Du nicht aufheben könne, vielmehr fasst Levinas das Verhältnis von Ich und Du grundsätzlich als asymmetrisch: Der Andere tritt nach Levinas dem Ich nicht (als ein Gegenüber) gegenüber, sondern das Ich wird vom ‚Anruf' des Anderen getroffen, ist somit ‚Geisel des Anderen'. Über zumeist vornehmlich dyadisch – und dann auch allzuoft symmetrisch – gedachte Konzeptionen von Intersubjektivität hinaus, versucht man – verstärkt in den letzten Jahren – in der Sozialtheorie vor allem mittels der ‚Figur des Dritten' zu entkommen (vgl. Fischer 2008, Bedorf 2003). Diese Figur kommt bereits in den Theorien von Simmel, Freud, Sartre, Levinas, Lacan, Serres und Girard zum Zuge, wird jedoch erst in den letzten Jahren systematisch analysiert und dort als „Theorieinnovation" (Fischer 2008: 123) und „Wende zum Dritten" (ebd.) betrachtet. Mit dem Dritten wird neben dem Ich und dem Anderen ein „weiterer Anderer" (Fischer 2008: 121) verstanden, dessen Funktionen „sich nicht auf den ersten Anderen zurückführen" (ebd.) und der daher „in einem nichttrivialen Sinn der Dritte" (ebd.) sei; dies bedeute auch, „dass ein Vierter oder

II.3.5 DIE RELATIONALE WENDE IN DER PSYCHOANALYSE

Grundannahmen eines relationales bzw. intersubjektiven Paradigmas

Eine Disziplin, in der einige Vertreter sehr explizit eine *relationale oder intersubjektive Wende* ausrufen, ist die Psychoanalyse. Wie in den meisten geistes- und humanwissenschaftlichen Disziplinen herrscht in der Psychoanalyse eine Pluralität psychoanalytischer Theorien, Schulen und Methoden. Da deren Status als Wissenschaft seit jeher nicht unumstritten ist und die Psychoanalyse in den letzten Jahrzehnten im Kampf um gesellschaftliches Prestige und der Legitimation ihrer

---

Fünfter nicht das systematische Gewicht, die weltbildende, transformierende Potenz des Anderen und des Dritten haben" (ebd.). Zu unterscheiden sei von der Figur *des* Dritten zudem *das* Dritte, „also die Sprache, das System, der Geist, der Diskurs" (ebd.). Die systematische Analyse und Einbeziehung der Figur des Drittens bedeutet auch den Versuch, Sozialität weder als Intersubjektiviät zu verstehen – hier gehe man davon aus, „dass das Soziale überhaupt aus der Relation zwischen ego und alter ego entspringe" (Fischer 2008: 122) – noch als Transsubjektivität – hier leitet man das Soziale letztlich aus einem Transsubjektiven, also aus einem Dritten ab (Fischer 2008: 122f). Der Dritte ist für unsere Belange von Bedeutung, weil damit etwas gedacht wird, dass stets noch „zu einer Ich-Anderer-Relation hinzukommt und in sie modifizierend eingreift, ohne daß diese Relation in einem Allgemeinen aufginge oder in einer Vermittlung enden würde" (Bedorf 2003: 17). Der Rekurs auf das Dritte oder den Dritten verhindert somit harmonistische Deutungen von Intersubjektivität, die die unhintergehbare Dimension von Widerstreit und Konflikt übersehen. So führt beispielsweise die „Simultaneität des Anderen und des Dritten, die ihre Ansprüche geltend machen, ohne daß sie aufeinander zu reduzieren wären" (Bedorf 2003: 16) zu einer „Vervielfältigung der Verantwortungsbeziehung [...], die das Ich zwingt, zwischen zweien zu wählen" (Bedorf 2003: 324) und somit zu einem nicht grundsätzlich auflösbaren Dilemma, einer „unmögliche[n] Wahl" (ebd.). Zugleich verweist *der* Dritte auf *das* Dritte, indem er „die Perspektive auf ein Gesetz, das in dem Anderen mitspricht und das dem Anspruch des Anderen zuwiderlaufen kann" (Bedorf 2003: 24), eröffnet und somit „Normen zur Geltung" (Bedorf 2003: 345) bringt; daher ist er ein „Scharnier zwischen dyadischer Beziehung und normengeleiteter Ordnung" (ebd.). Weil zudem „Anderer und Dritter gleichursprünglich sind, gelingt Intersubjektivität nie zu zweit" (Bedorf 2003: 359) bzw. weil der Dritte „symbolisch und damit die Möglichkeitsbedingung für Intersubjektivität überhaupt" (Bedorf 2003: 348) sind, gelte: „Jeder Dyade ist demnach ein Dritter inhärent und sei es als abwesender." (ebd.) Somit seien „[r]ein dyadische Beziehungen [...] nur als Abstraktionen, d.h. als einseitige Beschreibung aus den sozialen Geflechten herauszupräparieren" (Bedorf 2003: 358).

klinischen Lizenz an Boden verloren hat, sehen viele ihrer Vertreter die Gefahr der Zersplitterung und begeben sich auf die „Suche nach einem neuen Fundament" (Altmeyer/Thomä 2006: 7). Als erfolgsversprechender ‚Kandidat' dafür gilt vielen ein relationales bzw. intersubjektives Paradigma.[551] Zwar gibt es dazu noch kaum ein einheitliches Programm, jedoch hat es in fast allen bedeutsamen psychoanalytischen Schulen in den letzten 20 Jahren „eine deutliche Verschiebung in Richtung relationaler Konzepte gegeben" (Mitchell 2003: 29)[552]; zugleich entdeckte man eine Reihe von ‚relationalen Vordenkern' in der eigenen Geschichte wieder, denen aufgrund der Vorherrschaft der klassischen Triebtheorie bislang nur wenig Beachtung geschenkt wurde. Bei allen deutlichen Unterschieden zwischen den einzelnen intersubjektiven bzw. relationalen Ansätzen in der Psychoanalyse eint diese zwei gemeinsame Grundannahmen: erstens stehen nicht mehr (biologische) Triebe, sondern (zwischenmenschliche) *Beziehungen* in ihrem Zentrum, der Fokus verschiebt sich somit vom *Intra*psychischen zum *Inter*subjektiven (Aron 1996: ix), vom Innen zum Zwischen und „von der ‚Ein-Person- zur Zwei- und Drei-PersonenPsychologie" (Altmeyer 2003: 34); zweitens „beginnt sich die Erkenntnis durchzusetzen, dass das Seelenleben des Menschen bis in seine unbewussten Tiefen hinein mit der sozialen Umwelt verbunden und auf andere Menschen bezogen ist. Die Psyche selbst ist intersubjektiv verfasst." (Altmeyer/Thomä 2006: 7) Die Rede ist von dem Wissen, „dass die innere Welt des Menschen von Anfang an auf die äußere Welt bezogen ist, dass sich die Psyche in dieser Bezogenheit erst konstituiert und differenziert, dass Subjektivität durch Intersubjektivität vermittelt ist" (Altmeyer/Thomä 2006: 25f). Individualität werde damit nicht verneint, vielmehr gelte: „Als Menschen werden wir gerade dadurch zu einzigartigen, unverwechselbaren Individuen, dass wir unsere ‚Beziehungsschicksale' verinnerlichen und zum Aufbau unserer psychischen Struktur verwenden" (Altmeyer/Thomä

551 Beide Bezeichnungen sind in der Psychoanalyse gebräuchlich und verweisen wesentlich auf das Gleiche. Besonders im deutschsprachigen Raum wird eher von einer „intersubjektive[n] Wende der Psychoanalyse" (Altmeyer/Thomä 2006: 8) oder von einem „Paradigma der Intersubjektivität" (ebd.) gesprochen. Im amerikanischen Raum hingegen verweist der Terminus ‚intersubjektive Theorie' eher auf eine spezifische Schule, nämlich die um Stolorow. Da diese aber eher als eine Variante der Selbstpsychologie betrachtet wird denn als eine wirklich intersubjektive Theorie und Vertreter eines relationalen Ansatzes sich daher von dieser Schule abgrenzen möchten (vgl. Aron 1996: 13; Altmeyer 2003: 238f), spricht man von einem „relational turn" (Mitchell 2003: 28).

552 Zu nennen sind die neokleinianische Schule, die Objektbeziehungstheorie, die Selbstpsychologie, die psychoanalytische Entwicklungstheorie und interpersonelle Theorie (Aron 1996: ix; Mitchell 2003: 29).

2006: 8). Den Vertretern eines solchen relationalen/intersubjektiven Paradigmas ist dabei bewusst, dass diese Grundannahmen auf einer veränderten Sicht der *conditio humana* beruhen. Anstelle der in der westlichen Kultur gängigen Sicht eines monadischen Selbst, wird das Bild eines relationalen Selbst gezeichnet, das ein Leben lang auf andere Menschen bezogen und angewiesen ist; wie Altmeyer und Thomä (ebd.) formulieren: „Der Mensch ist keine Monade – er wird vielmehr in menschliche Beziehungen hineingeboren, gewinnt durch soziale Beziehungen hindurch ein Verhältnis zu sich selbst und zur Welt und bleibt bis ins hohe Alter auf solche Beziehungen angewiesen".

Auf dem Hintergrund dieser Grundannahmen bieten relationale Theorien, so die Hoffnung, „einen Rahmen, um neue Ideen zu generieren und existierende Ansätze zu reorganisieren" (Mitchell 2003: 28).[553] Es sind vor allem zwei Bereiche in der Psychoanalyse auf die mittels des relationalen Paradigmas ein neuer Blick geworfen wird: einerseits *die intersubjektiven Entwicklung des Selbst* in und durch frühe Interaktionen mit seinen Bezugspersonen, andererseits *das Beziehungsgeschehen zwischen* Analysator und Analysand im Rahmen einer therapeutischen Situation (Altmeyer/Thomä 2006: 24f; Benjamin 1996: 39).[554] Zur Integration der psychoanalytischen Disziplin könne das aus relationaler Perspektive gewonnene Wissen jedoch nur beitragen, „wenn man es angemessen systematisiert, theoretisch weiterentwickelt, empirisch erdet und seine Validität auch im intersdisziplinären Dialog auf den Prüfstand stellt" (Altmeyer/Thomä 2006: 26). Hauptaufgabe sei dabei, und darum drehen sich die meisten relationalen Ansätze in der Psycho-

553 Dabei sieht man sich in Einklang mit korrespondierenden Entwicklungen in den Humanwissenschaften, dort sei „Intersubjektivität inzwischen zu einem forschungsleitenden Paradigma […] insgesamt geworden" (Altmeyer/Thomä 2006: 26). Aron (1996: 23ff) sieht die relationale Wende vor allem im Zusammenhang mit postmodernen, feministischen und sozialkonstruktionistischen Theorien, während Altmeyer (2003: 169) – nicht zu Unrecht, siehe I.4 – intersubjektive Tendenzen in der Neurobiologie ausmacht. Altmeyer und Thomä (2006: 26) fügen auch noch die von Gergen bekannte und recht umstrittene Diagnose hinzu, die intersubjektive Wende gehe mit einem psychosozialen Wandel in den westlichen Gesellschaften einher. Bohleber (2006: 209) konstatiert, dass „[d]ie intersubjektive Wende der Psychoanalyse [...] ohne die philosophischen Bewegungen des 20. Jahrhunderts nicht zu verstehen" sei.

554 So wird eine im Rahmen einer Psychoanalyse stattgefunde Veränderung nicht mehr nur als durch die verbale Deutung des Analytikers verursacht betrachtet, sondern die analytischen Beziehung zwischen Analysand und Analysator gilt als ein wichtiger Faktor für eine solche Veränderung (Bohleber 2006: 219). Der Prozess der Veränderung beginne demnach „im intersubjektiven Raum zwischen Patient und Analytiker" (Mitchell 2003: 116).

analyse, „das vermittelnde Zwischen zu konzeptualisieren“ (ebd.). Welche Konzeptualisierungsversuche es dabei mit welchen Erkenntnissen gegeben hat, wird im Folgenden entlang der wichtigsten Stationen auf dem Weg zu einem relationalen Paradigma kurz skizziert.

‚Relationale Erkenntnisse‘ der Vorläufer einer relationalen Wende in der Psychoanalyse

Freud ist unumstritten die Gründungsfigur der modernen Psychoanalyse. Nicht nur hat er mit seiner Theorie den nahezu gesamten folgenden psychoanalytischen Diskurs entscheidend vorgebahnt, vielmehr wird auch in aktuellen psychoanalytischen Theorien weiter intensiv auf ihn Bezug genommen. Daher ist es nicht verwunderlich, dass die Vertreter des relationalen Paradigmas ihn in diesem Licht noch einmal neu betrachten und prüfen, ob er sich nicht aus relationaler Perspektive reinterpretieren lässt. Dabei zeige sich, dass in seinem Werk zwar vereinzelt „intersubjektiv ‚kontaminierte‘ Bruchstücke“ (Altmeyer/Thomä 2006: 10) auszumachen seien[555], diesen innerhalb seiner Theorie jedoch kein systematischer Stellenwert zukomme. Gleichzeitig gelte, dass er durch die Bedeutung des Unbewussten in seiner Theorie sowie der Zerlegung des einheitlichen Subjekts in drei Instanzen zwar das souveräne und einheitliche Subjekts dezentrierte (siehe Kapitel II.1.2), es durch die Lokalisierung der Triebe im Inneren jedoch zu einer Art Rezentrierung des Subjekts kam. Indem „er das Unbewusste von seine[m] konstitutiven Bezug zur Außenwelt abschnitt“ (Altmeyer/Thomä 2006: 9) und es mit seinem Organismusmodell „zu einer Art intrapsychischer Unterwelt erklärte“ (ebd.), blieb Freud in den Spuren des (kartesischen) dualistischen Denkens, das zwischen Subjekt und Objekt, Individuum und Gesellschaft, Trieb und Kultur, Phantasie und Realität, Innen und Außen fein säuberlich trennt und „ein vermittelndes Drittes und damit ein Zwischen (=inter) nicht kennt“ (Altmeyer/Thomä 2006: 11). Dies hätte dazu geführt, „dass Relationalität für viele Jahrzehnte ausgeklammert wurde“ (Mitchell 2003: 24); anders gesagt:

> „Die Psychoanalyse wurde endgültig intrapsychisch und das Seelenleben als etwas verstanden, das aus der monadischen Psyche des Einzelnen auftaucht und sich erst sekundär in Beziehungen mit anderen hineinziehen lässt. Andere Menschen waren das, was Freud als ‚akzidentell‘ bezeichnete, sie bekamen Bedeutung nur durch ihre enge Verbindung mit den Trieben“ (ebd.)

555 Vgl. hierzu Altmeyer/Thomä 2006: 10f.

Schon früh (1937) kritisierte der ungarische Psychoanalytiker Michael *Balint* Freuds Theorie, insbesondere dessen These vom primären Narzissmus, nannte diese eine ‚Amöbensage', setzte ihr nach Beobachtungen der frühen Mutter-Kind-Interaktion die These einer primären Objektbeziehung entgegen und bereitete damit entscheidend sowohl die Bindungstheorie als auch die Säuglingsforschung vor (vgl. Balint 1997).

Als ein weiterer früher, aber nur wenig bekannter, Vorläufer einer relationalen Psychoanalyse kann der 1906 in Deutschland geborene Hans *Loewald* gelten[556], der eine relationale Dezentrierung von Freuds Triebmodell vornimmt. Während bei Freud das Ich als schützende und vermittelnde Instanz zwischen dem von Innen nach Außen strebenden Es und der feindlichen Realität entsteht, der Anfang demnach triebhaft ist, sehe Loewald den Anfang der Ich-Werdung im Beziehungsfeld, in welches das Individuum hineingeboren werde; erst durch die Internalisierung dieser äußeren Beziehungen werde es zu einem Ich (Mitchell 2003: 76). Allerdings erlebe der Säugling zu Beginn kein differenziertes Feld von Beziehungen, sondern sein Erleben entwickle sich erst allmählich aus diesem Beziehungsfeld. So würden wir das Leben in einem völlig entdifferenzierten und verdichteten Zustand, in dem es noch keinen Unterschied zwischen Innen und Außen, Selbst und Anderem, Wirklichkeit und Phantasie, Gegenwart und Vergangenheit gebe, beginnen. „Alle diese Dichotomien, die wir als gegeben annehmen – als Grundbestandteile der Welt, wie sie eben ist –, haben sich erst langsam herausgebildet, in ihrer ganzen Komplexität entstehen sie im Laufe der ersten Lebensjahre." (Mitchell 2003: 38) Entscheidend für Loewald sei jedoch, dass dieser uranfängliche, entdifferenzierte und verdichtete Zustand nicht nur eine frühe Entwicklungsphase ist – wie die symbiotische Phase bei Mahler – sondern als *ein* Erfahrungsmodus lebenslang erhalten bleibe. Dieser – gewissermaßen verzauberte – Erfahrungsmodus, in dem Phantasie und Wirklichkeit noch voneinander ungeschieden existieren, sei für Loewald ein nicht nur lebenslang wirkender Erfahrungsmodus, sondern zudem gleichberechtigt gegenüber dem später herausgebildeten Erfahrungsmodus einer entzauberten, objektiven Wirklichkeit (Mitchell 2003: 56, 61f).

---

556 Der nur geringe Bekanntheits- und Wirkungsgrad von Loewald mag darauf beruhen, dass seine Theorie einerseits – auch in seiner sprachlichen Dichte – zu unkonventionell war, um im psychoanalytischen Mainstream Anerkennung zu finden, er andererseits der Terminologie Freuds treu blieb, diese aber stark uminterpretierte, so dass das relationale, ‚revolutionäre' Potential schnell verborgen bleibt. Es ist vor allem Stephen A. Mitchell, der in seiner relationalen Theorie eng an Loewald anschließt und der diesen als entscheidenden Wegbereiter der intersubjektiven Wende rehabilitierte. An Mitchells Lesart von Loewald (Mitchell 2003) schließt sich die folgende Skizzierung an.

Erst der im Hintergrund stets wirksame uranfängliche Erfahrungsmodus sei es, der der als real und objektiv erlebten Welt des Erwachsenen *Bedeutung* gebe (Mitchell 2003: 62). Das Unbewusste betrachte Loewald denn auch nicht wie Freud mit der Metapher des sich erhitzenden Kochtopfes und seiner explosiven Triebkraft, sondern mit der des wärmenden Kaminfeuers und dessen verdichtenden und entdifferenzierenden Einflusses. Neben diesem uranfänglichen Erfahrungsmodus sei es die Sprache, der in Loewalds Ansatz eine entscheidende Rolle zukomme, da diese schon im präverbalen Entwicklungsstadium bzw. von Geburt an von Bedeutung sei. Sprache, so Loewald, sei wesentlicher Teil des uranfänglichen Erfahrungsmodus, in dem Gefühle, Wahrnehmungen, die Anderen und das Selbst allesamt Teile einer unterschiedslosen Einheit seien (Mitchell 2003: 42). „Am Anfang sind Wort, Körper, Affekt, Beziehung ununterscheidbare Komponenten eines ganzheitlichen Erlebens." (Mitchell 2003: 44) Solchermaßen „tief eingelassen in ihren relationalen Ursprungszusammenhang" (Mitchell 2003: 46) sei die Sprache eine bindende Kraft, die eine dem Leben Bedeutung gebende Verbindung zwischen Vergangenheit und Gegenwart schaffe. Nach Loewald färbe nicht nur der affektionale Gehalt der spezifischen Beziehung zu dem Menschen, von dem man ein Wort lernt, dessen semantischen Gehalt, sondern auch das Bewusstsein, ein Ich zu sein, bildet sich – allgemein und spezifisch – in der Ansprache an mich, so dass „die Worte meines Vaters nicht *in mich hinein* gebracht worden [sind], sie *sind* ich" (Mitchell 2003: 61).

Als ein weiterer früher Wegbereiter des intersubjektiven Paradigmas in der Psychoanalyse gilt William R. D. *Fairbairn*, der als Pionier der Objektbeziehungstheorie jenseits des berühmten Streits zwischen Anna Freud und Melanie Klein um das ideelle Erbe Freuds einen eigenen, dritten Weg ging.[557] Für Mitchell (2003: 155) liefert Fairbairn „eine frühe und radikale Darstellung von Relatio-

557 Je nach Lesart gilt manchen die Objektbeziehungstheorie als ein Vorläufer des relationalen Ansatzes, anderen wiederum nicht. Altmeyer (2001: 6) beispielsweise formuliert, die Objektbeziehungstheorie habe „[i]n den frühen Introjektionen und Identifikationen des Selbst [..] mit dem ‚Schatten des Objekts' die Sedimente des Anderen und damit im Innen zugleich das Aussen entdeckt". Damit aber setze sie „den scheinbaren Antagonisten Subjekt und Objekt etwas Drittes, etwas Vermittelndes hinzu[...]" (ebd.). Altmeyer interpretiert somit bereits die Objektbeziehung, und nicht erst den intermediären Raum Winnicotts (s.u.) als eine Konzeption des Zwischen. Im Gegensatz dazu betrachtet Jessica Benjamin den Begriff des Objekts als ein „schwierige[s] Erbe intrapsychisch orientierter Theorie" (Benjamin 1996: 39), da mit diesem eine „Austauschbarkeit von wirklichen Anderen und ihren inneren Repräsentationen" (Benjamin 1996: 40) hingenommen werde. Auch gelte in der klassischen Objektbeziehungstheorie der Entwicklungsprozess tendenziell als ein Ablösungsprozess, in dem das Kind „durch

nalität [...], die in den letzten Jahrzehnten immer einflussreicher geworden ist". Er befand sich, laut Mitchell (2003: 158), „auf dem Weg zu einem anderen Verständnis der menschlichen Natur [...], einem Verständnis des Menschen als einem grundsätzlich sozialen Wesen, das sich nicht erst in Interaktionen *hineinziehen* lässt, sondern bereits im Naturzustand zusammen mit Anderen in eine interaktive Matrix *eingebettet* ist." Die aus relationaler Sicht zentrale Einsicht Fairbairns erlangte dieser bei seiner Arbeit mit missbrauchten Kindern. Obwohl diese von ihren Eltern stark misshandelt wurden, weigerten sie sich häufig, die Eltern zu verlassen. Dies sprach nach Ansicht Fairbairns gegen die freudsche These, dass eine Objektbeziehung nur mit dem Ziel der Bedürfnis- bzw. Lustbefriedigung zustande kommt und erhalten bleibt. Wäre dies der Fall, so müssten die misshandelten Kinder freiwillig die Flucht vor den Eltern suchen. Anstatt in freudscher Logik nun jedoch einen Leidenstrieb zu postulieren, stellte Fairbairn die These auf, dass die Lust nicht das Ziel und die Beziehung zu anderen Menschen nur das Mittel zum Zweck der Lustbefriedigung ist, sondern dass die Lust vielmehr ein starkes Medium darstellt und die Beziehung selbst das Ziel ist. Demnach streben Menschen nicht (nur) nach Lust, sondern letztlich nach Beziehung. (Fairbairn 2000 [1952])

Als Vertreter der Objektbeziehungstheorie gilt auch der englische Psychoanalytiker Donald W. *Winnicott*, der wie Balint, Loewald und Fairbairn die klassische psychoanalytische Annahme einer unheilvollen und feindlichen Außenwelt des Säuglings in Frage stellte und so einen ganz eigenen, jedoch dezidiert psychoanalytischen Blick auf die Phase der frühen Entwicklung entwickelte. Zwar existieren in seiner Theorie – aus relationaler Perspektive – auch problematische Konzepte, wie die Unterscheidung zwischen einem wahren und einem falschen Selbst sowie die Annahme eines unantastbaren Kernselbst (Winnicott 1993, 1994), gleichzeitig formulierte er jedoch eine psychoanalytische Version einer intersubjektiven Genese des Selbst und bereitete so das intersubjektive Paradigma mit theoriegeschichtlich sehr einflussreichen Einsichten vor. Drei wesentliche, relational bedeutsame Einsichten Winnicotts sollen hier kurz vorgestellt werden.

Erstens betont Winnicott, dass die Anderen, insbesondere die Mutter als üblicherweise erste *Bezugsperson,* die entscheidende und grundsätzliche Bedingung aller Entwicklung ist. Dies drückt er aus in seiner berühmten Formulierung – „There is no such thing as a baby!". Dies bedeutet: Es gibt kein Säugling, ohne Mutter, die ihn hält oder ihn hinlegt. So *hat* ein Säugling anfänglich keine Beziehung zur Mutter, da dies ja bereits einen Abstand bzw. eine gewisse Trennung zur Mutter voraussetzen würde, sondern er *ist* anfänglich diese Beziehung zur Mutter und entwickelt einen Abstand und eine Beziehung erst allmählich und auf

die Internalisierung des Objektes größere Unabhängigkeit erringt" (Benjamin 1996: 42).

dem Hintergrund dieser Beziehung, die er zunächst ‚ist'. Zwar ist die konstitutive Bedeutung von Beziehungen in der frühen Kindheit besonders offensichtlich, jedoch bilden unsere Beziehungen zu anderen Menschen für Winnicott lebenslang den notwendigen und konstitutiven Hintergrund für die individuelle Existenz; in den Worten Winnicotts (1997: 125): „Wahrscheinlich gibt es zwischen Menschen niemals eine Trennung; eine Trennung kann wohl stets nur drohen."

Die zweite wesentliche relational bedeutsame Erkenntnis von Winnicott ist, dass er die lacansche Spiegelmetapher[558] intersubjektiv wendet und konstatiert, dass „[i]n der individuellen emotionalen Entwicklung [...] das *Gesicht der Mutter der Vorläufer des Spiegels*" (Winnicott 1997: 128) sei. Diesen Spiegelvorgang

558 Die Spiegelmetapher des Psychoanalytiker Jacques Lacan entfaltet dieser in seinem Text ‚Das Spiegelstadium als Bildner der IchFunktion' (Lacan 1973a). Dort beschreibt Lacan, dass und wie sich der menschliche Infant im Spiegel erkennt. Dieses beobachtbare Ereignis vollziehe sich nicht nur als ein ‚Aha-Erlebnis', sondern bedeute zugleich „eine Identifikation" (Lacan 1973a: 64), „als eine beim Subjekt durch die Aufnahme eines Bildes ausgelöste Verwandlung" (ebd.). Der Säugling, „ein Wesen, das noch eingetaucht ist in motorische Ohnmacht und Abhängigkeit von Pflege" (ebd.), identifiziere sich in einer „jubilatorische[n] Aufnahme" (ebd.) mit seinem Spiegelbild, das es als ein „Ideal-Ich" (ebd.) ansieht. Der Infans, bislang von fragmentarischen Leibeserfahrungen gezeichnet, identifiziert sich mit der im Spiegelbild auftauchenden einheitlichen, vollständigen und idealen Repräsentation seiner selbst und entwickelt zu dieser eine libidinöse Beziehung. Die Pointe dieser Szene liegt dabei in der Umkehrung des Verhältnisses von Repräsentation und Repräsentiertem: das Bild entsteht vor dem Original. Wie Meyer-Drawe (2000: 124) ausführt: „Das Spiegelbild ist Bildner und nicht einfach Abbild einer schon vorliegenden, präsenten Integrität. Damit ist das Bild eben nicht bloße Repräsentation, sondern Stiftung einer Einheit im Erfahrungsfeld eines zerstückelten Leibes. Das Ich hat somit von Anfang an einen fiktiven Charakter, es ist eine Illusion, die gestiftet wird von einem Heterogenen, vom Spiegelbild her." Die Identifikation mit dem Spiegelbild ist damit Prozess des Erkennens und Verkennens zugleich. Mit diesem wird „die Instanz des Ich (moi) auf einer fiktiven Linie situiert, die das Individuum allein nie mehr auslöschen kann" (Lacan 1973a: 64). Mit dem Imago des Spiegelbildes, dem imaginierten Ich, entsteht eine Fiktion, „das Ideal-Ich eines perfekten, stabilen und widerspruchsfreien Wesens [...] – das Ideal eines ‚Subjekts' im emphatischen Sinne" (Reckwitz 2008: 61), dem der Infans lebenslang erfolglos hinterherjagen wird, „das es fortan antreibt, das aber seine innere psychische Fragmentierung nicht zum Verschwinden bringen kann" (ebd.). Allgemeiner gesprochen entsteht „ein Kraftfeld des Begehrens" (Lacan 1973a: 66), ein nicht wieder auflösbarer Seinsmangel, der eine nicht endende Suche nach erreichbarer Einheit und Erfüllung (des Begehrens) auslöst.

erläutert Winnicott (1997: 129) wie folgt: „Was erblickt das Kind, das der Mutter ins Gesicht schaut? Ich vermute, im allgemeinen das, was es in sich selbst erblickt. Mit anderen Worten: Die Mutter schaut das Kind an, und *wie sie schaut, hängt davon ab, was sie selbst erblickt.*“ So erlernt sich das Kind am spiegelnden Blick der Mutter und anderer früher Bezugspersonen, der Blick der Anderen ist identätsstiftend. Um dies zu unterstreichen, formuliert Winnicott die kartesische Selbstvergewisserung des *cogito ergo sum* um in: „Wenn ich sehe und gesehen werde, so bin ich.“ (Winnicott 1997: 131) Neben der allgemeinen Existenzbestätigung wirken nach Winnicott die frühen Blicke aber auch in Bezug auf die spezifische Weise der Existenz identitätsstiftend. Auch ein strafender oder ein abgewandter Blick erzählten dem Kind etwas über sich und so entwickle ein Kind, je nachdem *wie* es angeblickt werde, ein sehr unterschiedliches Selbstbild von sich. Altmeyer (2001: 1) bemerkt dazu: „Welche Identität wir im Verlauf der Ontogenese einmal ausbilden, hängt entscheidend von Anderen ab, die uns versorgen, in denen wir uns spiegeln, mit denen wir uns identifizieren und von denen wir uns abgrenzen. Bis in den Kern unseres Selbst hinein sind wir deshalb von Objekten affiziert.“[559]

---

559 Die Bedeutung des spiegelnden mütterlichen Blickes für die Genese des Selbst hat auch die Forschergruppe um Peter Fonagy betont (Fonagy u.a. 2004; Fonagy/Target 2005) betont. Sie betrachten die mütterliche Affektspiegelung als den entscheidenden ‚Mechanismus‘, der zur Entwicklung der Fähigkeit der Mentalisierung führt; jene Fähigkeit, sich selbst und andere Menschen als Wesen mit psychischen Zuständen (‚mental states‘ wie Gefühle, Wünsche oder Überzeugungen) verstehen zu können. Zwar werde ein Säugling mit der Fähigkeit geboren, die sogenannten Primäremotionen auszudrücken, diese könne es zunächst jedoch weder kontrollieren noch bewusst wahrnehmen. Diese Fähigkeit entwickelt der Säugling erst, indem die primäre Bezugsperson des Säuglings mit mimischen und vokalen Äußerungen auf dessen Emotionsausdrücke reagiert und ihm diese somit spiegelt. Diese Spiegelung sensibilisiere den Säugling nach und nach für seine inneren Zustände, was die Autoren in Analogie zum Trainingsverfahren des Biofeedbacks verdeutlichen. Beim Verfahren des Biofeedbacks werden körpereigene Regulationsvorgänge, die der unmittelbaren Sinneswahrnehmung nicht oder nur kaum zugänglich sind, wie der Puls oder Hirnströme, mittels technischer Hilfsmittels sichtbar gemacht. Durch die wiederholte Spiegelung bzw. das dadurch erfolgende Feedback werde man für diese Prozesse sensibilisiert bzw. es gelingt evtl. sogar, diese zu steuern. Die These der Autoren lautet nun, „daß der an der Affektspiegelung beteiligte psychische Mechanismus identisch ist mit jenem Prozeß, den die Biofeedback-Trainingsverfahren demonstrieren. Wir sind der Ansicht, daß die mütterliche Affektspiegelung eine Art natürliches soziales Biofeedback-Training für den Säugling ist, das in der emotionalen Entwicklung eine zentrale Rolle spielt“ (Fonagy u.a. 2004: 170).

Der *dritte* für eine relationale Theoriebildung wichtige Beitrag Winnicotts ist sein Konzept des *potential space*, mit dem er versucht, den kartesischen Dualismus von subjektiver Innenwelt und objektiver Außenwelt, Psyche und Materie zu sprengen, indem er mit dem ‚potential space' einen dritten, zwischen den anderen beiden Bereichen vermittelnden Bereich einführt. Winnicott stellt fest und fragt: „Es gibt also zwei Orte, den Ort innerhalb und den Ort außerhalb des Menschen. Aber ist das alles?" (Winnicott 1997: 121) Nach Winnicott müssen wir nur unser eigenes Leben betrachten, um festzustellen, „daß wir den größten Teil unserer Zeit weder im Verhalten noch in der Kontemplation, sondern in einem anderen Bereich verbringen" (Winnicott 1997: 122). Daher gebe es „drei anstelle von zwei menschlichen Erlebnisbereichen" (Winnicott 1997: 123), diesen dritten Bereich nennt Winnicott ‚potential space' oder auch „den Bereich des sogenannten kulturellen Erlebens (oder das Spielen)" (ebd.). Altmeyer (2001: 9) interpretiert diesen Raum wie folgt:

> „Der Raum zwischen Ich und Nicht-Ich, Subjekt und Objekt, zwischen Phantasie und Realität, zwischen Meditation und Handeln ist ein Übergangsraum, der weder zur inneren, noch zur äusseren Welt gehört, aber beide zusammenbringt. Er ist der Ort des Spiels, der kreativen Tätigkeit, der Kultur, wo die Übergänge von innen nach aussen fliessend sind."

Dabei ist es für Winnicott (1997: 124) „das Spannungsfeld zwischen Kleinkind und Mutter", welches „der Ort [ist], an dem sich kreatives Spiel und Kulturerfahrung einschließlich ihrer differenziertesten Erscheinungsformen ereignen" (ebd.). Dies zeigt Winnicott am sogenannten *Übergangsobjekt,* das in der Phase der Auflösung der engen, nahezu symbiotischen, Beziehung zwischen Kleinkind und Mutter und der beginnenden Symbolbildung des Kleinkindes eine zentrale Rolle spielt und dem Kleinkind zu einer gewissen Ablösung von der Mutter verhilft. Ein klassisches Beispiel für ein Übergangsobjekt ist ein Stofftier, das für das Kleinkind einerseits Objekt seines Begehrens und seiner Phantasie ist, andererseits zugleich außerhalb dieses Begehrens und dieser Phantasie auch als reales, stoffliches Objekt existiert. Es ist nach Winnicott das kreative Spiel mit solchen Übergangsobjekten, durch das die Unterscheidung von subjektiver und objektiver Welt und damit gewissermaßen auch von Selbst und Welt überhaupt erzeugt wird. Indem das Kleinkind mit dem Übergangsobjekt aktiv eine Beziehung aufbaut und das Übergangsobjekt der erste wirkliche Besitz des Kindes ist, verhilft es dem Kind dazu, eine erste Ahnung davon zu erlangen, dass es etwas Eigenständiges ist, dass es die Beziehung zur Mutter nicht nur *ist*, sondern zur Mutter eine Beziehung *hat*. Der intermediäre dritte Raum des ‚potential space' ist es somit, aus dessen Erfahrung heraus Subjekt und Objekt allererst entstehen und der somit „eine Art sozialer Geburtsraum für Identität" (Altmeyer 2001: 8) ist. Durch die Topographie dieses dritten Raums konzipiert Winnicott damit die Vorstellung eines nicht nachträglichen, sondern vorgängigen und konstitutiven Zwischen. Somit irritiert Winnicott „die Gewissheit eines abgegrenzten Selbst" (Altmeyer 2001: 2) mit der „Anthropologie eines ursprünglichen Raumes, der Subjekt und Objekt verbindet, ihrer Trennung vorausgeht, im Unbewussten eines intermediären Zwischenraumes aber erhalten bleibt" (ebd.).

Als letzter häufig genannter Vorläufer des intersubjektiven Ansatz soll hier noch kurz Harry S. *Sullivan* genannt werden, der durch erfolgreiche Therapien an Schizophreniekranken bekannt wurde und die ‚Interpersonale Theorie' in der Psychoanalyse gründete. Sullivan schloss mit dieser an die physikalische Feldtheorie an und entwickelte das Konzept des interpersonellen Feldes, das Verhalten nicht ursächlich mit intrapsychischen Prozessen erklärt, sondern mit Wechselwirkungen im die einzelne Psyche übersteigenden Feld. Das Konzept des interpersonellen Feldes impliziere, „dass die Psyche nicht etwas ist, was jeder Einzelne von uns in seinem Kopf mit sich herumträgt, [...] sondern dass die Psyche über die Person hinausgeht, transpersonal und kontextabhängig ist" (Mitchell 2003: 145). Des Weiteren geht auch Sullivan von einer intersubjektiven Genese des Selbst aus; Persönlichkeit bildet sich nach Sullivan aus sich wiederholenden Mustern interpersoneller, also zwischenmenschlicher Beziehungen. (Sullivan 1980)

Als entscheidend für den Durchbruch des relationalen Ansatzes in der Psychoanalyse kann jedoch die Anerkennung der Ergebnisse der *empirischen Säuglingsforschung* gelten. Lange Zeit hegte man in der Psychoanalyse starke Vorurteile gegenüber der Säuglingsforschung, diese sei oberflächlich, affirmativ und behavioristisch, weil sich nur mit dem äußeren Verhalten des Säuglings beschäftigend. Erst als die Psychoanalyse in den 1970er Jahren immer stärker in Spekulationsverdacht geriet, wandte man sich der empirischen Säuglingsforschung und deren Befunde zu, um „empirischen Boden unter die Füße zu bekommen" (Altmeyer/Thomä 2006: 13). Doch die Anerkennung der Befunde der Säuglingsforschung zog der bis in die 1970er Jahre in der Psychoanalyse vorherrschenden Ich-Psychologie den Boden unter den Füßen weg, da deren Annahme vom monadischen Selbst von den Befunden der Säuglingsforschung torpediert wurde. Den Durchbruch verschaffte die Säuglingsforschung der intersubjektiven Wende nicht nur, weil sie der von den genannten Vorläufern schon in Frage gestellten klassischen, psychoanalytischen Sicht auf den Säugling und dessen feindliche Umwelt – der ‘Amöbensage’ – eine ganze Reihe von empirischen Befunden entgegensetzen konnten, sondern auch, „weil sie bis in kleinste Verhaltenseinheiten hinein zeigen konnte, wie sich das Selbst des Kindes aus den reziproken Interaktionsprozessen zwischen Mutter und Kind entfaltet" (Bohleber 2006: 218). Die hier sogenannten Vorläufer des intersubjektiven Ansatzes entdeckte man seit dieser Zeit immer stärker wieder und rehabilitierte die vormals vom psychoanalytischen Mainstream als Dissidenten betrachteten Psychoanalytiker.

Versuch einer Systematisierung: Die relationale Theorie Mitchells

Es ist insbesondere der US-amerikanische Psychoanalytiker Stephen A. Mitchell, der die relationale Wende in der Psychoanalyse explizit ausgerufen und sich darum bemüht hat, die verschiedenen relationalen Tendenzen in den bisherigen psychoanalytischen Ansätzen in einen dezidiert relationalen Ansatz zu integrieren; insbesondere greift er auf Loewald, Sullivan, Fairbairn und den Bindungstheoretiker Bolwby zurück.[560] Seine Grundthese ist, „dass man die Vielzahl der relationalen Konzepte, die sich in der aktuellen psychoanalytischen Literatur finden, am besten verstehen kann, wenn sie nicht als konkurrierende Theorien betrachtet werden, sondern als Konzepte, die sich auf verschiedene, miteinander verwobene Beziehungsdimensionen beziehen“ (Mitchell 2003: 31). So unterscheidet Mitchell vier verschiedene Beziehungsmodi, was ihm einerseits ermöglicht, der Tatsache Rechnung zu tragen, „dass die Beziehungen zwischen Affekt, Verhalten und Sprache von enormer Komplexität und Kontextabhängigkeit“ (Mitchell 2003: 124) geprägt seien, ihm andererseits als Strukturrahmen diene – „eine Heuristik zur Lokalisierung, Ordnung und Integration, mit dessen Hilfe verschiedene Dimensionen von Relationalität untersucht werden können“ (Mitchell 2003: 102). So ermögliche die Unterscheidung der vier Beziehungsmodi „auf einer kategorialen Ebene die Beschreibung von und den Vergleich zwischen verschiedenen Arten von Relationalität“ (Mitchell 2003: 101).

Beziehungsmodus 1 bezieht sich auf das nicht-reflexive Beziehungsverhalten, also darauf, „was Leute eigentlich miteinander tun“ (ebd.), wenn sie miteinander interagieren. Diese nicht-reflexive Verhaltens- und Interaktionsmuster in einer Beziehung würden von den in der Beziehung stehenden Personen gemeinsam erzeugt, indem „sie sich gegenseitig beeinflussen“ (Mitchell 2003: 102f) und seien sowohl von der „beständige[n] Wiederkehr bestimmter Muster [...] wie kontinuierliche[n] Veränderungen“ (Mitchell 2003: 104) gezeichnet. Eine Analyse dieses Beziehungsmodus 1 würde bedeuten nachzuvollziehen, „wie sich ein Beziehungsfeld um reziproke Einflussnahme und wechselseitige Regulierung herum strukturiert“ (Mitchell 2003: 101). Es sind genau solche Beziehungsmodi, die die zeitge-

560 Zumindest in den USA gilt sein Ansatz als der einflussreichste Versuch einer relationalen, psychoanalytischen Theorie (Aron 1996: 31). In Deutschland ist es Martin Altmeyer, der am intensivsten Argumente für eine relationale Wende sammelt und diese voranzutreiben sucht.

nössischen Säuglingsforschung untersuche, indem sie mit neuester Videotechnik, die präverbale, vorreflexive und dennoch äußerst strukturierte Interaktionen zwischen Säugling und Mutter ‚sichtbar' mache.

Der Beziehungsmodus 2 bezeichne hingegen „das geteilte Erleben intensiver Gefühlszustände über durchlässige Grenzen hinweg" (ebd.). Mitchell geht dabei davon aus, dass Affekte „keine substanzielle Qualität und ihren Sitz nicht im Inneren der Seele" (Mitchell 2003: 115) haben, sondern „einem über die Person hinausgehenden Interaktionsgeschehen" (ebd.), dem transpersonalen Beziehungsfeld, angehören und somit eine Art Kraftfeld bilden, das verschiedene Personen zugleich affiziert. Einfacher formuliert: „Gefühle sind ansteckend und in den tiefsten Schichten des Seelenlebens sind affektive Zustände oft transpersonal, personenübergreifend. Intensive Gefühle wie Angst, sexuelle Erregung, Wut, Depressionen und Euphorie haben eine Tendenz, bei anderen korrespondierende Gefühle zu verursachen." (ebd.) So werde „[b]ei starken emotionalen Erlebnissen [...] nicht unabhängig voneinander registriert, was ich fühle und was du fühlst, sondern eher das Gefühl einer Einheit, die ich in ihrer Gesamtheit als eine Erfahrung von mir selbst erlebe" (Mitchell 2003: 105f). Beziehungsmodus 2 bezeichne somit eine „unmittelbare Affektresonanz" (Mitchell 2003: 106), eine „fundamentale, durch Grenzenlosigkeit gekennzeichnete Gefühlsebene" (Mitchell 2003: 105).

Besonders schwierig zu fassen ist der *Beziehungsmodus 3*, dieser „bezeichnet ein Erleben, wie es sich in Konfigurationen des Selbst-mit-dem-Anderen ausdrückt" (Mitchell 2003: 101). Mitchell versucht mit diesem Beziehungsmodus deutlich zu machen, wie in jeder spezifischen Beziehung gleichzeitig Selbst- wie Objektrepräsentationen entstehen, sich formen und umbilden. In den Worten Mitchells (2003: 106):

> „Auf diesem symbolischen Strukturniveau werden die (bewussten oder unbewussten) gemeinsamen Interaktionskonstruktionen herausgefiltert und markiert, je nachdem, welche Personen daran beteiligt sind. Insofern bin ich einerseits der Sohn meiner Mutter und andererseits der Sohn meines Vaters. In jeder dieser Beziehungen forme ich mich selbst in Beziehung zu meinen Eltern, und gleichzeitig habe ich Gefühlsaspekte meiner Eltern mir gegenüber verinnerlicht."

Mitchell bezieht sich dabei auf zwei Einsichten Fairbairns. Die erste laute: „Die Bildung des Selbst und die Bildung des Anderen bzw. des Objekts lassen sich nicht voneinander trennen." (Mitchell 2003: 107); die zweite konstatiere, „dass unser Selbst vielfältig strukturiert und kein kompaktes Selbst ist, [...]; es besteht hingegen aus diskontinuierlichen, multiplen Strukturen, die von einem trügerischen Gefühl von Kontinuität und Kohärenz zusammengehalten werden, mit teils bewussten und teils unbewussten Aspekten" (ebd.). Demnach bilde sich unser

Selbst in jeder und mit jeder Beziehung um bzw. bestehe aus gänzlich unterschiedlichen Beziehungen zu anderen, die einerseits gleichbleibende Muster zeitigen, andererseits sich in jeder Interaktion – wenn auch nur minimal – verändern.

Der *Beziehungsmodus 4* hingegen bezeichnet gänzlich anderes, nämlich „die Erlebnisform der Intersubjektivität, die wechselseitige Anerkennung selbstreflexiver, eigenständiger Personen“ (Mitchell 2003: 101). Mitchell zielt hier auf das – von Jessica Benjamin (1999) beschriebene – Gleichgewicht von Selbstständigkeit und Abhängigkeit von anderen, die in ständiger und nicht aufzulösender Spannung stehen. Dieses prekäre Gleichgewicht zu halten, setzt paradoxerweise einerseits voraus, von anderen als eigenständiges Subjekt anerkannt worden zu sein, andererseits ermöglicht es erst die wechselseitige Anerkennung als eigenständige, vollwertige menschliche Wesen, die über die Fähigkeit verfügen, selbstreflexiv und intentional zu handeln.[561]

Wie besonders im letzten Beziehungsmodus deutlich wird, konfusioniert Mitchell teils die Beziehungsmodi, im Sinne verschiedener Ebenen oder Dimensionen von Beziehungen, und den subjektiven Erlebnisformen spezifischer Beziehungsmodi. Trotzdem gelingt Mitchell mit der Unterscheidung der vier Beziehungsmodi eine wichtige Differenzierung und die Etablierung eines Rahmens, in dem sich tatsächlich unterschiedliche Einsichten gut einordnen lassen. So werden im Folgenden mit Hilfe Mitchells vier *Aspekte an Beziehungen* voneinander unterschieden, die in jeder Beziehung eine gewisse Rolle spielen. Beziehungsmodus 1 spielt

561 Die Psychoanalytikerin Jessica Benjamin geht von einem Anerkennungsparadoxon aus, das darin bestehe, dass wir ein „Bedürfnis nach Anerkennung und gleichzeitig nach Unabhängigkeit“ (Benjamin 1999: 215) hätten bzw. wir zur Selbstbestätigung die Bestätigung anderer bedürften und Unabhängigkeit somit nur in Abhängigkeit erlangen könnten. Da jedoch „das andere Subjekt unserer Kontrolle entzogen ist und wir es dennoch brauchen“ (ebd.), stelle es für uns zugleich die Bedingung unserer Existenz wie deren ständige Bedrohung dar. „Weil das Subjekt seine Abhängigkeit von einer anderen Person, die es nicht kontrollieren kann, nicht akzeptieren will, bietet es sich als Lösung an, diese andere zu unterjochen und zu versklaven.“ (Benjamin 1999: 55) Daher lautet die Grundthese Benjamins: „Herrschaft und Unterwerfung entspringen aus einem Zusammenbruch der notwendigen Spannung zwischen Selbstbehauptung und gegenseitiger Anerkennung“ (Benjamin 1999: 15). Dies bedeutet aber auch, dass es grundsätzlich möglich wäre, „die notwendige Spannung dieser widersprüchlichen Impulse von Selbstbehauptung und Anerkennung des anderen auszuhalten“ (Benjamin 1999: 55). In dieser „Aufrechterhaltung einer permanenten Spannung zwischen Anerkennung des Anderen und Selbstbehauptung“ (Benjamin 1996: 49) und somit in der „Fähigkeit wechselseitiger Anerkennung“ (Benjamin 1996: 42) sieht Benjamin die Lösung des Paradoxons der Anerkennung.

dabei auf die vorreflexiven Verhaltensmuster an, die durch die wechselseitige Beeinflussung an den Polen der Beziehung (den Relata) entstehen; Beziehungsmodus 2 bezeichnet das affektive Kraftfeld, das sich in und durch Beziehungen bildet bzw. durch das sich Beziehungen bilden und verändern; Beziehungsmodus 3 bezeichnet die subjektiven Selbst-, Fremd- und Beziehungsrepräsentationen[562], die sich ähnlich wie die Verhaltensmuster durch Beziehungen an den Polen der Beziehung bilden und verändern; Beziehungsmodus 4 schließlich bezeichnet das reflexive und intentionale Beziehungsverhalten der in einer Beziehung stehenden Subjekte[563], die wechselseitige Anerkennung bildet dann jedoch nur ein mögliches Verhalten.

Für Mitchell existieren zugleich die Sphäre der Subjektivität und die Sphäre des Zwischen bzw. der *Inter*subjektivität, das subjektive psychische Erleben und das transsubjektive Beziehungsfeld, die Objektbeziehung und die Beziehung.[564] Gleichzeitig schreibt er der Intersubjektivität ein deutliches Primat zu, erst aus dieser emergiere Subjektivität und in dieser bilde sich Subjektivität lebenslang um; in den Worten Mitchells: „Subjektivität entwickelt sich immer im Kontext von Intersubjektivität; wir sind ständig damit befasst, die ungeheure Komplexität, die für Selbst und Welt kennzeichnend ist, innerlich zu bearbeiten und in bestimmten Mustern zu strukturieren" (Mitchell 2003: 99). Einerseits bilde sich „durch die Internalisierung von Objektbeziehungen in einem zwischenmenschlichen Feld so etwas wie ein individuelles Bewusstsein" (ebd.) und dieses entwickle, „wenn es einmal aufgetaucht ist, das [...], was Systemtheoretiker als emergente Eigenschaften und eigenständige Motive bezeichnen" (ebd.), primär dazu existiere andererseits aber „eine relationale, eine soziale, eine sprachliche Matrix" (ebd.), aus der heraus sich die individuelle Psyche erst entwickle. Existierten jedoch erst einmal beide Ebenen, dann ist die Beeinflussung nicht mehr nur einseitig, sondern wechselseitig:

„Zwischenmenschliche Beziehungen generieren intrapsychische Beziehungen, die auf zwischenmenschliche Beziehungen verändernd zurückwirken, wodurch sich die intrapsychischen Beziehungen verändern und so weiter und so weiter – wie in einer endlosen Möbi-

562 Diese umfassen dann aber nicht allein kognitive, sondern auch affektive Aspekte – Erkennen wie Begehren.

563 Die jedoch trotzdem von allen anderen drei Ebenen beeinflusst sind.

564 Nach Mitchell ist es schwierig, aber sehr wichtig zu verstehen, dass wir „einerseits (auf der zwischenmenschlichen Ebene) in Beziehungen mit anderen eingebettet sind, [...] andererseits (auf der intrapsychischen Ebene) andere Menschen in unsere Innenwelt" (Mitchell 2003: 114) einbetten.

usschleife, bei der Innen und Außen sich selbst und einander unaufhörlich neu erschaffen und verwandeln" (Mitchell 2003: 99f).[565]

„Relationalität oder das Denken-In-Beziehungen" (Mitchell 2003: 23) lässt sich nach Mitchell dann am besten sichtbar machen, wenn man Menschen „nicht isoliert betrachtet, sondern im Rahmen ihrer Beziehungen zu anderen, und zwar in ihren vergangenen und ihren gegenwärtigen, in ihren inneren und ihren äußeren, in ihren wirklichen und ihren phantasierten Beziehungen" (Mitchell 2003: 160). Mitchells Augenmerk liegt demnach nicht allein auf der intersubjektiven Genese des Selbst, sondern auch auf der *grundsätzlichen Bezogenheit des Menschen* auf Andere; so Mitchell (ebd.): „Wir sind darauf angelegt, und zwar in Formen, die wir gerade erst zu würdigen beginnen, uns in ein breites Spektrum von Interaktionen mit anderen menschlichen Wesen ziehen zu lassen".[566] Diese Bezogenheit führt dazu, dass unsere psychischen Grenzen im Gegensatz zu den Grenzen unserer Körper nicht fest umschlossen sind und auf uns Kräfte wirken, die wir niemals gänzlich unter Kontrolle bringen können, denen wir aber weder vollkommen ausgeliefert sind, noch sind diese grundsätzlich bedrohlich und beschränkend, vielmehr ermöglichen und erweitern sie unser Dasein allererst zu einer bedeutungsvollen Existenz.

565 Einerseits schlägt Mitchell mit dieser Konzeption eine hilfreiche Verständnisbrücke, andererseits kann gerade dies wieder dazu verführen, den klassischen Subjekt-Objekt-Dualismus beizubehalten, indem die Sphäre der Intersubjektivtät einfach die Rolle des Objekts bzw. der objektiven Welt übernimmt und so der Dualismus von Innen und Außen sowie Subjekt und Objekt in die Unterscheidung von Intra- und Interpsychisch, Subjektivität und Intersubjektivität sowie Beziehung und Objektbeziehung überführt wird.

566 Mitchell denkt diese Bezogenheit ‚vom Anderen her', um diese nicht – worauf Fairbairn aufmerksam gemacht hat (siehe oben) – als ein Bedürfnis misszuverstehen. So betont er: „Den Menschen als relationales Wesen zu definieren ist etwas ganz anderes, als die Objektsuche zu einem besonderen Trieb zu erklären. Menschliche Wesen sind sauerstoffatmende Organismen. Wir werden nicht getrieben, nach Sauerstoff zu suchen (außer wenn er uns plötzlich ausgeht), wir sind schlicht so konstruiert, dass wir atmen, und wir tun es nicht intentional." (Mitchell 2003: 159) Und weiter: „Fairbairn war einer der ersten – und hier reicht sein Beitrag am weitesten –, der intuitiv gespürt hat, dass Bildung und Aufrechterhaltung von Beziehungen mit anderen genauso fundamental zur menschlichen Natur gehört wie das Atmen." (Mitchell 2003: 160)

Implikationen für das Subjekt- und Lernverständnis

Mit der Verschiebung des Analysefokus von Trieben hin zu (menschlichen) Beziehungen, vom Intra- zum Intersubjektiven, vom Innen zum Zwischen gibt die relationale Psychoanalyse vielfältige Hinweise darauf, wie auch das Lernsubjekt von einem Denken-in-Beziehungen her und Lernen als Beziehungsgeschehen verstanden werden kann. So wird verschiedentlich gezeigt, wie sich Subjektivität aus Intersubjektivität entwickelt. Dies zeigten zwar bereits die verschiedenen Konzeptionen der intersubjektiven Genese des Subjekts auf, die relationale Psychoanalyse jedoch gibt einige Hinweise darauf, dass dies auch über die Genese hinaus Geltung besitzt.

Zunächst jedoch verhelfen die Erkenntnisse einer relationalen Psychoanalyse zu einem erweiterten Bild der intersubjektiven Genese. Vor allem wird mit ihr deutlich, wie in diesem Prozess nicht nur allgemeine Charakteristika und Eigenschaften des ‚Subjekts' – wie Bewusstsein, die Fähigkeit zu Denken und Reflexion etc. – entstehen, sondern gerade auch das, was üblicherweise als Individualität, Persönlichkeit und Charakter bezeichnet wird. So können auf dem Hintergrund von Sullivans These, dass durch sich wiederholende Muster in zwischenmenschlichen Beziehungen sich die Persönlichkeit entwickelt, auch die Ergebnisse der empirischen Säuglings- und Bindungsforschung dahingehend interpretiert werden, dass die spezifische Gestalt des Subjekts in und durch reziproke Interaktionsprozesse entsteht. Demnach konstituiert sich die individuelle, einzigartige Struktur der ‚Psyche' durch ‚Verinnerlichung' unserer Beziehungsschicksale. Bedeutend und identitätsstiftend ist dafür, wie Winnicott gezeigt hat, vor allem der (spiegelnde) Blick der Anderen. Und dieser, dafür gab die relationale Psychoanalyse zahlreiche Hinweise, verliert seinen stiftenden Charakter nicht. Die Metapher des spiegelnden und identitätsstiftenden Blicks der Anderen hilft somit zu verstehen, inwiefern Lernen ein (auch) konstitutiv durch Andere hervorgerufenes Geschehen ist.

Schließlich verweist auch die relationale Psychoanalyse darauf, dass das relationale Selbst stets ein Selbst-mit-Anderen ist, der Mensch somit immer in seinen Beziehungen zu anderen betrachtet werden sollte. Dieser insbesondere von Elias hervorgehobene Sachverhalt wird jedoch von der Psychoanalyse dahingehend erweitert, dass diese betont, dass nicht nur die gegenwärtigen, 'äußeren' und wirklichen, sondern auch vergangene, innere und phantasierte Beziehungen in Rechnung gestellt werden sollten. Dass diese auf eine zwar äußerst diffuse und hintergründige, jedoch sehr wirksame Weise wirken, zeigte insbesondere der Rückgriff auf Loewald, der verdeutlichte, wie die Ich-Werdung im Beziehungsfeld, in das man hineingeboren wird, verläuft und zu Beginn des Lebens ein entdifferenzierter und verdichteter Zustand existiert, in dem es noch keinen Unterschied zwischen

Innen und Außen, Selbst und Anderem, Wirklichkeit und Phantasie, Gegenwart und Vergangenheit gibt und Wort, Körper, Affekt und Beziehung zu anderen ununterscheidbare Komponenten eines einheitlichen Erlebens bilden. Zwar findet im Laufe der Entwicklung eine (Aus)Differenzierung dieses uranfänglichen Zustands statt, welcher jedoch laut Loewald ein lebenslang im Hintergrund bzw. aus dem Unbewussten wirkender Erfahrungsmodus bleibt, der der wahrgenommen Welt allererst Bedeutung einschreibt. Geht man von diesem Erfahrungsmodus aus, dann ist auch jedes Lerngeschehen durchzogen und verstrickt in diese imaginär-bedeutungsstiftende Dimension. Lernprozesse wären demnach weniger oder nicht allein durch Motivation oder Interessen, denn durch Begehren bedingt. Dieses Begehren aber ist stets ein, wenn auch auf eher diffus-imaginäre Weise, relationales – ein Begehren des Anderen.

Besonders deutlich verweist somit die relationale Psychoanalyse auf die Bezogenheit des Lernsubjekts auf Andere. Menschen sind demzufolge nicht nur in ihrem Heranwachsen, sondern ein Leben lang auf andere angewiesen und bezogen. Ihre Existenz durchzieht, wie Fairbairn gezeigt hat, ein Begehren danach, geliebt zu werden, das primär ein Bedürfnis bzw. Begehren nach Beziehung ist. Für lerntheoretische Zusammenhänge ergibt sich damit der bedeutsame Zusammenhang, dass Menschen (auch) lernen, um Beziehungen zu Anderen einzugehen, aufrechtzuerhalten oder zu überwinden. Mit anderen Worten: Man lernt nicht nur *von* und *durch*, sondern auch *für* Andere.

Lerntheoretisch bedeutsam ist auch Sullivans Konzeption eines interpersonalen Feldes, die aufzeigt, dass die aus der Ersten-Person-Perspektive wahrgenommene Sphäre der Psyche nicht getrennt von anderen Psychen existiert und vom Körper begrenzt wird, sondern vielmehr transpersonal und kontextabhängig ist. Folglich sind Lernprozesse von diesen Dynamiken des Zwischen, die sich häufig in der affektiven Erlebensdimension äußern, bedingt. Lernprozesse hätten demnach weniger innere, intrapsychische Ursachen, sondern resultieren viel häufiger aus Veränderung der Beziehungsgeflechte und Dynamiken des Zwischen.

II.3.6 Der Diskurs um Anerkennung oder: Anerkennung als Indikator für Relationalität

Die Debatte um Intersubjektivität und Relationalität wird in der Philosophie und den Sozialwissenschaften in den letzten Jahren auf besonders intensive Weise um den Begriff bzw. das *Konzept der Anerkennung* geführt; auch in die Erziehungswissenschaft findet relationales ‚Gedankengut' am ehesten mittels anerkennungstheoretischer Überlegungen Eingang.[567] Für unsere Belange ist der Diskurs um Anerkennung bedeutsam, weil die Analyse von Anerkennungsprozessen dazu dienen kann, die uns durch unsere Sprach-, Denk- und Wahrnehmungsgewohnheiten gewöhnlich verborgen bleibenden relationalen Strukturen menschlichen Lebens und Zusammenlebens sichtbar zu machen.

Wenngleich der mit Anerkennung markierte Sachverhalt „so alt ist wie die Menschheitsgeschichte selbst" (Sitzer/Wiezorek 2005: 102), so wird die Kategorie der Anerkennung erst in der Philosophie von Fichte[568] und Hegel zum expliziten Gegenstand philosophischer Reflexion. Besonders Hegel bahnte zentrale und weichenstellende Einsichten des Anerkennungsdiskurses vor, z.B. indem er aufzeigte, dass sich menschliches Selbstbewusstsein nur in Abhängigkeit von der Erfahrung sozialer Anerkennung entwickeln kann; womit er gewissermaßen eine frühe Version der intersubjektiven Genese des Selbst, die als ein wechselseitiger Konstitutionsprozess beschrieben wird, entwickelte.[569] Obwohl der Einfluss Fichtes und Hegels auf das europäische Denken „wohl nicht überschätzt werden kann, wurden ihre Anerkennungslehren eher zögerlich rezipiert" (ebd.). Wo dies geschah, geschah es zumeist im Rahmen spezifischer moralphilosophischer Diskurse. Dies änderte sich erst, als in den letzten 30 Jahren zunehmend das Konzept der Anerkennung in den Fokus politischer Debatten um Multikulturalismus, Feminismus, Homosexualität bzw. – allgemeiner formuliert – um soziale Benachteiligung, Differenz und soziale Gerechtigkeit gelangte und eine Reihe von sozialen Bewegungen entstanden, die explizit die fehlende gesellschaftliche und/oder rechtliche Anerkennung spezifischer sozialer Gruppen einklagten und zum öffentlichen Thema machten. (Markell 2003: 2) Im Zusammenhang damit kam es zu einer Wiederbelebung philosophischer Reflexionen und Diskussionen um den Begriff der Anerkennung, die in ganz unterschiedliche sozialphilosophische Entwürfe mündeten.

Dabei ist es insbesondere die Anerkennungstheorie des Frankfurter Philosophen Axel Honneth, die „die neueren Debatten um Anerkennung belebt hat und auf

567 Jedoch existiert hier häufig ein verkürztes Verständnis von Anerkennung; zum pädagogischen Diskurs um Anerkennung sowie Kritik am gängigen pädagogischen Verständnis siehe Balzer 2007, 2008, 2010, Ricken 2006b, 2009a, 2009b sowie Ricken/Balzer 2010. Überhaupt verdanke ich die Kenntnis vieler in diesem Unterkapitel bearbeiteten Autoren und viel mehr noch Einsichten meiner Kollegin Nicole Balzer.

568 Zur Rolle des Anerkennens bei Fichte siehe Sitzer/Wiezorek 2005: 103ff.

569 Daher spielt seine Thematisierung der Anerkennung im aktuellen Diskurs um Anerkennung eine immer noch wichtige Rolle, jedoch existieren viele verschiedene Lesarten seiner anerkennungstheoretischen Ausführungen, die zu rekonstruieren den hier gesteckten Rahmen sprengen würden.

die in aktuellen anerkennungstheoretischen Diskursen Bezug genommen wird" (Sitzer/Wiezorek 2005: 117f) und die daher auch hier im Folgenden kurz thematisiert wird. So inspirierend und wichtig die Arbeiten Honneths für den Diskurs um Anerkennung auch sind, so zeigt sich an ihnen jedoch auch eine aus relationaler Sicht problematische Tendenz im Anerkennungsdiskurs: Der Habermas-Nachfolger Honneth nutzt die Kategorie die Anerkennung nicht primär zur Analyse intersubjektiver Relationalitäten, er zielt vielmehr in erster Linie auf eine Reaktualisierung der kritischen Theorie.[570] Prozesse der Anerkennung geraten daher auch nur insofern in den Blick seiner Theorie, wie diese sich als geeignetes Mittel zum genannten Zweck erweisen. Wie noch gezeigt werden wird, führt dies aber dazu, dass Honneth mit einem verengten Verständnis von Anerkennung arbeitet, das gewissermaßen phänomenal ‚unterbelichtet' bleibt. Da Anerkennung hier jedoch besonders als Analysekategorie einer Sozialontologie interessiert, werden die anerkennungstheoretischen Überlegungen Honneths mit denen Tzvetan Todorovs, Judiths Butlers und Alexander García Düttmanns kritisiert, ergänzt und erweitert.

Honneth: Anerkennung als Bedingung für positive Selbstverhältnisse

Honneth zielt, wie bereits erwähnt, mit seinen Überlegungen zur Anerkennung auf die Reaktualisierung der kritischen Theorie und sucht wie sein Lehrer Jürgen Habermas – in Anschluss an die links-hegelianische Tradition – nach einem gesellschafts*internen* Punkt der Kritik. Präziser ausgedrückt sucht er nach einem in den gegebenen Verhältnissen zu findenden Element von Praxis oder Erfahrung, das Ausdruck von unabgegoltenen Ansprüchen der menschlichen Gattung ist, somit von sich aus nach der Überschreitung der gegebenen Sozialordnung drängt und dem daher ein normatives Potential bzw. ein utopisches Element innewohnt, das von sich aus auf eine gerechte Gesellschaft hinausweist und somit den kritischen Maßstab für eine kritische Theorie zu liefern in der Lage ist. Fündig wird er mit der *Kategorie der Anerkennung*, die er als wesentlichen *Indikator für die Qualität von Sozialbeziehungen* ansieht. Diese Annahme sucht er durch eine phänomenologische Analyse moralischer Verletzungen plausibel zu machen. Dabei dienen die moralischen Verletzungen als Negativfolie, auf deren Hintergrund sichtbar werde, was Anerkennung positiv auszeichne. Moralische Verletzungen wie Beleidigung oder Erniedrigung seien, so Honneth, wesentlich Erscheinungen fehlender, mangelhafter oder verweigerter Anerkennung und verwiesen daher darauf, dass

570 So Honneth (2003: 333): „Im wesentlichen geht es mir um den Versuch, mit Hilfe des Anerkennungsbegriffs die normativen Grundlagen zu gewinnen, auf denen das Unternehmen einer Gesellschaftskritik begründet werden kann."

die Unversehrbarkeit oder Integrität menschlicher Wesen von der Anerkennung anderer abhängig sei. (Vgl. Honneth 1990) Dass menschliche Subjekte überhaupt verletzbar sind, ergebe sich – so die zentrale These Honneths – aus dem Umstand, dass sie zum Aufbau und zur Bewahrung einer positiven Selbstbeziehung nur mit Hilfe der zustimmenden oder bejahenden Reaktionen anderer Subjekte in der Lage seien (Honneth 2000: 64f). Moralische Verletzungen würden daher umso schwerwiegender empfunden, je elementarer die Art der Selbstbeziehung ist, die sie beeinträchtigen oder zerstören (Honneth 2000: 66). Ausgehend von diesen Einsichten unterscheidet Honneth drei Modi oder Formen der Anerkennung, die auf drei unterschiedlichen Formen der Selbstbeziehung beruhen und sich in unterschiedlichen moralischen Verletzungen zeigen (Honneth 2000: 66; Honneth 2003: 308f).

So verweisen gezielte *physische Misshandlungen* und Verletzungen auf die nach Honneth fundamentalste Form der Selbstbeziehung: das *Selbstvertrauen*. Selbstvertrauen, als praktische Form des Selbstverhältnisses, bedeute, dass Subjekte sich in der Art und Weise auf sich selbst beziehen können, dass sie ihre physischen Bedürfnisse und Wünsche als legitimen und artikulationsfähigen Teil der eigenen Person begreifen. Es sei diese Form der Selbstbeziehung, die durch physische Misshandlungen gestört, beeinträchtigt oder vernichtet werde und die sich erst dann herausbilde, wenn der Einzelne von anderen als ein Individuum anerkannt werde, dessen Bedürfnisse und Wünsche für eine andere Person von einzigartigem Wert sind. Diese Form der Anerkennung nennt Honneth *Fürsorge* oder *Liebe*, sie sorgt sich um das Wohlergehen des anderen um seiner selbst willen und tritt in einer elementaren, aber asymmetrischen Form in der Liebe zwischen Eltern und Kind bzw. der elterlichen Fürsorge und in einer nicht minder elementaren, aber symmetrischen Form, in der Freundschaft auf. (Honneth 1992: 214f; Honneth 2000: 66f)

Auf eine zweite Form der Anerkennung verweisen moralische Verletzungen wie *Täuschung und Betrug*. Diese stören oder zerstören die Form der praktischen Selbstbeziehung, die Honneth als *Selbstachtung* bzw. *Selbstrespekt* bezeichnet. Selbstachtung besitze, wer dazu in der Lage sei, sich auf sich selbst als ein moralisch zurechnungsfähiges Subjekt zu beziehen. Entwickeln könne sich diese Form der Selbstbeziehung nur, wenn der Einzelne von anderen als eine Person anerkannt werde, der dieselbe moralische Zurechnungsfähigkeit wie allen anderen Menschen besitzt. Die korrespondierende Form der Anerkennung nennt Honneth *moralischen Respekt* bzw. an anderen Stellen auch *Recht*, weil in modernen Rechtsstaaten der moralische Respekt dem Einzelnen qua Recht zugesichert wird (Stichwort: Menschenwürde). (Honneth 1992: 215f; Honneth 2000: 66f)

Eine dritte Form der Anerkennung werde sichtbar bei Betrachtung moralischer Verletzungen wie *Demütigung* und *Respektlosigkeit*. Gestört wird hier die Form der Selbstbeziehung, die Honneth *Selbstwertgefühl* nennt, und die beinhaltet, sich auf sich selbst als jemand beziehen zu können, der gute oder wertvolle Eigenschaften besitzt. Entwickeln könne sich diese Form der Selbstbeziehung nur, wenn der Einzelne als eine Person anerkannt werde, deren Fähigkeit von konstitutivem Wert für eine konkrete Gemeinschaft ist. Die korrespondierende Form der Anerkennung nennt Honneth daher *Solidarität* bzw. *Loyalität*. (Honneth 1992: 216f; Honneth 2000: 66ff)

Honneth betrachtet diese drei Anerkennungsformen als das Ergebnis eines historischen Ausdifferenzierungsprozesses und unterscheidet diese von invarianten anthropologischen Bedingungen:

„Während die menschliche Lebensform im ganzen durch die Tatsache geprägt ist, daß Individuen nur durch wechselseitige Anerkennung zu sozialer Mitgliedschaft und damit zu einer positiven Selbstbeziehung gelangen, verändern sich deren Form und Gehalte mit dem Prozeß der Ausdifferenzierung von normativ geregelten Handlungssphären." (Honneth 2003: 310)

Die Möglichkeit der reziproken Anerkennung steigt nach Honneth dann, wenn sie eine Zunahme der Individualisierung sowie der sozialen Inklusion ermöglicht. Die historisch stets gestiegenen Anerkennungserwartungen, die „historisch gespeiste[.] Empfindung, in bestimmten Aspekten der eigenen Persönlichkeit ungerechtfertigterweise von den Anderen nicht anerkannt zu werden" (Honneth 2003: 316), bilde dabei gleichzeitig das Ergebnis wie den Motor des *Kampfs um Anerkennung*, der zur Herausbildung von Prinzipien führe, die in Gesellschaften regeln, in welcher Hinsicht die Mitglieder sozial auf wechselseitige Zustimmung rechnen können (ebd.).

Damit sind in aller Kürze die wichtigsten Befunde von Honneths zentraler anerkennungstheoretischer Arbeit ‚Kampf um Anerkennung. Zur moralischen Grammatik sozialer Konflikte' (Honneth 1992) wiedergegeben, die das zentrale Bezugswerk für den aktuellen Diskurs um Anerkennung darstellt.[571] Was jedoch

571 Was in der hier vorgelegten äußerst knappen Rekonstruktion der Anerkennungstheorie Honneths bislang unterschlagen wurde, ist der enge Rückgriff auf Hegel, an dem sich abarbeitend Honneth zu seiner Theorie gelangt. So übersetzt Honneth die von Hegel analysierten Strukturen der wechselseitigen Anerkennung, die er als Voraussetzungen des Selbstbewusstseins beschreibt, in die praktischen Bedingungen eines positiven Selbstverhältnisses des Menschen (Honneth 2003: 308f). Ebenso gewinnt Honneth nicht nur seine drei Formen von Anerkennung aus Hegels Analyse (bei Hegel: Recht, Liebe und Sittlichkeit), sondern übernimmt im Kern auch dessen Überzeugung, „dass der Übergang zwischen diesen verschiedenen Anerkennungssphären jeweils durch

versteht Honneth, jenseits der spezifischen und historisch varianten Formen, genau unter Anerkennung? Honneth selbst hat dies in kleineren Aufsätzen, in denen er auf Kritik an seiner Theorie reagiert, wiederholt zu explizieren und zu präzisieren versucht. In seinen anerkennungstheoretischen Überlegungen, so Honneth, verstehe er unter Anerkennung „zunächst die Affirmierung von positiven Eigenschaften menschlicher Subjekte oder Gruppen" (Honneth 2004: 55). Dabei sei es ihm daran gelegen „den Handlungscharakter der Anerkennung" (ebd.) besonders hervorzuheben, um zu gewährleisten, „dass solche Akte der Anerkennung ein distinktes Phänomen in der sozialen Welt darstellen, welches dementsprechend nicht als Nebenprodukt einer andersgerichteten Handlung zu verstehen ist, sondern sich als Ausdruck einer eigenständigen Absicht begreifen lassen muss" (ebd.). Unter Anerkennung versteht Honneth demnach eine absichtvolle, intentionale Handlung, jedoch spricht er auch von „Einstellung" (Honneth 2004: 56) und „Haltung" (ebd.). Zudem beziehen sich diese Anerkennungsakte ausschließlich auf die Bestätigung *positiver* Eigenschaften. So kann Honneth sicherstellen, dass Anerkennung ein „unzweideutig positive[r] Charakter" (ebd.) zukommt, die dem Empfänger von Anerkennung erlaubt, „sich mit den eigenen Eigenschaften zu identifizieren und daher zu größerer Autonomie zu gelangen" (ebd.).

Inwiefern dies ein verkürztes Verständnis von Anerkennung ist, wird weiter unten deutlich werden. Es dürfte jedoch bereits hier nachvollziehbar sein, dass Honneth mit seinem Verständnis von Anerkennung innerhalb der Grenzen der klassischen, modernen Subjektkonzeption verbleibt. Somit verschleiert er die mit Blick auf das Anerkennungsgeschehen sichtbar werdenden intersubjektiven Konstitutionsbedingungen zugleich auch wieder bzw. werden zumindest die

einen Kampf hergestellt wird, den die Subjekte untereinander um die Respektierung ihrer stufenweise wachsenden Selbstauffassung führen" (Honneth 2000: 63). Aus dieser „Erbmasse Hegels" (Honneth 2003: 311) übernimmt Honneth, wie er selbst eingesteht, jedoch auch dessen problematische metaphysische Voraussetzung bzw. die idealistische Präsupposition, dass der Kampf um Anerkennung von einem objektiven Gang der Vernunft bestimmt sei, diesem also ein Telos innewohne (Honneth 1992: 107; Honneth 2003: 311). In ‚Kampf um Anerkennung' versucht Honneth diesem Problem zu begegnen, indem er im Rückgriff auf die Sozialpsychologie George Herbert Meads die hegelsche Anerkennungstheorie naturalistisch fort- bzw. umschreibt. In späteren Publikationen schreibt Honneth jedoch, dass er mittlerweile von Mead abgerückt sei, weil ihm „Zweifel gekommen sind, ob sich seine [Meads] Vorstellungen tatsächlich im strikten Sinn als Beiträge zu einer Anerkennungstheorie verstehen lassen" (Honneth 2003: 312).

Konstitutionsbedingungen unsichtbar, die sich jenseits intentionaler Bezugnahmen abspielen bzw. diese allererst ermöglichen.[572]

Honneths verkürztes Verständnis von Anerkennung wird auch in der Frage deutlich, ob man Anerkennung „eher als einen attributiven oder als einen rezeptiven Akt verstehen sollte[.]" (ebd.); also ob durch Anerkennungshandlungen nur bereits bestehende Eigenschaften von Subjekten bestätigt werden können oder ob durch diese auch Eigenschaften allererst entstehen können. Eigentlich hat Honneth, indem seine Theorie auf der Einsicht beruht, dass die Herausbildung spezifischer Eigenschaften bzw. Formen der Selbstbeziehung allererst durch die jeweilige Form der Anerkennung ermöglicht wird, diese Frage bereits zugunsten des Attributionsmodells beantwortet. Doch, so seine Befürchtung, „wenn durch die anerkennende Haltung einem anderen Subjekt positive Eigenschaften bloß attribuiert werden sollen, dann besitzen wir keine internen Kriterien mehr, um die Richtigkeit oder Angemessenheit einer derartigen Zuschreibung zu beurteilen" (Honneth 2004: 57). Anders gesagt: Damit würde Honneth der – von ihm gesuchte und für seine kritische Theorie benötigte – normative Gehalt der Anerkennung verloren gehen. Um weder diesen Gehalt zu verlieren, noch sich in Widersprüche bezüglich der an anderer Stelle geäußerten Einsicht der Konstituiertheit zu verwickeln, ist Honneth nicht nur genötigt, „in den kulturellen Wandlungen der menschlichen Werteigenschaften eine gerichtete Entwicklung zu vermuten" (Honneth 2004: 58f), sondern auch hinsichtlich der Frage nach dem bestätigenden oder stiftenden Charakter zu einem fragwürdigen Kompromiss zu kommen:

> „Zwar bekunden wir in unserem Anerkennungsverhalten nur, was an evaluativen Eigenschaften bei dem betreffenden Subjekt bereits vorhanden ist, aber durch unsere Reaktionen wird dieses Subjekt doch erst in die Lage wirklicher Autonomie versetzt, weil es sich nun mit seinen Fähigkeiten auch zu identifizieren vermag." (Honneth 2003: 328)[573]

---

572 Honneths Theorie blendet tendenziell alles Widersprüchliche, Negative und Destruktive aus. Auch werden aus seiner Perspektive die soziologisch bedeutsamen Kämpfe um Anerkennung und Status, die erheblich die Dynamik der gesellschaftlichen (Re-)produktion von Ungleichheit und Herrschaft erklären könnten, nicht sichtbar.

573 In seiner Studie ‚Verdinglichung' erweitert Honneth (2005) seinen Anerkennungsbegriff jedoch deutlich und kritisiert das gängige Erkenntnismodell anerkennungstheoretisch, indem er auf dem Hintergrund von George Lukács, Martin Heidegger, John Dewey und Stanley Cavell konstatiert, „daß das anteilnehmende Verhalten dem neutralen Erfassen von Wirklichkeit, das Anerkennen dem Erkennen vorausgeht" (Honneth 2005: 46). Daher gelte: „Das Gewebe der sozialen Interaktion ist nicht, wie in der Philosophie häufig angenommen, aus dem Stoff kognitiver Akte, sondern aus dem Ma-

Todorov: Anerkennung als Medium des Sozialen

Im gängigen Diskurs um Anerkennung eine wesentlich geringere Rolle spielend, phänomenal jedoch um einiges reichhaltiger als die Theorie Honneths, sind die anerkennungstheoretischen Untersuchungen des russischen Literaturwissenschaftlers Tzvetan Todorov, die dieser in seiner Monographie ‚Abenteuer des Zusammenlebens. Versuch einer allgemeinen Anthropologie' zusammenträgt. Wie der Untertitel zu erkennen gibt, zielt Todorovs Untersuchung dezidiert darauf, das allgemeine Wesen des Humanen zu beleuchten.[574] Dass er sich dabei jedoch einem spezifischen Aspekt des Humanen zuwenden möchte, darauf verweist der Titel. So fragt sich Todorov (1998: 8): „Was genau bedeutet die allgemein anerkannte Tatsache, daß der Mensch ein Gesellschaftswesen ist? Welche Konsequenzen hat die Feststellung, daß es kein Ich ohne ein Du gibt? Worin besteht für den einzelnen der Zwang, nichts anderes zu kennen als ein Zusammenleben mit anderen?"

Todorov beginnt seine Untersuchung mit der These, dass das europäische Denken der letzten Jahrhunderte von ‚asozialen Denkströmungen' beherrscht wurde, die bei aller Gegensätzlichkeit ihren kleinsten gemeinsamen Nenner in der zumeist unausgesprochenen Annahme fänden, dass „die soziale Dimension, das Faktum des Zusammenlebens, [...] nicht als für den Menschen notwendig angesehen" (Todorov 1998: 13) wurde. Vorherrschend war damit eine „Bestimmung des Menschen als solitäres, nicht gesellschaftliches Wesen" (ebd.). Dabei unterscheidet Todorov zwischen zwei unterschiedlichen Versionen dieser *asozialen Denkströmungen*: einerseits ‚moralische' Versionen, die konstatierten, der Mensch lasse sich nur aus Schwäche auf den anderen Menschen ein[575], sowie andererer-

terial anerkennender Haltungen gewebt." (Honneth 2005: 58) Wie sich diese Einsicht zu seiner restlichen Anerkennungstheorie verhält, wird jedoch nicht deutlich.

574 Damit wagt Todorov – ein Literaturwissenschaftler – als Außenseiter etwas, das in der heutigen Anthropologie nicht zu Unrecht in Veruf geraten ist. Vergangene Versuche allgemeiner Anthropologie, die sich als universal gültig darstellten, zeigten sich im historischen Rückblick als deutlich kulturell und historisch bedingt, weshalb Anthropologie heute vor allem als vergleichende und historische Anthropologie betrieben wird (vgl. Ricken 2004). Todorov ist sich dieser Problematik bewusst, spricht daher auch explizit von einem ‚Versuch', hält letzlich den Versuch einer allgemeinen Anthropologie aber für unverzichtbar, weil jede wissenschaftliche Theorie ein zumindest implizites Verständnis des Humanen besitzt (Todorov 1998: 7). Außerdem impliziere bereits die „bloße Vorstellung von Unterschieden zwischen Gesellschaften oder Individuen [...] das Vorhandensein gemeinsamer Eigenschaften, das den Vergleich und die Suche nach Unterschieden fruchtbar oder überhaupt erst möglich macht" (ebd.).

575 Todorov geht hier insbesondere auf die Moralisten der französischen Klassik ein, also

seits ‚amoralische' Versionen, die konstatierten, der Mensch lasse sich nur zum Schein, z.B. aus Machtinteresse, auf andere Menschen ein.[576] Beide gemeinsam betrachten den Menschen jedoch als ein im Grunde solitäres Wesen, das anderer

Montaigne, La Bruyére und Pascal, die den Menschen „als zwischen zwei Zuständen schwankend" (Todorov 1998: 13) darstellen. „Der eine ist das wirkliche Leben, zugleich aber auch ein Leben inmitten unserer Illusionen: der Mensch ist eingebunden in ein Geflecht sozialer Beziehungen, doch nur aus Schwäche. Der andere Zustand ist unser wahres Leben, auch wenn es nur schwer zu erreichen ist. In ihm begegnet man höchstens den Göttern, von den anderen Menschen ist man jedoch befreit: das oberflächliche Getriebe der Geselligkeit haben wir weit hinter uns gelassen. Der Verkehr mit anderen Menschen ist eine Last, von der man versuchen muß, sich zu befreien. Von den anderen Beifall zu erheischen ist eitel, eine sündhafte Vanitas, die der Weise keinesfalls dulden darf. Der Weise strebt zur Autarkie, zur Selbstgenügsamkeit." (Todorov 1998: 13f) Es werde von den Moralisten also als möglich und löblich angesehen, sich von den Bindungen an andere Menschen zu befreien (Todorov 1998: 14).

576 Die ‚amoralischen' Versionen der asozialen Denkströmungen hält Todorov für die dominierende Variante, nach dieser „kümmert sich der Mensch um die anderen nur zum Schein und um den Anforderungen der offiziellen Moral genüge zu tun. In Wirklichkeit ist er ein reiner Egoist, der nur seine Interessen verfolgt und für den die anderen Menschen nur Rivalen oder seiner Entfaltung hinderlich sind. Wäre er nicht starken gesellschaftlichen Zwängen unterworfen, den Geboten der Gesellschaft und der Moral, würde der im Grunde solitäre Mensch im unaufhörlichen Krieg mit seinen Mitmenschen leben, in einem hemmungslosen Kampf um die Macht" (Todorov 1998: 15). Auf dem Hintergrund dieser Annahme spalte sich die amoralische Version noch einmal in zwei Unterströmungen, die sich darin unterschieden, ob sie die konstatierte solitäre, egoistische Natur des Menschen bekämpfen oder verherrlichen (ebd.) Als einen typischen Vertreter für die Variante der Bekämpfung betrachtet Todorov La Rochefoucauld. Dieser bildet eine Argumentationskette, „die jahrhundertelang fast unversehrt Bestand haben sollte" (Todorov 1998: 16) und die Todorov wie folgt rekonstruiert: „Zuerst tut man so, als ob alle sozialen Beziehungen sich auf löbliche Eigenschaften zurückführen ließen, auf Großherzigkeit und Nächstenliebe; anders gesagt deutet man den Gegensatz zwischen Einsamkeit und Gesellschaftsleben entsprechend demjenigen zwischen Egoismus und Altruismus, eine zweifellos überzogene Interpretation. Dann beginnt man in einem zweiten Schritt mit der Desillusionierung und reißt der Tugend die Maske herunter. [...] Unversehens bleibt man nach der Zurückweisung eines zu wohlwollenden Menschenbildes mit der Idee eines egoistischen Einzelwesens zurück. In Gesellschaft zu leben ist tugendhaft, die Tugend aber ist ein Trugbild; folglich ist der Mensch in Wahrheit asozial." (ebd.) Als einen weiteren Vertreter dieser Variante untersucht Todorov Kant (Todorov 1998: 17f). Helvétius, Diderot, Holbach, de Sade

Menschen nicht notwendig bedarf und dessen Begehren nach Ruhm und Ehre als fakultativ betrachtet wird, d.h. „als etwas, auf das man genauso gut verzichten könnte" (Todorov 1998: 21). Genau diese These will Todorov herausfordern und widerlegen. Dazu sucht er in der Geistesgeschichte nach alternativen Konzepten des Humanen[577] und entwickelt im Anschluss an Rousseau[578] und Adam Smith[579] eine Konzeption vom Menschen als einem Wesen, das vor- und durchgängig sozial und nicht solitär ist, dass daher notwendig und konstitutiv anderer Menschen

und Nietzsche sind hingegen nach Todorov typische Vertreter der Variante der Verherrlichung der solitären, egoistischen Natur des Menschen (Todorov 1998: 19ff).

577 Damit ist deutlich, dass die asozialen Denkströmungen zwar vorherrschend in der europäischen Geschichte gewesen seien, es jedoch auch immer wieder Versuche gab, mit diesem Denkschema zu brechen (Todorov 1998: 22). Insbesondere im 20. Jahrhundert sei dies in Randbereichen der Philosophie – z.B. bei Martin Buber, Michail M. Bachtin, Emmanuel Lévinas und Jürgen Habermas – und der Psychoanalyse – z.B. Alice und Michael Balint und Erich Fromm – stärker und systematischer der Fall gewesen (Todorov 1998: 55). Vor dem 20. Jahrhundert wären es – mit Ausnahme von Rousseau und Smith (s.u.) – insbesondere die großen europäischen Romanciers gewesen, die „den Menschen immer in seiner Abhängigkeit von anderen gezeigt" (Todorov 1998: 53) hätten.

578 Rousseau sei der erste, der „eine Konzeption des Menschen entwirft als einem Wesen, das der anderen bedarf" (Todorov 1998: 24). Zwar erscheine Rousseau auf den ersten Blick als ein Moralist, der das Leben in der Gesellschaft verurteile, jedoch sei die Innovation Rousseaus seine zentrale These im Diskurs über die Ungleichheit, dass „der Blick, den wir aufeinander richten, uns zu Menschen werden läßt" (Todorov 1998: 29). Sobald Menschen in Gesellschaft leben, so Rousseau, verspürten sie das Bedürfnis, den Blick der anderen auf sich zu ziehen. Erkannt zu haben, dass die Menschen somit vom Verlangen nach Beachtung, Wertschätzung, Ruhm oder Prestige bewegt sind, sei jedoch nicht die Innovation Rousseaus, – „das wußten alle Moralisten" (Todorov 1998: 26) –, diese bestehe vielmehr darin, „dieses Begehren zu der Schwelle erklärt zu haben, jenseits derer man von Humanität sprechen könne" (ebd.). Das Bedürfnis beachtet zu werden, sei demnach nicht eine moralisch verwerfliche und abstellbare Eitelkeit, sondern „ein konstitutives Bedürfnis der menschlichen Gattung" (ebd.).

579 Adam Smith führe in seiner 1759 veröffentlichten und von Rousseau beeinflussten ‚Theorie der ethischen Gefühle' aus, dass das Bedürfnis, beachtet zu werden, „nicht ein menschlicher Beweggrund unter anderen" (Todorov 1998: 29), sondern „der Wahrheitsgrund aller anderen Bedürfnisse" (ebd.) sei. Diese konstitutive Abhängigkeit des Menschen vom Blick der anderen beurteile Smith daher auch nicht negativ, jedoch unterscheide er zwischen Tugend und Laster, indem er die Eitelkeit und die wechselseitige Abhängigkeit der Menschen auseinander halte (Todorov 1998: 31).

bedarf und unhintergehbar von einem Begehren nach Beachtung und Wertschätzung durchzogen ist.

Nach Todorov ist das Begehren, beachtet zu werden, konstitutiv für die menschliche Existenz, da erst der *Blick der Anderen* „dem Menschen das Gefühl seines eigenen Daseins" (Todorov 1998: 27) gebe. Um dies zu verdeutlichen, unterscheidet Todorov drei unterschiedliche Bereiche bzw. Ebenen des Seins: „die kosmische, animalische und soziale" (Todorov 1998: 68). Der kosmische Bereich, von Todorov auch *Sein* genannt, betrifft die Seinsform der Materie bzw. in Bezug auf den Menschen dessen materielle Konstitution, die bestimmte Eigenschaften mit sich bringe, die wir mit anderer Materie teilten. Den animalischen Bereich, das *Leben*, bedeute in Bezug auf den Menschen dessen biologische Konstitution als ein Lebewesen, die wiederum bestimmte Eigenschaften bzw. spezifische Verhaltensweisen und Bedürfnisse mit sich bringe, die Menschen mit anderen Lebewesen teilen. Der soziale Bereich, das *Dasein*, sei der spezifisch menschliche Bereich, d.h. allein dem Menschen vorbehalten. Zwar sei der Mensch auch Materie und auch ein Lebewesen, jedoch sei er auch „ein keinem anderen Lebewesen vergleichbarer Mensch, der in Gesellschaft zusammen mit anderen Menschen existiert" (ebd.). Diese drei Bereiche seien somit durch zwei entscheidende Grenzen voneinander getrennt. „Die erste Grenze besteht [...] zwischen Sein und Leben, zwischen Stabilität und Veränderung, zwischen Selbstidentität und Verwandlung" (ebd.), während die zweite wesentliche Grenze „Leben und Existieren" (Todorov 1998: 70) trennt. Nach Todorov sind es die Blicke der Anderen, die den spezifisch menschlichen Bereich der Existenz markieren (Todorov 1998: 95). Anders gesagt: „[D]er Mensch lebt vielleicht zunächst in seiner eigenen Haut, aber zu existieren beginnt er nur durch den Blick anderer" (Todorov 1998: 71). Daraus folge: „Jeder von uns wird zweimal geboren: in der Natur und in der Gesellschaft, zum Leben und zum Dasein" (ebd.).

Um diese zweite Geburt des Menschen in das spezifisch menschliche, soziale Dasein genauer zu betrachten, blickt Todorov auf die frühe Entwicklung des Individuums und greift auf die Ergebnisse der Säuglingsforschung zurück.[580] Zunächst gleiche die Geburt eines menschlichen Wesens der Geburt anderer Säugetiere, doch „[n]ach einigen Wochen [...] kommt es zu einem Ereignis, das bei anderen Säugetieren keine Entsprechung hat: das Kind erheischt den Blick seiner

580 Dies sei wesentlich ergiebiger, als Spekulationen über die Geburt der Gattung nachzugehen, wie es „bis in die jüngste Vergangenheit in der Philosophie gang und gäbe war[...]" (Todorov 1998: 37). Diese könnten „sicherlich sehr suggestiv sein, lassen sich aber niemals bestätigen oder widerlegen" (ebd.) Denn: „Der Ursprung der Gattungen ist unerreichbar für uns. Der Ursprung der Individuen dagegen zeigt sich tagtäglich vor unseren Augen: die Entwicklung unserer Kinder." (Todorov 1998: 76)

Mutter, nicht nur, damit sie es stillt oder tröstet, sondern weil dieser Blick als solcher ihm eine unabdingbare Ergänzung bringt: er bestätigt es in seiner Existenz" (Todorov 1998: 39). Durch dieses „Erheischen des mütterlichen Blicks durch den Säugling" (ebd.) beginne die „Existenz des Individuums als spezifisch menschliches Wesen" (ebd.), „der Blick der Eltern hat das Kind in das Dasein eingeführt" (Todorov 1998: 84). Warum ist dies so? Todorov erläutert:

„Der Blick der Eltern ist der erste Spiegel, in dem das Kind sich sieht. In diesem entscheidenden Augenblick wird im Kind gleichzeitig sein Bewußtsein des Anderen (derjenige, der ihn anschauen soll) und sein Bewußtsein seiner selbst (derjenige, den der Andere anschaut) geboren – und damit das Bewußtsein selbst." (ebd.)[581]

Dies aber bedeute, dass wir geboren werden „mit dem Bedürfnis nach den anderen und der Neigung, Kontakt zu ihnen aufzunehmen" (Todorov 1998: 77f).[582] „Das Kind braucht von Geburt an die anderen, nicht nur um zu überleben, sondern um zu existieren, es braucht ihre Wärme, ihren Geruch oder Geschmack, ihre Stimme und ihren Blick, später zunehmend ihre Stimme." (Todorov 1998: 48) Anders gesagt: Wir bedürfen notwendig der anderen, nicht, „um unsere Eitelkeit zu befriedigen, sondern weil wir [...] ihnen unsere bloße Existenz verdanken" (Todorov 1998: 27).

Wir würden somit nicht nur in einer „ursprüngliche[n] Unvollständigkeit" (Todorov 1998: 48) geboren, diese kann auch „niemals ganz ausgefüllt werden" (ebd.). Zwar ändere sich mit den Heran- und Aufwachsen die Art der Abhängigkeit von anderen[583], doch die Abhängigkeit von anderen selbst, das *Bedürfnis nach*

581 Dabei steht der Blick jedoch symbolisch für die Bezugnahme von Anderen auf uns. Dazu Todorov (1998: 39): „Fügen wir sogleich hinzu, um jedes Mißverständnis zu vermeiden, daß der Begriff ‚Blick' sich hier auf das erste und beste Sinneswerkzeug bezieht, über das der Mensch verfügt, um einen Kontakt mit anderen herzustellen. Sollte es fehlen – wie etwa bei den Blinden –, so erfüllen die anderen Sinne, vor allem Tastsinn und Gehör, diesselbe Aufgabe."

582 Daher kommen wir nicht nur mit einem biologischen, sondern auch einem sozialen Bedürfnis auf die Welt: „[D]as Neugeborene könnte nicht überleben, wenn es nicht von einem anderen ernährt, gesäugt werden würde. Aber diese offenkundige biologische Abhängigkeit hat allzu lange dazu gedient, eine andere, nämlich soziale Abhängigkeit zu verdecken: das Bedürfnis zu existieren und nicht nur zu leben" (Todorov 1998: 78).

583 So sei der Heranwachsende erstens nicht mehr nur von der Anerkennung der ersten Bezugspersonen, also zumeist der Eltern, abhängig, sondern von „eine[r] Vielzahl neuer Anerkennungen: die seiner Altersgenossen, der geliebten Person, der Lehrer in der

Anerkennung, bleibe ein Leben lang: „wir sind nun einmal als Mängelwesen geboren, sterben im Mangel, sind gefangen im Bedürfnis der anderen, immer auf der Suche nach dem, was uns mangelt" (Todorov 1998: 27). Zur Verdeutlichung dieser konstitutiven Unvollständigkeit benutzt Todorov die schon von Fairbairn bekannte Metapher des Sauerstoffs. So wie Menschen zum Leben auf Sauerstoff angewiesen seien, so seien sie zum Dasein auf die Anerkennung anderer Menschen angewiesen. Anerkennung sei „der Sauerstoff des Daseins" (Todorov 1998: 107). Und so der Bedarf nach Sauerstoff ein Leben lang vorhanden sei, so kann auch „[d]as Bedürfnis zu existieren [...] niemals endgültig, sondern nur vorübergehend und partiell erfüllt werden.[584] Anders gesagt: „Unsere Unvollständigkeit ist [...] nicht nur konstitutiv, sondern auch unheilbar" (Todorov 1998: 106), da diese ja erst den Eintritt in die spezifisch menschliche Sphäre der Existenz ermöglicht. Dies bedeute im Umkehrschluss: Würde man von seinem Bedürfnis nach Anerkennung geheilt, „würde man auch von unserer Menschlichkeit ‚geheilt'" (Todorov 1998: 107).[585]

Indem Todorov das Bedürfnis nach Anerkennung mit der Angewiesenheit auf die Beachtung und den Blick der Anderen in Verbindung bringt, wird schon deutlich, dass Todorov – gegenüber Honneth – einen erweiterten Begriff von Anerkennung vertritt. Dies verdeutlich Todorov, indem er zwei Ebenen bzw. Stu-

---

Schule und der Vorgesetzten bei der Arbeit und vergleichbare" (Todorov 1998: 88), damit einher gehe zweitens, dass Beziehungen nun bewusster geknüpft und auch gestaltet werden, „man kann ihnen selbst einen Anfang und ein Ende setzen" (Todorov 1998: 94). Drittens wolle sich der Heranwachsende „nun nicht mehr damit begnügen, der Nutznießer der Fürsorge und der Anerkennung seiner Eltern zu sein, sondern möchte überdies selbst die aktive Rolle in diesen Beziehungen einnehmen und seinerseits zur Quelle von Schutz und Anerkennung werden" (Todorov 1998: 88f).

584 Im Bild: „Der Andere ist für mich wie die Luft zum Atmen, […] zugleich außerhalb von mir wie in meinem Innern, in der Atmosphäre und in meinen Lungen, und genauso unmerklich wie die Luft: ich entdecke erst, wie sehr ich ihn brauche, wenn er mir zu fehlen droht; des Zusammenlebens beraubt zu sein heißt zu ersticken." (Todorov 1998: 74)

585 Daher gelte auch: „Kein vergangenes Erlebnis des Zusammenlebens befreit uns von dem Verlangen nach neuen Erlebnissen dieser Art. […] [E]benso wenig wie die Tatsache, daß ich heute atme, mich von der Atemluft des folgenden Tages unabhängig macht, genügt mir heute die gestern erhaltene Anerkennung. […] Ich kann meine Ansprüche herunterschrauben, mir ein System sekundärer (oder gar tertiärer) Kompensationen schaffen, aber wieviel Anerkennung ich auch bereits erhalten haben mag, dem Bedürfnis nach neuer Anerkennung kann ich nicht völlig verzichten." (Todorov 1998: 74)

fen der Anerkennung voneinander unterscheidet: „Von den anderen verlangen wir erstens, unsere Existenz anzuerkennen […], und zweitens, unseren Wert zu bestätigen (diesen Teil des Prozesses bezeichnen wir als Bestätigung).“ (Todorov 1998: 100) Die zweite Ebene, die Bestätigung des Werts, ist es, die sowohl im Alltagsverständnis als auch bei Honneth als Anerkennung bezeichnet wird. Nach Todorov ist *Anerkennung als Wertschätzung und Bewunderung* jedoch „nur die sichtbarste Form“ (ebd.) der Anerkennung. Dieser zugrunde liege jedoch die erste Form der Anerkennung: die *Anerkennung unserer Existenz*, die – symbolisiert durch den menschlichen Blick – jede Form von Beachtung und Aufmerksamkeit betreffe. Zur zweiten Ebene, der Wertschätzung, „kann es erst kommen, wenn die erste bereits vollzogen worden ist. Sagt man uns, es sei gut, was wir tun, so impliziert dies, daß man zuvor unsere Existenz anerkannt hat“ (ebd.). Viel wichtiger noch: Damit wird auch deutlich, dass nicht nur positive Bezugnahmen (Wertschätzung, Lob, Liebe etc.), sondern auch negative Bezugnahmen (Verachtung, Hass, Tadel) eine erhöhte Aufmerksamkeit bzw. Beachtung mit sich führen und so eine Anerkennung auf der ersten Ebene, Bestätigung der Existenz, sind. „Einen andere zu hassen heißt, ihn abzulehnen; der Haß gegen ihn kann mithin das Gefühl seines Daseins verstärken.“ (Todorov 1998: 101) Schlimmer als Hass sei daher die Gleichgültigkeit und Nichtbeachtung: „Völlig unbeachtet zu sein macht uns glauben, wir seien aus der Liste der Lebenden gestrichen, und das schnürt uns die Kehle zu.“ (Todorov 1998: 102)

Die erste Ebene der Anerkennung ist dabei so grundlegend, dass „sie geradezu zwangsläufig in allen anderen Handlungen mitenthalten scheint“ (Todorov 1998: 95). Anders formuliert: „Jede Koexistenz ist eine Anerkennung“ (ebd.). Genauer müsste man formulieren, dass jede Handlung, die eine Bezugnahme auf andere ist oder enthält, diesen auch ein Minimum an Beachtung bzw. Aufmerksamkeit entgegenbringt und somit zu einer – wenn in vielen Fällen auch nur minimalen – Bestätigung der Existenz der anderen führt.

Damit dürfte deutlich geworden sein, warum – zielt man darauf, eine anerkennungstheoretische Perspektive zu entwickeln, die dem phänomenalen Gehalt der Anerkennung möglichst gerecht wird und die ermöglicht, den relationalen Charakter des menschlichen Lebens bzw. Zusammenlebens sichtbar zu machen – es schlüssig(er) ist, unter Anerkennung nicht nur absichtsvolle Handlungen oder Haltungen zu verstehen, die positive Bezugnahmen beinhalten. Vielmehr gilt es auch, die nichtintendierten Nebenprodukte dieser Handlungen in den Blick zu bekommen und damit die ganze Bandbreite menschlicher Bezugnahmen auf andere Menschen als Akte des Anerkennens zu verstehen, auch solche, die negative und abwertende Aspekte enthalten. Um diese jedoch nicht unterschiedslos in einen Topf zu werfen, ist es wichtig, alle Bezugnahmen entlang der zwei Ebenen, die in diesem Sinne vielleicht eher Dimensionen genannt werden sollten, einzuordnen in

a) des Grades der Aufmerksamkeit oder Beachtung von Anderen, die mit der Bezugnahme einhergeht, dieser kann sich von völliger Nichtbeachtung zu höchster Aufmerksamkeit strecken, und b) der Wertschätzung oder Abwertung, die mit den Bezugnahmen einhergeht und teils intendiert wird und teils nicht. Im Gegensatz zur Ebene der Aufmerksamkeit ist hier auch eine Neutralität möglich.[586]

Ein weiterer wichtiger Punkt kann mit Todorov deutlich gemacht werden. Unsere verdinglichte Sprache sowie die Denkgewohnheit, von einzelnen solitären Menschen auszugehen, (ver)führt dazu, Anerkennung als ein Etwas, als eine Substanz misszuverstehen, die durch die (Anerkennungs-)handlung einer Person A zu Person B transferiert wird: Person B *erhält* dann Anerkennung von Person A. Todorov selbst ist an vielen Stellen in diese Richtung leicht misszuverstehen, besonders dann, wenn er von dem *Bedürfnis* nach Anerkennung spricht, sowie von Unvollständigkeit und Mangel. Denn dies legt nahe, und davor warnt Todorov an anderer Stelle explizit, das soziale Bedürfnis nach Anerkennung als ein biologisches Bedürfnis wie Hunger oder Durst misszuverstehen und Beziehungen zu Personen, so zu beschreiben als handle es sich um Beziehungen zu Sachen (Todorov 1998: 72). Zwar handle es sich bei einem Prozess gegenseitiger Anerkennung in gewissem Sinne um einen Tauschprozess, jedoch kann das Ausgetauschte

> „hier nicht vom Austauschprozeß selbst abgetrennt werden wie ein Ding, das von einer Hand in die andere wechselt. Was ich begehre, ist die Beziehung – Liebe, Trost, Anerkennung –, nicht irgendein Etwas, das diese Beziehung mir einbringen könnte. Man kann mich niemals mit Vergnügen (Anerkennung) erfüllen, wie man eine Flüssigkeit in einen Schlauch gießt." (ebd.)

Anerkennung als einen Austauschprozess individualtheoretisch, verdinglicht und ökonomistisch misszuverstehen, würde zudem bedeuten, auf die amoralische Version des Denkens hereinzufallen. Menschen bedürften dann eigentlich nicht anderer Menschen, sondern diese wären bloßes Mittel zum Zweck. D.h. auf andere Menschen lasse man sich nur zum Schein ein, um diesen möglichst viel Anerkennung ‚abzuluchsen'. Das Bedürfnis nach Anerkennung wäre damit ein Bedürfnis nach einem Etwas, nicht jedoch nach einem Jemand. Das *Begehren nach Anerkennung* – wie es im Folgenden genannt werden soll, um die Differenz zu einem biologischen Bedürfnis zu markieren – strebe hingegen „nicht nach Lust, sondern nach einer Beziehung" (Todorov 1998: 71). Anders gesagt: „Die Beziehung zu anderen ist kein Mittel (um sich den Bauch vollzuschlagen oder einen Orgas-

586 Des Weiteren unterscheidet Todorov (1998: 98) die ‚Konformitätsanerkennung' bzw. ‚Anerkennung durch Übereinstimmung' und die ‚Distinktionsanerkennung' bzw. ‚Anerkennung durch Unterscheidung'.

mus zu erleben), sondern das Ziel, das wir verfolgen, um uns unseres Daseins zu versichern (die Lust hingegen kann Mittel sein, um eine Beziehung zu bilden)." (Todorov 1998: 71f) Ein solches Verständnis aber steht und fällt damit, ob man ein Selbst oder die Beziehungen als vorgängig erachtet. Todorov selbst wirbt explizit für ein relationales Verständnis, so schreibt er:

> „Die Beziehung zu anderen ist aber nicht das Produkt der Interessen eines Selbst, sie ist sowohl dem Interesse wie dem Selbst vorgängig. Es gibt keinen Anlaß, sich wie Hobbes zu fragen: Warum entscheiden sich die Menschen, in Gesellschaft zu leben? Oder wie Schopenhauer zu grübeln: Woher rührt das Bedürfnis nach Gesellschaft? Denn die Menschen vollziehen niemals einen solchen Schritt zum Zusammenleben: die Beziehung zu anderen geht dem einzelnen voraus." (Todorov 1998: 17)

Todorovs Anerkennung zeigt damit deutlich die *Vor- und Durchgängigkeit des Relationalen* an. Akte der Anerkennung finden demnach nicht nur bei intentionalen Bezugnahmen statt, sondern sind vielmehr eine Art ‚Medium des Sozialen'.[587] Zwar verweist Todorov somit auch auf den stiftenden bzw. konstitutiven und nicht nur bestätigenden Aspekt der Anerkennung und thematisiert auch den Kampf um Anerkennung, da er jedoch letztlich auf ein Ideal wechselseitiger Anerkennung setzt[588], werden mit seiner Anerkennungstheorie die Verwicklung der Anerkennung mit gesellschaftlichen Normen und Machtgefügen nicht sichtbar. Dies aber

587 Auch Ricken (2006b: 223) verweist darauf, dass Anerkennung „die intersubjektive Struktur unserer relationalen Existenz" markiert und Anerkennung „nicht als verfügbares pädagogisches Mittel" (ebd.) verstanden werden dürfe, sondern „als durchgängiges Medium [...], in dem sich pädagogisches Handeln – ob es will oder nicht – vollzieht" (ebd.).

588 Todorov (1998: 129) konstatiert: „Da jeder von seinem Nächsten Anerkennung möchte, könnte man sie sich abwechselnd und gegenseitig erweisen." Dies würde voraussetzen, „die eigene Sozialität als auch die Subjektivität des anderen zu akzeptieren, das Du als dem Ich zugleich ähnlich und komplementär anzunehmen" (ebd.). Jedoch verweist er auch darauf, dass eine solche wechselseitige Anerkennung äußerst fragil und unbeständig sei und „in jedem Augenblick neu erfunden und von neuem begonnen werden" (Todorov 1998: 133) müsse. An anderer Stelle führt Todorov jedoch aus, dass Anerkennung tendenziell eher in asymmetrischen Beziehungen wechselseitig und komplementär sei, in symmetrischen Beziehungen hingegen viel „eher Konkurrenzgefühle entstehen können" (Todorov 1998: 97). Auch kritisiert er zwar an Hegel, dass dieser den Dritten vergesse (Todorov 1998: 33ff), in seinen eigenen anerkennungstheoretischen Überlegungen scheint die Figur des Dritten hingegen ebenfalls nicht systematisch beachtet zu werden.

leisten die anerkennungstheoretischen Überlegungen Judith Butlers, die im folgenden Abschnitt erörtert werden.

Butler: Formative und transformative Aspekte der Anerkennung

Auch Judith Butler geht von der relationalen Verfasstheit der Menschen aus. Ähnlich wie Honneth versucht Butler, dies mittels einer ,negativen Phänomenologie' sichtbar zu machen. Startpunkt dafür sind jedoch nicht moralische Verletzungen, sondern das *Phänomen des persönlichen Verlusts*. So zeige sich im Verlust eines nahestehenden Menschen und der damit einhergehenden Trauer, dass mit dem Anderen auch ein Teil des Ichs verloren gehe. „Es ist nicht so, als ob hier auf dieser Seite ein ,Ich' unabhängig existiert und dann schlicht ein ,Du' als Gegenüber verliert, besonders dann nicht, wenn die Zuneigung zu dem ,Du' ein Teil von dem ausmacht, wer ,ich' bin." (Butler 2005: 39) Somit stelle sich die Frage: „Wer ,bin' ich ohne dich?" (Ebd.) Das Phänomen des persönlichen Verlusts verweise somit auf „eine Beziehungsförmigkeit, die weder ausschließlich aus mir noch aus dir besteht, sondern als die Bindung vorgestellt werden muss, durch die diese Ausdrücke differenziert und aufeinander bezogen sind" (ebd.). Dies verweise darauf, dass wir Beziehungen nicht nur haben, sondern diese gewissermaßen *sind*, dass die Beziehungen nicht außerhalb von uns, sondern wir *in* ihnen existieren, „dass diese Bindungen das darstellen, was wir sind, Bindungen oder emotionale Bande, die uns ausmachen" (ebd.). Dass menschliche Existenzen daher auf eine rätselhafte Weise, die wir nur schwer versprachlichen können, miteinander verwoben und aufeinander bezogen seien, resultiere aus der Genese des Selbst vom Anderen her. „Der Formierung der Sphäre des Mein geht die Konstitution durch einen Anderen voraus." (Butler 2007: 106)

Schon an anderer Stelle (II.1.3) wurde beschrieben, dass Butler die intersubjektive Genese des Selbst als Subjektivationsprozess und damit als Ineinander von Hervorbringung und Unterwerfung des Ichs betrachtet. Mit dem Aspekt der Hervorbringung betont Butler die konstitutive Dimension der Genese des Ichs, das nicht schon irgendwie vorgängig von sozialen Bezugnahmen existiert, sondern in diesem Prozess allererst entsteht. In den Worten Butlers (2007: 81): „Primäre Eindrücke werden von einem Ego nicht nur erhalten, sondern sie formen das Ego selbst. Das Ego verdankt seine Existenz einer vorgängigen Begegnung, einer primären Beziehung, einem Bündel initiierender Prägungen, die von woanders her kommen." Und weiter:

> „Unsere Ausgangslage ist also nicht ein Ego, das eine Objektwelt zu rekonstruieren hat. Vielmehr sind wir von Anfang an von einer rätselhaften Andersheit umzingelt, die die Aus-

arbeitung eines 'Ich' zu einer dauerhaft schwierigen Herausforderung macht. Die Aufgabe heißt nicht, von einem bestehenden Ego aus Zugang zur Welt der anderen zu erlangen, also den Narzissmus zu überwinden, um bindungsfähig zu werden. Die Bindung ist vielmehr von Anfang an überdeterminiert, weil der andere das Kleinkind umzingelt und verschlingt. Sich aus diesen primären Übergriffen herauszuarbeiten, ist ein Kampf, dem stets nur begrenzter Erfolg beschieden sein wird." (Butler 2007: 101)

Damit ist aber auch deutlich, dass die Entstehung des Ichs sich unter Voraussetzungen und Bedingungen vollzieht, die das Ich nicht bestimmen oder kontrollieren kann, sondern denen es unterworfen ist. Unterworfen sei das Ich sowohl einem konkreten Du, „ohne das ich nicht sein kann und von dem mein Überleben abhängt" (Butler 2007: 110), als auch – damit einhergehend – gesellschaftlichen Normen, denn das Du ist ja selbst ein vergesellschaftetes Subjekt und die Begegnung mit dem Du findet innerhalb spezifischer gesellschaftlicher Kontexte statt. Somit seien wir „von Anfang an in einer Art von Beziehungshaftigkeit verstrickt" (Butler 2007: 137), die wir nicht nur „nicht voll thematisieren, nicht voll der Reflexion unterwerfen und kognitiv erkennen" (ebd.) können, sondern die auch Ursache für unsere Selbstfremdheit sei. „Ich kenne mich selbst nicht durch und durch, weil ein Teil dessen, was ich bin, aus den rätselhaften Spuren der anderen besteht." (Butler 2005: 64)[589] Es ist unter anderem diese *konstitutive Selbstfremdheit*, die dazu führt, dass wir ein Leben lang auf Andere angewiesen bleiben und von diesen abhängig sind. Denn nur die Anderen können uns sagen, wer wir sind und dass wir sind. Daher gelte: „wenn ich kein Du ‚habe', an das ich mich wenden kann, dann habe ich ‚mich selbst' verloren" (Butler 2007: 41).

Für Butler (ebd.) ist das Selbst daher ein Wesen, „das unmöglich in sich selbst verharren kann". Butler (ebd.) betont also, dass „wir durch unsere Beziehungen nicht nur begründet werden, sondern durch sie auch enteignet werden". Anders

589 Ähnlich wie Loewald verweist auch Butler auf den Sinn und Bedeutung stiftenden Aspekt der nichthintergehbaren ursprünglichen Verwobenheit mit Anderen. So schreibt sie: „Wir könnten uns wünschen, mit unserem Verstand alles durchdringen zu können, aber damit würden wir die Kindheit, die Abhängigkeit, die Relationalität, die primäre Offenheit für Eindrücke verleugnen; dies wäre der Wunsch, sämtliche aktiven und strukturierenden Spuren unserer psychischen Formierung auszulöschen und in dem Schein zu leben vollständig wissend Erwachsene mit vollständiger Kontrolle über uns selbst zu sein. Damit wären wir in der Tat jene Art Wesen, die per definitionem nicht lieben und weder blind noch verblendet sein können, die unempfindlich für Verletzungen, immun gegen Verzauberung sind." (Butler 2007: 137) Anders gesagt: „Am Grund des ‚Ich' findet sich gleichsam eine Sozialität, der man nicht entfliehen kann – und nicht entfliehen sollte." (Butler 2007: 103)

gesagt: „Sehen wir der Tatsache ins Gesicht. Wir werden von dem jeweils anderen zunichte gemacht. Und wenn nicht, fehlt uns etwas. [...] Man bleibt nicht immer unangetastet." (Butler 2005: 40) Dies zeige sich an Phänomenen wie Leidenschaft, Trauer und Wut, „die uns samt und sonders von uns losreißen, uns an andere binden, die uns entrücken, die uns zunichte machen, uns unwiderruflich, wenn nicht sogar verhängnisvoll in manches Leben verstricken, das nicht unser eigenes ist" (Butler 2005: 42). So zeige sich: „In einer solchen Situation sind wir alles andere als ‚autonom', aber das heißt nicht, daß wir verschmolzen sind oder keine Grenzen mehr haben." (Butler 2005: 44) Jedoch sei es auch hier der relationale Ursprungszusammenhang, der letztlich dazu führe, dass „ich sozusagen in regelmäßigen Abständen zunichte werde und offen werde für Entgrenzung" (ebd.).

Was Butler mit dem Terminus *Enteignung* bereits andeutet, ist die konstitutive Verletzbarkeit, die mit der relationalen Verfasstheit der Menschen einhergeht. Butler versucht, „diese primäre Prägbarkeit und Verletzbarkeit mit einer Theorie der Macht und Anerkennung zu durchdenken" (Butler 2005: 63). Dabei ist auch ihr wichtig, den Terminus der Anerkennung „nicht auf das Fällen von Urteilen über andere" (Butler 2007: 62) zu reduzieren.[590] Als Anerkennung gilt ihr vielmehr der konstitutive, stiftende bzw. formierende und transformierende Aspekt der relationalen Verfasstheit der Subjekte, die verändernden und Veränderung verhindernden Kräfte, die auf das Subjekt einwirken, dieses immer wieder zugleich hervorbringen und unterwerfen. Dabei betont Butler vor allem die „Normen der Anerkennung" (Butler 2005: 63), d.h. sie unterstreicht, „dass es Normen gibt, die die Möglichkeit der Anerkennung bedingen" (Butler 2007: 48).[591] Dies gilt zuerst wieder für die Genese des Subjekts: Im schon angesprochenen Aspekt der Unterwerfung, der mit der Hervorbringung unweigerlich einhergeht, zeige sich: „wir sind außerhalb von uns, begründet in kulturellen Normen, die uns vorausgehen und über uns hinausgehen, einer Anzahl kultureller Normen und einem Feld der Macht ausgeliefert, die uns grundlegend bedingen" (Butler 2005: 63). Doch wirken die *Normen der Anerkennung* auch in späteren zwischenmenschlichen Be-

590 Denn erstens „verpflichtet uns Anerkennung mitunter, Urteile auszusetzen, um den Anderen überhaupt erst einmal zu erfassen" (Butler 2007: 62) und zweitens setze „das Urteilsvermögen selbst eine vorgängige Beziehung zwischen denen, die urteilen, und denen, über die geurteilt wird" (Butler 2007: 64) voraus.

591 Paradigmatisch steht hier für Butler die Geschlechternorm. So erlangt man beispielsweise in den meisten Staaten den rechtlichen Status einer Person nur dann, wenn man sich der dichotomen Geschlechtsmatrix von Mann oder Frau unterwirft. Dies gilt auch für diejenigen Menschen, denen kein eindeutiges Geschlecht zugeordnet werden kann. Ohne Zuordnung zu einem Geschlecht gibt es keinen Pass und allgemeiner, nicht die Anerkennung ein Subjekt zu sein. (Vgl. Butler 2009)

ziehungen, die – wie anerkennungstheoretisch sichtbar wird – uns konstitutieren und stiften. „Dachte ich zunächst, eine Beziehung zu ‚dir' zu haben, so stelle ich jetzt fest, dass ich in eine Auseinandersetzung mit Normen verstrickt bin." (Butler 2007: 39) Dass wir „keine in uns abgeschlossenen Dyaden" (Butler 2007: 42) sind und die Anerkennungsakte zwischen Ich und Du somit nicht jenseits gesellschaftlicher Normen stattfinden, zeigt sich schon darin, dass „unser Austausch durch die Sprache bedingt und vermittelt ist" (ebd.) und somit auch „durch Konventionen, durch Ablagerungen von Normen, die ihrem Wesen nach gesellschaftlicher Art sind und die Perspektive der am Austausch Beteiligten übersteigen" (ebd.). Somit sei auch fraglich, inwiefern das Ideal wechselseitiger Anerkennung haltbar ist, da keine Dyade ohne ein Drittes (hier: die Normen) existiert, das in diese Dyade als störendes Element eintritt.[592] Damit verweist Butler zu Recht darauf, dass über Anerkennung vermittelt sich gesellschaftliche Normen und andere übersubjektive, gesellschaftliche Momente reproduzieren. Anerkennung ist somit nicht per se unproblematisch, verhilft zur Selbstverwirklichung oder ist gar einem gesellschaftlichen Telos unterworfen.

Zugleich unterstreicht Butler jedoch auch den *transformativen Aspekt der Anerkennung*. Dieser zeige sich auf zweierlei Weise. *Erstens* ist die Anerkennung der Anderen die notwendige Bedingung für die Veränderung des Subjekts, so Butler:

„Wenn wir einen anderen anerkennen oder wenn wir für uns selbst Anerkennung fordern, bitten wir einen Anderen nicht, uns so zu sehen, wie wir schon sind, wie wir es immer schon

592 Mit Levinas kritisiert auch Nicole Balzer symmetrische Modelle von Intersubjektivität und Anerkennung. Brechen letztere das individualtheoretische doch zumeist vom anderen auf und bleiben damit einer dyadischen Vorstellung vom Sozialen verhaftet. Demgegenüber erweitere Levians „die Alteritätsdyade zur Triade" (Balzer 2008), neben Ich und Anderen gebe es bei Levinas auch noch die Figur des Dritten, der „‚Vertreter' bzw. ‚Repräsentant' aller anderen Anderen neben dem Anderer" (ebd.) sei. Der Dritte jedoch verhindere eine ungestörte symmetrische Anerkennung, da er erstens mit dem Zweiten um die Anerkennung konkurriere und damit das Ich dazu nötige unterschiedliche Andere in Reihenfolgen (der Wertigkeit, Bedeutsamkeit und Wichtigkeit) einzuordnen, er zweitens vom Anderen nicht getrennt werden könne, weil der Dritte zumindest implizit und hintergründig auch in jeder Zweierbeziehung anwesend sei. Da diese mindestens hintergründige Anwesenheit des Dritten auch für den Anderen gelte – weil auch dieser z.B. erst durch andere ein Selbst wurde – nistet der Dritte immer schon im Anderen. Die Kämpfe des Anerkennens in dieser triadischen Konstellation könnten nun nicht mehr durch eine symmetrische, wechselseitige Anerkennung von Ich und Anderem stillgestellt werden. Anerkennung werde damit „zu einer aporetischen Figur" (ebd.).

waren, wie wir schon vor der Begegnung beschaffen waren. Statt dessen sind wir bereits im Fragen, in der Bitte etwas Neues geworden, da wir kraft der Ansprache konstituiert werden, kraft einem Bedürfnis und Begehren in bezug auf den Anderen, das im weitesten Sinn in der Sprache stattfindet und ohne das wir nicht existieren könnten. Anerkennung zu fordern oder zu geben heißt gerade nicht, Anerkennung dafür zu verlangen, wer man bereits ist. Es bedeutet, ein Werden für sich zu erfragen, eine Verwandlung einzuleiten, die Zukunft stets im Verhältnis zum Anderen zu erbitten.“ (Butler 2005: 62)

Und *zweitens* verändere jede Anerkennung das anerkannte wie zugleich das anerkennende Subjekt.

„Anerkennung wird zu jenem Prozess, durch den ich ein anderer werde als der, der ich gewesen bin, wodurch ich die Fähigkeit einbüße, zu dem zurückzukehren, was ich gewesen bin. Im Anerkennungsprozess gibt es somit einen konstitutiven Verlust, da das ‘Ich’ durch den Akt der Anerkennung transformiert wird; nur unvollständig wird seine Vergangenheit in diesem Akt eingebracht und erkannt; der Akt der Anerkennung verändert die Organisation jener Vergangenheit und ihre Bedeutung im selben Moment, in dem er die Gegenwart desjenigen transformiert, der Anerkennung erfährt.“ (Butler 2007: 41)[593]

Düttmann: Anerkennung und Differenz

Um sowohl den Stiftungscharakter als auch ein erstes Verständnis des Kampfes des Anerkennens zu gewinnen, das nicht von einem harmonistischen Ideal vorschnell wieder geglättet wird, soll noch kurz auf die anerkennungstheoretischen Überlegungen Alexander García Düttmanns eingegangen werden, der diese auf dem Hintergrund eines dekonstruktivistischen Ethos formuliert und sich dem Phänomen der Anerkennung bzw. des Anerkennens nicht wie Honneth und andere mit einem Denken der Identität, sondern wie Butler mit einem Denken der Differenz nähert. Das Bedürfnis, die Forderung nach Anerkennung, so könnte man vorab zusammenfassen, nimmt nach Düttmann nicht bei einer Identität, sondern bei einer Differenz Ausgang, einem Un-Eins-Sein mit sich selbst. Diese Differenz setzt zwar einen *paradoxen Kampf des Anerkennens* in Gang, kann durch diesen zugleich jedoch niemals vollständig geschlossen und in einer fixen Identität aufgelöst werden.

593 Dies gilt nicht nur für das anerkannte, sondern auch anerkennende Subjekt, da man „der strukturellen Bedingung impliziter Wechselseitigkeit niemals entgehen“ (Butler 2007: 40) könne und so jedes ‚Geben‘ von Anerkennung auch ein ‚Empfangen‘ sei.

Düttmann kämpft somit gegen alle Ansätze, die vorgeben, mit Anerkennung eine unproblematische Ressource zur individuellen wie kulturellen Identitätsbildung und damit politischen und gesellschaftlichen Integration gefunden zu haben. Im Gegensatz zu diesen, letztlich universalistisch ausgerichteten Ansätzen konstatiert er: „Eine Hermeneutik des Anerkennens gibt es nur, wenn die hermeneutische Anstrengung nicht an der synthesierenden Idee eines letzten Horizonts der Interpretationen sich ausrichtet und die wesentliche Offenheit und Vielfalt der Horizonte anerkennt" (Düttmann 1997: 55).[594] Im Gegenzug versucht Düttmann (1997: 9), „an die Grenzen des (affirmativen) Anerkennens zu rühren" und zu zeigen, dass Anerkennung „von einem Riß, von inkommensurablen Ansätzen gezeitigt wird, nicht von integrierbaren Forderungen" (ebd.). Ob man Anerkennung bzw. Anerkennen vom Primat der Identität oder der Differenz her denke, zeige sich daran, ob „man die Spannung eskamotiert, durch die sich das Anerkennen von einem Wiedererkennen unterscheidet, oder so, daß sie erhalten bleibt und ihrerseits anerkannt wird" (Düttmann 1997: 71).[595]

Die Differenz zwischen Anerkennen und Wiedererkennen sucht Düttmann dabei an den Forderungen nach Anerkennung zu markieren, die von Individuen oder Gruppen hervorgebracht werden. Anerkannt werden solle dabei stets eine Identität, die einerseits bereits als existierend betrachtet werde, andererseits jedoch noch nicht in vollem Maße existiere, da sonst die Forderung nach Anerkennung

594 In diesem Zuge kritisiert Düttmann auch die Anerkennungstheorie von Honneth und bezeichnet diese als letztlich idealistisch (Düttmann 1997: 161), was an der zugrunde liegenden Diskursethik und deren Symmetrieideal und deren Verwechslung von metaphysischem und nachmetaphyischem Denken liege (Düttmann 1997: 164). Idealistische Anerkennungstheorien seien stets wie folgt aufgebaut: „Ein erster Argumentationsschritt führt jedesmal dazu, die Relevanz des Anerkennens für die Bildung individueller und kollektiver Identitäten hervorzuheben; ein zweiter Argumentationsschritt führt jedesmal dazu, das Anerkennen in eine geleistete Anerkennung eingehen zu lassen und so zu einem Verhältnis integraler Reziprozität zu verkürzen; ein dritter Argumentationsschritt schließlich führt jedesmal dazu, dem Kampf um Anerkennung primär eine doppelt integrative Funktion zuzuweisen: Die Identität des einzelnen und der vielen soll sich im Anerkennen konstituieren und so die vorausgesetzte Identität des Ganzen (re)generieren." (Düttmann 1997: 151)

595 „Wo nämlich dem Allgemeinen ein Primat zuerkannt wird, muß die Spannung im Anerkennen, die Differenz, die das Anerkennen durchzieht und die selber von einer Differenz durchzogen wird, einem Übergreifenden und Vereinheitlichenden untergeordnet werden. Der Preis, den der Universalismus für diese Unterordnung zahlt, ist gerade die ausgesprochene oder unausgesprochene Auflösung des Anerkennens in einem Wiederkennen." (Düttmann 1997: 71)

unnötig wäre. Die Forderung nach Anerkennung setze somit stets eine Differenz, eine Nicht-Übereinstimmung mit sich selbst voraus und sei zugleich eine exzentrische Bewegung aus sich heraus, die damit eine neue Differenz eröffne, die das Selbst allein nicht wieder schließen kann. „Was Anerkennung fordert, weicht ab von sich selber; es geht gleichsam aus sich heraus, es entfernt sich von sich, ohne daß es bereits in einem Selbstbezug auf sich zu zurückkommen könnte; daß es Anerkennung fordert, heißt ja, daß es sich als dieses oder jenes erst erweisen, erst behaupten muß." (Düttman 1997: 13) Die Forderung nach Anerkennung sei daher von einer konstitutiven Offenheit und Ausgesetztheit begleitet, die nicht nur notwendig mit der Ungewissheit des Ausgangs, der Möglichkeit des Scheiterns der Forderung, und damit einer grundlegenden Verletzbarkeit einhergehe[596], sondern die Forderung nach Anerkennung selbst stets „aus dem Gleichgewicht" (Düttmannn 1997: 12) bringe und im Subjekt der Forderung eine neue Differenz generiere. Warum ist dies so? Kurz gesagt, weil ein postmetaphysisches Denken der Differenz die Differenz von Sein und Erscheinung als unhintergehbar betrachtet, was bedeutet, dass ebenso unhintergehbar auch „die Differenz von Erkennen und Anerkennen gegeben ist" (Düttmann 1997: 20). Dies bedeute, dass im Akt der

596 Der Zusammenhang von Anerkennung und Verletzbarkeit wurde bereits früh von Roberto M. Unger (1986) analysiert. Unger zeigt, dass Menschen „füreinander zugleich ein grenzenloses Bedürfnis und eine grenzenlose Gefahr" (Unger 1986: 31) seien. Die „Grenzenlosigkeit unseres Bedürfnis nach anderen Menschen" (Unger 1986: 106) werde begleitet von einer „grenzenlosen wechselseitigen Furcht" (ebd.). Diese Furcht voreinander gehe dabei „über die Angst vor Unterwerfung und Entpersönlichung" (Unger 1986: 107) noch hinaus, „weil hier nicht nur der Austausch einzelner Vorteile und die Beachtung ihrer Zugehörigkeit zu wohldefinierten Gemeinschaften, sondern eine weit radikalere Anerkennung, nämlich die ihres Selbst, gefordert ist. Sie verlangen nach einem Zeichen, dem sie entnehmen können, daß es für sie einen Platz in der Welt gibt" (Unger 1986: 107f). Anders gesagt: „Das tiefste Bedürfnis nach Anerkennung ist eines, das sagt: Akzeptiere mich um dessentwillen, was ich bin" (Unger 1986: 108). Doch: „Wer ein Zeichen solcher Anerkennung empfangen will, der muß sein Visier lüften, oder jemand anderes muß es für ihn tun; er muß Beziehungen eingehen, die einen höheren Grad an Verletzbarkeit einschließen, als er in den bestehenden Gemeinschaften üblich ist – höher vor allem deshalb, weil solche Beziehungen vorwiegend experimenteller Natur sind und sich kaum auf befestigte Ansprüche und Erwartungen gegenseitiger Hilfe und Anerkennung stützen. Sie erheischen Selbstentblößung, die unkalkulierbar ist und sehr wohl fehlschlagen kann; sie kann auf Ablehnung stoßen, und auch wenn sie akzeptiert wird, endet sie möglicherweise dennoch in einer Enttäuschung." (ebd.) Kurz gesagt: „Einen existentiellen Entwurf ausführen heißt, das Risiko eingehen, daß man am Ende eher geschwächt als gestärkt dasteht" (Unger 1986: 100).

Anerkennung nie nur das (wieder)erkannt/anerkannt werde, was in der Forderung nach Anerkennung Bestätigung sucht, sondern zu diesem notwendig etwas hinzu komme – oder weg bleibe – , das nicht oder nicht so gefordert war; „das Anerkannte deckt sich folglich nicht mit sich selber“ (Düttmann 1997: 31).[597]

Was bedeutet dies für den Zusammenhang von Stiftung und Bestätigung? Zunächst betont Düttmann den ‚Doppelcharakter‘ jedes Aktes des Anerkennens; dieses sei immer „ein Bestätigen und zugleich ein Stiften der Identität“ (ebd.). Anders gesagt: „Was bestätigt werden soll, ist ja zugleich das, was das Anerkennen erst noch stiften muß.“ (Düttmann 1997: 53) Aufgrund des oben dargelegten Zusammenhangs fallen Bestätigung und Stiftung im Akt des Anerkennens jedoch niemals zusammen; so sehr der Akt des Anerkennens auch „von dem bestätigenden, aussagenden, konstativen Moment im Anerkennen bereits gelenkt wird“ (Düttmannn 1997: 11), so vermag „der Übergang von der Kontingenz zur Notwendigkeit, vom Zufälligen zum Begründeten und Beständigen“ (Düttmannn 1997: 12) niemals vollständig gelingen. Anerkennen sei daher immer ein paradoxer Akt, „ein Schaffen des Gegebenen“ (Düttmann 1997: 11), der zugleich „konstituiert *und* beglaubigt“ (Düttmannn 1997: 10) und somit von einem performativen und konstativen Aspekt durchzogen sei. Anders formuliert: „Das Anerkennen läßt die vorausgesetzte Identität des Anzuerkennenden nicht unberührt.“ (Düttmannn 1997: 11) Im Gegensatz zu der gängigen Unterbetonung oder gar Nichtbeachtung versucht Düttmann den performativen Aspekt des Anerkennens, „das Stiftende, Schaffende, Erfindende, Herstellende der Anerkennung“ (ebd.) besonders hervorzuheben. Wichtig sei dabei erstens zu betonen, dass „[d]as Verhältnis zwischen dem Bestätigen und dem Stiften […] keines additiver Zusammensetzung [ist], so, als würde zu der Bestätigung eine Stiftung hinzukommen und sich von ihr abheben“ (Düttmann 1997: 53) und zweitens die durch den beiderseitigen Entzug evozierte Offenheit, Unvorhersagbarkeit und Nichtdurchschaubarkeit aller Akte des Anerkennens zu unterstreichen:

„Jedes Anerkennen antwortet auf die Forderung im Entzug des anderen; jedes Anerkennen überrascht den anderen, indem es ein Anerkanntes stiftet, und läßt sich gleichzeitig von dem Entzug des anderen affizieren. Das Anzuerkennende weiß nicht, was ihm und was durch es

597 Und dies setzt bereits voraus, dass die Forderung nach Anerkennung sich selbst transparent ist. Geht man hingegen von einer unhintergehbaren Differenz im Subjekt aus, so dürfte die mit diesem Entzug einhergehende Selbstfremdheit, die das Begehren nach Anerkennung allererst entfacht, auch dazu führen, dass eine Forderung nach Anerkennung nur in seltenen Grenzfällen explizit geäußert wird und sich somit selbst bewusst und transparent ist.

dem Anerkennenden widerfährt. Umgekehrt weiß auch das Anerkennende nicht, was ihm und was durch es dem Anzuerkennenden widerfährt." (ebd.)

Weil das Anerkennen somit „der Ort einer Verzögerung ohne Ende" (Düttmann 1997: 48) sei, habe es gleichzeitig „keinen eindeutig bestimmbaren Ort" (Düttmann 1997: 18) und finde „stets in einem *Zwischen* statt[...]" (ebd.). Dieses „Zwischen ist, wenn man so will, das Un-eins-Sein von Kultur, ihre Offenheit" (Düttmann 1997: 78). Es sei daher gewissermaßen der Kampf des Anerkennens, ein „Kampf um das Sich-Als-Etwas-Erweisen" (Düttmann 1997: 123), der Kultur begründe und deren Dynamik – als das Zwischen der Verzögerung ohne Ende – entstehen lasse. Anders gesagt: „Das Anerkennen ist eine Prothese der Kultur, es steht in deren Dienst und ist zugleich ein Fremdkörper, eine Kulturleistung, die das Un-eins-Sein der Kultur verlängert." (Düttmann 1997: 33) Dabei dürfe jedoch das Zwischen nicht substantialistisch missverstanden werden: „Durch ein Zwischen, in einem Zwischen entstehen Unterschiede. Allein ein Zwischen aber, welches das Unterschiedene nicht voraussetzt, ist ein solches und nicht eine Vergegenständlichung, die zu dem Unterschiedenen hinzutritt als ein wiederum Unterschiedenes." (Düttmann 1997: 80)

Implikationen für Subjekt- und Lernverständnis

Insgesamt zeigte sich, dass die Analyse von Anerkennungsprozessen dazu dienen kann, die relationalen Grundstrukturen menschlichen Lebens und Zusammenlebens sichtbar(er) zu machen. Anerkennung dient somit zwar nicht als Indikator für die Qualität der Sozialbeziehungen (Honneth), markiert jedoch *die relationale Struktur unserer Existenz*. Honneths zentrale These – positive Selbstbeziehungen seien angewiesen auf positive Bezugnahmen anderer – verwies bereits darauf, dass die Beziehung zu sich selbst und die Beziehung zu Anderen sehr eng miteinander verknüpft sind. Sein Anerkennungsverständnis – Anerkennung als intendierte Bestätigung positiver Eigenschaften – wurde jedoch als zu einseitig und eng kritisiert und es wurde mittels der anerkennungstheoretischen Überlegungen Todorovs, Butlers und Düttmanns ein alternatives Verständnis formuliert. Für dieses sind drei Aspekte wesentlich: *Erstens* werden als Anerkennung nicht nur intendierte, bewusste Handlungen oder Haltungen verstanden, sondern auch nichtintendierte, häufig präreflexive zwischenmenschliche Bezugnahmen. Bei Todorov stand der Blick symbolisch für die Beachtung und Aufmerksamkeit spendenden Bezugnahmen Anderer, auf die Menschen so existenziell wie auf Sauerstoff angewiesen sind, um sich überhaupt ihrer Existenz zu versichern und durch die sie überhaupt erst gelernt haben, sich auf sich selbst als ein Jemand zu beziehen.

Zweitens werden nicht nur positive (Wertschätzung, Lob, Liebe, etc.), sondern auch negative Bezugnahmen (Verachtung, Tadel, Hass etc.) als Anerkennung bezeichnet. So haben die Bezugnahmen stets zwei Anerkennungsdimensionen. Die erste bezieht sich auf den Grad der Aufmerksamkeit oder Beachtung, der mit der Bezugnahme einhergeht, dieser kann sich von völliger Nichtbeachtung zu höchster Aufmerksamkeit strecken. Die zweite bezieht sich auf die Valenz, die mit den Bezugnahmen einhergeht. Somit gilt: Positive Bezugnahmen stiften zwar wahrscheinlich(er) positive Selbstbeziehungen und umgekehrt stiften negative Bezugnahmen wahrscheinlich(er) negative Selbstbeziehungen, doch bestätigen bzw. stiften auch die negativen Bezugnahmen Existenz und Identität. *Drittens* haben Anerkennungsakte somit nie nur einen bestätigenden, sondern stets auch einen (existenz-)stiftenden Aspekt.

Menschen sind demnach vor- und durchgängig auf Andere angewiesen und auf diese bezogen. Auch die Anerkennungstheorien verweisen demnach darauf, dass wir uns auch jenseits unserer Genese an Anderen bzw. von Anderen her erlernen. Menschen sind zudem aus anerkennungstheoretischer Perspektive unhintergehbar von einem Begehren nach Anerkennung durchzogen. Dieses Begehren muss nach Todorov unterschieden werden in ein Begehren nach Beachtung, Bestätigung sowie Verstärkung der Existenz und einem Begehren nach Wertschätzung. In beiden Fällen gilt es jedoch, Anerkennung nicht verdinglicht als zu transferierende Substanz misszuverstehen. Das Begehren nach Anerkennung ist nicht ein Bedürfnis nach *Etwas*, sondern nach einem *Jemand*. Zwar gibt es vielfältige zentrische Formen des Begehrens nach Anerkennung, jedoch auch ein dezentrisches Begehren nach anderen als Anderen. Wie Butler gezeigt hat, verweist Anerkennung somit auf die relationale Grundstruktur unserer Existenz, die der Trennung von ich und anderem vorausgeht. Diese ist gewissermaßen das Fremde, durch das das Eigene und Bekannte nicht nur allererst *wurde*, sondern das auch dazu führt, dass sowohl unser Eigenes von Fremdem konstitutiv durchzogen ist – Stichwort Selbstfremdheit und die damit einhergehende über die Genese andauernde Angewiesenheit auf Andere – als auch dazu führt, dass wir in unserem Eigenen nicht verharren können, sondern aus diesem stets herausgerufen und -gerissen, in den Worten Butlers, ‚enteignet' werden. Zudem wurde mit Butler die unentrinnbare Verwobenheit von Anerkennung, Macht und Normen deutlich.

Welche Konsequenzen ergeben sich aus einem solchen Anerkennungsverständnis und anerkennungstheoretischen Subjektverständnis für das Lernen? Der Zusammenhang von Anerkennung und Lernen wird zumeist wie folgt skizziert (vgl. dazu ausführlicher Balzer/Künkler 2007): Anerkennung als *positive* Wertzuweisung bzw. -bestätigung gilt als eine notwendige Voraussetzung für Lernen. Denn erst (genügend) ‚Anerkennung' garantiere ein gelungenes Selbstverhältnis bzw. ein positives Selbstwertgefühl, auf dem basierend Lernen erst möglich werde bzw. je gelungener, desto wahrscheinlicher werde. Umgekehrt resultieren aus dieser Sicht Lerndefizite und -probleme hauptsächlich auf einem Mangel an Anerkennung bzw. einer fehlenden ‚Kultur der Anerkennung'. Die daraus resultierende Forderung an Pädagogen und Lehrende lautet daher, Anerkennung vermehrt zu praktizieren oder zu 'spenden' und dies möglichst bedingungs- und voraussetzungslos. Denn insgesamt gelte: Anerkennung ist Nährboden für Lernen und je mehr Anerkennung, desto besser für das Lernen. Gegen diese Sicht der ‚Anerkennungsverfechter' setzen ‚Leistungsapologeten' auf einen gezielten pädagogischen Einsatz der Anerkennung. Der Zusammenhang von Lernen und Anerkennung wird hier mit der Logik von Belohnung und Bestrafung verstanden. Durch Lob und Belohnung einerseits wie Anerkennungsversagung und Verachtungsdrohung andererseits solle ein Anreizsystem fürs Lernen geschaffen werden. Anerkennung müsse durch Leistung erst verdient werden und dürfe daher nicht bedingungs- und voraussetzunglos, sondern ‚wohldosiert' und gezielt ‚verabreicht' werden. Beide Positionen verweisen zwar auf wichtige Aspekte des Verhältnisses von Lernen und Anerkennung[598], fassen beide und damit auch deren Verhältnis insgesamt aber zu eng. Nicht nur wird Lernen tendenziell auf intentionale Lernprozesse in Institutionen des Lernens reduziert, auch Anerkennung wird in beiden Versionen auf ein Mittel (zur Herstellung oder zumindest Förderung des Lernens) reduziert. Jedoch wurde gezeigt, dass Anerkennung nicht in intentionalen (Anerkennungs-) Handlungen aufgeht, sondern ein Moment an allen Handlungen darstellt bzw. insgesamt auf die intersubjektive Struktur unserer relationalen Existenz verweist und somit eine Art ‚Medium' darstellt, in dem Lernen sich vollzieht. Ein Medium aber kann nicht auf ein Mittel reduziert bzw. als ein solches instrumentalisiert werden. Daher können durch Anerkennung – im Sinne positiver Bezugnahmen – Lernprozesse gerade nicht, wie in Appellen einer ‚Kultur der Anerkennung' häufig suggeriert, *hergestellt* werden, sondern können durch sie höchstens möglich(er) werden. Anders gesagt: Anerkennung ist kein Garant für Lernen, sondern allenfalls eine

598 Natürlich ist ein positives Verhältnis zu sich selbst (Selbstvertrauen) förderlich für bestimmte Lernprozesse und kann durch positive Anerkennung(serfahrungen) gestärkt werden. Auch die für manches ‚Lernen' zentralen Momente des Sich-Irritieren-Lassens wie des Sich-aufs-Spiel-Setzens werden wohl nur dann und dort wahrscheinlich(er), wenn und wo Lernende nicht durch (radikale) Miss- wie Verachtungserfahrung ohnehin schon in Frage gestellt und grundlegend irritiert sind. Gleichzeitig verweisen die ‚Leistungsapologeten' zu Recht darauf, dass, wer immer nur gelobt und in eine ‚Atmosphäre der Harmonie, eingetaucht wird bzw. alleinig positive Wertschätzung erfährt, wohl nur beschwerlich(er) seinen gewohnten Erfahrungshorizont verlassen bzw. aufs Spiel setzen wird, fehlen ihm doch die dafür zentrale Widerständigkeit und der ebenso bedeutsame Widerstreit; kurz: Negativität und Irritation.

notwendige, nicht aber schon hinreichende und schon gar nicht unproblematische Bedingung.

Nicht unproblematisch ist sie aus zwei Gründen. Erstens weil über die existenzstiftenden Akte der Anerkennung auch transsubjektive symbolische Ordnungen wie gesellschaftliche Normen ‚transportiert' werden und sich somit über und durch Anerkennung auch die Reproduktion gesellschaftlicher Herrschafts- und Ungleichheitsordnungen vollzieht.[599] Zweitens weil nicht nur das Selbst sich grundlegend entzogen, sondern auch das Selbst dem Anderen grundlegend entzogen ist, so dass die existenzstiftenden Akte des Anderen sich nicht auf das Selbst beziehen, wie es ‚wirklich ist' oder dazu verhelfen ein ‚wahren Kernselbst' zu entfalten und verwirklichen; Anerkennung enthält vielmehr auch immer das Moment einer ‚Verkennung' und selbst die transformativen Aspekte der Anerkennung sind zugleich ein Prozess der Individuierung wie der ‚Veranderung' sind.[600]

Betrachtet man Anerkennung als ein Medium, in dem sich Lernen vollzieht, dann zeigt sich, dass auch das Lernen durchzogen ist von einem Begehren nach Anerkennung. Nicht nur lernt man von und durch andere, sondern auch für Andere. Dieses für-andere-Lernen besteht zumeist aus einer komplexen Gemengelage aus zentrischem wie dezentrischem Begehren nach Wertschätzung, Aufmerksamkeit und Bedeutung. Dabei sind es nicht nur die Inhalte des Lernens – unterschiedliches Wissen und unterschiedliches Können – die von diesem Begehren betroffen sind, indem man spezifisches Wissen und spezifisches Können erwirbt (oder sich diesem verweigert)[601], um von spezifischen Anderen Aufmerksamkeit und bzw. oder Wertschätzung zu erhalten bzw. für diese von Bedeutung zu sein. Auch das Lernsubjekt selbst erlernt sich oder verlernt sich in den Dynamiken des Begehrens, begehrt, ein Anderer zu werden oder auch sich selbst zu bleiben.

Anerkennung als existenzstiftendes Phänomen verweist zudem auf das transformative Moment des Lernens, das nicht unabhängig von Anerkennung gedachtet werden kann. Dies bedeutet, dass Lernen verhindert oder aber mindestens erschwert wird, wo Lernende als in ihren Entwicklungsmöglichkeiten bzw. ihrer ‚Begabung' und somit in ihrer Lernfähigkeit als unwiderruflich begrenzt ange-

599 Dass Anerkennung auch ein Medium der Ungerechtigkeit ist, zeigt Patchen Markell (2003) in seiner anerkennungstheoretische Analyse sozialer und politischer Dynamiken.

600 Ausführlicher zum ‚Verkennungscharakter' der Anerkennung siehe Balzer 2010.

601 Weil es unterschiedliche andere gibt, die unterschiedliches Wissen und unterschiedliche Fähigkeiten wertschätzen, kann Lernen ebenso in Gang gebracht – z.B. man lernt die schulischen Lerninhalte, um sich die Anerkennung der Eltern oder der Lehrkräfte zu versichern – wie verhindern werden – z.B. man widersetzt sich dem Zwang des Lernens der schulischen Lerninhalte, um von seiner ‚Peers' anerkannt zu werden.

sehen und behandelt werden und umgekehrt, dass Lernen nur dann möglich(er) wird, wo Lernenden das Lernen (positiv) zugetraut wird und die einhergehende Transformation des lernenden Subjekts von den anderen überhaupt zugestanden wird, d.h. man ein Anderer werden *darf.* Pädagogisch bedeutsam sind jedoch vor allem die das Lernen bestärkende und vielleicht auch erst hervorrufende ‚Anerkennungsvorschüsse', die darin bestehen, dass man den anderen als jemanden anerkennt, der er noch nicht ist, aber (lernend) werden kann.

Deutlich wird so auch, dass die Bitte nach einem ‚Anderswerden-dürfen und -können', ein ‚Sich-den-anderen-Aussetzen-müssen' und damit eine hohe Verletzbarkeit – das Risiko des Scheiterns und der Enttäuschung – impliziert. Dieses 'Sich-Aussetzen' ist in Lernverhältnissen ein besonders riskantes, muss sich das Subjekt hier doch dem und den Anderen als ein ‚Noch-Nicht-Seiendes' oder ‚Noch-Nicht-Könnendes' zeigen und damit als ‚nicht-souverän'. Lernen zu ermöglichen erfordert daher auch – vielleicht sogar vor allem – eine Anerkenntnis der grundsätzlichen Entzogenheit, Angewiesenheit und Verletzbarkeit des Menschen, die man dem anderen zugesteht wie an sich selbst nicht verbirgt.

Damit ist deutlich, dass der Andere als der Anerkennende für das Lernen nicht nur insofern zentral ist, als dass er das Lernen des Lernenden (nachträglich) beurteilt und damit über ihn urteilt, sondern auch insofern, als dass er dem, *was* er lernt, und dem, *dass* er lernt, – und damit *ihm* – Bedeutung verleiht. Aufgrund Anderer bekommt Lernen (überhaupt) Bedeutung und wird zu einem sinnvollen Geschehen. Bedeutung aber kann mir und meinem Lernen nur von einem anderen zugesprochen werden, der sich tatsächlich als ein Anderer, von mir verschiedener, erweist, indem er sich mir gegenüber auch widerständig verhält. Umgekehrt erhält nur derjenige Bedeutung, der sich selbst von Anderen zu unterscheiden weiß und ihnen ein Gegenüber – weder Objekt noch bloß Verlängerung eines Anderen – sein kann. Will man dem Anderen ermöglichen ein ‚Gegenüber' zu sein, so muss man ihm jedoch zuerst selbst als Gegenüber begegnen und dies bedeutet auch, ihm zu widersprechen, ihm (etwas) zu versagen und sich zu entziehen, auch wenn dadurch Irritation und Widerstreit entstehen können. Damit wäre man zwar nicht den ‚Fängen der Macht' entronnen oder aber dem und den Dritten entkommen – beides ist ein unmögliches Unterfangen –, jedoch würde ein Zwischen eröffnet, das dem Anderen Lernen und (Anders-)Werden ermöglicht, gerade indem das Scheitern, der Schmerz und die Negativität im Lernen ebenso Beachtung fänden wie auch, dass Menschen ohne Aufmerksamkeit durch Andere weder existieren noch lernen können.

Vernachlässigt wird hierbei jedoch, wie auch häufig an anderen Stelle im anerkennungstheoretischen Diskurs, dass zwar die Beziehung zu sich selbst nicht getrennt von der Beziehung zu Anderen betrachtet werden kann, der Zusammenhang dieser beiden jedoch wiederum nicht unabhängig davon abläuft, wie man sich zu diesem Verhältnis – der Beziehung zu sich selbst und der Beziehung zu Anderen – noch einmal verhält. Deutlich wird hier die Komplexität, mit der ein relationales Verständnis von Subjektivität Lernvollzüge betrachten muss.

FAZIT

Da im nächsten Unterkapitel die hier skizzierten relationalen Sprach- und Denkmuster und die mit ihnen verbunden Einsichten systematisiert bzw. gebündelt werden, um zu einer Heuristik eines relationalen Verständnisses des Lernens zu gelangen, wird an dieser Stelle auf eine Zusammenfassung des Kapitels sowie eine vergleichende Diskussion der unterschiedlichen Ansätze und Aspekte der Relationalität verzichtet. Vielmehr soll abschließend kurz der Frage nachgegangen werden, warum – angesichts der gesammelten ‚erdrückenden Beweislast' – ein individualtheoretisches Verständnis des Subjekts sich so lange durchsetzen konnte und kann.

Erstens ist dieses Verständnis in das Selbstverständnis und damit auch die Selbsterfahrung, also das konkrete Selbsterleben, des modernen Menschen eingelassen. Als Bestandteil des selbstverständlichen Erfahrungshorizontes ist es nicht nur schwierig zu erschüttern und zu irritieren, sondern bestätigt und reproduziert sich in der lebensweltlichen Erfahrung ständig. *Zweitens* vermag gerade die fundamentale Bedeutung der Relationalität für unsere Existenz, deren Sichtbar- und Wahrnehmbarkeit erschweren. Ähnlich wie man laut einer asiatischen Redensart den Fisch nicht fragen sollte, wenn man wissen wolle, was Wasser ist, und wie im Eingangszitat von Mitchell angedeutet, ist die relationale Dimension unserer Existenz scheinbar so umfassend und so durchdringend, das es schwerfällt, sie überhaupt wahrzunehmen. *Drittens* ist anzunehmen, dass ein Analogieschluss von unserer sichtbaren physischen Existenz auf unsere psychische Existenz die Annahme eines individuellen Geistes leicht macht. Analog zu unserem Körper deuten wir dann auch unseren Geist als von einer festen Grenze umschlossen und verorten ihn zudem in unserem Körper bzw. in unserem Kopf. Beziehungen unterliegen zudem nicht der gleichen Sichtbarkeit wie die abgegrenzten Körper. *Viertens* kann aus psychoanalytischer Sicht darin eine ‚schützende' und narzisstische Verleugnung unserer Abhängigkeit, Angewiesenheit und damit auch unserer Verletzbarkeit gesehen werden (vgl. Altmeyer/Thomä 2006: 8). Auch Todorov (1998: 60) verweist auf die Eigenliebe und Eitelkeit der Denker, Gelehrten und Philosophen, die den Menschen als heroisches Einzelwesen beschrieben, das anderen „nichts verdankt und schuldet und das ganz allein die Wahrheit sucht". Weil das Ideal eines unabhängigen und souveränen Subjekts für die männliche Geschlechternorm eine umso bedeutendere Rolle spielt, ist es wohl *fünftens* auch von Belang, dass es, worauf Todorov (1998: 58) verweist, zumeist Männer waren, die die bedeutsamen ‚asozialen' Sichtweisen der menschlichen Existenz theoretisch formulierten und die Tatsache der Natalität und der Entwicklung unbeachtet ließen.

Insgesamt wurde jedoch gezeigt, dass vielfältige Argumente für eine relationale Verfasstheit des Subjekts und der Subjektivität sprechen. Das relationale Zwischen erwies sich somit als ein geeigneter Ansatzpunkt für die Verwindung einer dualistischen Ontologie wie eines individualtheoretischen Verständnisses des Subjekts. Gleichzeitig darf jedoch auch dieses nicht ontologisch, also verdinglicht und substantialistisch und somit als ein neues Zentrierungsprinzip verstanden werden. Auch wurden bereits vielfältige, aber noch unsystematisierte lerntheoretische Konsequenzen aus den generativen Diskursen über Intersubjektivität und Relationalität gezogen, die im Folgenden gebündelt und systematisiert werden sollen.

II.4 Heuristische Skizze einer relationalen Theorie des Lernens

> "Das Wort Lernen bezeichnet zweifellos eine Veränderung irgendeiner Art. Zu sagen, um was für eine Art der Veränderung es sich handelt, ist eine schwierige Angelegenheit."
> GREGORY BATESON[602]

EINLEITENDE BEMERKUNGEN

Nachdem im vorletzten Kapitel lerntheoretische Anschlüsse an ein reformuliertes und dezentriertes Subjektverständnis skizziert wurden und im letzten Kapitel verschiedene ‚relationale' Ansätze, Theorien und Diskurse nach relationalen Sprach- und Denkmustern hin untersucht sowie lerntheoretisch interpretiert wurden, steht in diesem Kapitel die schwierige Aufgabe an, die gewonnenen Erkenntnisse weitestmöglich zu systematisieren und zu präzisieren, ohne dabei einen unzulässigen Eklektizismus zu betreiben. In einem ersten Schritt wird dazu das auf dem Hintergrund des letzten Kapitels erarbeitete Verständnis von Relationalität und relationaler Subjektivität expliziert und noch einmal systematisch entfaltet sowie lerntheoretisch interpretiert (II.4.1). Unter zusätzlichem Rückgriff auf zentrale Theorieelemente aus den lerntheoretischen Anschlüssen im vorletzten Kapitel wird in einem zweiten Schritt mittels zweier zentraler Differenzierungen – zwischen explizitem und implizitem sowie zwischen formativem und transformativem Lernen – das so entwickelte relationale Verständnis des Lernens weiter entfaltet (II.4.2). Auf dem Hintergrund der Differenzierungen werden drei Formen des Lernens noch einmal genauer in den Blick genommen: explizites Lernen, implizit-formatives Lernen

602 Bateson 1981: 366.

und transformatives Lernen. Die Funktion dieser Differenzierungen ist dabei weniger Innovation denn Hilfestellung zur Ausdifferenzierung und Präzisierung des entwickelten relationalen Verständnisses des Lernens. Auch soll damit verhindert werden, dass der ‚Phänomenreichtum' dessen, was gängigerweise – gerade auch alltagsweltlich – unter Lernen verstanden wird, durch die hier eingenommene spezifische Perspektive unzulässig beschnitten wird.

Erarbeitet wird somit eine heuristische Skizze einer relationalen Theorie des Lernens, d.h. ein vorläufiger Versuch, die aus den Analysen der bisherigen Kapitel erworbenen Erkenntnisse zu Lernen, Relationalität und relationaler Subjektivität soweit wie möglich und legitim in einer Synthese zu bündeln und zu systematisieren.

II.4.1 NOCH EINMAL: RELATIONALITÄT UND RELATIONALE SUBJEKTIVITÄT

Die Rekonstruktion der Diskurse um Relationalität in unterschiedlichsten disziplinären Zusammenhängen dürfte deutlich gemacht haben, dass Relationalität nicht bloß eine modische Chiffre ist, unter der gänzlich Verschiedenes subsumiert wird, sondern dass es – bei allen Unterschieden des theoretischen und disziplinären Hintergrundes, der damit getroffenen Vorannahmen und ausgeübten Herangehensweisen sowie allen Unterschieden im spezifischen Verständnis von Relationalität – zentrale Gemeinsamkeiten gibt. Ohne zu leugnen, dass zwischen den untersuchten Ansätzen Unterschiede und Widersprüche bestehen, stellen sich viele Differenzen zumindest dann als unproblematisch heraus, wenn man beachtet, dass diese häufig der Fokussierung unterschiedlicher Aspekte von Relationalität und relationaler Subjektivität entstammen. Im Folgenden wird versucht, die m.E. wichtigsten, unterschiedlichen Aspekte von Relationalität und relationaler Subjektivität, die sich aus den gemachten Schritten in dieser Studie II ergeben, in eine kohärente Ordnung zu bringen. Zusammenfassend erläutert werden sollen dazu zunächst die Grundannahmen bzw. allgemeinsten Rahmungen einer relationalen Theorie des Lernens: Ein grundsätzliches *Denken-in-Relationen*, das eng verknüpft ist mit einem *differenztheoretischen Denken*, einem *radikalen Prozessdenken* und einem *systemischen Denken*. Damit ist der Hintergrund konturiert, vor dem hier eine Konzeption relationaler Subjektivität entfaltet wird. In dieser wird von einem *Primat der Anderenbeziehung* ausgegangen: in intersubjektiver Genese wie ganz grundsätzlich, d.h. auch über die Genese hinaus. Erläutert werden darauf folgend zwei grundlegende Momente relationaler Subjektivität – das der *Eingebundenheit* bzw. *Verflochtenheit* und das der *Bezogenheit* – sowie der Analysefokus einer relationalen Perspektive auf das *relationale Zwischen*.

Wichtigste Rahmung einer relationalen Theorie des Lernens ist ein allgemeines *Denken-in-Relationen*, das als Gegenentwurf oder Alternative zu einem Denken-in-Substanzen bzw. einem verdinglichten oder substantialistischen Denken entstanden ist. Dem ‚Relationalen' wird hier gewissermaßen ein ontologisches Primat eingeräumt, d.h. Relationen werden nicht als nachträgliche Verbindungen zwischen bereits bestehenden Entitäten oder Instanzen betrachtet, sondern gegenteilig wird davon ausgegangen, dass diese Entitäten in ihrer spezifischen Form erst durch die ihnen vorausgehenden Relationen entstehen bzw. existieren. Kurz gesagt: Relationen gehen den Relata voraus. Ein solches radikales Denken-in-Relationen wird dementsprechend auch als vielversprechende Möglichkeit betrachtet, den Dualismus von Subjekt und Objekt, Geist und Materie bzw. Psyche und Körper zu überwinden. Von einem solchen Denken her werden Subjekt und Objekt nicht mehr als zwei bereits unabhängig voneinander bestehende Entitäten gedacht, die dann in irgendeiner Weise miteinander in Relation treten – was zum scheinbar unlösbaren Vermittlungsproblem führt – sondern gegenteilig entstehen die jeweiligen spezifischen Manifestationen der Entitäten Subjekt und Objekt erst aus bzw. durch Relationen und existieren somit nicht unabhängig von den spezifischen Relationen. Relationalität in diesem allgemeinen aber grundsätzlichen Sinne kann nicht nur, wie gezeigt wurde, als eine ‚Theorieentwicklungsrichtung' in vielen Geistes- und Sozialwissenschaften betrachtet werden, sondern man kann, wie Ernst Cassirer (2000 [1910]) in seinem Werk ‚Substanzbegriff und Funktionsbegriff' gezeigt hat, die Entwicklung der modernen (Natur-)Wissenschaft selbst anhand der Ablösung von Substanzbegriffen durch Funktions- bzw. Relationsbegriffe nachzeichnen.[603]

603 Emirbayer (1997: 287) verweist darauf, dass relationales Denken erstmals zu Beginn des 20. Jahrhunderts durch neuere Entwicklungen vor allem in Physik und Mathematik einflussreich wurde. Shults (2003: 18), der gar von einem ‚relational turn' spricht, nennt als Beispiel das Aufkommen der Quantenphysik: In der sogenannten Teilchenphysik würden seither nicht mehr ‚Teilchen' – im Sinne letzter Bausteine der Materie – erforscht, sondern Relationen als sich wechselseitig konstitutierende Energiefelder. Auch verweist er darauf, dass es im westlichen Denken durch die bereits bei Platon auftauchende, von Aristoteles jedoch in seiner Kategorienlehre erstmals systematisch ausgearbeitete Unterscheidung von Substanz und Akzidenz zu einem Primat der Substanz gegenüber der Relation gekommen sei. Seitdem Aristoteles der Kategorie der Relation den Status der Akzidenz zugewiesen hätte, würden in der westlichen Philosophie Relationen nicht als etwas für eine Entität Essentielles, sondern bloß Akzidentelles betrachtet. (Shults 2003: 13ff) Außerhalb westlicher Traditionen hingegen spielt die Kategorie des Zwischen bzw. der Relation teils eine andere Rolle, beispielsweise im

Mittels eines solchen grundsätzlichen *Denkens-in-Relationen* ist auch Lernen relational zu konzipieren. Zuallererst bedeutet dies Lernen weder im Sinne eines Subjekt-Objekt-Dualismus, als die Übermittlung eines wie auch immer gearteten Objekts in die Sphäre des Subjekts – zumeist als Erwerb von Information oder Wissen verstanden –, noch als die bloße (autopoietische) Anpassung eines geschlossenen Subjekts an eine sich verändernde objektive Umwelt zu verstehen, sondern als ein *Geschehen im relationalen Zwischen.*[604] Lernen von einem Denken-in-Relationen her zu verstehen, bedeutet zugleich, den Dualismus von Geist/Materie bzw. Psyche/Körper zu über- bzw. zu verwinden zu versuchen: Lernen ist weder ein rein geistiger oder psychischer noch ein rein körperlicher oder materieller Prozess. Um der Gefahr zu entgehen, das *Zwischen* jedoch vor allem als etwas Geistiges zu betrachten – wie es die Tradition nahe legt –, schließt das hier entwickelte relationale Verständnis des Lernens dezidiert an das leibphänomenologische Verständnis von Leiblichkeit an bzw. das Zwischen soll mit Merlau-Ponty als ‚Zwischen-Leiblichkeit' konzipiert werden.

Wichtig zu betonen ist ferner, dass das Denken-in-Relationen hier vor dem Hintergrund eines allgemeineren *differenztheoretischen Denkens* geschieht, das auf die Überwindung fundierenden Denkens zielt, dazu die eingewöhnten Dualismen dekonstruiert sowie gegenüber der Einheitlichkeit die Gespaltenheit, gegenüber der Identität die Differenz, gegenüber der Fundierung die Kontingenz, gegenüber der Universalität die Relativität sowie gegenüber Vernunft und Transparenz die Alterität und Alienität betont (siehe dazu II.1.3). Von einem solchen differenztheoretischen Denken aus muss nicht nur die Vorläufigkeit sowie die spezifische Bedingtheit des hier entwickelten relationalen Verständnis des Lernens betont werden, sondern auch allgemein die nicht aufzuhebende *Opazität des Lernens.* Letztere führt dazu, dass sich das Phänomen des Lernens einem reflexiven und systematisierenden Zugriff immer wieder entzieht und auch als Phänomen von Brüchen, Rissen und Widersprüchen durchzogen ist, die nicht oder nur zu einem hohen Preis in der theoretischen Reflexion ‚gekittet' und ‚geglättet' werden können. Auch Relationalität darf somit weder als ein neu fundierendes Prinzip missverstanden werden, noch als ‚Schlüssel', der das bislang verschlossene Tor zum Verständnis des Lernens aufschließen kann. Insofern ist es durchaus prekär, den Relationen – wie oben geschehen – ein ontologisches Primat zuzusprechen. Damit einher geht die Gefahr, nun das ‚Relationale' verdinglicht bzw. substantialistisch zu verstehen, indem das ‚Relationale' nun als die allem zugrunde liegende ‚Substanz' angesehen wird. Dem Relationalen ein ontologisches Primat

asiatischen Denken durch die Kategorie Ki bzw. Chi (vgl. Kaibara 2007; Kimura 1995; Woo 2007).

604 Wie dieses Zwischen hier genauer konzipiert wird, wird weiter unten gezeigt.

zuzuschreiben ist m.E. aber dennoch nötig: Nicht um eine neues ontologisches Fundament zu proklamieren, sondern als ein *strategischer Zwischenschritt*, um das verdinglichte Denken aufzubrechen. Da unser Denken an Sprache gebunden und nicht einfach umgestellt werden kann, muss ein erster Schritt darin bestehen, das Zwischen zu ‚substantialisieren', d.h. ontologisch zu verstehen, um an das gewohnte Denken zugleich anzuschließen wie dieses zu irritieren. Unbedingt nötig ist es dann jedoch, in einem weiteren Schritt ein solches Verständnis wiederum zu dekonstruieren.

Zu dem differenztheoretischen Hintergrund des Denkens-in-Relationen gehört auch ein *radikales Prozessdenken*, das ebenfalls auf die Überwindung eines substantialistischen und fundierenden Denkens zielt. Anstatt von ruhenden und statischen Entitäten auszugehen, wird dabei versucht, von der Bewegung her den Prozess und die Dynamik zu denken, kurz gesagt: dem Prozess das Primat vor der (ruhenden) Substanz zu geben. Auf den Menschen angewandt bedeutet das, wie Elias gezeigt hat (II.3.1), von einer radikalen Wandelbarkeit des Menschen auszugehen, so dass der Mensch nicht einen Veränderungsprozess durchläuft, sondern ein Prozess der Veränderung *ist*. Von einem radikalen Denken-in-Prozessen aus ist die grundlegende Logik der gängigen Thematisierung des Lernens gewissermaßen auf den Kopf zu stellen. Nicht mehr der Wandel einer an sich als statisch gedachten Entität ‚Subjekt' ist dann das Explanandum.[605] Lernen radikal prozessual zu verstehen bedeutet, dass nicht die Wandlung eines Menschen, sondern dessen (relative) Beständigkeit zum Explanandum wird. Insbesondere auf dem Hintergrund eines prozesstheoretischen Denkens gilt es daher, nicht nur die transformierenden, sondern gerade auch die formierenden Momente des ‚Lernens' in den Blick zu bekommen.

Auch ein in Kybernetik und Systemtheorie entwickeltes *systemisches Denken*, das eine lineare Kausalitätsvorstellung durchbricht, stattdessen von einer zyklischen Kausalität ausgeht, so dass jede Wirkung auf die Ursache zurückwirkt, kann in den allgemeineren Theoriehintergrund eingereiht werden, von dem aus hier ein Denken-in-Relationen kultiviert werden soll. Lerntheoretisch bedeutsam ist ein *systemisches* Verständnis relationaler Subjektivität, bei dem davon ausgegangen wird, dass jeder ‚Handlungsvollzug' eine – wenn auch noch so minimale, langfristig betrachtet aber (lerntheoretisch) höchst bedeutsame – (Rück-)Wirkung auf die relationale Subjektivität selbst zeitigt, sich relationale Subjektivität also schon allein daher in ständiger Veränderung und somit einem ständigen Lernprozess befindet.

605 Dies formuliert auch Abbott (1997: 98): „By making change our constant, we also exchange our explananda. It becomes necessary to explain reproduction, constancy, and entity-ness, rather than development and change."

Wendet man nun ein solches allgemeines Denken-in-Relationen, das nicht spezifisch auf zwischenmenschliche Beziehungen, sondern auf alle Formen von Relationen bezogen ist, auf das *Verständnis des Subjekts* selbst an und bezieht zugleich das zuvor entwickelte reformulierte Verständnis einer dezentrierten Subjektivität mit ein, so bedeutet dies vor allem: Subjektivität oder das Selbst nicht als eine Art Substanz oder Entität zu betrachten und damit als eine Art Punkt- oder Kernselbst zu konzipieren, sondern strikt relational, als relationale Subjektivität zu verstehen.[606] Als Hilfskonstrukt soll *relationale Subjektivität* als ein sich durch das Ineinander und somit im Zwischen von Selbst-, Welt- und Anderenbezügen eröffnender und in ständiger Veränderung befindlicher *Raum* betrachtet werden.[607] Dabei werden die Selbst-, Welt- und Anderenbezüge als leibliche Vollzüge betrachtet, wobei im Leib kein (punktuelles) Selbst verankert ist, das als eine Instanz die Vollzüge vollzieht und steuert – auch ist der Leib selbst kein neues zentrisches Prinzip. Der ‚Raum' der relationalen Subjektivität ist somit einerseits an den Leib ‚gekoppelt', wird andererseits jedoch nicht vom Körper begrenzt, d.h. er ist kein mentaler, geistiger oder psychischer Innenraum, der im Körper bzw. im Kopf verortet werden kann. Auch wenn im Raum der relationalen Subjektivität durch die ständige Selbstbezüglichkeit etwas entsteht, das klassischerweise Bewusstsein genannt und durch das die relationale Subjektivität (in unserer Kultur) als Mitte erlebt wird, so ist der ‚Raum' relationaler Subjektivität keineswegs mit Bewusstsein ‚gefüllt', sondern größtenteils nicht- oder halb bewusst. Dass sich

606 Dass dabei die Rede von relationaler Subjektivität und nicht von einem relationalen Subjekt bzw. einem relationalen Selbst ist, entstammt dem Versuch, deutlich zu machen, dass erstens das Subjekt nicht mehr als eine Instanz verstanden wird und zweitens, dass das hier entwickelte Verständnis von relationaler Subjektivität eng an Rickens Verständnis relationaler Subjektivität (vgl. II.1.3) anschließt. Gleichzeitig steht die Rede von einer relationalen Subjektivität in der Gefahr, diese als eine Innerlichkeit misszuverstehen. Im Folgenden ist daher nie auch nur von relationaler Subjektivität die Rede, sondern diese wird vereinfachend teils auch umschrieben mit den Termini Subjekt (relationales Subjekt) und Selbst (relationales Selbst).

607 Relationale Subjektivität mit Ricken als einen Raum zu verstehen ist jedoch nichts weiter als ein Hilfskonstrukt und ein Zugeständnis an unser gewohntes Denken, das die Gefahr beinhaltet, relationale Subjektivität tendenziell wieder zu substantialisieren und nach Logik von Innen und Außen zu betrachten. Dies scheint jedoch ein grundsätzliches Problem relationaler Theoriebildung zu sein: „Even studies of ‚processes-in-relation', [...] too often privilege spatiality (or topological location) over temporality and narrative unfolding." (Emirbayer 1997: 305). Emirbayer (ebd.) sieht mit einem solchen räumlichen Denken vor allem das Problem verbunden, das dynamische Moment des Relationalen nicht angemessen konzipieren zu können.

der Raum der relationalen Subjektivität zwischen sich, Anderen und anderem eröffnet, also nie ein bloß subjektiver, sondern immer ein *inter*subjektiver Raum, ein Zwischen ist, bedeutet, dass sich – im Bild bleibend – dieser Raum gewissermaßen auch mit anderen relationalen Subjektivitäten überschneidet, Andere uns zugleich jedoch stets radikal fremd und unzugänglich bleiben. Auch muss die sich im Raum relationaler Subjektivität eröffnende und an den Leib gekoppelte Erste-Person-Perspektive als unhintergehbar verstanden werden, d.h. sie kann nicht von anderen eingenommen werden. Es wird hier also nicht prinzipiell unterschieden zwischen einer Subjektivität und einer Intersubjektivität, wie z.B. bei der relationalen Psychoanalyse Mitchells, da eine solche Unterscheidung m.E. hinterrücks einen Subjekt-Objekt-Dualismus wieder einführen würde. Relationale Subjektivität meint vielmehr: Subjektivität ist schon immer Intersubjektivität, Individualität ist schon immer eingetaucht in und hervorgebracht durch Sozialität. Dies bedeutet weder Subjektivität in Intersubjektivität aufzulösen, noch die Erste-Person-Perspektive und ihre Unhintergehbarkeit zu leugnen.[608] Auch sollten die Selbst-, Welt- und Anderenbezüge nicht missverstanden werden als das bloß nachträgliche ins Verhältnis Setzen von vorab schon existierenden Entitäten (Selbst, Welt und Andere), d.h es wird von keinem wie auch immer gearteten Selbst außerhalb dieser Relationen ausgegangen: Es sind die spezifischen Relationsgefüge bzw. der von ihnen eröffnete Raum, der als relationale Subjektivität beschrieben wird. Somit sind es auch hier die Relationen, die die Relata stiften, und zur Kontinuität derselben tragen allein die sich wiederholenden Muster des Ineinander der Relationen bei, die sich aufgrund ihres Zusammenhangs mit der inkorporierten Erfahrungs-, Lern- und Beziehungsgeschichte ergeben. Wie ist dies zu verstehen?

Der ‚Raum' der relationalen Subjektivität wird hier zugleich mit einer weiteren Metapher als von *Kräften* durchzogen gedacht.[609] Er ist jedoch nicht selbst ein geschlossenes Kraftfeld, sondern situiert in größeren Kraftfeldern. Die vielfältig gerichteten, sich häufig widerstrebenden Kräfte bedingen die Praktiken der rela-

608 Auch hier schließe ich an Ricken an bzw. an dessen Versuch „Pluralität als Sozialität zu erläutern" (Ricken 2002: 168). Pluralität als Sozialität sei „nur paradox (und insofern differenztheoretisch) denkbare Inter-Subjektivität eines Ineinander von Subjektivität und Alterität" (Ricken 2002: 168) bzw. ein „nur paradox denkbarer Zusammenhang von Selbst- und Anderenbezug und Ineinander von singulärer Nichtvertretbarkeit wie sozialer Verwiesenheit" (ebd.).

609 Auch die Rede von Kräften und Kraftfeldern ist ein nicht unproblematisches Hilfskonstrukt, das tendenziell dahingehend missverstanden oder missbraucht werden könnte, Kausalität in einen esoterischen, immateriellen Bereich zu verschieben und damit der empirischen Überprüfung zu entziehen (vgl. dazu auch Emirbayer 1997: 307).

tionalen Subjektivität, d.h. die (leiblichen) Vollzüge des Ineinanders von Selbst-, Welt- und Anderenverhältnissen. Bedingen bedeutet auch hier nicht determinieren, sondern ein subjektivationstheoretisch zu verstehendes paradoxes Zugleich von Wahrscheinlichmachung, Beeinflussung, Ermöglichung, Hervorbringung, Strukturierung, *Richt*ung und Bahnung. Die vielzähligen und vielzählig ineinander wirkenden und häufig nur analytisch zu trennenden Kräfte wirken vermittelt über drei ‚Pole': a) die im Leib inkorporierte Erfahrungsgeschichte, b) die spezifische Situiertheit des Leibes in verschiedenen Kontexten sowie c) die Verflochtenheit mit Anderen und Bezogenheit auf Andere.

a) Der Leib wird hier – im Sinne des bourdieuschen Habituskonzeptes – als Speicher vergangener, sowie Medium und Agens aktueller Vollzüge und somit als strukturierte und strukturierende Struktur verstanden. Nicht *im* (passiven) Leib speichert sich, sondern der Leib *ist* der (aktive) Speicher der geronnenen und sedimentierten Erfahrung aller vergangenen Erfahrungen. Die leiblichen Vollzüge eröffnen sich daher stets von der strukturierten und strukturierenden Struktur – sich ausdrückend in Handlungs-, Denk-, Wahrnehmungs- und Bewertungsschemata – des so gebildeten Erfahrungshorizontes her. Mit aller Vorsicht kann dies auch als eine Art (Vor-)Wissen gedeutet werden, das aber stets ein inkorporiertes, praktisches und implizites Wissen ist.[610] Angesprochen wird hier die Dimension des Habitus als Natur gewordene Erfahrungs-, Lern- und Beziehungsgeschichte, die als strukturiert-strukturierende wie unterdrückend-ermöglichende Kraft im Kraftfeld relationaler Subjektivität wirkt.

610 Auch wenn als Gegenentwurf zu den zumeist eher den Geist bzw. die Psyche betonenden Lerntheorien hier insbesondere die Leiblichkeit des Lernens unterstrichen wird und von einem inkorporierten, praktischen und impliziten Wissen die Rede ist, so ist dieses Wissen zwar inkorporiert, jedoch nicht in einen leb- und geistlosen, statischen Körper, sondern in einen schon immer von prärationalem Sinn durchzogenen, sich in ständiger Veränderung befindlichen, sinnhaften Leib, der nie in einem Ruhezustand existiert, wie unsere Sprache und unser Denken suggerieren, sondern nur in seinen ständigen (leiblichen) Vollzügen, also nur *in actu*. Ebenso existiert daher das inkorporierte Wissen streng genommen nur im Zwischen der leiblichen Vollzüge, in denen es zugleich wirksam ist. Daher sollte es auch nicht als von den Vollzügen getrenntes Etwas gedacht werden, d.h. der Leib ist kein Speicher im Sinne einer ‚Festplatte', bei der der Körper als Hardware und das Wissen als darauf gespeicherte Information fungiert. Somit kann das Wissen weder als an spezifischer Stelle im Körper lokalisiert gedacht werden, noch darf der Leib hier auf den Körper und schon gar nicht auf einen Teil des Köpers – das Gehirn – reduziert werden; denn ebenso wenig, wie unsere Fähigkeit zum Radfahren in unseren Schenkeln steckt, so wenig kann das Wissen über die Existenz der Bahamas alleinig in der Großhirnrinde lokalisiert werden.

b) Was wie und auf welche Weise von dieser inkorporierten Vergangenheit in die bzw. in der Gegenwart wirkt, hängt aufs engste mit der spezifischen Situierung des Leibes in bestimmten Kontexten zusammen. So ist die im Leib Natur gewordene Erfahrungsgeschichte immer auch eine Geschichte spezifischer, situativer Erfahrungen, d.h. in einem spezifischen Kontext, im Zusammenhang mit spezifischen Anderen und spezifischem Anderen gemachte und als solche markierte Erfahrung. Je nach Ähnlichkeitsbeziehungen des aktuellen mit vergangenen Kontexten ist die inkorporierte Vergangenheit in der Gegenwart unterschiedlich wirksam. Vermittelt über die Situiertheit des Leibes wirken jedoch verschiedene Ebenen des Kontextes als Kräfte auf die Vollzüge der relationalen Subjektivität. So ist der Leib über seine Situierung in Raum und Zeit beispielsweise im sozialen Raum und dort auf mindestens dreierlei Weise situiert: Erstens in unterschiedlichen sozialen Feldern (Bourdieu) bzw. gesellschaftlichen Subsystemen (Luhmann), die als Kraftfelder vor allem in der Form wirken, dass sie eine spezifische ‚Logik der Praxis' voraussetzen, zweitens in spezifischen Lebensformen (Wittgenstein) und/oder sozialen Milieus (Vester, Bremer)[611], die vor allem wert-, geschmacks- und stilbildend wirken und drittens spezifische Gemeinschaften bzw. 'communities of practice' (Wenger), die vor allem ein mit anderen geteiltes (zumeist implizites) Wissen und somit spezifische Handlungsroutinen bewirken. Eine noch umfassendere, aber nicht weniger wirksame Ebene des Lernkontextes ist sowohl die symbolisch-imaginäre Ordnung der Kultur als auch diverse Formen gesellschaftlicher Macht und Mächte. All diese Situierungen wirken sowohl über den Kontext als auch über die inkorporierte Erfahrungsgeschichte bzw. durch das relationale Ineinander derselben.

c) Die für eine relationale Perspektive wesentliche, durch die individualtheoretische Tradition unserer Kultur jedoch häufig zu wenig beachtete und hier daher besonders zu betonende dritte entscheidende Wirkgröße entsteht durch die Verflechtung der relationalen Subjektivität mit Anderen, die spezifische Situierung in

611 Milieutheoretisch gilt ein soziales Milieu „als eine Gruppe von Menschen mit einem bestimmten Typ der Lebensweise" (Bremer 2009: 293), die „über ähnliche Formen der Alltagsbewältigung" (ebd.) und des Lebensstils verfügen. Bremer verweist darauf, dass in diesen „Kontext […] auch Lernen und Bildung eingebunden" (ebd.) sind. Mit Bourdieu gesprochen mündet das Heranwachsen in einem spezifischen Milieu in einem Habitus (Habitus als strukturierte Struktur), andererseits entstehen und reproduzieren sich die Milieus durch (ähnliche) Habitus (Habitus als strukturierende Struktur). Anders gesagt ist das soziale Milieu „nicht einfach die äußere Umwelt, durch die die Menschen geprägt werden wie eine Münze" (Bremer 2009: 294), sondern in Form der „Korrespondenz zwischen Habitus und Milieu" (ebd.) „hat die Gesellschaft im Individuum gewissermaßen eine Entsprechung" (ebd.).

sozialen Figurationen und die grundsätzliche Bezogenheit auf Andere. Eine relationale Subjektivität ist daher stets eingebunden in das Kräftefeld einer relationalen Begehrensmatrix, in der das Begehren nach Beachtung bzw. Aufmerksamkeit, nach Wertschätzung, nach Beziehung und nach Teilhabe entscheidende Wirkung ausübt und durch spezifische soziale Konfigurationen sowie gesellschaftliche Normen, Mächte und Sinnordnungen schon immer gebahnt – teils auch instrumentalisiert – wird. Zu unterscheiden sind dabei verschiedene Formen von anderen: Einzelne und Gemeinschaften, Zweite und Dritte, bedeutsame, periphere und verallgemeinerte, reale und imaginierte, gegenwärtige wie vergangene, usw. (s.u.).

Diese dritte Wirkgröße im die relationale Subjektivität umgebenden und durchziehenden Kraftfeld wird deutlicher, versteht man unter Relationalität nicht ‚nur' das Primat aller Relationen vor den Relata, sondern in einem zweiten Sinne auch die *konstitutive Bedeutung zwischenmenschlicher Beziehungen*, die im Gegensatz zu einem individualtheoretischen Verständnis betont wird. Somit ist im Ineinander von Selbst-, Welt- und Anderenbezügen den Anderenbezügen gewissermaßen ein Primat zuzusprechen und zwar erstens in Bezug auf die Genese, zweitens aber auch ganz grundsätzlich.

In Bezug auf die Genese ist das Anderenverhältnis primär, da – wie gezeigt wurde – die Genese des Subjekts eine *intersubjektive Genese* ist. Die Genese des Selbst ist somit keine Reifungs-, sondern eine Interaktions- bzw. Beziehungsgeschichte, in der sich das Selbst *von Anderen her erlernt*. Sowohl die Beziehung zu uns selbst (und damit Reflexivität und Bewusstsein) als auch überhaupt die Beziehung zur Welt *erlernen* wir erst durch die Beziehung zu Anderen bzw. auf Basis unserer Beziehung zu Anderen. In diesem Sinne geht die Beziehung zu Anderen der Beziehung zu uns selbst und zur Welt voraus. Anders formuliert: Durch die Bezugnahmen Anderer erlerne ich allererst den Bezug auf mich; es ist der Blick der Anderen, in dem ich nicht nur mich – wie in einem Spiegel – erblicke, sondern der meine Aufmerksamkeit allererst auf die – mit Anderen gemeinsam bewohnte – ‚Welt' richtet, mir zeigt, was bedeutsam ist und was welche Bedeutung besitzt. So erlerne ich nicht nur mich (in mindestens ähnlicher Art und Weise) so auf mich zu beziehen, wie Andere sich auf mich beziehen, ebenso erlerne ich mich (in mindestens ähnlicher Art und Weise) so auf die Welt zu beziehen, wie Andere sich auf die Welt beziehen (von abstrakten Sinnzuweisungen hin zum spezifischen Umgang mit spezifischen Artefakten). So ist nicht nur das Ich sozial konstituiert, sondern auch die Welt, die ich mit anderen teile und die ich von ihnen erlernt habe. Erlernt werden in dieser intersubjektiven Genese sowohl basale Eigenschaften und Fähigkeiten menschlicher Subjektivität (Bewusstsein, Geist, Psyche, Reflexivität sowie die Fähigkeit zu Denken, Fühlen und Sprechen) als auch die spezifische Individualität (Charakter, Persönlichkeit, Identität). In den spezifischen Beziehungen zu verschiedenen Anderen entwickeln sich durch stete Wiederholung spezifische Beziehungs*muster*. Diese Muster wirken sich nicht nur auch auf die Beziehungen zu uns selbst und zur Welt aus, vielmehr sind es, geht man von einem strikt relationalen Selbst aus, diese Beziehungsmuster selbst, die uns in unserer Spezifik und Individualität ausmachen bzw. das, was wir und andere uns als unseren Charakter oder unsere Persönlichkeit zuschreiben. Kurz gesagt: Wir erlernen uns an Anderen bzw. von Anderen her sowie im Bezug auf Andere und deren Bezugnahmen auf uns. Grundsätzlich lautet damit die Annahme: Das, was zwischen sich und Anderen geschieht, übt den stärksten und wichtigsten Einfluss auf die Entwicklung des ‚Selbst' aus. Die Entstehungsgeschichte des ‚Selbst' ist somit eine Beziehungsgeschichte.

In dieser intersubjektiven Genese wurden dabei zwei wesentliche Momente relationaler Subjektivität deutlich, die – wenn auch in veränderter Form – nicht nur für die Genese, sondern auch grundsätzlich Geltung haben: die Eingebundenheit bzw. Verflochtenheit und die Bezogenheit. *Eingebundenheit bzw. Verflochtenheit* meint dabei, dass die Entstehung des Selbst *in* einem Beziehungsnetz vonstatten geht. Das relationale Selbst entwickelt sich in und aus einem Beziehungsnetz, in das es hineingeboren wird und aus dem es sich nicht *heraus ent*wickelt, sondern *in* das es sich zugleich (immer weiter) *ver*wickelt. So werden wir nicht nur von anderen gezeugt und geboren und sind auf diese in unserer frühen Entwicklung angewiesen, sondern der komplette Prozess der Genese und Entwicklung ist nicht als eine *Ent*wicklung zu betrachten, in dem Sinne, dass Entwicklung meint, sich aus dem Beziehungsnetz zu *ent*-wickeln und von diesem und somit von anderen unabhängig und autonom zu werden. Vielmehr gilt: Man wächst nicht *aus* Beziehungen heraus, sondern wird selbstständiger *in* ihnen. In einem zweiten Sinne ist der relationale Entwicklungsprozess der intersubjektiven Genese daher auch als *Ver*wicklungsprozess zu beschreiben: Durch unsere Entwicklung von *Anderen* her verwickeln wir uns zugleich mit *anderem*, d.h. mit den Sinn- und Bedeutungszusammenhängen des größeren kulturellen Horizonts ebenso wie mit den spezifischen Normen und Werten des spezifischen sozio-kulturellen Horizonts, dem Herkunftsmilieu. Dem relationalen Selbst wohnt jedoch nicht ein individueller Kern inne, der bei aller sozialer Formung und Prägung gleich bleibt, noch existiert ein vorsoziales Selbst, das überhaupt geformt oder geprägt werden könnte, vielmehr ist dieser Verwicklungsprozess zugleich die Genese des Selbst, also der Prozess, in dem eine spezifische Individualität sich überhaupt erst herausbildet. Subjektivationstheoretisch ist damit auf das paradoxe Zugleich von Unterwerfung (unter kulturelle Normen) und Hervorbringung (von Individualität) verwiesen.[612]

612 Zur Erinnerung: Dieser Prozess, in dem wir zu einem Subjekt allererst gemacht werden, darf nicht als ein völliges Aufgehen im Sozialen missverstanden werden. Diffe-

Diese *Eingebundenheit bzw. Verflochtenheit* gilt – wie angesprochen – jedoch nicht nur für die Genese. Nicht nur weil auf dem Hintergrund eines radikalen Prozessdenkens kein Ende der Genese auszumachen ist und wir uns – wie heute auch allgemein angenommen – ein Leben lang entwickeln, sondern vielmehr weil Menschen nur im Plural existieren (Arendt 2003). Jedes Selbst ist somit stets ein *Selbst-mit-Anderen* bzw. ein *Selbst-in-Beziehungen(-mit-anderen)*. Es ist eingeflochten und eingebunden in eine relationale Matrix, ein Beziehungsfeld oder -netz, einen Verflechtungszusammenhang. Dieser Tatsache kann man nur gerecht werden, wenn man, wie Elias betont hat, von den Vielen zum Einzelnen hin denken lernt und als Bezugseinheit nicht vom einzelnen Individuum, sondern von vielen miteinander in Beziehung stehenden Individuen ausgeht. Der Einzelne und sein Verhalten ist somit stets in seinem Zusammenleben mit anderen zu verstehen, insbesondere weil jede Verflechtung eine eigene Verflechtungsdynamik entwickelt und die Verflechtung somit ein eigenes Kraftfeld für die darin eingebundene relationale Subjektivität bildet.[613]

renztheoretisch betrachtet fehlt ein übergeordneter Horizont, vor dem Individuation und Sozialität problemlos ineinander aufgehen und sich miteinander versöhnen könnten. Zwar ist „Individualisierung nur über Vergesellschaftung und Vergesellschaftung nur als Individuierung zu denken" (Schäfer 2000: 21f), jedoch darf der Prozess der Individuierung nicht „als eine einfache Übernahme des Sozialen" (Schäfer 2000: 22) verstanden werden, denn stets bleibt in der „differente[n] Einheit von Vergesellschaftung und Individuierung" (ebd.) ein ‚Rest' bzw. ‚alteritärer Überschuss'.

613 Relationale Subjektivität in ihrer Dimension der Verwobenheit auf die Weise zu konzipieren, wie es hier geschieht, könnte dabei von zweierlei Seiten kritisiert werden. Erstens könnte – insbesondere mit Elias – kritisiert werden, damit immer noch zu sehr vom Einzelnen (bzw. die Verwobenheit vom Einzelnen her) und nicht von vielen miteinander verwobenen Menschen her zu denken. Auf der anderen Seite ähnelt ein dergestalt mit anderen verwobenes, nicht außerhalb von Relationen existierendes Subjekt, so könnte geurteilt werden, zu sehr der gegenwärtig im vernetzten Kapitalismus erwünschten und geforderten Form von Subjektivität: nur ein Knoten in einem Netzwerk zu sein (vgl. Boltanski/Chiapello 2003; Künkler 2008b). Diese Verschiebung von der „souveräne[n] Gestalt von Subjektivität" (Meyer-Drawe 2008a: 37) zu einem „Knoten im Netz" (ebd.) wird auch von Meyer-Drawe kritisch betrachtet: „Das Liebäugeln mit dem göttlichen Blick, der alles von oben sieht und eigentlich nur sich und ein pures Gegenüber kennt (Subjekt-Objekt), scheint aufzuhören. Der ehemalige *Kosmotheoros* wird gefangen und relational eingebunden. Das weltweite Netz setzt der Demontage des Subjekts scheinbar ein Ende und gibt diesem einen neuen Ort. Es ist weder ein Souverän, dem alles zu Füßen liegt, noch ein bloßes Subjekt, das allem unterworfen ist, es existiert nicht diesseits oder jenseits des Netzes, sondern als ein Knotenpunkt, durch den die Informa-

Das relationale Selbst ist somit stets ein Selbst-mit-Anderen; auch lerntheoretisch gilt es daher, ‚von den Vielen zum Einzelnen zu denken': Um verstehen zu können, wie sich Lernprozesse vollziehen, muss der individualtheoretische Fokus auf das einzelne Individuum und sein Geist oder sein Gehirn erweitert werden und das Selbst in seiner Verflechtung, d.h. in seinen vielfältigen Beziehungen zu anderen, betrachtet werden. Es ist somit stets eingebunden in die relationale Matrix eines spezifischen Beziehungsnetzes: Dieses Beziehungsnetz ist sowohl – wie bereits beleuchtet – ‚Quelle' des Werdens als auch häufig des Anders-Werdens. Eigentlich banal, lerntheoretisch jedoch kaum systematisch beleuchtet, sind es zumeist veränderte Beziehungskonstellationen, transintentionale Verflechtungsdynamiken sowie soziale Transformationsprozesse, die Vorgänge des Lernens im Sinne eines Anderswerdens auslösen. Denkt man das Selbst strikt relational, verändert sich per definitionem das relationale Selbst durch veränderte Beziehungskonstellationen. Zudem erlerne ich in neuen (konkreten) Beziehungen häufig ‚etwas', das sich in die Beziehung zu mir selbst, zu Anderen und zur Welt einverleibt. Im Alltag ist dies beispielsweise beobachtbar durch Gestiken, Mimiken oder Sprachweisen, die ich – zumeist implizit, also unbewusst – von anderen erlerne. Auch neue Bezugnahmen auf Welt (‚eine neue Perspektive', ‚eine neue Sichtweise') können durch Beziehungen zu Anderen erlernt werden: Ich lerne durch andere etwas Neues, mir bislang Fremdes, kennen und nicht selten passiert es, dass dieses Fremde zum Eigenen wird. Mit veränderten Beziehungskonstellationen sind jedoch nicht nur direkte Beziehungen gemeint, auch im weiteren Sinne können sich Beziehungskonstellationen verändern: z.B. veränderte Verflechtungsdynamiken, von Gruppendynamiken innerhalb einer konkreten Gemeinschaft hin zu sozialen Transformationsprozessen. Da sich die spezifischen Beziehungskonstellationen und Verflechtungszusammenhänge jedoch in ständigem Veränderungsprozess befinden, gilt dies grundsätzlich auch für das relationale Selbst: Erklärungsbedürftiger als die Transformationen ist somit viel eher die Beständigkeit der relationalen Subjektivität. Ob die angesprochenen Veränderungsprozesse im Beziehungsgeflecht zu einem nachhaltig transformativen Lernen führen, kann jedoch nicht abstrakt, sondern nur im konkreten Fall beantwortet werden. Damit ist eine allgemeine Schwierigkeit angesprochen: Hängt es wesentlich von den spezi-

tionsflüsse strömen. Dieser Knoten pulsiert und hat sich von seiner apotheotischen Vergangenheit nicht gänzlich verabschiedet." (Meyer-Drawe 2008a: 37f) Hier zeigt sich zweierlei: Erstens die Schwierigkeiten generativer Theorie, die sich auf dem schmalen Grat bewegen muss, gewohnten Denk- und Sprachfiguren nicht zu sehr verhaftet zu bleiben, an diese jedoch anschlussfähig und einigermaßen allgemein verständlich zu sein; zweitens die historische und gesellschaftliche Bedingtheit jeder Theorie, die selbstverständlich auch hier gilt und die selbstkritisch eingestanden werden muss.

fischen Beziehungskonstellationen, deren spezifischer Qualität und den von ihnen ausgelösten Dynamiken ab, ob und wenn ja welche Lernprozesse sich ereignen, so ist es nicht nur schwierig, zu verallgemeinerbaren Aussagen zu kommen, vielmehr bleibt auch im Einzelfall die Schwierigkeit, dass ein Großteil der bedeutsamen Beziehungen, in die ein relationales Selbst verflochten ist, unsichtbar sind. Jedoch ist es zumindest möglich, verschiedene Beziehungen und Bezogenheiten und deren Auswirkungen voneinander zu unterscheiden (s.u.).

Was sich jedoch auch in der intersubjektiven Genese zeigte und darüber hinaus grundsätzlich zum Primat der Anderenbeziehung führt, ist die *Dimension der Bezogenheit.* So zeigte sich die Eingebundenheit/Verflochtenheit von Anfang an nicht als ein rein passives Faktum des Ausgeliefertseins, sondern als ein reziprokes Beziehungsgeschehen, da bereits der Säugling von Anfang an auf Andere bezogen ist. Auch diese Bezogenheit auf Andere – die sich von der Nachahmung spezifischer Verhaltensweisen anderer bis hin zur Orientierung an Anderen noch in der Beziehung zu sich selbst erstreckt – ist nicht ein spezifisches Entwicklungsmoment, sondern hält ein Leben lang an. Diese Bezogenheit auf Andere zeigte sich in vielfältigen Formen:

- In der intersubjektiven Verfasstheit der Psyche, wie sie die relationale Psychoanalyse aufgezeigt hat: So existieren nicht nur kein Denken und kein Gefühl unabhängig von sozialen Prozessen und Bezugnahmen, sondern bis in unbewusste ‚Tiefen' hinein sind wir auf Andere bezogen und ausgerichtet.
- Die Bezogenheit zeigt sich zudem in der enormen Bedeutung der Mimesis, der Nach- und Mitahmung. Menschen übernehmen die Haltung, Verhaltungen, Erwartungen und das Begehren Anderer, einzelner wie ganzer Gruppen – nicht jedoch als bloße Kopie, sondern meist leicht modifiziert, inkorporiert in das ‚Eigene' (s.u.).
- Wie anerkennungstheoretisch gezeigt wurde, zeigt sich die grundlegende Bezogenheit des Menschen besonders stark in seinem Bedürfnis bzw. Begehren nach Beachtung, Wertschätzung und Beziehung selbst.
- Dabei ist es nicht nur ein ego, das sich auf ein alter ego bezieht, hinzu tritt immer die Figur des Dritten, die nicht nur dazu führt, dass es keine ungestörten dyadischen Beziehungen geben kann, sondern auch, dass noch eine gesonderte triadische Dynamik in Gang tritt. So ist beispielsweise das Begehren triadisch strukturiert[614]: Wir begehren insbesondere, was Andere (stellver-

614 Besonders Lacan betrachtet das triadische Begehren und sah das Subjekt als wesentlich von demselben durchdrungen und bestimmt. Seinen Begriff des Begehrens formuliert Lacan in Anlehnung an Hegels Begriff der ‚Begierde' und Freuds Begriff des ‚Es', die für die größtenteils unbewussten Triebe und Wünsche im Subjekts stehen, sowie in Ablehnung des gängigen Verständnisses von Instinkten und Bedürfnissen, die wesentlich

tretend: der Dritte) begehren, besonders begehren wir demnach die Beachtung und Wertschätzung jener, die besonders be- und geachtet sind. Anders gesagt:

---

als biologisch bestimmt und damit auch als eindeutig und als prinzipiell leicht zu befriedigen gelten. Lacans Begehren ist vielmehr eine nicht bloß „punktuelle[.], sondern kontinuierliche[.] Kraft libidinöser Orientierung" (Reckwitz 2008: 57), die sich „aus systematischen Gründen einer eigentlichen Befriedigung" (ebd.) entzieht, da sie aus einem ursprünglichen Mangel entspringt, der nicht überwunden werden kann. Dabei ist das Begehren nach Lacan stets ein ‚Begehren des Anderen'. Wie ist dies zu verstehen? Schon Freud verstand unter dem Prozess der Identifikation einen gleichzeitigen Vorgang von Objektbesetzung (das Subjekt will bestimmte ‚Objekte' haben) und Identifizierung (das Subjekt will bestimmte Personen sein); im klassischen freudschen Beispiel des Ödipuskomplexes gilt ersteres für die Mutter, zweiteres für den Vater. Das lacansche Begehren ist analog dazu nicht nur das Begehren nach dem Anderen (im Sinne der Objektbesetzung), sondern auch ein Begehren der Andere zu sein und damit auch eine Identifikation mit dessen Begehren. (Reckwitz 2008: 63f) Hinzu kommt: Das lacansche Begehren des Begehrens des Anderen bedeutet nicht nur, dass es „auf den anderen zielt, sondern als Begehren vom anderen wahrgenommen und erkannt werden soll" (Bedorf 2003: 352). Am Beispiel des Ödipuskomplexes erklärt: „Das Kind strebt danach, das Objekt des Begehrens der Mutter zu sein." (Bedorf 2003: 352) Zusammengefasst gilt daher für Lacans Konzeption des Begehrens: „Begehren nach dem anderen, Begehren, von dem anderen begehrt zu werden, und, ganz besonders, Begehren, was der andere begehrt." (Zizek 2008: 52) Inwiefern ein solches Begehren – als Begehren des Anderen – triadisch ist, wird deutlicher mit Blick auf die Analysen des Literaturwissenschaftlers und Kulturanthropologen Réne Girards. Er betont besonders den menschlichen Hang, „das zu begehren, was die Anderen begehren, mit anderen Worten: ihr Begehren nachzuahmen" (Girard 1999: 22). Dieses mimetische Begehren, wie Girard es nennt, schafft unvermeidlich Rivalitäten, die nicht nur dazu führen, dass Menschen das Gleiche begehren, sondern dieses gleiche Begehren eines Objektes X durch zwei Subjekte steigert das Begehren nochmals, so dass sich die Rivalitäten gegenseitig verstärken und sich eine Begehrensdynamik entwickelt, die unvermeidlich in den berühmten Kampf aller gegen alle münden würde, wenn nicht durch den von Girard beschriebenen Sündenbockmechanismus, d.h. durch die – nicht selten gewalttätige – Identifikation eines und Opferung des Sündenbocks, zumindest zeitweise diesem Mechanismus Einhalt geboten wird, indem sich die rivalisierenden Subjekte in ihrem Hass auf den Sündenbock zusammenschließen und das Alle-gegen-Alle in ein Alle-gegen-Einen überführt wird. (Girard 2005) Jedoch ist der moderne Mensch blind gegenüber seinem Begehren, da im 19. Jahrhundert „an die Stelle der Nachahmung die zum Dogma erhobene Spontaneität" (Girard 1999: 24) getreten sei und damit die „Illusion von Autonomie, der der moderne Mensch sich so leidenschaftlich verschrieben hat" (Girard 1999: 25).

> Da wir nicht nur begehren, begehrt zu werden, sondern auch begehren, was Andere begehren, begehren wir besonders von denen begehrt zu werden, die auch von Anderen begehrt werden.

Diese grundsätzliche Bezogenheit auf Andere zeigt sich lerntheoretisch nicht nur – wie angesprochen – darin, dass Lernen vor allem mimetisches Lernen ist, indem wir mittels Nachahmung, Mitahmung, Imitation, Antizipation, Identifikation und Partizipation (Teilhabe an gemeinsamer Praxis bzw. kollektiven Praktiken) von und durch andere lernen, darüber hinaus ist Lernen aus relationaler Sicht vom Begehren durchzogen bzw. innerhalb einer relationalen Begehrensmatrix situiert, so dass wir nicht nur *von*, *durch* und *mit*, sondern auch *für* Andere lernen. Dass wir begehren, von Anderen geliebt, begehrt und wertgeschätzt oder zumindest beachtet zu werden, dass wir begehren, für Andere von Bedeutung zu sein, ja wir gar die Beziehung zu Anderen selbst begehren, evoziert, verhindert und strukturiert Lernprozesse. Die somit angesprochene relationale Begehrensmatrix ist neben der inkorporierten Erfahrungsgeschichte sowie der Situierung in einem spezifischen Kontext die dritte entscheidende Wirkgröße im die relationale Subjektivität umgebenden und durchziehenden Kraftfeld.

Von lerntheoretisch besonderer Bedeutung sind dabei signifikante, also bedeutsame Andere: *Ob* und vor allem *was* gelernt oder auch nicht gelernt wird, hängt entscheidend davon ab, was für bedeutsame Andere bedeutsam ist.[615] Auch hier hängt es wieder entscheidend von den spezifischen Beziehungskonstellationen ab, in welcher Weise das affektive Kraftfeld des Begehrens Lernprozesse strukturiert, verhindert oder überhaupt in Gang setzt. All diese Prozesse laufen im Normalfall genauso wenig bewusst ab, wie bedeutsame Andere reale Personen sein müssen, zu denen eine aktuelle, ‚persönliche' Beziehung besteht. Von entscheidender Bedeutung ist vielmehr unser gewissermaßen von Anderen und damit deren Begehren bevölkertes Unterbewusstsein. So können Beziehungen der Vergangenheit für das Lernen der Gegenwart ebenso entscheidend sein wie aktuelle Beziehungen. Zudem bleibt, wie Loewald aufgezeigt hat, der relationale, entdifferenzierte Ursprungszusammenhang der frühkindlichen Bindungen lebens-

615 Dass Lernen – zumindest für Kinder – wesentlich ein Lernen für Andere ist, darauf verweist, ohne dies so zu benennen, Scholz (2008: 94f), indem er konstatiert: „Es gibt für Kinder eigentlich nur wenige Gründe, etwas lernen zu wollen: Um sich als einen Menschen zu erfahren, der etwas kann, was er zuvor nicht konnte, also veränderungsfähig ist. Um sich selbst und anderen etwas zu beweisen. Um jemandem eine Freude zu machen. Um jemanden ärgern zu können. Um angeben zu können oder ‚cool' zu sein." Hinzugefügt werden müsste aus der hier vertretenen Perspektive, dass dies nicht nur für Kinder gilt.

lang als unter- bzw. hintergründiger Erfahrungsmodus erhalten, der Bedeutung spendet, Begehren stiftet und Lernen somit strukturiert. Weil wir grundsätzlich auf Andere bezogen sind und deren Blick begehren, ist es ihr stiftender Blick bzw. sind es ihre stiftenden Bezugnahmen – verstanden als Anerkennung –, die Lernen als ein Anderswerden ermöglichen, damit aber auch schon immer – z.B. durch fixe Erwartungen – verhindern können. Da wir in unseren Transformationen von der Anerkennung Anderer abhängig sind, da wir nicht alleine beschließen können, ein Anderer zu sein, ist es gewissermaßen erst der durch die Bezugnahme Anderer geschaffene Raum, in den hinein wir uns verändern können bzw. in den hinein wir verändert werden.

Häufig ist es aber auch der schlichte Wunsch nach Partizipation in Gemeinschaften oder auch die Notwendigkeit der Partizipation in sozialen Feldern, die Lernprozesse entscheidend strukturieren, indem wir nicht nur die dort die üblichen Praktiken, sondern auch Denk-, Sprach- und Wahrnehmungsmuster lernen, wir uns der Gemeinschaft oder den spezifischen Erwartungen des Feldes anpassen und uns gleichzeitig von anderen zu unterscheiden trachten. Kurz gesagt: Dass Lernen relational strukturiert ist und wir auch im Lernen stets auf Andere bezogen sind, bedeutet nicht, dass andere an unserer statt lernen können, selbstverständlich ist Lernen ein unvertretbarer Vorgang: Man lernt stets selbst, jedoch verdankt man, *dass* man lernt, *wie* man lernt und *was* man lernt wesentlich Anderen.

Relationalität bedeutet – neben einem allgemeinen Denken-in-Relationen, einem Verständnis von relationaler Subjektivität sowie dem Primat der Anderenbeziehung in intersubjektiver Genese wie grundlegender Verfasstheit, das die beiden Momente der Eingebundenheit bzw. Verflochtenheit und Bezogenheit enthält – zudem, den Analysefokus auf *das relationale Zwischen* auszurichten. Relationalität als Theorieentwicklungsrichtung bedeutet stets eine Verschiebung der Perspektive: nicht mehr das Individuum oder eine übergeordnete Entität bzw. ein Kollektiv (Gesellschaft, Gemeinschaft, etc.), sondern (zwischenmenschliche) Beziehungen zur zentrale Bezugsgröße der Theorie zu machen, den Analysefokus vom Intra- zum Intersubjektiven, vom Innen (oder Außen) zum Zwischen zu verschieben. Wie sich zeigte, ist dieses Zwischen der eigentliche Ort und Agens des Lernens. Lernprozesse entstehen und vollziehen sich somit in einem dynamischen Zwischen.

Damit sind bereits viele zentrale Aspekte eines relationalen Verständnisses des Lernens entfaltet; um dieses jedoch weiter zu präzisieren, sollen nun in einem zweiten Schritt in das entwickelte relationale Lernverständnis zwei Unterscheidungen eingeführt werden.

II.4.2 AUSDIFFERENZIERUNGEN EINER RELATIONALEN LERNKONZEPTION

Um den sich in Komplexität wie in Heterogenität ausdrückenden ‚Phänomenreichtum' des Lernens nicht zu unterlaufen bzw. durch den gewählten theoretischen Zugang nicht fälschlich zu beschneiden, noch undifferenziert die unterschiedlichsten Phänomene des Lernens in eins zu setzen, sollen hier zwei Unterscheidungen zur Ausdifferenzierung eines relationalen Verständnis des Lernens eingeführt werden: die zwischen explizitem und implizitem, sowie zwischen formativem und transformativem Lernen.

Unter *explizitem Lernen* sollen – eng anknüpfend an das Alltagsverständnis des Lernens – *spezifische Praktiken* verstanden werden, die dezidiert darauf zielen, *etwas* (Spezifisches) zu lernen, d.h. sich ein spezifisches Wissen (Wissen-was) oder spezifische Fähigkeiten (Wissen-wie) anzueignen oder aber spezifische Probleme zu lösen. Beispiele für solche Praktiken expliziten Lernens wären Übung, Training, Auswendig-Lernen, das ‚Lernen' gewisser ‚Inhalte' für eine Prüfung, Informationen sammeln und recherchieren, Lernen im Sinne von Problembewältigung (von einfachen Problem-Lösungs-Versuchen im Alltag bis hin zu Therapieteilnahmen), Teilnahme an Aus- und Weiterbildung usw. Es ist dabei nicht unbedingt notwendig, jedoch häufig vorkommend, dass diese Praktiken von den Einzelnen ‚bewusst', d.h. mit dem dezidierten Ziel, etwas zu lernen, ausgeübt werden. Denn auch Praktiken, die in einer Gesellschaft oder einem Kollektiv üblicherweise einen ‚Lernzweck' zugesprochen bekommen und die aus Zwang, purer Gewohnheit oder eher zufällig ausgeübt werden, werden hier als explizites Lernen bezeichnet. Offen bleibt damit auch, ob tatsächlich – wo vorhanden – beim expliziten Lernen der gewünschte bzw. angestrebte ‚Lernerfolg' erreicht wurde. Die Praktiken expliziten Lernens sind zahlreich und spielen in einer Gesellschaft, die permanentes Weiterlernen und lebenslanges Lernen so stark forciert eine zentrale Rolle. Sie bilden jedoch lediglich ein Randphänomen dessen, was hier insgesamt als Lernen bezeichnet werden soll.

Grundlegender bzw. phänomenal bedeutsamer, wenn auch traditionell weniger beachtet und erforscht, ist das *implizite Lernen*, mit dem nicht spezielle Praktiken bezeichnet werden sollen, sondern das ein beiläufiges, zumeist nicht-bewusstes wie nicht intendiertes *Moment an allen Praktiken* ist. Anders gesagt entsteht als ‚*Nebenprodukt*' aller Praktiken – vor allem über deren wiederholtes Ausüben – ein implizites, praktisches ‚Wissen', das entweder als ‚implicit-knowing-how' oder als ‚implicit-knowing-that' betrachtet werden kann.[616]

616 Implizites Lernen ähnelt dem Begriff des informellen Lernens, ist mit diesem aber nicht gleichzusetzen. Entstammt letzteres doch aus der im betriebspädagogischen Dis-

Deutlich wird damit, dass Lernen nicht entweder explizites oder implizites Lernen ist, da auch jede Praktik eines expliziten Lernens von implizitem Lernen begleitet wird. Die lebensweltlich häufig nur zu bekannte Asymmetrie von Lernintention bzw. -ziel und Lernergebnis bzw. -erfolg, verdankt sich daher nicht nur der grundsätzlichen Unverfügbarkeit und Entzogenheit des Lernens, sondern auch dem asymmetrischen Zugleich von implizitem und explizitem Lernen. Mit dem impliziten Lernen, das auch als Erwerb von ‚Gewohnheiten' bzw. Mustern des Denkens, Wahrnehmens, Fühlens und Handelns bzw. eines praktischen, inkorporierten Wissens verstanden werden soll, geht – wie in II.2 gezeigt – sowohl die Entstehung und Veränderung des ‚Selbst' wie der ‚Welt' einher. Damit ist auf die zweite hier zu erzielende Differenz verwiesen: die Unterscheidung von formativem und transformativem Lernen.

Unter *formativem Lernen* soll hier der formierende Prozess der Inkorporierung des ‚implicit knowing-how' wie des ‚implicit knowing-that' bzw. der Erwerb des Erfahrungshorizonts, der Ergebnis der Erfahrungs-, Lern- und Beziehungsgeschichte ist, verstanden werden. Formatives Lernen ist beispielsweise der Aufbau wie die Bestätigung basaler Handlungs-, Denk- und Wahrnehmungsschemata und kann somit auch im bourdieuschen Sinne als Habituserwerb und -verfestigung beschrieben werden.

Trotz der Beharrlichkeit des Habitus kann es auch zu Veränderungen desselben kommen, die als Habitustransformationen bezeichnet werden können, so beispielsweise bei den Überformungen des Primärhabitus durch einen Sekundärhabitus (siehe II.2.5). Es sind solche Habitustransformationen, die hier als *transformatives Lernen* bezeichnet werden sollen. Transformatives Lernen verweist somit auf strukturelle Transformationen des ‚implicit knowing-how' wie des ‚implicit knowing-that', also beispielsweise die Veränderung der Handlungs-, Denk-,

---

kurs entstandenen Differenzierung in formelles, non-formelles und informelles Lernen, die nach anderer Logik, nämlich hinsichtlich des Grades an Strukturierung des Lernens in Bezug auf Lernziele, -zeit, -förderung und -zertifizierung getroffen wird (siehe hierzu Overwien 2006, 2007). Am höchsten strukturiert ist das in einer Bildungsinstitution stattfindende formale Lernen, am wenigsten strukturiert das alltägliche und beiläufige informelle Lernen. Zwischen diesen beiden wird das non-formale Lernen eingeordnet, das gezielt stattfindet, jedoch nicht in einer Bildungsinstitution und auch nicht zu einer Zertifizierung führt. Meyer-Drawe (2008a: 188) sieht in dem Erfolg dieser mittlerweile gängigen Differenzierung ein Zeichen für die Formalisierung des Lernens. Eine Tendenz zur Formalisierung des Lernens kann man hier jedoch noch in einem anderen Sinne feststellen, nämlich in der zunehmenden Bemühung um eine Zertifizierung des non-formalen und informellen Lernens, um es als Humankapital sichtbar und leichter umwandelbar zu machen.

Wahrnehmungs-, Urteils- und Bewertungsschemata und -muster. Was von Meyer-Drawe als Lernen erster und zweiter Ordnung voneinander unterschieden wurde (II.2.7), lässt sich somit in die hier erfolgte Unterscheidung von transformativem Lernen (Lernen erster Ordnung) und formativem Lernen (Lernen zweiter Ordnung) einordnen.

Gleichzeitig kann auf dem Hintergrund der phänomenologischen Perspektive des Lernens als Erfahrung deutlich werden, dass auch formatives und transformatives Lernen sich nicht in ein ‚Entweder-Oder' fein säuberlich voneinander unterscheiden lassen. Vielmehr geht mit jedem formativen Lernen notwendigerweise auch ein transformatives Moment einher: Auch formatives Lernen, das innerhalb eines bestehenden Erfahrungshorizontes stattfindet bzw. bestehende Schemata nur bestätigt oder weiter ausdifferenziert, ist ein Umlernen, da auch hier der bisherige Erfahrungshorizont modifiziert wird und sei es auch nur insofern dieser verstärkt, d.h. weiter fixiert wird, was ein Umlernen erster Ordnung tendenziell schwieriger bzw. unwahrscheinlicher macht. Doch auch umgekehrt gilt, dass jedes transformative Lernen ein formatives Moment enthält, da jede nachhaltige, strukturelle Transformation der Erfahrungsstruktur bzw. des Habitus in eine neue Formierung mündet. Die Unterscheidung von formativem und transformativem Lernen stellt somit eher die Betonung unterschiedlicher Aspekte an Prozessen des Lernens dar, die jedoch jeweils unterschiedlich stark gewichtet sind.[617]Beide Differenzierungen machen es demnach nicht möglich, unterschiedliche Formen des Lernens streng voneinander zu unterscheiden, sollen jedoch helfen über die sehr hetero-

617 Was hier unter transformativem Lernen verstanden wird, ist zu unterscheiden vom erwachsenenpädagogischen Konzept des transformativen Lernens, das Jack Mezirow Ende der 1970er Jahre in den USA entwickelt hat und das mittlerweile zur einer breiten Bewegung innerhalb der nordamerikanischen Erwachsenenpädagogik geführt hat. Mezirow versteht unter transformativen Lernprozessen zwar auch ein Lernen, das weitreichende Veränderungen zur Folge hat und die Identität der Lernenden ändert, genauer: deren Referenzrahmen des Denkens, Fühlens und Handelns. Jedoch versteht er dieses aus einer dezidiert normativen Perspektive heraus: „Transformative learning is defined as the process by which we transform *problematic* frames of reference (mindsets, habits of mind, meaning perspectives) – sets of assumption and expectation – to make them more inclusive, discriminating, open, reflective and emotionally able to change. Such frames are *better* because they are more likely to generate beliefs and opinions that will prove more true or justified to guide action." (Mezirow 2009: 92; kursiv d. Verf.) Zudem beschränkt Mezirow (2009: 103) transformatives Lernen auf erwachsene Lernende. Der Terminus ‚transformativ learning' wird mittlerweile häufig als Sammelbegriff für didaktische Konzepte und Methoden benutzt, die auf eine Veränderung der bestehenden Verhältnisse zielen (siehe Fisher-Yoshida u.a. 2009).

genen Phänomene, Formen und Aspekte dessen, was hier unter Lernen verstanden werden soll, besser kommunizieren zu können.

Bezieht man nun noch einmal beide Differenzierungen aufeinander, so ergeben sich m.E. vor allem drei unterschiedliche ‚Lernformen', die im Folgenden noch einmal ausführlicher betrachtet werden sollen: Erstens das *explizite Lernen*, das – was zu bedenken ist – stets von implizitem Lernen begleitet wird, zumeist eher formativ, aber auch transformativ sein kann, zweitens das *implizit-formative Lernen*, das wohl den Großteil des Phänomens Lernen ausmacht und drittens alle Formen eines *transformativen Lernens*, das sich nicht in die Logik von explizit und implizit einordnen lässt.

Praktiken des Lernens

Die spezifischen Praktiken des expliziten Lernens sowie das von diesen angezielte anzueignende *‚etwas'* (im Sinne eines Könnens oder Wissens) sind relational zu denken. Praktiken können auf dem Hintergrund der hier skizzierten relationalen Subjektivität als spezifische Muster des, als leibliche Vollzüge zu denkenden, Ineinanders von Selbst-, Welt- und Anderenbezügen verstanden werden.[618]

Zunächst ist zu bedenken, dass auch diese Praktiken selbst erlernt wurden, im seltenen Fall durch explizite Aneignung, Einübung und Nachahmung, häufiger implizit in Form eines mimetischen Lernens durch Mitahmung. Denn die spezifischen Praktiken des expliziten Lernens sind fast immer kollektive, kulturelle Praktiken, die nicht von den einzelnen (neu) erfunden werden müssen, auch wenn sie in der mimetischen Aneignung stets eine idiosynkratische Gestaltung, im Sinne kleiner Abweichungen durch einen persönlichen Stil, bekommen. Die spezifischen Praktiken des expliziten Lernens werden somit von bzw. durch andere gelernt. Dabei findet ein guter Teil des (mimetischen) Erlernens wie des Praktizierens der Lernpraktiken in spezifischen (Bildungs-)Institutionen statt, die sowohl spezifische Praktiken als auch das spezifisch anzueignende Etwas zu einem guten Teil vorschreiben bzw. bereitstellen. So kann beispielsweise die Schule als eine Institution beschrieben werden, in der mittels verschiedener Praktiken (des Übens, Problemlösens, Zuhörens, Diskutierens etc.) spezifisches Wissen (‚knowing-that') und spezifische Fähigkeiten (‚knowing-how') vermittelt werden sollen.

Nicht nur die Praktiken des expliziten Lernens selbst, sondern auch die von ihnen als zu lernen angezielten Wissenselemente oder Fähigkeiten sind sozial und

---

618 Muster, weil sich verschiedene Formen beispielsweise des Übens zwar ähneln, also ein *ähnliches* Muster des Sich-zu-sich-selbst-und-zu-anderen-und-anderem-Verhaltens aufweisen, jedoch darin nicht identisch sind.

kulturell, so dass auch explizites Lernen immer auf dem Feld der Anderen bzw. im Medium der Sozialität stattfindet. Jedoch hängt es wesentlich von der inkorporierten Beziehungsgeschichte sowie der aktuellen sozialen und leiblichen Situiertheit ab, *welches* spezifische Wissen bzw. welche Fähigkeiten von Einzelnen als bedeutsam und als aneignungswert angesehen werden. So hat insbesondere die an Bourdieu angelehnte Ungleichheitsforschung gezeigt, dass es wesentlich von der sozialen Herkunft und dem somit ausgebildeten Primärhabitus abhängt, welche Haltungen, Einstellungen und Motivationen Schülerinnen und Schüler in Bezug auf das in der Institution Schule angezielte Wissen und Können im Sinne legitimer Bildung haben und welches Wissen und welches Können sie begehren.[619] Ob spezifisches Wissen somit als bedeutsam angesehen, zu lernen begehrt, als unwichtig oder uninteressant betrachtet oder aber gar verachtet wird, hängt wesentlich vom bisherigen Erfahrungshorizont und damit der Beziehungsgeschichte des Lernsubjekts zusammen sowie mit dessen aktuellem Beziehungsnetz. Dass dabei in auf explizites Lernen ausgerichtete Institutionen realiter nicht nur – von schlecht bis recht – das explizit angezielte Etwas erlernt wird, sondern implizit auch immer ein ganz anderes Wissen und ganz andere Fähigkeiten ist weithin bekannt, wenn auch selten explizit lerntheoretisch erforscht und bedacht.

Auch das explizite Lernen in der Institution Schule ist ein Lernen, das sich im Zwischen abspielt. Verwiesen ist damit nicht nur auf das Zwischen von Lehrern und Schülern im Sinne der konkreten Interaktionsgefüge innerhalb einer Schulklasse[620], eine relationale Sichtweise müsste zudem das weitere – und weithin leider unsichtbare – Beziehungsnetz betonen, das in die Lernprozesse der Schule sozusagen ‚hineinspielt': Dies können Übertragungsprozesse von der Beziehung

619 Für Forschungen zur Frage nach einem Lern- oder Bildungshabitus sowie nach Passungsverhältnissen von Herkunftshabitus und Schulkultur siehe beispielsweise Bremer 2004, 2007, 2009; Jünger 2008; Kramer u.a. 2009.

620 Dies ist in der Lehr-Lern-Forschung als Unterrichtsinteraktion zwar bereits gut erforscht (Naujok u.a. 2008), könnte vor dem Hintergrund des hier erarbeiteten relationalen Verständnisses des Lernens jedoch besonders im Hinblick auf triadische Begehrensdynamiken hin verändert in den Blick geraten. Dass beispielsweise Dritte Lernen sowohl antreiben als auch stören und verhindern können, zeigt sich am relativ bekannten Phänomen, das Frigga Haug (2002) in ihrer Analyse von Lerntagebüchern als ‚Lernparadox' betitelt: Verwiesen ist damit auf die Zwickmühle von Klassenlob und Lehrerlob, d.h. einerseits der Lehrperson durch erfolgreiches Lernen gefallen zu wollen bzw. unter Notendruck zu müssen, andererseits aber bei allzu deutlichem Streben von den Klassenkameraden als ‚Streber' abgetan zu werden und somit Prestige zu verlieren. Auf die gleiche Problematik verweisen auch Flutter und Rudduck (2004: 102).

zu anderen Autoritäten auf die Lehrperson sein, aber auch bedeutsame Andere (nicht nur, aber häufig: die Eltern), für die man lernt oder für die man sich dem von der Schule geforderten, expliziten Lernen verweigert. Entscheidend aus relationaler Sicht ist zudem die Rolle der Lehrperson bzw. inwieweit diese von den Schülerinnen und Schülern als jemand betrachtet wird, von dem man etwas lernen kann oder gar als jemand, *für* den gelernt wird.

Auch, was außerhalb von Bildungsinstitutionen explizit gelernt wird, welches Können und welches Wissen, hängt wiederum entscheidend von bedeutsamen Anderen sowie spezifischen Gemeinschaften (‚communities of practice') ab, von denen und für die man lernt. Natürlich gehorcht all dies nicht fein säuberlich einer ‚relationalen Rationalität', sondern hängt im Einzelfall auch ganz wesentlich von sogenannten biographischen Zufällen und einzelnen Widerfahrnissen ab, sowie stets auch davon, wie einzelne sich zu ihren Bedingungen noch einmal verhalten.

Implizit-formatives Lernen

Implizit-formatives Lernen ist das Lernen, so wurde bereits angedeutet, das am häufigsten vorkommt und gleichzeitig ‚unscheinbar' und nur schwierig ‚zu fassen' ist. Daher ist es auch nicht verwunderlich, dass es lange Zeit dezidiert lerntheoretisch nicht oder nur wenig Beachtung fand, höchstens lernpsychologisch in behavioristischer Logik untersucht und entsprechend sozialisationstheoretisch aufgenommen wurde. Erst in jüngerer Zeit wurde es, wie vor allem im vorletzten Kapitel (II.2) gezeigt, explizit lerntheoretisch und teils unter veränderten Vorzeichen wieder verstärkt erforscht. Die grundsätzliche Bedeutung implizit-formativen Lernens zeigte sich auch in der Beschäftigung mit dem neurowissenschaftlichen Lernparadigma – stichwortartig sei hier nur an Neuroplastizität und erfahrungsabhängige Gehirnentwicklung erinnert (I.4). Auch die verschiedenen Theorien und Forschungen zur intersubjektiven Genese (II.3.2) verwiesen auf den formativen Aspekt des Lernens, der wesentlich implizit, d.h. vor- und nicht-bewusst abläuft. Nicht vergessen werden darf dabei, dass das implizit-formative Lernen auch bei explizitem Lernen quasi nebenher verläuft.

Implizites und formatives Lernen wird hier als implizit-formatives Lernen deshalb zusammengefasst, da implizites Lernen zumeist tendenziell formativ ist und eine Erfahrungsstruktur oder ein Habitus zumeist erst formiert oder wesentlich in seiner bestehenden Form verstärkt wird. Auch dies gelingt natürlich nicht ohne Transformationen, diese sind zumeist jedoch minimal und führen erst langfristig zu deutlichen Veränderungen, die – ähnlich wie körperliches Wachstum – meist nur über längere Zeit sichtbar werden und vor allem denen auffallen, die die ständigen minimalen Veränderungen eine Zeit lang nicht mitbekommen. Das implizit-formative Lernen legt somit den Akzent auf das Ergebnis der vielen impliziten Lernprozesse, die hier als intersubjektive Genese des Selbst, Habituserwerb, Bildung einer Erfahrungsstruktur und Inkorporierung von praktischem Wissen beschrieben wurden. Dabei wurde gezeigt, dass für ein solches implizit-formatives Lernen der Kontext bzw. die Existenzbedingungen eine entscheidende Rolle spielen. Wie Bateson nachvollziehbar machte, wird gewissermaßen der Kontext gelernt bzw. wie Bourdieu zeigte, sind es die Existenzbedingungen, die wesentlichen Einfluss auf die Formierung des Habitus haben.

Aus relationaler Sichtweise muss darüber hinaus betont werden, dass auch für das implizit-formative Lernen das Primat des Anderenbezugs gilt. Dies zeigte sich besonders deutlich in der intersubjektiven Genese. Sowohl die Beziehung zu uns selbst als auch die Beziehung zur Welt, so zeigte sich, *erlernen* wir erst durch die Beziehung zu Anderen bzw. auf Basis unserer Beziehung zu Anderen. In diesem Sinne ist die Beziehung zu Anderen, der Beziehung zu uns selbst und zur Welt primär. Die Entstehungsgeschichte des Selbst ist somit wesentlich eine Beziehungsgeschichte. So ist nicht nur das Ich sozial konstituiert, sondern auch die Welt, die ich mit anderen teile und die ich von ihnen erlernt habe. Anders gesagt sind auch die Existenzbedingungen und die Kontexte nicht rein sachlich-dinglich-neutral, sondern eingetaucht in das Medium des Sozialen und damit in die Matrix des Begehrens. Implizit-formatives Lernen kann daher auch als Subjektivationprozess beschrieben werden. Verwiesen ist damit auf die gleichzeitige Hervorbringung und Unterwerfung (z.B. unter kulturelle Normen) des Selbst im Lernprozess der Ent- bzw. Verwicklung. Wie schon gezeigt wurde, erlernen wir uns in unserer Kultur beispielsweise als Lernende. Dies ist eine spezifische Form der menschlichen Selbstbeschreibungen, die – so selbstverständlich sie für uns auch ist – keinesfalls für alle Zeiten und Kulturen galt und subjektivationstheoretisch als gesellschaftliche Norm – sich als lernende Wesen verstehen zu müssen – betrachtet werden kann, der wir uns unterwerfen müssen, um überhaupt ein anerkannter Jemand zu werden, kurz: hervorgebracht zu werden.

Das Primat der Anderenbeziehung zeigte sich aber auch in den Dimensionen von Verwobenheit und Bezogenheit der relationalen Subjektivität. Die Verwobenheit mit Anderen und Eingebundenheit in Beziehungsnetze, die dazu führen, dass ein Selbst stets ein Selbst-mit-Anderen ist, zeigte sich in der intersubjektiven Genese darin, dass sich das Selbst nicht nur im Sinne des Erwerbs basaler Eigenschaften und Fähigkeiten erlernt, sondern auch dessen spezifischen individuellen Charakter erwirbt. So sind es sich wiederholende Muster in den Selbst-, Welt- und Anderenbezügen, die zur Sedimentierung von (kulturellen) Bedeutungen und damit über Gewöhnung zu einer gewohnten Welt führen, sowie zur Habitualisierung und Inkorporierung von Denk-, Wahrnehmungs- und Handlungsmustern. Den stärksten Einfluss übt dabei das aus, was zwischen sich und Anderen geschieht.

Da das Selbst aber auch über die Genese hinaus stets ein Selbst-mit-Anderen ist, hält auch das implizit-formative Lernen durch die zahlreichen Interaktionen und Beziehungen des Selbst ein Leben lang an.

Die Dimension der Bezogenheit zeigt sich beim impliziten und formativen Lernen darin, dass es zumeist als ein Lernen *von*, *durch* und *mit* Anderen abläuft bzw. dass dies wesentlich ein *mimetisches Lernen* ist, das auf Prozesse der Nachahmung, der Mitahmung, der Imitation, der Identifikation und Partizipation (Teilhabe an gemeinsamer Praxis bzw. kollektiven Praktiken) verweist. Dies zeigten sowohl einige lerntheoretische Anschlüsse als auch verschiedene relationale Ansätze. So verwies Tomasello (II.3.2) auf die zentrale Bedeutung der Nachahmung für den Prozess der intersubjektiven Genese und den Erwerb des kulturellen Wissens. Auch wies er darauf hin, dass dabei nicht nur *von*, sondern vor allem *durch* andere, also auf eine unmittelbarere Weise gelernt werde. Mit Waldenfels (II.2.4) und Bourdieu (II.2.5) konnte gezeigt werden, dass die Prozesse des impliziten Lernens weniger eine Nachahmung im Sinne einer bewussten Nachahmung von Vorbildern sind, sondern vielmehr eine Mitahmung, die über den Mitvollzug von Praktiken verläuft und zugleich einen Prozess der Inkorporierung darstellt, bei dem etwas von Körper zu Körper ‚übertragen' wird, ohne (notwendigerweise) den Weg über das Bewusstsein zu nehmen.

Vor allem Michael Gebauer und Christoph Wulf haben in den letzten Jahren ein Konzept der Mimesis und des *mimetischen Lernens* entwickelt. Sie zeigen, dass mimetische Prozesse „für das Leben und die Entwicklung von Menschen und der menschlichen Gattung insgesamt eine wesentliche Rolle" (Gebauer/Wulf 2003: 28) spielen. Dabei steht der Begriff der Mimesis für die – zumeist nicht bewusste – Bezugnahme auf anderes, „dem es sich anzugleichen gilt" (Wulf 2007: 95) und umfasst Akte „des Sich-Anschmiegens, Noch-einmal-Machens und Einverleibens des Vorgefundenen, des Nachahmens von Erscheinungen" (Gebauer/ Wulf 2003: 28). Mimetische Bezugnahmen richten sich jedoch „vor allem auf andere Menschen" (Wulf 2007: 91); dabei verlaufen sie zumeist nicht bewusst, intentional und rational ab, sondern als präreflexive, körperliche Prozesse, bei denen „Bewegungen Bezug auf andere Bewegungen nehmen" (Wulf 2007: 96) bzw. dort, wo „Akteure soziale Praktiken produzieren, die denen anderer ähneln, mit denen sie in einem Lebenszusammenhang stehen" (Bongaerts 2008: 121). Doch selbst „für die Abgrenzung des Handelns von vorhandenen sozialen Praxen ist eine mimetische Bezugsnahme erforderlich" (Wulf 2007: 97). Zwar werden somit in „mimetischen Lernprozessen [...] vorgängige soziale Handlungen noch einmal gemacht" (Wulf 2007: 97), aufgrund „der unterschiedlichen Voraussetzungen" (Wulf 2007: 94) entsteht dabei jedoch „keine bloße Kopie des Vorbilds" (ebd.). Mimetische Lernprozesse sind „keine bloßen Reproduktionen, die exakt einem Vorbild folgen" (Wulf 2007: 96), sondern sie führen stets „zu einer Differenz, die die Eigenständigkeit und den kreativen Charakter" (Wulf 2007: 94) der Ergebnisse mimetischer Lernprozesse ausmacht. In Praktiken der Mimesis kommt es somit stets „zur Erzeugung von etwas Eigenem" (Wulf 2007: 96), sie bieten stets „Raum für Differenz, Partikularität und Kreativität" (Wulf 2007: 94). Mimesis ist somit immer „Nachahmung von etwas Gegebenem und dessen Formung" (Gebauer/Wulf 2003: 7), in ihr „überlagern sich Rezeptivität und Aktivität" (Wulf 2007: 96) und sie erzeugt somit „gleichzeitig Ähnlichkeit und Differenz zu anderen Situationen oder Menschen" (ebd.). Gelernt wird auf diese Weise „ein praktisches, eng mit dem Körper verbundenes Wissen" (Gebauer/Wulf 2003: 29), in dem sich die Handlungs- und Wissenskomponente verschränken und das motorische Fähigkeiten, Sprache, Gefühle, Vorstellungen, Einstellungen, Werte, ganze Lebensformen umfasst (Gebauer/Wulf 2003: 9; Wulf 2007: 91, 94).

Auch im Konzept der Mimesis zeigt sich – zumindest für die Genese – somit das Primat der Beziehung zu Anderen, denn: „Noch bevor sich Denken und Sprache herausbilden, erfahren wir die Welt, uns und den Anderen mimetisch." (Wulf 2007: 99) Zentraler Antrieb für die Mimesis und das mimetische Lernen ist dabei das Begehren, das sich besonders deutlich beim Prozess des Heranwachsens im „Begehren, den Älteren ähnlich zu werden" (Wulf 2007: 92), zeigt, darauf aber nicht beschränkt werden darf. Denn das mimetische Begehren ist nicht nur ein Begehren, dem Anderen gleich zu werden, sondern richtet sich stets auf das *Begehren des* Anderen, es begehrt, von Anderen begehrt zu werden und begehrt, was Andere begehren. „Begehren verhält sich zu anderem Begehren mimetisch; es wird angesteckt und steckt selbst an; dabei entfaltet es eine mit den Intentionen des Subjekts häufig in Widerspruch geratende Dynamik." (Wulf 2007: 99) Die Dynamiken des Begehrens entfachen sich dabei vor allem dadurch, dass das mimetische Begehren „keine einfache Bewegung von einem Subjekt zu einem Objekt" (Gebauer/Wulf 2003: 72) darstellt, sondern vielmehr „über einen Dritten [läuft], über das Begehren des Dritten, auf das es sich richtet, und zu dem es sich mimetisch verhält" (Gebauer/Wulf 2003: 72).[621] Auf dem Hintergrund relationa-

621 Im Zusammenhang mit dem neuerlichen Interesse an Nach- und Mitahmung kam es jüngst zu einer Wiederbelebung eines weithin vergessenen soziologischen Klassikers: Gabriel de Tarde (vgl. Tarde 2003), der ebenfalls auf den Zusammenhang von Mimesis, Lernen und Begehren verweist. Tarde setzt mit seiner Soziologie ähnlich wie später Bourdieu weder bei gesellschaftlichen Strukturen noch beim Individuum als rationalem, bewusstem Subjekt an, um das Phänomen der Gesellschaft zu erklären, sondern versucht, die „Ereignishaftigkeit des Sozialen" (Borch/Stäheli 2009: 10) zu betonen, indem er bei den „unzähligen Praktiken der Nachahmungen" (ebd.) ansetzt. Paradigmatisch für das Verhältnis von Individuum und Praktik der Nachahmung gilt Tarde „der Schlafwandler, der nachahmt, ohne etwas davon zu wissen" (ebd.) Nach-

ler Subjektivität und deren Dimension der Bezogenheit wird somit deutlich, warum Lernen zentral mimetisches Lernen ist.

Neben den mimetischen Bezugnahmen und der Mitahmung sind es zudem die – anerkennungstheoretisch gesprochen – stiftenden Bezugnahmen Anderer, die ‚subjektivierend' wirken, ‚Identität' stiften und uns (um)formen. Auch in diesen bilden sich Muster heraus und somit spezifische Muster von Selbst-, Welt- und Anderenverhältnissen. Da auch wir für andere Andere – d.h. radikal entzogen und fremd – sind, sind ihre Anerkennungsakte stets auch ‚Verkennungen', d.h. sie bestätigen niemals nur das, was wir ‚sind', sondern wirken immer auch existenzstiftend bzw. im Sinne eine implizit-formativen Lernens.

Dass das implizit-formative Lernen aber auch stets das Lernen des Kontextes ist, wurde bereits deutlich. Nimmt man die Dimensionen der Bezogenheit und Verwobenheit aber zusammen und bezieht diese auf den Aspekt des Kontextes, dann wird deutlich, dass implizit-formatives Lernen häufig über den Prozess der zunehmenden Partizipation an Lebensformen, ‚communities of practice' oder in sozialen Feldern zustande kommt. Modus des Lernens ist zumeist auch hier das mimetische Lernen bzw. die Mitahmung, jedoch wird es hier häufig durch das Motiv der Zugehörigkeit bestimmt. Zumeist sind es jedoch heterogene Elemente – explizite Anweisungen, ‚stille Pädagogik', spezifische Rituale, der Austausch mit anderen, die Teilnahme an den kollektiven Praktiken und die Orientierung an bedeutsamen Anderen – über die das implizit-formative Lernen und der Erwerb des feldspezifischen Habitus bzw. des von den Teilnehmern der Gemeinschaft geteilte praktische Wissen sowie der implizite Erwerb der Regeln, Logik und allgemeiner der Strukturen des Feldes bzw. der Lebensform verläuft. Erlernt werden somit ein kulturelles Wissen sowie die Sedimentierung der Erfahrungen vieler, die sich in sozialen Zusammenhängen gewissermaßen abgelagert haben.

geahmt werden könnten materielle und immaterielle Objekte, „Ideen, Willensformen, Praktiken und Routinen, Absichten" (Borch/Stäheli 2009: 11). Dabei bilden nach Tarde „Begehren und Überzeugungen" (ebd.) die wesentlichen „Kräfte, welche den Nachahmungsprozess vorantreiben oder bremsen, mit ihnen werden die Objekte der Nachahmung aufgeladen" (ebd.). Begehren und Überzeugungen können sich laut Tarde gegenseitig verstärken und so eine „Logik der Ansteckung" (ebd.) freisetzen. Auch Erfindungen sind aus dieser Sicht nicht etwas gänzlich Neues, sondern vielmehr Produkt einer erfolgreichen „Kreuzung bestehender Nachahmungsströme" (Borch/Stäheli 2009: 15) Dabei betont auch Tarde schon, dass die Nachahmung keine Kopie ist, sondern es „keine Wiederholung ohne ein Mindestmaß an Veränderung" (Borch/Stäheli 2009: 16) gibt.

Transformatives Lernen

Wie ist transformatives Lernen aus einer relationalen Sichtweise zu präzisieren? Zur Erinnerung: Als transformatives Lernen wurde jenes Lernen bezeichnet, das zu einer strukturellen Transformation des durch implizit-formatives Lernen erworbenen Habitus bzw. der inkorporierten Erfahrungsstruktur, somit zu einer strukturellen Veränderung des ‚implicit knowing-how' wie des ‚implicit knowing-that' und damit einer Veränderung der Handlungs-, Denk-, Wahrnehmungs-, Urteils- und Bewertungsschemata und -muster führt. Möglich ist dies durch kategoriale Neustrukturierungen der Schemata – wenn z.B. das Denkschema von Innen und Außen durch die Kategorie des Zwischen aufgebrochen wird – oder durch eine Umwertung der mit den Schemata verbundenen evaluativen Differenzen; im Beispiel: wenn die tendenziell positive Wertung des Innen gegen die tendenzielle Abwertung des Außen neutralisiert oder umgedreht würde. Aber auch eine Veränderung der script-förmigen Ablaufschemata, die man auch als Lernen neuer Praktiken interpretieren könnte, wie eine Transformation der grundlegenden Strategien als Wunschkomplexe, die sich als Änderungen der inkorporierten Werte und Normen beschreiben lassen, wären aus dieser Sicht als transformatives Lernen zu bezeichnen.

Wie in der Skizze relationaler Subjektivität beschrieben, steht Transformationen vor allem die Beharrungskraft der einverleibten Erfahrungs- und Beziehungsgeschichte – mit Bourdieu gesprochen: der Hysterisiseffekt – entgegen, was dazu führt, dass transformatives Lernen nur selten oder kaum absichtlich geschieht und tendenziell ein unwahrscheinliches, prinzipiell ein aber immer mögliches Geschehen ist. Als langfristiger und durchaus auch als gezielter Prozess ist transformatives Lernen vor allem durch einen strukturell veränderten bzw. einen neuen Kontext möglich. Dies ist auf der Ebene der Lebensstile bzw. der Lebensformen am schwierigsten zu erreichen und geschieht zumeist nur durch sozialen Auf- und Abstieg; auf der Ebene der sozialen Felder und ‚communities of practice' ist es hingegen üblicher. Das transformative Lernen, das relativ wahrscheinlich, aber auch nur wenig vorhersehbar, durch einen solchen Kontextwechsel möglich ist, läuft genauer betrachtet jedoch nach der Logik impliziten Lernens ab, das langfristig sozusagen formativ-transformativ wirkt. Auf diese Weise *gezieltes* transformatives Lernen kann teils auch durch Übung bzw. durch Training erreicht werden.[622]

622 Darauf verweist auch Malte Brinkmann, der die Übung als praktischen Vollzug äußerst luzide analysiert, indem er sie von ihrer üblichen Deutung als sekundäre und reproduktive Lernform loslöst und sie als „eine originäre Weise des Weltzugangs und damit des Lernens" (ebd.) fasst, „in der in variierender und wiederholender Art und Weise immer neu und auf andere Weise gelernt wird" (ebd.). Insgesamt besitze die Übung „einen

Damit ist die spezifische Logik bzw. der Modus des transformativen Lernens jedoch noch nicht näher beleuchtet. Hier sei sowohl auf Meyer-Drawes Überlegungen zu den Anfängen des Lernens (II.2.7) als auch auf Bubers Überlegungen zum dialogischen Moment der Begegnung (II.3.4) erinnert. Sowohl das Umlernen wie auch die Begegnung werden beschrieben als etwas, das sich dem Dualismus von Aktivität und Passivität entzieht. Während Meyer-Drawe auf das responsive Moment des Antwortens bzw. Sich-zuetwas-Verhaltens verwies – bei dem sich zunächst etwas an einem vollzieht bzw. einem widerfährt, auf das dann geantwortet bzw. zu dem sich dann verhalten wird –, hob Buber das aktive Moment der Haltung der Hinwendung bzw. des Du-Sprechens hervor, das eine Begegnung allererst möglich macht, ohne diese damit herstellen zu können.[623] So stand das Ich-Du-Sprechen symbolisch für das Einnehmen einer ‚Lernhaltung', die als notwendige, jedoch nicht hinreichende Bedingung für eine dialogische Begegnung – mit Menschen, Ideen sowie Natur – verstanden wurde. Für den Anfang des transformativen Lernens ist somit neben dem Moment der Widerfahrnis sowie des Antwortens bzw. Sich-Verhaltens auf dieses Widerfahrnis – als ‚passive Aktivität' – das Moment der Lernhaltung – als ‚aktive Passivität' – bedeutsam. Es kann genauer beschrieben werden als eine Öffnung für cAnderes' und ‚Fremdes',

schlechten Ruf" (Brinkmann 2008: 278), da sie vor allem mit „Drill, Stumpfsinn und Mechanisierung verbunden" (ebd.) werde und der auch in der erziehungswissenschaftlichen Reflexion verglichen mit anderen Themen „deutlich weniger Aufmerksamkeit geschenkt" (Brinkmann 2008: 279) werde. Brinkmann zeigt jedoch, wie im performativen Vollzug des Übens sich Sache – „die sachlichinhaltliche Aneignung dessen, was geübt wird" (Brinkmann 2008: 281) –, Methode – „die Art und Weise des Übens" (ebd.) – und Selbst – „der reflexive Bezug zum Übenden selbst, der [...] im Üben mehr oder weniger beiläufig sich selbst verändert" (ebd.) verschränken. Insbesondere der transformative Aspekt des Übens wird von Brinkmann unterstrichen: nicht nur weil „eine Wiederholung nie bloße Repetition, sondern sinnhaftes und produktives Anverwandeln von bereits Gewusstem und Gekonntem im Horizont des Neuen" (Brinkmann 2008: 283) ist, sondern auch, weil insbesondere ein Scheitern der Übung an der Widerständigkeit der Welt den Übenden dazu zwinge, „Schemata, Strategien oder Einstellungen zu verändern" (Brinkmann 2008: 282). Gerade weil die leibliche Praxis der Übung in Habitualisierung münde, könne ein ‚reflexives Üben' auf „Anderswerden und Anderskönnen" (Brinkmann 2008: 289) zielen und sei pädagogisch hoch bedeutsam.

623 Auf ähnliche Weise beschreiben auf dem Hintergrund von Waldenfels Studien zur Aufmerksamkeit Kristin Westphal (2008: 160) und Konstantin Mitgutsch (2009: 180) das ‚attentionale Moment' des Aufmerkens und Auffallens als notwendige, aber nicht hinreichende Bedingung für ein Lernen durch Widerfahrnis.

als Bewegung der Hinwendung, als weitestmögliche Suspendierung spezifischer Vorerwartungen – der Antizipation der Situation bzw. der Person durch das inkorporierte Vorwissen und die damit verbundenen Vor-urteile – sowie als Kontingent-Setzung-des-Ich[624]. Die Einnahme einer solchen Lernhaltung kann ein transformatives Lernen nicht herstellen, aber möglich(er) machen. Ebenso bedeutsam ist die Einnahme einer Lernhaltung als Antwort auf ein Widerfahrnis, die jedoch nicht als einfache Alternative von Lernen oder Nicht-Lernen missverstanden werden darf – vielmehr können ganz unterschiedliche Weisen des Antwortens unterschiedliche Prozesse des Lernens auslösen. Dabei ist es abhängig von der Art der Widerfahrnis, ob ein Nicht-Lernen überhaupt möglich ist – zumindest geschieht eine minimale Veränderung durch die Erfahrung im Erfahrungshorizont und damit ein implizit-formatives Lernen ohnehin – oder ob der durch das Widerfahrnis in der bisherigen Erfahrungsstruktur gerissene ‚Graben' durch eine strukturelle Transformation wieder ‚geschlossen' werden kann.

Wie beschrieben kann das Widerfahrnis oder die Begegnung auch durch ‚etwas' und nicht notwendigerweise durch ‚jemanden' erfolgen. Doch schon Meyer-Drawes Überlegungen zu Lernen als einem intersubjektiven Vollzug, bei dem durch die Interaktion mit Anderen und damit gewissermaßen durch die Begegnung unterschiedlicher Erfahrungshorizonte ein Umlernen möglich wird, das von keinem der beteiligten Subjekte geplant worden ist, weisen darauf hin, dass transformatives Lernen zwar in unterschiedlichen Modi des Zwischen stattfinden kann, hierfür jedoch der zwischen*menschliche* Bereich besonders bedeutsam ist. Dies wird mit Blick auf die Dimensionen der Verwobenheit und Bezogenheit auch nachvollziehbar. Sind es vor diesem Hintergrund doch auch veränderte Beziehungsfelder und vor allem neue bedeutsame Andere, die ein transformatives Lernen herausfordern können, indem sie beispielsweise das Begehren, ein anderer zu werden, wecken bzw. indem durch die Begegnung mit ihnen die Begrenztheit des eigenen Horizonts deutlich oder gar erweitert wird oder auch indem sie uns bereits als jemand anderes, der wir noch nicht sind, nun aber anstreben zu sein oder

624 Auch Prange, der danach fragt, wie ein „Lernen des Umlernens" (Prange 1989: 198f) möglich sei sowie „welche Haltung dann vom Lernenden" (Prange 1989: 194) erforderlich wäre, verweist im Rückgriff auf Goethe auf die „‚Entselbstung', die Be-reitschaft, sich in einen Zustand ‚ohne Prätention, und feste Erwartungen zu versetzen" (Prange 1989: 195). Gegenüber einem „methodischen Lernen" (ebd.) würden nicht nur „bestimmte Inhalte als veränderlich unterstellt, […], sondern der Lernende relativiert sich selber" (ebd.) und „läßt zu, daß er auch anders sein und werden könnte" (ebd.). Kurz gesagt: „der Lernende setzt nicht nur die Inhalte und die Methoden kontingent, sondern auch sich selbst" (Prange 1989: 198f). Dies erinnert an einige Deutungen des Lernens III bei Bateson (II.2.3).

sein müssen, behandeln. Letzteres verweist auf die Bedeutung der Anerkennung für transformatives Lernen. Dies bedeutet, dass transformatives Lernen verhindert oder aber mindestens erschwert wird, wo Lernende als in ihren Entwicklungsmöglichkeiten bzw. ihrer ‚Begabung' und somit in ihrer Lernfähigkeit als unwiderruflich begrenzt angesehen und behandelt – und somit als solche anerkannt – werden und umgekehrt, dass Lernen nur dann möglich(er) wird, wo Lernenden das Lernen überhaupt (positiv) zugetraut wird bzw. die Lernenden durch einen Anerkennungsvorschuss als jemand anerkannt werden, der er noch nicht ist, aber (lernend) werden kann und somit durch entsprechende performative Bezugnahmen ein Raum zur Transformation eröffnet wird. Auch können transformative Lernprozesse nur dann und dort nachhaltig sein, wo die mit diesen einhergehende Transformation des Subjekts von den primären und bedeutsamen Anderen zugestanden wird – man ein anderer werden *darf*. Alteritätstheoretisch gesprochen ist es vielleicht gerade die radikale Fremdheit und Andersartigkeit des Anderen, die uns aus unserer Beharrlichkeit des Seins herausreißen kann bzw. durch die, wie durch ein Vakuum, ein Sog entsteht, uns enteignet, von uns fortreißt und nur verändert zurückkommen lässt.

Transformatives Lernen findet somit im Zwischen der Begegnung bzw. der Widerfahrnis, im Zwischen von sich, Anderen und anderem statt. Es entzieht sich der Dualität von Aktivität und Passivität und der ‚agency' eines Akteurs, vielmehr fungiert beim transformativen Lernen besonders stark das Zwischen als Ort und Agens des Lernens.

Schlussbemerkung

„Und ich frage den verbleibenden Rest meines Bewußtseins, wozu es mir nütze war, so viele Seiten mit Sätzen zu füllen, an die ich glaubte, weil es meine eigenen waren [...]."
FERNANDO PESSOA[625]

In dieser Schlussbemerkung soll der Gang der Arbeit zunächst noch einmal rückblickend zusammengefasst werden. Daran anschließend wird bilanzierend gefragt, ob die Ziele dieser Arbeit erreicht wurden. Insbesondere wird die bislang noch nicht explizit beantwortete Frage erörtert, inwiefern mit dieser Arbeit, die in einer heuristischen Skizze eines relationalen Verständnisses des Lernens mündete, ein Beitrag zu einer pädagogischen Theorie des Lernens geleistet wurde. Zuletzt werden einige Möglichkeiten skizziert, wie an das hier erarbeitete Lernverständnis anschließend weitere Forschung betrieben werden könnte.

Die Arbeit begann mit der Erörterung einiger Konjunkturen des Lernens. Festgestellt wurde dabei vor allem eine Asymmetrie zwischen gesellschaftlicher Reflexivwerdung des Lernens und erziehungswissenschaftlich unzureichender systematischer Reflexion des Lernens. Als Forschungsdesiderat wurde somit eine erziehungswissenschaftliche Grundlagenforschung des Lernens diagnostiziert. Ein Blick auf bisherige Versuche, eine pädagogische Theorie des Lernens aufzustellen, zeigte deren zentrales Dilemma auf, das – so die hier vertretene These – auf eine dichotome Sichtweise von Individualem und Sozialem zurückzuführen ist und somit auf eine kategoriale Problematik verweist. Ausgehend von dieser (kategorialen) Problematik konnte präzisiert werden, welche grundlagentheoretische Bearbeitung des Themas Lernen hier angestrebt werden sollte. Als Ziele dieser Arbeit wurde die Erarbeitung eines relationalen Verständnisses des Lernens

625 Pessoa 1994: 189.

als Beitrag zu einer Kritik der konventionell etablierten ‚Analytik der Wahrheit des Lernens' und als Beitrag zu einer pädagogischen Theorie des Lernens sowie weitere Unterziele benannt; zudem wurde die zur Erreichung dieser Ziele gewählte Vorgehensweise beschrieben.

Studie I zielte zunächst darauf, das gängige Verständnis des Lernens, seine konventionell etablierte ‚Analytik der Wahrheit' (Foucault) herauszuarbeiten und dazu vor allem dessen übliche kategoriale Fassung in den Blick zu nehmen. Des Weiteren galt es, mit Studie I die der Arbeit zugrunde liegende These – dass Lerntheorien stets spezifische Subjektkonzeptionen implizieren und diese Subjektkonzeptionen gegenstandskonstitutiv sind – zu ‚belegen'. Beide Ziele standen in engem Zusammenhang miteinander, da die gängige kategoriale Fassung des Lernens – wie gezeigt wurde – wesentlich aus der kategorialen Fassung der implizierten Subjektverständnisse resultiert. Um diese beiden Ziele zu erreichen, wurden in Studie I vier große Lernparadigmen voneinander unterschieden, in ihrer Grundgestalt und Theoriearchitektur nachgezeichnet und auf den spezifischen Zusammenhang von Subjekt- und Lernverständnis hin analysiert: Zunächst der Behaviorismus (I.1.), darauf folgend der Kognitivismus (I.2.), sodann der Konstruktivismus (I.3) und schließlich die Neurowissenschaften (I.4). Am Ende der ersten Studie wurde ein kurzer Exkurs (I.5) getätigt, in dem auf ähnliche, jedoch weniger ausführliche Weise die subjektwissenschaftliche Lerntheorie thematisiert und analysiert wurde. Durchgängig konnte in Studie I gezeigt werden, dass die jeweiligen Subjektverständnisse eine wesentliche Wirkgröße für die spezifischen Lernverständnisse darstellen und somit eine gegenstandskonstitutive Bedeutung in den Lerntheorien haben. Bei aller Unterschiedlichkeit der Lernparadigmen zeigten sich zwei allen gemeinsame ‚Muster', die als die in der gängigen kategorialen Fassung des Lernens implizierte ‚Analytik der Wahrheit' gelten können: die dualistische und individualtheoretische Bahnung der Subjektverständnisse. Wie andere zentrale Aspekte des Subjektverständnisses wirkte sich auch diese Bahnung auf die jeweiligen Lernverständnisse aus. Es wurde – zusammenfassend und bilanzierend im Fazit zur Studie I – gezeigt, wie Einseitigkeiten, Probleme und Widersprüchlichkeiten der jeweiligen Lernverständnisse wesentlich mit der dualistischen und individualtheoretischen Bahnung des Subjektverständnisses zusammenhängen. Somit ergab sich als zentrales Ergebnis der Studie I die Notwendigkeit der Formulierung einer Subjektkonzeption, die die dualistische und individualtheoretische Bahnung hinreichend verwinden kann, um ausgehend von einer alternativen Subjektkonzeption ein anderes Verständnis des Lernens zu gewinnen, das die aufgezeigten Einseitigkeiten, Probleme und Widersprüche der gängigen Lernverständnisse hinter sich lassen kann. Auf die Bewältigung dieser Aufgabe zielte die Studie II dieser Arbeit.

Dieser Versuch, Lernen von anderen theoretischen Grundlagen bzw. Vorannahmen her zu verstehen, war angewiesen auf die Ausarbeitung eines alternativen Subjektverständnisses. In einem ersten wichtigen Schritt der Studie II (II.1) erfolgte zunächst ein Rückgriff auf die – den Rahmen des Lerndiskurses überschreitende – Debatte um die Figur des (modernen) Subjekts. Diese Figur – so wurde gezeigt – steht in engem Zusammenhang mit den Subjektverständnissen der Lernparadigmen und hat außerhalb des Lerndiskurses bereits eine breite Kritik, sowie eine Reihe von Über- und Verwindungsversuchen erfahren; an diese galt es hier anzuschließen. Skizziert wurde zunächst die Genese der Figur des modernen Subjekts und die ihr zugeschriebenen Facetten und Eigenschaften (II.1.1), anschließend konnten die zentralen Positionen und Argumente der Kritik am modernen Subjekt aufgezeigt werden (II.1.2), sodann wurden die Konturen, Facetten und Eigenschaften eines kritisch-reformulierten, dezentrierten Subjektverständnisses erörtert und – in ersten Ansätzen – lerntheoretisch interpretiert (II.1.3).

Ein zweiter Schritt (II.2) erarbeitete einige explizit lerntheoretische Anschlüsse an das so aufgezeigte und veränderte Subjektverständnis. Erörtert wurden einige Elemente von – gegenüber den Lernparadigmen – alternativen Lerntheorien, die mehr oder weniger dezidiert darauf zielen, Lernen nicht vor der Hintergrundfolie des modernen Subjekts zu verstehen: das Konzept des impliziten Wissens (II.2.1), praxistheoretische Perspektiven auf Lernen und Wissen (II.2.2), die kybernetische Lerntheorie Gregory Batesons (II.2.3), eine leibphänomenologische Perspektive auf Lernen (II.2.4), die lerntheoretische Bedeutsamkeit der bourdieuschen Praxeologie (II.2.5), die Theorie des situierten Lernens (II.2.6) und die phänomenologischen Betrachtungen zum Umlernen (II.2.7). Auf diese Weise konnten Ansätze eines alternativen Lernverständnisses formuliert werden, die vor allem die dualistische Bahnung des Lernens verwinden können, jedoch nicht hinreichend ein individualtheoretisches Verständnis. Offen blieb in den lerntheoretischen Anschlüssen vor allem die genaue Bedeutung der Anderen für das Lernen.

Daher war es erneut nötig, den lerntheoretischen Diskurs zu verlassen und verschiedene Ansätze, Theorien und Diskurse zu beleuchten, in denen sich von einem individualtheoretischen Verständnis des Subjekts abzusetzen versucht wird, indem die konstitutive Bedeutung der Beziehungen, vor allem der zwischenmenschlichen, für das Subjekt aufgezeigt und ausformuliert werden (II.3). Beleuchtet und lerntheoretisch interpretiert wurde das relationale Denken des Soziologen Norbert Elias' (II.3.1), verschiedene entwicklungstheoretische Konzipierungen einer intersubjektiven Genese des Selbst (II.3.2), das Konzept eines relationalen Selbst im Sozialkonstruktionismus (II.3.3), Martin Bubers Explikation des ‚Zwischen' in seiner dialogischen Philosophie (II.3.4), die relationale Wende in der Psychoanalyse (II.3.5) und der sozialphilosophische Diskurs um Anerkennung (II.3.6).

Der vierte und letzte Schritt der zweiten Studie (II.4) zielte schließlich darauf – mittels einer heuristischen Skizze eines relationalen Verständnisses des Lernens – die aus den Analysen der bisherigen Kapitel erworbenen ‚Erkenntnisse' zu Lernen, Relationalität und relationaler Subjektivität soweit wie möglich und legitim zu bündeln und zu systematisieren. In einem ersten Schritt (II.4.1) wurde dazu das erarbeitete Verständnis von Relationalität und relationaler Subjektivität expliziert und systematisch entfaltet sowie lerntheoretisch interpretiert. Mittels zweier zentraler Differenzierungen – zwischen explizitem und implizitem, sowie zwischen formativem und transformativem Lernen – wurde in einem zweiten Schritt (II.4.2) das so entwickelte relationale Verständnis des Lernens weiter entfaltet. Auf dem Hintergrund der Differenzierungen wurden darauf folgend drei Formen des Lernens voneinander unterschieden und noch einmal genauer in den Blick genommen: explizites Lernen, implizit-formatives Lernen sowie transformatives Lernen. Somit konnte ausgehend von einem Verständnis relationaler Subjektivität ein relationales Verständnis des Lernens entwickelt werden.

Sind die *Ziele dieser Arbeit* also erreicht? Zur Erinnerung: Als vorrangiges Ziel galt es, wichtige Schritte hin zu einem relationalen Verständnis des Lernens zu entwickeln, die es ermöglichen, die individualtheoretische und dualistische Bahnung des Lernens zu verlassen und damit ein zentrales Moment einer genuin pädagogischen Theorie des Lernens zu formulieren. Da die Arbeit somit auf ein alternatives Verständnis des Lernens zielte, sollte zugleich ein Beitrag zur „Erziehungswissenschaft als ‚kritische Ontologie der Gegenwart' (Foucault)" (Ricken 2002: 170), die sich „als Kritik einer in Grundbegriffen und Kategorien implizierten und fest etablierten ‚Analytik der Wahrheit' (Foucault)" (ebd.) versteht, geleistet werden. Als Unterziele wurden formuliert, die im pädagogischen Grundbegriff des Lernens und seiner kategorialen Fassung implizierte und konventionell etablierte ‚Analytik der Wahrheit' (Foucault) präzise herauszuarbeiten, um sie überhaupt in Frage stellen zu können. Zudem sollte die dieser Arbeit zugrunde liegende Annahme belegt werden, dass Lerntheorien stets spezifische Subjektkonzeptionen implizieren und diese gegenstandskonstitutiv sind.

Indem in Studie I die vier hier unterschiedenen wichtigsten ‚Lernparadigmen' in ihrer Grundgestalt und Theoriearchitektur nachgezeichnet, ihre Grundannahmen, ihr Lernverständnis und ihr implizites Subjektverständnis herausgearbeitet sowie auf den spezifischen Zusammenhang von Subjekt- und Lernverständnis hin analysiert wurden, ist m.E. dreierlei erreicht worden: *Erstens* wurde damit ein grundlagentheoretischer Beitrag dahingehend geleistet, dass vier Lernparadigmen voneinander unterschieden, in ihrer Theoriearchitektur rekonstruiert und auf ihre Grundannahmen hin untersucht wurden. Wie bereits in der Einleitung formuliert, ist der Lerndiskurs m.E. auf diese Weise bislang noch nicht untersucht worden. Zwar könnte in Frage gestellt werden, ob die hier erfolgte Unterscheidung von Lernparadigmen und Lerntheorien sowie die Einteilung in die vier großen Lernparadigmen legitim ist, vor allem, da sich heutige Lernverständnisse kaum in der idealtypischen Reinform der Lernparadigmen präsentieren. Jedoch ist darauf hinzuweisen, dass gezeigt werden konnte, dass alle vier Lernparadigmen auf jeweils gleichen oder zumindest ähnlichen Grundannahmen beruhen, die das Lernen unterschiedlich konstituieren: z.B. die Interpretation des Verhaltens als Reiz-Reaktions-Geschehen im Behaviorismus, das Computermodell des Geistes im Kognitivismus, die Annahme einer prinzipiellen Unzugänglichkeit der Welt im Konstruktivismus und das neuronale Primat in den Neurowissenschaften. Erst vor dem Hintergrund der Unterscheidung der vier Lernparadigmen und der Herausarbeitung ihrer Grundannahmen ist es überhaupt möglich, ein Lernverständnis wie das von Neubauer und Stern (siehe ‚Einleitende Bemerkungen zur Studie I') als eklektizistisch wahrzunehmen und die unterschiedlichen Paradigmen bzw. theoretischen Bezugsrahmen und damit auch die unterschiedlichen und sich eventuell widersprechenden Grundannahmen, auf die ein solches Verständnis implizit aufbaut bzw. von denen her es seine Plausibilität gewinnt, analysieren zu können. *Zweitens* konnte auf diese Weise die etablierte ‚Analytik der Wahrheit des Lernens', das gängige Lernverständnis in seiner kategorialen Fassung – seine individualtheoretische und dualistische Bahnung – herausgearbeitet und kritisiert werden, indem auf die Einseitigkeiten, Probleme und Widersprüche hingewiesen wurde, die mit dieser kategorialen Fassung des Lernens einhergehen. Zudem wurde in Kap. II.1.1 deutlich, wie diese kategoriale Fassung mit der Figur des modernen Subjekts zusammenhängt. *Drittens* wurde gezeigt, dass und wie subjekttheoretische Annahmen in den Lernparadigmen gegenstandskonstitutiv sind. Im Rückblick scheint es, dass die Figur des modernen Subjekts gewissermaßen einen entscheidenden Referenzrahmen darstellen, an dem abarbeitend sich die Subjektverständnisse der einzelnen Lernparadigmen bildeten. Nicht verlassen wurde in den Subjektverständnissen der Lernparadigmen die dualistische und individualtheoretische Bahnung des modernen Subjekts, selbst dort, wo sie explizit, z.B. durch ein monistisches Verständnis überwunden werden sollte. Die unterschiedlichen Weisen, wie diese Bahnungen sich jedoch in den jeweiligen Subjektverständnissen der Lernparadigmen auswirkten und welche Eigenschaften des modernen Subjekts in diesen auf welche Weise übernommen, uminterpretiert oder abgelehnt wurden, führte zu unterschiedlichen Subjektverständnissen in den Lernparadigmen. Deutlich wurde zudem, wie diese dualistische und individualtheoretische Bahnung sowie darüber hinaus die Unterschiede in den Subjektverständnissen in den Lernparadigmen gegenstandkonstitutiv wirkten, d.h. das Verständnis des Lernens unterschiedlich präformierten.

Die formulierten Unterziele wurden somit erreicht. Aufbauend darauf wurden dann mit der zweiten Studie wichtige Schritte hin zu einem relationalen Verständnis des Lernens gegangen, die es ermöglichten, die individualtheoretische und dualistische Bahnung des Lernens und somit die konventionelle ‚Analytik der Wahrheit des Lernens' ein Stück weit zu verwinden. Wie überzeugend diese Schritte sind und wie weit mit der heuristischen Skizze einer relationalen Theorie des Lernens die individualtheoretische und dualistische Bahnung plausibel verwunden werden konnte, müssen andere beurteilen. Wie in der Einleitung bereits angedeutet, konnte ein relationales Verständnis des Lernens hier nur in Ansätzen konzipiert werden bzw. einige bedeutsame Schritte hin zu diesem getätigt werden. Die heuristische Skizze ist noch keine Theorie und bleibt notwendigerweise auf einer sehr basalen Ebene, die für eine Theorie des relationalen Lernens weiter ausformuliert werden müsste.

Inwiefern aber ist mit diesem relationalen Verständnis des Lernens ein *zentrales Moment einer genuin pädagogischen Theorie* formuliert? Zumindest diese Frage ist bislang noch offen geblieben. In der Einleitung konnten drei Kriterien für einen pädagogischen Lernbegriff bzw. eine pädagogische Lerntheorie ausgemacht werden, die alle drei als Einzelkriterium notwendig, aber erst gemeinsam hinreichend für ein pädagogisches Verständnis des Lernens sind: die Betonung und systematische Einbeziehung der *inhaltlich-sachlichen Dimension des Lernens*, die Thematisierung des *menschlichen* Lernens in seiner Besonderheit sowie die *Gebundenheit* des menschlichen Lernens *an* die *Praktiken pädagogischer Bezugnahmen* wie Erziehen und Lehren.

Das *Kriterium der inhaltlich-sachlichen Dimension* wurde vor allem auf dem Hintergrund einer diagnostizierten Formalisierung und Entmaterialisierung des Lernens aufgestellt. So wurde die Tendenz ausgemacht, dass als Lernen immer weniger das Erlernen spezifischer Inhalte, Fähigkeiten und Fertigkeiten gilt, Lernen vielmehr immer stärker als bloß formaler, entmaterialisierter Prozess der Veränderung bzw. der individuellen Anpassung an veränderte gesellschaftliche Umwelten betrachtet wird. Mit einem solchen formalen und entmaterialisierten Verständnis des Lernens geht die Annahme einher, dass der Prozess des Lernens unabhängig von den spezifischen Lerninhalten beschrieben werden könne.

Im hier formulierten relationalen Verständnis des Lernens kam es zu einer Ausweitung des Lernbegriffs, indem auch implizite und formative Prozesse als Lernen bezeichnet wurden und als ein solches Lernen auch minimale Veränderungsprozesse, wie die Bestätigung eines Schemas, gelten. Diese Ausweitung könnte als eine Formalisierung und Entmaterialisierung des Lernens missverstanden werden. Durch die eingeführten Unterscheidungen explizit/implizit und formativ/transformativ, die noch weiter ausdifferenziert werden könnten, wird es trotz des hier unbestritten weiten Verständnisses des Lernens möglich, phänomenale Unterschiede – z. B. zwischen dem Erlernen einer neuen Fähigkeit durch Übung, einem Lernen im Sinne einer veränderten Verhaltensweise und einem Lernen im Sinne einer

Bestätigung von Mustern durch habitualisierte Handlungen in gewohnten Umgebungen – nicht unzulässig zu vereinheitlichen, sondern differenziert zu erfassen. Betont wurde gegen ein rein formales Verständnis des Lernens zudem, dass Lernen stets ein Lernen von ‚etwas' ist. Jedoch fiel es zugegebenermaßen schwer, dieses ‚etwas' systematisch zu beschreiben. Klar ist: Das ‚etwas' darf nicht auf Information oder Wissen reduziert werden, vielmehr ist ein explizierbares Wissen-Was und Wissen-Wie nur die ‚Spitze des Eisbergs' eines impliziten Wissens, das ein implizites Wissens-Was sowie ein implizites Wissen-Wie umfasst. Auch darf dieses ‚etwas' grundsätzlich nicht verdinglicht oder substantialistisch verstanden werden. Das Erlernen von ‚etwas' ist somit kein *Erwerb*, bei dem ‚etwas' von außen nach innen übernommen wird. Alternativ zum Erwerb kann es als Konstruktion beschrieben werden, jedoch nicht als individuelle, sondern als eine soziale Konstruktion bzw. eine Ko-Konstruktion, als ein Erlernen der impliziten, basalen Strukturen und Differenzen der mit anderen geteilten sozialen Welt und dem geteilten kulturellen Wissensvorrat.[626] Was im Lernen somit als ‚etwas' konstruiert wird, ist etwas, das zumeist mit anderen geteilt und von, durch und für Andere erlernt wird, bzw. das überhaupt nur konstruiert wird durch das Mit-anderen-verwoben- und Auf-andere-bezogen-Sein. Das Erlernen von ‚etwas' ist somit zwar eine Konstruktion, die vor dem Hintergrund des bisherigen Erfahrungshorizonts des Lernenden erfolgt und somit individuell spezifisch von ihm getätigt werden muss, zugleich aber auch etwas, das als Partizipation (an sozialen Milieus, Lebensformen, sozialen Feldern, ‚communities of practice' o.ä.) beschrieben werden kann. Auch kann dieser Prozess als Subjektivation beschrieben werden: Etwas Fremdes wird zu etwas Eigenem, wird zum Bestandteil des Selbst. Durch die Unterwerfung (unter Fremdes) wird etwas (eigenes) hervorgebracht. Lernen ist somit stets ein sinnhafter Prozess, der zwischen Eigensinn und Partizipation an überindividuellen Sinn- und Bedeutungshorizonten changiert, im unhintergehbaren Zwischen von sich, Anderen und anderem verläuft sowie sich im Medium des Symbolischen, wie es sich am deutlichsten in der Sprache zeigt, abspielt. Zudem wurde betont, dass die Form des Lernens bzw. das konkrete ‚Wie' des Lernens nicht unabhängig vom ‚Was' des Lernens zu betrachten ist. Insbesondere für explizites Lernen wäre es notwendig, dessen jeweilige Spezifika und Modi von den Inhalten her, auf die das explizite Lernen zielt, auszuarbeiten.[627] Kurz gesagt: Die inhaltlich-sachliche

626 Allerdings können – worauf bereits verwiesen wurde – auch Theorien zur sozialen Konstruktion sowie Theorien zur Ko-Konstruktion bislang nur wenig überzeugend das ‚Wie' dieses Vorgangs beschreiben.

627 So hängen die Lernformen weniger mit den Kontexten des Lernens, denn mit den ‚Inhalten' des Lernens zusammen. Hier ist Prange (2008: 242) voll zuzustimmen: „Es gibt nicht die ‚Methode', nach der wir Fertigkeiten ausbilden, Kenntnisse erwerben

Dimension wurde m.E. hinreichend beachtet; da hier vor allem die konstitutive Bedeutung zwischenmenschlicher Beziehungen für das Lernen im Vordergrund stand, jedoch nicht systematisch entfaltet. Hier wäre, wie bereits angedeutet, eine weitere Ausarbeitung und Differenzierung notwendig.

Wie in der Einleitung gezeigt, führte die Tendenz der Formalisierung des Lernens zu einer Entgrenzung der Subjekte des Lernens, d.h. ein rein formalisiertes Verständnis des Lernens als Anpassung an veränderte Umgebungen wurde nicht nur als für menschliche und tierische Lebensformen geltend betrachtet, sondern auch Artefakte, Institutionen und Gesellschaften besitzen aus dieser Sichtweise die Fähigkeit zu lernen. Das hier entwickelte relationale Verständnis des Lernens fokussierte *das spezifisch menschliche Lernen*, indem es vor allem die konstitutive Bedeutung zwischenmenschlicher Beziehungen für das (menschliche) Lernen in den Blick nahm.

Vor diesem Hintergrund wäre eine Auffassung zu kritisieren, die davon ausgeht, eine Organisation – oder eine andere übersubjektive Einheit – könne lernen, dabei das Subjekt als Entität und Instanz fasst und die ‚Eigenschaften' dieses Subjekts auf die Organisation überträgt. Indem so die Organisation als Subjekt des Lernens betrachtet wird, werden in anthropomorphistischer Weise Eigenschaften des menschlichen Lernens auf das Lernen der Organisation übertragen. Aus relationaler Sichtweise genauso wenig überzeugend ist es zu konstatieren, dass nicht Organisationen, sondern nur Menschen lernten, die Rede vom ‚Lernen der Organisation' eine reine Metapher sei und letztlich auf der Aggregation individueller Lernprozesse beruhe. Lernen wird dann rein individualtheoretisch verstanden; die spezifischen systemischen Dynamiken eines solchen Lernens, die sich aus der institutionell gerahmten Verflechtung vieler Menschen ergeben, bleiben unbeachtet bzw. werden nicht angemessen theoretisch erfasst. Organisationen bilden aus dieser Sichtweise vielmehr spezifische Figurationen bzw. eine spezifische Form der Verwobenheit und situationalen Bezogenheit und könnten auch als ‚community of practice' betrachtet werden. So könnte die spezifische Eigendynamik dieser Verflechtung sowie das auf diese Weise entstehende und sich verändernde geteilte ‚Wissen' in den Blick geraten. Gleichzeitig wäre darauf zu verweisen, dass dieses jedoch nur in inkorporierter Form als Eigenschaft der partizipierenden und miteinander verflochtenen Subjekte existiert und von diesen nicht unabhängig von ihrer je eigenen Beziehungsgeschichte einverleibt wird. Die Figuration und deren Dynamik darf daher nicht als etwas von diesen getrennt Existierendes betrachtet werden, so dass aus dieser Sichtweise weder die einzelnen Subjekte in Isolation

und Haltungen gewinnen, sondern die Formen des Lernens hängen zusammen mit dem, was gelernt wird."

noch die Organisation (als Subjektersatz) lernt, sondern Lernen auch hier ein Vorgang in einem spezifischen Zwischen ist.[628]

Entgegen einem formalisierten Verständnis des Lernens als reine, passive Anpassung wurde hier auch das aktive, spontane, spielerische und kreative Moment am (menschlichen) Lernen betont, ohne dabei in die traditionelle, dualistische Vorstellung des Subjekts zu verfallen. Letztere sah die Differenz zwischen Mensch und Tier wesentlich durch den Geist bzw. das Fehlen des Geistes bestimmt und sah im Menschen vor allem das ‚animal rationale', den Menschen als Vernunftwesen. Gegenüber den Einseitigkeiten eines solch rationalistischen Menschenbildes – und dessen komplementärer Gegenfigur einer mechanistischen und deterministischen Konzeption –, dessen Auswirkungen auf das Verständnis des Lernens hinreichend gezeigt und hier nicht noch einmal wiederholt werden sollen, wurde hier die Leiblichkeit der menschlichen Existenz und des Lernens betont. Dass der Mensch ganz leibliches, inkarniertes Wesen ist, betont seine Verwobenheit nicht nur mit anderen, sondern auch mit anderem, d.h., dass Menschen nicht der Welt enthoben sind und ihr abstrakt und distanziert gegenüber stehen, sondern selbst als Teil von Welt und Natur ihren Bedingungen unterliegen. Zugleich konstatiert ein solches Verständnis der Leiblichkeit den unhintergehbaren reflexiven Bruch mit der Welt, der spezifisch die menschliche Existenz kennzeichnet, so dass wir gegeben, aufgegeben und entzogen zugleich sind bzw. nicht nur Natur-, sondern auch Kulturwesen sind. Wir sind durch Andere, anderes und uns selbst bedingt, können und müssen uns zu Anderen, anderem und uns

628 Nicht in diese Logik lässt sich Max Millers diskursive Lerntheorie einordnen, die das Lernen überindividueller Einheiten klären möchte, bei der jedoch „als eigentliches agens des Lernens soziale Diskurse bzw. Kommunikationssysteme" (Miller 2006: 9) gelten. Miller geht vor allem der Emergenz von – nicht für Einzelne, sondern auf Ebene des Diskurses – neuem Wissen nach, das, so seine Grundthese, durch „die Explorierung von Differenzen als Lernmechanismus" (ebd.) zustande kommt bzw. durch Dissens und Dissens über den Disses entsteht. Für ihn gilt: „Akteure sind die Umwelt, die conditio sine qua non lernender sozialer Systeme, aber es sind die spezifischen Operationen sozialer Systeme, spezifische Formen des Diskurses, die Lernen ermöglichen – zumindest Lernen eines bestimmten Typs: die Entstehung neuen strukturellen Wissens." (Miller 2006: 197f) Millers innovativer Entwurf, der hier nicht ausführlich gewürdigt und diskutiert werden kann, beruht letztlich jedoch auf einer merkwürdigen Mixtur aus Systemtheorie und habermasianischem Diskursverständnis, bei dem Diskurs und Argumentation – somit auch Differenz und Dissens – gleichgesetzt werden (Miller 2006: 42). Indem Miller Diskurse zum Agens des Lernes macht, überwindet er zwar eine individualtheoretische Fassung des Lernens, jedoch zum Preis eines – in den Worten Bourdieus gesprochen – Objektivismus'.

selbst jedoch stets noch einmal bzw. immer wieder verhalten. Auch Lernen ist vor diesem Hintergrund weder passive Anpassung oder rein determinierter Vorgang, noch etwas durch eine (Vernunft-)Instanz steuer- oder gar herstellbares. Das relationale Verständnis des Lernens als ein Lernen im Zwischen ist somit eine aktivisch-passivische Figur, die spezifisch das menschliche Lernen kennzeichnet und sich stets im Medium der Sozialität und Kulturalität abspielt. Damit ist nicht behauptet, die *conditio humana* allgemein gültig darstellen zu können – vielmehr wurde deutlich gemacht, welch prekäres und ambivalentes Unterfangen die Reflexion auf grundlegende subjekttheoretische und anthropologische Annahmen darstellt. Gleichzeitig sind diese jedoch, wie gezeigt wurde, für eine Lerntheorie unhintergehbar und sollten soweit wie möglich expliziert und kritisch reflektiert werden. Die hier getroffenen subjekttheoretischen und anthropologischen Annahmen sind Ergebnis einer intensiven Auseinandersetzung, die dabei half, zu klären, was für eine pädagogische Theorie des Lernens zumindest vorläufig unter spezifisch *menschlichem* Lernen verstanden werden kann und was es bedeutet, dass der Mensch als Subjekt des Lernens gilt. Explizit wurde nach dem Subjekt des Lernens gefragt, wie es in den gängigen Lernparadigmen enthalten ist und wie es das Verständnis des Lernens bestimmt. Mit einer kritischen Reformulierung eines dezentrierten Subjekts – bzw. spezifischer einer relationalen Subjektivität – wurde versucht, sich aus den einseitigen, spezifisch-kulturellen, menschlichen Selbstbeschreibungen zu befreien, die im Begriff des Subjekts symbolisiert sind – vor allem der dualistischen und individualtheoretischen Bahnung –, ohne dabei entweder in relativistische Beliebigkeit oder in einen Universalismus zu fallen. In aller Vorläufigkeit konnte die Bedeutung des zwischenmenschlichen Bereichs hervorgehoben werden, der sich vor allem in Verwobenheit und Bezogenheit des Subjekts zeigt. Die Teilhabe und die Fähigkeit zur Teilhabe am zwischenmenschlichen Bereich kommen jedoch nicht durch die Fähigkeit zur Vernunft zustande, durch die, wie traditionell behauptet wurde, Menschen sich am deutlichsten von Tieren abgrenzen. Der spezifisch zwischenmenschliche Bereich scheint vielmehr markiert durch den gemeinsamen Bezug – die gemeinsame Aufmerksamkeit auf Drittes – der auch bestimmte Formen des Lernens sowie des Mit-anderen-Seins und Für-andere-Seins erst ermöglicht und eine grundsätzliche Verletzbarkeit und Exponiertheit voraussetzt. Für Menschen entsteht durch die triadischen Bezugnahmen und deren Eigendynamiken in größeren Beziehungsgeflechten eine komplexe, soziale und kulturelle Welt, die für das (menschliche) Lernen von höchster Bedeutung ist. Wie und auf welche Weise wurde hier zumindest in Anfängen aufzuzeigen und zu analysieren versucht, indem Lernen nicht individualtheoretisch, sondern relational verstanden wurde. Somit kann zusammenfassend festgehalten werden, dass das hier erarbeitete relationale Verständnis des Lernens einer Entgrenzung des Lernens widersteht, indem es den Fokus auf das spezifisch menschliche Lernen richtet und somit auch das zweite Kriterium für ein pädagogisches Lernverständnis erfüllt.

Auf diese Weise ist auch schon einiges über das dritte Kriterium eines pädagogischen Verständnisses des Lernens ausgesagt. Die bisherigen Versuche, nach den Prinzipien dieses Kriteriums eine pädagogische Lerntheorie zu formulieren, führten, so zeigte sich, zu einem Dilemma, dessen Überwindung als Desiderat einer pädagogischen Theorie des Lernens markiert wurde. Zur Erinnerung: Als drittes Kriterium für eine pädagogische Theorie des Lernens gilt die Gebundenheit des menschlichen Lernens an die Praktiken pädagogischer Bezugnahmen wie Lehren und Erziehen. Betont wurde daher aus pädagogischer Perspektive die soziale Verortung des Lernens in pädagogischen Zusammenhängen sowie die Förderungsbedürftigkeit des Lernens durch pädagogische Praktiken des Lehrens und Erziehens. Allerdings zeigte sich, dass – wo diese Gebundenheit des Lernens an pädagogische Praktiken genauer ausgeführt und betont wird – Lernen schnell in die *Abhängigkeit* gezielter pädagogischer Handlungen bzw. des Erziehens und Lehrens kam. Anders gesagt: Lernen wurde als ein vom Lehren oder vom Erziehen in irgendeiner Weise abhängiges Geschehen konzipiert. Insbesondere, wo Lernen vom Lehren her verstanden wurde, kam es häufig zu einer didaktischen Engführung des Lernens, die in der Praxis zu ‚Lehr-Lern-Kurzschlüssen' führte – also dazu, anzunehmen, dass das, was gelehrt wurde, auch schon gelernt wurde – wie zur Blickverengung auf die allein offiziellen und institutionell erwünschten Lernprozesse. Somit gab es in der Pädagogik die Tendenz, Lernen als einen sozialen Prozess zu beschreiben und somit als etwas, das von außen (durch Lehren und Erziehen) gesteuert und hergestellt werden kann.

Gegen ein solches Verständnis wird seit längerem vor allem die Unhintergehbarkeit, Unsichtbarkeit und Verborgenheit des Lernens betont und Lernen damit zugleich als individueller, innerer bzw. geistig-psychischer Prozess betrachtet. Jedoch konnte gezeigt werden, dass ein solches Verständnis in der Gefahr steht, das pädagogische Proprium zu verfehlen bzw. nicht deutlich machen zu können, was das spezifisch Pädagogische an einer pädagogischen Theorie des Lernens ist. Beschreibt man Lernen als einen individuellen Prozess, dann markiert das Pädagogische eine bloß eingeschränkte Sichtweise auf das Lernen, bei dem nur solche Lernprozesse in den Blick geraten, die im Zusammenhang mit pädagogischen Handlungen wie Erziehen oder Unterrichten stehen. Dabei setzt man voraus, dass Lernen eigentlich ein viel ‚breiteres' Phänomen ist und es eine ganze Reihe von Lernprozessen gibt, die unabhängig von pädagogischen Bezugnahmen, Intentionen und Institutionen ablaufen; das spezifisch Pädagogische bestünde – pointiert gesagt – somit aus einer reinen Blickverengung.

Wie gezeigt wurde und wie nun besser verständlich sein dürfte, liegt diesem Dilemma eine dichotome Sichtweise von Individualem und Sozialem zugrunde und somit eine kategoriale Problematik, auf deren Über- oder zumindest Verwindung diese Arbeit wesentlich zielt. Lernen lässt sich – vor dem Hintergrund eines reformulierten Subjektverständnisses einer relationalen Subjektivität sowie einem allgemeineren Denken-in-Relationen – *als relationales Geschehen* betrachtet, das sich der Unterscheidung von Individualem und Sozialem entzieht. Weder ist der Vorgang des Lernens ein individueller Prozess – als ein Vorgang, der sich im Innern eines Individuums vollzieht –, noch ein sozialer Prozess – als ein mehrere Individuen umfassender kollektiver Prozess oder als ein im sichtbaren und zugänglichen äußeren Bereich des Verhaltens ablaufendes und damit steuer- und kontrollierbares Geschehen, sondern ein Geschehen im Zwischen (von sich, Anderen und anderem). Der Vorgang des Lernens findet somit in einem Raum des Zwischen statt, der nicht nur von einem Ich, sondern auch von anderen und anderem bevölkert ist, der dem Ich jedoch weder innerlich noch äußerlich ist, sondern der sich durch das *Ineinander* von Selbst-, Welt- und Anderenrelationen *ereignet.* Weder gibt es ein Selbst außerhalb dieser Relationen, das den Lernprozess steuern könnte, noch ist das Selbst als bloßes Produkt oder Epiphänomen anzusehen. Lernen als ein Vorgang im relationalen Zwischen ist sowohl für das Selbst wie für die Anderen fundamental entzogen, wiewohl zugleich weder unabhängig davon, wie ich mich zu mir, zu Anderen und zu anderem verhalte, noch, wie Andere sich zu mir verhalten. Lernen im Zwischen spielt sich im Modus der Verwobenheit wie Bezogenheit ab und ist durch diese – wie gezeigt wurde – wesentlich bestimmt. Für eine pädagogische Theorie des Lernens bedeutet dies, das Pädagogische am Lernen nicht erst von außen an dieses herantragen zu müssen, noch mit dem Pädagogischen nur einen Teil des Phänomens Lernen zu betrachten. Der pädagogische Bezug ist durch die relationale Existenz des Menschen, durch die konstitutive Bezogenheit des Lernenden im Lernen auf Andere sowie durch die unhintergehbare Verwobenheit des Lernenden mit Anderen im Lernen gewissermaßen schon phänomenal gegeben. Anders gesagt: Er muss nicht erst durch intentionale Bezugnahmen hergestellt werden, vielmehr kann durch diese, natürlich auf sehr unterschiedliche Weise, auf die Bezogenheit und Verwobenheit des Lernenden geantwortet werden bzw. sich zu diesen verhalten werden. Dass Andere für das Lernen konstitutiv sind, bedeutet nicht, dass Andere das Lernen herstellen oder steuern können, auch nicht, dass Andere zu einem außerhalb der Bezogenheit und Verwobenheit schon ablaufenden individuellen Prozess noch hinzukommen und diesen daher tendenziell eher stören, sondern, dass Lernen *schon immer* zwischen sich, Anderen und anderem abläuft. Es wurde gezeigt, welche besondere und letztlich konstitutive Rolle die Anderen dabei spielen. Ein pädagogischer Blick auf das Lernen könnte diese konstitutive Bedeutung der Anderen für das Lernen zum Ausgangspunkt seiner Reflexion machen. Lernen gerät dabei nicht in die Abhängigkeit pädagogischer Bezugnahmen, da die konstitutive Bedeutung der

Anderen für das Lernen zwar auch gezielte pädagogische Bezugnahmen umfasst, über diese aber auch hinausgeht. Insbesondere letzteres muss aus pädagogischer Perspektive heraus aber stets mit reflektiert werden. Gleichzeitig könnten auch gezielte pädagogische Bezugnahmen wie Erziehen und Lehren vor dem Hintergrund eines relationalen Verständnisses des Lernens und der konstitutiven Bedeutung zwischenmenschlicher Beziehungen neu und anderes in den Blick geraten.

Auch das dritte Kriterium für eine pädagogische Theorie des Lernens wäre damit m.E. erfüllt, auch wenn für die Ausformulierung einer pädagogischen Theorie des Lernens dieser Punkt noch weiter und systematischer ausgearbeitet werden müsste, so dass deutlich wird, wie *unterschiedliche* Andere, in *unterschiedlichen* Situationen auf *unterschiedliche* Weise für *unterschiedliche* Formen des Lernens eine konstitutive Bedeutung haben. Systematisch(er) unterschieden werden müssten somit verschiedene Andere fürs Lernen, verschiedene Kontexte des Lernens, verschiedene Formen der Verwobenheit bzw. des Selbst-mit-Anderen sowie verschiedenen Formen der Bezogenheit. Vor allem die besondere Rolle des Dritten sowie die triadische Dynamik des Begehrens und des Lernens – die hier nur angedeutet werden konnte – müsste und könnte für eine gehaltvolle pädagogische Theorie des Lernens weiter ausgearbeitet werden.

Damit befinden wir uns bereits inmitten der Erörterung der aus dieser Arbeit sich ergebenden *Anschlussfragen und Forschungsperspektiven.* Welche Forschungsperspektiven ergeben sich jenseits weiterer grundlagentheoretischer Forschung? Ein Aspekt, der m.E. im Lerndiskurs bislang kaum beleuchtet worden ist, auf den hier aber aufmerksam gemacht wurde, ist das Lernen *für* Andere bzw. die Rolle bedeutsamer Anderer im Lernen. Insbesondere hier könnte eine empirische Bildungsforschung an das erarbeitete Verständnis anschließen, dieses überprüfen und präzisieren. Beispielsweise könnte anknüpfend an Methoden und Ergebnisse biographietheoretischer Forschung den Fragen nachgegangen werden, ob für das Lernen bedeutsame Andere identifiziert werden können, wie und warum diese bedeutsam werden und wie deren unterschiedliche Wirkungen auf verschiedenen Formen des Lernens genau beschrieben werden können.

Im Feld der empirischen Lehr-Lern- und Unterrichtsforschung könnte auf dem Hintergrund einer relationalen Theorie des Lernens jenseits der gängigen Thematisierungen von Lehrerrolle, Lehrerprofessionalität, Lehrerpersönlichkeit und Autorität der Frage nachgegangen werden, ob, wann und wie Lehrpersonen zu bedeutsamen Anderen für das Lernen von Schülerinnen und Schülern werden können. Auch das ‚Geschehen' im Unterricht könnte aus der hier vorgelegten Perspektive anders in den forschenden Blick genommen werden, als es in den beiden gängigen Forschungsparadigmen zur Interaktion im Unterricht üblich ist, d.h. weder in sozialpsychologischer und letztlich individualtheoretischer Manier als Erfassung der Lehrer-Schüler- oder Schüler-Schüler-Interaktion im Sinne von

Einflussfaktoren auf die Leistung der Schüler noch in mikrosoziologischer und tendenziell kollektivistischer Manier als Erforschung des Unterrichtsinteraktion als „sozialer Prozess der kollektiven Bedeutungsgenese" (vgl. Naujok u.a. 2008: 780). Unterricht könnte vielmehr als spezifische, institutionell gerahmte Form der Verflochtenheit und Bezogenheit gefasst werden und auf das Geschehen im Zwischen auf die unterschiedlichen Formen des Lernens hin untersucht werden. Ein Beispiel für eine Unterrichtsforschung in diese Richtung stellt Roger Häußlings (2007) Erforschung der Positionsvergabe im Unterricht dar. Er fordert analog zu dem hier vertretenen Ansatz einen „Perspektivenwechsel in der Unterrichtsforschung: [...] weg von der isolierenden Betrachtung einzelner Akteure (ob Schüler oder Lehrkraft) hin zu dem, was sich zwischen den Akteuren abspielt, dem Dazwischenliegenden, sprich: zu einer Welt der Beziehungen und Interaktionen." (Häußling 2007: 209)

Anschließend an bildungssoziologische Ungleichheitsforschungen könnte das, was Bourdieu vereinfachend soziales Kapital nennt, vor dem Hintergrund einer relationalen Theorie des Lernens erforscht werden und im Hinblick auf die Bedeutung für Schule und Unterricht untersucht werden. Unter Rückgriff auf Methoden der Netzwerkforschung könnten die Beziehungsnetze, in die Lernende eingebunden sind, erforscht werden, beispielsweise in dem den Fragen nachgegangen wird, wie diese, deren Umfang, Stabilität, Verteilung auf unterschiedliche Felder und/oder ‚communities of practice' usw. sich – neben milieubedingtem unterschiedlichem kulturellen Kapital sowie Haltungen zu legitimer Bildung und zur Institution Schule – auf explizites Lernen in der Schule auswirkt.

Ausgehend von dem hier erarbeiteten relationalen Verständnis des Selbst sowie des Lernens könnte aber auch die Phase der Jugend neu in den Blick geraten. Jugend wäre dann vor allem eine fundamentale Verschiebung in der Verwobenheit und Bezogenheit des relationalen Selbst, bei der sich die primären Bindungen an die frühen Bezugspersonen transformieren und zunehmend Gleichaltrige bzw. Peers (auch) die Rolle bedeutsamer Anderer einnehmen. Der Übergang von Kindheit zum Jugendalter könnte aus dieser Forschungsperspektive als ein Lernprozess in den Blick geraten, bei dem die biologischen Reifungsprozesse Widerfahrnisse bilden auf die im Sinne, eines Lernens geantwortet werden muss, jedoch ganz unterschiedlich geantwortet werden kann. Auch könnte grundsätzlicher noch erforscht werden, wie transformatives Lernen sich jenseits institutioneller Kontexte vollzieht und welche Rolle Veränderungen in den Beziehungsnetzen dabei spielen.

Damit sind nur einige, eher willkürlich herausgegriffene Forschungsperspektiven aufgezeigt, die an die hier erarbeitete heuristische Skizze eines relationalen Verständnisses des Lernens anschließen könnten, dabei aber die grundlagentheoretische Ebene – zumindest größtenteils – verlassen würden und das hier erarbeitete Verständnis und Vokabular anwenden, kritisch überprüfen, präzisieren und ausdifferenzieren könnten. Dies bedeutet keineswegs, dass auf grundlagentheoretischer Ebene bereits alle Fragen geklärt wären. Jedoch ist zu hoffen, dass mit dieser Arbeit einige überzeugende Schritte hin zu einem relationalen Verständnis des Lernens sowie ‚fruchtbare' Beiträge zu einer pädagogischen Theorie des Lernens gemacht werden konnten.

Literatur

Abbot, Andrew (1997): On the Concept of Turning Point. In: Comparative Social Research. 16, 85-105.

Abl, Gerald (2007): Kritische Psychologie. Eine Einführung. Stuttgart: Schmetterling-Verlag.

Alheit, Peter (2009): ‚Diskurspolitik'. Lebenslanges Lernen als postmodernes Machtspiel? In: Alheit, Peter/Felden, Heide von (Hg.): Lebenslanges Lernen und erziehungswissenschaftliche Biographieforschung. Konzepte und Forschung im europäischen Diskurs. Wiesbaden: VS Verlag, 77-87.

Allen, Woody (1997): Nebenwirkungen. 5. Aufl. Reinbek bei Hamburg: Rowohlt.

Altmeyer, Martin 2001: Innen, Aussen, Zwischen. Paradoxien des Selbst bei Donald Winnicott. Vortrag beim Winnicott-Symposium in Hannover am 25.06.01. [http://www.martinaltmeyer.de/artikel/Psychoanalyse_Zeitdiagnose/Hannover-Winnicott_Vortraege.pdf; abgerufen am 09.02.2009].

Altmeyer, Martin (2003): Im Spiegel des Anderen. Anwendungen einer relationalen Psychoanalyse. Gießen: Psychosozial-Verlag.

Altmeyer, Martin/Thomä, Helmut (2006): Einführung. Psychoanalyse und Intersubjektivität. In: Dies. (Hg.): Die vernetzte Seele. Die intersubjektive Wende in der Psychoanalyse. Stuttgart: Klett-Cotta, 7-31.

Anhalt, Elmar (2009): Gibt es einen Lernbegriff in der Pädagogik? In: Strobel-Eisele, Gabriele/Wacker, Albrecht (Hg.): Konzepte des Lernens in der Erziehungswissenschaft. Phänomene, Reflexionen, Konstruktionen. Bad Heilbrunn: Klinkhardt, 18-44.

Arendt, Hannah (2003): Vita activa oder vom tätigen Leben. 2. Aufl. München: Piper.

Arnold, Rolf (2007): Ich lerne, also bin ich. Eine systemisch-konstruktivistische Didaktik. Heidelberg: Auer.

Aron, Lewis (1996): A meeting of minds. Mutuality in psychoanalysis. Hillsdale, NJ: Analytic Press.

Ashby, William Ross (1974): Einführung in die Kybernetik. Frankfurt/M.: Suhrkamp.

Baars, Bernard J. (1986): The cognitive revolution in psychology. New York, NY u.a.: Guilford.

Balint, Michael (1997): Die Urformen der Liebe und die Technik der Psychoanalyse. 2. Aufl. Stuttgart: Klett-Cotta.

Balzer, Nicole (2004): Von den Schwierigkeiten, nicht oppositional zu denken. Linien der Foucault-Rezeption in der deutschsprachigen Erziehungswissenschaft. In: Ricken, Norbert/Rieger-Ladich, Markus (Hg.): Michel Foucault. Pädagogische Lektüren. Wiesbaden: VS Verlag, 15-43.

Balzer, Nicole (2007): Die doppelte Bedeutung der Anerkennung. Anmerkungen zum Zusammenhang von Anerkennung, Macht und Gerechtigkeit. In: Wimmer, Michael/Reichenbach, Roland/Pongratz, Ludwig (Hg.): Gerechtigkeit und Bildung. Paderborn u.a.: Schöningh, 49-75.

Balzer, Nicole (2008): Pädagogik und Anerkennung. Vortrag in Halle/S. am 12.12.2008. [unveröffentlichtes Manuskript].

Balzer, Nicole (2010): Spuren der Anerkennung. Zu einer Kategorie pädagogischer Praxis [unveröffentlichtes Manuskript].

Balzer, Nicole/Künkler, Tobias (2007): Von ‚Kuschelpädagogen' und ‚Leistungsapologeten'. Anmerkungen zum Zusammenhang von Anerkennung und Lernen. In: Ricken, Norbert (Hg.): Über die Verachtung der Pädagogik. Analysen – Materialien – Perspektiven. Wiesbaden: VS Verlag, 79-111.

Bandura, Albert (1979): Sozial-kognitive Lerntheorie. Stuttgart: Klett-Cotta.

Barthes, Roland (2000): Der Tod des Autors. In: Jannidis, Fotis/Lauer, Gerhard/Martínez, Matías/Winko, Simone (Hg.): Texte zur Theorie der Autorschaft. Stuttgart: Reclam, 185-193.

Bateson, Gregory (1981): Ökologie des Geistes. Anthropologische, psychologische, biologische und epistemologische Perspektiven. Frankfurt/M.: Suhrkamp.

Bateson, Gregory/Bateson, Mary Catherine (1993): Wo Engel zögern. Unterwegs zu einer Epistemologie des Heiligen. Frankfurt/M.: Suhrkamp.

Bauer, Joachim (2005): Warum ich fühle, was du fühlst. Intuitive Kommunikation und das Geheimnis der Spiegelneurone. 5. Aufl. Hamburg: Hoffmann und Campe.

Bauer, Joachim (2006): Spiegelneurone. Nervenzellen für das intuitive Verstehen sowie für Lehren und Lernen. In: Caspary, Ralf (Hg.): Lernen und Gehirn. Der Weg zu einer neuen Pädagogik. Freiburg u.a.: Herder, 36-53.

Bayram, Naziker/Zaboura, Nadia (2006): Sichern Spiegelneuronen die Intersubjektivität? In: Reichertz, Jo (Hg.): Akteur Gehirn – oder das vermeintliche Ende des handelnden Subjekts. Eine Kontroverse. Wiesbaden: VS Verlag, 173-187.

Becker, Nicole (2006a): Die neurowissenschaftliche Herausforderung der Pädagogik. Bad Heilbrunn: Klinkhardt.

Becker, Nicole (2006b): Von der Hirnforschung lernen? Ansichten über die pädagogische Relevanz neurowissenschaftlicher Erkenntnisse. In: Zeitschrift für Erziehungswissenschaft. Beiheft 5 (9), 177-200.

Bedorf, Thomas (2003): Dimensionen des Dritten. Sozialphilosophische Modelle zwischen Ethischem und Politischem. München: Fink.

Benetka, Gerhard (2002): Denkstile der Psychologie. Das 19. Jahrhundert. Wien: WUV-Universitätsverlag.

Benjamin, Jessica (1996): Ein Entwurf zur Intersubjektivität. Anerkennung und Zerstörung. In: Dies. (Hg.): Phantasie und Geschlecht. Psychoanalytische Studie über Idealisierung, Anerkennung und Differenz. Frankfurt/M.: Fischer, 38-58.

Benjamin, Jessica (1999): Die Fesseln der Liebe. Psychoanalyse, Feminismus und das Problem der Macht. 5. Aufl. Frankfurt/M.: Fischer.

Benhabib, Seyla (2002): Selbst im Kontext. Kommunikative Ethik im Spannungsfeld von Feminismus, Kommunitarismus und Postmoderne. Frankfurt/M.: Suhrkamp.

Benner, Dietrich (2005): Einleitung. Über pädagogisch relevante und erziehungswissenschaftlich fruchtbare Aspekte der Negativität menschlicher Erfahrung. In: Ders. (Hg.): Erziehung – Bildung – Negativität. 49. Beiheft der Zeitschrift für Pädagogik. Weinheim, Basel: Beltz, 7-21.

Benner, Dietrich (2008): Bildungstheorie und Bildungsforschung. Grundlagenreflexionen und Anwendungsfelder. Paderborn u.a.: Schöningh.

Bennett, Maxwell R./Dennett, Daniel/Hacker, Peter/Searle, John (Hg.) (2007): Neuroscience and philosophy. Brain, mind, and language. New York u.a.: Columbia Univ. Press.

Berger, Peter L./Luckmann, Thomas (2007): Die gesellschaftliche Konstruktion der Wirklichkeit. Eine Theorie der Wissenssoziologie. 21. Aufl. Frankfurt/M.: Fischer.

Beutinger-Menzen, Beatrix (2006): Fiktionen des Wirklichen. Eine soziologische Auseinandersetzung mit den Positionen des Radikalen Konstruktivismus. Hamburg: Kovac.

Biesta, Gert (2006): Beyond learning. Democratic education for a human future. Boulder u.a.: Paradigm publ.

Blakemore, Sarah-Jayne/Frith, Uta (2006): Wie wir lernen. Was die Hirnforschung darüber weiß. München: DVA.

Boden, Margaret A. (2006a): Mind as machine. A history of cognitive science. Vol. 1. Oxford: Clarendon Press.

Boden, Margaret A. (2006b): Mind as machine. A history of cognitive science. Vol. 2. Oxford: Clarendon Press.

Bohleber, Werner (2006): Intersubjektivismus ohne Subjekt? Der Andere in der psychoanalytischen Tradition. In: Altmeyer, Martin/Thomä, Helmut (Hg.): Die vernetzte Seele. Die intersubjektive Wende in der Psychoanalyse. Stuttgart: Klett-Cotta, 203-226.

Boltanski, Luc Chiapello, Ève (2003): Der neue Geist des Kapitalismus. Konstanz: UVK.

Bongaerts, Gregor (2008): Verdrängungen des Ökonomischen. Bourdieus Theorie der Moderne. Bielefeld: Transcript.

Borch, Christian/Stäheli, Urs (2009): Einleitung. Tardes Soziologie der Nachahmung und des Begehrens. In: Dies. (Hg.): Soziologie der Nachahmung und des Begehrens. Materialien zu Gabriel Tarde. Frankfurt/M.: Suhrkamp, 7-38.

Borst, Eva (2003): Anerkennung der Anderen und das Problem des Unterschieds. Perspektiven einer kritischen Theorie der Bildung. Baltmannsweiler: Schneider-Verlag Hohengehren.

Borst, Eva (2009): Theorie der Bildung. Eine Einführung. Baltmannsweiler: Schneider-Verlag Hohengehren.

Bourdieu, Pierre (1976): Entwurf einer Theorie der Praxis auf der ethnologischen Grundlage der kabylischen Gesellschaft. Frankfurt/M.: Suhrkamp.

Bourdieu, Pierre (1998): Praktische Vernunft. Zur Theorie des Handelns. Frankfurt/M.: Suhrkamp.

Bourdieu, Pierre (2003): Sozialer Sinn. Kritik der theoretischen Vernunft. 14. Aufl. Frankfurt/M.: Suhrkamp.

Bourdieu, Pierre (2005a): Die feinen Unterschiede. Kritik der gesellschaftlichen Urteilskraft. 16. Aufl. Frankfurt/M.: Suhrkamp.

Bourdieu, Pierre (2005b): Die verborgenen Mechanismen der Macht. Hamburg: VSA.

Bourdieu, Pierre/Wacquant, Loïc J. D. (1996): Reflexive Anthropologie. Frankfurt/M.: Suhrkamp.

Bowlby, John (1973): Mütterliche Zuwendung und geistige Gesundheit. München: Kindler.

Bowlby, John (2005): Frühe Bindung und kindliche Entwicklung. 5. Aufl. München u.a.: Reinhardt.

Brand, Matthias/Markowitsch, Hans J. (2006a): Lernen und Gedächtnis aus neurowissenschaftlicher Perspektive. Konsequenzen für die Gestaltung des Schulunterrichts. In: Herrmann, Ulrich (Hg.): Neurodidaktik. Weinheim u.a.: Beltz, 60-76.

Brand, Matthias/Markowitsch, Hans J. (2006b): Was weiß die Hirnforschung über Lernen? In: Zeitschrift für Erziehungswissenschaft. Beiheft 5 (9), 21-42.

Bråten, Stein (2006): Infant learning by altercentric participation. The reverse of egocentric observation in autism. In: Ders. (Hg.): Intersubjective communication and emotion in early ontogeny. Cambridge: Cambridge Univ. Press, 105-126.

Bräuer, Gottfried (1968): Vom menschlichen Lernen. Fragen aus der Sicht der philosophischen Anthropologie angesichts der Rezeption der amerikanischen Verhaltenspsychologie. In: Ders./Giel, Klaus/Loch, Werner/Muth, Jakob (Hg.): Studien zur Anthropologie des Lernens. Otto Friedrich Bollnow zum 65. Geburtstag. Essen: Neue Deutsche Schule, 11-34.

Breidbach, Olaf (1997): Die Materialisierung des Ichs. Zur Geschichte der Hirnforschung im 19. und 20. Jahrhundert. Frankfurt/M.: Suhrkamp.

Breidenstein, Georg (2006): Teilnahme am Unterricht. Ethnographische Studien zum Schülerjob. Wiesbaden: VS Verlag.

Breinbauer, Ines Maria (2008): Nachhaltiges Lernen. Über die Unmöglichkeit, Prozess und Ergebnis mit dem gleichen Begriff zu verhandeln. In: Mitgutsch, Konstantin/Sattler, Elisabeth/Westphal, Kristin/Breinbauer, Ines Maria (Hg.): Dem Lernen auf der Spur. Die pädagogische Perspektive. Stuttgart: Klett-Cotta, 51-64.

Bremer, Helmut (2004): Der Mythos vom autonom lernenden Subjekt. Zur sozialen Verortung aktueller Konzepte des Selbstlernens und zur Bildungspraxis unterschiedlicher sozialer Milieus. In: Engler, Stefanie/Krais, Beate (Hg.): Das kulturelle Kapital und die Macht der Klassenstrukturen. Sozialstrukturelle Verschiebungen und Wandlungsprozesse des Habitus. Weinheim u.a.: Juventa, 189-213.

Bremer, Helmut (2007): Soziale Milieus, Habitus und Lernen. Zur sozialen Selektivität des Bildungswesens am Beispiel der Weiterbildung. Weinheim u.a.: Juventa.

Bremer, Helmut (2009): Die Notwendigkeit milieubezogener pädagogischer Reflexivität. Zum Zusammenhang von Habitus, Selbstlernen und sozialer Selektiviät. In: Friebertshäuser, Barbara/Rieger-Ladich, Markus/Wigger, Lothar (Hg.): Reflexive Erziehungswissenschaft. Forschungsperspektiven im Anschluss an Pierre Bourdieu. Wiesbaden: VS Verlag, 289-308.

Brinkmann, Malte (2008): Üben – Elementares Lernen. Überlegungen zur Phänomenologie, Theorie und Didaktik der pädagogischen Übung. In: Mitgutsch, Konstantin/Sattler, Elisabeth/Westphal, Kristin/Breinbauer, Ines Maria (Hg.): Dem Lernen auf der Spur. Die pädagogische Perspektive. Stuttgart: Klett-Cotta, 278-294.

Bröckling, Ulrich (2007): Das unternehmerische Selbst. Soziologie einer Subjektivierungsform. Frankfurt/M.: Suhrkamp.

Bromme, Rainer (1992): Der Lehrer als Experte. Zur Psychologie des professionellen Wissens. Bern u.a.: Huber.

Bruder, Klaus-Jürgen (1982): Psychologie ohne Bewußtsein. Die Geburt der behavioristischen Sozialtechnologie. Frankfurt/M.: Suhrkamp.

Bruner, Jerome S. (1983): In Search of Mind. Essays in Autobiography. New York: Harper & Row.

Buber, Martin (2006): Das dialogische Prinzip. Ich und Du. Zwiesprache. Die Frage an den Einzelnen. Elemente des Zwischenmenschlichen. Zur Geschichte des dialogischen Prinzips. 9. Aufl. Gütersloh: Gütersloher Verlagshaus.

Buber, Martin (2007): Das Problem des Menschen. 7. Aufl. Gütersloh: Gütersloher Verlagshaus.

Buck, Günther (1989): Lernen und Erfahrung – Epagogik. Zum Begriff der didaktischen Induktion. 3. Aufl. Darmstadt: Wissenschaftliche Buchgesellschaft.

Butler, Judith (2001): Psyche der Macht. Das Subjekt der Unterwerfung. Frankfurt/M.: Suhrkamp.

Butler, Judith (2005): Gewalt, Trauer, Politik. In: Dies. (Hg.): Gefährdetes Leben. Politische Essays. Frankfurt/M.: Suhrkamp, 36-68.

Butler, Judith (2007): Kritik der ethischen Gewalt. Adorno-Vorlesungen 2002. Erweiterte Ausgabe. Frankfurt/M.: Suhrkamp.

Butler, Judith (2009): Die Macht der Geschlechternormen und die Grenzen des Menschlichen. Frankfurt/M.: Suhrkamp.

Burkitt, Ian (1991): Social selves. Theories of the social formation of personality. London u.a.: Sage Publications.

Cassirer, Ernst (2000): Substanzbegriff und Funktionsbegriff. Untersuchungen über die Grundfragen der Erkenntniskritik. Hamburg: Meiner.

Cavell, Marcia (2006): Subjektivität, Intersubjektivität und die Frage der Realität in der Psychoanalyse. In: Altmeyer, Martin/Thomä, Helmut (Hg.): Die vernetzte Seele. Die intersubjektive Wende in der Psychoanalyse. Stuttgart: Klett-Cotta, 179-200.

Chan, Wai Meng (2000): Metakognition und der DaF-Unterricht für asiatische Lerner. Möglichkeiten und Grenzen. Münster u.a.: Waxmann.

Changeux, Jean Pierre (2003): Die Chemie der Gedanken. In: Spektrum der Wissenschaften Spezial. 5. 35-41.

Combe, Arno/Gebhard, Ulrich (2007): Sinn und Erfahrung. Zum Verständnis fachlicher Lernprozesse in der Schule. Opladen u.a.: Budrich.

Costall, Alan (1991): ‚Graceful degradation'. Cognitivism and the metaphors of the computer. In: Still, Arthur/Costall, Alan (Hg.): Against Cognitivism. Alternative Foundations for Cognitive Psychology. New York u.a.: Harvester Wheatsheaf, 151-169.

Crick, Francis (1997): Was die Seele wirklich ist. Die naturwissenschaftliche Erforschung des Bewußtseins. 2. Aufl. München u.a.: Artemis Winkler.

Damasio, Antonio R. (1995): Descartes' Irrtum: Fühlen, Denken und das menschliche Gehirn. München: List.

Damasio, Antonio R. (2006): Der Spinoza-Effekt. Wie Gefühle unser Leben bestimmen. 3. Aufl. München: List.

Damasio, Antonio R. (2007): Ich fühle, also bin ich. Die Entschlüsselung des Bewusstseins. 7. Aufl. München: List.

Deleuze, Gilles (1991): A Philosophical Concept. In: Cadava, Eduardo/Connor, Peter/Nancy, Jean-Luc (Hg.): Who comes after the subject? New York: Routledge, 94-95.

Descartes, René (1997): Von der Methode des richtigen Vernunftgebrauchs und der wissenschaftlichen Forschung. Hrsg. von Lüder Gäbe. 2. Aufl. Hamburg: Meiner.

Descombes, Vincent (1991): Apropos of the ‚Critique of the Subject' and of the Critique of this Critique. In: Cadava, Eduardo/Connor, Peter/Nancy, Jean-Luc (Hg.): Who comes after the subject? New York: Routledge, 120-134.

Dettmann, Ulf (1999): Der Radikale Konstruktivismus. Anspruch und Wirklichkeit einer Theorie. Tübingen: Mohr Siebeck.

Devereux, George (1973): Angst und Methode in den Verhaltenswissenschaften. München: Hanser.

Dewey, John (1975): The Reflex Arc Concept in Psychology. In: Ders. (Hg.): 1895 – 1898: early essays. Carbondale, Ill. u.a.: Southern Illinois Univ. Press, 96-109.

Diesbergen, Clemens (1998): Radikal-Konstruktivistische Pädagogik als problematische Konstruktion. Eine Studie zum Radikalen Konstruktivismus und seiner Anwendung in der Pädagogik. Bern u.a.: Peter Lang.

Ditton, Hartmut/Krüsken, Jan/Schauenberg, Magdalena (2005): Bildungsungleichheit – der Beitrag von Familie und Schule. In: Zeitschrift für Erziehungswissenschaft. 8 (2), 285-304.

Dornes, Martin (1999): Von Freud zu Stern. Klinische und anthropologische Implikationen der psychoanalytischen Entwicklungstheorie. In: Psychotherapeut. 44 (2), 74-82.

Dornes, Martin (2004): Die emotionale Welt des Kindes. Frankfurt/M: Fischer.

Dornes, Martin (2006): Die Seele des Kindes. Entstehung und Entwicklung. Frankfurt/M.: Fischer.

Dörpinghaus, Andreas/Poenitsch, Andreas/Wigger, Lothar (2006): Einführung in die Theorie der Bildung. Darmstadt: Wissenschaftliche Buchgesellschaft.

Draganski, Bogdan/Gaser, Christian/Busch, Volker/Schuierer, Gerhard/Bogdahn, Ulrich/May, Arne (2004): Neuroplasticity. Changes in grey matter induced by training. In: Nature. 427, 311-312.

Dreier, Ole (2006): Wider die Strukturabstraktion. In: Forum Kritische Psychologie. 50, 72-83.

Dreyfus, Hubert L. (1985): Die Grenzen künstlicher Intelligenz. Was Computer nicht können. Königstein/Ts.: Athenäum.

Düsing, Edith (1986): Intersubjektivität und Selbstbewußtsein. Behavioristische, phänomenologische und idealistische Begründungstheorien bei Mead, Schütz, Fichte und Hegel. Köln: Verlag für Philosophie Dinter.

Düttmann, Alexander García (1997): Zwischen den Kulturen. Spannungen im Kampf um Anerkennung. Frankfurt/M.: Suhrkamp.

Düweke, Peter (2001): Kleine Geschichte der Hirnforschung. Von Descartes bis Eccles. München: Beck.

Ehrenspeck, Yvonne (2009): Philosophische Bildungsforschung: Bildungstheorie. In: Tippelt, Rudolf/Schmidt, Bernhard (Hg.): Handbuch Bildungsforschung. 2. Aufl. Wiesbaden: VS Verlag, 155-169.

Elbert, Thomas/Pantev, Christo/Wienbruch, Christian/Rockstroh, Brigitte/Taub, Edward (1995): Increased Cortical Representation of the Fingers of the Left Hand in String Players. In: Science. 5234 (270), 305-307.

Elias, Norbert (1986): Was ist Soziologie? 5. Aufl. Weinheim u.a.: Juventa.

Elias, Norbert (1990): Engagement und Distanzierung. Arbeiten zur Wissenssoziologie I. Frankfurt/M.: Suhrkamp.

Elias, Norbert (1994): Die Gesellschaft der Individuen. 2. Aufl. Frankfurt/M.: Suhrkamp.

Elias, Norbert (1995a): Über den Prozess der Zivilisation. Soziogenetische und psychogenetische Untersuchungen. Erster Band. Wandlungen des Verhaltens in den weltlichen Oberschichten des Abendlandes. 19. Aufl. Frankfurt/M.: Suhrkamp.

Elias, Norbert (1995b): Über den Prozeß der Zivilisation. Soziolgenetische und pschogenetische Untersuchungen. Zweiter Band. Wandlungen der Gesellschaft. Entwurf zu einer Theorie der Zivilisation. 19. Aufl. Frankfurt/M.: Suhrkamp.

Elias, Norbert (1996): Norbert Elias über sich selbst. Biographisches Interview mit Norbert Elias. Notizen zum Lebenslauf. 3. Aufl. Frankfurt/M.: Suhrkamp.

Elias, Norbert (2002): Studien über die Deutschen. Machtkämpfe und Habitusentwicklung im 19. und 20. Jahrhundert. 4. Aufl. Frankfurt/M.: Suhrkamp.

Elias, Norbert (2003a): Die höfische Gesellschaft. Untersuchungen zur Soziologie des Königtums und der höfischen Aristokratie. 10. Aufl. Frankfurt/M.: Suhrkamp.

Elias, Norbert (2003b): Über die Zeit. Arbeiten zur Wissenssoziologie II. 8. Aufl. Frankfurt/M.: Suhrkamp.

Elkjaer, Bente (2009): Pragmatism. A learning theory for the future. In: Illeris, Knud (Hg.): Contemporary theories of learning. Learning theorists in their own words. London u.a.: Routledge, 74-89.

Emirbayer, Mustafa (1997): Manifesto for a Relational Sociology. In: American Journal of Sociology. 103 (2), 218-317.

Emrich, Hinderk M. (2007): Philosophie der Berührung. Spontaneität als Konstituens von Subjektivität. In: Fuchs, Thomas/Vogeley, Kai/Heinze, Martin (Hg.): Subjektivität und Gehirn. Jahreskonferenz 2006 der Deutschen Gesellschaft für Psychiatrie, Psychotherapie und Nervenheilkunde (DGPPN) im Berlin ICC. Lengerich: Pabst Science Publ., 63-71.

Engeström, Yrjö (2008): Entwickelnde Arbeitsforschung. Die Tätigkeitstheorie in der Praxis. Berlin: Lehmanns Media.

English, Andrea (2008): Wo ‚doing' aufhört und ‚learning' anfängt. John Dewey über Lernen und die Negativität in Erfahrung und Denken. In: Mitgutsch, Konstantin/Sattler, Elisabeth/Westphal, Kristin/Breinbauer, Ines Maria (Hg.): Dem Lernen auf der Spur. Die pädagogische Perspektive. Stuttgart: Klett-Cotta, 145-158.

Eppinger, Michael (1983): Freiheit und Verhalten. Ein Beitrag zur Kritik des radikalen Behaviorismus nach B.F. Skinner aus philosophisch-anthropologischer Perspektive. München: Univ., Diss.

Fairbairn, William R. D. (2000): Das Selbst und die inneren Objektbeziehungen. Eine psychoanalytische Objektbeziehungstheorie. Gießen: Psychosozial-Verlag.

Faulstich, Peter (2008): Lernen. In: Faulstich-Wieland, Hannelore/Faulstich, Peter (Hg.): Erziehungswissenschaft. Ein Grundkurs. Reinbek bei Hamburg: Rowohlt, 33-56.

Faulstich, Peter/Grotlüschen, Anke (2006): Erfahrung und Interesse beim Lernen. Konfrontation der Konzepte von Klaus Holzkamp und John Dewey. In: Forum Kritische Psychologie. 50, 56-72.

Fischer, Hans Rudi (1995): Die Wirklichkeit des Konstruktivismus. Zur Auseinandersetzung um ein neues Paradigma. Heidelberg: Carl-Auer-Systeme.

Fisher-Yoshida, Beth/Geller, Kathy Dee/Schapiro, Steven A. (Hg.) (2009): Innovations in transformative learning. Space, culture & the arts. New York, NY u.a.: Lang.

Flutter, Julia/Rudduck, Jean (2004): Consulting pupils. What's in it for schools? London u.a.: Taylor and Francis.

Foerster, Heinz von (1990): Erkenntnistheorien und Selbstorganisation. In: Schmidt, Siegfried J. (Hg.): Der Diskurs des Radikalen Konstruktivismus. Frankfurt/M.: Suhrkamp.

Foerster, Heinz von (1999): Sicht und Einsicht. Versuche zu einer operativen Erkenntnistheorie. Heidelberg: Carl-Auer-Systeme.

Foerster, Heinz von (2005): Entdecken oder Erfinden. Wie läßt sich Verstehen verstehen? In: Foerster, Heinz von/Glasersfeld, Ernst von/Hejl, Peter M. (Hg.): Einführung in den Konstruktivismus. München: Piper, 41-88.

Foerster, Heinz/Pörksen, Bernhard (2004): Wahrheit ist die Erfindung eines Lügners. Gespräche für Skeptiker. 6. Aufl. Heidelberg: Carl-Auer-Systeme.

Fonagy, Peter/Gergely, György/Jurist, Elliott L./Target, Mary (Hg.) (2004): Affektregulierung, Mentalisierung und die Entwicklung des Selbst. Stuttgart: Klett-Cotta.

Fonagy, Peter/Target, Mary (2005): Frühe Bindung und psychische Entwicklung. Beiträge aus Psychoanalyse und Bindungsforschung. 2. Aufl. Gießen: Psychosozial-Verlag.

Foucault, Michel (1984): Von der Freundschaft. Michel Foucault im Gespräch. Berlin: Merve.

Foucault, Michel (1993): Technologien des Selbst. In: Luther, Martin/Gutman, Huck/Hutton, Patrick (Hg.): Technologien des Selbst. Frankfurt/M.: Fischer, 24-62.

Foucault, Michel (1994): Das Subjekt und die Macht. In: Dreyfus, Hubert L./ Rabinow, Paul (Hg.): Michel Foucault. Jenseits von Strukturalismus und Hermeneutik. 2. Aufl. 243-261.

Foucault, Michel (1996): Der Mensch ist ein Erfahrungstier. Gespräch mit Ducio Trombadori. Frankfurt/M.: Suhrkamp.

Foucault, Michel (2001a): Wahnsinn und Gesellschaft. Eine Geschichte des Wahns im Zeitalter der Vernunft. 14. Aufl. Frankfurt/M.: Suhrkamp.

Foucault, Michel (2001b): In Verteidigung der Gesellschaft. Frankfurt/M.: Suhrkamp.

Foucault, Michel (2002a): Die Ordnung der Dinge. Eine Archäologie der Humanwissenschaften. 17. Aufl. Frankfurt/M.: Suhrkamp.

Foucault, Michel (2002b): Schriften in vier Bänden. Dits et écrits Band 2: 1970 – 1975. Frankfurt/M.: Suhrkamp.

Foucault, Michel (2003a): Archäologie des Wissens. 10. Aufl. Frankfurt/M.: Suhrkamp.

Foucault, Michel (2003b): Überwachen und Strafen. Die Geburt des Gefängnisses. 7. Aufl. Frankfurt/M.: Suhrkamp.

Foucault, Michel (2003c): Schriften in vier Bänden. Dits et écrits. Band 3: 1976 – 1979. Frankfurt/M.: Suhrkamp.

Friedrich, Gerhard (2005): Allgemeine Didaktik und Neurodidaktik. Eine Untersuchung zur Bedeutung von Theorien und Konzepten des Lernens, besonders neurobiologischer, für die allgemeindidaktische Theoriebildung. Berlin u.a.: Lang.

Fröhlich, Günter (2000): Ein neuer Psychologismus? Edmund Husserls Kritik am Relativismus und die Erkenntnistheorie des radikalen Konstruktivismus von Humberto R. Maturana und Gerhard Roth. Würzburg: Königshausen Neumann.

Fuchs, Thomas (2007): Verkörperte Subjektivität. In: Ders./Vogeley, Kai/Heinze, Martin (Hg.): Subjektivität und Gehirn. Jahreskonferenz 2006 der Deutschen Gesellschaft für Psychiatrie, Psychotherapie und Nervenheilkunde (DGPPN) im Berlin ICC. Lengerich: Pabst Science Publ., 29-62.

Fuchs, Thomas (2008): Das Gehirn – ein Beziehungsorgan. Eine phänomenologisch-ökologische Konzeption. Stuttgart: Kohlhammer.

Fuchs, Thomas/Vogeley, Kai/Heinze, Martin (2007): Subjektivität und Gehirn. Jahreskonferenz 2006 der Deutschen Gesellschaft für Psychiatrie, Psychotherapie und Nervenheilkunde (DGPPN) im Berlin ICC. Lengerich: Pabst Science Publ.

Fürst, Martina/Gombocz, Wolfgang/Hiebaum, Christian (2009): Gehirne und Personen. Frankfurt/M. u.a.: Ontos-Verlag.

Gadamer, Hans-Georg (1960): Wahrheit und Methode. Grundzüge einer philosophischen Hermeneutik. Tübingen: Mohr.

Gamm, Gerhard (2003): Fraktale Existenz. Was es heißt, ein Bewusstseinsinhaber zu sein. In: Schmidt, Jan Cornelius/Schuster, Lars (Hg.): Der entthronte Mensch? Anfragen der Neurowissenschaften an unser Menschenbild. Paderborn: Mentis Verlag, 280-309.

Gavin, Helen (1998): The essence of cognitive psychology. London u.a.: Prentice Hall Europe.

Gebauer, Gunter/Wulf, Christoph (2003): Mimetische Weltzugänge. Soziales Handeln – Rituale und Spiele – ästhetische Produktionen. Stuttgart: Kohlhammer.

Geertz, Clifford (2003): The Impact of the Concept of Culture on the Concept of Man. In: Geertz, Clifford (Hg.): The interpretation of cultures. Selected essays. 47. Aufl. New York, NY: Basic Books, 33-54.

Gergen, Kenneth J. (1971): The concept of self. New York, NY u.a.: Holt, Rinehart and Winston.

Gergen, Kenneth J. (1996): Das übersättigte Selbst. Identitätsprobleme im heutigen Leben. Heidelberg: Carl-Auer-Systeme.

Gergen, Kenneth J. (2002a): Konstruierte Wirklichkeiten. Eine Hinführung zum sozialen Konstruktionismus. Stuttgart: Kohlhammer.

Gergen, Kenneth J. (2002b): Beyond Autonomy and Community. Relational Being. In: Köpping, Klaus-Peter/Welker, Michael/Wiehl, Reiner (Hg.): Die autonome Person – eine europäische Erfindung? München: Fink, 177-192.

Gergen, Kenneth J. (2005): Sozialer Konstruktionismus und die Transformation der Psychologie. In: Mattes, Peter/Musfeld, Tamara (Hg.): Psychologische Konstruktionen: Diskurse, Narrationen, Performanz. Göttingen: Vandenhoeck Ruprecht, 21-47.

Gerstenmaier, J./Mandl, H. (2001): Methodologie und Empirie zum Situierten Lernen (Forschungsbericht Nr. 137). München: Ludwig-Maximilians-Universtität, Lehrstuhl für Empirische Pädagogik und Pädagogische Psychologie. [http://epub.ub.uni-muenchen.de/245/1/FB_137.pdf; abgerufen am 18.07.09].

Gillespie, Diane (1992): The mind´s we. Contextualism in cognitive psychology. Carbondale u.a.: Southern Illinois University Press.

Girard, René (1999): Figuren des Begehrens. Das Selbst und der Andere in der fiktionalen Realität. Wien u.a.: Thaur.

Girard, René (2005): Die verkannte Stimme des Realen. Eine Theorie archaischer und moderner Mythen. München: Hanser.

Girgensohn-Marchand, Bettina (1996): Der Mythos Watzlawick und die Folgen. Eine Streitschrift gegen systemisches und konstruktivistisches Denken in pädagogischen Zusammenhängen. 3. Aufl. Weinheim: Deutscher Studien Verlag.

Glasersfeld, Ernst von (1987): Wissen, Sprache, Wirklichkeit. Arbeiten zum radikalen Konstruktivismus. Braunschweig u.a.: Vieweg.

Glasersfeld, Ernst von (1990): Siegener Gespräche über Radikalen Konstruktivismus. Ernst von Glasersfeld im Gespräch mit NIKOL. In: Schmidt, Siegfried J. (Hg.): Der Diskurs des Radikalen Konstruktivismus. Frankfurt/M.: Suhrkamp, 401-440.

Glasersfeld, Ernst von (1997a): Wege des Wissens. Konstruktivistische Erkundungen durch unser Denken. Heidelberg: Carl-Auer-Systeme.

Glasersfeld, Ernst von (1997b): Radikaler Konstruktivismus. Ideen, Ergebnisse, Probleme. Frankfurt/M.: Suhrkamp.

Glasersfeld, Ernst von (1998): Konstruktivismus statt Erkenntnistheorie. In: Dörfler, Willibald/Ders. (Hg.): Ernst von Glasersfeld – Konstruktivismus statt Erkenntnistheorie. Klagenfurt: Drava-Verlag, 11-39.

Glasersfeld, Ernst von (2005): Konstruktion der Wirklichkeit und des Begriffs der Objektivität. In: Foerster, Heinz von/Glasersfeld, Ernst von/Hejl, Peter M. (Hg.): Einführung in den Konstruktivismus. München: Piper, 9-39.

Glasersfeld, Ernst von (2007): Einführung in den radikalen Konstruktivismus. In: Watzlawick, Paul (Hg.): Die erfundene Wirklichkeit. Wie wissen wir, was wir zu wissen glauben? Beiträge zum Konstruktivismus. München u.a.: Piper, 16-38.

Glasmeyer, Christian (2004): Vom Gehirn zum Subjekt. Synthese oder Synopsis. In: Beer, Raphael/Grundmann, Matthias (Hg.): Subjekttheorien interdisziplinär. Diskussionsbeiträge aus Sozialwissenschaften, Philosophie und Neurowissenschaften. Münster: LIT, 121-133.

Göhlich, H. D. Michael/Wulf, Christoph/Zirfas, Jörg (Hg.) (2007a): Pädagogische Theorien des Lernens. Weinheim u.a.: Beltz.

Göhlich, H. D. Michael/Wulf, Christoph/Zirfas, Jörg (2007b): Pädagogische Zugänge zum Lernen. In: Dies. (Hg.): Pädagogische Theorien des Lernens. Weinheim u.a.: Beltz, 7-19.

Göhlich, H. D. Michael/Zirfas, Jörg (2007): Lernen. Ein pädagogischer Grundbegriff. Stuttgart: Kohlhammer.

Goffman, Erving (1977): Rahmen-Analyse. Ein Versuch über die Organisation von Alltagserfahrungen. Frankfurt/M.: Suhrkamp.

Goodwin, C. James (2005): A history of modern psychology. 2. Aufl. Hoboken, NJ: Wiley.

Goschke, Thomas (1996): Lernen und Gedächtnis. Mentale Prozesse und Gehirnstrukturen. In: Roth, Gerhard/Prinz, Wolfgang (Hg.): Kopfarbeit. Gehirnfunktionen und kognitive Leistungen. Heidelberg u.a.: Spektrum, 359-410.

Grau, Alexander (2007): Momentaufnahmen des Geistes? In: Könneker, Carsten (Hg.): Wer erklärt den Menschen? Hirnforscher, Psychologen und Philosophen im Dialog. Frankfurt/M.: Fischer, 167-178.

Grenz, Stanley J. (2001): The social God and the relational self. A trinitarian theology of the imago dei. Louisville, Ky. u.a.: Westminster John Knox Press.

Groeben, Norbert/Scheele, Brigitte (1977): Argumente für eine Psychologie des reflexiven Subjekts. Paradigmawechsel vom behavioralen zum epistemologischen Menschenbild. Darmstadt: Steinkopff.

Guignon, Charles (2004): On Being Authentic. London: Routledge.

Habermas, Jürgen (1981a): Theorie des kommunikativen Handelns. Band 1. Handlungsrationalität und gesellschaftliche Rationalisierung. Frankfurt/M.: Suhrkamp.

Habermas, Jürgen (1981b): Theorie des kommunikativen Handelns. Band 2. Zur Kritik der funktionalistischen Vernunft. Frankfurt/M.: Suhrkamp.

Habermas, Jürgen (2007): Das Sprachspiel verantwortlicher Urheberschaft und das Problem der Willensfreiheit. Wie lässt sich der epistemische Dualismus mit einem ontologischen Dualismus versöhnen? In: Krüger, Hans-Peter (Hg.): Hirn als Subjekt? Philosophische Grenzfragen der Neurobiologie. Berlin: Akademie Verlag., 263-304.

Hagner, Michael (1997): Homo cerebralis. Der Wandel vom Seelenorgan zum Gehirn. Darmstadt: Wissenschaftliche Buchgesellschaft.

Hagner, Michael (2006): Der Geist bei der Arbeit. Historische Untersuchungen zur Hirnforschung. Göttingen: Wallstein-Verlag.

Haier, Robert J./Siegel, Benjamin./Tang, Chuck/Abel, Lennart/Buchsbaum, Monte S. (1996): Intelligence and Changes in Regional Cerebral Glucose Metabolic Rate Following Learning. In: Intelligence. 16 (3-4), 415-426.

Haug, Frigga (2002): Lehren und Lernen. In: Merkens, Andres/Meyer-Siebert, Jutta/Nowak, Iris/Rego-Diaz, Victor (Hg.): Die Unruhe des Denkens nutzen. Emanzipatorische Standpunkte im Neoliberalismus. Festschrift für Frigga Haug. Hamburg: Argument, 23-41.

Haug, Frigga (2004): Lernverhältnisse. Selbstbewegungen und Selbstblockierungen. 2. Aufl. Hamburg: Argument-Verlag.

Häußling, Roger (2007): Zur Positionsvergabe im Unterricht. Interaktionen und Beziehungen in ersten Schulklassen und ihre Folgen. In: Westphal, Kristin/Hoffmann, Nicole (Hg.): Orte des Lernens. Beiträge zu einer Pädagogik des Raumes. Weinheim u.a.: Juventa, 207-224.

Heidegger, Martin (1977): Zur Seinsfrage. 4. Aufl. Frankfurt/M.: Klostermann.

Heidegger, Martin (2001): Sein und Zeit. 18. Aufl. Tübingen: Niemeyer.

Heidegger, Martin (2003): Die Zeit des Weltbildes. In: Ders. (Hg.): Holzwege. 8. Aufl. Frankfurt/M.: Klostermann, 69-104.

Henry, Michel (1991): The Critique of the Subject. In: Cadava, Eduardo/Connor, Peter/Nancy, Jean-Luc (Hg.): Who comes after the subject? New York: Routledge, 157-166.

Hobson, Peter (2003): Wie wir denken lernen. Gehirnentwicklung und die Rolle der Gefühle. Düsseldorf u.a.: Walter.

Höhne, Thomas (2003): Pädagogik der Wissensgesellschaft. Bielefeld: Transcript.

Holl, Hans Günter (1985): Das lockere und strenge Denken. Essays über Gregory Bateson. Weinheim u.a.: Beltz.

Holzkamp, Klaus (1994): Lernen. Subjektwissenschaftliche Grundlegung. Einführung in die Hauptanliegen des Buches. In: Interdisziplinäres Zentrum für Lern- und Lehrforschung der Universität Potsdam (Hg.): LLF-Berichte Nr. 8. 34-62.

Holzkamp, Klaus (1995): Lernen. Subjektwissenschaftliche Grundlegung. Frankfurt/M. u.a.: Campus.

Holzkamp, Klaus (1996): Vorbereitende Überlegungen zum methodischen Vorgehen im Projekt ‚Subjektwissenschaftliches Lernen' (PSL). In: Forum Kritische Psychologie. 36, 132-165.

Honneth, Axel (1990): Integrität und Missachtung. Grundmotive einer Moral der Anerkennung. In: Merkur. 44 (501), 1043-1054.

Honneth, Axel (1992): Kampf um Anerkennung. Zur moralischen Grammatik sozialer Konflikte. Frankfurt/M.: Suhrkamp.

Honneth, Axel (2000): Zwischen Aristoteles und Kant. Skizze einer Moral der Anerkennung. In: Edelstein, W./Nunner-Winkler, G. (Hg.): Moral im sozialen Kontext. Frankfurt/M.: Suhrkamp, 55-76.

Honneth, Axel (2003): Der Grund der Anerkennung. Eine Erwiderung auf kritische Rückfragen. In: Ders.: Kampf um Anerkennung. Zur moralischen Grammatik sozialer Konflikte. Mit einem neuen Nachwort. Frankfurt/M.: Suhrkamp, 305-341.

Honneth, Axel (2004): Anerkennung als Ideologie. In: Neue Zeitschrift für Sozialforschung. 1 (1), 51-70.

Honneth, Axel (2005): Verdinglichung. Eine anerkennungstheoretische Studie. Frankfurt/M.: Suhrkamp.

Hubel, David. H./Wiesel Torsten N. (1959): Receptive fields of single neurones in the cat`s striate Cortex. In: Journal of Physiology. 148 (3), 574-591.

Hull, Clark Leonard (1964): Principles of behavior. An introduction to behavior theory. 17. Aufl. New York: Appleton-Century-Crofts.

Hunt, R. Reed/Ellis, Henry Carlton (2004): Fundamentals of cognitive psychology. 7. Aufl. Boston u.a.: McGraw-Hill.

Hüther, Gerald (2000): Die neurobiologische Verankerung von Erfahrungen. In: Elsner, Norbert/Lüer, Gerd (Hg.): Das Gehirn und sein Geist. 2. Aufl. Göttingen: Wallstein-Verlag, 105-121.

Hüther, Gerald (2001): Bedienungsanleitung für ein menschliches Gehirn. 7. Aufl. Göttingen: Vandenhoeck Ruprecht.

Hüther, Gerald (2007): Die Macht der inneren Bilder. In: Holzhey, Christoph F. E. (Hg.): Biomystik. Natur – Gehirn – Geist. München u.a.: Fink, 155-169.

Hüttemann, Andreas (Hg.) (2008): Zur Deutungsmacht der Biowissenschaften. Paderborn: Mentis Verlag.

Huxley, Aldous (1992): Brave new world. Stuttgart: Reclam.

Illeris, Knud (2007): How we learn. Learning and non-learning in school and beyond. 2. Aufl. London u.a.: Routledge.

Jacob, Susanne (2004): Soziale Repräsentationen und relationale Realitäten. Theoretische Entwürfe der Sozialpsychologie bei Serge Moscovici und Kenneth J. Gergen. Wiesbaden: Deutscher Universitäts-Verlag.

Jäncke, Lutz (2005): Methoden der Bildgebung in der Psychologie und den kognitiven Neurowissenschaften. Stuttgart: Kohlhammer.

Janich, Peter (1993): Erkennen als Handeln. Von der konstruktiven Wissenschaftstheorie zur Erkenntnistheorie. Erlangen u.a.: Palm Enke.

Jensen, Stefan (1994): Im Kerngehäuse. In: Rusch, Gerhard/Schmidt, Siegfried J. (Hg.): Konstruktivismus und Sozialtheorie. Frankfurt/M.: Suhrkamp, 47-108.

Jensen, Stefan (1999): Erkenntnis – Konstruktivismus – Systemtheorie. Einführung in die Philosophie der konstruktivistischen Wissenschaft. Opladen u.a.: Westdeutscher Verlag.

Joas, Hans (2000): George Herbert Mead (1863-1931). In: Kaesler, Dirk (Hg.): Klassiker der Soziologie 1. Von Auguste Comte bis Norbert Elias. 2. Aufl. München: Beck, 171-189.

Johnson-Laird, Philip (1996): Der Computer im Kopf. Formen und Verfahren der Erkenntnis. München: DTV.

Jovanovic, Gordana (2005): Die Psychologie und das Soziale. Zur Geschichte einer Ausblendung. In: Mattes, Peter/Musfeld, Tamara (Hg.): Psychologische Konstruktionen. Diskurse, Narrationen, Performanz. Göttingen: Vandenhoeck Ruprecht, 48-68.

Junge, Torsten (2008): Gouvernementalität der Wissensgesellschaft. Politik und Subjektivität unter dem Regime des Wissens. Bielefeld: Transcript.

Jünger, Rahel (2008): Bildung für alle? Die schulischen Logiken von ressourcenprivilegierten und -nichtprivilegierten Kindern als Ursache der bestehenden Bildungsungleichheit. Wiesbaden: VS Verlag.

Kaibara, Ekiken (2007): The philosophy of Qi. The record of great doubts. New York: Columbia University Press.

Kant, Immanuel (1838): Immanuel Kant´s sämtliche Werke. Herausgegeben von Karl Rosenkranz und Friedrich Wilhelm Schubert. Zweiter Theil. Kritik der reinen Vernunft. Leipzig: Voss.

Kemmerling, Andreas (2000): Ich, mein Gehirn und mein Geist. Echte Unterschiede oder falsche Begriffe? In: Elsner, Norbert/Lüer, Gerd (Hg.): Das Gehirn und sein Geist. 2. Aufl. Göttingen: Wallstein-Verlag, 223-241.

Keupp, Heiner (1994): Grundzüge einer reflexiven Sozialpsychologie. Postmoderne Perspektiven. In: Ders. (Hg.): Zugänge zum Subjekt. Perspektiven einer reflexiven Sozialpsychologie. Frankfurt/M.: Suhrkamp, 226-274.

Kierkegaard, Søren (1997): Die Krankheit zum Tode. Stuttgart: Reclam.

Kimura, Bin (1995): Zwischen Mensch und Mensch. Strukturen japanischer Subjektivität. Darmstadt: Wissenschaftliche Buchgesellschaft.

Kirshner, David/Whitson, James A. (Hg.) (1997): Situated cognition. Social, semiotic, and psychological perspectives. Mahwah, NJ u.a.: Lawrence Erlbaum Associates.

Knorr-Cetina, Karin (1984): Die Fabrikation von Erkenntnis. Zur Anthropologie der Naturwissenschaft. Frankfurt/M.: Suhrkamp.

Koch, Lutz (2002): Anmerkungen zur Psychologisierung des Lernens. In: Reichenbach, Roland/Oser, Fritz (Hg.): Die Psychologisierung der Pädagogik. Übel, Notwendigkeit oder Fehldiagnose. Weinheim u.a.: Juventa, 71-89.

Koch, Lutz (2008): Zur Urteilsform des Lernens. Bemerkungen zur Logik des Lernens. In: Mitgutsch, Konstantin/Sattler, Elisabeth/Westphal, Kristin/Breinbauer, Ines Maria (Hg.): Dem Lernen auf der Spur. Die pädagogische Perspektive. Stuttgart: Klett-Cotta, 65-77.

Koch, Lutz (2009): Intuitive und diskursive Elemente des Lernens. In: Plöger, Wilfried (Hg.): Lernen in der Schule. Dimensionen einer schulpädagogischen Theorie des Lernens. Münster: Aschendorff, 7-29.

Koller, Hans-Christoph/Marotzki, Winfried/Sanders, Olaf (Hg.) (2007): Bildungsprozesse und Fremdheitserfahrung. Beiträge zu einer Theorie transformatorischer Bildungsprozesse. Bielefeld: Transcript.

Könneker, Carsten (2007): Wer erklärt den Menschen? Warum die Neurowissenschaft heute en vogue sind – und wir den Dialog über sie dringend brauchen. In: Ders. (Hg.): Wer erklärt den Menschen? Hirnforscher, Psychologen und Philosophen im Dialog. Frankfurt/M.: Fischer, 11-19.

Korte, Hermann (1997): Über Norbert Elias. Das Werden eines Menschenwissenschaftlers. Opladen: Leske & Budrich.

Korte, Martin (2008): Ach, wäre es doch wenigstens wie in der Medizin. Ein Kommentar zu Manfred Spitzers Beitrag ‚Medizin für die Schule'. In: Hüttemann, Andreas (Hg.): Zur Deutungsmacht der Biowissenschaften. Paderborn: Mentis Verlag, 73-88.

Krais, Beate/Gebauer, Gunter (2002): Habitus. Bielefeld: Transcript.

Kramer, Rolf-Torsten/Helsper, Werner/Thiersch, Sven/Ziems, Carolin (2009): Selektion und Schulkarriere. Kindliche Orientierungsrahmen beim Übergang in die Sekundarstufe I. Wiesbaden: VS Verlag.

Kress, Gunther (2007): Skizze einer semiotischen Theorie des Lernens. In: Göhlich, H. D. Michael/Wulf, Christoph/Zirfas, Jörg (Hg.): Pädagogische Theorien des Lernens. Weinheim u.a.: Beltz, 52-66.

Krüger, Hans-Peter (2007a): Das Hirn im Kontext exzentrischer Positionierungen. Zur philosophischen Herausforderung der neurobiologischen Hirnforschung. In: Ders. (Hg.): Hirn als Subjekt? Philosophische Grenzfragen der Neurobiologie. Berlin: Akademie Verlag, 61-97.

Krüger, Hans-Peter (2007b): Grenzfragen für einen neuen Umgang mit Dualismen. In: Ders. (Hg.): Hirn als Subjekt? Philosophische Grenzfragen der Neurobiologie. Berlin: Akademie Verlag, 431-437.

Krüger, Hans-Peter (Hg.) (2007c): Hirn als Subjekt? Philosophische Grenzfragen der Neurobiologie. Berlin: Akademie Verlag.

Krüger, Hans-Peter (2010): Gehirn, Verhalten und Zeit. Philosophische Anthropologie als Forschungsrahmen. Berlin: Akademie Verlag.

Kuhn, Thomas S. (2007): Die Struktur wissenschaftlicher Revolutionen. 2. Aufl. Frankfurt/M.: Suhrkamp.

Künkler, Tobias (2008a): ‚Lernen im Zwischen'. Zum Zusammenhang von Lerntheorien, Subjektkonzeptionen und dem Vollzug des Lernens. In: Mitgutsch, Konstantin/Sattler, Elisabeth/Westphal, Kristin/Breinbauer, Ines Maria (Hg.): Dem Lernen auf der Spur. Die pädagogische Perspektive. Stuttgart: Klett-Cotta, 33-50.

Künkler, Tobias (2008b): Produktivkraft Kritik. Die Subsumtion der Subversion im neuen Kapitalismus. In: Eickelpasch, Rolf/Rademacher, Claudia/Lobato, Philipp R. (Hg.): Metamorphosen des Kapitalismus – und seiner Kritik. Wiesbaden: VS Verlag, 21-47.

Kurt, Ronald (1994): Soziologie ohne Subjekt ist sinnlos. In: Rusch, Gerhard/ Schmidt, Siegfried J. (Hg.): Konstruktivismus und Sozialtheorie. Frankfurt/M.: Suhrkamp, 331-356.

Kurt, Ronald (1995): Subjektivität und Intersubjektivität. Kritik der konstruktivistischen Vernunft. Frankfurt/M.: Campus.

Lacan, Jacques (1973a): Das Spiegelstadium als Bildner der Ichfunktion wie sie uns in der psychoanalytischen Erfahrung erscheint. Bericht für den 16. Internationalen Kongreß für Psychoanalyse in Zürich am 17. Juli 1949. In: Ders. (Hg.): Schriften I. Ausgewählt und hrsg. von Norbert Haas. Freiburg: Olten, 61-70.

Lacan, Jacques (1973b): Funktion und Feld des Sprechens und der Sprache in der Psychoanalyse. In: Ders. (Hg.): Schriften I. Ausgewählt und hrsg. von Norbert Haas. Olten/Freiburg im Breisgau: Walter-Verlag, 71-169.

Lacan, Jacques (1996): Das Seminar. Buch XI (1964). Die vier Grundbegriffe der Psychoanalyse. 4. Aufl. Weinheim, Berlin: Quadriga.

Latour, Bruno (2002): Die Hoffnung der Pandora. Untersuchungen zur Wirklichkeit der Wissenschaft. Frankfurt/M.: Suhrkamp.

Lave, Jean (2009): The practice of learning. In: Illeris, Knud (Hg.): Contemporary theories of learning. Learning theorists in their own words. London u.a.: Routledge, 200-208.

Lave, Jean/Wenger, Etienne (1999): Situated learning. Legitimate peripheral participation. 7. Aufl. Cambridge u.a.: Cambridge Univ. Press.

LeDoux, Joseph E. (2003): Das Netz der Persönlichkeit. Wie unser Selbst entsteht. Düsseldorf u.a.: Walter.

Lenz, Anita/Meretz, Stefan (1995): Neuronale Netze und Subjektivität. Lernen, Bedeutung und die Grenzen der Neuro-Informatik. Braunschweig u.a.: Vieweg.

Lévi-Strauss, Claude (1983): Mythologica IV. Der nackte Mensch. 2. Aufl. Frankfurt/M.: Suhrkamp.

Lévi-Strauss, Claude (2003): Traurige Tropen. Frankfurt/M.: Suhrkamp.

Lévi-Strauss, Claude (2009): Das wilde Denken. 14. Aufl. Frankfurt/M.: Suhrkamp.

Levinas, Emmanuel (1963): Martin Buber und die Erkenntnistheorie. In: Schilpp, Paul Arthur/Friedman, Maurice S. (Hg.): Martin Buber. Stuttgart: Kohlhammer, 119-134.

Lewin, Kurt (1982): Feldtheorie in den Sozialwissenschaften. Bern, Stuttgart: Verlag Hans Huber.

Lichtenberg, Georg Christoph (1994): Schriften und Briefe. Vierter Band. Briefe. 3. Aufl. Frankfurt/M.: Zweitausendeins.

Liebau, Eckart (1987): Gesellschaftliches Subjekt und Erziehung. Zur pädagogischen Bedeutung der Sozialisationstheorien von Pierre Bourdieu und Ulrich Oevermann. Weinheim u.a.: Juventa.

Liebau, Eckart (2007): Leibliches Lernen. In: Göhlich, H. D. Michael/Wulf, Christoph/Zirfas, Jörg (Hg.): Pädagogische Theorien des Lernens. Weinheim u.a.: Beltz, 102-112.

Liebau, Eckhart/Zirfas, Jörg (2006): Erklären und Verstehen. Zum methodologischen Streit zwischen Bio- und Kulturwissenschaft. In: Zeitschrift für Erziehungswissenschaft. Beiheft 5 (9), 231-244.

Lorenz, Konrad (1973): Über tierisches und menschliches Verhalten. Aus dem Werdegang der Verhaltenslehre. Gesammelte Abhandlungen Bd. 1. 16. Aufl. München: Piper.

Luczak, Hania (2000): Neurologie. Wie der Bauch den Kopf bestimmt. In: Geo Magazin. 11. [http://www.geo.de/GEO/mensch/medizin/686.html?t=print; abgerufen am 25.11.2004].

Lüders, Jenny (2007): Ambivalente Selbstpraktiken. Eine Foucault'sche Perspektive auf Bildungsprozesse in Weblogs. Bielefeld: Transcript.

Ludwig, Joachim (1999): Subjektperspektiven in neuen Lernbegriffen. In: Zeitschrift für Pädagogik. 45 (5), 667-682.

Lutterer, Wolfram (2000): Auf den Spuren ökologischen Bewußtseins. Eine Analyse des Gesamtwerks von Gregory Bateson. Norderstedt: Libri Books on Demand.

Maguire, Eleanor A./Gadian, David G./Johnsrude, Ingrid S./Good, Catriona D./Asburner, John/Frackowiak, Richard S.J./Frith, Christopher D. (2000): Navigation-related structural change in the hippocampi of taxi drivers. In: Proceedings of the National Academy of Sciences of the United States of America. 97 (8), 4398-4403.

Mahler, Margaret S./Pine, Fred/Bergman, Anni (2003): Die psychische Geburt des Menschen. Symbiose und Individuation. 18. Aufl. Frankfurt/M.: Fischer.

Manella, Jürg (2003): Der relationale Mensch. Zürich: Verlag Industrielle Organisation.

Marcuse, Herbert (1989): Der eindimensionale Mensch. Studien zur Ideologie der fortgeschrittenen Industriegesellschaft. Frankfurt/M.: Suhrkamp.

Markard, Morus (2000): Kritische Psychologie. Methodik vom Standpunkt des Subjekts. In: Forum Qualitative Sozialforschung. 1 (2), Art. 19. [http://nbn-resolving.de/urn:nbn:de:0114-fqs0002196; abgerufen am 13.02.2004].

Markell, Patchen (2003): Bound by recognition. Princeton u.a.: Princeton Univ. Press.

Markowitsch, Hans J./Welzer, Harald (2005): Das autobiographische Gedächtnis. Hirnorganische Grundlagen und biosoziale Entwicklung. Stuttgart: Klett-Cotta.

Marotzki, Winfried (1988): Zum Verhältnis von Lernprozeß und Subjekthypothese. Lerntheoretische Überlegungen am Beispiel Gregory Batesons. In: Zeitschrift für Pädagogik. 34 (3), 331-346.

Masschelein, Jan (1991): Kommunikatives Handeln und pädagogisches Handeln. Die Bedeutung der Habermasschen kommunikationstheoretischen Wende für die Pädagogik. Weinheim u.a.: Deutscher Studien-Verlag.

Masschelein, Jan/Simons, Maarten (2005): Globale Immunität oder: Eine kleine Kartographie des europäischen Bildungsraums. Zürich u.a.: Diaphanes.

Maturana, Humberto R. (1985): Erkennen: die Organisation und Verkörperung von Wirklichkeit. Ausgewählte Arbeiten zur biologischen Epistemologie. 2. Aufl. Braunschweig u.a.: Vieweg.

Maturana, Humberto R. (1990): Biologie der Sozialität. In: Schmidt, Siegfried J. (Hg.): Der Diskurs des Radikalen Konstruktivismus. Frankfurt/M.: Suhrkamp, 287-302.

Maturana, Humberto R. (1996): Was ist erkennen? Mit dem Kolloquium ‚Systemtheorie und Zukunft'. München: Piper.

Maturana, Humberto R. (1998): Biologie der Realität. Frankfurt/M.: Suhrkamp.

Maturana, Humberto R./Pörksen, Bernhard (2002): Vom Sein zum Tun. Die Ursprünge der Biologie des Erkennens. Heidelberg: Carl-Auer-Systeme.

Maturana, Humberto R./Varela, Francisco (1987): Der Baum der Erkenntnis. Die biologischen Wurzeln des menschlichen Erkennens. Bern u.a.: Scherz.

Mauss, Marcel (1989): A Category of the Human Mind. The notion of person; the notion of self. In: Carrithers, Michael/Carrithers, Michael (Hg.): The category of the person. Anthropology, philosophy, history. Cambridge u.a.: Cambridge Univ. Press, 1-24.

McCulloch, Warren S. (1955): Mysterium Iniquitatis of Sinful Man Aspiring into the Place of God. In: The Scientific Monthly. 80 (1), 35-39.

McCulloch, Warren S. (1961): ‚What is a Number, That a Man May Know it, and a Man That He May Know Number?'. In: General Semantic Bulletin. 26 & 27, 7-18.

McKeachie, W.J. (1974): The Decline and Fall of the Laws of Learning. In: Educational Researcher 3 (3), 7-11.

Mead, George Herbert (2000): Geist, Identität und Gesellschaft. Aus der Sicht des Sozialbehaviorismus. 12. Aufl. Frankfurt/M.: Suhrkamp.

Mecheril, Paul (2006): Das un-mögliche Subjekt. Ein Blick durch die erkenntnispolitische Brille der Cultural Studies. In: Keupp, Heiner/Hohl, Joachim (Hg.): Subjektdiskurse im gesellschaftlichen Wandel. Zur Theorie des Subjekts in der Spätmoderne. Bielefeld: Transcript, 119-141.

Menck, Peter (1999): Lernen – ein Grundbegriff der Erziehungswissenschaft? In: Fuhr, Thomas/Schultheis, Klaudia (Hg.): Zur Sache der Pädagogik. Untersuchungen zum Gegenstand der Allgemeinen Erziehungswissenschaft. Bad Heilbrunn/Obb.: Klinkhardt, 147-155.

Merleau-Ponty, Maurice (1974): Phänomenologie der Wahrnehmung. 6. Aufl. Berlin: de Gruyter.

Merleau-Ponty, Maurice (1976): Die Struktur des Verhaltens. Berlin u.a.: de Gruyter.

Merleau-Ponty, Maurice (1993): Die Prosa der Welt. 2. Aufl. München: Fink.

Merleau-Ponty, Maurice (1994): Keime der Vernunft. Vorlesungen an der Sorbonne 1949 – 1952. München: Fink.

Meyer-Drawe, Käte (1982): Lernen als Umlernen. Zur Negativität des Lernprozesses. In: Dies./Lippitz, Wilfried (Hg.): Lernen und seine Horizonte. Phänomenologische Konzeptionen menschlichen Lernens – didaktische Konsequenzen. Königstein/Ts.: Scriptor, 19-45.

Meyer-Drawe, Käte (1987): Leiblichkeit und Sozialität: phänomenologische Beiträge zu einer pädagogischen Theorie der Inter-Subjektivität. 2. Aufl. München: Fink.

Meyer-Drawe, Käte (1996a): Menschen im Spiegel ihrer Maschinen. München: Fink.

Meyer-Drawe, Käte (1996b): Vom anderen lernen. Phänomenologische Betrachtungen in der Pädagogik. In: Borrelli, Michele/Ruhloff, Jörg (Hg.): Deutsche Gegenwartspädagogik. Band II. Baltmannsweiler: Schneider Verlag Hohengehren, 85-99.

Meyer-Drawe, Käte (2000): Illusionen von Autonomie. Diesseits von Ohnmacht und Allmacht des Ich. 2. Aufl. München: Kirchheim.

Meyer-Drawe, Käte (2003): Lernen als Erfahrung. In: Zeitschrift für Erziehungswissenschaft. 6 (4), 505-514.

Meyer-Drawe, Käte (2008a): Diskurse des Lernens. München: Fink.

Meyer-Drawe, Käte (2008b): Lernen als pädagogischer Grundbegriff. In: Mertens, Gerhard/Frost, Ursula/Böhm, Winfried/Ladenthin, Volker (Hg.): Handbuch der Erziehungswissenschaft. Band I. Grundlagen Allgemeine Erziehungswissenschaft. Paderborn u.a.: Schöningh, 391-401.

Mezirow, Jack (2009): An overview on transformative learning. In: Illeris, Knud (Hg.): Contemporary theories of learning. Learning theorists in their own words. London u.a.: Routledge, 90-105.

Mielke, Rosemarie (2001): Psychologie des Lernens. Eine Einführung. Stuttgart u.a.: Kohlhammer.
Miller, George A./Galanter, Eugene/Pribram, Karl H. (1973): Strategien des Handelns. Pläne und Strukturen des Verhaltens. Stuttgart: Klett.
Miller, Max (2006): Dissens. Zur Theorie diskursiven und systemischen Lernens. Bielefeld: Transcript.
Miller, Patricia H. (1993): Theorien der Entwicklungspsychologie. 3. Aufl. Heidelberg u.a.: Spektrum.
Mitchell, Stephen A. (2003): Bindung und Beziehung. Auf dem Weg zu einer relationalen Psychoanalyse. Gießen: Psychosozial-Verlag.
Mitgutsch, Konstantin (2008): Lernen durch Erfahren. Über Bruchlinien im Vollzug des Lernens. In: Mitgutsch, Konstantin/Sattler, Elisabeth/Westphal, Kristin/Breinbauer, Ines Maria (Hg.): Dem Lernen auf der Spur. Die pädagogische Perspektive. Stuttgart: Klett-Cotta, 263-277.
Mitgutsch, Konstantin (2009): Lernen durch Enttäuschung. Eine pädagogische Skizze. Wien: Braumüller.
Mitgutsch, Konstantin/Sattler, Elisabeth/Westphal, Kristin/Breinbauer, Ines Maria (Hg.) (2008): Dem Lernen auf der Spur. Die pädagogische Perspektive. Stuttgart: Klett-Cotta.
Monyer, Hannah u.a. (2004): Das Manifest. Elf führende Neurowissenschaftler über Gegenwart und Zukunft der Hirnforschung. In: Gehirn und Geist. 6, 30-37.
Morasch, Gudrun (2007): Hirnforschung und menschliches Selbst. Eine erziehungswissenschaftliche Konzeption des Selbst unter Berücksichtigung neurobiologischer Erkenntnisse. Heidelberg: Winter.
Müller, Thomas (2005): Pädagogische Implikationen der Hirnforschung. Neurowissenschaftliche Erkenntnisse und ihre Diskussion in der Erziehungswissenschaft. Berlin: Logos-Verlag.
Nagl-Docekal, Herta (1987): Tod des Subjekts? In: Ders./Vetter, Helmuth (Hg.): Tod des Subjekts? Wien, München: Oldenbourg, 7-21.
Naujok, Natascha/Brandt, Birgit/Krummheuer, Götz (2008): Interaktion im Unterricht. In: Helsper, Werner/Böhme, Jeanette (Hg.): Handbuch der Schulforschung. 2. Aufl. Wiesbaden: VS Verlag, 779-799.
Neisser, Ulric (1974): Kognitive Psychologie. Stuttgart: Klett.
Neisser, Ulric (1979): Kognition und Wirklichkeit. Prinzipien und Implikationen der kognitiven Psychologie. Stuttgart: Klett-Cotta.
Neuweg, Georg Hans (2001): Könnerschaft und implizites Wissen. Zur lehr-lerntheoretischen Bedeutung der Erkenntnis- und Wissenstheorie Michael Polanyis. 2. Aufl. Münster u.a.: Waxmann.

Neuweg, Georg Hans (2004): Tacit Knowing and Implicit Learning. In: Fischer, Martin/Boreham, Nicholas/Nyhan, Barry (Hg.): European Perspectives on Learning at Work. The Acquisition of Work process knowledge. Luxembourg: Office for Official Publication for the European Communities, 130-147.

Neuweg, Hans Georg (2005): Emergenzbedingungen pädagogischer Könnerschaft. In: Heid, Helmut (Hg.): Verwertbarkeit: ein Qualitätskriterium (erziehungs-)wissenschaftlichen Wissens? Wiesbaden: VS Verlag, 205-228.

Neubauer, Aljoscha Steffen/Stern, Elsbeth (2007): Lernen macht intelligent. Warum Begabung gefördert werden muss. München: DVA.

Newell, Allen/Simon, Herbert A. (1958): Heuristic Problem Solving. The Next Advance in Operation Research. In: Operations Research. 1 (6), 1-10.

Nietzsche, Friedrich (1999a): Genealogie der Moral. In: Ders. (Hg.): Werke in drei Bänden. Band 2. Herausgegeben von Karl Schlechta. München, Wien: Carl Hanser.

Nietzsche, Friedrich (1999b): Götzendämmerung. In: Ders. (Hg.): Werke in drei Bänden. Band 2. Herausgegeben von Karl Schlechta. München, Wien: Carl Hanser.

Nietzsche, Friedrich (1999c): Jenseits von Gut und Böse. In: Ders. (Hg.): Werke in drei Bänden. Band 2. Herausgegeben von Karl Schlechta. München, Wien: Carl Hanser.

Niewels, Claudia (2004): Die Evolution des Bewusstseins. Von Darwin zur KI-Forschung. Wiesbaden: VS Verlag.

Norman, Donald A. (1981): Twelve issues in cognitive science. In: Ders. (Hg.): Perspectives on Cognitive Science. Hillsdale: Erlbaum, 265-295.

Nüse, Ralf (1995): Über die Erfindung/en des Radikalen Konstruktivismus. Kritische Gegenargumente aus psychologischer Sicht. Unter Mitarbeit von Norbert Groeben, Burkhard Freitag und Margit Schreier. 2. Aufl. Weinheim: Deutscher Studien-Verlag.

O'Donnell, John M. (1985): The origins of behaviorism. American psychology 1870 – 1920. New York, NY u.a.: New York Univ. Press.

Oeser, Erhard (2002): Geschichte der Hirnforschung. Von der Antike bis zur Gegenwart. Darmstadt: Primus-Verlag.

Oser, Fritz/Spychiger, Maria (2005): Lernen ist schmerzhaft. Zur Theorie des negativen Wissens und zur Praxis der Fehlerkultur. Weinheim u.a.: Beltz.

Overwien, Bernd (2006): Informelles Lernen. Zum Stand der internationalen Diskussion. In: Rauschenbach, Thomas/Düx, Wiebken/Sass, Erich (Hg.): Informelles Lernen im Jugendalter. Vernachlässigte Dimensionen der Bildungsdebatte. Weinheim u.a.: Juventa, 36-62.

Overwien, Bernd (2007): Informelles Lernen. In: Göhlich, H. D. Michael/Wulf, Christoph/Zirfas, Jörg (Hg.): Pädagogische Theorien des Lernens. Weinheim u.a.: Beltz, 119-130.

Pantev, Christo/Oostenveld, Robert/Engelien, Almut/Rossi, Bernhard/Roberts, Larry E./Hoke, Manfried (1998): Increased auditory cortical representation in musicians. In: Nature. 392 (6678), 811-814.

Papoušek, Hanus/Papoušek, Mechthild (1987): Intuitive parenting. A dialectic counterpart to the infant's integrative competence. Handbook of infant development. In: Osofsky, Joy Doniger (Hg.): Handbook of infant development. 2. Aufl. 669-720.

Pascalis, Olivier/Haan, Michelle de/Nelson, Charles A. (2002): Is Face Processing Species-Specific During the First Year of Life? In: Science. 296, 1321-1323.

Pascual-Leone, Alvaro (1996): Reorganization of cortical motor outputs in the acquisition of new motor skills. In: Kimura, Jin/Shibasaki, Hiroshi (Hg.): Recent Advances in Clinical Neurophysiology. Amsterdam: Elsevier, 304-308.

Pauen, Michael (2007): Mein Gehirn und ich. Vorsicht vor Denkfallen der Leib-Seele-Debatte! In: Könneker, Carsten (Hg.): Wer erklärt den Menschen? Hirnforscher, Psychologen und Philosophen im Dialog. Frankfurt/M.: Fischer, 186-187.

Pauleikhoff, Bernhard (1987): Das Menschenbild im Wandel der Zeit. Ideengeschichte der Psychiatrie und der Klinischen Psychologie. IV. Die Zeit bis zur Gegenwart. Hürtgenwald: Pressler.

Paulus, Jochen 2003: Lernrezepte aus dem Hirnlabor. [http://www.zeit.de/2003/38/B-Neurodidaktik; abgerufen am 26.06.2006].

Pawlow, Ivan P. (1972): Die bedingten Reflexe. Eine Auswahl aus dem Gesamtwerk. München: Kindler.

Pfau, Werner (2002): Neue Rezepte für untertäniges Denken. Eine Kritik des radikalen Konstruktivismus. Bremen: AStA, Univ. Bremen.

Piaget, Jean (2001): Einführung in die genetische Erkenntnistheorie. Frankfurt/M.: Suhrkamp.

Pirsig, Robert M. (2003): Zen und die Kunst ein Motorrad zu warten. Ein Versuch über Werte. 28. Aufl. Frankfurt/M.: Fischer.

Platzer, Barbara (2006): Sprechen und Lernen. Untersuchungen zum Begriff des Lernens im Anschluß an Ludwig Wittgenstein. Würzburg: Königshausen Neumann.

Plessner, Helmuth (2000): Mit anderen Augen. Aspekte einer philosophischen Anthropologie. Stuttgart: Reclam.

Plöger, Wilfried (2009): Lernen in der Schule. Dimensionen einer schulpädagogischen Theorie des Lernens. In: Ders. (Hg.): Lernen in der Schule. Dimensionen einer schulpädagogischen Theorie des Lernens. Münster: Aschendorff, 1-6.

Polanyi, Michael (1969): Knowing and being. Essays by Michael Polanyi. Chicago: Univ. of Chicago Press.
Polanyi, Michael (1985): Implizites Wissen. Frankfurt/M.: Suhrkamp.
Polanyi, Michael (1986): Personal knowledge. Towards a postcritical philosophy. 10. Aufl. Chicago: Univ. of Chicago Press.
Pongratz, Ludwig A. (2005): Untiefen im Mainstream. Zur Kritik konstruktivistisch-systemtheoretischer Pädagogik. Wetzlar: Büchse der Pandora.
Pongratz, Ludwig Jakob (1984): Problemgeschichte der Psychologie. 2. Aufl. München: Francke.
Pörksen, Bernhard (2001): Abschied vom Absoluten. Gespräche zum Konstruktivismus. Heidelberg: Carl-Auer-Systeme.
Portele, Gerhard (1985): Habitus und Lernen. Sozialpsychologische Überlegungen. In: Neue Sammlung. 25 (3), 298-313.
Portele, Gerhard (1989): Autonomie, Macht, Liebe. Konsequenzen der Selbstreferentialität. Frankfurt/M.: Suhrkamp.
Prange, Klaus (1989): Pädagogische Erfahrung. Vorträge und Aufsätze zur Anthropologie des Lernens. Weinheim: Deutscher Studien-Verlag.
Prange, Klaus (2005): Die Zeigestruktur der Erziehung. Grundriss der operativen Pädagogik. Paderborn u.a.: Schöningh.
Prange, Klaus (2008): Lernen im Kontext des Erziehens. Überlegungen zu einem pädagogischen Begriff des Lernens. In: Mitgutsch, Konstantin/Sattler, Elisabeth/ Westphal, Kristin/Breinbauer, Ines Maria (Hg.): Dem Lernen auf der Spur. Die pädagogische Perspektive. Stuttgart: Klett-Cotta, 241-248.
Rager, Günter (2002): Neuronale Korrelate von Bewußtsein und Selbst. In: Rager, Günter/Quitterer, Josef/Runggaldier, Edmund (Hg.): Unser Selbst. Identität im Wandel der neuronalen Prozesse. Paderborn u.a.: Schöningh, 15-59.
Rager, Günter/Quitterer, Josef/Runggaldier, Edmund (Hg.) (2002): Unser Selbst. Identität im Wandel der neuronalen Prozesse. Paderborn u.a.: Schöningh.
Reckwitz, Andreas (2003): Grundelemente einer Theorie sozialer Praktiken. Eine sozialtheoretische Perspektive. In: Zeitschrift für Soziologie. 32 (4), 282-301.
Reckwitz, Andreas (2004): Die Reproduktion und die Subversion sozialer Praktiken. Zugleich ein Kommentar zu Pierre Bourdieu und Judith Butler. In: Hörning, Karl H./Reuter, Julia (Hg.): Doing Culture. Zum Begriff der Praxis in der gegenwärtigen soziologischen Theorie. Bielefeld: Transcript, 40-53.
Reckwitz, Andreas (2008): Subjekt. Bielefeld: Transcript.
Reichertz, Jo (2006): Akteur Gehirn – oder das vermeintliche Ende des sinnhaft handelnden und kommunizierenden Subjekts. In: Ders. (Hg.): Akteur Gehirn – oder das vermeintliche Ende des handelnden Subjekts. Eine Kontroverse. Wiesbaden: VS Verlag, 7-15.

Renkl, Alexander (2009): Lehren und Lernen. In: Tippelt, Rudolf/Schmidt, Bernhard (Hg.): Handbuch Bildungsforschung. Wiesbaden: VS Verlag, 737-751.

Richards, Graham (1996): Putting psychology in its place. An introduction from a critical historical perspective. London u.a.: Routledge.

Ricken, Norbert (1999): Subjektivität und Kontingenz. Markierungen im pädagogischen Diskurs. Würzburg: Königshausen & Neumann.

Ricken, Norbert (2002): Identitätsspiel und die Intransparenz der Macht. Anmerkungen zur Struktur menschlicher Selbstverhältnisse. In: Straub, Jürgen/ Renn, Joachim (Hg.): Transitorische Identität. Der Prozesscharakter des modernen Selbst. Frankfurt/M.: Campus, 318-359.

Ricken, Norbert (2004): Menschen. Zur Struktur anthropologischer Reflexionen als einer unverzichtbaren kulturwissenschaftlichen Dimension. In: Jaeger, Friedrich/Liebsch, Burkhard/Rüsen, Jörn/Straub, Jürgen (Hg.): Sinn – Kultur – Wissenschaft. Eine interdisziplinäre Bestandsaufnahme. Band I: Die Kultur in der Lebenspraxis. Zur Idee kulturwissenschaftlicher Grundbegriffe. Stuttgart: Metzler, 152-172.

Ricken, Norbert (2006a): Die Ordnung der Bildung. Beiträge zu einer Genealogie der Bildung. Wiesbaden: VS Verlag.

Ricken, Norbert (2006b): Erziehung und Anerkennung. Anmerkung zur Konstitution des pädagogischen Problems. In: Vierteljahrsschrift für wissenschaftliche Pädagogik. 82 (2), 215-230.

Ricken, Norbert (2009a): Zeigen und Anerkennen. Anmerkungen zur Grundform pädagogischen Handelns. In: Berdelmann, Kathrin/Fuhr, Thomas (Hg.): Operative Pädagogik: Grundlegung, Anschlüsse, Diskussion. Paderborn u.a.: Schöningh, 111-134.

Ricken, Norbert (2009b): Über Anerkennung – oder: Spuren einer anderen Subjektivität. In: Ricken, Norbert/Röhr, Henning/Ruhloff, Jörg/Schaller, Klaus (Hg.): Umlernen. Festschrift für Käte Meyer-Drawe. Paderborn: Fink, 75-92.

Ricken, Norbert (2010): Allgemeine Pädagogik. In: Schmetz, Ditmar/Kaiser, Astrid/Wachtel, Peter/Werner, Birgit (Hg.): Enzyklopädisches Handbuch der Behindertenpädagogik. Bd. 3: Bildung und Erziehung. Stuttgart: Kohlhammer, 15-42.

Ricken, Norbert/Balzer, Nicole (2007): Differenz: Verschiedenheit – Andersheit – Fremdheit. In: Straub, Jürgen/Weidemann, Anre/Weidemann, Doris (Hg.): Handbuch interkulturelle Kommunikation und Kompetenz. Stuttgart, Weimar: Metzler, 56-69.

Ricken, Norbert/Balzer, Nicole (2010): Anerkennung als pädagogisches Problem. Markierungen im erziehungswissenschaftlichen Diskurs. In: Schäfer, Alfred/ Thompson, Christiane (Hg.): Anerkennung. Paderborn u.a.: Schöning, 35-87.

Ricken, Norbert/Liesner, Andrea (Hg.) (2008): Die Macht der Bildung. Gouvernementalitätstheoretische Perspektiven in der Erziehungswissenschaft – Dokumentation einer Arbeitsgruppe des Kongresses der DGfE 2006. Arbeitsberichte Systematische Bildungsforschung. Reihe: Theorie- und Subjektivationsforschung. Bremen: Universität Bremen.

Rieger-Ladich, Markus (2002): Mündigkeit als Pathosformel. Beobachtungen zur pädagogischen Semantik. Konstanz: UVK.

Rittelmeyer, Christian (2002): Pädagogische Anthropologie des Leibes. Biologische Voraussetzungen der Erziehung und Bildung. Weinheim u.a.: Juventa.

Rogers, Carl R. (1989): Dialogues. Conversations with Martin Buber, Paul Tillich, B. F. Skinner, Gregory Bateson, Michael Polanyi, Rollo May, and others. Boston: Houghton Mifflin.

Rogozinski, Jacob (1987): ‚Wer bin ich, der ich gewiss bin, dass ich bin?'. In: Nagl-Docekal, Herta/Vetter, Helmuth (Hg.): Tod des Subjekts? Wien, München: Oldenbourg, 86-107.

Rosa, Hartmut (2005): Beschleunigung. Die Veränderung der Zeitstrukturen in der Moderne. Frankfurt/M.: Suhrkamp.

Roth, Gerhard (1990): Autopoiese und Kognition. Die Theorie H.R. Maturanas und die Notwendigkeit ihrer Weiterentwicklung. In: Schmidt, Siegfried J. (Hg.): Der Diskurs des Radikalen Konstruktivismus. Frankfurt/M.: Suhrkamp, 256-286.

Roth, Gerhard (1996): Das Gehirn und seine Wirklichkeit. Kognitive Neurobiologie und ihre philosophischen Konsequenzen. 4. Aufl. Frankfurt/M.: Suhrkamp.

Roth, Gerhard (2003): Fühlen, Denken, Handeln. Wie das Gehirn unser Verhalten steuert. Frankfurt/M.: Suhrkamp.

Roth, Gerhard (2004): Warum sind Lehren und Lernen so schwierig? In: Zeitschrift für Pädagogik. 50 (4), 496-506.

Rothe, Daniela (2009): Lebenslanges Lernen als Regierungsprogramm. Der deutsche bildungspolitische Diskurs in gouvernementalitätstheoretischer Perspektive. In: Alheit, Peter/Felden, Heide von (Hg.): Lebenslanges Lernen und erziehungswissenschaftliche Biographieforschung. Konzepte und Forschung im europäischen Diskurs. Wiesbaden: VS Verlag, 89-110.

Rousseau, Jean-Jacques (1971): Emil oder über die Erziehung. Paderborn: Schöningh.

Ruijter, Arie de (1991): Claude Lévi-Strauss. Frankfurt/M. u.a.: Campus.

Rustemeyer, Dirk (1999): Stichwort. Konstruktivismus in der Erziehungswissenschaft. In: Zeitschrift für Erziehungswissenschaft. 2 (4), 467-484.

Rüting, Torsten (2002): Pavlov und der neue Mensch. Diskurse über Disziplinierung in Sowjetrussland. München: Oldenbourg.

Ryle, Gilbert (2002): Der Begriff des Geistes. Stuttgart: Reclam.

Saussure, Ferdinand de (2001): Grundfragen der allgemeinen Sprachwissenschaft. 3. Aufl. Berlin u.a.: de Gruyter.

Schachl, Hans (2005): Was haben wir im Kopf? Die Grundlagen für gehirngerechtes Lehren und Lernen. 3. Aufl. Linz: Veritas.

Schäfer, Alfred (1996): Das Bildungsproblem nach der humanistischen Illusion. Weinheim: Deutscher Studien-Verlag.

Schäfer, Alfred (2000): Vermittlung und Alterität. Zur Problematik von Sozialisationstheorien. Opladen: Leske & Budrich.

Scheich, Henning (2003): Bedeutungsgenerierung im Gehirn. Über die Wirklichkeitskonstitution des Gehirns in Lernprozessen. In: Schmidt, Jan Cornelius/ Schuster, Lars (Hg.): Der entthronte Mensch? Anfragen der Neurowissenschaften an unser Menschenbild. Paderborn: Mentis Verlag, 97-114.

Scheunpflug, Annette (2001): Biologische Grundlagen des Lernens. Berlin: Cornelsen.

Schilcher, Christian (2006): Implizite Dimensionen des Wissens und ihre Bedeutung für betriebliches Wissensmanagement. Dissertation TU Darmstadt [http:// tuprints.ulb.tu-darmstadt.de/epda/000716/Dissertation_Schilcher_Onlineveroeffentlichung_Version1.3.pdf; abgerufen am 03.09.2009].

Schirlbauer, Alfred (2008): 37 Elefanten. Oder: Kann man ohne Lerntheorie unterrichten? In: Mitgutsch, Konstantin/Sattler, Elisabeth/Westphal, Kristin/ Breinbauer, Ines Maria (Hg.): Dem Lernen auf der Spur. Die pädagogische Perspektive. Stuttgart: Klett-Cotta, 197-211.

Schmerfeld, Joachim (1991): Das unbestimmbare Subjekt in der Begründung pädagogischer Wissenschaft. Münster: LIT.

Schmidt, Siegfried J. (1990): Der Radikalen Konstruktivismus. Ein neues Paradigma im interdisziplinären Diskurs. In: Ders. (Hg.): Der Diskurs des Radikalen Konstruktivismus. Frankfurt/M.: Suhrkamp, 11-88.

Schmidt, Siegfried J. (1993): Zur Ideengeschichte des Radikalen Konstruktivismus. In: Florey, Ernst/Breidbach, Olaf (Hg.): Das Gehirn – Organ der Seele? Zur Ideengeschichte der Neurobiologie. Berlin: Akademie Verlag, 327-349.

Schmidt, Robert (2004): Habitus und Performanz. Empirisch motivierte Fragen an Bourdieus Konzept der Körperlichkeit des Habitus. In: Engler, Stefanie/Krais, Beate (Hg.): Das kulturelle Kapital und die Macht der Klassenstrukturen. Sozialstrukturelle Verschiebungen und Wandlungsprozesse des Habitus. Weinheim u.a.: Juventa, 55-70.

Schnabel, Ulrich 2002: Auf der Suche nach dem Kapierbetrieb. [http://www.zeit.de/online/2007/10/zeitgeschichte-kapiertrieb; abgerufen am 24. Juni 2006.].

Scholz, Gerold (2008): Der Sprung über die Bank. Oder: Lernen kann man beobachten. In: Mitgutsch, Konstantin/Sattler, Elisabeth/Westphal, Kristin/Breinbauer, Ines Maria (Hg.): Dem Lernen auf der Spur. Die pädagogische Perspektive. Stuttgart: Klett-Cotta, 78-96.

Schulte, Günter (2001): Neuromythen. Das Gehirn als Mind Machine und Versteck des Geistes. 2. Aufl. Frankfurt/M.: Zweitausendeins.

Schultheis, Klaudia (2008): Enkulturation und Erziehung. Zur Leibdimension des Lernens. In: Mitgutsch, Konstantin/Sattler, Elisabeth/Westphal, Kristin/Breinbauer, Ines Maria (Hg.): Dem Lernen auf der Spur. Die pädagogische Perspektive. Stuttgart: Klett-Cotta, 249-262.

Schultz, Duane P./Schultz, Sydney Ellen (2004): A history of modern psychology. 8. Aufl. Belmont, Calif. u.a.: Thomson Wadsworth.

Searle, John R. (1993): Die Wiederentdeckung des Geistes. München: Artemis Winkler.

Shannon, Claude (1948): A Mathematical Theory of Communication. In: The Bell System Technical Journal. 27, 379-423.

Shotter, John (1991): The rhetorical-responsive nature of mind. A social constructionist account. In: Still, Arthur/Costall, Alan (Hg.): Against Cognitivism. Alternative Foundations for Cognitive Psychology. New York u.a.: Harvester Wheatsheaf, 55-79.

Shults, F. LeRon (2003): Reforming theological anthropology. After the philosophical turn to relationality. Grand Rapids: Eerdmans.

Siebert, Horst (2002): Der Konstruktivismus als pädagogische Weltanschauung. Entwurf einer konstruktivistischen Didaktik. Frankfurt/M.: Verlag für Akademische Schriften.

Siebert, Horst (2003): Pädagogischer Konstruktivismus. Lernen als Konstruktion von Wirklichkeit. 2. Aufl. München-Unterschleißheim: Luchterhand.

Siegler, Robert S./DeLoache, Judy S./Eisenberg, Nancy (2005): Entwicklungspsychologie im Kindes- und Jugendalter. München: Spektrum.

Simon, Fritz B. (1997): Die Kunst, nicht zu lernen. Warum Ignoranz eine Tugend ist. In: Ders. (Hg.): Die Kunst, nicht zu lernen. Und andere Paradoxien in Psychotherapie, Managment, Politik. Heidelberg: Auer, 145-159.

Simon, Fritz B. (1999): Ent-Lernen. Einige konstruktivistische Grundlagen der Psychotherapie. In: Rusch, Gebhard (Hg.): Wissen und Wirklichkeit. Beiträge zum Konstruktivismus. Heidelberg: Carl-Auer-Systeme, 245-260.

Simons, Maarten/Masschelein, Jan (2009): ‚It Makes Us Believe That It Is About Our Freedom'. Notes on the Irony of the Learning Apparatus. In: Smeyers, Paul/Depaepe, Marc (Hg.): Educational research. The educationalization of social problems. Dordrecht: Springer, 191-204.

Singer, Wolf (2000): Vom Gehirn zum Bewußtsein. In: Elsner, Norbert/Lüer, Gerd (Hg.): Das Gehirn und sein Geist. 2. Aufl. Göttingen: Wallstein-Verlag, 189-204.

Singer, Wolf (2002a): Der Beobachter im Gehirn. Essays zur Hirnforschung. Frankfurt/M.: Suhrkamp.

Singer, Wolf (2002b): Was kann ein Mensch wann lernen? In: Killius, Nelson/ Kluge, Jürgen/Reisch, Linda (Hg.): Die Zukunft der Bildung. Frankfurt/M.: Suhrkamp, 78-99.

Singer, Wolf (2007): Selbsterfahrung und neurobiologische Frembeschreibung. Zwei konflikträchtige Erkenntnisquellen. In: Hirn als Subjekt? Philosophische Grenzfragen der Neurobiologie. Berlin: Akademie-Verlag, 39-59.

Singer, Wolf (2008): ‚Wir brauchen Übersetzer'. Ein Gespräch. Paderborn: Mentis Verlag.

Sitzer, Peter/Wiezorek, Christine (2005): Anerkennung. In: Heitmeyer, Wilhelm/Imbusch, Peter (Hg.): Integrationspotentiale einer modernen Gesellschaft. Wiesbaden: VS Verlag, 101-132.

Skinner, Burrhus Frederic (1971): Erziehung als Verhaltensformung. Grundlagen einer Technologie des Lehrens. München-Neubiberg: Keimer.

Skinner, Burrhus Frederic (1973): Jenseits von Freiheit und Würde. Reinbek bei Hamburg: Rowohlt.

Skinner, Burrhus Frederic (1974): Die Funktion der Verstärkung in der Verhaltenswissenschaft. München: Kindler.

Skinner, Burrhus Frederic (1978): Was ist Behaviorismus? Reinbek bei Hamburg: Rowohlt.

Spitzer, Manfred (2002): Lernen. Gehirnforschung und die Schule des Lebens. Heidelberg u.a.: Spektrum.

Spitzer, Manfred (2006): Medizin für die Schule. Plädoyer für eine evidenzbasierte Pädagogik. In: Caspary, Ralf (Hg.): Lernen und Gehirn. Der Weg zu einer neuen Pädagogik. Freiburg u.a.: Herder, 23-35.

Stern, Daniel N. (2007): Die Lebenserfahrung des Säuglings. Mit einer neuen Einleitung des Autors. 9. Aufl. Stuttgart: Klett-Cotta.

Stern, Elsbeth 2003: Rezepte statt Rezeptoren. [http://www.zeit.de/2003/40/ Neurodidaktik2; abgerufen am 24.06.2006].

Stern, Elsbeth (2006): Wieviel Hirn braucht die Schule? Chancen und Grenzen einer neuropsychologischen Lehr-Lern-Forschung. In: Caspary, Ralf (Hg.): Lernen und Gehirn. Der Weg zu einer neuen Pädagogik. Freiburg u.a.: Herder, 128-141.

Stern, Elsbeth/Grabner, Roland/Schumacher, Ralph (2005): Lehr-Lern-Forschung und Neurowissenschaften – Erwartungen, Befunde, Forschungsperspektiven. Bonn, Berlin: BMBF.

Sternhard, Heinrich (2004): Gehirnmanagement. Lehren und Lernen aus der Sicht der modernen Gehirnforschung. Berlin: Pro Business.
Stieve, Claus (2008): Von den Dingen lernen. Die Gegenstände unserer Kindheit. Paderborn u.a.: Fink.
Straub, Jürgen (2006): Differenzierungen der psychologischen Handlungstheorie. Dezentrierungen des reflexiven, autonomen Subjekts. In: Keupp, Heiner/ Hohl, Joachim (Hg.): Subjektdiskurse im gesellschaftlichen Wandel. Zur Theorie des Subjekts in der Spätmoderne. Bielefeld: Transcript, 51-74.
Straus, Erwin (1956): Vom Sinn der Sinne. Ein Beitrag zur Grundlegung der Psychologie. 2. Aufl. Berlin u.a.: Springer.
Strobel-Eisele, Gabriele/Wacker, Albrecht (Hg.) (2009): Konzepte des Lernens in der Erziehungswissenschaft. Phänomene, Reflexionen, Konstruktionen. Bad Heilbrunn: Klinkhardt.
Sullivan, Harry S. (1980): Die interpersonale Theorie der Psychiatrie. Frankfurt/M.: Fischer.
Sutter, Gerda (1972): Wirklichkeit als Verhältnis. Der dialogische Aufstieg bei Martin Buber. München u.a.: Pustet.
Tarde, Gabriel de (2003): Die Gesetze der Nachahmung. Frankfurt/M.: Suhrkamp.
Taylor, Charles (1994): Quellen des Selbst. Die Entstehung der neuzeitlichen Identität. Frankfurt/M.: Suhrkamp.
Taylor, Charles (2002): Das Unbehagen an der Moderne. 4. Aufl. Frankfurt/M.: Suhrkamp.
Terhart, Ewald (1983): Unterrichtsmethode als Problem. Weinheim u.a.: Beltz.
Terhart, Ewald (2005): Lehr-Lern-Methoden. Eine Einführung in Probleme der methodischen Organisation von Lehren und Lernen. 4. Aufl. Weinheim u.a.: Juventa.
Theunissen, Michael (1965): Der Andere. Studien zur Sozialontologie der Gegenwart. Berlin: de Gruyter.
Thompson, Christiane (2009): Bildung und die Grenzen der Erfahrung. Randgänge der Bildungsphilosophie. Paderborn u.a.: Schöningh.
Thorndike, Edward Lee (1966): Human learning. Cambridge u.a.: The MIT Press.
Thorndike, Edward Lee (1970): Psychologie der Erziehung. 3. Aufl. Darmstadt: Wissenschaftliche Buchgesellschaft.
Tinbergen, Nikolaas (1956): Instinktlehre. Vergleichende Erforschung angeborenen Verhaltens. 2. Aufl. Berlin u.a.: Parey.
Todorov, Tzvetan (1985): Mikhail Bakhtin. The dialogical principle. 2. Aufl. Minneapolis, Minn.: Univ. of Minnesota Press.

Todorov, Tzvetan (1998): Abenteuer des Zusammenlebens. Versuch einer allgemeinen Anthropologie. Frankfurt/M.: Fischer.

Tomasello, Michael (2006): Die kulturelle Entwicklung des menschlichen Denkens. Zur Evolution der Kognition. Frankfurt/M.: Suhrkamp.

Trevarthen, Colwyn (2006): The concept and foundations of infant intersubjectivity. In: Bråten, Stein (Hg.): Intersubjective communication and emotion in early ontogeny. Cambridge: Cambridge Univ. Press, 15-46.

Turing, Alan (1936): On Computable Numbers, with an Application to the Entscheidungsproblem. In: Proc. London Math. Soc. 42 (2), 230-265.

Turing, Alan (1950): Computing Machinery and Intelligence. In: Mind. 49, 433-460.

Tuschling, Anna (2004): Lebenslanges Lernen. In: Bröckling, Ulrich/Krassman, Susanne/Lemke, Thomas (Hg.): Glossar der Gegenwart. Frankfurt/M.: Suhrkamp, 152-158.

Unger, Roberto Mangabeira (1986): Leidenschaft. Ein Essay über Persönlichkeit. Frankfurt/M.: S. Fischer.

Varela, Francisco J. (1992): Allgemeine Prinzipien des Lernens im Rahmen der Theorie biologischer Netzwerke. In: Schmidt, Siegfried J. (Hg.): Gedächtnis. Probleme und Perspektiven der interdisziplinären Gedächtnisforschung. Frankfurt/M.: Suhrkamp, 159-169.

Vattimo, Gianni (2003): Abschied. Theologie, Metaphysik und die Philosophie heute. Wien: Turia + Kant.

Vattimo, Gianni (2005): Jenseits vom Subjekt. Nietzsche, Heidegger und die Hermeneutik. 2. Aufl. Wien: Passagen.

Vester, Michael (2002): Epilog. Die geistlich Reichen und die geistlich Armen. In: Vögele, Wolfgang/Bremer, Helmut/Vester, Michael (Hg.): Soziale Milieus und Kirche. Würzburg: Ergon, 411-418.

Vester, Michael/Oertzen, Peter von/Geiling, Heiko/Hermann, Thomas/Müller, Dagmar (2001): Soziale Milieus im gesellschaftlichen Strukturwandel. Zwischen Integration und Ausgrenzung. Frankfurt/M.: Suhrkamp.

Vetter, Helmuth (1987): Welches Subjekt stirbt? Zur Vorgeschichte der Kritik an der These: Der Mensch ist Subjekt. In: Nagl-Docekal, Herta/Vetter, Helmuth (Hg.): Tod des Subjekts? Wien, München: Oldenbourg, 22-42.

Viney, Wayne (1993): A history of psychology. Ideas and context. Boston u.a.: Allyn and Bacon.

Vogd, Werner (2006): Wer entscheidet, wer entscheidet? Fragen zur Theorie und Empirie zugerechneter Intentionalität. In: Reichertz, Jo (Hg.): Akteur Gehirn – oder das vermeintliche Ende des handelnden Subjekts. Eine Kontroverse. Wiesbaden: VS Verlag, 137-155.

Waldenfels, Bernhard (1987): Jenseits des Subjektprinzips. In: Nagl-Docekal, Herta/Vetter, Helmuth (Hg.): Tod des Subjekts? Wien, München: Oldenbourg, 78-85.

Waldenfels, Bernhard (2000): Das leibliche Selbst. Vorlesungen zur Phänomenologie des Leibes. Frankfurt/M.: Suhrkamp.

Waldenfels, Bernhard (2002): Bruchlinien der Erfahrung. Phänomenologie, Psychoanalyse, Phänomenotechnik. Frankfurt/M.: Suhrkamp.

Watson, John B. (1928): Psychological care of the infant and child. New York: Norton.

Watson, John B. (1976): Behaviorismus. Ergänzt durch den Aufsatz ‚Psychologie, wie sie der Behaviorist sieht'. 2. Aufl. Frankfurt M.: Fachbuchv. f. Psychologie.

Watzlawick, Paul (1976): Wie wirklich ist die Wirklichkeit? Wahn, Täuschung, Verstehen. München u.a.: Piper.

Welsch, Wolfgang (1991): Subjektsein heute. Überlegungen zur Transformation des Subjekts. In: Deutsche Zeitschrift für Philosophie. 39 (4), 347-365.

Welzer, Harald (2005a): Das kommunikative Gedächtnis. Eine Theorie der Erinnerung. München: Beck.

Welzer, Harald (2005b): Lustvoll lernen. Ergebnisse der Hirnforschung. In: Bucher, Anton A./Lauermann, Karin/Walcher, Elisabeth (Hg.): Leistung – Lust & Last. Erziehen in einer Wettbewerbsgesellschaft. Wien: öbvhpt VerlagsgmbH & Co Kg, 45-60.

Wenger, Etienne (2004): Communities of practice. Learning, meaning, and identity. Cambridge u.a.: Cambridge Univ. Press.

Wenger, Etienne (2006): Communities of practice. A brief introduction. [http://www.ewenger.com/theory; abgerufen am 13.02.2010].

Wenger, Etienne (2009): A social theory of learning. In: Illeris, Knud (Hg.): Contemporary theories of learning. Learning theorists in their own words. London u.a.: Routledge, 209-218.

Wenke, Matthias (2008): Im Gehirn gibt es keine Gedanken. Kritik des Reduktionismus. Würzburg: Königshausen Neumann.

Westphal, Kristin (2008): Lernen als Unterbrechung. Aspekte einer Phänomenologie des Schweigens im Theater/Spiel. In: Mitgutsch, Konstantin/Sattler, Elisabeth/Westphal, Kristin/Breinbauer, Ines Maria (Hg.): Dem Lernen auf der Spur. Die pädagogische Perspektive. Stuttgart: Klett-Cotta, 159-173.

Wigger, Lothar (Hg.) (2009): Wie ist Bildung möglich? Bad Heilbrunn: Klinkhardt.

Winnicott, Donald W. (1993): Ich-Verzerrung in Form des wahren und des falschen Selbst. In: Ders. (Hg.): Reifungsprozesse und fördernde Umwelt. Studien zur Theorie der emotionalen Entwicklung. Frankfurt/M.: Fischer, 182-199.

Winnicott, Donald W. (1994): Die menschliche Natur. Stuttgart: Klett-Cotta.
Winnicott, Donald W. (1997): Vom Spiel zur Kreativität. 9. Aufl. Stuttgart: Klett-Cotta.
Wittgenstein, Ludwig (1960): Schriften. Tractatus logico-philosophicus. Tagebücher 1914 – 1916. Philosophische Untersuchungen. Frankfurt/M.: Suhrkamp.
Wittpoth, Jürgen (1994): Rahmungen und Spielräume des Selbst. Ein Beitrag zur Theorie der Erwachsenensozialisation im Anschluß an George H. Mead und Pierre Bourdieu. Frankfurt/M.: Diesterweg.
Wittschier, Bernhard (1980): Das Zwischen als dialogischer Logos. Die Bedeutung der Anthropologie Martin Bubers für die Pädagogik. Frankfurt/M. u.a.: Lang.
Woo, Jeong-Gil (2007): Responsivität und Pädagogik. Die Bedeutung der responsiven Phänomenologie von Bernhard Waldenfels für die aktuelle phänomenologisch orientierte Erziehungsphilosophie. Hamburg: Verlag Dr. Kovac.
Wulf, Christoph (2007): Mimetisches Lernen. In: Göhlich, H. D. Michael/Wulf, Christoph/Zirfas, Jörg (Hg.): Pädagogische Theorien des Lernens. Weinheim u.a.: Beltz, 91-101.
Wygotski, Lew (1987): Arbeiten zur psychischen Entwicklung der Persönlichkeit. Ausgewählte Schriften 2. Köln: Pahl-Rugenstein.
Zielke, Barbara (2004): Kognition und soziale Praxis. Der Soziale Konstruktionismus und die Perspektiven einer postkognitivistischen Psychologie. Bielefeld: Transcript.
Zinnecker, Jürgen (1975): Der heimliche Lehrplan. Untersuchungen zum Schulunterricht. Weinheim u.a.: Beltz.
Zizek, Slavoj (2008): Lacan. Eine Einführung. Frankfurt/M.: Fischer.

Danksagung

Auch eine Arbeit wie die vorliegende zeugt von der relationalen Verfasstheit unseres Selbst. Diese drückt sich üblicherweise z.B. darin aus, dass am Anfang einer solchen Arbeit ein Dank an all jene ergeht, denen man sich – in Bezug auf seine Arbeit – besonders verbunden fühlt. Auch ich möchte an dieser Stelle dieses wunderbare Ritual vollziehen, wissend um die Tatsache, dass ich meine Verbundenheit und Dankbarkeit nur schwerlich angemessen in Worte zu fassen vermag.

Mein besonderer Dank geht an meine Frau Mareike, die mir für meine Arbeit die wichtigste Gesprächspartnerin sowie liebende Unterstützerin und kritische Lektorin war, an meinen Doktorvater Prof. Dr. Norbert Ricken, der mich in meinem Denken maßgeblich geprägt hat und dem ich sehr viel verdanke, an meine Kollegin Nicole Balzer, von der ich Entscheidendes gelernt habe und die immer ein offenes Ohr und einen guten Ratschlag hatte, an meinen guten Freund Joachim Bothe, der mir – insbesondere in der End- und Veröffentlichungsphase – ein unverzichtbarer und kompetenter Berater und Gesprächspartner in allen möglichen Fragen war, sowie an meine Mutter, ohne die ich ohnehin nicht wäre (‚was ich bin).

Danken möchte ich zudem Prof. Dr. Anne Levin, Prof. Dr. Karsten D. Wolf, Prof. Dr. Yasemin Karakaşoğlu, Dr. Silvia Thünemann und Robert Heyer für ihre Teilnahme am Promotionsverfahren sowie allen Bremer Kolleginnen und Kollegen für die überaus angenehme Atmosphäre und Zusammenarbeit im Fachbereich 12.

Überdies danke ich Bastian Wartberg, Benedikt Abbing, Katrin Künkler und Fabian Niestradt für ihr geduldiges und hilfreiches Korrekturlesen, Kai Kraushaar für seine wichtige Hilfe bei der Formatierung und Finn Dochhan für die kompetente Anfertigung des Druckmanuskripts.

Schließlich geht mein Dank auch an Prof. Dr. Rolf Eickelpasch, Prof. Dr. Roland Reichenbach und Prof. Dr. Josef Früchtl, die zwar in keinem direkten

Zusammenhang mit dieser Arbeit stehen, die mich aber in meinem Studium entscheidend geprägt und gefördert haben und ohne die ich wohl kaum jemals ein ‚akademisches Selbst' herausgebildet hätte.

Pädagogik

Kathrin Audehm
Erziehung bei Tisch
Zur sozialen Magie eines Familienrituals
2007, 226 Seiten, kart., 24,80 €,
ISBN 978-3-89942-617-5

Thorsten Fuchs
Bildung und Biographie
Eine Reformulierung der bildungstheoretisch orientierten Biographieforschung
Juni 2011, 444 Seiten, kart., 35,80 €,
ISBN 978-3-8376-1791-7

Wiltrud Gieseke, Steffi Robak, Ming-Lieh Wu (Hg.)
Transkulturelle Perspektiven auf Kulturen des Lernens
2009, 266 Seiten, kart., zahlr. Abb., 25,80 €,
ISBN 978-3-8376-1056-7

Britta Hoffarth
Performativität als medienpädagogische Perspektive
Wiederholung und Verschiebung von Macht und Widerstand
2009, 270 Seiten, kart., 25,80 €,
ISBN 978-3-8376-1095-6

Ulla Klingovsky
Schöne Neue Lernkultur
Transformationen der Macht in der Weiterbildung. Eine gouvernementalitätstheoretische Analyse
2009, 234 Seiten, kart., zahlr. z.T. farb. Abb., 25,80 €,
ISBN 978-3-8376-1162-5

Dominik Krinninger
Freundschaft, Intersubjektivität und Erfahrung
Empirische und begriffliche Untersuchungen zu einer sozialen Theorie der Bildung
2009, 278 Seiten, kart., 30,80 €,
ISBN 978-3-8376-1287-5

Fabian Lamp
Soziale Arbeit zwischen Umverteilung und Anerkennung
Der Umgang mit Differenz in der sozialpädagogischen Theorie und Praxis
2007, 258 Seiten, kart., 25,80 €,
ISBN 978-3-89942-662-5

Claudia Lemke
Ethnographie nach der »Krise der Repräsentation«
Versuche in Anlehnung an Paul Rabinow und Bruno Latour. Skizzen einer Pädagogischen Anthropologie des Zeitgenössischen
April 2011, 300 Seiten, kart., 32,80 €,
ISBN 978-3-8376-1727-6

Ruprecht Mattig
Rock und Pop als Ritual
Über das Erwachsenwerden in der Mediengesellschaft
2009, 264 Seiten, kart., 27,80 €,
ISBN 978-3-8376-1094-9

Elisabeth Sattler
Die riskierte Souveränität
Erziehungswissenschaftliche Studien zur modernen Subjektivität
2009, 176 Seiten, kart., 24,80 €,
ISBN 978-3-8376-1323-0

Leseproben, weitere Informationen und Bestellmöglichkeiten finden Sie unter www.transcript-verlag.de